对话精品鉴赏

编委会主任 赵启正
主　编　刘德强

上海社会科学院出版社

编委会名单

编委会主任

赵启正

主　编

刘德强

副　主　编

张　炜　陈洪法　梁进学

分类主编(14类)

哲学类：李　劲　王柳丽
政治类：刘　弘　董健超
法制类：刘　明　贺伟峰
经济类：沈金龙　邱荣利
管理类：张梅毅　刘　芳
科技类：丁亚明　金益庆
信息类：徐德成　黄少芳
文化类：李永科　申宝玉
教育类：蔡寿春　张秋海
国学类：刘惠恕　任筠霞
文学类：邝雪英　戴继忠
艺术类：徐　波　沈　敏
语言类：唐婷婷　颜永平
生活类：钱宝余　王燕华

编 委
（按姓氏笔画为序）20人

王　新	叶明献	孙忠良	刘德强	张　炜	张　涟
张良一	陈洪法	但　颖	杨发坤	杨康妮	罗　刚
周秀芝	赵启正	施嘉喆	施霁青	胡育龙	骆　勤
梁进学	鲍钰华				

编 撰
（按姓氏笔画为序）53人

丁亚明	王柳丽	王　新	王燕华	邝雪英	叶明献
申宝玉	孙忠良	刘德强	刘惠恕	刘　弘	刘　明
刘　芳	李　劲	李永科	朱金魁	任筠霞	张良一
张　炜	张　涟	张梅毅	张燕春	张贤臣	张秋海
陈洪法	但　颖	沈金龙	沈　敏	杨远芳	杨发坤
杨康妮	陈媛媛	周秀芝	罗　刚	金益庆	赵启正
施嘉喆	施霁青	胡育龙	骆　勤	贺伟峰	徐德成
徐　波	唐婷婷	钱宝余	梁进学	黄少芳	黄月华
董健超	鲍钰华	蔡寿春	颜永平	戴继忠	

序

赵启正

尽管通讯技术突飞猛进，数以亿计的人成了网络人或手机族，但是面对面的对话仍旧是人们最基本、最直接和最有感觉的交流方式。

我们都知道劳动使人类进化，其实，语言的运用也同时促使人类进化，尤其是人类大脑的进化。语言是在人与人的对话中发展起来的，词汇是在生活和生产方式的进步中丰富起来的，语法不仅和词汇同步成长，还和思维方法密切相关。于是不同的语言成了不同民族文化的最重要的表征。我们不妨说人类社会是在对话中发展的：家庭内的对话使家人亲密，邻里对话使社区融合，学者的对话使学问进步。而跨文明的对话则是地球村走向和谐的桥梁。

人们通过对话交流思想，发生碰撞，产生创意，从而升华思想。虽然，"独白"或独立思考仍是需要的，但是对话绝不可或缺，往往能由此发现继续思考的原始种子。

当代最值得珍视的对话至少要有以下的几个特点之一：对话双方的学养旗鼓相当，谈得起来，升得上去；双方的专长和阅历有所差异，才更有所互补；双方的意识形态或信仰不同，但能尊重对方、心平气和、获取新知。

出版本书的主要目的是向人们提供提升对话能力的参考。一个人的综合能力当中，与环境交流的能力或与社会对话的能力对他成功的影响，绝不低于他的教育程度和工作态度对他的影响。以对话清晰地表达自己的思想，以尊重的心态倾听对方的见解，从对话中提炼心得，日积月累必获益甚丰。善于对话的人能创建一个友好的工作与生活环境，周围的人会更理解你，你也会更理解别人。那么，在相互尊重、相互理解、相互鼓励的环境下你会产生更大的影响力，贡献出更多的正能量。

在全球化时代，更广义的对话是跨越不同文明的对话，从前，跨文明对话是由极少数所谓精英人士承担的。而今天由于快捷交通、卫星电视，特别是互联网的普及，原来不相干的陌生之人也成了容易见面的近邻。当今每年中国举行的和中国参加的国内和国际论坛就有几万个，大批学者、企业家和官员直接参加了跨越不同文明的涉及政治、经济和文化广泛主题的对话，每每产生精彩的对话，可惜很少见到这类对话原文的发表。对此我们有所期待。

刘德强教授长期研究演讲理论和语言艺术，原上海市演讲学研究会会长，现任中国演讲协会副会长，出版过多部演讲学和语言艺术专著，并为上海辞书出版社主编《演讲名篇鉴赏辞典》。我们两人曾经多次讨论过应当重视对话的研究，几年来，他和他的团队也开始关注了相关的选题，我认为这正是呼应了中国社会多元化的和协商民主的发展，刘德强教授又走在了前面。我深信这本《对话精品鉴赏》会受到广大读者和语言艺术研究者的欢迎。

原国务院新闻办公室主任赵启正 2015 年 10 月 1 日

目 录

序 1
凡例 1
篇目表 1
正文 1—870
附录 871
后记 886

凡 例

一、本书选收中外对话 102 篇。

二、本书正文包括题目、文章导读、对话原文(含主题演讲和答问)、格言名句和版权(文章择自和鉴赏编写)五个部分。

三、正文的排列,按照时间顺序。

四、外国对话辞的作者及对话辞中涉及的外国人名,采用较通行的译名。

五、本书有附录:"对话知识简介"。

六、后记。

篇目表

1. 冷兵器时代以弱胜强的秘诀
   ——长勺之战中曹刿与鲁庄公的对话
   （公元前 684 年）

2. 因材施教的孔子 因人而异的"仁"理
   ——春秋晚期孔子与弟子的对话
   （约公元前 500 年）

3. 师生同坐话未来
   ——孔子与弟子子路等的对话
   （约公元前 500 年）

4. 古希腊著名学者普罗塔哥拉和学生爱瓦特尔的法庭对话
   （约公元前 400 年）

5. 人的本性是善还是恶？
   ——战国时期孟子与学生告子、公都子的对话
   （约公元前 300 年）

6. 超越国界的战略对话
   ——战国时期纵横家苏秦与六国君王的对话
   （约公元前 300 年）

7. 巧用贪利畏强之念破六国联盟
   ——战国时期纵横家张仪与七国君王的对话
   （约公元前 300 年）

8. 大智大勇力挫强秦贪念
——战国时期赵国大夫蔺相如与秦昭王对话

（约公元前 283～公元前 279 年）

— 28 —

9. 爱子与爱国 两者如何兼顾？
——战国时期赵国大臣触龙与赵太后对话

（公元前 265 年）

— 32 —

10. 哲学家的宣言
——苏格拉底的申辩

（公元前 399 年）

— 34 —

11. "平民之怒"战胜"天子之怒"
——战国时期安陵国使者唐雎与秦王的对话

（公元前 225 年）

— 41 —

12. 安东尼为恺撒的辩护
——在恺撒葬礼上与观众的对话

（公元前 44 年 3 月 15 日）

— 43 —

13. 明天下大势 析三分大局
——三国时期诸葛亮与刘备的对话

（公元 207 年）

— 46 —

14. 真心求谏 修明政治
——贞观年间唐太宗李世民与群臣的对话

（公元 627～公元 649 年）

— 49 —

15. 林肯为蒙冤者的法庭辩论

（1836 年）

— 53 —

16. 曹聚仁访问孙中山纪实

（1911年）

17. 毛泽东与英国记者贝特兰的谈话

（1937年12月）

18. 周恩来1946年重庆政治协商会议前后答中外记者问

（1945年12月18日，1946年2月1日）

19. 没有生活，即没有活的语言

——老舍答复关于茶馆的几个问题

（1958年5月）

20. 我不是文学家

——巴金和日本剧作家木下顺二的对话

（1980年4月）

21. 邓小平答意大利女记者法拉奇问

（1980年8月）

22. 永恒的孤独

——采访诺贝尔文学奖获得者、拉美文学家马尔克斯

（1982年）

23. 值得思考和探讨的问答

——刘吉关于思想政治工作答青年问

（1984年12月13日）

24. "恐怖小说之王"斯蒂芬·金访谈录

（1991年2月）

25. 被上帝选来给人们以音乐和爱的工具
——美国黑人歌星杰克逊访谈录
（1993年9月）

26. 足球运动应自省
——原国际足联主席阿维兰热访谈录
（1993年12月）

27. 打开未来时速窗口的微软神话
——微软总裁比尔·盖茨访谈录
（1994年）

28. 为电影艺术作出不可估量的贡献
——卓别林女儿访谈录
（1994年6月）

29. 成功不能靠吃老本
——西门子公司总裁皮勒尔访谈录
（1997年1月）

30. 为永久的和平
——克林顿总统在北大的对话
（1998年）

31. 在非洲大陆上创造和平和稳定
——南非非洲人国民大会领导人姆贝基访谈录
（1998年11月）

32. 创造并维持超乎寻常的公司
——杰克·韦尔奇和赫布凯莱赫访谈录
（1998年11月18日）

33. 我们的精神高于苦难的现实
　　——诺贝尔文学奖获得者索尔仁尼琴访谈录
　　（1999年）
　　　　－165－

34. 我可以带来变化而不伤害别人
　　——乔治·布什访谈录
　　（1999年10月19日）
　　　　－171－

35. 质朴与辉煌
　　——我国歌唱家廖昌永访谈
　　（2000年4月）
　　　　－175－

36. 年轻人应该做自己喜欢做的事情
　　——戴尔总裁在清华大学的对话
　　（2000年4月5日）
　　　　－184－

37. 经济学家吴敬琏在中央电视台与观众的对话
　　（2001年4月16日）
　　　　－194－

38. 好莱坞电影时代的终结
　　——罗波特·爱伦在清华大学的对话
　　（2001年5月11日）
　　　　－200－

39. 如果你真想致富你必须要有财商
　　——对话《富爸爸,穷爸爸》作者罗伯特
　　（2001年8月26日）
　　　　－212－

40. 永不气馁,不断追求卓越
　　——对话原新浪网首席执行官王志东
　　（2001年10月7日）
　　　　－226－

41. 不断再造惠普的务实精神
——对话惠普公司首席执行官卡莉·菲奥莉娜
（2001年10月21日）
— 234 —

42. 接替韦尔奇
——通用电气公司首席执行官杰夫·伊梅尔特与大企业老总的对话
（2001年10月28日）
— 248 —

43. 宗教、道德与爱的维度
——何光沪教授在凤凰卫视与主持人及观众的对话
（2001年10月31日）
— 263 —

44. 中国"入世"谈判是这样完成的
——专访外经贸部首席谈判代表龙永图
（2001年11月5日）
— 275 —

45. 大画水浒
——著名画家黄永玉在北大的对话
（2001年11月19日）
— 289 —

46. 未来从现在开始
——对话《第三次浪潮》作者托夫勒
（2001年12月2日）
— 311 —

47. 穿梭于中美政界之间的传奇女性
——对话抗战时期美国"飞虎队"将领陈纳德夫人陈香梅女士
（2002年）
— 325 —

48. 学会在自己的时代生活
——俄罗斯当代最具实力的作家马卡宁访谈录
（2002年2月、2006年8—9月）
— 331 —

49. 哈佛大学校长劳伦斯·萨默斯在北大的对话

（2002 年 5 月 14 日）

— 338 —

50. 一位女公安局长的人生追求

——任长霞与网民的对话

（2002 年 12 月 11 日）

— 354 —

51. 时间、文化、地点是建筑的要素

——访问美籍华人建筑大师贝聿铭

（2003 年）

— 357 —

52. 启功说启功

——访问中国书法家协会会长启功（节选）

（2003 年 7 月 23 日、9 月 19 日）

— 369 —

53. 音乐应反映时代的精神

——与著名音乐艺术家乔羽对话

（2004 年 3 月 2 日）

— 380 —

54. 普京当选总统后向俄国公民致辞及答记者问

（2004 年 3 月 16 日）

— 391 —

55. 网络与新经济

——"搜狐"总裁张朝阳在清华大学的对话

（2004 年 4 月 12 日）

— 400 —

56. 世界尖端人居模式与现代城市发展

——与国际著名建筑设计师（美）斯蒂芬·许的交流

（2004 年 6 月 29 日）

— 404 —

57. 民营企业在经济全球化中的作用与机遇
　　——与新希望集团董事长、希望集团总裁刘永好对话
　　　　（2004年9月23日）
　　　　　　－413－

58. 老舍文学的今日价值
　　——与中国现代文学馆馆长舒乙的对话
　　　　（2005年2月）
　　　　　　－420－

59. 大力发展非公经济
　　——与四通集团公司董事长、新浪网公司联席董事长段永基对话
　　　　（2005年2月22日）
　　　　　　－430－

60. 音乐审美与心理健康
　　——中央音乐学院教授高天在北京大学的交流
　　　　（2005年3月30日）
　　　　　　－439－

61. 信息时代的战争与经济
　　——与著名军事评论家、国防大学教授张召忠对话
　　　　（2005年5月10日）
　　　　　　－458－

62. "我是来谢罪的"
　　——原侵华日军老兵本多立太郎与网友的对话
　　　　（2005年5月17日）
　　　　　　－468－

63. 如何看待中国崛起
　　——专访英国首相布莱尔
　　　　（2005年9月19日）
　　　　　　－472－

64. 儒家的人文精神与文明
　　——哈佛大学杜维明教授在凤凰卫视"世纪大讲堂"的对话
　　　　（2005年11月）
　　　　　　－477－

65. 21世纪健康新观念
——与著名医学家洪昭光对话

（2006年1月17日）

- 491 -

66. 演讲方法与艺术
——原上海市演讲学研究会会长刘德强教授答听众问

（2006年3月）

- 494 -

67. 中医的传统和出路
——对话著名中医理论学家、临床家陆广莘

（2006年3月11日）

- 513 -

68. 文化是民族的精神和灵魂
——对话中国当代训诂学家、语言学家许嘉璐

（2006年3月12日）

- 524 -

69. 互联网时代的商业模式创新
——与阿里巴巴公司董事局主席兼CEO马云对话

（2006年4月4日）

- 530 -

70. 中西方文化和思维的差异
——外交家卢秋田做客《中欧大讲坛》的对话

（2006年6月8日）

- 546 -

71. 大学精神的文化力量
——与中国三所名校北大、清华、复旦领导的对话

（2006年6月17日）

- 567 -

72. 真诚的价值及其制约
——与海尔集团首席执行官张瑞敏的交流

（2006年7月4日）

- 577 -

73. 21世纪是东方文化的世纪
——专访北大教授、东方学者季羡林
（2006年8月）
— 595 —

74. 大众文化同样可以高雅
——著名作家余秋雨做客人民网"强国论坛"
（2006年8月27日）
— 605 —

75. 鲁迅是一种精神力量
——对话中国鲁迅研究会会长郑欣淼
（2006年10月）
— 614 —

76. 中国佛教文化发展历程
——当代佛教学者洪修平教授做客《中欧大讲坛》时的对话
（2006年10月14日）
— 621 —

77. 中国法制现代化的基本态势与问题
——著名法学家周旺生教授与北大师生的对话（节选）
（2006年10月24日）
— 630 —

78. 文化的温度
——对话易中天教授
（2006年12月22日）
— 636 —

79. 关于禅、生命与认知
——国学大师南怀瑾与管理学大师彼得·圣吉的对话
（2007年）
— 662 —

80. 跨文化之间的对话
——两位杰出作家奥兹与莫言的对话
（2007年8月31日）
— 669 —

81. 文化积淀与现代阅读
——全球图书馆高峰论坛上的对话
（2007年9月12日）
-679-

82. 道家智慧的当代价值
——台湾国学大师傅佩荣做客凤凰卫视《世纪大讲堂》与观众的对话
（2007年12月12日）
-687-

83. 佛教文化的当代意义
——著名佛教学者方立天做客凤凰卫视《世纪大讲堂》与观众的对话
（2007年12月15日）
-702-

84. 四大名著的中华文脉
——解放报业集团文化讲坛交流现场实录(节选)
（2007年12月28日）
-713-

85. 我注定为歌唱而生
——世界女高音歌唱家基莉·迪·卡娜娃访谈
（2008年1月）
-721-

86. 收藏源自古董的文化魅力
——对话古玩名人马未都
（2008年1月15日）
-728-

87. 人类文明的共享与弘扬
——全球博物馆高峰论坛上的对话
（2008年3月18日）
-732-

88. 中美两国可以有更好的对话
——专访美国亚洲协会主席理查德·霍尔布鲁克
（2008年4月）
-740-

89. 奥运,让文明对话
——专访国际奥运会市场委员会主席海博格

(2008年4月)

— 745 —

90. 人口老龄化挑战中国
——人口问题研究专家杜鹏教授在《世纪大讲堂》的对话

(2008年4月21日)

— 754 —

91. 应对气候变化
——中国工程院院士丁一汇访谈

(2009年4月1日)

— 767 —

92. 大学共和国
——访问香港大学校长金耀基

(2009年4月25日)

— 774 —

93. 关于"中国模式"
——赵启正与(美)约翰·奈斯比特、(奥)多丽丝·奈斯比特的对话

(2009年8月)

— 781 —

94. 十一岁的小记者韦弗采访美国总统奥巴马

(2009年8月13日)

— 796 —

95. 文化书法与文人书法
——北大教授王岳川与台湾文学院教授龚鹏程的对话

(2010年2月)

— 798 —

96. 地球只有一个
——对话世界自然基金会全球总干事詹姆士·利普

(2010年6月5日)

— 810 —

97. 世博与"中国梦"
——国际展览局名誉主席吴建民访谈
（2010年7月9日）
— 820 —

98. 解读瑞士传奇
——对话瑞士联邦主席兼经济部长多丽丝·洛伊特哈德
（2010年8月12日）
— 828 —

99. 关于奇石的对话
——中国赏石协会副会长陈洪法在上海电视台与观众的对话
（2010年8月24日）
— 835 —

100. 以现代化告别过去
——专访俄罗斯第一副总理舒瓦洛夫
（2010年9月1日）
— 847 —

101. 道出联合国真相的秘书长
——采访联合国秘书长潘基文
（2012年3月）
— 856 —

102. 理想与现实的冲突
——《堂吉诃德》译者杨绛先生百岁访谈
（2012年8月）
— 862 —

1. 冷兵器时代以弱胜强的秘诀
——长勺之战中曹刿与鲁庄公的对话
（公元前684年）

【格言名句】

夫战,勇气也,一鼓作气,再而衰,三而竭,彼竭我盈,故克之。

【文章导读】

公元前684年(鲁庄公十年)春,齐桓公在巩固了君位之后,自恃实力强大,借口鲁国曾经帮助过其政敌——公子纠与之争夺国君位,而出兵伐鲁,企图一举征服鲁国,向外扩张齐国的势力。鲁庄公闻报,决定动员全国的力量,同齐军一决胜负。就在鲁庄公准备发兵应战之时,鲁国一位有政治远见和军事谋略的名叫曹刿的人不忍心看到自己的国家遭受齐国军队的蹂躏,入见庄公,要求参与战事。得到庄公的准许,在曹刿的谋划下,鲁国面对强敌,采用有效的战略防御方针,避开齐军锋芒,后发制人,以小敌大、以弱胜强,这就是著名的"长勺之战"。

在春秋诸侯争霸时期,长勺之战的规模不算大,但在历史上影响深远,因为在冷兵器作战时代,作战靠的是力量和勇气,弱国如何做好战略防御,以弱胜强,着实是军事家们研究的一个问题。《孙子》曰:"兵者,诡道也。"用兵之道诡秘在哪?诡秘在谋略,诡秘在时机和战术的选择。长勺之战中,鲁国之所以能够以弱胜强,透过曹刿和鲁庄公的对话,我们可以看到冷兵器时代弱国以小胜强的几大秘诀。

战前准备,取信于民。战争的首要因素是人,主帅或者君主只有得到广大民众的拥护和支持,才能够战无不胜。曹刿深知这个道理,为了从战略上帮助鲁庄公树立起战胜强敌的信念,首先就"依靠什么同齐国作战"这一问题和庄公进行了探讨。鲁庄公说:对于衣物食品之类的东西,总是要分赐给臣下,不敢独自享用。曹刿指出:这样做不过是小恩小惠,不能施及全国,民众是不会出力作战的。鲁庄公又说:自己对神明是很虔敬的,祭祀天地神明的祭品从不敢虚报,很守信用。但曹刿认为:对神守点小信,未必能感动神明,神也是不会降福的。鲁庄公想了一下又补充道:作为君主,自己对待民间的大小狱讼,虽然不能明察秋毫,但是必定能够依照情理予以处理。曹刿这时才说:这倒是尽到了君主的责任,为老百姓办了好事,老百姓可以支持您,具备了同齐国决一胜负的基本条件啊。

避敌锋芒,敌疲我打。也许是战前曹刿的一系列战略分析得到了鲁庄公的赞赏,鲁庄公允诺了曹刿随同奔赴战场的请求。在战争中,鲁庄公见齐军攻击鲁军阵地,就要擂鼓下达应战的命令。曹刿两次劝阻,结果齐军两次进攻,鲁军都没有应战,只是固守自己的阵地。齐军第三次进攻,曹刿认为出击时机已到,立即向庄公提出反击齐军的建议。庄公亲自擂起战鼓,鲁军将士闻令,士气高昂,奋勇出击,把齐军打得七零八落,溃不成军。鲁军获胜后,庄公与曹刿论及作战时机的选择。曹刿说:作战全凭勇气,鼓声一响,将士们会勇气奋发;(如果一次进攻,没有顺利突破)再次击鼓,将士的勇气就会有所衰减;(如果两次进攻都不顺利)第三次击鼓,将士就缺少作战的勇气了。敌人三鼓气竭,势头没有上两次大,而我军初鼓气盛,争先恐后,锐不可当,所以能战胜敌人。

详查敌情,败军慎追。齐军战败,鲁庄公传令追击。曹刿认为齐是大国,兵力素强,不容易判定是否真正失败,要谨防其伴败设伏,以避免己方不应有的失利。他登轼而望,见齐军旗帜不振,兵器倒曳,又下车观察到齐军战车的车辙十分混乱,判定齐军是真正溃败,才向庄公提出大胆追击的建议。庄公令下,鲁军猛打猛追,给齐军以沉重打击。

从军事角度说,长勺之战所包含的内容是很丰富的,正确反映了弱军对强军作战的基本原则,而掌握了这些原则即可达到以弱胜强的目的,因此一直为历代兵家所称道,毛泽东也曾在《中国革命战争的战略问题》中对长勺之战作了军事学的评论。从文学角度看,作者取材精到,构思落笔立意高远,文中多记曹刿简短、果敢的言行:"请见""问战""请从"于战斗中两置可否……这一系列活动表现出一名出身下层而深谋远虑的谋士的精明干练,也重点突出了战略防御的基本原则。

文章摘自中华书局1980年影印版清阮元校刻《十三经注疏》下册《春秋左传正义·鲁庄公十年》。

【对话原文】

十年春,齐师伐我。公将战。曹刿请见。其乡人曰:"肉食者谋之,又何间焉?"刿曰:"肉食者鄙,未能远谋。"乃入见。问:"何以战?"公曰:"衣食所安,弗敢专也,必以分人。"对曰:"小惠未徧,民弗从也。"公曰:"牺牲玉帛,弗敢加也,必以信。"对曰:"小信未孚,神弗福也。"公曰:"小大之狱,虽不能察,必以情。"对曰:"忠之属也,可以一战。战则请从。"

公与之乘。战于长勺。公将鼓之,刿曰:"未可。"齐人三鼓,刿曰:"可矣。"齐师败绩。公将驰之。刿曰:"未可。"下视其辙,登轼而望之,曰:"可矣。"遂逐齐师。

既克,公问其故。对曰:"夫战,勇气也,一鼓作气,再而衰,三而竭,彼竭我盈,故克之。夫大国难测也,惧有伏焉。吾视其辙乱,望其旗靡,故逐之。"

原文摘自《春秋左传正义·鲁庄公十年》,中华书局。　鉴赏编写:梁进学　但颖

2. 因材施教的孔子　因人而异的"仁"理

——春秋晚期孔子与弟子的对话

(约公元前500年)

【格言名句】

克己复礼为仁。一日克己复礼,天下归仁焉。

——孔子

【文章导读】

孔子(公元前551~公元前479),名丘,字仲尼,春秋晚期鲁国陬邑(今山东曲阜东南)人,春秋末期思想家、政治家、教育家,儒学学派的创始人。作为思想家,在那个礼坏乐崩、诸侯争霸的时代,孔子建立起以"仁""礼"为核心的思想体系。提出"仁者爱人""己所不欲,勿施于人""为政以德",要求统治者体察民情,反对苛政和任意刑杀,提倡广泛的理解和体贴他人,以爱人之心调节与和谐社会人际关系,稳定社会秩序;提出"正名"的主张,即按

照周礼的制度把当时已经混淆了的社会等级秩序矫正过来,"君君、臣臣、父父、子子",达到名正言顺,贵贱有序的理想。

为了实现自己的主张,传播自己的思想,孔子提出"有教无类",认为不分贫富贵贱,人人都有受教育的资格,并广收门徒,主张"因材施教"和采取启发诱导的方式去教育学生。本文所选录的五条语录,记录了孔子对不同学生有关"仁"的问题的解答,既从不同侧面揭示了"仁"的内涵,又充分体现了孔子的"因材施教"。

关于"仁"的内涵。孔子把"仁"作为最高的道德原则、道德标准和道德境界,其内涵是多方面的,是包括孝、弟(悌)、忠、恕、礼、知、勇、恭、宽、信、敏、惠等内容在内的整体的道德规范。答樊迟之问,以"恭""敬""忠"三个德目为基本内涵,要求做到:在家恭敬有礼,就是要符合孝悌的道德要求;办事严肃谨慎,就是要符合"礼"的要求;待人忠厚诚实显示出仁德的本色。孔子说明"仁者",其言行必须慎重,行动必须认真,一言一行都符合周礼;回答仲弓之问,强调两点:一是要他的学生事君使民都要严肃认真,二是要宽以待人,"己所不欲,勿施于人"。只有做到了这两点,就向仁德迈进了一大步。这些都是围绕着做人的基本道德原则展开。

关于"因材施教",孔子认为:对于中等才智以上的人,可以和他谈论高深的道理;对于中等才智以下的人,不可以和他谈论高深的道理。对于自己的学生,他很注意对他们的观察了解,在此基础上采取不同的教育方法。发现冉求办事畏怯,要鼓励他;子路胆大过人,自以为是,要故意抑制他……所以不同的学生来问"仁",孔子的回答都不同。回答子张说:"能够处处实行五种品德。就是仁人了。"并进一步解释五种品德:"庄重就不致遭受侮辱,宽厚就会得到众人的拥护,诚信就能得到别人的任用,勤敏就会提高工作效率,慈惠就能够使唤人。"回答子贡说:"做工的人想把活儿做好,必须首先使他的工具锋利。住在这个国家,就要事奉大夫中的那些贤者,与士人中的仁者交朋友。"回答颜渊,要求"克己复礼",做到"非礼勿视,非礼勿听,非礼勿言,非礼勿动"。答樊迟要做到三点,答仲弓要做到两点。一"仁"之问,答案因人而异,实际上是孔子依学生性格而提出的不同的践行"仁"德的方法,对学生的体察可谓细致到了极点。原文摘自中华书局《论语》。

【对话原文】

《论语·雍也第六》：

樊迟问知。子曰："务民之义,敬鬼神而远之,可谓知矣。"问仁。曰："仁者先难而后获,可谓仁矣。"

子贡曰："如有博施于民而能济众,何如？可谓仁乎？"子曰："何事于仁！必也圣乎！尧舜其犹病诸！夫仁者,己欲立而立人,己欲达而达人。能近取譬,可谓仁之方也已。"

《论语·颜渊第十二》：

颜渊问仁。子曰："克己复礼为仁。一日克己复礼,天下归仁焉。为仁由己,而由仁乎哉？"颜渊曰："请问其目？"子曰："非礼勿视,非礼勿听,非礼勿言,非礼勿动。"颜渊曰："回虽不敏,请事斯语矣！"

仲弓问仁。子曰："出门如见大宾；使民如承大祭；己所不欲,勿施于人；在邦无怨,在家无怨。"仲弓曰："雍虽不敏,请事斯语矣！"

樊迟问仁。子曰："爱人。"问知。子曰："知人。"樊迟未达。子曰："举直错诸枉,能使枉者直。"樊迟退,见子夏曰："乡也,吾见于夫子而问知,子曰：'举直错诸枉,能使枉者直。'何谓也？"子夏曰："富哉言乎！舜有天下,选于众,举皋陶,不仁者远矣；汤有天下,选于众,举伊尹,不仁者远矣。"

原文摘自《论语》,中华书局。　鉴赏编写：梁进学　杨远芳

3. 师生同坐话未来

——孔子与弟子子路等的对话

（约公元前 500 年）

【格言名句】

学而不厌,诲人不倦。

——孔子

【文章导读】

文章摘自中华书局《论语》,原名《子路曾皙冉有公西华侍坐》。记述孔

子和四个弟子言志的一次谈话,反映了儒家"足食足兵""先富后教""礼乐治国"的政治思想及孔子循循善诱、因材施教的教育方法。

对话一开始,孔子说自己只不过比弟子大一点而已,希望能够听到平等的真实的想法,不要因为他在场而受拘束,并针对弟子们感慨"平时没有人了解"的思想现状,启发大家谈谈自己的志向。

子路不假思索,抢先回答。他志向远大,声称:给他三年的时间,他就能将困于战争和饥荒的大国,治理成勇而知礼的礼仪之邦。面对这种充满自信而不够谦虚的发言,孔子微笑了之,不予批评,以鼓励其他人畅所欲言。但弟子们看到夫子的反应,就没有人再发言,孔子只好点名询问冉有。

第二个发言的冉有谦虚起来了,他言辞委婉谨慎。说:如果一个拥有六七十平方里或五六十平方里的小国,我还是可以治理的,花三年时间,可以使百姓丰衣足食,至于礼仪教化,只能等待修养更高的君子来推行了。第三个发言的公西华更加谦虚,他说:我不敢说我是能够胜任的,但我愿从工作中学习,遇到祭祀、会盟等国家大事,自己愿意做个小司仪。

子路、冉有、公西华三人言志的具体内容虽各不相同,但有一个共同点,就是先富后教,礼乐治国。孔子对他们三人的志向都是肯定的。哂笑子路,不是认为他的政治主张不对,而是用委婉的态度批评"其言不让"。

最后发言的是曾皙,他的话似乎与政治无关,但他用形象的语言勾勒出自己向往的国泰民安、社会和谐的美好景象。曾皙有志于教育事业,以乐教人,从而使师生之间产生了感情上的共鸣,"吾与点也"既是对曾皙的赞许,也是孔子对自己理想生活的向往,所以深受孔子的赞同。

对话以"言志"为线索,开场"启发言志",中间"各言其志",结尾"因人评志",充分表现了孔子"循循善诱""诲人不倦"的精神和"有教无类""因材施教"的教学风格,也准确地传达出孔子不仅重视礼教,而且重视乐教的教育主张。

本文虽然是语录体,但人物的语言能鲜明表现其性格特征,少量的行动描写,也能表现出各自不同的神情。孔子的谦和,子路的粗豪率直,冉有和公西华的谦谨,曾皙的雍容飘洒,都跃然纸上。

【对话原文】

子路、曾皙、冉有、公西华侍坐。

子曰:"以吾一日长乎尔,毋吾以也!居则曰:'不吾知也!'如或知尔,则何以哉?"

子路率尔而对曰:"千乘之国,摄乎大国之间,加之以师旅,因之以饥馑;由也为之,比及三年,可使有勇,且知方也。"

夫子哂之。

"求,尔何如?"

对曰:"方六七十,如五六十,求也为之,比及三年,可使足民。如其礼乐,以俟君子。"

"赤,尔何如?"

对曰:"非曰能之,愿学焉。宗庙之事,如会同,端章甫,愿为小相焉。"

"点,尔何如?"

鼓瑟希,铿尔,舍瑟而作,对曰:"异乎三子者之撰!"

子曰:"何伤乎?亦各言其志也。"

曰:"莫春者,春服既成,冠者五六人,童子六七人,浴乎沂,风乎舞雩,咏而归。"

夫子喟然叹曰:"吾与点也。"

三子者出,曾皙后。曾皙曰:"夫三子者之言何如?"

子曰:"亦各言其志也已矣。"

曰:"夫子何哂由也?"

曰:"为国以礼,其言不让,是故哂之。唯求则非邦也与?安见方六七十如五六十而非邦也者?唯赤则非邦也与?宗庙会同,非诸侯而何?赤也为之小,孰能为之大?"

原文摘自《论语》,中华书局。　　鉴赏编写:任筠霞　杨康妮

4. 古希腊著名学者普罗塔哥拉和学生爱瓦特尔的法庭对话

（约公元前400年）

【格言名句】

二难推理要防止诡辩;矛盾律要求对于同一对象不能同时作出两个互

相矛盾的断定;排中律又要求对两个互相矛盾的判断,必须明确地肯定其中之一是真的,不能对两者同时都加以否定。

【文章导读】

　　古希腊有一个著名的"半费之讼"案,著名诡辩学者普罗塔哥拉和他的学生爱瓦特尔因为"一半的学费"各执己见,对簿公堂。事情的起因是这样的:普罗塔哥拉招收了一个学法律的学生,名叫爱瓦特尔。师生曾商定学费分两次付,一半学费规定在爱瓦特尔毕业时付,另一半学费规定在爱瓦特尔出庭第一次胜诉后交付。但爱瓦特尔毕业后迟迟没有出庭,普罗塔哥拉急不可待,便决定向法庭起诉,要爱瓦特尔付另一半学费。

　　普罗塔哥拉对爱瓦特尔说:"如果这次你胜诉,你就应当依照我们的合同付款;如果你败诉,你就必须依照法律的判决付款:你或者胜诉,或者败诉,总之你都得付款。"

　　爱瓦特尔回答说:"如果我胜诉,则依照法庭判决我不应付给你;如果我败诉,就依照我们的合同,我不应付给你:所以,不管胜败我都不应付给你所要的款。"

　　这里,老师用一个不合逻辑的二难推理来为难学生,学生也用一个相反的同样不合逻辑的二难推理来回敬老师。这就是两千年来被称为悬案的"半费之讼"。

　　到底另一半的学费付不付?后世学者不断寻求解决的方案,其中最有创意的是"两次分断法":先判学生胜诉,即拒付另一半学费。然后老师不服,再次提起上诉,由于学生已有第一次出庭胜诉的事实,此时可判老师胜诉,收取另一半学费。

　　这师生二人在使用二难推理时犯的是同样的错误,都违犯了同一律的要求。同一律要求在同一思维过程中,一个思维必须保持其确定和同一,而他们判断的标准有两个:一个是"判决",一个是"合同",这就违反了同一律必须保持"确定""同一"的要求。同时,也违犯了矛盾律和排中律的要求。因为,矛盾律要求对同一对象不能同时做出两个互相矛盾的断定;排中律又要求对两个互相矛盾的判断,必须明确地肯定其中之一是真的,不能对两者同时都加以否定。

【对话原文】

　　普罗塔哥拉是古希腊智者学派的著名人物,爱瓦特尔是他的学生,跟他学习诉讼。师生俩事先约定的条件是：先付一半学费，其余一半等爱瓦特尔结业后第一次打赢官司时付清。爱瓦特尔结业后，长期赋闲在家，没有替人打官司，也没有支付欠普罗塔哥拉的另一半学费。

普罗塔哥拉忍不住向法庭起诉，要求爱瓦特尔支付另一半学费。为此，两人发生了舌战。

普罗塔哥拉：如果我的官司打赢，那么，根据法庭判决，你应该付给我另一半学费；如果我败诉，换言之，你胜诉，那么根据我们订的契约，你应该付给我另一半学费，因为这是你第一次打官司，而且赢了。无论法庭如何判决，总之你都该付我另一半学费。

爱瓦特尔：我根本用不着付给你另一半学费。因为，如果我的官司打赢了，那么，根据法庭判决，不必给你学费。如果法庭判我败诉，那么，我也用不着给你学费，因为这是我打的第一场官司，而且打输了，不合原先契约的要求。总之，无论法庭如何判决，我都不必付给你另一半学费。

结果，这个案子难倒了法官，无法作出判决，只好不了了之。

原文摘自《语言艺术论》，上海社会科学院出版社1998年版。　鉴赏编写：唐婷婷　王燕华

5. 人的本性是善还是恶？
——战国时期孟子与学生告子、公都子的对话
（约公元前300年）

【格言名句】

　　鱼，我所欲也，熊掌亦我所欲也；二者不可得兼，舍鱼而取熊掌者也。生亦我所欲也，义亦我所欲也；二者不可得兼，舍生而取义者也。

——孟子

【文章导读】

　　人性是善还是恶？这是古今中外哲学家和思想家们都一直探索思考的一个问题。归纳起来，不外乎四种看法：人性本善，人性本恶，人性既善又

恶,人性非善非恶。其中,第四个观点是对人性及人性问题讨论的否定,它可以和第三个观点划为一类,因为都认为人的善恶不是内在的,而是由外在环境所决定的。

我国战国时期著名的思想家孟子,作为儒家思想的继承人,是主张人性本善的。他把孔子有关"仁"的论述发展为相对系统的"性善"学说,发扬光大了儒学。本文选自《孟子·告子》,记述了孟子和他的学生告子、公都子关于人性善恶的对话。

对话中,告子的观点是"人性本无分善恶",而孟子的观点是"人性本善"。告子一开场便抛出了自己的观点,他说,人性就像柳条一样,把柳条做成杯盘,它就是杯盘;把柳条编成筼筜,那它就是筼筜。人性也一样,本来无所谓善恶,后天环境引导的不同,才造成善恶的不同。孟子反驳说:"你说把柳条做成什么它就是什么,那么你能不改变柳条的性状把它变成杯盘或筼筜吗?把它做成别的样子,它本来的性状就没有了,它也就不是柳条了。照你这样说人的天性被引导成了善和恶,不就破坏了人的天性了吗?"

告子试图以"水流本来不分向东向西"来解说"人性不分善恶";孟子也以"水流"作比喻,说明:水流不管你在哪边开个口子,水总是往下流的,人性总是向善的。告子提出:天生的就是天性。孟子以日常生活所见白雪、白羽、白玉的白有别,狗、牛和人的天性不同加以反驳。告子抛出最后一个观点:食欲、性欲,是人的天性。仁是生自内心的,不是外因引起的;义是外因引起的,不是生自内心的。孟子避开空洞的理论,对告子所举论据进行反驳。

孟子不但好辩,而且能辩,轻而易举就把告子的观点给驳倒,而且是不管告子说什么立刻便将其反驳掉,甚至不管自己是否认同,都先驳了再说。

公都子是以好学者咨询的形式出现的,他以众人的言论来质疑孟子的"人性本善"。问老师道:告子说"人性无所谓善良不善良"。有人说:"人性可以使它善良,也可以使它不善良。所以周文王、周武王当朝,老百姓就善良;周幽王、周厉王当朝,老百姓就横暴。"也有人说:"有的人本性善良,有的人本性不善良。所以虽然有尧这样善良的人做天子却有像这样不善良的臣民;虽然有瞽瞍这样不善良的父亲却有舜这样善良的儿子;虽然有殷纣王这样不善良的侄儿,并且做了天子,却也有微子启、王子比干这样善良的长辈和贤臣。"他们都说错了吗?

孟子对公都子的回答也颇有耐心,先解释自己人性本善的意思:"从天生的性情来说,都可以使之善良,这就是我说人性本善的意思。"再解说现实中有些人不善良,并非本性。"至于说有些人不善良,那不能归罪于天生的资质。同情心,人人都有;羞耻心,人人都有;恭敬心,人人都有;是非心,人人都有。同情心属于仁,羞耻心属于义;恭敬心属于礼;是非心属于智。这仁义礼智都不是由外在的因素加给我的,而是我本身固有的,只不过平时没有去想它因而不觉得罢了。"并引用《诗经》和孔子的话说明:人与人之间有相差一倍、五倍甚至无数倍的,正是由于没有充分发挥他们的天生资质的缘故。有事物就一定有法则;老百姓掌握了这些法则,就会崇尚美好的品德。

对话充分展示了孟子论辩的才能、广博的学识。他以纵横捭阖的语言,捍卫了自己的"人性本善"说。其实,到底人性是如孟子的看法天生善良,或者如告子的看法无所谓善也无所谓恶,这是一个很难说得清的问题。即便是哲学思想进步发展到今天,对于这个古老的话题,每个人也都有着不同的看法。

【对话原文】

告子曰:"性犹杞柳也,义犹桮棬也;以人性为仁义,犹以杞柳为桮棬。"孟子曰:"子能顺杞柳之性而以为桮棬乎?将戕贼杞柳而后以为桮棬也?如将戕贼杞柳而以为桮棬,则亦将戕贼人以为仁义与?率天下之人而祸仁义者,必子之言夫!"告子曰:"性犹湍水也,决诸东方则东流,决诸西方则西流。人性之无分于善不善也,犹水之无分于东西也。"孟子曰:"水信无分于东西,无分于上下乎?人性之善也,犹水之就下也。人无有不善,水无有不下。今夫水,搏而跃之,可使过颡;激而行之,可使在山。是岂水之性哉?其势则然也。人之可使为不善,其性亦犹是也。"告子曰:"生之谓性。"孟子曰:"生之谓性也,犹白之谓白与?"曰:"然。""白羽之白也,犹白雪之白;白雪之白犹白玉之白与?"曰:"然。""然则犬之性犹牛之性,牛之性犹人之性与?"告子曰:"食、色,性也。仁,内也,非外也;义,外也,非内也。"孟子曰:"何以谓仁内义外也?"曰:"彼长而我长之,非有长于我也;犹彼白而我白之,从其白于外也,故谓之外也。"曰:"异于白马之白也,无以异于白人之白也;不识长马之长也,无以异于长人之长与?且谓长者义乎?长之者义乎?"曰:"吾弟则爱之,秦人之弟则不爱也,是以我为悦者也,故谓之内。长楚人之长,亦长吾之长,是以长为悦者也,故谓之外也。"曰:"耆秦人之炙,无以异于耆吾炙,夫物则亦有然者也,然则耆炙亦有外与?"

孟季子问公都子曰:"何以谓义内也?"曰:"行吾敬,故谓之内也。""乡人长于伯兄一岁,则谁敬?"曰:"敬兄。""酌则谁先?"曰:"先酌乡人。""所敬在此,所长在彼,果在外,非由内也。"公都子不能答,以告孟子。孟子曰:"敬叔父乎,敬弟乎?彼将曰,'敬叔父。'曰,'弟为尸,则谁敬?'彼将曰,'敬弟。'子曰,'恶在其敬叔父也?'彼将曰,"在位故也。'子亦曰,'在位故也。庸敬在兄,斯须之敬在乡人。'"公都子曰:"冬日则饮汤,夏日则饮水,然则饮食亦在外也?"公都子曰:"告子曰:'性无善无不善也。'或曰:'性可以为善,可以为不善;是故文、武兴,则民好善;幽、厉兴,则民好暴。'或曰:'有性善,有性不善;是故以尧为君而有象;以瞽瞍为父而有舜;以纣为兄之子,且以为君,而有微子启、王子比干。'今曰'性善',然则彼皆非与?"孟子曰:"乃若其情,则可以为善矣,乃所谓善也。若夫为不善,非才之罪也。恻隐之心,人皆有之;羞恶之心,人皆有之;恭敬之心,人皆有之;是非之心,人皆有之。恻隐之心,仁也;羞恶之心,义也;恭敬之心,礼也;是非之心,智也。仁义礼智,非由外铄我也,我固有之也,弗思耳矣。故曰,'求则得之,舍则失之。'或相倍蓰而无算者,不能尽其才者也。《诗》曰:'天生蒸民,有物有则。民之秉彝,好是懿德。'孔子曰:'为此诗者,其知道乎!故有物必有则;民之秉彝也,故好是懿德。'"

孟子曰:"富岁,子弟多赖;凶岁,子弟多暴,非天之降才尔殊也,其所以陷溺其心者然也。今夫麰麦,播种而耰之,其地同,树之时又同,浡然而生,至于日至之时,皆熟矣。虽有不同,则地有肥硗,雨露之养、人事之不齐也。故凡同类者,举相似也,何独至于人而疑之?圣人,与我同类者。故龙子曰:'不知足而为屦,我知其不为蒉也。'屦之相似,天下之足同也。口之于味,有同耆也;易牙先得我口之所耆者也。如使口之于味也,其性与人殊,若犬马之与我不同类也,则天下何耆皆从易牙之于味也?至于味,天下期于易牙,是天下之口相似也。惟耳亦然,至于声,天下期于师旷,是天下之耳相似也。惟目亦然,至于子都,天下莫不知其姣也;不知子都之姣者,无目者也。故曰,口之于味也,有同耆焉;耳之于声也,有同听焉;目之于色也,有同美焉。至于心,独无所同然乎?心之所同然者何也?谓理也、义也。圣人先得我心之所同然耳。故理、义之悦我心,犹刍豢之悦我口。"

孟子曰:"牛山之木尝美矣,以其郊于大国也,斧斤伐之,可以为美乎?

是其日夜之所息，雨露之所润，非无萌蘖之生焉，牛羊又从而牧之，是以若彼濯濯也。人见其濯濯也，以为未尝有材焉，此岂山之性也哉？虽存乎人者，岂无仁义之心哉？其所以放其良心者，亦犹斧斤之于木也，旦旦而伐之，可以为美乎？其日夜之所息，平旦之气，其好恶与人相近也者几希，则其旦昼之所为，有梏亡之矣。梏之反复，则其夜气不足以存；夜气不足以存，则其违禽兽不远矣。人见其禽兽也，而以为未尝有才焉者，是岂人之情也哉？故苟得其养，无物不长；苟失其养，无物不消。孔子曰：'操则存，舍则亡；出入无时，莫知其乡。'惟心之谓与？"孟子曰："无或乎王之不智也。虽有天下易生之物也，一日暴之，十日寒之，未有能生者也。吾见亦罕矣，吾退而寒之者至矣，吾如有萌焉何哉？今夫弈之为数，小数也；不专心致志，则不得也。弈秋，通国之善弈者也。使弈秋诲二人弈，其一专心致志，惟弈秋之为听。一人虽听之，一心以为有鸿鹄将至，思援弓缴而射之，虽与之俱学，弗若之矣。为是其智弗若与？曰：非然也。"孟子曰："鱼，我所欲也，熊掌亦我所欲也；二者不可得兼，舍鱼而取熊掌者也。生亦我所欲也，义亦我所欲也；二者不可得兼，舍生而取义者也。生亦我所欲，所欲有甚于生者，故不为苟得也；死亦我所恶，所恶有甚于死者，故患有所不辟也。如使人之所欲莫甚于生，则凡可以得生者，何不用也？使人之所恶莫甚于死者，则凡可以辟患者，何不为也？由是则生而有不用也，由是则可以辟患而有不为也，是故所欲有甚于生者，所恶有甚于死者。非独贤者有是心也，人皆有之，贤者能勿丧耳。一箪食，一豆羹，得之则生，弗得则死，蹴尔而与之，行道之人弗受；蹴尔而与之，乞人不屑也；万钟则不辨礼义而受之。万钟于我何加焉？为宫室之美、妻妾之奉、所识穷乏者得我与？乡为身死而不受，今为宫室之美为之；乡为身死而不受，今为妻妾之奉为之；乡为身死而不受，今为所识穷乏者得我而为之，是亦不可以已乎？此之谓失其本心。"孟子曰："仁，人心也；义，人路也。舍其路而弗由，放其心而不知求，哀哉！人有鸡犬放，则知求之；有放心而不知求。学问之道无他，求其放心而已矣。"孟子曰："今有无名之指屈而不信，非疾痛害事也，如有能信之者，则不远秦楚之路，为指之不若人也。指不若人，则知恶之；心不若人，则不知恶，此之谓不知类也。"孟子曰："拱把之桐梓，人苟欲生之，皆知所以养之者。至于身，而不知所以养之者，岂爱身不若桐梓哉？弗思甚也。"孟子曰："人之于身也，兼所爱。兼所爱，则兼所养也。无尺寸之肤不爱焉，则无尺寸之肤不养也。所以考其善不善者，岂有他哉？于己取之而已矣。体有贵贱,有小大。无以小害大,无以贱害贵。养其小者为小人,养其大者为大人。今有场师,舍其梧槚,养其樲棘,则为贱场师焉。养其一指而失其肩背,而不知也,则为狼疾人也。饮食之人,则人贱之矣,为其养小以失大也。饮食之人无有失也,则口腹岂为尺寸之肤哉?"

公都子问曰:"钧是人也,或为大人,或为小人,何也?"孟子曰:"从其大体为大人,从其小体为小人。"曰:"钧是人也,或从其大体,或从其小体,何也?"曰:"耳目之官不思,而蔽于物。物交物,则引之而已矣。心之官则思,思则得之,不思则不得也。此天之所与我者。先立乎其大者,则其小者不能夺也。此为大人而已矣。"孟子曰:"有天爵者,有人爵者。仁义忠信,乐善不倦,此天爵也;公卿大夫,此人爵也。古之人修其天爵,而人爵从之。今之人修其天爵,以要人爵;既得人爵,而弃其天爵,则惑之甚者也,终亦必亡而已矣。"孟子曰:"欲贵者,人之同心也。人人有贵于己者,弗思耳矣。人之所贵者,非良贵也。赵孟之所贵,赵孟能贱之。《诗》云:'既醉以酒,既饱以德。'言饱乎仁义也,所以不愿人之膏粱之味也;令闻广誉施于身,所以不愿人之文绣也。"孟子曰:"仁之胜不仁也,犹水胜火。今之为仁者,犹以一杯水救一车薪之火也;不熄,则谓之水不胜火,此又与于不仁之甚者也,亦终必亡而已矣。"孟子曰:"五谷者,种之美者也,苟为不熟,不如荑稗。夫仁,亦在乎熟之而已矣。"孟子曰:"羿之教人射,必志于彀;学者亦必志于彀。大匠诲人必以规矩,学者亦必以规矩。"

原文摘自王缁尘著:《广解孟子读本·告子》,世界书局,1936年8月版。
鉴赏编写:周秀芝　梁进学

6. 超越国界的战略对话
——战国时期纵横家苏秦与六国君王的对话
(约公元前300年)

【格言名句】

安民之本,在于择交,择交而得则民安,择交而不得则民终身不安。

——苏秦

6. 超越国界的战略对话

【文章导读】

战国中期，秦、齐两强东西对峙，秦军实力最强。秦惠文王称王改元时，秦国已完全据有关中，并在河东占有汾阴（今山西万荣西）、皮氏（今山西河津）等前进基地，在河南占有函谷关（今河南灵宝东北）及陕城（今河南三门峡市西旧陕县）等重要关塞，控制了关中左中原的战略走廊，黄河天险几乎成为秦之内河。秦进可攻、退可守。各国严重不安，遂策划"合纵"联合抗秦。

苏秦（？—公元前284），字季子，战国时期东周洛阳人，曾在东方的齐国拜师学艺，后跟随鬼谷子先生习艺。他早年在外游历多年，走了好多地方，人家都不肯用他。但他坚信天生我材必有用，相信只要学识丰富了，有了治国的本领，自有用我的地方，于是决心苦读。用了一年多时间，悬梁刺股，日夜苦读，读通了姜太公的兵书，又读了医、农、经济、古代法令、诏诰等典籍，然后细心研究各诸侯国的山川、河流、物产等情况，揣摩天下大势。豁然开朗，发现当时国与国之间矛盾交错复杂，但有一条脉络清晰可见，那就是西方的秦国正在日益壮大，其趋势必然是吞并六国。东方六国要想摆脱被吞并的厄运，只有携起手来，签约合纵以抗暴秦。

于是他再次出游，到燕、赵、韩、魏、齐、楚诸国，凭三寸不烂之舌和各国国君展开了一次超越国界的战略性合作对话。在对话中，苏秦从各国的山川险隘、兵员物产，说到秦国日益强盛，威胁各国统治，进而提出联合抗秦的具体措施，终于逐个说服了六国君主，使各国结成抗秦的统一战线。

与燕文侯对话，苏秦强调燕国之所以不被甲兵，是由于有赵国为屏障，弱燕要长存，必须奉行"合纵"策略，与其他五国交好，联合抗秦。

与赵肃侯的对话，苏秦强调秦强赵弱，又处秦、齐两个强国之间，国家之所以暂安，是由于有魏、韩两国为屏障。弱赵要长存，必须奉行"合纵"策略。

与韩宣王对话，苏秦强调秦强韩弱，韩王如事秦，只能割地求安，无地可割，最终仍不免亡国命运，弱韩欲长存，只能奉行"合纵"策略。

与魏襄王对话，苏秦强调秦强魏弱，但魏国有人多兵众的优势，割地事秦实为自我削亡之道，只有奉行"合纵"策略，与其他五国交好，联合抗秦，方可使社稷久安。

与齐宣王对话，苏秦强调秦强齐弱，齐国之所以安宁，是由于有韩、魏两国为屏障，韩、魏亡则齐国危。弱齐若要长存，必须奉行"合纵"策略，与其他五国交好。

与楚威王对话，苏秦强调秦强楚弱，楚国之所以暂安，是由于有韩、魏、齐、燕、赵五国联合牵制秦国，楚国只有奉行"合纵"策略，与其他五国联合抗秦，方能使国家久安。

苏秦对话六国君主，注意做到三点：一是客观估量当时形势，指出："诸侯之地五倍于秦，料度诸侯之卒十倍于秦，六国为一，并力西乡而攻秦，秦必破矣。"使六国君主看到了联合抗秦取胜的可能性。二是指出不行"合纵"策略，将导致"割其主之地以外交强虎狼之秦，以侵天下，卒有秦患"的极其不利局面。使六国君主不得不考虑不行"合纵"策略的危害性。三是合理揣摸六国君主不甘为臣的心理，指出："秦，虎狼之国也，有吞天下之心。秦，天下之仇雠也。衡人皆欲割诸侯之地以事秦，此所谓养仇而奉雠者也。"

这使六国君主看到了实行"合纵"策略的正确性、必要性，也让六国君主看到了保存国家、使自己强大起来的诱惑，所以最终苏秦说服了赵、魏、韩、齐、楚、燕六国君主共同接受了"合纵"策略联合抗秦，并为自己赢得了六国相位。这一外交策略的成功，在一定时期内阻止了秦国的扩张野心，迫使秦国退还了已侵吞的魏、赵两国的部分土地，十五年间不敢东出函谷关。

文章节选自司马迁《史记·苏秦列传第九》，充分展现了战国时期"纵横家"从事外交活动的重要意义："安民之本，在于择交，择交而得则民安，择交而不得则民终身不安。"也充分展示了"纵横家"们"一怒而诸侯惧，安居而天下息"的政治风采。

【对话原文】

苏秦者，东周雒阳人也。东事师于齐，而习之于鬼谷先生。出游数岁，大困而归。兄弟嫂妹妻妾窃皆笑之，曰："周人之俗，治产业，力工商，逐什二以为务。今子释本而事口舌，困，不亦宜乎！"苏秦闻之而惭，自伤，乃闭室不出，出其书遍观之。曰："夫士业已屈首受书，而不能以取尊荣，虽多亦奚以为！"于是得周书阴符，伏而读之。期年，以出揣摩，曰："此可以说当世之君矣。"

求说周显王。显王左右素习知苏秦，皆少之。弗信。乃西至秦。秦孝公卒。说惠王曰："秦四塞之国，被山带渭，东有关河，西有汉中，南有巴蜀，北有代马，此天府也。以秦士民之众，兵法之教，可以吞天下，称帝而治。"秦王曰:"毛羽未成,不可以高蜚;文理未明,不可以并兼。"方诛商鞅,疾辩士,弗用。

乃东之赵。赵肃侯令其弟成为相,号奉阳君。奉阳君弗说之。去游燕,岁余而后得见。

说燕文侯曰:"燕东有朝鲜、辽东,北有林胡、楼烦,西有云中、九原,有呼沱、易水,地方二千余里,带甲数十万,车六百乘,骑六千匹,粟支数年。南有碣石、雁门之饶,北有枣栗之利,民虽不佃作而足于枣栗矣。此所谓天府者也。""夫安乐无事,不见覆军杀将,无过燕者。大王知其所以然乎?夫燕之所以不犯寇被甲兵者,以赵之为蔽其南也。秦赵五战,秦再胜而赵三胜。秦赵相毙,而王以全燕制其后,此燕之所以不犯寇也。且夫秦之攻燕也,逾云中、九原,过代、上谷,弥地数千里,虽得燕城,秦计固不能守也。秦之不能害燕亦明矣。今赵之攻燕也,发号出令,不至十日而数十万之军军于东垣矣。渡呼沱,涉易水,不至四五日而距国都矣。故曰秦之攻燕也,战于千里之外;赵之攻燕也,战于百里之内。夫不忧百里之患而重千里之外,计无过于此者。是故愿大王与赵从亲,天下为一,则燕国必无患矣。"文侯曰:"子言则可,然吾国小,西迫强赵,南近齐,齐、赵强国也。子必欲合从以安燕,寡人请以国从。"

于是资苏秦车马金帛以至赵。而奉阳君已死,即因说赵肃侯曰:"天下卿相人臣及布衣之士,皆高贤君之行义,皆愿奉教陈忠于前之日久矣。虽然,奉阳君妒而君不任事,是以宾客游士莫敢自尽于前者。今奉阳君捐馆舍,君乃今复与士民相亲也,臣故敢进其愚虑。"窃为君计者,莫若安民无事,且无庸有事于民也。安民之本,在于择交,择交而得则民安,择交而不得则民终身不安。请言外患:齐秦为两敌而民不得安,倚秦攻齐而民不得安,倚齐攻秦而民不得安。故夫谋人之主,伐人之国,常苦出辞断绝人之交也。愿君慎勿出于口。请别白黑,所以异阴阳而已矣。君诚能听臣,燕必致旃裘狗马之地,齐必致鱼盐之海,楚必致橘柚之园,韩、魏、中山皆可使致汤沐之奉,而贵戚父兄皆可以受封侯。夫割地包利,五伯之所以覆军禽将而求也;封侯贵戚,汤武之所以放弑而争也。今君高拱而两有之,此臣之所以为君愿也。""今大王与秦,则秦必弱韩、魏;与齐,则齐必弱楚、魏。魏弱则割河外,韩弱则效宜阳,宜阳效则上郡绝,河外割则道不通,楚弱则无援。此三策者,不可不孰计也。"夫秦下轵道,则南阳危;劫韩包周,则赵氏自操兵;据卫取卷,则齐必入朝秦。秦欲已得乎山东,则必举兵而向赵矣。秦甲渡河逾漳,据番吾,则兵必战于邯郸之下矣。此臣之所为君患也。""当今之时,山东之建国莫强于赵。赵地方二千余里,带甲数十万,车千乘,骑万匹,粟支数年。西有常山,南有河漳,东有清河,北有燕国。燕固弱国,不足畏也。秦之所害于天下者莫如赵,然而秦不敢举兵伐赵者,何也?畏韩、魏之议其后也。然则韩、魏,赵之南蔽也。秦之攻韩、魏也,无有名山大川之限,稍蚕食之,傅国都而止。韩、魏不能支秦,必入臣于秦。秦无韩、魏之规,则祸必中于赵矣。此臣之所为君患也。""臣闻尧无三夫之分,舜无咫尺之地,以有天下;禹无百人之聚,以王诸侯;汤武之士不过三千,车不过三百乘,卒不过三万,立为天子:诚得其道也。是故明主外料其敌之强弱,内度其士卒贤不肖,不待两军相当而胜败存亡之机固已形于胸中矣,岂掩于众人之言而以冥冥决事哉!臣窃以天下之地图案之,诸侯之地五倍于秦,料度诸侯之卒十倍于秦,六国为一,并力西乡而攻秦,秦必破矣。今西面而事之,见臣于秦。夫破人之与破于人也,臣人之与臣于人也,岂可同日而论哉!""夫衡人者,皆欲割诸侯之地以予秦。秦成,则高台榭,美宫室,听竽瑟之音,前有楼阙轩辕,后有长姣美人,国被秦患而不与其忧。是故夫衡人日夜务以秦权恐愒诸侯以求割地,故愿大王孰计之也。"臣闻明主绝疑去谗,屏流言之迹,塞朋党之门,故尊主广地强兵之计臣得陈忠于前矣。故窃为大王计,莫如一韩、魏、齐、楚、燕、赵以从亲,以畔秦。令天下之将相会于洹水之上,通质,刳白马而盟。要约曰:'秦攻楚,齐、魏各出锐师以佐之,韩绝其粮道,赵涉河漳,燕守常山之北。秦攻韩魏,则楚绝其后,齐出锐师而佐之,赵涉河漳,燕守云中。秦攻齐,则楚绝其后,韩守城皋,魏塞其道,赵涉河漳、博关,燕出锐师以佐之。秦攻燕,则赵守常山,楚军武关,齐涉渤海,韩、魏皆出锐师以佐之。秦攻赵,则韩军宜阳,楚军武关,魏军河外,齐涉清河,燕出锐师以佐之。诸侯有不如约者,以五国之兵共伐之。'六国从亲以宾秦,则秦甲必不敢出于函谷以害山东矣。如此,则霸王之业成矣。"赵王曰:"寡人年少,立国日浅,未尝得闻社稷之长计也。今上客有意存天下,安诸侯寡人敬以国从。"乃饰车百乘,黄金千溢,白璧百双,锦绣千纯,以约诸侯。

是时周天子致文武之胙于秦惠王。惠王使犀首攻魏,禽将龙贾,取魏之雕阴,且欲东兵。苏秦恐秦兵之至赵也,乃激怒张仪,入之于秦。于是说韩宣王曰:"韩北有巩、成皋之固,西有宜阳、商阪之塞,东有宛、穰、洧水,南有陉山,地方九百余里,带甲数十万,天下之强弓劲弩皆从韩出。溪子、少府时力、距来者,皆射六百步之外。韩卒超足而射,百发不暇止,远者括蔽洞胸,近者镝弇心。韩卒之剑戟皆出于冥山、棠溪、墨阳、合赙、邓师、宛冯、龙渊、太阿,皆陆断牛马,水截鹄雁,当敌则斩,坚甲铁幕,革抉〈口犮〉芮,无不毕具。以韩卒之勇,被坚甲,跖劲弩,带利剑,一人当百,不足言也。夫以韩之劲与大王之贤,乃西面事秦,交臂而服,羞社稷而为天下笑,无大于此者矣。是故愿大王孰计之。""大王事秦,秦必求宜阳、成皋。今兹效之,明年又复求割地。与则无地以给之,不与则弃前功而受后祸。且大王之地有尽而秦之求无已,以有尽之地而逆无已之求,此所谓市怨结祸者也,不战而地已削矣。臣闻鄙谚曰:'宁为鸡口,无为牛后。'今西面交臂而臣事秦,何异于牛后乎?夫以大王之贤,挟强韩之兵,而有牛后之名,臣窃为大王羞之。"于是韩王勃然作色,攘臂瞋目,按剑仰天太息曰:"寡人虽不肖,必不能事秦。今主君诏以赵王之教,敬奉社稷以从。"

又说魏襄王曰:"大王之地,南有鸿沟、陈、汝南、许、郾、昆阳、召陵、舞阳、新都、新郪,东有淮、颍、煮枣、无胥,西有长城之界,北有河外、卷、衍、酸枣,地方千里。地名虽小,然而田舍庐庑之数,曾无所刍牧。人民之众,车马之多,日夜行不绝,鞠鞠殷殷,若有三军之众。臣窃量大王之国不下楚。然衡人怵王交强虎狼之秦以侵天下,卒有秦患,不顾其祸。夫挟强秦之势以内劫其主,罪无过此者。魏,天下之强国也;王,天下之贤王也。今乃有意西面而事秦,称东藩,筑帝宫,受冠带,祠春秋,臣窃为大王耻之。""臣闻越王句践战敝卒三千人,禽夫差于干遂;武王卒三千人,革车三百乘,掣纣于牧野:岂其士卒众哉,诚能奋其威也。今窃闻大王之卒,武士二十万,苍头二十万,奋击二十万,厮徒十万,车六百乘,骑五千匹。此其过越王句践、武王远矣,今乃听于群臣之说而欲臣事秦。夫事秦必割地以效实,故兵未用而国已亏矣。凡群臣之言事秦者,皆奸人,非忠臣也。夫为人臣,割其主之地以求外交,偷取一时之功而不顾其后,破公家而成私门,外挟强秦之势以内劫其主,以求割地,愿大王孰察之。""周书曰:'绵绵不绝,蔓蔓奈何?豪氂不伐,将用斧柯。'前虑不定,后有大患,将奈之何?大王诚能听臣,六国从亲,专心并力壹意,则必无强秦之患。故敝邑赵王使臣效愚计,奉明约,在大王之诏诏之。"魏王曰:"寡人不肖,未尝得闻明教。今主君以赵王之诏诏之,敬以国从。"

因东说齐宣王曰:"齐南有泰山,东有琅邪,西有清河,北有渤海,此所谓四塞之国也。齐地方二千余里,带甲数十万,粟如丘山。三军之良,五家之兵,进如锋矢,战如雷霆,解如风雨。即有军役,未尝倍泰山,绝清河,涉渤海也。临菑之中七万户,臣窃度之,不下户三男子,三七二十一万,不待发于远县,而临菑之卒固已二十一万矣。临菑甚富而实,其民无不吹竽鼓瑟,弹琴击筑,斗鸡走狗,六博蹹鞠者。临菑之涂,车毂击,人肩摩,连衽成帷,举袂成幕,挥汗成雨,家殷人足,趾高气扬。夫以大王之贤与齐之强,天下莫能当。今乃西面而事秦,臣窃为大王羞之。""且夫韩、魏之所以重畏秦者,为与秦接境壤界也。兵出而相当,不出十日而战胜存亡之机决矣。韩、魏战而胜秦,则兵半折,四境不守;战而不胜,则国已危亡随其后。是故韩、魏之所以重与秦战,而轻为之臣也。今秦之攻齐则不然。倍韩、魏之地,过卫阳晋之道,径乎亢父之险,车不得方轨,骑不得比行,百人守险,千人不敢过也。秦虽欲深入,则狼顾,恐韩、魏之议其后也。是故恫疑虚猲,骄矜而不敢进,则秦之不能害齐亦明矣。"夫不深料秦之无奈齐何,而欲西面而事之,是群臣之计过也。今无臣事秦之名而有强国之实,臣是故愿大王少留意计之。"齐王曰:"寡人不敏,僻远守海,穷道东境之国也,未尝得闻余教。今足下以赵王诏诏之,敬以国从。"

乃西南说楚威王曰:"楚,天下之强国也;王,天下之贤王也。西有黔中、巫郡,东有夏州、海阳,南有洞庭、苍梧,北有陉塞、郇阳,地方五千余里,带甲百万,车千乘,骑万匹,粟支十年。此霸王之资也。夫以楚之强与王之贤,天下莫能当也。今乃欲西面而事秦,则诸侯莫不西面而朝于章台之下矣。""秦之所害莫如楚,楚强则秦弱,秦强则楚弱,其势不两立。故为大王计,莫如从亲以孤秦。大王不从,秦必起两军,一军出武关,一军下黔中,则鄢郢动。""臣闻治之其未乱也,为之其未有也。患至而后忧之,则无及已。故愿大王蚤孰计之。""大王诚能听臣,臣请令山东之国奉四时之献,以承大王之明诏,委社稷,奉宗庙,练士厉兵,在大王之所用之。大王诚能用臣之愚计,则韩、魏、齐、燕、赵、卫之妙音美人必充后宫,燕、代橐驼良马必实外厩。故从合则楚王,衡成则秦帝。今释霸王之业,而有事人之名,臣窃为大王不取也。""夫秦,虎狼之国也,有吞天下之心。秦,天下之仇雠也。衡人皆欲割诸侯之地以事秦,此所谓养仇而奉雠者也。夫为人臣,割其主之地以外交强虎狼之秦,以侵天下,卒有秦患,不顾其祸。夫外挟强秦之威以内劫其主,以求割地,大逆不忠,无过此者。故从亲则诸侯割地以事楚,衡合则楚割地以事秦,此两策者相去远矣,二者大王何居焉?故敝邑赵王使臣效愚计,奉明约,在大王诏之。"楚王曰:"寡人之国西与秦接境,秦有举巴蜀并汉中之心。秦,虎狼之国,不可亲也。而韩、魏迫于秦患,不可与深谋,与深谋恐反人以入于秦,故谋未发而国已危矣。寡人自料以楚当秦,不见胜也;内与群臣谋,不足恃也。寡人卧不安席,食不甘味,心摇摇然如县旌而无所终薄。今主君欲一天下,收诸侯,存危国,寡人谨奉社稷以从。"

于是六国从合而并力焉。苏秦为从约长,并相六国。北报赵王,乃行过雒阳,车骑辎重,诸侯各发使送之甚众,疑于王者。周显王闻之恐惧,除道,使人郊劳。苏秦之昆弟妻嫂侧目不敢仰视,俯伏侍取食。苏秦笑谓其嫂曰:"何前倨而后恭也?"嫂委蛇蒲服,以面掩地而谢曰:"见季子位高金多也。"苏秦喟然叹曰:"此一人之身,富贵则亲戚畏惧之,贫贱则轻易之,况众人乎!且使我有雒阳负郭田二顷,吾岂能佩六国相印乎!"于是散千金以赐宗族朋友。

原文摘自司马迁著:《史记·苏秦列传》。　　鉴赏编写:李　劲　刘惠恕

7. 巧用贪利畏强之念破六国联盟
——战国时期纵横家张仪与七国君王的对话

（约公元前300年）

【格言名句】

凡天下强国,非秦而楚,非楚而秦,两国交争,其势不两立。

——张仪

【文章导读】

张仪(?—公元前309年),魏国大梁(今河南开封)人,魏国贵族后裔,战国时期著名的纵横家、外交家和谋略家。张仪首创"连横"的外交策略,游说入秦。秦惠王封张仪为相,后来张仪出使游说各诸侯国,以"横"破"纵",使各国纷纷由合纵抗秦转变为连横亲秦。张仪也因此被秦王封为武信君。张仪自入秦倡导"连横说"后,其大致经历为:两度为秦相,前后共十一年;一度

为楚相,约不满一年;两次为魏相,一次四年,第二次仅年余,卒于任上。但张仪不论是为楚相还是为魏相,实际上都是代表秦国的利益,推行他的"连横"主张。

文章节选自《史记·张仪列传》。节选文字共九段,除去首段有关张仪身世记载及末段太史公评论外,其余七段分别记载了秦惠文君当政时,张仪代表秦国游说魏、楚、韩、齐、赵、燕六国国君阐述其"连横"主张以及说服秦武王许其全身离秦相魏时的对话,充分展现了张仪作为纵横大家的辩才。

张仪对话魏哀王,强调魏为四战之国,无山川之险,只有与强秦结盟,才能摆脱南楚、西韩、北赵、东齐的四面军事威胁,并收到"割楚而益梁"的实利。

张仪对话楚怀王,目的于分裂楚、齐联盟,以便于各个击破。因此先利诱楚王,诈称欲献秦"商於之地六百里",促成楚与齐国绝交,秦楚通婚。楚怀王上当,断绝与齐国军事同盟关系后,张仪食言,云欲献楚王之地为六里,致使楚王恼羞成怒,又面临着单独与秦国作战的不利处境,与秦两战皆败,国家元气大伤。

张仪对话韩王,极尽恫吓之能事,强调秦强韩弱、秦富韩贫,使韩王领悟到:"秦之所欲莫如弱楚,而能弱楚者如韩""西面而事秦以攻楚,秦王必喜,夫攻楚以利其地,转祸而说秦,计无便於此者",最终放弃了合纵政策。

张仪对话齐湣王,一方面吹捧齐地广民众,兵强士勇;另一面又表示秦大齐小,齐王如"不事秦,秦驱韩梁攻齐之南地,悉赵兵渡清河,指博关,临菑、即墨非王之有也",而迫使齐国放弃合纵政策。

张仪对话赵王,表面赞扬赵国兵强,奉行合纵之策,威行于山东,使秦兵不敢东出函谷关十五年,实际威胁赵王:"合纵"之策已被秦国打破,赵之右臂已断,秦将驱韩、梁、齐三国之兵伐赵。迫使赵王与秦王会于渑池,割河间之地以请和。

张仪对话燕昭王,重提"赵兵攻燕,燕王割十城请和"的旧事,挑拨燕、赵关系;又威胁燕王如不事秦,秦将驱赵而攻燕,迫使燕王许诺西面而事秦,割"恒山之尾五城"以献。

张仪在秦惠王的支持下,尽一己之力,多年坚持,反复游走于东方六国之间,利用各诸侯国相互间矛盾及贪利畏强之心,极尽挑拨、利诱、分化、欺骗、威胁之能事,说服六国君主,充分展现了他高超的辞令技巧和外交技巧。虽然未能收全功,却分裂了楚齐联盟,导致秦齐联兵,两次大败楚军,夺丹阳、汉中、蓝田诸地,极大地削弱了当时秦国最大的敌国楚国,为日后秦的统一准备了条件。

【对话原文】

张仪者,魏人也。始尝与苏秦俱事鬼谷先生,学术,苏秦自以不及张仪。张仪已学游说诸侯。尝从楚相饮,已而楚相亡璧,门下意张仪,曰:"仪贫无行,必盗相君之璧。"共执张仪,掠笞数百,不服,醳之。其妻曰:"嘻!子毋读书游说,安得此辱乎?"张仪谓其妻曰:"视吾舌尚在不?"其妻笑曰:"舌在也。"仪曰:"足矣。"

仪相秦四岁,相魏以为秦,欲令魏先事秦而诸侯效之。魏王不肯听仪。于是张仪阴令秦伐魏。魏与秦战,败。明年,齐又来败魏于观津。秦复欲攻魏,先败韩申差军,斩首八万,诸侯震恐。而张仪复说魏王曰:"魏地方不至千里,卒不过三十万。地四平,诸侯四通辐辏,无名山大川之限。从郑至梁二百余里,车驰人走,不待力而至。梁南与楚境,西与韩境,北与赵境,东与齐境,卒戍四方,守亭鄣者不下十万。梁之地势,固战场也。梁南与楚而不与齐,则齐攻其东;东与齐而不与赵,则赵攻其北;不合于韩,则韩攻其西;不亲于楚,则楚攻其南:此所谓四分五裂之道也。""且夫诸侯之为从者,将以安社稷尊主强兵显名也。今从者一天下,约为昆弟,刑白马以盟洹水之上,以相坚也。而亲昆弟同父母,尚有争钱财,而欲恃诈伪反复苏秦之余谋,其不可成亦明矣。""大王不事秦,秦下兵攻河外,据卷、衍、(燕)、酸枣,劫卫取阳晋,则赵不南,赵不南而梁不北,梁不北则从道绝,从道绝则大王之国欲毋危不可得也。秦折韩而攻梁,韩怯于秦,秦韩为一,梁之亡可立而须也。此臣之所为大王患也。""为大王计,莫如事秦。事秦则楚、韩必不敢动;无楚、韩之患,则大王高枕而卧,国必无忧矣。""且夫秦之所欲弱者莫如楚,而能弱楚者莫如梁。楚虽有富大之名而实空虚;其卒虽多,然而轻走易北,不能坚战。悉梁之兵南面而伐楚,胜之必矣。割楚而益梁,亏楚而适秦,嫁祸安国,此善事也。大王不听臣,秦下甲士而东伐,虽欲事秦,不可得矣。""且夫从人多奋辞而少可信,说一诸侯而成封侯,是故天下之游谈士莫不日夜搤腕瞋目切齿以言从之便,以说人主。人主贤其辩而牵其说,岂得无眩哉。""臣闻之,积羽沈舟,群轻折轴,众口铄金,积毁销骨,故原大王审定计议,且赐骸骨辟魏。"哀王于是乃倍从约而因仪请成于秦。张仪归,复相秦。三岁而魏复背秦为从。秦攻魏,取曲沃。明年,魏复事秦。

秦欲伐齐,齐楚从亲,于是张仪往相楚。楚怀王闻张仪来,虚上舍而自馆之。曰:"此僻陋之国,子何以教之?"仪说楚王曰:"大王诚能听臣,闭关绝约于齐,臣请献商于之地面六百里,使秦女得为大王箕帚之妾,秦楚娶妇嫁女,长为兄弟之国。此北弱齐而西益秦也,计无便此者。"楚王大说而许之。群臣皆贺,陈轸独吊之。楚王怒曰:"寡人不兴师发兵得六百里地,群臣皆贺,子独吊,何也?"陈轸对曰:"不然,以臣观之,商于之地不可得而齐秦合,齐秦合则患必至矣。"楚王曰:"有说乎?"陈轸对曰:"夫秦之所以重楚者,以其有齐也。今闭关绝约于齐,则楚孤。秦奚贪夫孤国,而与之商于之地六百里?张仪至秦,必负王,是北绝齐交,西生患于秦也,而两国之兵必俱至。善为王计者,不若阴合而阳绝于齐,使人随张仪。苟与吾地,绝齐未晚也;不与吾地,阴合谋计也。"楚王曰:"愿陈子闭口毋复言,以待寡人得地。"乃以相印授张仪,厚赂之。于是遂闭关绝约于齐,使一将军随张仪。张仪至秦,详失绥堕车,不朝三月。楚王闻之,曰:"仪以寡人绝齐未甚邪?"乃使勇士至宋,借宋之符,北骂齐王。齐王大怒,折节而下秦。秦齐之交合,张仪乃朝,谓楚使者曰:"臣有奉邑六里,原以献大王左右。"楚使者曰:"臣受令于王,以商于之地六百里,不闻六里。"还报楚王,楚王大怒,发兵而攻秦。陈轸曰:"轸可发口言乎?攻之不如割地反以赂秦,与之并兵而攻齐,是我出地于秦,取偿于齐也,王国尚可存。"楚王不听,卒发兵而使将军屈匄击秦。秦齐共攻楚,斩首八万,杀屈匄,遂取丹阳、汉中之地。楚又复益发兵而袭秦,至蓝田,大战,楚大败,于是楚割两城以与秦平。秦要楚欲得黔中地,欲以武关外易之。楚王曰:"不愿易地,愿得张仪而献黔中地。"秦王欲遣之,口弗忍言。张仪乃请行。惠王曰:"彼楚王怒子之负以商于之地,是且甘心于子。"张仪曰:"秦强楚弱,臣善靳尚,尚得事楚夫人郑袖,袖所言皆从。且臣奉王之节使楚,楚何敢加诛。假令诛臣而为秦得黔中之地,臣之上愿。"遂使楚。楚怀王至则囚张仪,将杀之。靳尚谓郑袖曰:"子亦知子之贱于王乎?"郑袖曰:"何也?"靳尚曰:"秦王甚爱张仪而不欲出之,今将以上庸之地六县赂楚,美人聘楚,以宫中善歌讴者为媵。楚王重地尊秦,秦女必贵而夫人斥矣。不若为言而出之。"于是郑袖日夜言怀王曰:"人臣各为其主用。今地未入秦,秦使张仪来,至重王。王未有礼而杀张仪,秦必大怒攻楚。妾请子母俱迁江南,毋为秦所鱼肉也。"怀王后悔,赦张仪,厚礼之如故。张仪既出,未去,闻苏秦死,乃说楚王曰:"秦地半天下,兵敌四国,被险带河,四塞以为固。虎贲之士百余万,车千乘,骑万匹,积粟如丘山。法令既明,士卒安难乐死,主明以严,将智以武,虽无出甲,席卷常山之险,必折天下之脊,天下有后服者先亡。且夫为从者,无以异于驱群羊而攻猛虎,虎之与羊不格明矣。今王不与猛虎而与群羊,臣窃以为大王之计过也。""凡天下强国,非秦而楚,非楚而秦,两国交争,其势不两立。大王不与秦,秦下甲据宜阳,韩之上地不通。下河东,取成皋,韩必入臣,梁则从风而动。秦攻楚之西,韩、梁攻其北,社稷安得毋危?""且夫从者聚群弱而攻至强,不料敌而轻战,国贫而数举兵,危亡之术也。臣闻之,兵不如者勿与挑战,粟不如者勿与持久。夫从人饰辩虚辞,高主之节,言其利不言其害,卒有秦祸,无及为已。是故原大王之孰计之。"秦西有巴蜀,大船积粟,起于汶山,浮江已下,至楚三千余里。舫船载卒,一舫载五十人与三月之食,下水而浮,一日行三百余里,里数虽多,然而不费牛马之力,不至十日而距扞关。扞关惊,则从境以东尽城守矣,黔中、巫郡非王之有。秦举甲出武关,南面而伐,则北地绝。秦兵之攻楚也,危难在三月之内,而楚待诸侯之救,在半岁之外,此其势不相及也。夫弱国之救,忘强秦之祸,此臣所以为大王患也。"大王尝与吴人战,五战而三胜,阵卒尽矣;偏守新城,存民苦矣。臣闻功大者易危,而民敝者怨上。夫守易危之功而逆强秦之心,臣窃为大王危之。""且夫秦之所以不出兵函谷十五年以攻齐、赵者,阴谋有合天下之心。楚尝与秦构难,战于汉中,楚人不胜,列侯执珪死者七十余人,遂亡汉中。楚王大怒,兴兵袭秦,战于蓝田。此所谓两虎相搏者也。夫秦楚相敝而韩魏以全制其后,计无危于此者矣。愿大王孰计之。""秦下甲攻卫阳晋,必大关天下之匈。大王悉起兵以攻宋,不至数月而宋可举,举宋而东指,则泗上十二诸侯尽王之有也。""凡天下而以信约从亲相坚者苏秦,封武安君,相燕,即阴与燕王谋伐破齐而分其地;乃详有罪出走入齐,齐王因受而相之;居二年而觉,齐王大怒,车裂苏秦于市。夫以一诈伪之苏秦,而欲经营天下,混一诸侯,其不可成亦明矣。""今秦与楚接境壤界,固形亲之国也。大王诚能听臣,臣请使秦太子入质于楚,楚太子入质于秦,请以秦女为大王箕帚之妾,效万室之都以为汤沐之邑,长为昆弟之国,终身无相攻伐。臣以为计无便于此者。"于是楚王已得张仪而重出黔中地与秦,欲许之。屈原曰:"前大王见欺于张仪,张仪至,臣以为大王烹之;今纵弗忍杀之,又听其邪说,不可。"怀王曰:"许仪而得黔中,美利也。后而倍之,不可。"故卒许张仪,与秦亲。

张仪去楚,因遂之韩,说韩王曰:"韩地险恶山居,五谷所生,非菽而麦,民之食大抵菽饭藿羹。一岁不收,收不餍糟糠。地不过九百里,无二岁之食。料大王之卒,悉之不过三十万,而厮徒负养在其中矣。除守徼亭鄣塞,见卒不过二十万而已矣。秦带甲百余万,车千乘,骑万匹,虎贲之士跿跔科头贯颐奋戟者,至不可胜计。秦马之良,戎兵之众,探前趹后蹄间三寻腾者,不可胜数。山东之士被甲蒙胄以会战,秦人捐甲徒裼以趋敌,左挈人头,右挟生虏。夫秦卒与山东之卒,犹孟贲之与怯夫;以重力相压,犹乌获之与婴儿。夫战孟贲、乌获之士以攻不服之弱国,无异垂千钧之重于鸟卵之上,必无幸矣。""夫群臣诸侯不料地之寡,而听从人之甘言好辞,比周以相饰也,皆奋曰'听吾计可以强霸天下'。夫不顾社稷之长利而听须臾之说,诖误人主,无过此者。""大王不事秦,秦下甲据宜阳,断韩之上地,东取成皋、荥阳,则鸿台之宫、桑林之苑非王之有也。夫塞成皋,绝上地,则王之国分矣。先事秦则安,不事秦则危。夫造祸而求其福报,计浅而怨深,逆秦而顺楚,虽欲毋亡,不可得也。""故为大王计,莫如为秦。秦之所欲莫如弱楚,而能弱楚者如韩。非以韩能强于楚也,其地势然也。今王西面而事秦以攻楚,秦王必喜。夫攻楚以利其地,转祸而说秦,计无便于此者。"韩王听仪计。张仪归报,秦惠王封仪五邑,号曰武信君。

使张仪东说齐湣王曰:"天下强国无过齐者,大臣父兄殷众富乐。然而为大王计者,皆为一时之说,不顾百世之利。从人说大王者,必曰'齐西有强赵,南有韩与梁。齐,负海之国也,地广民众,兵强士勇,虽有百秦,将无奈齐何'。大王贤其说而不计其实。夫从人朋党比周,莫不以从为可。臣闻之,齐与鲁三战而鲁三胜,国以危亡随其后,虽有战胜之名,而有亡国之实。是何也?齐大而鲁小也。今秦之与齐也,犹齐之与鲁也。秦赵战于河漳之上,再战而赵再胜秦;战于番吾之下,再战又胜秦。四战之后,赵之亡卒数十万,邯郸仅存,虽有战胜之名而国已破矣。是何也?秦强而赵弱。今秦楚嫁女娶妇,为昆弟之国。韩献宜阳;梁效河外;赵入朝渑池,割河间以事秦。大王不事秦,秦驱韩梁攻齐之南地,悉赵兵渡清河,指博关,临菑、即墨非王之有也。国一日见攻,虽欲事秦,不可得也。是故原大王孰计之也。"齐王曰:"齐僻陋,隐居东海之上,未尝闻社稷之长利也。"乃许张仪。

张仪去,西说赵王曰:"敝邑秦王使使臣效愚计于大王。大王收率天下以宾秦,秦兵不敢出函谷关十五年。大王之威行于山东,敝邑恐惧慴伏,缮甲厉兵,饰车骑,习驰射,力田积粟,守四封之内,愁居慑处,不敢动摇,唯大王有意督过之也。""今以大王之力,举巴蜀,并汉中,包两周,迁九鼎,守白马之津。秦虽僻远,然而心忿含怒之日久矣。今秦有敝甲凋兵,军于渑池,愿渡河逾漳,据番吾,会邯郸之下,愿以甲子合战,以正殷纣之事,敬使使臣先闻左右。""凡大王之所信为从者恃苏秦。苏秦荧惑诸侯,以是为非,以非为是,欲反齐国,而自令车裂于市。夫天下之不可一亦明矣。今楚与秦为昆弟之国,而韩梁称为东藩之臣,齐献鱼盐之地,此断赵之右臂也。夫断右臂而与人斗,失其党而孤居,求欲毋危,岂可得乎?""今秦发三将军:其一军塞午道,告齐使兴师渡清河,军于邯郸之东;一军军成皋,驱韩梁军于河外;一军军于渑池。约四国为一以攻赵,赵必四分其地。是故不敢匿意隐情,先以闻于左右。臣窃为大王计,莫如与秦王遇于渑池,面相见而口相结,请案兵无攻。愿大王之定计。"赵王曰:"先王之时,奉阳君专权擅势,蔽欺先王,独擅绾事,寡人居属师傅,不与国谋计。先王弃群臣,寡人年幼,奉祀之日新,心固窃疑焉,以为一从不事秦,非国之长利也。乃且愿变心易虑,割地谢前过以事秦。方将约车趋行,适闻使者之明诏。"赵王许张仪,张仪乃去。

北之燕,说燕昭王曰:"大王之所亲莫如赵。昔赵襄子尝以其姊为代王妻,欲并代,约与代王遇于句注之塞。乃令工人作为金斗,长其尾,令可以击人。与代王饮,阴告厨人曰:'即酒酣乐,进热啜,反斗以击之。'于是酒酣乐,进热啜,厨人进斟,因反斗以击代王,杀之,王脑涂地。其姊闻之,因摩笄以自刺,故至今有摩笄之山。代王之亡,天下莫不闻。""夫赵王之很戾无亲,大王之所明见,且以赵王为可亲乎?赵兴兵攻燕,再围燕都而劫大王,大王割十城以谢。今赵王已入朝渑池,效河间以事秦。今大王不事秦,秦下甲云中、九原,驱赵而攻燕,则易水、长城非大王之有也。""且今时赵之于秦犹郡县也,不敢妄举师以攻伐。今王事秦,秦王必喜,赵不敢妄动,是西有强秦之援,而南无齐赵之患,是故愿大王孰计之。"燕王曰:"寡人蛮夷僻处,虽大男子裁如婴儿,言不足以采正计。今上客幸教之,请西面而事秦,献恒山之尾五城。"燕王听仪。

仪归报,未至咸阳而秦惠王卒,武王立。武王自为太子时不说张仪,及即位,群臣多谗张仪曰:"无信,左右卖国以取容。秦必复用之,恐为天下笑。"诸侯闻张仪有郤武王,皆畔衡,复合从。秦武王元年,群臣日夜恶张仪未已,而齐让又至。张仪惧诛,乃因谓秦武王曰:"仪有愚计,原效之。"王曰:

"奈何?"对曰:"为秦社稷计者,东方有大变,然后王可以多割得地也。今闻齐王甚憎仪,仪之所在,必兴师伐之。故仪愿乞其不肖之身之梁,齐必兴师而伐梁。梁齐之兵连于城下而不能相去,王以其间伐韩,入三川,出兵函谷而毋伐,以临周,祭器必出挟天子,按图籍,此王业也。"秦王以为然,乃具革车三十乘,入仪之梁。齐果兴师伐之。梁哀王恐。张仪曰:"王勿患也,请令罢齐兵。"乃使其舍人冯喜之楚,借使之齐,谓齐王曰:"王甚憎张仪;虽然,亦厚矣王之托仪于秦也!"齐王曰:"寡人憎仪,仪之所在,必兴师伐之,何以托仪?"对曰:"是乃王之托仪也。夫仪之出也,固与秦王约曰:'为王计者,东方有大变,然后王可以多割得地。今齐王甚憎仪,仪之所在,必兴师伐之。故仪愿乞其不肖之身之梁,齐必兴师伐之。齐梁之兵连于城下而不能相去,王以其间伐韩,入三川,出兵函谷而无伐,以临周,祭器必出。挟天子,案图籍,此王业也。'秦王以为然,故具革车三十乘而入之梁也。今仪入梁,王果伐之,是王内罢国而外伐与国,广邻敌以内自临,而信仪於秦王也。此臣之所谓'托仪'也。"齐王曰:"善。"乃使解兵。张仪相魏一岁,卒于魏也。

太史公曰:三晋多权变之士,夫言从衡强秦者大抵皆三晋之人也。夫张仪之行事甚于苏秦,然世恶苏秦者,以其先死,而仪振暴其短以扶其说,成其衡道。要之,此两人真倾危之士哉!

原文摘自司马迁著:《史记·张仪列传》。　　鉴赏编写:刘惠恕　梁进学

8. 大智大勇力挫强秦贪念
——战国时期赵国大夫蔺相如与秦昭王对话
(约公元前283~公元前279年)

【格言名句】

布衣之交尚不相欺,况大国乎?

——蔺相如

【文章导读】

战国中晚期,西方的秦国经过一系列兼并战争,吞并天下之势已经形

成,攻占巴蜀,夺取西河之地,又多次大败楚军,对已沦为四战之国的赵国也虎视眈眈。为了一探虚实,公元前283年,秦昭襄王派使者带着国书去见赵惠文王,说秦王情愿让出十五座城来换赵国收藏的一块珍贵的"和氏璧",希望赵王答应。

面对强秦的挑战,保全国家独立已成为赵国君臣面临的最大难题。正是在这种情况下,蔺相如以其特有的勇气和智谋出使秦国,成就了弱国外交的传奇——完璧归赵,保全了赵国的国格。

秦昭王想骗取赵国的和氏璧,蔺相如在秦国的殿堂上以惊人的勇气胁迫秦昭王,使秦昭王不敢轻举妄动,从而将和氏璧掌握在自己手中,并将和氏璧送回赵国,使秦昭王骗取和氏璧的阴谋破产。有人说,是时代背景成就了蔺相如;也有人说,蔺相如的举动太过冒险,能否成功、是不是事实真相还真值得怀疑。

透过故事中的对话,我们可以发现是蔺相如自己的大智大勇成就了这段传奇,是蔺相如的大智大勇成就了他自己。所谓时势造英雄,其实也是英雄能够以自己的才智和勇气服务于时势。

先看蔺相如和赵王的对话。赵王是在进退两难、与群臣商议仍然束手无策的情况下,召见蔺相如的。二人对话一开始,赵王就提出了难题,要他出个主意。蔺相如说:"秦国强,赵国弱,不答应不行。"简简单单的一句话,审时度势,结论明确肯定。

赵惠文王担心:"要是把和氏璧送了去,秦国取了璧,不给城,怎么办呢?"蔺相如说:"秦国拿出十五座城来换一块璧玉,这个价值是够高的了。要是赵国不答应,错在赵国。大王把和氏璧送了去,要是秦国不交出城来,那么错在秦国。宁可答应,叫秦国担这个错儿。"权衡利弊,明快而决断。赵惠文王又问:"那么谁可以担当起这个出使秦国的重任呢?"蔺相如的回答干脆直接:"大王您肯定还没有找到合适的人选,那么我愿意带着和氏璧出使秦国。"还作出保证:"秦国交了城,我就把和氏璧留在秦国;不然,我一定把璧完好地带回赵国。"蔺相如自告奋勇,挺身而出,敢担重任,胆识过人。

这份果敢和坚决,来自蔺相如对形势、对细节的观察和判断。到达秦庭,蔺相如透过秦王一系列得意的神态、动作看出秦国无意偿赵城,就当机立断,巧设托辞"这块璧虽说挺名贵,可是也有点小毛病,不容易瞧出来,让我来指给大王看",从容收回和氏璧。

再看蔺相如和秦王的对话。蔺相如一拿到璧,往后退了几步,靠着宫殿上的一根大柱子,大义凛然地指斥秦王的贪暴无信。之后,他讲赵王和群臣的商议,委婉地揭出秦王的奸诈阴谋;与平民交往还崇尚不相互欺诈,对秦王的言而无信进行旁敲侧击;陈说赵王送璧礼仪的隆重,指责秦王的轻慢无礼,并直截了当地戳穿骗局,说明收回宝璧有理。同时抓住秦王贪璧而恐璧破之心,就说:"大王要是逼我的话,我宁可把我的脑袋和这块璧在这柱子上一同砸碎!"并故作破璧之态,进行胁迫,其智勇可见。

秦王被相如智勇所屈,装模作样,图上偿城。蔺相如不为假相所骗,迎合其"大国之威"的虚荣心理,机智地设下缓兵之计——"九宾礼",为自己争取时间。随后蔺相如暗遣随从送璧归赵,在宫廷中又大义凛然地指责秦国"自缪公以来二十余君,未尝有坚明约束者",要求秦王先割城,然后赵国再送玉璧,并自请"汤镬之刑",视死如归,不畏强暴。蔺相如说得理直气壮,秦王权衡利弊,只好顺水推舟礼送蔺相如归国。

蔺相如在携带和氏璧出使秦国,利用靠近秦昭王的机会,以生死相搏的意志胁迫秦昭王,迫使秦昭王两次接受了侮辱性的要求。蔺相如这样做,不仅需要极大的勇气,其中也蕴含着极大的智慧:其一蔺相如在接近秦昭王之后,可以随时与秦昭王进行生死搏杀;其二,蔺相如也看出秦王对和氏璧非常珍惜,贪心过重;其三是此时秦国靠武力强吞赵国,还没有充分的准备,秦国强大的军力在朝堂上也无用武之地。因此"完璧归赵"也成了后世弱国外交的典范。

【对话原文】

蔺相如者,赵人也。为赵宦者令缪贤舍人。赵惠文王时,得楚和氏璧。秦昭王闻之,使人遗赵王书,愿以十五城请易璧。赵王与大将军廉颇诸大臣谋:欲予秦,秦城恐不可得,徒见欺;欲勿予,即患秦兵之来。计未定,求人可使报秦者,未得。宦者令缪贤曰:"臣舍人蔺相如可使。"王问:"何以知之?"对曰:"臣尝有罪,窃计欲亡走燕,臣舍人相如止臣曰:'君何以知燕王?'臣语曰,臣尝从大王与燕王会境上,燕王私握臣手曰,'愿结友',以此知之,故欲往。相如谓臣曰:'夫赵强而燕弱,而君幸于赵王,故燕王欲结于君。今君乃亡赵走燕,燕畏赵,其势必不敢留君,而束君归赵矣。君不如肉袒伏斧质请罪,则幸得脱矣。'臣从其计,大王亦幸赦臣。臣窃以为其人勇士,有智谋,宜可使。"于是赵王召见,问蔺相如曰:"秦王以十五城请易寡人之璧,可予不?"相如曰:"秦强而赵弱,不可不许。"王曰:"取吾璧,不予我城,奈何?"相如曰:"秦以城求璧而赵不许,曲在赵;赵予璧而秦不予赵城,曲在秦。均之二策,宁许以负秦曲。"王曰:"谁可使者?"相如曰:"王必无人,臣愿奉璧往使。城入赵而璧留秦;城不入,臣请完璧归赵。"赵王于是遂遣相如奉璧西入秦。

秦王坐章台见相如,相如奉璧奏秦王。秦王大喜,传以示美人及左右,左右皆呼万岁。相如视秦王无意偿赵城,乃前曰:"璧有瑕,请指示王。"王授璧。相如因持璧却立,倚柱,怒发上冲冠,谓秦王曰:"大王欲得璧,使人发书至赵王,赵王悉召群臣议,皆曰:'秦贪,负其强,以空言求璧,偿城恐不可得。'议不欲予秦璧。臣以为布衣之交尚不相欺,况大国乎?且以一璧之故逆强秦之欢,不可。于是赵王乃斋戒五日,使臣奉璧,拜送书于庭。何者?严大国之威以修敬也。今臣至,大王见臣列观,礼节甚倨,得璧,传之美人,以戏弄臣。臣观大王无意偿赵王城邑,故臣复取璧。大王必欲急臣,臣头今与璧俱碎于柱矣。"

相如持其璧睨柱,欲以击柱。秦王恐其破璧,乃辞谢固请,召有司案图,指从此以往十五都予赵。相如度秦王特以诈佯为予赵城,实不可得,乃谓秦王曰:"和氏璧,天下所共传宝也。赵王恐,不敢不献。赵王送璧时,斋戒五日。今大王亦宜斋戒五日,设九宾于廷,臣乃敢上璧。"秦王度之,终不可强夺,遂许斋五日,舍相如广成传舍。相如度秦王虽斋,决负约不偿城,乃使其从者衣褐,怀其璧,从径道亡,归璧于赵。

秦王斋五日后,乃设九宾礼于庭,引赵使者蔺相如。相如至,谓秦王曰:"秦自缪公以来二十余君,未尝有坚明约束者也。臣诚恐见欺于王而负赵,故令人持璧归,间至赵矣。且秦强而赵弱,大王遣一介之使至赵,赵立奉璧来。今以秦之强而先割十五都予赵,赵岂敢留璧而得罪于大王乎?臣知欺大王之罪当诛,臣请就汤镬。唯大王与群臣孰计议之。"秦王与群臣相视而嘻。左右或欲引相如去,秦王因曰:"今杀相如,终不能得璧也,而绝秦赵之欢;不如因而厚遇之,使归赵。赵王岂以一璧之故欺秦邪?"卒廷见相如,毕礼而归之。相如既归,赵王以为贤大夫,使不辱于诸侯,拜相如为上大夫。秦亦不以城予赵,赵亦终不予秦璧。

太史公曰:知死必勇,非死者难也,处死者难。方蔺相如引璧睨柱,及叱秦王左右,势不过诛,然士或怯懦而不敢发。相如一奋其气,威信敌国,退而让颇,名重泰山,其处智勇,可谓兼之矣!

原文摘自司马迁著:《史记·廉颇蔺相如传》。　　鉴赏编写:刘惠恕　梁进学

9. 爱子与爱国　两者如何兼顾?
——战国时期赵国大臣触龙与赵太后对话
（公元前265年）

【格言名句】

父母之爱子,则为之计深远。

——触龙

【文章导读】

公元前265年,赵惠文王新卒,子孝成王继位尚幼,由母后摄政。当时强邻秦国趁赵新丧、无暇外顾之机,出兵攻赵,连拔三城,赵国处于危急之中。当时唯一的可行之策是请求赵国的盟国齐国出兵救赵,但齐国提出的条件却是要求赵太后把最疼爱的幼子长安君送到齐国去作人质才肯出兵。赵国廷臣为此纷纷劝谏赵太后送幼子长安君到齐国去作人质,而赵太后却出自妇人爱子之心,不以国家利益为重,拒绝了廷臣的劝谏,并以盛怒的态度对待每一个劝谏者,扬言:"有复言令长安君为质者,老妇必唾其面。"老臣触龙在这样的情况下出场了,他以巧妙的说辞委婉地说服了赵太后,最终使赵太后改变了原先的立场,派幼子赴齐为人质,齐国因此出动救兵,而使赵国转危为安。

对话选自《战国策·赵策四》原题为《赵太后新用事》。对话中,触龙充分掌握了赵太后出自爱子心切的妇人之仁、不顾国家危局而拒谏的心理特点,先不谈国事,而是问候太后的身体状况,使赵太后放松了拒谏心理的警惕,"色少解"。接着触龙要求太后允许自己十五岁的幼子舒祺入宫廷为侍卫,而引出赵后怀疑触龙是否"丈夫亦爱怜其少子乎"的问话,触龙的回答是"甚于妇人"。然后触龙顺理成章地回答赵太后的提问,质疑赵后爱长安君

(幼子)不如爱燕后(女儿)之深,使赵太后领悟道"父母之爱子,则为之计深远"的道理,同意派长安君出使齐国为人质,而终使齐国救兵出而赵国危局解。

从今天的角度来看,触龙劝谏的成功取决于两方面的因素:一是触龙劝谏的机智与理性,并非是直切主题,而是由远及近,循循善诱,处处以国家利益为重,最终使赵后反思出"父母之爱子,则为之计深远",使之能担当国家危局的哲理;二是赵太后本人的通达、理智,在触龙的劝谏下,最终明了以国事为重,必须抛弃爱子心切的妇人之仁道理,把握住了历史时机,在关键时刻拯救了赵国。根据《战国策·齐策·赵威后问齐使》章所记:齐使出访赵国,赵太后先问齐国收成,后问百姓状况,最后才问候齐国君王,齐使不悦,向赵后提问为何"先贱而后尊贵"。赵太后回答说:"苟无岁,何有民?尚无民,何有君?"相类的记载不但展现了这位战国女政治家的政治风采,同时也说明了身居高位者不应该让子女安享富贵,而应该让他们去为国建功、以获取民众拥戴的垂世真谛,这是《触龙说赵太后》对话能够成为千古名篇的基本原因。

【对话原文】

赵太后新用事,秦急攻之。赵氏求救于齐,齐曰:"必以长安君为质,兵乃出。"太后不肯,大臣强谏。太后明谓左右:"有复言令长安君为质者,老妇必唾其面。"左师触龙言愿见太后,太后盛气而揖之。入而徐趋,至而自谢,曰:"老臣病足,曾不能疾走,不得见久矣。窃自恕,而恐太后玉体之有所郄也,故愿望见太后。"太后曰:"老妇恃辇而行。"曰:"日食饮得无衰乎?"曰:"恃鬻耳。"曰:"老臣今者殊不欲食,乃自强步,日三四里,少益耆食,和于身。"太后曰:"老妇不能。"太后之色少解。

左师公曰:"老臣贱息舒祺,最少,不肖;而臣衰,窃爱怜之。愿令得补黑衣之数,以卫王宫。没死以闻。"太后曰:"敬诺。年几何矣?"对曰:"十五岁矣。虽少,愿及未填沟壑而托之。"太后曰:"丈夫亦爱怜其少子乎?"对曰:"甚于妇人。"

太后笑曰:"妇人异甚。"对曰:"老臣窃以为媪之爱燕后贤于长安君。"曰:"君过矣!不若长安君之甚。"左师公曰:"父母之爱子,则为之计深远。媪之送燕后也,持其踵,为之泣,念悲其远也,亦哀之矣。已行,非弗思也,祭祀必祝之,祝曰:'必勿使反。'岂非计久长,有子孙相继为王也哉?"太后曰:"然"。

左师公曰:"今三世以前,至于赵之为赵,赵王之子孙侯者,其继有在者乎?"曰:"无有。"曰:"微独赵,诸侯有在者乎?"曰:"老妇不闻也。""此其近者祸及身,远者及其子孙。岂人主之子孙则必不善哉?位尊而无功,奉厚而无劳,而挟重器多也。今媪尊长安君之位,而封之以膏腴之地,多予之重器,而不及今令有功于国,一旦山陵崩,长安君何以自托于赵?老臣以媪为长安君计短也,故以为其爱不若燕后。"太后曰:"诺,恣君之所使之。"于是为长安君约车百乘,质于齐,齐兵乃出。

原文摘自《战国策·赵策四》。　　鉴赏编写:刘惠恕　周秀芝

10. 哲学家的宣言
——苏格拉底的申辩
（公元前399年）

【格言名句】

　　一个善良的人无论是活着还是死去,都没有任何东西能够伤害他。

——苏格拉底

【文章导读】

　　苏格拉底(公元前469～公元前399),古希腊唯心主义哲学家,柏拉图之师。他生于雅典,早年随父学雕刻,后专事伦理哲学探索,曾两次参加伯罗奔尼撒战争,反对奴隶主民主制,拥护贵族专制统治,喜欢在各种场合同各方面的人谈论各种问题,谈论中惯用"问答法",使对方陷入矛盾,即所谓"产婆术"。苏格拉底同柏拉图、亚里士多德共同奠定西方文化的哲学基础,对以后的哲学发展影响巨大。

　　公元前399年春天,雅典检察官、民主派政治家阿尼图斯诬告:"苏格拉底有罪,他腐蚀青年人的心灵,相信他自己发明的神灵,而不相信国家认可的诸神。"苏格拉底被迫出庭受审。在雅典五百公民的法庭上坚持自己的信

念,向他的同胞公民辩白自己。

他慷慨陈词、刚正不阿,作了精彩的答辩。在被判处死刑时,苏格拉底大义凛然、视死如归,在绝命词中激昂陈词:"我死后要不了多久,人们就要诅咒你们杀害了苏格拉底。你们也许会说我申辩无力不能免却死罪;但我实际上缺少的不是辞令,而是厚颜无耻、哭哭啼啼。我从前在危难中不肯卑躬屈膝,我现在也不愿失节苟活。无论在战场上还是法庭上,任何人都不能不择手段、贪生怕死。现在我被你们判处死刑,行将离世;但事实却已判定你们造孽,你们不公正。你们将会受到惩罚,其残酷远甚于你们判处我死刑。你们以为杀死我就能禁止人们指责你们的过失,这是绝对办不到的。"

苏格拉底被判处死刑,行刑那天,来看望他的学生和亲友都十分悲痛,而他却镇定自若,谈笑依旧,最后从行刑管手中接过毒酒,一饮而尽,从容就义。

苏格拉底被迫服毒自杀,含冤而死,这是希腊雅典民主政治的一件大事。许多古代作家,如色诺芬、吕西亚斯、塞翁、普罗塔克等人都写过苏格拉底申辩词,本文选的是其中最杰出的一篇,即柏拉图的《申辩》(又称《苏格拉底的申辩》)。

对话在写法手法上和语言上也很有特色,艺术地再现了苏格拉底的形象,给人留下了一幅栩栩如生的图景。正像人们所说:从哲学角度看,此文是研究苏格拉底哲学的基本材料之一;从伦理角度看,它树立了一种古代道德规范;从文学角度看,它是第一流的散文。

【对话原文】

雅典的人们:

原告们的话虽然说得好像头头是道,可是没有一句是真的、假话里最使我吃惊的就是,他们叫大家小心不要为我绝顶的雄辩所欺骗;其实,除非把说明纯粹真理叫作雄辩的话,我根本就不会什么雄辩。现在请听我用不加修饰、随口说出的日常语言来向大家说明。

我已经七十岁了,但是在法庭上受审还是头一次,对于打官司完全是门外汉。我唯一的要求就是请大家仔细听一听我说的话是不是有道理。我应当对很早就攻击我的那些人先提出答辩,而对阿尼图斯和后来攻击我的那些人的答辩则将放在后面。因为后来攻击我的这些人虽然攻击得很巧妙,但是从前攻击我的那些人更使我害怕——他们从诸位年轻的时候起就毫无根据地警告大家,不要上苏格拉底的当,说他是一个哲学家,不管天上地下的事都要追根问底,而且要颠倒黑白,把坏的说成好的。他们的攻击的确是更狠毒些,因为一个人的行为如果真像他们所说的那样,大家便一定会认为他根本不信神了。我不能把这些人的姓名一一明确地指出来,只能说其中有一个是喜剧作家。我也没法子和他们一个一个地辩驳,但是我一定要简括地答辩一下。我想我已经知道自己将会在什么地方碰到难关,但是事情总会由神来决定的。

梅勒图斯一帮人攻击我的根据究竟是什么呢?他们说:"苏格拉底是一个为非作歹的人,爱管闲事,天上和地下的事都要追根问底,而且还教别人也这样做。"各位已经在阿里斯托芬的喜剧里看到那个专门追寻这些事情的苏格拉底了。查问这些事我个人倒并不反对,但是我绝不能让梅勒图斯拿这些事情来攻击我。因为这些事都是与我无关的。诸位当中有很多人都听我的谈话,但是没有一个人听见我谈过这一类的问题。从这一点上诸位就能够看出其他攻击我的话是真是假了。还有人攻击我给别人讲学是为了拿钱,这同样也是假的。如果有人能够像哥期亚、普罗蒂克和喜皮亚他们那样把知识传授给别人,像他们那样从一个城市走到另一个城市,引得许多青年人都来和他们谈话,使青年们宁愿出钱来享受这种特权而不愿和自己的不用花钱的伙伴们在一起,这倒也是一件好事。我还听说有一个巴罗人名叫爱文纳斯,现在也这样做,他收的学费是五敏纳。如果他们真有宝贵的知识,而又能传授给别人,倒是一件可喜的事情。我自己也想这样做,可是我没有这种知识。

大家也许会问:"那么,苏格拉底,问题到底是出在什么地方呢?你既然没有做什么特别的事情,怎么会有这些谣言和诽谤呢?"现在我要对大家作出我的解释。问题在于我似乎有某种天赋的智慧,不过并不是说上面的那几位先生所具有的那种超人的智慧,这并不是我自己吹嘘,而是根据德尔菲的神巫对大家都认识的奇勒芬说的话,他说世界上没有比苏格拉底智慧更高的人。我倒不觉得自己有什么智慧,但是神是不会说假话的。那么神的意思究竟是什么呢?

于是我便去探寻神的意思,我找到一个以智慧出名的人,想证明还有许多比我智慧更高的人存在。但是我发现他虽然自命有智慧,其实根本没有智慧。我想把这事向他说明，但是结果只是使他生了很大的气。最后我得出的结论是，在这一方面我到底比他智慧高，因为我没有他那样的幻觉，以为自己很有知识。我把所有以智慧出名的人一一都试了一下，结果总是一样，以致弄得我很招人讨厌。我问政治家、问诗人、问手艺人，所得的答复完全相同。诗人对他们自己的那种艺术的确是知道一些的，所以他们便以为自己无所不知了。

我继续这样干下去，抓住每一个机会，想弄清楚那些以智慧出名而且本人也自以为有智慧的人，到底是不是真的有智慧，结果总是发现他们并没有智慧。因为我这样揭发别人的无知，以致使我自己凭空得到了一个有知识的名声，同时也变成了许多毁谤中伤的对象。一些有地位的青年听过我的谈话后也都学着我的样，去揭露别人的无知，因而得罪了他们。这一切现在便都归罪于我一人身上，说我是一个败坏青年的坏人。为了要证实这点，毁谤我的人便不得不拿着我"对天上和地下的事情都要追根问底"等罪名来控告我。

以上所说的便是我对诸位久已听惯了的那些攻击的答复。现在让我对高尚的爱国者梅勒图斯和其他一些人后来所提出的控诉作一下答辩。他们说我是个为非作歹之人，败坏青年，不敬城邦尊奉的神明而信邪魔。其实为非作歹的人不是我而正是梅勒图斯。他竟然把控诉当儿戏，他还对自己从来不关心的事情装出非常重视的样子。梅勒图斯，请答复我：你是不是认为尽量使我们的青年变好是一件极重要的事情？

梅勒图斯：当然。

苏格拉底：那么你说，到底是谁使青年们变好的，这人你当然知道。你不说话吗？你说是法律吗？我问的是"谁"？

梅：是法官，全体的法官。

苏：换一句话说，是除我以外的全体雅典人，对吗？只有我一个人是败坏青年的，是吗？的确，我现在倒霉了！但是，拿别的动物来说，就说马吧，只有少数人有本领把马驯养好。你这话说明你对青年人的教养从来没有注意过。其次，请你告诉我，一个人是和好市民住在一起好呢，还是和坏市民住在一起好呢？当然是和好市民住在一起好，因为坏市民对他有害。这样说来，我就不可能特意到处使人变坏了。我的朋友，谁也不愿意让自己受害。假如我败坏了他们，那一定是出于无意，对于这一点，你本应该告诫我、指教我,可是你并没有这样做;你本不应该到法庭来告我,可是你偏偏来告我!究竟你是不是说我教他们不敬城邦尊奉的神明而信邪魔,因此便败坏了他们呢?我到底是教他们说有神明存在,还是根本没有神明存在呢?

梅:我说的是你根本不信神。你说太阳是石头,月亮是土。

苏:好个梅勒图斯,人人都知道只有安那萨哥拉斯才这样说,你花一个银币就能买到这份材料。你是不是真的认为我根本不信神呢?

梅:是,你根本不信神。

苏:这话就没法让人相信了!你这种胡说无疑是捏造出来的,因为你的诉状就说我是敬神的。一个人能相信有人的、马的或者工具的事而不相信有人、马或工具的存在吗?你明明白白地说我有信魔鬼的事,自然就是说我相信有魔鬼,可是魔鬼就是神的一种,或者说是神的子孙。这么说,你就不能认为我不信神了。老实说一句,我已经完全驳倒了你的控诉。假如我被判罪的话,也绝不是因为梅勒图斯的诉状,而是因为公众的诽谤,在我以前已经有不少善良的人因为这种诽谤而被判罪,我相信在我以后还会有人会因此被判罪。

也许有人会认为我应当对自己这些招致杀身之祸的行为感到羞耻。其实真正有意义的行动是不应当考虑生命危险的。如果生命危险必须考虑,那么特洛伊城前的英雄便都是坏人了!每个人都应当不顾生死地坚守自己的岗位。我在波替底亚从军的时候既然不曾怕死,坚持职守,现在当神让我做某一件事情的时候,难道我会怕死而退缩吗?虽然有许多人自以为知道死是不好的,但是我却不知道死是好还是坏。我只知道违背神或人间的权威意旨是不好的。我决不会干出我自己确实知道是坏的事情来逃避可能实际上是好的事情。假如诸位说只要我以后不再从事哲学的研究便可以释放我,再犯就处死的话,那我就会回答说:"雅典人:我爱你们,我尊敬你们,但我要服从神而不服从你们。只要我还活着,还有力气,我就决不会放弃哲学的研究。我还是和以往一样劝诫大家,不要过分贪求财富而不为自己的灵魂修好,这是神的吩咐。"假如这样说就算是败坏青年,那便是我败坏了他们。但是谁要说我还讲了旁的东西,那便是胡说八道。这些事,我将不辞万死地干下去。

安静,听我讲下去,这对大家是有好处的。你们要是杀了我,你们自己所受的害比我所受的害恐怕还要大,因为冤屈别人的人比受冤屈的人更难受。以往我是受神之托做一个马虻来刺激一匹高贵的马,再找我这样一个人是不容易的。我做这种工作自己并没有得到任何好处,这只要看一下我贫穷的家境就可以知道。如果认为我只是这样爱管私人的闲事,而不管公众的事似乎很奇怪,那就是因为我刚才说过的、也就是梅勒图斯的诉状里用嘲笑的口吻提到过的那种神或魔鬼的驱使。这是一种暗中阻止我而从来没有鼓励我去干的声音。老实说,假如我过问政治的话,大概早就没命了。可是我从来没有以教师自居,也没有借讲学收过钱。任何人只要愿意,都可以来问问我,听我说些什么。许多人高兴和我交往是因为他们爱听我的揭发,我揭发了某些自以为有智慧而实在没有智慧的人,这种揭发是神在神谕、梦征和其他各种默示中交给我的任务。假如我正在败坏青年,或者已经败坏了青年,那么为什么他们或者他们的父兄或其他亲属不出来为这个罪状作证呢?假如我这个罪状是真的,在我周围所见到的人中,就该有很多人出来作证了。但是他们却都愿意帮助我。

我在辩护中所要说的就是这一些。各位当中,也许有人会想到当他处在像我这种情况而没有这么严重的时候,也会流着眼泪,带着自己的孩子家属向法庭求情,现在看到我虽然有三个儿子,却不这么做,心里也许有些气愤。我所以不这样做,决不是因为不敬重你们,而是认为那样做对我说来有些不适合。这种把死看作似乎非常可怕的做法,在我看来是很奇怪的,而且被外人看到也有辱我们的城邦,有辱于处处以优越出名(正和我在某些方面认为比寻常人高一等一样)的人们。

就是撇开信誉不谈,我认为我们也只应当向法官解释说明,而不要用求情的方式来打动他们,让他们可以依法秉公处理,而不要感情用事。被梅勒图斯控告为不敬神的我,怎么还能来破坏你们的誓言呢?如果那样做我便是劝你们不要信神,那岂不正好犯了这个被控的罪名吗?我希望我将得到对你们和我自己都最适当的判决,我已经把这事全部交给你们和神明了。

你们判我有罪我并没有感到难受,这有很多原因,其中有一个是我早就预料到这个判决了。使我感到惊讶的倒是通过这个判决的只是这样微弱的多数。显然,要是只让梅勒图斯自己单独来搞的话,他一定无法得到使他免处罚金的那几票。判断的内容是死刑。我自己也要提出大致上应得的判决，我抛却了对己对人都没有好处的世俗事务和野心，为的是要通过私人交谈的方式使每个人都得到益处，劝他首先注意自己，注意如何使自己变得最优秀、最聪明，然后再来注意那些世俗事务。我也想用同样的方式来奉劝整个城邦：对我最恰当的报酬是把我当作大恩人供养在迎宾馆。你们也许会认为这不过是一种傲慢无礼的说法，可是事实并不是这样。我认为我自己并没有错待过任何人。时间已经不允许我来证明我的问题，我也不用说自己应当判处罚金来承认自己有罪。我还有什么可怕的呢？死是好是坏我还不知道，我对梅勒图斯给我的死刑有什么可怕呢？我是不是要逃避这个而选择肯定是坏的途径呢？受监禁，做埃利温的奴隶吗？判处罚金，在未缴纳之前去坐监牢吗？最后还是一样，因为我根本就付不起。放逐吗？连我的同胞都容不得我，怎能希望异邦人容纳我呢？大家也许会问，你为什么不能闭上自己的嘴，一走了事呢？这却是我不能做的事。这是违反神意的，要是像那样活着，生命也就没有意义了，这话也许大家是不会相信的。我本来准备付出一敏纳罚款，但是柏拉图、克里托和阿坡罗德卢斯劝我缴付三十敏纳，他们愿意作保，因此我便缴三十敏纳。雅典人们：你们把我苏格拉底这样一个哲学家处死，你们的敌人也会谴责你们的。即使你们愿意等待的话，日子也不会长了，因为我已经老了。我对于判我罪的人要说几句话：我所以被判罪，不是因为我没有理由可说，而是因为我没有用逢迎谄媚诸位而污辱我自己品格的方法来求饶。

对于投票主张释放我的公正法官们，在我们能谈话的时候我也要说几句话。我必须告诉诸位，我的保护神绝没有阻挡我所走的道路，原因肯定是由于我所做的是最好的事情，这样便获得了神的保佑，死完全不是什么坏事情，因为死就像进入了无梦的睡乡，一切感觉都终止了，这算不了什么损失，要不然就是进入和死去的人共聚的地方，古时的诗人、英雄和哲人都在那里，和他们交谈问题，是多么可贵的美事啊！

各位对于死应当满怀希望，因为一个善良的人无论是活着还是死去，都没有任何东西能够伤害他。至于对我自己来说，我相信死去比活着好。因此，我对那些置我于死地的人一点也不怨恨。现在我们分手了，我走向死，诸位走向生。但是究竟谁好，那只有神知道了。

原文摘自（古希腊）柏拉图著，严群译：《游叙弗伦　苏格拉底的申辩　克力同》，商务印书馆，1983年版。　　鉴赏编写：王柳丽　申宝玉

11. "平民之怒"战胜"天子之怒"
——战国时期安陵国使者唐雎与秦王的对话
(公元前225年)

【格言名句】

若士必怒,伏尸二人,流血千里,天下缟素,今日是也。

——唐雎

【文章导读】

公元前230年和公元前225年,秦国先后灭了韩、魏两国,雄视天下。安陵是魏国的附庸小国,秦国想用诈骗手段吞并安陵,安陵君于是派唐雎使秦。唐雎到秦国后不畏强暴、机智勇敢,胜利地完成了出使任务。

《战国策》详细记叙了战国这段故事,以唐雎为正面人物,秦王为反面人物,安陵君为陪衬。通过对话分别反映出三人不同的容色、情态、品质。

对话开始首先交代了唐雎出使秦国的原因,强调了唐雎任务的艰巨。秦王在"灭韩亡魏"之后,根本不把小小的安陵放在眼里,他似乎不屑以武力相威胁,企图以"易地"的谎言诈取安陵。"安陵君其许寡人",这种命令式的口吻,既表现了秦王的强横无理,又表现了他对安陵君的轻蔑。

安陵君明知秦王的花言巧语与狡诈行为,然而考虑到双方力量悬殊,不敢得罪。于是只能用委婉的语言拒绝——对秦王的"慷慨""恩赐"表示感激,但"受地于先王,愿终守之"。却又害怕秦王不悦,带来杀身灭国之祸,于是派唐雎出使秦国。

唐雎一到秦庭,就直接面对了秦王的指责、威胁:"秦国已经灭了韩国和魏国,之所以保留着安陵国方圆五十里的土地,是因为把安陵君看作长者,可不要会错了意思。现在我好心换地,却被安陵君拒绝,莫非是轻看我吗?"

面对秦王的盛气淫威,唐雎则寸步不让、据理力争:"虽千里不敢易也,岂直五百里哉?"一个委婉的反诘句,既驳斥了秦王的无理要求,也表示了对秦王强烈的轻蔑。这使本来就很尖锐的矛盾更加激化。

秦王恼羞成怒,于是以"天子之怒"相威胁,"天子之怒,伏尸百万,流血千里",而唐雎不畏强暴,针锋相对以"布衣之怒"奋起抗争。连用三个排比句,列举历史上三个名士刺杀暴君的故事,给秦王以思想上的震慑,又用"伏尸二人,流血五步"咄咄逼人的语言,使秦王面临死亡的威胁,不寒而栗。秦王被迫服输,承认自己的错误,并对唐雎说:"我明白了,韩国、魏国两个大国灭亡,而安陵国却靠着方圆五十里之地幸存,是因为有先生您这样的人在啊。"前倨后恭,充分体现出秦王欺软怕硬、色厉内荏的本质。

"布衣之怒"战胜"天子之怒",唐雎不辱使命,是因为作为正义一方的唐雎不畏强暴,不怕牺牲,机智地借用了秦庭这一特殊的环境,看准了秦王贪婪失理,又顾惜生命。

【对话原文】

秦王使人谓安陵君曰:"寡人欲以五百里之地易安陵,安陵君其许寡人!"安陵君曰:"大王加惠,以大易小,甚善。虽然,受地于先王,愿终守之,弗敢易!"秦王不说。安陵君因使唐雎使于秦。

秦王谓唐雎曰:"寡人以五百里之地易安陵,安陵君不听寡人,何也?且秦灭韩亡魏,而君以五十里之地存者,以君为长者,故不错意也。今吾以十倍之地,请广于君,而君逆寡人者,轻寡人与?"唐雎对曰:"否,非若是也。安陵君受地于先王而守之,虽千里不敢易也,岂直五百里哉?"

秦王怫然怒,谓唐雎曰:"公亦尝闻天子之怒乎?"唐雎对曰:"臣未尝闻也。"秦王曰:"天子之怒,伏尸百万,流血千里。"唐雎曰:"大王尝闻布衣之怒乎?"秦王曰:"布衣之怒,亦免冠徒跣,以头抢地尔。"唐雎曰:"此庸夫之怒也,非士之怒也。夫专诸之刺王僚也,彗星袭月;聂政之刺韩傀也,白虹贯日;要离之刺庆忌也,仓鹰击于殿上。此三子者,皆布衣之士也,怀怒未发,休祲降于天,与臣而将四矣。若士必怒,伏尸二人,流血五步,天下缟素,今日是也。"挺剑而起。

秦王色挠,长跪而谢之曰:"先生坐!何至于此!寡人谕矣:夫韩、魏灭亡,而安陵以五十里之地存者,徒以有先生也。"

原文摘自《战国策·魏策四》,中华书局。　　鉴赏编写:蔡寿春　颜永平

12. 安东尼为恺撒的辩护
——在恺撒葬礼上与观众的对话
（公元前 44 年 3 月 15 日）

【格言名句】

　　凡对复杂问题进行慎重考虑的人都不宜怀有仇恨、激情、愤怒或怜悯，以免受其影响。

——恺撒

【文章导读】

　　恺撒（公元前 100 年～公元前 44 年），贵族出身，公元前 60 年与庞培、克拉苏结成"前三头同盟"，公元前 59 年当选执政官，古罗马军事统帅、政治家。自公元前 58 年起，八年间屡次征服高卢全境，掠取大量财富及奴隶送往罗马，权势日重。公元前 45 年被元老院封为终身独裁官。破例连任五年执政官，终身保民官，兼领大将军、大教长头衔及"国父"尊号。后因其专制日益招致元老院内贵族共和派的反对，于公元前 44 年 3 月 15 日为原是恺撒的亲信将领布鲁图斯和卡西乌等人刺杀。消息传开，举国震惊，以元老院为首的共和派坚决支持布鲁图斯，并称颂他是为罗马国民除害的英雄；以安东尼（公元前 82 年～公元前 30 年，罗马统帅、演说家）为代表的恺撒党却大肆攻击布鲁图斯，并斥责他为凶手、叛徒。

　　为了掌握主动权，赢得国民的支持，布鲁图斯在刺死恺撒的当日，在罗马的广场上发表演讲。正当他的演讲进行到高潮时，安东尼及其同党抬着恺撒的尸体走入广场。接着他们便发表了这篇著名的演讲，用大量事实和推理对布鲁图斯的言论进行了有力的驳斥。

　　在辩论中，控场能力十分重要。布鲁图斯和安东尼的控场艺术都十分高明。布鲁图斯身为恺撒的亲信将领，杀死恺撒，不但有罪，而且不义。因此，他将自己扮成一个为国家而不顾私情的角色，一上来就先发制人："并不是我不爱恺撒，可是我更爱罗马。"接着，布鲁图斯揭发恺撒当国王的野心等罪行,并大声质问:"你们宁愿让恺撒活在世界上,大家做奴隶而死呢,还是让恺撒死去,大家做自由人而生?"有谁愿意为了恺撒而放弃自己的自由呢?这样一来,布鲁图斯紧紧控制了群众的情绪。

当安东尼上场时,局面已被布鲁图斯所控制,所以安东尼上来先表明自己是来"埋葬恺撒的",消除了群众的敌对情绪。接着,安东尼以事实委婉地证明恺撒并无野心,使听众将信将疑,缓和了听众愤怒的情绪,又以"遗嘱"为引子,制造悬念,激起了群众的好奇心,使群众迫不及待地想知道谜底。恺撒的遗嘱中有两条,最使广场上的人群激动:一条是,恺撒吩咐从自己的财产中提出一部分来,分给罗马最贫苦的公民;另一条是,恺撒把自己在台伯河对岸的一个公园献出来,供给罗马公民游览。

安东尼在念完遗嘱后,又继续讲道:"公民们!难道这样一个生前为我们伟大的罗马立下了不朽功勋,死后又给我们每个人留下一笔遗产的人是一个暴君吗?"人们高呼着说:"不是,恺撒决不是暴君!"安东尼说:"是的,恺撒确实不是暴君,他是罗马的英雄!但是,他却死了!他不是死于疾病,也不是死于衰老,更不是死于战争,而是死在罗马,死在元老院里,死在你们身旁的那帮阴谋者手里!国外的敌人没有能够伤害他,可是那些自称高尚的罗马贵族却杀死了他!"把人群的狂怒引到了最高点,震天动地的"报仇!报仇!"的呼喊声响彻广场。不多一会儿,激怒的人群团团围住了恺撒血迹斑斑的尸体,他们要按罗马的风俗为死者举行火葬。形势发生了戏剧性的改变。

【对话原文】

勃鲁托斯:各位罗马人,各位亲爱的同胞们……为了我的名誉,请你们相信我:并不是我不爱恺撒,可是我更爱罗马。

(人群出现了骚动,接着,勃鲁托斯指称恺撒倚功自傲,有推翻共和政体、当国王搞独裁的野心。人们更是惊疑不定。)

勃鲁托斯:你们宁愿让恺撒活在世上,大家做奴隶而死呢,还是让恺撒死去,大家做自由人而生?因为恺撒爱我,所以我为他流泪;因为他是幸运的,所以我为他欣慰;因为他是勇敢的,所以我尊敬他;因为他有野心,所以我杀死他。我用眼泪报答他的友谊,用喜悦庆祝他的幸运,用尊敬颂扬他的勇敢,用死亡惩戒他的野心。……这儿有谁愿意自甘下流,不爱他的国家?

12. 安东尼为恺撒的辩护

要是有这样的人,请说出来。因为我已经得罪他了!

听众:没有,勃鲁托斯,没有。

勃鲁托斯:那么我也没有得罪什么人(看了看刚入场的安东尼)为了罗马的好处,我杀死了我最好的朋友,要是我的祖国需要我的死,那么,无论什么时候,我都可以用那同一把刀子杀死我自己。

听众:不要死,勃鲁托斯!不要死!要让恺撒的一切光荣归于勃鲁托斯。

(这时,马尔库斯·安东尼登上讲坛。人们嘘声四起,对他充满敌意。)

安东尼:各位朋友,各位罗马人,各位同胞,请你们听我说,我是来埋葬恺撒,而不是来赞美他。人们做了恶事,死后免不了遭人唾骂,可是他们所做的善事,往往随着他们的尸骨一齐入土;让恺撒也这样吧!高贵的勃鲁托斯已经对你们说过,恺撒是有野心的;要是真有这样的事,那诚然是一个重大的过失,恺撒也为它付出残酷的代价。

听众:说得好!

安东尼:勃鲁托斯是一个正人君子,但是我不明白,为什么对朋友忠诚公正的恺撒会被这位正人君子说成有野心?而且,恺撒曾经带许多俘虏回到罗马来,他们的赎金都充实了公家的财库——这可以说是野心家的行径吗?穷苦人哀哭的时候恺撒曾经为他们流泪——野心者是不应当这样仁慈的。然而勃鲁托斯却说他是有野心的,而勃鲁托斯是一个正人君子。你们大家看见在卢柏节的那天,我三次献给他一顶王冠,他三次都拒绝了。这难道是野心吗?勃鲁托斯却说他是有野心的,而勃鲁托斯的的确确是一个正人君子。

听众:请说下去!

安东尼:就在昨天,恺撒的一句话可以抵御整个的世界;现在他躺在那儿,没有一个卑贱的人向他致敬。……可是这儿有一张羊皮纸……那是我在他的卧室里找到的一张遗嘱(提高声音,激动地)只要让民众听到这张遗嘱上的话……他们就会去吻恺撒尸体上的伤口,用手巾去蘸蘸他神圣的血,还要乞讨他的一根头发回去作纪念……

听众:快念遗嘱!

安东尼:我不能读给你们听。你们不应该知道恺撒多么爱你们。你们不是木头,你们不是石块,你们是人;既然是人,听见恺撒的遗嘱,一定会激起你们心中的火焰,一定会使你们发疯。我怕我对不起那些用刀子杀死恺撒的正人君子;我怕我对不起他们。

听众:(叫嚷着)他们是叛徒,什么正人君子? 他们是恶人、凶手。遗嘱!读那遗嘱!

(安东尼要大家先环绕在恺撒尸体的周围,看着写下这遗嘱的人。)

安东尼:你们都认识这件外套——我记得恺撒第一次穿上它,是在一个夏天的晚上……就在他征服纳维人的那一天。瞧! ……他所深爱的勃鲁托斯就从这儿刺了一刀进去,当他拔出他那万恶的武器的时候,瞧恺撒的血是怎样汩汩不断地跟着它出来,好像急于涌到外面来,想要知道究竟是不是勃鲁托斯下这样无情的毒手! (许多人哭泣起来,大声咒骂叛徒。)

安东尼:朋友们,我不是来偷取你们的心;我不是一个像勃鲁托斯那样能言善辩的人。(语调突然低哑起来,悲伤地)可是假如我是勃鲁托斯,而勃鲁托斯是安东尼,那么那个安东尼一定会激起你们的愤怒,让恺撒的每一处伤口里都长出一条舌头来,即使罗马的石块也将要大受感动,奋身而起,向叛徒们抗争了!

(接着,安东尼向大家宣读遗嘱。在遗嘱中,恺撒把自己的全部财产都献给了人民。它充满了对每个罗马人的深情厚爱。)

安东尼:这样一个恺撒! 几时才会有第二个同样的人?

(随着安东尼的喝问,愤怒的群众向杀害恺撒的凶手冲去。勃鲁托斯等人像疯子一样逃出了罗马城。两年后,安东尼彻底战败勃鲁托斯,成为罗马高统帅。)

原文摘自莎士比亚著,裘克安译:《裘力斯·恺撒》,商务印书馆,1998年重印版。 鉴赏编写:朱金魁 王 新

13. 明天下大势 析三分大局
——三国时期诸葛亮与刘备的对话
(公元207年)

【格言名句】

信义著于四海,总揽英雄,思贤如渴,若跨有荆、益,保其岩阻,西和诸

戎,南抚夷越,外结好孙权,内修政理;天下有变,则命一上将将荆州之军以向宛、洛,将军身率益州之众出于秦川,百姓孰敢不箪食壶浆,以迎将军者乎?

——诸葛亮

孤之有孔明,犹鱼之有水也。

——刘备

【文章导读】

东汉建安十二年(207年),刘备正依附于荆州牧刘表门下。尽管刘表以宗室之谊对刘备待以上宾之礼,让刘备所部屯兵新野,但刘备作为一代枭雄并不甘心寄人篱下,急切地盼望壮大实力,以求能实现其逐鹿中原的大志。诸葛亮的好友徐庶向刘备推荐了诸葛亮。47岁的刘备便迫不及待地冒着隆冬的严寒和大雪,三往隆中,向年方27岁的诸葛亮请教统一天下的大计。诸葛亮认为刘备是与他志同道合、可以信赖的明主,便把自己对当时社会形势的观察与分析和盘托出,并且针对刘备集团的处境,向刘备提出了一套完整的三分天下,建基立国和北伐中原的战略方针,这便是著名的《隆中对》。

文章选自《三国志·蜀书五·诸葛亮传》,对话中,诸葛亮纵论天下形势,给刘备指出一条"中兴汉室"的可行途径。

在对形势的分析中,诸葛亮认为:当时中国北方已被曹操统一,拥兵百万,挟天子以令诸侯,不可与之争锋,但这却是刘备统一中国的主要敌人。长江以东地区(今称江南)孙权统治已历三代,拥长江天险,百姓归附,只能引以为援,而不能与之争胜。

接着,诸葛亮向刘备点明刘备统一中国的唯一可行路线。首先占据两处根据地:一是地处长江中游的荆州有汉水、沔水之险,南海之利,而统治者刘表父子懦弱,有土不能守;二是益州,有成都平原的沃野千里,有周边的险固山势,而其主刘璋暗弱,民心思变。取荆州立足,再夺取益州为后方,形成与曹、孙政权鼎立的三国之势。然后结好孙权,命一上将由荆州出兵进攻曹操政权的统治中心宛(今河南省南阳市)、洛(今河南洛阳市),刘备则亲率大军出益州(今成都市),翻越秦岭,进攻秦川地区(今陕西、甘肃秦岭以北平原地带)曹操政权的后方。在两路灭曹、统一中国北方之后,再灭南方孙权政权，实行天下统一。

《隆中对》是古代政治家主观战略思想与客观实践高度统一的产物，它的重要意义在于在一定程度改变了当时中国历史的发展进程，使当时中国在经历了汉末群雄的分裂割据战争之后，朝着三国鼎立的方向发展。

尽管后来由于关羽骄横、孙吴背盟、刘备拒谏，导致蜀汉政权迭遭荆州之败与彝陵之败，诸葛亮在隆中对策中所提出的统一中国路线最终未能实现。但是，诸葛亮在追求中国政治统一过程中所表现出来的"鞠躬尽瘁、死而后已"恪尽职责的精神却始终受到人们的称颂，成为中华民族宝贵的精神财富。刘备自与诸葛亮结识后所表现出的信任与重用精神，仍受到后人的称颂，被誉之为"君臣相得""鱼水之情"。

【对话原文】

由是先主遂诣亮，凡三往，乃见。因屏人曰："汉室倾颓，奸臣窃命，主上蒙尘。孤不度德量力，欲信大义于天下；而智术浅短，遂用猖獗，至于今日。然志犹未已，君谓计将安出？"

亮答曰："自董卓以来，豪杰并起，跨州连郡者不可胜数。曹操比于袁绍，则名微而众寡。然操遂能克绍，以弱为强者，非惟天时，抑亦人谋也。今操已拥百万之众，挟天子而令诸侯，此诚不可与争锋。孙权据有江东，已历三世，国险而民附，贤能为之用，此可以为援而不可图也。荆州北据汉、沔，利尽南海，东连吴会，西通巴蜀，此用武之国，而其主不能守，此殆天所以资将军，将军岂有意乎？益州险塞，沃野千里，天府之土，高祖因之以成帝业。刘璋暗弱，张鲁在北，民殷国富而不知存恤，智能之士思得明君。将军既帝室之胄，信义著于四海，总揽英雄，思贤如渴，若跨有荆、益，保其岩阻，西和诸戎，南抚夷越，外结好孙权，内修政理；天下有变，则命一上将将荆州之军以向宛、洛，将军身率益州之众出于秦川，百姓孰敢不箪食壶浆，以迎将军者乎？诚如是，则霸业可成，汉室可兴矣。"

原文摘自陈寿著：《三国志·蜀书五·诸葛亮传》。　　鉴赏编写：刘惠恕

14. 真心求谏　修明政治
——贞观年间唐太宗李世民与群臣的对话
（公元 627～公元 649 年）

【格言名句】

以卑干尊,古来不易,非其忠直,安能如此?且众人之唯唯,不如一士之谔谔。

——唐太宗

【文章导读】

唐太宗李世民(公元 598 年～公元 649 年),祖籍陇西成纪,是唐高祖李渊次子。先后率部平定了薛仁杲、刘武周、窦建德、王世充等军阀,在唐朝的建立与统一过程中立下赫赫战功。玄武门之变后不久,李渊退位,李世民即位,年号贞观。李世民为帝之后,积极听取群臣的意见,以文治天下,并开疆拓土、虚心纳谏,在国内厉行节约,并使百姓能够休养生息,终于使得社会出现了国泰民安的局面,开创了中国历史上著名的"贞观之治",为后来唐朝一百多年的盛世奠定重要基础。

文章选自《贞观政要·纳谏》,要点可以依次概括为:贞观初年唐太宗接受黄门侍郎王珪的谏言,释放原庐江王瑗姬妾出宫;贞观四年唐太宗接受给事中张玄素谏言,止修乾元殿;唐太宗接受长孙皇后的谏言,免除因养马致死获罪的宫人死刑;贞观七年唐太宗因有"气疾"赴九成宫休养,散骑常侍姚思廉谏阻,唐太宗虽未接受,但奖励姚能直言;贞观三年唐太宗奖励凉州都督李大亮拒献名鹰;贞观八年唐太宗怒陕县丞皇甫德参上书忤旨,欲加惩处,后接受侍中魏徵谏言反予奖励;贞观十五年唐太宗欲遣使臣赴西域买马,因魏徵谏言而中止;贞观十七年太子右庶子高季辅进谏,特赐"药石"钟乳相报;贞观十八年唐太宗谓黄门侍郎刘洎的谏言,对于大臣上书辞理不当者,不再"对面穷诘";唐太宗接受皇太子李治(后为唐高宗)的谏言,免除苑西监穆裕的死罪。

14. 真心求谏 修明政治

从历史角度来看，唐太宗李世民的虔诚纳谏精神是非常了不起的，向这位熔文治武功于一炉的中华"千古一帝"犯颜直谏的，有他手下的大臣、将军，有他的妻后，有他的儿子，但只要是谏言与国有利，他都一一接受。

根据《史记》记载，唐太宗好打猎，他在继位之前曾任天策上将，继位后一次在苑囿内狩猎，遇一群野猪，太宗四箭射杀四只，但仍有一头雄壮公猪冲至身前，吏部尚书唐俭慌忙下马搏斗，太宗却直前拔剑砍死野猪，并大笑道："天策长史（指唐俭），不见上将击贼耶？何惧之甚！"唐俭回答道："汉祖以马上得之，不以马上理之。陛下以神武定四方，岂复逞雄心于一兽！"唐太宗认为唐俭说得有理，从此停止了狩猎活动。此事可与本文所记贞观三年凉州都督李大亮拒献名鹰事迹对读，由此可见唐太宗纳谏的态度是真诚的。

唐太宗对待进谏者的态度是："人臣之对帝王，多顺从而不逆，甘言以取容。朕今发问，不得有隐，宜以次言朕过失。"因此，尽管有大臣大谏"忤旨"而引起唐太宗的暴怒，认为是对自己的诽谤，但是在他冷静下来之后，均不予计较，并奖励其直言，如本文所记贞观八年唐太宗怒陕县丞皇甫德参上书"讪谤"事。因此在唐太宗统治时期，大臣敢于直言进谏，据统计：太宗在位二十余年，进谏官员不下三十余人，其中大臣魏徵一人谏言约二百余事，对朝政有诸多帮助。

唐太宗虚心求谏与纳谏，是中国古代"民本"精神的体现。他曾说："民，水也；君，舟也。水能载舟，亦能覆舟。"这是他能认真吸取隋炀帝亡国教训的结果。因此，他在贞观即位之初，即接受大臣谏言，下令轻徭薄赋，让老百姓休养生息，从不轻易征发徭役，这最终造就了中国历史上"贞观之治"的全盛格局。唐太宗的积极求谏与纳谏精神也是中国古代政治思想遗惠至当代的宝贵精神财富。

【对话原文】

贞观初，太宗与黄门侍郎王珪宴语，时有美人侍侧，本庐江王瑗之姬也，瑗败，籍没入宫。太宗指示珪曰："庐江不道，贼杀其夫而纳其室，暴虐之甚，何有不亡者乎！"珪避席曰："陛下以庐江取之为是邪，为非邪？"太宗曰："安有杀人而取其妻，卿乃问朕是非，何也？"珪对曰："臣闻于《管子》曰：齐桓公之郭国，问其父老曰：'郭何故亡？'父老曰：'以其善善而恶恶也。'桓公曰：'若子之言，乃贤君也，何至于亡？'父老曰：'不然。郭君善善而不能用，恶恶而不能去,所以亡也。'今此妇人尚在左右,臣窃以为圣心是之。陛下若以为非,所谓知恶而不去也。"太宗大悦,称为至善,遽令以美人还其亲族。贞观四年,诏发卒修洛阳之乾元殿以备巡狩。给事中张玄素上书谏曰:陛下智周万物,囊括四海,令之所行,何注不应?志之所欲,何事不从?微臣窃思秦始皇之为君也,藉周室之余,因六国之盛,将贻之万叶。及其子而亡,谅由逞嗜奔欲,逆天害人者也。是知天下不可以力胜,神祇不可以亲恃。惟当弘俭约,薄赋敛,慎终始,可以永固。方今承百王之末,属凋敝之余,必欲节之以礼制,陛下宜以身为先。东都未有幸期,即令补葺;诸王今并出藩,又须营构。兴发数多,岂疲人之所望?其不可一也。陛下初平东都之始,层楼广殿,皆令撤毁,天下翕然,同心欣仰。岂有初则恶其侈靡,今乃袭其雕丽?其不可二也。每承音旨,未即巡幸,此乃事不急之务,成虚费之劳。国无兼年之积,何用两都之好?劳役过度,怨将起。其不可三也。百姓承乱离之后,财力凋尽,天恩含育,粗见存立,饥寒犹切,生计未安,三五年间,未能复旧。奈何营未幸之都,而夺疲人之力?其不可四也。昔汉高祖将都洛阳,娄敬一言,即日西驾。岂不知地惟土中,贡赋所均,但以形胜不如关内也。伏惟陛下化凋敝之人,革浇漓之俗,为日尚浅,未甚淳和,斟酌事宜,讵可东幸?其不可五也。臣尝见隋室初造此殿。楹栋宏壮,大木非近道所有,多自豫章采来,二千人拽一柱,其下施毂,皆以生铁为之,中间若用木轮,动即火出。略计一柱,已用数十万,则余费又过倍于此。臣闻阿房成,秦人散;章华就,楚众离;乾元毕工,隋人解体。且以陛下今时功力,何如隋日?承凋残之后,役疮痍之人,费亿万之功,袭百王之弊,以此言之,恐甚于炀帝远矣。深愿陛下思之,无为由余所笑,则天下幸甚矣。太宗谓玄素曰:"卿以我不如炀帝,何如桀、纣?"对曰:"若此殿卒兴,所谓同归于乱。"太宗叹曰:"我不思量,遽至于此。"顾谓房玄龄曰:"今玄素上表,洛阳实亦未宜修造,后必事理须行,露坐亦复何苦?所有作役,宜即停之。然以卑干尊,古来不易,非其忠直,安能如此?且众人之唯唯,不如一士之谔谔。可赐绢二百匹。"魏徵叹曰:"张公遂有回天之力,可谓仁人之言,其利博哉!"

太宗有一骏马,特爱之,恒于宫中养饲,无病而暴死。太宗怒养马宫人,将杀之。皇后谏曰:"昔齐景公以马死杀人,晏子请数其罪云:'尔养马而死,尔罪一也。使公以马杀人,百姓闻之,必怨吾君,尔罪二也。诸侯闻之,必轻吾国,尔罪三也。'公乃释罪。陛下尝读书见此事,岂忘之邪?"太宗意乃解。

又谓房玄龄曰:"皇后庶事相启沃,极有利益尔。"

贞观七年,太宗将幸九成宫,散骑常侍姚思廉进谏曰:"陛下高居紫极,宁济苍生,应须以欲从人,不可以人从欲。然而离宫游幸,此秦皇、汉武之事,故非尧、舜、禹、汤之所为也。"言甚切至。太宗谕之曰:"朕有气疾,热便顿剧,故非情好游幸,甚嘉卿意。"因赐帛五十段。

贞观三年,李大亮为凉州都督,尝有台使至州境,见有名鹰,讽大亮献之。大亮密表曰:"陛下久绝畋猎,而使者求鹰。若是陛下之意,深乖昔旨;如其自擅,便是使非其人。"太宗下书曰:"以卿兼资文武,志怀贞确,故委藩牧,当兹重寄。比在州镇,声绩远彰,念此忠勤,岂忘寤寐?使遣献鹰,遽不曲顺,论今引古,远献直言。披露腹心,非常恳到,览用嘉叹,不能已已,有臣若此,朕复何忧!宜守此诚,终始若一。《诗》云:'靖共尔位,好是正直。神之听之,介尔景福。古人称一言之重,侔于千金,卿之所言,深足责矣。今赐卿金壶瓶、金碗各一枚,虽无千镒之重,是朕自用之物。卿立志方直,竭节至公,处职当官,每副所委,方大任使,以申重寄。公事之闲,宜观典籍。兼赐卿荀悦《汉纪》一部,此书叙致简要,论议深博,极为政之体,尽君臣之义,今以赐卿,宜加寻阅。"

贞观八年,陕县丞皇甫德参上书忤旨,太宗以为讪谤。侍中魏徵进言曰:"昔贾谊当汉文帝上书云云'可为痛哭者一,可为长叹息者六。'自古上书,率多激切。若不激切,则不能起人主之心。激切即似讪谤,惟陛下详其可否。"太宗曰:"非公无能道此者。"令赐德参帛二十段。

贞观十五年,遣使诣西域立叶护可汗,未还,又令人多赍金帛,历诸国市马。魏徵谏曰:"今发使以立可汗为名,可汗未定立,即诣诸国市马,彼必以为意在市马,不为专立可汗。可汗得立,则不甚怀恩,不得立,则生深怨。诸蕃闻之,且不重中国。但使彼国安宁,则诸国之马,不求自至。昔汉文帝有献千里马者,曰:'吾吉行日三十,凶行日五十,銮舆在前,属车在后,吾独乘千里马,将安之乎?'乃偿其道里所费而返之。又光武有献千里马及宝剑者,马以驾鼓车,剑以赐骑士。今陛下凡所施为,皆迥过三王之上,奈何至此欲为孝文、光武之下乎?又魏文帝求市西域大珠,苏则曰:'若陛下惠及四海,则不求自至,求而得之,不足贵也。'陛下纵不能慕汉文之高行,可不畏苏则之正言耶?"太宗遽令止之。太子右庶子高季辅上疏陈得失。特赐钟乳一剂,谓曰:"卿进药石之言,故以药石相报。"

贞观十八年,太宗谓长孙无忌等曰:"夫人臣之对帝王,多顺从而不逆,甘言以取容。朕今发问,不得有隐,宜以次言朕过失。"长孙无忌、唐俭等皆曰:"陛下圣化道致太平,以臣观之,不见其失。"黄门侍郎刘洎对曰:"陛下拨乱创业,实功高万古,诚如无忌等言。然顷有人上书,辞理不称者,或对面穷诘,无不惭退。恐非奖进言者。"太宗曰:"此言是也,当为卿改之。"

太宗尝怒苑西监穆裕,命于朝堂斩之。时高宗为皇太子,遽犯颜进谏,太宗意乃解。司徒长孙无忌曰:"自古太子之谏,或乘间从容而言。今陛下发天威之怒,太子申犯颜之谏,诚古今未有。"太宗曰:"夫人久相与处,自然染习。自朕御天下,虚心正直,即有魏徵朝夕进谏。自徵云亡,刘洎、岑文本、马周、褚遂良等继之。皇太子幼在朕膝前,每见朕心说谏者,因染以成性,故有今日之谏。"

原文摘自吴兢著:《贞观政要·纳谏》,上海古籍出版社 2006 年版。

鉴赏编写:刘惠恕　杨发坤

15. 林肯为蒙冤者的法庭辩论

（1836 年）

【格言名句】

给别人自由和维护自己的自由,两者同样是崇高的事业。

——林肯

【文章导读】

美国第十六任总统——亚伯拉罕·林肯,是美国历史上唯一出身于贫民家庭的总统。

在当选总统之前的 1836 年,林肯通过考试当上了律师。作为律师的林肯,精通法律,口才很好,在当地很有声望。很多人都来找他帮着打官司。但他为当事人辩护有一个条件,就是当事人必须是正义的一方。许多穷人没有钱付给他劳务费,但只要是正义的,林肯就会免费为他辩护,帮他讨回公道。林肯说:"给别人自由和维护自己的自由,两者同样是崇高的事业。"林肯富于同情心,敢于主持正义,在诉讼活动中以说理充分、例证丰富、逻辑性强而素负盛名。本文是作为律师的林肯,为老朋友的儿子小阿姆斯特朗一案中所作的辩护,至今被当作辩论的范例而广为流传。

小阿姆斯特朗被人指控图财害命,原告收买了福尔逊做证人,一口咬定亲眼看见小阿姆斯特朗开枪击毙了被害者。小阿姆斯特朗有口难辩,林肯主动担任了他的辩护律师。他认真查阅案卷,到现场调查,很快掌握了全部事实。他断定阿姆斯特朗是受人诬陷而蒙冤受屈的。他要求法庭重新审理这个案子。

捉蛇抓七寸,要推翻这个案子该从什么地方着手呢?林肯研究了全部案卷之后,已经胸有成竹:这个案子的关键就在作证人福尔逊身上。因为他一口咬定,在10月18日的夜半月光下,他在一个草堆后面,清楚地看见小阿姆斯特朗开枪把人打死了。这个鬼迷心窍的证人肯定是被诬告人收买了。

林肯决定从这个福尔逊身上打开缺口。于是就有了这篇精彩对话。我们不得不佩服林肯在辩护中运用反驳的技巧,可谓一针见血,令人折服。

在这场法庭辩护中,林肯严密的逻辑论证也是不可否认的,但最重要的是林肯在调查事实的基础上,掌握了与案情有关的重要情况。也就是说林肯掌握了一举制胜的证据,却不急于拿出来。他反复询问福尔逊,让对方一一确认自己的证词,决不是多余之举,而是防止在驳斥对方时,对方翻供,另外编造事实。当对方已经无法否认自己的证词后,林肯便使出"杀手锏",一锤定音,揭穿了福尔逊的伪证。

【对话原文】

林肯:你记得案发的日期和时间吗?

福尔逊:记得,是10月18日晚11时左右。

林肯:确定吗?

福尔逊:确定。

林肯:当时你在什么地方?

福尔逊:在一个草堆后面。

林肯:被告在什么位置?

福尔逊:在一棵大树下面。

林肯:草堆离大树多远?

福尔逊:二三十米。

林肯：草堆在大树的东边还是西边？

福尔逊：东边。

林肯：你认清是小阿姆斯特朗？

福尔逊：是的。

林肯：你在草堆后，小阿姆斯特朗在大树下，相距二三十米，你能看得清楚吗？

福尔逊：看得很清楚，因为月光很亮。

林肯：你肯定不是从衣着等方面辨认的吗？

福尔逊：不是从衣着，我肯定看清了他的脸，因为月亮正照在他的脸上。

林肯：你能肯定具体时间吗？

福尔逊：能，因为我回屋里时，看了钟，那时正是11点1刻。

林肯：（转身对大家）我不能不告诉大家，这个证人是一个彻头彻尾的骗子。他说10月18日晚上11点在月光下看清了被告的脸。请大家想一想，10月18日那天是上弦月，晚上11点的时候，月亮已经下山了，哪里还有月光？退一步说，也许证人把时间记错了，那么，就算提前一些时候，月亮还没有下山，月光也应该是从西边向东边照射，而草堆在东，大树在西，如果被告脸朝大树，月光可以照到脸上，可是证人就根本看不到被告的脸。如果被告面向草堆，脸上是不可能照到月光的，证人怎么可能从二三十米外的草堆后看清被告的脸呢？

（在场的人听完林肯的演说，沉默了一会，接着爆发出热烈的掌声、欢呼声。福尔逊哑口无言，法庭当即宣布小阿姆斯特朗无罪。）

原文摘自贺卫方著：《法庭辩论的价值》，中国法院网，2002年12月6日。　鉴赏编写：邝雪英　李　劲

16. 曹聚仁访问孙中山纪实

（1911年）

【格言名句】

　　袁世凯不承认共和则已，既已承认共和，若是一朝反悔，就将失信于天下。

——孙中山

【文章导读】

孙中山(1866～1925),名文,字载之,号日新,又号逸仙,幼名帝象,化名中山。中国近代民主主义革命的先行者,中华民国和中国国民党创始人,三民主义的倡导者。首举彻底反封建的旗帜,"起共和而终帝制"。1905年成立中国同盟会。1911年辛亥革命后被推举为中华民国临时大总统。1925年3月病逝于北京。1929年6月1日,根据其生前遗愿,将陵墓永久迁葬于南京紫金山中山陵。1940年,国民政府通令全国,尊称其为"中华民国国父"。他是一位在海峡两岸都受到敬重的革命家,中华民国尊其为国父,中国国民党尊其为总理,毛泽东和中国共产党称其为"中国近代民主革命的伟大先行者"。

曹聚仁(1900～1972),字挺岫,号听涛,笔名袁大郎、陈思、彭观清、丁舟等,1900年7月7日出生于浙江浦江蒋畈村(今兰溪市梅江镇蒋畈村),我国现代著名作家、学者、记者和杰出的爱国人士。1950年,曹聚仁只身赴港写作,在此期间,国共双方都努力寻找能够实现沟通的中间人,被选中的就是曹聚仁。他频频来往于北京和台湾之间,成为毛泽东、周恩来、蒋介石、蒋经国的座上宾,密商两岸和平统一大事。

本文选自曹聚仁的《记孙中山》,记的是1911年辛亥革命后孙中山到北京与袁世凯共商国是的观感和对孙中山的采访。这种采访和印象,因为直接,所以与众不同;因为是第一手材料,所以十分珍贵。

曹聚仁的《记孙中山》,第一部分记述了前去采访过程中的所见所感、第二部分记述袁孙所交换之政见及关系、第三部分记述到京后所发表之各种政见,这几部分并非第一手资料,第四部分记述才是真正意义上的访问记,这是最重要的一部分。从访问记中,我们可以看出孙中山竭力推举袁总统、主张各省民选、对中国前途十分乐观、向来主张地价单税、热衷于造办铁路等政治认识和治国理念。

特别是孙中山对袁世凯的认识——"他不承认共和则已,既已承认共和,若是一朝反悔,就将失信于天下。外国人也有不能答应的"让人叫绝。还有,引人注目的是孙中山与袁世凯之间的互相评论——袁君之批孙君曰:"光明正大,绝无私意,所恨相见之晚。"孙君之于袁君,则曰:"雄才大略,当世无可与代之人。"且致电黄君克强,催其北上,谓:"袁公地位,今实在可怜之境,并无可疑之隙。"这反映出的是孙中山也曾有过政治上的乐观幼稚,还是袁世凯手握权柄、老谋深算？好在历史是人写的，不识庐山真面目，只缘身在此山中。世纪伟人也有被蒙蔽之时，历史罪人也有坦诚的一面。大浪淘沙，吹尽狂沙始见金，盖棺定论者是历史是后人而非当事者。

【对话原文】

——访问记

第一次之约见，既不及见而出，记者订于9月4日下午5时展谒，欣蒙特别赐许，如时而往。正逢中山君方自共和党欢迎会归，沿途警卫，杜绝行人，记者乃于是日亲见之也。及门则门庭阒寂，大非第一次访问时之比，盖是日乃中山君不见客之日也。投刺而入，即蒙接见。中山君方阅一电报阅毕，即问记者有何见教，兹汇记问答之词如下：

问：先生之政见，已经各处发表，大都领悉。惟闻先生竭力推举袁总统，以为可以救治中国。但袁总统与参议院之多数党及各省都督，尚未能诚信相孚，长此迁延，国家必无统一之望，先生有何法维持之？

答：袁总统尚未言及此事，然此事却不甚难，只须袁总统略为迁就，便可互相了解矣。

问：所谓迁就者，于法律上减少中央权限乎？抑用别种方法乎？

答：并非于法律上，即如各省都督，多半主张民选也，有主张中央派的。中山君随将手中所持电报示曰，此即贵州来的电报，他们是主张中央派的。然欲由中央派去，即于中央不利。

记者急问之曰：既是有主张民选，也有主张简派，然则欲求调和之法，必愿意民选者即任其选举，愿意简派者即由中央简派乎？

答：照原理上，总是民选的好。何以说中央简派反于中央不利呢？此话须得解释：第一中央派人，不见得尽是好的，而且难得见好。若都督与地方冲突起来，则地方人民抱怨中央，反生地方与中央之恶感。而且中央往往无相当之人可派。譬如我们广东，中央不晓得情形，派哪个去才好？若由民选，则即都督不好，他们只能由少数党埋怨多数党，说他不应该选出这种都督，就埋怨不到中央了。第二都督既由民选，则地方上有不满意都督之处，他就来京依重中央的势力去牵制他；都督恐怕他们牵制，也就不能不借重中央。中央之权力，反能因此增大。譬如我们广东，前有少数人不满意于现在都督，就来京想法子推倒他，即是先例。

问：军民既未分治,则所谓民选者,由军人选举出之耳?先生既主张民选,是否主张军民分治?

答：五六年内,军民分治的事情,也是办不到的。因为不主张分治的人,中央未必能派兵去打他。

问：然则有何方法以处之?

答：此必等待兴征兵制度,此等的新兵,尽归中央管理;而地方老兵,或归天然淘汰,或改归警察;地方上无兵权,自然渐渐可以分治矣。

问：然则如先生所定,五六年之内,中国必无统一之望矣。

答：五六年不统一,有什么要紧?何必如此心急!美国到如今还没有统一。

问：美国之统一,似应比中国更难,因为中国向来是统一的,美国却原是联邦的雏形。

答：美国革命之后,乃是联邦,其先并非联邦也。

问：若是国内可以自立,照现在情形,本没有什么要紧。但现在外蒙之乱,已及内蒙,西藏原有驻军,已自大吉岭送归;而四川征藏之兵,又不能前进。外患情形,如此逼迫,国内四分五裂,何以对外?

答：对外一层,是与这个问题没有关系的。若是现在要打仗,我们广东尽可出兵三万,自行筹饷。说到外国的事情,我们中国的人心,人人是一致的。

问：现在蒙藏情势如此,外交紧急,全体皆动,先生以为中国有亡国之忧否?

答：决无,决无!

问：先生政策,记者向颇研究,也有懂的,也有不懂的。自先生到京后,记者深佩先生为中国第一乐观派。但全国人心多半是消极悲观,有一部分人对于先生乐观之说,颇怀疑义,以为人已快死,你还在那里说种种高兴的话。故记者之意,以为先生必须将蒙藏诸紧要问题,设法与袁总统解决,令全国人心恍然大悟中国之必不至于亡,而后对于先生所说种种事业,亦必异常踊跃。

答：这个是关系外交很复杂的、很秘密的法子,是以不能宣布。

问：记者决不发表,先生作为个人的秘密谈话何如?

答：决不可以,决不可以。

问：先生的铁路计划，定于何时切实发表真正实行？

答：这个我已经与政府商议，政府答应的条件，是很宽的。只要外国人肯借，没有十分损害主权，就会答应。将来看参议院怎么通过，我就按照所定条件，去募债去造路。

问：铁路计划既是先生发起，别人不能十分明白，将来光景是要由先生一个人承办的？

答：那个我总得要同各省商量，即如湖南现在就有电报请我去帮他们的忙。

问：先生所开三条路线，内有很多，已归外人承办，此等如何办法？

答：本来是外国人办的，原是归他们办，我们不过辅助他们，并无妨碍。

问：先生将来必须还要到外国直接募债吧？

答：募债的事情，非到临时不能豫计；将来或是直接募债或是与外国工程师订立合同，共同办理。

问：究竟先生对于袁总统之批评何如？

答：他是很有肩膀的，很喜欢办事的，民国现在很难得这么一个人。

问：他的新知识新思想，恐怕不够吧？

答：他是很清楚的，像他向来没有到过外国的人，能够这么清楚，总算难得的。

问：他没有野心？

答：那是没有的。他不承认共和则已，既已承认共和，若是一朝反悔，就将失信于天下。外国人也有不能答应的。除非他的兵不特能够打胜全国，并且能抵抗外国，才能办到，这是怎么能够的事情？况且现在已经号令不行于地方，他若改变宗旨，于他有甚么利益呢？

问：这种说话，都是由各政党生出来的，于国家有种种不利，究竟先生看现在中国党政之弊病，在什么地方？有何方法可以救正？

答：这个，一时是没有什么法子的，让他们自己闹闹，闹过几年，自然明白。

问：先生向来主张地价单税，这就是国家社会政策之一种，就是先生向来所提倡民生主义之最要政策，究竟现在要实行不要实行？

答：这是要从速实行的，因为地价不定，地皮一天贵一天，将来造办铁路购买地皮时，异常不利，现在英吉利、纽西兰均已实行了。

问：地价单税法，系专按照地价收纳租税，此税一行，则其余租税是应该一律停办的；先生既欲实行地税，则其余租税，一概停办乎？

答:一时试办,是不能停办一切的,等待有把握之后,再想办法。

问:先生之乐观说,我们是很佩服;但是先生的老同志,如汪精卫、蔡子民,个个都上西洋,似乎又很消极,就此看来,似乎乐观派的人不很多。

答:他们都是很乐观的,所以上西洋求学,不然他们就不去了。

问:先生从北京就要往东京欧洲,有此说乎?

答:现尚未定。

语次,适国民党理事喀喇沁王贡桑纳尔布来访,先生问喀喇沁部落,现已懂得共和的原理乎?喀王唯唯而应,很懂得的,而书记报告国民理事大半都在楼上候见。记者不便久溷先生,因起立告辞,先生握手言"再见再见"而出。(九月初十日)

原文摘自曹聚仁著:《记孙中山》,梁鸿发编:《半个世纪的中国》,湖南文艺出版社,2004年5月。　　鉴赏编写:刘　弘

17. 毛泽东与英国记者贝特兰的谈话

(1937年12月)

【格言名句】

只有采取民主集中制,政府的力量才特别强大,抗日战争中国方性质的政府必定要采取这个有利的民主集中制。人类政治生活进到当前的时代,已经从历史总结中得到了这个最好的组织形式,无论平时战时都以民主集中制为有利,战时则更能发挥政治与军事的效力。

——毛泽东

【文章导读】

毛泽东(1893~1976),字润之,湖南湘潭人。中国革命家、战略家、理论家和诗人,中国共产党、中国人民解放军和中华人民共和国的主要缔造者和领袖,毛泽东思想的主要创立者,被视为现代世界历史中最重要的人物之一,《时代》杂志将他评为20世纪最具影响一百人之一。

詹姆斯·贝特兰(James Bertram)(1910~1993)生于新西兰奥克兰,奥

克兰大学文学硕士,毕业后在伦敦《泰晤士报》工作。民国25年(公元1936年),他作为罗得斯奖学金的访问学者来华,在北平燕京大学学习时,一些英国报刊纷纷委托他报道中国情况。"西安事变"爆发后,他立即启程赶到西安,采访了张学良、杨虎城将军,并同史沫特莱一起志愿在西安电台用英语向外界广播,打破了国民党的新闻封锁。1937年10月抗日战争初期,贝特兰作为英国《每日先驱报》记者,应邀去延安会见了毛泽东,并接受邀请访问了延安。期间,毛泽东多次接见了他,并就他提出的各种问题发表了重要讲话(即《和英国记者贝特兰的谈话》),详细阐述了中国共产党和抗日战争、抗战的情况和教训、共产党领导下的八路军在抗战中的作用,揭露了一部分人搞投降主义,重申了联合抗日的主张。文章择自《毛泽东选集》第二卷。贝特兰公正客观的报道和有关著作,为中国人民的英勇斗争得到了国际上的同情和支持。

在节选的对话中,贝特兰主要从"共产党与抗日战争""抗日战争的情况与教训""八路军在抗日战争中""抗日战争中的投降主义""民主制度与抗日战争"这五个当时舆论急迫探寻真相的话题对毛泽东进行了访谈。例如在谈论抗日战争的本质时,毛泽东一针见血地指出"对日战争是不能避免的,所有日本'和平解决'的言论,日本外交家的漂亮辞句,都不过是掩盖其战争准备的烟幕弹",揭穿了日本发动战争的真相。在论及抗战时期八路军的政治工作时,毛泽东以战略家的眼光指出了八路军政治工作的三个基本原则:"第一,官兵一致的原则,这就是肃清了封建主义,废除了打骂制度,建立了自觉纪律,实行了同甘共苦的生活,因此全军是团结一致的;第二,军民一致的原则,这就是秋毫无犯的民众纪律,宣传组织与武装民众,减轻民众的经济负担,打击危害军民的汉奸卖国贼,因此军民团结一致,到处得到人民的欢迎;第三,是瓦解敌军与优待俘虏的原则,在这一工作上,不单是依靠我军的作战,而且依靠敌军的瓦解,虽目前效力尚未显著,但将来必定有成效的。"这些原则今天读来仍然振聋发聩,具有先知先觉意义,表明了一个政党在进行重大决策时所具备的全面完善的胸襟以及纵横韬略。

富有意味的是,这组对话的内容涉及一系列的中西方关键词语的阐释,如"和平解决""独立自主的运动游击战""投降主义""民主与集中""普选制"等。在"民主与集中"方面,毛泽东强调"只有采取民主集中制,政府的力量才特别强大,抗日战争中国防性质的政府必定要采取这种民主集中制。人类政治生活进到当前的时代,已经从历史总结中得到了这个最好的组织形式,无论平时战时都以民主集中制为有利,战时则更能发挥政治与军事的效力。"

这说明在某种意义上,贝特兰对毛泽东的多次采访是为了告诉全世界当时中国共产党领导下的军队状况,是为了更好地宣传毛泽东同志对抗战形势的正确分析和反对投降主义,以及我党在各个方面的抗战策略。也是由于这样的前瞻性的缘故,贝特兰的采访报道1937年12月在上海租界首次发表时还遭到当局的查禁,现在看来更令人觉得其宣传意义的不同凡响,以及对当时世界进程不可估量的推动力量。同时也表明战争年代,我党我军如何审时度势、未雨绸缪,抓住宝贵时机,为抗战胜利打下了坚实的政治思想基础的。

相隔几十年后,贝特兰深情地回忆说:"见毛主席是我极大的荣幸。毛选里有了我的名字,使亿万人都知道有个英国记者叫贝特兰。"足见战争年代的贝特兰他们是怎样用自己的亲身经历的、耳闻目睹的,甚至冒着生命危险得来的经历,告诉西方人民关于中国革命的艰难及胜利来之不易的客观事实。

【对话原文】

摘录文章采用贝特兰提问(以下简称"问"),毛泽东回答(以下简称"答")的形式进行

中国共产党和抗日战争

问:中国共产党在中日战争爆发前后,有什么具体表示?

答:在这次战争爆发以前,中国共产党曾经再三向全国警告过,对日战争是不能避免的,所有日本帝国主义者所谓"和平解决"的言论,日本外交家的漂亮词句,都不过是掩盖其战争准备的烟幕弹。我们曾经反复地指出,必须加强统一战线,实行革命的政策,才能进行胜利的民族解放战争。革命政策中特别重要的,是中国政府必须实现民主改革,以动员全体民众加入抗日战线。对于相信日本的"和平保证",以为战争或可避免,以及相信不动员民众也可以抵抗日寇的人们,我们曾经反复地指出了他们的错误。战争的爆发及其经过,证明我们这些意见的正确。卢沟桥事变发生的第二天,共产党即向全国发出宣言,号召各党各派各阶层一致抵抗日寇的侵略,加强民族统

一战线。不久我们又发表了《抗日救国十大纲领》，提出在抗日战争中中国政府所应采取的政策。国共合作成立之时，又发表了一个重要的宣言。这些都证明我们对于加强统一战线实行革命政策来进行抗日战争的这种方针，是坚持不懈的。在这个时期中，我们的基本口号就是"全面的全民族的抗战"。

抗日战争的情况和教训

问：据你的观察，战争到现在已经产生了一些什么结果？

答：主要的有两方面。一方面是日本帝国主义的攻城、略地、奸淫、抢劫、焚烧和屠杀，把亡国危险最后地加在中国人身上。另一方面是中国大多数人从此得到了深刻的认识，知道非进一步团结和实现全民抗战不能挽救危机。同时，也开始提醒了世界各和平国家认识抵抗日本威胁的必要。这些就是已经产生了的结果。

问：日本的目的你以为是什么？这些目的已经实现了多少？

答：日本的计划，第一步是占领华北和上海，第二步是占领中国的其他区域。说到日寇实现其计划的程度，由于中国的抗战至今还限于单纯的政府和军队的抗战，日寇已在短期内取得了河北、察哈尔、绥远三省，山西亦在危急中。惟有实行民众和政府一致的抗战，才能挽救这个危局。

问：据你的意见，中国的抗战也有它的成绩没有？如果说到教训，则教训在何处？

答：这个问题我愿意和你多谈一谈。首先来说，成绩是有的，而且是伟大的。这表现在：（一）现在的抗日战争，是自有帝国主义侵略中国以来所没有的。它在地域上是真正全国的战争。这个战争的性质是革命的。（二）战争使全国分崩离析的局面变成了比较团结的局面。国共合作是这个团结的基础。（三）唤起了国际舆论的同情。国际间过去鄙视中国不抵抗的，现在转变为尊敬中国的抵抗了。（四）给了日寇以很大的消耗。听说日寇资财的消耗是每天二千万日元；人员的消耗尚无统计，但一定也是很大的。如果说过去日寇差不多不费一点气力唾手而得东四省，现在就非经过血战不能占领中国的土地了。日寇原欲在中国求偿其大欲，但中国的长期抵抗，将使日本帝国主义本身走上崩溃的道路。从这一方面说，中国的抗战不但为了自救，且在全世界反法西斯阵线中尽了它的伟大责任。抗日战争的革命性也表现在这一方面。（五）从战争取得了教训。这是用土地和血肉换来的。

说到教训，那也是很大的。几个月的抗战，暴露了中国的许多弱点。这首先表现在政治方面。这次参战的地域虽然是全国性的，参战的成分却不是全国性的。广大的人民群众依然如过去一样被政府限制着不许起来参战，因此现在的战争还不是群众性的战争。反对日本帝国主义侵略的战争而不带群众性，是决然不能胜利的。有些人说："现在的战争已经是全面性的战争。"这只说明了参战地域的普遍。从参战的成分说来则是片面的，因为抗战还只是政府和军队的抗战，不是人民的抗战。几个月来许多土地的丧失，许多军队的失利，主要的原因就在这里。所以，现在的抗战虽然是革命的，但是它的革命性不完全，就是因为还不是群众战。这也同时是一个团结问题。中国各党派间虽然较前团结，但是还远远地没有达到必要的程度。政治犯大多数还没有释放，党禁并没有完全开放。至于政府和人民之间，军队和人民之间，军官和士兵之间，关系依然十分恶劣，这里有的是隔离而不是团结。这是一个最基本的问题。这个问题不解决，战争的胜利是无从说起的。此外，军事上的错误，也是丧军失地的一个大原因。打的大半都是被动的仗，军事术语叫做"单纯防御"。这样的打法是没有可能胜利的。要胜利必须政治上军事上都采取和现时大有区别的政策。这就是我们所得的教训。

问：那末，政治上军事上必需的条件是什么？

答：政治上说来，第一，须将现政府改造成为一个有人民代表参加的统一战线的政府。这个政府是民主的，又是集中的。这个政府实行必要的革命政策。第二，允许人民以言论、出版、集会、结社和武装抗敌的自由，使战争带着群众性。第三，人民生活的改良是必要的，改良办法包括废除苛捐杂税，减租减息，改良工人和下级官兵的待遇，优待抗日军人家属，救济灾民难民等等。政府的财政应该放在合理负担即有钱出钱的原则上。第四，外交政策的积极化。第五，文化教育政策的改革。第六，严厉地镇压汉奸。这个问题现在已到了极严重的程度。汉奸们横行无忌：在战区则援助敌人，在后方则肆行捣乱，并有装出抗日面貌反称爱国人民为汉奸而加以逮捕者。但是要真正镇压汉奸，只有人民起来和政府合作，才有可能。军事上说来，亦须实行全盘的改革，主要地是战略战术上单纯防御的方针，改变为积极攻击敌人的方针；旧制度的军队，改变为新制度的军队；强迫动员的方法，改变为鼓动人民上前线的方法；不统一的指挥，改变为统一的指挥；脱离人民的无纪律状态，改变为建设在自觉原则上的秋毫无犯的纪律；单单正规军作战的局面,改变为发展广泛的人民游击战争配合正规军作战的局面,等等。所有上述这些政治军事条件,都在我们发布的十大纲领中提出来了。这些政策,都符合于孙中山先生的三民主义、三大政策及其遗嘱的精神。只有实行这些,战争才能胜利。

问:共产党如何使这个纲领实行起来?

答:我们的工作,是以不疲倦的努力,解释现在的形势,联合国民党及其他一切爱国党派,为扩大和巩固抗日民族统一战线,动员一切力量,争取抗战胜利而斗争。现在的抗日民族统一战线,范围还很狭小,必须把它扩大起来,这就是实行孙中山先生的"唤起民众"的遗嘱,动员社会的下层民众加进这个统一战线去。说到统一战线的巩固,就是要实行一个共同纲领,用这个纲领来约束各党各派的行动。我们同意以孙中山先生的革命的三民主义、三大政策及其遗嘱,作为各党派各阶层统一战线的共同纲领。但这个纲领至今没有为各党派所承认,首先国民党还没有承认发布这样一个全部的纲领。国民党现在已经部分地实行了孙中山先生的民族主义,这表现在实行了对日抗战。但是民权主义是没有实行的,民生主义也没有实行,这样就使得现在的抗战发生了严重的危机。现在战争如此紧急,应是国民党全部实行三民主义的时候了,再不实行就要悔之无及了。共产党的责任,在于大声疾呼地向国民党和全国人民作不疲倦的解释和说服,务使真正革命的三民主义、三大政策及孙氏遗嘱,全部地彻底地在全国范围内实行起来,用以扩大和巩固抗日民族统一战线。

在抗日战争中的八路军

问:请你告我以八路军的情形,这是很多人关心的,例如战略战术方面,政治工作方面等等。

答:自红军改编为八路军开赴前线以后,关心它的行动的人确是很多的。我现在向你说明一个大概。

先说战斗情况。在战略上,八路军正以山西为中心进行战争。如你所知,八路军曾经取得了多次的胜利,例如平型关的战斗,井坪、平鲁、宁武的夺回,涞源、广灵的克复,紫荆关的占领,大同雁门关间、蔚县平型关间、朔县宁武间日军的三条主要运输道路的截断,对雁门关以南日军后方的攻击,平型关、雁门关的两次夺回,以及近日的曲阳、唐县的克复等。进入山西的日本军队,现在在战略上是在八路军和其他中国军队的四面包围之中。我们可以断言,日军在华北今后将遇到最坚强的抵抗。日军要在山西横行,必然将遇到它前所未有的困难。

其次,战略战术问题。我们采取了其他中国军队所没有采取的行动,主要地是在敌军翼侧和后方作战。这种战法,比较单纯的正面防御大有区别。我们不反对使用一部分兵力于正面,这是必要的。但主力必须使用于侧面,采取包围迂回战法,独立自主地攻击敌人,才能保存自己的力量,消灭敌人的力量。再则使用若干兵力于敌人后方,其威力特别强大,因为捣乱了敌人的运输线和根据地。就是在正面作战的军队,也不可用单纯防御的战法,主要应采取"反突击"。几个月来军事上的失利,作战方法失宜是其重要原因之一。现在八路军采用的战法,我们名之为独立自主的游击战和运动战。这和我们过去在国内战争时采用的战法,基本原则是相同的,但亦有某些区别。拿现时这一阶段的情况来讲,集中使用兵力之时较少,分散使用兵力之时较多,这是为着便于在广大地域袭击敌人翼侧和后方。若在全国军队,因其数量广大,应以一部守正面及以另一部分散进行游击战,主力也应经常集中地使用于敌之翼侧。军事上的第一要义是保存自己消灭敌人,而要达到此目的,必须采用独立自主的游击战和运动战,避免一切被动的呆板的战法。如果大量军队采用运动战,而八路军则用游击战以辅助之,则胜利之券,必操我手。

其次,政治工作问题。八路军更有一种极其重要和极其显著的东西,这就是它的政治工作。八路军的政治工作的基本原则有三个,即:第一,官兵一致的原则,这就是在军队中肃清封建主义,废除打骂制度,建立自觉纪律,实行同甘共苦的生活,因此全军是团结一致的。第二,军民一致的原则,这就是秋毫无犯的民众纪律,宣传、组织和武装民众,减轻民众的经济负担,打击危害军民的汉奸卖国贼,因此军民团结一致,到处得到人民的欢迎。第三,瓦解敌军和宽待俘虏的原则。我们的胜利不但是依靠我军的作战,而且依靠敌军的瓦解。瓦解敌军和宽待俘虏的办法虽然目前收效尚未显著,但在将来必定会有成效的。此外,从第二个原则出发,八路军的补充不采取强迫人民的方式,而采取鼓动人民上前线的方式,这个办法较之强迫的办法收效大得多。

现在河北、察哈尔、绥远和山西的一部分虽已丧失,但我们决不灰心,坚决号召全军配合一切友军为保卫山西恢复失地而血战到底。八路军将和其他中国部队一致行动,坚持山西的抗战局面;这对于整个的战争,特别是对于华北的战争，是有重大的意义的。

问：据你看来，八路军的这些长处，是否也能适用于其他中国军队？

答：完全能够适用。国民党的军队本来是有大体上相同于今日的八路军的精神的，那就是在一九二四年到一九二七年的时代。那时中国共产党和国民党合作组织新制度的军队，在开始时候不过两个团，便已团结了许多军队在它的周围，取得第一次战胜陈炯明的胜利。往后扩大成为一个军，影响了更多的军队，于是才有北伐之役。那时军队有一种新气象，官兵之间和军民之间大体上是团结的，奋勇向前的革命精神充满了军队。那时军队设立了党代表和政治部，这种制度是中国历史上没有的，靠了这种制度使军队一新其面目。一九二七年以后的红军以至今日的八路军，是继承了这种制度而加以发展的。一九二四年到一九二七年革命时代有了新精神的军队，其作战方法也自然与其政治精神相配合，不是被动的呆板的作战，而是主动的活泼的富于攻击精神的作战，因此获得了北伐的胜利。现在的抗日战场，正需要这样的军队。这样的军队并不一定要有几百万，有了几十万作中心就能战胜日本帝国主义。抗战以来全国军队的英勇牺牲，我们是十分敬佩的，但是需要从血战中得出一定的教训。

问：宽待俘虏的政策，在日本军队的纪律下未必有效吧？例如释放回去后日方就把他们杀了，日军全部并不知道你们政策的意义。

答：这是不可能的。他们越杀得多，就越引起日军士兵同情于华军。这种事瞒不了士兵群众的眼睛。我们的这种政策是坚持的，例如日军现已公开声言要对八路军施放毒气，即使他们这样做，我们宽待俘虏的政策仍然不变。我们仍然把被俘的日本士兵和某些被迫作战的下级干部给以宽大待遇，不加侮辱，不施责骂，向他们说明两国人民利益的一致，释放他们回去。有些不愿回去的，可在八路军服务。将来抗日战场上如果出现"国际纵队"，他们即可加入这个军队，手执武器反对日本帝国主义。

抗日战争中的投降主义

问：据我所知，日本一面进行战争，一面又在上海放出和平空气。日本的目的究竟何在？

答：日本帝国主义在达到它的一定步骤后，它将为着三个目的再一次放出和平的烟幕弹。这三个目的是：（一）巩固已得的阵地，以便作为第二步进攻的战略出发地；（二）分裂中国的抗日阵线；（三）拆散世界各国援助中国的阵线。现在的和平空气,不过是施放和平烟幕弹的开始而已。危险是在中国居然有些动摇分子正在准备去上敌人的钓钩,汉奸卖国贼从而穿插其间,散布种种谣言,企图使中国投降日寇。

问:据你看,这种危险的前途如何?

答:前途不外两种,一是中国人民把投降主义克服下去;一是投降主义得势,中国陷于纷乱,抗日阵线趋于分裂。

问:两种情况中何种可能为多?

答:中国人民是全体要求抗战到底的,中国统治集团中如果有一部分人在行动上走入投降道路,则其余坚决部分必起而反对,和人民一道继续抗战。这种情况,当然是中国抗日战线的不幸。但是我相信投降主义者是得不到群众的;群众将克服投降主义,使战争坚持下去,争取战争的胜利。

问:请问如何克服投降主义?

答:言论上指出投降主义的危险,行动上组织人民群众制止投降运动。投降主义根源于民族失败主义,即民族悲观主义,这种悲观主义认为中国在打了败仗之后再也无力抗日。不知失败正是成功之母,从失败经验中取得了教训,即是将来胜利的基础。悲观主义只看见抗战中的失败,不看见抗战中的成绩,尤其不看见失败中已经包含了胜利的因素,而敌人则在胜利中包含了失败的因素。我们应当向人民群众指出战争的胜利前途,使他们明白失败和困难的暂时性,只要百折不回地奋斗下去,最后的胜利必属于我们。投降主义者没有了群众的基础,即无所施其伎俩,抗日战线便能巩固起来。

民主制度和抗日战争

问:共产党在纲领中提出的"民主"是什么意思?它和"战时政府"岂不是互相冲突的?

答:一点也不冲突。共产党还在一九三六年八月就提出了"民主共和国"这个口号。这个口号政治上组织上的含义包括如下三点:(一)不是一个阶级的国家和政府,而是排除汉奸卖国贼在外的一切抗日阶级互相联盟的国家和政府,其中必须包括工人、农民及其他小资产阶级在内。(二)政府的组织形式是民主集中制,它是民主的,又是集中的,将民主和集中两个似乎相冲突的东西,在一定形式上统一起来。(三)政府给予人民以全部必需的政治自由,特别是组织、训练和武装自卫的自由。从这三方面看来,它和所谓"战时政府"并没有任何的冲突,这正是一个利于抗日战争的国家制度和政府制度。

问：可是"民主集中"在名词上不是矛盾的东西吗？

答：应当不但看名词，而且看实际。民主和集中之间，并没有不可越过的深沟，对于中国，二者都是必需的。一方面，我们所要求的政府，必须是能够真正代表民意的政府；这个政府一定要有全中国广大人民群众的支持和拥护，人民也一定要能够自由地去支持政府，和有一切机会去影响政府的政策。这就是民主制的意义。另一方面，行政权力的集中化是必要的；当人民要求的政策一经通过民意机关而交付与自己选举的政府的时候，即由政府去执行，只要执行时不违背曾经民意通过的方针，其执行必能顺利无阻。这就是集中制的意义。只有采取民主集中制，政府的力量才特别强大，抗日战争中国防性质的政府必定要采取这种民主集中制。

问：这和战时内阁制度不相符合吧？

答：这和历史上的某些战时内阁制度不相符合。

问：难道也有符合的？

答：也有符合的。战时的政治制度大体上可以分为两类，一是民主集中的，一是绝对集中的，由战争的性质所决定。历史上的一切战争，依其性质可以分为两类，一是正义的战争，一是非正义的战争。例如二十几年前的欧洲大战，就是一个非正义的帝国主义性质的战争。那时各个帝国主义国家的政府强迫人民为帝国主义的利益作战，违反人民的利益；在这种情形下，英国路易乔治一类的政府就是需要的。路易乔治压迫英国人民不许说反对帝国主义战争的话，任何表现这种民意的机关和集会都不许存在；即使仍然有国会，那也是奉令通过战争预算的国会，也是一群帝国主义者的机关。政府和人民在战争中的不一致，就产生了只要集中不要民主的绝对集中主义的政府。可是历史上还有革命的战争，例如法国的革命战争、俄国的革命战争、目前西班牙的革命战争。在这一类的战争中，政府不怕人民不赞成战争，因为人民极愿意进行这种战争；政府的基础建设在人民的自愿支持之上，所以政府不但不惧怕人民，而且必须唤起人民，引导人民发表意见，以便积极地参加战争。中国的民族解放战争是人民完全同意的，战争的进行没有人民参加又是不能胜利的，因此民主集中制成为必要。中国一九二六年到一九二七年的北伐战争，也是依靠民主集中制取得了胜利。由此可见，如果战争的目的是直接代表着人民利益的时候，政府越民主，战争就越好进行。这样的政府就不应畏惧人民反对战争，相反，这个政府所顾虑的，应是人民的不起来和对于战争的冷淡。战争的性质决定政府和人民的关系，这是一个历史的原则。

问：那末，你们准备经过什么步骤实现新的政治制度？

答：关键在于国共两党的合作。

问：为什么？

答：十五年来的中国政局，国共两党的关系是决定的因素。一九二四年到一九二七年的两党合作，造成了第一次革命的胜利。一九二七年两党的分裂，造成了十年来的不幸局面。然而分裂的责任不在我们，我们是被迫转入抵抗国民党压迫的方向的，我们坚持了解放中国的光荣的旗帜。现在进入第三个阶段了，为了抗日救国，两党必须在一定纲领上进行彻底的合作。经过我们不断的努力，这个合作算是成立了，问题在于双方承认一个共同纲领，并在这个纲领上行动起来。新的政治制度的建立，是这纲领的重要部分。

问：怎样经过两党的合作达到新制度的建立？

答：我们正在提议改造政府机构和军队制度。为应付当前的紧急状态，我们提议召集临时国民大会。这个大会的代表，应大体上采用孙中山先生在一九二四年的主张，由各抗日党派、抗日军队、抗日民众团体和实业团体，按照一定比例推选出来。这个大会的职权，应是国家的最高权力机关，由它决定救国方针，通过宪法大纲，并选举政府。我们认为抗战已到了紧急的转变关头，只有迅速召集这种有权力而又能代表民意的国民大会，才能一新政治面目，挽救时局危机。这一提议我们正在向国民党交换意见，希望得到他们的同意。

问：国民政府不是宣布了停止国民大会的召集吗？

答：那个停止是对的。停止的是国民党过去准备召集的国民大会，那个大会按国民党的规定是一点权力也没有的，其选举更根本不合民意。我们和社会各界都不同意那样的国民大会。我们现在提议的临时国民大会，和已经停止的根本不同。临时国民大会开会之后，全国面目必为之一新，政府机构的改造，军队的改造和人民的动员，就得着一个必要的前提。抗战局面的转机，实系于此。

原文摘自毛泽东著：《毛泽东选集：第二卷》，人民出版社，1991年6月。

鉴赏编写：张　炜

18. 周恩来1946年重庆政治协商会议前后答中外记者问

(1945年12月18日,1946年2月1日)

【格言名句】

因为毛泽东和中共中央认为中国政治的进步不可能一蹴而就,所以同意采取这种让步的方法,逐渐促进政治的进步。

——周恩来

【文章导读】

周恩来(1898～1976),字翔宇,曾用名伍豪等,原籍浙江绍兴,生于江苏淮安。伟大的马克思列宁主义者,中国无产阶级革命家、政治家、军事家、外交家,中国共产党和中华人民共和国的主要领导人,中国人民解放军主要创建人和领导人。建国后,他一直担任政府总理,曾兼任外交部长,并任政协副主席、主席,中共中央副主席,中央军委副主席等。他是以毛泽东同志为核心的党的第一代中央领导集体的重要成员,在国际上也享有很高威望。周恩来同志的卓著功勋、崇高品德、光辉人格,深深铭记在全国各族人民心中。

周恩来在1945年的中共七届一中全会上当选为中央政治局委员、书记处书记。抗日战争胜利后,内战不断,中国面临着和平或内战的选择。蒋介石为了赢得准备内战的时间,玩起了"真内战、假和平"的把戏,接受了吴鼎昌"假戏真做"的提议,给中共中央和毛泽东连发三封电报,邀请毛泽东前往重庆"共定大计"。为制止内战,毛泽东、周恩来等在陪都重庆与蒋介石等举行了著名的重庆谈判,随后周恩来率中共代表团在重庆参加政治协商会议并继续国共和谈。1946年夏,全面内战爆发,此后周恩来任中央军委副主席兼代总参谋长。

周恩来"因为毛泽东和中共中央认为中国政治的进步不可能一蹴而就,所以同意采取这种让步的方法,逐渐促进政治的进步"。

《周恩来1946年重庆政治协商会议前后答中外记者问》,让我们看到了周恩来着眼"中国民族前途",强调"政治协商中停止内战是第一件事",显现"解决这一问题的办法,要得到中国老百姓的赞成,才能有效"的政治智慧,表现了周恩来政治谈判的诚心诚意,以及思维敏捷、对答如流的语言技巧。他善于团结各界人士,共谋"建立一个民主、和平、富强的中国"。他的儒雅风范,以理服人、待友诚恳、立言以信、不卑不亢,不仅给对手也给世人留下了深深的印象。

周恩来是名震中外的谈判家、答记者问的高手。他的一生与各种不同的谈判对手进行过无数次交锋,在变幻莫测的谈判桌旁多谋善断,在谈笑之间使对方折服。当年蒋介石曾经哀叹:为什么我们党内不能出现一个周恩来呢?

对话原文中的"三人军事小组"是指:1946年1月5日,国共双方就停止国内军事冲突达成协议。1月7日,三人委员会组成,成员为国民党代表张群、共产党代表周恩来、美国代表马歇尔,又叫"三人军事小组"。

【对话原文】

1945年12月18日

问:是否要在解决了停止内战问题之后,再开政治协商会议,还是在政治协商会议中,首先要谈停止内战的问题?

答:停止内战问题,在会前由国共会谈,我们希望能够解决,否则,在开会时首先要谈。国共会谈与政治协商会议,可以平行进行。

问:停止内战问题,是否将在三人军事小组会议中解决?

答:不是。停止内战是一个政治性的问题,须先要由国共会谈和与其他各方商谈出解决方案后,再由三人军事小组会议去讨论实现这个方案的具体问题,因为三人军事小组会只是一个讨论技术性的组织。比如由政治商谈决定了停止内战的具体方案后,三人军事小组会再根据这个方案去讨论实施的详细办法。

问:假使在政治协商会议中仍不能停止内战,那么,这是否将造成会议的决裂呢?

答:我们不愿作此预测,我们希望在会议中能解决,而且更希望能在会前解决,因为这是全中国人民的希望,也是世界人民与同盟国政府的希望,尤其是解放区一万万人民,现在处于被进攻的状态中,更是迫切的要求停止内战。

问：贵方的建议是硬性还是有收缩性的？政治协商会议中通过的议案，对各方是否有约束性？

答：凡是建议总要经过各方协商的，因为既是协商，总要经过双方同意，才能得出决议。一切决议对各方面都有约束性的，包括对政府党在内。

问：①关于受降问题与解放区问题，中共是否仍要在会议中提出？②是否将改变以前在这两个问题上的要求？

答：①关于受降问题，是要在停止内战的具体问题中去解决；关于解放区问题，是要在讨论全国实行地方自治问题下去解决。②在原则上不打算改变，也不应该改变。关于解放区问题，也和受降权问题一样，政府在原则上都曾答应过的，现在是讨论如何实施具体步骤问题。

问：会议中若果仍不能解决，那是否将有责任问题？

答：我们总希望能够解决，万一不能解决，我们主张再谈而求解决，无论如何要用政治解决，而不能用军事解决。至于责任问题，这抽象地说，就要诉之于舆论了，尤其是公正的舆论。这里我们要插一句，就是言论要自由，此刻重庆还没有言论自由。现在政治协商会议要开会了，重庆应该实现真正的言论自由，这个要求，诸位也定会赞成的。这里我想《新华日报》有权向诸位控诉，它没有得到像别的报纸一样的自由，目前它的发行遭受极大的阻碍，报童被捕被打，读者没有看报的自由，寄往外埠的成万份报被扣，整批报纸被撕毁焚毁。

问：中共对于实现军队国家化的程序如何？

答：这个问题有过两个方案，国民党一部分人也提有一个方案，共计三个方案。国民党一部分人所提的方案，是先将军队交给政府，再由政府给一点民主。我们认为现在的政府还是一个一党专政的政府，把抗日的军队交给这个一党专政的政府，也就使人民抗日的军队，变为国民党的党军了，于是政府再用请客方式，请几个人去参加政府。这个办法是行不通的，也是我们所反对的。第二个方案是把政府改组为各党各派、无党无派人士参加的民主合作的政府，再由这个政府去统一全国的军队，这是美满的和彻底的办法。我们坚持这主张一年多，政府未赞成，现在我们仍不放弃这个主张。第三个方案是政治民主化做一些，军队国家化做一些，两者平行，逐渐达到一个民主宪法的政府。这个办法，从毛泽东同志来渝谈判到我上次返延时，仍未得到结果。虽然这个办法在原则上政府已经同意，但在作法上是要求单方面对政府有利,而在另一方面是把解放区军民权利剥夺与消灭。当然我们这次来,在谈和平建国方案问题中,还是要提出这个问题求得解决。

问:中共对政府接收东北的问题的看法如何?

答:东北是中国的东北,国民政府代表中国去接收东北主权,这是应当的。但如何建设东北,却是内政问题,是另一问题,不能混为一谈。

1946年2月1日

问:这次决议与中共本来主张有何距离?延安接受有无困难?

答:这次协议结果,在若干问题上与我们的主张存在着距离,例如和平建国纲领与我们原来的提案有距离,其次如政府改组问题上,我们主张多数党在政府中的席位最多不得超过三分之一,现在的协议结果并不如此。又如国民大会旧代表,我们主张重选,而现在用政治方法妥协解决。中共中央同意代表团所作的让步,并不遭到任何困难。因为毛泽东先生和中共中央认为中国政治的进步不可能一蹴而就,所以同意采取这种让步的方法,逐渐促进政治的进步。

问:军民分治与军党分离,将来如何具体实现?

答:军事决议案中已规定有几项办法,我们方面保证负责实施。至于更具体的办法,须由改组后的政府和军事三人小组具体规划。

问:军队整编的步骤如何?驻地确定否?

答:全国军队的整编工作分两个步骤:第一步,中共将其所领导的军队改编为二十个师,政府将其直接统辖的军队改编为九十个师,双方分别进行。各部队驻地由军事三人小组商定。第二步,依据总的计划将全国军队统一编制为五十师至六十师。这计划是确定的,实行的具体方法则由将来改组后的政府、三人小组及将来的国防部和建军委员会计划此事,以达到军队国家化的目的。

问:第二步统一整编时,中共军队怎样?整编需时多少?

答:那时就无所谓中共军队,因为中共在军队中的组织和活动都取消了,正如同国民党的组织和活动在军队中也要取消一样。中共军队的整编要通过三个步骤:第一步,中共二中全会可能于二月底三月初召开,讨论并宣布取消军队中党的组织。第二步,实行整编,将军队中党的组织实际取消。第三步,由三人小组及改组后的政府制定全国军队统一的教育计划,普遍实施。以后,国民党自然不能在军队中作反共教育,中共也同样不作反国民党教育。

问：国共军队所受教育训练等颇不相同，混合编制，岂不困难甚多？

答：正因两军所受教育训练等很不相同，所以才须先分别改编、教育，以后再统一整编。

问：中共军队改编后情形怎样？

答：整编后将有四分之三成员退伍，他们将回到生产中去。

问：双方整编如何监督？如不执行如何处理？

答：为监督国共双方整军工作的完成，将组织整编计划考核委员会，包括各方人士参加，它有权赴各地实地考察整编情形。关于考核委员会的职权尚未具体确定，我想它必须具有相当权力，同时它如果发现不执行军事协议的情形，可以配合军事三人小组处理。

问：政治协商是在国共互让的精神下得到结果的，中共方面有何让步？

答：政治协商会议的成功是由于各方面特别是国共互相让步，共产党方面有很多让步，国民党方面也有很多让步。中共方面如：纲领问题，改组政府问题，国民大会旧代表问题，尤其军队国家化问题，我们军队不仅有第一步的整编而且要进入第二步整编。现在已经进入和平时期，愿与国民党及各党派长期合作，以后不是武装斗争了。

问：什么时候可以实现改组政府？

答：我们自然希望越快越好，但自然也得和政府党商量。

原文摘自《新华日报》，1945年12月19日、1946年2月2日。　鉴赏编写：刘　弘

19. 没有生活，即没有活的语言
——老舍答复关于茶馆的几个问题
（1958年5月）

【格言名句】

没有生活，即没有活的语言。

——老舍

【文章导读】

老舍(1899～1966),字舍予,满族人。中国现代著名小说家、文学家、戏剧家,杰出的语言大师,新中国成立后荣获"人民艺术家"的称号。代表作品有《茶馆》、《骆驼祥子》、《四世同堂》、《龙须沟》等。

老舍的作品大多描绘北京文化背景下的市民生活,语言通俗、幽默带有讽刺意味,叙事语言和人物语言也具有鲜明的地方特色。《茶馆》是一部通过半个世纪的社会变迁,反映"小人物"生活的名著。该剧1957年完成,1958年由北京人民艺术剧院首排,七十多个角色从不同的角度演绎出当时各阶层人民的生活,被称为"世界戏剧舞台上的不朽之作"。

人物繁多,时间跨度大,是《茶馆》创作和成功的关键。观众朋友们在看了演出后,想深入了解老舍先生是如何把这些难点处理得恰到好处的,于是接连不断地给先生写信。此对话就是老舍先生就这些疑惑——作答。

对话围绕《茶馆》所选环境、人物与剧情展开。通过把观众想要知道的问题罗列出来,再逐一道来,这是一种最简洁明了的答疑方式。

"选择单一的'茶馆'"。一方面,茶余饭后,三教九流的人们喜欢集聚在这里谈天说地;另一方面,"茶馆"本来就是一个具有北京地方特点,丰富民族内涵的载体,这里是"皇城根儿"下的历史和文化的缩影。

"如何安排人物与剧情?"单一的茶馆,众多的人物,对于一般的作者来说,很难处理。大师笔下却是游刃有余:"此剧的写法是以人物带动故事。"通过自己熟知的"小人物"来组成一个"人像展览式"的戏剧机构,让这些"小人物"们通过自己的故事推动情节的发展和时代的变迁,或平行,或纵向,相互交织,令人沉醉!

虽然人物多,父代结束,子代登场,但安排合理,主次分明,某些人物"招之即来,挥之即去";虽然年代长,从清王朝,到民国初年,再到抗日战争结束,但目的唯一,勇于尝试,大胆"抱住一件事去发展"。通过人物的表演、行文的贯穿,让我们真正地了解了当时的社会、走进了那个时代。有人就有社会,有人就有时代! 老舍先生正是深知这一点,所以在人物的安排和剧情的处理上不拘泥老套,开拓创新,不为写故事而写戏剧,而是为写人和人背后的时代而写戏剧,思想之深刻,可见一斑!

话剧是对话的艺术,人物的喜怒哀乐、心理活动、个性特征都要通过对话来表现。这里的对话就是我们通常所说的剧本的台词,台词是构成剧本的基石。没有台词就没有剧本,没有人物冲突,就没有剧情的发生、发展、高潮和结局。剧中的人物,必须通过台词才能表达出各自的身份、地位、性格特点等。还有一些台词,人物没有直接说出来,但观众能够领悟到它的含义,这就是"潜台词"。潜台词含有丰富的言外之意和未尽之言,准确地传达出人物潜在的心理动机和真正的话语目的。当然,作为一个"杰出的语言大师",他更是语出惊人:"没有生活,即没有活的语言。""活的语言",顾名思义,应该是浅显易懂、贴近时代、符合人物特征。

"已断了大烟,改抽白面了。"老北京人浅显易懂的口语,充满北京白话的原汁原味。让人感到"唐铁嘴"貌似地位升高,福气不小,实则让人痛心疾首。"大英帝国的香烟,日本的白面,两大强国伺候我一个人,福气不小吧?"老舍坦言:"一个这么无耻的人可以说这么无耻的话,在情理中。同时,我叫他说出那时代帝国主义是多么狠毒,既拿走我们的钱,还要我们的命!"台词、潜台词尽在其中。语言之"活",发人深思,韵味无穷。

【对话原文】

《茶馆》上演后,有劳不少朋友来信,打听这出戏是怎么写的等。因忙,不能一一回信,就在此择要作简单的答复:

问:为什么单单要写一个茶馆呢?

答:茶馆是三教九流会面之处,可以多容纳各色人物。一个大茶馆就是一个小社会。这出戏虽只有三幕,可是写了五十来年的变迁。在这些变迁里,没法子躲开政治问题。可是,我不熟悉政治舞台上的高官大人,没法子正面描写他们的促进与促退。我也不十分懂政治。我只认识一些小人物,这些人物是经常下茶馆的。那么,我要是把他们集合到一个茶馆里,用他们生活上的变迁反映社会的变迁,不就侧面地透露出一些政治消息么?这样,我就决定了去写《茶馆》。

问:您怎么安排这些小人物与剧情的呢?

答:人物多,年代长,不易找到个中心故事。我采用了四个方法:

(一)主要人物自壮到老,贯穿全剧。这样,故事虽然松散,而中心人物有些着落,就不至于说来说去,离题太远,不知所云了。此剧的写法是以人物带动故事,近似活报剧,又不是活报剧。此剧以人为主,而一般的活报剧往往以事为主。

（二）次要的人物父子相承，父子都由同一演员扮演。这样也会帮助故事的连续。这是一种手法，不是在理论上有何根据。在生活中，儿子不必继承父业；可是在舞台上，父子由同一演员扮演，就容易使观众看出故事是连贯下来的，虽然一幕与一幕之间相隔许多年。

（三）我设法使每个角色都说他们自己的事，可是又与时代发生关系。这么一来，厨子就像厨子，说书的就像说书的了，因为他们说的是自己的事。同时，把他们自己的事又和时代结合起来，像名厨而落得去包办监狱的伙食，顺口说出这年月就是监狱里人多；说书的先生抱怨生意不好，也顺口说出这年头就是邪年头，真玩意儿要失传……因此，人物虽各说各的，也顺带着看见了一点儿那个时代的面貌。这样的人物虽然也许只说了三五句话，可是的确交代了他们的命运。

（四）无关紧要的人物一律招之即来，挥之即去，毫不客气。这样安排了人物，剧情就好办了。有了人还怕无事可说吗？有人认为此剧的故事性不强，并且建议：用康顺子的遭遇和康大力的参加革命为主，去发展剧情，可能比我写的更像戏剧。我感谢这种建议，可是不能采用，因为那么一来，我的葬送三个时代的目的就难达到了。抱住一件事去发展，恐怕茶馆不等被别人霸占就已垮台了。我的写法多少有点新的尝试，没完全叫老套子捆住。

问：请谈谈您的语言吧。

答：这没有多少可谈的。我只愿指出：没有生活，即没有活的语言。我有一些旧社会的生活经验，我认识茶馆里那些小人物。我知道他们做什么，所以也知道他们说什么。以此为基础，我再给这里夸大一些，那里润色一下，人物的台词即成为他们自己的，而又是我的。唐铁嘴说："已断了大烟，改抽白面了。"这的确是他自己的话。他是个无耻的人。下面的："大英帝国的香烟，日本的白面，两大强国侍候我一个人，福气不小吧？"便是我叫他说的了。一个这么无耻的人可以说这么无耻的话，在情理中。同时，我叫他说出那时代帝国主义是多么狠毒，既拿走我们的钱，还要我们的命！

问：原谅我，再问一句：像剧中沈处长，出得台来，只说了几个"好"字，也有生活中的根据吗？

答：有！我看见过不少国民党的军、政要人，他们的神气颇似"孤哀子"装模作样，一脸的官司。他们不屑与人家握手，而只用冰凉的手指（因为气亏，所以冰凉）摸人家的手一下。他们装腔作势，自命不凡，和同等的人说起下流话来,口若悬河,可是对下级说话就只由口中挤出那么一半个字来,强调个人的高贵身份。是的,那几个"好"字也有根据。没有生活,掌握不了语言。

原文摘自《老舍答复关于茶馆的几个问题》,《剧本》1958年5月。　鉴赏编写:张春燕　张贤臣

20. 我不是文学家
——巴金和日本剧作家木下顺二的对话
(1980年4月)

【格言名句】

我不是文学家。我写作不是我有才华,而是我有感情,对我的国家和人民,我有无限的爱,靠用作品来表达我无穷无尽的感情。如果我的作品能够给读者带来温暖,我就十分满意了。

——巴金

【文章导读】

巴金,原名李尧棠,1904年生于四川,2005年10月去世。现代文学家、出版家、翻译家。早在1927年旅居法国期间,创作完成中篇小说《灭亡》,1929年在《小说月报》发表后引起强烈反响。其后陆续创作了"激流三部曲"(《家》《春》《秋》)、"爱情三部曲"(《雾》《雨》《电》)、"抗战三部曲"(《火》),以及中篇小说《寒夜》等。作品在国内外都有很大影响,被誉为"五四"新文化运动以来最有影响的作家之一。他却多次宣称自己不是文学家。1980年4月,带领中国作家代表团访问日本,在东京朝日讲堂讲演《我的文学生活五十年》,仍一再坚持说,"我不是文学家""我不是文学家。我写作不是我有才华,而是我有感情,对我的国家和人民,我有无限的爱,靠用作品来表达我无穷无尽的感情。如果我的作品能够给读者带来温暖,我就十分满意了"。这种谦虚的精神不能不让人感到惊诧和敬佩。

作为巴金老朋友的日本剧作家木下顺二先生,曾多次来中国访问,对中

日两国的文化交流十分关切,对巴金的作品也比较欣赏,对巴老称"我不是文学家",称受到日本作家夏目漱石、田山花袋、有岛武郎、芥川龙之介等人影响并十分尊重他们,也颇为惊诧。

巴老和木下的恳谈,辩说朴实得更令人惊诧。没有长篇大论的理论依据,也没有滔滔的引证,只是说出了他自己心灵深处最坦诚的感觉。"我写文章,写小说,是因为自己心中有非说不可的话,不吐不快,为了把心里话说出来,才拿起笔写小说、写文章。"这种坦诚和朴实,凸现了巴老的高尚人格。

诗人王火在《敬寿巴老百岁》中写道:"真心真爱,深意深情。大智大悟,举重若轻。大作大家,淡泊宁静。"这也许就是对"我不是作家"的最好注解。巴老给家乡的小朋友写信,也叮嘱说:"不要把我当作什么杰出人物,我只是一个普通人。我写作不是我有才华,而是我有感情,对我的祖国和同胞有无限的爱,我用作品表达我的这种感情。"面对如此坦诚的一个人,难道还需要有那些画蛇添足的论说吗?

"我不是文学家",这决不是巴老的自谦和对艺术的否定,而是反映了他对艺术的真正追求。真诚、质朴是巴老的风格。即使是对话式的辩说,他同样善于把自己睿智的人生思考,融汇在日常用语的叙述中;把炽烈的情感,包容和贯通于自然情感的表露中,从而为他自己对话的成功展开,寻找到了一种独特而恰如其分的表达方式。

【对话原文】

木下:《家》是您的代表作,也是深受读者欢迎的作品。它为什么受欢迎呢?刚才您讲了现在也有反封建的问题,进一步讲,是什么因素激发了您创作的热情呢?前天(4月4日)您在朝日新闻讲堂讲《我的文学生活五十年》时,曾谈到了这个问题,但听后仍有不明白的地方。

巴金:我写这本书,是为了反封建。我生在旧官僚封建家庭,从小就生活在充满不平等、压迫、专制的环境中,所以常常想,要打破封建家庭的桎梏,在拿起笔写作的时候,一种不可遏制的感情就从笔端流泻出来。

我写这本书,还为了给我大哥看,我想叫他知道他所走过的生活道路以及继续这样活下去,等待他的只能是悲惨的结局。但我的大哥没有看到这部作品就自杀了。

木下:我再提个问题。《家》,可以说是巴金先生的代表作,但从日本文坛来看,不知这部作品应该属于哪一类? 不讲文坛也可,那么从日本文学作品的分类来看,这部作品应该属于哪一类呢? 如果说,归到哪一类都没关系的话,那么这个问题也就无法继续谈下去了。实际上,一部作品归属到哪一类都是无所谓的事情。但在日本文学中,小说有很多种类,如"纯文学""大众文学""私小说""教养小说""社会小说"。我觉得巴金先生的《家》,是既不属于其中的任何一种,又包括这一切内容,或者超出了这些定义范围的作品。诚然,发行一百多万部,是以庞大的中国人口为前提的,但也充分证明了这部作品是深受广大读者的欢迎的。这部作品绝不是为了迎合读者的趣味而写的,所以它既是"大众文学",又是"纯文学"。而且刚才作者讲了,这部作品是写自己的生活经历,这是属于"私小说"的范畴,但同时,又可以明确地说是"社会小说"。

还有,巴金先生在讲演中说,自己喜欢并且受到影响的日本作家有:夏目漱石、田山花袋、有岛武郎、芥川龙之介、武者小路实笃,还有岛崎藤村,好像还有一个人? 这些日本作家对您都有所影响,您对于他们都很尊重,这从日本文学的角度,也是不好理解的。当然这有种种原因。岛崎藤村在巴金先生五岁的时候,写了一部与巴金作品同名的《家》。在这部作品里,作者描写了一个旧家庭,在新兴的资本主义的浪涛中解体、崩溃的过程,同时把"家"的问题,放在个人与个人的冲突中,描写了人不可自拔的堕落。这一点同巴金先生带自传色彩的小说形成了鲜明的对比。夏目漱石的《道草》与志贺直哉的《暗夜行路》,都是取材于"家"的问题。但夏目漱石和志贺直哉所写的《家》,着眼点在于从那无法忍受的"家"的樊笼中偷偷逃出来,维护和确立自我。巴金先生的《家》则是正面与"家"针锋相对,这也是一个鲜明的对比。还有田山花袋,他写自然主义的小说,把自我袒露在人们的面前。有岛武郎,是人道主义作家。芥川龙之介,是非常有理智的作家。武者小路实笃,是无思想的善良的作家。这样粗略的划分,虽然过于笼统,但还是可以这样来区分的。这些各不相同的作家,如果说您都受到了他们的影响,并且对他们都很尊重,对于我们日本人来说,很难想象,日本的文学家,对此也很难理解。这一点,与其说是一个问题,还不如说是我个人的意见。

巴金:我在《朝日新闻》讲堂的讲演中,曾多次说过,我不是文学家……

木下:是的,我也想知道您为什么说"我不是文学家"。

巴金:我写文章,写小说,是因为自己心中有非说不可的话,不吐不快,为了把心里话说出来,才拿起笔写小说,写文章。我自己从来没想过自己是小说家或者文学家,对于某篇作品是某种风格,某人写某种文章的问题,在我看来,并不是什么重要问题,反正是读了这本书,觉得喜欢,于是对作者就感到非常亲切。我是谁的文章都读的。

我为什么举出刚才几个作家的名字呢?到目前为止,中国介绍的日本小说,主要仍是三十年代的作品,至少我自己没有机会看到过别的作品,自己直接读日文原作有困难。

我为什么喜欢这些作家呢?因为他们用不同的笔法来描写自己所经历的生活,使我感到亲切,引起了共鸣。我是业余作家,不是专业作家,平常总是这样,当写作的欲望在我的心中燃烧的时候,我就拿起笔来写。

木下:业余作家?也就是爱好者——不,这样解释意思就变了。

巴金:文学怎样分类,我自己属于哪一类,我觉得没有关系。我常常想,要与旧社会进行斗争,就需要武器,不管是什么武器,只要能用来进行战斗,我就拿来与旧社会搏斗。

木下:已经逝世的研究中国文学的专家冈崎俊夫先生,在河出书房出版的《现代中国文学全集》的《巴金篇》中,曾作以下说明:"当时确有不少青年读了他(巴金)的作品,挣脱家庭的枷锁,走上了革命的道路。这与日本夏目漱石、志贺直哉的小说没有使人成为革命家形成了鲜明的对比。"对于夏目漱石和志贺直哉这样评价,确实像一个中国文学专家的样子,所以我至今仍记得这句话。从这个意义上来讲,您才不认为自己是文学家吧。"我不是文学家"这句话,在讲演中至少出现了两次,我很有兴趣,才问这个问题。在日本,说自己不是文学家,不仅在口头上,自己也确实这样认为,并且又从事文学创作的人,作为特殊的例子,也许有,但我却不知道。中国的作家们告诉了我们尚不知道的事情,也就是有自认为不是文学家而从事文学工作的人。

巴金:我刚才送给您的《随想录》(第一集,香港三联书店,1979年出版)中,多次写到我不是文学家。我之所以这样讲,是因为在创作的时候,我不曾有一边想着自己是作家,一边写作的经验。甚至从来也没有想过,拿起笔必须意识到自己是作家,是文学家。我常常想,甚至一直都在想,干一点什么别的工作吧,同时也写一点东西,但结果是,别的工作什么也没有做,总是在写。我也考虑过,或许有比文学更适合于我的工作。

木下:……呵!您是这种心情……

巴金：虽然我总是这样想，但还是没有做别的工作，一直写到现在。去年到巴黎去，我对巴黎的朋友说，长期以来就是这样写呵，写呵！到底没有离开文学艺术。

我的儿子现在大学读书，专攻中国文学，学校里开设文学理论等一些课程，回到家里来，常常说起这些问题，在文学理论上应该怎样怎样。爸爸的作品应该怎样怎样，特别是最近，他批评得更多。这时，我就常常对他说，我不是文学家，那些理论我不懂，我自己认为怎样好就怎样写。对于那些理论，你是专家，可我不懂。

过去有一些外国朋友问我，你到底是现实主义作家呢？还是浪漫主义作家呢？我不知道应该怎样回答，于是就老实地对他们说：在创作的时候，我从来不曾想过要当现实主义作家，还是浪漫主义作家。我不知道这些。

木下：您说自己不是文学家，我想把这句话的意义作为日本文学的一个问题来考虑，这对于日本文学是有益的，必要的。因为日本文坛上的职业作家和不必要的专门性作家太多了。

巴金：那并不是什么了不起的大问题，我只是说自己从来都不是文学家，什么也不懂。正如我在讲演中所说的那样，文学作品的最高境界，是创作和生活的完全一致，是作家和人的一致，我自己总是这样想的。

最近我给香港报纸写稿，其中谈到文学的最高境界是无技巧。我绝不认为自己现在的想法就一定正确。这也是今后应该继续探索的问题。

木下：巴金先生说这不是什么了不起的问题，这种态度是很有意思的，所以我想继续思考这一问题。

原文摘自《我不是文学家》，1980年4月，巴金和日本剧作家木下顺二的对话。　鉴赏编写：梁进学

21. 邓小平答意大利女记者法拉奇问

（1980年8月）

【格言名句】

我们的建设方针还是毛主席过去制定的自力更生为主、争取外援为辅的方针。不管怎样开放，不管外资进来多少，它占的份额还是很小的，影响

不了我们社会主义的公有制。吸引外国资金、外国技术,甚至包括外国在中国建厂,可以作为我们发展社会主义社会生产力的补充。

——邓小平

【文章导读】

邓小平(1904～1997)是中国共产党第二代领导核心,马克思主义者、无产阶级革命家、政治家、军事家、外交家,同时也是中国人民解放军、中华人民共和国的主要领导人之一。他是中国社会主义改革开放和现代化建设的总设计师,创立了邓小平理论。他所倡导的"改革开放"及"一国两制"政策理念,改变了20世纪后期的中国,也影响了世界,因此在1978年和1985年,曾两次当选《时代》周刊"年度风云人物"。

意大利人奥莉娅娜·法拉奇是20世纪最为著名的新闻工作者、战地记者和小说家之一,她以尖锐、犀利的采访风格和独具个性的文学创作,在新闻界取得了骄人的成绩,赢得了极大的国际声誉。她亲历二战,1950年任《晚邮报》驻外记者;1967年开始任《欧洲人》周刊战地记者,采访过越南战争、印度和巴基斯坦战争、中东战争和南非动乱。作为20世纪新闻采访女王,法拉奇开创了崭新的采访方式,以迂回、挑逗、紧追的形式采访世界政要,留下许多脍炙人口的话语,曾使纵横世界政治舞台的外交家基辛格陷于尴尬,令卡扎菲愤怒失言,在新闻史上留下了浓重的个人色彩,被人们誉为"世界第一女记者"和"文化奇迹"。

邓小平是中国共产党第二代领导核心,是中国社会主义改革开放和现代化建设的总设计师。他所倡导的"改革开放"及"一国两制"政策理念,改变了20世纪后期的中国,也影响了世界。在引进外资方面,邓小平高瞻远瞩,明确地指出"我们的建设方针还是毛主席过去制定的自力更生为主、争取外援为辅的方针。不管怎样开放,不管外资进来多少,它占的份额还是很小的,影响不了我们社会主义的公有制。吸引外国资金、外国技术,甚至包括外国在中国建厂,可以作为我们发展社会主义社会生产力的补充。"

在20世纪80年代初,邓小平的核心领导地位呼之欲出,世界的目光都投向了他。1980年8月,法拉奇采访了邓小平,与邓小平进行了两次深入广泛的交流。

对话中,法拉奇语词尖锐辛辣,问题锋芒毕露,而邓小平则应对坦诚从容,语言睿智率直,这使得这场对话充满了东西方不同思想的精彩交锋,对当时世界了解中国及中国将走向何方都留下了印象深刻的外交史话。

这里节录的对话摘录了法拉奇两次采访邓小平的精华内容,这些内容涉及当时的一些敏感性话题,但邓小平并没有回避,而是站在国家现在及未来的角度审时度势地考察问题,并加以策略性的回答。在第一次对话中,法拉奇主要针对文革后毛主席画像逐渐减少的变化情况,颇为犀利地以提问方式发难邓小平,但邓小平却很从容地应对她,强调了"尽管毛主席过去有段时间也犯了错误,但他终究是中国共产党和中华人民共和国的主要缔造者",消除了西方人抱残守缺的固执思维。在第二次对话中,法拉奇又针对邓小平自身的人生境遇进行了连珠式的发问,特别是她欲擒故纵地试图打破邓小平的情感秤砣时,邓小平却平静自如,坚定地告诉法拉奇、告诉西方人关于自己三上三下的挫折绝不是私人恩怨,"因为毛主席也不是针对我一个人说的,他经常说别人不征求他的意见、不听从他的意见。这是因为他有家长作风,听不得不同意见""我这个人从来不大喜欢气愤。因为这是政治问题,没有气愤的必要,气愤也不解决问题"。如此豁达大度的态度深深打动了法拉奇这位铁打的女中豪杰,不住地赞叹邓小平的回答"太精彩了"。

据记载,法拉奇废寝忘食四十多小时,详细地整理了采访录音,将邓小平访谈录第一部分首先发表在1980年8月31日《华盛顿邮报》,第二天,在该报头版又发表访谈的第二部分,引起了世界上的巨大反响,各国大报纷纷全文转载,有报社评论称"这是邓小平历史性的出色的答记者问",给予邓小平极高的评价,也架起了中国与世界沟通的新桥。1980年9月,法拉奇写信感谢邓小平接受采访,她说,"这次采访是我的夙愿。我曾担心语言障碍会妨碍我实现这一梦想,后来我发现担心是多余的",标示着一个记者所能达到的空前的事业高度,同时也昭示着像邓小平这样的政治家是如何睿智而坦荡地面对媒体和公众的。

【对话原文】

奥琳埃娜·法拉奇(以下简称奥):天安门上的毛主席像,是否要永远保留下去?

邓小平(以下简称邓):永远要保留下去。过去毛主席像挂得太多,到处都挂,并不是一件严肃的事情,也并不能表明对毛主席的尊重。尽管毛主席过去有段时间也犯了错误,但他终究是中国共产党、中华人民共和国的主要缔造者。拿他的功和过来说,错误毕竟是第二位的。他为中国人民做的事情是不能抹杀的。从我们中国人民的感情来说,我们永远把他作为我们党和国家的缔造者来纪念。

奥:对西方人来说,我们有很多问题不理解。中国人民在讲起"四人帮"时,把很多错误都归咎于"四人帮",说的是"四人帮",但他们伸出的却是五个手指。

邓:毛主席的错误和林彪、"四人帮"问题的性质是不同的。毛主席一生中大部分时间是做了非常好的事情的,他多次从危机中把党和国家挽救过来。没有毛主席,至少我们中国人民还要在黑暗中摸索更长的时间。毛主席最伟大的功绩是把马列主义的原理同中国革命的实际结合起来,指出了中国夺取革命胜利的道路。应该说,在六十年代以前或五十年代后期以前,他的许多思想给我们带来了胜利,他提出的一些根本的原理是非常正确的。他创造性地把马列主义运用到中国革命的各个方面,包括哲学、政治、军事、文艺和其他领域,都有创造性的见解。但是很不幸,他在一生的后期,特别在"文化大革命"中是犯了错误的,而且错误不小,给我们党、国家和人民带来许多不幸。你知道,我们党在延安时期,把毛主席各方面的思想概括为毛泽东思想,把它作为我们党的指导思想。正是因为我们遵循毛泽东思想,才取得了革命的伟大胜利。当然,毛泽东思想不是毛泽东同志一个人的创造,包括老一辈革命家都参与了毛泽东思想的建立和发展。主要是毛泽东同志的思想。但是,由于胜利,他不够谨慎了,在他晚年有些不健康的因素、不健康的思想逐渐露头,主要是一些"左"的思想。有相当部分违背了他原来的思想,违背了他原来十分好的正确主张,包括他的工作作风。这时,他接触实际少了。他在生前没有把过去良好的作风,比如说民主集中制、群众路线,很好地贯彻下去,没有制定也没有形成良好的制度。这不仅是毛泽东同志本人的缺点,我们这些老一辈的革命家,包括我,也是有责任的。我们党的政治生活、国家的政治生活有些不正常了,家长制或家长作风发展起来了,颂扬个人的东西多了,整个政治生活不那么健康,以至最后导致了"文化大革命"。"文化大革命"是错误的。

奥:你说在后一段时期毛主席身体不好,但刘少奇被捕入狱以及死在狱中时,毛主席身体并不坏。过去还有其他错误,大跃进难道不是错误?照搬苏联的模式难道不是错误?对过去这段错误要追溯至何时?毛主席发动"文化大革命"到底想干什么?

邓:错误是从五十年代后期开始的。比如说,大跃进是不正确的。这个责任不仅仅是毛主席一个人的,我们这些人脑子都发热了。完全违背客观规律,企图一下子把经济搞上去。主观愿望违背客观规律,肯定要受损失。但大跃进本身的主要责任还是毛主席的。当时,经过几个月的时间,毛主席首先很快地发觉了这些错误,提出改正这些错误。由于其他因素,这个改正没有贯彻下去。1962年,毛主席对这些问题进行了自我批评。但毕竟对这些教训总结不够,导致爆发了"文化大革命"。搞"文化大革命",就毛主席本身的愿望来说,是出于避免资本主义复辟的考虑,但对中国本身的实际情况作了错误的估计。首先把革命的对象搞错了,导致了抓所谓"党内走资本主义道路的当权派"。这样打击了原来在革命中有建树的、有实际经验的各级领导干部,其中包括刘少奇同志在内。毛主席在去世前一两年讲过,文化大革命有两个错误,一个是"打倒一切",一个是"全面内战"。只就这两点讲,就已经不能说"文化大革命"是正确的。毛主席犯的是政治错误,这个错误不算小。另一方面,错误被林彪、"四人帮"这两个反革命集团利用了。他们的目的就是阴谋夺权。所以要区别毛主席的错误同林彪、"四人帮"的罪行。

奥:但我们大家都知道,是毛主席选择了林彪,就像西方的国王选择继承人那样,选择了林彪。

邓:这就是我刚才说的不正确的做法。一个领导人,自己选择自己的接班人,是沿用了一种封建主义的做法。刚才我说我们制度不健全,其中也包括这个在内。

奥:你们对"四人帮"进行审判的时候,以及你们开下一届党代会时,在何种程度上会牵涉到毛主席?

邓:我们要对毛主席一生的功过作客观的评价。我们将肯定毛主席的功绩是第一位的,他的错误是第二位的。我们要实事求是地讲毛主席后期的错误。我们还要继续坚持毛泽东思想。毛泽东思想是毛主席一生中正确的部分。毛泽东思想不仅过去引导我们取得革命的胜利,现在和将来还应该是中国党和国家的宝贵财富。所以,我们不但要把毛主席的像永远挂在天安门前,作为我们国家的象征,要把毛主席作为我们党和国家的缔造者来纪念，而且还要坚持毛泽东思想。我们不会像赫鲁晓夫对待斯大林那样对待毛主席。

奥：这是否意味着在审判"四人帮"和开下一届党代会时，毛主席的名字不可避免地会提到？

邓：是会提到的。不光在党代会，在其他场合也要提到。但是审判"四人帮"不会影响毛主席。当然，用"四人帮"，毛主席是有责任的。但"四人帮"自己犯的罪行，怎么判他们都够了。

奥：据说，毛主席经常抱怨你不太听他的话，不喜欢你，这是否是真的？

邓：毛主席说我不听他的话是有过的。但也不是只指我一个人，对其他领导人也有这样的情况。这也反映毛主席后期有些不健康的思想，就是说，有家长制这些封建主义性质的东西。他不容易听进不同的意见。毛主席批评的事不能说都是不对的。但有不少正确的意见，不仅是我的，其他同志的在内，他不大听得进了。民主集中制被破坏了，集体领导被破坏了。否则，就不能理解为什么会爆发"文化大革命"。

奥：在中国有这么一个人，他在任何时候都没有被碰到过，这就是周恩来总理。这个情况如何解释？

邓：周总理是一生勤勤恳恳、任劳任怨工作的人。他一天的工作时间总超过十二小时，有时在十六小时以上，一生如此。我们认识很早，在法国勤工俭学时就住在一起。对我来说他始终是一个兄长。我们差不多同时期走上了革命的道路。他是同志们和人民很尊敬的人。"文化大革命"时，我们这些人都下去了，幸好保住了他。在"文化大革命"中，他所处的地位十分困难，也说了好多违心的话，做了好多违心的事。但人民原谅他。因为他不做这些事，不说这些话，他自己也保不住，也不能在其中起中和作用，起减少损失的作用。他保护了相当一批人。

奥：我看不出怎样才能避免或防止再发生诸如"文化大革命"这样可怕的事情。

邓：这要从制度方面解决问题。我们过去的一些制度，实际上受了封建主义的影响，包括个人迷信、家长制或家长作风，甚至包括干部职务终身制。我们现在正在研究避免重复这种现象，准备从改革制度着手。我们这个国家有几千年封建社会的历史，缺乏社会主义的民主和社会主义的法制。现在我们要认真建立社会主义的民主制度和社会主义法制。只有这样，才能解决问题。

奥：你是否能肯定，今后事情的发展更为顺利？你们是否能够达到你们的目的？因为我听说，所谓"毛主义分子"仍然存在。我说的"毛主义分子"是指"文化大革命"的支持者。

邓：不能低估"四人帮"的影响。但要看到，百分之九十七、九十八的广大人民对"四人帮"的罪行是痛恨的。这表现在"四人帮"横行、毛主席病重、周总理去世时，1976年4月5日天安门广场爆发的反抗"四人帮"的群众运动。粉碎"四人帮"以后，特别是最近两年，我们党的三中全会、四中全会、五中全会体现了人民的意志和人民的要求。我们正在考虑从制度上解决问题。已经提出了许多问题，特别是强调要一心一意搞四化建设，这是得人心的。人民需要一个安定团结的政治局面，对大规模的运动厌烦了。凡是这样的运动都要伤害一批人，而且不是小量的。经常搞运动，实际上就安不下心来搞建设。所以我们可以确信，只要我们现在走的路子是对的，人民是拥护的，像"文化大革命"那样的情况就不会重复。

奥：很显然，只有在毛主席逝世以后才能逮捕"四人帮"，到底是谁组织的，是谁提出把"四人帮"抓起来的？

邓：这是集体的力量。我认为首先有四五运动的群众基础。"四人帮"这个词是毛主席在逝世前一两年提出来的。1974年、1975年，我们同"四人帮"进行了两年的斗争。"四人帮"的面貌，人们已看得很清楚。尽管毛主席指定了接班人，但"四人帮"是不服的。毛主席去世以后，"四人帮"利用这个时机拼命抢权，形势逼人。"四人帮"那时很厉害，要打倒新的领导。在这样的情况下，政治局大多数同志一致的意见是要对付"四人帮"。要干这件事，一个人、两个人的力量是办不到的。

粉碎"四人帮"后，建毛主席纪念堂，应该说，那是违反毛主席自己的意愿的。五十年代，毛主席提议所有的人身后都火化，只留骨灰，不留遗体，并且不建坟墓。毛主席是第一个签名的。我们都签了名。中央的高级干部、全国的高级干部差不多都签了名。现在签名册还在。粉碎"四人帮"以后做的这些事，都是从为了求得比较稳定这么一个思想考虑的。

奥：那末毛主席纪念堂不久是否将要拆掉？

邓：我不赞成把它改掉。已经有了的把它改变，就不见得妥当。建是不妥当的，如果改变，人们就要议论纷纷。现在世界上都在猜测我们要毁掉纪念堂。我们没有这个想法。

奥:为什么你想辞去副总理职务?

邓:不但我辞职,我们老一代的都不兼职了。华国锋主席也不兼国务院总理的职务了,党中央委员会推荐赵紫阳同志为候选人。我们这些老同志摆在那里,他们也不好工作。我们存在一个领导层需要逐渐年轻化的问题。我们需要带个头。

过去没有规定,但实际上存在领导职务终身制。这不利于领导层更新,不利于年轻人上来,这是我们制度上的缺陷。这个缺陷在六十年代还看不出来,那时我们还年轻。这不是一个人的问题,是整个制度的问题,更多地是关系到我们的方针、四个现代化能否实现的问题。所以我们说,老同志带个头,开明一点好。

奥:我看到中国有其他的画像。在天安门我看到有马、恩、列,特别还有斯大林的画像。这些像,你们是否还要保留?

邓:要保留。"文化大革命"以前,只在重要的节日才挂出来。"文化大革命"期间才改变了做法,经常挂起。现在我们恢复过去的做法。

奥:四个现代化将使外国资本进入中国,这样不可避免地引起私人投资问题。这是否会在中国形成小资本主义?

邓:归根到底,我们的建设方针还是毛主席过去制定的自力更生为主、争取外援为辅的方针。不管怎样开放,不管外资进来多少,它占的份额还是很小的,影响不了我们社会主义的公有制。吸收外国资金、外国技术,甚至包括外国在中国建厂,可以作为我们发展社会主义社会生产力的补充。当然,会带来一些资本主义的腐朽的东西。我们意识到了这个问题,但这不可怕。

奥:那末,你是否认为资本主义并不是都是坏的?

邓:要弄清什么是资本主义。资本主义要比封建主义优越。有些东西并不能说是资本主义的。比如说,技术问题是科学,生产管理是科学,在任何社会,对任何国家都是有用的。我们学习先进的技术、先进的科学、先进的管理来为社会主义服务,而这些东西本身并没有阶级性。

奥:我记得几年前,你谈到农村自留地时说过,人是需要一些个人利益来从事生产的,这是否意味着共产主义本身也要讨论呢?

邓:按照马克思说的,社会主义是共产主义第一阶段,这是一个很长的历史阶段，必须实行按劳分配，必须把国家、集体和个人利益结合起来，才能调动积极性，才能发展社会主义的生产。共产主义的高级阶段，生产力高度发达，实行各尽所能，按需分配，将更多地承认个人利益、满足个人需要。

奥：你谈到还有其他人对毛泽东思想作出了贡献，这些人是谁？

邓：老一辈的革命家。比如说，周恩来总理、刘少奇同志、朱德同志等等，还有其他许多人都作了贡献。很多老干部都有创造，有见解。

奥：你为什么不提自己的名字？

邓：我算不了什么。当然我总是做了点事情的，革命者还能不做事？

奥：你说"四人帮"是少数，全国很多人反对他们。他们这些少数人怎么可以控制中国，甚至整老一辈的革命家？是否他们当中有一个是毛主席的夫人，他们的关系太好，你们不敢动她？

邓：有这个因素。我说过，毛主席是犯了错误的，其中包括起用他们。但应该说，他们也是有一帮的，特别是利用一些年轻人没有知识，拉帮结派，有相当的基础。

奥：是否毛主席对江青的错误视而不见？江青是否像慈禧一样的人？

邓：江青本人是打着毛主席的旗帜干坏事的。但毛主席和江青已分居多年。

奥：我们不知道。

邓：江青打着毛主席的旗帜搞，毛主席干预不力，这点，毛主席是有责任的。江青坏透了。怎么给"四人帮"定罪都不过分。"四人帮"伤害了成千上万的人。

奥：对江青你觉得应该怎么评价，给她打多少分？

邓：零分以下。

奥：你对自己怎么评价？

邓：我自己能够对半开就不错了。但有一点可以讲，我一生问心无愧。你一定要记下我的话，我是犯了不少错误的，包括毛泽东同志犯的有些错误，我也有份，只是可以说，也是好心犯的错误。不犯错误的人没有。不能把过去的错误都算成是毛主席一个人的。所以我们对毛主席的评价要非常客观，第一他是有功的，第二才是过。毛主席的许多好的思想，我们要继承下来，他的错误也要讲清楚。

原文摘自邓小平著：《邓小平文选（第二卷）》，人民出版社，2002 年 8 月。

鉴赏编写：张　炜

22. 永恒的孤独
——采访诺贝尔文学奖获得者、拉美文学家马尔克斯
(1982 年)

【格言名句】

要说有什么更加复杂的创作意图的话,那也是不自觉的。不过话说回来,也会发生这样的情况,那就是:评论家和小说家完全相反,他们在小说家的作品里找到的不是他们能够找到的东西,而是乐意找到的东西。

——马尔克斯

【文章导读】

这篇对话选自 1982 年。哥伦比亚黑绵羊出版社推出了加西亚·马尔克斯与另一位哥伦比亚作家兼记者普利尼奥·阿普莱约·门多萨的谈话录《番石榴飘香》。这部谈话录具体、生动而详尽地叙述了加西亚·马尔克斯的生平、文学修养、创作实践和社会活动。

加西亚·马尔克斯(1928～2014),哥伦比亚作家、记者,是 20 世纪拉丁美洲魔幻现实主义文学的杰出代表。生于马格达莱纳省阿拉卡塔卡镇。18 岁进国立波哥大学攻读法律,并加入自由党。1948 年,哥伦比亚发生内战,中途辍学。不久,他进入报界,任《观察家报》记者,同时从事文学创作。1954 年起,任该报驻欧洲记者。1961 年起,任古巴拉丁社记者。1961 年至 1967 年侨居墨西哥,从事文学、新闻和电影工作。1971 年获美国哥伦比亚大学名誉文学博士称号,1972 年获拉美文学最高奖——委内瑞拉加列戈斯文学奖,1982 年获诺贝尔文学奖和哥伦比亚语言科学院名誉院士称号。

加西亚·马尔克斯作品的主要特色是幻想与现实的巧妙结合,以此来反映社会现实生活,审视人生和世界。重要作品有长篇小说《百年孤独》(1967)、《族长的没落》(1975)、《霍乱时期的爱情》(1985),中篇小说《枯枝败叶》(1955)、《恶时辰》(1961)、《没有人给他写信的上校》(1961)、《一件事先张扬的凶杀案》(1981),短篇小说集《蓝宝石般的眼睛》(1955)、《格兰德大妈

的葬礼》(1962)，电影文学剧本《绑架》(1984)，文学谈话录《番石榴飘香》(1932)和报告文学集《一个海上遇难者的故事》(1970)、《米格尔·利廷历险记》(1986)等。

加西亚·马尔克斯常常谈起童年的记忆对他文学生涯的重要性，尤其是外祖父母给他讲的家族历史、传说和阿拉卡塔卡的神奇故事。他在成群的姨妈和祖姨妈中长大，她们大都是讲故事的能手，富于非凡的记忆和想象力，也相信预言和迷信。加西亚·马尔克斯与他的外祖父马尔克斯上校关系最为亲密，后者曾参加过自由党与保守党之间那场直到1902年才结束的灾难性内战。外祖父的许多战争故事都已融进了他的小说中，这些故事交织着阿拉卡塔卡地区香蕉公司兴衰的回忆，以及外祖父母的家庭旧事。那些难以置信的事情在他们讲来是如此绘声绘色、天衣无缝，以至于那语调与故事内容本身一样迷人。

马尔克斯不断地思索着怎样根据他童年的记忆构思成一个完整的故事。他说，1965年，突然"有一天，梅尔塞德斯和我带着孩子们驾车前往阿卡布尔科时，它像闪电一样掠过我的脑际。我决定像外祖母给我讲她的故事那样叙述我的故事。我要从那天下午那个小男孩被祖父领着去参观冰块时写起"。他立刻掉转车头，返回墨西哥城。此后的一年半时间里，他足不出户，埋头写作《百年孤独》。《百年孤独》描写了布恩迪亚家族七代人的传奇故事，以及加勒比海沿岸小镇马孔多的百年兴衰，反映了拉丁美洲一个世纪以来风云变幻的历史。作品融入神话传说、民间故事、宗教典故等神秘因素，巧妙地糅合了现实与虚幻，展现出一个瑰丽的想象世界，自1967年一问世，立即引起欧美文坛的"一场文学地震"，很快成为几十种语言的畅销书。1982年，瑞典文学院认为，马尔克斯在《百年孤独》中"创造了一个独特的天地，即围绕着马贡多的世界"，"汇聚了不可思议的奇迹和最纯粹的现实生活"，因而授予他诺贝尔文学奖。

对话主要是围绕《百年孤独》的创作背景、创作技巧这两个内容进行的。马尔克斯开门见山就指出自己的创作是为其境况悲惨的"童年时代所经受的全部体验寻找一个完美无缺的文学归宿"，并批评那些隐身攻击的评论家们"大放厥词""高谈阔论"的拙劣表演。马尔克斯表示"要说有什么更加复杂的创作意图的话，那也是不自觉的。不过话说回来，也会发生这样的情况，那就是：评论家和小说家完全相反，他们在小说家的作品里找到的不是他们能够找到的东西,而是乐意找到的东西"。

随后他对门多萨提及的小说"可以说是拉丁美洲历史的翻版"这一说法进行了论证,认为拉美的历史就是"谁要是为反抗暴政进行斗争,一旦上台执政,谁就有变成暴君的危险"。加西亚·马尔克斯在他的长篇小说《百年孤独》结尾处,用一个充满神秘主义色彩的隐喻高度浓缩地概括和预言了拉丁美洲的历史,写道"命中注定要一百年处于孤独的世家决不会有出现在世上的第二次机会",表明了马尔克斯的写作背后的革命责任,希望公众不要遗忘血腥的残酷历史。

关于创作技巧,马尔克斯坦言自己创作《百年孤独》停停写写的数十载经历,谈到了夫人梅塞德斯对自己强大的精神支持,并认为"不懂爱情,不通人道"是人们"孤独和受挫的秘密",还认为,"妇女们能支撑整个世界,以免它遭受破坏;而男人们只知一味地推倒历史"。这其实也表明马尔克斯对独裁历史的痛恨,抨击了对妇女的道德偏见,也应合马尔克斯喜欢融合儿时记忆,在小说时空里细致隐现"外婆是马尔克斯作品中魔幻因子的潘多拉盒"这个说法。对话最后,马尔克斯颇为风趣地还认为自己的被译成十七种文字的《百年孤独》现在"像热香肠一样到处出售"是很危险的。

可以看出,这篇对话访谈如拉家常,马尔克斯毫不回避自己的厌恶与嗜好,对于创作给予了很个性化的思考,同时又表现了作为作家的强烈社会责任心和历史道义感,并以文学隐喻暗示了道德隐喻,以敏锐的社会观察印证了尖锐的政治判断,对话语言平实却不乏冷峻视角,以平和之心表达了拉美民众苦难中的乐观和希望,体现了其以魔幻手法表现人民疾苦的作家灵魂。

【对话原文】

1982年,哥伦比亚黑绵羊出版社推出了加西亚·马尔克斯与另一位哥伦比亚作家兼记者普利尼奥·阿普莱约·门多萨的谈话录《番石榴飘香》。这里选登的对话是其中的一章:《百年孤独》。下文中加西亚·马尔克斯简称为"马",门多萨简称为"门"。

门:你在着手写《百年孤独》的时候,请问,什么是你的创作初衷?

马:我要为我童年时代所经受的全部体验寻找1个完美无缺的文学归宿。

门:许多评论家说,你这部作品是对人类历史的一种隐喻或讽喻。

马：不是这么回事。我只是想艺术地再现我童年时代的世界。你知道，我的童年是在一个景况悲惨的大家庭里度过的。我有一个妹妹，她整天啃吃泥巴；一个外祖母，酷爱占卜算命；还有许许多多彼此名字完全相同的亲戚，他们从来也搞不清楚什么是真正的幸福，为什么患了痴呆症会感到莫大的痛苦。

门：评论家总会在你的作品里找到更加复杂的创作意图。

马：要说有什么更加复杂的创作意图的话，那也是不自觉的。不过话说回来，也会发生这样的情况，那就是：评论家和小说家完全相反，他们在小说家的作品里找到的不是他们能够找到的东西，而是乐意找到的东西。

门：一谈到评论家，你总带有尖刻的嘲讽口气，你为什么这么讨厌评论家？

马：因为他们总是俨然摆出一副主教大人的臭架子，居然不怕冒大放厥词的危险，竟敢承担解释《百年孤独》一书之谜的全部责任。他们没有想到，《百年孤独》这样一部小说，根本不是什么一本正经的作品，全书到处可以看出，影射着不少至亲好友，而这种影射，只有他们自己才能发现。

我举个例子。我记得，有一位评论家看到书中描写的人物加布列尔带着一套拉伯雷全集前往巴黎这样一个情节，就认为发现了作品的重要关键。这位评论家声称，有了这个发现，这部作品中人物穷奢极侈的原因都可以得到解释，原来都是受了拉伯雷文学影响所致。其实，我提出拉伯雷的名字，只是扔了一块香蕉皮，后来，不少评论家果然都踩上了。

门：评论家高谈阔论我们可以不加理会，不过，你这部小说倒不仅仅只是你童年时代的艺术再现。有一次，你不是也说过，布恩地亚家族的历史可以说是拉丁美洲历史的翻版吗？

马：是的，我是这么看的。拉丁美洲的历史也是一切巨大然而徒劳的奋斗的总结，是一幕幕事先注定要被人遗忘的戏剧的总和。至今，在我们中间，还有着健忘症。只要事过境迁，谁也不会清楚地记得香蕉工人横遭屠杀的惨案，谁也不会再想起奥雷良诺·布恩地亚上校。

门：上校发动的那三十二次惨遭败北的武装起义总可以表示我们的政治挫折了吧。请问，如果奥雷良诺·布恩地亚上校打了胜仗，那将会是什么样子？

马：他很可能变成一个大权在握的家长。记得我在写这部小说的时候，我还真有一次想让这位上校掌权执政呢。要真那样,就不是《百年孤独》,而变成《家长的没落》了。

门:由于我们历史命运的拨弄,我们是否应该认为,谁要是为反抗暴政进行斗争,一旦上台执政,谁就有变成暴君的危险?

马:在《百年孤独》里,一个被判处死刑的人对奥雷良诺·布恩地亚上校说:"我担心的是,你这么痛恨军人,这么起劲地跟他们打仗,又这么一心一意地想仿效他们,到头来你自己会变得跟他们一模一样。"他这样结束了他的话:"照这样下去,你会变成我国历史上最暴虐、最残忍的独裁者的。"

门:听说你在十八岁的时候就打算写这部长篇小说了,确有此事吗?

马:确有此事,不过小说的题目叫作《家》,因为我当时琢磨,故事应该在布恩地亚家族的家里展开。

门:当时你这本小说有多大的规模?是不是从那时起这本小说就计划包括一百年的时间跨度?

马:我怎么也安排不好一个完整、连续的结构,只断断续续地写出几段零星的章节,其中有些章节后来在我工作的报纸上发表了。至于年代的久长,倒从来没让我操过心。我担心的是,我对《百年孤独》的历史是否真能经历一百年感到不太有把握。

门:你后来为什么不接着写下去了呢?

马:因为当时要创作这样一部作品,我还缺乏经验、勇气以及写作技巧。

门:但是这个家族的兴衰史一直萦绕在你的脑际。

马:大约过了十五六年我又想起来了,但是我还是找不到至少写得使自己信服的好办法。有一天,我带了梅塞德斯(加西亚·马尔克斯的夫人)和两个孩子到阿卡普尔科(墨西哥港口,旅游胜地)去旅行,途中我终于恍然大悟。原来,我应该像我外祖母讲故事一样叙述这部历史,就以一个小孩一天下午由他父亲带领去见识冰块这样一个情节作为全书的开端。

门:一部粗线条的历史。

马:在这部粗线条的历史中,奇特的事物和平凡的事物极其单纯地融合在一起了。

门:你曾经停过笔,后来又接着往下写了是不是?

马:是的,阿卡普尔卡我到底没去成。

门:那梅塞德斯有什么看法呢?

马：你知道，我这种疯疯癫癫的作风她总是默默在忍受。要没有梅塞德斯，我永远也写不成这本书。她负责为我准备条件。几个月之前我曾经买过一辆小汽车，后来我又把它抵押了出去，把钱如数交给了她，心想还够用六个来月的。可是我用了一年半的时间才写完这本书。钱用完了，梅塞德斯也没吭声。我不知道她是怎么让肉店老板赊给她肉，面包师赊给她面包，房东答应她晚交九个月房租的。她瞒着我把所有的事情都承担起来了，甚至还每隔一段时间给我送来五百张稿纸。不管什么时候也少不了这五百张稿纸。等我写完这部作品，也是她亲自到邮局把手稿寄给南美出版社的。

门：记得有一次她告诉我，她拿着你的手稿到邮局去的时候，一面想："要是到头来这部小说被认为很糟糕可怎么办？"可见，她当时还没有读过，是不是？

马：她不爱读手稿。

门：你的儿子也一样，他们都是你作品的最后一批读者。请你告诉我，你当时对《百年孤独》会取得成功是否有信心？

马：这部作品会获得好评，这一点，我是有信心的。但是否会在读者中取得成功，我就没有把握了。我估计，大概能卖掉五千来本（在此之前，我的作品每种大约只卖出一千来本）。南美出版社倒比我乐观，他们估计能卖掉八千本。而实际上，第一版仅仅在布宜诺斯艾利斯一地半个月之内就抢购一空了。

门：咱们来谈谈这部作品吧。请问，布恩地亚家族的孤独感源自何处？

马：我个人认为，是因为他们不懂得爱情。在我这部小说里，人们会看到，那个长猪尾巴的奥雷良诺是布恩地亚家族在整整一个世纪唯一由爱情孕育而生的后代（见《百年孤独》第二十章）。布恩地亚整个家族都不懂爱情，不通人道，这就是他们孤独和受挫的秘密。我认为，孤独的反义是团结。

门：我不想再问你别人问过你多次的问题，即为什么书中出现那么多的奥雷良诺，那么多的霍塞·阿卡迪奥，因为众所周知，这是一个极富拉丁美洲特色的称谓方式（《百年孤独》中姓名相似的人物，据统计，至少有三个奥雷良诺，有五个霍塞·阿卡迪奥）。我们祖祖辈辈名字都大同小异。你们家的情况就更加出奇，你有一个兄弟，名字跟你一样，也叫加夫列尔。不过，我倒想知道，为了区分奥雷良诺和霍塞·阿卡迪奥，有无规律可循？什么样的规律？

马:有一条非常容易掌握的规律:霍塞·阿卡迪奥们总是使这个世家延续香烟,而奥雷良诺们则否。只有一个例外,即霍塞·阿卡迪奥第二和奥雷良诺第二这一对孪生兄弟,也许是因为他们俩长得完全一样,从小就给搞混了。

门:在你这本书里,狂热昏聩的总是男子(他们热衷于发明、炼金、打仗而又荒淫无度),而理智清醒的总是妇女。这是否是你对两性的看法?

马:我认为,妇女们能支撑整个世界,以免它遭受破坏;而男人们只知一味地推倒历史。到头来,人们是会明白究竟哪种做法不够明智的。

门:看样子,妇女们不仅保证了这个世家不致断绝香烟,还保证了这部长篇小说的连贯性。也许,这就是乌苏拉·伊瓜朗特别长寿的原因所在吧?

马:是的。早在内战结束之前,她已年近百岁,应该归天了。但是我察觉到,要是她一死,我这本书也就完蛋了。只有等到全书行将结束,以后的情节又无足轻重时,她才能死。

门:佩特拉·科特在小说中有什么作用?

马:有一种极其肤浅的看法,认为她仅仅是菲南达的对立面。也就是说,她是一位加勒比地区的女性,没有安第斯地区妇女那种道德偏见。但是我认为,倒不如说她的人品和乌苏拉极为相似。当然,她的感情比真正的乌苏拉要粗俗得多。

门:我猜想,你在写这部作品的时候,总有些人物偏离了你的创作初衷,你能举个例子吗?

马:可以。圣塔索菲娅·德·拉·佩达就是其中一例。在小说里,她一发现自己患了麻风病,就应该像在现实生活中一样,立即不辞而别,走出家门。尽管这个人物的性格被描写成具有忘我的牺牲精神,以致这个结局让人觉得还真实可信,我还是进行了修改,结果写得太恐怖了。

门:有没有哪个人物最后写得完全背离了你的本意?

马:从人物的性格及其命运来分析,有三个人物完全背离了我的本意:奥赛良诺·何塞,他对他的姑妈阿玛兰塔产生了非分之想,这使我大为惊讶;何塞·阿卡迪奥第二,我原来打算把他写成香蕉工会的领袖,但并未如愿以偿;还有何塞·阿卡迪奥,他从教皇的信徒竟变成了一个好色的懒鬼,跟全书显得有些格格不入了。

门:就这些人物来说,我们倒还能掌握全书的某些要领。书中有一段时期,马贡多给你写得不像你原来的镇子了,倒像一座城市,像巴兰基利亚了。你把你在那儿所熟悉的人物和地点都给安上去了。你这么一变,没有发生什么问题吗?

马:与其说马贡多是世界上的某个地方,还不如说是某种精神状态。所以,要把它从市镇这样一座活动舞台挪到城市中来倒并非难事。但是,如果既要挪动场所又不致引起人们对乡土眷恋怀念心情的变化,那就难了。

门:创作这部小说的最困难的时刻是什么时候?

马:开头。我十分吃力地写完第一句句子的那一天,我至今记忆犹新,当时我非常心虚,不禁自问:我还有没有勇气写下去。事实上,当我写到在一片丛林之间发现了一艘西班牙大帆船(见《百年孤独》第一章)时,我就觉得这本书无论如何也写不下去了。但是,过了这个阶段,我的创作便犹如江水奔流,一泻万里,而且,心情也非常愉快了。

门:你还记得写完这部小说的日子吗?当时是几点钟?你的精神状态怎么样?

马:为了创作这部小说,我每天从上午九点到下午三点,整整写了一年半的时间。写完全书的那一天,我记得很清楚。这本书大约是在上午十一点钟光景写完的,不早不晚,有点不合时宜。当时梅塞德斯不在家,我想把这个消息打电话告诉别人,可一个人也找不到。我那天手足无措的窘态现在想起来真是历历在目。我竟然不知道怎么打发还剩下的这一大段时间,只好胡思乱想以便挨到下午三点钟。

门:这部小说某些重要特点一定会被评论家们(当然是指你感到厌恶的那些评论家)所忽视。你看,哪些特点会被他们忽视?

马:他们忽视了这部作品及其明显的价值,即作者对其笔下所有不幸的人物的深切同情。

门:你认为,谁是这本小说的最好读者?

马:我的一位苏联女友看到一位上了岁数的妇女手抄我这本书,而且很明显,是从头抄到尾。我的女友问他为什么要这样做,那位妇女回答说:"因为我想知道究竟是谁真正发了狂:是作者还是我。我认为,唯一的办法是重新再把这本书写一遍。"我想不出比这位妇女更好的读者了。

门:这本书被译成几种文字?

马:十七种。

门:听说英译本非常出色。

马:是的,很出色。原文译成英文,显得明快有力。

门:别的译本怎么样?

马:我跟意大利文译者和法文译者一起工作了很长时间,这两种译本都很好。不过,我体味不到法译本的优美。

门:该书在法国的销售情况不及在英国和意大利,更不用说取得巨大成功的西班牙语国家了。这是什么原因?

马:这也许要归咎于笛卡尔哲学吧。我觉得,我和拉伯雷的激情较为接近,而离笛卡尔的严峻则相去甚远。在法国,笛卡尔曾一度占了上风。尽管我这本书也受到了好评,但是因为这个原因,在法国没有像在其他国家一样受到普遍的欢迎。前不久,罗萨娜·罗桑达(系加西亚·马尔克斯之友人)才给我把事情讲明白:原来1968年法译本在法国出版时,当时的社会局势对该书并不十分有利。

门:《百年孤独》的成功是否使你非常兴奋?

马:是的,非常兴奋。

门:但是你对发现这个秘密并不感兴趣?

马:是的,我也不想知道。我认为,如果一定要搞清楚为什么我的一本只写给几个朋友看看的书会像热香肠一样到处出售,那将是很危险的。

原文摘自(哥伦比亚)加西亚·马尔克斯、普里尼奥·门多萨著,林一安译:《番石榴飘香》,三联书店,1987年8月。　　鉴赏编写:徐德成

23. 值得思考和探讨的问答
——刘吉关于思想政治工作答青年问
（1984年12月13日）

【格言名句】

共产主义作为一种运动,我们正在实践中;作为一种社会形态,我见不到,你们也见不到。但她是客观真理,我们都要去为之奋斗。

——刘吉

【文章导读】

刘吉1960年代初毕业于清华大学工程物理系,曾任过无锡协新毛纺织厂党委书记、国防科工委某基地政治部主任、中国科技大学党委副书记、国家体委副主任、国务院稽查特派员,现任中国经济发展研究中心主任。他长期从事思想政治工作,被誉为"青年思想教育艺术家"。主要著作有《时代的思考——与当代青年的对话》、《时代的观念——谈思想政治工作艺术》等。本对话是刘吉同北京、上海、安徽等地大专院校学生进行对话的选编,原文载于1984年12月13日《工人日报》,收入本鉴赏辞典时略作删减。

刘吉根据党的十三大关于协商对话的精神,联系自己的工作实践,在对话理论研究和对话实践方面,都取得了卓越的成绩。他对对话的时代意义、对话的层次、对话的环境、对话的形式,以及对话的语言风格、应变能力、社会效应等有着深刻的研究。

刘吉的对话风格:情、理、雅;语言特点:短、平、快。例如,听众问:青年与时代是什么关系?刘吉答:与时代同呼吸,与人民共爱憎,与祖国共命运。听众问:一个青年应该怎样要求自己?刘吉答:要有远大的理想,宽广的胸怀,高尚的情操,俭朴的生活。又如听众问:一个人要怎样生活?刘吉答:奥斯特洛夫斯基说,只为家庭活着,这是禽兽的私心;只为一个人活着,这是卑鄙;只为自己活着,这是耻辱。听众问:在"人心思富"的形势下,共产党员应该怎样要求自己?刘吉答:先天下之忧而忧,后天下之乐而乐。听众问:一生很顺利,是淡而无味;难道一生很坎坷,就津津有味吗?刘吉答:人生如奔流,只有遇到岛屿与暗礁时,才能激起美丽的浪花。听众问:人生的暗礁是什么?刘吉答:自满、轻信、坚持错误。听众问:怎样对待时间?刘吉答:聪明者——利用时间;愚蠢者——等待时间;劳动者——创造时间;懒惰者——丧失时间;有志者——赢得时间;无为者——放弃时间;求知者——抓紧时间;闲聊者——消磨时间;勤奋者——珍惜时间;自满者——糟蹋时间。我希望一昼夜有两个太阳轮流照耀!

刘吉在对话中能熟练地运用语言的艺术与技巧,或直言、或委婉、或限制、或概括、或反问、或幽默,在运用幽默手法时做到幽默风趣而不庸俗。他的对话具有很强的思想性和艺术性,且使二者有机结合,刘吉为各界作报告两千余场,深受广大听众欢迎。

【对话原文】

问:你干工作的动力是什么?

答:信念与抱负。

问:你的信念是什么?

答:共产主义。

问:你能见到共产主义吗?(笑)

答:共产主义作为一种运动,我们正在实践中;作为一种社会形态,我见不到,你们也见不到。但她是客观真理,我们都要去为之奋斗。(鼓掌)

问:你的抱负是什么?

答:我所干的事情都想争第一。(鼓掌)

问:你信守的格言是什么?

答:一个工厂要有名气,一支队伍要有士气,一个人要有志气。

问:你喜欢的名言?

答:"只能用爱来交换爱,只能用信任来交换信任。"这是马克思说的。

问:你不喜欢的"格言"呢?

答:躲为贵,混为高,凑凑合合是上招。

问:你喜欢的古诗?

答:我喜欢扬州八怪之一郑板桥在《墨竹图》上写的一首题竹诗:新竹高于旧竹枝,全凭老干为扶持。明年再有新生者,十丈龙孙绕凤池。

问:你最珍重的品德是什么?

答:热情诚实。

问:你的兴趣是什么?

答:我对一切美好的东西都有兴趣。

问:你最大的乐趣呢?

答:事业的成功。

问:你最怕的是什么?

答:干事情没有信心。

问:你最爱惜的是什么?

答:时间。

问:你追求的是什么?

答:效率。

问:你怎样对待你的追求和爱惜?
答:时间就是金钱,效率就是生命。
问:你有过感叹吗?
答:感叹是弱者的习气,行动是强者的性格。(鼓掌)
问:你喜欢跳舞吗?
答:青年时期喜欢跳,现在喜欢看青年跳。(鼓掌)
问:有人说跳舞场中常混进坏人,所以要阻止,你说对吗?
答:不对。不能因"病从口入"就不吃饭。
问:你喜欢青年穿什么样的服装?
答:美观大方而又与众不同。(鼓掌)
问:有些领导干部拿一把剪刀、一把尺子站在厂门口去量工人的头发与裤脚,对此你有什么看法?
答:青年对自己生活有决策权。穿衣戴帽各有所好,不能规定头发只许多长,裤脚只许多宽,鞋跟只许多高。只要不伤风败俗,就不要横加干涉。
问:你喜欢青年留什么样发型?
答:发型要因各人头的大小、脸型的方圆长短以及男女而异,切不可千头一律。(鼓掌,笑)
问:你对披肩长发、高跟皮鞋、华灯舞会、美酒佳肴有反感吗?
答:恩格斯说人有三种要求:要生存,要享受,要发展。只要是勤劳致富,正当所得,美化美化生活是文明的表现,对此反感是愚昧。(鼓掌)
问:这与资产阶级生活方式有什么不同?
答:资产阶级生活方式的核心是利己主义,金钱万能,而不是美的追求。依靠自己劳动所得,美化生活决不等于资产阶级生活方式。
问:你喜欢什么样的生活方式?
答:高尔基说:生活方式只有两种——腐烂与燃烧。随波逐流,知难而退,就会腐烂。冲破陋习,知难而进,就会燃烧。我喜欢燃烧,燃尽自己,照亮大家。
问:你喜欢什么样的青工?
答:上班积极干,下班痛快玩,挤出时间拼命学。
问:你不喜欢什么样的青工?
答:无所事事,吊儿郎当,混混日子。

问：你认为多数青年目前处于什么样思想状态？
答：先进不香，后进无光，中间状态最恰当。对此要教育引导。
问：你对青年的缺点最能原谅的是什么？
答：轻信出错。
问：你对青年的缺点最不能原谅的是什么？
答：一错再错。
问：你对后进青年的希望？
答：幡然悔悟。
问：你对中间状态青年的希望？
答：立志未晚。
问：你对先进青年的希望？
答：永不满足。
问：你对自己的希望？
答：努力成为青年们信得过的朋友。（热烈鼓掌）
问：你认为与青年接触最有效的方法是什么？
答：真诚坦率，朋友相待。（鼓掌）
问：你为什么对青年问题感兴趣？
答：对青年问题没有兴趣的人，就不可能对未来充满信心。（鼓掌）
问：你为什么那么相信青年呢？
答：自古英雄出少年。"雏凤清于老凤声"，青出于蓝而胜于蓝。
问：这是否与你职业有关？
答：也可以说是我的"职业病"。
问：你最同情哪部分青年？
答：生下不久就挨饿，上学不久就停课，刚刚毕业就插队，回城几年待分配，结婚没有窝，生活最窘迫。这部分人经过各种磨炼，现在大多数是三十多岁，在企业承上启下，影响较大，工资较低，困难较多。（鼓掌）
问：你处理青年问题有什么秘诀吗？
答：怪不得，急不得，松不得，等不得。（鼓掌）
问：你知道我们青年人最关心的是什么吗？
答："振兴中华"。（热烈鼓掌）
问：你对青年的期望是什么？

答：青年属于未来，谁也不能代替他们走明天的路。今天青年的生活方式、行动方向和社会价值观，决定着中国的明天。（鼓掌）

问：你与失足青年交朋友，有成功的把握吗？

答：我是拼命争取成功，但不期待一切都能成功。

问：你不怕受牵连吗？

答：搞"牵连"是封建阶级的腐朽行为。

问：你怎样对待青年中的老大难问题？

答：老大难，老大难，老大去抓就不难。（鼓掌）

问：你的思想方法是什么？

答：实事求是。

问：你最关心别人的是什么？

答：长处。（鼓掌）

问：为什么要关心别人的长处？

答：清朝顾嗣协《杂兴》诗说："骏马能历险，力田不如牛；坚车能载重，渡河不如舟。"用其所长，避其所短。人尽其才，利国利民利己。

问：你最讨厌别人的是什么？

答：拨弄是非。

问：你怎样对待别人的短处？

答：短处人人皆有。我们政治工作者的天职不是抠出别人短处，把人治住，而是在激发每个人的长处之中，把人人变成英雄。（鼓掌）

问：你对政治怎么理解？

答：无产阶级夺取政权前，政治是阶级斗争；无产阶级夺取政权后，政治是发展生产力。

问：你认为思想政治工作当前的主要问题是什么？

答：科学化。

问：现代化管理还需要思想政治工作吗？

答：在我国，现代化管理本身就包括科学的思想政治工作。不抓思想政治工作管理，不能说是科学的管理。

问：你认为思想政治工作最有效的方法是什么？

答：必要的灌输，更要着重于疏导。

问：疏导有什么规律吗？

答:我概括为八句话:起点要实,立意要高;平等相待,相互熏陶;动之以情,晓之以理;导之以行,持之以恒。

问:有人侮辱我的人格,我为维护做人的尊严狠狠地打了他,结果被判刑二年半,你说值得吗?

答:维护做人的尊严是必要的、打人的做法是愚蠢的。

问:有人说:五十年代人爱人,六十年代人整人,七十年代人斗人,八十年代各人顾各人。你同意吗?

答:对你的"各人顾各人"论,我不敢苟同。

问:有一首小诗:爱情是美丽的花朵,青春是北落的霞光,家庭是暂时的温暖,坟墓是永久的故乡。你觉得这首诗意境如何?

答:这是绝望者的哀鸣。太悲观了。

问:扬州大明寺一进门有尊大肚佛,两侧有副对联。上联是"大腹能忍忍尽人间难忍之事",下联是"慈颜常笑笑尽天下可笑之人"。你能做到吗?

答:我如果能做到,我就成佛了。(笑,鼓掌)

问:你认为打击刑事犯罪能使社会安定吗?

答:在一定条件下是需要打击的。社会的安定最终取决"综合治理"。

问:你对死都不怕的青年怎么办?

答:那就想办法,引导他活得好些。(鼓掌,笑)

问:衡量企业思想政治工作的标准是什么?

答:一看经济效益;二看挽救了多少人,教育了多少人,团结了多少人。而不是惩罚了多少人,劳教了多少人,逮捕了多少人。(鼓掌)

问:你为什么呼吁企业要关心青年?

答:因为不关心青年的民族是没有希望的民族;不关心青年的国家是没有希望的国家。同样,不关心青年的企业也是没有希望的企业。(鼓掌)

问:你是否感到思想政治工作者面临着新的工作对象的挑战?

答:我深深感到:一个睡着的人是叫不醒别人的,现在是信息慢的遇到信息快的挑战;信息少的遇到了信息多的挑战;信息陈旧的遇到信息新鲜的挑战。(鼓掌)

问:你是怎样一下子就成了党委书记的?(笑)

答:我是先成为共产党员,然后才成为党委书记的。不是一下子,而是两下子。(鼓掌,笑)

问：你是工程师，当党委书记不觉得可惜吗？

答：我国缺少工程技术专家，更缺少管理专家。比管理专家还缺少的是思想政治工作专家。我愿为此努力。（鼓掌）

问：请你谈谈党委书记应具备什么样的素质？

答：一位老革命家说，党委书记应具备的素质是：肚量要大，肩膀要宽，耳朵要硬，办事要公，作风民主，联系群众，调查研究，实事求是。在今天的企业中还应该添上：文化要高，学习要勤，善于总结，撰写论文，年富力强，熟悉管理，锐意改革，不断创新。

问：你家里没有人拉你后腿吗？（笑）

答：我爱人也是共产党员。我们都认为听从党的安排是我们的光荣。（鼓掌）

问：你喜欢什么样的领导？

答：一身正气。（鼓掌）

问：你厌恶什么样的领导？

答：官僚主义。

问：什么样的官僚主义？

答：像一首咏泥神诗写的，一声不响，二目无光，三餐不食，四肢无力，五官不正，六亲无靠，七窍不通，八面讨好，久（九）坐不动，十分无用。

问：你不喜欢什么样的领导？

答：没有主意。（鼓掌，笑）

问：你对你不喜欢的领导是什么态度？

答：感情上疏远，组织上服从。（鼓掌，笑）

问：你对你的直接顶头上司是什么态度？（笑）

答：不阿谀奉承，不溜须拍马，也不背后说他的坏话，我是"三不"主义。（鼓掌）

问：这样做，领导喜欢你吗？

答：一个共产党干部为什么要整天想讨领导喜欢呢？

问：你喜欢整人吗？

答：没有真理的人才去整人。

问：你对整人的人抱什么态度？

答：憎恨，批评，不改者控告。（鼓掌，笑）

问:你对往死里整你的人抱什么态度?(笑)

答:本人没被人往死里整过,所以对此无可奉告。(鼓掌,笑)

问:你认为党风怎样才能好转?

答:我喜欢一副对联:上联是"党风正官风正民风亦正",下联是"家风好厂风好国风亦好",横批是"正气冲天"。

问:你是怎样抓党风的?

答:我也想起一副对联,上联是:"前门不开,后门难堵",下联是"正道畅通,邪道堵死",横批是"开堵并举"。

问:你对党风好转有信心吗?

答:我对党风好转充满信心,但要在短期内好转,我信心不足。

问:你认为对走后门等不正之风进行斗争最有效的方法是什么?

答:对于见不得人的东西,最有效的方法就是彻底公开它!(鼓掌)

问:你知道我们怎样对待那些在端正党风上言行不一致的领导者的?

答:"台上他讲,台下讲他"。

问:你对改革的态度?

答:努力探索。坐等,等不到现代的模式;照搬,不适合中国国情;探索才能找到新路子。

问:你认为思想政治工作怎样才能适应改革?

答:企业要搞好党政分开。党委书记要关心过问生产,但不指挥生产,抓思想要从生产出发,抓生产要从思想入手。

问:你有烦恼与痛苦吗?

答:越有追求的人,烦恼与痛苦越多。成功之后将是欢乐。(鼓掌)

问:为什么有的人对有创见的人总是挑剔呢?

答:因为他的眼睛是一面哈哈镜,看什么都变形。(鼓掌)

问:你能描绘一下这些人的心理吗?

答:我虽不才,君也不行;苛求挑剔,嫉贤妒能;吹毛求疵,曲解臆断;以偏概全,冷嘲热讽。这是一种病态心理。

问:什么病态?

答:我称他为眼病,即红眼病,白眼病,左视症和近视症。

问:你怎样看待人才?

答:峰高谷深,峰谷并存。

问:你怎样使用人才?

答:用人之长,容人之短。将才要放在将位上,才能显出才华来!否则将被埋没。

问:你对"闲言碎语"是什么态度?

答:见怪不怪,其怪自败。

问:你对谣言是什么态度?

答:谣言来无影,去无踪,利如刀,行如风。谣言是能杀人的。我的态度是"对造谣者要给予惩罚"。(鼓掌)

问:你喜欢听小汇报吗?(笑)

答:不喜欢。

问:你对那些整天没事干,总喜欢打小报告的人是什么态度?

答:我公开宣布过:"决不允许看着的人整干着的人。"(鼓掌)

问:亘古以来"忠良受忌""能人受压""改革者没有好下场",不都是看着的人整干着的人吗?可否说这是一条规律?

答:这是封建的人才制度造成的。这不是规律,今天必须把它扭转过来。

问:你能扭转吗?

答:如果每个干部都不环顾左右而言他,就能扭转。

问:你的生活规律是什么?

答:高效率、快节奏、拼搏。

问:你的工作态度是什么?

答:看准的问题,就要坚持下去。遇阻力而不退缩,遭责难而不动摇,处逆境而不气馁。记得清朝有位诗人写过一首《竹石》诗:"咬定青山不放松,立根原在破岩中,千磨万击还坚劲,任尔东西南北风。"

问:你经常想的是什么?

答:"位卑未敢忘忧国"。

问:你的主要缺点是什么?

答:不自量力。

问:你的主要优点是什么?

答:自信。

问:自信为什么是优点?

答:自信能给人勇气和力量……

问:你怎样要求自己?

答:回首往事无恨事,丹心一片向未来。

问:你怎样估计你自己?

答:夸我、捧我、吹我,我自己知道我没那么好;骂我、攻我、散布流言蜚语,我自己知道我没那么坏,我就是我——一位普普通通的党委书记。(鼓掌)

问:企业家们都喜欢效益,你为什么对人那么感兴趣?

答:任何物都体现人的关系,这是政治经济学的核心问题,不能见物不见人。

问:你最喜欢的古典小说是什么?

答:《红楼梦》。

问:现代小说你喜欢哪几篇?

答:我所看过的小说中,最喜欢的长篇小说是《改革者》,中篇小说是《高山下的花环》,短篇小说是《围墙》。

问:你喜欢哪部电影?

答:《快乐的单身汉》。(鼓掌)

问:你喜欢哪部电视剧?

答:《蹉跎岁月》。

问:平时你最喜欢看什么书?

答:没事我就翻看《辞海》。

问:你对青年婚姻问题有什么看法?

答:目前社会上流行找男的要"五高":个子高、文化高、才华高、职业高、工资高;找女的要"五员":容貌像演员,身体像运动员,态度像服务员,声音像播音员,烹调像炊事员。但符合者甚少,不可苛求,男大当婚,女大当嫁,只要是志同道合就行了。

问:你认为我国当前最缺少的是什么样的人才?

答:缺少开拓型的人才,即有勤奋自学能力,准确选择能力,独立组织创造能力,实践决策能力的人才。"单纯执行型"人才过多。

问:社会上看人的弊端是什么?

答:传统的心理与眼光是以地位取人,以资历用人,凭印象看人。

问:你认为当前企业用人上主要问题是什么?

答：偏见与求全。

问：你觉得配备一个好的企业班子要具备什么条件？

答：关键是配好书记与厂长，同时做到结构合理，自然界有一种"同素异构"现象，同是碳原子组成的不同排列，可以是石墨，也可能是金刚石。

问：你是怎样与厂长配合的？

答：互相尊重，思想上不争权；互相谦让，工作上不越权；互相研究，作风上不专权。

问：对于记者采访你是什么心情？

答：我真怕他们帮倒忙。所以对采访者，我一再声明，务必实事求是，留有余地，否则"假作真时真亦假，无为有处有还无"。

问：你认为精神文明的支柱是什么？

答：邓小平同志说是五种精神：即革命与拼命精神；严守纪律和自我牺牲精神；大公无私和先人后己精神；压倒一切敌人和压倒一切困难的精神；坚持革命乐观主义和排除万难争取胜利的精神。

问：你认为一个人最可悲的是什么？

答：不会爱人，也不被人所爱。

问：你干事情给不给自己留退路？

答：我不留退路。因为很多成功往往是在绝路里逼出来的。（热烈鼓掌）

原文摘自刘吉著：《值得思考和探讨的问答》，《工人日报》1984年12月14日。　鉴赏编写：刘德强　唐婷婷

24."恐怖小说之王"斯蒂芬·金访谈录

（1991年2月）

【格言名句】

我只是做了我来到这个世界上应该做的事情。这些是我要做的，也是我必须做的。

——斯蒂芬·金

24. "恐怖小说之王"斯蒂芬·金访谈录

【文章导读】

提到斯蒂芬·金(1947~　)，其人其作人们大概会觉得稍许陌生，但提起电影《肖申克的救赎》，大家一定会感到相当熟悉，这部电影便是根据斯蒂芬·金的小说改编拍摄而成的。作为一位作品多产、屡获奖项的美国畅销书作家，斯蒂芬·金以恐怖小说著称，包括科幻小说、奇幻小说、短篇小说、非小说、影视剧本及舞台剧剧本，其大多数的作品都曾被改编成电影、电视系列剧和漫画书。此外，他还编写过剧本、专栏评论，担任过电影导演、制片人以及演员。斯蒂芬·金是世界上很有成就的作家之一，其书销售量已达到五千万册。据《华盛顿邮报书评》报道，美国 20 世纪 80 年代十大畅销书中，斯蒂芬·金的作品就占了三部。2003 年，斯蒂芬·金获得了美国文学杰出贡献奖章。

1991 年 2 月，在《明星》周刊记者约阿希姆·克勒对他的采访中，斯蒂芬·金讲述了他为什么如此喜欢向人们讲那些恐怖故事，以及他自己最害怕的又是什么。在对话中，斯蒂芬·金将"恐惧问题"喻之为体内起排毒作用的大肠，将日常世界中人的欲望比喻为"事物控制"，揭示了人性里隐秘的对于"恐惧""可怕"事物的窥视。虽然这样的窥视是通过小说这样的类似于"一扇橱窗"般的展现，但足以让人们看到斯蒂芬·金对于小说实现了抹去"现实"与"幻想"的界限而感到快乐，而这样的快乐同时揭示了斯蒂芬·金成功的小说写作能力，揭示了其驾驭人类想象力的游刃有余的能耐。当记者将斯蒂芬·金的创作原动力描述为"对整个社会的复仇幻想"时，我们立刻清晰地听到斯蒂芬·金以"用过传心术的力量"来显示"道德上却堕落"的激烈语词表达出作为小说家，即便是虚构，也必须秉持社会的精神批判力。也许这正是斯蒂芬·金所表达与揭示的当今这个有强烈物质欲的发达世界的精神困惑与道德反叛。当斯蒂芬·金以"下水道""废水""病态"等语词来表达小说的清肠作用时，我们会觉得斯蒂芬·金不仅是在写小说，他还是以小说作为解剖刀，将社会中的污浊溃水撇除出去。也因此，当一本本小说完成时，斯蒂芬·金觉得自己就像国王一般开心。

出生于 1947 年的他，其实并不想被读者标签为一个恐怖小说的能手，他自己的理想乃是要成为马克·吐温式的大作家。然而，正如他在这篇访谈录的末尾处谈到的一样，"至于我自己，我只能说，我出卖了自己的灵魂，得到的报酬也不错，这是一方面；另一方面，我只是做了我来到这个世界上应该做的事情。这些是我要做的,也是我必须做的"。既然无法选择成为哪样的作家,那便只管去做自己该做、要做和必须做的事情。对于斯蒂芬·金而言,这件他应该做的、要做的,也是必须做的,并且做得还很好的事情,便是以恐怖小说的创作形式,来表达其作为一个深切关怀这个自身生活于其中和当下的社会的小说家,所特有的沉思和忧虑,当然,更有期待和希望。

【对话原文】

《明星》:金先生,您的书表达出了美国人潜意识中的一种集体恐惧感吗?

斯蒂芬·金(以下简称"金"):对此,倒是可以这么简单地说,我若是人体的某一器官,那便是人体内的大肠。我的任务就是,将潜意识中那些很难理解的东西排泄出来。这就牵扯到了真正的恐惧问题,这种恐惧在我的书中变成了某种虚构的东西,因为这样可以不冒什么风险。假如我同您直接谈论一些有关核武器威胁、臭氧层出现的空洞,或者是民族歧视方面的问题,恐怕不会产生同样的效果。

《明星》:那么,您考虑到了哪些难以理解的东西呢?

金:不妨设想,我将同您谈论有关1990年代实利主义方面的一些问题,以及那些为了一个更好的职业,或是一辆可以跑得更快的小汽车而出卖自己灵魂的人,也许还要谈到毒药或者性方面的内容。您大概要说:"算了吧,您是个小说家,又不是哲学家!"那好,我静静地坐下来,写好了一本关于一个魔鬼的书。这个魔鬼出现在一个小城市里,并在那儿开了一个商店,店的名字叫"必不可少的东西"。您想要什么,就可以在那儿买到什么,但您必须为此而掏钱,掏钱,再掏钱。

《明星》:这个魔鬼控制了人们的思想吗?

金:是的。不是我们控制着事物,而是事物控制着我们,因为我们必须为它们烦神费心。您一旦有了一辆小汽车,您就得担心,车子会不会被偷掉。如果您乘坐公共汽车,就不会有这样的担心了。要是您买了一幢房子,您就得赶紧安装一套警报装置,因为不定在什么时候就会有人来要您的命。我的书所写的就是这样的内容,但并不是直接而真实的,我讲了一个魔鬼的故事,因而也没有人相信这个魔鬼的存在……

《明星》:除了您……

金:是的,我相信,在您和我的身上都附着一个魔鬼。

《明星》：请问，那些恐怖可怕的东西有时候怎么会同那些滑稽可笑的东西非常地接近呢？

金：因为糟糕的事情一旦发生在别人身上，在我们眼里就会成为有趣、可笑的了；但若是碰到我们自己头上，就变得可怕了。多少年来，人们在电影院里，一看到银幕上的某个人因为踩到一个香蕉皮摔了一跤，就会捧腹大笑。那好，您也来摔上一次吧，摔坏了尾骨就得躺到牵引床上去了……可怕的想象，是不是？恐怖小说的主要吸引力就在于，您可以舒舒服服地透过一扇橱窗观看那些发生在生活中的可怕的事情，而您却不必掏钱买下什么。

《明星》：您将人们从平平淡淡的日常生活里吸引到您的恐怖故事中去，从而也得到了快乐。您是一位诱骗家吗？

金：对的，完全是一场诱惑，确实如此。如果您可以处于现实生活这一边，又可以处于幻想世界那一边，那么，这时候，我的任务就是，将此界限抹去。我要让您搞不清现实与幻想的区别是什么，以至于您再也不知道究竟身在何处了，是仍在现实生活中呢，还是已经进入了幻想世界？这个任务其实并不轻松。但一旦成功了，我就会感到非常高兴。我想，恐怖小说有两方面的任务：一方面，它就像是一个柜子，我们可以将我们的恐惧锁进柜子里去，因为这些恐惧会妨碍我们的日常生活；另一方面，又可以借此将我们内心中埋藏着的愿望揭示出来。

《明星》：在您父亲的小图书室里，您开始了同恐怖文学作品的最初接触。当时，您才两岁，您的父亲又离家出走了，您的母亲不得不因此而不停地更换着职业和地方，来抚养您和您的兄弟。这种不安定的、无家可归的感觉对您后来的创作有什么影响吗？

金：可能有一点吧，但我们不要把这个话题扯得太远了。生活中，我真正感到困难的是，我的想象力太丰富了，它总是在不停地活动着，从来不能受到控制。我一躺在黑暗的房子里，便会想：这个房间的角落里，或者是床底下，也许正躲着一个怪物。如果我告诉您，夜里睡觉时，我总是把脚藏在被子里的。您大概会付之一笑，但我可是当真的。其实，只要电灯还亮着，我也会笑我自己的。但是，电灯一灭，我就会真的害怕起来，我怕我床底下会有什么东西，很容易就能想得出，有一只手就要伸出来了……您知道，我讲的是什么。只有当我开始利用我的这些想象进行创作时，情况才会变得好些。

《明星》：这样说来，在您的童年时代，幻想不就成了一种威胁吗？

金：是很危险的，就像让一个孩子来操纵一辆跑车的方向盘那样危险。在7岁到14岁这段时期，我经常想："如果你不能够控制住你的想象力的话，你就要发疯的，只有疯子才会有这样的幻想。就算有一个长触须、眼球突出的可怕怪物藏在灌木丛里，正常的人也不会害怕的，但是你却会害怕！"同时，我又感觉到自己总是会不由自主地被吸引到那些会引起恐惧感的事物面前。

《明星》：应该如何理解您的那种对整个社会的复仇幻想呢？作为一个孩子，您收集了大量的有关集体屠杀的那些杀人犯的图片；作为一个小说家，您又会让整座城市或地区消失在一场熊熊的大火中。金，难道您是一个复仇者？

金：在我的一些小说中，我是这么做了，就像神话中的参孙让神庙中的一切全部变成废墟一样。我喜欢这样，甚至是更为激烈的。那些弱者迟早会坚强起来，痛击曾经欺侮过他们的那帮坏蛋。我就喜欢这样的故事，因此，我的小说总是这样结尾的：谁先动用了武力，最终必受惩罚。

《明星》：您的小说《怪物——Tommy knockers》(Tommy knockers 意为手提轻机枪的来客)讲了这么一个故事：一个小城镇的居民遭受了降落在一片森林中的一只宇宙飞船的袭击和奴役，通过传心术的力量，人们的生命能量被剥夺，用来给飞船的发动机组充电，同时，人们就变成了一种Tommy knockers，这时候的人们在技术方面有惊人的创造力，但道德上却堕落了，他们变得残酷、无情和好斗……

金：还有愚蠢。

《明星》：这就是您对现代社会的看法吗？

金：还远远不止这些。书本的主人公询问那些Tommy knockers，他们为什么要冒着生命危险建立起那些复杂的能量机构，其实，他们完全可以接上插头通上电流的，他们的回答是："因为我们根本就没有想到这些。"这就是我们这个社会的典型风格。小汽车的废气污染了空气，同时，那有限的石油资源却又在被不断地消耗掉。不信，您到Bangor走一圈，您就会看到每辆小汽车里只有一个乘客。为什么不再制造出另外一些公共交通工具呢？因为我们根本就没有想到这些。我们这个时代的思维方式就是如此自私和缺乏远见，标准的Tommy knocker解决问题的办法。

《明星》：您的这个故事的结局是一场灾难。这是一个预言吗？

金：倒不如说是一个充满讽刺意味的寓言。这个寓言讲："事情原来什么样子，我们就照此行事。因为实在想不到还会有什么好的办法，于是，对待一切我们都需要动用枪炮什么的。我们建造原子能发电站，却不问一问，万一发生了一场事故，结果会怎样？其实，每个人也都知道其结果的，那么，问题就是，为什么人们还是这样做了呢？很简单呀，因为我们需要电力来发动那些微波机器，开罐子的工具，以及诸如此类的东西。人类的智力大概就处于这么低的水平，只会想到把原子能发电站用来当作能源吧。"

《明星》：在您的小说《它》中，出现了一个值得注意的怪物，它住在一个就如 Bangor 这样大的小城市的下水道里，威胁着当地孩子们的安全。看上去这个"它"就是潜意识吧？

金：对的。

《明星》：这种潜意识施展了一种可以控制城市中所有居民的可怕的力量……

金：因为这个"它"可以随意变换它的生存形态。

《明星》：这究竟意味着什么呢？

金：这就是梦的力量，它来自于人们的潜意识。尽管在今天下午的谈话中，我们把弗洛伊德嘲笑了一番，但我还是真正相信这种潜意识是存在的。再谈谈恐惧这个话题吧。在不同的生活阶段，这种恐惧感也在不停地变化着。孩提时，我们有一种真实的恐惧感，我们害怕母亲把我们送进学校里去，或是害怕父母会死去；长大后，我们就在担心，会不会失业或者患上心肌梗塞。我想，我们的潜意识里也有一个"下水道"，我们心灵深处的废料就从那儿"流"走。有些"管道"是足够宽的，这样，我们梦中的、以及意识到的那些恐惧中的"废水"就能畅通无阻地被排泄掉；但有些"管道"却被堵塞了，于是，里面的东西就会越积越多，变成一堆病态的东西，肮脏的、不健康的、让人感到厌恶、恶心的东西。于是，我便试图把所有的这些都写进我的故事中去。

《明星》：您认为，人们所相信的那种恐惧感足以让人致命吗？

金：有种恐惧感是可以将我们杀死的，就是那种我们并不相信的"恐惧感"，因为我们一直将它们抑制在内心深处，它们足以驱使我们走向死亡。

《明星》：至今，您的小说已经卖出了五千多万册。您是在为您的一群读者而写作吗?

金:我写作,仅仅是为了我自己。当然,我也想使读者感到满意,但在写作时,我只有想着我自己,才能实现取悦读者的目标,但这必须是首先使我自己感到高兴才行。真正值得做的事情是:每当我写完一本书,我就把它搁在一旁,以保持一种距离。一旦时机成熟,再想创作并修改这本书时,我便将它从抽屉中取出,细细地读它,这时候的我,觉得自己就像国王一样开心。

《明星》:您属于"爱与和平"的那一代人。在1960年代,这一代人努力想要废除这个实利的社会。现在,你们实现了你们的梦想:从一个洗盘子的,对您来说,则是从洗衣店里的一名熨衣工,变成了一个百万富翁。您愿意待在哪一边呢?

金:关于1960年代,还有那些与"爱与和平的一代"有关的一切我倒是愿意好好谈谈的。那么多的机会都被错过了!我有时感觉自己也是这一代的一分子,这一代人为了一些毫无价值的东西就能出卖自己的长子继承权。我们确实有许多机会来改变一切的,但我们没有这样做,却让自己陷于思想方向、可卡因之类的无休止的争论中去了。到了今天,我们得到的是艾滋病,是各种各样的性病。我们得到的是,那些最杰出的和最聪明的人死于可卡因和过度的纵欲。我们的社会变成了一个淫荡的社会,事情就是这么简单。至于我自己,我只能说,我出卖了自己的灵魂,得到的报酬也不错,这是一方面;另一方面,我只是做了我来到这个世界上应该做的事情。这些是我要做的,也是我必须做的。

原文摘自约阿希姆·克勒著:《斯蒂芬·金访谈录》,《译林》杂志,1991年第2期。 鉴赏编写:董健超

25. 被上帝选来给人们以音乐和爱的工具
——美国黑人歌星杰克逊访谈录
(1993年9月)

【格言名句】

在音乐和我之间,是音乐占据了我,我的一切动作都服从它的需要,我

是节奏的奴隶,是节奏不时地指示我"要这样""要那样"。

——迈克尔·杰克逊

【文章导读】

杰克逊(1958~2009),全名迈克尔·约瑟夫·杰克逊,简称 MJ,是一名在世界各地极具影响力的歌手、作曲家、作词家、舞蹈家、演员、导演、唱片制作人、慈善家、时尚引领者,被誉为流行音乐之王,他魔幻般的舞步更是被无数明星效仿。由于患上了白癜风,导致了杰克逊皮肤变白。美国当地时间2009年6月25日,其私人医生康拉德·莫里违规注射镇静剂过量,最终导致杰克逊突然逝世,终年50岁。

稍对流行音乐有所接触的人,大概都不会对杰克逊感到陌生。他所特有的演唱风格和舞台魅力,让全世界接触过他的音乐的人们为之痴狂。杰克逊说:在音乐和我之间,是音乐占据了我,我的一切动作都服从它的需要,我是节奏的奴隶,是节奏不时地指示我"要这样"、"要那样"。

1993年9月,美国广播公司的名记者奥普拉·温弗瑞女士成功地闯进了神秘的超级歌星杰克逊的住处,而杰克逊也一反常态,接受采访,亲自揭开了蒙在他身上的传奇面纱。在对话中,杰克逊开门见山地说"舞台才是我的家",一下子将他生命与聚光灯下的璀璨世界连接起来,引出其与众不同的演艺生涯与人生内容。在采访过程中,我们可以听到杰克逊"唱歌的快乐"与"无法享受交朋友的乐趣"、"家庭团聚日"与"青春期是可憎的",对父亲"恨他"与"爱他"等成长中的各种烦恼纠结在一起,感受杰克逊为了摆脱童星阶段的各种矛盾所作的努力。因为是名记者采访,所提出的问题往往显得异常的咄咄逼人,这篇对话也是如此。记者紧跟着连珠炮地将诸如"躺在氧气箱""漂白过皮肤""几次整容手术""唱歌时老摸肚子"等荒谬说法抛给杰克逊,但是杰克逊心中无愧,所以即使提问得相当过分,杰克逊也毫无惧心地坦诚回答,同时也因为这样的坦诚,围绕杰克逊的各种嘤嘤之声自然也就消亡了。面对音乐"节奏的奴隶",记者还很好奇杰克逊的个人生活,当杰克逊将波姬·小丝、戴安娜·罗斯、伊丽莎白·泰洛这样风情万种、光彩照人的女明星视作自己的红颜知己时,又一次将杰克逊追求精致与完美的人生价值凸显出来,让人们感受到一位了不起的音乐家的高贵精神。而在对话快要结束时,杰克逊毫不掩饰地告诉记者,"给人以爱,给人以音乐,这就是我的信仰"。言为心声,这就是杰克逊,一个以人生诠释艺术、以艺术表现人生的迈克尔·杰克逊,一个当今世界将音乐演绎成不朽的最著名的歌唱家。

然而,天妒英才,英年早逝的杰克逊没有能够用更多的时间向全世界传递他对音乐和爱的独到领悟和见解。但不论你是对他的音乐本身而痴迷,还是对他的个人生活而好奇,我们都会在他音乐与爱的给予中找到安慰和答案。毫无疑问,这篇访谈录向人们展现了最原真的杰克逊,其中包含了他的生活阅历、家庭情况,和他本人对外界诸多质疑的解答,而更重要的乃是,他对艺术、音乐和爱的觉悟。

【对话原文】

记者:在演出时的聚光灯下面,您总是显得很高兴,在台下也这样吗?

迈克尔:舞台才是我的家,只有在台上,我才觉得最舒畅。

记者:您很小就跟哥哥姐姐一起唱歌,参加美国最好的一个摇滚乐团,即由您父亲组织的"家庭合唱队"的演出。并且很快成了闻名全国的童星,您是否很得意?

迈克尔:当然,只要一踏上舞台,我就感到自由自在。不过,一旦离开哥哥姐姐,我就感到孤单,我就会哭。跟着乐队到处演出,走过许多城市,见过许多名人。这种旅行是很奇特的,但它同样消耗了我们的生命。

记者:您是否想说,由于被迫工作而失去了自己的童年?

迈克尔:我每天必须先工作三个小时,然后再去录音室,经常要搞到深夜才离开。从我家到录音室要经过公园。看到许多小孩在里面玩而我却没有时间玩上一会儿,为这,我也经常哭。

记者:您成了童星以后,老有两个贴身保镖跟着您,您觉得孤单吗?

迈克尔:我没有办法像与我同龄的孩子们一样自由,我甚至不可能有自己的伙伴,我唯一的朋友是我的几个兄弟。

记者:您总喜欢自己躲在一处,是否您本身就是个神秘的世界?

迈克尔:不,我的确很忙。我喜欢商业性演出,我必须老换地方,老是忙着收拾行李、出发、演出等,我要有唱歌的快乐,就没法享受交朋友的乐趣,这的确很矛盾。

记者:您的家庭环境怎样?

迈克尔：我非常喜欢我们的家。全家人的想法是一样的，就是好好工作。不过，现在我们不在一起工作了，但经常聚会，大家对规定好的家庭团聚日都很遵守。

记者：您是怎样摆脱童星阶段的？

迈克尔：这是很困难的。观众希望我一直停留在童年时代，但是，大自然有它自己的规律。我的青春期是可憎的，我一点也不喜欢那个时候的我。当时，我不愿照镜子，洗脸总躲在暗处。因为我一脸的青春痘，我父亲老是嘲笑我，我经常被搞得哭哭啼啼。

记者：您恨您的父亲吗？

迈克尔：我恨他，有时我真想顶撞他。但是，我又爱他，感到是我自己对他了解不深。

记者：您的父亲经常打您吗？

迈克尔：是的。

记者：为什么？

迈克尔：他总是训斥我，说我老是愁眉苦脸的。他是一个严格、严肃而冷酷的人，他的一个眼神可把我吓出病来。他不但老责备我，还经常打我。但我原谅他，因为他望子成龙。

记者：您让我参观了您家的每个角落，怎么没见您的氧气箱呢？

迈克尔：这是荒谬的编造。

记者：可人们见到了您躺在氧气箱里的照片，说您躺在里面是为了防老。

迈克尔：事实是这样的：我给百事可乐公司拍广告时被严重烧伤。保险公司给了几百万美元的赔偿，我用这些钱建了一个"被严重烧伤者医疗中心"。有一次我去中心参观，看到里边有个单人床大小的立方体玻璃氧气箱，我想知道呆在这样一个全封闭的空间里是何滋味，就躺进去试了一下。正在这个时候，让多事的记者撞上了，给我拍了照，后来又拿着照片到处去卖钱。

记者：听说您漂白过皮肤，您不喜欢原来的肤色？

迈克尔：我是一个美国黑人，我为此感到自豪。我向您保证，我没有漂白过皮肤，这是一种病，我自己无法控制。从1981年起，我的皮肤就出现了一片片的白色，为掩饰这种现象，我只好通过化妆把肤色搞匀。

记者:您做过几次整容手术?

迈克尔:人们已为我统计得很清楚了。其实,整容是件很平常的事,如果好莱坞所有整过容的人一起出去度假,好莱坞就会成为一座空城。

记者:您不否认您整修过鼻子吧?

迈克尔:是的,但是,说我的下巴、双颊、眼睛和嘴唇都动过手术,这全是异想天开。

记者:您唱歌的时候,为什么老摸肚子?

迈克尔:(放声大笑)我想这就是音乐。在音乐和我之间,是音乐占据了我,我的一切动作都服从它的需要,我是节奏的奴隶,是节奏不时地指示我"要这样""要那样"。

记者:您能否告诉我,现在是否有个什么人占据着您的生活?

迈克尔:是的。

记者:谁?

迈克尔:波姬·小丝经常跟我在一起。不过,我们更多的是在她的家或是我的家里见面。我们不喜欢一起出现在公共场合。

记者:我想提一个有点难于启齿的问题:听说直到现在,您仍然是个童身,这是真的吗?

迈克尔:您提的这叫什么问题呀?!我怎样回答好呢?简单地说,我是个正派人。您的问题太涉及个人隐私了。

记者:有朝一日,您是否要结婚,要有孩子?

迈克尔:如果不这样,我的生活将是不完美的。我喜欢孩子,我热爱家庭生活。但是,就目前来讲,我只想跟工作即音乐结婚。

记者:您认为您的伴侣应是怎样的?

迈克尔:就像波姬·小丝那样的。但是,我同样很爱黛安娜·罗斯,现在她常跟我哥哥在一起,我从来没向她表露过我的感情。

记者:我想,在您的生活中至少还有另外一个女人,伊丽莎白·泰洛,对吗?

迈克尔:(笑)我很欣赏她,她的确是个极好的女子。

记者:您已经向她求过婚?

迈克尔:本应如此。

记者:您以巨资建了一座美如仙境的儿童公园,这是否仅仅是由于您的童年时代的快乐被剥夺的缘故?

迈克尔:大概是这样。其实,我最大的幸福就是帮助他人,特别是让孩子们欢笑。

记者:当您在舞台上演出时,看到您的脚下是茫茫一片人海,您作何感想?

迈克尔:我感到的是爱。我从内心深处认为我是被上帝选来给人们以音乐和爱的工具。

记者:您有信仰吗?

迈克尔:当然有。给人以爱,给人以音乐,这就是我的信仰。我的生活目的,就是为了给予。

原文摘自(美)奥普拉·温福利著:《杰克逊访谈录》,《国际人才交流》杂志,1993年第9期。　鉴赏编写:董健超　沈　敏

26. 足球运动应自省
——原国际足联主席阿维兰热访谈录
(1993年12月)

【格言名句】

我一生中从未把自己的私人事务与国际足联主席的职务搀和在一起。

——若奥·阿维兰热

【文章导读】

阿维兰热已成为本星球举足轻重的人物之一。人们喜欢他,人们惧怕他,但对这位"世界足球的主人"却绝无漠不关心的人。1993年12月,就世界足球事业,阿维兰热对法国《队报》记者谈了自己的看法。

若奥·阿维兰热被誉为足球王国的"恺撒大帝",这个名字被人尊敬,遭人怀疑,也被人指责,但几乎没有人能否认他是世界足球运动的伟人。从1974年到1994年,阿维兰热在世界足球运动统治者的宝座上坐了二十年。在这期间,他以精明的才干和钢铁般的手腕使世界足球运动得到

了空前的发展,使国际足联成为世界上最具权威、最富有的单项体育运动联合。

阿维兰热于1916年5月8日出生在巴西的里约热内卢。幼年时,他曾在比利时生活过,能流利地讲葡萄牙语、西班牙语、法语和英语。年轻时,他积极从事体育运动,而且相当有成绩。他曾代表巴西参加了1936年和1952年两届奥运会的游泳和水球项目的比赛。从1946年起他同时兼职律师,1958~1979年任巴西体育联合会主席,领导巴西国家足球队赢得了1958年、1962年和1970年的世界杯足球赛冠军,成为巴西最出色而且最成功的足球运动组织者和领导人。1963年他被推选为国际奥委会委员。1974年,58岁的阿维兰热击败已经80岁的斯坦利·罗萨爵士当选为国际足联主席,成为国际足联历史上第一个非欧洲籍的主席。

生活节制、自信而且有追求。他从不吸烟、不喝酒,各种酒会和集会他总能找到借口早早离开。他宁愿待在办公室,也不愿在酒会上多待一分钟。他和家人待在一起的时间并不多,而是更多地与足球行政官员和技术官员一起研究足球的发展,解决棘手的问题。踏实工作和不尚虚荣是他的行事风格。阿维兰热自信、雄心勃勃,始终清楚自己在追求什么。他在职期间,世界杯决赛阶段的参赛队伍先由十六支增加到二十四支(1982年),再增加到1998年法国世界杯时的三十二支,增加了亚非拉美第三世界国家的参赛名额。1977年他还为20岁以下的选手创立了国际足联世界青年锦标赛,以便极早地发现和培养人才。1985年他又创立了17岁以下的少年足球锦标赛。室内足球、女子足球比赛都是在他的倡导下创立的。他亲手参与设计并建造了苏黎世国际足联总部大楼,积极促进第三世界足球运动的发展。阿维兰热为中国重返国际足联做过许多工作,关心并支持中国足球的发展,我们尊敬地称他为"阿翁"。

这篇对话主要是针对当今世界足球运动中的聚焦问题进行国际足联主席意义上的"自省",因此整个对话紧紧围绕问题展开,而且内容有理有据,对纷杂的问题进行落地式的分析,既显示了记者捕捉问题的眼光,同时又展现了阿维兰热稔熟足球运作与足球黑幕的管理者的领导智慧及商务能力。记者首先是惊讶阿维兰热以77岁的高龄第六次竞选国际足联主席职务,但是阿维兰热出人意外地声明自己是为了更好地为足球的利益服务。这样的辩白很自然地将对话引向当今足坛暴露的各种问题各种丑闻,诸如资金的筹措、贫困地区的足球发展、比赛转播的广告利润、运动场上的流氓行为,等等。阿维兰热跟记者讨论这些问题的时候强调说,"我一生中从未把自己的私人事务与国际足联主席的职务搀和在一起""如果足球不在绿茵场上滚动,足球运动也要灭亡""我的基本思想是,发展贫困国家的足球运动"。

很明显,在对话中阿维兰热像管理一家大企业一样地管理足球,所以非常坦然地强调"我在这个机构里的主要作用就是,给足球的进一步发展找到资金",也因此他看到了足球世界的不平等,努力把重点放在第三世界国家,这正如他曾在竞选时的庄严承诺,将增加世界杯赛最后决赛阶段的名额,为第三世界国家发展足球提供资金,培训教练、裁判、官员和队医,建设体育设施等,为如何领导世界意义的足球运动,传达了阿维兰热坚定、执著的信念及其值得敬仰的优秀品格。

【对话原文】

领导国际足联近二十年,阿维兰热已成为本星球举足轻重的人物之一。人们喜欢他,人们惧怕他,但是对这位"世界足球的主人"却绝无漠不关心的人。前不久,就世界足球事业,阿维兰热对法国《队报》记者谈了自己的看法。

问:来年,您要连续第六次提出竞选国际足联主席职务,是真的吗?

答:我不向任何地方提出任何什么。您知道,我是1974年唯一的一个一致通过当选国际足联主席的人,当时我击败了斯坦利·罗萨。自那以后,每届都是各联合会和各国协会主席们要求我留任。鉴于他们当中的大多数人要求我留任至1998年,那就按既定的情况办吧。明年的大会上,因为没人提出别的人选,于是国际足联副主席提议:阿维兰热再留任四年,就是这样!

问:这样一来,您就将是二十四年的主席了。请问,是什么使得您这位77岁高龄的主席还能在工作中"发挥余热"?

答:首先,我觉得我能比别人更好地为足球的利益服务。其次,我就是喜好这个!我总有一种感受,我领导着世界上一个最大的国际团体,而这项任务本身异常有意思。如果估算一下,世界上有多少人与足球有直接的联系——我所指的是运动员、裁判员、教练员、队医、管理人员——足有两亿人。这都是以足球为业的人。要是再加上他们的家属，那么这个数字就快十亿了，也就是世界人口的 1/5。

问：您认为，管理世界足球，可以像管理一家大企业吗？

答：首先我要告诉您，我一生中从未把自己的私人事务与国际足联主席的职务搀和在一起。在巴西老家，我掌管着一家全国最大的汽车公司。我同时是一家巴西最大保险公司的副总裁。此外，我还有一家化学企业。我时常得周游世界，在这种时间里，我满可以利用自己在国际足联的地位，来协调私人的商务，但是我从来就没有这样做。相反，我作为商业家的经验倒很有助于国际足联的领导工作。您瞧，我在这个机构里的主要作用就是，给足球的进一步发展找到资金。

问：怎么？

答：您想想。国际足联用什么组织 20 岁以下锦标赛、17 岁以下锦标赛、女子足球锦标赛、室内锦标赛，以及前不久国际足联赞助的世界锦标赛和奥运会——这样一些比赛呢？只能用我们从世界锦标赛中得到的增加了数倍的收入。我联系电视转播节目、对待赞助者，那才是真正的商人呐。正是靠了每 1 年来自世界锦标赛的收入，国际足联才能不愧为足球界的组织者和教育者。您知道，我有一个理论：如果我的汽车不开动，我的企业就得倒闭；如果足球不在绿茵场上滚动，足球运动也要灭亡。必须日日夜夜地在世界各个角落组织越来越多新型的对抗赛、越来越多新型的竞赛。

问：目前职业足球很趁钱，那么它能像国际足联所希望的那样"干净"吗？

答：您听着，如果财政和工业巨头二十年前就像我在国际足联领导岗位上这样干的活——组织包括掌握足球技术的职业培训、促进贫困国家物质基础的发展——请您相信，世界比现在要强多了！再比方，世界锦标赛后，每四年由冠军队根据我们的要求，与"世界混合队"进行义赛，可将一百万美元收入直接存入联合国紧急救济儿童基金会的账号。如果所有国际大公司哪怕只作一次这样的姿态，如果富人肯分给非洲和拉丁美洲一杯羹的话，我们的世界也许不会这样悲惨。联合国有数千官员在工作，可是他们做了些什么？什么也没做。我总觉得有必要访问不发达国家。我还算幸运，身体还行，每天有五小时睡眠就足够了。1974 年我所以能战胜斯坦利·罗萨，就是因为我有具体的行动计划，我的基本思想就是，发展穷困国家的足球运动。我忠于誓言，对这一点的认识使我充满自豪。

问：奇怪的是，许多人指责您背离了发展中国家，把注意力集中到"有钱"的大国身上。非洲世界，尤其是摩洛哥，争办1994年和1998年世界锦标赛两次失败，心情十分沉重。而在这次竞争中，"财主"美国和法国反而获胜。

答：您还是把无谓的幻想放掉吧。我尊重每个人的偏爱，但是，您只是足球踢得好，这还不能说您就能组织和举办世界锦标赛。现在某些非洲国家所能举办的水平相当高的竞赛，也就是少年级比赛。

问：您想说，非洲太落后？

答：我想说的一切就是，在那里进行某些比赛的时候，要想与欧洲通电话，得等四十分钟。您想想，在世界锦标赛那种场合，数千名记者都要同时向外联系！偏爱是一回事，而组织工作又是一回事。我对摩洛哥和其他一些非洲国家，例如南非的代表们说过，那些地方已有雄厚的基础，但是还得进一步致力于改善各自的下属机构。我相信，到2006年，非洲就能办世界锦标赛了。

问：选择美国作为今年举办世界锦标赛的国家，它符不符合严格的足球运动标准？倒不如说是钱能通神，对吧？

答：当我们舍弃摩洛哥而选中美国时，国际足联受到严厉的批评。不过总得让您弄明白：在美国举办世界锦标赛，是整个足球运动的造化！各种水平的巨大市场一下都敞开了：运动员、教练员、行政人员、赞助者……您考虑一下，在一个有一千五百万人经常踢足球的国度里，举办世界锦标赛，会带来多少收益。

问：跟美国电视网络是怎样谈判的？

答：最初我们感到几家最大的电视公司对这次举措有些动摇。后来ABC和CBS两家有些争执。最后他们总算明白了，世界锦标赛的播放，会给广告带来多少利润和可能性。又过了一些时候，NBC也卷入了竞争。结果是ABC和FSPH子公司电视网获胜。届时要转播五十二场比赛。

问：考虑到时差，如何转播呢？

答：这倒是个难题。要么我们按照美国时间，要么坚持自己的立场，而不使欧洲球迷受到时差的干扰。我们取得了谅解：凡有欧洲队参战的比赛,都从美国时间白天12点开始转播,正好是欧洲黄昏,球迷们就可收看了。

问:国际足联对于职业足球新规则的出现是否赞赏?

答:我们要时刻警惕着,什么事都要赶前不赶后,会预见。我们不能因为领导着世界上最普及的运动而陶醉。在意大利世界锦标赛后,我们就为比赛水平之低下而大失所望。我们采取了"特遣队2000"行动。这是一个专门的工作小组,由足球界著名活动家组成,他们都是杰出的运动员、教练员和裁判员。小组的目的是使足球运动更有趣。

问:您对职业足球裁判工作的赞赏如何?

答:我们深入研究了这个问题。边线裁判员的专业化已经开始。我想,以后欧洲可以作为职业足球裁判的试点,我个人认为很有必要。我提议欧洲,因为各国的协会得支付职业裁判员的经费。在世界锦标赛后,我打算向欧洲各国协会提出建议。我认为,将来每个俱乐部预算的5%应支付给职业裁判员。

问:您对借助录像设备进行监测有何看法?

答:坚决反对!我甚至要说,足球中的错误是这项运动不可分割的组成部分。录像监测用于田径、游泳或跳跃倒还不错,就是别用在足球上。

问:咱们现在谈谈运动场上的流氓行为。国际足联对于制止这个现象是否束手无策?

答:我总是说,我再重申一次:一切责任要由政治家来负!从我们方面来讲,我们不怕采取不受欢迎但是必要的决定,例如:在某些运动场内,观众应当坐着看比赛。

问:国际足联章程第57条规定,在有争议的情况下,禁止对公民权提出任何要求。这条规定不使您这位受过法学教育的人不安吗?

答:不,所有参加国际足联的国家都知道这个章程,所以应当遵守。顺便我要告诉您,非运动的各级法律机构不可以干预我们的争执,但只有两种情况:因违反劳动法而引起的冲突(例如俱乐部拒绝支付其所属运动员)和刑事案件(致残或死亡)。在其余情况下,足球运动应该自省、自控。遇到争议,我们就得考虑各国法律的特点,就没法领导足球运动了。

原文摘自梁友著:《阿维兰热访谈录》,《体育博览》杂志,1994年第4期。

鉴赏编写:李　劲　张秋海

27. 打开未来时速窗口的微软神话
——微软总裁比尔·盖茨访谈录
（1994年）

【格言名句】

假如你对某一行特别感兴趣，对它有着极大热情，这是最好的，至于其他事情，则不必勉强自己。

——比尔·盖茨

【文章导读】

在现时代，比尔·盖茨的名字可谓家喻户晓。这位"美国新一代人中最杰出者"，用不到二十年的时间，以传奇般的奋斗经历为世人开创了一个改变人类未来的神话，成为可能主宰人类未来生活的"上帝"——使电脑进入人类生活的日常事务，人运用最新的科学技术革命成果，在未来时速中生活。

在总裁比尔·盖茨的策划下，微软公司已发展成为世界上最大的软件开发公司和计算机工业的主力军。盖茨的创业精神在计算机界已广为传颂，新闻界对他也作过大量的新闻报道。1994年，《软件世界》杂志对他进行了专访，这是采访记录的部分摘录。

比尔·盖茨1955年出身于美国西雅图一个普通中产家庭，受到良好教育，1975年，在哈佛就读的第三学年，退学成立自己的公司—微软Microsoft，为实现自己的梦想而奋斗——让每一个家庭和每一张桌上有一台微型计算机。其后，微软公司不断发展壮大，成为IT巨人，在1995年7月的《福布斯》杂志富豪排行榜上，以157亿美元的资产成为全球首富。

在比尔·盖茨成功的道路上，其如何发展壮大微软公司一直是为世人津津乐道的话题。在本篇采访中，比尔·盖茨对那些刚起步的企业家们和正在发展的小公司提出了自己的忠告：1.多雇佣些思想活跃的人，即使在那些你不明白为何需要这些富有想象力的人的领域。雇佣那些很有能力，并且能坚贞不渝地陪你渡过难关的人,善待他们。2.假如你对某一行特别感兴趣,对它有着极大热情,这是最好的,至于其他事情,则不必勉强自己。或许有一天你会在这一行取得巨大成功——就像微软经历的一样。但是你应当把自己的事业放在自己真正了解的、热爱的、认为很有机会的事情上,而不用追求要干得多大,然后听其自然。

对话中,比尔·盖茨的言辞中透露出的个人生活方式和成功视角为世人打开了了解这一"创造改变人类未来的神话"的窗口——热情、信心、机遇、运气和聪明才智等。言语之间所折射的思想逻辑和智慧的光芒,从中人们看到拥有高深智慧者的生活追求和企业生存的法则。

【对话原文】

问:您对那些刚起步的企业家们有什么忠告吗?

答:多雇佣些思想活跃的人,即使在那些你不明白为何需要这些富有想象力的人的领域。雇佣那些很有能力,并且能坚贞不渝地陪你渡过难关的人,善待他们。

至于毅力,这的确也很重要。假设你已具备企业家的品质,有一天作出决定:"我们来做一大堆饼干吧,或者一大堆软件。不管做什么,我都要做一大堆,赚一大笔钱。"我不认为这样很好。

我的看法是,假如你对某一行特别感兴趣,对它有着极大热情,这是最好的,至于其他事情,则不必勉强自己。或许有一天你会在这一行取得巨大成功——就像微软经历的一样。但是你应当把自己的事业放在自己真正了解的、热爱的、认为很有机会的事情上,而不用追求要干得多大,然后听其自然。

问:为什么说小公司,或正在发展的公司对经济发展来说特别重要呢?

答:因为他们在造成新的机遇方面更具灵活性。方向选对了,就能得到更多资源。在这种严酷的规则下,小公司更容易面对这样的考验:"我们赚到钱了吗?"在此推动下,小公司们开辟了大多数的新市场。而且那些发展得很大的公司也是从小公司开始的。大公司们不会去做小生意。

问:在不断发展中,Microsoft(微软)失去了什么吗?

答:讨厌的是,你不得不拆散初建时那些富有经验的人员。你不得不把他们划分到不同的任务组中。虽然公司大了,对市场信誉和国际竞争方面有好处,但同时影响了开发产品的创造力。我想这对我们的影响是很大的。我们正在革新各个小组以及整个大公司。

问:您个人失去了什么吗?

答:当然了,我再也不能自己编写软件了。在大公司中,你无法同你的编码合作者保持很好的联系,所以你就不能参与编码。但是其好处是可以抵消这点问题的。一些项目——像开发波音 747 飞机或达到艺术境界的系统软件等,需要很多方面的工作才能完成。

问:大家说你是个工作狂,每天都一直工作到第二天早上。这是一个人成为企业家的前提条件吗?

答:我不知道。我自己是陷进去了。有些人很有天才,做什么都能出人意料。而对于我来说,我必须非常重视我的时间和精力。我不可能花三个月去度假。我没有能力在九个月内完成我的工作,我只能花 11.7 个月去做。

你以为某个创业者会说:"我只打算投入四十个小时(每周)。"在一个公司创建的初期,经常是赢得一个订单或比别人领先一步就会造成极大的不同。多努点力可以获得难以想象的结果。

你还必须具备基本的商业感觉。我觉得做生意是很简单的——盈利或赔本。拿卖得的钱,减去花费,你就赚了一大笔。算术是很明白的,但是很多人对商业缺乏这种最基本的理解。

最后,你必须保持旺盛的精力,作一个非凡的推销员。不光要卖自己的产品,还要吸引人们为你做事或者来投资。你必须有足够的热情。我想技术行业的企业家们应当具备所有这些东西。这一点在美国比在其他地方更明显。

问:您获得了成功,您认为是由于自己的智慧还是好的运气?

答:如果别人没我这么幸运的话,他也许永远不会有我这样的成功。而且我认为聪明才智也是一个重要因素,起码对我来说是这样。"喽,我要给职工发工资,要纳税,要定价钱,要考虑如何营销。"我得做所有这些事情。你得乐意去学,还得有信心。这其中便会有大量的机遇。我可以自豪地想:也许没有机遇的话,我也能取得一定的成功。但是难以想象一个人能够用自己生来就有的本事去取得成功。

原文摘自《微软总裁比尔·盖茨访谈录》,《软件世界》,1994 年 04 期。
鉴赏编写:李　劲　张春燕

28. 为电影艺术作出不可估量的贡献
——卓别林女儿访谈录
（1994年6月）

【格言名句】

父亲是举世无双的。父亲不希望我们继承他的事业，他希望我们能成为医生、工程师。然而令他伤心的是，我们几个谁也未能进入大学校门。

——杰拉迪娜·卓别林

【文章导读】

卓别林女儿杰拉迪娜·卓别林也是著名的电影演员，曾主演过七十多部电影。1994年6月，应《巴黎竞赛》杂志的邀请，回忆了她的童年、她的父亲等往事。

查尔斯·斯宾塞·卓别林（1889～1977），拥有的重要头衔包括不列颠帝国勋章佩戴者、美国电影学会（American Film Institute）百年百大明星之一。

卓别林幼年丧父，曾在游艺场和巡回剧团卖艺或打杂。1913年，随卡尔诺哑剧团去美国演出，被美国导演M.塞纳特看中，从此开始了他的电影生涯。1914年2月7日，头戴圆顶礼帽、手持竹手杖、足蹬大皮靴、走路像鸭子的流浪汉夏尔洛的形象首次出现在影片《威尼斯儿童赛车记》中。这一形象成为卓别林喜剧片的标志，风靡欧美二十余年。他奠定了现代喜剧电影的基础，卓别林戴着圆顶硬礼帽和礼服的模样几乎成了喜剧电影的重要代表，往后不少艺人都以他的方式表演。

从1919年开始，卓别林独立制片，此后一生共出演八十余部喜剧片，其中在电影史上著名的影片有《淘金记》《城市之光》《摩登时代》《大独裁者》《凡尔杜先生》《舞台生涯》等。这些影片反映了卓别林从一个普通的人道主义者到一位伟大的批判现实主义艺术大师的过程。卓别林以其精湛的表演艺术，对下层劳动者寄予深切同情，对资本主义社会的种种弊端进行辛辣讽刺,对法西斯头子希特勒进行了无情的鞭笞。1952年,他受到麦卡锡主义的迫害,被迫离开美国,定居瑞士。在瑞士期间,他拍摄了尖锐讽刺麦卡锡主义的影片《一个国王在纽约》。1972年,美国隆重邀请卓别林回到好莱坞,授予他奥斯卡终身成就奖,称他"在本世纪为电影艺术作出不可估量的贡献"。

不言而喻,卓别林是一个时代的传奇。他的无声黑白喜剧影片,曾经欢乐陶醉了无数的影众,他的经典影视形象至今仍令人回味无穷、印象深刻。除了电影艺术本身,卓别林也有个人的丰富情感生活和惨痛的人生遭遇。在这篇访谈中,他的女儿杰拉迪娜·卓别林为我们提供了一个殊胜的机会,即作为旁观影众却又能从一个女儿的角度来感受这位我们不曾在电影中感受得到的,却依然鲜活真实、不一样的卓别林,一个反对女儿从艺、却又倍加赏识女儿艺术天赋的七情六欲毕现的卓别林。杰拉迪娜·卓别林充满感慨地说:父亲是举世无双的。父亲不希望我们继承他的事业,他希望我们能成为医生、工程师。然而令他伤心的是,我们几个谁也未能进入大学校门。

对话中对卓别林私生活的描述,别有意味地丰富了人们对卓别林的情感生活的了解,而且由于卓别林婚后的感情专注而更升一层对作为艺术家的卓别林的尊重。

【对话原文】

问:据说你父亲反对你从艺?

答:是的,然而又是父亲本人引导我走上了艺术之路。记得我4岁时,父亲让我在他导演的电影中扮演一个小角色。从那时起,我对艺术产生了浓厚的兴趣,父亲知道后,竭力反对我。母亲和我向他做了许多工作,最后父亲让步了。父亲的童年非常悲惨,常常身无分文,因此,他不希望我选择与他同样的道路。

问:你是不是受了父亲的影响而从艺的?

答:父亲是举世无双的。父亲不希望我们继承他的事业,他希望我们能成为医生、工程师。然而令他伤心的是,我们几个谁也未能进入大学校门。

问:卓别林一生不是也有过不少风流韵事吗?

答:父亲年轻时,确实有许多风姿绰约、如花似玉的未婚妻和情妇,但自从与母亲成婚后,他就很少再去拈花惹草。除母亲出外去参加外祖母的两天葬礼外,父母亲从未分开过。他们感情极好,相爱极深。

问:卓别林经常称赞你,并为有你这样的女儿自豪。

答:是的。当父亲终于首肯我从艺后,他承认我有这方面的天赋。但他对我未经磨炼轻而易举地成名感到不快。父亲不是一个理想的电影评论家,当他看完《齐瓦格医生》这部新片后,他含着泪花对我说,你演得太棒了,太棒了!除此之外,没有评论。

问:听说你的家人反对你在即将投入拍摄的《卓别林》一片中扮演角色?

答:确有其事。作为卓别林的妻子和孩子,他们都不想把卓别林的私生活公开曝光,只想把这种带神秘色彩的亲情保留在心中。我的态度是只要剧本尊重事实,反映了父亲战斗的一生,我可以接受。

问:你将在片中扮演什么角色?

答:扮演一个配角,即我的祖母。我从未见过她,但父亲说,她一生坎坷多难。祖母是一名歌手,是她在父亲年幼时引导他走上了艺术的道路。父亲成名后,即将她接到了洛杉矶。我非常高兴能在银幕上塑造卓别林母亲的形象。

原文摘自梁舟著:《卓别林女儿访谈录》,《科技文萃》,1996年第6期。

鉴赏编写:董健超

29. 成功不能靠吃老本
——西门子公司总裁皮勒尔访谈录
(1997年1月)

【格言名句】

我们有足够的能力在未来的竞争中认真对待并站住脚,但是成功不能靠吃老本,而是要靠我们在将来创造更新、更先进的东西,我们必须作出巨大的努力。

——海因里希·冯·皮勒尔

【文章导读】

海因里希·冯·皮勒尔是德国最大的私营企业——西门子股份公司老

板,他在德国工业界的地位举足轻重。1997年1月,《经营管理者》杂志记者马文一行采访了皮勒尔总裁,与他谈论了德国经济、市场的全球化,以及亚洲经济的腾飞。皮勒尔充满自信地说:"我们有足够的能力在全球竞争中站住脚,但是,成功决不能靠吃老本,而是要靠我们在将来创造更新、更先进的东西,我们必须作出巨大的努力。"

皮勒尔1941年生于德国埃尔兰根,后在德国洪堡大学攻读法律和国民经济学,获法学博士和国民经济学博士学位,1969年起在西门子公司任职,1989年任公司动力生产部门理事会主席,1990年为中央理事会理事,1992年起出任公司董事长。他对东南亚地区尤感兴趣,同时他也是德国经济亚太委员会主席。皮勒尔为人开朗,善于交际,家庭生活幸福,有三个孩子。

西门子股份公司1847年由维尔纳·冯·西门子建立,总部位于德国慕尼黑。西门子股份公司是在法兰克福证券交易所和纽约证券交易所上市的公司。其80%以上的经营活动集中在投资货物领域,业务范围分为能源、工业、通讯、交通、医疗技术,以及建筑材料等方面。此外还包括先进的电子信息系统和电气照明设备等。西门子公司的长期战略目标集中于世界电气市场。近年来,西门子公司不断扩大其国际业务,拓展世界市场,目前,该公司在世界190多个国家和地区设有分公司。虽然,西门子公司约有40%的主要业务在德国,2/3在欧洲,但是如今公司在美洲的业务已占20%,在亚洲和澳洲约占10%,并已发展成为另外几个重要的经营支柱。

在对话中,记者首先就西门子公司将企业称为"全球活动者"发问,西门子公司总裁皮勒尔则以"领先地位""举足轻重"这样的语词鲜明地将西门子公司的世界性的顶级地位揭示出来了。但记者却来个杀手锏,就德国正在失去"一些顶尖的名牌标志"发难,皮勒尔则以"退居二线""反其道而行之""背负式效应"等语词巧妙地将经济之道告诉记者,同时也表明了西门子公司不会停留在既定的模式上按部就班的,而是在竞争压力下不断开拓新的市场,以争取最大的发展机会。对于记者提出的"德国正在成为工作岗位的净出口国"这样的疑问,皮勒尔表达了德国在经济全球化面前所表现出的审时度势的投资魅力,也体现了作为世界著名企业领导的雄才韬略。在对话的最后,皮勒尔指出了竞争环境中的"巨大的发展潜力",指出了"成功不能靠吃老本"的经营思想。这样的对话使记者兴趣盎然,在对话快结束时饶有兴趣地提出一个关于西门子的"奇特问题"——总裁向老板的提问。有趣的是皮勒尔这样回答道:"我想知道,一个超过一百五十年历史的企业,如何才能做到以革新来不断创造出技术上的尖端产品?"这样的回答一定会让所有人乍然觉得皮勒尔是记者中的高手,因为他将前面记者的所有问题一网打尽了啊。

这篇对话通过皮勒尔,传达了西门子公司"做到以革新来不断创造出技术上的尖端产品"的信念,使我们反观西门子最早在中国开展经营活动——1872年西门子公司向中国出口了第一台指针式电报机时,感慨万千。通过对话,我们能清楚地体会到西门子与中国的经济渊源,增进了对西门子公司的了解,也增进了对西门子公司"背负式效应"的企业理念的尊重。毫无疑问,正由于西门子长久以来支持弱小企业的国际化经营决策,使其已牢固地成为中国可靠、忠诚、可信赖的合作伙伴。

【对话原文】

问:冯·皮勒尔先生,您作为德国最大的私人企业雇主,您将自己的企业称为"全球活动者"。您对此是如何理解的,它具有哪些结构特点呢?

皮勒尔:成为"全球活动者"首先是一个很高的要求,实际上,这种要求尽有极少的企业能够达到,我指的是那些在世界大的市场上居领先地位和举足轻重的企业老总,当然也包括许多国家由政府委派出任企业要职的高级管理人员。我们在许多方面已做到了这一点,例如,我们在医疗技术方面,属于世界上领先的供货者之列,并且在北美、欧洲也包括日本在内的东南亚地区开辟了稳定的市场。"全球活动者"的另一个重要标志,就是从某个业务主管权集中的地方发放领导业务。

问:但是,德国企业在全球化的过程中显然也失去了一些顶尖的名牌标志,如"德国造"这样的商标,您怎么看?

皮勒尔:像"德国造"这样的识别标志与"全球活动者"相比,肯定要退居二线,但这并非就是坏事。由于我们的经营业务日趋国际化,而且我们注意到许多国家和地区,"西门子制造"这个标志正在受到重视,当然,"德国造"这种纯正的质量标志对我们在国外拓展业务是必不可少的。

问:许多德国企业正在大规模地将生产线迁往国外。而贵公司却反其道而行之,西门子公司不久前将微电子芯片的生产从亚洲搬回国内,这是为什么呢?

皮勒尔：不能笼统地把这看作是撤退，我们把存储芯片的生产和检验的一部分从马来西亚迁回德累斯顿，是为使16钔比特和64兆比特的存储组合件的成套生产过程集中起来。众所周知，目前微芯片的生产是全球最热门的业务之一，所以，最近我们为了开发芯片生产，选择了英国的北泰斯赛德作为基地。此外，英国也是欧洲第三大芯片市场。

问：对于一个类似西门子这样规模的企业，实行国际化的所在地政策是比较简单的，而对德国许多中小型企业来说却很困难，而且这些中小企业构成了德国经济的核心部分，那么，这会产生某种背负式效应吗，或是供应厂商和中小型企业伙伴正在走向艰难时期？

皮勒尔：像西门子这样的企业当然会有背负式效应的，我们公司同世界八万多家供应厂商合作，它们绝大部分是中小型企业。如果西门子公司建造一座发电厂，这种效应就更加明显。在这种情况下，我们公司通常就是总企业主，我们要购买数百家厂商的产品，而且不论国内与国外的都一样。我认为，对中小型企业来说，你所说的困难时期实际是指另一个方面，而中小型企业和大企业一样，处于同样的竞争压力之下，因此，对它们来说，如何使生产成本和费用结构适应国际市场标准，则是一个企业生死攸关的大事。

问：德国外长金克尔先生不久前警告说，德国正在成为工作岗位的净出口国。这从劳动市场政策上看，不正是一个极其危险的趋势吗？

皮勒尔：外长先生说的话是有道理的。因为从目前来看，德国企业在国外创造的就业机会，大大多于外国投资者在德国创造的工作岗位，但是，如果我们因此而指责德国经济界，那也是错误的。经济全球化是当今世界经济的发展趋势，也是德国经济的当务之急。而这方面就包括了在各自的市场上创造增值，这最终将有助于德国的工作机会，但是我们必须要进一步向外国投资者证实德国的魅力，并以此来扭转上述倾向。

问：从自由经济的观点来看，在国际市场上竞争的不是国家，而是企业，你认为，国家与经济之间的正常关系是怎样的呢？

皮勒尔：在这一点上我同意你的看法，参与市场竞争的主要是企业，但是，如果说国家参与竞争的情况日渐增多，那也是大势所趋，尤其是在一些大型开发项目计划的参与竞争中非常明显。因此，各方面的配合就非常必要。我认为，金克尔先生的态度是坦率的，同时，德国的驻外代表机构也在为本国的经济发展出更多的力。

问：您是德国经济亚太委员会主席。这指明了通向未来的道路吗？

皮勒尔：完全可以肯定，亚太经济区是一个重要的市场，德国经济亚太委员会为自己确立的目标是，鼓励德国企业在这个蓬勃发展的地区拓展业务，但是，它也想为德国企业改善在国外活动的外部条件作出贡献。

问：大约在一个世纪以前，美国总统罗斯福就预言，我们正面临着一个太平洋世纪，这也是正在崛起的亚洲人的最强音，欧洲对此有何对策？

皮勒尔：我觉得，从今天来看，现实表明罗斯福总统近一百年前的憧憬如今已变得更为明显。实际上，来自亚太地区的竞争压力极大，但是我们也要看到，那里的市场有着巨大的发展潜力。我们有足够的能力在未来的竞争中认真对待并站住脚，但是成功不能靠吃老本，而是要靠我们在将来创造更新、更先进的东西，我们必须作出巨大的努力。

问：作为当年的记者，您会向西门子老板冯·皮勒尔提些什么问题？

皮勒尔：实际上这也是一名记者曾向我提出的最奇特的问题，我也从未考虑过这个问题，但是也许我想知道，一个超过一百五十年历史的企业，如何才能做到以革新来不断创造出技术上的尖端产品。

原文摘自马文著：《西门子公司总裁皮勒尔访谈录》，《经营管理者》，1997年21期。　　鉴赏编写：董健超

30. 为永久的和平
——克林顿总统在北大的对话
（1998年）

【格言名句】

在朝鲜半岛，我们曾经是对手，现在却一起为永久的和平以及免受核武器威胁的将来努力。

——克林顿

【文章导读】

威廉·J·克林顿(1946—   )，美国第42任总统。喜欢折中，不喜欢对

抗,语言擅长绕圈子,使对方捉摸不透,因而被称为"圆滑的比尔"。1964年考入乔治大学,主修外交专业。1968年大学毕业,获国际政治学学士学位,并考取罗兹奖学金赴英国牛津大学学习。1970年,考入耶鲁大学法学院,1973年毕业获法学博士学位,同年到阿肯色州州立大学任教授。1978年至1980年任阿肯色州州长,1982年至1992年又连续五次担任州长。1990年被选为民主党最高委员会主席。1992年11月3日当选美国总统,1996年11月再次当选。克林顿对外实行以促进经济繁荣、维护国家安全、促进民主为三大支柱的外交政策。

1998年,在北大百年校庆之际,克林顿率领一个人数众多的美国代表团来到北大,其中包括他的夫人、女儿,还有美国国会的六名议员、国务卿、商务部部长、农业部部长、经济顾问委员会主席、美国驻中国大使、国家安全事务顾问、白宫办公厅主任等,这显示出美国对中美关系的重视。

克林顿在北大首先进行了演说和对话,开场用中文"恭喜北大"进行祝贺,立即迎来了全场热烈的掌声,拉近了双方的心理距离。克林顿用"在朝鲜半岛,我们曾经是对手,现在却一起为永久的和平以及免受核武器威胁的将来努力"说明世界形势的变化,以及中美对世界的责任。

紧接着回顾了中美的友谊,并对北大的学子寄予厚望,给予鼓励。

演讲后克林顿总统回答了北京大学学生的提问。对有关中美加强交流问题、经济问题、高级教育问题,以及民主、自由、人权问题一一作了回答。回答风趣幽默,引用了许多中国的名言和往事。即使对一些敏感而棘手的问题也能坦然自若,自圆其说,有相当的语言功底。

【主题演讲】

陈校长,任书记,迟副校长,书副部长:

谢谢你们。

今天我很高兴能同一个人数众多的美国代表团一起来到这里,其中包括我夫人,还有我女儿,她是与北京大学有学术交流关系的许多美国大学之一——斯坦福大学的学生,我们当中还有美国国会的六名议员、国务卿、商务部部长、农业部部长、经济顾问委员会主席、美国驻中国大使、国家安全事务顾问、白宫办公厅主任和其他人,我想强调这反映了我们十分重视美中关系。

同学们，老师们，学校领导们，在这北大百年校庆之际，首先我想向你们全体表示祝贺。恭喜北大（中文）！（掌声）

我相信我们大家都知道，这里曾经是美国传教士建立的燕京大学所在地，许多美丽的建筑是一位美国建筑师设计的，几千名美国学生和教授曾在这里学习和任教，所以我见到你们感觉特别亲切。

当然，我很高兴，在某种重要意义上今天与79年前的那天不一样。1919年6月，燕京大学第一任校长司徒雷登先生，正准备在此地发表第一篇开学致辞。他准时来了，但学生们却没来，他们全都去参加致力改革中国的政治和文化的五四运动去了。当我读到这段历史时，我希望在我走进这座大礼堂时，能有人在座。非常感激你们今天前来参加。（掌声）

经过100年的时间，北大已逐步发展为拥有逾两万学生的大学。你们的图书馆是全亚洲最大的。去年你们的毕业生有20%出国留学，其中包括半数左右数理学科毕业生。中国和亚洲以至世界各地，有超过百万的人曾经访问过你们的网址。在这新的世纪就要来临之际，北大正领导着中国迈向未来。

我们来这里是想同你们——中国的下一代领导者们——交流一下有关建立一个强有力的美中关系的极端重要性。

美国人民非常仰慕中国数千年来在文化、宗教、哲学、艺术、科学、技术等方面作出的贡献。我们也清楚记得第二次世界大战期间我们两国的坚强纽带。如今，我们看见中国正处在一个通过迅猛全面的改革赶超辉煌的往昔，并展现更加伟大的前景的历史时刻。

就在三十年前，中国还完全处在与世隔绝的状态中。现在，中国已是一千多个国际组织和机构的成员，这些机构的影响遍及我们生活的每一个方面，从航空到农业发展无所不包。中国已经在很大程度上向世界开放了她的贸易和投资。今天，正在美国学习的中国青年学生已达四万人，在其他地方留学的人更有几十万之多。

你们的社会和经济领域内的改革更加引人注目，正从一个封闭的中央指令经济体系迈向充满活力、日益市场化的经济，创造出持续二十年的前所未有的增长速度，使人民在旅行、投票选举、选择住所、就业和受教育等方面有更大的自由。你们使得几亿人口摆脱了贫困，人均收入过去十年来翻了不止一番。大多数中国人今天所过的生活，是他们二十年前根本不敢想象的。

当然,这些变化也打乱了以往的生活和工作方式,并对环境造成巨大的压力。过去每一个中国市民都一定能在国有企业中获得一份工作,现在必须到就业市场上去竞争;过去中国工人只需要完成北京计划者的指令要求,现在全球经济一体化意味着必须在品质和创造性方面与整个世界竞争。对于那些缺乏适当训练、没有技能、也没有知识的人来说,这个全新的世界是难以应付的。

短期内一些勤劳善良的人们难免会失去工作。此外,人所共知,过去二十年来的经济和社会发展以及能源使用模式,使环境、经济和健康方面付出了极高的代价,例如空气污染、森林减少、酸雨和水荒。

面对一些挑战,必须建立新型的培训及社会保障制度。为了达到发展经济同时改善环境的目标,必须实行新的环境政策和采用新技术。就我所知,根据中国人的智慧、创造才能和进取精神,以及过去几天里我从江泽民主席、朱镕基总理和其他中国领导人的会谈中所听到的,我完全相信你们会取得成功。

在你们建设新的中国的时候,美国愿意和你们建立一种新的关系。我们希望中国成功、安全和开放,和我们一起为建设一个更加和平与繁荣的世界努力。我知道,在中国和美国都有人质疑,中美两国发展更密切的关系是否是一件好事。然而,我们都知道,世界转变的道路以及你们这一代所面临的挑战,都告诉我们两国——美中两国携手合作远比各自为政要好。

已故的邓小平劝诫我们要实事求是。在新世纪即将来临之际,事情是很清楚的。我们两国的距离正在缩短,事实上任何国家之间的距离都如此。从前,一艘快船要由中国到达美国,需要几个月的时间。今天,科技令所有国家实际上都成了邻邦。由手提电脑到激光,由晶片到比特(Byte),信息革命正照亮人类的智慧领域。思想、信息和金钱,可以在按下电脑键盘的一瞬间,从地球一方到达另一方,从而产生出不寻常的创造财富的机会,或者防止和征服疾病,甚或加深不同历史和不同文化的各国人民之间的了解。

当然,我们也知道,开放更多和转变更快,意味着在一国国界以外地方发生的问题,可以很快蔓延至该国之内,例如大面积杀伤性武器的传播,有组织犯罪的威胁,贩毒,环境受到破坏,以及严重的经济失控等。没有国家可以独立不受这些问题的影响,也没有国家可以单独解决这些问题。我们——特别是中美两国的年轻一代,对我们共同面对的挑战要建立共同的使命，以便我们可以一起塑造这种光辉的可能性。

在21世纪——你们的世纪——中美两国面对亚洲安全问题的挑战。在朝鲜半岛，我们曾经是对手，现在却一起为永久的和平以及免受核武器威胁的将来努力。在南亚次大陆，当全球大多数地方正在远离核武器危险的时候，印度和巴基斯坦甘冒点燃新一轮军备竞赛的风险。我们两国现在正采取共同战略，推动印巴两国不要再进行核试验，并以对话解决分歧。

21世纪，你们这一代要扭转世界的犯罪案和毒品潮流。在全球，有组织犯罪每年夺去人民数以十亿计的金钱，并损害人们对政府的信心。毒品对学校和社会的危害，美国知之甚详。中国和十多个国家接壤，成为各国毒枭走私活动的十字路口。

去年，江泽民主席要求中美两国的高级执法官员加强合作，打击那些掠夺者，肃清洗黑钱活动，阻止残酷的走私人口，以及杜绝损害货币的伪钞活动。本月，美国打击毒品的执法机关在北京开设了办事处，中国的反毒专家也会尽快到华盛顿工作。

在21世纪，你们这一代要承担一项使命，确保今天的进步并非以明天的代价换取。中国过去二十年取得了显著增长，但也付出了毒害环境的代价。污染物把你们饮用的水和呼吸的空气污染。对贵国人民健康的损害和对经济增长的阻碍而言，后果也是沉重的。

环境问题正变得越来越全球化，当然在中国也更加全国化。例如，在不久的将来，中国便会超越美国成为排放温室气体最多的国家。温室效应是令全球气温上升的主要原因。在下一世纪，气温有急剧转变的危机，可以改变我们的生活方式和工作方式，把一些岛国埋葬在汪洋之下，并且危害各国的经济和社会结构。

我们必须合作。我们美国人从本身的经验中知道，可以在经济增长的同时改善环境。我们必须为自己和世界一同努力。

在我国副总统戈尔先前和中国政府合作成果的基础上，江泽民主席和我一起工作，要把美国的清洁能源技术引入，以帮助改善空气质量，并同时令中国的经济增长。

不过，我要再说一遍——并非只为了强调我说的话——你们这一代在这方面要做更多工作。这是对你们、对美国人民及对世界未来的重大挑战。这一点必须在大学里就开始强调。作为政治领袖，如果相信环保措施会导致大规模失业和贫穷增加,便不会采取环保措施。然而,有证据清楚地表明,环保妨碍经济并非是必然会发生的事情。如果做得正确,实际上会有更快速的经济增长,会有薪酬更好的工作,并会导致更高的教育和科技水平。不过,这需要你们,北大、中国社会和美国以及全球一起领路。(掌声)

在21世纪,国际金融体系不会受阻于国家疆界,你们这一代也必须领导面对这种情况带来的挑战。当香港和印尼股市下泻时,影响并非地方性的,而是全球性的。因此,贵国蓬勃的经济增长与亚太地区稳定及增长的恢复是密切联系的。

在最近的金融危机中,中国坚定地负起了对国内以至全球的责任,帮助阻止另一轮危险的贬值风暴发生。我们必须继续合作,抗衡这场对全球金融体系以及整个亚太地区增长与繁荣的威胁。

在21世纪,你们这一代将有可贵的机会和我们的科学家、医生、工程师的智慧联合起来寻求进步。我们在各个领域合作取得的突破,在对抗极端天气环境和地震方面均获得了成果,证明我们的合作可以改变中国、美国以至全球数百万人民的生活。扩大我们在科学与技术方面的合作,可以成为送给未来的一份最大的礼物。

很明显,在我谈到的上述每一项重要领域中,我们携手并进所能取得的成就,远比我们分开的成就大。这就是我们为什么要努力确保我们现有的互益关系在下一世纪发展成为更全面的伙伴关系的原因。

如果能够实现以上目标,并加深我们之间的互相了解,是十分重要的。我们要了解我们的共同利益、共同愿望以及我们真正的分歧。我相信,正如你们很多人所看见的,江泽民主席和我上星期六在记者会上的开放和直接的交流,可以澄清和缩小我们之间的分歧,让人们了解这种辩论并谈论这些事情,可以让人民对建设更美好的将来拥有更大的信心。

从华盛顿我居住的白宫的窗户向外望,可以看见我国第一任总统华盛顿的纪念碑屹立在地平线上。那是一块高高的方尖石,但在这宏大的纪念碑的近旁,有一块小石头,上面写着:"美国不建立贵族和皇室封号,也不要世袭制度。国家事务概由人民投票公决。"

这种方式创造了一种新的政治格局,是从古到今都未有过的尝试。多么美好。不过,这些话并非出自美国人之手,而是福建总督在1853年代表中国刻在石碑上送给美国的礼物。

我十分感谢中国的礼物。这份礼物直指我们作为人的内心愿望，这就是生存、自由和追求幸福的权利，不受政府干扰地发表言论和不同意见、结社和自由选择信仰的权利。这便是美国 220 年前赖以立国的核心思想。这就是领导我们从大陆的一方到达大陆的另一方，最后踏上世界舞台的思想。这也是美国人直到今天仍然珍惜重视的思想。

正如同江泽民主席在记者会上所说，我们不断为实现这些思想而努力。订立美国宪法的人明白，我们永远无法达到完美。他们说，美国的使命就是"不断朝着完美迈进"，换言之，我们永远无法到达完美。但我们总得不断改进。

当我们由于种族、宗教、价值观等问题而剥夺人民的自由，或限制新移民的自由，美国最黑暗的历史时期便出现了。但当我们致力落实美国独立宣言的精神，对持不同政见人士的自由提供保护，并把自由交还给以往曾遭受剥夺之人时，美国的历史便进入最辉煌的时期。

今天，我们并非要把自己的观念强加于人。因为我们深信，某些权利是与生俱来的，而目前这些人权已清楚地列在联合国人权宣言上，包括享有个人尊严、自由表达意见、选择自己的领袖、结社和集会、选择宗教信仰等各种自由。

美国独立宣言的作者是第三任总统杰弗逊，他在生前最后一封信中说，"所有的目光都注视着人类的权利。"我相信，在 112 年后的今天，人类的目光仍然注视着世界各地男女老少的权利上。

在过去 20 年里，自由的浪潮在全世界解放了数以百万计的生命，扫除了前苏联和东欧各国的独裁统治，结束了拉丁美洲军事独裁和内战交替往复的怪圈，使非洲各国越来越多的人民获得了难得的独立机会。而且，自由的潮水已经到达了亚洲的海岸，从菲律宾到韩国，从泰国到蒙古，自由给经济增长和生产活动提供了动力。

经济保障可以是自由权利中一个不可或缺的因素，联合国经济、社会及文化权利公约便承认这点。中国在经济自由方面已经取得很大进步，成功地把经济保障转变为人民力量的来源。中国人民的收入增加了，贫穷减少了，人民享有择业的自由，享有旅游和改善生活水平的能力。不过，真正的自由并非局限于经济自由，美国相信自由是不能分割的。

过去几天来，我在中国看到自由以各种方式表现出来，我看见民主在中国国土内的农村萌芽。我到过一个农村，那里的村民可以自由地选出他们心目中的村领袖。另外，我也看见移动电话、传真机、录像机等，这些仪器带来了来自世界各地的信息和影像。我还听见人们在表达心声，我更曾经与那些宗教信仰与我相同的中国人一起祈祷，处处都使我感受到一股稳定的自由气息。

问题是我们将迈向何方？我们如何站在历史正确的一方携手共进？五十多年前，中国的一位伟大的政治思想家，曾在北大任教的胡适说过："现在有人对我说，为了国家的自由你必须牺牲个人自由，我的回答则是：争取个人的自由就是争取国家的自由，解放个性就是解放民族。"

我们美国人认为胡适说得对，我们相信并且我们的亲身经历证实了，自由可以加强国家的稳定以及推动它改变。

美国的奠基者之一本杰明·富兰克林曾经说过："批评我们的人就是我们的朋友，因为他们指出了我们的错误。"假如他说得对，那么许多时候美国总统的朋友比世界上任何一个人都要多。（笑声）事实的确如此。

我们生活在一个全球信息化的时代，创造经济机会和使国家富强需要作出不断的改进和变革。因此，最大限度地自由交换信息、思想和意见，以及对不同的政治和宗教主张采取更加尊重的态度，实际上将会带来更加稳健的前进。

所以，如果这一代年轻的中国人的心灵能够自由发挥到最大限度，将会使贵国以及全世界享受最大的好处。

我希望中国更全面地接受这一真理。你们有非常伟大的历史，但我相信你们更加灿烂的时代是在未来。虽然经历了20世纪的诸多灾难，中国不但没有倒下，而且正在大步向前迈进。

其他的古老文明之所以灭亡，是因为它们未能改变自身。而中国已一再证明她有能力改变自己并不断成长。今天，我们应当为下一个世纪的中国构思蓝图，你们这一代应当成为中国再次腾飞的核心力量。

新世纪取决于我们，我们的看法影响着未来。你们的国家经过的千年比美国经过的百年还要多，然而今天的中国，跟地球上任何一个国家一样年轻。如果你们不仅为自己的伟大历史和正在进行的事业所自豪。更为即将到来的明天所自豪，一个新世纪就是新中国的曙光，世界有一天就会再次向中国寻求文化活力、创新思想，以及必然包含其中得到了进一步升华的人类尊严,世界将在最古老的国家的帮助下获得新生。

在贵国把这样一个时代变为现实的过程中,美国希望同你们携手合作,共创未来。

谢谢!(掌声)

【对话原文】

问:总统先生,很荣幸第一个提问。一如您在演说中提到的,中美两国人民应向前迈进,而在这个过程中,最重要的是我们应增加交流。

我个人认为,自从中国改革开放以来,我们对美国的文化、历史、文学已有很多了解,对美国总统也知道得很多。我们还看了电影《泰坦尼克号》。但美国人对中国人民的了解却似乎没有那么多。也许他们只是通过一些描写"文化大革命"或农村生活的电影来看中国。

所以我的问题是,身为十年来第一位访问中国的美国总统,阁下计划怎样加强我们两国人民的真正了解和尊重?谢谢。

克林顿:首先,我认为这是很好的看法,我来此访问的一个理由就是……正如你所看到的,因为许多与我一起来访的人是来自新闻媒体,我希望此行有助于向美国人显示完整、平衡的现代中国面貌。而来到这里,可以鼓励其他人也来,并鼓励其他人参与中国的生活。

我在听众中看到一位青年,他昨天向我自我介绍说,他是第一个在中国研习法律的美国人。所以我希望我们还有许多美国人来这里留学,很多美国人来这里观光,很多美国人来这里做生意。第一夫人今天上午和国务卿曾参加一项有关法律计划的会议。我们正与中国进行很多计划,以协助促进法治。那样应可使很多人来这里。

我认为,你的问题没有简单的答案,这是我们必须努力的工作。我们需要有更多的人参与,需要有多种接触。我认为,我们在这方面做得越多越好。

问:总统先生,身为中国人,我对祖国的统一抱高度兴趣。自 1972 年起,在台湾问题上已有进展,但我们看到美国一再出售先进武器给台湾,最令我们愤怒的是,我们看到美国与日本重新修订"美日安保条约",而根据某些日本官员的说法,安保条约甚至把中国台湾省也包括进去了。所以我必须请问,如果中国把海军派到夏威夷,或如果中国和其他国家签订安全条约,联手对抗美国的一部分,美国会同意这种行为吗?美国人民又会同意这种行为吗?

克林顿:首先,美国的政策并不是中国与台湾和平统一的障碍。我们的政策体现于三个联合公报与台湾关系法。将近二十年前,我国承认中国并推行一个中国政策。我在与江泽民主席会谈时,也向他重申我们的一个中国政策。

现在,当美国和中国达成一个中国政策的协议时,我们同时也达成以和平方式统一中国的协议。我们也鼓励海峡两岸对话以达成这个目标。因此,我们的政策是,如果出售武器给台湾,一定只是用于防卫的目的。中国绝不要相信我们企图破坏我们自己的一个中国政策,这是我们的政策。但我们相信,统一应以和平方式达成。

现在谈到日本,如果你看过我们与日本签订的美日安保条约,我想,从文中的用词可以明显看出,安保条约不是针对任何国家,而是用来支持亚洲的稳定。我们在韩国驻有部队,目的在于防止朝韩分界线的战火再起。我们在日本的驻军目的旨在协助我们随时加强亚太地区安定。我认为,硬说日本或美国有一个企图围堵中国的安全关系是不公平的。事实上,美日两国所希望的是与中国建立21世纪的安全伙伴关系。

例如说,你提到北约,我们已在欧洲扩大北约,但我们也签订了一项条约,一项北约与俄国之间的协定,证明我们不再对抗俄国。过去五年来,北约所做的最重要的事情是与俄国并肩终止波斯尼亚战争。我可以向你预告,你现在看到我们正与中国合作,力图阻止印度与巴基斯坦核试验造成的紧张情势,将来这种工作会愈来愈多。你会看到这方面有很多安全合作。而我们是无法从昨天冲突的镜子看到今天的协议的。

问:总统先生,很高兴有这个机会问一个问题。您带着友善的笑容踏上中国土地,来到北大校园,我们对您的莅临倍感兴奋与荣幸,因为中国人民真的渴望中美两国在平等的基础上建立友谊。就我所知,您访问中国的理由是因为中国太重要,而且交往比遏制好。

我想请问的是,这番话究竟是应对此行的承诺,抑或是您在笑脸背后是否还藏有其他的涵义,您有别的什么设计来遏制中国吗?(笑声与掌声)

克林顿:要是我有的话,我不会把它藏在笑脸后面。(笑声)但我没有,那就是说,我讲的是肺腑之言。我们必须作决定,我们大家都得作决定,特别是生活在一个拥有重大影响力的大国的人,更得决定如何界定他们何以是大国。

苏维埃联盟瓦解时,俄罗斯必须决定如何界定自己的大国地位。是发展俄国人民的潜能,并与邻国相互合作,以创造更伟大的未来?还是念念不忘过去两百年发生在他们身上的坏事,认为若要强大,惟一途径是用武力控制其他邻国?结果他们选择向前看,世界因而更美好。对中国而言也如此。你们国家对内对外的政策将会决定,21世纪的强大中国意味着什么。是意味着你们将获得庞大的经济成就,意味着你们将有无穷的文化影响力,是意味着你们能在解决世界问题上扮演更大角色?还是意味着不管邻国是否喜欢,你们将以某种方式制约邻国?这是每个大国都必须作的决定。

你问我是否想围堵中国?答案是:不。美国人一向对中国有好感,这种好感在我们的关系发生问题时有时会中断。不过如果回顾我国历史,美国人民向来认为我们应该亲近中国人民。我认为,21世纪时,美国人民在平等和相互尊重的基础上与中国建立伙伴关系,远比因我们对在我们疆界之外发生的事情持有不同看法而耗资庞大金钱和时间围堵中国要好得多。所以我不想这样做。我想要有伙伴关系,我没有笑里藏刀,这是我真正的信念。(掌声)

因为我认为这是对美国人民有利的,而做对人民有利的事是我的职责。对他们有利的事便是与贵国建立良好关系。

问:总统先生,今年我就要毕业了。踏出校门后我要到中国银行工作。您提到中美两国年轻一代对国际安全、环境、金融安定的责任。我认为这些真的很重要,我也认为,最重要的是年轻人要受良好教育。我知道您非常疼爱令媛,她现在正在斯坦福大学就读。我的问题是关于多年前您所提出的适应经济的观念。所以,我的第一个问题是,您对高级教育的看法如何?在未来的知识经济中,高级教育可扮演何种角色?第二个问题是,您对贵我两国年轻的一代有何期望?

克林顿:我先回答知识经济的问题。我可以告诉你我在美国是怎样做的。我尝试在美国创造一种环境:大专院校校门为每一位学业优良的年轻人而开,不会有任何财务负担。我们没完全做到这点,但已有很大进展。

我为什么要这样做?因为我认为,经济越发达,越需要有更多受过大学教育的人。我可以告诉你在美国这有多重要。我们统计全国人口,每十年我们做一次人口普查，统计美国的人口，得到有关人民的各种信息。1990年的人口普查显示，拥有大学学历的美国年轻人最可能获得良好工作，收入不断增加的可能性也最大。受过两年以上高级教育的美国年轻人比较可能得到良好工作，并使收入增加。根本没上过大学的年轻人可能得到的工作，是收入逐渐减少的工作，而且比较容易失业。

中国的经济越发达，以上情形发生的可能性也越大。你们会越来越需要大量受过大学教育和技术教育的人。所以我认为这点非常重要。

现在我来谈对中美两国年轻一代的期望。一个与经济无关的期望。你们的前途有一个最大的威胁，那就是你们所处的世界并非受现代问题所控制，却受古老的仇恨所操纵。环顾全世界，不论是在波斯尼亚、巴基斯坦、中东或非洲大陆，我们可以看到有多少问题是因为人们对种族、宗教或旅群的差异互不喜欢而引发。看看全世界的每个地方，你到处都能看到这类问题。

而年轻人对与自己不同人胸襟较开放，对与自己不同的人较有兴趣。因此，他们能成为这个世界上对抗这种仅仅因为彼此不同就相互仇视或歧视他人的恶习的强大声音。谢谢。（掌声）

问：总统阁下，提到民主、自由、人权，这实际上是关乎中国与美国人民重大利益的问题。不过，老实说，两国对这些议题的确有些歧见。在刚才的演说中，您非常骄傲地检讨并反省美国民主政治中人权发展的历程，同时为中国提出一些建议。我们当然欢迎发乎至诚的建议之言。可是，我记得有人曾经说过，我们应该在虚心接受批评之余，勇于自我检讨。

因此，我现在想问阁下的是，您认为在时下的美国社会里，民主、自由、人权等方面是否同样存在问题？还有，贵国政府在改善这种状况方面做了哪些事情？

克林顿：首先容我说一句，我从未在其他国家——当然不只是中国——访问的时候，自欺欺人地不承认我国也有类似严重问题。此外，我也一直牢记在心，在美国，奴隶制曾经是长年的合法制度，而且直到今天，我们在这方面的表现还不是很完美。我常常这么说，因为我相信，任何人都不能自称住在一个凡事十全十美的国家。为了创造并享受更好的生活，我们必须不断向理想迈进。因此，我大致上同意你的论点。

现在，容我举出两个例子。在美国，基于种族差异而产生的歧视案例仍时有所闻，无论是居住、就业或其他方面均是如此，所幸我们已建立了一套应付这种现象的制度,只不过我们迄今仍未消除这种歧视现象。去年,我曾经针对这个问题和美国人民对话,并设法了解政府应该采取哪些措施,一般民众可以透过地方政府或其他民间团体采取哪些配合的行动,以及应该如何才能改变美国人民的心态等。这是一个例子。

第二个例子是,当我在1992年初竞选美国总统时,有一天我在纽约市一家饭店逗留,当时一位希腊裔移民跑来跟我说,他儿子已经十岁,曾经在学校讨论大选的问题,表示应该投我一票。不过他又说,如果他投我一票,希望我能设法让他的儿子获得自由,因为他的儿子并未享有真正的自由。我接着问他,这番话的真正用意何在?他回答,他居住的社区犯罪事件层出不穷,帮派和枪械随处可见,以至他不能放心让他的儿子每天自己步行上学,或者过马路前往公园博戏。他说,如果他投我一票,希望我能让他的儿子获得真正的自由。

我认为这点很重要。因为在美国,我们通常会把自由视为摆脱了政府滥权或控制的自由。这是我们的传统。我们的开国先贤当年为了逃避英国的君主政体而抵达美国。但是有时候,所谓自由的先决条件之一是,政府必须采取主动,让每一位国民享有接受教育和最起码的安全生活的公平机会,同时维持法制的环境。因此,我一直努力设法降低美国社会的犯罪率。目前的犯罪率已经比过去二十五年来任何时候都低,这意味着,可以自由自在地生活的美国下一代已经更多。尽管如此,美国社会的犯罪率仍然很高,暴力事件还是屡见不鲜。

因此,美国人不但必须主动保卫自己珍视的自由,更应该创造一种人人都可以真正享有安适及自由生活的环境。

这个问题很好。

问:总统阁下,我们竭诚欢迎您访问北大。你曾经引用前福建巡抚徐继畬说过的一句话。不过,本校前任校长蔡元培曾经说,当伟大的道德精神实际运用时,它们不会相互抵触。而且,我也不认为个人自由会与集体自由抵触。不过,以中国为例,它的蓬勃发展实际上确是我国人民自由选择与集体努力下的成果。因此,我认为,所谓真正的自由,应该是指人民有权自行选择他们想要的生活和发展方式。我还认为,只有能够真正尊重他人自由的人,才能了解自由的真谛。不知道阁下是否同意我的看法?

克林顿:首先,如果你相信自由的价值的话,你必须尊重他人选择自由的权利,即使是对个人自由有激进定义的其他社会,也会有个人自由侵害到他人的权利时,对个人自由有所限制。

举个例子说,一个非常著名的美国法庭判例就明确指出,我们的确拥有言论自由,但任何人都无权在全场客满的戏院中,以开玩笑的心态大喊失火,进而导致现场民众因为恐慌而相互推挤践踏。另外一个有名的法庭判决指出,任何人都没有权利攻击他人的身体。

因此,我同意你的论点。每个人都拥有选择的自由,他人不能侵害这种自由。再者,他人也有权作出和你不同的决定。我们的制度、文化、选择永远不可能完全一致。这是生命让人兴味盎然的原因之一。

问:总统阁下,我有两个问题。第一个问题是,美国经济已经连续增长十八个月,因此我要问,除了你个人的贡献之外,你认为造成美国经济持续繁荣的重要因素还有哪些?它们或许可供中国参考。

第二个问题是,当江泽民主席去年访问哈佛大学时,一些学生曾经在活动中心外进行示威。如果总统阁下在访问北大时,碰上有一些学生在校外进行示威,你的感受如何?

克林顿:先谈美国经济。我认为,自从本人担任美国总统之后,美国政府所扮演的主要角色是:第一,设法控制庞大的预算赤字,我们最后终于达成这个目标。我们即将达成三十年来第一次平衡预算。这个局面使得利率不致出现大的波动,相对地又产生出大量的财富,投入民间企业,进而创造了就业机会;第二,我们扩大贸易,今天的出口量比以往任何时候都多;第三,设法在美国人民的身上投下更多资金,其中包括研究、开发、科技以及教育等。

除此之外,许多功劳其实必须归于美国人民。美国的商业非常发达,美国人不断地将资金投入开发新科技、新市场,以及人力资源训练等领域。在美国,人们可以很容易地开展事业,这可能是对中国最有借鉴价值的地方。

我知道,我的妻子在世界各地的农村做了很多事,不断设法让乡村民众取得信贷,以便开发自己的事业,发挥他们拥有的某些技术。我们亲眼看到这套做法逐渐在非洲和拉丁美洲奏效。在这些地区,机会已经萌芽抽枝。

我们不断让美国人民更容易开展或扩大事业。我们也非常努力地把新机会带进一些以往不曾拥有这些机会的领域。我要将其中大部分的功劳归于美国人民。毕竟,以我的立场来说,我们按理应该规划正确的政策,借以创造一种可以让美国人民创建未来的环境。我想，这种理想基本上已经实现。

你还提到另一个有意思的问题。老实说，在美国，我也曾经碰到多次针对我自己的示威活动。我曾经向江泽民主席说，我感到欣慰的一点是，当他访问哈佛大学时，有人针对他进行示威，我就不会觉得形单影只了。

我要给你严肃的回答。如果许多人在场外针对我进行示威的话，我们不妨假设他们是为了一位先生提出的问题而表达不满。如果他们说，噢，克林顿总统企图干预中国和台湾的和平统一，绝对不应该向台湾出售武器。如果是这样，我一定会设法了解他们示威的诉求，并问问接待我的主要官员，我是否可以过去和他们说说话，或者让一两位示威者过来和我见个面，当面向我吐露他们的心声，以便我当场回答。

请记住，我曾经说过的有关富兰克林说过的一段话：批评者是我们的益友，因为，他们指出我们的缺点，各位今天提的一些问题含有批评的成分，这些都是好问题。它们让我受益良多。它们让我了解到，别人究竟如何看待我的观点，不仅是在中国，而且是在全世界。它们让我更加明白如何才能成为一个更称职的美国总统。

我觉得，我们今天在这里进行的这番交流非常难得。我认为，这些问题比我的演说重要得多。每当我在讲话时，我从未学到其他东西，只有在洗耳恭听的时候才能学习。

谢谢各位，谢谢。（掌声）

原文摘自和弦编：《名人演讲在北大》，大众文艺出版社，2003年1月版。

鉴赏编写：颜永平　李永科

31. 在非洲大陆上创造和平和稳定
——南非非洲人国民大会领导人姆贝基访谈录
（1998年11月）

【格言名句】

在非洲大陆上创造和平和稳定，这也要求建立不压制人民的、民主的、为人民所接受的政治体制。

——塔博·姆贝基

【文章导读】

塔博·姆贝基(Thabo Mbeki)1942年6月18日生于南非东开普省特兰斯凯,父亲戈万·阿奇博尔德·姆贝基是南非非国大领导人之一、参议院副议长。

姆贝基于1956年加入非国大青年组织,1961年任非洲人学生会书记。非国大遭禁后,姆贝基流亡国外,后在英国苏塞克斯大学经济系学习并获经济学硕士学位。1956年加入非洲人国民大会青年联盟,从1967年起先后在非国大驻英国、博茨瓦纳、斯威士兰、尼日利亚办事处和驻赞比亚总部工作。1970年他在前苏联接受军事训练。1975年姆贝基当选为非国大执委,历任非国大主席办公室政治书记、新闻部主任、国际部主任和非国大全国主席等职。1994年5月,他出任南非第一副总统,同年12月当选为非国大副主席,1997年12月当选为非国大主席。1999年6月就任南非总统。1999年11月15日当选英联邦高级委员会主席。2002年12月连任非国大主席。2004年4月蝉联南非总统。

1998年,姆贝基作为非国大主席和南非副总统访华期间,《英才》杂志总编辑王霄鹏就姆贝基的成功秘诀对其进行了专访。

访问之前,王霄鹏把姆贝基的成功归结为他的精明、他的手腕,以及他的特殊背景。访谈之后王霄鹏敢断言,姆贝基的成功还在于他的远见、他的博学,以及他的个人魅力。

在对话里,姆贝基提出的"非洲复兴"思想(African Renaissance)涵盖政治、经济、社会、文化以及国际关系各个方面,是继"泛非主义"之后,非洲知识分子对非洲发展理论的又一探索。姆贝基希望通过该理论在南非的成功实践,树立非洲发展理论的样板,为非洲发展带来持久的思想动力。姆贝基就任南非总统以后,"非洲复兴"思想从理论酝酿成为南非施政的指导思想,2002年姆贝基当选为非盟首届主席后,"非洲复兴"思想拓展到非洲舞台,并促成了"非洲新伙伴计划"(NEPAD)的产生。

"非洲复兴"的思想承继了民族主义先驱们对非洲大陆如何实现现代复兴的思考,批驳了"非洲无历史"的偏见和"非洲人低人一等"的种族主义观念,姆贝基强调"在非洲大陆上创造和平和稳定,这也要求建立不压制人民的、民主的、为人民所接受的政治体制"。坚信"我们(非洲人)是自己的解放者"。在对非洲历史文化的自豪感的基础上,"非洲复兴"力图激励和团结非洲人民充满信心地迎接未来,最终实现非洲大陆的发展与繁荣,提升非洲大陆在国际事务中的地位,实现非洲大陆的政治稳定与民主,获得经济持续发展,改善人民生活水平。南非担负着非洲复兴"领头羊"的特殊使命。对南非而言,应首先增进国家民主力量的发展,促进所有包含人类权益的文化的发展;消除种族歧视和性别歧视;重组经济、稳定发展;降低失业率、消除贫困、提升生活水平;保障人民的健康、教育和居住权益,保证儿童的生活和教育权益;采取持久、切实措施对抗艾滋病传播;与其他国家合作,共同改善环境问题,南非将通过实现自身发展引领非洲大陆完成复兴。在"非洲复兴"的旗帜带动下,许多非洲国家加强了在教育、通讯、经济、统计、公共卫生等方面的协调与合作,推动了非洲一体化进程。

在对话中,我们也看到,尽管南非在"非洲复兴"思想的旗帜下取得了一些成绩,但该思想实施过程中存在的局限,使姆贝基无法妥善地协调"非洲复兴"的理想和南非的现实,最终导致姆贝基被迫辞职。但是,姆贝基"非洲复兴"思想的提出和传播,表明了非洲本土知识分子面对跨世纪严峻挑战的新思考,体现了非洲领导人对于发展的危机感和紧迫感,标志着非洲大陆正在进入一个自主发展的新时期,正在努力摆脱对西方殖民宗主国和发达国家的依附和外部世界支配非洲的不利状态,探寻自己的发展道路。"非洲复兴"思想的实践,为世界其他国家的发展提供借鉴,引发人们探索更具现实指导意义的发展理论。

【对话原文】

问(访问者王霄鹏):阁下在不同场合多次提到"非洲复兴",您能否就"非洲复兴"计划为我们作一个概要的介绍?

答(姆贝基):我不知道能不能把它称之为一个计划,但是我们现在所说的是非洲大陆现在应该开始处理面临的这些问题:包括政治问题、经济问题、发展问题以及非洲大陆所面临的冲击等。我们必须努力实现非洲大陆的和平与稳定,所以我们要建立起一些政治体制,使得我们不必再经受战争,使得人民能够不用付出武力就能够解决他们之间的争议,实现他们的愿望。现在已经有了这方面的可能性,而且非洲大陆已经开始进行政治方面的工作,包括建立一些新的政治体制,从事新的政治活动等,这方面的情况已经开始出现了。还有,现在我们看到世界上像亚洲,如中国实现了经济的增长和发展。在拉美世界及地区也实现了经济的增长。而非洲似乎还是世界上的一个问题大陆、问题地区,所以我们要努力改变这种情况,因此除了经济发展之外,我们还要处理这方面的问题。非洲必须要自己实现它的发展来满足人们的愿望和需求,而且非洲大陆要下定决心,通过采取集体的行动,作为一个整体来推动这个进程的发展。

问:阁下认为在全球化进程中,发展中国家如何加强团结与合作?

答:回答很显然,在这个方面一个很重要的机制就是"不结盟运动"。我们认为"不结盟运动"在这方面是一个很重要的组织。希望今后,在南非召开不结盟运动首脑会议的议程中能够包括这些问题,比如说如何处理不结盟世界共同关切的问题,这种关切在某种程度上说,在不同的地区是不同的关切,比如在非洲大陆,我们面临最大的问题之一,就是非洲所借债务额的问题。现在我们的债务额是非常高的,所以非洲大陆这些国家总在努力地偿还他们的债务,而且非洲大陆现在也看到资本外流流向非洲大陆以外的地区,我们必须处理这些问题。另外一个问题,是世界经济所面临短期资本流动问题,这个问题也引发了发展中国家的一些危机,比如说在墨西哥有很大程度上的资本外流,对于墨西哥经济发生了消极的影响。但是,有幸的是墨西哥实现了经济上的恢复,亚洲一些国家的经济也出现了这个问题。我们必须考虑一下,是不是对这一进程施加影响、至少能够把资本流动对于发展中国家的市场所带来的消极影响,尽可能把它缩到最低。我还认为,世界不同地区需要解决的还有一个问题就是贫苦的问题,这也是我们应该关心的问题。发展中国家的任务就是要鼓励资本长期对发展中国家的流动,这样的话,能够处理我们面对的这种共同的关切。

当然了,还有许多我们应该处理的问题。比如说,世界的贸易体制,这是发展中国家共同关切的,因为世界贸易体制应该是符合发展中国家利益的,所以,我们要建立的这种世界贸易体制就是应该打破以前的那种状况。因为以前的那种状况,是市场都被一些大国所垄断,所以就破坏了发展中国家实现经济增长的能力,"不结盟运动"在这方面是个重要的组织,我想由联合国的角度来说,联合国的贸发大会也是一个很重要的机构,因为发展中国家可以通过这个机构在联合国范围内,对于这种贸易和发展方面政策的形成,产生一定的影响。我们当然也希望能够在联合国的贸发大会上,来讨论这个问题,我们支持中国加入世贸组织,支持中国在这方面的立场。因为中国加入世贸组织将有助于增强发展中国家的力量。

问:众所周知阁下是在南非解放斗争中成长起来的,曼德拉等老一辈非国大领导人对您产生了怎样的影响?

答:我们这一代人在曼德拉、戈万·姆贝基等整整一代人的领导下成长,他们对非国大所采取的政策、立场负责,此外还有战略、战术和政策等问题。我们作为年轻一代从他们那里继承的是对这场战争、对生活、对社会采取的方法,以及非洲应该是什么样子。非洲人工作很努力,把他们过去的一些东西丢到了背后。我说的过去是非洲大陆上的政治不稳定、军事政变,内战和数百万的难民。我们需要保证我们已离开了那些过去的事。在非洲大陆上创造和平和稳定,这也要求建立不压制人民的、民主的、为人民所接受的政治体制。另一个则是经济发展。有时在某些情况下发生人民的生活水平下降、贫困加剧等情况,我们也想解决这个问题,达到经济快速增长,强调人民的需求。

问:阁下被外界誉为"无懈可击"的外交家,阁下认为什么样的外交家是"无懈可击"的外交家?

答:我不知道这个词指的是什么含义。有人说,搞外交就是要告诉人们去下地狱。同时,要以微笑的方式去下地狱,我不知道这是不是外交的含义。我想,唯一正确处理任何问题的办法就是要尽可能地做到坦诚布公,要恰当、客观地理解所有的问题;我想,要作出决定的唯一的根据就是要以事实为基础。我不知道,这是不是外交的真正含义。

问:南非重返国际社会后在制定外交政策方面的主要原则和方针是什么?

答:自从1994年开始,我们所做的工作就是要开始与世界上其他国家实现关系的正常化。因为种族隔离时期的南非是孤立于世界之外的,在政治上、经济上等方面都是这样,所以我们做的第一个工作就是要实现与世上其他国家关系的正常化。我们在今年年初开始与中华人民共和国关系的正常化可以被称作这个进程中的最后一步。第二点，在我们同江泽民主席会晤的时候，江主席也讲到一个重要的目标就是世界上要处理的问题，21世纪要确保和平和繁荣，我对此也表示赞同。我们自己所制定的外交政策，就是除了要与世界上其他国家实现关系正常化之外，我们寻求的目标还有，我们自己的国家和世界都要实现稳定、和平和繁荣。具体来讲，在非洲大陆就是我们要鼓励和平的进程，有了冲突发生的时候，我们要努力地去作出我们的贡献，以确保这个冲突以和平的方式而不是以暴力的方式来解决。因为，如果出现这种情况，有的人想通过武力或暴力来增加自己的力量，我们要进行干预，告诉他们：这样不行。我说的这种干预，特别是在非洲大陆进行的干预，就是要确保非洲大陆享有和平。南非人需找到一些方式能够实现南非的这种变化，而且尽可能地以和平的方式实现这种变化，我们所追求的目标是要非常严肃的来实现这些变革。

我们同中国在许多问题上有着类似的关切，比如说在中东的和平进程方面，我们同巴勒斯坦、以色列方面都进行了会谈，努力地来推动这个进程向前发展。我想，中东的和平对于整个世界的和平都是有好处的。当然，南非以及世界上其他地区现在面临的另外一个共同问题是，贫苦问题。我们在这方面主要的目标就是鼓励资本流入，我们要讨论如何发动一个进程，以便能够使得南非的市场对于非洲的其他国家都能开放，我们鼓励市场能够进一步的扩大，鼓励我们自己能够生产更多的产品，以便满足人们的需要，实现南非的繁荣。我想，我们在同世界上其他地区打交道的时候，我们不仅仅在代表南非说话，而且要代表世界上其他地区的人们说话。因为我碰到过很多人，他们都说，听听南非在说什么。因为南非在这方面是有自己的作用可以发挥的。我们要向世界表明非洲正在发生着这些变革，而且世界上其他地区在这里可以有他们利用的机会，这就是我们的外交政策，它是涉及和平和繁荣的方面，而且我们希望能够有一个更加平等的国际关系，它为各个国家的独立，特别是非洲国家的独立，使得非洲国家真正能够代表非洲人民的利益，这就是我们要一直努力实现的目标。

原文摘自王霄鹏著：《姆贝基访谈录》，《英才》杂志，1999年第8期。
鉴赏编写：李　劲

32. 创造并维持超乎寻常的公司
——杰克·韦尔奇和赫布凯莱赫访谈录
(1998年11月18日)

【格言名句】

我们从一个事实中获得莫大的乐趣,即我们使一家公司在其自身之外考虑问题。

——杰克·韦尔奇

我们喜欢做的是让员工保持对公司的兴趣,首先,确信他们知道自己是参与者。其次,提出与西南航空公司的业务有关的新主意。此外,弄清楚许多这样的主意来自我们的员工。

——赫布·凯莱赫

【文章导读】

1998年11月18日,美国通用电气公司总裁杰克·韦尔奇(Jack Welch)和西南航空公司总裁赫布·凯莱赫(Herb Kelleher)会晤了《财富》杂志编辑约翰·休伊(John Huey)和杰弗里·科尔文。这次会晤通过卫星向美国全国作了电视直播。

杰克·韦尔奇,人称"管理之神",全世界企业家和经理人的楷模,出自商业魔术师奇出的国度——美国,通过自己独特的无与伦比的管理策略和培养人才的热情领导通用电气公司从复兴走向强盛,美国权威人士称赞他是最伟大的公司领导人之一。因为他为他的公司确立了一套将成为21世纪公司仿效的、现代公司领导学的新模式。在中国,随着韦尔奇卸任通用电气公司CEO之前的最后一个大动作的实现——出版《杰克·韦尔奇自传》,通过这部"CEO圣经",韦尔奇的名字响彻中国社会,人们了解到韦尔奇得以成功的两大法宝:"人就是一切"的哲学理念;有自信,然后才有一切。

赫布·凯莱赫,全球民航业巨子,美国西南航空公司董事长,同样出自商业魔术师辈出的美国,他以德克萨斯三角为基础航线,单一机队为工具,打赢价格战,将西南航空公司铸就成无法复制的空中巴士,成为世界上最"抠门"而又"另类"的航空公司——低到可以和汽车竞争的飞机票价,几乎每个小时都有航班,没有餐饮服务,没有公务舱和经济舱的区分,乘客也不对号入座。

依靠这样的营销方式,美国西南航空经历三十多年的风风雨雨,在美国市场上纵横捭阖,丝毫不显疲态,成为全球航空界的不老松。如全球同行的评价:凯莱赫从无到有,创办了一个年收入五十亿美元的企业,并开创了公司连续赢利超过三十三年的纪录,这在上个世纪后二十年,都是神话类的版本,也是一位传统企业家创造的奇迹,使其成为并不逊色于盖茨、乔布斯的商界领袖。

对话分四个话题,分别是"使员工把目光放在公司之外""让员工有冒险和失败的余地""从小事着眼从小处做起""使思想和行动保持机敏"。

韦尔奇告诫"我们从一个事实中获得莫大的乐趣,即我们使一家公司在其自身之外考虑问题"。

凯莱赫强调"我们喜欢做的是让员工保持对公司的兴趣,首先,确信他们知道自己是参与者。其次,提出与西南航空公司的业务有关的新主意。此外,弄清楚许多这样的主意来自我们的员工。"

他们从精神气质的培育、遭遇失败的洞察、集体共事的智慧、主动出击的价值等方面展现了企业领导者的前瞻性经营智慧,这也使得这篇看似散谈的对话,显示其中妙不可言的企业理念。创造、超乎寻常的热情,对两位传奇 CEO 而言,一点都不矛盾,均是铸就传奇管理人生的源泉所在。在创造中求得企业的发展,在企业的发展中,将"尊重"二字做到极限,发掘人才,二者相得益彰。

在这篇的访谈中,我们无时不被两位商业魔术师娓娓道来的言语带入人生柳暗花明和充满自信的境地。从传奇人物的身上,我们看到的是言语间隙,字里行间深邃的眼光和独特的洞察力,启迪我们需要创造并维护超乎寻常的热情来考量自身——目标、眼界、尊重、实践。

【对话原文】

1998 年 11 月 18 日,美国通用电气公司总裁杰克·韦尔奇(Jack Welch)和西南航空公司总裁赫布·凯莱赫(Herb Kelleher)会晤了《财富》杂志编辑约翰·休伊(John Huey)和杰弗里·科尔文(Geoffrey Golvin)。这次会晤通过卫星向美国全国作了电视直播。

使员工把目光放在公司之外

科尔文：我和同事、《财富》杂志总编辑约翰·休伊非常难得地有机会来到这儿。我们将与美国两位最成功、最令人惊叹的总裁交谈。其一是美国最受赞赏的公司——根据《财富》杂志的年度调查——通用电气公司的总裁。另一位是美国最值得为之工作的公司——根据我们的调查——西南航空公司的总裁。

通用电气公司的杰克·韦尔奇被称为20世纪的杰出总裁，甚至胜过通用汽车公司传奇般的艾尔弗雷德·斯隆(Alfred P.Sloan)他在十七年半以前成为总裁，年仅45岁，是通用电气公司历史上最年轻的总裁。该公司当时的市场价值约为一百二十亿美元，而今约为三千亿美元。而且，一个现代公司必须做的一切事情，包括建立人才队伍，进行经营管理，改变公司文化，首先是迅速和创造性地对变革作出反应，在杰克领导下的通用电气公司实际上比任何一家公司都做得更好。

自西南航空公司于1971年开航以来，赫布·凯莱赫始终是该公司的领导人。正如曾经搭乘过西南航空公司班机的每一个人所知道的，该公司与其他航空公司不一样。而且，赫布与其他总裁也不一样。虽然赫布是一名律师，不久前他通过与其他公司总裁扳腕子，解决了与另一家公司的法律纠纷。

在过去二十五年里，西南航空公司是唯一一家年年赚钱的航空公司，包括20世纪90年代初，当时民用航空业的其他公司亏损数10亿美元。迄今为止，西南航空公司的股票是业绩最好的航空公司股票：二十五年前投资的一千美元，今天价值一百八十万美元。

因此，一开始我们将向各位提出一些问题。杰克，我想首先提出一个最基本的问题。每一次我见到你或者其他任何人见到你，你总是神采奕奕。你担任这个职务已有十七年，而你仍浑身是劲。我的简单的问题是：你是如何做到这一点的？做这份工作有什么使你如此精力充沛？

韦尔奇：我想，有许许多多东西使我充满活力。可是，如果你喜欢经营，我想，我干的是世界上最伟大的工作。因为我们涉足广播、引擎、塑料、动力系统——涉足你所需要的一切东西。因此，从知识的角度看，你每天都在学习。

另一件事情是，我们从一个事实中获得莫大的乐趣，即我们使一家公司在其自身之外考虑问题。官僚机构最大的问题在于它把注意力集中于内部。我们设计了一种文化，也制定了与之相一致的奖励制度，使员工把目光放在公司之外。而且，我们使公司变得比在内部更成功更有地位。

休伊：你和我各自都十分了解萨姆·沃尔顿（Sam Walton）。他经常说的事情之一是，在一个服务性公司，只需大约 1～2 周时间，雇员就开始以雇主对待雇员的同样方式对待顾客。

因此，凡是与西南航空公司打过交道的人，都会觉得截然不同于与其他一些航空公司——其他大多数航空公司，或许其他所有航空公司，至少在美国——打交道。他们都会注意到，西南航空公司对待你的方式有重大差别。那么，你是怎么对待这些员工，从而使他们以这种出色的方式对待我们的？

凯莱赫：我想，这正是总裁的魅力所在。而且，正如杰克所说的，这是因为我们同样非常强烈地关注外部，而不是内部。因为我们告诉员工，你们正在做的是对社会来说非常有价值的事情，你们正在向人们提供对作为整体的美国来说非常有价值的东西。如果你进入普罗维登斯/巴尔的摩市场，并且你在一年内使客流量增长 884%，你显然是在提供公众真正渴望和需要的东西。你知道，约翰，我总是记在心头的一件事情是，有人说过——我记不清是谁了，我想是比安卡·贾格尔（Bianca Jagger），或者是卡尔文·柯立芝（Calvino Coolidge）。唔，他们两人都说过，要知道，他俩说得都不错，所以我把他们搞混了。可是，他们说，如果你看到一个泥瓦匠在用砖头砌一堵墙，而你对这个泥瓦匠说，你在干什么？他说，哦，我在这儿叠砖头。你得到的是一种类型的成绩。如果你看到他在用砖头砌一堵墙，而你说，你在干什么？他说，我正在建造一所住宅。你得到的是另一种类型的成绩。

因此，我们的员工非常重视的一个事实是，他们正在为世界其余部分做非常重要的事情。而且，这给你一种使命感，一种目标感，这种感觉使我们的员工奋发图强。

休伊：他们像主人一样行动，因为他们确实是主人。他们在行动时似乎获得了作出决定和打破常规的授权，而他们确实获得了这样的授权。在你们的公司文化中，你因为某些事情而奖励员工，但在别的公司文化中，这类事情却可能成为员工遭开除的原因。你鼓励开玩笑，但你们所做的是非常严肃的事情。你在管理这种公司文化时，是如何维持平衡的？这需要很强的判断力。你使员工每天在你的控制下生活。你是如何维持这种平衡的？

凯莱赫：存在某种我们称之为专业不治之症（professional terminalism）的东西。一些员工过多和过分强烈地强调自己是专业人员的事实，他们往往不很擅长自己所做的事情。而且，我们认为，以非常简单的方式将你所做的事情做得非常出色，这能增添专业技能。这正是我们的员工的做事方式。他们重视的是结果。无论西南航空公司是否具有世界上最安全的飞行记录、世界上最好的乘客服务记录、最年轻的喷气机队等等，此外还有较低的费用，我们的员工确实全神贯注于自己所做的事情。

从每天发生故障的意义上说，一家航空公司就像一条流水作业线。因为你将遇到意外的情况。你知道，仅仅天气就将使一些航班不能……如果你具有幽默感，如果你能轻松地对待你所做的事情，如果你能从你所做的事情中获得心理满足，那么，你就能更好地对待压力，你就不会让压力导致苦恼。你具有某种透视感，某种比例感，你不会把露鼠丘当成高山。我想，你能更好地应付人生，因为你恰如其分、客观合理地过日子。而且，这基本上正是我们所做的事情：我们解放员工，让他们在工作时作为自由的个人，而不是让他们看上去像是砌在一起的砖头。

休伊：杰克，你在过去说过，通用电气公司如何具有不拘礼节的非正式气氛，这种气氛是与大多数人所认为的通用电气公司的形象背道而驰的。大多数人误以为，通用电气公司就是那种什么生意都做、极其争名逐利的庞大的全球性公司。你所说的这种不拘礼节的非正式气氛指的是什么，这种非正式气氛是如何起作用的？

韦尔奇：我想，有了不拘礼节的非正式气氛，员工就不会过于严肃地对待他们自己。而且，不拘礼节的非正式气氛给你速度。我指的是，在企业经营中不应说废话套话，自命不凡的夸夸其谈。我能记得二十年前在本公司的日子，如果你去参加一次会议，会议室内灯火通明，你读发言稿，你唱高调，而你走出会议室时却不得要领。开会就像儿戏。今天，你在这儿与自信的员工进行坦诚的对话，就实际的事情进行实在的交流。

科尔文：可是，我希望着重讨论的是，一旦你终于有了能力开始改变局面，你是如何从旧路走向新路的？

韦尔奇：首先，我们经历了一个被称为"解决问题"的过程。在这个过程中，我们名副其实地举行了成千上万次"集镇居民会议"，各级管理者和员工都参加了这些会议,我们讨论了他们希望改变的观念。现在,我们努力做的全部事情是建立员工的自信。事实上,你在母亲的膝下获得自信,你通过成为一名球员获得自信,你通过获得工商管理硕士学位或者别的学位获得自信。迄今为止,给员工自信是你所能做的最重要的事情。因为接着他们将采取行动。我至少每月一次前往克罗顿维尔(位于康涅狄格州,通用电气公司领导能力开发中心所在地),我告诉那儿的员工:如果这个地方使你感到窒息,那就动摇它,震撼它,粉碎它。此外,如果待在这个地方没有意义,那就摆脱它。因为如果通用电气公司不能把你所需要的东西提供给你,那就在别的地方得到它。因为我们应该有能力把你所需的东西提供给你。

可是,你必须自信地知道,在像今天这样的世界上,有了你的头脑和曾在通用电气公司工作的背景,外加一份个人简历,你在任何地方都能找到工作。因此,如果你在这儿得不到你所希望的东西,这是不正常的。因此,不断地对这儿提出挑战。检查一下体制,因为它有可能变成官僚制度。它每天都有可能变成官僚制度。

休伊:许多人为公司工作,或者渴望为大公司工作,而他们总是在寻找规则。在这个公司工作的规则是什么,在这个公司获得提升的规则又是什么。在我看来,你们俩似乎都是通过无视规则、打破规则、改变规则、绕过规则获得你们的成功的。就你们的情况看来,你们因为员工打破规则而奖赏他们。

凯莱赫:是的,我们确实这么做。

休伊:这是一件危险的事情。

凯莱赫:这么做确实有几分危险,约翰,但这是杰克所说的东西的补充。我们同样认为,在促进事态发展、迅速和快捷地办成事情方面,自信是十分重要的。而且,你建立自信的途径之一是让员工有冒险的余地,你让他们有失败的余地,你在他们失败时别谴责他们,你只是说,这是一种受教育的经历,我们从这儿继续往前走。我们只是在你的教育上花了一点适当的代价,我们希望看到你在将来应用这种经历。

我想,在杰克所说的事情中,有一种本质的东西。如果员工正在做的是有点冒险的事情,如果他们正在做的是了不起的事情,如果他们正在做的是有远见的事情,而他们在做这类事情时失败了,我们赞扬他们的这种态度,这种洞察力,这种能使这类事情得以实现的冒险、好奇和探求的意识。

休伊:杰克,听说一度你想离开通用电气公司。官僚制度消耗了你的锐气,所以你想走人。

韦尔奇:确有此事。这事发生在我加入通用电气公司一年之后。而且,我的妻子已经搬到芝加哥她母亲那儿去了。我上司的上司在告别聚会前夜造访了我,他向我保证,情况将发生变化。此外,他给我将去工作的那家公司打了电话,并支付了我去那儿的全部费用,因此我留了下来。当时的通用电气公司确实沉寂透了。我是一个七人小组的一员,我们所从事的是产品开发策划。我们在同一天得到提级,拿的是同样多的钱。我自以为比其他六人强得多,所以我不认为这是一种公平交易。

休伊:后来你上司的上司履行了他的保证?

韦尔奇:是的,他给了我一个项目,一个塑料小项目,只有我一个雇员。我能自称为国王、皇帝,任何你想要的头衔。我雇了一个技术员。我们由此起步,建立了一个塑料企业。

休伊:这就是自信。你环顾四周,你断定自己比其他任何人更有价值,你就走人。

科尔文:我想向二位讨教一些事情。我们从你开始,赫布,因为根据我们的调查,你管理的是美国最值得为之工作的公司。

凯莱赫:如果我们说这是一家最好的公司,这是一种良好的迹象,表明这或许不是一家最糟的公司。

科尔文:因此,如果有人希望为你工作,有人希望获得一份工作——我这儿的数字是,去年有十万人向你求职,而你雇佣了三千人。如果有人希望在你这儿获得一份工作,你对他们有什么劝告?

凯莱赫:我的第一个劝告是,别来谋我的职位。

除此之外,我想说,如果你是一个无私、爽直的人,喜欢为他人服务,乐于与集体共事,以便获得实绩而不是形式的东西——实质性的东西是重要的——我们就要你。此外,如果你所喜欢的是那种更安全可靠、更严密管理、更墨守成规和更依赖控制的环境,这绝不意味着你是一个坏人,但我们或许不能相容。

这一点是令人关注的,因为我们看到人们从其他组织加入我们的文化,而有许多次,他们在这儿待了一段时间后就会说,瞧,这儿根本不适合我。结果他们就会离开。因此,我们希望确定,对什么东西是重要的,他们与我们有相同的看法，对我们所做的事情，他们与我们有相同的态度，因为我们确实认为，态度是压倒其他一切东西的。

休伊：你应该在招聘面试时说一个笑话，否则你就得不到工作，这是不是真的？

凯莱赫：不，这不是真的，约翰。可是，我们确实会让某个求职者告诉我们，幽默如何帮助你克服你一生中较困难的处境之一。或者，你曾经遇到的最尴尬的境遇是什么，而你在这种境遇中利用幽默缓和压力，使事情具有不同的色彩。而且，我想告诉你，你听说过在这种情况下发生的一些最可怕的故事。在这种招聘面试中，这么做是值得的。

可是，杰克，人们认为这么做有点发狂，但我们做过的事情之一是，我们曾举办过一个飞行员求职班，而我们说，我们不与西装革履的你们面谈，穿上西南航空公司的短裤。现在，你可能认为，这么做有点古怪和反常，甚至有点不合情理。但非常乐于这么做的求职者，因为他们认为这是闹着玩而高兴地这么做的求职者，正是我们所雇佣的人。

所以，我们就这样做事，约翰。这不是告诉我一个笑话。但这也是让人们一起参加面试。我们认为，在消费者服务企业中，这么做是非常重要的。我认为，我们全都从事消费者服务业。我们直接从事消费者服务业。而且，如果我们的经营情况良好，你将与某个航班上的一百名乘客打交道——比如说，作为乘务员。我们希望看看，你在其他人面前如何行动。这不是一个人与另一个人如何相处，而是你如何在一个团体中应付自如。如果你完全是以自我为中心的，我们就不需要，因为这样的人是内向的，而不是外向的。

科尔文：说得对。杰克，许许多多人都喜欢为通用电气公司工作。你的劝告是什么？

韦尔奇：我认为，这是一个较难回答的问题。我们始终在留心观察，我们迫切需要理解我们的价值体系的员工。而且，我们确实是在围绕重要的价值观念管理一家公司。无拘无束的行为对我们来说是至关紧要的。

有一种观点认为，一个组织进行学习、分享通过学习获得的学识，接着根据这种学识行动的能力，绝对是一个组织所具有的最大竞争优势。因此，我们希望员工每天早晨起来具有寻找一种更好方式的激情：从办公室的同事那儿寻找，从另一家公司寻找。我们夸耀从摩托罗拉公司、惠普公司、联合公司学到东西。我们总是在寻找。我们向沃尔玛公司学习如何迅速地获得市场信息,向丰田公司学习资产管理。我们为此感到自豪。

休伊:你们俩都管理着大公司。你们是如何不断地改革你们的组织,振奋你们自己的精神,更重要的是,更新你们的雇员的目的感的?

凯莱赫:这是一项任务,约翰,我想,每个人都必须非常认真地对待这项任务。我们完成这项任务的办法是,我们总是对我们的雇员说——杰克和我早些时候也讨论过这件事——从小事着眼,从小处做起,我们就会变得更强大。如若好高骛远,沾沾自喜,骄傲自大,我们就会变得更渺小。

我们避免沾沾自喜的一个办法是,我们拒绝制定长期计划的主意。我们说,制定战略计划,确定你目前的状况,接着立即回过头来,弄清楚你是否需要改变这种战略计划,然后你只需像美洲狮那样敏捷地行动。因为这种我们在从现在起的十年内将做什么的计划,几乎肯定在今后六个月内就会行不通。

我们喜欢做的是让员工保持对公司的兴趣,首先,确信他们知道自己是参与者。其次,提出与西南航空公司的业务有关的新主意。此外,弄清楚许多这样的主意来自我们的员工。

这么做确实使他们感到自豪。如果他们提出自己的新主意,而你根据他们的设想进行重大变革,那么,你将获得确实是你的公司主人的员工——正如杰克所说,不仅是物质上的主人,而且是精神上的主人。

原文摘自约翰·休伊、杰弗里·科尔文著,顾信文译:《杰克·韦尔奇和赫布·凯莱赫访谈录》,《财富》杂志,1999年第5期。　　鉴赏编写:罗　刚

33. 我们的精神高于苦难的现实
——诺贝尔文学奖获得者索尔仁尼琴访谈录
(1999年)

【格言名句】

　　文学的最高使命乃是救赎和创造奇迹,文学有帮助人类的力量,有看清人类真相的力量,作家有责任在人们心灵内部培养出拥抱世界的激情,文学

能够把浓缩的痛苦、经历和教训传达给世界,文学对世界负有特殊而神圣的使命。

——索尔仁尼琴

【文章导读】

1999年,《论据与事实》杂志对伟大作家和人道主义者亚历山大·索尔仁尼琴进行了专访。傅璇翻译了此访谈,并把它作为《俄国优秀作家散文随笔译丛》之缘起及其前景之序。

文学的作用和使命何在?人类的良心与家园何在?俄罗斯民族的精神何在?为人类尊严和不屈精神竖旗?为人类良心负责?

正如诺贝尔文学奖的授奖词:由于他作品中的道德力量,他继承了俄国文学不可或缺的传统。生前不参加任何党派、组织,与达官显贵保持距离,傲骨嶙峋,遗世独行,以只听从于"上帝指挥的笔"激扬文字,抨击时弊,在艰难困厄中度过了辉煌而又孤独的一生。索尔仁尼琴,这个名字本就是一个传奇,人类最高的文化乡愁的表达。其本人,更是一个人类文明的"圣愚",传奇的人生,更是人类的精神代言。

鄙俗时代中,进行神性写作。索尔仁尼琴时刻关注俄罗斯民族的命运,不论俄罗斯是否抛弃过他。去世后,人类曾用这样的言语来悼念他:"他离开人世时已经年届耄耋,他著述极富,肩负着光荣也最艰巨的责任,那就是:培育良知,教化人类。他发动了一场非同寻常的战争,一场以一敌众的战争,一场气壮山河的战争。这是思想向物质作战,理性向偏见作战,正义向不义作战,被压迫者向压迫者作战。这是善之战,仁爱之战。一个新的纪元从他开始。从此我们感到,最高的统治力量就是让一切被理性思考。文明曾服从于武力,以后,文明将服从于思想。王杖和宝剑折断了,光明取而代之,这就是说,权威已经变换为自由。自此以往,高于一切的是人民的法律和个人的良心。他不仅是一个人,他是整整一个时代。他曾尽己任,完成了一项使命。他已完成的工作显然是天意选派他去完成的,命运的法则和自然的法则都同样明白地体现出上天的意旨。"

1970年,索尔仁尼琴在斯德哥尔摩发表的诺贝尔文学奖获奖演讲中坚定地指出,文学的最高使命乃是救赎和创造奇迹,文学有帮助人类的力量,有看清人类真相的力量,作家有责任在人们心灵内部培养出拥抱世界的激情,文学能够把浓缩的痛苦、经历和教训传达给世界,文学对世界负有特殊而神圣的使命。

铁肩担道义,妙手著文章。时刻明辨社会的时弊,为民族和家园伸张正义,唤起民众的清醒意识,从而不被麻痹,这是作为智者、思想家的索尔仁尼琴时刻关注着的话题。本篇访谈的时间是在新世纪之初——经历苏东剧变,社会解体,经济改革不见成效,俄罗斯民族处于水深火热之中,索尔仁尼琴用这一涉及社会各方面——官僚统治、杜绝空谈、人民自治、普京功过、土地问题、乌克兰、车臣问题、言论自由如同俄罗斯民族黑暗中的一道闪电,为民众的精神树立坐标——如同他作为前苏维埃政权的人在小说《癌症楼》中所抨击的言语:索尔仁尼琴在八年牢狱和八年绝症后领悟到上帝的旨意,之所以让他与死神擦肩而过,是要他成为俄国 1917 年以后巨大悲剧的代言人。他说,我并不是我,我的文学命运并非属于我个人,我是那数百万没能写出、没能用嘶哑泣血的嗓音道出他们的漫长苦难和最后遗言的同胞们的托命人。

【对话原文】

我们该如何走进 21 世纪?我们的弱势是什么?强势又在哪里?在新的世纪,为了赢得世界的尊重,实现相互间的和谐共处,保持民族尊严,我们应该依靠什么而舍弃什么?

伟大作家和人道主义者亚历山大·索尔仁尼琴关于这个问题的思考,对我们来说尤为珍贵。同时,《论据与事实》定期民意测验栏目的读者也要求刊登对这位作家的访谈。

其中记者问(简称"记"),索尔仁尼琴(简称"索")

记:请谈谈前苏联的官僚统治问题。

索:俄罗斯的历史极具悲剧性。即便是今天的政治现状离我们理想的道德标准也相距甚远。七十年的极权统治之后,国家和人民再度遭受掠夺,俄罗斯重又陷入了毁灭的旋涡。人民不能当家作主,不能自主决定自己的命运。现在我们的国家里,人民民主自治是被压制的。取而代之的是一群高高在上的官僚。我们的政界是由这样一批人组成的:这些人是上级任命的、他们一生都在咒骂资本主义,而现在他们却在大肆吹捧它,还有贪婪的原共青团头目、彻头彻尾的政治冒险家以及见风使舵的经济强盗。当然他们中一些人本不想扮演这样的角色,是历史让他们进入了角色。在这种情况下,人们说俄罗斯会沦为"第三世界"。我不同意这样的说法。我始终相信,我们的传统文化和俄罗斯精神是崇高的,它远远高于目前苦难的现实。

记:请谈谈前苏联时期人民自治的问题。

索:我曾有机会对普京总统讲,为了维持俄罗斯的统一,必须加强政府的中央集权。但是,仅仅依靠这一点,俄罗斯的繁荣是不会到来的。为了实现俄罗斯的繁荣,还需要积极有效的、从下到上不断增强的地方自治,以及有保障的地方财政。我们的宪法第 12 条已经对此作了规定。但是,遗憾的是这样的组织目前不存在,也无人去建立。尽管许多省份曾迫于压力进行了这样的尝试。然而,人民政治组织应该是这样的:先是地方的,然后从中派生出地区的,其后是州一级的,只有这样产生的自治组织与政府的相关机构相互协调,才可能赋予人民决定自己命运的机会。

记:请谈谈有关杜绝空谈问题。

索:拯救危难的祖国,不能从讨论国家的象征开始。对于那些年轻力壮却又毫无出路的男人们来说,在他们的头顶上奏响什么样的国歌,是无济于事的,他们对此漠不关心。双头鹰怎么也不会帮助呻吟在贫困中的数百万民众。我认为,关于国家象征的所有问题,至少推后二十五年再议,眼下讨论这些问题不合时宜。

记:请谈谈普京功过问题。

索:评价总统普京的政绩,议论他治国的一些具体举措时,不应该忘记,他接手的是怎样的俄国。不要嫉妒他当上了总统。叶利钦时代,首先国家财产被掠夺瓜分,数千亿美元流失到蔚蓝的海岸岛国。当然,叶利钦具有不可多得的"才能",他为俄罗斯的解体创造了一切条件。他以私人交易的方式进行政治行贿,并以此取代国家法律制度。眼下普京面临的不是数十个,而是数百个触目惊心的问题。要一下子都解决这些问题是不可能的,也不可能不出一点错。所以,尽管许多人都批评他,依我看,他明显的错误只是取消生态委员会和森林管理局的自主权。因为这一结果导致了对大自然和森林的出卖和掠夺。

还有一些我觉得则是有争议的问题。例如,联邦议会即上院的改革问题。原来是由各地区有资格的、能够承担责任的省长们组成。现在,提出要由那些得势的、永久迁居到莫斯科,并将享受部长级生活待遇的、也许是三流的政治家们替换他们。毫无疑问,普京总统提出了正确的目标:强大俄罗斯,加强俄罗斯的统一。但是,议会改革这样的方案是不能为他的目标服务的,正好适得其反。

我认为,在某些情况下普京总统有着非常明智的决策,而欠缺果断的实施。例如,他同那些在近年内靠掠夺、侵吞、贪污而发迹的暴发户的斗争。那些人无偿或是半价得到石油、天然气、有色金属。因为这些资源都是属于国家的,我们始终没有私人财产,也没有完善的私有制度,而这样下去俄罗斯则不复存在。但是,令人惊讶的是国家杜马已经开始酝酿有关经济大赦草案。也就是说,从现在起,以前偷的就一笔勾销了,从今后大伙开始诚实地生活。这是很荒谬的。在腐败的基础上,我们的国家完全不可能站稳。普京应该在施政前,为了国家肌体的健康,首先清除这个毒瘤。

记:请谈谈土地问题。

索:卖,还是不卖农业用地——我们的激烈争论并不是因为土地问题引起的。新富们的贪婪驱使着他们尽快将自己的不义之财投到有利可图的土地上。接下来应该考虑的问题是着手开办地区性土地银行和设立土地委员会。如果没有资助(分期付款和低息),我们是不会有合适的买主的。土地银行资助了土地购买者,然后又清算偿还。在发生买卖行为的时候,不以任何国家任职级别为条件。(如果是被国家没收了土地的富农后代,一旦有旁人佐证就可以无偿拨给土地。)占有取得的地块应通过个人和继承的方式。但是,应当有一个规定:所得地块只能作为农业用地。当地的土地委员会要对此进行监督。如果土地挪作他用,由土地委员会决定收回用地。土地银行将退赔付款和已经发生的土地费用。

记:请谈谈乌克兰问题。

索:同乌克兰签署的最后一个协议令我大感不解。叶利钦在十年间不断地在乌克兰总统们面前一味地低头妥协。他丝毫不关心在乌克兰和克里木的俄罗斯人的命运,不关心俄语的命运。他看中的是与克拉夫丘克和库马奇的拥抱。今天情形如何呢?结果是我们仍然继续妥协。在乌克兰,俄罗斯文化遭到践踏侮辱和充满敌意的禁封。中学里俄语受压制,大学则完全遭禁。乌克兰已经从俄罗斯夺走了黑海,现在又隔开了亚速海。这个可以通航的海峡,纷争从未停息。乌克兰还故意让北约在自己的领土接二连三地搞军事演习。为什么我们允许他们推迟十年偿还债务?以优惠价卖给他们天然气？似乎是自己人要偷就让他们偷吧！对此，我无法理解。

记：请谈谈车臣问题。

索：众所周知，车臣战争不是源自普京，而是叶利钦1994年丧失理智的决策结果。这是他犯下的严重罪行，尽管现在他已经得到了宽恕。马斯哈托夫在这三年里为了自己的独立都做了些什么？在恢复公民生活方面，他无所作为。是的，在这三年中，他让车臣储满炸药和各种武器，训练一批狂热的雇佣兵。我在1992年曾建议叶利钦："放弃车臣吧，他们要脱离出去，想按照自己的方式生活，就让他们去吧，国界就沿铁尔科划定。"但是马斯哈托夫利用这三年制造恐怖爆炸活动。我发现我给叶利钦的建议错了。车臣为了成为军事恐怖的政体而一直在寻求自己的独立。不是普京侵犯车臣，而是马斯哈托夫的部队侵犯达吉斯坦。那么，是否要让出达吉斯坦？然后是斯塔夫罗波尔边疆区？这样做只是为了避免战争？是的，对俄罗斯来说，车臣战争是一场深重的灾难。这个问题至今仍未解决。

记：请谈谈言论自由问题。

言论自由，如同其他任何一种自由一样，是一件异常珍贵的礼物，但它却具有双重性。当人们谈及我们今天的言论自由受到压制时，作为一个从苏联时期过来的历史见证人，我不同意这样的说法。我认为目前新闻传媒基本上是自由的，畅所欲言，无所顾忌，也没有感到什么压力。至于新闻工作在许多方面受制于出资人的意图则是另一码事。现在的问题是另一方面：我收到几份报纸，都看了。又收到几百封信，人们在大声抱怨他们所经受的一切。这些当然是社会不和谐的声音。但是，我敢断言，报刊所反映的生活较之我们现实的实际生活要肤浅得多、琐碎得多。报纸在忙于应付政治阴谋，而极少关心人民的福利。为了装饰门面，把一些生活事件写进报纸和电视里。最可怕的是按照来自上层官僚们，来自最高权力机关、法律机构和教育阶层的意见来决定一切！似乎不需要人民自治，一切由上层来考虑，一切由上层来决定。这种对新闻自由的内在干扰是很危险的。只有当成千上万的俄罗斯人拥有自己的声音，他们的双手从桎梏中解放出来，从而能够掌握自己命运的时候，俄罗斯的繁荣才会真正到来。

原文摘自傅璇译：《索尔仁尼琴访谈录》，德·谢·梅列日科夫斯基著，赵桂莲译：《先知·俄罗斯优秀作家随笔丛书》，东方出版社，2000年10月。

鉴赏编写：罗　刚

34. 我可以带来变化而不伤害别人

——乔治·布什访谈录

（1999年10月19日）

【格言名句】

一个人不可能完全改变世界。但一个人可以使这个世界有所不同。整个世界是如此复杂多变，因此只能使之有所不同而不是改变它。每个人，不论男女，都能使世界有所不同，使之更加美好。

——乔治·布什

【文章导读】

美国前总统乔治·布什1998年10月19日在北京亲切会见了《中华英才》总编辑王霄鹏，宾主双方就中美关系、地区和国际问题等进行了广泛深入的交谈。

布什家族，在中国可谓家喻户晓——父亲老布什（乔治·布什）和儿子小布什（乔治·W·布什）前后担任美国第41任、第43任总统职务。1988年11月8日，美国共和党总统候选人乔治·布什经过激烈争夺，反复较量，最终以压倒多数战胜其对手民主党总统候选人杜卡基斯，当选为美国第41任总统，成为美国一个半世纪以来第一位在职副总统直接当选的总统。乔治·布什认为"一个人不可能完全改变世界。但一个人可以使这个世界有所不同。整个世界是如此复杂多变，因此只能使之有所不同而不是改变它。每个人，不论男女，都能使世界有所不同，使之更加美好"。

在其主政的1988～1992年里，经历了东欧剧变、苏联解体、海湾战争等影响世界历史和人类文明发展进程的历史事件。

从军人、战争英雄到富商，再到政治，老布什的人生经历奠定了其在任内所奉行的一系列政策——以水之温柔来圆滑石块，以云之霓裳来和煦阳光。在担任里根政府副总统职务及其总统任内所实施的国防和外交政策，继续以"实力、现实主义与对话"原则处理美苏关系、调整同盟国关系，加强政策协调、美国传统的对华战略框架中,促进中美关系淋漓尽致地显示出其的"不对抗"作风——坚定立场、温和的反击、理解和尊重、温和不同于"和稀泥",高超、可贵的领导艺术。尤其是这种高超、可贵的领导艺术,使得其成功地应付公众、媒介和国会,做到了与大多数美国总统不同之处——在任职的第二年里,没有引出美国民众越来越多的反感,反而继续受到欢迎。

本文的采访时间是在新千年来临之际,也是小布什作为共和党总统候选人竞选美国第43任总统的活动如火如荼之时。在采访中,涉及童年记忆、战争性质、人类正义、人性思考、家庭教育等话题,但无不时刻表露出"不对抗"这种老布什对自己所要求的作风——"我善于与人相处,我可以带来变化而不伤害别人"。这种理解尊重、善于宽容的内质是布什家族得以成为政坛肥沃土壤的奠基和活力,是为一种人格内涵和至高性情,亦是值得人类社会每一个体、团体组织去学习、理解、吸收的高超生活智慧。

【对话原文】

王:(访问者,《中华英才》总编辑王霄鹏。以下简称王)我的第一个问题是,在前总统、博士、石油大亨还有先生之间,你最喜欢什么样的称呼?

布:(乔治·布什,以下简称布):父亲。作为我儿女的父亲是最好的头衔,当然能得到南京大学的名誉博士学位我感到十分高兴。哲学博士是一个很高的荣誉,我喜欢这个头衔。当我在位时我喜欢美国总统这个头衔,当日益变老时,对我最为重要的头衔就是作为儿女们的父亲以及作为我妻子的丈夫。我们的婚姻已长达五十年。

王:人自从脱离母体就必须面对"生死"两个字。在"二战"期间阁下曾出生入死,我想听到阁下对死亡的看法。

布:我相信我是一个充满信念的人。当我面临死亡时,我想这并不太坏。因为我相信来世,我相信死后我就能见到我在天国的母亲了,面临死亡时,这种信念就会给我以力量。我不怕死,当我还是一个6岁的小孩时,有一天我做了个噩梦,醒来时我不禁大哭,因为我以为我要死了。可随着年龄的增长我不再那么担心了。因为我更现实了。我深知人生短暂,终有一死。面对死亡我已调整好自己的心态。"二战"时的情形就有些不同了,当时我只是一个十八九岁的孩子,当我的飞机被击落,我身陷太平洋中时,我的确感到了害怕。因为我不想死,我想活下去,我想一个人的死亡哲学是随着年龄的增长而变化的。对我及我的家人来说信念是最重要的，没有信念，就不可能正视诸如死亡之类的恐怖话题。

王：美国总统是世界上最重要的职务，我想请问布什先生是以什么的心情履行这一职务的？

布：我对总统职务本身充满了敬意。因此我在履行总统职务时也是充满了敬意。当你成为总统的时候，你必须感到肩负的责任。当全世界的人都关注着你的一言一行时，你必须感到责任，因此你必须尽自己全力去帮助美国人民。如果用一句话来概括我对你的回答，那就是：尽心尽力，尊重职务，全力工作，帮助人民。

王：在总统任内，阁下致力于建立世界新秩序。请问你对冷战后世界新的格局有何评价？

布：与冷战时期相比，世界格局有了改善。但是并不完美，这个世界上有了更多的自由，再也没有那些要对别国——如苏联——卑躬屈膝的国家了，再也没有那些由诸多国家组成的，必须对苏联唯命是从的王国了。有了更多的自由国家，一些是民主制的，另一些则是民主程度低些，但它们是自由国家，它们挣脱了霸权主义以及苏联王国的枷锁。所有这一切都促成了一个更好的世界秩序。但是世界上还有许多不公正的现象，还有人假借着上帝的名义屠杀着他人。还有如发生在非洲的图西与胡图族之间的部落冲突，科索沃的动乱还在继续。与两个超级大国相互抗衡的冷战时期相比，世界的确变得美好了，但并不完美。我认为，使世界秩序变得更加美好的重要的一个因素是美中关系。

王：阁下在总统任上指挥了著名的海湾战争。然而，现今世界上仍然有一些人认为所有的战争都是邪恶的，无论其理由多么冠冕堂皇。我希望知道你怎么评价这一观点？

布：我认为战争的确是邪恶的。但是，有一类是正义的战争，是有理由的。以伊拉克来说吧，当年在军事上是世界第四强的伊拉克侵略并占领了邻国科威特，而后者是联合国的成员国。他们强奸年轻的妇女，摧残她们的生命。他们杀死了一个年仅14岁的男孩，罪名是他拥有一张传单。我们也尝试过和平方式，但在和平努力失败之后，我们被迫对伊拉克动武。我认为，这是一场正义的战争。因为谁也不能容忍一个恶棍对邻国的侵略与占领，我喜欢战争吗？不！当双方无辜的孩子在战争中死去我感到难过吗？

是的。但是有没有正义的战争,有!历史上充满了此类战争。当年中国为打退占领其领土的日本军队而进行的战争就是正义的,如果对敌人拱手相让说:"来吧,我们的国土你们拿去吧!"那对中国的未来而言,是不正义的。与希特勒作战是另一个例子。我参加了这场正义的二次世界大战,我们不相信,中国人民也不相信,一个帝国主义国家可以统治别的国家。所以有时必须打仗。我不同意一些人的观点,他们认为动用武力就是不道德的。但是当外交手段失败后,必须动用正义的武力去纠正非正义的武力——对邻国的侵略。

王:你认为一个人能够改变历史吗?

布:一个人不可能完全改变世界。但一个人可以使这个世界有所不同。整个世界是如此复杂多变,因此只能使之有所不同而不是改变它。每个人,不论男女,都能使世界有所不同,使之更加美好。

王:我曾经与朋友讨论过逆境进化问题。我的观点是,一个真正的领袖人物只有经历并且战胜过巨大的坎坷,逆流而上,才能成为时代的巨人。阁下是否同意我的看法?

布:是的。如果一个人能够勇敢地、不屈不挠地与逆境相抗争,他一定会变成一个更加坚强的人,一个更加好的领导者。如果一个国家经历了逆境而生存下来,我相信这个国家也会更为强大,一个人必须从过去的问题中吸取教训。从过去的逆境中吸取教训,如果这样做了,你就会成为一个更好的领导人,你的国家就会更加强大。

王:以阁下的经历,对"政治"有何理解?另外,你对政治与家庭关系有何看法?

布:政治并不意味着你就必定会冷酷无情,不考虑他人。政治并未使得我的家庭关系变弱,相反,我的家人更团结了。当美国媒体在我任总统期间对我进行攻击时,我的全家,我的孩子,我的四个儿子和一个女儿都团结在我周围,并给我以力量。政治,不应该意味着冷酷无情。政治,以我个人的意见是一个崇高的事业,它需要更多优秀的男女人士投身其间,这在美国如此,中国也是如此。但是,当政治变得丑陋、邪恶、卑鄙时,人们就不愿意从事政治。我的父亲在我之前担任过参议员,他致力于公益事业,我也十分尊敬公益事业,我的两个儿子也都对公益事业情有独钟。总之,政治并不是自私、邪恶的同义词。

原文摘自王霄鹏著:《乔治·布什访谈录》,《中华英才》杂志,1999年第1期。　　鉴赏编写:罗　刚

35. 质朴与辉煌
——我国歌唱家廖昌永访谈
(2000年4月)

【格言名句】

我们现在取得这些成绩,是和整个时代、整个环境有很大关系的。我觉得自己是碰上了一个好时机,才能得到这些机会。

——廖昌永

【文章导读】

歌剧一直以来都被公认为是高雅的艺术。上海男中音歌唱家廖昌永能够深深地打动听众,除了他身上有着浓浓的艺术气息之外,更多地还是他阳光般的笑容和发自内心的真诚。滕俊杰正是被他的朴实、真诚感动,于2000年4月上海文广新闻传媒集团纪实频道《经典重访》栏目组拍摄了四十五分钟的纪录片《质朴与辉煌——解读廖昌永》,它真实记录了廖昌永从村里考上上海音乐学院,成长为世界著名歌唱家质朴而辉煌的艺术人生。在观众中间获得巨大反响,获得了中国电视文艺最高奖——"星光奖"。

《经典重访》栏目组,在该纪录片播出后,访谈了纪录片导演滕俊杰、纪录片的主人公廖昌永,解密纪录片背后的故事,展示纪录片人拍摄中的心路历程。透过主持人柳遐、导演滕俊杰、主人公廖昌永三人的对话,我们看到了一个更见真实的、活生生的廖昌永。

在对话中,廖昌永说自己也被纪录片感动,因为离开故乡之后,曾经忘记的点点滴滴被纪录片拣拾了起来,并且很多朋友包括中小学生家长电话中也表示:想用来教育子女。同时他在回答主持人的问题时,也表示:"和很多老的艺术家比起来,我觉得自己做得实在是太少了。""我倒是愿意把我的这种经历和很多现在正在求学路上的年轻学子们分享。""我始终记得妈妈对我讲的一句话:滴水之恩,当涌泉相报。""声乐上呢,其实我倒没觉得我花了多少时间。""我这么多年的学习,确实是我的老师给了我巨大的支持。"

"我们现在取得这些成绩,是和整个时代、整个环境有很大关系的。我觉得自己是碰上了一个好时机,才能得到这些机会"。这都让我们看到廖昌永身上内在的谦逊与质朴——爱祖国、爱人民、爱故土、爱长辈,爱得实在,爱得坚实,爱得自然,爱得真切。也许正是这种令人震惊的质朴,使他的歌唱发自肺腑,出自真诚和自然,成就了他的辉煌。

滕俊杰,上海文广新闻传媒集团副总裁,上海电视艺术家协会副主席,上海音乐家协会常务理事,国家一级导演。1957年10月出生。2006年毕业于上海复旦大学管理学院,获硕士学位。曾两次获中宣部"五个一工程奖"。十一次获国家政府奖"星光奖"一等奖,2001和2002年连续两年被国家广电总局评为"年度最佳导演"称号,2003年被中国电视艺术家协会评为"二十年来中国电视艺术五位杰出导演"之一。

创作纪录片,对于大型晚会的导演滕俊杰来说,是一次转型,也是一种挑战。滕俊杰说:"我的内心是很想拍纪录片的。纪录片的拍摄是一次能动的文化旅行。"所以他用心地去开掘。透过滕俊杰和主持人的对话,我们理解到:纪录片《质朴与辉煌——解读廖昌永》的成功,在于开掘了许多有关廖昌永身上动人的细节;在于摄制组深入实地的体验;在于纪录片真实的场景再现;在于纪录片对高潮结尾的处理。

【对话原文】

主持人:滕导,我们都知道你执导了很多大型的文艺晚会以及非常优秀的MTV作品,是上海的德艺双馨艺术家。曾经连续两年被国家广电总局评为"年度电视文艺最佳导演",这个奖项每年全国只有一个名额,你能蝉联,这在中国电视文艺史上是少有的。那么作为一个以文艺见长的编导,你是从什么时候开始关注纪录片的呢?

滕俊杰:作为电视文艺,从总体表现形式来讲是需要一个导演更多地思考一些表演样式,以及这些样式在这一特定晚会中的创新成分和主题渲染,但是对人物的生存状态、命运的思考其实是不多的。而且,电视文艺的工作方式是以团队为特征,几十个人甚至上百人的群体作战,经常是一个紧张的战役打完以后就"散掉"了。这样反复的工作状态逼着我思考一个问题:如何在与众多优秀艺术家们的交往中,对他们整个的成长过程、演艺道路以及走向成功的脉络作一些探索和了解。为此我在执导大规模文艺晚会的同时，开始用纵向，也就是纪录片的方式来表现某一个优秀艺术家的成长过程和命运。其实，我在做电视文艺的同时，也很关心其他的一些电视艺术样式。比如说纪录片，它在人文、社会的方面涵盖容量很大，表现力比较深刻。所以潜意识中，我几乎是在做电视文艺的同时就作了有朝一日拍纪录片的心理准备。当然真正的实践还是从《质朴与辉煌》这部片子开始的，这是第一部。

主持人：非常不容易，在大型文艺创作的同时，你一直有自己的思考，有自己的准备。那么从一个文艺编导眼光来看，你是怎么会选取廖昌永作为你纪录片的主角的呢？

滕俊杰：其实我跟廖昌永交往已有好多年了。在众多演员艺术家当中，我们俩的交往比较深。之所以选择他，就像我表述的节目标题一样——"质朴与辉煌"。因为他从一个很边远的农村来到了上海，从一个不懂音乐、没有看到过钢琴、对视唱练耳根本不知道的农家孩子，到通过自己的艰辛努力和恩师的指点，一步步登上国际声乐界的最高领奖台，这种强烈的反差使我对探究他的成长道路产生了浓厚的兴趣。所以，我就一边和他合作重大的晚会，一边在全方位地关注他，我们不断地在聊。记得彼此长谈过无数次，有时在上海，有时在北京，有时我们一起在海外做节目，也都在聊。越聊越让我感到这是一个非常好的纪录片题材。我想，一些事情如果能真正打动导演的话，也一定会打动大多数观众的，所以从这个角度，激发了我的创作热情。

主持人：滕导，《质朴与辉煌》是你的第一部纪录片，是你的处女作。我相信对于廖昌永这样一个年轻的歌唱家来说，他作为一部四十五分钟纪录片的主角也是第一次。我们来听听他会有些什么样的感想呢？

廖昌永：我看这个片子的时候，很受感动。因为你离开一个个环境以后，慢慢就会忘掉一些点滴的东西。所以当我再回到家乡那些地方的时候，特别是我看到我同学的那些小孩，我突然像是回到童年生活当中。我觉得很开心的是，后来有很多朋友包括很多中小学生的家长给我打电话说，他们看了这部纪录片很受感染和启迪，他们想用这部片子来教育他们的儿女。我自己觉得也是很欣慰的。

其实最开始拍这个纪录片的时候，滕俊杰导演没有明说，他只告诉我，准备把花絮拍成一部片子。我想这个很有意思，我以为只是放在 MTV 后面的。

主持人：当滕导告诉你要把它拍成一个纪录片的时候，你当时是不是感到意外？

廖昌永：说老实话，在这之前，有很多人希望我能够写一点我自己的生活经历，但是我一直觉得太早，所以我一直不太愿意。和很多老的艺术家比起来，我觉得自己做得实在是太少了。我们现在取得这些成绩，是和整个时代、整个环境有很大关系的。我觉得自己碰上了一个好时机，才能得到这些机会。所以当时听到说要拍这个纪录片的时候，确实我是比较犹豫的。

主持人：我觉得你的回答是在我们意料之中的。我想象中，你开始肯定是拒绝，或者说会有些顾虑。

廖昌永：是的。

主持人：那你是怎么会慢慢地接受滕导的要求的呢？

廖昌永：真正开拍后，镜头拍了大量即兴的内容，捕捉得很细致，拍摄方式和采访对象都发生了变化。片子拍得差不多后，滕导说，你来看一看吧。看完之后，有些场景对我冲击很大，我觉得自己眼泪都要流出来了。这是我从四川的偏僻农村到上海来求学，到后来在上海市委市政府的各级领导关怀下，一步步成长起来的一个历程。所以当时看完之后，我倒是愿意把我的这种经历和很多现在正在求学路上的年轻学子们分享。

主持人：非常好，我觉得滕导也非常有办法。

滕俊杰：我当时没有告诉他我要拍纪录片，只不过说，他走到哪里我们拍到哪里。我一个最重要的想法就是不想让他知道我要给他拍部什么片子。如果他知道我要拍纪录片了，我怕他有过分的准备，这反而会在真实性上产生偏差。所以，他也就很松弛地跟我们一路走一路唱，开开心心地回四川老家了。

主持人：廖老师，你能不能给我们回忆一下，当年随着这样一支摄制组回家乡的情景。因为我觉得你可能来上海上学之后也不会有很多的机会再回家乡。

廖昌永：在上海音乐学院上学的时候，我每年放假是要回家的。毕业后确实回家的时间少了，特别像现在，更少了。当时我记得跟滕导讲过一个故事，他们现在都还在笑话我。我说我们家门前有一条很宽的河，我小时候放学回家的时候，一手托着书包和衣服，就从这条河一直游回家。我现在回去的时候，突然发现那条河怎么只有这么一点点宽，就像小水沟一样。滕导为此一直在笑我:"这就是你说的大河?"

主持人:人长大了,然后眼界也开阔了,再来看就不一样了。

廖昌永:是的。

主持人:在这部纪录片中,我们不但看到了你的童年回忆,而且看到了很多非常富有生活情趣的场景。比如你在回家的路上,碰到一群乡村的孩子,你跟他们的父母很熟,还跟他们一起钓螃蟹。

廖昌永:对。很巧地,都是我当年小学同学的孩子,都长那么大了。

主持人:像钓螃蟹,还有走过那个铁索桥,你很忘情地叫喊了起来,这样的情节,你是有感而发的呢,还是被导演的?

廖昌永:很多都是随机拍的,比如像钓螃蟹,我和这些孩子说话,完全不知道滕导在旁边拍。在铁索桥时,确实也是和我学唱歌的经历有很大的关系。站在那个桥上,看见河流,觉得心胸宽阔得不得了,由衷地要对那条河去喊。再有就是看见我奶奶,跟她聊天时,聊得很开心。但是八十多岁的奶奶说了一句话,让我很尴尬。奶奶说:"以后你唱点我们都能听得懂的,别唱我们听不懂的。"像这些东西,都是很朴素的。这部纪录片,确确实实很多东西是在很原始的一个状态下拍摄下来的。

主持人:滕导,作为大型晚会的导演,你的纪录片的转位非常成功,一下子就摸到了纪录片一个最根本的创作规律,知道要这样松弛地跟着生活本身走,真的是非常好。

滕俊杰:过奖了,但在拍摄时,我确实如此定位,比如说,本来因为时间的原因,我们是飞机来飞机去的。小廖后来在拍片的间隙告诉我们,他当年去上海音乐学院报到时,三个姐姐凑了一百元钱,妈妈给他买了一双皮鞋,就这点家当,他打了背包坐火车到上海来了。我想,我们拍摄人员回去就不能坐飞机,要寻着他的火车线路走一遭。我又问,小廖你还带了什么东西?他说,还带了一些辣椒,一点零花钱买了些音乐书就走了。后来我们就到他家里拿了一些辣椒。摄制组把机票退了,带了一串辣椒,从成都坐火车到上海。一路上也时时沉浸在当年廖昌永坐火车的情绪中。

主持人:滕导,听说你最初的拍摄资金是非常紧张的,同时还要承担两部MTV的拍摄。在这种情况下,你为什么还是有这样一个决心,要去拍摄你的纪录片呢?

滕俊杰:我说,我们都把它当作是一次精神旅行吧。我们摄制组很好,团队的工作人员都是和我长期合作的。我一开始就说好，我们省吃俭用，大家要有吃苦的思想准备，仅有的钱全部花在节目上。在四川小廖家的农村，村民们用拖拉机，或者用自行车和三个轮子的拖车把我们连同设备拖来拖去，东跑西颠的。

主持人：你坐过这样的车？

滕俊杰：坐过，本来想拍移动镜头的，坐上拖拉机以后，整个变成一个长长的抖动镜头。最终移动镜头报废了。但这种经历也是可遇不可求的。

主持人：说实话，你的这部纪录片从镜头反映出来，看不出你是在资金非常紧张的情况下拍摄的。它的场景非常丰富，比如说我们跟随它到了小廖的家乡，到了那个岷江上的铁索桥，随后我们又跟着你的镜头，到了他的小学、中学，然后再回到上海。你当时是不是就有这方面的一个追求，希望是尽可能以比较丰富的画面来表现你的纪录片的内涵？

滕俊杰：是的，其实电视纪录片最终还是一个镜头的艺术，要尽可能多地用镜头来展示一些场面，展示人物的脉络轨迹，展示一些鲜为人知的情节和细节，这样用"镜头说话"的片子才能打动人。为此我们花了很大的工夫，有时是咬紧牙关，尽可能把我们想要拍的东西拍到，一直抢拍到天黑看不见为止。

主持人：我觉得你作为一个文艺编导，一些镜头表现得相当的唯美，你是不是在这方面也有一些思考？

滕俊杰：我既是这部纪录片的导演，也是这个节目的摄影之一，以前还算是小有名气，获过全国摄影大赛的金奖，因此对镜头的表现力是有追求的。当然我尽量避免文艺节目的那种雕琢感。但有的地方，我感觉适当地用一些，还是内容的需要。比如一开始，我们拍了一个大剧院的超长镜头，从人民广场一个大规模的移动，移到正面以后，一直从广场移上台阶，进入大厅，再拐弯进剧场。这组长镜头，我想气韵连贯起来对观众是有吸引力的，而且一开始就体现了上海特定的文化氛围。第二，我坚持让小廖的歌声先出来，镜头循着他的声音，进入剧场，进入我的整个纪录片特定的氛围。

再比如说那个铁索桥本身就给了我很好的构图造型感。其实小廖在上海和我讲这个细节的时候，我就说这次一定要去一下。到了那里一看，我眼前是水流湍急的岷江，江上是一座很大的铁索桥，我突然想到"更喜岷山千里雪"的诗句，想到红军长征路过的铁索桥，他说就是这个铁索桥。我问：

"你读书都要走这座桥吗?"他说:"是啊!冬天这上面全是雪,我一走就要留两行脚印,早晨走过这铁索桥去上学,下午走铁索桥回来。"我想,这座铁索桥太有象征意义了,这个农村的孩子从小就在这样艰苦的环境里面,锻打自己的一种品格、一种坚韧,我一定要淋漓尽致地表现。

后来他又告诉我一个细节,说关牧村其实是他的启蒙老师。纪录片播出的时候,我事先打了个电话给北京的关牧村,我说:"关牧村你赶紧回到家里。"她说:"干吗?"我说:"上海卫视要放一部纪录片,是关于廖昌永的。"她说:"小廖是很棒的。"我说:"你看了再跟我打电话。"关牧村说她正好与孩子在外买东西,接了我的电话,她咚咚咚地跑回家里。看完节目以后,她立马打电话给我说:"滕导啊,小廖已经这么成功了,他小时候居然在那深山里听我一张破唱片,并说是从听我的歌开始对唱歌产生兴趣的,我太感动了。"后来我打电话给小廖告诉此事,小廖很感慨地说要当面向关牧村表示谢意,另外他还说一直有个心愿,就是与关牧村一起开个两人的音乐会。这是拍片前后的一个插曲,一段趣闻。

主持人:我觉得,这部纪录片中有很多地方都反映出了一种很实在的叙述和回忆。滕导,你是用什么样的方法让廖昌永讲出这样一些细节的?

滕俊杰:循循善诱!纪录片开拍以后,我觉得必须要跟他摊开来说了。我就怕他已经成为一个著名的歌唱家了,稍不注意就会掩饰许多当年纯真的东西。我说你一定要先把自己当时的状态找到。第二,你到达上海后的经历,许多人都很了解了,媒体对你也很关注,我们如果再重新把这些端出来的话,结果几乎等于零。我们必须思路再打开一点,重点挖掘一些细节,聊一些你最刻骨铭心的事。后来他跟我讲了许多许多,话匣子彻底打开了。

主持人:我们还是回到《质朴与辉煌》这部纪录片。那间304琴房,你和黄英共同合作的琴房,我们看了这次纪录片之后,对那间琴房特别向往,真的很想亲眼去看一看。

廖昌永:是个比较简陋的房间。

主持人:还有一个细节,就是当时你报到的时候,是把那双新皮鞋脱下来,揣在怀里,跑到音乐学院去报到的。真的让我们非常感动。当时采访的时候,你是怎么会说到那些细节的呢?

廖昌永:我觉得这应该是对我性格上的一个总结。话说回来,如果是现在一摊水,让我穿着皮鞋踩进去,我可能也舍不得,我可能也会把皮鞋脱下来的。这可能就是跟小时候生活的艰苦有一定的关系。

主持人：也许有一些艺术家，跟朋友之间会坦率地说一些事。但是面对摄像机镜头的时候，他就不愿意表露生活中的这一面，或者说他个性中的这一面，但是你还是坦然地谈到了。当时你说的时候，有没有想到因为你这样的讲述，会对你的艺术家形象造成一定的影响吗？

廖昌永：我没有想过，因为从我内心深处，我不觉得这是可耻的事情。而且我始终记得我妈妈对我讲的一句话：滴水之恩，当涌泉相报。所以生活中这些点点滴滴和我的人品养成有很重要的关系。

主持人：在滕导拍摄这部纪录片之前，你也接受过很多媒体的采访。我相信也会让你不同程度地谈到你的成长经历。那你觉得滕导的采访，跟以往的有什么不同？

廖昌永：因为我跟滕导十分熟悉，我们合作了很长时间，我对他是完全信任的。可以说，采访基本上是敞开心扉的。当时我们一起出去拍片的时候，相处得非常好。滕导自己也扛着摄像机，一直都走在最前面。面对这样一种认真的工作状态，我愿意把心里所有的东西都说给他听。

主持人：在这部纪录片中还设置了一个小小的悬念。比如说，你当年报考上海音乐学院的时候，之前都没有碰过钢琴，而且也只是在考试前的两个月刚刚学了一些初步的乐理，能够考上音乐学院简直就是一个奇迹。但是滕导在纪录片中，只是用几句话就带过了，没有做很详细的交代。你能不能今天给我们补充说明一下你当年这个努力的故事。

廖昌永：声乐上呢，其实我倒没觉得我花了多少时间。我们考试的时候，在专业考试时，正好是我们总复习的时候。当时因为我考得比较多，同时考了中央音乐学院、四川音乐学院、上海音乐学院，所以考完了专业课回到四川，回到老家郫县以后，感觉累得简直命都不要了。我觉得我的近视就是从那个时候开始的。那时候确实很辛苦。因为学校课程已经比同学们落后了很长时间了。好在最后考试的成绩还可以。我实在是很喜欢很喜欢音乐这门行业，所以在我的心里面，从学的这一刻开始，已经把它当作我的终身职业在追求了。我想，如果说那年要没考上的话，那么可能第二年、第三年，我还会继续再考。

主持人：滕导，我们在看这部纪录片的时候，真的经常被感动，经常被一种强大的激动情绪推着走。因为你不仅是表现了一个年轻的音乐家成才的过程,同时还说明像廖昌永这样能够登上世界舞台,其实是中国几代艺术家的梦想。这部纪录片的立意是很高的。那么你当初是不是就把这个立意作为你纪录片的基础和一个境界来要求的?

滕俊杰:是的,我对这部纪录片是有追求的。在这部片子拍摄和剪接的时候,我作了精心的构思,例如结尾的处理。常规的结尾要么概要性地回顾一下,或者用主人公的照片和电视画面加上一定的电视技法处理表现一下,这样的结尾,我其实也剪过,但最后都被我放弃了。我最终用了廖昌永在上海大剧院的一场独唱音乐会当中对周小燕老师表示感谢以后唱的一首歌曲《老师,我总是想起你》作为结尾。我特别用了他唱到高潮部分时泪流满面的场景,当时,他两手捂着脸,带泪注视着周老师,周老师也激动、慈祥地向他招手,全场一千多观众一起感动。我就在这儿突然结束了全片。我一直认为纪录片没有必要专门有一个完整的结尾,有时,高潮就是结尾!节目播出以后,不少观众都说,这个方式对心灵的冲击很大,难以忘怀!

主持人:这部纪录片的结尾,是你在舞台上对老师歌唱的时候,那时你真是激情四溢,我们看了也是非常的感动。你对这个场景作为纪录片的结尾,有什么样的感受?

廖昌永:我觉得这其实是对我目前状态最真实的一个写照。我这么多年的学习,确实是我的老师给了我巨大的支持。因为在我学习的过程当中,我受到过很多的挫折,周老师曾和我一起共同面对。所以当时在唱这首歌的时候,确确实实,我是想对我的老师,想向他们表示我最诚挚的一种谢意。也想用这首歌,对我来上海之后这么多方方面面的观众朋友,各级的领导,包括我的太太,我的家人对我的支持,表示最衷心的谢意。

主持人:这部纪录片处理得很好,在高潮的时候,很充分地表达了你一种真挚的情感。

廖昌永:是。

主持人:我们以前看到的廖昌永,更多的是穿着黑色的礼服,在大剧院的舞台上,唱着西洋歌曲的形象。通过今天的访谈,通过这部纪录片《质朴与辉煌》,我们看到了一个更加真实的、活生生的廖昌永,看到了一个对亲人对老师充满深情的廖昌永,非常感谢你。

廖昌永:谢谢。

主持人:滕导,经过创作这样一部纪录片的艰辛、同时也是激动人心的过程之后,你是不是今后还会做一些纪录片创作方面的努力?

滕俊杰:目前还没有。

主持人:你心里怎么想的?

滕俊杰:我的内心是很想拍纪录片的。纪录片的拍摄是一次能动的文化旅行,是一次深刻的文化积淀,它会隽永地留给观众,也留给我自己。因此从内心来讲很想再拍若干部片子,但是现在还在找选题。我想,像我们这样年龄的人,思考也会越来越成熟,这对拍纪录片会更有好处。

主持人:我们期待着你会有一个新的厚积薄发的创作。

滕俊杰:还要学习,还要努力。

原文摘自滕俊杰著:《质朴与辉煌——解读廖昌永》,《北京支部生活》,2000年第6期。　鉴赏编写:沈　敏　李永科

36. 年轻人应该做自己喜欢做的事情
——戴尔总裁在清华大学的对话
(2000年4月5日)

【格言名句】

年轻人应该做自己喜欢做的事情,而不是去盲目地顺从父母的安排,这样才更有可能取得成功。

——迈克尔·戴尔

【文章导读】

迈克尔·戴尔,1965年出生于美国休斯敦一个中上阶层的家庭。上中学时迷上电脑。虽然后来迫于父母之命,戴尔进入德克萨斯大学学医,但是他大学二年级就因过度迷恋电脑和立志在PC机领域有所建树而退学。

由于戴尔改进了电脑的销售过程,他把印有戴尔名字的组装电脑直接销售到使用者手上,去除零售商的利润剥削,把省下来的钱回馈给消费者,他自己组装的成品机价格相当低廉,比当时IBM等大公司的产品便宜一半以上,所以印有戴尔名字的组装电脑卖得非常火爆。

"戴尔电脑公司"是戴尔凭着一千美元的创业资本于 1984 年 1 月 2 日注册的,"戴尔电脑"成为第一家根据顾客个人需求组装电脑的公司。1987 年 10 月,戴尔依靠他过人的胆量和敏锐的感觉,在股市暴跌的情况下大量吃进高盛的股票,第二年他便获利了一千八百万美元。这一年,他只有 22 岁,他开始向成功迈出了坚实的第一步。到 1988 年,戴尔已经成为德克萨斯州的首富,当时他拥有净资产四十三亿美元,他的名字开始受到华尔街的关注。

原文对话节选自 2000 年迈克尔·戴尔先生在清华大学与学子的沟通交流。在履历中,我们看到的是一个疯狂的戴尔。在清华学子挑灯夜读、开源节流的年纪,大洋彼岸的戴尔却是在校园里红红火火地做着他卖电脑的生意,日进斗金;当清华学子们被迫离开校园的温室,走向残酷的社会艰难地寻求生存空间时,计算机狂人戴尔已经成为了二十岁出头的亿万富翁。

在一个中国人无法想象的年纪,完成了大多数中国人毕生追求的目标,戴尔带给我们的震撼是巨大的,足以让人瞠目结舌。

在对话中,我们看到的却是一个思想开放、思维活跃、锐意创新、充满激情的戴尔。他认为"大学应该和一些领先的机构合作,让学生掌握这些机构最好的行为和方式,同时让这些机构也可以从大学中获得最好的学生,这将会对双方都非常有利"。这不正是我们当前中国亟需解决的从学校到职场的衔接问题么?而戴尔给我们提出的是一个非常好的建议,可以在一定程度上解决我们在校大学生与社会的脱节问题,同时还可以提升企业的活力与创造力,可谓一举多得。

戴尔还提出"年轻人应该做自己喜欢做的事情,而不是去盲目地顺从父母的安排,这样才更有可能取得成功"。这样的观念是挑战中国人传统思维的,要知道中国自古有训曰:"父母命不可违。"因此在这样一个国家,连出了韩寒这样一个特立独行的辍学少年,都是漫天的谴责声讨接踵而至,更何况是违背父母之命,执意去走自己的路了。但是戴尔先生的一席话有如醍醐灌顶,似乎道出了他之所以小小年纪就能获得如此成就的一个关键,这对许多笼罩在父母阴影下的偏才们是很有教育意义的。

作为一个见证互联网发展历程的 IT 巨匠,戴尔先生领导下的戴尔集团永远走在时代的前沿,传承历史,创造卓越。他们投资世界上最具有活力的国家和地区,与创造性、自主性强的企业合作发展。同时一直没有忽略企业的社会责任,设立戴尔基金,为许多困难人群提供了帮助。

在 21 世纪,戴尔先生正在用他那无与伦比的个人能力,推动着互联网更好更快地发展。

【对话原文】

戴尔发言:在去年 9 月份的时候,我在上海有这样的机会,也和学生见了面,进行了演讲。我非常高兴,受到了学生们非常热情的接待。互联网是非常让人兴奋的,如果大家想想,任何经济的运转方式都与互联网有关的话,这是什么一种景象。

戴尔公司目前的市场增长率是 44%,而 IBM、SUN、康柏的增长率只有 11%,戴尔公司是业务上的明星。亚太地区的业务增长最快的是中国的业务,去年的增长速度达到了 250%,在中国这样的国家是非常惊人的。如果从互联网活动本身来看,大家就知道,大概三四年以前,我们确定了这个目标,我们希望把 40% 的业务放到网上,当时被认为是非常雄心勃勃的预测,因为当时在网上只有 3% 到 4% 的业务量,在去年第四季度我们就实现了那个目标。每天大概有 400 万美元的交易是通过 Dell.com 网站上进行的,一周工作日不是 5 天,而是 7 天,今年的收入可以达到 30 亿美元。我们认为,通过这个网站可以实现更多的营业额,每个国家都有一些用本地的语言来建立这个网站,互联网公司是非常出色的,戴尔的 GDP 50% 都是在网上进行的,美国只有 2%。

各个机构都非常希望上网,互联网的基本设施,比如说服务器之类的投资,这也是戴尔公司开发的重点。导致这个事态发展的另一个关键性的因素,就是宽带通信,包括无线的高速连接,比如说卫星,或者说 TSL,或者是有线,或者下一代的移动电信市场,这些系统都使得这些用户能使用宽带网来连接。

我非常愿意大家提问题,以便我们的讨论变成交互式讨论,并且使大家都对这些讨论感兴趣,看大家有什么问题没有?

下面学生的提问简称"提问",戴尔的回答简称为"回答"。

问:戴尔公司在中国的策略是什么?

答:戴尔在两年以前,在戴尔客户服务中心也有销售和服务活动,负责中国的活动,至少覆盖了中国 98% 的商业活动。我们在中国制造产品,这个产品是专门针对中国的。戴尔公司已经在中国业务活动获得了成功,并且获得了很大的市场份额。我们正准备盖一个新的工厂,生产能力每年是100万台。我们准备继续在这个市场上获得更多的份额,获得更高的收入。我们在客户满意度方面已经获得了一些里程碑式的发展,在戴尔公司提供的服务方面,赢得了客户的好评,我们也从PC杂志,以及业界的非常好的媒体方面赢得了很多奖项,这是我们重点的市场,在这个市场上,我们会继续作出投资。

问:中国加入世贸组织以后,戴尔公司是否计划购买中国的计算机公司?

答:我们还没有具体的计划,我们戴尔风险投资集团已经在中国公司做了一些投资。比如说新浪网,我们非常有兴趣在这个公司上进一步做投资,还有其他一些投资,大家也知道,包括开发Unix操作系统的,我们已拨7.5亿美元投资到这几家公司,我们也希望投资到那些有希望的公司。我们在合作上,尤其是在和软件公司和服务领域的合作方面还不多,但是,我们一定会和他们结成战略性的合作伙伴,做一些战略性的投资。其实用不着拥有这家公司,有时候只要建立合作伙伴关系就可以了。投资了7.5亿美元,作为一种孵化器,比如说新浪网的投资。

问:对您而言,为什么选新浪网,原因是什么?

答:第一要消费戴尔的产品,比如服务器、存储器,因为在新浪网,他们要用服务器、存储器,消耗量很大。另外一些公司,他们的产品能够为我们戴尔带来新的客户。因为这些原因,我们才能够全面合作,并取得成功。当然,对中国刚刚开始发展的IP行业,对我们来讲还有很多机会,还要寻找在中国和亚洲的更多的机会。而且我们现在也看到,如果想开创更多的业务,我们也会检查这些业务计划是否符合我们的标准,我不知道你们有多少人愿意来开创新的互联网公司?是愿意做传统公司,还是愿意做互联网产业?有多少人愿意做互联网产业?

现在电子商务发展非常快,你们现在互联网的在线订购,已经变成一种模式,我们现在想知道这些中间商会提供什么服务,他们并不一定要完全消失,他们有他们的强项。换句话说,假设,我是以传统的方式来做销售,然后,用互联网订购的方式,我个人面对挑战,我是愿意使用传统的方式迎接挑战,还是愿意使用在线的销售?举例来说,如果我想买书,通过在线买书,我就有可能不用到书店里去,因为到书店要花很长的时间。如果想开一家书店,让别人到这儿来买书,你要把环境创造得舒服一些,咖啡屋,或者有作者签名售书,或者是创造一个环境,让读者来买书。我们不是让中间商消失,而是重新制定战略,以便应对在线的社会。在线也会有中间商,会提供一些服务,特别是客户需要的特殊的服务。我并不是对所有的公司都在线订购,你可以选择一批,比如说你制造发动机,不可能实现订购,因为不只是买汽车发动机,要买汽车。所以你可以使用互联网使汽车制造商和用户之间交流起来更为方便。所以,有些情况下,通过互联网提供的产品应该是一个整合的产品,一个完整的产品。

问:我有两个问题。戴尔先生,以您的观点来看,我们中国的大学生和美国大学生相比,我们的优势和劣势是什么?第二个问题,假如你当选为清华大学校长,你希望我们这些学生有什么样的基本素质?

答:如果我二十岁的时候,我更想在中国待着。因为最有价值的事情都发生在中国。在这方面你们有很大的优势。美国的机会,在互联网的机会,是都在发生的。但是美国的经济已经完全发展了,对那些所谓的创始人机会不多了,当然还有。要创造新的企业,和在中国寻求进一步的发展,这对企业来说是有优势的。过去几年,我在中国看到,剧变的文化在中国已经发生了,而且这种文化发展得很好。要在美国、日本、德国,这种文化发展得不那么好,在美国,你可以犯错误,但是大家说没问题,你可以一边犯错误,一边学。你犯错误了,你不一定是失败者。在中国这种文化发展得很好,有时候可以利用风险投资做一些事业。这是很重要的一个因素,以便让中国的社会适应新的世界,有新的发展。

作为大学而言,我刚才已经讲过,我当清华大学校长的机会微乎其微,但是你们也知道,我个人对网络和对信息技术是充满着热情的,因为这是我们要取得成功,以及在商业市场上取得成功的基础。所以,我要强调的是,不仅要掌握这些基本的技能,同时,还要获得一些学校的思想,如何来改进网络,如何来促进网络和信息时代的发展,如何使得电子经济得到发展,并且能够从这种经济网络上获益。我觉得,大学如果和一些领先的机构合作,让学生掌握这些机构最好的行为和方式,同时让这些机构也可以从大学中获得最好的学生,这是一个很好的相互作用。我听说你们大学中有很多好的事情,我觉得至关重要的是,我们现在都强调信息技术,并且要进一步提高我们的工作效率。对一个企业而言,能够让你在机构当中,通过应有的使用,大家能够进行畅通地交流,从过去那种逐级的传统管理方式进入到一种新的方式,让人们能够迅速发挥出各自的能力,这是最佳的。

问:我也是年轻人,现在是学生开创公司的活动的代表,您能给我提一点什么样的建议呢?

答:首先,你一定要愿意做事业,要有想法。但最重要的是倾听客户,了解客户需要什么,这样你是根据客户的要求来工作,而不仅仅是我们觉得客户会想要什么,自己来推出一种产品,来实验客户是否需要。很多公司都犯同样的错误,总是在实验室当中闭门造车然后造出东西以后,说这么好的东西,我们这个最漂亮的孩子却没有人愿意买。道理很简单,你应该首先从客户着手,能够准确地了解客户需要什么,找到那些充满激情的客户,特别是如果客户认为你的所作所为充满了激情,这时候事情才能成功。

问:如果您跟我们一样是大学生,有谁愿意来帮助您渡过难关呢?

答:当时没有人愿意帮助我。实际上在前两年半当中,我们公司都没有多少投资。从一开始的时候,我们的业务赚钱,赚来的钱又投回企业中去,不像现在你们突然能够得到25万的风险投资。我们当时没有,所以,我们确实经历了非常辛苦的一段时期,就是为了开创新的企业。

我的朋友,我的家庭,他们给予了我很多激励和支持。另外,我们也看到我们的做法受到了客户的支持和接受,这也是一种鼓舞。

问:你是认为应是大学来付费和投资,还是公司进行付费和投资,以便让学生高速接入互联网?我想还是让学生免费使用这种服务,就跟世界上其他地方一样。首先公司为了广告宣传目的,让学生免费试用。我的意思是说,我们的学生能否得到第一手的服务,而且是免费的,然后我们可以替你们做广告。

答:我认为不能完全免费地提供这些产品,但是我们要使我们的产品有竞争力,让学生试用。我认为大学也应该作出一些承诺,应该认识到新技术的重要性,并且提供这些工具,我认为,这是我们这所大学的一个重点,但是所有这些都是需要花钱的,并不是说做这些事情很容易,我们愿意做我们的工作,以便实现这一梦想。但是我认为这些梦想会实现,越来越多的大学会提供这些设施。

问:在中国的情况是非常让人不好意思的,我们的学生上网站,速度非常慢,而且难以忍受下去。在美国这一切却非常顺利,在这方面您有什么建议呢?以便让我们改进我们的网络速度。您也知道,中国是一个发展中国家,我们不能花很多钱来提高网站的速度,您有什么建议吗?或者您能给我们提供一些帮助,来提高我们的网上运行速度。

答:你的建议非常好。现在已经有几家电信公司要在一些主要的商业中心周围来铺设一些光纤环路和世界其他地方的互联网中心联系起来,不是用36K的调制解调器,可以用光子来传输信号,每秒的速度是以亿来计算的。清华大学应该提出要求,要求能直接进入光纤的环路,这样所有学生都可以获得非常高的速度。如果你们用戴尔的服务器,也可以极大提高它的性能。

问:只投资于一种领域并不是成功商人的投资方式,很多成功商人都把资金投在IT的很多领域,您有什么看法?您是否认为成功商人应该有多个投资点,或者把资金放到不止一个领域中?

答:我不认为应该把所有的鸡蛋放在一个篮子里,因为还有很多领域,比如说生物技术,就是一个非常令人兴奋的领域。应该把计算机和生物结合起来,这种结合是非常让人兴奋的。在今后十到十五年这是非常令人兴奋的,并且人的各种基因可以治疗一些可怕的疾病和传染病,所以这个领域是非常让人兴奋的,当然还有很多其他的让人兴奋的领域,我认为,对于年轻人来说,重要的是不要做那些父母要你做的事情,不是父母让你干什么就干什么,而是应该你想做什么就做什么,而且是你喜欢做的事情,这样才能取得成功。

问:您是否认为,B2B的模式会成为电子商务或互联网的主要方式?

答:这是毫无疑问的,企业对企业的交易,比企业对消费者的交易量大得多。随着时间的推移,互联网就像整个经济一样。网上会有越来越多的企业对企业的交易。大约有82%计算方面的开支是企业对企业,只有18%是企业对消费者的开支。

问:财富取决于公司的股票,如果出现了什么情况,价格降下来了,也许你会失去你大部分的财产,您是否想过这个问题,这种情况下,您会怎么做?

答:我一点也不担心,因为我们的公司业务情况非常好,某一天股价会下降,某一天股价会上升,但是总的来说股价总的趋势是向上扬的,所以我不担心。

问：我是《中国网络周刊》记者，有两个问题。第一，我希望了解戴尔公司会在中国投多少资金。第二，您认为，戴尔在线订购的方式在中国碰到的最大障碍是什么？

答：我刚才也说过戴尔在中国的发展速度是250％，对手戴尔公司的障碍，就是我们以最快的速度建立我们的基本设施，满足这一迅速的增长，并不断招聘新的人才。戴尔公司在中国的投资会有几个不同的方面，我们也建立了自己的销售和支持的网络，覆盖整个中国，我们在中国的工厂也在不断投资于一些公司，如新浪网。我估计在明年会做更多这方面的活动，更重要的方面，戴尔公司是由一些中国关键的供货商作为一个供货基地，向整个世界出口，我们在这方面是以几十亿美元来计算的。我认为我们总体的投资会有增加的。

问：我是中国大学的学生，您认为您的工作人员应该具备什么样的素质？第二，你们公司提升的制度是怎么样的？

答：我们内部员工的素质是这样的，要有创造性，有创新性，要有新的想法。有主动性，自己能够不断有新的想法，开发新的产品，不一定要等上级下命令。他们能够和他们的同事进行合作，我们的业务，在很大程度上，实际上是自治的，有自主性，我们给某一个人升职，并不是说这个人担任这个工作多长时间了，他们升职是根据人的能力，不是根据时间，是基于能力的升职制度。

问：B2B的模式有了很大的发展，您是否认为你新的模式会受到影响？

答：我不认为B2B的模式会消失。在互联网中，如果你们公司的业务与上不上网没有关系，如果是不好的公司，即使上网也是一个不好的企业。在美国有一家公司，这个公司的战略就是在网上卖东西。他们的利润率是1.8％，如果你们懂经济学的话，你们应该知道这是非常不好的。总利润率1.8％，根本不挣钱。在网上卖东西，至少有一段时间大家非常新鲜，什么都卖，从烧烤的设备到笔记本电脑，他们是卖其他人的笔记本电脑。他们的股价一开始是20美元，后来上升到60美元，现在跌到了3美元。因为市场已经意识到，他们的公司不好了，并不是因为在网上，还是在传真机上开办什么业务，不好的公司就是不好的公司，因此，互联网并不能够替代一些人们传统印象上对于利润率和效率的重视，并不是所有上网的公司都会获得成功。大部分上网公司都会失败的，重要的是能够制定出使之有价值的东西，无论是 B2B，还是 B2C，必须有很好的公司，不管你是怎样运转你公司的业务。

问：我是《计算机信息报》的记者，中国在 IT 信息技术方面发展的优势和劣势在哪儿？

答：我认为，优势就是中国有大量的资源和大量的技术人才，中国还有一个优势，就是有一个非常大的市场，如果一个国家非常小，很难发展全球性领先的公司，因为基础非常小，当然也有一些例外。总的来说，在一些小国家是非常困难的，中国的优势是国内市场非常大，各公司如果有大量的国内资源，这就有机会取得全球的竞争优势。劣势，我认为，就是有关时间的问题。美国一些公司在早期阶段，有领先地位，但是这些公司不一定理解文化。如果看看内容，德国公司并不是全球性的公司，他们领先性的公司，都是本地的公司，这也表明对本地的情况，对本地文化的理解非常重要。

问：人们应该做他们喜欢做的事情，这样才能取得成功。我是一个学生，如果我也有一个好的想法，我是不是应该休学，组建自己的公司呢？

答：你的系主任也许会对我的回答非常生气。我不是一个好学生，因为我休学了。如果有一个让你兴奋的项目，你应该按照你自己的路子走下去。

问：公司在得到客户订单的时候，用多长的时间怎么根据客户的需要准备产品？第二个问题，对于联想这样的公司，您有什么建议？

答：我们订单的周期要取决于订单的类型和复杂性，如果订单是在白天下的，下午或晚上下到工厂，工厂的周期平均是七个小时。90％的订单都是低于十个小时的。很多订单都是在两到三个小时之内，主要是运输的时间，要取决于路程的远近，一般是五六天。联想是一个非常好的、能力非常强的竞争对手，但是幸运的是，中国市场非常大，并不是只有一家公司会取得成功。戴尔公司做互联网的产品，做服务器、存储器非常有经验。联想公司是我们一个非常大的竞争对手，我们对他们非常尊敬。

问：您喜欢看电影吗？您认为《黑客帝国》怎么样？它的情况某一天会实现吗？

答：《黑客帝国》最近获得了三个大奖，很多奖与计算机动画有关，这是非常有意思的。实际上，它所有计算机的动画都是用戴尔计算机来完成的。现在我非常喜欢看这部片子，我认为那部片子非常酷。这是一个科学幻想,我认为不会出现这种情况。但是我希望其他制片人也采用我们的工作站。

问:我是微电子研究所的学生,您知道在上一个世纪,计算机大大改变了世界。互联网给我们带来了新的经济形势,您怎么看?互联网会改变PC,还是PC仍然会在互联网上占主导地位?因为计算机在所有的地方都支持互联网。第二个问题,您的公司会投资于哪一方面?

答:第一个问题,其实谁都不那么重要,因为最最重要的是信息。三年以前如果你要问我这个问题,PC还是互联网更重要?我可能会说PC,可能有人还会说互联网更重要。其实他们都是工具,目的都是为了获取信息,信息是最重要的,并不是说某一种工具重要。

我们看到互联网的成功与PC机的成功,是交织在一起的。我个人觉得,有人说PC机和手机结合在一起,但是我觉得手机上的屏幕太小了,信息展示量有限,只能是通过电话来展示一部分信息。要充分使用互联网,需要一个更大一点的屏幕。这么小的屏幕,要打字,太难了。

问:生物科学非常重要,我想提一个小小的问题。信息技术发展很快,您认为生物技术发展会怎么样?这两种学科会有合作吗?在哪个领域会进行合作?

答:这两种技术都非常重要,一个像我们的大脑,一个像我们的心脏。如果两者结合在一起,再好不过了。我刚才已经讲过,人类基因的研究,确实能够帮助我们解决一些医学上存在的问题,比如癌症,或者说一些可怕的疾病。如果能够结合起来,确实是能够让人兴奋不已的。如果没有计算机的技术就实现不了生物技术的更大进步,这两个科学领域都很有意思,在生物技术方面,我们可能需要有更多的创造。在计算机领域中,我们已经看到了很大的进展,无论是光束、光波、半导体。生物技术是完全开放的领域,有很多事情会发生,有很多非常微妙的领域。可以改善生活条件,解决一些病症。

问:1999年的时候你曾经在上海讲过,有一天你要在中国开办一个互联网企业,你现在有这么多钱了,为什么不来?在你看来,今后你们公司的发展哪一方面更为重要?

答:我个人为什么没有这么做,有很多原因,第一条是我不会讲汉语,这是一个劣势。另外有四个孩子需要照料,我们现在住的地方很好,我不愿意让他们重新搬家。另外,我们公司投资,是在我们业务方面进行投资,在新浪进行投资,在新的领域中有一些新的创造和发展,在我们的业务模式当中,我们可以看到,我们并不仅仅依靠某一种框架,我们需要听取客户的意见。技术很重要,但是更为重要的是技术的应用,要了解客户的需求。重要的是我们戴尔公司能够做一些为客户服务的软件平台,还有更重要的是跟客户紧密的联系。

问:戴尔先生,您是否愿意在中国建立投资公司?研究人员同专业活动的关系,实际上我们确实有兴趣。

答:如果我们有必要来创造这样的东西,我们当然会做。不仅仅为中国,也是为我们公司开展各式各样长期活动。公司和大学联系很重要,不仅仅是能够有新的思想,而且可以把人才纳入到商业活动当中。而且大学的研究可以放到实际生活和实际社会之中来进行。

问:做生意是为了挣钱,但是有一些服务部门不挣钱,但是对社会有好处,戴尔对这样的服务是什么态度?比如我个人是学习数学的,数学在社会中不容易赚钱,但是对社会却有贡献。

答:当然,做生意的目的是为了继续把生意做下去,当然要挣钱。但是我们也希望取之于民,用之于民,拿出一部分投入到社会中去。我们公司很多人都希望能够影响整个世界。我们戴尔公司创造了戴尔基金,解决一些美国当地的问题。

原文摘自《戴尔总裁在清华大学的对话》,新浪科技,2000年4月5日。
鉴赏编写:邝雪英

37. 经济学家吴敬琏在中央电视台与观众的对话
（2001年4月16日）

【格言名句】

我要呼吁社会的各个方面,包括政府的官员,要给知识分子、给经济学家敢于直言的这么一个比较宽容的环境。

——吴敬琏

【文章导读】

吴敬琏(1930～   ),江苏南京市人,中国经济学界的泰斗,现任国务院发展研究中心研究员、中国人民政治协商会议全国委员会常务委员兼经济委员会副主任、国务院信息化专家咨询委员会副主任、国务院发展研究中心学术委员会副主任;《改革》、《比较》、《洪范评论》杂志主编;复旦大学著名校友、香港浸会大学、香港大学荣誉社会科学博士。1984～1992年,连续五次获得中国"孙冶方经济科学奖";2003年获得国际管理学会(IAM)"杰出成就奖";2005年荣获首届"中国经济学奖杰出贡献奖"。代表作《转轨中国》、《发展中国高新技术产业:制度重于技术》。

为什么吴敬琏这么火?为什么人们都想听一听他的评论?为什么他连续五次获得中国"孙冶方经济科学奖",又获得国际管理学会"杰出成就奖",还获首届"中国经济学奖杰出贡献奖"?皆因为当下是市场经济,是中国改革开放经济发展的关键时期,吴敬琏作为一位经济学家,从责任与良心出发,为国家经济发展支招,替百姓生活富裕考虑,说白了就是"嘴对着领袖的耳朵,脚站在百姓的中间",这样的人怎能不火,这样的人怎能不受大众的欢迎?

吴敬琏从经济学界的前辈顾准等人身上学到忧国忧民的经济学家的人格,在改革开放的大时代担当着经济学家的责任,得中国经济大发展之风,以优秀经济学家的学养,早期大力强调市场经济、鼓吹网络经济又警示网络泡沫的膨胀,揭批基金黑幕,直言全民炒股不是投资,是不正常的,是没有为大众提供一个好的投资机会,对"有些知识分子经常在桌子底下说话,那么在桌子上边的时候,他保持沉默"也有真知灼见,吴敬琏说"我要呼吁社会的各个方面,包括政府的官员,要给知识分子、给经济学家敢于直言的这么一个比较宽容的环境"。

他强调独立董事的责任,鼓励推动国有企业的改革,等等,无不体现着他作为经济学家的良知与责任,无不体现他的独立人格。

本对话氛围平和、谈话从容,许多观众都有和吴敬琏对话交流的机会,仅从这一点上,就可以看出吴敬琏颇受群众欢迎。对话开始,吴敬琏就适时地秀展自己的"人气"语言,以"大众之气""大众的切身利益"拉开了其富有个性魅力的话题幕帘,让观众感受到一种萍水天然的特殊韵味,也使观众的"有备而来"变成吴敬琏风生水起、酣畅淋漓的思想泉眼,而网络经济、基金黑幕、资本市场、世贸组织、货币政策等敏感字眼则以极简,甚或启蒙的方式赋予社会规范、国家力量、适度收紧的道德延伸,触及在场每个人所期待的市场欲界,以及可以打开乐趣、人脉、精髓与奇迹的未来经济门户。吴敬琏在回答观众的提问时特别地强调了"为人们的利益立言""敢于直言"等规避道德滑坡的精气神,强调面对经济市场各种利益冲突必须要以"非常健康"的姿态迎接各种剔除梦魇的挑战。作为对理论经济及改革政策深有研究的学者,吴敬琏在对话中更多地不是在回答某个具体的问题,而是在努力强调构建法治下社会主义市场经济的重要性。只有具备这样的前提,我国的经济体制改革才有可能最终获得成功。

吴敬琏以这样雅俗共赏的对话方式,将当今中国经济的发展趋势以明确目的性的决断谈吐给予观众极大的思想征服力。这样的谈吐国策犹如行云流水的风云人物在今天的中国可以算是相当屈指可数,所以当人们赞誉时代呼唤更多的"嘴对着领袖的耳朵,脚站在百姓的中间"的吴敬琏时,这不啻是昭示国家之幸、国人之福啊!

【对话原文】

主持人:吴老师,您在参加颁奖晚会的时候,是一种什么样的心情?有没有想到有一天您作为一个学者也能够站在聚光灯下?

吴敬琏:像我们这些当老师的或者做研究工作的碰到这种场面有点手足无措,完全没有思想准备,更没想到怎么会在点击率上得了那么高的票数。

主持人:那您觉得您为什么人气会这么旺呢?

吴敬琏:也许是一个很不好的现象的折射:大众和普通投资者声音太小,他们缺乏说话的舞台。

主持人:您有这样的舞台吗?

吴敬琏:我也许因为岁数大一点,可以说得更多一点。对于我们来说,这是一个经济学家的本分。

主持人:那您觉得您说的话能算数吗?

吴敬琏:有这么多人的支持,我想有关各方都会考虑,现在不是讲究人气嘛?

主持人:您怎么理解人气这个词?

吴敬琏：我想人气就是大众之气，大众的切身利益。他们的需要就汇成了这个气。这不是我个人点击率的问题，而是表明了我们的投资者自觉意识到自己的利益所在，而且有这样的意愿来捍卫自己的利益。这就是中国市场经济的希望。

主持人：说到网络的泡沫，大概是在去年的3月份，那个时候应该说互联网正是蓬勃发展的时候，您却出来泼了一大盆冷水。现在的网络应该说是走在一个低谷，那您还会继续泼冷水吗？

吴敬琏：不，现在所需要做的是鼓励那些认真地去开辟网络经济的人。

主持人：现在因为情况变了，所以您对网络的观念也变了？

吴敬琏：人常常会走极端，新经济的发展、网络的发展，肯定是会改变人类的整个生活。另外呢，在网络经济兴起的过程中，有些人用金融炒作的办法来为自己谋利，这就需要提醒人们，特别是网络界的人们和投资者要注意。其实我并不是一个先知先觉者。

主持人：可是我们经常看到您会在一个重大政策发生之前，就来提出您的建议？

吴敬琏：从经济学来说，要注意学术论坛上的一些动向。网络股里有泡沫，而且泡沫正在吹涨，它早晚要崩盘、要破灭。

主持人：我们底下的观众也是跃跃欲试，听说都是有备而来。那让我们听听他们有什么问题。

观众：网络经济给我们很多大学毕业生带来就业机会，给我们很多工厂找到了新产品的开发点，也给我们很多失业工人找到了就业机会。那么站在新世纪的起点，我们是不是应该大力鼓吹网络经济，因为毕竟网络经济不等于网站经济，或者不等于这种眼球经济。

吴敬琏：不是现在应该大力鼓吹网络经济，我认为是早就应该鼓吹网络经济。一定不要把两件事混起来，一件事是网络经济的发展，一件事是网络泡沫的膨胀，我发现今年以来的这个争论里面，经常把这两件事搅在一起。

主持人：大众和媒体对您关注，主要是体现在去年的两件事上。一件是网络的泡沫，您有一定的批评；另外就是在年底的基金黑幕，您也发表了一些见解。说到这基金黑幕，可能有一些观众还不是很了解事件的前因后果，对于这样一个事情，您为什么一定要站出来说呢？

吴敬琏：我们的电视台和一些报刊想要请我们经济界和经济学界的一

些人发表意见,但他们往往都有很大的顾虑,我觉得这是非常不正常的。

主持人:您那个时候有顾虑吗?

吴敬琏:马克思说过,利益会把仇神招到战场上来。这是意料中的事,因为占人财路嘛!你选择了这个职业,你是经济学家嘛!而经济学就是一种实证的科学,所以这是一个基本的职业道德。

主持人:您有没有担心,自己说出来之后也会引火上身呢?

吴敬琏:这个引火上身已经是由来已久了,所以也就无所谓了。

主持人:由来已久是怎么说的呢?

吴敬琏:就是说五六年前就已经这样了。

主持人:在发表言论的时候您说过:基金黑幕不能太黑。不能太黑的意思是不是说允许有一定的黑幕呢?

吴敬琏:这个标题不是我加的,我原来的标题是"基金不能黑"。

主持人:那么这个"黑"字怎么说呢?

吴敬琏:黑就是违规违法,因为用违规违法的手段而损害投资者的利益就是黑。我看到有一些投资者写的东西,我就觉得更加沉重,比如有人说基金还不算黑,也就是说还有比它更黑的,这个当然使人很沉重。

主持人:有人说现在这些黑幕,都是我们发展过程当中必然经过的一些问题,应该宽容一些,您看呢?

吴敬琏:在法律的问题上提倡宽容,我看这不可取。你对违规违法、损害投资者利益的人宽容,那你对于投资者是什么态度呢?

主持人:那您是什么态度呢?

吴敬琏:当然应该捍卫投资者的利益!这是一个很原则性的问题。如果你纵容它,那么它就会越来越黑,而且这个市场是不可能发展起来的。

主持人:太多观众要和您交流,好像要引起民愤了,大家一个一个来。

观众:我是社科院经研所的博士生,吴老师能不能正面回答一下,今天股市的泡沫到底有多大?

吴敬琏:我认为平均而言是有泡沫的,而且相当大。至于说有多大,准确的数字说不出来,但有一个总的趋势,要抑制它。

观众:咱们国家现在全民炒股,这种情况,对国民生活将会带来什么影响?

吴敬琏:资本市场要扩大,应该吸引越来越多的人进行直接投资,应该说这是好的现象。但是全民炒股,就不是投资了,我看是不正常的。这说明我们没有为我们的大众提供一个好的投资机会、好的投资场所,所以他只有在这个股市里面看这个涨落,做各种各样的奇奇怪怪的分析,希望通过这个能够得到回报。炒作过程中,赚钱的人赚的是谁的钱呢?他不是在生产发展中创造财富得来钱,而是从别人的口袋里转到他的口袋里。靠这个炒作来让一个民族富起来,这就像拔着自己的头发要离开地球一样,这是不可能的。美国有个经济学家叫加尔布雷思,他说美国人特别健忘,二十年前被崩盘咬了一口,过了二十年又忘了。我们的忘性更大,几个月就忘了,但是这个不要怪我们的老百姓愚昧。

观众:作家张平谈到反腐败问题的时候,讲了这么一段话,他说现在的知识分子,经常在桌子底下说话,在桌子上边的时候,他保持沉默。因为知识分子当中的某些人,已经进入到这个既得利益的群体,他说知识分子的集体沉默,是导致目前道德滑坡,或者说是道德产生腐败的一个重要原因。那么我想问您,您对这种说法是否赞同?当然了这个问题比较难回答,如果您觉得为难,您也可以保持沉默。

吴敬琏:我想这个没有什么难回答的,你所引用的这种判断,我觉得有偏颇的地方,就是把现在的不伸张正气都看成完全是知识分子的责任。对于我们来说,首先应该要求自己为人们的利益立言,要没有任何顾虑地去说明问题,但还应该考虑到有个环境的问题。所以我要呼吁社会的各个方面,包括政府的官员,要给知识分子、给经济学家敢于直言的这么一个比较宽容的环境。比如说这个基金的问题,其实在中国经济学家里面,正面提出这个问题的大有人在,但是一提出,他们马上就受到了压力。

主持人:您有受到压力吗?

吴敬琏:我没有受到什么压力。

主持人:为什么呢?

吴敬琏:这个我不知道。最先提出这个问题的可能年资比我要轻,也不像我们这些人,经历过"文化大革命",都是老运动员了,没那么敏感。所以他们就会感觉有顾虑。

观众:吴先生您好,我是梁惠星先生的博士生。您是以一个经常唱反调的批评者身份来出现的。但是今天我感觉您是以一个保护者的身份来出现的,从这个角度来讲,吴先生您是不是也是一个法学者呢?

吴敬琏：不是，法学跟我们这一行不同。我们很多事情不懂，法学是研究一个社会的规范，而且这个规范是由国家的强制力量来执行的，角度是不同的。但是我们目标是共同的，就是要把我们这个社会主义市场经济建设起来，而且让它非常健康地运转。

观众：我是中国人民大学的博士生，我请问吴老师一个问题：中国在加入世贸组织以后，允许银行业的资金介入股市，那么在这个问题上，会不会导致新一轮的基金黑幕？也就是说在现有的基金黑幕上，会不会又有一只幕后的黑手伸进来？

吴敬琏：银行资金通过信贷可以进入股市，这对我们的宏观经济政策，就是货币政策提出了很严重的挑战。在掌握货币政策的时候，一定要注意仔细观察是不是出现了通货膨胀的苗头。还有一个就是资产价格膨胀的苗头，如果出现了资产价格膨胀的苗头，那这个货币政策就要适度地收紧。

原文摘自《CCTV 对话》，2001 年 4 月 16 日。　　鉴赏编写：刘　弘

38. 好莱坞电影时代的终结
——罗波特·爱伦在清华大学的对话
(2001 年 5 月 11 日)

【格言名句】

我最喜欢的电影，应该说是对我人生有触动的电影。每个人都会有一些与电影密切相关的人生经验，关键不在于电影本身而在于和你一起看这部电影的人。

——罗波特·爱伦

【文章导读】

本文择自 2001 年 5 月 11 日罗波特·爱伦先生应邀到清华大学，对清华大学师生作了题为《好莱坞电影时代的终结》的讲座，并回答了师生的提问。原讲座分为演讲与演讲后的对话两个部分。

罗波特·爱伦(Robert Allen)，国际著名电影电视学者、北卡莱罗纳大

学美国研究所教授,是国际电影电视和美国文化研究方面的权威人士。他先后担任过艺术与科学学院副院长、美国学协会论文评奖委员会主席、美国《电影学报》编委等职位。他在电影和电视艺术领域发表过十多部有影响的著作。

罗波特·爱伦在20世纪九十年代写一本关于好莱坞电影的书。在撰稿过程中他发现十五年来好莱坞电影业发生了很大的变化,传统的电影研究方式已经跟不上现实的变化。大多数美国人也不那么沉迷于电影,不再去电影院看电影了。好莱坞电影业不再是仅仅为电影院里的观众制造电影这么简单。那么究竟好莱坞电影业该如何应对市场的变化?发生了什么革命性的变化?这些都是文化界应该关注的问题。

罗波特·爱伦认为,"我最喜欢的电影,应该说是对我人生有触动的电影。每个人都会有一些与电影密切相关的人生经验,关键不在于电影本身而在于和你一起看这部电影的人"。在对话中,罗波特·爱伦从人口统计理论、技术革新和美国"核心家庭"瓦解三个角度,详尽剖析了好莱坞电影业所发生的"革命性变革",并得出结论:

好莱坞电影虽仍然存在,但它"再回不到过去以电影为本的辉煌时代了""人们仍然会去电影院,但是在电影院放映电影的作用改变了,超出了电影业本身并成了其他产品的广告"。

罗波特·爱伦对好莱坞电影的历史、现状和发展趋势的研究至深至透,有独到的见地。在他的视野里,好莱坞电影时代的"终结",主要原因在于美国人口组成的变化、技术的变革,以及在此影响下的美国社会尤其是美国家庭的变迁等三大因素。

他在讲述中,并未单独地论述每一因素的作用,而是别具匠心地将三个因素巧妙捏合在一起来阐释,以此强调合力作用导致好莱坞电影业的"衰退"的观点。讲人口组成变化时,他谈到电视机的产生、录像机的出现,以及电脑和数码技术的应用;谈人口出生率变化时,认为口服避孕药的问世改变着美国妇女的生育观,只生第一胎现象在美国成为普遍;讲到离婚率上升致使美国"核心家庭"瓦解时,再次谈及电影录像带和其他专利产品对家庭和孩子的巨大影响力。正是基于这样的研究,他断言:"好莱坞电影业已进入尾声。"

演讲结束后,清华大学听众踊跃提问。面对一些尖锐的发问,罗波特·

爱伦胸有成竹,机智而又幽默地一一作答。有人提问:"您不认为广大的国际市场仍然足以使好莱坞继续生存下去吗?"他大声回答:"这个问题问得好。……'新婴儿期'的孩子总会长大,他们将为电影业带来阶段性的繁荣,但是,无论如何,好莱坞电影再也回不到过去的以电影为本的辉煌时代了。"这里一个"再"字凸显强调作用,强化了自己的观点,使听众入耳凝心,回味无穷。

罗波特·爱伦还认为,随着电影业的变迁,人们对电影的研究也要发生变化。电影研究是一门文化研究的科学,应当包括社会学、经济学、人口统计学,等等。

【主题演讲】

15年来,特别是在90年代,我一直在写一本关于好莱坞电影业的书。在这个过程中,我发现90年代是好莱坞电影时代的最后10年。为什么这么说呢?15年来好莱坞电影业发生了很大的变化,传统的电影研究方式已经跟不上现实的变化。好莱坞电影业不再仅仅是为电影院里的观众制造电影这么简单;大多数美国人也不那么沉迷于电影,他们不再去电影院看电影了。

今天,我主要想谈谈,好莱坞电影业发生了什么革命性的变化,以及两三个促使好莱坞进行变革的社会原因。首先,是人口组成的变化。其次,是技术的变革。最后,在前二者的影响下美国社会的变迁,尤其是美国家庭的变迁。因此,在讨论好莱坞电影时代的终结过程中,我们将涉及人口统计学——特定时期里社会人口的年龄组成、技术革新以及社会变迁。

现在,只有28%的美国人每个月看一次电影。这是很不寻常的变化。1929年的时候,有声电影刚刚问世,80%的美国人每个月看一次电影。从80%下降到28%。到1999年,美国的电影观众减少了1 900万,相当于整个澳大利亚的人口。这主要指买票进电影院看电影的美国电影观众。美国的四大电影连锁发行商中的三家已经很不景气。每四部好莱坞电影只有一部能靠票房收入收回成本。此外,电影业在不断扩展的媒体市场中所占的份额越来越小,1998年,好莱坞当年最热门电影的利润首次不敌一个电子游戏。

为什么会出现这种变化?首先,我们要知道自从二战结束,美国的人口组成发生了很大变化。好莱坞电影业在战后也发生了很大的变化,主要是因为两个原因:一,1948年通过立法促使电影制造和电影发行分离,制造商不能同时也是发行商,从而不是什么电影都能发行赚钱;二,电视的出现。1948年电视进入美国人生活的主流,到1959年几乎所有美国家庭都拥有一台电视,而在这11年里,电影观众的数量缩减了一半。那么,好莱坞电影业是如何在50年代、60年代比以及70年代维持下去的呢?原因是我出生了。

1946年到1964年之间,美国人口出现了有史以来的一次增长高峰,也就是众所周知的"婴儿潮"(Baby Boom)。我就是"婴儿潮"的一代,1946年到1964年之间,一共有7 600万婴儿出生。因此,1959年,好莱坞决定为"婴儿潮"一代制作电影,特别是针对男性白种人。因为,13岁到25岁的白种男孩去看电影的频率比任何其他人口组成要高上4至6倍。从60年代到80年代,每年都有大量的人口进入13岁到25岁年龄段,比例占人口比重之高是前所未有的。自然,他们当中的白种男孩成了好莱坞电影观众的主力军,好莱坞的电影制作也就迎合这些观众的口味。当时最典型的一部电影是"*Easy Rider*"(《轻松骑士》),这部电影对现在的年轻人来说很陌生,但是在1968年这部讲述嬉皮士和摩托车党的电影取得了辉煌的票房成绩,那时我18岁。这部由独立制片人制作的低成本电影的成功使好莱坞认识到,为18岁左右的年轻人制作电影是有利可图的。这也是电影与电视争夺市场的新机遇,《轻松骑士》这类电影里面的语言和所涉及的关于性的内容是不可能在电视上看到的,而这恰恰迎合了我们这一代年轻人的需要。同时,电视制片商采取了完全不同的策略,他们的节目是做给家庭看的,适合父母和孩子一起收看,而这时期的电影是做给13岁到25岁的年轻人看的。电影业循着这条轨道走到80年代中期就再也行不通了,因为"婴儿潮"在1964年逐渐消失。

60年代早期,大多数人口统计学者预计美国人的生育率会持续上升,因为在"婴儿潮"期间出生的妇女会像她们的母亲一样生育下一代。但是好莱坞没想到,"婴儿潮"一代的女性和她们的母亲完全不一样。1964年到1977年间,婴儿出生率达到了美国20世纪的最低点,美国从"婴儿潮"时代进入了"逆婴儿潮"(Baby Bust)时代。因此,到了80年代中期,好莱坞电影传统的目标观众群——13岁到25岁的白种男孩在人口中占的比例越来越小。

危机出现了,因为制作电影的成本、电影明星的片酬、发行电影的费用持续攀高,而买票看电影的观众却越来越少。不仅如此,好莱坞还必须适应 80 年代中期出现的新技术。在我那一时代,电视是最流行的科技产品。我清楚地记得 1954 年我购买了第一台电视机,我看的第一个电视节目是 The Lone Ranger。80 年代末,新的音像技术出现了,这种流行科技产品既不属于"婴儿潮"一代也不属于"逆婴儿潮"一代,它属于"新婴儿潮"(Echo Boom)一代。

1977 年,美国的生育率又开始上升,在 1989 年达到顶峰,当年出生人口自 1964 年首次突破 400 万。1977 年到 1994 年,7 200 万个婴儿在美国诞生。这就是"新婴儿潮",也可以说是"回音潮"。为什么呢?因为,"婴儿潮"一代的美国女性普遍推迟了自己的生育年龄。她们是美国第一批能够进入大学、进入职业行列的女性,她们花了更多时间在教育和职业上而不是结婚和生育。另一个促使"新婴儿潮"推迟出现的重要原因是 1963 年口服避孕药的出现,正好在"婴儿潮"的末期。人类历史上,女性第一次可以自主控制生育,而 60 年代、70 年代和 80 年代的许多美国妇女都是这么做的。因此,"新婴儿潮"是"婴儿潮"和"逆婴儿潮"女性只要一个孩子的结果,这一代婴儿大多数是第一胎。在 80 年代中期,女性又开始生育,但是都只要第一胎。

这个时期还出现了我前面提到过的技术革新,而这项技术革新却几乎完全被美国电影学者忽略了。那时,人人都期待着要看乔治·卢卡斯拍摄的科幻电影,他的科幻电影集中了当时最先进的电脑和数码技术,人们都期待着出现更先进的技术。但是实际上,好莱坞电影的变革来自一种在便利店花 69 美元就能购买到的技术——录像机"VCR"。1975 年录像机进入美国,但是 1975 年到 1983 年间,录像机有两种互不兼容的制式——索尼的 BETA 制式和松下的 VHS 制式。用 BETA 制式的录像机无法放映 VHS 录像带,用 VHS 制式的录像机也无法放映 BETA 录像带。因此,1983 年以前,只有大约 10% 的美国家庭拥有录像机。然而,1983 年到 1987 年间,美国家庭的录像机拥有率从 10% 陡升到 50%,其中 80% 增长量是在 34 个月里实现的。这是怎么回事呢?当然,发生了很多事。首先,BETA 制式的录像机不敌 VHS 制式录像机而被淘汰。其次,用家庭录像机录下电视节目被合法化,这是美国立法历史上重要的一页。第三,录像带的播放时间从 1 小时延长到了 4 小时,这意味着可以用一盘录像带录下一部完整的电影。最后,录像机的价格从 1 200 美元降到了 300 美元以下。我和我妻子 1979 年结婚,当时我们花了 1 200 美元买一台录像机,这可是相当大的一笔投资。1983 年,我买了第三台录像机,才花了不到 350 美元。1983 年到 1987 年之间,录像机一下子在美国家庭中普及了。这可以说是在美国历史上普及得最快的一项技术。我们知道,电话经历了 70 年才进入 50% 的美国家庭,而录像机只用了 13 年,特别是 1983 年到 1987 年之间。

录像机的普及带来了巨大的变革。为什么?因为录像带终于成为影视传播的新载体。最初,人们主要使用录像机录下自己想看的电视节目,在自己方便的时间观看。后来,这个技术使好莱坞改变了电影的发行渠道,录像带成为好莱坞电影发行的主要方式,电影录像带租赁业兴旺发达起来。1987 年和 1990 年之间,多数的美国人宁愿到录像带租赁店租好莱坞电影回家看,而不是去电影院看电影。在很短的时间内,好莱坞就意识到他们可以通过发行电影录像带获得利润,问题是租赁录像带为制片商带来的利润是有限的。好莱坞以 75 美元的单价把录像带卖给租赁商,然后租赁商以 3.35 美元的价格出租录像带,他们只要把录像带出租 20 次以上就能挣钱。但是,销售录像带的市场容量只有 50 万,这已经包括了几乎所有的录像带租赁店。在 1988 年,好莱坞的制片商为了赚取更多的利润,决定把录像带以家庭观众可以接受的价格直接销售给消费者。

1988 年,电影"E・T"(《外星人》)的录像带以 29.95 美元的价格发售。环球公司卖出了 1 250 万盘"E・T"录像带,获利 2.4 亿。事实说明以较低的价格把电影录像带直接销售给顾客所获得的利润是没有上限的。1983 年到 1992 年,进行录像带直销发行的电影数量以每年 15% 的速度递增。到 1992 年,已经有 2.07 亿盘好莱坞电影录像带销售给美国观众。这是革命性的变化。在此之前,拥有一部好莱坞电影的拷贝是极其奢侈的,你还得拥有 35 毫米放映机和银幕,只有美国最富有的人才有能力在自己家里放电影。但是到 1992 年,好莱坞靠销售录像带得到的收入比电影院的票房收入还多。出租和销售录像带的利润是电影院票房收入的两倍。并且这种趋势是不可逆转的。

美国人到电影院去看电影的越来越少,即使去电影院也不是去看电影,多数仅仅是为了感受一下电影院的氛围而已。当然,并不是所有的电影都通过录像带发行,什么电影的录像带卖得最好呢?这些录像带的目标观众是像我这样的"婴儿潮"一代和他们的孩子"新婴儿潮"一代。假如把两次婴儿潮期间出生的 7 600 万和 7 200 万人口相加,占了美国总人口的大多数。那么什么类型的电影在好莱坞的制作和销售中独占鳌头呢?迪斯尼,就是迪斯尼!从 1988 年开始,迪斯尼计划每年制作一部卡通故事片——《阿拉丁》、《风中奇缘》、《狮子王》、《花木兰》、《人猿泰山》、《恐龙》……其中《阿拉丁》创造了电影录像带销售的最高纪录。到 1994 年,美国十大最卖座电影录像带的前五名全部都是迪斯尼电影,而且进入十大的电影没有一部是 R 级,即只允许 13 岁以上人士观看的电影。相信大家对好莱坞的电影分级制都有一定了解。好莱坞发现他们可以从家庭观众那里赚取大笔的利润,因此在 90 年代像 *Homea Lone*(《小鬼当家》)这类电影脱颖而出。《小鬼当家》的制作成本是 1 800 万美元,票房收入是 2.85 亿美元,在次年卖出了上千万盘的录像带。《小鬼当家》的成功为好莱坞电影业翻开了新的一页,好莱坞电影进入了家庭电影时代。这些电影的目标观众是"婴儿潮"一代的父母和"新婴儿潮"一代的孩子们。于是,类似的电影大行其道,不仅仅是迪斯尼,其他的制片商也加入这个行列。像 *Ants*、*A Bug's Life*、*Honey I Shrink The Kids*、*Babe*、*Doctor Dolittle*、*Jurassic Park*、*Small Soldiers* 等等,所有这些电影的共同点就是都不被列为 R 级,可以全家老小一起看,而且录像带销售收入毫不逊色于票房收入。这一切促使好莱坞在制作什么电影、由谁来主演、讲述什么故事方面发生了革命性的变化。

90 年代,美国的核心家庭(Nuclear Family)结构开始瓦解。核心家庭是指一对已婚夫妇和他们的亲生孩子,这曾经是典型的美国家庭结构。但是自 60 年代到 90 年代,这种家庭结构因为离婚率的上升而逐渐瓦解。离婚率居高不下的结果造成了再婚家庭(Step Family)的增加。同时,未婚母亲的数量也持续上升,到 1999 年,未婚女性在生育第一胎的孕妇里占了大多数。这意味着美国家庭的定义发生了变化,家庭结构不再是基于血缘或法律联系,而是功能性的。家庭关系不是依靠血缘维系而是依靠形式。这种变化是怎样在好莱坞电影中体现出来的呢?家庭在好莱坞电影中被体现为社会中最重要的独立单元,这个单元不是由血缘或法律关系所建构的,而是由功能决定的。一个人成为父亲是因为他选择扮演父亲的角色,发挥父亲的作用。家庭关系由个人的选择决定而不是血缘。家庭仍然在 90 年代的好莱坞电影扮演重要角色,但是家庭的结构不是核心家庭而是由任意的几个人组合而成的,至于家庭是如何组成的并不重要。90年代的美国,看电影成为体现家庭功能的一种形式。消费文化主导着扮演家庭角色的方式,最典型的方式就是购买一盘关于家庭的电影录像带然后和家人一起看。在大家一起看电影的这个过程中家庭就成其为家庭了。

好莱坞还发现,不仅看电影录像带能帮助实现家庭功能,购买与电影有关的专利产品也是一个有效方式。例如迪斯尼就生产大量的电影附带专利产品,而且大多数都在中国制造的。生产电影专利产品平均每年创造700亿美元的利润。65％的专利产品是为儿童制造的。而好莱坞电影的票房总收入每年只有70亿美元,仅仅是专利产品利润的十分之一。可以说像《星球大战》导演乔治·卢卡斯已不单纯是电影制造商,他还是专利产品制造商。《星球大战》每一集电影的发行都是与其相关的电子游戏、塑胶模型、T恤、玩具等等专利产品的生产密切配合的。乔治·卢卡斯的拍摄动力不是电影本身,而是为了保证注册商标的商业价值。

电影业的变革要求我们的电影研究方式也随之变革。在电影制造史上,电影制造目的不再是吸引人们到电影院去看电影,而是吸引像我这样的父亲去给自己的孩子购买电影专利产品。因为孩子并不在意电影本身,而是自己的玩具。想象一下好莱坞下一个发专利产品之财的机会在哪里? 当然是 *Harry Potter*(《哈里·波特》)。哥伦比亚公司已经准备开拍电影《哈里·波特》,制片人正是《小鬼当家》的同一人。因此,我们研究电影的方式必须革新,好莱坞电影业已经进入尾声,电影业死亡了。人们不再到电影院看电影,电影院能存在下去只是因为美国人热衷于在黑屋子里吃爆米花。我们的问题是,不知道该如何命名这门研究电影的学科。它既包括传统电影研究的所有内容,也包括从电影本身到我女儿的睡衣、麦当劳的儿童套餐、中国制造的儿童玩具等等……这一切电影的副业都应该包括在我们的研究范围之内。这不仅仅是对电影的研究也不仅仅是对媒体的研究,那么这究竟是什么呢?

【对话原文】

问:国际市场对好莱坞有多大的影响? 您不认为广大的国际市场仍然足以使好莱坞继续生存下去吗? 好莱坞电影并没有死亡。

答:这个问题问得好。我的演讲中的确没有涉及这一点,谢谢你帮我指出来。国际市场对好莱坞的确是很重要的。另一点我刚才没有提及的是，好莱坞之所以继续为电影院制作电影是因为"新婴儿潮"一代正渐渐长大，青少年的数量将在人口中重新占据主流，正如我这一代人年轻时的情形。未来十年的趋势都是如此，所以现今像 American Pie（《美国派》）、I Know What You Did Last Summer（《我知道你去年夏天在做什么》）、There's Something About Marry（《我为玛丽狂》）等电影和我刚才说到的电影并不是一回事。为什么好莱坞拍这些电影呢？因为，13~25岁的白种男孩在美国人口中的比例正在上升。为了使今天的话题更全面，应该补充谈谈国际市场和正逐渐长大的"新婴儿潮"一代。"新婴儿潮"的孩子总会长大，他们将为电影业带来阶段性的繁荣，但是，无论如何，好莱坞电影再也回不到过去的以电影为本的辉煌时代了。原谅我不能直接回答国际市场对好莱坞的影响，不过我所了解的是有些好莱坞电影是专门为了投放国际市场而制作的，如果没有国际市场，有的电影明星像阿诺德·施瓦辛格也许会失业了。因为这些电影在国际市场上赚的钱比国内更多。我不敢肯定刚才所运用的人口统计理论是否适用于美国以外的好莱坞电影市场，这仅仅是美国的现象还是国际现象。

问：好莱坞电影是占据主流地位的，那么国际电影的趋势会不会走美国一样的道路呢？

答：我不敢肯定，但是肯定是不会完全一致的。从社会和人口发展的角度来看，人口变化和妇女的社会地位密切相关。意大利的人口出生率降到了有史以来的最低点，意大利是个天主教国家，它的人口变化完全是因为妇女社会地位的提高。因此，我们的研究应该是区分不同文化、不同国家、不同社会里妇女的地位来进行。

问：电影《卧虎藏龙》在奥斯卡获奖，这是否意味着外国电影进入美国市场？

答：这是有可能的。而且据我所知《卧虎藏龙》在中国并不受欢迎。这部电影的导演李安还曾经导演过《理智与情感》这类与他个人文化背景大相径庭的电影，美国味十足。《卧虎藏龙》正是以西方的方式诠释的东方故事，以异国情调来吸引美国观众。美国人对中国电影很陌生，他们对电影的期望仅仅是异国情调，因此《卧虎藏龙》在美国受欢迎。而中国观众对这部电影有其他的期望，当他们发现实际并不符合他们的期望时，这部电影也就不会受欢迎了。尽管我是在研究现代电影,但是我本人还没看过这部电影。我的学生建议我去电影院看,因为《卧虎藏龙》的视觉效果很强。但是每次去电影院我都得带着6岁的女儿,当然只能看她爱看的电影。现在只能等《卧虎藏龙》发行录像带了。不过,我认为这部电影极大地开阔了美国观众欣赏外国风格电影的眼界。美国观众所熟悉的成龙、吴宇森的动作片并不能代表中国电影的风格,他们体现的更多是香港风格。

问:您从人口统计学的角度解释了好莱坞电影业的衰落,但是我还听说过两种说法是:好莱坞失去了想象力和社会责任感。

答:你提出了两个很重要的问题:一是好莱坞制片商的想象力缺失;二是好莱坞制片商的社会责任感缺失。对于第一个问题,我想说的是,好莱坞电影只有四分之一能实现收支平衡。如果你想烧钱,最好的办法就是投资电影,因为你只有四分之一的机会能收回成本,能不能赚钱还是另一回事。因此,所有的好莱坞制片厂所竭力追求的就是降低风险。如何降低风险呢?就是制造具有最大进入市场几率的电影,或者制造人人都愿意自己的兄弟一起去电影院看的电影。例如,耗资一亿美元拍摄的 *Titanic*《铁达尼号》,它是历史上第一部票房收入以十亿计的电影。不仅投资可观,他们对演员的挑选也是周密策划的。为什么选择莱昂纳多·迪卡普里奥和凯特·温斯莱特主演《铁达尼号》呢?因为他们最吸引十几岁的女孩子。为什么《铁达尼号》获得如此成功呢?因为这部被定为PG13级的电影,吸引13~93岁的人观看。只要年满13岁就可以去电影院看这部电影,这对《铁达尼号》而言十分重要,因为正是这些13岁以上的女孩子们一遍又一遍地到电影院去看这部电影。

制造艺术电影也是可以赚钱的,例如独立制作的电影,但是前提条件是尽量降低成本、降低风险。例如《我为玛丽狂》,它的制作成本是两百万美元却赚了上亿美元的利润。我们还必须了解一点,其实所有制片厂都属于像默多克这样的大型的跨国公司。所以电影制造只是各个大型媒体帝国里的一小部分而已。制片商的运作总是与母公司的其他产业密切配合、是为其他产业服务。同时电影制造通过与电视、网络、软件、电子游戏等产业的合作来降低自身的风险。

至于好莱坞电影的社会责任感,比较婉转地说就是"胡说八道"!我不认为好莱坞电影是出于社会责任感,他们只考虑商业利益。我们不能指望靠好莱坞电影来灌输什么先进的家庭观念。

问：中国每年从好莱坞进口十部大片，票房收入比国产电影要高，怎么说好莱坞电影死亡了呢？电影是人类梦想所在，好莱坞电影所创造的美和力量是其他电影无法取代的。如果说好莱坞电影终结了，那么谁能取代它呢？

答：我这个演讲题目或许有点煽情，我并不是说好莱坞电影终结了。过去我们认为好莱坞电影业是为美国电影院的观众提供电影的，制片商心目中的观众是13～25岁的白种男孩。我要说的是，这个逻辑已经站不住脚了。好莱坞电影仍然存在，人们仍然会去电影院，但是在电影院放映电影的作用改变了，超出了电影业本身并成了其他产品的广告。

问：我想知道您将如何回答您在演讲结尾提出的问题，研究电影究竟是哪一门学科？

答：我在美国研究所工作，因此有机会对美国家庭结构的变迁有所研究，有机会研究美国家庭和文化在过去二十五年里的关系。电影研究包括了社会学、经济学、人口统计学等，如果一定要说是哪一门学科，概括地应该说这是文化研究。问题是，文化研究在美国必须有明确的含义、明确的文字解释。我要求我的学生要注意日常生活，思考电影、电视与个人的关系。

问：您所期望的电影是什么样的？您最喜欢哪一部电影？

答：短时期内，美国的电影仍然是以家庭观众为目标《美国派》会不断地有续集，青少年观众将成为主流。长远来看，我不能确定，二十年后电影院都不知道是否还存在了。

至于我最喜欢的电影，应该说是对我人生有触动的电影。每个人都会有一些与电影密切相关的人生经验，关键不在于电影本身而在于和你一起看这部电影的人。在我的人生中占有一席之地的电影是"Sound Of Music"（《音乐之声》）。为什么呢？这大约是1965年的电影，当时我16岁。我是乡下一个贫穷家庭的孩子，《音乐之声》在离我家二十英里的一个大城市里上映。那时候我梦寐以求的事就是和一个家里比我富有的女孩子约会。我惟一能想到可以打动她接受约会的办法就是带她到市中心去看《音乐之声》。因此，我们的电影研究是应该和每个人的生活联系起来，把研究建构在这些电影、电视、音乐、电子游戏和个人经历的关系上。我要求我的学生每看一部电影都要写感想,我为他们布置的第一个题目就是"你最喜欢的电影"。他们所谈到的并不是什么理论,而是个人经历,比如"我和父亲一起看电影"。

问:《花木兰》是一部以美国方式讲述中国故事的电影,您认为这是好莱坞变革的一种模式吗?

答:我对中国了解不多,不能很好地回答这个问题。不过我认为迪斯尼仅仅是利用了这个故事的内容而已,与中国文化无关。因为这是讲述一个女孩扮成男孩的故事。一般认为吸引男孩进电影院比吸引女孩要容易,因为女孩会去看男孩的电影而男孩不会去看女孩的电影。因此,迪斯尼考虑的是什么故事能同时吸引女孩和男孩,而《花木兰》正是他们想要的故事。

问:什么中国电影能进入美国主流市场?

答:美国电影能进入美国市场。世界其他电影业所面对的问题是美国电影市场难以进入。没有其他国家能够投资拍摄《铁达尼号》这样的电影,也没有其他电影市场能为这部电影带来数以十亿的票房收入。好莱坞电影的阴影仍然笼罩着其他国家的电影业。其次美国的媒体市场是世界上最大的绝缘体,我们看的外国电影比你们看的美国电影要少得多,美国电视台的黄金时间从来没有播放过一个外国节目。中国电影并非在美国电影市场中完全没有立足之地。它可以拥有一部分特定的观众。中国电影业必须首先在国内发展起来,在国内市场能赚到钱才能保证在美国市场上不赔钱。

问:您说二十年后电影院可能会消失,有没有可能是被新型的电影院代替了呢?

答:这是有可能的。电影院不一定非得用来看电影。首先,技术的发展使电影可以通过数码技术来拍摄存储;其次,数码技术使通过卫星传送电影成为可能。只要解决了传输过程的信息保密这就是可行的。不仅如此,我们还可以通过卫星传输电影以外的东西到电影院,比如棒球比赛、拳击比赛。这样电影院就能继续生存下去,人们仍然会到电影院去吃爆米花,只不过不一定是为了看电影。

原文摘自罗波特·爱伦著:《好莱坞电影时代的终结》,林望道编:《在清华听演讲》,立信会计出版社,2014 年 6 月版。　　鉴赏编写:徐德成

39. 如果你真想致富你必须要有财商
——对话《富爸爸,穷爸爸》作者罗伯特
(2001年8月26日)

【格言名句】

勤奋工作有两种情况,一种是努力工作十年却一无所获,这是没有财商的表现。但如果你努力工作后拥有更多的金钱和自由,这就是更聪明的方式。

——罗伯特·清崎

【文章导读】

《富爸爸,穷爸爸》的作者罗伯特·清崎生长在夏威夷,是第四代日裔美国人。他给读者带来一个全新的名词——财商。罗伯特·清崎指出,财商是致富的关键,不同财商导致不同的人,缺乏财商会导致贫穷,现行学校教育制度无法完成财商教育。他把人群划分出 EBSI 四种人生类型:E 代表雇员;B 代表企业主;S 代表自由职业者或小企业主;I 代表投资者。他认为只有实现向投资人的转变才能真正实现财富自由。

《富爸爸,穷爸爸》一书,将世界上所有的父亲分为两种——富爸爸和穷爸爸。在论及"勤奋致富"时,罗伯特·清崎指出"勤奋工作有两种情况,一种是努力工作十年却一无所获,这是没有财商的表现。但如果你努力工作后拥有更多的金钱和自由,这就是更聪明的方式"。

《富爸爸,穷爸爸》一书的出版强烈冲击了人们传统的理财观念,引起了广大读者的兴趣。《富爸爸,穷爸爸》一书 1999 年 4 月在美国出版发行,仅仅半年时间就创下了销售一百万册的纪录。目前,该书英文版销量已超过两百万册。该书共有十五种译本,全球销售量超过 500 万册。

罗伯特·清崎的生平验证了他的财富理论。他出身于教师家庭,大学毕业后加入美国海军陆战队,被派往越南战场。1977 年清崎开始自己的商业生涯,创立了一家公司制造尼龙钱包,取得了相当大的成功。后来他在商业上经历了三次大起大落,最终于 1985 年第三次成为百万富翁。清崎在生

活的实践中深感"有产者"与"无产者"之间的鸿沟不断扩大,四十七岁那年他退休了,专心从事他最喜欢的事情——投资。他还发明了一种教育玩具——"现金流"纸牌游戏,用它教人们去玩"金钱游戏规则",培养人们的财商,因此被誉为"百万富翁的教父"与"金钱教练"。罗伯特·清崎同时热衷于教育。1985 年,他与别人共同创建了一家国际教育公司,并在七个国家设有办事处,向广大群众教授商业和投资课程。他主持的节目在全美播放长达一年,以传播他的教育理论。

在中央电视台 CCTV《对话》节目中,罗伯特·清崎讲了许多具有独特性的观念和思路,这些不一定都被人们认同,但却能给人启迪、令人思索。在对话中,罗伯特·清崎谈到了要致富首要的就是"要对自己诚实",拽住了让人成为世上富人的思维基础。对于财富,罗伯特·清崎特别地提到了智商与财商的差别,为此这篇对话分别从"让人致富的机会稍纵即逝""清崎的金钱教育法则""30 年学会金钱的语言""这是一个谈金钱不再脸红的时代"这四小节内容论及了致富途径的机遇获取、教育法则、金钱语言、赚钱策略等现场观众极为感兴趣的话题,指导人们要为未来的财富创造进行未雨绸缪的积极准备,并告诉人们,这样的思考也是抓住了现今中国的发展机遇,真正可能将穷爸爸的智商之道与富爸爸的财商之道融会贯通。总之,罗伯特·清崎与主持人及专家、观众的对话非常坦诚、直接,既联系自身的人生经历,同时也让现场观众遥望到可以实现的致富之路。

【对话原文】

主 嘉 宾:罗伯特·清崎 畅销书《富爸爸,穷爸爸》作者
客座嘉宾:刘持金 诺基亚(中国)投资公司高级副总裁
          宋南男 欢乐传媒公司副总裁
          杨怀定 证券投资人
          钟健夫 自由职业者
主 持 人:沈 冰

让人致富的机会稍纵即逝

主持人:我们《对话》栏目通常都是由一个人或者是一件事说开去的。那这一回呢,我们的节目创意却是来自一本书。这本书就是清崎先生所著的《富爸爸,穷爸爸》,在这本书中给人印象最深的就是一个新概念——财

商。现在真是一个充满商机的时代,你看我们前面出现了智商,后来又有情商,这还没搞明白情商怎么回事的时候,又出来一个财商,你们是怎么看这个概念的?

刘持金:就我个人的理解,财商概念的引进,至少能够很明确地、有意识地唤醒很多人去注重对理财知识、财务知识的学习和掌握,我是这样来看待的。

宋南男:我对财商这一概念的提法有一点点质疑,因为我感觉不论我们过去谈智商还有情商,好像里面多少都带有一点点所谓先天的概念。财商给我的感觉好像是说,包括这本书里的介绍,更多的是来自于后天。

杨怀定:我是没有大学学历的,但是我有财商,我从一无所有,从买卖国库券开始。有财商,大概也是上海人的标志。我认为善于管理自己或者是说善于捕捉机会的人,都是财商高的表现。

钟健夫:我本人是没有财商,因为我大概只有营销和销售方面的念头,对财商、发财,我从来没有暴发的想法,我觉得一天到晚想钱的人都是有问题的。

主持人:杨先生是不是一天到晚想着钱?

杨怀定:其实一天到晚想着钱并不能带来钱,我也是无心插柳柳成荫的,因为我就想捞个生活费,没想到后来的股票涨了这么多。

刘持金:其实理财的教育我觉得都可以从实际操作上来教给你,也可以从学校学来,当然从学校学来的东西还要经过实践去提炼。但是我们也看到,很多成功的企业家也好,或者在华尔街上大的投资银行家也好,很多都是接受一流的教育,而不是二流的。我见到的知名的投资银行家,真正的这些能够左右世界经济风云的人物,非常多的都是受过良好的教育,所以我觉得教育的重要性应当是体现在财商教育这一面。

宋南男:比尔·盖茨当年决定退学的时候,是财商来帮他下决心呢,还是智商来帮他下决心? 我认为是智商,我认为是智商来帮他下这个决心。

主持人:刘先生,他(宋南男)似乎觉得像比尔·盖茨这么有钱的人,他都不是靠学校教育得来的。

刘持金:实际上不仅比尔·盖茨,比方说迈克·戴尔——戴尔计算机的首席执行官,他也跟比尔·盖茨非常类似,也是在读到大学三年级快四年级的时候就辍学了,就退学了,但是这并不等于这两个人没有文化。恰恰相反，我也很赞同您，他们智商可能很高，我觉得我不认为比尔·盖茨也好，或者迈克·戴尔也好，这些人并不是没有文化的。但是这个问题，我觉得有文化也好没有文化也好，我觉得跟理财创造财富好像构不成一个必然的因果关系。

杨怀定：因为这个书我是深刻看过的，不管是穷爸爸也好，富爸爸也好，他们都注重一个什么？讲究学习，只不过是学的方法不一样。我认为，比如说穷爸爸，他也主张学习，只不过是走了一条读死书的路。

主持人：财商在我们生活当中扮演了多重要的角色？

刘持金：无论是选择穷爸爸的建议，还是富爸爸的建议都有一个勤奋、努力的因素，我觉得整个书里面没有谈到这个问题，好像说有财商的人，似乎一下子就掌握了一个特异功能或者一个技巧一样，我们在做股市上，在做房地产就特别能够做得好。我认为很重要的一个因素就是财商是给你提供一个基本的知识，或者是一个能力，最重要的一点，还是要你日后不断地去努力，不断地去尝试。

杨怀定：不管富人也好，穷人也好，第一离不开勤奋。我1988年发现买卖国库券的机会以后，我是日夜睡在火车上的，因为我知道这个机会是稍纵即逝的，我就很勤奋，你不勤奋，这个机会就没了。

刘持金：我想用一个外国比较流行的说法，就是他们叫作水鸭子原则（Ducking Principle）。什么是水鸭子原则？刚才讲到富人好像躺在床上也照样钱生钱。并不是这样，我们看到水鸭子在水面上很平静、很高傲，但是它的脚不停地在动，每秒钟都没停过。所以我们在企业里也常常讲到这个水鸭子原则，看上去无论你在中层高层，还是一般员工，表面上是看不出来的，实际上他这种勤奋创业是每时每刻都在积累的。

杨怀定：用国内的话来讲就是机会永远给予有准备的人。

主持人：四位嘉宾总结一下对财商的认可程度。

刘持金：我觉得应该肯定财商这个概念的出现是有它的社会基础和合理性，这是第一点；第二点我认为财商是可以学习的，就是如果我们把财商定义成一个基本的理财知识、投资的知识，我认为是可教也可学的。

宋南男：在合理的社会结构中，高智商比高财商获取财富的机会要多得多。

杨怀定：本书给人们提供一个综合智力的借鉴，从这本书来看，我是完全赞同。

主持人：其实刚才本书的作者罗伯特·清崎先生他一直在我们楼上的导播间听着，那你们估计一下，他会比较赞同谁的观点？

宋南男：我觉得他赞成了我的观点之后，再把我的观点和他自己书中的观点进行嫁接，他应该还能写出一本更畅销的书。

刘持金：我觉得他也应当赞同我的观点，因为我是把他站在美国看不到的角度的东西跟中国的国情结合起来，来提出财商这个概念，以及把财商的概念跟他的书挂起钩来，这不正迎合了他要推销他这个书，形成畅销书的这样一个想法吗？

杨怀定：我认为如果真实的话，他应该赞同我的观点。我感到我和他的思想非常一致，实际上我就是这一本书在中国的实践者。

主持人：究竟罗伯特·清崎先生赞同谁的观点呢？有请罗伯特·清崎先生上场，很高兴见到您。

清崎：作为一个第四代美籍日本人，我对你们的节目印象非常深刻。美国的金融市场永远不会允许这样的讨论，美国的教育部门也会压制这样的节目，因为这种讨论太坦诚了。

主持人：刚才在您上来之前我问了一下几位嘉宾，不知道您会赞同他们谁的观点。现在您是作为一个评判，如果您最赞同哪位嘉宾观点，请您先跟他握手，按照您同意或者说赞同的次序和程度来跟他们握手，好不好？

清崎：我不能这样做，最重要的一点是我们都有强项与弱项，我们都有聪明的地方也有不聪明的地方。在座的每一位嘉宾在财富的世界中各有强项和弱项，每个人都在尽力而为。我想说的是如果你有很高的财商，你就不需要非得很聪明或者非得有一份高薪的工作，你不需要为了致富而卖力工作。如果说你有很高的财商，每个人从自己的角度出发思考在这个世界上如何能够生存、如何能够成功赚钱，他们要考虑到自己个人的强项和弱项。

主持人：您可不可以非常简单地告诉我们，您的这些书最想告诉大家的最简单的是什么道理？

清崎：最重要的答案是要对自己诚实。首先我就想致富，我必须想办法使自己成为最富有的人。致富有很多途径，随着互联网的出现，你可以有更多的途径致富。但是如果你思维狭隘你就会落后,就像其他很多人一样。现在要开放思想,接受各种新的可能性。现在中国领导着技术的前沿,你必须随变革而动,如果你不随之变动,你就会落后。不管你是 E、S、B、I 哪一类,每个人都可以获得财务成功。如果你得到基础教育的话,《富爸爸,穷爸爸》这本书就是关于金钱的简单的基础教材。

清崎的金钱教育法则

主持人:您觉得最基本的教育应该是来自家庭的,还是来自学校?

清崎:这个问题很好。教育的形式应该有三种:一种是传统教育,这是培养智商的途径。高智商通常表现为很高的学术水准,我在读写能力方面并不擅长;第二种教育是专业教育,成为一个医生、律师或厨师,这也是很重要的教育;第三种教育是理财教育,在美国这是不能谈论的,在美国金钱是一个不好的题材,是罪恶的象征,因此学校教育体制不进行理财教育。对于我来说,当我离开学校后,最重要的教育不是来自学校,我在学校什么也没有学到,我所学的专业是飞行员,但我从未用过它,我不想为航空公司工作。最后一项教育是理财教育,即如何使金钱为我所用,如何成为一个企业主。看看当今世界的富翁,像比尔·盖茨、迈克·戴尔都是在这个象限的企业主,都很聪明,都是很年轻时就从学校辍学,仅仅因为他们想成为企业主,而不是想待在左象限,在右象限必须有很高的财商。

主持人:如果从您的这张图表来看,左边和右边的人财商是不一样的,是不是就决定了他们会有不同的人生道路?

清崎:右象限的人只占美国总人口不到 5%,只有 5%,这个比例很小。对于右象限的人来说必须要有财商,必须知道如何看财务报表。因为资产分为三类,一是创业,二是房地产,三是证券或期权,像杨先生从事的职业。以上三类都要求具有基本的财商以便在右象限求生存,而对于左象限的人而言不需要努力生存。

主持人:杨先生说怎么好像清崎先生下来之后反而话倒不多了,其实我偷偷告诉您一个秘密,刚才我们听说清崎先生在楼上的时候,对您的观点是赞赏有加,太同意了。

杨怀定:我现在看了以后大大地失望,为什么。他讲的都是 Yes,Yes,没有观点,没有反击,我都怀疑这本书不是他写的。

主持人:您怎么样来向他证明,这本书就是我——罗伯特·清崎写的?

杨怀定：这肯定我相信，我插一句，但是他在书里面的观点和上台的观点判若两人。

清崎：现在你们身处世界上最好的国家，是选择右象限最好的地方。当人们对我说你在中国不可能致富，我告诉他们，你看到的仅仅是今天的情况，你应该看看中国十年前与今天的差别，这是最佳的投资地点，美国人都来（投资）了，欧洲人也来了，中国是投资的最佳地点。如果你现在不增长知识，你将错过历史上最大的一次机遇。我对他们说不要冒险，要提升你的教育，但不要错过这个机会。你们生活在最好的国家、最好的地方，如果你想致富现在正是时机，而不是在十年前，对吗？这是你应该投资的地方。美国经济下滑，日本经济早已不景气，菲律宾经济完全崩溃了，因此中国才是最佳投资地点。保持开阔的眼界，提升理财教育，中国的机会比世界其他任何地方都多。

主持人：在您书中提到了财务自由这个概念，追求最终的财务自由似乎是一个目的，这个财务自由究竟意味着什么？

清崎：嘉宾们提到了勤奋工作，勤奋工作有两种情况，一种是努力工作十年却一无所获，这是没有财商的表现。但如果你努力工作后拥有更多的金钱和自由，这就是更聪明的方式。各位先生努力工作，最后越来越富有。但如果你只是一名雇员，你努力工作，却得不到（相应的）经济回报，财务自由意味着你努力工作十年左右之后挣钱就越来越容易，越来越多，冒的风险却越来越小，挣更多的钱，成本却更低。刚开始的时候你得花费大量的财力、心血和学习时间，承担大量风险，却只能赚很少的钱。但如果你继续干下去，最终情况会好转。

主持人：您可以告诉我们，在实现了财务自由之后您的下一个目标会是什么呢？

清崎：财务自由最重要的是同等的回报，我来到中国内心深感快乐和兴奋，能将富爸爸给予我的再给予你们。美国不会允许谈论这样的话题，像在座各位这样坦诚地谈论。今天，财务自由使我心灵快乐，因为它带给我足够的自由。我能来到这里回报富爸爸给予我的（教育），我真的很开心，这对我是有意义的。

30 年学会金钱的语言

刘持金：我想问他一个问题，他在书中讲到一个基本的概念，一个是资产,一个是负债。美国人的负债是全球第一的,不要说跟中国人比,就是跟德国人比、跟日本人比,那简直是负债累累。从开始大学毕业,甚至是大学还没毕业,学费都是贷款的。那么这个情况我觉得清崎先生写的这本书来解释尽量减少负债,尽量增加投资或者资产是很有意义的。所以我想问他的就是说,在中国这个社会上,我们处于一个完全不一样的情况,我们都是现金的,家里的存款、买房子也好,基本上是有多少力量能够做多少事。那么这一点上,会不会他这个书对他预期的在美国的这种指导意义就小了很多?

清崎:你必须从长远的角度来看待中国,十年前绝不会播放这样的节目。现在中国进步很快,城市比美国还要现代。十年以后中国的金融市场(划分)会更精细,我是这样认为的。钟先生已经在进行借贷,(贷款)已经开始了。我认为我们需要做的不是为今天做好准备,而是为明天做好准备,中国的前景非常光明,请不要错失良机,这是一个巨大的机遇。现在的机会就像1990年左右的纳斯达克,中国正在快速崛起。与中国一起,灵活应变、持续增长,不管国家发展到何种程度都要随之成长。

宋南男:您最初是用几千美元投入,大概是用了几年的时间就变成了几百万,有了五百万以后,再把它翻一千倍需要花多少年?

清崎:当今世界的实际情况是,就像技术发展越快金融市场发展越快一样,你的财商越高就能越快致富。我整整用了三十年的时间才学会了金钱的语言,截然不同的词汇。你学会的金融术语越多你就会越快致富。有一天我给我的经纪人打了一个电话,只花了三分钟,我说给我做一笔 Naked Put(无担保认沽),多数人不知道这是什么意思,但是我三分钟就赚了五千美元,多数人可能一个月都挣不了这么多钱,我三分钟就挣了这么多钱。所以你的脑子越快你的回报就越高,我学习的是金钱的语言而不是日语,金钱是另外一种语言。

主持人:几位嘉宾同意他的观点吗?金钱其实是另外一种语言。

刘持金:在西方的管理里面我们通常都讲会计学或财务学是任何一个企业的一个语言。因为我们说,比如我们讲一个企业,盈利了还是不盈利,那么利润表达的方式有哪几种方式,这都有比较专业的一些术语,我想这应当是清崎先生他讲的所谓商业语言的意思。

清崎:金钱是一种不同的语言,一个技术投资者与一个基础投资者的语言就不一样,房地产投资人的语言与我们企业主的语言也不一样。所以我的富爸爸告诉我要学习三种语言,企业家语言、房地产语言、技术投资和基础投资的语言,学会这些语言之后我在市场中博弈就有了巨大的信心。这并不意味着我就不会失败,但我可以很快地得到很多回报,可以很快地弥补我的损失。

主持人:进入股市投资的话,如果您作错一个决定的话有可能是倾家荡产、血本无归。

宋南男:不要把所有的鸡蛋放在一个篮子里。

杨怀定:不对,这个问题应该我来说。我知道没有信心的人是不把鸡蛋放在一个篮子里,我是经常把鸡蛋放在一个篮子里面,这是有信心的表现。

钟健夫:我插一句,其实你这个思想我发现罗伯特是礼貌地赞成了你的观点,纯粹是个礼貌地回应。

杨怀定:第一个,从他上台到现在的表现都是外交手段的表现;第二个,他现在心里在笑,有的人在问他五百万能翻多少,实际上他现在是没有动用任何一分钱投资,这本书就从0翻到了1 000万,你说这个值多少倍,但是付出的是智力——看不见的成本。

清崎:正如我刚才所说,每个人都有不同的致富途径。致富的方式成千上万,最重要的是找到最适合你自己的途径。说到礼貌问题,我并不是出于礼貌,我最大的投资项目就在中国,我就在这儿。我并不仅仅是说说而已,我在内蒙古有大量的土地,我用自己的钱在中国投资,在过去的三年中,我投资了三百万(美元),我热爱中国。

刘持金:你有教育方面的投资吗?

清崎:这本书就是(我在教育方面的投资),我不是有意为之,我没有想到会参加这个节目,我和妻子一起来的。我对她说,谁能相信这样的事情,因为我写的这本书。我写这本书仅仅是因为想阐明富爸爸告诉我的(道理),并没有其他的动机。现在我赚钱更多,因为我想给予更多,这可以称之为回馈法则,它意味着你付出越多得到的回报越多。大多数人想通过节省来致富,他们尝试节省。日本人很节省,经济却崩溃了。如果你真想致富你必须要有财商,这样你才会慷慨,才会大量付出,因此才会获得更多。世界上最富有的人总是大量付出,他们因此而富有,你可能并不喜欢他们的付出,但他们仍然因为付出而富有。我并不是直接想赚钱,我觉得自己很幸运,这一切已经大大超出我的梦想。要是我爸爸在此,他会说,天哪,儿子你在做什么? 我简直难以置信。这是我的好运和福气,我确实也从中赚到了钱,但我的初衷是只想付出,我坚持这一点。所以我刚才讲到的一切都是非常真诚的,我没说假话,我深感荣幸。

刘持金:跟他书中所表达的观点有一点不一致的地方,在哪儿呢? 书中他口口声声讲,教育没有那么重要,但是他一开始就讲这些基本的教育,尤其谈到当今在全球的资本市场一些最新的融资、投资的手段,很多做法,如果你没有一个良好的训练和学习的话,你天天跟着股票市场走是不可能的,那永远落后。所以这一点我想来验证教育的重要性,以及学习是终身的学习。

清崎:是的,非常对,这一点恰恰书中没有具体讲到。

宋南男:包括现在,这个我说一句,包括好像我们现在的股民如果要想能够看懂我们上市公司企业的年报的话,恐怕更要学会看财务的现金流量表。

钟健夫:我觉得他并非是说不要教育,他的问题是你究竟要接受谁的教育,他建议你接受富爸爸的教育,接受他的教育。

清崎:我同意他们所有人的说法,是,我是同意。

主持人:但刘先生指出了你书中的错误,杨先生既有胆略又有头脑,他通过实践学习,宋先生是通过上学学习。这是两种不同的学习方法,我们的学习方法各不相同,最重要的一点就是永不停止学习。

刘持金:一个重要概念,我觉得需要让读者认清楚的就是这个书中的这4块不是一个截然分开的东西,因为这很容易误导大家。我今天是员工,我不做雇员了,我要挣钱,我自己去创业或者我自己去投资。像我刚才一开始讲的,我觉得这4个实际上是一个多元性的,可以是互相渗透的。比如你是员工,你也可以是投资者,我想让作者本人能够承认我的这样一些观点,包括所有的都可以是投资者,这样画出来大家非常清楚。

清崎:如果我只是一个企业主不是一个投资者的话,我也会很穷。你是一个雇员,他是一个投资人,他是一个自由职业者,都可以当投资人。你需要选择水平,或者垂直的任何两个象限,你自己作出选择。但不论如何选择你都可能致富,即使你只是一个看门人,但你投资做得很好你也可以发财。刘先生这一点比如说微软公司,讲到比尔·盖茨这个故事的时候,微软公司在它成功之后，他们公司内部的员工成为百万富翁的不下一百人，都在左边，但也有右边。所以我觉得我不希望我们的读者因为这个书的出现说截然分开，我辞职了，我下海了。

这是一个谈金钱不再脸红的时代

主持人：在场的观众有多少是看了清崎先生的书？观众们几乎都看过您的书，谢谢。他们都是您的读者，今天也是带了很多问题来的，接下来我们就来让他们跟您交流一下，好不好？

观众1：我可能是一个非常典型的在您讲的E象限里面这样一个人，我接受大学教育，然后非常努力地工作，然后来做更高的职位，而且在公司里做到比较重要的职位。您觉得您对中国年轻人的这种建议，您觉得在一个工作里面特别需要去提升的一种技能，还有这种知识在什么地方？

清崎：我可以很快回答你，你需要作出决定在哪个象限有更好的成功机会。如果我认为我在这儿能获得成功，那我会成为雇员，但我知道我应该走企业主这条路。所以你应该尽早决定选择哪个象限，这就是你应该学的。成为一个好的企业主或投资人得花上五年时间，所以做好你白天的工作，也许你可以再做一份兼职，像惠普的创始人在车库创业，戴尔在大学宿舍里开始他的电脑事业，因此你可以从兼职做起。但是如果你想成为一个杨先生那样的投资者，保证你日常工作的同时做一份兼职成为一个好的投资者，将花费你五年的教育和实践，但是你必须现在就投入时间，而不是等到以后。但是我意识到你会越来越忙碌，你在左象限越成功你的时间就越少，你会陷入这样的困境，必须要尽早作出决定。

观众2：我是经济院校的学生，我也看过您的书。如果每个人都去做成功人士，那么谁来做雇员呢？机器人为你工作吗？

清崎：我认为她问的问题是不现实的，我所说的是致富的途径很多，最重要的是选择最适合你的方式去致富，所有这些嘉宾都找到了适合他们的致富方式，他们的生活也许因此而改变。但是我认为最糟糕的事情就是有些人总想得到保证，而生活中并不能够保证你一定成功，如果你想有所保障，你应该为政府工作。如果你不希望有所保障，你才自己闯荡，但是这一切都没有保障。学生离开学校时，他们思想上最不正确的就是误以为会有所保障，你不一定会遇到你的梦中情人，你的子女身体不一定会健康，你的子女不一定会成才，你自己不一定会升职，你也不一定会成功。你为什么会希望有保障呢？这是不现实的，你必须成熟起来。

观众3：对于中国人来讲，他如果去做商业也好或者自己去创业，或者去做投资也好，他如果说生意做败了，他靠什么去救济。

清崎：这是个很好的问题，我写这本书的原因就是因为现在没有任何保障，就像刚才我告诉那位女观众一样，所以我认为你至少应该占据两个象限，这样你才可能安全。如果人才供求中员工离职，他们都辞职了，没人替你做生意，你将付出更大的代价。这个是好事，即使员工不再回来。这是经济供求问题，大家无需担心，重要的是，做你最合适的事，现在就开始学习，你们身处最好的国家，赶上最好的时机，五十年前你肯定不想在中国（投资），十年前你也不想听这一套，但到了今天你想听，我不可能使你致富，你只有靠自己才能致富，靠你自己的思想、行为以及接受教育和求异思维的决心，我不能让你致富，只能给你提供观念，而你观念的转变，是靠你自己完成的。

观众4：您对您的孩子这种教育在什么时候，在十岁还是大学毕业，在什么阶段进行财商教育？

清崎：只要孩子一开始对钱感兴趣就开始教他们理财，我九岁开始接受理财教育，不是教他们如何赚钱，而是教他们如何理财。

观众5：我的父亲是一个律师，在您的分类里面可以算是职业自由者了，但是他的意见就是作为一个中国的小孩子，你首先得让自己安全，他认为安全是第一位的。所以他认为财务自由会让我变得不安全、不稳定，他现在一定在电视机前看。您能不能给他一个建议，就是让我也能去赚大钱，他不许我赚大钱，您能不能给他几句话建议让他转变一下他对我的这种教育方式，谢谢。

清崎：我想你爸爸对你来说是一个大问题。最重要的就是要让你爸爸知道你与众不同，你爸爸和你都必须要实事求是。我最艰难的选择就是不做教师，因为我的家人都是教师，我跟家人说我不想当教师，我想做有钱人，他们感到非常糟糕。我当时只有十四岁，但是我必须要对自己诚实，我不够聪明，所以我不能到这半边（E/S象限，雇员和自由职业），另外一边是蠢人去的地方，所以我决定到另外一半边去。而我在这边干得很好，我家人都很聪明，我不聪明，所以我必须要找到适合自己的道路。我很懒，懒人也适合干企业，在这半边你必须要努力工作，否则就会被解雇，而在这半边，即使你懒的话你还可以自己办公司。

主持人：刘先生也很同意。

刘持金：有一点我非常赞同罗伯特的话，就是说每一个人有自己的强项和弱项，优势和弱势。我觉得你要去客观地分析自己比较适合去做哪一项。

观众6：我说一下，其实谈得多的是贫富的问题还有知识的问题，其实在我们中国的教育还有个道德的问题，不知道您涉及没有。所以我认为对孩子不要有过多这种利益上的东西，孩子不应该是功利的，而应关爱别人。

清崎：许多人还有这样的陈旧观念，金钱是不合法、不道德和堕落的象征，金钱只是我们日常生活中的工具，金钱的坏处并不在于金钱本身，而是（金钱滋生的）贪婪、恐惧和无知，它们才是不道德的。就像一支钢笔可以用来书写好的文字，也可以用来书写不好的文字。金钱就是金钱，穷人有时会认为金钱会让他们堕落，但金钱不会让人堕落，只会让堕落者更堕落，让白痴更愚蠢，让慷慨者更慷慨，这都和金钱本身无关。

观众7：我们投资怎样避免投机或者过度投机？

清崎：每个市场都会出现三种情况，走高、走低和持平，牛市出现时，乐观主义者占了上风；熊市出现时愤世嫉俗者占了上风；股市持平时二者争执不下。这并不造成差异，当股市走低时你能赚到比股市走高时更多的钱，这并没有什么不同。你必须针对三种情况制定三种策略，我喜欢乐观主义者，我也喜欢愤世嫉俗者，因为不管哪种情况我都能赚到钱。我比股市平稳时赚的钱更多，因为市场风云莫测，所以你必须非常聪明。当今世界上最聪明的人都汇聚在华尔街，是的，这是事实，你是在和世界上最聪明的那些人过招，你自己也得聪明才行。或者像宋先生一样雇用聪明的员工，你要找到最适合自己的途径，但不要认为自己会比市场聪明，否则股市会打击你。

观众8：我有一个问题，您看来并不欣赏学校里的好学生，但您又总是在强调学习，那您的财务知识从何而来，从您的经验、从您的失败还是从书本中来？

清崎：我聪明的途径在这儿，我总是雇佣聪明的学生，所以我也变得聪明起来。聪明的雇员教会你在学校里应该学会的一切，所以我雇用最聪明的律师、最聪明的会计、最聪明的证券经纪人、最聪明的房地产经纪人和最聪明的书商，他们每天都会教给我新的东西，所以我一生都在和聪明人打交道。你必须要和会使你致富的人交往而不是和会使你变得贫穷的人交往，这些聪明人来自于各个领域,教育背景各不相同。企业领域并不是由单一的教育构成,它涵盖了各个方面的教育,律师、银行、会计各方面的人才,所以你必须要和聪明人待在一起交谈,我手下有最聪明的人为我工作。

主持人:我听您在回答很多问题的时候都提到一个词 smart,就是你必须要聪明,你必须要财商高。但这个东西您觉得是完全是可以依赖后天的教育来获得的,还是说它真的有一些先天的成分?

清崎:正如我所说的,我的穷爸爸有很高的智商,但我没有;我的富爸爸有很高的财商,我也没有。我必须通过学习来增长知识,我现在已经学习了三十年,我今天干得不错的原因是我每天都在学习学习再学习,通过学习使我自己更聪明。

观众9:如您所说高财商来自于财商教育加上财商训练?

清崎:是的。

观众9:提高财商意味着您加强学习和实践,而年龄越大,人越聪明?

清崎:是的。

观众9:作为一个三十来岁的年轻人我肯定没法挑战您,因为我年纪比您小。假如到了六十岁以后,我可能比你更聪明。

清崎:这和年纪无关,网景公司的创始人二十岁时就成为亿万富翁,比尔·盖茨三十多岁就是百万富翁,这和年纪无关。我们怎么可能只长财商不长岁数?我一直都在右象限内,只给别人打工四年,我选择待在右边是因为我知道这里有我最好的机会,如果我认为左边的机会更好,比如说 S 这一栏,如果我能成为像汤姆·克鲁斯那样的影星,我可能会选择 S;如果我能成为像迈克·乔丹那样的体育明星,我也可能会选择 S;但我既不会演戏,也不会唱歌,也不会投篮,所以我只能做企业主。好机会是最重要的,入门之前就开始学。今天就开始学,你赶上最好的时间、最好的国家,中国(经济)正在增长,不要只看到今天的中国,而要看到中国十年后的景象并作好准备,现在就准备,为了将来的十年。

观众10:非常感谢。我问一个比较私人的问题,您书中提到您和您的妻子在破产之后两个人还共同地生活,同时面对困难,到成为百万富翁到最后实现金融的自由。我是想问您跟您的太太,您的太太是在跟您结合之前就有这种财商的呢,还是说跟您结婚之后由您的教导才有的?

清崎:我太太有财商的话她就不会嫁给我了。我太太和我共同学习,这一点是非常重要的。婚姻基于爱情,但仅有爱情是不够的,还应该学会互相尊重。我们有五年的时间共度患难,所以我对她的爱变成了尊重。到了今天我对她的尊重已经超过了对她的爱,她的财商也不断提高,因为她自己管理着价值二千万美元的投资组合,她不需要我的资助。我们是对方的伴侣,我需要她,她需要我,彼此相爱、相互尊重,但都不需要对方资助,这使我们的婚姻牢固。

主持人:今天我们非常荣幸地请到了罗伯特·清崎先生还有四位嘉宾来到我们的节目现场,虽然我们的讨论最后也许不会达成什么样的结论,但我想这还是一场非常有意义的讨论。因为在若干年前很多人在谈到金钱、谈论财富的时候可能还会脸红,但是今天我们能够以这样一个开放的心态、这样坦诚地来谈论这些东西,我觉得这本身就反映了一种进步。感谢罗伯特·清崎先生为我们提供了一种新的思路、一个新的观念,我也相信今后会有越来越多的中国人会和您来讨论财商,讨论怎么样来致富。

原文摘自中央电视台经济部编:《CCTV对话》,南海出版公司,2002年5月版。　　鉴赏编写:张梅毅　刘　芳

40. 永不气馁,不断追求卓越
——对话原新浪网首席执行官王志东
（2001年10月7日）

【格言名句】

你做事业呢,有的时候它的一个目标未必是重要的,尤其是你在三十岁以前,……在这个阶段你可能更需要的是一种体验,一种实验,各种经验的一个积累。

——王志东

【文章导读】

王志东,原新浪网首席执行官。1993年他创办四通利方信息技术有限公司,不久成为国内最具影响力的软件公司之一。王志东高超的管理能力

不仅表现在公司内部，他还善于结合国际先进的管理经验，走国际化的道路。1997年，王志东成功地为公司引进六百五十万美元的国际风险投资，成为国内IT产业引进风险投资的首家企业。1998年，又成功地策划并完成与华渊公司的合并成立新浪网，新浪网包括北京新浪、香港新浪、台北新浪、北美新浪等许多覆盖全球华人社区的中文网站，成为全球最大的中文网站。2000年4月，新浪在美国纳斯达克成功上市。

然而，上市后的新浪正遇到全球互联网业的寒流，新浪股价呈现跳水现象从54美元跌至2美元左右。中国众多门户网站CEO或创业者也纷纷落马。2001年6月，新浪董事会解除了王志东的CEO职务。有人说2001年是新浪网首席执行官王志东的转折点，这一年他三十四岁喜得龙凤胎儿女，但却失去了另一个"孩子"——新浪，被互联网淘汰出局。

关于王志东离职的原因众说纷纭，有人说是因为"没有采取强有力的措施挽回新浪不佳的业绩"；有人说是因为"新浪股权过于分散使公司发展策略无法统一"；有人说是因为"王志东事件的雷同版已经很多，走向新经济的中国CEO应该学会与资本共舞"；也有人说"人员更替非常正常，没有争论的必要"。

我们还是听听王志东自己在CCTV《对话》节目中是怎样说的吧。王志东说："你做事业呢，有的时候它的一个目标未必是重要的，尤其是你在三十岁以前，……在这个阶段你可能更需要的是一种体验，一种实验，各种经验的一个积累。"——关于王志东现象大家有许多话要说，也有许多话要问，这些给人造成了许多悬念：新浪网未来的命运，中国互联网发展的前景，王志东个人的失败与成功以及他今后的发展方向……其实，我们从王志东现象中得到什么有益的经验教训和启发这才是问题的关键。

"永不气馁，不断追求卓越"是王志东的信条。王志东2001年12月创办北京点击科技有限公司，现任公司总经理。王志东亲自带领团队进行协同应用平台的开发。经过近一年的艰苦奋战，采用先进的"扩展对等网络"技术，基于"协同应用模式"的开发与操作平台——"竞开协同应用平台(GENEKING)"研发成功。2002年12月，在王志东主持开发下，基于此平台的第一套协同应用软件——"竞开协同之星"(GK-Star)正式推出。2006年，王志东点击科技开发Lava-Lava即时通讯工具。领先的应用平台软件产品，为企业和政府提供一套简单、方便、安全、实用的协同应用解决方案，实现低成本、低风险、高效率的信息化目标。

由于王志东在信息化领域的突出贡献，他先后获得中国科协、中华留学人员创业协会，以及《软件世界》杂志社、《当代经理人》杂志社、搜狐网、中央电视台等单位的奖励或荣誉称号。中央电视台在《对话》节目中指出"在新经济走入低谷时，王志东面临困境，但朴实的话语中透漏出稳健的情绪"。这可能就是本对话赠给读者的一份珍贵礼物。

【对话原文】

主 嘉 宾：王志东　原新浪网首席执行官
客座嘉宾：冯　波　成维创业合伙人
　　　　　丁大卫　国际金融专家
　　　　　童家威　美商网董事
导　　演：崔志芳
主 持 人：陈伟鸿
首播时间：2001年10月7日

主持人：现场我们来看一看，有多少位朋友有话想要跟王志东说？来，我们举手让王志东先生看一看。这不得了，我们的记者招待会要开到明天了。这样吧，大家把话先留到后面，还有另外三位我们特别请到的嘉宾，这位是成维创业的冯波先生，这位是美商网的董事童家威先生，还有这位是金融专家丁大卫先生。常言道：万事开头难。我不知道你迈向国际的这一步难不难？

王志东：的确是非常地艰难。如果是在美国或者是现在，很多创业者他可以通过很多的案例、通过很多人的一种教益、自己亲身的体验，他已经知道了一个基本的基础，基本知识已经有了。所以他在找到投资人的时候，他基本上已经知道基本词汇。

冯波：那时候我们每天都在挖掘这个词汇，我们那时候什么都没有。

王志东：所以我跟他们整个接触的这两年的时间里面，有相当多的时间，其实我相当于在补一个MBA的课。

主持人：这是让你感觉比较痛苦的一个过程？

王志东：痛苦的原因就是，第一个，一开始，我说那么简单的东西他们怎么都不理解？

主持人：他们都听不懂？

冯波：他们也在说，那么简单的东西你为什么说不清楚？

王志东：对，对，都是这样。就是说，甚至沟通的词汇等，整个都会有问题。

主持人：那么这所有的问题在交流上都是使用英文来进行的？

王志东：很幸运，基本是中文。

主持人：万一如果要用英文的话可能麻烦就大了。

王志东：这样麻烦会更大。所以我想在这个事情上，当时冯波给了相当多的帮助。

主持人：万一什么时候冯波缺席的话，你会——

王志东：那我就沉默。

主持人：沉默？原来以前的沉默都是因为交流的不通畅。听说在一路演的过程当中，王志东先生侃侃而谈，叽里呱啦说了一大段，说了一个小时，然后冯波先生翻译可能就两分钟，就把你的很多东西都省略掉了。

王志东：对。但也有一些情况是反过来，我说一句话，冯波翻译十分钟的也有。

主持人：那你当时为什么把那么多的东西都省略掉了？

冯波：我想我们这个节目要录两小时，你们可能播只播四十五分钟，一样的道理。

主持人：这么说他在谈话当中有很多水分，冯波可能对这方面是特别有体验，每次都把他的一些东西省略掉。那么他们关注王志东的什么？

冯波：我觉得每个投资者那时候就很不一样，因为每个投资者他的背景和他的初衷跟他的历史知识，各方面都决定了他们对志东谈话的出发点的改变和问题的改变。比如说有的人觉得想通过王志东来了解一下中国高科技，有的人想通过志东了解一下中国创业者，有的人想了解一下中关村，很少有人想了解四通利方。

主持人：我不知道童家威先生以前有没有碰到过类似的情况？我知道你的英文很好，在沟通上不存在问题。但你会不会也发现每次你希望展现的东西跟西方人他想要的还是会有一些差距？

童家威：文化差异肯定是有的，就是思维方式不一样。西方人的思维方式，尤其是美国人，(思维)逻辑性很强。先说 A，后说 B，然后推出 C，这一定是线性的思维方式。那么我们中国人的思维,用我的话来讲,是三维的。比如说中国古诗词,比如说枯藤老树昏鸦,小桥流水人家。这个话你跟外国人讲,树上有个老乌鸦,地下有水在流,有个小桥,这是什么意思?支离破碎的东西。但我们知道表达的是心情郁闷,比如说思乡的这种心情。外国人就说,那你心情不好,你就说你心情不好,你不要老是你绕到什么小桥啊、树啊,什么意思?这是一个文化上的差异,的确有。尤其是比如说在跟高层的外国人打交道,职业经理人打交道,经验比较丰富的情况下是有这个问题。

主持人:丁大卫先生对这方面有没有研究过?

丁大卫:从国际上和国内的情况对比来看,毕竟的话,MBA也好,或者是商业企业管理课程也好,在中国毕竟是最近几年刚刚起步。因此从理念上到实际操作上的差距是显而易见的,这个是不用我多说,所以说这些也叫见怪不怪,差距可以说是相当大。

主持人:我不知道王志东先生在美国有没有亲身感受到了这一些(差距)?

王志东:差距其实有这几个方面,第一个,语言表达的方面,而且不仅仅是说中文、英文的问题。你的中式英文、用中式思维方法表达出来的英文和真正的英文还是有区别的。第二是东西方的思想观点、思考方法的不同。比如说,东方更讲究一种宏观、一种系统,即使是像中医、中药等,这些比较讲究宏观。但是在西方呢?它更讲究细节,讲究准确的一种东西,他不需要一种模糊的概念,尤其是在财务这一方面。第三个就是,企业家和银行家天生不同,因为企业家他更多考虑是一种企业、市场、技术、人等,他在整个市场经济的第一线。而银行家他可能更多看的是资本,看的是宏观资本上的一种运作,所以看的角度是不一样的。

童家威:我想补充一点,就是说刚才志东谈了思维方式的问题,还不光是文化上的问题。有一个问题我觉得企业家和CEO之间是有区别的,有本质的区别的,差别在什么地方?我觉得可以举一个例子讲。上次你们《对话》节目请了诺基亚的CEO,你们的主持人问他说,你觉得一个好的CEO平时应该最重要做的事情是什么?他说,第一,人际管理,人员管理;第二是沟通。那么你要是问杰克·韦尔奇,就是GE的总裁,你问他对CEO来说什么是非常重要的一项工作?沟通、沟通、再沟通。可是你要是问甲骨文的,上次它的创始人也在这里,也在你们《对话》。他说,产品开发和营销战略。你就看到这个差别了,如果你套到王志东身上,你问他,我相信他也会回答这个问题。为什么说我们创业型的CEO就会这样回答,产品开发和市场营销是非常重要的?我感觉一个好的企业家最重要的一个素质,尤其是我们创业型的,是一种前瞻性的思维。他(王志东)考虑到中文平台将来会在中国普及,中文软件会在中国普及,这是他自己有前瞻性。那么这种前瞻性,具体体现在我们经营当中就是产品。那么体现产品完了之后,怎么把产品推给客户?就是定价和营销策略,怎么捆绑的问题。但如果说你跟职业经理人来说的话,他是沟通、沟通、再沟通,那这是不同的概念。我觉得刚才志东提的矛盾冲突,我可以用职业经理人补充一下。

王志东:刚才童先生讲到的其实我倒不认为是简单地把他规划成什么创业者和职业经理人的一个分类,一个区别。我更多地认为一个企业的发展它有两个重要的层面,第一个层面,是它的一个战略规划;第二个层面就是决策做完以后要去执行,一个决策面和执行面的过程,在执行面的话,它很重要的一个就是要在规定的时间里面完成我既定的一个目标。所以职业经理人的训练比较适合去做执行面,但是作为决策那一面,尤其是对一些高科技企业,其实它并没有一个严格的创业或者守业的一个分类,没有这个界限。甚至可以说高科技企业它是一个不断创业的过程,包括微软在内,现在还是个创业的过程。

童家威:志东可能不一定同意这个说法,这是我自己的一个体会。就是说真的是做企业的,我相信在国内很多很成功的企业家如果放在志东这个位子上,我相信绝对没有他做得这么好。他今天能做成这个样子,在新浪之前如果说到跟国际接轨的话,恐怕中国的民营企业家当中也没有几个能做到他这个水平的。但是这个水平达不达到纳斯达克上市、国际企业的这种标准,达没达到股票分析业、银行家所习惯的那种企业家,我觉得还有一个很大的差距。

冯波:我想作为一个创业投资者,讲几句。第一,本身在我们创业和建立公司的环境当中是没有宏观概念的,等到有宏观概念的时候,我们已经是很成功的创业者,因为他已经能够换CEO,能换那么多人的话,新浪已经是很成功的公司,这是第一点。第二点,在高科技公司里,最主要的就是创业,就是说刚才你讲到胜任什么职能,胜任的是管理职能还是创业职能,所以我觉得创业者在这个公司本身良性的存在是最主要的,如果比尔·盖茨,他良性存在是让他做CEO的话,那他就选择做CEO。如果王志东今天能够在新浪良性存在的话,我想每一位都会认为这是对新浪股东、对新浪用户、对新浪客户最优秀的选择。所以说良性存在是最根本的,至于哪个职位没有关系。

主持人:看来这个说法得到了大多数观众的认同。

观众:刚才丁先生拿个报纸说目前国内CEO大部分都会下岗,我觉得应该是很有道理的。拿足球队来说,我就觉得王志东先生的角色目前就相当于一个教练,董事会就相当于一个足协,而您和董事会的想法是不一样的。假设说足协和教练之间的想法是不一样的,教练希望球踢得好看而且又希望赢球,但董事会只希望赢球,这样的话就很容易造成冲突。如果一旦说是为了追求好看而失去了比赛,那么很可能就被足协炒掉鱿鱼,这样的话,你不下岗谁下岗,总不能让队员下岗,那肯定是要教练下岗。

王志东:我不管是作为新浪网的用户,还是新浪网的股东,我觉得大家一定要为新浪网好,作出这个决定,不管是开除一个公司的前台,还是开除一个CEO,这个决定是否对公司有利,这一点是最为重要的。对于这一次的新浪地震,有人就认为说是沟通不够,我可以提醒大家注意到,可以说一直到6月1日以前,新浪网在业界口碑都是最好的,尤其是在它的管理层的稳定和整个公司发展的稳健方面,我觉得在这方面,如果没有良好的内部的沟通是做不到的。

主持人:我们先来听一听童家威先生,你觉得是不是这个沟通和资本的沟通是特别重要的一件事?

童家威:如果从我自身的角度考虑的话,我不认为我跟我的投资方沟通得少。但是我今天下来以后,我再反过来看,我新任的CEO跟董事会的沟通,我就看出差距来了。他的沟通电子邮件每一天可以写到差不多是两页屏,他哪怕是凌晨两点钟,他也发给我们的董事,措辞也很注意。如果我觉得经营不好,我就把负面消息告诉大家。我就说,完了,现在出问题了,销售额掉了,对不对?或者说我们关键的员工被对方挖走了。他写的时候,他会写得看起来不是什么大不了的事情。我自己是不敢小看沟通这件事情,如果我不想花我每天百分之二三十的时间在沟通,我是想创造公司的价值的话,那我还是不坐这个位置。

主持人:我们想请教一下丁先生,你觉得王志东离开新浪是因为沟通不够吗?沟通做得不好吗?

丁大卫:我觉得在认知上有很大的问题,在衡量一个公司好坏的时候,我也不听你去说乱七八糟的解释什么,最后拿财务报表说话,这是最终的,这也是资本市场、股票市场、评论员唯一认可的,其他的话都是次要的。银行家也好,投资方也好,他不一定能够很好地理解这些企业家的一些做法,因为大家穿的是不同的鞋,说的是不同的话,思考的方式不一样。投资方在于数字,在于沟通;我们作为企业来说,我们希望把销售额做上来,盈利做上来,集中精力的时间、花的时间都不一样。

主持人:那王志东先生您觉得资本和CEO之间应该是什么样的一种关系?

王志东:其实,资本和CEO的关系从来都是明确的。就是说资本是用钱去赚钱的,它只有这么一个目的。作为CEO来讲,他就是说他的事业的发展需要资金,于是他就要借助资金,就是资本,来借助资本的力量来去完成自己的事业。所以我觉得这个关系——资本和CEO,或者说企业家之间从来不是一致的,但是是可以共存的。其实新浪这个故事并不是说明创业者和资本之间有如何不可调节的矛盾,所以投资人不要害怕企业家,企业家也用不着避讳投资人。但是在董事会也好,在管理层也好,中间在一些认识或者是决策上面会是有偏差的。比如说一个公司的发展,到底是做一个长线的发展还是做一个短线的发展,其实这些本身没有对错的问题。但最害怕的一种就是,说要走长线,结果你执行的是短线。或者说我执行长线了,结果忽然间告诉你,你整个走错了,做的是不对的。

观众:关于志东这次离开新浪网,其实最终的矛盾肯定是投资方和志东之间的矛盾。但是之间究竟矛盾焦点在什么地方?从新浪网2000年4月份上市,到志东下台,最高的每股的价钱达到了五十多(美元),那么在此之后,五十多美元的股票竟然没有做过一起收购,这个是不是在您和董事会之间最大的一个矛盾?

王志东:新浪在过去,其实在很多领域同时在进行合并收购的研究和谈判,我曾经还去推动过很多合并收购,但最后可能在不同的层面,比如说有些可能是在CFO那边的核算,最后财务核算给推翻了;有些是董事会推翻的;有些可能是由于对方不接受给推翻了,其实每一个都有它很特定的原因。其实合并收购在你公司市值高的时候,水涨船高,货也高。所以在五十八块钱的时候,任何的一个跟互联网沾边的,它的要价都会非常高的,其实你的收购成本同样还是很高的。公司所有的并购策略最终是要经过董事会的一种审核，上市以后，这一年多时间里面可以说公司在这方面其实做得是非常的健康和到位。

观众：在有几次重要的创业过程中，志东先生开始的时候跟大家都合作得很愉快，但是到了后来就会出现一些合作上的裂痕，甚至这个合作的破裂，我想你有没有一个真正的反思，就是自己到底有没有问题？

王志东：就跟刚才我所讲的，没有人是完美的，尤其是我本人。我认为现在最大的问题就在于过去这两年里面，在整个互联网泡沫的推动下，新浪网发展速度有点过速膨胀。从公司的企业文化和管理队伍和其他的各个方面没有及时跟上，所以才出现了现在的这样一种偏差。第二个，新浪网从四通立方开始，1993年一直发展到现在，我想在八年时间公司里是最团结的，每个阶段合作的人都有人到现在还是我最好的朋友。

观众：假如新浪的高层、股东有这样一个想法，让王志东重新回去，当新浪的CEO，王志东愿意吗？

主持人：你会回去吗？

王志东：中国的机会很多。其实随着时间的推移，新浪也未必是最好的选择。我肯定会站起来，但是我不一定非要跑回原地站起来，也许我现在可以在更高的一个高度站起来，当然现在今天所有的假设其实都是没有意义的。所以我想，到最后我觉得最后还要看各方面的状况、各方面的形势，我比较拒绝很笼统地回答 YES or NO。

原文摘自中央电视台经济部编：《CCTV对话》，南海出版公司，2002年5月版。　鉴赏编写：张梅毅　金益庆

41. 不断再造惠普的务实精神
——对话惠普公司首席执行官卡莉·菲奥莉娜
（2001年10月21日）

【格言名句】

谁要是承受不了就请离开。

——卡莉·菲奥莉娜

【文章导读】

　　卡莉·菲奥莉娜1999年7月17日继任已经宣布退休的路·普拉特（Lewis E.Platt），成为惠普的总裁和首席执政官。1999年7月23日，菲奥莉娜被选入公司的董事会。2000年9月22日，她被擢升为惠普董事会主席。一年后，全球两大电脑公司康柏电脑公司和惠普公司宣布以换股的方式合并，成为PC制造业的又一场地震。

　　她爱穿名牌时装，喜欢在公众场合露面。当有些人批评她爱出风头时，她回答说："总裁就是一个公司的形象代表。"菲奥莉娜以她独特的女性身份彻底颠覆了惠普公司高层主管由男性当家的传统。她管理作风雷厉风行，她的名言是："谁要是承受不了就请离开。"2001年，APEC会议在上海举办后，2001年10月21日卡莉·菲奥莉娜应邀在中央电视台与观众和嘉宾进行了对话。

　　这是一次成功完美的对话。有全方位的对话手段的运用，比如开场短篇的介绍，一流的主持人和全球关注的焦点人物，跨国公司的CEO嘉宾，更有十多位热情的观众参与提问。

　　事件本身就极具亮点：两大跨国公司，一次伟大的并购。而操刀手是一位上任的女性，有着种种的误传和疑虑，影响到使用产品的千百万消费者。

　　对话的切入点是一次巨大而艰难的并购。但呈现的方式却非常轻松：主持人以两块石头抱团下滑的童话提出对并购的忧虑。卡莉不愧是走遍世界的尖端人物，很快以中国式的方式回答担心，以旧上海和新上海的比喻，对合并的必要及前景作了迥然不同的回答。并对此从专业的开放系统、标准平台以及技术的角度作了大胆和合乎逻辑的分析。

　　接下来的话题则围绕着这位女强人的行事风格和惠普的企业文化展开，当然也不时涉及并购的话题，并以对前景的预测作结。

　　大到公司并购的规划——量化策略，小到关于对她点滴行事的误传，如直升飞机停机坪的传闻，卡莉都直言以答，特别是利用好电视对话的面对面方式作为消除误传、疑虑的绝佳机会。除了为自己作澄清与宣传外，卡莉还展示了惠普的企业文化，如半开的车库所展示的想象与激情的创造文化，对中国公司祝愿和期许中所欣赏的团队意识，狮子和骆驼比喻中表达的务实持久等，既是公司成功的宝贵财富，也折射出普照的人文之光。最后主持人以卡莉推崇的曼德拉的名言:"现在最恐怖的事情并不是不知道我们的不足,而是看不见我们身上隐藏着巨大的不可估量的潜能。"对上述对话和卡莉其人作出了精到的评判和预言。

应该说主持人王莉芬的表现可圈可点。作为主持人,不仅要具备谈话的机智与灵活,更要具备广泛的知识储备和对事件、人物深入的了解。从对话的各个环节看,王莉芬对商业运作的流程、影响因素有着相当全面的了解,所以能用轻松形象的比喻开场,又能用细微的点拨和精辟深刻的概括把观众的疑虑、嘉宾的思想,已表达或未能尽言、不愿尽言的意思捕捉到,并恰当地呈现在观众面前。这使节目对于中国观众,尤其是企望民族企业做大做强的老总和有着诸多创业梦想的年轻人目睹一次世界企业运作的直观展示,并从中获取创业之道的深刻启迪。

【对话原文】

她是温柔的杀手

卡莉:早上好,非常高兴来到上海,这是我第一次访问上海。过去我曾多次访华,但这是我第一次到上海,我对上海印象非常深刻,这是一个美妙的城市。作为今年 APEC 会议的东道主,意义重大,世界各国汇集上海讨论贸易和全球化,如何使我们更紧密地联系在一起。我刚才在后台看到了介绍我的大屏幕短片,CEO 也和大家一样是普通人,我们只是角色不同,但大家都一样是普通人,所以我希望今天我们能够像普通人一样进行交流。

主持人:我相信刚才卡莉女士给大家说的作为一个普通人沟通的话一下子减缓了大家跟她的距离感,好像成为我们中间的一个朋友,一个姐妹。所以我看到你,就有点像我们中国说的卡莉大姐的那种感觉。

卡莉:好的,安娜大姐。

主持人:谢谢,卡莉大姐。卡莉女士你知道,今天在你坐下的那一刹那,非常想跟您讲一个中国的童话故事,您愿意听吗?

卡莉:当然,我愿意听中国的童话故事。

主持人:好的,是这样的。在很久以前,有一座山,山上有很多的石头。在一场暴风雨过后,这些石头纷纷慢慢滑下坡。其中有两块大石头它们都在向下缓缓地滑行,突然有一块石头发现了另一块石头,它们慢慢拥抱在一起,这个时候奇迹发生了,您能猜到这个奇迹是什么吗?

卡莉：他们下滑的速度更快了，是不是？

主持人：你能给这两块石头命名吗？

卡莉：我感谢你通过讲中国童话的方式提问，大多数人更直截了当。我想惠普和康柏的并购并不是像两块石头快速下滑，这两家公司的并购是关于两家公司决定，更成功地、更迅速地占据主导地位。就像你在介绍中提到的那样，惠普正在走上自我创新之旅，确保我们在21世纪依然占据主导地位，就像我们在20世纪时一样。我想我会用上海来比喻，上海这座城市历史悠久，中国这个国家历史悠久，上海知道要想领导21世纪，变革是必要的。我们看到老上海，也看到了现代化的新上海，这也是惠普创新想要达到的目的。保留惠普最好的精华，然后创新其他的部分。

主持人：您打了一个上海的比喻，上海由一个古老的上海已经演化到今天您看到的让您眼前一亮的上海，立刻消除了我们对惠普的一些担心。但是，我还是要问的是，阻止那两块石头相互拥抱到一起之后下滑的力量是什么呢？

卡莉：惠普和康柏是两家独立的公司，他们同样拥有开放的系统、标准的平台和简单的技术。两家公司结合在一起之后，能够推动更开放、更灵活、更易于使用和成本更低的技术，这就是为什么我们两家公司结合在一起。因为信息技术行业正处在变革时期，我们想要引领变革的潮流，而不是一味地追随这些变革。

主持人：我关于石头童话的联想来自今天早上最新的股票价格，惠普的股票价格一整年的曲线看起来是在下滑的，您关注这些曲线的走势吗？

卡莉：在股价上涨的时候，我当然高兴。我想重要的是要以历史的眼光来看待股票的走势，如果你看看每一家高科技公司情况，实际上整个股票市场，你看到的曲线都和我们的曲线差不多，每个公司都是如此。从长期来看，市场是理性的。但是从短期来说，市场并不总是理性的。我们的观众也许还记得在不到一年前，一系列网络公司看起来好像要改变全世界，这些公司如今已经不再存在。一名首席执行官需要思考的是如何创造公司价值，不仅仅是创造某一个季度的价值，而是创造好几个季度、好几年的价值。

主持人：我最近看了戴尔在接受CNN采访的时候，他非常高兴，一听说康柏和惠普合并之后，他说好，这太好了，这样我可以在他们合并的冲突和磨合的过程中，把他们的客户抢过来。你有什么话要告诉戴尔的吗？

卡莉：首先我想戴尔和IBM、SUN，都是惠普的竞争对手。如果我是他们的话，我也会说同样的话。如果我是他们，我会说他们不可能完成并购，但是他们没说出来的话更有趣。他们没有说这是一桩合乎情理的并购，因为他们知道这次并购确实合乎情理。戴尔非常清楚这一点，当我们两家公司结合在一起，规模更大、成本更低，他们也清楚这是一家勇于创新的公司。戴尔公司是一家成本很低的直销公司，但它不是信息技术的发明者，我们既要发明创新，又要降低成本。IBM希望并购之后的整合不会成功，而我们一定会成功整合，因为他们知道，我们挑战的是一个纵向的封闭型产业，取而代之的是一个标准的、开放的合作型公司，与客户和合作伙伴合作。SUN公司也知道这一点，我们现在的这套产品和服务可以打败SUN，所以我们的竞争对手当然这么说。但是否能够成功地整合，取决于惠普和康柏的所有员工，我们会这么做的，因为这两个公司的精神证明竞争对手是错误的。

主持人：合并完之后，您有没有在任何的场合见过戴尔和SUN公司的麦克里尼他们？见过吗？

卡莉：IT界是一个很小的圈子，我经常和其他公司的首席执行官见面、交谈。

主持人：您看到这两个人的时候，您更多地把他们当成敌人还是朋友，或者是混合的感觉？

卡莉：应当是一种混合的心理，他们并不是我个人的敌人，他们俩都是好人，我愿意跟他们在一起交流。但是，在商场上我们是竞争对手，他们知道这一点，我们也知道。

主持人：在合并过程中，我想是您主动的吧？

卡莉：不，不是我，人们经常问这个问题。当然大家都很好奇，两家相互竞争的公司的CEO是怎么走到一起的？事实上这是需要过程的，而不是某时某刻突然出现的事情。麦克·卡佩拉斯和我是在十八个月前首次碰面的，在这十八个月的过程中，我们逐渐了解、互相观察，发现两家公司的战略越来越吻合。两家公司选择的是同样的技术，比如说两家公司同样选择英特尔公司的平台，两家公司有着相似的组织架构。

主持人：互相吸引的一种过程。

卡莉：是的，两家公司有同样的世界观，两位首席执行官也有同样的世界观。

主持人：在您来之前，我们在观众里面做了一个小小的调查，他们中间有一位叫居易非的先生他非常看好贵公司的合并，还有一位叫乐聪的先生，他说是谨慎的乐观，或者说还有很多的担心。您刚才已经把合并的理由告诉大家了，我不知道两位有没有一些改变。居易非先生，您先请。

居易非：早上好，菲奥莉娜女士，欢迎您到上海来。我对于康柏和惠普的合并是乐观的，因为这是一家技术革新公司和一家市场导向公司之间的联姻，但是，我最担心的是这两家公司的股东在整合过程中出现的问题。我想问一下，你们是怎么解决这个问题的？不会削弱员工和投资者的信心而且能够削减运营成本，提高生产能力。

卡莉：我们定下了具体的目标和方式，使股东可以量化我们的整合过程。比如说我们可以降低成本，因为两家公司优势互补，我们可以削减二十五亿美元的成本，我们定下了实现这个目的具体时间，我们对其他公司的整合情况进行了仔细调研。其中一个重要的教训是，要作好准备工作，你必须知道具体做法是什么，价值点在哪里，什么是需要整合的以及如何整合。所以在向银行家咨询以前，有一个整合计划和商业计划是很重要的。第二点，就是要迅速、果断地行动，最糟糕的就是，人们几个月拿不定主意，犹豫不决。快速行动的一个办法就是很清楚地了解该做什么，并且马上就去做。

主持人：下面一位是乐聪先生。

乐聪：我的疑问就是惠普和康柏的合并，包括康柏能够给惠普带来的补充并不比普华永道所带来服务上的经验更多，对此您有什么措施？谢谢。

卡莉：我们在咨询业务方面还没有像 IBM 那样庞大，在咨询业方面惠普的态度有所不同。因为普华永道向客户提供的服务和价值是惠普无法提供的，但是我们和普华永道是合作伙伴，比如说在航空领域，两家公司帮助香港新机场建立行李处理系统，节约了 30% 的成本，我们期待这种成功的合作能够继续下去。现在的不同之处在于新惠普公司也就是老惠普加上康柏是普华永道选择的合作伙伴，因为没有其他公司可以提供全面的解决方案去执行普华永道的提议。你得记住一点，普华永道在咨询业务中最大的竞争对手是谁呢？这就是 IBM，有时候我的敌人的敌人，就是我的朋友。

主持人：有一个来自网上的问题，他是这样提的：我知道卡莉女士是一个肯定忘不掉目标的人，惠普公司的目标，您曾经说过是要打造一个以服务为导向、以客户为导向的公司，惠普和康柏合并之后，它的整个服务只占总收入的19%,和IBM的40%相比依然差得很远,是不是您现在做的事情并不是非常支持您的目标的实现?

卡莉:我想这里有一种误解,就是说惠普要变得和IBM一模一样。的确,惠普和IBM一样,意识到客户所要的是全面的解决方案。除此之外,我们的战略和方法是不一样的。IBM公司是垂直封闭型结构,IBM有自己的方式,他们从中获益,但这种方式也有消极的一面。我曾经是IBM的客户,所以我知道这点。我要你们记住,IBM今天被当作一个成功的象征,但想想十年前的IBM,想想IBM在重建公司过程中经历过很多年的痛苦。说到你刚才的股价图,有一段时间IBM的每股收益率只有9,而惠普公司的每股收益率是20,现在变成了24,并且持续了两年的时间。IBM经过了死亡之谷才到达了成功,包括股价低迷、损失上亿、大量裁员,并果断在市场中进行了大量并购。想一想IBM的例子,它是如何成功的?伟大的公司都不是短短一个季度就取得成功的,伟大的公司都要采取一些果断的举措才能成功。

主持人:谢谢,刚才有位观众说,你们两家的合并是一桩婚姻,说惠普是一个六十多岁的老人,康柏是一个二十多岁的年轻姑娘。

卡莉:我丈夫根本不承认这是一桩婚姻,我丈夫认为我早就已经嫁出去了。这两家公司之间是一种合作伙伴关系,两家公司之间形成的伙伴关系,两家公司优势互补。

主持人:如果是一个婚姻,所有人都想问会有孩子吗?

卡莉:我不知道怎么回答你这个问题,我想说的是婚姻是一个很形象的比喻,表明双方是一种严肃的长期承诺。

惠普的车库文化

主持人:这两家公司合并是不是能够成功,或者说会不会修成正果,会有自己一个非常美丽可爱的孩子,那就是被市场认同,我想还是需要时间来检验。因为现在合并宣布才刚刚开始,但是我相信,卡莉女士要打造一个新的惠普,合并在中间只是占了一个小部分。因为在此之前,她还做了大量的工作。我印象最深的就是惠普的品牌战略,也就是卡莉女士曾经说过的惠普的DNA,要打造惠普新的文化。这里面强调一个出现多次的意象,那就是惠普的车库,这个车库现在已经成为加利福尼亚的一个文物,而且是硅谷的发源地。更重要的是它是惠普最重要的精神遗产,同时也是卡莉女士打造新惠普、新品牌的一个基础。我现在想问的是,卡莉女士,在这个车库里,我们看到有红色的光,非常耀眼,而且是一种挡不住地往外发射,您能告诉我这个红色的光究竟是什么呢?

卡莉:表明里面正在进行很多创新,人们在车库里工作。

主持人:它没有整个把车库的门打开,而是露了一条缝,在里面有一种挡不住的感觉,你为什么没有全部把它打开,只是让它露一部分呢?

卡莉:有时候留点想象的空间更好,人们可以自己想象。

主持人:您经常做这样的想象吗?

卡莉:远见卓识和想象力是很重要的两件事情,它们为什么重要呢?因为它们驱动着一种激情,我们的车库规则的第一条就是你相信你可以改变世界,这条规则涉及想象力、激情和勇气。

主持人:第一次董事会是在这里面开的,是吗?

卡莉:是在车库旁边,不是在车库里面,因为车库里面太小了,开不了董事会。

主持人:我想移到它的旁边开,和在一个其他的办公楼里开有什么不同吗?这种感觉有什么不同吗?

卡莉:在我来到惠普之前,公司董事会的会议室是一间很大的办公室,而且很昏暗,很恐怖,也没有窗户。两个创始人使用的董事会会议室,虽然比较小,但是有窗户,而且面向一座美丽的花园。对我来说这样的环境更有利于开放性的思考、创造性的思考,更有利于协作。

主持人:您会不会——比如说让大家思维更开阔,放在天空上开?

卡莉:我想哪天可以试试在天上开一个会,也许我们会在上海某座漂亮大楼的楼顶上开董事会,因为这样的话景色会很美。

主持人:我想请上海的哪位观众给她选择一个开会的地点,给她出一个主意好吗?

观众4:我的建议最好是金茂大厦,因为金茂大厦不仅是上海的象征,也是全国金融地带的象征。

卡莉:我想这是非常好的一项建议,但是我是这样一个人:不会承诺我做不到的事情。你这个想法非常好,某天我们可以在上海召开惠普公司的董事会。但是我没有办法保证今天就开这个董事会,我也不能保证什么时候开。但我能保证的是,中国是新惠普公司非常重要的市场和合作伙伴,就像对老惠普公司一样。今天晚些时候,我会与江泽民主席会晤,我会赠送他一幅照片,这幅照片是在1983年拍的。当时江主席签署了协议,成立了惠普公司在中国的首家合资企业,我会把这幅照片送给他。一方面感谢他对惠普公司进入中国所做的贡献,同时也想告诉江主席,惠普公司已经在中国存在了二十多年,而且希望今后一百多年继续在中国待下去。

主持人:您刚才说到了一个新上海和老上海非常协调的共存,我们也非常希望惠普比较悠久的文化和您要打造一个新的文化协调地共存。我们在和观众了解的过程中知道,他们在一些可能是从比较微观的角度也看到了一些可能不是那么和谐的地方,现在有一位女士她会把她看到的问题和您做一个面对面的交流,您愿意站过来和她一块交流吗?

卡莉:当然愿意。

观众5:我曾经是惠普的一个股民,同时我应该说我非常感谢惠普,因为我从中还是获利了,尽管和我的期望值有一段差距。当时有一个机会,我和惠普有一个合作关系,我印象很深的是我在2000年的时候,在不同的阶段,我去拜访当中的一些联系人。我发现同样的一位我的联系人,我手上有他的三张名片,我说你为什么要给我这么多名片?他说我忘了跟你说一声,我的部门变了。当我看到这种情况的时候,我跟我的代理人说我希望抛出股票。

卡莉:我想再过半年,人们就会发现我们这种合并产生的力量,人们就会更好地了解我们在整合方面取得的进步,如果您想要买进,现在就买。

观众5:自从您来到惠普,您讲到我们要对惠普的文化去芜存菁,把它好的保留下来,同时我们要进行改变。当时您提到一个特别大的改变,我们希望它速度更快,您觉得您有没有达到这个目标?

卡莉:速度再快都不够,这是我的信念。同时经济速度放缓,在很多情况下掩盖了我们取得的进展。我们谈到了创新精神,我刚到惠普公司的时候,创新活力表现在惠普产品知识产权和专利的提出。当时我们的产权还没有排到世界前十名,现在我们是世界第三名。短短两年里,我们就从十名以下上升到第三位,这清楚地标志着我们的进步。但是在经济放缓,股市不稳的情况下,很难区分进展和经济上的困难。

观众5:我明白了。

主持人:谢谢,卡莉女士刚才您在跟她交谈的时候,您是非常亲和的。

比如说您有一些比较高层的管理人员或者说非常精华的人士想走的时候，您会这样很耐心地去挽留他吗？

卡莉：事实上，惠普公司高级管理人员中想辞职的不多。我们留住员工的比率在业界是最高的，而且会持续下去。所以，惠普公司有幸能够吸引很好的人才，而且能够留住人才。真实的情况是，大多数高级管理人才和高级雇员都支持惠普选择的道路，支持惠普和康柏的合并，并为之兴奋。当变革发生时，总有一些人不支持，而有时候，不支持者的声音是最响亮的。我们怎么知道大多数员工支持变革、支持合并的呢？因为我们定期对他们进行调查，我们的员工勇于告诉我们实情，所以我们知道他们的想法。

主持人：对于那些不是特别支持您的人，您通常会采取什么方式？像刚才和这位女士一样非常耐心地去跟她交谈，或者说如果你承受不了你就可以离开？

卡莉：看情况。像刚才那位女士的担心是有道理的，我总是告诉人们，你们必须作出选择，坐在旁边袖手旁观是不行的。你必须选择，要么帮我们进行变革，要么你就干脆决定不帮我们，但不能坐在旁边妄加评论。要么加入——当然你不一定马上就加入，你得经过深思熟虑——你要么加入，要么就去做别的吧。

观众6：我想给您作这样一个对比，在1961年的时候，惠普的两位创始人是乘着地铁去上班的。然而在您主政惠普之后，听说惠普大门前的一片林子被砍掉了，造了一个停机场，用来停您的直升飞机。假如说当初两位创始人他们这种做法是从一个侧面反映了惠普的企业文化，您如今的这种举动是否意味着对这种文化的摒弃？更进一步来说，您到底想通过这种举动向公众或者向您的员工传递您怎样的理念？

主持人：问题非常尖锐。

卡莉：这是一个令人震惊的故事，在世界各地多次传播。您提到的故事实际上是这样的，在我第一次和员工去法国的时候，员工们作了个决定，我丝毫不知情，说我们要坐直升飞机从一个地方到另一个地方去。员工们认为他们做的是对的，因为日程很紧张，交通又很拥挤，事实上我很讨厌直升飞机，我从来不喜欢驾驶直升飞机。当我到达以后，看到了那架直升飞机，我问为什么要乘直升飞机？大家告诉我，说我们认为这是最好的办法，考虑到交通状况和时间因素等，当时也没有什么应急措施，我只能登上直升飞机。在我到达之后三个月,我才知道,停机坪前原来有六棵小树,员工又认为他们做得很对,因为小树刚种上,他们认为没有太大的关系,我们把这六棵小树砍下来,等她离开后,再种六棵小树就完了。这是一个不好的决定,因为我不喜欢直升飞机,因为我们砍伐了树木,因为两年半之后人们还在转述这个故事。有时当你授权给员工作决定的时候,他们会犯错误的。在这件事情中,我并没有惩罚员工,他们认为他们做的是对的。但是我的确向他们解释过,直升飞机是没有必要的,做这样的事情会给人造成一种我不想留下的印象。

主持人:我们谢谢卡莉女士,终于澄清了一个大家流传这么长时间的故事,谢谢。

观众7:刚才那位女士提到飞机的问题,您说这个事情是误会,不是您的决定。我接下来一个问题肯定是关于您的了,就是刚才我们在大屏幕上也看到的,在全球五十多家分公司,自从您上任之后,在原先的两位创始人的肖像中间加入了您的肖像,看上去无论是规格、材质都是和另外两位创始人一模一样,不知道这个也是员工的意愿还是您的决定?这样做好像和惠普传统的车库文化有一些相冲突的地方,不知道您或者是您的员工这么做的目的是什么?谢谢。

卡莉:惠普公司长期以来的传统就是要把CEO的肖像放在公司大厅里,这个传统已经有六十多年的历史了,两位创始人的肖像曾经挂在大厅里,而且现在也仍然挂在那里。他们之后的第一位CEO,他的肖像挂在世界各地惠普公司的大厅里,我的前任的照片也挂在世界各地分公司的大厅里,我只是继承了这个传统。这也不是什么独特的传统,很多公司都把CEO的肖像挂在大厅里,所以我继续的只是一种传统。有一天当我不再是惠普公司首席执行官的时候,我的照片就会被取下来,新的CEO的照片就会挂上去了。

我从来不墨守成规

主持人:我最近去了一趟中国惠普公司的大厦,我在里面发现了一些新的气象。我觉得您打造新的惠普的确是有一些新的进展。我带了两张他们的宣传画,第一张我不知道您看过了没有?是"无敌方案帮你赢",两个人在掰手腕,非常有进取心。还有一张,"当别人正在飞速发展,您是否还能耐心等待"。在这个里面我看到卡莉女士对惠普的文化更强调一种速度,这个速度为什么现在会显得那么重要呢?

卡莉:有好多原因,第一个原因是世界变化的速度更快;第二个原因是技术变革的速度更快;第三个原因是我早先提到了领导人的作用,领导人最重要的作用之一就是维持一种很好的平衡。实际上我也和惠普公司的员工这样讲过,平衡是一种领导的艺术。有时候一位领导人必须和整个机构背道而驰,如果公司的整个自然趋势放慢,CEO 就必须提供反作用力,努力推动公司快速前进。所以,我们必须越来越快,因为客户要求我们更快。当 CEO 讲到速度的时候,速度对公司来说是一个挑战。所以我们必须强力推进公司快速地前进,但我们并不是随随便便,并非不假思索,而是经过深思熟虑,同时又很果断。

主持人:我就以中国公司为例,应该是感到了这种速度的力量。在这里我想听听惠普中国公司的员工他们的想法,这位是惠普中国公司的孙振耀先生。刚才卡莉女士说的要更快的速度、更强壮的力量,您在您的身上感觉到了这种东西没有?

孙振耀(中国惠普有限公司总裁):我想我肯定是要首先改变我自己来推动整个公司的改革,一个领导他存在的价值是很多方面的。但是在一个变革的环境里面,领导存在的价值在于能够产生一种推动根基的力量来引导团队走向我们要改革的方向,所以我觉得这一点,我自己本身肯定要做更快的改变。

主持人:好,谢谢,您的团队有非常强的支持力量。

卡莉:我们在中国的团队是一个杰出的范例,表明新惠普并不是因为我,而是因为他们的贡献。今天早上我有机会与中国地区业绩最好的员工见面,他们每天都在表现出领导才能,这对我来说是一个很好的经历。我想对他们所有的人说,我对他们所做的事情感到非常骄傲,这的确显示了惠普公司的伟大力量。CEO 一个人是不能改变公司的,但是中国惠普公司的员工可以,而且正在改变公司。

主持人:我在你们惠普公司的大楼里还听说了这样一个故事,以前惠普的人有一个比喻说惠普是骆驼,现在惠普的人要做狮子,您觉得这个比喻合适吗?

卡莉:骆驼变成狮子,我不是研究骆驼的专家,但是我知道骆驼动作快捷,而且能够长时间吃苦耐劳,所以做骆驼也不是什么坏事。

主持人：您大概希望骆驼和狮子兼顾，他们说要做狮子，其实就是说现在竞争非常强烈，要去非常进取，要和人拼抢争斗，像刚才的无敌方案，这个手势一样的。

卡莉：我们必须进行强有力的竞争，因为这是客户的要求。但是有些事情我们绝不会去做，惠普公司不会承诺自己做不到的事情，我们和客户之间的关系是建立在诚信基础之上，而不是夸大我们的目标。

主持人：告诉我故事的员工，我问他您现在变成了狮子没有？他说我已经变成七八成的狮子了，您想知道是谁吗？

卡莉：我非常希望知道。

主持人：您的中国区总裁。

卡莉：我早该猜到了，孙先生是惠普公司一位能力很强的年轻领导，一只狮子。

主持人：他的回答，七八成的狮子，两成的骆驼，既有进取的精神，还有吃苦耐劳的能力。

卡莉：这个画面不是很漂亮，但是这个比喻非常好。

观众8：卡莉女士，您好，欢迎您来上海。我对你的认识是你在朗讯的时候，那正是朗讯最鼎盛的时期，那时我有朗讯的股票，大概80美金一股。但你走了以后，朗讯的股票一泻千里，可能主要是因为外部纳斯达克环境的原因。我想问的是，是你预先知道了这件事情要发生，离开了朗讯，还是因为你的离开，朗讯股票跌得这么惨？

卡莉：我到惠普，因为这是我无法拒绝的一个机会。从这个意义上来讲我并不是离开朗讯，我对我在朗讯的工作仍然很自豪。朗讯是一个好公司，但是，能够有领导惠普的机会，这是我无法不接受的诱惑，尽管会有困难和批评。

主持人：有三位观众曾经到我们剧组来，说我们要给惠普公司预测一下未来。在节目结束的时候，哪位预测的是您非常想要的结果，您觉得很对，您跟这一位观众握一下手，好吗？

卡莉：好。

观众9：您好，卡莉女士，对新惠普我持一种乐观，但是我要比较谨慎地看待，需要时间来证明，谢谢。

主持人：这是一位观望者，第二位。

观众10：您好，卡莉女士。我是看好惠普跟康柏的合并，在竞争激烈的IT行业，我觉得会赶上IBM，甩开DELL。

主持人：这是一个很好的前景，这是最乐观的。

观众11：我相信我肯定是不会跟卡莉女士握手的，因为我是持比较悲观的态度。我相信康柏和惠普之间面临很多问题，因为并不是两家公司的合并，对市场来说是简单的一加一等于二，我觉得会有很多的挑战。这些挑战如果没有很快地加以解决，会影响到你们的长期目标。甚至说可能在将来的某一天，合并的惠普和康柏，会变成现在的康柏，这是我的想法，所以我不会和她握手。

主持人：我想现在观众朋友会非常屏气凝神，看一下卡莉女士走下来走向哪位。

卡莉：我必须握胜利者的手，很显然。我们合并是由于我们都有雄心壮志，都信心十足。最乐观的那位先生，他代表了我们的雄心和信心。但这位先生也提得很对，整合是一个挑战，我们必须快速果断地进行整合，作出正确的决定非常重要。这位先生说得也对，合并不仅仅是削减成本的问题，还要创造更强有力的创新能力。我唯一同意的比喻就是上海的例子，就像我在节目开头提到的，我猜想当初上海开始改造之时也有很多人持怀疑态度，他们都知道会面临很难的挑战，情况也确实如此，但是你们会把这座城市拱手相让吗？这是一个很好的例子，表明不要仅仅因为困难就畏缩不前，这件事情会很困难吗？是的。这件事情值得做吗？是的。我们会成功吗？是的。非常感谢。

主持人：但无论如何，我们还是希望看见您走近哪一位。

卡莉：我可以跟这所有的三位观众握手吗？

主持人：不行，只能有一位。

卡莉：我从来不墨守成规。

主持人：谢谢大家，大家知道卡莉女士最喜欢引用的一句名言是曼德拉的名言，就是说我们现在最恐怖的事情并不是不知道我们的不足，而是看不见我们身上隐藏着巨大的不可估量的潜能。我们特别希望卡莉女士身上不可估量的能力，能够改变惠普，谢谢。

原文摘自中央电视台经济部编：《CCTV对话》，南海出版公司，2002年5月版。　鉴赏编写：丁亚明　金益庆

42. 接替韦尔奇
——通用电气公司首席执行官杰夫·伊梅尔特与大企业老总的对话
（2001年10月28日）

【格言名句】

企业家的精神第一要把增长作为公司的首要目标。

——杰夫·伊梅尔特

【文章导读】

杰夫·伊梅尔特,1956年2月19日生于俄亥俄州辛辛那提。1982年进入通用电气公司,1997年起担任公司医疗设备部总裁兼首席执行官。2001年9月,接任杰克·韦尔奇成为美国通用电气公司的第九任董事长兼首席执行官。

2001年10月28日,杰夫·伊梅尔特应邀在中央电视台与中国知名大企业的老总、观众对话,企业老总们问的问题都很专业,也很迫切,看得出作为新兴市场国家的中国企业家们发展企业的急切愿望。

对话内容涉及战术层面的比如 CEO 的职责、GE 在中国的主攻方向、公司的结果管理。作为 GE 新掌门人,带着他几十年的管理经验和新上任的激情,杰夫·伊梅尔特都作了中肯而富启迪性的回答。须知,企业家精神首先就是让业务不断增长,伊梅尔特从没有把 GE 看成是大公司,而是有着小公司急速发展的紧迫感。他实现了双位数字的增长,归因是以三个方面为基础:第一是业务的多元化,第二有非常好的运营模式,第三有非常棒的人才。不是说你今天吃一片药,第二天早上醒来就成为 CEO 了。

对话中,杰夫·伊梅尔特谈到公司可持续发展靠的是诚信和变革。诚信没有国界,不能本地化,闭关自守。变革,也不是我们以为的新官上任三把火,而应是持续的薪火相传。伊梅尔特认为,三年、五年以至更长时间看到的 GE 会发生很大变化,这和前任不会有多大关系,让我们感受到创新的力量。GE公司在发展新技术的过程中的一个举措,就是扩大科研基地和研发中心。而这种力量来自于每天不断学习,比如他自己就接受培训,他的信息技术也有了很大的进步,这也极大地促进了交流。变革还来自不断和公司员工交流。他说:"我对员工的想法是,你是为他们的头脑、他们的心和他们的钱包做工作,你必须尽力听取他们的心声,让他们更加卓越,让他们更加负责,给他们挑战,这样你才能够打动他们的头脑。"

对于中国工业的短板发动机行业,GE有着至今难以企及的优势,而在全球化背景下GE的发展有着美好的前景。杰夫·伊梅尔特对今日中国C919大飞机的研制还提出了极为有价值的预言。总之,在道·琼斯工业股票指数里头,GE公司是由爱迪生等创建的唯一一家存在下来的公司,新任掌门人伊梅尔特和中国企业家的这场对话,给了我们持久的启迪。杰夫·伊梅尔特提出"企业家的精神第一要把增长作为公司的首要的目标。"

他主张把一些职业经理人的管理方法与企业家精神结合起来,群策群力集中干你的业务,这对于中国很多的家族企业、小企业也是很好的提醒与鞭策。

【对话原文】

CEO是企业精神的传播人

主持人:观众朋友们大家好,这里是2001年APEC(亚太经合组织会议)上海年会特别制作的《对话》节目的现场,欢迎你们的到来。GE通用电气公司,提起它的创始人爱迪生和它的第八任总裁韦尔奇,我想在座的观众朋友们都很熟悉。好,现在我们就有请通用电气公司总裁杰夫·伊梅尔特入场。

伊梅尔特:张蔚你好!

主持人:在座的中国很多的著名首席执行官希望今天早上能从你们那儿学到很多东西,跟你们做很好的对话。在座的很多的观众朋友和在场的这些中国企业的领导人,他们都非常地关心GE,也非常地关心您。能不能在您入座之前,给大家做一个简单的自我介绍?

伊梅尔特:我叫杰夫·伊梅尔特,我在GE已经干了二十多年了。我大多数的工作都是在GE的塑料部门、医疗系统部门,还有在GE的家电部门。我的父亲也为GE工作了四十年,所以我是来自于一个GE的家庭。我有一个妻子,有一个女儿14岁。尽管在GE有三十万员工都会听我的指挥,但是我的女儿并不听我的话。所以说我和今天在座的许多父亲有类似的经历。我非常荣幸今天来到这里。过去二十年，我曾有多次机会来到中国，因为我参与了 GE 的三个业务部门在中国的工作，有机会交到了很多的朋友，我希望将来能同大家进行更好的合作。

主持人：我知道从您 2001 年 9 月 10 号上任到今天一共只有二十七天的时间，在座的很多人也非常关心您刚刚接的这个班，您现在还感觉到非常兴奋吗？

伊梅尔特：我想现在要走回头路已经太晚了，只能一往直前地走下去了。其实我任 GE 董事长的第三天，是 9 月 11 日。我想你们当中的许多人在工作中、在事业上都面临过危机，在这样一种危机的时刻，我想最重要的一点就是有一个很好的团队，很好的人才，他们值得信赖，能够帮助你作出各种决定。我相信在座的诸位都面临过危机，不光是我自己。我相信解决这样的危机是每个好的领导者都得学会的，每个领导还要具备以自己的方式来处理危机的能力。

主持人：非常好。因为我知道您也是充满信心的，而且最近也向大家宣布，尽管有这一系列事件的发生，GE 在今年还会有双位数字的增长，没有问题。明年还会有双位数字的增长，是吧？

伊梅尔特：对，没错，绝对没错。我们现在处于一种不稳定的时期，世界的经济情况非常不稳定，美国的经济状况现在非常困难，日本的经济现在也是非常困难，现在大概是我们在近二十五年中经济最困难的时期。GE 带来的是一种商业模式，这个商业模式以三个方面为基础：第一是业务的多元化，我们的业务包括飞机发动机、医疗系统、金融服务，等等。这种业务的多元化给我们一个机会不断地发展，尽管有时我们有些业务做得不好，但是总体是好的。我们有非常好的运营模式，我们知道怎么样来衡量公司的业务，我们可以十分迅速地研究数据的情况。就在危机发生后，实际也就是当天，我就能够跟员工进行交流，进行了一些相应的调整，并就增长和发展的方向作出了一些决定。第三我们有非常棒的人才，最终在这样的时刻，我们依靠我们的人才，靠他们的帮助作出决定，尤其是在危机的时刻，人才起了非常重要的作用。

主持人：我想好的员工有一个好的企业的领导也是非常重要的。当去年感恩节周末的时候，当杰克·韦尔奇给您打电话邀请您去共度感恩节的时候，您有没有预感他会告诉您一个天大的好消息？

伊梅尔特：差不多过去一年吧，有很多报道，大家对 GE 的接班问题非常关心，猜测谁会是 GE 的下一个领导者。所以我们三个候选人都知道，在某个时候我们当中的一个会被选为 GE 的下一个领导者。我知道去年年底就应该水落石出，感恩节的时候，我跟家人在一起，韦尔奇先生给我打电话。

主持人：他在电话中说了什么？

伊梅尔特：他说就是你了。

主持人：就这么简单吗？

伊梅尔特：对，我的回答也非常简单。

主持人：那你说了什么？

伊梅尔特：太棒了！

主持人：因为我知道这个职位得来是非常不容易，因为是从 1994 年就开始一步一步精心地挑选。我不知道那时候你是不是就知道自己会有一天在这个杰克·韦尔奇的候选人的名单之上了？

伊梅尔特：我想你只想着成为一个 CEO 不见得就能当上 CEO，要想成为 CEO 就需要成为一个好的销售人员，需要学习怎样增长你的业务，需要学习怎样在中国或美国投资，学习怎样领导和培养团队，我想这是成为 CEO 一种准备的过程。不是说你今天吃一片药，第二天早上醒来就成为 CEO 了。我想你要作好准备，全心全意投入你的工作，不断地让自己成长，这就是我的感觉。要想成为一个 CEO，就要每天不断学习，非常努力为他人作出贡献，达到你的业绩目标。

主持人：在我们今天节目之前，我们也跟在座的各位做了私下的交流，想知道他们最想跟您交流的是什么样的问题？其中有关 CEO 的问题是最集中的。因为在世界 500 强的企业里，据统计有 173 位 CEO 都是从 GE 出来的，所以我想大家也非常想知道 GE 是怎么样就能成为 CEO 的摇篮。我想知道在您心目中以 GE 的标准或者以您的标准，这个 CEO 他最需要具备的到底是什么样的素质？

伊梅尔特：我想 CEO 一定要每天都不断学习，并且知道怎样在全公司传播思想。也就是说，你要知道怎样有效地吸取并传播思想。如果我只能再选一项，就是要会挑选并开发人才，致力于挑选人才，致力于开发人才，使他们兴奋，激发他们的能力，培养他们去竞争。所以我如果只能选两项，那就是要知道怎样扩展你的公司的边界，然后选择和培养最好的人才，他们会让你的公司每天都变得更棒。

主持人：我们在座的CEO有很多有关CEO的问题想跟您交流，其中有一位今天本来要来参加我们节目的王志东，大家都很熟悉他，因为有事不能来，所以我替他先问您一个问题，他特别想知道的是CEO的企业家精神。

伊梅尔特：我想企业家的精神第一要把增长作为公司的首要目标，我想每个公司的首要目标，包括像GE这样的大公司必须是增长，我把自己的职业看作是一个推动企业增长的人，一个知道怎样管理销售队伍、怎样进行并购、投资，怎样扩大客户群，开发客户的管理者，我想这对于像GE这样的公司是最重要的东西。我从来没有把GE看成是一家大公司，我一直在想怎样利用GE这样大的规模来进行增长，使公司充满活力。

黄宏生（创维数码控股有限公司董事局主席）：我们中国的公司它在中型或者是发展比较大的时候，它集中在核心的业务，可是到了一定成长的阶段，它就要多元化，减低风险。可是中国的企业在多元化的过程里面失败的比例高达90%。所以我想请问就是说，你给我们中国的企业能够分享点什么体会，有什么方向性的建议？谢谢。

伊梅尔特：多元化最重要的一个方面，我想就是对每个业务用不同的方式来运作，而不是用一个方法来运作所有的业务。我经常看到企业会犯一个错误，会觉得做所有的事情，比如说做汽车能够做得好，你做金融业就可以照搬经验；金融业做得有效的方法，就可以用在制造业上。多元化是很难的过程，我觉得最终要做的事情就是你必须知道对不同的业务有哪些不一样的做法，又有哪些一样的做法。比如不一样的做法有对待客户的方法、对投资的方法；而一样的东西有对员工的态度，还有财务制度。我确实相信中国的企业还在成长，还在发展，我觉得公司做多元化在中国还是有机会的，也许业务开发和收购只是其中的一种方法。

主持人：我相信您是非常相信多元化的，但我知道我们观众朋友里也有部分对多元化并不是那么肯定。段先生在步步高，您并不是特别地觉得多元化就是您的发展方向，是这样吗？

段永平（步步高总经理）：多元化它是有一个阶段性的，就是说我们企业对我们本身的定位有一个焦点法则，必须要集中精力做一些事情。我们的公司相比GE还很小，所以说我们必须要有重点，其实我觉得并不矛盾。

伊梅尔特：我觉得每一个公司，首先，都得把自己的事情做得十分出色。如果你是个小公司，甚至你的公司不小，你都必须把你现有的业务先做好，然后把它作为一个将来进行多元化的基础。实际上在过去二十年中，GE差不多退出了一百多项业务，有些业务我们做得不好，我们就退出了。比如说电视机我们就不做了，有一些国防的电子设备我们也不做了，还有很多类似的例子，我们并不是什么都做得好。我们总是找到我们能做好的业务，就集中精力把它做好。

没有国界的诚信

段永平：GE有一个核心价值观，有一个特别重要的一条，叫作不可动摇的诚信，我们公司叫作以诚为本。所以我很想听一听他们对这个诚信的理解，他们为什么会把它摆在第一位？我很想听一听伊梅尔特的说法，谢谢。

伊梅尔特：我总是认为在我们公司只有三个传统最重要，一个是业绩，一个是诚信，一个是变革。在GE诚信是非常重要的，长期以来我们发现诚信不仅仅对于公司的信誉非常重要，而且最终会有助于使业务做得更加成功。任何一个国家或者公司他们都想跟可以信赖的人、有透明度的公司打交道，这样最终能够使业务成功。我们都遵从GE价值观卡片上列出来的GE价值观，当员工新加入公司时，不论在中国、在印度还是在美国，他们进入GE后的第一件事就是要进行诚信的培训。我认为公司应该是有人性的，它是由人组成的，人们希望在一个有诚信的环境里工作，人们希望同有诚信的人打交道。所以你领导一个公司，而公司又以尊重人为基础，那么诚信是非常重要的。

郭为（神州数码有限公司总裁）：中国很多的企业，也都谈自己的价值观，但这个价值观的形成往往可能是企业的领导人的一个头脑发热，就写出来那么几条，然后就要求员工背下来。我们公司其实也有一个很重要的价值观，叫作负责任的企业，可能跟诚信有些类似。为什么我们讲负责任呢？是跟我们一个具体的案例有关系，在1998年的时候，当时美国贺氏公司出了很大的问题，他们的整个公司就倒闭了，我们作为他们在中国的代理，我们销售大量他们的产品，由于这间公司的倒闭，使得这些产品的维修、保修问题就出现了很大的问题。我们当时计算了一下，如果我们要维持这件事情，要替贺氏公司出很多钱，因为贺氏公司欠我们很多钱，他们不给我们钱，但是我们要不要承诺他们在中国的产品维护？

伊梅尔特：如果我也有这么一个情况，我会很气愤。我觉得这种情况下怎么对客户最好我就怎么做，我们也有过类似的情况，比如供货商破产了，或者合资企业中有人不辞而别。我们的宗旨是什么对客户是最好的，什么对长期来说是最好的，我们就必须那样做。GE 有一个优势，就是我们有财务优势，我们能对付短期的困难。但是我总觉得如果能够把公司的客户形象做好，公司的长期形象做好，即使短期里在财务上有损失的话，也应该这样做。

主持人：您是怎么做的呢？在那个情况下。

伊梅尔特：以后再也不跟他们打交道了。

郭为：其实我们当时就提出，我们要为所有我们的用户去保修他们的产品，同时也推出我们自己新的产品来继续维持，保证这个产品的升级。

主持人：尽管对您来讲有经济损失？

郭为：对，我们当时有将近六百万的损失。

伊梅尔特：做得对。

郭为：由于这件事情引发了我们的思考，引发了我们的价值观。我想 GE 写了这么多条的价值观，我想就其中的一条请教一下，请您讲一讲它背后的故事，其中的一条就可以让我们有所启发。

伊梅尔特：我不想每一条都讲一个故事，那会太长。但是在我的职业生涯中，在 1988 年的时候，那时我负责 GE 的家电维修服务业务。我们那时候生产一种冰箱，冰箱的压缩机出现了质量问题，这些问题出现在保修期内，也可能刚过了保修期，所以我得去向韦尔奇作汇报。我说，为公司利益考虑，最好的办法是我们在 12 个月以内更换三百三十万台压缩机，费用是差不多六亿美元，那时候我可能是三十出头，我要向韦尔奇先生汇报那样的事情，要让公司损失 6 亿多美元的钱来处理冰箱压缩机事件，不用说，那时候我浑身冒汗，紧张极了。但是他问了很多问题，花了很长时间问数据、信息，问了很多问题、很多情况，最后他说好，行。虽然我们没有必要这样做。这是我早期职业生涯中碰到的一件事，可以说明 GE 的领导人对于诚信的重视，对于品牌的重视。

尹明善（重庆力帆轰达实业集团董事长）：我特别赞同的就是诚信不能本地化，服务必须全球化。我的产品卖到世界每一个国家，我都必须要服务，不能说我是中国公司我就不管。那么，我就问 GE 你要贯彻这种诚信原则，除了你的规章制度严格得要送到法庭，那么信誉问题有没有什么信誉法庭？你怎么样来鉴别这个信誉的程度？你可以怎么处分那些守规矩也守法、但是不讲信誉的人？

伊梅尔特：你不能够给大家写一个具体的细则，告诉他们点点滴滴怎么样做，价值观卡做不到这一点，没有一个固定的程序能做到这一点。你所能做的就是让员工发展领导才能，每年公司花十亿美元来培训领导人，我们还花很多的时间，每年我都要亲自评估公司最高管理层的五六千人，跟他们聊很多细节方面的事情，因此这就是身体力行，是你要做的，这就是领导艺术。不可能把所有都写成一个手册，你必须得亲自去看，去辅导，去建立标准。对那些不遵守标准的人，卓有成效地规范他们或把他们开掉。你们要理解作为一个CEO，我的首要任务就是要培养领导人，培养人，如果你能够培养出好的领导人，他们就能根据你的价值观行事。

杨伟强（中美天津史克制药有限公司总经理）：怎么来实施这诚信的培训，在中国怎么做？你能不能更详细地介绍这方面情况？

伊梅尔特：培训包括面对面的培训和间接的培训，我们有公司领导亲自来做诚信的培训，讲解公司的政策、公司的精神和原则。我们还通过用互联网来强化，进一步加强员工的理解，这样员工就可以在家里或者在工作岗位上再学习。但是我觉得最重要的一点是，在过去的五年里，在亚洲和中国，我们要求各部门的负责人来负责诚信的培训。诚信并不只是法律规则，诚信培训必须依法行事。但是如果你把它交给律师去做，谁也不愿意老听律师讲话，所以你必须把它做成一个由各业务领导主抓的事情。

曹德旺（福耀玻璃工业集团股份有限公司董事局主席）：我非常欣赏推崇通用的企业文化，但是我认为不可能做到。企业在投资，不做到因地制宜就不能够发展。首先，你在中国的企业就必须接受我们共和国宪法的管理，就是说法律、中国的政治文化对企业的影响，不同的人文文化和政治文化影响我们的企业，那我们用什么办法来对付它呢？

伊梅尔特：当我到中国来的时候，我就跟我的销售队伍见面，确保我们的行事方式一定要尊重当地的文化、当地的法律，而且必须在当地进行客户的发展。只有当我们遇到一些做法我们认为不符合我们全球的运营规范，但是也不见得我们每个公司在那个地方一定有业务，所以这问题不大。这是企业领导自己的选择，要选择你想从事什么业务，把重点放在哪些业务上，但如果当地的法律环境与我们的发展目标不同，我们可以选择不去那个国家发展这一业务。这与你怎样更好地在中国服务当地的客户是两个不同的问题，与如何按他们的要求送货，遵守他们的付款方式是两个不同的问题。我想你问的这个问题是个非常棒的问题，我们希望在我们的业务范围内成为当地一个很好的供应商。

主持人：我们在座的有一位企业的领导他曾经在GE工作过，他现在也在极力地想把GE的一些价值观移植到他所经营的企业里面来，我们听听他有没有这方面的感受？

关明生（阿里巴巴控股有限公司总裁）：早晨好，我叫关明生，我在GE医疗系统部工作了十六年。

伊梅尔特：非常高兴见到你。

关明生：谢谢你给我们的GE价值观的卡片，现在我在阿里巴巴工作，我们也有自己的价值观的卡片，我们来换一下卡片。我坚信你刚才所说的这些价值观，我们都同意，而且我们也相信价值观是全球性的，因为我们在做有关互联网的业务服务贸易商，帮助他们与客户进行交易，并向全球发展，所以我们是个全球化的公司，这些价值观帮助我们在全球成长。另外一件我们要侧重的是增长公司业务，如果每个月没有达到双位数的增长我们就死掉了，我们就是这样一个公司。

伊梅尔特：听到了吗？我的GE团队。

关明生：当然我们现在还处于创业的初级阶段，要达到收支平衡，我们有很大压力。但是我想听听你讲讲竞争力方面的一些意见。因为中国马上加入WTO了，那么我相信这会带来很多的变化，机会和风险并存，所以我想听听你的见解。

伊梅尔特：非常好，韦尔奇先生给GE带来的一个非常重要的价值观就是注重提高竞争性。我们讲的竞争性是要跟世界上最高的，而不是一般的标准进行比较，那很重要。我记得在1980年代早期，我也参加了一些考察团。那时候我们派了很多的人，在1980年代初去日本，学习本田、佳能、丰田这些公司的一些先进的经验。所以我想敦促大家，尤其是那些想要在全球进行竞争出口的厂家，认真地研究一下你们的成本，你们的服务跟全球的公司相比怎么样？服务和运输怎样竞争？我自己多年在中国发展业务的经验是，如果你们要出口的话，你们的成本很有竞争力，你们需要做的是，如果出口到美国、日本、韩国等,你们就要重视客户服务,确保你们在交货方面、在客户服务方面和处理与客户的关系方面,跟韩国、日本、美国的公司一样具有竞争力。

我不是韦尔奇第二

王波(埃森哲公司合伙人兼中国区副总裁): 我还是有一个问题是关于CEO作用的,CEO到底是一个什么样的职位?应该是有些事情是他应该管的,有些事情他是不应该管的。如果我要请您给中国的CEO一个忠告的话,哪些公司的事情是CEO不该管的?谢谢。

伊梅尔特: 我想回答这个问题最好是来看一下我在一个月中是怎么样分配我的时间的,一般我的一个月里或者一个星期里每天几乎都做同样的事情,差不多30%~40%的时间我都是跟人打交道、跟人交流、沟通、讨论。在克劳顿村,我们的领导发展中心里传播我们的企业文化,这是我的一个非常重要的工作。然后每月用差不多20%的时间访问我们的客户,这样加起来差不多就是60%的时间了。剩下的10%~20%的时间也许会用来审查我们的业务计划一些细节的问题,我们的产品计划,我们的财务计划,发生了什么,如何去应对等。最后剩下的时间用来跟外部沟通。

主持人: 有没有哪些事是你觉得这不是我的事,我不管?

伊梅尔特: 没有达到业务目标,最坏的事情就是没有达到指标。不好的CEO是把自己当成老板,坐在自己的办公室大声发号施令,然后让大家服从命令,我想这样子的命令大家是不会服从的。人们服从的是新的创意、新的思想和梦想。我看到一些CEO经常犯的一个错误就是他们不学习,不与公司员工沟通,一旦出现这样的情况,不学习了,不与公司的员工沟通了,那你肯定就会失败。

张毅(北京炎黄新星网络科技有限公司首席执行官): 你怎么样来管理公司的文化?而且在现在的这种经济状况下,外面的经济压力很大,比你的前任杰克压力更大。

伊梅尔特: 我觉得我的工作比他的工作难度要大多了,你们同意吗?我觉得这是管理风格的问题,最重要的是你自己要有自己的风格,最坏的一种领导就是学人家的方式。杰克·韦尔奇和我很不一样,如果我要跟着他的风格来做的话,我不会感到很舒服,我的GE同事也会不停笑话我。他的领导方式非常成功,但是最重要的事情,就这一点我跟韦尔奇也讨论过很多次,是你要忠实于自己的风格。对我来说最重要的是你自己要有一个管理的日程,然后根据日程来做,专心致志,并且要与大家进行很好的沟通。2002年的经济环境会非常艰苦,美国的经济会很困难,有可能是二十或二十五年以来最困难的经济环境。这也就意味着我们可能需要的人手少一些,我也不愿看到在一些业务部门可能要裁员,比如飞机发动机业务。我们可以说情况更加艰巨,成本控制更严格,但是我没必要把这些事情都嚷嚷出来。我的团队知道需要做一些什么事情,我想在这样的情况下,大家需要的是一个清晰的领导风格,而不是大嚷大叫。所以从领导风格来说,我唯一的建议就是坚持你自己的风格,你可以看关于杰克的书,看有关别人的书,也许能学到一些新的东西,但是要把它结合到你自己的风格中去,这样才能取得更多成功,谢谢。

王梓木(华泰保险公司董事长):我注意到了GE下边有一家保险公司。

主持人:王先生是从事保险行业的,顺便介绍一下,是竞争对手。

伊梅尔特:你想买我们的企业吗?

王梓木:GE这家保险公司它是以雇主责任做品牌的,在这次"911事件"当中我注意到它损失了五个亿的美元,我是一个做保险的,对此表示很大的同情。CEO到底他完成了哪些职责,刚才只是介绍了两个方面,一个是要传播自己的思想,还有选择企业其他的领导人,还包括构造企业文化等,还有几个问题他没有说出来,我也很想知道。

伊梅尔特:就公司管理来说,我并不是那么聪明,能知道所有的中国公司应该怎么样来管理。但是在美国,我为董事会工作,我为投资者工作,这是很清楚的。所以在美国,董事长和CEO称号有一个公众的作用,是重要的公众角色,受很多法律的约束,有公司管理方面的法律,有很多关于董事长的责任方面的规定。而在企业内部,CEO的责任就是业务的领导人。我对这两项职责坦然接受,我觉得这两个作用在美国的公司管理中没有任何冲突。

张曦柯(麦肯锡公司全球合伙人兼上海分公司总经理):不久前我们做了一个调查,调查对象是世界上最成功的几家公司,包括GE。我们找到了这些企业管理人员的一些共通点,比如有效的公司管理、结果管理、业绩管理、透明管理等。我们在中国做了一个相同的调查,我们发现比较落后的方面是结果管理,所以我想就这个问题请您谈一下,GE是怎么来做这个管理的?

伊梅尔特：我要说的是，我们在中国有两三个增长非常快的业务，我们的塑料业务、我们的医疗系统业务和我们的飞机租赁业务。每个业务都有业绩管理，都建立起了这些制度。在过去的5～7年内培养了一大批当地的优秀管理人才，他们都对这种文化深信不疑。所以我深信业绩管理在中国是行得通的，而且我自己亲眼也见到了这个结果。昨天晚上，我在我们的员工大会上见到了中国员工，他们想要的是实现自己的梦想，他们想要成功，他们想要发展，他们想要在中国以及在国外的经验，我相信这在中国是存在的。

王树彤（卓越网首席执行官）：在您被选为接班人之前，大家都特别关注你凭什么样的素质成为CEO？

伊梅尔特：如果您还是必须了解问题的答案，可以说，最好问韦尔奇先生，因为不是我自己选了自己的，问他可能是最好的办法。我可贡献的技能是我不断地使业务成长，我在全球业务发展方面很有经验，我喜欢培养人才，我相信沟通的作用和重要性，所以这是我做得好的地方。如果有人觉得这些很重要的话，那肯定就把我选上了。

饱含激情去变革

高红冰（北京互联通网络科技有限公司董事长）：我在小学的时候在课本上就认识了爱迪生，因为通用电气是一个非常有发明创造历史、引进变革的公司。那么我想问的就是说GE是凭借什么样的东西能够在历次的变革当中存活下来的，而且把它变成了一个在道·琼斯工业股票指数里头是唯一一家存在下来的公司，你对美国在线也好，对英特尔微软也好，你给他们的建议或者启发是什么？谢谢。

伊梅尔特：问题提得非常好，我觉得这是由于我们承诺不断变革，我们一百年来一直愿意尝试新事物，总愿意进行变革，有成功的事情，但那是过去的成功，我们不满意，总是重新从头做起。所以我们对变革作出承诺，我们对人才投资很多，我们有非常好的人才，而且我们有良好的以业绩为主的文化。如果你有这样的业绩文化，有很好的人才，如果抓住每个机会，应对每个挑战，抓住每个机遇，就会使你长期地存活下来。问题提得非常好。

徐源（小天鹅集团副总裁）：从您刚才讲话里，好像您上任以后会对GE有很多创新，也就是说可能会跟韦尔奇的做法不一样。那么在中国，新官上任三把火，但是大家很多人就发现一上任以后有两种做法，一种是重新装修门面,重来了;还有一种是画延长线。我想问您,就是说您准备怎么做?谢谢。

伊梅尔特:我觉得公司三四年后肯定会产生巨变了,这与是韦尔奇或是伊梅尔特没关系,因为只是说世界有很多变化,新的技术比如数字化将使我们这个公司的发展和运作完全不同。像有很多新机会,比如中国入世,还有到欧洲有很多机会,所以有巨大的变化。我们必须要变革呀,因为世界在变化,在9月10日的时候,谁会能想象在9月11日会出现那个情况呢?谁会把这个写进计划呢?谁会想到呢?所以实际上你只能应对、改变,做一些改变,你必须向前,必须要发展,所以这才是我的策略的一个重心。

茅理翔(宁波方太厨具有限公司董事长):贵公司全球化的战略,是非常成功的,但是我感觉到在中国的这么大的市场的产业投资,好像在GE公司的份额还是比较小,特别是你们GE公司的传统产业。那么中国传统产业的潜在力量是非常大的,那么你在中国这方面的投资有什么新的一种战略的思路?谢谢。

伊梅尔特:我看中国的情况,我可以说有三个机会吧。一个就是给中国的跨国公司来提供服务,这是中国高端的部分,比如出售高级塑料制品,给摩托罗拉、佳能,或者是其他的一些公司。另外就是为中国当地市场做真正意义的技术投资和开发,这样就可以在当地市场建立起自己的地位。第三就是建立一个出口的基地,所以在中国投资新技术,与合作伙伴一起合作生产,发展出口业务。我认为,我们在中国只是进行了初步的投资,但是在这个职位上,我觉得未来十年、二十年之后,中国是最重要的市场,或者说是变化最大的一个市场,我们会因此来调动资源。

王石(万科企业股份有限公司董事长):我感受非常深的就是小就是大,这个我觉得是非常非常有意思的。GE这么大,它能把一些灵活、激情的东西灌输进去,它强调了小的原则。所以希望解释一下,经营哲学上小即是大。我觉得中国的企业无论是大型的国有企业还是新兴的中小民营企业,这一点应该都是非常有教育意义的,谢谢。

伊梅尔特:规模实际上是一个陷阱,大是一个陷阱,它使你官僚作风很浓重,效率低下,使你对人才不重视,对客户不重视。但是规模实际上是一个资产,你如果利用你的财务优势,共享你的想法,对业务增长是有好处的。所以你不要考虑你是大的公司,而要考虑你能以多快的速度成长。我总是衡量你发展的速度怎么样,有多快,这样实际上是一个小公司的精神。

刘永行(东方希望集团董事长):刚才你认为中国很有希望,那么我们是中国的希望集团,是一家私人公司。我想问一问,韦尔奇先生非常提倡变革创新,但是我知道变革创新是有风险的,特别是大的变革,大的创新中会带来巨大的风险。我想问一问GE公司怎么规避大的风险的?

伊梅尔特:我们并不是规避大的风险,为了做新的事情必须要冒险,我们尽可能通过两种方式来缩小风险。一个是多样性,另一个是通过良好的运营系统来实现。所以我这个说法就是我们不能生活在远离风险的真空地带,但只是通过多样性和业务方式对它进行控制处理。

徐世明(华硕电脑中国事业群总经理):GE公司拥有非常多的技术,特别在关键技术上。那么在整个新技术的改变过程里面,很有可能在发展的过程中GE公司会面临一些挑战,那么GE公司在发展新技术的过程里面,你们做了一些什么样的计划?

伊梅尔特:我想其中一个举措就是大大扩大我们的科研基地和研发中心,也就是说使我们的各个业务领导更加重视这方面的工作,更注意发展新技术推动增长。我每天都在关注技术的变化,我们在寻求这样新的机会,如果你看到今后几年GE茁壮成为一个以技术为本的公司,你不要吃惊,重要的是我们希望GE成为一个以科技为本的公司。

荣海(海星集团董事局主席):我今天非常想问一个问题就是您怎么看待家族性企业,以及怎么来选择真正的职业经理人管好自己的企业。

伊梅尔特:我不太喜欢职业经理人这种说法,因为好像这种说法意味着缺乏激情,缺乏愿望,好像做什么事情都是那么酷,都是那么精确。我从来没有觉得我工作就是这样子。所以一些家庭企业或者一些小型的企业,因为你群策群力集中干你的业务,所以很激动人心,最好的结合点是把一些职业经理人的管理方法与企业家精神结合起来。我想如果你在一个小公司工作要想发展这个公司的话,重要的一点就是必须有激情的,而且有工作重点的经理人来做这个事情。

孙路弘(麦肯特企业顾问有限公司北京总经理):你刚才谈到了贵公司领导者培训的课程,我想知道一下你个人参加过这样的领导培训的培训班,或者你讲讲这方面的细节问题。

伊梅尔特:在过去两年中,我在数字化方面想取得更多成就,所以我积极提高我的计算机技能、沟通的技能、通讯的技能。但是同时我在 GE 参加的管理培训课中也学到了很多东西,我每天仍然尝试学习新的东西,就像今天的场合,还有其他类似的活动,包括和我们的业务集团领导们的会议,并且每天能有所得。这将会给公司带来新的面貌,就是每天在员工、在领导培训方面投资。

刘迎建(北京汉王科技有限公司总裁):你们是一个跨国公司,在不同的地方,都有一些本地员工和美国的一些员工。我的问题比较尖锐,你们在做相同工作的时候,你们的工资待遇,肯定有比较大的差距,你是怎么摆平的?

伊梅尔特:你们把耳朵堵上。我对员工的想法是,你是对他们的头脑、他们的心和他们的钱包做工作,你必须尽力听取他们的心声,让他们更加卓越,让他们更加负责,给他们挑战,这样你才能够打动他们的头脑。但是你还需要打动他们的心,他们的梦想是什么?他们对成功的看法是什么?他们的挑战是什么?他们想将怎样的文化带到工作中去?这是很重要的。这些还不够,你还需要满足他们的钱包,你还要跟他说,如果你努力,也就是说,如果你属于公司,个人业绩最佳的 10% 就让你来分享这个公司的成功。长期以来,我们用股票、股票期权这样的方式来进行酬劳,我想这非常成功,好像这在世界各地都是非常成功的方式。

主持人:在你上任演讲的时候,曾经在你的演讲里提到过八次中国,我们跟 GE 在中国的员工一起观看了你的演讲。昨天在你跟员工的演讲里你也说过,你到中国来是带着很多希望和激情,为什么你对中国有这么多的激情和这么多的希望?

伊梅尔特:因为我们在中国的成功篇章我是参与的。在过去十几二十年,是韦尔奇先生领导 GE,看到很多的变化,但是他是从领导人的高度;我看中国是从一个工作者的角度来看的。因为我是一块一块砖把中国业务扩大起来的,在中国是实干的,学习如何在中国扩大业务。所以我是从一个完全不同的角度担任职务,这和韦尔奇先生是不同的,这不是他错我对的问题,关键是你的位置和你看问题的角度,所以我的观点和他不同。我把现在看成是我事业的第一天而不是最后一天,万里长征刚刚第一步,我还会行万里路,会在中国走很多路。而且我期待从大家身上学到更多东西,谢谢。

原文摘自中央电视台经济部编:《CCTV 对话》,南海出版公司,2002 年 5 月版。　　鉴赏编写:沈金龙　戴继忠

43. 宗教、道德与爱的维度
——何光沪教授在凤凰卫视与主持人及观众的对话
（2001年10月31日）

【格言名句】

要想成为"强者"，必须先成"仁者"，道德上的自强，才是当务之急。

——何光沪

【文章导读】

千百年来，"爱"是永恒的主题。然而，究竟什么是爱？似乎真的糊里糊涂，说也说不清楚。查究一下，人类生活中，有多少血腥借用"爱"的名义进行？打架斗殴甚至情杀，借口是"爱"；恐怖袭击，惨无人道的屠杀，借口也是爱；民族冲突、国家间战争，借口还是"爱"……不论是虚假的还是真实的，这些罪恶现象或负面现象与"爱"都有着关联。

人有时候以爱的名义，可以做出非常可怕的事情，这在历史上，在生活中都有数不清的例证。所以，我们应该问一问：我们对爱的理解，是不是已经很清楚？是不是已经很足够？

爱，是有还是无？何光沪教授在他的演说中，从对"9·11"事件中恐怖分析的扭曲心态入手，结合北京申奥成功时巴黎人和中国人同庆狂欢，阐释了什么是"爱"。人类之爱是一个不可分割的整体，它有三个维度：喜爱、情爱、仁爱。任何人都有喜爱，任何人生都离不开喜爱。情爱之中，爱者与被爱者人格是对等的，情爱也不具有使人生超越自我中心而向更高境界提升的超拔作用。"仁爱"是给予、开放、贡献、牺牲自我、创造，人性中超乎自然和超越自我之本质的那么一种爱，是爱的最高境界。

作为整体的爱的第三维度，"仁爱"本身就具有深刻的道德性质，"泛爱众""仁者无不爱也""爱人如己""爱仇敌"和道家佛家的"慈""悲"等等，都属于"仁爱"，构成以宗教为基础的道德核心。人性的堕落最后会导致对生命的摧残，人性的悲剧最后会导致人类的悲剧。要避免这种悲剧，就要在道德层面上扩张爱的第三维度,并将其发展为"宗教"般的信仰或者追求。要想成为"强者",必须先成"仁者",道德上的自强,才是当务之急。

何光沪,1950年9月28日生。贵阳人,哲学博士。现任中国人民大学佛教与宗教学理论研究所研究员,哲学院教授,博士生导师。主要从事宗教学理论、宗教哲学、基督教神学等领域的研究。著有《多元化的上帝观》《有心无题》《神圣的根》《月映万川——宗教、社会与人生》《百川归海——走向全球宗教哲学》等。他认为:在过去的几百年当中,人类走向了人本。但是,虽然人们越来越多地脱离了传统宗教,却依然尝试着和摸索着新的宗教形式,如果说人性当中有某些神性的话,那表现就是爱和创造。人类应该恢复人性当中的某种神性。在回答观众提问如何适度处理相对的爱和博大的爱之关系时,举出实例说明:我们"是非观念"应该超越"民族概念",要仁爱、博爱,并把"仁爱"近乎宗教式的信仰,高呼"加强爱的第三维度,是我们道德自强的需要"。

【对话原文】

阿忆:在过去的几百年当中,人类走向了人本。但是,虽然人们越来越多地脱离了传统宗教,却依然尝试和摸索着新的宗教形式,如果说人性当中有某些神性的话,那表现就是爱和创造。人类应该恢复人性当中的某种神性。

这段话并不是阿忆的优美语言,而是出自中国社会科学院世界宗教研究所的研究员何光沪先生的笔下。好,今天我把何先生请到现场,请他给我们带来一场精彩的讲演报告。这个讲演报告的名字叫《宗教、道德与爱的维度》。

您好,何先生,咱们先闲聊几句,让大家了解您。我知道您是1950年生人。1950年出生的人,您成长的时期是一个大街小巷都飘满红旗的时代,那您怎么能在您后来的哲学研究当中,更多的关注宗教问题呢?

何光沪:我想半个多世纪以来,中国社会的发展越来越向人凸现出精神层面,对人的生活,还有对社会的发展,具有一种根本性的影响。而宗教可能是精神生活里面的一个最核心的部分。所以,如果是一个真正关切社会、关注自己和他人人生的人,我想都会逐渐地重视这个问题,也会逐渐地关注在宗教里面是不是对这些问题有什么回答,有什么启发。这可能是我后来研究这方面的一个很深的原因,当然还有很多表层的原因。

阿忆:您的祖上没有信教的人吗?

何光沪:没有。我们要纠正一个很重要的误会:研究宗教就一定是宗教徒。其实宗教学或者宗教科学是用一种客观的、理性的态度、方法来进行研究,至少研究的出发点是客观的和理性的。但是最后的结论可能是因人而异的,所以研究宗教不等于就是信仰宗教。

阿忆:好,那么在这段岁月,您是在读本科生,还是在读研究生?还是已经结束了?

何光沪:您是在说改革开放的早期?改革开放以后我才进大学,那时候已经快二十八岁了。

阿忆:1977年是吗?

何光沪:是所谓"七七级"。就是"文革"以后,中国的高等教育中断十二年之后,第一次开大学的门,用公开的,比较公正、公平的方式来竞争进入大学的第一届。

阿忆:那个时候您学的专业是什么?

何光沪:那时候,我最早是念外语,念了一年,然后就进了中国社会科学院研究生院,学习宗教专业,首先是学基督教专业。

阿忆:原来是学外语?

何光沪:对,然后就进了社会科学院,那时候因为"文革",教育中断十二年,所以,虽然是大学一年级刚过的学生,也允许报考研究生。

阿忆:您只上了一年本科?

何光沪:对。

阿忆:那个时候的教育体制真令人心潮澎湃。那就是1978年的时候,或者1979年的时候?

何光沪:1979年我就上了中国社会科学院。

阿忆:我在1980年代末期的时候,通过看刘小枫先生的文章,知道了您的名字。于是从那一段时间,我觉得您的文章写得那么好,非常关注您,就想知道您长得什么样子。后来1990年代中期的时候有人告诉我,你想知道何先生长得什么样子吗?你想教父长什么样,他就是什么样,所以他是基督徒。大家看,有一些像。也有人跟我的说法是一致的,是吧?

何光沪:也许有,我碰到过。

阿忆：好，我们不在上帝面前开玩笑了。现在马上就进入正题，由何教授给我们带来精彩的学术报告，学术报告的名字叫《宗教、道德与爱的维度》。

何光沪：刚才是瞎聊，这个事情可说的话很多，我刚才说学一辈子、学十辈子、学一百辈子都不够，也许我们聊上一辈子、十辈子、一百辈子也不够。

我们现在开始讲一个比较严肃的题目。前几天在美国发生了这场大屠杀以后，有一位反恐怖专家回答大家最关心的一个问题：这样的事情以后能不能避免，我们的安全有没有保障？他的回答是，我们只可能有更好的安全保障，但是不可能有绝对的安全保障。

这是什么意思呢？这里面道理非常简单，因为就像大炮没法对付吸血的蚊子，再强大的国家保安措施，它也不可能、也没有办法来对付少数人扭曲的心灵，以及在阴暗里面滋生的阴暗的恶念。而这类恐怖主义灾难产生的原因，恰恰就是少数恐怖分子，出于偏执的仇恨和狂热的信念而制造的，这种恶魔样的行动是出自于恶魔样的思想。任何军队的设置，任何武器的装备，任何警察和保安部队，我想，都无法防止一种思想的产生。

所以，要害在于我们刚才提到的精神和思想的问题。思想的形成往往是宣传和教育的结果，是一种综合性的社会环境的产物。反面的教育，比如说宣扬的是恨而不是爱这样一种教育；片面的宣传，比如说只讲事情的一面，不讲事情的另外一面，只讲一方面的事实，不讲多方面的事实；或者说恶劣的社会环境，比如说缺少公正、缺少法制、缺少道德、缺少规则，这样的社会环境，往往容易产生扭曲的心理和那种阴暗的思想、狂热的信念。这些可说是人性的堕落，人性的悲剧。人性的堕落最后会导致对生命的摧残，人性的悲剧最后导致人类的悲剧。

狂热的仇恨，就是没有理性。他们把一个国家等同于那里的人民，对人民大肆屠杀，这正是狂热仇恨的结果。但是，另一方面，我们也很难相信，恐怖分子的心里从来没有一丝一毫的任何一种爱心，很难设想一点都没有。比如说，可能其中的张三很喜爱他的工作，李四很喜爱他的情人，王二麻子很爱他的民族或国家。于是，张三可能觉得，因为以色列为对付恐怖主义而关闭边界，不让阿拉伯人过境工作，他就失掉喜爱的工作了；李四也许由于这个原因,也同他的情人隔绝了,过一段时间再去,他的情人已经嫁给别人了;王二麻子也许觉得他的民族或他的国家处于某种不利的境地,他由于爱自己的国家民族,要去做这种事情。我的意思是说,假如他们有某一种爱,那么这种爱,同这种丧尽天良的、丧心病狂的滔天大罪,可能会产生某种联系!这很值得思考。

人有时候以爱的名义,可以做出非常可怕的事情,这在历史上、在生活中都有数不清的例证。所以,我们应该问一问:我们对爱的理解,是不是已经很清楚?是不是已经很足够?我想,答案是否定的。我们对爱的理解,很不够,很不清楚。对于"爱"这样一个常用的词,这样一种常见的感情,这样一种常见的概念,人们有很多的滥用和误用。所以,今天的这个话题是很有意义的。

在现代汉语里面,在中国老百姓的日常用语里面,有很多名词是被混淆的,是有误解的,由此而产生了很多的误用、滥用。这种误用、滥用对人们的日常生活会产生负面的影响。"爱"这个词,"爱"这个概念,显然是被误用、被滥用得最严重的词之一。

有一句文雅的引语"仁者爱山,智者爱水",里面有"爱"字;也有一句通俗的俚语"南瓜白菜,各有所爱",里面有"爱"字;还有一个高尚的口号"爱祖国、爱人民",里面有"爱"字;还有一句下流的自白"见一个爱一个",里面也有"爱"字。这么多的"爱"字,它们的语意不是南辕北辙、毫不相干吗?

这样繁多的歧义,在使用的时候不加区别,必然造成很大的混乱。由于这个词在日常的生活里边,在历史的传统里面,在影响极大的基督教和儒家思想里面,都有一种正面的意思;提到"爱",引起的感觉都是正面的、温暖的、幸福的、完满的。所以,数不清的秽言丑行,甚至巨奸大恶,都盗用爱的名义,借用爱的名义,挪用爱的名义来进行,以至于人们可以问:"爱?有多少罪恶,假汝之名以行?"

例如,有人杀害情人或情敌,理由是"爱得太深";有人迫害别的民族的人民,理由是爱自己的民族;有人迫害异己,即同自己群体观点不一样的人,理由是爱自己的群体;日本军队侵略中国的时候,一些日本人说他们是爱国。

人间的罪恶现象同爱的关联,有些是虚假的:例如情杀,实际上它的原因,可能是利己心或者嫉妒心或者报复心,反正不是"爱心"。有些是真实的:例如"文革",当时一些打人的红卫兵是出于真心的"爱党"。不管这种关联是真实还是虚假,它说明,"爱"这个现象的确非常复杂。

正因为如此,很多思想家都深入地思考了爱这个问题。我们姑且以蒂里希为例。他认为,爱首先是一种情感状态,既然是情感状态,就是不能要求的。一个人要求人家爱他,这是很可笑的,因为爱是一种自发和自然的感情。这是解释爱的第一个角度。

第二个角度是从伦理学来解释爱。刚才提到,爱不能要求,但是对西方文明影响非常大的一个宗教诫命是,要"爱上帝",要"爱人如己"。这个诫命既然对西方社会产生了很大的影响,就不是没有意义的。如果我们说它是有意义的,那么它就证明爱不仅仅是一种情感,对爱不能只从情感上去理解。我们可以发现,对爱的很多误用,的确是把爱仅仅视为一种情感所导致的。

对爱还有第三种更深的解释,就是所谓本体论的,或者叫存在论的解释。蒂里希说,必须对爱这个概念进行非情感化解释,然后才能够理解,爱怎么能成为一种道德行动的终极原则。"道德行动"是说它有伦理学的性质,"终极原则"是说它有一种本体论的或存在论的性质。

在西方语言里边,爱的用法也是很混乱的。但是西方语言对不同种类的爱做了一些区分,主要有四个词。第一个是 libido,可翻译成"欲爱",音译"里比多",表达的是一种趋向生命的自我实现的动力。人都想要自我实现,比如说要生长、要运动、要参与某个群体,要有一种性方面的结合。第二个是 philia,可以翻译成"友爱",即人和人之间的亲近的或者是信赖的友谊之爱。第三个是 eros,表示的是"情爱",但是蒂里希把它解释成可以包含对真、善、美的爱。我们知道这是古代希腊神话中爱神的名字。第四个,也是非常重要的一个词,是 agape。按蒂里希的解释,这种爱可以防止其他种类的爱被歪曲为自私自利,它从另外一个维度进入人的生命的整体,它是爱的深层,它是同生命的基础相关联的爱。在这种爱里面,终极的实在,或世界的本源实现了自身,转化了生命,转化了普通的爱。

现在我们来看看,在我们中国,要澄清这个概念,我们是不是也有些恰当的词汇。中文里面有一些词,比如说热爱、挚爱、酷爱,只是表示爱的程度不同,不能表示出爱的种类不同。如果要讲种类的不同,我们可以从三方面来讲:第一,爱的起源、起因、来源的不同;第二,爱的趋势、趋向、走向的不同;第三,爱里边的关系,爱者与被爱者的关联,爱者和被爱者所处关系的不同。

现代汉语里面,有三个词可以表达出三种不同的爱。第一个是喜爱,第二个是情爱,第三个是仁爱。

我们先讲"喜爱"。喜爱的起因是认知到、认识到爱的对象有可喜的性质。比如说我喜爱某种食品,是因为我认识到它很可口。这种爱的趋向呢?是欲求占有对象,或享受它的可喜性质。这种爱的关系呢?是以爱者即自我为中心,以被爱者为客体或物体的关系。比如说男人如果只是喜爱某个女人,是因为认识到她的某种可喜的性质,如漂亮、活泼等,这是起因。趋势呢,是要占有她或享受她的漂亮等。这种关系呢,就是以爱者为中心,以被爱者为对象的"我与它"的关系。"它"是宝盖头的它,即使对象是人,也把他或她作为物品来享受,把他或她看成物。这种爱的一个非常典型的例子即性爱,它的产生是由于认识到对象在性方面的可喜性质,性特征方面的可喜性质;趋向是要享受这种可喜的性质。在这种爱里面的关系呢?则是以自我为中心,以所认知到的这个异性为对象、为客体来建立的"我—它"关系。这种爱是出于人的性本能,在动物那里也能看到,所以它的特点是自然性,同自然界的动物是一致的。

喜爱包括一时的欲爱,比如突然看到一个好吃的东西,产生了欲望。还包括一贯的嗜爱,比如,小白兔从来就喜欢吃青草,喜欢吃胡萝卜。有些人一贯喜欢抽烟,一贯喜欢喝酒。动物和人都有欲爱,有嗜爱,有性爱,所以这种爱不会使人超越出自然而提升人生。但是人人都有这种爱,没有这种爱没法活,人也避免不了这种爱。我们可以把它叫作人的爱的第一个维度,第一个 dimension,就像几何学所说的线。

再来看第二种爱即"情爱"。它的来源是同人的交往、相处,人们相处时间长了就会有感情,会产生情爱。它的趋势是会自我加强,意思就是说这种感情越相处就越深厚。它包括四种爱,第一是友爱——朋友之间的爱;第二是恋爱——恋人之间的爱,不管是同性恋还是异性恋;第三是亲子之爱——父母和儿女的爱;第四是手足之爱——兄弟姊妹之间的爱。它的关系呢,是爱者把被爱者不是当客体而是当主体,不是当作物而是当作人,是平等的、尊重的关系。爱的对象是活生生的人格的存在物,而不是一种利用或者享受的对象。所以其中的关系,不是"我—它"的关系,而是"我—你"的关系。马丁·布伯这个犹太哲学家，是思想非常深刻的哲学家，他说人有两种关系，我它关系、我你关系。我你关系是把对方作为具有完整人格的、完全同我自己一样值得尊重的对象来对待。这样才能建立友谊，才能建立爱情。

情爱是人所特有，也是人所共有的一种爱。它把爱的对象作为一个主体，而不是利用的对象或客体，所以可以说，它在爱的领域里打开了一个新天地，开拓了新的一维……那条线，有了情爱，就变成了一个面。所以我说，情爱是爱的第二维度，它展开了另一个方向的线，使爱从一个单纯的、狭长的线变成了一个面。

我们知道，几何学里面有线和面，但是，在日常生活中，在实际空间里，只有线和面的东西是不存在的。

所以我们可以问第二个问题："爱，是有还是无？"我的意思是说，如果一种爱只有这两维，只有情爱，只有喜爱，那它还是不是真实的爱，是不是真正的爱？应该问问这个问题。按我的想法，爱应该有第三个维度，才成为真实的爱。

所谓第三个维度，就是"仁爱"。仁爱的"仁"字，单人旁加个二，非常深刻地揭示了我现在想讲的一个道理。仁爱的特点是超越自我中心，又超越自然，即只有人才有，而不是动物所有的。单人旁表示它专门属于人，超越自然，旁边的"二"字，表示它要超越自我中心，不是"一"，而是"二"。真是非常有意思的一个字！按儒家说，什么叫"仁"呢？"仁者爱人"。"人"是什么意思？是他人，不是自己，是"人我"的人。道家释仁为"爱人利物"，也是爱他人，有利于万物，这当然是超越自我中心，超越自然界的。孔子还说"仁者人也"，人必须是有单人旁加个"二"字，才算一个人。还讲"杀身成仁"，表明仁爱既是人的本性，又是人的最高理想和超越的境界，这辈子可以追求，但是不一定都能达到。

希腊文的 agape 也是这个意思。刚才我讲到它表示的是爱的"深层"，所谓深层就是除了长和宽以外，还有一个深度，就是第三维度，这是很多西方思想家所谓垂直之维、纵向之维或者深度之维。它是生命的基础，不仅涉及我们作为人的本质，而且涉及这本质的根源。

还是从上述三个方面来看，仁爱同前两种爱有什么不一样呢？第一，它的起因，不是因为对象、对方、被爱者有什么长处，有什么美质，有什么好的特点，可以为爱者带来什么好处，带来什么利益；也不是由于同对方相处产生了什么情感，产生了相互依赖的感觉，产生了正面的感情。而仅仅是因为对象和它的特点、性质存在着，仅仅因为它存在，它存在就是爱的原因。这听起来比较玄奥，其实不难理解。华南虎、扬子鳄，你们觉得它们可爱吗？它们不像大熊猫，胖乎乎、笨乎乎真可爱。它们形象很狰狞，还会吃人。但是，我们要保护它们，只是因为它们存在，因为它们的存在受到了威胁。好多环保主义者是这个想法，是从这个角度来看万物的。还有，"卖火柴的小女孩"，她既不漂亮，穿得又很破旧，也许身上散发着臭味，安徒生对她怀有那样巨大的爱，那样深厚的爱，就只是因为这个女孩子存在，她的生命存在。

第二，这种爱的趋向，不是要占有对象，不是要享受对象的可喜性质，也不是要去加深同对象的感情联系，而仅仅是对被爱者、对对象的存在及其特性的维持、保护和促进。比如说我们保护华南虎，就是保护它的生命存在，让它的特点存在。最近我看了一个电视，是说动物园怎样培养老虎，培养它的野性，因为它在动物园里关久了，丧失了老虎的本性，这可不是个好事情，老虎就变成猫了，那就没意义了，没有保护老虎，保护了一只大猫而已。所以要保护它的特性，要促进它的特性，这也是这种爱的特点。

第三，这种爱的关系，是把世间的万物，包括爱的对象，看成一个更高的主体下边的平等的主体。我们下边还会多讲这个问题。现在再说几句这种爱的趋势，这种趋势不是索取，而是给予；不是封闭，而是开放；不是内吸，而是外倾；不是削弱，而是增强；不是利用，而是贡献；不是服务自我，而是牺牲自我；不是毁灭，而是创造。所以它具有一种使人超拔于自然之上，又超越出自我中心的功能，所以它具有某种超越的特性。

这种爱同宗教、道德有什么关系？我们先讲它同宗教的关系。对西方文化有塑造性的一本书，就是《圣经》的《新约》里面，是用 agape 这个词来表示上帝的爱和基督的爱，也就是创造的爱和自我牺牲的爱。它说，我们为什么要相爱呢？我们为什么要仁爱呢？"因为上帝这样爱我们，所以我们也当彼此相爱""凡是爱生他的上帝的，也要爱上帝所生的"。这不是说诞生的生，而是说，生命从哪儿来？是上帝给的。所以你爱给你生命的上帝，那么你就要爱上帝给予生命的其他的东西。所以这种爱有宗教性，有超越的根据。最典型的例子可能是特雷萨修女，她从三十岁到八十七岁，终生为穷人服务、为麻风病人服务、为临死的人服务、为久病而被人遗弃的人服务。她对这些人下跪,她尊重服务对象的人格,她没有丝毫施舍的态度。她从不向人募捐,她让有良心的人自己捐献,这就是我们所说的仁爱。她的爱,不是因为对方有什么长处,不是要从对方得到什么好处,只是因为对方存在,因为对方有对方的特点存在,她保护并促进对方的存在。比如说,挽救那些孤儿,挽救那些病人,就是挽救他们生命,给他们存在,有了生命以后,这些人才可以发展自己的特点,不管是什么特点,她不管这个,她不问这个。所以,这是我们讲的仁爱的典型、大爱的典型。

现在,不管在西方,还是在中国,我们都看到道德下降的现象。这种现象的一大原因,很大程度上,在西方是《新约》里面讲的爱被忽略,在中国是《论语》里面讲的仁被忽略。一百多年以来,国人强烈意识到"自强"的必要,但是我想,这一百多年来我们忽略了一个问题:只重视军事上的自强、经济上的自强、政治上的自强,是不行的。为什么?这样的强可能是强而不仁。要成为真正的强者,必须首先成为仁者,仁者才能大勇,仁者才能大智,仁者不惧。所以我想,道德上的自强,才是当务之急。所以我觉得,要提倡道德自强。要强,首先要道德上强。

在这个大厅的进口,我看到八个大字:"自强不息,厚德载物"。我希望,同学们看到这两句话时,要想到这两句话是有关联的。自强不息的"强"字同厚德载物的"德"字更是有关联的。所以,我们要延展、要扩展爱的第三个维度,是我们的道德自强事业的需要,这是我讲这番话的一个核心的想法。

谢谢大家!

阿忆:好,那咱们先跟网上交流一下。第一位网友他叫"不为彼岸只为海",这是他的网名,很怪。他说,我记得看过一篇文章,印象中好像是您写的,您说除了自然灾害、战争、瘟疫,人类还有另一种灭亡的危险,那就是伦理下限被打破。这位网友接着说,我很在意这段话,过去我们的社会中也有犯罪,但犯罪从来没有像今天这样有恃无恐,究其原因是因为我们现在没有信仰,什么信仰都没有,因此,连伦理道德的底线都不存在了;特别是当人们听到贪污或依仗权势肆意损害他人而可以不负任何责任的人和事时,大家的反应居然是漠视甚至是极度羡慕。想到这一点,我悲痛欲绝。您呢,何教授,您觉得我们还有救吗?

何光沪:我很能体会这位朋友的想法。也许最后有没有救,要决定于我们每一个人的心。他说到人类最大的威胁可能是伦理下限被打破。我也深有同感,因为这同今天的话题有点联系。我曾讲到道德上的绝对命令。比如说一个人掉到水里了,你要去救他,这是绝对命令。绝对命令实际上是要求我们实现我们应该有的本质,即人性。一个杯子有它的本质,即它要能装水才是杯子。一个人也有个本质,他必须是个人。所以绝对命令,按照蒂里希的说法,要求你做什么呢?要求你"成为一个人",所以,这是无可抗拒的要求。孔子说"仁者人也",什么是人?就是仁,一个是单人旁加二,还有一个是一撇一捺。什么是人?就是要有这仁心才是人。所以,危险在哪儿?伦理的底线被打破。为什么说是最大的威胁?因为,如果这样活下去,即使还活得好好的,生物学上的活,活得比中世纪的人要好,吃得要好、穿得要好、住得要好,但是只是作为动物而活。那样,人类社会已经不存在了,因为人都没有了。

观众:何教授,我想问您,您对安乐死是个什么样的看法?因为根据您提到的,就是说仁爱是对存在的一种爱,如果一个人对病人来说,他的生命本身已经失去了意义;而如果从仁爱的角度,就是说对存在的爱的角度来说,不应该采用安乐死这种方法来夺取他的生命。但是我又觉得,我们人之所以反对安乐死,是因为他是从自己的角度去认识,因为他觉得这个人如果死了的话他会伤心,所以他反对这种安乐死的想法。但是我觉得从病人本身的角度来说,他可能觉得自己的生命已经失去意义了,他本身想死。就是说如果从您仁爱的角度来说,您认为,安乐死这种死法是符合仁爱精神的,还是不符合仁爱精神的?我就想问一下这个问题。

何光沪:现在安乐死在世界上这么多国家,只有一个国家通过了法律,在一系列非常严密的、严格的限制条件下来承认它的合法性。我觉得安乐死这个词本身就是自相矛盾的,死没有安乐不安乐的,只有活才有安乐和不安乐的区别。死亡就是死亡。死亡,按照唯物主义者及有些宗教的说法,是什么也没有了。佛教说"寂灭",也是什么都没有了,来生是另外一回事儿,基督教讲以后的复活,也是另外一回事儿。但是至少,死了首先是什么都没有了,空了。所以,死没有什么安乐不安乐。安乐死讲的应该是死亡的过程,从生到死、从生转死的过程,即是死亡之前的感觉。所以,其实讲的是安乐生。人活着的时候,要活得好一点,即使在死亡之前那两个小时,或者半个小时,或者三分钟。

阿忆：但是我疼啊。

何光沪：是，所以说安乐生。而安乐死这个概念是自相矛盾的。因为我反对自杀，所以我反对所谓"安乐死"。简单地说，理由是这样的：人的可能性是无穷尽的，我们也经常看到这类报道，一个人成了植物人四年以后才醒来之类。我们也知道，人追求安乐是自然的，但是光追求安乐，不是生命。那是非常可怕的。人还要追求意义。所以死亡前的行动，即怎么样死，要看有意义还是没有意义。当人在某个情况下反正都要死的话，主要的就是对别人、对他人的意义了。我原则上为什么反对自杀呢？因为自杀能带来痛苦，给别人带来痛苦，是制造痛苦。人有权追求幸福，无权制造痛苦。但是，在特殊情况下，有些人要求"安乐死"，可能不是要制造痛苦，而是要制造解脱，给亲人制造解脱，我觉得至少这种人无可非议。在这个意义上说，我不是绝对谴责安乐死，或用自杀方式来结束生命的所有人。

观众：我是清华大学人文学院一年级的学生，有一个问题一直困惑着我，就是从这次美国遭受恐怖袭击说起，这两天听了很多关于这个问题的讲座，您作为一个宗教学家对恐怖分子的这种活动感到深恶痛绝。但是我听到很多政治学家所作的讲座就告诉我们说，同学们，你们一定要分清楚，恐怖有时候一定不要把它绝对地来看待，因为有时候也是西方媒体，或者是美国作为它本身价值观来说的是这样一个问题。这样就引出了我长久以来的一个困惑。就是说民族、阶级和国家这些概念还依然存在的时候，怎么样来处理一个博大的爱和一个相对的爱这样一个关系。比如说阿富汗的塔利班武装在炸毁佛像的时候，他们所说的一个重要的原因也就是说，你们这些世界上的有钱人宁愿拿钱来修这些佛像，都不愿意拿钱来救助那些在苦难当中的人民。难道您就能说这一定是假以爱的名义来做那些不仁不义的事情吗？其实有时候很难讲清楚，因为这毕竟是一个民族、国家和阶级中都还存在的这样一个社会问题。我就想请您解释一下，我们青年人常常遇到这样的困惑，怎么样处理一个相对的爱和一个整个对全人类博大的爱这样的关系，这当中的度是怎么样来把握的？谢谢您！

何光沪：国家、民族、阶级对立的这种状态，这些概念的存在，这是一个历史的事实，这是我们人的局限性决定的。我们只能以民族方式生活，所以我们有民族观念。比方说我们讲民族的问题（阶级和国家等是同一个逻辑层次上的问题），我们生下来必须属于一个民族，这是天生的，没办法，这是我们的局限性。但是不等于说我们不能突破这个观念。事实上我们生下来可以不是中国人、不是美国人、不是黄种人、不是白种人,我们可能是混血儿,我们为什么要因为这个属于自然的观念,来伤害我们的同类、我们的人类呢?我们在这个时代为什么要保持民族至上的观念,我很早就担心的一些倾向,可能会使人走到这一步:看见两个人打架,打得头破血流,根本不管谁是谁非、谁先打谁,只要看谁是哪国的,是我国的就帮忙,打!也许那个人是个强盗,是个小偷,是个杀人犯,也许,但是不管,只要是同胞就帮他打。我很担心,可能会走到这个地步:不问是非,只问民族。所以刚才我讲是非观念,比如说有人在杀人,在盗窃,在抢劫,我们应该反对的是这个人,不管他是什么民族,我们应该帮助的是受害者,也不管他是什么民族,这个观念应该超越民族界限。把民族界限放在第一位,才是制造这些惨剧的思想根源。不知道大家注意到这个消息没有:在巴黎市中心,就是巴黎市政厅广场,早已经搭了一个巨大的舞台,是准备庆祝巴黎申奥成功搞狂欢的。结果,北京成功了,那个舞台成了中国人同法国人一起庆祝的舞台,大家一起狂欢,庆祝北京取得成功。我不能设想,如果那天晚上是巴黎成功了,我们的同胞们会不会到天安门广场去同法国人一起庆祝?这才是现代文明。

谢谢,今天就讲这么多。

阿忆:好,感谢何教授,长达一个小时的演讲和交流。我想最后问您一个问题,如果让您把它综述成一句话,您会怎么告诉我们?

何光沪:我还是要说,加强爱的第三维度,是我们道德自强的需要。

原文摘自何光沪在凤凰卫视与主持人及观众的对话《宗教、道德与爱的维度》。 鉴赏编写:梁进学 杨康妮

44. 中国"入世"谈判是这样完成的
——专访外经贸部首席谈判代表龙永图
(2001年11月5日)

【格言名句】

世界贸易组织的规则并不是自动适用于某一个成员,这个成员必须把

世界贸易组织的法律条款转化成自己的"国内法",然后每个成员按照自己的"国内法"来实施。

——龙永图

【文章导读】

  中国十五年的复关、入世的谈判固然艰辛,然而对我们来说,更重要的是今后如何迎接和面对入世的挑战。我们如何与时俱进,适应形势的发展,把自己锻炼成一个通晓国际规则和国际惯例的人,成为一个国际化的人才。这是一个值得思考的问题。为了引导国民作好文化素质等方面的应对和发展,财新传媒总编辑胡舒立、胡碧野一行,于2001年11月5日,就中国"入世"谈判等问题,采访了中国对外贸易经济合作部首席谈判代表龙永图。

  龙永图经验丰富,具有十年联合国工作经历,二十余年外经贸部工作经历,其中包括从事十多年的中国入世的谈判经历。这次采访龙永图主要谈了以下三个问题:

  第一,找到共同的语言,对话才能开始。中国"复关"和"入世"谈判是在改革开放的历史进程中发生的。本来,中国恢复在关贸总协定的合法席位应该是很容易的事。1971年,台湾的代表被关贸总协定驱逐出去以后,关贸总协定的总干事就向我们发出了邀请。但是由于当时历史条件的限制,认为它是一个"富国俱乐部",所以中国没有参加。后来通过接触与谈判,中国对情况有所了解,特别是中国在1983年参加了纺织品谈判,并拿到了一部分全球纺织品配额。中国纺织品出口随后在五年里几乎翻了一番,尝到了甜头。所以,当时中央作出"复关"的决定,这是出于中国对外开放的需要。在整个谈判过程中,政治因素不断起作用。

  第二,"少数人在谈判,多数人在喝咖啡"。中美谈判之所以非常艰苦,首先是美国财大气粗,谈判非常强势。美国摆着一副代表世贸组织所有成员"领头羊"的姿态来谈判。事实上,其领头羊地位是得到大多数成员认可的。关贸总协定或世贸组织是一个很不公平的地方,没有经济实力,很难参与真正的谈判;但从另一个意义上讲也是平等的。根据关贸总协定无条件最惠国待遇的原则,大国、强国关在小屋子里谈判的结果都会完全、无条件地适用于所有成员。过去的关贸总协定有一间很大的咖啡间,周围都是会议室。那些会议室里面,美国和欧盟、日本和欧盟、美国和加拿大这些对手去谈判,其他成员特别是那些小的成员经济体代表,基本上是坐在咖啡间里喝咖啡,等待消息。这就是关贸总协定的景象——"少数人在谈判,多数人在喝咖啡"。

第三,"中国与欧盟的谈判,很大程度上是满足欧盟作为强大经济体的自尊心要求"。一般来说,我们先和美国达成协议,因为欧盟提出的要求和美国提出的要求基本上差不多。当然也不能完全照搬,欧盟有和美国攀比的心理,完全照搬会伤害欧盟的自尊心。对其他国家也是一样,不能完全照搬与美国达成的协议。根据世界贸易组织的规定,世界贸易组织的规则并不是自动适用于某一个成员,这个成员必须把世界贸易组织的法律条款转化成自己的"国内法",然后每个成员按照自己的"国内法"来实施。

这里节选的对话主要是关于前两个问题的。在对话者,人们可以明显地感受到"政治因素"下长达十五年的"复关"与"入世"的艰辛谈判。龙永图在向记者介绍相关来龙去脉时将人们感兴趣的相关背景路径及谈判机锋按时间顺序加以铺叙,让人们感受到这场漫长的斡旋式谈判如何历经从关上大门到开启大门、从山穷水尽到柳暗花明、从孤军奋战到众志成城的一系列欲擒故纵、张弛有度谈判技巧,感受到最终取得历史性胜利的卓越意趣。对话让人们也感觉到,在不同社会背景下架设相互沟通的桥梁必须要有进退帷幄的运筹思维,例如"五比二"的让步美国两个问题的回合策略就充分体现我国在国际事务中所表现出来的政治智慧,也使得龙永图在整个谈判过程中,将国家意志通过个人的外交魅力强烈地体现出来,表达了改革开放后我国对于国际事务的关注不仅是重视,更为关键的是通过这样的方式赢得更多的国家利益。因为是外交谈判,因此即使是记者访谈,对话中的龙永图依旧保持着外交家不卑不亢、沉着理性的语言特色,也从中让人们感受到龙永图背后的国家威严。

【对话原文】
找到共同语言后,对话才真正开始

记者:中国"复关"和"入世"的谈判历程很漫长,是否应当理解为其间政治因素起了很大作用?

龙永图:可以这么说。中国"复关"和"入世"谈判是在改革开放的历史进程中发生的。本来,中国恢复在关贸总协定的合法席位应该是很容易的事情。1971年,台湾的代表被关贸总协定驱逐出去以后,当时关贸总协定的总干事就向我们发出了邀请。如果我们当时对关贸总协定有足够了解的话,复关是一个非常简单的事情——由我国驻日内瓦的大使写一封信给关贸总协定的总干事说,中国表示愿意加入。然后,他们开一次会议,可能中国就已经加入了。

当时中国没有加入。由于历史条件的限制,中国认为关贸总协定是一个"富国俱乐部",关贸总协定的主要成员都是发达国家成员,所以中国决定不参加。1971年、1972年,"文化大革命"还没有结束,作出这样一个决定,也是很自然的。

中国为什么过了十几年后决定在1986年申请加入关贸总协定呢?主要就是改革开放进程使中国领导人觉得,再不加入可能在经济上遭受很大损失。中国在正式提出恢复在关贸总协定席位之前,也参加了关贸总协定的一些谈判,主要是关于纺织品的谈判。当时,全球纺织品协定要分配"配额",中国的纺织品当时在整个中国的出口中占了三分之一。如果不参加关贸总协定组织的全球纺织品谈判,中国就不可能在全球纺织品配额中拿到自己的一份。所以,中国在1983年参加了纺织品谈判,并拿到了一部分全球纺织品配额。中国纺织品出口随后在五年里几乎翻了一番,尝到了甜头。

所以说,当时中央作出"复关"的决定,是出于中国对外开放的需要。

记者:记得谈判从1987年开始很顺利,但后来却充满了曲折。

龙永图:应当说,谈判一开始是顺利的。主导整个关贸总协定的成员主要是美国和一些西方发达国家。虽然关贸总协定是一个经济贸易组织,但是他们在作出到底吸纳谁成为关贸总协定组织成员决定的时候,有很多政治方面的考虑。中国谈判之所以一开始比较顺利,主要有两个原因。一个原因是,美国的主要对手苏联还没有解体,而且没有进行任何经济体制方面的改革,而中国的改革从1978年以来已经进行了很多年,西方看好中国的改革进程。虽然在很多方面没有达到关贸总协定成员的要求,但还是想把中国吸收进来。

但是,1989年"六·四"风波后,以美国为首的西方发达国家中断了和中国的谈判。现在说中国入世经历了十五年谈判,其实真正的谈判大概是十三年,中间中止了两年多,一直到1991年下半年才重新开始。

那时,中国不仅仅把恢复关贸总协定地位看成是一场恢复国际外交和经济地位的谈判,更看成是打破当时西方对中国围堵和制裁的重要政治举措。当时,中央领导同志亲自做工作,李鹏总理出面给关贸总协定所有成员经济体的政府首脑都写了信。中国复关谈判就是在此背景下恢复的。

在整个谈判的过程中,政治因素不断起作用。正因如此,这样一场非常技术性的贸易谈判,常常是由高层从政治上进行推动。这也是国际贸易谈判的一个规律吧。

比如在这个谈判的第一阶段,我们碰上的最大困难是当时中国不承认在搞市场经济。后来,小平同志提出来,在社会主义条件下也可以搞市场经济。这对我们当时谈判代表团是一次思想上的大解放。从此以后,我们和外国谈判代表算是找到了共同语言,开始了真正的对话。

"少数人在谈判,多数人在喝咖啡"

记者:在过往的谈判中,最主要的对手就是美国了。为什么中美谈判格外艰苦呢?

龙永图:中美谈判之所以非常艰苦,我想,首先是因为美国财大气粗,谈判非常强势。美国在关贸总协定历年谈判中的方式和态度都是:我要求一、二、三、四,你必须做到一、二、三、四,而且,"在这些问题上没有谈判的余地"。美国人与我们谈判的时候,一开始口气也是这样。美国这一套屡屡在关贸总协定谈判上得手,所以他们认为,谈判就是这么一场游戏。

恰恰中国人不吃这一套。所以谈判一开始并不是所谓实质性的谈判,而是对谈判态度的谈判。美国人花了五六年的时间,才适应了中国需要平等谈判地位这样一种要求。我这几年一个很大的收获就是,让外国人知道,你与中国人相处需要平等的态度。这是经过了很大的努力才争取到的,很不容易。

比如说,美国有一个谈判代表,名字我不想提了,我们可以说彼此欣赏,他卸任以后讲了我很多好话。但是我们谈判的时候,是最针锋相对的。我一直到现在还感到遗憾的是,一次他在我的办公室谈判的时候,我把他赶出了办公室。因为他那天讲的话太让我生气了。他提出一个要求,凡是美国肉类检查机构检查合格的肉类,应该无条件地进入中国市场。我说,那么我们为什么还要商品检验机构呢?中国是主权国家,美国肉类是一定要检查的。他说,你没有必要检查。你们自己市场上的那些肉在美国通通都不合格。我生气了。我说,建议你最好离开我的办公室。

从个人来说,我与美国的历任谈判代表也就是我的谈判对手都变成了好朋友。毕竟,他们不过代表自己国家的利益,我们也是一样。

记者:"打态度"只是第一步,接下来的实质性谈判都遇到过什么样的冲突呢?

龙永图:最重要的当然是实质性谈判。美国人的实质性要求可能是最多的,这其实也不难理解,只有小国要求才会少。比如说,我们与冰岛代表团的谈判,大概进行了一小时就结束了。为什么呢?因为冰岛的产业结构单一,是鱼类出口大国。冰岛大使告诉我,只要解决几种鱼的关税,就可以结束谈判。我记得在日内瓦,一个天气很好的早晨,我和冰岛大使谈判。他说:"这就是我的要求。"整个要求还不到一页纸,我一看,上面所列鱼的品种与中国的出产差别很大,对中国渔业不会有任何重大的影响。我表示可以同意单子上的要求。一小时结束谈判,然后就签字了。

美国就不一样了。美国贸易代表说,美国的经济结构和出口结构非常全,对于中国进出口的六千多种税号全部都有兴趣,所以"我们都必须一个一个谈"。

这完全没有道理。就算美国经济实力再强,也不可能六千多种商品都是强项。比如说,难道冰岛产的那几种鱼类品种,也是美国的强项吗?与美国谈判的第一个阶段,就是打破它所谓"全面谈判"的要求。一个一个地排除,最后剩下了四千多种。这四千多种产品,再加上它最感兴趣的银行、保险、电信、分销还有律师等,构成了漫长谈判的内容。

美国当然是摆着一副代表世贸组织所有成员"领头羊"的姿态来谈判。事实上,它的领头羊地位是得到许多成员认可的。这也是为什么世贸组织一百三十多个成员经济体,只有三十多个成员经济体与我们进行了谈判。其他一百多个没有谈判的其实就是相信美国的谈判立场能够充分代表他们。

在世界贸易组织的谈判当中,得有一定的经济实力,才能进行谈判。世界贸易组织进行的谈判,不可能发生美国和孟加拉进行非常艰难的谈判这种事情。过去的关贸总协定有很大的咖啡间,周围都是会议室。那些会议室里面,美国和欧盟、日本和欧盟、美国和加拿大这些对手去谈判,而世界贸易组织的其他成员特别是那些小的成员经济体代表,基本是坐在咖啡间里喝咖啡,等待消息。这就是关贸总协定谈判的景象——少数人在谈判,多数人在喝咖啡。

在这个意义上,关贸总协定或世界贸易组织是一个很不公平的地方,没有经济实力,很难参与真正的谈判;但从另一个意义上讲,它也是平等的。根据关贸总协定无条件最惠国待遇的原则,美国和加拿大、美国和欧盟关在小屋子里面所谈的结果都会完全、无条件地适用于所有成员。如果美国经过艰苦谈判,把日本汽车的关税拿下来了,美国代表就会很骄傲地从会议室里出来表示,美国已经和日本达成协议,从多少降到多少。那么外面喝咖啡的所有成员都会喝彩,因为这些条件将适用于他们。世界贸易组织的游戏规则就是这样。

所以说,美国在和我们进行谈判的时候,从某种意义上说,确实代表了世界贸易组织大多数成员在和我们谈。因此,对美国的谈判的复杂和艰难也有其合理性。

我知道她(美国贸易谈判代表)绝对是要想谈成协议的。四点半到七点半有三小时的时间,足以把最后的文本全部"clear",全部解决。

记者:听说在1999年11月15日中美达成协议之前六天的谈判,曾经出现非常激烈的场面。当时美国人摆出随时准备走的姿态。能否介绍一下,转折是怎么出现的?

龙永图:那几天的谈判真是高潮迭起,一会儿觉得有望,一会儿又觉得无望。美国谈判代表的表演水平很高,我后来说,美国人做戏太厉害。我与他们谈判时间太长了,很知道美国人作秀的技巧,特别是女谈判代表。我知道他们对那次谈判是志在必得的。因为他们在1999年4月已经失去了一次机会,结果后悔得不得了。

记者:1999年4月朱镕基总理访美,未能与美达成WTO协议,后来你们离开美国后去了加拿大。有传说,说是克林顿总统特别后悔,还希望你们回来再谈?

龙永图:是。美方公布中美谈判清单后,美国企业界反响很大,认为这是一个很好的谈判结果。美方谈判代表也这样认为。但是,当朱镕基总理访美与克林顿总统会见时,克林顿总统说,很抱歉,我觉得谈得很好,但是,这次不能签订协议。美国谈判代表团在听到这个消息以后,有很多人哭了。由于上层的政治决断,那次不能够达成协议。他们的失望比我们还大。

记者:1999年4月,本来谈判就要成了,为什么美国最高层又作出否定的决策?

龙永图:因为克林顿总统对于中美谈判所达成的协议作出了错误判断。他认为可能得不到国会的支持。后来知道整个美国商界和国会都很支持后,克林顿很后悔。当我们还没有离开美国的时候,克林顿总统就打电话给朱镕基总理说,能不能够把谈判班子留下来,作一点最后的修饰,就可以达成协议。朱镕基总理说,美国人想达成协议时就要签字,不想达成就不达成协议,天下没有这样的事。不谈了,要谈到北京去谈。

美国人一直追我到加拿大,我记得在离开加拿大前,美国贸易代表还两次打电话给我,想确定在北京谈判的时间。她要求,我们前脚到北京,他们第二天就赶来。我说,你们也给我们一点休息时间吧,还要倒时差呢。她说这个事太急了。我们回到北京后第二天,美国谈判代表团就赶来了。

到了11月以后,他们摆出一个很强的谈判阵容,而且用高压的手段,想榨取更多的东西。我们知道他们很心虚,4月的那些东西已经完全能够满足他们的要求了,所以我们根本不想作任何新的让步。

记者:当时,你们已经知道底牌,胸有成竹了。

龙永图:不过,当时我们确实也想达成协议。中央主要从中美关系大局来看,5月我驻南使馆被炸事件后,中美关系很困难,双方都需要转机。中美关系对双方来讲,毕竟太重要了。而中美达成世贸协议,可能会成为中美关系的转机。

我理解,江主席和中央其他领导同志,就是想用中美达成协议使中美关系从最困难的局面中走出来。从中美关系战略全局考虑,中国是愿意达成协议的。但是达成的协议必须是双赢的协议。美方到最后,还提出了很多超过4月间条件的无理要求,我们一个一个把它拿掉了。但是美国人总觉得他们还得拿到一点新东西,才能解释为什么不在4月接受这个协议,所以也表现出很强硬的态度。他们做戏一直做到最后一刻。

到了11月14日晚上7点钟以后,整个美国谈判代表团全部消失。我们打手机、打到饭店房间都找不到他们,打通的唯一一次电话,对方说他们现在都想休息,有些人到酒吧间去了,有些人逛商场去了,准备次日早上起程回国。他们还给礼宾部门打了一个电话,说是人很多,要求安排一个开道车,并在机场上给予一定的礼遇。一切迹象都表明,他们明天是肯定要走了。

当天晚上11点钟,我打电话给美国的驻华使馆代办(当时他们的大使在美国国内)。我说,作为常识,在经历这么一个世界瞩目的谈判以后,双方总得见一次面吧,至少需要商量一下如何对新闻界发布此次谈判的结果。大概一小时以后,美国贸易代表给我打电话来了。她说,出发之前见一见是必要的。我说,好啊,你看几点钟见。她说能不能4点半钟见。

凌晨4点半,我心里就笑了。我想,如果你们打算走,为什么要4点半钟见我们,你们不是10点钟的飞机吗?七八点钟见一下,半小时不就解决了吗?我说,是不是太早了?她说,不早,我们还习惯于美国的时间。

我知道她绝对是想要谈成的。4点半到7点半有三个小时的时间,足以把最后的文本全部"clear",全部解决。我很快就报告了上边,我觉得谈判成功的可能性很大。果然我们4点半钟去了以后,他们把谈判的协议文本全部准备好了。然后我们就开始一页一页地核对文本,最后剩下七个问题。她说,这七个问题,中方必须接受,如果不能接受,前面谈的几十页上百页协议都不能作数,谈判还将以失败告终。我说,很抱歉,如果要签订协议,就是这个东西,那七个问题免谈。这七个问题是他们在这几天谈判过程中施加大压力一直想要解决的。

我把情况作了汇报,上面很快作出了决策。在最后关头,朱镕基总理出现在谈判第一线。最近网上说,我透露了中美谈判的最后细节,实际上当时香港的报纸上,斗大的标题写出来是朱总理出现在谈判现场。我并没有泄露什么,全世界都知道是朱总理亲临谈判第一线,最后结束了谈判。可以告诉你,朱镕基总理谈判技巧非常高明。他到了以后,马上跟我说,龙永图,你看看还有什么问题,把它写下来,不要多说;这些问题你都已经跟我谈过很多次,我都已经知道细节了,但是我要知道是哪些问题。他说,只用一张纸。我把七个问题写下来。朱镕基总理说,如果他们决定改行程,我可以跟他们谈。话一说完,美国人就来了,根本就不谈什么改行程的问题了——他们根本就没定那天的飞机。朱镕基总理也不跟他们多说,就说,这七个问题,有两个问题我可以让,其他的你们必须让步。如果接受,马上可以签订协定。我不是来跟你谈判的,我是来作决策的。五比二应该说是不错的,而且让的那两个问题也不是什么特别要害的问题。但是作为谈判代表,我们把这七个问题作为底线把了这么多年,所以一旦要让的时候,也不太甘愿。当然大家都知道对谈判的定义就是妥协的艺术。美方拿到这两个让步,喜出望外,他们生怕我们一点面子也不给,七个问题都不让步。这实际上是给了一点面子,给了一个台阶,使大家有了签订协议的可能性。所以美方很快就答应了。

记者:这就是说,朱镕基总理以两个问题的让步,换来了五个问题的不让步,同时换来了整个中美协议。

龙永图:关键是换来了整个中美的协议,换来了中美整个关系的转机。朱镕基总理讲,不是他自己来的;那不是他的意思,是江主席的意思,是政治局常委的决定。对那七个问题当中两个问题作出让步,也不是他个人的决定,而是执行整个最高领导层的政治决定。在这样一种谈判的关键时刻,的确需要政治领导人从战略和全局的高度作出决定。

多年谈判的经验告诉我,在谈判最关键的时候,不管是中美谈判也好,中欧谈判也好,还是世界的谈判也好,没有政治领导人的推动,谈判很难进行。这可以说是贸易谈判的规律,也是我们这几年从贸易谈判中学到的很重要的一条。

记者:七个问题中让步的两个问题,是在保险与金融方面的让步吗?

龙永图:两个问题不包括在保险与金融方面的让步,我们没有在保险和金融方面作出任何让步。

"中国与欧盟的谈判,很大程度上是满足欧盟作为强大经济体的自尊心要求"

记者:刚才谈到的中美谈判,是整个十五年谈判中最艰难的一个环节。在经历了惊心动魄、峰回路转之后,当时大家就觉得,中国可能在1999年内入世。但是,马上中国又面临和欧盟的谈判了。为什么又会出现一次挫折呢?

龙永图:国际关系是很微妙的。美国固然财大气粗,但欧盟也觉得其十五国的经济总量比美国还大,也是不可等闲视之的力量。长期以来,中国一直希望与欧盟先达成协议,以此来推动与美国达成协议。但是欧盟十五国各自有很强的声音,所以欧盟在协调十五国的立场时,也是非常困难的。一些欧盟代表悄悄跟我说:"我们在政治上是不可能和你们先达成协议的。"我知道他们的苦衷。所以我们和美国先达成了协议,达成协议以后马上和欧盟达成协议,因为欧盟提出的要求和美国提出的要求基本上差不多。世界贸易组织就是这些规则,世界贸易组织开放市场的要求就这么多,不可能一个最强大的谈判对手谈判出来结果以后,还有什么不满意的地方。

但是,到最后,欧盟和美国产生了攀比的心理。欧盟代表跟我们讲,打个比方,在一个晚餐会上,你不可能把请美国人吃的菜单,同样请我们吃一遍,我们有我们自己的要求。中国与欧盟的谈判,很大程度上是满足欧盟作为强大经济体的自尊心要求。当然,欧盟有一些具体的问题需要我们解决。与欧盟的谈判花了好几个月,基本上就是花在解决欧盟的特殊关切的问题上。

记者:为什么与欧盟谈完之后,又持续了一年多呢?

龙永图:结束与欧盟谈判后,就进入多边谈判的进程了,因为中国与三十多个国家都进行了双边市场准入谈判。按照世界贸易组织规定,要把三十多个谈判达成的协议综合成一个协议。中国加入世界贸易组织时不会有三十七个协议,而只会是一个综合协议。在综合出这个协议的过程中,有很多技术工作要做。比如说,我们和哥伦比亚达成的咖啡的关税水平是15%,与巴西达成的咖啡的关税水平是12%,那么根据世界贸易组织的规定,归纳整体协议都要取最好的谈判结果。这是很复杂的一个工作。

还有,要把我们中国十几年谈判的结果归纳成一个报告书。十五年谈了什么东西,中国作了哪些承诺,外方提出了哪些问题,这就是中国加入世界贸易组织的法律文件。这个法律文件的起草过程也出现了很大的困难。

开始我们都认为,既然和美国、欧盟谈判都已经结束,应该是很顺利了。但实际上并非特别顺利。其中有他们的原因,也有我们的原因。他们的原因,是西方国家对中国的信任度始终不是那么高,始终怀疑中国是不是能够履行承诺,所以要用大量的律师班子来堵住一切可能出现的法律漏洞,使得中国在今后履行协议的时候能够真正像承诺的那样做。

从我们这边的角度来讲,确实也存在法律意识不强的因素。比如说,中国人喜欢讲"原则同意",同意什么呢? 常常还不知所云。举个例子,开放外贸经营权的这个问题上,我们说,"原则同意这三年内,全面开放中国的外贸经营权"。最后法律文件起草的时候呢,人家就说,三年开放,你不可能现在不开放,三年以后就突然放开。你跟我讲一讲,你第一年放什么,第二年放什么,第三年又放什么,你放开的标准是什么,你对外资企业怎么放开,国有企业怎么放开,民营企业怎么放开。他要白纸黑字写进来。所以在后来整个起草法律文件的过程当中,又花费了很多时间。

我认为最根本的一点,是他们对我们的信任度还是有些问题。他们怀疑中国在加入世界贸易组织的谈判中作出这么多的承诺,到底能不能够履行。这种怀疑到现在可能还存在。

"到了重大的时刻,我不流泪。可能是因为在重大的时刻,想得更多的是理性上的东西"

记者:十五年谈判是一个非常困难、艰苦的过程。"黑发人谈成了白发人"。你从1992年开始就担任复关谈判的秘书长,后来又成为入世谈判首席代表。这些年来入世是件有争议的事情,以你扮演的角色,有的人称你为"民族英雄",有的人说你是"卖国贼",这两种评论都非常极端。你怎么看?

龙永图:你刚才讲到的评价,可能都比较极端。从我本人来讲,我们无非就是做了一件应该做的事情。对于我们的褒贬很多都是因为对情况不了解。在这样大的历史进程当中,我们所作的贡献是非常有限的。而对我们的误解,随着时间的推移,将逐渐消失。我自己一直是以非常平和的心态来对待。什么事情,事后总有一个结论,就像历史上很多事情一样,哪怕当初并不能有很明确的判断,历史会作出公正的评价。

记者:有报道说,在这十五年谈判过程当中,你曾经流过好几次泪,真的吗?

龙永图:我从来不太爱哭的。谈判中我唯一一次流泪是在2000年年初与欧盟大使的谈判中。这位欧盟大使是有名的中国通,也是我的朋友,但也是非常典型的以为自己的民族是很优越的那种人。当时中美已经达成了协议,中欧谈判已经接近尾声,只剩下很小的几个问题。他跟我谈判的时候,突然采取一种非常强硬的手段。他说,如果中国不能答应某个问题,欧盟就不可能支持中国加入世界贸易组织。我知道他在唬我,作为朋友,为什么要这样做呢?

我压力最大的时候,不是在中美达成协议的时候,而是在中美达成协议以后。因为全国、全世界的期望值,都是中国很快要加入世界贸易组织,所以我压力最大的期间是1999年年底到今年9月在日内瓦全面达成协议。没有期望值的时候,我没有压力,因为当时中央对于我们整个谈判的指导思想就是不急不躁、水到渠成,水到渠成就行。我对于自己掌握谈判的节奏是非常有信心的。我真正着急是在1999年11月中美达成协议以后,当时全国老百姓有那么大的期待,中央也有很大的期待,如果不能很快解决,如何交代?

但是事情一拖再拖,开始觉得是1999年,后来觉得是2000年,而有很多事情我又无法向公众披露,也不能到处去讲发生了什么样的事情,所以那段时间我的情绪有很大波动。可以理解,当你一件事情快成功,但是有可能出现重大转折、曲折的时候,心情是很着急的。

欧盟大使跟我谈话后,我一夜没睡觉,第二天我本来答应对外经贸大学的学生作报告。但是我血压一下子很高,于是向同学们表示道歉。我说我今天不能够作报告了,我就讲起前一天的事情,我那次流泪了。这是出于心理压力的一种发泄。

但是,我从来没有在最关键的时刻,比如说你们大家都知道的几个最关键时刻流过泪。1994年年底的那一次冲刺,我和很多同事作出了最大努力,希望中国在世界贸易组织诞生之前成为创始成员。当时我的心情是,既然中国当年是关贸总协定的创始成员,也应该成为世界贸易组织的创始成员。而且,我坐在世界贸易组织观察员的位置上太久了。当时关贸总协定和世界贸易组织开会,我还不愿意去开会,我就不愿意坐到观察员的角落里,我就不愿意享受这样一种"待遇"。世界贸易组织和关贸总协定所有的成员都讲完话后,你才有资格讲话。这是一个大国代表很难忍受的耻辱。

1994年其实是非常有希望突破的。但是,因为国内一些部门之间的协调不够和对中国加入世界贸易组织的意义认识不够,扯皮拖了后腿。比如说,那次谈判开始时,形势很好。澳大利亚和新西兰代表跟我们说,坚决支持中国,但是希望中国解决一下羊毛的进口配额问题。当时上面给我的授权是每年进口16.9万吨羊毛,而澳大利亚和新西兰要的是18万吨。他们说,如果中国同意这个18万吨,澳大利亚和新西兰全力支持中国。澳大利亚和新西兰是西方国家,如果西方国家谈判的营垒出现了分裂,那么中国复关的机会就很大了。我很想同意他这个18万吨,但是与代表团其他成员商量的时候,他们堵死了任何可能性。我只好按16.9万吨这个数字谈,最后拒绝了澳大利亚和新西兰的要求,于是那次谈判澳大利亚和新西兰坚决站在美国方面与我们进行了非常强硬的谈判。使我感到沮丧的是,1994年我们实际进口了31万吨羊毛,远远超过18万吨的要求。当时管理很松散,"一般贸易进口""加工贸易进口"以及其他贸易形式的进口不一而足,而管理则是分兵把口,各管其事,连全国每年进口多少羊毛都没有一个清楚的概念,所以拿出了一个奇怪的16.9万吨配额,而澳大利亚、新西兰这些国家知道自己每年出口了多少,明明知道当时中国平均每年是进口22万吨,要18万吨并不过分。在这种情况下,我就感到我们当时整个经济管理体制,特别是我们的进口管理体制有很大的问题,需要改革的地方实在太多了。

1994年冲刺没有冲出去,应该说很大的问题在于内部协调和管理体制。所以我感到的是失望,而失望的人特别是我这种人是不会哭的。

然后就是1999年,我看到报纸上说,1999年11月,中美达成协议以后,我哭了。错了,我激动的时候是不会哭的,有什么好哭的!最后达成协议时,我当时脑子里面想到的,不是达成协议这个事情,而是一直在想,哪个问题要再那么谈一点就好了。我有很多的遗憾,我那天并没有出席签字仪式,我一直在想着那些谈判的条款。我从来没有感到什么胜利的喜悦,更没有哭。你们看电视可以看见,我那天甚至没有笑过,因为我当时还在想谈判细节,哪一点我更好地把握一下就更好了。我是个责任心很强、追求完美的人。

有些人说,这次到了9月最后全面结束谈判的时候,我也哭了。又错了,我当时也是一点笑容也没有。只是外国人在给我敬酒的时候,出于礼貌我笑了。我感到如释重负,总算了结了。我没有什么激动心情,更谈不上什么哭。有时候我看到网上的新闻标题"龙永图别流泪",我流什么泪?但是,也不能说我是没有感情的人,我是很有感情的。有时候看一个普通电视剧的时候,我会流泪。但是到了重大时刻,我不流泪。可能是因为在重大的时刻,想得更多的是理性上的东西。

记者:我们最近采访了入世前后的法律修订工作。你对这个问题有什么评论?

龙永图:中国外经贸法律体系中所存在的主要问题,首先是透明度的问题。过去有很多所谓内部的文件,现在得把过去大量的内部文件着手整理,要么废止,要么公开,或者就是经过修改以后公开。这是我们加入世贸组织所作承诺的一部分。

第二个问题是,加入世界贸易组织以后,我们过去缺少的许多法律法规现在需要着手制定了,比如说反倾销法、反补贴法,还有关于保障条款的法律,我们只有建立这样一些国内法律,才能用以保护自己的利益。根据世界贸易组织的规定,世界贸易组织的规则并不是自动适用于某一个成员,这个成员必须把世界贸易组织的法律条款转化成自己的"国内法",然后每个成员按照自己的"国内法"来实施。

记者:你如何评价刚刚在上海结束的 APEC 会议?这次会议对即将在多哈召开的 WTO 部长级会议会有积极影响吗?

龙永图:这次 APEC 会议是在世界经济出现困难、世界贸易组织也处在困难情况下召开的。世界贸易组织新一轮的谈判能不能够进行,不仅仅是新经济现象出现以后应该制定一些新的游戏规则的问题,更重要的是恢复大家对世界贸易组织信任的问题。因为 1999 年西雅图会议失败,确实对多边贸易体制有很大冲击,怎样来挽救世界贸易组织江河日下的态势?此外,全球区域经济的发展也是对全球贸易体制的一个挑战,在这种情况下怎么处理好区域经济和多边贸易体制的关系,也是一个很重要的问题。此次上海 APEC 会议确实对发起新一轮谈判作出了很明确表态,从政治上推动了新一轮谈判的进行,我认为新一轮谈判的前景从来没有像现在这样好过,APEC 会议作了很大的贡献。

原文摘自胡舒立、王烁编:《舒立对话:未来十年,世界是谁的游戏》,江苏文艺出版社,2011 年 2 月版。　鉴赏编写:刘　明

45. 大画水浒
——著名画家黄永玉在北大的对话
(2001 年 11 月 19 日)

【格言名句】

高雅与低俗不在于某一艺术本身,而在于从事这一艺术的人。

——黄永玉

【文章导读】

本文择自黄永玉在北大的演讲与对话,题目是《大画水浒》。在演讲中黄永玉认为文学、艺术是相通的,认为自己善于动手,而不善于在大庭广众面前动口。画水浒人物主要出于个人兴趣。没有兴趣,怎么会有激情,没有激情又怎么搞艺术创作?黄永玉还说,画画兴趣是重要的,《水浒》故事和人

物,男女老幼都很喜欢,如鲁智深、李逵、武松,从而对《水浒》产生兴趣的。1980年代,黄永玉在香港用了一年的时间画《水浒》人物,画一个就等于同这个人物开一个玩笑。如画轰天雷凌振,因为他会使炮,并把贺绿汀的《游击队歌》歌词抄上一段:没有枪,没有炮,敌人给我们造。梁山有一位爱赌钱的邹渊,黄永玉就在画像上写了:应该去澳门,你上梁山干什么?对宋江这个人,黄永玉不佩服,他一不会出主意,二不会用干部。武艺高强的史文恭也未争取过来,统战工作也不会搞。

说起黄永玉,大家都知道他是个大画家,一个妙趣横生的怪老头,还有人知道他是湘西凤凰人,有的人还知道他是大作家沈从文的表侄,知道他搞过多年木刻。现实中的黄永玉,是个叼着烟斗的干巴小老头,是个在北京郊外有着上百亩宅第、大片荷花池的老顽童,是个一幅画在市场上动辄几十万几百万甚至几千万的老画匠。只有接触过他的人才能感受到他身上强烈的特质:顽皮、可爱、幽默,只有深入研究他的画作的人才能感受到黄先生的率真、有趣和"刁民"。

本演讲后的谈话录原名《话说〈水浒〉人物》,其实更多的是黄永玉谈他的生活,谈他的美术,谈他的艺术人生。黄老先生历来是个"上台慌"的人,也许是性格使然,也许是多年动手(画画)不动口,他的话说《水浒》人物看似拉拉杂杂,东一耙,西一笊,不集中,少纵深,但是总体上看,这正是黄永玉的真实写照。他对《水浒》140个人物的刻画,浸透着他一生对《水浒》的喜爱和理解,浸透着他一生对生活的认识和理解,也折射出他艺术人生的艰难坎坷、历经磨难和曲径通幽。他是活脱脱画活了《水浒》人物,也是活脱脱展现了自己的个性。他对所画《水浒》人物的评价更是点睛之笔和神来之笔。比如:画高俅,他写道:这一球踢出一个小乾坤。画潘金莲,他特别说:"爱了,怎么样?"画轰天雷凌振,这个管放炮的,他这样写道:"没有枪,没有炮,敌人给我们造。"画爱赌钱的邹渊,题字时他就说:"你别到梁山到澳门不好吗?"他在洪太尉漫画边写道:"好奇心掀出了大热闹。",等等。完全是以现代眼光当代意识来解读点评《水浒》人物,同时充满了黄永玉本人对《水浒》人物的或理解或同情或鞭挞或嘲讽,机趣大于平实,灵性多于朴素,让人忍俊不禁,拍案叫绝。

"老刁民"黄永玉绘画一生,全凭兴趣,年轻时为绘画历经艰辛,中年时代为绘画遭遇磨难,但他没叫过苦。这个老顽童说得直白:"我常自己排列自己的兴趣与爱好。第一喜欢写东西；第二喜欢搞雕塑；第三喜欢刻木刻；第四才是画画。"

　　黄永玉认为"高雅与低俗不在于某一艺术本身，而在于从事这一艺术的人。"他说：我太喜欢文学了，只有文学才能把我浑身解数都施展出来。其他的用不着这么舒展。但文学的稿费太少了，养不活自己。雕塑更费钱，木刻又太累，所以靠画画养前面三种兴趣。如今，他的长篇小说《无愁河的浪荡汉子》已在中国头号文学刊物《收获》上连载多期。读者有兴趣不妨读一读这部带有自传性质的、写透湘西风情、说透人生甘苦的煌煌大作，也许你读了这部小说，你才明白黄永玉为什么是黄永玉。

　　黄永玉，这个无愁河上的浪荡汉子！

【主题演讲】

　　主持人：同学们好，今天我为大家请来的是著名画家、学者，素有"艺术老顽童"之称的黄永玉先生，大家欢迎。

　　我这儿有本黄先生的书《黄永玉大画水浒》，里边有142幅图，画了140个水浒人物。黄先生用漫画和妙语的方式对水浒人物表达出自己的独特理解。可以说是怪生笔端，人物的形、神、貌、相各异，在开篇第一页黄先生有这样一句感慨："我准备木刻水浒人物的计划原本从1960年开始，刻二百幅木刻，两年完成的计划，可惜一幅也没有做出来，连二千多张卡片也丢了，要是那时候让我刻出来多好啊！"木刻没有，但是这本《大画水浒》留下来了。今天请黄先生来就是向大家讲一讲他是如何大画水浒人物的。大家欢迎。

　　我年轻时在剧团是管美术的，不会演戏，临时拉我客串一个传令兵，其中就一句台词："报告，敌人来了。"这出戏排练了两三个月，上台时就卡住了。"上场慌"是我根深蒂固的一个毛病。画《水浒》没什么了不起，那只不过是动手而已，但动口就不行了。这个讲座我想了很久了，但我不会讲。所以只能讲一些我自己画《水浒》的一些经历和有兴趣的东西。

　　在座的有很多《水浒》方面的权威，因为《水浒》的权威类型是各种各样的，念过的那些书有关于《水浒》的生活、《水浒》的故事、《水浒》的武器，我在这儿谈《水浒》就是班门弄斧了。聊《水浒》也不是开玩笑的事，专家这么多，尤其在北京城，光靠胆子大、脸皮厚还是不能解决问题的。

　　画《水浒》是我的一个兴趣，如果说在三、四十年前我说这话，恐怕就要倒霉了。因为你凭兴趣搞创作是不行的。实际上我这一辈子从事美术这一行当都是因为我对美术有兴趣。"文革"时有位老先生在斗争会上批判我，说："黄某人画画完全凭兴趣出发。"虽然当时我正弯着腰低着头接受批评，但心里也不免忖度他："你这个老狗子要是平时对我这么说我一定请你撮一顿，一个人要是做一件事如果不是从兴趣出发，难道要从悲哀出发、从伤心出发、从愤怒出发、从失望出发吗？"做任何事都是要有激情、有兴趣的。我这个人就是从兴趣出发，工作起来像踢足球一样。如果有人问踢足球的人："你累不累？""当然累。"但踢的时候谁又想到累的问题呢？踢完了累得半死，问下次还踢不踢？回答仍然很肯定："当然踢了，那还有什么话说呢？"

我在"四人帮"垮台后，在毛泽东纪念堂画了一幅大画，27米长9米高，就是纪念堂毛主席坐像背后的那一幅。画完后拿到烟台用毛线织出来。做完这个工作后很多人对我感到有兴趣了，认为这是件了不起的事。有位记者来采访我时问道："你在画这张画时，心里在想什么？"我说："已经画了八十多天了，天天画，就想能早一点儿完成它。"他说："不不不，你画的时候想什么？"我知道他心里想让我说："我一边画一边想毛主席。"这怎么可想呢？一边想一边工作，哪有这种创作方式呢！这会影响工作的。我就说："很累，很忙，希望早点儿完成任务。东想西想一定要分心，我就是对这件事有兴趣，愿意把这幅画画好。这其实是个开心的过程，谁还顾得上想谁呢？再说这也不合常情，在工作的时候是不会去想什么任务，想什么神圣的东西。"总之，兴趣是很重要的，谁都不会一天到晚在某种伟大的意义中过日子，都是在很具体的工作里过日子。中国小说里水浒是最大的画，不分老少都能琢磨到它的妙处。

身边的人、身边的事都是大家熟悉的，当然比我们身边的东西更精彩、更动人。

我小时候看戏，长大后读书，《水浒》里的动人故事情节是最主要的，至于造反有理的政治方面的含义我是不清楚的，只觉得《水浒》里的人非常可爱。我的祖母给我讲过长毛的可怕。她做姑娘的时候，不像我们以后所接受的知识，长毛是个可爱的人物，我祖母当时就觉得长毛非常可怕。听起来就好像没有《水浒》人物那样入情入理，有意思，所以我小时候画的《水浒》人物都是从戏台上得来的，像李逵、鲁智深就是戏里挂胡子、画花脸的，没有想到真正的活人。

我的家乡——湘西凤凰县是被割据三十多年的地方,谁来就打谁。十三个县由一个领导人管着,那个领导人也很了不起,国民党来打国民党,共产党来打共产党,所以待了相当稳定的一段日子——三十多年。辛亥革命成功后,他办了一个美术学院,中国美术史没有写过,但真正办了美术学院,一代一代画画的人出了不少。一九三几年蒋介石的势力进入湘西后,稳的局面没有了。原来我父母都是办教育的,1923年入的党,在家乡母亲还当过宣传部长。后来,国民党力量一进来,父母就相继失业了。于是父亲就到外面去谋事,母亲靠典当过日子维持全家的生活。我的祖母、外婆及五个兄弟住在离城四十五里远的地方——得胜营,算不上乡下,是个小城镇。清朝末期外公做过宁波的知府,死在宁波任上,后来把他的灵柩运回到得胜营。他是个很有面子的人,当然也有田、有地,算是个不小的地主。我十岁、八岁时有项任务,每隔一年、半年就要到外婆、舅舅家去告穷,希望他们帮帮我们家的忙。每次我一到,外婆和舅舅就明白——要钱的"孽障"来了。于是先把我安顿下来,外婆一边哀叹妈妈的不幸:第一说是嫁错了人,嫁了我爸爸;第二是养了一大堆儿子;第三怨我爸爸学美术、学音乐赚不得饭。不过骂归骂,怨归怨,他们倒是舍不得我这个外孙,所以一下子留我住个把月,临走时还送我十块八块的大洋让我带回去。当然不是我一个人走四十五里地,那时才十岁、八岁,家里有个工人带着。我舅舅有好几个,小舅舅是三天打鱼两天晒网的军人,平常在家玩枪、打猎、养马;二舅舅是个文人,有轻微的精神病,很文雅、安静,喜欢吟诗论文,知道我是个《水浒》权威,他很佩服我,彼此就成了很好的朋友,一天到晚谈《水浒》。他建议我,不要在地上、石头板上画人,向幺舅舅要点钱,弄点毛边纸来订个本,画一本《水浒》多好。我想这个主意太好了,就在他的鼓励下,到幺舅面前去要钱,没想到平时很少骂人的幺舅破口大骂,连我爸爸和我一起骂:"你还学你爸爸那么没出息,去画画、去做音乐家,弄得连饭都吃不饱。"骂了一大通,所以这个世上从此就不无遗憾地缺少了一部伟大的、珍贵的水浒文献了。这是我因为水浒所遭遇的第一次重大打击。

1950年代末,我才三十来岁,认识了一个做木刻版的高手,他叫王士荣,能做最好的木刻板,住在安定门内。当时在中国、在北京他的木刻板可算是一流的,非常准确的三分三厘三,三十二开的宽度,三分三厘三字的高度,不晓得他怎么做得那么准确。我就向他买了二百块木板,然后我的那帮朋友、老前辈都很热心地鼓励我做这件事情。老朋友、老前辈有绀弩、苗子、黄胄、曾琦等。大家都很高兴,苗子连卡片都借给我,他们还说等我刻完木刻之后分别给我写像赞。黄胄还特别送了我十几张原版的陈老莲的《水浒》页子,这种豪情和大方好像古人才有似的。

值得笑一笑的是,除了我以外,这四位老先生都吃了很多苦,多少年都不能翻身。这种诗情画意到以后正像我曾经收藏过的宋慈公的一副对联所讲的:"于子之别越多白坠,勿我一样不改朱颜"。这是第二个木刻计划开始的情况。木刻板被抄掉了;二千多张读书卡片到了"文革"以后发现在专案组的地上踩来踩去;陈老莲的《水浒》页子被那些狗日抄家的混蛋发了洋财,覆巢之下哪里还有什么理想!

那时候颠三倒四,朝不保夕。有个老画家李苦禅,他是山东人,人们问他:"揍你的那个人是不是你的学生?"他说:"不是,不是,他是我的爹。"不管多老的人做儿子的时间都太长了,浪费了真正最宝贵的时间。我曾算了一个细账,连搞运动带下乡二十五年浪费掉了,要是这二十五年让我们做事情,我们也不是个懒惰的人,不知能做多少事呵,真可惜啦!现在的年轻人不知道,我们以前年轻时在上海刻反饥饿、反内战的传单,上面有指示下来,木刻板要自己买,共产党在哪儿我们都不知道,只是接到上面的指示就拼命地做。有人开玩笑地说:"你们那个时候搞这种进步活动是自费闹革命。"我说:"对了。的确那时候都是自费闹革命的。"

到了解放前夕,那时我在香港,穷得不得了,因为兴奋、兴趣又大,买了一块造船的大船板,一米左右宽,自己运回郊区住的地方,自己刨、打稿子。没见过解放军,就开了封介绍信到深圳去见解放军,那个解放军还不是正式的,是个土八路,我就画了一些速写回来,刻了一幅《华南人民欢迎解放军》,是很大很大的一幅画。因为大所以不能发表,又没有照相机去拍它,制版也有困难。这样的一幅画到了"文革"时,竟挂起来被当作黑画展览。黑的原因是歪曲了解放军的形象。让我站在凳子上接受批判,我心想:"你们这帮小王八蛋,以我当时的气派,二三天吃一顿饭,吃几个烧饼,喝自来水,共产党是谁都不知道,就这么在工作着,你们现在有吃有喝,学校还拿十二块津贴,什么材料也不用买,国家供应,有什么资格来批判我?"但是那时不敢,只好接受批判。现在人老了,力气没有了,眼睛也不顶用了,精神也不专注了,所以木刻刻不成了,时间也不够了,快八十岁了。

"文革"后期出了件怪事,毛主席对《水浒》说了话:"《水浒传》好就好在它写了投降。"姚文元接过了这段最高指示后,把"好"字拿掉了,批判《水浒传》是本投降的坏书,连施耐庵一起批。这样明目张胆地与伟大领袖较劲儿,没有受到处分,这事很难得。我当时出了一身冷汗,很庆幸那帮小家伙抄走了《水浒》的全部家底,也庆幸接二连三的运动使我忙不过来。要不然刻出那二百多幅《水浒》人物在姚文元的眼底下是个什么光景可就难说了。但是老了以后还是想画《水浒传》,于是就用了一年的时间在香港画了出来。一边画一边跟画里的人物开玩笑。比如说不太引人注意的轰天雷凌振,如果我不说这个人,恐怕人家不一定会知道是《水浒传》里的人物。他是个管放炮的,所以我想起了那首著名的抗战歌曲:"没有枪,没有炮,敌人给我们造。"我就把它写到画里去了。一个叫邹渊的爱赌钱,题字时我就说:"你别到梁山到澳门不好吗?"宋江的爹管梁山的钥匙,我也提出了一些自己的看法。还有个爱赌钱的阮小五,我让他打着灯笼游水过河去赌钱,这个是我小时候在家乡听老人家讲我们街上有个人是这样的:涨大水了,他就举着灯笼游泳过河去赌钱。我用来把它放在阮小五的身上。呼保义也义不到哪里去。毛主席说过:"做领导一是出主意,二是用干部。"两个诀窍他都摸不着门,都是人家自己找上门来的。史文恭武艺高强,大家费了好大劲儿,轮流打才把他打下来。对于宋江这个人我不怎么佩服。对于史文恭的情况在我想来:宋江的统战工作应该做到他的头上,这样就增加了梁山上的力量,但宋江没有做,原因是应该好好地想一想。

再说高俅,我和朋友聊天时说,高俅碰到端王——后来的宋徽宗就是个机缘,要是没有这个机缘,你球踢得再好,好得像马拉多纳这样的,如果碰不上年轻的宋徽宗也是白踢了。要是宋徽宗那天不想踢球,而是画画,那高俅也没有机会碰到他了。所以看起来要精通多种玩艺儿,能碰到不同兴趣的领导人,就方便得多了。最后说到洪太尉,他是开篇第一章里的一个大官,好像古今中外都不缺少极富好奇心的人,都喜欢看点儿奇怪的东西。《天方夜谭》里的拔瓶塞的渔夫,他把瓶塞一拔,出现一个大妖怪,但是他有本事让他回去,那妖怪上了当就回去了,他赶紧把盖子盖起来。他发动一件事,又能收回来。洪太尉就不是这样,他势大财粗,好奇心又特浓,别人叫他不要去揭盖子,他就说:"你们懂什么?"所以他亲自揭了这个盖,等黑气往上冒时,又吓得半死,妖怪走掉了,他又没有渔夫的本事,把妖怪弄回来,把盖子盖上。所以在我看来,《水浒》之好,就好在洪太尉揭了盖子盖不回去。若要盖回去了,哪还会有一部《水浒》呢。

我是个画画的,是个动手的人,让我谈话实在谈不出什么来,但是要和我聊还是可以聊出来的。

我写东西有个毛病爱用繁体字,"文革"时批判我反对简体字就是反社会主义。其实我说:"毛主席也写繁体字。"他们说:"毛主席有简体字。"我说:"那不是简体字是草字体。"还有一个毛病就是写信、写稿子用毛笔不用圆珠笔,老习惯不好改,用钢笔、圆珠笔写不出来,而且老得换稿纸。用毛笔就比较稳定,一直往下写就可以。

【对话原文】

问:您的演讲稿写了多长时间?

黄:昨天一个晚上,一直写到今天早上四点。

主持人:黄先生比咱们年轻人身体好,早上四点写完,九点半坐在这儿来给我们演讲。他对自己有个自喻、自比:他是湘西刁民。刁民往往身体、精神也都旺盛。我们现在给他提问题,看看是否能把他"刁"住?

黄:肯定"刁"住了。

问:"文革"后期有个黑画展,当时有一张您画的,睁一只眼闭一只眼的猫头鹰,被作为黑画,认为您也是睁一只眼闭一只眼,蔑视无产阶级专政。您能说一说这件事吗?

黄:那件事完全是冤枉的。有一个人为了讨好江青,到处找材料,香港有本杂志谈到这个问题说,用子弹从黄永玉身上穿过去打到周恩来的身上。那时很多人给江青提供子弹,什么三上桃峰、蜗牛事件等。猫头鹰就让她逮住了。那幅画其实是给北京饭店画的,那时北京饭店新盖的十八层楼,让我们去搞美术设计工作,江青手下有一伙搞美术的虎视眈眈地不高兴,就到处找材料,恰好一位南京的画家宋文治留了一本册页在许林路家里,许林路让我画,我那时还不认识宋文治,心想画什么呢? 他说画个猫头鹰算了,我就随便画了只猫头鹰,结果这个册页又拿着给那位想讨好江青的先生让他画,这位先生一天到晚正等着机会拍江青的马屁,他一看见这幅画就把它当成材料了。其实早先许多人去他家玩时也画过,在他家画的猫头鹰他不说,单把画册页的猫头鹰拿去给王曼恬,正好有个动机搞了一个黑画展。押我们去看时我的画还摆在第七位,等过两天再一看,已经摆在第一位了。我在上面写的"文三名同志惠存"的字用纸盖住,我说:"这样我就放心了,这完全是一个政治的陷害,是可耻的、最坏的表现,你胆子大一点儿就把那纸条打开。你怎么可以说是给北京饭店画的呢,这么小一张画能挂在北京饭店什么地方呢?"后来这件事过去了,当时有各种传说,但实际上就是那个人拿去汇报,想讨好江青。

问:有人说油画高雅,木刻低俗,所以现在人们纷纷搞油画,放弃了木刻,请问您对这个问题怎么看?

黄:这不是高雅与低俗的问题,刻得好就高雅,刻得不好就低俗。高雅与低俗不在于某一艺术本身,而在于从事这一艺术的人。这是手艺的高下问题。我以前讲过,美国某大学有人说中国的艺术比较落后,后来我给他讲了一二个小时的关于画画的事情,我说艺术跟科学不一样,以前是点蜡烛、点松明,现在是电灯了,这是科学的一种进步。艺术没有进步,只有繁荣,越搞越丰富,越搞越繁荣。过去六千年的陶器,今天搞瓷器的人你敢说比它进步,那种造型、那种结实的美,当时没有这么繁荣,就是玩泥巴,烧起来。现在的玩艺多了。

每一个人的艺术最多一百年,到了儿子辈还得从头来。俄罗斯的谚语说:不管你爷爷长得多高,你还要自己长大。科学可以继承,艺术得从头来。不管你是齐白石的儿子也好,是李可染的儿子也好都得从头来,不能抽他的血,打在你身上就变成李可染,所以艺术不能说是进步或是落后。

问:刚看到你的手稿特别稀奇,我想问一个有关演讲稿所联想的问题。人们都说以前中国的古书是竖着写的,所以中国人读书时都是不断地点头、不断地肯定。而外文的书都是横版,所以他们在读书时都是不断地摇头、不断地否定,所以他们比较有质疑的精神。您能否谈谈这方面的问题?

黄:这个事我还真不知道,不过你提出来增加了我的知识,引导我去留意这个问题,这很有意思。比如说宋版书天头很大,看书时上面一大块空白地方可以写东西,现在的书密密麻麻,写点儿感想都没地方。书中有些精彩的地方、有些建议将来值得专门来研究。怎么出一本书?怎么把书印得更漂亮?现在很多书脑子用得太多,明明白纸印黑字很清楚,非要印成彩色底、灰底。看起来很辛苦,书、杂志都有这个问题。

问:今天见到您的第一感觉特别亲切,您身上有种很鲜明的湖南人特征——尖锐、不屈不挠、机智。您的作品让我特别感动的是一首诗歌《老婆别哭》,想请您谈一下创作这首诗时的一些感受。

黄:"文革"时期下乡劳动三年。我还算是想得开的人,身不由己,难过也没用。我们每天劳动扛着锄头、箩筐,走十六里,晚上劳动完再走十六里回来,天天三十二里。我那时才四十多岁,还不要紧,有的老人家像李苦禅已经七十多岁了,真可怜,让人哀哀欲绝。尤其是快到村庄时,要过一个大的木头板桥,全是灰尘。我们这边要表示昂扬之气,要唱着歌回去,那边赶羊的赶着一群羊往这边走,羊咩咩地叫,我们唱着歌。我觉得太好笑、太有意思了。我每天晚上打着手电躲在被窝里要干两件事:一件是看《辞海》,那时什么书都不能带,所以用了三年的时间把《辞海》从头到尾看了两遍半,把眼睛也看坏了;另外就是写诗,写旧诗、写词,也写白话诗。那时妻子带着两个孩子在北京,前途茫茫不知道怎么办,除了别哭之外还能有什么安慰呢?讲天、讲地、讲未来怎么好,鼓励他们。实际我自己也很茫然,未来怎么样,我也不知道。

有一天,李可染的小儿子来了,偷偷地告诉我,林彪死了,我说:"林彪怎么会死呢?这么伟大的人。"后来我妻子写信对我说:"阿林想溜,完蛋了。"我说:"哪一个阿林啊?是不是我的朋友啊。他怎么这么大胆啊,敢跑。"到李可染的儿子来告诉我这些,我才明白,别人还不知道。有一天,我和另外一个同事赶着大车去拉萝卜,走到半路见周围没人,我就对他说:"告诉你一件事,你可不能说,死都不能说。"他问:"有这么重要?"我说:"对了,你要是说了,你也完了我也完了,但我又想告诉你。"他说:"什么事?"我说:"林彪跑了,完蛋了。"他听了我的话车也不拉了,整个人瘫在那儿,脸看着天说:"我没有听过,你也没有讲过。"我就是在这么紧张的气氛里生活了三年。

世界上有些事听起来简直荒唐,比如说:开水壶在冷天半壶是开的,半壶是凉的。水应该是循环着的,可半边是热的,半边是凉的。我三年根本不能画画,走在路上,太阳快靠近地平线时,一滴一滴往下滴红色的光。平原上,有人说,太阳是方的。那时候我就用这个办法在画画,不能动手。三年的构思改变了我的画风,对画画的一些技巧建立了牢固的基础,回来我就开始画画,不刻木刻了。

主持人:从黄先生讲的小故事中我们可以看出他有多么狡黠。他抑制不住要和朋友说林彪跑了,摔死的事,他不是跟朋友说,"我告诉你,你要说出去我就完了。"而是说："你要说出去，你完了我也完了。"这样朋友才不会说。

黄：他是个党员，我是个群众，这个很重要。幸好很快就公布了有关林彪的消息。

村子里有个小孩我很喜欢，他叫五斗。有一天村子里开会，很晚才散，等五斗背着书包回来，我就问他："五斗，干什么去了？"他说："开会。"我又问他："开什么会？"他说："林彪跑了，垮了。"其实讲来讲去就是这一句，花了几个钟头讲。

在当时那样困难的生活中，如果你要难过就难过下去了，因此要善于解脱自己。我想将来我要写这一段在农村的事情时，内容一定是很丰富的。那时小孩子同我的关系都非常好，我抽烟时，他们就在苇塘子边上围着给我挡风。我有水果糖不够分，就用牙咬开一人一半。他们对我也有好感。有一次我放了九天假进城了，回来时，我们的头对我说："有个小孩子找你，听说你休假，他们来给你送礼物，在鸡窝棚上，你自己去看看吧。"我去了一看是一头死小猪。原来他家里的小猪死了，就拿来送给我。《老婆不要哭》就是在这样的情感基础上写出来的。诗很长，是安慰自己的。

问：您谈到家乡有所美术学院时说在美术史上没有记载，能否谈谈这所美术学院的具体情况？

黄：辛亥革命时期，有位有功劳的、职位不小的军官，回家乡后做了两件事，一件是办美术学院，另一件是与他从外面带回来的爱唱戏的夫人一起，编了一个唱腔，养了个戏班子，一直到现在这出戏还在唱。这戏叫作《阳戏》，连唱腔带演出等都是他培养的。我父亲不是那所美术学校出来的，他是在长沙师范学校毕业的，我的老师都是这所美术学院毕业的。

我在凤凰县也办过美术学校，小学四年级时，陶行知搞"小先生"的运动，我在街上找了个同伴，两个人办了一所"文新街美术学院"，我封自己当院长，可没人来。于是我想了个法子，买了些豆腐放上辣椒和猪肉炒炒，谁来就给谁一小碗吃。这下来了很多小孩，可上了三四天就没有了。

问：您是以画家著称的，但文章也写得精彩，文字创作是您的副产品吗？听说您是沈从文先生的侄子。请您谈谈他对您艺术创作的影响。

黄：我常自己排列自己的兴趣与爱好。第一喜欢写东西；第二喜欢搞雕塑；第三喜欢刻木刻；第四才是画画。我太喜欢文学了，只有文学才能把我全身解数都施展出来。其他的用不着这么舒展。但文学的稿费太少了,养不活自己,雕塑更费钱,木刻又太累,所以靠画画养前面三种兴趣。眼前的部署就是这样的。写东西能安安稳稳地写下去,不愁吃,不愁喝,靠画画养其他。

1932年我曾见过一次沈从文,当时他回家乡来看我的祖母——他的舅妈,人家告诉我说:"北京的沈从文回来了,你去看看。"我就回去了。他坐在房里同我祖母正在聊天,我背着手绕着他走来走去,后来问他:"坐过火车、轮船吗?"他说:"坐过。"问完我就走了。第二次我见到沈从文是1950年,那时我和爱人从香港回来,跟他生活了一个多月。他住在北大的宿舍,那时他在革命大学学习。我的文学生活可以说与他的关系不太大。但他的人格力量、趣味和谈吐影响了我。我们接触时很少谈到文学。

那时我在教木刻,文学上同我有关系的要数绀弩先生,和他接触多,受他的影响很大。可我觉得沈从文的作品很有亲切感,因为他写的是我熟悉的家乡。但也有不一样的地方,就是我的世界同他的世界不一样,我的凤凰县同他的凤凰县不一样。

主持人:假如黄先生的写作、雕塑、木刻用不着画画养的话,今天就会遗憾地少了一位大画家。

问:您为什么画水浒人物?您对水浒人物的性格思想有没有自己的理解?

黄:理解得很浅,完全是凭兴趣。我没有进过很好的正规学校,就是看杂书,没有理论系统或单一的研究课题。要我谈一个人我会四面八方地谈,不会一竿子到底地谈。体会都在书上了。一方面是根据他本人的表现,另一方面是开玩笑,不开玩笑这书就没什么意思啦。

问:您创作了新中国邮票史上生肖第一枚猴票——红猴,这是创中国单枚邮票升值最高的一枚邮票,能否谈谈当时的创作构思和现在的想法?

黄:我有个学生在邮票发行局工作,让我设计个生肖的邮票。我以前养过猴子,猴子又刚刚死,我想这样好啊,画了可以纪念它。于是找了张小纸条画了一幅草稿,根据草稿又画了一幅大的画稿。邮票的制作过程用的是雕板——钞票板,黑颜色印下去会凸起来摸得到,不像平常的印刷品是平的,印出来比较有意思,也较厚重。

我的家乡有个小酒厂,一口灶二个坑,背酒糟上上下下的,州委书记希望我帮帮忙,我说让我帮忙可以,但你要信我,心诚则灵。我给你设计一个瓶子,你照着做,做好后把酒拿到北京来我给你推销。他们用我寄去的设计邮票的稿费,带了两三箱酒来到北京,我在北京饭店帮他卖,后来卖得全国都出了名,这酒就叫湘泉,瓶子很特别。后来我又设计了一个酒瓶,用麻包做了一个,他开始不相信我,问我叫什么名字,我说叫"酒鬼"。他嫌这个名字太可怕,我说:"如果是烟鬼、色鬼就讨厌了,酒鬼却是可爱的。"结果又卖出了名,现在这个酒厂已经有四千多名工人,三里多地的大厂房。我开玩笑地说:"你们应该做个猴票挂在那里,这张猴票帮着你们启动了。"

主持人:您是酒鬼吗?

黄:我一点儿酒不能喝,啤酒也不行。

主持人:您不是酒鬼,却让酒鬼厂发了财,画了一枚自己养的、刚刚去世的小母猴,为了纪念它的生肖猴票,却令邮市大涨,设计这张猴票您自己挣多少钱?

黄:我忘了。那钱寄给酒厂了。还有那张最早的猴票草稿,我有个朋友来问路,我就随手拿了张纸给他画路线图,过了好久,朋友对我说:"你给我画路标的那张纸背面是一张猴票。"我说:"那是我的原稿。"当然他就保存起来了。菲律宾一个集邮家,他买大张的猴票买了一两千张。这个人真是奇怪,他听我说那个草稿在我的朋友那儿,就去找那位朋友说:"你把那草稿给我吧。"朋友说:"为什么?"他说:"你要车子还是什么,我都给你。"朋友说:"你这么讲,我更不会给你了。"所以现在还在他那里。

问:我对您讲的黑画展很感兴趣,请问黑画展是什么时间展的?有多少幅作品?是谁组织的?每件作品被定为黑画的理由是什么?

黄:这个都不是我能解释的。黑画的理由是江青定的,数目是展览会定的,我只知道原来我排在第七位,后来排在第一位。有一对七十多岁的广东老夫妇看了以后,老太太说:"才画了这么个猫头鹰怎么就这么厉害?"老头说:"一个猫头鹰就够他呛。"当时我也不知道为什么会这么严重。后来听说不停地批我,批了一个多月,每天上午、下午不停地开会,有时晚上也开,后来毛主席说话了,真的就不开会了。我不相信,就试着写了个报告说:"我妈病了,得回去看看。"没想到竟批准了。王炳南告诉我,"毛主席有批示,批示里还加了《木偶奇遇记》的英文版插图,插图上画的是狐狸和猫头鹰,那只猫头鹰就是一只眼睁着一只眼闭着。"据说还贴在批示上,这件事才算过去了。

主持人：伟人说话确实一句顶一万句。

问：请问您为什么偏偏要画《水浒》人物，而不是画其他的作品人物？比如《红楼梦》、《三国演义》等？

黄：《红楼梦》谁画谁倒霉。贾宝玉、林黛玉的形象绝对不是任何人都同意的。你画，别人就会说不是这样的。每个人都有理想中的贾宝玉、林黛玉。《三国演义》学问太大了，我画出的画总得有人看，《三国演义》不是老少都愿意看的，而且很复杂。《西游记》有些荒唐，已经有人画了，而且画得非常好。卡通画我画得最好。《儒林外史》是我最喜欢的一本书，但我没想过要画它，我倒想过《儒林外史》这类的有机会画一画是很有意思的。

问：单从四大名著来说，您最喜欢读《水浒》吗？

黄：我最喜欢《儒林外史》，但不画它，别人已经画得很好了。

问：您画了一百四十二个《水浒》人物，有哪些人是您喜欢的？为什么会把他画成那个样子？

黄：画成某种样子，是我的看法与书里的看法结合起来的，里面也有我个人的观点。比如对《水浒传》里的女同志我就画得多一点儿，只有白秀英一个人我不表示同情，她与知府勾结，诬蔑、陷害梁山上的人，这个人太坏了；其他人我都很同情。潘金莲，她是为了爱情牺牲的，所以我特别说："爱了，怎么样？"潘巧云也是这样的，男人瞎搞瞎闹，她为什么不能找和尚呢？还有阎婆惜，一个是政治、一个是爱情，压在宋朝这么一个小女子的身上，够勇敢的，很了不起。我是从这些角度来看这个问题的。

主持人：在您看来，潘金莲、潘巧云和阎婆惜都是今天所说的女权英雄的先驱了？

黄：不是很完美的，但是够胆量。李师师，有两个朋友，一个是大词人、大文豪周邦彦，一个是皇帝，谁惹得起她呢？我就着重画这个地方，我的画谈不上研究，在座的研究《水浒》的有的是，我哪敢在这讲《水浒》的社会基础、历史背景呢？这不是我的专业。

问：您是文学艺术方面的大师，您多次提到了毛泽东。毛泽东是影响了几代人的人物，请您谈谈对毛泽东的书法艺术及诗词创作方面的看法。

黄：书法很好。诗词，年轻少壮时写得好，老的时候写得不太好。我曾犯了个错误挨过批，毛泽东的那首"久有凌云志，重上井冈山"我当时认为绝对不是他写的，那不是他的气魄，但却是毛泽东写的，有过这样的事。后来毛泽东年纪大了,没有以前那种波澜壮阔的气派了。我的感觉是这样的。

有个笑话说一个人养了只鹦鹉,很喜欢它就教它说很多话,有一天那鹦鹉跑掉了,他赶快登报说:"我那只鹦鹉的政治见解同我完全不一样。"

问:您的家庭情况和生活近况如何?

黄:小屋三间,坐也由我,睡也由我;老婆一个,左看是她,右看是她。还有两个孩子,一个男孩,一个女孩,现在都长大了。四五十岁了,儿子在香港,女儿在意大利。一个孙子,一个孙女。

问:您为什么喜欢画荷花?尤其是在荷花叶子下往上看的荷花?

黄:这是有根据的。以前我常常到外婆家去过日子,有时冬天去,有时夏天去,希望能要点儿钱,住在那里一二个月,暑假就住得更长一点儿。那里的的确确像电影里的风景一样,是一个小砖城,石头城,有台阶上上下下,城门口外不到三米远就是一个荷塘。外婆家是宁波知府,官职很大,所以房子很好。有时狗打翻了酸菜坛子,非说是我打的,不管我怎么解释也说不清楚,我就推个洗澡盆偷偷滚到荷塘去,躲在那里,一躲就是二三个小时。开始进去时该跑的都跑了,等我待久了,那些青蛙、水蛇、蜻蜓又回来了。那时我还是个小孩,看到的荷花不像君子们画的那种干干净净的荷花,那里面的泥苔、青蛙、水蛇、蜗牛全在一块的那种妙和感受不是普通人能感受到的。

画荷花应该多角度地去画,同时色彩也应该是丰富的,天光水色再加上泥泞、水草等,各种各样的关系。我画荷花跟小时候闯祸后躲在荷塘中的澡盆里有很大关系。我很会说谎的,在"文革"时期,我经常谎称有病,像拿破仑说的:"对待魔鬼要采取魔鬼的手段。"我就采取魔鬼的手段,骑着车到圆明园那边去画荷花,为的是图个清静,解脱一下。躲在那个地方细细地画,也是一种写生的方式。

问:您的朋友——著名经济学家张五常认为,朱屺瞻的画作是真正的国画,而您的画受西洋画的影响,并不完全是国画。您怎么看待这个看法?

黄:他不是一个完全的评论家,是个爱好者,他的意见没有什么。

问:您和黄胄先生关系如何?并对他被人称作"驴贩子"有何感想?

黄:黄胄不该去盖那个炎黄博物馆,浪费了他很重要的一段时间——艺术创作的时间。他自己也说需要很多的时间钻研更深一层的东西。建的那座炎黄博物馆上不着天,下不着地,到现在还吊在那儿。真可惜了,一生的本事没有用上。

黄：我倒有个想法：像我这样一个大庭广众之下不会讲话的人，将来你们这个讲座也可以增加一种这类性质、这种形式的讲座，就是让讲话的人读一段或者比这更短一点儿的东西，然后大家相互交流，不要一个人坐在上面讲，下面听，弄得我很紧张，我知道我没有料，我怎么讲啊。但也不是全没有，要是大家能这么谈就有意思了。

主持人：讲座要因人而异，黄先生这样的来了，我们就对谈。能讲得像李辉先生那样的就让他自己讲。变成了百家聊坛。

问：黄老在您的笔下您为水浒的一些人物像潘金莲、阎婆惜、潘巧云、李师师等平了反，但没有昭雪，是不是烦您对另外一些过去认为是正面人物如及时雨宋江、豹子头林冲、智多星吴用、花和尚鲁智深等进行点评？

黄：评不了什么，比如说反面人物蔡京官做得很大，但我欣赏他的字，写得非常好。所以我就画他写字，大官在家里生活用不着穿着官服，我把他画成打赤膊。并不是说我对蔡京有什么研究。别的也如此。武松我不画他打虎，而画他瘫在桌子上，那个瘫劲儿我费了很多功夫。他喝醉了，整个趴着，手贴着地，彻底软化，实际上他没醉，眼睛还在瞄着孙二娘，我就画他这一点。如说郓哥，这种人你可别得罪，他掌握你所有的机密，到时一下子全给你摊出来。王婆厉害，她懂得辩证法，她用辩证法跟西门庆谈怎么见潘金莲。那是很能干的人，像这样的讯息人才到哪都可以用。用今天我的角度看这些人，说也说不完。女的里边除了白秀英以外其他的都颇为同情。

而且有时我不止画一张要画两张。武大郎同武二的关系，我是用扬州说书的王绍棠讲的：武松为什么愿意给武大郎报仇，而且报仇这么狠呢？是因为小时候是武大郎把他养大的，把他放在箩筐里，到街上卖饼时看见哪家生小孩的有奶就讨口奶喝，东讨西讨这么一口一口地把他养大的，这个说法很感动人，所以我就画武大挑个筐把武二放在里面，有的不完全是水浒里的，有的是从各种各样的材料里拿来的知识和感觉。

问：我国历代有很多关于李白的画作，我认为南宋梁凯的《行吟图》最为传神。很想听听您对此画的看法；并问您有没有兴趣或想法也画一幅有关李白的画？

黄：李白是很传神的，因为他很简练。我眼前没有想过要画李白，现在画的东西不属于这个路子，有时候想一个主题，开始安排各种各样的东西，也许要花三年、五年的时间。比如我画山鬼，就花了我三四年的时间去考虑,等感觉到可以了,画画就简单了。本来已经是一个会画的人,画画并不困难,就是想,想不能匆忙,不能仓促,准备好了才能画。我现在画了山鬼之后想再画一幅湘君湘夫人。我一切都准备好了,但最主要的是画她在干什么我还没想好,已经想了好几年,还没有动手,画画不在于画而在于想,正像陆游讲的:"功夫在诗外。"这还是五十几岁之后才明白的道理。

问:您觉得《水浒》好就好在投降,你不佩服宋江这个人,但在投降的过程中宋江发挥了很重要的作用。水浒的现实意义在于给人的启示:在封建社会的背景下,农民阶级不代表先进的生产力,革命不可能取得胜利。施耐庵的成功之处就是把宋江刻画成一个不让人敬佩甚至有些令人讨厌的角色。如果把宋江刻画成一个很有勇气、很彻底的革命家,《水浒》这部书的价值会不会下降? 请您对宋江这个角色给多一些的评价。

黄:水浒好不只是写了投降,还写了好多人、牲畜及一些有趣的事情。我不佩服宋江。假如要把宋江描写成是我佩服的样子,那就是共产党员了。但不能这么完美,他就是那个样子。有一定的历史局限性,宋江政治上没有纲领。

主持人:如果宋江懂今天的理论,大宋时我们就建立革命政权了。

问:请您谈谈与李叔同的相识相知?

黄:只见了几次画,人家都希望我说与李叔同的关系密切,受了他的影响和教育,其实根本没有这么回事。我们的相识连起来算仅仅不到一个星期的时间,那时我在流浪。李叔同住在一所庙里,一个难童教养院的孩子告诉我那里住着一位有胡子的老和尚。庙里种着白玉兰花。我十五六岁时,有次我去摘玉兰花,他下来劝我不要摘,然后跟我聊天,就这么认识了。他问我念书了吗? 我说差点开除了,我自己走出来的。问我现在干吗? 我说没有干什么,住在朋友家。问我会什么? 我说什么都会。唱歌、打拳、画画。我就唱了一首《长亭外,古道边》。他说你知道这歌是谁写的! 我说:"不知道。"他说:"我写的。"我说你吹牛。又问我认不认识丰子恺,说丰子恺是他的学生,我说:你吹牛。我非常佩服丰子恺,怎么会是你的学生呢?

就这样我们慢慢认识了,我有时会在他那里吃饭。他的饭就是一碗豆芽菜汤、一小盘四块豆腐干、一盘青菜,白饭吃很多。床板下一堆麻鞋。他问我他的字写得怎么样,我说,不太好。问我为什么? 我说没有力量。过一阵子我看他送这个送那个,我让他送了长字给我。他说"你不是说我的字写得不好吗?"我说现在看看有点好了。结果他送了一副对联给我。"不为自己求安乐,但愿终生得离苦。"我寄给了我父亲。他没写之前跟我说一个星期后来拿。那时我就从泉州到了洛阳桥。回来时那个小孩告诉我说老和尚死了。我赶快跑去。很多和尚围着他,他侧身躺在那。桌子上放着一卷一卷的字,其中有一卷写着黄永玉居士,我就拿了。就是那副对联。从见面到认识也就一个星期的时间,没有什么很深的交情。就是这么偶然的见面,一种缘分。

问:请问您的大画水浒人物中为什么没有画晁盖?

黄:我也问自己,为什么没有画?几次在眼前晃都越过去了。如果我要画一定画得像个刺猬,全身都射了箭。也不晓得什么道理。明朝画家陈老莲画了三十几张水浒页子。有个散文家张岱在《桃怀白梦玉》里说他经常上街去看卖柴、卖菜、屠夫那些人,回来赶快就画,他也是很注意活生生的人物。我画这些画也是想到我家乡某些有意思的人或者是以后的经历中遇到的有意思的人,实际上是在替他们画画。

问:您与老舍先生有过交往吗?谈谈您对老舍先生的印象。

黄:没有这个机会,几次说要去,都因故未能去成。主要是很多老先生都因为运动,不停地折腾,精神都顾不上了,所以我以前写文章提到过一个问题,错过了很多老人。后来就想办法补救,我看见老舍先生在琉璃厂买了几张齐白石的画,原来是吴祖光的,老舍先生就买了给吴祖光送去。有的人送了我一个刻齐白石的像,有老舍先生提的字,我又把这个转送到这里来了。老人家的一些好的德行都是我们学习的榜样。

问:您的养生之道是什么?为何年已八十还能如此思维敏捷,身体健康?

黄:我还练沙包。前一段那个沙包让一个少林寺的和尚把它打下来了。少林寺的和尚很厉害,六根尼龙绳绑着的一个大沙包被他打下来了,我又没办法再把它装上去。被狗啃了几个洞,所以我就没办法去练沙包了,我打打乒乓球,画画其实很练身体的,因为我画都不是在桌子上画,而是在墙上画,墙上有铁片,上面贴毡子,用磁铁把纸贴起来。那么一会上梯子,一会儿下来,左一下右一下地画,等于练体操似的,天天几个小时如此,说不上身体好不好,可能跟祖传有关系吧,太婆、祖母、爷爷都活得年纪比较大。父亲是因为胃病去世的,主要是吃过苦。抗战八年时间,都是一双脚板跑来跑去,没过过什么好日子。我刚到中央美院,要审查我的历史,心想:"这几个小子明明好好的有说有笑的,怎么突然板起面孔了?"而且有一个人说话有些过火,开完会我守在门口,小组长问我干什么,我说揍他一顿,他说,这可不能打架。打架就是阶级报复。从此知道厉害,不能打架了。

问:有位朋友在一个饭店见过有您一幅画,但这个饭店服务极差,他问您如果您去那个挂着您画的饭店,您是走还是留下来吃?

黄:那个饭店服务差挂的画一定是假画。服务差我怎么会给它画画呢。那个老板人一定不好。

问:您有两个娘舅,一个骂你,一个赞成你。在你功成名就以后,这二位又对您有何评价吗?

黄:老早就死了。我小舅有个老师,他本来是长征干部,被国民党抓了,他完全投降了,姓左,叫惟一,投降后就改叫左之中,还有个笔名叫左自然。这个人很坏,我们小时候他又教算术,算术题上错一点儿就要被打屁股,是个极恶劣的老师。被他折磨了二三个学期,就下决心逃了。1950年我约了几个同学,每人做了一块竹板子,准备打他的屁股,从凤凰县到麻阳县好几十里路,走到半路,在茶馆问起这个人在哪里?得知1948年被人用斧子劈死了。听后我们都气死了。回家路上赶集,我们买了一只小羊,在河边向苗族人借了个锅,弄了些木头,就把羊杀了煮着吃,吃完跳进河里游泳朝天地骂左惟一,骂痛快了才回家。所以说好老师永远忘不了,坏老师也永远忘不了。

问:您对画技、画法和其他一些人的作品的看法?刚才您谈到黄胄先生很惋惜,好像是说他没有把精力更多地用在速写上,您在其他场合也谈到叶浅予先生没有把他的速写更好地发挥一下。您能否谈谈对速写的看法。

黄:速写有很多种类,包括漫写,也像画速写,只是慢些。还有速写,很快地画,但快画与慢画的功能是不一样的。有个要点就是必须熟悉它的结构才能速,所以需要用漫写的方法来练习,慢慢地画结构和神态,然后速的时候才有根据,否则乱画一通形体都没有了,那就画不好。慢写不光解决一刹那的动作问题,还可以解决艺术的趣味和妙处。比如罗丹的速写。空口说话是没有的,要自己去看才行。我理解就是这样的,先慢写,知道它的结构后再来速写。画速写、白描、慢写时非常规矩,而且一定常常画画白描,为的是其他的画才大胆,才有根据,双轨并行。

问:您既是画家,又是作家,请谈谈艺术与文学的关系、画画与写作的关系!

黄:这不是一个规律性的问题,是每个人自己的特点。我碰上了一些事,所以有时写写文章,有时画画。不能总结,还是留给文艺理论批评家,我很难说。这是一个很大的题目。

问:您人生经历很丰富,请谈谈对今天的年轻人有怎样的期待与寄予?

黄:有个清朝人说:"我的儿子二十岁如果不狂不是我儿子,到了三十岁还狂也不是我儿子。"作为年轻人都有一个过程,比如说画前卫画,我二十岁左右时在上海也画前卫画,后来慢慢地就舒心了,稳定下来,动物都有发情期,二十来岁就是艺术的发情期。但不能踩线,不能扰乱社会治安。我玩的办法是打猎、养狗,逃难时头带着个喇叭没事就吹吹,别的都不会。那时也不会抽烟,喝酒、打牌、下棋、跳舞都不会。我并不是让你学我那些不会,是要认定一两样事情后去做。

我在剧团做美术工作,那时很小,剧团马上就要解散了,有位搞艺术的先生就招待我到他那去住。临走时,全团最讨厌的一个导演也在整理行李,就说:"大家都喜欢你,还送你东西当纪念,我什么都没有给你,我也知道大家都讨厌我,就送你两句话吧:你不要什么都搞,你就专搞一样,搞个三四年,搞好了,站稳了,再搞别的,你认定一样好了。"这句话倒使我一直坚定下来了,抓住木刻一直搞下来。有个外国人说:"事情只要你开始动手就完成了一半。"就怕你不动手。所以年轻人有自己的生活法则,我也讲不清楚,人要活得有点意思,别太荒唐。我这辈子没有堕落大概是读书帮助了我,没什么其他的经验。有个笑话,有人说:"不学毛主席著作,一晚上都睡不着,我学了两行就睡着了。"

问:您在《水浒》中最喜欢哪个角色?

黄:我喜欢李逵。还有画的时候喜欢的,和画好之后喜欢的。比如,阎婆惜、朱仝、武松、杜迁等。要看看书里的东西才能体会到我为什么会如此画他们。李鬼我画得比较得意,我把李逵画成拿小斧子,李鬼拿着大斧子,假家伙往往比较容易使唤。也有这样的感觉,中国餐馆在中国没什么,到了国外,到处挂着灯笼,又是凤,五彩宫灯,夸张得不得了。

问:在创作过程中,有没有觉得哪一个角色让您特别感到难画?

黄:有。关胜。书里写得跟关公一样,我只好画了关公像居中,这也是为难取巧的办法。当然也有得意的,我画了一个下蒙汗药的人,还说旅游从来都是靠智取,我开了旅游的玩笑。

问:您在现代社会对于衡量艺术有没有一个标准?

黄:衡量艺术从来就有个标准,那就是"好"。没有第二个标准。但我对有些提法不太理解。问当年在美术家协会的同学:"老实说,你懂不懂,什么叫创新?"他提倡但他自己也搞不清楚。我不相信昨天还不是新的,今天突然就新起来的局面,有的创新是假创新。

我有本画册是别人没见过的,在国外画的,照着外国人画画的方式画的,过几日有人来说:"你怎么创新了?"再过几天看到了也就不为奇了。这种假创新是很多的。有一种是到了某种满意时的艺术研究阶段,自己会出现一个新的局面。

问:您的画是否受到过西方绘画的影响?作为一个画家您对20世纪的中国画有什么看法?

黄:既受了西方的影响,也受了中国绘画的影响,主要是受了文化的影响。我是个中国人,为什么有外国的东西来了视而不见?就是因为我是个中国人。中国这么好的东西要尊重,自自然然地画出自己的画,但根本的要点是,我没有正式地学过画,所以我才这么自由,不受那些约束。一个人的局面不是棋具里倒出来的,是自然形成的,混合体。

问:吴冠中说过:"中国的笔墨等于零。"您是否同意这个观点?学习中国画是否需要注意练习笔墨技巧还是注重造型能力的培养?您对吴冠中和韩美林两位先生的画有何看法?他们有何优劣点?如何评价的?

黄:我听说过,但没当面问过,什么地方等于零?我没有看过他的文章,没有弄清楚,但我看得见他是在用笔墨画画,其他我也不明确。

韩美林是我的学生,是一个非常勤奋的艺术家,山东人,爱打抱不平。吴冠中很勤奋、朴实,在法国学过色彩,其各方面底子很厚,但常年受到压抑,今天能发展出来很让人高兴。当初我和他出去写生,自己拎着菜篮子买菜。买条裤子,穿烂了为止。勤奋到带着一两个馒头去画一张画。草丛里蚊子咬,虫子爬,回来后用镊子把小虫子一个一个地捏掉,两口子关系很好,同他夫人出去写生,没带写生架,夫人就会在前面背着画板让他画画。这不是传说,是真的,很感动人。

既然要画画,当然要学基本功。学习基本功的过程不能说先学什么后学什么。我有个副部长的邻居退休了,整天坐在沙发上,电视也不看,就那么坐着,儿子说:"你出去走一走,看看电视。你喜欢什么。"他说:"我喜欢开会。"他不像我们所理解的开会,是他讲话别人听,那个机会没有了。他一生没有打底子,忙着做首长,不打底子。

问:荣宝斋出了一本您的画册,色彩非常丰富,您画人物怎样运用色彩?画水浒之外的人物在运用色彩上与画水浒人物有没有相通相近的地方?

黄:什么对象什么情况用什么方法。写诗、写小说、写报告文学不能拿别的代替,现在我们范畴混乱,写社论像写小说一样,写访问、报告文学像写社论一样,"一股暖流通向他的全身"。我的暖流通向全身你怎么知道呢?这完全是用写小说的方法写报道。艺术上也如此,该用什么色彩,该如何处理是有一套套的,不能越过,但要学习研究,否则就不清楚了,我什么颜色都用。

问:您在水浒一百零八个人物中最讨厌谁?

黄:文学作品不像真人,写得很坏但也有可取的地方,写得好但不像真的人,就有讨厌不讨厌之分。这是文学作品的妙处,比如王伦,他清楚自己的本事就是不想下,结果很狼狈。各种人物都是有趣的,没有讨厌不讨厌的,恨小说里的人那才傻呢!

问:在文学创作中既没有受沈从文的影响也没有受李叔同的影响,那么迄今为止对您形成这种艺术风格导向最大的是谁?或者说您的文化观念和理念传承在哪?

黄:受大家的影响。我能吃苦耐劳,很用功,成果谈不上,我有自知之明。美国女作家李黎,十几年前在读书杂志上写道:"不要以为黄永玉很谦虚,他一点也不谦虚,不过只是求实而已。"我不会因为谁骂我就生气的,我挨骂的锻炼太多了,"文革"时几百张大字报骂得很厉害。所以人家批评我,我也不在乎。害我就不行了,我就要揍他了。

问:几年前就听说您在着手写自己的小说,已经写了二十万字了。事隔这么久,您的小说写得怎么样了?

黄:我老讲这个,讲得太多了,就写不出来了,因为总受周围很多事的影响,包括画画。前些时候我跟朋友说"我一定要戒掉画画这个毛病,要不小说写不出来。"因为这不像一般的小说,觉得有意思写得很松弛,我得赶快写,来这里讲座之后还剩下一张画没有画完,是张大画,画完了绝对洗手不干,写小说,否则写不完可惜了。

问：中国书画一般讲究意境，讲究靠看画的人自己去悟，里面有禅意，自己去体会，才能理解作家本人的思想，西方书画讲究透视，比较写实，直接表达含义。您性格比较直爽，接近于西方人的性格，在画中国画时表现意境，性格又直爽这个矛盾怎么解决？

黄：我不想解决，别人怎么看就怎么看，不需要解决已经自然形成了。

主持人：通过黄先生的"闲扯"，体现出他身上顽皮、可爱、诙谐、幽默、永远不老的个性精神，我想黄先生一直是以一颗赤诚的童心热爱着周围一切美好有趣的事物，而这种率真的童心正是大自然的无限创造力，在人身上最鲜活、最生动的体现，黄先生才能有今天这样的绘画、文学的成就。最后用掌声再次感谢黄先生的精彩演讲。

原文摘自刘国生编：《听讲座在北大》，内蒙古大学出版社，2007年1月1日。　　鉴赏编写：刘　弘

46. 未来从现在开始
——对话《第三次浪潮》作者托夫勒
（2001年12月2日）

【格言名句】

没有经济的未来，只有未来的经济。

——托夫勒

【文章导读】

对话者：阿尔文·托夫勒，著名未来学家；

朱丽兰，全国人大教科文卫委员会副主任；

田朔宁，中国网通公司总裁；

潘爱华，北大未名集团总裁；

海通·托夫勒，托夫勒夫人；

主持人：张蔚。

…………

阿尔文·托夫勒生于 1928 年,最初在汽车厂当了五年的工人,后来当了记者,以其优秀的文笔为多家杂志撰稿,广受好评最后担任了《财富杂志》副主编。在记者生涯的磨炼中,他对社会问题特别是人类向何处去的问题,发生了浓厚的兴趣,苦心钻研,终于成为知名的学者、著名的未来学家。他曾任罗素·赛奇基金会特约研究员、康乃尔大学特聘教授、洛克菲勒兄弟基金会研究员、IBM 等跨国企业顾问,从事未来价值体系及社会走向的研究。

　　1970 年,托夫勒的著作《未来的冲击》问世,这是一本讨论美国未来政治和社会制度的巨著,在国际间引起强烈反响,被译成五十多种文字,畅销七百万册,为英语世界创造了一个新词"未来的冲击"。1980 年,托夫勒推出另一部新作《第三次浪潮》,再一次风行世界,被称为是"本世纪最有影响力的杰作之一"。在《第三次浪潮》中他将人类发展史划分为三次浪潮:第一次浪潮的"农业文明",第二次浪潮的"工业文明"以及第三次浪潮的"信息社会",它给历史研究与未来思想带来了全新的视角,促使许多新产品、新公司的产生,影响了文化思想的各个层面。1990 年,托夫勒的新作《权力的转移》横空出世,再度震惊学术界,被称为"托夫勒的又一次冲击",这本书精辟地阐述了知识经济的作用,宣告了知识力量的崛起,成为知识经济时代的宣言。

　　原文选自 2001 年 12 月 2 日,中央电视台 CCTV 对话:《未来从现在开始》。本次对话重点是"第三次浪潮",强调"未来从现代开始"。

　　对话开始首先对未来究竟会是什么样子?通往未来的路又在哪里?进行了热烈讨论。特夫勒认为"没有人能预测未来",因为未来是没有定性的。他强调指出:我们不使用"预测"这个词,因为预测暗示着某种确定性,但是通过对现实中各种事物的观察、分析,我们可以"预知"未来的某些事情。从这个角度看,全世界有六十亿未来学家,每个人在某种程度上都是未来学家。他说"没有经济的未来,只有未来的经济",因为"经济的未来"是一种狭隘的观点,而"未来的经济"是一种宽泛的观点。因为它涉及政治、社会、文化。以此类推,将来的科技可能也不能叫科技的未来,要叫作未来的科技。

　　对话还提出了一个非常重要的观点,就是每一次技术变革的过程中,发展中国家与发达国家有同样的机会。例如,美国由于抓住了工业革命的机遇,很快从一个游牧国家,连第一次浪潮都不是,进入了现代的工业化国家。同样,现在的发展中国,如果能够掌握第三次浪潮这种信息技术、生物技术为代表的新浪潮,我们很快也能赶上发达国家。所以发展中国家一定要抓住这个机遇,能够很好地利用信息技术,前途是光明的,在这点上机遇是均等的。

有一位外国专家说,"网络是上帝送给中国人的礼物",现在就看我们中国人能否很好地利用这个礼物。如果我们不辜负历史赋予我们的使命,能结合我们的情况来发挥创造,我们的前途肯定是光明的。就像革命的前辈一样,我们的使命注定是创造未来。

这次对话还对"预知未来""技术的融合""个性化的未来"以及"第四次浪潮"等专题进行了有益的探讨。

这次对话中还出现了许多耐人寻味、富有哲理的热门词句。例如,"没有经济的未来,只有未来的经济""就像革命的先辈一样,我们的使命注定是创造未来""真正强大的技术,不是单一的一种技术,而是集中技术的融合""我们都在同一起点上,都是新兴文明的弄潮儿""网络是上帝送给中国人的礼物",等等。

总之,这场对话很成功,参加者除了著名未来学家阿尔文·托夫勒之外,嘉宾的构成也很好,有政府官员,有企业的弄潮儿,有相关杂志的主编,他们思路清晰,对所谈的内容有深刻的理解;另一方面对话的组织顺序符合思维的逻辑:提出问题、分析问题和解决问题。

【对话原文】

没有人能预知未来

主持人:今天这个喧闹的世界充满着很多的变数,人们每天都面临着很多的困惑,未来究竟会是什么样子?通往未来的路又在哪里?我想这个问题都在大家心头萦绕着。有一个人他的工作就是要为未来作打算,这个人在二十多年前就曾经为我们画过一张通往未来的地图。在今天,这张地图里很多事情已经变成了现实,他的名字跟《第三次浪潮》这本书联系在一起,他就是美国的未来学家阿尔文·托夫勒。好,现在就让我们有请美国未来学家阿尔文·托夫勒先生入场。

很多人都形容您是一个把过去和未来联系在一起的人,您有一个非常突出的特点就是您能够从在很多人看来毫无关系的一些社会现象中,把它进行有机的梳理,然后从中总结出现在的社会动向和将来的一些走向。现在世界上发生了很多事,我们很多人都感到有些困惑,我想把这些事件来跟您探讨一下,看看您对他们是怎么理解的,好不好?像恐怖主义事件的袭击,对《哈里·波特》的狂热,或者是经济的放缓,中国的崛起,这些事件它们彼此之间有没有联系?

托夫勒:我相信它们是彼此联系的,例如《哈里·波特》就是一次成功的全球营销,在经济发展和全球化的早期是不可能出现的。世贸组织也是和全球化相关的,各国经济跨越国界,彼此融合。现在发达国家工业模式本身已经解体,第三次浪潮的新模式正在出现,经济上的变革不可能不带来文化、宗教、家庭结构和政治的相应变革,所有这一切是一起变化的。第三次浪潮带来了多样性,包括文化、宗教和其他领域。

主持人:现在中国正在全面地走向世界,今天我们国家发生了很多大事,我们申奥成功,足球进入世界杯,亚太经合组织会议成功地在上海举行,那么中国现在又加入了世贸组织。这一系列的事件在您心目中意味着什么?

托夫勒:中国加入世贸组织对中国是有好处的,对世界也是有好处的,但这不是一件容易的事情。中国非常注重出口,出口也会促进经济发展。其他亚洲国家通过出口快速发展,遵循了日本七十年代以来的经济发展模式。所有国家应该更注重发展国内经济而不能够过分地依赖出口。

主持人:今天正在发生的许多事件里面,我们从哪些事情能够看到一些未来的萌芽?

托夫勒:没有人能够预测未来。我再次告诉大家,没有人能够确定地预知未来,未来是没有确定性的。我们不使用预测这个词,因为预测暗示着某种确定性,我们可以预知未来的某些事情吗?答案是肯定的,全世界有六十亿未来学家,每个人在某种程度上都是未来学家。例如我可以肯定现场观众都可以预知节目结束后自己会干什么,他们可能会回家,可能会去吃饭,这也是一种预测,但这是短期预测。当我们开车时,我预测不会撞车,这也是一种预测。人们的生活中不可能没有预测,不同之处在于未来学家看得更远。就像你所说的不只看到一种变化,而且会对变化进行有机地梳理。例如现在在信息技术和生物技术正在开始有机地结合,近年来计算机和信息技术使基因工程和生物科技中的许多突破成为可能,而未来基因工程和生物科技中的突破会改变信息计算的方式。

主持人:我们今天在座的几位嘉宾都对我们谈论的这些问题非常有研

究。朱女士,我知道托夫勒先生的书您也都看过,您对它里面的许多观点其实还有一些问题想要跟他一起来探讨,是吗?

朱丽兰:因为我以前是科技部部长,所以我们一直在考虑,科技本身是个双刃剑,它可以用于人类的造福、和平,也可以毁灭。而且有一句结论,你说了,可能用于这种情况下的话,人类也可能毁灭在自己的文明创造当中。因此对于这个双刃剑的问题,我想引用你的一个结论,引申一点,你这个结论我很同意。他说"没有经济的未来,只有未来的经济"。为什么?经济的未来这是一种狭隘的观点,而未来的经济是一种宽泛的观点。因为它涉及政治、社会、文化,所以我想,将来的科技可能也不能叫科技的未来,要叫做未来的科技。

托夫勒:别人问我是悲观还是乐观,我总是回答他,这取决于你在星期几提这个问题。多年来,别人感到悲观时,我们可能会感到乐观,反过来也是如此。我认为我们不会进入高风险和不确定的时期,在我和海迪合著的《未来的冲击》一书中,我们谈到了反对战争,我们谈到了和平,但非常遗憾的是我们周围的世界发生了很多变化,维护和平的方式却没有发生太大变化。发动战争的人使用的科技手段,维护和平的人们却还没有发现。

主持人:田先生他曾经跟我说过在第一次看到《第三次浪潮》这本书,然后看到跟这本书同名的电视片的时候,可以用四个字来形容它,那就是心潮澎湃,可以这么说吗?

田溯宁:可以,如果有一本书对我影响特别大的话,可能就是在大学的时候读的托夫勒先生的《第三次浪潮》。我还记得非常清楚,1983年冬天,我那个时候在沈阳辽宁大学读书,下着雪,我开始读到一个朋友从北京给我寄来的一本书。读到的那本书是一种绿颜色的封面,我还记得非常清楚。一晚上就读完了这本书,我记得晚上也没有睡觉,那种激动的心情现在想起来还是历历在目。

主持人:我们可以问一下,1983年的时候您是多大?

田溯宁:我1983年的时候21岁,在读生物系。

主持人:21岁的时候看到那本书,为什么那么激动?

田溯宁:我想跟这个客观环境有很大的关系,1983年的时候,整个经济改革的思潮刚刚到来,已经开始听到各种各样的企业、经济这些词,所以我觉得那个时候非常困惑,将来到底干什么?未来世界是什么样?我一直希望能做一个生物学家,生物学家将来能做什么?而且对外部世界又了解,又不了解。这时候读到托夫勒先生这本书,而且很快看到那个片子,我当时就感觉到找到一种未来。我觉得这本书给我印象最深的两点,第一点,它特别清晰地把人类社会分成了三个部分,农业社会、工业社会和未来的信息社会,而且用这个词——"浪潮"。第二个非常深刻的一点,就是他觉得在每一次工业革命变化的时候,发展中国家和发达国家有同样的机会。因为那个时候,我们刚刚知道外部世界很好,连看到一个外国人都觉得身上的香水味很特殊,觉得外部世界特别好。我记得我收到我母亲到美国的一封信,跟我说美国真是一个美丽的国家,而且觉得中国跟别人差距非常之大。但是读完这本书之后,他有一个非常重要的观点,就是每一次技术变革的过程中,发展中国家和发达国家有同样的机会。所以他这本书很重要的观点在于,美国由于抓住了工业革命的机会,很快从一个游牧国家,连第一次浪潮都不是,进入了一个现代的工业化国家。同样他也谈到发展中国家,如果能够掌握第三次浪潮这种信息技术、生物技术为代表的新的浪潮,我们很快也能够赶上发达国家。我觉得这个很震撼,就看到了希望,看到了未来。另外一方面感受很深的是,我想我们很多人,还记得这本书用非常优美的文学语言描述了一种既是未来又是现实,用这种诗情画意般的语言描述了非常复杂的经济现象。我有一段话能记得,还有一些话记不住了,在来之前又翻了一下,我想即便我们今天读这段话还是能够有很多引起我们的心潮澎湃,我给大家读一读。它是在《第三次浪潮》的第一章开始的,它说,"1950年1月,20世纪下半叶刚刚揭下序幕,一个22岁的瘦弱青年人,带着新获得的大学文凭乘了一夜长途公共汽车来到他被认为现实的时代中心,身旁坐着他的女朋友,座位下放着一纸箱书籍。透过雨水冲刷的玻璃窗,美国中西部一望无尽的、连绵不断的工厂迎面掠过,这时灰蒙蒙的晨霭降临大地。"我不知道为什么,这段话我觉得非常美好,特别向往。你想想在21岁的时候,读到一个22岁的年轻人,他为了寻找工业革命究竟发生了什么,他能当五年的工人,这种理想、这种激情和这种话,非常优美的语言,我觉得真是很难忘,我今天读它的时候还能够为他这段话感到激动。我想我们现在也是,我们正在一个信息化社会,中国正在一个未来发展的一个大时代的面前,我觉得同样需要这种激情,需要这种探索精神,和对未来这种真挚的向往。另外一句话,就是你这本书最后的一句话,我想我一直还能背下来。他在这本书最后一句话说,"就像革命的先辈一样,我们的使命注定是创造未来"。我觉得这些话也是经常在很多情况下能够鼓励我,经常我想起来这句话,就感到对待未来、对待新兴的事物需要这样一种精神。

主持人:您在说这番话的时候我一直在想,不光是年轻人在做这些,包括当时朱丽兰女士,当时我们很多从事的事业已经蒸蒸日上正在发展的这些工作人员也在看这本书,也在看这部电影,是这么回事吗?

朱丽兰:是的,我大概跟(田溯宁)妈妈一样吧。因为他妈妈我认识,我们基本上是同时代的人。所以考虑的问题可能没有像年轻人的激情,可能更多的是探索。因为那个时候是刚刚改革开放的时候,所以说中国的改革开放将走向如何,然后中国的发展肯定跟世界也是联系在一起,又会往前怎么发展,我觉得是更深层次的一种思考。您说了,技术是可以跨越的,教育是不能跨越的,这个问题怎么理解。同时我更听到了您说需要把教育跟信息技术连在一起,同时也是您说的,教育从空间、时间和它的知识机构,和它的整个的模式要改革,这种作坊式的教育是不行的。那么怎么用信息化的技术来促进教育,实际上促进教育的本身是促进人的本身发展。最近我听了一位先生,我想这位先生托夫勒先生可能认识——温世仁——他说他跟你已经有三十年的交情,他称你是他的老师。

主持人:温世仁,温先生是中国台湾的一位未来学家。

托夫勒:是的,我认识温世仁先生。

朱丽兰:他最近提出了一个概念,我曾经跟他讨论过。他的一个命题是什么,叫网络连接梦想。那么怎么网络连接梦想呢?正是运用这样一种教育跟信息技术结合。因为我们西部地区很贫穷,那儿的年轻人处于一种封闭的情况下,他没有看到希望。那儿的老年人甚至连梦都不敢做。但是就是他到了那儿,在甘肃的一个黄羊川,一个穷乡僻壤的地方,花五十万块钱去建立了网站,去给他们送了计算机,一下就打开了他们的视野。这些已经学习了的人,在向当地的人去传播这种信息的知识和观念。我想这样的做法就把第一浪潮、第二浪潮、第三浪潮,潮在一起了,您也说过的三个浪潮可以多元化地发展。但是在多元化发展的同时,通过信息技术本身把它连接起来促进它这种发展,那可以一日千里。所以从这个角度上来说,我又觉得发展中的国家要抓住这个机遇,能够很好地利用信息技术,前途是光明的,在这点上我们可以说机会是均等的。所以我也曾经听见,有一个外国人说,网络是上帝送给中国人的礼物,就看我们中国人能不能很好地利用这个礼物,而且结合我们的情况来发挥创造,我认为前途的确是光明的。

主持人:技术可以推动我们教育的过程,能够加速这个教育的过程,田先生,这说到您心里去了。

田溯宁:从电信角度来讲,宽带电信产业是未来很好的商业模式,这个没有问题。但宽带到底能给人们生活带来什么?尤其到底能给中国带来什么?像朱部长讲的,我们有七亿多人还在农村,所以说我们网通在今年做的第一个公益性的项目,叫宽带希望小学。我们在宁夏选择了一个非常偏僻的县城,这个学校里的学生很多人可能连现代文明都没有见过,第二次浪潮的汽车、火车可能从来没有经历过。但是他们可能非常聪明,他们的智力可能跟比尔·盖茨、跟爱因斯坦没有什么区别,唯一的区别就因为生错了地方。我们再想一想,通过这样一个过程,当他能够在互联网上跟北京景山学校的学生共同交流,通过互联网能够跟香港的一个学校进行交流,能看到卢浮宫,能看到世界上互联网上的很多东西,他的生命会改变成什么样子?我们希望通过这样一个例子来考虑,互联网不仅仅是一个很好的商业模式,不仅仅给企业带来利润,而且能改变生活。尤其能够通过提供这种宽带连接的网络,改变中国农村孩子的生活。当然这个试验才刚刚开始,我们希望如果能够做得好的话,每一年都能成为企业的一个公益型的项目。通过这个方面能够表明互联网如何能够帮助中国的农村学校,通过这样最新的技术实现您书上所谈到的新技术实现跨越,能够使整个的教育成本降低,使每个人能够有同样的机会,获得最优秀的教育。

当科幻小说变成现实

潘爱华:2000年《时代》杂志在5月22号的时候发表了一篇文章,它的题目叫作《什么将取代技术经济》,它里面是非常肯定地说了一个结论,就是在21世纪的20年代,信息经济将让位于另外一个经济,这就是生物经济时代。所以这个文章里面也非常详细地阐述了一个观点,怎么样从采植经济,到农业经济,到工业经济,到信息经济,然后下一个阶段的生物经济。

主持人:首先我想问问托夫勒先生,同不同意他说的这句话?21世纪是生物科技的世纪。

托夫勒:在今后的二十五年中,我们会看到令人震惊的变化和发展,特别是生物技术和相关领域的发展。但是我们不要忘记,其他许多领域中的突破还没有得到宣传,能源、光学和其他领域都有所突破,所以真正强大的技术,不是单一的一种技术,而是几种技术的融合。当多种技术融合在一起,冲击将会是爆炸性的,不同于单一领域中的有限冲击。今后很多领域的研究将以一种现在难以预测的、令人惊奇的方式结合在一起,生物技术可能会成为领头技术,但是还会有其他领域的科学发展,它们同生物技术相互作用。因为变化太快了,我们也不能肯定,我们只是猜测,也许在2050年的时候我们会看到生物时代已经结束,另一个时代来临了。这听起来好像是科幻小说,但我们过去很多听起来像科幻小说一样的东西今天都已经变成了现实。

主持人:咱们就拿潘先生和田先生来做一个例子,生物科技和信息科技到底会怎么样结合?

潘爱华:田先生已经自己就结合了,因为他原来是学生物学的。

朱丽兰:我不是从这个意义上来说,因为现在这个例子很多。你比如说现在的生物技术,你要离开了信息技术你没法活的,然后你那儿的东西它又给你创造了很好的一种应用的机会,很明显的。比如说生物芯片,Life on Chip,这是一个。还有,像生物信息学,把这两个领域都连在一起了,现在大量的生物的技术,DNA的计算机的出现,等等。所以我为什么说你不要强调生物经济一定要压过信息经济,我是同意托夫勒先生的观点。我觉得现在是大科学综合在一起,你只能从这个意义上来说,就是你那个生物技术和生物经济已经不是过去第二次浪潮的生物经济,而是说整个大的、广泛的。将来的人,也可能就是装配出来的。你哪个脏器坏了都可以的,可以是生物体的,也可以是硅片的,也可以是钢铁的,什么都可以的。

潘爱华:刚才朱部长讲得非常对。因为生物技术它是依靠很多的技术来支撑和发展的,比如我们讲下一代计算机是什么呢? 很多人预测肯定就是刚才朱部长讲的DNA计算机,它可能运转速度会比现在快得多。假如人脑的研究有突破的话,将来计算机,也就是信息怎么样跟人脑结合在一块。甚至有些人预测说以后很多学习可以变换一种方式,就是弄个芯片植到脑子里去,就是很多东西都不用学了。

主持人:我想听一下田先生,当第一次听到他说2020年生物科技将取代信息科技成为经济主要支柱,您听到心里有没有一惊? 或者是不相信,没那回事。

田溯宁:没有。我觉得因为我学了十年生物没有学好,好不容易转到信息化上来,我不能再转了。一定先把信息化、把宽带先做好,做到底,我想我这一点是坚信不移。所以说我觉得这种结合肯定是必然的,各种相互结合。但是这里我想可能有不同的层次,在我们这个年代的人,未来二十年,还能奋斗二十年,或者二十几年,我觉得可能最重要的任务就是把中国的信息基础设施做好,把宽带能够铺遍中国的千家万户,我觉得此生足矣。

主持人:所以要坚定地走下去。

田溯宁:坚定地走下去,跟生物各方面的应用,我想肯定会有各种各样的应用。但是生物技术或者信息技术、宽带网的技术能够改变人们生活、生产、工作、娱乐,这个效应真正发挥出来可能还需要十年,或者二十年的道路。

主持人:我想问一下托夫勒先生在这个宽带的社会里,当我们有了一个高速连接以后,这将对我们人的生活和工作会起到什么样的影响?

托夫勒:我给你举个最简单的例子,我们住在一座山的山脚下,山顶上有一个水库,水从山上流下来,我们的房前有一个水箱,每天早上都会来一辆卡车,有人从卡车里出来走到水箱前打开水箱检测水质是否纯净。美国每天有成千上万辆卡车做这项检测水质的工作,而我肯定这项检测水质的工作可以由感应设备来完成,而且有可能完成得更好。沿着水流的方向放一些感应器,我们将会有智能水流系统,这些感应器可以互动。我们将会有智能型公路、智能型房屋、智能型服装,在我们周围有许多感应器,我们有可能都看不见,因为它们太小了,但它们可以互动。这听起来像科幻小说,像童话。明天的世界中这些事情也可能不会发生,但不管有什么样的困难,我坚信它会在我们的有生之年发生。我们今天铺设的宽带网未来有可能不够用,我们还需要铺更多的宽带网,制造一个智能环境,使环境更干净,生命更健康。

个性化的未来

主持人:在您的另外一本书叫作《未来的冲击》里面,就曾经提到过制造业之后,服务业将成为经济的支柱;服务业之后,其实现在有一种新的名词叫作体验业将成为经济的支柱。也就是说,体验这个词,其实您在二十多年前就已经从您的书里说出来了。

托夫勒:是的。在《未来的冲击》一书中,制造业经济之后我们将进入服务业经济,然后越来越多地经历体验经济,人们购买各种体验。看电影就是购买一种体验,滑雪也是一种体验,旅游也是一种体验。就像海迪说的,这不是未来发生的事情,而是现在就已经存在的。几年前我去马来西亚的马六甲,看见一幢蓝色的小房子,只有一层,既不现代也不特别,就像一个盒子一样,但外面有很多人在排队等候。我问给我开车的年轻司机他们在排队等什么呢?原来他们在等着到房子里去参观冰雪,这些年轻人从来没有见过冰雪,他们的国家很炎热,他们想要体验冰雪的感觉。我们都想要体验没有体验过的感觉,人们会创造越来越多的跟体验有关的经济活动。

主持人:说到体验业,我知道姜奇平先生对此应该是非常有研究,而且最近一直在围绕这个词在作很多深刻的思考,让我们来听听他是怎么说的。

姜奇平(《互联网周刊》主编):我觉得随着宽带的发展,给人们生活最大的一个改变,我的判断会是那种以假乱真的体验,会真的成为一种现实。因为在过去窄带拨号上网那个时候,你想传一个照片,你的心情都没有了,然后那个照片才下来,你有这种经验吗?真的,本来看着想激动,但是到那个照片下来已经不激动了,就是这种感觉。现在我家里就是宽带,拿着几个笔记本同时用宽带上网,这个时候感觉就是一个字,爽,感觉特别爽。这是我们衡量体验业的一个标准吗?爽字,我觉得是。当然了,如果从学术的角度讲,我认为马斯洛当时说的高峰体验,这个就是它的学名。过去我们说产品经济里面,说什么东西是控制标准,就是质量和价格,那到了这种体验经济里,什么体验好,什么体验不好,质量怎么控制,就看它到底爽不爽、酷不酷。所以我们到了最好,就是酷毙了、帅呆了,对吧?这就是说它的质量标准很高了,所以现在我认为,在发达国家出现了一种什么呢?它把酷毙了、帅呆了当作一个产业来开发,未来的这种体验,在未来的体验之中,是大家一起的体验。比如说像踢足球,大家一起上街狂欢的这种体验,会成为一种趋势;还是说自己在家卡拉OK,自娱自乐这种体验会占上风。

主持人:您是哪种体验占上风?

姜奇平:我觉得两种好像都可能。

主持人:我们听听托夫勒先生怎么说。

托夫勒:第三次浪潮的经济和社会中,有一个复杂的词,叫作非群体化。我给大家解释一下,当我们从农场转移到工厂,社会的基础是大规模生产、大规模配送和大规模消费,大众教育和大众传媒一切都是大规模的,人们认为个体之间应该是相似的,工业经济处处强调同一性。当我们进入未来第三次浪潮的经济和社会,我们不再强调同一性,而是强调个性。生产开始以客户为导向,先进的工厂不再大量生产同一种产品,而是针对客户的需要生产不同的产品,而且成本很低。因为运用了智能化的生产技术,不仅使有形产品可以个性化,体验也可以个性化。我们不再去看同一部电影,即使是同一部电影,但部分内容也会因人而异。情节可能会有点不同,电影中的角色可能会由不同的演员扮演,或者是你自己可以参与其中。我们正在脱离群体化体验,转向个性化体验,越强调个性,你越会在社会中感到孤独。这是我们为了更多的个性而付出的代价,所以你问我的态度是悲观还是乐观,我和夫人觉得就像又苦又甜的巧克力,这就是我的看法。

主持人:您在《第三次浪潮》这本书里也说过,社会中有很多守望者,像艺术家、作家、媒体工作者,在我旁边这位秦朔先生,他是我们中国一本非常有名的杂志——《南风窗》杂志的总编,也应该算社会的守望者。

秦朔:守望者之一。我今天很高兴见到托夫勒先生,我读到《第三次浪潮》的时候当时我只有十五岁,在读初三。当时我妈妈在一个工厂的宣传科,她有一天把这个书拿到家里,那是我第一次读到,但是对我那个时候的冲击可能没有田总那么大。因为那个时候还比较小,但是现在回想起来也是非常难忘的。我那个时候比较难忘的是什么呢?确实是像一个西方人讲的,像一把劈开我们心中冰海的利斧。今天在这里我想跟托夫勒先生请教的是一个什么问题呢,就是说今天我们在这里探讨了非常多前沿的问题,无论信息经济、生物经济,但是我们知道中国是一个转型的国家,所以在某种意义上有人把中国的经济叫做混合经济。就是又有那种刀耕火种的农业经济,又有工业经济,又有信息经济。而且托夫勒先生也经常讲,技术不仅是简单技术,它还意味着跟技术相呼应的游戏规则,商业的文化、人的思维方法、人的教育水准。那么在这么复杂的一个年代,要高度浓缩这段里程。其实我觉得对中国不仅是机遇,也是很大的一个挑战。所以中国有些企业家讲,说现在想赶潮,想弄潮,想往前奔,感觉不往前奔,坐在这儿是等死。但是也有一些企业说,奔得太快,有的时候踩不到点,找不到市场,找死。还有一些说,中国的企业又要学洋枪洋炮,又要学土法上马,这些东西都很多。我们也看到在美国有很多的企业,他们因为高度的创新,他们获得了超额的利润。但在中国很多的产业里面,最早的技术的创新者往往都成了行业里的先烈,最后都不是利润的分享者。那么就是说作为一个企业在转型的过程中,比如说从第二次浪潮向第三次浪潮转型的过程中,怎么样去把握这个度,踩住这个点?

托夫勒:我认为没有能够踩准点的灵丹妙药。我们不仅是进入了一种新的经济,而且是进入了一种新的社会体系。以前没有人经历过这样的世界,我们就像一个探险家正在进入一种复杂的环境。几千年前的勇士他们比我们更了解身处的环境,因为我们今天的环境要复杂得多,所以没有一条放之四海皆准的道路。在海迪制作的电视片《第三次浪潮》中,有这样的台词,"我们都在同一起点上,都是新兴文明的弄潮儿,都还摸不着道儿"。

接近无限宽广的蓝色未来

钟先生(北京邮电大学教授):托夫勒先生闻名于世,当然有很多著作,其中最出名的就是《第三次浪潮》。我们今天大家都讨论这个题目,我相信托夫勒先生把《第三次浪潮》看作是现在整个社会发展的一个方向。但是我要问的问题就是,您认为第三次浪潮会经历多少时间?所以要不要现在就去考虑,什么是第四次浪潮?

托夫勒:什么事情都不可能永恒,第三次浪潮也不会永远存在。我和夫人多次讨论过这个问题,意见也不统一,我和夫人意见相左了五十年。

海迪:五十多年。

托夫勒:这些分歧对我们的学术著作是很有价值的。人们会问第四次浪潮是什么样的?我的回答是生物科技,以及由生物技术推动的浪潮。我的夫人不同意这种看法,她觉得情况不是这样。

主持人:让我们听听您太太的意见。

海迪:我认为生物科技的革命仍然是第三次浪潮的一部分,而不是第四次浪潮。

主持人:您认为第四次浪潮是什么?

海迪:太空技术。由于种种原因,我们在太空技术上投入很大,我们可能会离开地球。人类是独一无二的,我希望在别的星球上还能延续。我们还可以从太空中学到关于地球生命的很多东西,比如怎样保护地球生命等,这才是第四次浪潮。

主持人:我们网上有一个观众,他就想知道为什么他从来没有在您的著作里看到有关对中国的比较详尽的描写,是不是您有这个计划能够多关注一下?

托夫勒:原因之一是我们欣赏自己不了解的东西,我们对中国的了解有限,而更关注我们了解的东西。这并不说明中国不重要,而恰恰说明了我们对中国的无知。

主持人:听完了今天我们在座的嘉宾和托夫勒先生这一番有关未来的谈话之后,在你的心目中,未来应该用什么词来形容?

观众1:我想还是这样讲吧,我非常感谢《对话》栏目给我们创造这么好的一个精神家园,讨论第三次浪潮,甚至第四次浪潮。人要生活在希望当中,总是看到前头,有非常美好的东西等人类去追求。

观众2:听了托夫勒先生这个发言,虽然我目前心里还有对未来很多疑问,但是就我个人来说,我认为未来是可以持续思考的,这是大未来。但对于中国来说,我觉得未来是可以实现的。

观众3:未来就像姿三四郎他的师傅跟他说的那句话,悟性在你的脚下。我觉得未来也是在你的脚下,需要一步一步往前走。

潘爱华:在我的心目中,希望未来是生物经济,但是给我的答案是不知道。

田溯宁:我相信我们的未来是无限宽广的世界。

主持人:三句话不离老本行。朱丽兰女士,未来是什么,在您心目中?

朱丽兰:我觉得未来寄托于我们科学精神和人文精神的结合和发扬。

主持人:谢谢。那我想请问一下托夫勒夫人,未来在你心目中是什么?

海迪:我跟丈夫都认为,通向未来的轨迹不是直线,它会充满起伏,不会一帆风顺,途中会有很多困难,我们必须作好准备。

主持人:在我们结束之前,我想请托夫勒先生来选择一种颜色,如果要你用一种颜色来形容您心目中的未来,这个颜色是什么?为什么?

托夫勒:我会选择蓝色。

主持人:为什么?

托夫勒:因为蓝色有不同的色调,英文中蓝色还象征着悲伤和忧郁,但这不是我喜欢的蓝色。

主持人:你喜欢的蓝色是什么样的呢?

托夫勒:我喜欢天空的蔚蓝,它象征着很多积极的事情。我们说拥抱蓝天,我们可以创造未来,我们不是被动的,我们要用行动创造未来。蓝色天空象征着激情,此外它也象征着太空,十分有诗情画意,所以我会选择蓝色来代表未来。

主持人:非常感谢您为我们描绘了这么美好的一个蓝色的未来。

原文摘自中央电视台经济部编:《CCTV 对话》,南海出版公司,2002 年 5 月版。　　鉴赏编写:刘德强　陈洪法

47. 穿梭于中美政界之间的传奇女性
——对话抗战时期美国"飞虎队"将领陈纳德夫人陈香梅女士
(2002 年)

【格言名句】

　　人不管生活在一个什么样的环境里,生活在一个什么国家里,都要有一点奉献精神。因为有了奉献的精神以后,你会快乐一点。

——陈香梅

【文章导读】

　　陈香梅,美籍华人,著名社会活动家,抗战时期美国"飞虎队"将领陈纳德将军夫人。1925 年 6 月 23 日生于北平,从小喜爱文学,1944 年毕业于岭南大学中文系。父亲陈应荣得过英国牛津大学法学博士和美国哥伦比亚大学哲学博士学位,回国后当过教授、编辑、外交家;母亲廖香词曾在英、法、意读过音乐和绘画。陈香梅的外祖父廖凤舒与廖仲恺是亲兄弟,当过古巴公使和日本大使。1944 年,陈香梅加入中央通讯社昆明分社,成为中央社的第一位女记者。1958 年陈纳德将军不幸病逝,陈香梅带着两个年幼的孩子,于 1960 年移居美国华盛顿,以惊人的勇气和毅力进军政界、商界,终于大获成功,取得令人瞩目的成就。三十多年来,从肯尼迪到克林顿,先后八位总统都对她委以重任,先后担任过全美妇女支持尼克松竞选总统委员会主席、飞虎航空公司副总裁、白宫出口委员会副主席、美国国际合作委员会主席、美国内政部环保委员会委员、原美国共和党少数民族全国主席及亚裔委员会主席、美国中美友好协会主席、美中航运总裁等职务。由于长年穿梭于中美

两国之间,陈香梅得到了"民间大使"的美誉,被评为全美七十位最有影响力的人物之一。

梦雪是东南电视台制片人、策划人、编导和主持人,1989年在沈阳人民广播电台开始了她的主持生涯。1997年,以梦雪本人命名的名人访谈节目《梦雪时间》(后改名为《相约名人坊》)是一个名人访谈节目,其采访涉及政治、经济、文学、艺术、体育、娱乐等多个领域,至今已采访了近三百位各个领域成就卓越的知名人士,成为福建东南电视台收视率最高的节目之一。梦雪还根据该电视节目出版了"相约名人坊"系列丛书。

这里节选的是2002年,陈香梅与梦雪的一次对话,让人们一睹陈香梅女士雍容华贵、仪态大方、平易近人的非凡气度,感受到陈香梅早年突破世俗眼光下的关于婚姻的年龄、国籍、家庭、宗教等的东西方文化各种障碍,与陈纳德结为夫妻,用真诚、信任、坚守与执著创造了穿越生死的忘年交、爱的永恒厮守。这种相濡以沫、同心同德的感情,使得陈香梅在丈夫离世、艰难孤独的时候,以"克服一切困难"的毅然决然,走上了从此以后的不平凡人生,完成由一个普通女性转变为成绩卓著的政界传奇女性。清朝道光年间,林则徐在任两广总督查禁鸦片时,曾在自己的府衙写了一副对联:"海纳百川有容乃大,壁立千仞无欲则刚。"这副对联的上联是谆谆告诫自己,要广泛听取各种不同意见,才能把事情办好,立于不败之地;下联则是砥砺自己,当官必须坚决杜绝私欲,才能像大山那样刚正不阿,挺立世间。在对话里,陈香梅毫不掩饰自己在美国从政所历经的种种人情世故、世态炎凉的感受,以"有容乃大,无欲则刚"的制胜精神穿梭于美国与中国之间,广泛结交政界商界的各类朋友,敢说敢做,努力营造生动和谐、富有魅力的外交世界。不过在对话里,陈香梅对在跌宕起伏的复杂政局万象中自己的"冒险"行为只是轻描淡写了一番,而且将自己所取得的成绩看成是舅父廖承志先生勉励下所取得的,这其实是更充分展现了一个"让世界变得更美丽"的了不起的女性的宽阔豁达、无私大度的独特胸怀。

正因为陈香梅首先是一位妻子、母亲与女人,因此这段访谈的对话显得那么温文尔雅、含情脉脉,也使得陈香梅在谈及自己的个人情感问题时,吐露出女性对自我与尊严的细密呵护,在任何时候,她都不愿意为了可能的再次婚姻而失去与已故的丈夫之间的那种深藏内心的生死恋情。当"适可而止"这样的语词出现在我们面前时,我们真得要为白居易《长恨歌》中"在天愿作比翼鸟,在地愿为连理枝"的诗句而感怀动容了。对爱的坚贞,让我们看到陈香梅是个多么完美卓越的女性啊!

作为一位年长的女性,陈香梅在对话的最后还不忘谆谆教诲年轻人,要懂得奉献,"人不管生活在一个什么样的环境里,生活在一个什么国家里,都要有一点奉献精神。因为有了奉献的精神以后,你会快乐一点"。这样即使老了,能够"不光为自己生活而打发生活",自然可以获得许多生活的乐趣,这其实是在擘画一种真正圆满的人生。曾有人称赞陈香梅:"女中豪杰无右出,梅花高洁香如故。"邓小平曾幽默地对美国人说:"美国有一百个参议员,而全世界只有一个陈香梅!"

虽然陈香梅的传奇经历使得我们感觉普通人与她的巨大差距,但是细细品味对话中关于爱情、关于工作、关于婚姻、关于人生,我们难道不是早已不知不觉被陈香梅寻常话语中的非凡魅力所折服了么?

【对话原文】

梦雪:在见到您之前,我们看过您的照片。今天见到您本人,觉得您比照片上更有魅力。您这么多年来一直这么注重自己的外表吗?

陈香梅:我每天都要接触很多人,尤其是在社会上活动,当然要注意一下自己的外表。这很重要。人要是健康明朗,给别人的感觉会好一些。

梦雪:抗战爆发以后,您去了香港,也和家人离散了,这段日子您感受最深的是什么?

陈香梅:1941年冬天,香港沦陷了。香港沦陷以后,我在1942年又要逃回内地去,是跟着学校逃。这段时间,生活也很艰苦。跟着学校逃难的时候,怎么讲呢,大家都很穷。大家都是流离失所。

梦雪:但是我总觉得您的感觉可能会和别人不太一样。

陈香梅:我原先是生活在一个很优越的环境里,再经过这种恶劣环境就必须要应付很多以前没有遇到过的事情。但是当时根本没有时间去想这有多辛苦。那时候我就想,大家都是流亡学生,虽然以前我家里环境很好,很优越。可是有的同学家境也不错,也不觉得怎么苦。在这种情况下,我有一种感觉,中国人哪,很能吃苦。

梦雪:几十年的岁月已经过去了,您现在还能不能想起来第一眼见到他(陈纳德)的时候的感觉?

陈香梅：第一次见到他的时候，没有什么特别的感觉。因为那个时候我只是一个新闻记者嘛，所以就用一个新闻记者的眼光来看他。对他除了仰慕以外，还对他来中国帮助我们抗日的精神充满敬意，在这之外就是还有一点好奇。后来我们在上海来往多了以后，我觉得他这个人虽然是一个非常传奇的人物，可是也很平易近人。

梦雪：你们之间是怎么样产生（爱情）火花的呢？是谁先感觉到的？

陈香梅：我想是他吧。因为那个时候我在上海已经有了一个男朋友，我们当时正在恋爱之中，可是陈纳德将军对我是穷追不舍。他和我的男朋友整天都在斗。

梦雪：您和陈纳德将军的相识，是不是您人生中的一次转折？

陈香梅：也可以这样说吧。因为在那个年代，1940年代的末期吧，大家对于这种国际婚姻还是有很多歧见的，尤其是我们的年龄还相差很大，他比我大三十多岁。我信天主教他信基督教，他是美国人我是中国人，在很多方面我们都不配，我们也经历了很多的考验。当时我住在我外祖父外祖母家。我的外祖父外祖母是很开明的，但是还是觉得我们之间的悬殊太大了，相差太大。后来这个陈纳德将军啊，我常常开玩笑说他很适应中国的环境，会巴结我外祖父外祖母，跟他们去打桥牌。我的外祖父喜欢打桥牌，而陈纳德将军打桥牌也是能手，可是他常常故意输给我外祖父，所以我的外祖父就非常喜欢他。

梦雪：这叫攻心术。当时您决定嫁给陈纳德将军有没有犹豫过？

陈香梅：有，当然有。可是那个时候年纪很轻，相信爱情能够战胜一切。所以在这个情况下也就答应和他结婚了。我们的婚礼非常简单，并且没有通知任何朋友。只是我的父母，还有我的姐姐，还有几个比较亲近的朋友在一起，没有多少人。婚礼非常简单。我们礼拜天结婚，礼拜一我就去上班了。

梦雪：您和陈纳德将军结婚后的"一千个春天"（注：陈香梅著有《一千个春天》，记述她与陈纳德将军的爱情生活），是不是您这一生当中最幸福的时光？

陈香梅：可以这么说。人生整个过程的每一段时光都是值得回忆的。那段时光是我们婚后十年，在那十年的生活里面，当然也充满了很多挑战，充满了很多的喜怒哀乐。我在各个方面都要适应这个环境，尤其是嫁给一个外国人。我那时候常常要到美国来,在美国要适应他及其他身边的一些人。陈纳德将军以前结过婚,最小的女儿年纪和我相同,所以我必须要适应。尤其是美国南方社会也是比较守旧的,他们对于东方人也不太认同。所以我在各个方面都要接受很多的考验。

梦雪:您最初得到陈纳德先生重病在身的消息的时候非常震惊吗?

陈香梅:是啊。他去世的时候我们的小孩还很小,五六岁吧。在这个情况之下我自己又要做父亲又要做母亲,要抚养两个孩子。所以他去世以后我就到华盛顿生活了。

梦雪:陈纳德将军离开您以后,您有过很艰难的一段日子吧?

陈香梅:怎么讲呢,我这个人的个性比较乐观,无论生活怎样苦或者是怎样艰难,我都觉得自己一定会克服的。我在心理上有所准备,不像其他人哭哭啼啼或者怨天尤人,我完全没有这个情况。我自己觉得每件事情只要自己努力,就能克服一切困难。

梦雪:您真正被别人所知道所认识是在陈纳德将军去世之后,在这之前您只是一个妻子,一位母亲,那个时候您作了一个决定,就是走进美国的政界。最初是什么让您作出了这么一个到最后连您自己都觉得天真的决定呢?

陈香梅:讲起来这也是比较偶然的一件事。当我加入美国国籍的时候,作为美国公民,我觉得自己应当对美国有更多的了解,所以我就读了很多关于美国历史的书,尤其是美国历代总统的书我读了很多。我在书里看到了美国的林肯总统,感到非常敬佩。我在华盛顿接触的朋友很多都是政界人物。在美国,尤其是在华盛顿,如果对于政治没有一点了解的话,那么就根本无法在那里生活。也许你能够生活,但是你无法出人头地。因此我觉得自己应该对政治有多点了解。刚好那个时候我出了书,到处演讲,所以美国的两党,共和党和民主党,都在争取我。

梦雪:因为您那个时候已经有了相当的号召力了。

陈香梅:那时候我刚好也是在乔治城大学工作。在那里我有个停车的位置,但是在学校里美国人还是有对黄种人的歧视,他们就把我的位置给了一个白人。我就跟两党的两个主持人开玩笑,我说他们其中谁可以把我的停车位置拿回来,我就加入哪个党。后来共和党把我的停车位置拿回来了,于是我就加入了共和党。所以我讲是很偶然的。虽然是偶然,可是在尼克松竞选总统的时候,我就已经认识他了,所以他拉我帮他的忙。越战时期,我已经是飞虎航空公司的副总裁了，是国际部的主任，一直都在亚洲跑。他没有得选时，我就跟他有一个协议，我说如果你当选以后一定要结束越战，尼克松那个时候就答应我，说他赢了选票以后一定结束越战。我也很相信他。可是政治人物讲话是不算数的，尼克松赢了（选举）以后还是一定要让越战以胜利结束。我就对他说胜利结束是不可能的，可是他就没有听我的话，他就听了基辛格的话。基辛格说一定要赢，我说一定不能够赢，后来还是没有赢。

梦雪：可是在中国人的传统观念里，女人是不能涉足朝政的，即使在美国这样一个相对开放的国家里，女性在政治界成功的也并不多，那么您认为你成功的秘诀在哪里？

陈香梅：有八个字吧。"有容乃大，无欲则刚"。"有容乃大"就是说你要心胸宽广，能够容人，没有太大的私心，这样能让你站得稳。我在华盛顿已经生活了四十年了，看到了沧海桑田，人上人下。上去的时候锦上添花，来捧你的人不少；下去的时候，来雪中送炭的人很少。我在华盛顿领悟到的就是——雪中送炭的事情多做一点儿，锦上添花的事情少做一点儿。美国的八任总统我都见过了，我就觉得他们在能利用你的时候还是会利用你的，但是你自己要有一点心理准备嘛，你自己觉得这个事情你可以去做你就去做，也不要希望有什么报酬，要是你心里面老是希望可以得到一点什么好处，那么你就会很失望的。今天我讲这个事就是因为我是过来人，年纪轻的时候也许这种感觉体会不到，到了岁数大了一点的时候、经验丰富一点的时候你才体会得到。这个样子活得才有意义。

梦雪：在您从政的过程当中，也和很多位总统，比如肯尼迪、约翰逊、尼克松、福特、里根等有过很多交往。而这一时期，也是中美关系发展史上十分关键、同时也是跌宕起伏的一个时期。您当时意识到您在从事一项非常冒险的事业吗？

陈香梅：是有一点冒险吧。在帮助别人竞选的时候有一点冒险，尤其是在越战期间和后来邓小平同志邀请我到中国去访问，然后又带了很多台湾同胞到大陆去，其实很多事情我都是先走一步的，也是有点冒险吧。可是我觉得一个人做事情，要是老是跟在别人的后面走就没有什么意思了。有这个勇气，能够看得清楚，先走一步，还是值得的。当年我的舅父廖承志先生对我的影响也很大，他能和我通信的时候就尽量给我写信，叫我多回祖国来看看,为中美关系做点工作。他也给我很多勉励。

梦雪:当年,陈纳德将军作为一个志愿者投身中国的抗战,而您后来对中美关系所做的努力,可不可以看作是在延续陈纳德先生生命当中没有完成的事业呢?

陈香梅:也可以这么说。我和陈纳德将军有一个誓言,就是我们死了以后要葬在同一个地方,所以现在在他的墓旁边还是留有一个我的位置的。就是在美国华盛顿军人墓,还是留给我一个地方。所以我说,我是不会再结婚了。

梦雪:难道您从来就没有动心过吗?

陈香梅:有,当然有,很多次。一个女人怎么会没有感情呢?男女都有感情,尤其是在你年轻的时候。但是都是适可而止,人家一谈到婚姻的事情我就罢了。

梦雪:您是历史的参与者,也是见证者,您现在回头来看过去的一切,您最深的一个感受是什么?

陈香梅:最要紧的我就觉得,人不管生活在一个什么样的环境里,生活在一个什么国家里,都要有一点奉献精神。因为有了奉献的精神以后,你会快乐一点。有的人老是为了自己而活,总想着争取一些小的东西,那种人就活得没有什么意思了。今天,不管是大人物还是小人物,如果都能在自己生活的环境里,不光为自己生活而打发生活的话,那么你就活得比较有意思。

原文摘自薛凯琪、梦雪编:《相约名人坊》,华夏出版社,2004年8月版。
鉴赏编写:张　炜

48. 学会在自己的时代生活
——俄罗斯当代最具实力的作家马卡宁访谈录
（2002年2月、2006年8—9月）

【格言名句】

作家不能选择时代,他就不能抱怨时代,他应当学会在自己的时代里怎样生活。

——马卡宁

【文章导读】

这篇访谈录是侯玮红博士在 2002 年 2 月、2006 年 8—9 月对马卡宁的两次采访整理而成的,内容涉及马卡宁的性格、小说的主人公、苏联解体后文学奖项的评选,以及其小说的预见性等话题。

弗拉基米尔·谢苗诺维奇·马卡宁,俄罗斯当代最具实力和声望的作家之一,被誉为"祖国文学活的经典"。1937 年 3 月出生在乌拉尔地区的知识分子家庭。1963 年创作长篇小说《直线》,获得俄罗斯文化和艺术国家奖、布克奖和普希金奖等重大文学奖项。其主要作品有:《直线》、《没有父亲的孩子》、《先驱者》、《透气孔》、《高加索的俘虏》、《地下人,或当代英雄》、《远去的爱情》、《老人们和白宫》等。

马卡宁具有开朗豪放、幽默达观的人生态度,但作为一个独立不羁的作家,他的作品中却常常描写一些阴郁和怪异的人物,对此在对话时马卡宁打趣地反问道:"试想一下,如果我在作品中很开朗和正常,而在现实生活中却阴郁和怪异,那不是很可怕吗?"他乐意称自己是乐观主义者,特意引用"悲观的人能从白兰地里闻出臭虫的味道,而乐观的人能从臭虫里闻出白兰地的味道"这句俄罗斯谚语来证明自己属于后者。他说,"作家不能选择时代,他就不能抱怨时代,他应当学会在自己的时代里怎样生活"。他认为生活是丰富多彩的,要热爱生活,用自己的作品赞扬美丽,呼唤人类的真诚和善良。

侯玮红在中国社会科学院研究生院取得硕士、博士学位。研究方向是俄罗斯文学,发表过《论马卡宁小说的艺术风格》、《论当代俄罗斯现实主义小说》、《俄罗斯文学史》马卡宁章节、《当代俄罗斯作家访谈系列》等。对话中,侯玮红提问:"您怎样看待苏联解体后出现的各种文学奖项?"马卡宁认为在"空白"之上新建这些奖项"是有意义的",尤其是布克奖,产生时间较早,又很有威望,2001 年他还曾担任过该奖评委会主席,这个奖"试图评价每年所出现的小说",评出"高水准的小说"。为此,他作出过努力。

谈到长篇小说《地下人,或当代英雄》中描写的主人公是否是他自己时,马卡宁没有正面作答,话锋一转,言辞愤懑地说:"那是整整一代人。我受他们的影响非常大。他们在创作的旺年作品得不到出版,才华被压抑;又没有工作,生活限于贫困""他们是非常强大的一批人,无论是人格上,还是写作上"。当年,他自己作品的退稿摞在一起,比他一米八七的个头还高。但他没有放弃,坚持继续创作,直至成功。

当侯玮红以马卡宁的小说《高加索的俘虏》发表后不久开始车臣战争、《一日战争》问世远远早于美伊战争为例,提问:"您的小说常常具有预见性。……您是怎样做到这一点的?"对此,马卡宁不认为自己是个预言家,只是轻描淡写地说:"这些思想都是自己跑到我脑子里的,我只是对这些情节和构思进行加工",写的过程中,"其余的想法又会像叶子一样落下来"。其实,这是他丰富的生活积累、深刻的历史体验和深邃的现实思辨的结果和产物。

访谈中,马卡宁对俄罗斯文学的发展前景表示出极大的乐观。他说,"我觉得文学正处于兴盛期",因为作家"远远比改革初期有意思也有分量得多"。他坚定地认为,现在所面临的"不是文学的危机,而是读者的危机。但过一定时间读者就会成熟起来"。他对未来充满信心,寄予厚望。

总之,马卡宁是个个性极强的作家,在对话中他毫无掩饰地将自己对于社会、对于人生、对于未来的种种好恶之心坦然地表露出来,表现出一个有道义有知性的作家试图通过文学来拯救世界,并以变形的文学形象来同时拯救文学,让读者在夸张、荒诞的阅读中获得精神的成长。

【对话原文】

侯玮红(以下简称"侯"):从我开始接触您的作品到现在,已经有十年的时间了。所以见到您感到非常高兴!

马卡宁:我对东方一直怀有浓厚的兴趣。在莫斯科大学上学时有许多中国同学和我结下了深厚的友谊。我妻子的父亲是朝鲜人,我的祖上也有东方血统。因此和你认识我也很高兴。

侯:您的性格和我所想象的截然相反。在作品中您常常描写阴郁和怪异的人,而现实中的您却非常开朗,也很正常。

马卡宁:见过我的人都这么认为。试想一下,如果我在作品中很开朗和正常,而在现实生活中却阴郁和怪异,那不是很可怕吗?

侯:找到您真是困难。您没有手机,没有 E-MAIL,也不接电话,您不怕耽误重要的事吗?

马卡宁:对于好事,我不着急,属于我的自会找上门来;而对于坏事我就更不愿去追了。

侯:早就听说您不喜欢和媒体打交道,为什么?

马卡宁：是的，我很少接受采访，尤其不愿意上电视。因为第一，虽然谈话本身是很有意思的事情，但这种即兴的东西有时会把我带偏。我只对文本负责，其余的都是尝试；第二，传媒是一部巨大的社会机器，可以把作家安在使它更方便的位置上。作家的声音是微弱的。为了不被这个机器吞噬，作家最好与媒体保持距离。经常发表谈话的作家已经失去了作家的鉴赏力。一个人成名之后，媒体就会对他有一种期望。你只能沿着他们对你所规定的路线走，没有别的路可走。就像此刻我可以在你面前说笑，但是在他们面前可不能随便笑。

侯：您怎样看待苏联解体以后出现的各种文学奖项？

马卡宁：我觉得文学创作这个问题更有意义。相比之下，奖项和印数是关系到理解文学的问题。苏联解体使在此之前的一切价值和评判标准瞬间就老去，出现了美学评价上的空白——当这片空白还没有被填补的时候，就只能用奖金这种任何人都明白的标准来评判了。要知道，在一片空地上任何新建的东西都是有意义的。所以哪怕是这种标志，我也很高兴它的存在。

侯：那么您怎样看待布克奖？

马卡宁：在所有奖项中，布克奖出现得最早，是很有威望的。它试图评价每年所出现的小说，这种实践是不错的。但因为评委每年都更换，所以它的主观性也很强。许多评委考虑的不是奖给谁，而是不奖给谁。我记得第一届评委无论如何也不愿把奖授给彼特鲁舍夫斯卡娅，不愿把奖授给她最优秀的作品《午夜时分》。以这样的态度他们也没有把奖授给马卡宁的《出入孔》，而是给了哈里托诺夫。这个作家不错，但远远赶不上第一届布克奖。结果受害的是布克奖。之后越来越多新的奖项出现，而瓜分和吃喝综合征却一年比一年更甚。奖金不再是对文学的评价，而成了对作家的补贴。

侯：2001年您作为布克奖评委会主席怎样避免这种状况？

马卡宁：我们商定，不把我们的争论表面化。但谁也无法阻碍我们当中的任何一个人说出优胜者。从小说质量上来说巴甫洛夫、纳伊曼和索罗金入选是无可争议的。这是些不同的却是高水准的小说。

侯：奥列格·巴甫洛夫很感激您，说他的获奖有您很大的努力，是这样吗？

马卡宁：这次巴甫洛夫得奖确实是我的努力，而且费了很大的劲。因为五个评委中只有我和沃洛斯是真正的小说家，我们两人坚持认为应当把奖给巴甫洛夫。其余的两个反对,一个中立。

侯:那您是怎么说服他们的?

马卡宁:就靠不停嘴地说。他们给我递水、递咖啡,想让我停下来。但我不要,我就是要说。直到结果公布前的两个小时我一直都在说。

侯:您为什么欣赏巴甫洛夫的作品?

马卡宁:因为他知道他在写什么。他真实地描写军队生活,并且加重了悲剧色彩。

侯:让索罗金入围也是您坚持的吧?

马卡宁:是的。我觉得一个奖项不应当单一地朝某个方向取舍,而是要顾及全面,尽量包含整体的各个方面的文学倾向。索罗金有自己的才华,他尝试了一种文学道路。别列文与阿库宁和他是一条路。

侯:但索罗金是个争议太大的人物,他挨了许多骂。

马卡宁:挨骂不是坏事,我就是在骂声中走过来的。当年,评论家列夫·安宁斯基封我为文学界挨骂冠军。曾经有记者问我,你怎样看待那些评论?我说:"就像对待广告的态度一样。"说真的,那些评论就像广告一样。

侯:那个时候您一定很艰难吧?

马卡宁:是的。我曾经把退稿摞在一起,比我人还高[①]。我对妻子说:"烧!"她说:"太可惜了,万一哪一天你成名了呢?还是留着吧。"我坚决烧,不后悔。

侯:那时您何以为生?

马卡宁:我当了出版社的编辑。有些作家写数学家或物理学家的传记,但他们对理科方面的知识不太懂,我是搞数学的出身,就专门负责这种书的修改工作。这个工作我做了五年。

侯:从什么时候开始情况好转的?

马卡宁:上世纪70年代末开始我的作品进入国外市场,被国外广泛认可。从那以后我就再也没有找过工作。

侯:这真应了中国的一句老话:"苦尽甘来。"

马卡宁:但我当时并没有觉得苦。因为我还可以出书。相比之下出书要容易些,检查机关只是大体翻一下,没有发现什么不好的地方就通过。而

[①] 马卡宁身高1.87米。——笔者注。

要在杂志上发表东西就难多了。检查机关每一页都仔细查看,每一页都要盖上大印才能送去出版。你一定知道"进入阵亡烈士公墓"的说法吧?指的就是不能在杂志上发表作品,而只能出书的作家。我就是这样。好在我的书一直在出,我知道自己在成长,这对我就够了。

侯:看来您是一位乐观主义者。

马卡宁:是的。我们俄罗斯有一句谚语:悲观的人能从白兰地里闻出臭虫的味道,而乐观的人能从臭虫里闻出白兰地的味道。我就属于后者。作家不能选择时代,他就不能抱怨时代,他应当学会在自己的时代里怎样生活。

侯:您现在一定比过去过得更有意思?

马卡宁:我的生活始终是丰富多彩的,独立于文本之外。即使没有文学我也热爱自己的生活。

侯:您在长篇小说《地下人,或当代英雄》中描写的主人公就是您自己吧?

马卡宁:那是整整一代人。我受他们的影响非常大。他们在创作的旺年作品得不到出版,才华被压抑;又没有工作,生活陷于贫困。现在他们的时代已经过去,他们就这么悄无声息地沉寂了。我与他们的不同之处在于我没有停止写作。如今我出名了,他们骂我,我也不生气,因为我敬佩他们。他们曾经是非常强大的一批人:无论是人格上,还是写作上。

侯:您的一位法语翻译告诉我,《地下人,或当代英雄》在法国大获成功。她译过五十多本俄语书,那些书得到的评论加起来也没有这本得到的评论多。而且最近开始法国人要当俄文教师所必须通过的俄语考试中有一道必考题就是马卡宁。

马卡宁:是的,我为此骄傲。

侯:我想起来评论家亚历山大·格尼斯评价您的话,他说您身上具有俄罗斯民族性格中的许多优点:稳扎稳打、从容不迫、坚韧自信。

马卡宁:这都是溢美之词。

侯:您早期的一部小说《克留恰列夫和阿里姆什金》中提到,在这个世界上,如果某个人幸运,就会有另一个人倒霉,上帝的被子不够每个人盖的。您是这样认为的吗?

马卡宁:我感兴趣的是,这样的想法落入某个人的头脑里后,他会怎么做。至于事情是否真是这样,这我们谁也不知道。在空间中没有思想,就像没有直线,也没有圆点一样。它们只存在于我们的头脑中。使我感到有趣的是观察思想怎样使意识变形。

侯:您的小说常常具有预言性。比如《高加索俘房》发表没有多久就开始了车臣战争,而《一日战争》的问世远远早于美伊之战,报界已经开始用"一日战争"来形容美伊战争了。您是怎样做到这一点的?

马卡宁:这些思想都是自己跑到我脑子里的,我只是对这些情节和构思进行加工。当我正在做的时候,其余的想法又会像叶子一样落下来。

侯:在作品中您选择第一或者第三人称叙述,这取决于什么?

马卡宁:这就好比下象棋。如果我以第一人称写,我就是执白棋的一方。但真正的赢家是那执黑棋而赢的一方。这是艰难的游戏。因为你进入与文本密切的联系中,无论如何也不能抓住主动权。这常常是在你对所写题目不是很熟、只能靠感觉的时候。在写作过程中逐渐产生和对手——文本共呼吸的感觉。你的这个对手就是某个它。这时重要的是无论如何也不能急于求成,不能追求结果。当你以第三人称写的时候,就不应当有预先定好的结局。你应当陷入对手的境地而和它一起走向结局。这个它自己会输。不是你赢了,而是它输了。执白棋时,你不会拖延进程,因为是你在发招。重要的是你不要失去"白方的"气息。每一步都应当是积极的。当然,每个人都有自己的漏洞。但当你执白棋时还胆怯,漏洞就会越来越多。我下到成人九段时因为眼病而终止,但那种心理却留下了。

侯:当代许多知名作家都没有受过文学或者语言学的专门教育,比如您是毕业于数学力学系。

马卡宁:开始时我想当一名象棋手,这种爱好转化为从事精密科学,再后来是电影,最后是文学。我不想再去回想这究竟出于什么动因,事情就是这样。

侯:许多人认为文学创作中最主要的是怎样把词语组成很美的句子。您同意吗?

马卡宁:谈到风格,我以为并不都是把词语组成有节律的句子的能力。20世纪,甚至可能是21世纪的风格都是形象体系。我的小说《损失》(其中的主人公在不停地挖地道)、《出入孔》(那里有一个通往地下的孔穴)和《地下人,或当代英雄》都是形象和思维的体系。文学研究家们所说的风格指的不过是文笔顺畅,这只说明技巧。顺畅的文笔就像高速公路一样,使人进入一种催眠状态:只是往前开,却不知在哪里开,有时甚至不知道为什么开。我刚开始写作的时候,常常搞出一些很顺畅的东西。渐渐地我觉得这样没有什么意思,而且会走入死胡同。

侯:您的小说《一个成功的爱情故事》中的主人公在电视上说现在文学已经不存在了。前一段时间《文学报》也曾就当前的文学状况展开了大型讨论,您对这个问题有什么看法?

马卡宁:我觉得文学正处于兴盛期,作家远远比改革初期有意思也有分量得多。现在我们面临的不是文学的危机,而是读者的危机。但过一定时间读者就会成熟起来。

侯:您对我的工作有什么期望?

马卡宁:文学研究是一项高智商的脑力劳动,也许有时你会感到枯燥,但是只要站在窗边望望风景或者做点别的什么事情休息一下就好了。它永远不会让你产生再也不愿去碰它的想法。所以祝你取得成功!

原文摘自侯玮红著:《学会在自己的时代生活——马卡宁访谈录》,《文学峰景》,中央编译出版社,2010年6月版。　　鉴赏编写:徐德成　周秀芝

49. 哈佛大学校长劳伦斯·萨默斯在北大的对话

(2002年5月14日)

【格言名句】

在哈佛大学,无论是马萨诸塞州的州长还是美国总统都根本没有权力决定谁应该被任命为经济学教授、工程学教授或医学教授,他们根本没有权力为他们的朋友或自己的目的在哈佛大学指手画脚。

——劳伦斯·萨默斯

【文章导读】

劳伦斯·萨默斯,1954年生于美国纽黑文,他的父母都是经济学家。1975年毕业于麻省理工学院,1982年在哈佛获哲学博士学位。曾担任哈佛

大学政治经济学教授,世界银行贷款委员会首席经济学家,克林顿政府财政部第72届部长,2001年3月11日当选为哈佛大学第27任校长。

2002年5月14日,劳伦斯·萨默斯应邀来到北京大学,在办公楼礼堂,和北大学生进行了交流。萨默斯在演讲中充分肯定了中国在21世纪世界舞台上的重要性,表明哈佛与北大要共同努力:追求知识,教书育人,并谈了学子们对"将要继承的世界"的重任。

首先,强调全球化的现象已表明世界正在进行深刻地变化,"知识对人类活动的每一方面来说都变得越来越重要"。他认为一流大学应具备的三大特色:一是思想价值是通过思想者所拥有的品质来判断的,而不是通过他们的地位来判断,希望学子们要勇于创新;二是对视角多样化的承诺,不管这个人来自什么背景,只要他能为我们的卓越作出贡献,我们就愿意招徕他;三是从长远的眼光看问题,为最终能产生最大影响的知识作贡献。

从学术的角度出发,萨默斯提出自己的看法:首先,大学不应该受政治和外界供职的干扰,"在哈佛大学,无论是马萨诸塞州的州长还是美国总统都根本没有权力决定谁应该被任命为经济学教授、工程学教授或医学教授,他们根本没有权力为他们的朋友或自己的目的在哈佛大学指手画脚";第二,要极力争夺最优秀的人才;第三,必须不断寻找方式来衡量自己,不断寻找方式来给自己追求卓越的压力;第四,大学要以集体价值观名义把自己置于很强的领导之下。

萨默斯提出了摆在大学面前的五个挑战:一、努力设法解决全球化的问题,把我们最优秀的东西传播出去;二、保持大学的区域感,大学的自治感,因为知识已经变得越来越有用和实际,而且被广大的社会需要;三、保持我们对那些从目前来看不是很有实用价值的知识领域的承诺;四、必须适应不断变化的知识结构;五、要适应这一不断变换的世界所带来的变化的机会。

演讲之后,萨默斯与学子进行了对话,在回答问题中又强调了一些问题:有些非常纯的学术研究,却比表面上较实用的工作更有实用价值和影响;人类的利益不应该成为抽象的科学探寻这一概念的牺牲品;美国现在面临的最大危险就是美国对于世界其他人民和国家想得太少、太缺乏同情心;认真、严谨,同时又有创造性的思考能力才是大学留给其学生的最重要的东西。最后,萨默斯鼓励学子们一定要有与众不同之处,努力去发挥它。

【主题演讲】

闵校长、许校长，感谢你们热情洋溢的讲话，感谢你们对我所表示的热情友好，也感谢你们对哈佛大学代表团表示出的热情友好。

我相信，这次北京之行哈佛大学代表团是有史以来我们访问中国最大的代表团。我认为，这表明了中国在21世纪的世界舞台上的重要性。这也表明了我们共同的努力：追求知识、教书育人。能来到中国和全世界最好的大学之一访问，我感到万分激动。更令我高兴的是我能有机会与这么多的学子谈谈他们将要继承的这个世界。

如果你们认真思考我们在大学所做的一切，如果你们能认真思考全球化这一现象，我想我们今天的特殊地位和全球化现象已清楚地表明全世界正在进行一种深刻的转变。这就是：与以前相比，知识对人类活动的每一方面来说都变得越来越重要。想想我们周围的一些例子。我坚信，两个世纪以后，当今天所发生的一切被载入史册的时候，柏林墙的倒塌和冷战的结束只能在历史书中被放在第二位。被放在第一位的应该是20世纪后五十年中，十几亿或者是近二十亿人迈入了现代化的社会；是十年之内人们的生活水平双倍的增长，而且又是在十年之内亿万人们的生活水平发生了增长。我相信，在人类历史的第二个千年，这一事件足以与文艺复兴和工业革命相媲美。

这些增长的中心是什么？这个中心是中国。中国在近两个世纪以来，发生了巨大的变化。这个中心也是知识，是知识的传播和扩散，因为在欧洲和北美洲根本找不到一个国家能像中国一样在上一个十年之中以及上上一个十年中有如此快的增长速度。

这反映了现代科技为融合提供了巨大的机会。这也反映了知识的力量。有些事是值得我们思考的：我们现在生活在这样一个人类历史阶段，科学有着能搞明白疾病产生过程的潜力。在我们在座的人能看到的日子里，科学有潜力在每一个分子的层面上搞明白是什么地方出了毛病，是什么让人类痛苦和死亡，并且能发现一些可操作的方式，找到治疗这些疾病的办法。在我们活着的这一时代，我们能够比其他任何人类历史上的时代更有可能看到医学进步发展的潜力。

这一切还与什么有关呢？它还与知识的增加有关。我们知道知识是在不断增加，知道学术研究的过程，也知道知识在寻找其并不明显的用途的过程。我们知道善于发现新奇事物这种天赋的作用,我们也知道各种机构的作用。

让我对知识进行一个总的评论,这就是,你根本没有办法说出最有用的知识是从何而来的,你无法预测它来自何处,你也无法设计一些程序来找到最有用的知识的形式是什么。

让我给大家举两个截然不同的例子。也许从某些方面来说,我们在大学教授的最抽象的科目是数学。也许在数学领域中被运用的最少的是数字理论,即对数字的研究。你们中间任何一个发过 E-mail 的人都会从在近二十五年中发现的数字理论中获益,因为关于素数(译者注,术语:只能被 1 和该数本身整除的数)的研究是编码计算程序的基础,这种计算程序是今天每一方面的电子通讯和电子交流的基础。这些,都来自于我们所拥有的最抽象的一类知识。

我再给大家举一个与此完全不同的例子。这个例子来自于局势很困难的那部分世界,而且,从某种意义上来说,今天我们举这个例子似乎有些奇怪。这些年来,美国对世界和平所作出的巨大贡献之一就是 1978 年在戴维营就中东冲突在以巴双方达成的协议。很显然,我们并不是今天中东地区和平的唯一途径,但是那是通向稳定的重要一步,据参与过这次谈判的人说,我们的总统所具有的一种能力是他能促成巴以和平的关键。这种能力就是他能从每一个被争议地点的《圣经》名称及其在《圣经》中的作用谈起。对宗教的研究和对两千年前历史的研究,看来抽象和深奥,然而,这些知识对一个关键的、实际的成就来说是很重要的。

人们可以不停地从大学的几乎每一知识领域来谈论知识的重要性,但是,我认为有一类知识是我们很难掌握的,那就是预测哪一类型的研究、哪一类型的纯理论探索会对未来社会作出最巨大的贡献。但是,同样地,正因为我们不能预言到哪一类型的知识会对我们的社会作出巨大贡献,我们才能有信心地预言,新知识、新观点、新方法和聪明的想法对我们的未来是很重要的。

很显然,这种对知识创新的追求不只是越来越多地出现在大学里,而且出现在商业机构的运作中,这些非常实际并为利润驱动的机构在我们这个社会里为自己做着筹划。不久以前有一次,我与美国一个名牌大学的天体物理学教授聊天,他问我,哪个机构雇用的博士毕业生最多?我认为,有可能是哈佛大学,也有可能是某个天文台。而他给我的答案是摩根·斯坦利,美国最大的投资银行。这家银行过去一直在搜寻那些极其有资质,非常有能力做数量研究的人才,因为这些人能在金融市场上发挥很大的作用。

的确,如果我们看看这些一流的商业机构,我们就会发现他们正在不断地寻找非常有创造力、受过最好的教育、资质超群的人。的确,如果我们看看世界上一流的机构,我们就会发现他们越来越多地开始具有一流大学的一些特质。

那么,一流大学最典型的特色是什么?首先:思想的价值是通过思想者所拥有的品质来判断的,而不是通过他们的地位来判断的。哈佛大学的教授希望他们的学生能做一些创新的东西。当学生做研究验证某一教授提出的假设或理论时,这个教授当然希望这项研究结果出来后会证实他的假设而不是推翻它。教授也是人。然而,无论研究的结果是什么,这个教授会坚持认为这项研究很重要,值得一做、值得提出,也值得发表。我们哈佛大学有些教授对进化论的本质、环境问题和经济问题有他们独特的见解,但是每一个教授都坚持认为大学的职责就是雇用一流的、最有发展前途的学者加入他们的院系,无论这些学者是否赞同他们的研究成果。

这种强调以质量来判断思想的做法正在走向全世界。商业领域的人们谈到统治集团的消亡、谈到团队精神的重要性在增加、谈到强调创造力的重要性。我敢说,这种通过质量而不是来源来判断思想的方法对近二十几年发生在中国的革命至关重要,它也对中国社会所取得的巨大进步至关重要。

大学所承担的第二个重要的任务是对视角多样化的承诺,不管这个人来自于什么背景,只要他能为我们的卓越作出贡献,我们就愿意招徕他。这一点也正在被更广泛的世界努力赶上。这也一直是我们哈佛大学不断追求探索的东西。一个世纪以前,哈佛大学是一个出身富裕家庭的绅士培育来自新英格兰富裕家庭的年轻绅士的地方。它不向上过公立学校的学生开放;也不向黑人学生开放,也不向女生开放;也不向出生在美国大部分地方的学生开放。就在半个世纪以前,有些哈佛教员由于他们的宗教信仰不同而被迫离开学校。哈佛大学对某些团体也有限制,因为如果不限制这些团体,它们就会变得太多,会使人们觉得不舒服。

现在,哈佛是一所非常开放的大学,无论是男生或是女生、无论你的信仰是什么、无论你来自哪个种族、无论你来自美国的哪个州,也无论你来自世界上的哪个国家,任何人都可以进入哈佛大学。但是,如果我们想更加包容和开放,如果我们想从多样化视角所带来的好处中受益,或者更进一步地说,如果我们想把最优秀的学生和老师吸引到哈佛大学来,我们仍然还有很远的路要走。我们必须把我们抛向杰出人材的网张得越大越好。

正如大学的演变一样,最优秀和最尖端的商业机构、领导的最好的一些国家的政府,都不再根据人际关系来挑选少数的精英,而是转向发现最有才能的人、最能给他们作出贡献的人。在这方面,我们也有很长的路要走。但是,我们正在进步,我们的进步在很大一部分上是基于大学的模式。

第三个区别是大学里最真实、最特殊的一点,但是这一点在各种各样的机构中也越来越重要。在这一点上,也许大学和中国有一些相似之处,这也就是:强调从长远的眼光来看问题。当我们考虑一项学术研究时,我们追求的不只是判断它明天的影响、下一周、下一个月或下一年的影响,我们追求的是从长远来看,为最终能产生最大影响的知识作贡献。

越来越多的一流的商业机构、社会中一流的团体,不仅在尽量快速地前进来利用各种各样的机会,而且还重视长期效益,他们都在投资一些不只在明天,而是在将来会产生影响的思想。

让我给大家举一个例子来说明三十年前在美国根本不可能发生的事情。美国的生物工程如果从其市场价值来看,现在值几千亿美元。在美国的历史上,从来没有哪一年创造过这么高的利润。这一切是怎么发生的?这是因为人们看到了它将会带来的潜能,他们有长远的眼光。他们进行了投资,正如大学所做的一样。当大学引进一流的学者,让他们充分发挥其想象力时,尽量不去指挥他们,依靠这种想法,从长远来看,正是这些一流学者的知识才会有价值。

这是大学最根本的信仰,这是在美国已经成功的信仰,而且,我认为,它会给任何想追随这一信仰的人带来成功。美国所授予的主要专利中大约有75%,从很重要的方面来讲,是从以大学为基础的研究中获得灵感的。来自世界各地在美国大学学习的学生的愿望就是让不为谋求利润、自然也不用"竞争"一词的大学,同美国所拥有的任何一种出口业务比起来一样成功。

那么,是什么促使美国大学成功?我们现在关于创办一流大学的最佳见解是什么?我想就这个问题的几个方面进行探讨,我还想就大学未来发展所面临的一些挑战进行探讨。

首先,大学应该不受政治和外界控制的干扰。在哈佛大学,无论是马萨诸塞州的州长还是美国总统都根本没有权力决定谁应该被任命为经济学教授、工程学教授或医学教授,他们根本没有权力为他们的朋友或自己的目的在哈佛大学指手画脚。

让我告诉大家一些其他的重要的东西,我认为这也是为什么大学能够成功的很重要的一部分。我们有一些人在赚钱这方面非常成功,他们在经济方面为哈佛大学作出过巨大的贡献。有时,我们用他们的名字来命名学校的建筑物;有时我们用他们的名字来命名一些项目;有时我们还用他们的名字来命名一些教授职位。今天早上当介绍我的一些同事时,你们可能已经注意到他们中很多人的教授职位前都有挂名,有人被称作克芬斯汀数学教授,有人被称为斯蒂姆森法学教授,还有其他一些教授职位也被提到过。但是有一点我是可以明确告诉大家的,你可以到哈佛大学,提出承诺要为一个数学教授、政治学教授或法学教授提供资助,但是你无权告诉哈佛大学谁应该被任命为这一教授,或这个教授必须信奉什么。如果你这么做,我们就会说,而且我们也曾经说过:"把你的钱拿到其他学校去,把你的钱拿到别的地方去。"我之所以强调这一点是因为,我认为,要理解创造智力卓越的源泉,这是创办一流大学最基础的东西。

对创办一流大学至关重要的第二点是:这些大学在极力地争夺最优秀的人材。早些时候,在中国的一次聚会上,有人问我,对于想创建世界一流大学的人,我能给点什么建议。我说,从长远来看,要想创建一流大学,只有一件事是非常重要的,那就是要拥有最具创造力、最积极思考、最聪明的师资。我说,如果一个大学能够成功地找到一流的年轻学者,吸引他们留在大学工作,他们就会发现一些一流的学者和一流的学生就会朝这些一流学者涌去;很多研究基金也会涌向这些一流学者。最终,成为一流大学的承诺是一定会实现的。

创造一流意味着不能有完全同等对待每个人的观念;创造一流意味着要有这样一种观念,那就是拥有最新思想的人一定是那些拥有最具威胁思想的人,而且学校还得学会化解这种威胁。创造一流意味着要接受最优秀的人,因为最优秀的人并不总是最容易相处的人。的确,事实是能使人们最具创造力、使他们最富挑战性、并使他们的思想令人振奋的特点同时也是这些人难以以最顺畅的方式适应社会的特点,而一流的大学能理解这一点,他们尽力去寻找这些最优秀的人。

对保持一流大学很重要的第三点是:这些大学必须不断寻找方式来衡量自己,不断寻找方式来给自己追求卓越的压力。在商界,在追求经济效益的领域中,毕竟,大多数的机构都是如此,他们有一种现成的方式来衡量他们是否是一流的。这就是账本底线,这就是利润。而大学却没有这样的衡量标准。因此,大学需要寻找其他的方式来确保自己总是朝一流大学的方向去努力。

那么,这些方式是什么呢?其中之一就是鼓励学者们去寻找外面的研究基金。在哈佛大学,我们的科学家所进行的很大一部分的研究并没有得到学校的资助。部分理由是因为我们的经费紧缺。我们想确保这些有限的经费能被用来支持那些如果大学不提供资金、其他人也不会资助的领域,这样,我们就能把我们的资金用在刀刃上。另一个很重要的原因是:有些能够提供研究基金的机构也在做他们自己的调查、做他们自己的监管,他们对什么是最出色的研究项目会做出自己的评判。当他们进行这些评判时,资金就会流向那些能不断出成果的人,而不会再流向那些成果很少的人那里去。

在大学,我们还做其他一些很重要的事,而且,我们还会在以后会更加积极地去做这些事。这就是:对于学校的每一部门,我们都会邀请世界上顶尖级的专家来评审我们的项目,告诉我们这项管理进展得如何、它的作用发挥得怎样。我们用这些评审来作为我们确定未来方向的基础。我们不允许那些正在负责某一项目的人来选择谁来评审这一项目。相反,我们会从外面寻找那些最挑剔的人来做评审。

这一原则不只适用于各种项目,而且也适用于个人。在一个人被任命为哈佛大学的教授之前,他需要得到的不只是其所在领域将会成为其同事的人的认可,我们还会发信给他所在领域的各方面的顶尖级专家。这些专家要把这个人与同一领域的其他人进行比较,在任命任何人为哈佛大学教授之前,我们都会对这些评审进行仔细考虑。比较和竞争是给自己压力去不断追求一流的重要方式。

大学的第四个方面是非常微妙和复杂的。那就是:大学以集体价值观的名义把自己置于很强的领导之下,这一点很具有讽刺意味。我曾强调过美国的总统也无权任命任何一个人作哈佛大学的教授。但是,同时,美国一流大学的目标就是要产生很强的领导人物。试想如果哈佛大学的一个学院有一个新院长的空缺。这个新院长产生的程序是什么？在世界很多地方，在全世界很多大学里，新院长往往都是由这个学院的教员投票选出来的，或新院长是基于某一学院大多数教授的同意而被选出来的。这种方式是很有效的。当一群教授做得很成功时，他们会从自己中间选出一个能使他们的成功最有效地延续的人。但是，这样做也会常常产生平庸的人，出现不少弊病，因为，当一个机构运作得不是很好的时候，如果要选出一个新的领导，人们选出的常常是一个不具威胁性的新领导，而不是一个能承诺创造出卓越的新领导。这也就是为什么在哈佛大学，我们给予大学校长这个权力来任命各个学院的新院长。这也就是为什么在一流大学里，大学董事会来选择大学校长，而不是通过大多数学生和教工的同意来选择校长。

如果说我在哈佛大学作为世界一流大学之际，非常荣幸地当上了哈佛大学校长，我确信，其中很重要的一个原因是我只是自1860年美国内战结束后第七个成为哈佛大学校长的人。确实，让有很强的领导才能的人长期担任职务的这一传统，使得大学能在不断变化的时代持续更新自己。

我认为以上列举的每一方面：很强的领导层、竞争、外来的审察、对人才的无情竞争、与政治的分离，都非常重要，因为其中的每一条都不容易做到，每一条都很难。但是，在知识变得越来越重要的这一时代，这些方面不只在大学，而且在全社会，都变得很常见。

摆在我的大学、美国的大学，还有，依我之见，全世界其他大学面前的主要挑战是什么？我将重点谈论五个大的挑战，五个我认为是非常重要的大问题。我想，对这些问题，我们有一些答案，但是，可以肯定，我们并不是对每一个问题都有答案。

首先，努力设法解决全球化的问题，把我们最优秀的东西传播出去。从很多方面来讲，世界与从前相比已经变得越来越小了。正如我在演讲刚开始的时候提到的，10年前中国发展的状况，那时人们没有办法从中国往美国打电话，这表明我们现在比20年前交流的机会多多了。一年前，如果你让美国人说出世界哪一个地方非常遥远、非常落后，而且对美国无足轻重，他们很有可能会选阿富汗，这是袭击纽约的本·拉登恐怖分子的大本营。我们需要调整大学的教育来促进学生不光是对他们所居住的社区的了解，而且要促使他们了解全世界。我们应该保持一种社会感，这会极大地促进大学的成功。

想达到这种平衡并不容易。哈佛大学与中国的紧密合作很重要,但是,如果这些合作只在中国进行,那它就很难使远在马萨诸塞州剑桥区的哈佛学生受益。因此,促进我们对全球化的参与、对全球化的理解、同时又保持我们的社会感,这些都是首要的、关键的挑战。

第二个关键的挑战是保持大学的社区感、大学的自治感,因为知识已经变得越来越有用和实际,而且被更广大的社会所需要。我,作为一个经济学教授,一直被认为是做抽象研究的人,也都有机会担任我们国家的财政部长。当我以部长这一身份访问世界时,我也遇到了许多其他曾经是教授的人在他们各自的国家担任着类似的职务。一个接一个的领域,出于实际的原因,人们对一流思想的需求为大学创造了巨大的、充分发挥其贡献的机会,但是,同时,也产生了巨大的挑战。……

第三点……我们现在面临的挑战是保持我们对那些从目前来看不是很有实用价值的知识领域的承诺。我认为,正如我在这个演讲的刚开头提到的,人们无法预测未来什么知识领域会很有价值,对此我深信不疑。适当的起作用的思考会使我们探索的范围更大、更广。

但是,当我们急急忙忙地处理一些被每一代人再度提出的问题时,我们又遇到一个挑战,那就是我们不应该忘记一些永恒的问题,如人性的本质、人类的冲突、人类家庭以及许多传统文学名著中所描述到的一些进退两难的困境。在我们下决心要变得精明和目的明确时,我们不应该牺牲培养学生博学睿智的机会。这是大学非常重要的义务。因为,如果大学在管理方面的训练做得少一点,社会上其他的机构会在这方面做得更多一点。如果大学不全面考虑未来商业的行为准则,其他机构会考虑这一点。但是如果大学不研究古代的手稿,如果大学不寻求对历史的理解,那么这些东西很可能就会失传。这将会是人类的悲剧性的损失,也是我们造成的悲剧性的牺牲。

第四,大学必须适应不断变化的知识结构。我们必须以某种方式调整我们的大学设置。这就是为什么我们会有法学院;这就是为什么我们有教育学院;这就是为什么我们有物理和化学系;这也就是为什么我们有社会学和经济学系。但是,尽管存在着一个人类传统的知识结构,然而,没有任何知识是一模一样的——没有知识是永恒不变的。当学者变得越来越专业化,这一点就变得越来越有道理。以前,据说有一些人可以掌握所有的知识;后来,据说有一些人可以掌握某一学科,如物理和经济学中所有的知识;

今天,要掌握一个学科中的一个分支学科,如宏观经济学的知识,都已经变得越来越难了。但是,同时,很多非常重要的发现都是跨越传统学科界限的,无论是在化学和生物之间,还是在考虑应用于音乐研究和文学研究的共同主题,或是在把教学的广泛应用扩大到人类探寻的越来越多的领域。我们必须准备去利用这些重要的边缘学科领域的研究。

最后,大学需要适应这一不断变幻的世界所带来的变化的机会。在未来,教育将会变成一个终生的需求。我们已经看到被人们称为"燃料箱"的这一教育模式的结束。在这种教育模式下,人们年轻时用知识来给自己填充燃料,接下来在其一生的工作中逐渐消耗所学的知识,直到退休。现在,通过因特网向数千英里以外的人传送知识的机会大大地增加了。因此,教学本身、教学对象和教学方法都要改变。在一个重要科学领域,如粒子物理的主要研究论文现在有 300 个合著者。诸如人类基因组测序之类的研究项目耗资数十亿美元。这种工作规模的变化、合作本质的变化都会改变或迫使我们改变大学的这种我行我素的传统。但是同时,正是我们对最有创造力的个人的尊重才会常常产生重大的成就。使大学适应这些新的机会,但是又保存它最有特色的地方,这也是我们这个时代所面临的另一挑战。

今天,我在此尝试着谈论了一些我认为对大学来说至关重要的几个方面和大学面临的一些挑战。我希望我表达的观点是正确的。但是,我更希望我提出了正确的问题,因为我坚持认为,如果,在一个时代,一个社会的富裕和成功是建立在如何更好地生产粮食上;而在另一个时代,一个社会的富裕和成功是建立在如何更好地生产和运用钢铁上;那么,在我们正在前进的当今世界上,一个社会的富裕和成功是建立在如何产生和运用知识上。在这点上,没有什么机构能比大学更重要。这就是为什么,我们这些有幸待在大学里的人需要常常很认真地去思考我们怎样才能做得更好。

正如我在担任哈佛大学校长的就职演说中所讲的,大学永恒的传统应该是我们要永远年轻、永远要承诺不断更新自我。这就是全世界大学应该做的。我很荣幸能有这样一个机会与中国的最高学府中的各位分享我的一些看法。非常感谢大家。

【对话原文】

问:我很认真地听了您的演讲,对于您讲到的该如何把大学变成一个一流的研究机构,我听后深受启发。但是,我认为你并没有提到学术研究的目标。我是一个经济学家,我们都知道芝加哥大学的经济系比哈佛大学的小多了,但是它的诺贝尔奖获得者却比哈佛大学多。另外一方面,我们知道哈佛大学的教授对美国和世界其他地方政策方面的贡献更多一些。因此,我的问题是,作为哈佛大学的校长,你怎样指导哈佛大学的学术研究? 这是一个问题。我还想问一个相关的问题。你对北京大学的校长有何建议? 你觉得北大是否应该鼓励教授在一些国际刊物上发表一些与中国政策改革无关的文章,或你认为,在这个阶段,我们应该多作一些政策研究,尽管这些政策研究性的论文可能没有机会发表? 谢谢。

答:你所提的是一个经过深思熟虑的问题,我会用传统经济学的方式,也就是用"一方面和另一方面"来回答你的问题。事实上,我认为检验一个大学的研究,最终,得看它对真理的贡献。最重要的是要有最优秀的、最富有创造力的思想。如果这个思想是最优秀的、最富有创造力的,它最终一定会找到其重要的应用。但是,大学被建构出来的方式就是允许其有一定的研究范围。我认为,一个出色的大学一定有一些经济学家正在思考如何理解经济系统。他们关心的只是纯粹的探索,他们并不在乎他们的建议或政策建议是否能得到发表、是否能得到实施,等等,但是他们尽量争取在国际范围内得到这一领域的一流学者的尊重,这对一个出色的大学是绝对关键的。另一方面,我认为在大学里,我们也应该给予比较职业化和可实施性教育一些空间,也应为职业培训学校提供一些管理方面的训练,还应该使职业培训学校与政策制造者一起合作来分析问题。因此,我认为这不是一种非此即彼的选择。我认为强调纯学术研究是很重要的,因为,如果领导大学的人不强调纯的学术研究,那么没有人会强调这一点。这就是为什么我非常强调纯理论研究。这也是为什么我在刚开始演讲的时候举了一些研究的例子,这些研究都是从非常纯的学术研究开始的,然而,它们却有比表面上较实用的工作更有实用价值和影响。

问:先生,早上好。我是北大学生国际交流协会的会员、国际政治学院的学生。事实上,我有两个问题,一个比较严肃;另一个比较有趣。您更喜欢哪个问题?

答:如果你抓紧时间问,我会两个都回答。

问:那好,事实上,去年票房排名在前十的一部电影是"Legally Blonde"。

这部电影之所以特别，是因为它是以哈佛大学法学院为背景的。在这一部电影中，哈佛法学院的学生被描绘成严肃的、无聊的、丑陋的人，教员也被描述为严格死板的、难以通融的人。我想问的是，作为哈佛大学校长，当你遇到社会上的这类对事实的歪曲和偏见，你会怎样来保护你的同事和学生的声誉？谢谢。

答：我不知道我是否明白你的问题。在座的有多少人看过"Legally Blonde"这部电影？"Legally Blonde"这部电影拍得确实不错。除了其他一些内容，这部电影里有一些事情，我个人认为，是根本不可能发生的，那就是：一个很漂亮的年轻女子播放了一段她自己在一个很美丽的游泳池游泳的录像，以此作为她申请哈佛法学院的依据。我可以向你们保证这样的事情是不会在哈佛法学院发生的。我，作为一个曾经在很多哈佛法学院学生住过的公寓楼里住过的人，向你们保证，哈佛法学院的学生一点都不那么死板严肃，哈佛法学院的学生喜欢开心地去玩，而且有时，由于哈佛的学生、哈佛法学院的学生的联欢和庆祝活动使得周六午夜时分同楼的人都难以入睡。

问：谢谢你，萨默斯教授。当你提到人们的努力是获取新的知识，这使我想到了追求知识和维护道德之间的冲突。大家也许知道：上个月有一家关于哈佛大学公共健康学院的一个丑闻。他们在中国农村做的一些研究、有关基因的研究，被怀疑侵犯了道德规范，更进一步说是侵犯了当地农民的基本人权。我好奇地想知道，哈佛大学将会采取什么措施以防止类似的事情在未来再发生？或者，你会不会只让公共健康学院自己独立地解决这一问题？在面对类似这样的冲突时，你的责任是什么？谢谢。

答：这是一个非常、非常、非常好的问题。这个事件确实是错误的。这是一个极其严重的错误。这样的事情绝对不应该发生，这是公共健康学院院长的责任，最终，作为一校之长，我的责任是处理这件事，把所犯的错误纠正过来，更重要的是，要确保此类的事不会再发生。而且，我们已经以很严厉的方式修改了公共健康学院涉及运用人、涉及与人有关的所有研究制度，以确保类似的错误再也不会发生。我们所能做的，就是要让这一点非常的明确，那就是，人类的利益决不应该成为抽象的科学探寻这一概念的牺牲品。我们能够坚决要求一些制度应该被放在合适的位置上，来确保科学家个人不会擅自作出这种判断，而且这些判断应该受到仔细审查。接下来，当这些制度被认可能够做实验时,我们可以监控这些制度以确保他们事实上是在被密切关注着的。这是一个对什么是大学至关重要的东西,这是一个我和我们大学的其他领导在这件事引起公众注意时,想尽快做出回应的事。我们可以改变这些制度,这样,如果类似的错误在以后再发生,这些错误会很快地引起我们的注意。

问:早上好,萨默斯先生。我是北大学生国际交流协会的成员、法学院的学生。今天你可以看出,你受到了我们热情洋溢的接待。如果北大校长去哈佛大学,你认为他会受到哈佛大学学生同样热情洋溢的接待吗?我的第二个问题是,正如你刚刚提到的,知识在今天的世界上变得越来越重要。你认为哈佛大学的学生关于中国了解得够多吗?或者,他们是否对中国人有种错误和敌对的态度?谢谢。

答:在美国、在哈佛,我们过分地注意内在的东西。在一些重要方面,我们对内在东西的注重比我们应该注重的多得多。北大的校长应该得到我很幸运地在此得到的同样的热情接待。我们大学的领导一定会给予他这种热情接待,但是,我无法完全肯定他是否会得到哈佛大学学生同样的礼遇。但是,如果他没有得到这样的礼遇,这只能是我们的学生和我们给他们的教育的问题,而不是北大的问题。我们越来越多地鼓励我们的学生多研究一些国际事务,特别是多研究中国和亚洲。但是,我不得不说这是一个严重的问题。我猜,如果我让在座的各位举手看有多少人知道亚伯拉罕·林肯,我们来做一个实验。如果你认为你知道亚伯拉罕·林肯,或者听说过他,或者乔治·华盛顿,请大家举手。

如果在哈佛做类似的事,问他们是否曾经听说过孙中山,除了那些选过每一年越来越多的教员开设的一些中国历史和中国社会的课的人以外,没有几个人会知道孙中山,当提到全球化时,这是在未来我们应该首要解决的问题之一。但是,我认为美国现在面临的最大危险就是美国人对于世界其他人民和国家想得太少、太缺乏同情心。

问:非常感谢您给了男生一个提问题的机会。我是新闻传播学院的学生。从1924年以来,普利兹新闻奖已经有四十一次颁发给了哈佛前任或现任教员。哈佛大学有没有什么特殊机制来鼓励和培养社会科学方面的学术研究?另外,如果有一些学术腐败,比如剽窃,发生在哈佛大学,会受到什么惩罚?谢谢。

答:我们非常、非常重视剽窃这一问题。剽窃的学生会被要求离开大学,很多时候,他们是不允许再回来读书的。或者,至少,在他们回来之前,他们,被要求要离开大学相当长的一段时间。当然,对教员我们也坚持这样的原则,他们是绝对不允许剽窃他人的成果的。我认为,就剽窃这一问题而言,我们应该产生一些制度来确保我们对大学里的所有人都一视同仁,这一点是很重要的。就普利兹新闻奖而言,我为哈佛大学的成绩感到自豪。但是,我认为我们之所以取得这样的成绩,是在于我们无情地竞争以得到最优秀的人;一旦我们有了这些最优秀的人,而且他们想做最出色的工作,我们就会给他们一个环境,在这个环境里他们受到挑战,被敦促着做最优秀、最具创造力的工作。我认为,就创造一个智力界而言,我提到过的那几种价值对促进这方面的成功是极其重要的。

问:您好。我来自台湾国立大学医院。很久以前,我曾经在 Associate General 医院和哈佛的波士顿城市医院学习过。我认为哈佛大学的中国历史研究是很有名的。我的问题是,与其他哈佛大学的校长相比,你对哈佛的贡献是什么?顺便提一下,我的同学,我想你们见过面,现在在台大。非常感谢。

答:我希望我的贡献将是在我前任哈佛大学校长所做的基础上,使哈佛大学更加成功。我认为,一个大学的校长所能做的最重要的事情就是尽量培养一些正确的价值观、尽量培养一种文化,吸引最优秀的学者到哈佛来,让他们在这里能有最好的机会与其他学者相互合作;检验学生、挑战学生;以保证我们能对以快速的方式正在被开辟新的探索领域作出反应。比如,我认为在我担任哈佛大学校长期间,一些重要的机会、一些新的领域将会被开辟,它们就是我提到过的正在发生在生命科学领域中的那些了不起的事情。能够保证大学能以饱满的精力对这一机会作出反应将会是非常重要的。我认为有一个很重要的问题就是要研究怎样使不同的社会,像美国和中国,能够越来越紧密地保持联系,怎样使这样的联系尽量产生正面影响,全球化这一问题也应该越来越多地成为大学研究的焦点。例如,我们刚刚修改了我们的制度,使得哈佛大学的学生比以前更容易得到出国学习的机会。哈佛大学正在做的一件很重要的事情就是在考虑我们本科教育的教学大纲。如何教授学生以及教学大纲的特点是需要我们时不时考虑的东西。人们实施一个系统、让这个系统运作,随着时间的推移,人们获得了这一系统的经验,这时新的知识就产生了。重新检查这一知识也是应该的。哈佛大学已有二十五年没有做过这么全面的检查了,这是我们在接下来几年中要做的一件很重要的事。

问:萨默斯教授,如果哈佛大学的毕业生毕业后找不到一个好工作,您是否认为这是一种失败?当一个学生从世界一流的大学毕业时,你认为他需要具有什么样的品质?谢谢。

答:如果哈佛大学毕业的好学生找不到工作,我认为这不是哈佛大学的失败,而是美国经济的失败。我想一个学生最重要的是应该有思考问题的能力。这跟今天所谈过的内容有一点不同。另一个不同之处是,也许,我早该提到了这一点,早该就这一点谈上几分钟,那就是,有一段时间,教育是在教授一些知识点。它所传授给学生的是如何做乘法;如何拼写、如何拼写单词;如何掌握不同历史事件发生的日期;如何掌握不同的物理公式、如何记住主要书籍中人物的名字。我认为如果你看一看今日最成功的人,他们不是——他们最特别的不是他们掌握了多少知识点,而是在于他们思考问题的方式、在于他们能把很多东西结合在一起的方式、在于他们能够看到人们从前看不到的模式。对一个哈佛大学的学生来说,他需要学的最重要的东西是:如何去思考,如何以创造性,而且又是非常严谨、认真的方式去思考。我认为,正是这种认真、严谨,同时又有创造性的思考能力才是大学留给其学生最重要的东西。

问:谢谢您给我提问题的机会。我是《中国大学生杂志》的记者,它是中国唯一一家关于中国高等教育的综合性杂志,它有七百多万读者。因此,我的问题与学生有关。在您的演讲中您提到如何建立一流大学。因此,我的问题是,关于学生应该培养什么样的特质,您对这些年轻的学生有何建议?您对中国学生有什么看法?您是否能就这一点与七百多万读者谈一谈?我还想同您保持联系,想与您进行一次访谈,了解更多的东西。谢谢。

答:请允许我把你们的这份特别的杂志先搁一搁,来回答你提出的部分问题。我会给学生什么样的建议?我认为没有任何一个建议是适合所有学生的。但是,我想,如果我必须为这里的学生提一个总建议的话,那就是,仔细想想你最关心的到底是什么?什么对你来说能产生重大影响?在哪里你能够产生重大影响?你们要以全部的热情来追求这些东西。仔细想想,你身上最特别、最与众不同的东西是什么,然后尽力去发挥它。尽量寻找一些与你所关心的东西相适应的机会,而不是去寻找与你父母所关心的、最传统的,或是与你看到的其他学生都在做的事情有关的机会。在世界上能够产生巨大影响的人,以及从职业角度来看,能够拥有最满意的生活的人,一定是那些能够凸显出来的人,他们不仅是一群人中的一部分,而且还正在做一些与众不同的事情。因此,一定要找到你的与众不同之处,努力去发挥它,这就是我的建议。非常感谢大家。

原文摘自和弦编:《名人演讲在北大》,大众文艺出版社,2003年1月版。

鉴赏编写:任筠霞　杨康妮

50. 一位女公安局长的人生追求

——任长霞与网民的对话

（2002年12月11日）

【格言名句】

每一个民警出现违法违纪问题,我这个当局长的都有不可推诿的责任。

——任长霞

【文章导读】

任长霞,河南登封市公安局党委书记兼局长。她是河南省睢县人,1983年加入公安队伍,1998年被任命为郑州市局技侦支队长,多次深入虎穴,化装侦查,先后打掉七个涉黑团伙,被誉为"警界女神警"。2001年调任登封市公安局局长。她任职期间,始终把人民群众的疾苦和安危放在心上,解决了十多年来的控申积案,抓获犯罪嫌疑人三千多名,有力维护了地区的社会稳定和大局稳定。

2004年4月14日晚,在侦破"1.30"案件途经郑少高速公路时发生车祸,抢救无效,因公殉职,年仅四十岁。当年6月,被公安部追授全国公安系统一级英雄模范称号。出殡那天,万民送别,天地同悲。中央电视台《感动中国》评委会颁奖词给予她高度的评价:"她是中原大地上的又一个女英雄。扫恶打黑。除暴安良,她铁面无私;嘘寒问暖,扶危济困,她柔肠百转。十里长街,白花胜雪,挽幛如云,那是流动在百姓心中的丰碑!一个弱女子能赢得百姓的爱戴,是因为,在她的心里有对百姓最虔诚的尊重。"

人民网强国论坛有幸在英雄生前邀请她与网民交流,留下了这篇于2002年12月11日晚发布的对话实录。这是一位女公安局长与网民的心灵交流和人生畅谈,整个对话没有豪言壮语,也没有刻意的官腔,有的是真情的流露、是心灵的沟通,通过一句句简朴敦厚的话语,使我们深切感受到她认真负责的工作精神、无私奉献的人生追求。

"没有一起冤假错案,因为我的工作很认真。如果办了冤假错案,我会犯错误的。"反映了她对公安工作极其认真负责的态度和执着精神;如果手下发生刑讯逼供,"我认为自己有责任,因为我没有把队伍管理好""每一个民警出现违法违纪问题,我这个当局长的都有不可推诿的责任",体现出她主动承担责任的领导风范和无私品格;"在大比武中当然包括男子","我的部下有七百多名男性,五十多名女性,我的班子就我一个女的",显现出她不甘示弱、巾帼不让须眉的刚强性格和豪迈气魄;"我的队伍绝不允许出现对嫌疑人殴打的问题",如果出现城管追打摊贩的情况,"我在现场会立即制止这种行为的发生",流露出她对人民无比热爱的深厚情愫和百姓情结;……

对话时间是短暂的,交流话题的内容也是有限的,可任长霞局长与网民的这次对话却给大家留下极为难忘的印象。

英雄逝去的2004年6月4日,《人民日报》第一版详细刊载了这次对话。更多的人们为英雄的品格、精神所感染。任长霞这位公安女杰的名字如天际的彩霞光耀人间。

【对话原文】

任长霞:各位网友,大家晚上好。能在"强国论坛"上与大家互相交流学习,这是个很好的机会。通过交流使大家了解公安工作,从而对我们的工作给予关心、支持和帮助。

网友:想问一下任女杰,干公安这么长时间,手上有没有冤假错案?

任长霞:没有一起冤假错案,因为我的工作很认真。如果办了冤假错案,我会犯错误的。

网友:任嘉宾,作为一个女性公安局局长,是不是有比男性局长更多的困难?

任长霞:公安局的工作的确很不好做,它不但辛苦,而且时常伴随着危险。从体力上看,女人比不上男人,但是智慧上不比男人差。无非是对家里人的愧疚感要强烈一点。

网友:公安小姐,你好。辛苦了,慰问。公安战线应该多表彰像您一样的好民警。

任长霞:我觉得你是一位最理解公安民警的人,万分的感谢!

网友:任警官,你认为民警的一些违法事件,与地方政府对他们提出的创收任务有关吗?

任长霞:登封市公安局的经费,政府是全部保障的。我们没有创收任务,至于其他地方有没有我不太了解。

网友:你认为在你管辖范围内的刑警队或派出所殴打嫌疑犯的情况多还是少?比例是多少?

任长霞:我管辖的刑警队或派出所是不允许对嫌疑人进行刑讯逼供的。公安机关重点治理队伍当中五大顽症,第一条就是禁止刑讯逼供。我们每年要搞多次纪律作风整顿,刑讯逼供问题是我们坚决杜绝的一种违法行为。我带的队伍绝对不允许出现对嫌疑人殴打的问题。

网友:请问任女士,您在练兵大比武中夺取过第一名,在这些比武中包括男子吗?

任长霞:在大比武当中当然包括男子,因为在一线工作的,女同志所占比例较小。

网友:警察小姐,一方面警察与犯罪作斗争奋不顾身,一方面有些警察对人民群众冷酷无情。您是如何管理部下的?

任长霞:对群众态度不好的情况,我的队伍当中有时也存在。这也是我们对民警加强教育、克服"冷横硬推"四难现象的一项重要内容。我们今年采取了许多措施,组织法律宣传队,下乡到各个村、各个场矿进行法制宣传和普法教育。另外,办证上门,还有流动服务站;我们逢集时把我们局里的宣传版面抬到集上,让群众观看,使他们能更好地了解公安工作的不易,增进民警与群众的感情,即便有时遇到民警态度不好的时候,大多也都原谅了。

网友:警察大姐,你家里有没有亲戚官比你还大的?

任长霞:我是工人家庭出生,父母都已经退休,家里没有当官的。我是一个普通民警,一步步奋斗到了局长的位置。

网友:任局,能说一说你的收入问题吗?

任长霞:一月工资1000多块钱,足够我吃饭穿衣了。

网友:警察小姐,你们警察局是否温柔有余威武不足? 您的部下男子汉多吗?

任长霞:警察局肯定是威武的,虽然领导他们的是一个女局长,但是我非常刚强。我的部下有七百多名男性,五十多名女性,我的班子就我一个女的。

网友:如果上级命令你派警强力阻止群众抗议,你采取何措施?

任长霞:对群众的上访,上级不会命令我们强力阻止,我们只是维持秩序。

网友:任女士,你对街上摆摊的经常被城管追一事怎么看? 如果你在现场,你会不会帮忙? 帮哪边?

任长霞:如果出现这种情况,我在现场会立即制止这种行为的发生。

网友:任警官,警察的素质对执法很关键。你的部下文化如何? 大专以上吗? 你呢?

任长霞:警察的素质对执法的确很关键,我的部下大部分是中专以上学历,因为我所在的局是县级。我们为了提高我局民警的素质,搞了法律知识培训和计算机培训,另外我们还把一些民警送往公安部、省厅和郑州市局进行强化培训。我的学历是本科。

网友:局长大姐,如果你的手下发生了刑讯逼供,或者滥罚无辜,你认为自己有责任吗?

任长霞:我认为自己有责任,因为我没有把队伍管理好。每一个民警出现违法违纪的问题,我这个当局长的都有不可推诿的责任。

原文摘自任长霞著:《一位女公安局长的人生追求》,何加正编:《强国路上的对话》,中国传媒大学出版社,2007年3月。　　鉴赏编写:贺伟峰　徐德成

51. 时间、文化、地点是建筑的要素
——访问美籍华人建筑大师贝聿铭
(2003年)

【格言名句】

与其他许多"品牌"建筑师不同,我所追求的不是建筑的时尚和式样,而

更注重于建筑所在地的情况。我希望通过充分深入地了解当地的风土人情、气候、自然和地理条件等,我能真正地达到"深入其境"。

——贝聿铭

【文章导读】

贝聿铭(1917~),美籍华人建筑师,苏州望族之后,出生于广州,父亲贝祖贻曾任中华民国中央银行总裁,也是中国银行创始人之一。贝聿铭作品以公共建筑、文教建筑为主,他的作品被归类为现代主义建筑,善用钢材、混凝土、玻璃与石材,代表作品有美国华盛顿特区国家艺廊东厢、法国巴黎罗浮宫扩建工程、中国香港中国银行大厦、苏州博物馆,近期作品有卡塔尔的多哈伊斯兰艺术博物馆。贝聿铭与其他许多"品牌"建筑师不同,他说:"我所追求的不是建筑的时尚和式样,而更注重于建筑所在地的情况。我希望通过充分深入地了解当地的风土人情、气候、自然和地理条件等,我能真正地达到'深入其境'。"贝聿铭还是1983年普利兹克奖得主,被誉为"现代建筑的最后大师"。

此文是对贝聿铭关于"回归自然"设计理念的一次成功访谈,是在《贝聿铭谈贝聿铭》中文版翻译完成并即将出版之际,译者林兵恳请贝聿铭先生针对中文读者,谈谈他对于建筑设计和城市规划的一些看法,并介绍他的最新设计作品。虽然贝先生已退休,但精力充沛的他日程总是排得满满的。百忙之中,贝先生还是欣然接受了译者的要求。

在宽容、宁静和自信的对话中,贝聿铭对"时间、文化、地点"这三个设计要素特意作了介绍,让人们感受建筑的富丽堂皇、典雅粗犷、古朴庄重风格的形成都离不开建筑大师对建筑的独特修养。当建筑成为城市的公共设施时,高低错落、吐纳墙宇必须注重布局环境的自然相谐,必须注重设计材质的对照相衬。虽然贝聿铭深受西式教育的巨大影响,但他永远认为中国是其设计思想的平衡来源,而观察则是建筑获得生命的着力重点。

在讨论多哈伊斯兰艺术博物馆、苏州博物馆的设计思想前,贝聿铭强调"中国出身对我的主观思想是有一定的影响,但那是比较微小的、内蕴的"。这种想法是将建筑设计提升到一种呈现人类精神意绪与创意生趣的审美空间,突破了关于建筑的民族性、时代性,使得我们真切地感受到贝聿铭的所有设计都是将建筑视同自然界的万物一样,是从地面生长茁壮的生命形体,而所有美的建筑作品都是人类在解读了遮风挡雨、避兽祛寒的安居功用之后的艺术憧憬、诗意颂扬。

贝聿铭还认为,"城市设计与人体是有联带关系的,只是尺度不同而已"。因此当贝聿铭用心、肺、肠、胃等人体脏器来形容城市街区的空间关系、生动意蕴时,人们仿佛能觉察以线、面、体构筑的建筑实体是如何让温暖阳光、新鲜空气引入建筑的每个细部,并在人类的肌肤上产生各种曼妙的冷暖温差和明暗对比的。当高层办公楼建筑成为群落式的现代化城市表征时,贝聿铭毫不客气地批评那些城市头脚不全、人气不足,这是他尊重千百年来城市与生命息息相关的缘故,也是对我们现在城市发展中急功近利、过度更新的强烈担忧。

当建筑现在越来越多地与"风水"挂起钩来时,贝聿铭却批评很多人忘记风水中"人"的因素。对话中,贝聿铭提到了在香港遇到的主要建筑设计问题即是"风水",那里有不少风水师专门负责建筑物的选址、方位和造型等。当中国银行大厦的设计一出炉,便受到了激烈的抨击,被指责大厦有太多的尖角,认为这些尖角犹如锋利的刀口,会给周围建筑带来厄运,还有其他的很多反对意见。这些思考让人们感受在建筑中什么才是值得关注的,什么是在创意设计中必须避免的种种理解误区。

作为华裔建筑大师,贝聿铭强调了"建筑的目的就是提升生活,而不仅仅是空间中被欣赏的物体而已;建筑必须融入人类活动,并提升这种活动的品质",这种看法使得他对于电脑设计持顾忌的态度,这自然让人重温关于"独一无二""慢工出细活"之类的生命轩昂。也或许,我们会突然感悟出贝聿铭为什么会征服我们眼光的神奇理由了。

【对话原文】

林:作为国际知名的华裔建筑大师,您的中国文化背景对您的建筑设计有否影响?

贝:对我来说,建筑物的特殊功能要求及所处地点的人文历史是最重要的,远比我的中国文化背景重要。在法国设计卢浮宫时,我首先想到的不是我的中国文化背景,而是法国的历史和文化。我认为时间、文化、地点是建筑设计的要素。

当然我不能否认我的中国背景对我下意识的影响,但这绝不是刻意的。

对于任何人文事物的认识总是有主观性，这是我所无法改变的。所以我的这种"中国影响"也应该是有主观性的。就建筑设计而言，最关键的并不是我的主观意识，而是设计课题的本身。

我有幸在世界各地设计建筑，它们的形式各异，而我却还是我自己。与其他许多"品牌"建筑师不同，我所追求的不是建筑的时尚和式样，而更注重于建筑所在地的情况。我希望通过充分深入地了解当地的风土人情、气候、自然和地理条件等，我能真正地达到"深入其境"。

林：您早期在中国接受了启蒙教育，而后在西方接受高等教育，并长期在那里生活、工作，东西方文化的差异对您有何影响？

贝：中国出身对我的主观思想是有一定的影响，但那是比较微小的、内蕴的。特别在建筑设计中，这样的影响更少。我想我的思维中，"以人为本"可能是最明显的，这也是中西方文化的差异所在。尽管西方在文艺复兴时期也曾提倡了这一思想，但在其前后的西方文化以宗教为主，哥德式大教堂是为上帝而建的，并无人的比例和尺度。而东方文化更崇尚人文主义，以人为本。我认为建筑设计中人的比例很重要，我总是试图在我的建筑设计中做好这一点。

林：您设计了众多的博物馆建筑，柏林历史博物馆已在今年对公众开放。另外，卢森堡博物馆正在施工之中，多哈伊斯兰艺术博物馆和苏州博物馆正处于设计阶段，近期的这些工程在您的设计生涯中地位如何？

贝：对我来说，我现在只接受我感兴趣的工程，可以说是"随心所欲"。这是一种享受，我现在有能力、有时间这样做，我也努力这样去做。我热爱学习新事物，古人说："学不可以已。"我当时接受设计多哈伊斯兰艺术博物馆就是出于这个原因，它给了我一次很好的学习机会。在此之前，我对伊斯兰教不很了解，也未读过《古兰经》。过去的三年里，我边设计、边学习，阅读了大量的相关书籍，并找机会寻访了包括突尼斯在内的诸多历史圣地。虽然我年事已高，但很想利用我的余生学习更多的新东西，做更多我想做的事。最近，我为一位英国老友设计了一座小亭子，工程虽小，却其乐无穷。

林：您能不能谈一下您对于多哈伊斯兰艺术博物馆的设计构思？

贝：我认为伊斯兰建筑的根本是几何。虽然你不能说欧洲文艺复兴时期的建筑不讲究几何，但其变化是无法与之相比的。在我看来，伊斯兰建筑的内外都充满了多变的几何。

林：您建筑设计的本身也是以几何为主的。

贝：是的，我本人的建筑与几何关系也很近。通过对伊斯兰艺术的进一步了解，我学了不少东西。早期的伊斯兰艺术受拜占庭艺术的影响较多，经过几百年的发展，伊斯兰建筑已逐步成熟。我认为伊斯兰艺术的最佳典范是在埃及和伊拉克。应该说中东地区的伊斯兰建筑和西班牙的相比更为纯粹。

伊斯兰建筑讲究几何，也有其特殊的地理及气候因素。由于那一地区地势平坦，以蓝天和沙漠为主，阳光灿烂，所以多变的几何便更为重要。简单的几何体通过巧妙的组合、变化，加之光和影的神奇转换，形成了伊斯兰建筑的独特风格。我想沙漠中的伊斯兰建筑是最美、最纯粹的。

由于宗教仪式的区别，伊斯兰建筑的内部空间也不同于西方的教堂建筑。伊斯兰寺庙中无人传教，因此空间布局上无需西方哥德式教堂建筑的主次关系。

林：我注意到多哈伊斯兰艺术博物馆的入口上方有一个圆顶，这是否与室内空间的光照有关？

贝：其实圆顶很小，带入的光也不多，不能与罗马的万神殿相比。伊斯兰教建筑中也有圆顶，有的建筑还有不少的圆顶，主要是受拜占庭建筑的影响，圆顶具有一种空间的凝聚力。虽然我在大厅中采用了圆顶，但这并不是最重要的部分，还有其他更重要的空间处理。西方教堂建筑有时以大圆顶为主，这可能与宗教不无关联，相对而言，圆顶应用在伊斯兰教方面较为次要。

林：您对于多哈伊斯兰艺术博物馆的设计目前进展如何？

贝：我们的建筑设计已近尾声，我感觉不错。多哈博物馆是在水中的，而不是在沙漠中，通过几何体的运用，以及一些特别的细部处理，我希望多哈博物馆能体现伊斯兰文化特征。早期的伊斯兰建筑在波斯湾一带并不多，主要还是集中在叙利亚和伊拉克的沙漠地带。

林：多哈博物馆设计基本完成之际，您已经开始了苏州博物馆的设计工作。

贝：苏州博物馆的设计对我是一种挑战。如何在苏州这座古城设计出既能与周围环境协调，又能展示中国传统文化的现代化博物馆，实在不是一件容易的事，但我接受了这个挑战。苏州的专家提出"苏而新，中而新"的想法。我也同意,但说来容易做来难,实在是一个很大的挑战。

林:您是否能谈谈在苏州博物馆设计中的思想?

贝:关键是如何做到"苏州味"和创新之间的平衡,我们在"苏而新,中而新"方面花了很大的功夫,譬如我不用瓦片就是这个道理。和石材相比,瓦片易碎,又不易保养。我所采用的青色花岗石材既便于护养,又与苏州的粉墙黛瓦格外协调。另外,在建筑的高低处理上也做了一些文章。高低起伏、错落有致也是苏州古城的一大特点。

大门的处理也很重要,大门要有气派,但又得有邀人入内的感觉。我记忆中的许多所谓"深宅大院",包括我儿时玩耍的"狮子林",大多是高墙相围,朱门紧闭。而博物馆是公共建筑,我想在这里用一些新的设计手法,让博物馆更开放一点,更吸引人。同时,游客一进大门,就应感受到堂堂苏州博物馆的气派。

林:您设计的博物馆很多,苏州博物馆的室内展厅与其他博物馆相比有何特别之处?

贝:苏州博物馆有其特定的时间、地点和功能要求。博物馆的功能当然是展示艺术品,设计者必须了解该博物馆的藏品如何,这就牵涉到了比例的问题。苏州博物馆的收藏以小件工艺品为特色,所以我正努力将建筑比例调整得更小一些,建筑比例应该与陈列物件相衬。

另外,园林是苏州博物馆的重要组成部分。中国建筑的造园历史可追溯到千余年之前,《阿房宫赋》中的"五步一楼,十步一阁;廊腰缦回,檐牙高啄"便是古人对建筑及园林艺术的描写。中国古画中的风景写意层层相叠,气势磅礴,却又不失人文之意。中国园林历史之悠久是其他国家所不能比的,阿房宫建于西元前 250 年的秦朝,当时能与之相比的可能只有希腊和埃及。埃及建筑以祭祀礼仪类为主;希腊园林不多,且注重整齐;意大利也有古园林,但中西方造园手法有所差异,意大利园林艺术对西方建筑的发展贡献很大。日本园林的主要发展是在中国宋代之后了,他们注重抽象性和象征性,与中国园林也不同。我希望能在苏州博物馆的园林做出新意。

林:中西方的建筑设计观不同,园林设计也有很多的差异。

贝:是的。东方建筑和园林所追求的不是一目了然,而是空间的多变。即便是故宫,皇家宫殿,也是层次分明、循序渐进,不像凡尔赛宫那样的"开门见山"。

林：您设计的香山饭店是一座中西合璧的园林建筑，您当时在把中国园林特色与建筑相配合方面有哪些想法？

贝：我在设计香山饭店时，应该说并非设计园林，而是对其整修。香山饭店的所处地方原本就是皇家园林，年久失修，比如原来的流杯渠都干枯了。我们在旧花园的基础上加以整修。那一带原先就有许多古树，我们便将建筑围着它们设计，因此才形成了蜿蜒曲折的建筑形式。我至今仍记得当时的两棵银杏树，一雌一雄，挺拔漂亮。可以说，我主要是用了三件自然宝藏构成了这个园。

林：银杏树、流杯渠和云南石。应该说，以树和水为主，而石则为客。

贝：设计假山时，由于北京多风沙，当时有专家建议我采用黄石。我却认为黄石过于坚硬，而云南石材更趋自然。另外这里的假山处于园林之间，并非开阔地之中，所以我想也不会受太多的风沙影响。我对最后的石景效果还是比较满意的。

林：苏州博物馆紧贴中国名园拙政园，对与博物馆中的庭园您将如何处理呢？

贝：可惜陈从周先生已过世了，否则我很想与他探讨苏州博物馆中的园林设计。我认为园林将是苏州博物馆建筑的重要组成部分，我希望就如建筑设计一样，园林设计能走一条新路。譬如不用传统的太湖石，也不用我在香山用的石灰石，我希望从中国古代山水书画中寻找园林设计的灵感，并与苏州当地的能工巧匠合作，争取造出一个有新意的苏州园林。

做出新意也不容易。我们的花园面积不大，所能运用的造园元素也只有水、花木、石材等，如何依靠这些基本元素作出好的文章还有待考虑。"扬州八怪"之一的石涛便以石为材，在扬州的"片石山房"叠出了与众不同的"人间孤本"。叠石、开水、种树也牵涉到比例尺度的问题，我记得我小时候在"狮子林"假山前面照了相，人一站，假山的比例便给破坏了，很是滑稽。虽然我没去过"片石山房"，但我也有意"以壁为纸，以石为绘"，从石头着力。

林：您经常提起的陈从周先生对"片石山房"也有很高的评价，您能否谈谈您与陈先生之间的交往？

贝：应该说是我对中国园林的兴趣将我与陈从周带到了一起。陈先生不仅精通中国园林，对于书画、昆曲等其他中国文化造诣也很高，陈先生对建筑也感兴趣。中国人常说"庭园"，我想就字面来看，园林和建筑是分不开的。我们对建筑和园林的共同爱好使我们成了很投机的朋友。我与他相识于1970年代,设计香山饭店时,我请他担任我的园林设计顾问。香山饭店建成后他写给我"我住香山第一人"的诗句我至今记忆犹新。我们曾几次同游苏州,他为我介绍了不少当地的文人墨客。陈从周先生虽然热爱中国古典文化,但他既不主张复古,又蔑视无根无据的全新做法,这种折衷的观点在当时的中国不可多得。我们总是谈得很投机,虽然谈话之初可能意见不一,但最终总能达成共识。他比较中国化,而我可能又太西方化了。对生活在海外多年的我来说,陈从周先生使我更加了解和感受了中国文化,他是一位不可多得的挚友,我很怀念他。

林:贝先生,从与您平时的交谈中,或是与您在设计苏州博物馆的过程中,我感觉您对中国传统文化造诣很深。但您很早就离开中国,并在西方接受高等教育,您是如何做到这一点的?

贝:我的中国传统文化训练主要是在香港之时。如果你让我背一段唐诗的话,我只能用广东话,不能用国语或是上海话。我在香港时,只不过是十一二岁,中文的程度很浅。但到美国之后,我开始大量阅读中国古典著作。可以说我的中文是自学的。我有不少中文藏书,其中包括唐诗、宋词、元曲和《史记》。我很喜爱韩愈的散文和诗,更爱读陶渊明的文章,当时的文人所达到的境界实在令人佩服。昌黎先生的《祭十二郎文》读来催人泪下,而陶渊明的《归去来辞》和《桃花源记》却是韵味十足。我至今仍经常翻阅这些书籍,很多藏书都让我给读烂了,只能用透明胶纸加以修补。下一次有机会,我想托你替我买些线装的古典名著。希望通过设计苏州博物馆,我有更多机会学习和了解中国文化。

其实值得学习的中国文化太多了。你去过黄山吗?人们大多去贵州漓江,或是中国其他名川大峡。黄山虽不列于"五岳"之间,但众多的宋代诗人画家却为之倾倒。陈从周先生曾经建议我去黄山,我果真去看了黄山,太壮观了。俗话说:山不在高,黄山虽然不高,但其峭壁悬崖却甚是雄伟。

林:您黄山去了几次?

贝:只去了一次,但在那里住了三四天,看了很多地方。由于黄山的地理位置特殊,其中部的温度形成了云雾层。由于黄山的高度,加之泥和水不多,树种以松为主,千年古松,苍劲古朴,充满了诗情画意。

林:您是什么季节去黄山的?

51. 时间、文化、地点是建筑的要素

贝：我是十月份去的，当时的天气特别好，只可惜没有云雾。要看黄山，就得看云雾，千变万化，云雾缭绕，古树苍苍，犹如宋画一般。有机会你一定要去黄山。

林：谈起中国文化，您近年曾经去了北京、上海和苏州等地，可能看到了如雨后春笋般新建的高楼大厦，您对中国许多城市的飞速发展有何看法？

贝：可能是因为我们中国近代以来长期落后于西方，所谓的"现代化"就常常会出现"西方化"的现象。当然这应该也是因地而异的，譬如香港或是上海就不同于苏州。我曾经在香港设计了中国银行大厦，其建筑形式比较适合于香港这样一个国际金融城市，在苏州我就得走一条不同的路。

虽然我也觉得苏州应该有现代化的建筑，但新建筑应该与苏州城古老的粉墙黛瓦相配；新建筑必须成为苏州古城的一分子，但必须具有时代性，这是一个很大的挑战。在苏州这样的古城中做设计，就好比是在罗马或是佛罗伦斯设计，必须充分尊重古城风貌。既要创作新建筑，又要符合历史风貌，这两方面很难协调，而且不一定谋和。同时，根据建筑功能的要求，有的建筑形式、有的城市走西方的道路也未尝不可。比如就银行建筑来说，中国先前是没有银行的，只有钱庄。所以如果在上海设计银行大厦，走西方的路也未尝不可，但办公大厦也同时应该按中国人的工作特点去设计。

林：现在有许多城市，特别是在中国，正进行大规模的城市规划设计，您能否谈谈您对这方面的一些看法？

贝：我认为城市如同人体，有心有肺，有肠有胃。纽约的中央公园就好比是纽约的肺，苏州园林是苏州的肺；大的马路便是城市的大肠，而小弄堂则是城市的小肠，大大小小，缺一不可。城市设计与人体是有联带关系的，只是尺度不同而已。

林：现在很多新城市的规划只注重开挖大车道，忽略了人行小道的规划。很多旧时弄堂小巷被新的大道取代。

贝：城市发展，车辆增多，大车道是避免不了的。但欧洲很多城市采取了对进城车辆加以控制的办法。城市内既要有大马路，也要有小巷，道路规划要讲究大小比例的综合考虑，在城市分区规划上也一样。巴黎的 La Dèfense 地区之所以规划得不太成功就是因为没有将住宅区纳入办公区域的规划中，上海的浦东也有这个问题。纵观世界上规划得比较成功的城市，大多是办公区与居住区相容并存，为城市带来二十四小时的活力。现在的

上海浦东只有写字楼和大酒店,晚间毫无活力,这样的城市是没有生命力的。纽约就是个很好的例子:我的办公室在下城,我居住在中城,我的子女们也一样,我们工作、生活于同一城市中。

城市中有了多样的区域后,建筑物的高低也应该是多种多样、错落有致的。譬如北京城内的四合院就应成片地加以保护,如果全部去掉了,北京城的城市比例也就给毁掉了。合理地处理城市中新与旧、高与低、大与小之间的关系至为重要,这也就是我先前谈到的城市与人体的相通性。我想,像苏州这样的古城,城内应该慎重发展。在苏州,平江图内的古城应保存,但城外可以做的很多。法国巴黎就是一个好的例子,巴黎城内严格控制发展,而新的高楼多建在城外。对中国的许多城市来说,保护古城风貌是很重要的。

林:您早期与齐肯多夫(William Zeckendorf)合作时,曾经参与了大量的美国旧城改造,在这方面您是否有些忠告?

贝:我们当时的设计范围是很有限的,规模也不大。我认为我们做得比较成功的是费城的"社会山"(Society Hill)街区改造。在这一工程设计上,除了齐肯多夫作为发展商之外,当时费城的城市总规划师爱德华·贝肯(Edward Bacon)也参与了。我们与费城规划署紧密合作,规划了包括低密度低层住宅、商店、公园和高密度住宅楼在内的多种类建筑社区。可以说我们当时的规划做得相当成功,不仅改善了那一地区,并使之成为费城目前最理想的街区之一。

我认为城市不仅仅是为某一类人设计,城市设计的对象应该是单身族、家庭、老老少少等许多族群。在"社会山",通过低层建筑的设计,我们给社区带来更多的家庭和儿童,学校、医院和其他辅助设施也因此进驻社区,从而形成复合生活圈。另外,高密度和低密度的混合也是相当重要的。高密度的大楼可为低密度的低层建筑创造正面的经济条件和地理条件,而低层建筑又可与周围街区的老建筑协调连接。不过,我并不建议在苏州古城内建造高密度的大楼。

林:对于中国其他许多城市来说,这种混合型的综合规划是可以借鉴的。

贝:城市规划与经济紧密关联的。譬如在上海浦东,建造八十八层金茂大厦的同时,应该同时建造一些低密度的中低层建筑,并利用高层建筑为低层建筑创造经济条件。这种多密度的混合型城市更具活力和人气。可惜现在很多城市规划缺乏宏观性,设想如果浦东陆家嘴地区不单是一幢又一幢的"金茂大厦",而是一个有大厦、有住宅、有学校、有博物馆的综合社区,这样的浦东会更有生命力,才能成为一个有头有脚的完整的人。

林:您将城市比作人体,这似乎与中国风水的原理有些接近。风水多与人体经络相关。作为现代派的建筑师,您相信风水吗?

贝:风水与自然有关,人也是自然界的一分子。虽然中国传统以山和水作为大自然最重要的组成部分,但人也在其中,因此谈风水也必须讲人。不过,现在很多人却把风水中"人"的因素给忘了,只是单单地观山看水。

林:从建筑设计的角度来说,风水对您是否有影响?

贝:应该说风水是有道理,我还蛮相信"风水"的。可惜,风水逐渐地变成了有些人的生财工具。如果我的业主要盖一幢住宅,我会对基地环境进行评估,其实这也算是风水。但我的思路会有些不同,可能会更从美学的角度来考虑。所以说,我起初对风水是蛮有兴趣的,可是后来风水转变成迷信之后,我就对这类"风水"有些不屑一顾了。现在有些地区的风水先生主宰一切,这是可悲的。

林:成功的建筑和规划很多具有好的风水。我想起了您早期为台湾东海大学做的校园规划,听说做得很成功。据说该规划以文理大道为中轴线,两边的建筑按照中国传统的四合院设计。您能否谈谈当时的一些设计理念?

贝:东海大学的规划已是很多年前了,当时我只是对规划方案提出了初步的蓝图,具体的规划则由陈其宽、张肇康二位先生执行。东海大学的选址很好,在一个大平地上。当时确实采用了中国四合院的规划手法,但由于空间的局限性太强,院系无法扩展,所以我感到这可能并不是最好的做法。另外,中轴线虽然很明确,但却没有终结点。所以现在看来,当时的规划还是有缺陷的。

林:那么路思义教堂呢?您的办公室入口悬挂的便是路思义教堂的照片。

贝:路思义教堂完全是我设计的。我当时曾与一位名为凤后三的台湾工程师合作。没有凤先生的帮助,我是无法设计这座教堂的。凤后三先生当时才刚从国外回到了台中,那时的台中还很闭塞。凤先生在台中工地为我监督建筑造型制作,建筑效果相当完美。现在看来,我仍然觉得结构设计非常成功。翘壳式的造型强度很大,有抗台风、地震的功能。据说台中近年的大地震对教堂的结构毫无影响,我原以为屋顶的瓦片可能会掉下来。我已经五十年没有看到这座建筑了,只是在刚完工时见过。我现在仍很喜欢这个建筑。

林:路思义教堂的结构确实很美。现在很多类似的建筑都借助电脑进行设计,关于电脑对建筑设计的影响您有何见解?

贝:我属于"前电脑"的那一代,我是使用全形形尺和三角尺的一代。这些是否对我的思维有限制?我并不这样认为。我不会像盖瑞(Frank O.Gehry)那样设计,我也不会那样做。我不希望被电脑所迷惑,而造成不自然的效果。我还能用我的脑子去设计,不必要使用电脑,我也没有因不能使用电脑而有任何的束缚感。我想如果我能使用电脑的话,我反倒担心它会对我的思路形成限制,并对我的设计构思造成困难。我是这么想的,也许完全不正确。在电脑技术方面,我的确不如年轻的一代,但电脑并没有限制我的设计构思和活力。

林:现在很多年轻的建筑师善于借助电脑进行设计,你认为这是否会对建筑未来的发展带来深远的影响? 您对中国的年轻建筑师有何寄望?

贝:我希望他们不要被电脑所诱惑。就像所有的事物一样,过分的依赖反而会造成局限性。但我不属于电脑的一代,可能我不该这么说,也许我还不完全了解。时势造人,我还不能断定电脑对于年轻一代建筑师的价值。

就制图来说,电脑制图的功效是令人佩服的。但除此之外,电脑对于创作构思的帮助又是如何呢? 到目前为止,我还未被说服。虽然通过电脑创作的画面很是耀眼,但对我来说,电脑如何影响人的设计思维仍是一个很大的问号。

林:贝先生,您希望自己下一个设计作品是什么?

贝:我想做的不一定会找上门来,我就没有想到会在苏州设计,但我最后还是决定做了。虽然那是个很艰难的课题,但我希望能学到些东西。我还有很多想学的东西,但必须有机会。我不能盲目地到处寻求,只有有了一定的机会后,我才能仔细考虑,看是否要接受。我常自问是否能从中学到点什么,如果答案是肯定的,下一个问题就是自己是否有充裕的时间去学? 假设我今天才受邀设计多哈伊斯兰艺术博物馆工程,我可能就不一定会接受。三年前我受邀设计这一工程时,我答应了,因为当时的我还有时间。总之,关键是我想做一些我喜欢做的事——当然必须是有这样的机会,同时我也希望做些能使我学到新知识的事。

林:谢谢。

原文摘自(德)波姆著,林兵译:《贝聿铭谈贝聿铭》,文汇出版社,2004年版。　鉴赏编写:钱宝余　张　炜

52. 启功说启功
——访问中国书法家协会会长启功(节选)
(2003年7月23日、9月19日)

【格言名句】

批改卷子,你要写出来还没有学生写得好,那不是很麻烦吗?

——启功

【文章导读】

本文是《启功说启功》(节选),作者曹鹏。

启功(1912~2005),满族,北京人,1933年起受教于陈垣,并任中学国文教员,1949年任辅仁大学国文系副教授兼北京大学国文系副教授,1952年后,历任北京师范大学中文系副教授、教授。先后任中国书法家协会主席、名誉主席、西泠印社社长、中央文史馆馆长。曾为《红楼梦》程乙本作注释,负责标点《清史稿》,主编大学教材《书法概论》,出版有《启功丛稿》、《启功韵语》、《论书绝句一百首》、《启功书画絮语墨迹》等。

启功具有传奇的经历,显赫的皇裔身份,博学多闻,在古典文学、语言文字学、书画史论与鉴定领域颇有影响。作者曹鹏2003年7月23日、9月19日进行了两次采访。

曹鹏说启功"才艺超群,品格高洁、热情友善、乐于助人,为人处世有圆有方,备受机遇偏爱,职位荣誉位极人臣,而又随和诙谐风趣——具有上述种种要素,想不出名都难"。启功随和平易近人,与他接触过的人曾反映:他讲的问题,表面上看都很简单,好像没有什么价值;但静下心来仔细品味,常

会悟出真理,对人很有启发。而且他批评人很直率、准确。例如,一次启功说:有人画芦苇,就称自己是"某芦塘";后来到美国去画葡萄,又称自己是"某葡萄"……那么,如果我画白薯、画山药,就称自己是"启白薯""启山药",我只配白薯、山药吗?

听启功谈事,地道的京腔京韵,措词雅致,比喻新颖,喜用双关语、谐音字打趣,十分幽默。例如,有人称他是"专(砖)家",他应声答道:"我是'瓦'家。"启功晚年视力严重下降,当采访者曹鹏问及现在还读书吗?启功回答"不敢不读"。

启功知恩必报。他自小是孤儿,成家后又无子女,学历上是初中生,他的恩师陈垣校长让他在失业无助时进入了北京师范大学教书,从此事业有了转机,老来被公认为学界泰斗,这应归功于他自己的努力,但也离不开恩师伯乐陈垣教授的帮助。启功对恩师陈垣教授没齿不忘,他用卖字的钱在北师大设立奖学金,名称就是励耘奖学金,因为陈垣的书斋是"励耘书屋"。

启功有个自我评价:中文教学第一,画第二,字第三。关于书法,他说:"批改卷子,你要写出来还没有学生写得好,那不是很麻烦吗?"

启功高调做事,低调做人,淡泊名利。他二十几年前自撰的墓志铭:"中学生,副教授。博不精,专不透。名虽扬,实不够。高不成,低不就。瘫趋左,派曾右。面微园,皮欠厚。妻已亡,并无后。丧犹新,病照旧。六十六,非不寿。八宝山,渐相凑。计平生,溢曰陋。身与名,一齐臭。"他的收藏与字画,身后也都捐赠给了大学。

启功是传统文化的代表人物,他的成就是传统文人的自豪。

【对话原文】

一　黄苗子很爱护朋友/现在写字很麻烦/《诗文声律论稿》没受罚就不错了/王力表演出来的十一声我听着都一样/里面还不知有多少错呢/看书材料都堆到你眼前,舍不得扔/《清史稿》好些浪费笔墨

问:前几天在黄苗子先生家,黄老对我说在书法造诣等方面,中国没有比启老更权威的。

答:黄老先生比我小半年,我们是同岁。他很爱护朋友,对朋友都很誉扬,他说的都是非常好的话。我不敢当。我现在眼睛坏了,写不了了。黄斑病变,实在很困难。现在叫我写字,比如写个"三",一横两横……第二横能

跟第三横撂上。这很麻烦。

问：年纪大了，也是很难免的。

答：哎，现在写字是很麻烦。

问：您的《古代字体论稿》是五十岁时出的？

答：我记不得了。

问：是1962年出版的。

答：谢谢您还记得。

问：那本书我认真地读过。

答：那个不是写字的问题。书法的名字跟实际有些混乱。我们说隶书，汉碑、蚕头雁尾，这样——叫隶书。唐朝人把楷书——就是我们现在写的普通字叫隶书。所以我就辨别这些同名异实。那没有什么值得谈的，现在出版了，没受罚就不错了。都是胡说。我是胡人，可不就是胡说呗，我这不是开玩笑，没说到点子上。

问：出版社出了好多次。

答：那是出版社要翻印的，不是我让翻印的，我要翻印，出版社也不听我的呀！

问：黄苗子先生跟我说，《诗文声律论稿》有一稿——大概是第九稿吧，您交给他了，让他帮着看一看。黄老说他没有还给您，您第十稿就出来了。总共写了多少稿？

答：不知道，真不知道。我原来写了四本稿纸，订成四本。有两位，一位姓施、一位姓刘，都给我重抄过。两位同志各抄过一回，四本这么一撂。后来就姑且印了吧，去年中华书局又出了一回，我又修改了。

问：是用您的手稿影印的。

答：对。

问：这本书呢，质量有一点小问题——里面把您的照片印反了，我今天带来了。

答：呵。

问：您看照片是冲下的。

答：这就对了——我本来是"头"朝下。（笑）

问：这是从正规的大书店买来的，书的装订质量还是有问题的。这本书在文学界、史学界、书画界，非常受重视，很多人都读过它。

答:现在有很多人不了解这个情形:北方人对平仄弄不清。广东人呢,对平上去入,阴平、阳平可以,到入声就有问题了,入声有中入,平上去入又分阴阳,这样子加上一个中入,有九声。广西白博那个地方,王力先生那个地方……

问:王了一,北大的名教授。

答:他说他们那个地方有十一声,我们听都听不出来,他表演出来的声音我听着都一样,所以没办法。有一位唐兰唐立庵先生,他后来做过故宫的副院长,他就说你这北方人居然能够写这个声律问题!他说你的书里面有好些东西你都没有写,我说我不敢写,那些都是马蜂窝,我不敢捅马蜂窝。捅了以后辩论多了,我招架不住。我就写了一首打油诗《捅马蜂窝》:"伦父谈诗律,其难定若何?平平平仄仄,差差差多多。待我从头写,由人顿足呵。欲偕唐立老,一捅马蜂窝。"唐先生也就大笑就完了。这个东西不容易谈。相片印倒了,这是不应该,要紧的是其实里面还不知道有多少错呢!

问:王力先生写过一本《汉语诗律学》,我上本科时读过。

答:很厚的,他有三种还不是四种。一种是《诗词格律》,是小册子。还有一本是《诗词格律十讲》。后来,还有一个人是他的学生,也写了一本。那都比我写得好。

问:您都看过吗?

答:我看了。要不我怎么知道我的都不行,都不如王先生和王先生的门生啊?我比不起他们,真的,这不是客气。

问:您在《启功丛稿》里谈到董其昌提出的南北宗问题。有一位莫是龙也曾经讲过南北宗。

答:有一位汪世清,故去了,他有本书,有好些关于董其昌的说法。他说莫是龙根本没有说过,是董其昌拉他做垫背的。

问:您认为南北宗问题到底是董其昌还是莫是龙提出的?莫是龙在年代上是比董其昌早的。

答:董其昌后来就是一个高级的古董商。《董其昌书画代笔人考》,我也写过。

问:您的《启功丛稿》里有。

答:人家说你怎么和董其昌过不去呀?这东西,看书看到材料都堆到你眼前,你舍不得扔啊。

问:"文革"期间您去中华书局干过一段时间。

答：再后来实在没有事干了，军宣队就让学生带着老师在那儿一块编书，什么都有，乱七八糟的。图书馆封了，不能借书。他们说你们家有书，我说我家的书都封着呢。他们说，你还不撕了？我说你们不撕我怎么敢撕了？后来，就把报纸的封条扯了。打开也都是破书。没几天把我就调出去，调到中华书局标点二十四史，我在那儿标点《清史稿》，我就在那里标点了七年。

问：这期间一直在中华书局吗？

答：打1971年一直到1977年。原来五个人，有的走了，有的病了，有的死了，就剩了三个人了。一个是张政烺，脑软化，谁都不认识了，还有两个，一个是我，一个是王钟翰。他比我小两岁，湖南人。学校说，你回来吧。我说那也不是我主动要去的，是组织上调我去的。学校党组织说，那你就说是我们把你叫回来的。我1971年去，在1977年以后回来了，王钟翰比我多待了一年。

问：标点《清史稿》应该说非常要水平的。

答：不是那样，但是它麻烦。在我的楼上，现在我上不去了，有一大包——原来有两包，怎么剩了一包了？——是一些小卡片，是随手在校点的时候记的。发现有问题就记下来。比如四个人办了一件事，四个人合传写，四个人每个人的传里还写，这么写没个完。四十八本，每人的传记中都写同样的事，好些这种浪费笔墨。最近古籍整理开会，我也去不了了。

三　批改卷子，你要写出来还没有学生写得好，那不是很麻烦吗/带我去见齐先生：进门，磕头，拜师/有一回齐先生问胡佩衡先生：那个小孩怎么老不来了/我在拍卖行，买了这么一大卷子六丈多长的吴先生的青绿山水，好极了/我卖个扇面，得几块钱，我出这门，进那门，买书/现在我们敢说这个话，那时候要拿这个开玩笑，当时是不得了的/老舍就是在新街口豁口那儿投河了/溥雪斋住在北小街南口，现在科学出版社那儿

问：您在书画方面很早就有名师指点。

答：这我也不是有什么研究。陈校长叫我到大学来，以前我教普通国文。陈校长说，你教普通国文，得批改卷子，你要写出来还没有学生写得好，那不是很麻烦吗？这样才开始练字，陈校长有一回让我讲古代碑帖，把底片一片一片搁到幻灯机上。陈校长给我把场儿，在那里看着指挥，拿着在黑板上画线用的木头板在那里打拍子，啪嗒一响，我就换一片。这样呢我就讲。

这一回很有效果。为什么呢？你比如说,《龙门造像》那个字,有好看的,有不好看的。幻灯放映出来,大伙笑。墨迹写得好的呢,照出来大家也觉得好。那回之后呢,确实有点作用。我那时候写字还没有后来用的工夫多呢!可是这样一来,有些同辈的年轻教师他们也拿字来,问我这怎么样? 这样子对我也有影响。后来,陈校长在学校楼里的玻璃柜子,是谁请假、谁有什么,贴布告的地方,那个归教务处管,把教师批改的学生作业放到里面展览,对我也有影响。当时学校做了很多这样的柜子。

问:您在书画方面,也算是齐白石入室弟子了。

答:最笑话了,就是这个。我有一篇写回忆他的文章。那时我对齐先生有点不客气,大伙瞧了都笑。我有一个叔祖,他买了些地,种树,有人买了树做棺材,他带我去见齐先生——进门,磕头,拜师。那时我还不到二十岁,也听说过磕头,可不知道是怎么回事。齐先生还请我们吃了顿饭。

问:是很正式拜的师。

答:我叔祖把我带着磕头,我不能不磕呀,我不知怎么回事。我也不画齐先生那种画,我也不会刻图章。

问:您经常去他家里?

答:不常去,不常去! 他那套东西我也没兴趣。有一回齐先生问胡佩衡先生:那个小孩怎么老不来了? 胡先生就问我:你干吗老没去? 我说:我没事干吗去! 是这样子,人家老先生惦记着,我也总得去,敷衍敷衍也得去吧。

问:您和胡佩衡应该算是师兄弟了?

答:那我不能那么说,胡先生比我大三十多岁,齐先生比我大五十多岁。

问:当时在他家里,老先生还给您表演了一下他的刀法?

答:他"这么一来,再那么一来"。这里面刻一刀,那边刻一刀。白文的,挖出来笔道;朱文的,边上去了,留出一道。但是我不会刻图章,我也不学他这个。

问:您从来没有刻过吗?

答:没有。从来没刻过。小时候瞎剜一通,那不算。大人劝,你别拉着手,也就不敢再刻了。齐先生给我示范的头一方印刻给齐良迟——他的长儿,边款上刻"长儿求宝"。最近心脏病死了。

问:他也画画,是齐家的风格。

答:现在都到了"白石长子""白石次子"的地步。这"齐白石"就成一招牌了。

问:是啊!现在还有叫"大匠门下"的。

答:是的。

问:您当时对齐白石的这种风格一直没有学?

答:大刀阔斧,那么一抹,我学不了。

问:他也有工细的地方。

答:那都是很年轻的时候,不是后来的。

问:您当时在绘画方面还有几位老师。

答:是啊。一位是贾羲民,还有一位吴镜汀。那个时候画山水的,都去跟吴先生学,吴先生画得真好。我在拍卖行,买了这么一大卷子六丈多长的吴先生的青绿山水,好极了。

问:这是哪年买的?

答:前几年。

问:是您亲自去的吗?现场举牌?

答:呵。我跟翰海拍卖行的秦公说,这个东西给我留着,多少钱我都要。秦公原来是搞体育的,他就想学鉴定。我在那儿讲过课,他也听过我的课,我跟他很熟。他做《碑别字》,那都是我给他出的主意。他已经有了两本了。我先跟他说,这个东西给我留着,多少钱我都要。他居然给我留下了。

问:那花了多少钱呢?

答:反正很便宜。

问:六丈长也不应该太便宜吧!

答:很大的一个卷子。反正也就几万。

问:贾羲民先生领着您去又拜的别的老师。

答:他跟吴镜汀先生很好。他说:你画这种东西,我不画这种风格的,你跟我进一个画会,吴镜汀先生在那里教山水。吴先生很高明,他拿笔一画,说这一个名家是这样的用笔,那一个名家是那样的用笔,他说出来清清楚楚。这样我们都跟他学。跟他学画最早的一个叫陈国琪,号叫尧生。他是山西人。他最早是吴先生的学生。第二个是周怀民。后来,周怀民跟吴先生背道而驰了。两人吵翻了,吴先生有一度神经错乱,有一次周怀民去了,吴先生吃西瓜,就用西瓜拽,大概也是对他有点不满意吧。周怀民觉得自己不错了,他会画芦苇了,就叫"周芦塘",这是自称啊。后来,他跟吴先生就不往来了。吴先生对他还是很照顾的。吴先生第一个学生是陈尧生,第二个是周怀民,第三个才是我。吴先生比我大九岁,但是吴先生对我很有帮助。可是后来我一教书,画画也就放下了。

问:我以前查资料,注意到您认真地临过沈士充的画,一直还有,后来发表过吗?

答:没有。我的那个不行,那不够。周怀民也临过,吴先生很器重他。我也临过,我的这个比他临得好。因为他是用纸本,我是用绢画的。后来吴先生把他的拿去展览了,为什么呢?因为他的是吴先生亲自指点的,是一番苦心。后来周怀民又搞了次展览,我写了四首诗,写上了这件事,他老先生就没有把我的给挂出来,后来有人印卡片把那个四首诗给印出来了。周怀民自己画芦苇,就说"人家说我是'周芦塘'"。后来,他到美国给哪个总统画葡萄,又说"人家说我'周葡萄'"。这个说法太没有意思啊,"人家说我"就是"我说我",我说我画白薯,就说"人家说我是'启白薯'",我明天画山药,就说是"启山药",我只配山药、白薯。自己吹,很不好,常常让人拿这个当笑话。他是无锡人,和荣毅仁他们同乡,他们给他印出两本画集来。

问:您学画多长时间就在荣宝斋挂笔单了?最早从什么时候开始?

答:那无所谓。我也不记得了。我卖个扇面,得几块钱,我出这门,进那门,买书。扇面卖几块钱,就买几块钱的书。

问:您当时是学了多长时间的画开始挂笔单呢?

答:这个不记得了。

问:不记得了。画了三年五年?

答:这个,真不记得了。就是说,那时候做大官的人,像陈宝琛等,连皇帝的老师他们这些人都有笔单。就是个挡箭牌,意思是我这是收钱的。

问:要不然索求无度。

答:朱益藩没事就写字,他后来收入也不少。解放以后,强调专业思想,我就不能画画了。再干那个就不是专业思想,就不能画了。

问:您当时在琉璃厂都是哪几家挂笔单呢?

答:这也不记得了。

问:不是一家吧?

答：要有笔单，就好像发传单一样。（笑）一家一个。

问：就是写好或者印好了挨家发。那是印的还是抄的？

答：印的。画店就是一个本子，里面谁的笔单都有。有个袁励准，他用缎子卷卷起来，蘸着墨，一写不就是铁线篆吗？最后，写起来带窟窿。有人就问，您这是什么笔？袁励准嗓子是哑的："毛笔。"说是毛笔，其实是缎子卷。所以，就像这些事，我们去，就在那儿学了不少东西。卖了钱，跑书店，送钱去。这种事情就没法子说了。后来因为专业思想，这就停了。那啊（指着墙上的画）这条是我临的，这是文物出版社影印的。

问：这是什么时候临的呢？

答：这是我三十几岁临的。

问：那已是教书的时候。

答：这很晚了。后来就画不了了。（接电话：他那个陶渊明集的注……我坐下来，站不起来。弯了直了难受，站一会儿，再弯下，难受。那天我坐轮椅去嘉德拍卖……那天去政协照相，那不能不去呀，结果我从轮椅到沙发，人家问我能去吗？我说行，好不容易才爬去了。我奉求您跟袁先生说一下，我恭恭敬敬、至至诚诚告个假，请您跟袁先生说我实在感谢他。等回头我的腿好了，咱们去哪儿吃都行。我现在真是营养不缺乏，他们说笑话我现在是吃素了、吃斋了，我说我要够吃斋的资格，我还高兴了呢。今天说是要下大雨。）

问：书画本来是有市场的。

答：那时不行。

问：齐白石、陈半丁什么的在解放后还是在卖啊。

答：那另说了。齐白石名气特高了。所以，后来我们就不会也不敢画了。功课也都按照苏联的那个教学大纲。那时候教育部高教部的部长主持编写教学大纲，这时候就按照苏联的了。苏联有一个普希金，教学大纲里就有一个诗人，中国的就只能也有一个，原先是李白、杜甫、白居易，是三个，后来一改就是屈原了。屈原因为《离骚》里有"哀民生之多艰"，重点的重点就是一句。不知道普希金有什么话，反正人就一位配得上普希金。

问：这是现实主义的。（笑）

答：而且是社会主义的现实主义。现在我们敢说这个话了，那时候要拿这个开玩笑,当时是不得了的。

问:您当时也跟溥心畬先生有不少的来往?

答:这两位,一位溥雪斋,一位溥心畬。溥心畬说,你好好作文作诗,作好了自然画就好。我听这话不对。怎么,作诗好了就能够画得好吗?后来,我知道这对画有帮助。画要是不好,上面可以题上几句解嘲的话,说我这画不好,作一个广告,倒是行。对于有什么直接的好处,我也不明白。溥心畬先生的诗,我在书里写了《溥心畬先生南渡以前的艺术生涯》,他有四首七律,讲落叶。那时候我能够背,现在我背不下来了。我曾买到过他父亲的集子,送给他。他的嫡母跟我的头一位祖母是亲姐妹,我们是同宗啦,但是远得很了。

问:当时他有一卷宋人的画,您把他父亲的书给了他,他要给您钱,您不收钱。

答:我说您把那画借我得了。

问:您借来临了,临了一个月。

答:现在我不知道这画哪儿去了。糟糕透了。(笑)

问:好像当时也有一种说法,说溥心畬的诗是"空唐诗"啊。

答:是陈宝琛说的:"儒二爷尽作那空唐诗。"儒二爷,世俗的称呼就是溥心畬。溥心畬他跟我说:"陈师傅学陈师道陈后山,江西派啊……"

问:黄庭坚那一派。

答:"……真让人不懂。"后来在台湾,讨论张大千、溥心畬他们的生活、艺术等各方面,我写了三万多字的文章。有一个应该算溥心畬先生的学生,他的名字我忘了,他也来过北京,后来他在东北讲课,因心脏病死在东北。这位说,溥心畬先生那一段的事情他绝口不谈,怎么到的台湾。我说这个也没有什么可避讳的,他就是不愿意谈。

问:溥雪斋一直在北京?

答:溥雪斋,自杀了。

问:是自杀了还是失踪了?

答:失踪?大活人怎么随便失踪?那个人他要失踪,这些年总会应该有点迹象。估计这是随便在哪里吊死了,投河了。老舍就是在新街口豁口那儿投河了。那里原来是护城河,护城河西北角有个坟地,把坟挖出去了就剩下一个圈儿,后来就积成一汪水。老舍就在那儿转,转到晚上,落日了,到快黑了，跳里头了。他身上有一个证，人家从这个证上才知道是老舍。老舍在解放后，极力地恭维，极力地配合，写《西望长安》、写《龙须沟》，就这也没饶了他！我在街上碰见过他的夫人，是在百货大楼门口。他的夫人在那儿卖小报，哪儿都出小报——红卫兵小报。在雍和宫柏林寺附近，把这些文人都聚在一块，用牌子写上什么什么罪名。老舍身上流血，小报黏在身上，就拿水给他闷下来，给他浇下来。后来，打那儿就找不到他了。他跳下去的地方，不是太平庄、太平湖、小坟圈子，就是那挖下去的坑里的一汪水。他要没有那工会证，也就不知道是老舍了。溥雪斋带着他女儿，出去就不知道了，这种情况，他要跳河，就没人知道。那时候整天有汽车，在各个胡同里转，敲门，问你们这里有没有，如果说有，就开开门，这里有个死尸，是触电死啊，是扎水缸啊，是怎么自杀啊，说这里有，两人抬上死尸，往车上一扔，就走了！也不知道是谁，也不问这人叫什么，都不问。当时各处、各胡同，各门各户都敲门问啊。没法儿办。

问：溥雪斋年轻的时候是很有钱的。

答：他好赌，有什么都赌出去了。

问：辅仁的校园原先是谁家的产业？是溥雪斋叔父的？

答：那是载涛的。溥雪斋父亲行四，载涛行七，溥仪的父亲行五。溥雪斋住在北小街南口，现在科学出版社那个大院。

问：当时溥心畬经常和一些老先生聚会，出去吃饭，您经常参加？

答：对。

问：为什么？

答：不懂。到现在也不懂。沈羹梅、沈兆奎，张义山、李世侃，没几个人……他把我叫去，我在旁边坐着、听着，很有意思，我应该记下，可惜也没记下。

问：您当时有录音机就好了。（笑）

答：沈羹梅学问、文笔都好。他喜欢谈当时民国初年的那些事。他为什么把我叫去？因为我在那里也不捣乱，就听着。我听着也觉得有意思。他聊到什么，我也好像知道一点，他就觉得这个孩子还可以。他经常和那些小朋友、书童啊在一起，他还教他们作诗。这都挺有意思。

原文摘自曹鹏著：《启功说启功》，中国广播电视出版社，2009年1月版。

鉴赏编写：黄少芳　陈洪法

53. 音乐应反映时代的精神
——与著名音乐艺术家乔羽对话
（2004年3月2日）

【格言名句】

谁能反映这个时代，表现这个时代的精神面貌，谁就能成为这个时代的大词作家、大作曲家。

——乔羽

【文章导读】

乔羽(1927～　)，山东济宁人，中共党员。幼时家庭生活拮据，靠哥哥做店员维持生活。高中期间，当过小学教员。1946年初入晋冀鲁豫边区北方大学学习，开始在报刊发表诗歌和小说，还写过秧歌剧。1948年毕业于晋冀鲁豫边区北方大学艺术学院。1948年华北联大与北方大学合并为华北大学，调入华大三部创作室，开始专业创作。2010年4月9日，担任北京大学歌剧研究院名誉院长。

本对话是2004年3月2日，乔羽应邀参加国资委举办的中外名家系列讲座，其中包括主题演讲与答问两个部分，乔羽的主题演讲对中国音乐的发展历史和规律及个人创作生涯作了介绍与分析，并结合自己诸多的音乐创作的真实感受让观众深受感染。乔羽认为，只有戏曲没有歌曲的中国音乐的发展经历了三个代表性时代：1930年代，多表现民族的苦难和人民的抗争，自然跟当时积弱而渴望振作的国运有关，典型的就是那首《渔光曲》、《义勇军进行曲》了；1950年代，表现的中国人民站起来的喜悦自豪之情，《我的祖国》传唱到大江南北；改革开放之后，涌现了一大批专业的词曲作家，表现了经过文革禁锢之后人们对美的传唱的渴望，如《思念》、《难忘今宵》等。很幸运，乔老在后两个时代都有经典之作。当然"幸运"一词太轻巧了，也许曲子写得好吧，在对话中，乔老幽默地以"嫁鸡随鸡，嫁狗随狗"之语答复观众对自己旧作的莫大兴趣，但这样的回答还是让有心的嘉宾感觉出了其中的微妙差异,因为好的词作对于曲子有着"嫁鸡养鸡,嫁狗养狗"的反衬作用。

乔羽音乐作品的"成活率"是相当可观的,因为他的作品都能在一定程度上"反映时代脉搏的跳动",但乔羽对于观众赞誉性的提问还是非常谦虚地自己创作《思念》一曲时的真实感受为例,强调了歌词创作必须要"写出你们的内心世界"。这些回答十分平易近人,而且结合了乔羽自身的创作经历,使得观众对其的好奇心不断加强,使得关于音乐的对话变成关于音乐艺术的创作研讨,甚至使人们感受到以音乐为契机的"历史责任感和使命感"。

由于丰富的人生阅历,无论是乔老对于音乐时代的划分还是对于创作规律的把握,拿捏得都十分精准,而且抽象的创作规律能用音乐的形象直观生动地揭示出来。听听乔老创作的经历,就能知道,没有如在北海多年荡舟心许,如何创作《让我们荡起双桨》,没有二十多年对那只蝴蝶的思念,如何唱出人们心底的《思念》。

在对话中,很多观众总想知道乔老述及的一般规律之后,有没有窍门,于是对他的被人经久传唱的作品本身有着浓厚的探究兴趣,总想在他身上找到独特的音乐细胞。乔老的回答是:谁能反映这个时代,表现这个时代的精神面貌,谁就能成为这个时代的大词作家、大作曲家。他希望歌词作为文学的一部分,创作上能有所突破。如果"古代有井水的地方就有柳永的词"可以作为比譬的话,那么乔羽建立在自己音乐成就基础上的与观众的一次互动对话,就是一种通俗音乐的释读、一种现代歌曲的普及,其平易亲切的娓娓而谈叫人如何能不感动?

【主题演讲】

主持人(北京电台广告部主任、策划中心主任张树荣):今晚,我们请到的主讲嘉宾是著名音乐艺术家、词作家乔羽先生。乔老今年已七十七岁,照样走南闯北为中国的音乐事业辛勤耕耘。刚才大家听到乔老的几首代表作,仅是他众多作品中的几朵小花。从1954年创作《让我们荡起双桨》算起,到2004年乔老从事歌词创作已整整五十年。可以说,他的作品影响了几代人,在座的各位几乎都受到过乔老作品的滋养。乔老演讲的题目是《中国音乐文学的历史与发展》,大家欢迎!

我喜欢与人聊天,但正正经经地讲话,一点把握也没有。我是写歌词的,也在不同场合讲过歌词创作,但都不是今天这样的氛围。在座的大多是企业界人士,而写歌词和搞企业是完全不同的两回事。

一、歌词:表达历史的喜悦

我写了半个多世纪的歌,越写越觉得不会写了,现在最怕的就是让我写歌。过去写过那么多歌,但还真没好好总结过是怎么写出来的。我从1940年代开始写歌,而大家所熟悉的都是新中国成立后写的一些作品。

开始写东西时,脑子里并没有太多的门道。曾有人问我,《让我们荡起双桨》这首歌是怎么写出来的。我说,写这首歌时我并没想太多,不过是实话实说而已。那时拍了一部电影叫《祖国的花朵》,是新中国第一部儿童影片,其中的演员都是十一二岁的孩子。这部片子的导演、作曲者都是我极熟的朋友,他们请我给电影写首歌,我答应了。为了这事,我经常去摄制组。这部电影的外景地是北海公园,主要的戏都在船上,最好的镜头也在船上。我是一个很土的人,进城后别的没学会,却学会了划船。为什么呢?当时我在创作室工作,算是专业作家。创作室在颐和园里租了两栋楼。一到下午,颐和园就没什么游人了,船都空着,我和同事就到昆明湖划船。拍这部电影时,我经常跟小演员们一起在湖里划船。当然,我扮演的是游人角色。《让我们荡起双桨》就是在这种情况下自然而然写成的。"让我们荡起双桨,小船儿推开波浪"——这头两句写的就是北海;"海面上倒映着美丽的白塔"——白塔是北海的象征;"四周环绕着绿树红墙"——北海的墙是红的,里边都是高高的垂杨柳;"小船儿轻轻飘荡在水中,迎面吹来凉爽的风"——写的就是在船上跟小孩一起游玩的情景。当时,并没想到这首歌后来会这么流行,不仅小孩唱,大人也喜欢唱。

到最近几年,这首歌获得了越来越高的评价,这是为什么呢?现在想想,大概是因为它起到了一个历史标志的作用,代表了一个新时代的到来。在庆祝建国50周年时,文化部搞过一台大型文艺晚会,曲目是按历史阶段排列的。表现旧中国的最后一首歌是《绣红旗》,就是在全国解放之际江姐在国民党监狱中唱的那首;紧接着就是《让我们荡起双桨》,画面一下子变得明朗美丽起来。事先我并不知道这场晚会的结构设计,后来请教编排晚会的人,他们说:"我们没有用解说词,而是用大家熟悉的歌来展示一个历史转折的过程。江姐的《绣红旗》预示旧社会即将结束;紧随的《让我们荡起双桨》则标志着新中国新生活的开始。"这样的解释我在写歌时完全没有想到。现在想一想,它确实表达了一种历史的喜悦。在这首歌之前,中国的歌曲表现的往往都是民族的苦难和人民的抗争,包括我们的《国歌》;新中国建立后,历史发生了根本的变化,才有了像《让我们荡起双桨》所表现的情感。1950年代,中国的歌曲创作迎来一个高潮,产生了大量好歌,其中许多都成为经典歌曲。这些歌有一个共同特点,即表达了中国人民的一种喜悦,而这种喜悦是中国历史上从未有过的。

二、中国音乐文学的几次高潮

中国传统中一直没有歌曲,有的只是戏曲、词曲和口口相传的民歌。真正的歌曲创作是在"五四"运动以后才出现的,是"五四"新文化运动的产物,其中有中国传统音乐的继承,但主要还是外来的。"五四"新文学包括小说、新诗、话剧在内,这些都不是中国的传统,而是接触了西方文化之后产生的。比如当时的话剧就是从西方引进的,与中国传统戏剧(比如元曲和明清杂剧)是不一样的。"五四"新文化运动标志着中国文化开始真正走向世界,现代歌曲就是在这一历史背景下产生的。

大家或许知道,当时最有代表性的歌就是李叔同的《送别》:"长亭外,古道边,芳草碧连天……"这首歌我上小学时就经常唱,后来被电影《城南旧事》作为主题曲。我把李叔同称为"中国歌曲的启蒙者"。他把西洋的东西与中国传统的东西结合起来,采用的方法是给外国曲子填新词,听上去就像是中国歌曲一样。词曲天衣无缝,与创作无异。李叔同曾留学日本,学过油画和西洋音乐,曾在日本组建过"春柳社"。他是最早把西洋音乐引进中国的人,也是中国话剧的创始人。他创作了不少"学堂歌"——现在叫校园歌曲,《送别》就是其中之一。后来又有了歌曲作曲家,最早的一批是从国外留学回来的,如赵元任、黄自等。赵元任创作的歌,大多是胡适写的词,他们是中国第一代词曲作家。从此,中国便有了真正意义上自己的歌曲。

中国歌曲的第一次高潮出现于民族危机深重的1930年代后期,其中以"救亡歌曲"为代表。这是一个艺术大师辈出的时代,标志着中国歌曲艺术开始走向成熟。"中华民族到了最危险的时候"——我们的《国歌》就诞生于那个年代。这时期的词作家有田汉、塞克、光未然等,光未然写的《黄河大合唱》就是那一时期的代表作品;作曲家有聂耳、冼星海等。聂耳虽然只活了二十三个春秋,创作的作品不多,但所写的二十几首歌曲都流传下来了。冼星海从法国留学回来,创作出那个时代振聋发聩的经典作品《黄河大合唱》,取得了重大成就。所有这些作品都与救亡有关,它们表现出中国人民誓不做奴隶的抗争精神,直到现在仍很有感染力,人们依然喜欢传唱。

如果说中国歌曲的第一个高潮出现于 1930 年代,那么,第二个高潮就是出现于 1950 年代新中国建立之初。这个时期作品的特点是表现了人民大众的喜悦之情,或者说表现了中国历史的喜悦。第三个高潮出现在改革开放之后,其特点是出现了专业的词作家,并形成一个词作家群体。以前并没有专业的词作家,比如田汉是写戏剧的,光未然是诗人、文艺理论家,都不是专业词作家。

中国的歌曲会不会再有一个新的高潮？我的答案是肯定的,这个高潮目前正在酝酿中,其标志应该是出现一批大词作家、大作曲家,这个高潮的到来不会太迟,因为中国进入了一个新的历史时期,各方面的条件比历史上任何一个时期都要好。在这种条件下,谁能反映这个时代、表现这个时代的精神面貌,谁就能成为这个时代的大词作家、大作曲家。现在,尽管出现了很多专业作家,但能代表一个时代的大作家还没有。历史需要大的艺术家,不光是在歌曲或歌词方面,其他艺术也如此,比如大小说家、大画家等。

以上是我对中国歌词历史发展的一个简单概括,这个历史过程经历了近八十年。

三、我对音乐文学创作的几点规律性认识

怎样从文学的意义上来审视我们的音乐艺术、歌曲、歌词呢？我曾说过:歌词是最容易创作的一种文学形式。写一百万字的小说不容易,写一首歌词就容易。但歌词又很不容易写好,因为它篇幅太短,通常只有百十来字。比如《难忘今宵》就只有几十个字,非常简短。用一百万字写出一个完整的世界当然是大本事;而以百十来字创造一个完整世界,且有声有色,让人一唱三叹,也同样很难,因为它要包含时代的精神、奋发向上的情感、语言的魅力等许多内容。

歌词与诗的区别在于,前者是跟音乐结合而能唱的,后者是不与音乐结合而不能唱的。歌词不是看的,而是听的;不是读的,而是唱的。它必须在音乐中存在,是诉诸听觉的一种艺术。当然,中国的旧体诗也是能唱的,但大多数新诗不能唱。歌词必须唱出来才算完成,写在纸上没人唱并不算真正完成。歌词要能打动人,必须在第一句就抓住人的精神,而第一句吸引人是为引出第二句的内容;前几句唱出来,歌词描绘的世界就展现出来了。

根据我的艺术经验,音乐文学创作有如下几条规律:第一,寓深刻于浅

显,即把深厚的情感或思想用一种极其浅显的语言表达出来。第二,寓隐约于明朗。比如"中华民族到了最危险的时刻",这句话一听就明白,所以才能产生力量。第三,寓曲折于直白。歌词必须直白,让人一听就懂,其曲折是在直白中自然表现出来的。第四,寓文于野。艺术有文、野之分,但歌词必须是通俗的,并且要寓雅于俗,把很"文"的东西用一种"俗"的方式表现出来。雅与俗、文与野、曲折与直白、明朗与隐约、深刻与浅显是几对辨证关系,它们相互对立,而一旦几个对立得到了统一,好歌词就写出来了。一些好歌有味道,越琢磨越有意思,就是因为词作家做到了以上几方面的对立统一,在制约中创造了美。以上关系处理不好的歌很难成为好歌;太文雅让人听不懂,太粗野显得没有美感。

前几年,有一篇题为《歌词的死亡通知书》的批评文章,要给歌词颁发"病危通知"。确实,现在涌现出许多词作家和大量作品,但却难得见几首好歌。中国音乐文学学会经常接到批评非常严厉的信件,表达了类似的不满。那么,为什么现在创作条件那么好,在众多作品中却没出现多少好歌呢?我认为主要是突然涌入的新人太多,而真正具备写歌词素养的人又太少,创作准备远远不够所导致的。解决这个问题惟一的办法就是努力提高歌词作者的思想水平、艺术水平、文化水平。小小歌词须有深厚的文化修养作基础,这需要多年的苦心积蓄。从以往的历史看,凡歌词家都是大学问家。比如郭沫若也写歌词,郭老是多大的学者!田汉歌词作品颇丰,他又是多大的学者!李叔同绘画、音乐、书法、篆刻、戏剧样样精通。只有高素质、高水平的人才能写出高素质、高水平的作品。近年来,我们在研究中国歌词史和歌词文学方面下了很大工夫,包括开各种研讨会、出各种书、成立音乐文学研究所,现在准备出一批歌词作家的评传,像《李叔同评传》、《田汉评传》、《光未然评传》等。

歌词写不好的另一个原因是受了很多不健康意识的影响。有些歌类似于"为赋新词强说愁"的无病呻吟,虽然也抒发了一些情感,但却不是这个时代的主流思想。好歌能激发人的情感,使人向上、使人健康,而不是把人引向没落、萎靡和低级趣味。能够真正流传久远的好歌应该符合以下两条:它在情感上、思想上表达了我们民族最好的、最积极向上的、最健康的东西;它在艺术上一定是雅俗共赏的,是中国人最习惯、最喜闻乐见的。虽然做起来很难,但若不敢经受这样的考验,艺术也就没希望。

艺术有其自身的发展规律。比如,唐诗就是从六朝诗歌陷入萎靡状态的大背景下发展起来的。初唐诗人陈子昂一声豪放的"前不见古人,后不见来者",将这萎靡之风扫荡一空,李白、杜甫、白居易等随之脱颖而出。大艺术家、大诗人不会一下就产生于太平盛世,对这一点我们应该头脑清醒,否则就不能正确判断事物。

所以,我对中国音乐文学的发展还是充满信心,我们的基本步调是在发展中前进。歌词创作是始终与群众紧密结合在一起的,虽然它不是文学的主要形式,但有可能成为文学的突破口。大词作家的出现在某种意义上标志着这个时代出现了大诗人,因为歌词本身也是诗的一种。新诗现在的情况不大好,就是因为有些诗过于荒诞,有些脱离群众。历史证明,凡是群众最迫切需要的东西都会得到最快速度的发展,这不仅是历史发展的规律,也是音乐艺术、音乐文学的发展规律,甚至也是市场经济与企业的发展规律。我估计中国歌词第四个高潮到来之日很可能就是中国大词作家、大作曲家出现之时,他们将构成一个时代文学艺术的主要阵容。

【对话原文】

主持人:我跟乔老属于忘年交,他还有很多和我年纪相仿或更小的朋友。我们在一起吃饭、聊天,包括听他讲课,都是经常被逗得哄堂大笑。乔老虽七十七岁高龄,但才思敏捷、头脑清楚,刚才的演讲让我们得到一次美好的精神享受。下面,请著名音乐评论人刘伟先生作点评。

刘伟(《中国百老汇》杂志执行总编):我们这一代人大多是听乔老的歌长大的。听了乔老今晚的讲座,觉得他不仅是一位词作家,也确实是一个大学问家。"诗言志,歌咏言",乔老的歌自然朴素,具有广泛的受众性。音乐具有广泛的受众是十分必要的。我曾在一所大学讲古典音乐欣赏课,有学生问我对克莱德曼如何评价,我说如果把巴赫、贝多芬比作古典音乐当中的鲍鱼、龙虾,克莱德曼可比作黄瓜。黄瓜人人都爱吃,并且人人可以吃到,但龙虾、鲍鱼则不是普通人都能吃的。这也许正是刚才乔老所讲的关于歌词的深与浅、曲与直、文与雅的佐证。

今晚在座的以企业界人士为多,与歌词创作似无多大关系,其实经营企业与写歌词颇有相同之处。乔老讲到写歌词时说第一句最重要,而其重要性在于引出第二句。这与企业推出产品、作策划同出一辙。第一步非常重要,第一步给第二步准备,如果前三步都很好,就预示着这个产品成功了,市场就属于你。歌词的刚柔、强弱的对立统一,与市场的原理也相通。比如,如果创意很好,又能把对立矛盾统一起来,就肯定能在市场上取得成功。我想,乔老谈歌词创作的那些高见,可以给大家的生活和事业带来很多启发。最后,我想请问乔老:您创作的《我的祖国》,我每次听了都很感动。这么多年了,您自己听了心里是什么感觉?

答:说实话,我现在听着都没什么感觉了。我不希望我的歌每天都唱,唱得太多不见得就好。当然,是好歌就应该多唱,但唱得太多也会厌倦,所以我希望我的歌不要在任何场合都出现。再者,我的歌看起来都过于年老了,都是四五十年前的一些作品。《我的祖国》被认为是我写得最好的歌,它传唱的时间已经很长了。

我始终认为歌是一种综合艺术,一首好歌是由曲作者、词作者和首唱者共同完成的。《我的祖国》这首曲子是刘炽写的,他是个音乐天才,是20世纪中国最有影响的作曲家之一。这首歌具有浓郁的民族色彩,但又不是由某首民歌演绎而来的。据说,在国外生活的人唱起这首歌,离开祖国时间越长唱得就越感动,有的人甚至会热泪纵横,因为歌中表达的既有对祖国的思念之情又有民族自豪感。这首歌的首唱者是郭兰英,她的演唱也十分重要。假如首唱效果不好,再想广泛流传就难了;这就跟做生意一样,第一次赔了,以后再想翻身也不容易。我的运气不错,有机会和中国最好的艺术家合作。我想,做企业也应当强调多方面的配合吧!

有时,我觉得写出来的歌词挺好,但谱了曲就顿感失色。可是又不能多说合作者什么,也就不吭气了。大家只熟悉我写的那些流传开来的歌,但还有许多自觉不错的歌词都没能流传开来。粗略估计一下,这些歌词要占十分之九。拿我的歌集来说,入选的二百四十多首歌里真正为大家熟悉的也没多少。说到作词跟作曲的关系,我有个不大恰当的比喻是"嫁鸡随鸡,嫁狗随狗"。一旦嫁了一只不会打鸣的公鸡,那只能自认倒霉。如果与作曲家的合作是"嫁鸡随鸡、嫁狗随狗",那么与好的歌唱家合作就是"一人得道、鸡犬升天"了。

主持人:乔老说他的歌"成活率"是十分之一,这已经相当高了。现在想想真有些同情那些中国音乐文学作者,他们中有很多人的词作"成活率"是负百分之百,付出很多努力,到今天可能一首歌都没能留下来。

问（中央音乐学院教授赵世民）：1980年代,我就开始研究乔老的作品。我发现有这么两个特点：第一,从五十年代一直到九十年代,甚至包括本世纪初,每个时代都有您的作品,而且都能反映时代脉搏的跳动。最重要的是,每个时代的作品直到现在还能让人感到特别鲜活。第二,您已近八十高寿,但所创作的作品如《思念》、《难忘今宵》、《爱我中华》等都特别年轻。于是,我产生一个疑惑：您从年轻时到现在能够保持这种鲜活年轻的创作心态的秘诀是什么？此外,我对您说的"嫁鸡随鸡,嫁狗随狗"有不同意见：我觉得您写的词是"嫁鸡养鸡,嫁狗养狗",好词可以把一个作曲家给养好,甚至也可以把一个歌唱家养好。

答："嫁鸡养鸡,嫁狗养狗",这话你说可以,我说就不好了。别人也曾问过我,为什么从1950年代到现在,每个时期都能写出一些作品？我也没有总结过其中的原因,因为我没有刻意去做什么。《让我们荡起双桨》是写小孩的,后来说它表达了历史的喜悦,可我创作时并没想到这些。

我在五六十年代写的歌词,大部分都是遵命文学。哪部电影要写一首歌,哪个晚会要写一首歌,都得按要求去写。改革开放后情况有些不同。八十年代写《思念》时,没有一个人让我写,完全是有感而发。《思念》描述的是一件真事,当时确实有只蝴蝶飞进我的窗口。后来有人问,这只蝴蝶是谁呢？我说蝴蝶是假的,因为我写的是"好像一只蝴蝶飞进我的窗口"。又有人问,那谁好像一只蝴蝶？我说,这话不好回答。有一次在美国旧金山作讲演时也曾被问到这个问题。我回答："你们每个人都有自己的'蝴蝶',世界上没有一个人没有自己的'蝴蝶'。你们不敢说,我说出来了,也替你们说了。"《思念》表达的并不是一种欢快的情感,唱得太欢快是不行的；但它也不是哀伤、悲惨的。用李商隐的话来说,它是一种惘然,表达某一段成为终身记忆的感情经历,"此情可待成追忆,只是当时已惘然"。我后来解释《思念》这首歌时说只是代表一种情绪,你理解成什么都可以。如果说是爱情,这是爱情中的爱情,是最珍贵的爱情,不是转瞬即逝的一夜情,而是积压在心头的东西。你说它是友谊也可以,若有这种友谊,那应该是友谊中的友谊。这就是刚才所讲的寓曲折于直白、寓隐约于明朗。通过这个明朗,你能理解其中隐约的含义。同样,这首歌也符合我刚才所讲的寓文于野、寓雅于俗。从表面上看,这首歌没一句不好懂的话,"你从哪里来,我的朋友？好像一只蝴蝶飞进我的窗口……"这些都是很简单、很明白的话,但其中又蕴含着许多说不出来的东西。如果一首歌只有能够说出来的东西,它一定是单薄、空洞、没有意境的。写歌词最怕过于含蓄,也最怕没有含蓄。如果问我为什么每个时代都能写出让人接受的歌,我想那只是因为我在每个时代都在用自己的心来写作,所表达的都是自己的切身感受。我不会脱离所处的时代,直到现在也是如此。

在座各位都是我们这个时代最重要的人物,也是最时髦的人物。曾有人说,如果一个国家的社会主流是企业家,那么这就是一个先进的国家。我觉得这话很有道理,因为社会已进入了这样的阶段。我跟在座诸位的感情是相通的,说不定哪天我会写一首《企业家之歌》,写出你们的内心世界。那时你们就会说乔老还真能赶上这个时代呢!其实,并不是我要赶,我本来就是这个时代的人。

我喜欢研究每个人,我喜欢跟所有人做朋友,也有很多人喜欢跟我这个老头子聊天。我觉得接触社会各阶层的人是一个作家必备的品质。如果没有这种品质,就不要当作家。写歌的人什么生活情景都可能涉及,就更应如此。我的文集的歌词卷就涉及了多方面的内容。其中有歌颂的歌,也有愤怒的歌。有一首《哈哈歌》:"哈哈,此人绝非马大哈,既拣芝麻也拣西瓜,大小便宜全归他;哈哈,梁上麻雀叫喳喳,跳上跳下,一片喧哗,鸟儿不大架子大;哈哈,莫笑此人敢自夸,你不爱它有人爱它,花花世界岂能少得了它,哈哈。"还有一首叫《小糊涂仙浪漫曲》。我爱喝酒,有一种酒叫小糊涂仙,因为喜欢这个名字,一高兴就写了一首:"什么叫聪明,什么叫糊涂?问你问我谁也说不清楚,能上不能下,能赢不能输,嘴里说不在乎,心里却在打鼓,哼哼唧唧,嘀嘀咕咕,你说这是聪明还是糊涂?"这类愤怒的歌是针对一些社会不良现象有感而发的,讽刺一些我不喜欢的人。它们虽然没流传出来,但我自己挺喜欢,你们说这是不是时代的歌?我的作品都出自对生活的真情实感,出自心灵的需要,表达了我对生活的热情和好奇心,不是硬要做什么文章。

问(首钢改革与发展研究中心主任魏志勇):按古人的说法,您已到"随心所欲不逾矩"的年纪,可是您怎么却说写了半辈子歌词,现在反而不知道如何写了呢?

答:我也经常在思索这是怎么回事。说真的,我现在最怕的就是写歌,觉得世界上最难的事莫过于此。仔细想想,大概有这么几个原因:首先,我的创作习惯是写过的事情不会再写第二次,也就是说我不能重复自己。比如《让我们荡起双桨》是写小孩的,你让我再写一首这样的歌,肯定写不出来。虽然后来又写了很多孩子题材的,但都没有那么自然。《难忘今宵》也是唱了好多年的歌,作为每年春节晚会的结束曲,今年大概已是第二十个年头了。这二十年里,导演多次想换掉它,可最后还是认为不能换。一位导演问我能否再重新写一首,我说写不了。如果只写过少数作品,也许还好办一点;但我写了一辈子歌,所涉及的领域也非常宽,几乎能写的都写过,要想闯出一片新天地来,可真是太难了。我现在甚至害怕写歌。有人对我说,你写了一辈子歌,又写得不错,随便给我们写一首就行。我说,我从来没随便写过一首歌,也不相信有人真能随便写一首。写歌是艺术创作,艺术绝不能重复。

问(北京海开房地产股份有限公司董事会秘书要武):听您的讲演,我被您的爱国精神、严谨的艺术态度和亲和力深深打动了。依您作为词坛泰斗的眼光,能否举出两三位您认为最优秀的年轻词作者?

答:我不知道您说的年轻到底有多年轻。在我眼里,只要比我年轻的都算年轻。陈小奇写得不错,你们看他可能不年轻了,但在我眼里还是后起之秀。他有自己的风格、自己的语言,所以我为他的《歌词集》写序时,序言的题目就叫做《酿造自己的酒浆》。写《同一首歌》的陈哲也不年轻了。再年轻的比如二十多岁的我就不怎么认识了,他们的作品我接触得很少。我给两个年轻人写过序,他们都不是名人,你们可能也不认识。一个希望我给他的诗集写序。我一看觉得真好,他写的是无题诗,实际上是一首叙事诗,非常生动、多情。我写序时除了称赞之外,主要是发了一个感慨。我说,如果一个比他大五十岁的人能欣赏他的诗,如果一个比他小五十岁的人也能欣赏他的诗,那么中国的诗就进入盛期了。这种局面多么令人向往啊!因此,无论是老一辈作者还是年轻作者,都应有一种历史责任感和使命感。

主持人:乔老讲得很精彩,他所说的"不重复"道出了艺术的本质。乔老所有的作品都源于自己的灵感,用一句时髦的话来说,叫作"与时俱进"。现在大家最关心的是乔老最近有什么新作问世?

答:今年刚过完年,新搬了家,我写了一首歌叫《健康快车》,是我七十七岁以后的第一首作品。有四列火车装备着最先进的医疗装备,到穷乡僻壤给没钱做白内障手术的人免费服务。这件事由副总理吴仪部署,由香港的方太女士资助。那一天,我一见方太女士就说:"哎哟,我还以为你是一个老太婆,想不到这么年轻。"她回答:"我就是老太婆吗,都四十多岁了。"那时她从香港来北京开会,一见我就高兴地说:"真没想到这首歌你能写成这样,我都掉眼泪了!"方太很爱国,她调查统计了中国有多少患白内障的人,对其中那些没钱医治的提供全额资助,而且聘请的都是最好的眼科大夫,用的都是取好的医疗器材。这样的大善事,能不让人感动吗?于是我就写下了《健康快车》。

主持人:眼下词界有个说法:歌词是可以生产的。只要给钱,"词家"可以生产出很多来,有的一天就能生产出五六首,再加一个夜班还可以写十几首。可惜这样生产出来的产品都是无生命的赝品。真正的歌是发自内心的,乔老写的歌词就是最好的证明。让我们再一次以热烈的掌声感谢乔老!

原文摘自王忠明编:《中外名家系列讲座集萃》,中国青年出版社,2006年2月版。　鉴赏编写:沈　敏　徐　波

54. 普京当选总统后向俄国公民致辞及答记者问

(2004年3月16日)

【格言名句】

　　我们今天如此珍惜的稳定,是发展所必要的条件。而发展的目标是公民的福利。为达到这一目标,我们必须在经济和社会现代化方面迈出相应的步伐。

——普京

【文章导读】

　　弗拉基米尔·弗拉基米罗维奇·普京(1952～　),现任俄罗斯总统。曾担任俄罗斯总统、俄罗斯总理、统一俄罗斯党主席、俄白联盟部长会议主席。2000年至2008年任总统期间,使俄罗斯在军事与政治实力上均有相当的提升,但在民主方面遭到很多争议,是一位"铁腕总统"。2008年普京卸任总统后,第二度出任俄罗斯总理兼统一俄罗斯党主席。2011年11月,普京作为总统候选人参加2012年俄联邦总统大选的提名获得全票通过,正式宣

布2012年参选总统。2012年3月,普京赢得总统选举,于2012年5月7日宣誓就职。执政以来,普京致力于复兴俄罗斯超级大国地位,对内加强联邦政府的权力,整顿经济秩序,打击金融寡头,加强军队建设;对外努力改善国际环境,拓展外交空间,维护本国利益,在国际舞台上恢复了世界性强国地位。2013年普京登上《福布斯》世界最有影响力人物排行榜第一位。

这里选择的是2004年3月16日普京蝉联俄罗斯总统的当日在自己的竞选总部向俄国公民致词及答记者问。

记者提出了一系列有关竞选及国家命运的关键问题。当记者询问普京,竞选为何会激起选民的积极性时,普京当即指出,这是俄罗斯"人民公民意识的表现",并且从国家利益角度强调了"对俄罗斯这样一个复杂、处于发展转折关头的国家,没有最高国家权力和管理机关是不可想象的"。当记者问及普京在未来的总统生涯中的优先外交方向时,普京强调了和平外交的政策:"我们政策的主要目的,不是为了展示帝国野心,而是保证俄罗斯发展的良好外部环境。""我们将坚持多边外交政策,我们将同美国、欧盟合作,我们将同亚洲的伙伴中国、印度合作,同亚太地区的国家合作。""我们所做的一切,有助于我们实现我们所提出的发展俄罗斯的任务。""我们今天如此珍惜的稳定,是发展所必要的条件。而发展的目标是公民的福利。为达到这一目标,我们必须在经济和社会现代化方面迈出相应的步伐。"

这些看法显然表现了作为国家首脑,在政治策略上的深谋远虑,也体现在全球化发展形势下的和谐外交、互惠合作的思路。

当记者询问普京的连任是否是"为名垂青史而工作"时,普京毫不犹豫地认为这是一种极其荒诞的思路。作为总统,"应当为生活在今天的人们而工作,为生活在将来的子孙后代而工作,应当永远立足于现实的土壤上""如果我们与社会达成这样的协调机制,依靠人民的理解和支持,我们确实可以完成很多工作"。这番字字铿锵的执着回答让人们重新回顾普京的政治阅历:普京曾亲眼目睹了从前苏联到俄罗斯的年月里国家的挣扎、沉沦与崛起,也凭藉自己的铁腕将国家的命运紧紧握在手里。现在,普京的这番回答让人们感受到普京强国富民的治国韬略,感受到俄罗斯人的沸腾热血。

在这次答记者问的对话里,普京还辨清了竞选中的批评问题,强调了竞选中的所有对手都具有良好的知识水平及果敢品质,表现了普京以个性和自信为重塑俄罗斯的大国形象作好了充分的心理准备,也表明了他在其他领域渴望建立多极化秩序的互赢决心。由于普京的杰出领袖才干,在其 2012 年三度当选总统时,有媒体称其是"上山可以打老虎,下海可以捕捞巨鲸"。

【对话原文】

问:对您来说,如果看看四年前,区别在哪里?上次选举与此次选举的区别在哪里?虽然上次大选是首次,而此次不是,但两次大选的区别到底有哪些呢?

普京:当然有区别。您知道:实际上第二次大选总是比首次复杂。对现政权来说更复杂,因为当权者对所有的一切负有责任。即使根据客观情况,现政权没有任何错误,在公民眼里也是有过错的。因此,第二次大选总是更复杂。今天的结果比四年前重要得多。我想说的是,这不仅激起内心的满足感,而且对过去四年所做的一切有信心,进而对未来四年有自信。

上次大选是四年前在我担任政府总理四个月、代理总统三个月后举行的。在这段时间里,我只能确定我所看到的我们发展的不足点,确立我国发展的主要方向。我认为,那时人们基本上是根据自己的直觉来投票,我在俄罗斯两个最高职位上时间不长的工作之后,人们相信我并相信自己的直觉。经过四年之后的今天,我们不仅重复了这个结果,而且使之更好。我再说一遍:这是承认,准确地说,是积极评价近四年所做一切。我再重复一遍:对我而言,这非常重要!

问:曾有对大选投票率的担心。您如何评价今天选民的积极性?

普京:我不知道谁有这种担心。我认为,投票率不足、不高的说法,是有意识地暗示我国公民减少了投票。据我所知道的社会分析与研究,投票率是足够高的。在我看来,可以批评现政权,可以争论,可以不同意,可以指责,但绝对不能暗中破坏国家的政治进程。这不仅有害,而且危险!选举前夕,我在向我国公民的致词中说过,对俄罗斯这样一个复杂、处于发展转折关头的国家,没有最高国家权力和管理机关是不可想象的。这将导致混乱。所有的人都将受害。这是不能允许的。这不是政治斗争,是暗中破坏。我认为,人们没有屈服于暗中破坏,这是我国人民公民意识的表现。

问：明天是您当选后的第一个工作日。您将如何工作？

普京：工作！这是第一个工作日。在工作日工作。白天我们可能根据时间作一点改变，我指的是，今天的工作日对许多人将结束得很晚，或者开始得太早。像近年的规矩，通常是同政府领导人约定的会面，还有同各部门、政府和强力机构同事的工作会见。还有一系列与我同行的电话会谈，他们现在已提出想同我电话交谈并讨论双边关系问题。我想，大家都明白，这同大选结果相关。人们希望谈一谈并表示祝贺。通常，这样一些电话交谈是预定好的。

问：大家知道，今天投票后您马上到拳击运动员那儿。您到他们那儿的情况如何，为什么要去拳击运动员那儿呢？

普京：你们知道，不久前我会见了奥林匹克运动会运动员，一些运动员邀请我到基地看他们的训练。刚好首先邀请我的是拳击运动员。不掩饰地说，我很有兴趣看一看，我们取得独一无二成绩的运动员是什么条件下训练的。我想提醒注意的是，这只是替补队。在最近一次欧洲锦标赛中，11枚可能的金牌中，他们夺得9枚。上次在我国举行的世界锦标赛中，在彼尔姆12枚可能的金牌中，他们获得9枚。那时认为这只是偶然的。现在他们证明，没有任何偶然性。他们是欧洲最强大的。我在与他们的交流中获得极大的满足。小伙子们求胜心强，招人喜欢。我觉得，我们有机会在奥林匹克运动会拳击比赛中取得好成绩。

问：祝贺您的胜利！请允许我提一个问题：在对外活动中您优先的方向将是什么？

普京：我只能说，我们政策的主要目的，不是为了展示大国野心，而是保证俄罗斯发展的良好外部环境。在此没有什么与众不同的。我们将坚持多边外交政策，我们将同美国、欧盟合作，我们将同亚洲的伙伴中国、印度合作，同亚太地区的国家合作。从地理角度来说，俄罗斯同时是一个欧亚国家。到目前为止，以外交政策中的这些考虑为指导，我们所做的一切，有助于我们实现我们所提出的发展俄罗斯的任务。我希望，利用现在领导俄罗斯安全会议的前外长近年制定的积极的东西，我们同在联合国工作经验丰富的新外长，能够为俄罗斯联邦的外交政策制定有效的手段。

问：在内政改革中，您认为首要的事情是什么？

普京：首先是巩固民主手段，即发展多党制、切合实际的多党制，以使联邦意义上的政党在地方有实际的影响,以使地方通过政党能够影响俄罗斯的最高权力和管理机关。这是主要的目标。

我认为,如果我们解决了这个任务,俄罗斯的政治体制就是平衡的。我们应该创造条件发展不同倾向的政党,以便在国家的政治舞台上听到所有的——无论是小党还是大党的声音。对此我已说过,我们应该更多地创造条件巩固公民社会的手段。如果这些我们做得成功,那将为建设现代经济创造良好的土壤。

问:众所周知,当前的选举早在上次选举完成时就开始了。您是否有某种概念,挑选谁作为您的继承人,什么时候开始挑选候选人?

普京:挑选候选人早就开始了,四年前就开始了。我也有这个人应该是什么样的概念:这是一个正派的人、诚实的人,打算而且能够为自己的人民服务,以自己的才干和个人品德能够做到这点。这样的人在我们国家是很多的。

问:您能否解释,同上次选举相比,您的选票为何有这样实质的增长?

普京:老实说,这些年来我一直在紧张地工作。四年前我就职的时候,曾讲过这样的话:我将诚实地工作。我向你们保证,在这方面我完全履行了自己的诺言。我想,人们对此不会没有感觉。我非常感谢那些认识到这一点并于今天投票支持我的人们。

问:一小时之前您竞选总部的领导人科扎克对我们说,他认为,总统在第一任期,他想做的事情不可能都做到,因为他要考虑竞选连任的问题。只有到了第二任期才真正开始"名垂青史的工作"。您是否同意这种看法,您是否已经准备好了"为名垂青史而工作"?第二个问题:您在此次竞选中是否感到寂寞?

普京:没有,因为我在紧张地工作。当一个人在干实事的时候,他永远不会寂寞。这是一点。第二点:对我来说重要的毕竟还是结果。这不是空话。不知您是否注意到,我的确没有进行任何专门的竞选工作。如果我投身于竞选的话,结果可能会是另外一个样子,得票率还会更高些。但是我有意识地没有这样去做,因为我想看看,人们是不是更看重实际工作,而不是竞选技巧,这一点对我非常重要。因此,我实际上没有改变自己四年来一贯的工作作风,即使是在竞选期间。竞选结果对我来说是重要的。当然,我对此是满意的。

至于我是否已准备好"为名垂青史而工作",不,我不准备这样做。我认为,没有必要,也不能够遵循某种不为人们理解的荒诞思想。应当为生活在今天的人们而工作,为生活在将来的子孙后代而工作。应当永远立足于现实的土壤之上。

不久前我在回答你们的一位同事提问时说:"政治的艺术就在于在必要与可能之间找到黄金中点。"这个公式是我自己想出来的。也许其他人在其他场合也这样陈述过,但我认为这是我自己想到的。稳定,刚才也提到过,我们今天如此珍惜的稳定,是发展所必要的条件。而发展的目标是公民的福利。为达到这一目标,我们必须在经济和社会现代化方面迈出相应的步伐。这需要有条不紊地进行,不能产生危害,不能让人们对我们所做的事情丧失信心。因为如果带来这样的后果,我们将来根本就不可能做成任何事情。

因此,我们将使国家实现现代化,我们将坚定地迈出步伐,同时将努力对我们要走的每一步作出解释。让人们明白,我们在做什么,为什么这样做,我们在经济和社会领域要进行的各项改革,是为了达到什么目标。我想,对于我们的改革,会有人不同意,也会有人反对。但在任何情况下,政府都将努力使人人都能够明白,我们在做什么。我想,如果我们与社会达成这样的协调机制,依靠人民的理解和支持我们确实可以完成很多工作。

但是我再次强调,按照某种理论概念追求个人历史作用的做法是错误的。

问:我理解,所谓历史性的工作,应当是指总统所做出的不同寻常的决定。

普京:我刚才讲过,如果我们做出通常所说的不同寻常的决定,首先是指社会领域的改革,那么政府应当解释清楚,他们要采取什么步骤,为什么这样做,期望达到什么目标,而且必须在广泛的社会讨论、听取各种观点的过程中进行。就是谚语所说的"七次量体,一次裁衣"。

问:请具体谈一下您将来工作的优先领域。

普京:这一点已讲过多次,我愿意再次重申。我们最主要的任务是保证经济增长。我们应当继续采取步骤完善税收制度,采取必要措施重组自然垄断部门。最近甚至是在这星期,我对此作了比较详细的阐述。我希望我们能够做到这一点。关于铁路交通和电力能源部门,我们刚刚通过了基础性的法律。我们还需要采取进一步的措施。

回到上一个问题,我想再次强调,我们的做法必须是有条不紊的,因为错误的代价过于昂贵,但是行动是必需的,我们也将行动起来。在社会领域,我们当然应当对养老制度改革给予特别的关注,采取明确的措施使卫生教育领域能够提供高质量的服务,当然还有许多具有特别社会意义的目标需要达到。我要说的就是这些。

问:您所谈到的"下列"自然垄断部门改革,是否包括"国家天然气工业公司"?

我讲的不是"下列"自然垄断部门的改革,而是必须采取"下列"步骤把正在进行的改革继续下去。至于"国家天然气工业公司",应当说我们的经济增长在很大程度上都是建立在它的基础之上。因为我们都很清楚:我们国内市场上的日用和工业用天然气都是低于成本价出售的。我们依靠"国家天然气工业公司"保证了其他许多部门的经济增长,这是我们不应该忘记的事实。因此,如果我们想一下子把所有部门都推向市场,我们明天向国内消费者出售的天然气价格就会上涨到110美元/千立方米,与我们销往西欧的价格一样。这是不可能的。既然这是不可能的,那么我们就应该珍惜"国家天然气工业公司"。但这并不意味着,该部门什么都不需要动,而且也不能动。该部门至少应该保证国内天然气市场供应,而且也应让独立生产者自由开采。当然也需要让他们明白,这并不意味着他们可以自由通向国外市场。应当明确无误地做到,保证"国家天然气工业公司"股份的透明性。

问:您能否勾画一下未来四年权力机构与商业代表相互关系的基本原则?

普京:稳定性,透明性,合法性。

问:是否有改组总统办公厅的计划?

普京:有。

问:现在能否讲一下?

普京:不能。

问:什么时候可以讲?

普京:十天之内。

问:您认为什么时候可以就新政府的运作作出评价,同时也相应地对新政府班子成员作出初步评价?

普京:本周一已经可以作出评价。新政府的工作已经开始了,一天也不能睡大觉。从任命的那一天起,就已经开始计算工资了。如果工资划过去,钱拿到了,就要想一想,这些钱是干什么用的。

问:您如何对待科林·鲍威尔和康多莉莎·赖斯今天就俄罗斯选举进程发表的声明?

普京:首先,我同他们关系很好。我们也知道美国的国内政治生活状况,以及政治力量配置状况。在很大程度上他们的声明是国内政治需要所驱动的。这是第一点。

第二点,我们听取所有的批评意见,也不会对这些意见置之不理,我们将作出分析,如有值得思考之处,我们会认真对待,并作出相应结论。

最后,第三,我想任何人都没有权利认为,如果他们批评别人就意味着自己没有可批评之处。你也许知道,我们俄罗斯有这样的一句俗语,因为您如此精通俄语,我们的俗语说:看得见别人眼里的砂粒,看不见自己眼里的圆木。在许多所谓的发达民主国家,他们的民主也存在非常多的问题,包括选举程序上的问题。约近四年前,我们惊异地发现,美国的选举体制是如此的混乱。因此,我希望,他们在批评我们的同时,也会为自己作出相应的结论,完善一下自己的民主程序。总而言之,如果我们是友好地对待相互之间的某些缺点、不足,我认为是有益的,我认为,这不应当导致冲突,而应当使我们的民主体制和选举程序更加完善。

问:您有没有关注过自己的竞争对手和政敌的竞选活动?他们也对您进行了很多批评,在这些批评中,您认为有没有合理的成分,是否从中汲取到一些新的东西?

普京:您知道,我不是由于轻视,而只是因为忙,不可认真关注选举竞选活动包括辩论中的所有事情。电视辩论中的许多言论是正确的。我们都想生活得好,我们都想健康和富有。问题是如何达到这一目标。为什么现政权在选举中总是更困难些?因为它有可批评之处。而那些进行批评的旁观者,则不易受到打击。因为他们好像没有什么可批评的,因为他们什么也没有做。我重复一遍,我竞选中的所有竞争者在我看来都是当之无愧的。他们表现出了良好的知识水平、果敢的品质,他们了解国家的问题,并使俄罗斯公民和权力机构的代表注意到这些问题。我想，竞选活动对我们大家都是有益的。

问：现在可以谨慎地谈点继承人的话题。请问，您是否想过再过四年卸任之后做什么？

普京：我还没有开始下个四年的工作，而您已经撵我退休了。

当然，我有时也想这个问题，但现在应当集中精力做好未来四年的工作。做好新的工作，一点也不比过去四年的工作轻松。总统办公厅将相应地改变面貌，政府也要跟上同样的速度和节奏。这就是现在要考虑的事情！当然，第八年将是不寻常的一年，我非常清楚这一点。当然，我们都应该考虑这个问题。但是，我认为，我们对此考虑得越少，我们在这四年内取得的成果就会越多——我们大家一起。到那时，2008年从政治含义上尽管可能是激烈的，但它不会把我们置于诸如政治体制和国家解体等无法解决的问题边缘。相反，我们这四年的工作进行得越顺利——我想强调，是我们所有人的工作——我们就越容易在政治观点纷繁复杂的情况下应对2008年的问题。

最后一个问题。

问：您的政敌经常批评您不参加电视辩论。您对他们如何作答？

普京：这没有意思。我认为，对于现任总统来说，这没有任何意义。因为，我所有的言行都在这四年当中展现出来了。我完全清楚我的政敌的每句话。我认为，这种游戏要么是随声附和，要么是参加游戏的一方已经知道游戏结果，因而是无意义的。我认为，我们在竞选活动中选择不参加电视辩论的战术是有根据的。

重复一遍，我原本也可以采用各种各样的竞选手段，又是电视辩论，又是跳舞，又是唱歌。但是，就连远离政治的老百姓也可以真正用心去感觉很多东西。四年多来，就连不从事而且也不是每天都关心政治的普通公民都能够很好地理解国内发生的事情，并知道在未来几年内可以抱有何种期望。我想，这是最主要的。选举结果再次证明老百姓的这种反应。这是一种正面的反应。

谢谢。

原文摘自周成龙编：《外国政要答记者问》，华中科技大学出版社，2010年7月版。　鉴赏编写：张　炜

55. 网络与新经济
——"搜狐"总裁张朝阳在清华大学的对话
（2004年4月12日）

【格言名句】

在成长的道路上关键要学会做人，要做一个好人，一个诚实的人，一个务实的人，不虚妄的人。要追求个性并忠实于自己的想法，不要无谓地和别人进行攀比。

——张朝阳

【文章导读】

如今的网络已经完全融入了我们的生活。生活上的吃喝玩乐、工作上的喜怒哀乐，一条微博、一段个性签名、一张照片，随时随地的无线网络、移动数据，都能使你把生活中发生的一切传到网络上，打开电脑，与同学联络感情，与同事交流工作。有了网络，我们的生活变得越来越便捷。在某种程度上，网络促进了消费，加强了经济建设。

网络的广阔无垠，给生活压力沉重的我们多了许多选择，渐渐地人们被掩埋在这个屏幕里，不断被敲打着的键盘取代了拿起笔书写的手。有时倍感诧异：我们是否堕落了？现代人是否被埋葬在这看不见、摸不着的虚拟世界里了？张朝阳先生在清华大学有关"网络与新经济"的主题演讲与对话解决了我的疑惑并向我们展现了一种不同于传统的新经济。

张朝阳，1964年生于陕西西安，1981年考入清华大学物理系，1986年考取李政道奖学金，赴美留学，七年后获得麻省理工学院（MIT）物理学博士学位，并于1993年任麻省理工学院亚太地区中国联络负责人。1995年10月，回国任ISI公司中国地区首席代表。1996年10月，创办爱特信公司（ITC）。1998年2月，成功推出搜狐（sohu）网站，同年10月被美国《时代周刊》评为全球"数字英雄"。

2000年1月1日，张朝阳作为中国著名学府岳麓书院"千年学府论坛"

特邀演讲者,发表了题为"千年学府话千年,网络英雄话网络"的新千年重要演讲。2000年3月12—14日,以唯一的中国企业代表的身份参加由各国政府官员和企业领袖组成的"2000全球互联网峰会",并作为专题演讲代表,在会上作题为"互联网对中国的影响"的重要发言。

本文是2004年4月12日,张朝阳在清华大学的演讲与对话。

张朝阳可以说和"朝阳"一词有着不解之缘,名为朝阳,于自己的朝阳年华,在中国刚刚开始市场经济中,在网络信息这个朝阳行业里,创办搜狐这样一家朝阳般勃勃生机的企业。

作为中国网络信息时代的先驱者,他对互联网有着自己深刻的见解,借此次清华演讲中告诉我们互联网是个新经济,为满足新时代的人们多种多样的个性化生活方式不断的创造,这个创造过程就是财富的创造过程,最终使广大消费者受益。

有学生问及发展如此迅猛的网络是否只是一瞬的泡沫?张朝阳先生给了这样一句话"互联网是永不灭的泡沫"。互联网股市的飙升反映了其象征未来生活的意义,和每一个人对它的坚定信心。其实不难看出,网络的日益壮大,现在社会的我们已经离不开了网络,网络已经成为了人们生活中真真实实的一部分。它的未来前景是一片光明与坦荡。

在解答清华学生对互联网的种种疑惑,从中国电子商务的前景到新媒体与传统媒体的关系,从上市的本质到互联网的意义,他用自己独到的见解,睿智的眼光折服了现场的学生,足见其深厚的学识功底。

而在回答为何想回国创业时,不禁让人感慨。他说道:每天生活在另一种文化里,其实活得很累。这也许是太多海外华人的感慨。背井离乡的艰辛,血浓于水的思念,化不开的万般惆怅。我们似乎看到张朝阳在海外求学时孤独的背影,于是乎发出"回来了,终于体验到做任何事情没有夹生的感觉"之感叹,这是重回同一个文化群体的归属感。

张朝阳最后也对正处于朝阳般年华的大学生提出自己殷切的期望:胸怀大志,立足长远,不惧挫折,学会做人。"在成长的道路上关键要学会做人,要做一个好人,一个诚实的人,一个务实的人,不虚妄的人。要追求个性并忠实于自己的想法,不要无谓地和别人进行攀比"。

张朝阳对愿意来搜狐工作的年轻人敞开了怀抱。似乎每个成功的长者都会对后辈注入这样的期望,也许是在年轻的后辈身上看到了当年无畏的自己。

如今的张朝阳,人生和事业均已如日中天的太阳一般,希望他的一席话能为清华的"朝阳"们指明未来的方向。

【对话原文】

问:现在有一种说法,在美国,互联网的发展要经过三个发展阶段,从YAHOO这样的门户网站,发展到B2C的电子商务网站,再到B2B的模式。搜狐将来是否会从门户网站转型到做电子商务?请谈一谈电子商务在中国的未来发展前景。

答:国内对电子商务和门户这两个概念有一定的歧义。这两个概念的涵盖面很广,并且相互间有意义重叠。譬如,亚马逊就是电子商务的门户。从广义的电子商务而言,门户超出了搜索引擎和网络新闻等单一的概念,它也是电子商务形式中的一种。按照广义的电子商务来理解,搜狐正在做电子商务,只是目前还没到网上大量交易的时候。但商家付钱在搜狐网站上做广告,从而通过搜狐上的广告链接,缩短与客户间的距离,这本身就是一种电子商务。在未来的几年里,电子商务在中国还是以B2C为主。

问:您是否认为网络作为新兴媒体,对传统媒体有很大冲击?

答:在网站上是可以读新闻和浏览信息,但互联网更本质的特点是在于它是一个平台,这个应用平台给网民提供了一个巨大的社区交流空间,使他们能够参与各种各样的个性化的网上活动。从这个意义上来讲,互联网的作用远远超出了对传统媒体资源的整合。认为访问网站只是为了阅读新闻,实际上是夸大了互联网对传统媒体的威胁,而弱化了互联网改变人们生活各个层面的功能。搜狐从它的搜索引擎,到提供网上社区交流的平台,再到电子商务的展开,实际上与传统媒体没有太多冲突。传统媒体开始自建网站,这种百花齐放的趋势将使网上的内容越来越丰富。

问:现在国内的许多网络公司都在追求在海外上市,请问您对此有何看法?

答:中国对资本市场的利用才刚刚开始,人们对上市赋予了太多的神话色彩。实际上上市只不过是一种融资手段,不能以一个公司的上市与否来衡量它是否成功、是否成熟。最重要的是要发展公司本身的竞争力,完善它的管理,提高用户的忠诚度,使公司收入能够持续增长。

问:网络是否是泡沫?

答:互联网是永不灭的泡沫。从现实情况来看,互联网股市的飙升反映了其象征未来生活的意义,和每一个人对它的坚定信心。在西方国家,许多人投资互联网产业的方式就是聚集各种性质的资金,来研究"上帝"——消费者的消费行为和生活习惯。从这层意义上来讲,对互联网的投资就如同开设了人类"巨大的实验室",它起到了研究和发展的作用,其结果就是对消费者未来消费方式的准确把握,互联网经济将全面发展。

问:为何想回国创业?您从MIT毕业后,有没有想过去硅谷工作?

答:回国的想法源自于文化的隔阂。我是一个在中国长大的中国人,在另外一种文化中生活,感觉自己不是十分真实,商业机会也不可能很大。在美国哪怕你说英文,都是后天获得的一种未知的文化,需要做一些努力才能接受,每天生活在另一种文化里,其实活得很累。这点我在出国前没有意识到,在美国待了快十年才有了深刻的体会。回来感觉特别兴奋,终于体验到做任何事情没有夹生的感觉。

问:作为一位年轻的成功创业者,您对现在的年轻人有何忠告?

答:我希望大家能够胸怀大志、立足长远。如果把前进的道路上遇到的小挫折比作一条小河沟,要知道在一条小河沟里翻船对你的未来并没有多大的影响。在成长的道路上关键要学会做人,要做一个好人,一个诚实的人,一个务实的人、不虚妄的人。要追求个性并忠实于自己的想法,不要无谓地和别人进行攀比。

问:请您谈一谈网络公司的管理问题。

答:一个公司的竞争力来自于它的队伍。网络公司在管理方面要把握住两个平衡,即国际化和本地化的平衡;管理经验和创新能力的平衡。搜狐目前在这两个方面都把握了比较好的平衡。一方面搜狐近期加盟了一些有着丰富管理经验的管理人才,另一方面搜狐有一大批互联网出身的年轻人。这样就能两者兼得,既有成熟的管理构架,又不丧失网络公司应有的创造性。

原文摘自刘国生编:《在清华听讲座》,内蒙古大学,2007年9月版。
鉴赏编写:邝雪英

56. 世界尖端人居模式与现代城市发展
——与国际著名建筑设计师(美)斯蒂芬·许的交流
(2004年6月29日)

【格言名句】

设计住宅应该反映出邻居的意识,而邻居和社区也应该反映出整个城市的面貌。

——斯蒂芬·许

【文章导读】

斯蒂芬·许是国际著名建筑设计师,现任 Parker Durran International (PDI)董事长兼总经理,美国夏威夷大学、韩国汉阳大学名誉教授,美国建筑师协会会员,韩国建筑师协会创始会员。曾获2001年度韩国人在国外居住最高荣誉奖。2006年7月16日,斯蒂芬·许应邀参加国资委举办的"中外名家系列讲座"并与观众交流,主题为《世界尖端人居模式与现代城市发展》。交流分为演讲与演讲后的对话两个部分。

主题演讲之后,专家们分别就斯蒂芬·许提出的以人为本的"亲环境设计"的理念进行了多角度的提问,集中聚焦了现代城市人居环境的打造,例如中国人居环境委员会副主任开彦就认为城市开发者"肩负着创造人类新的居住模式的重任",北京澳林房地产开发有限公司总经理杨建平则就"有关生态建设标准"是否完善提出疑问,北京清华城市规划设计研究院副总规划师林文琪就北京的开发现状征询首尔经验,建行北京分行培训中心副主任赵景丰就"现代建筑如何尊重历史""大多数农民要解决城市化问题"向斯蒂芬·许请教。斯蒂芬·许强调指出:环保意识、"亲环境设计"需要一些完善标准和认证,政府决策的确会对城市规划者起相当的作用,建筑设计必须"把历史和现代建筑结合起来""设计住宅应该反映出邻居的意识,而邻居和社区也应该反映出整个城市的面貌。"这样才能表现现代化过程中城市的独特生态个性。显然对话过程中,现场的每个人都有针对性地直奔主题,对于问题与期待快人快语,表现了对于城市发展的强烈关注。对话以国资委研究中心主任王忠明关于我国人居环境"很严重的偏失"作结,表达了人们对于当下中国城市化发展过程中的非生态、非亲环境的现状试图改变的强烈决心。

斯蒂芬·许的建筑设计重视自然、重视人文,他对东西方建筑理念有着透彻的了解,因此他的发言思路明晰,先讲城市规划,即从基础来讲都是始于土地使用计划和交通系统计划,当然涉及现在中国愈益突出的空气污染与交通拥挤,并对北京发展也许并不漂亮的轻轨系统表达了理解和尊重。斯蒂芬·许还表达了他朴实而先进的理念。国际现代住宅的设计方向,首先是如何设计完美的环保住房,还有就是要表现社区意识。他对设计理念的概括是"以人为先与亲环境设计或持续性设计"。他在发言中提到韩国经历战争后的建筑重实用、快捷、节省的原则,并对比作了客观的分析,不以某种标新立异或求全责备的心态来展示自己的博学或卓越。其中所经历的困惑和总结的经验,对我国建筑中对自然环境和历史文化的忽略提供了很好的借鉴。由此展开的对话的确回味无穷、值得深思!

【主题演讲】

主持人(国资委研究中心"中外名家系列讲座"专项部主任支东升):今晚,我们请到的是国际著名建筑设计大师斯蒂芬·许先生。许先生是美籍韩国人,他曾获 2001 年度韩国人在国外居住最高荣誉奖。他演讲的题目是《世界尖端人居模式与现代城市发展》,大家欢迎!

很高兴有机会与大家见面,我很喜欢讨论建筑设计方面的话题。我第一次设计房子是在四十年前,为我的小狗设计了一个"家"。现在,我所服务的国际建筑设计公司成立于 1933 年,主要业务是建筑设计和工程设计。我的主要设计作品有:世界最高建筑——釜山乐天世界、海鸥飞翔造型的釜山会议展览中心、美国明尼阿波利斯会议中心、夏威夷公寓等。

一、建筑设计与我的人生历程

向大家简单介绍一下我的情况,有助于理解今天的话题。我出生在韩国,经历了可怕的朝鲜战争,目睹了战争所造成的破坏,许多建筑、房屋被毁坏和烧掉,也亲眼看见了在战后的废墟上重建的一些城市和建筑。当时的韩国政府所关心的并不是建筑是否美观,或能否成为不朽的作品,所关心的只是如何以更快的速度、花更少的费用来重建家园。有人认为韩国错过了一个很好的机会,没有利用这个机会建出更多漂亮的建筑和城市,来满足战后时代的需要。我认为在资源有限的情况下,韩国政府已尽了最大努力。

我1964年开始学习建筑学。当时韩国还在贫困线上挣扎,但我和同学们都非常乐观,对未来充满信心,相信终有一天国家会需要我们的设计才能,并应为此作好充分准备。1971年,我到美国明尼苏达大学继续学习并获硕士学位,我接触的第一位设计师是著名的设计大师马兰诺帕克,我在他的办公室当绘图工,很快得到提升,并在1980年成为他的合作伙伴,在1997年成为公司的CEO。

我在美国学习、工作期间,韩国的一些城市发生了很大变化,特别在住宅方面获得了很大发展。战后的那种快速、廉价型的建筑时代已经结束,重新设计和发展的时代开始了。在首尔及其他一些城市,廉价、低层的建筑很快被新型的高层住宅所取代,人们的生活水平也得到了显著提高。虽然我不清楚韩国政府当时是否有关于以人为本和"亲环境设计"方面的政策,但我希望他们没错过建设一个更美的现代化国家的机会。

中国现在也正处于同样的发展时代,所以,我想问中国政府一个同样的问题,那就是中国的城市建设是否也是基于以人为本和"亲环境设计"的理念?这意味着减少噪音、空气污染,降低燃料、能源和水的消耗,因为中国也是一个缺水的国家。

二、现代城市的建设与规划

设计住宅应该反映出邻居的意识,而邻居和社区也应该反映出整个城市的面貌。所以,我的设计原则是改善和增强整体意识。由于历史的原因、政治的变化、政策的改变、防卫措施的改变及交通系统的变化,都会导致城市的发展变化。比如上海的浦东、韩国的首尔江南区等。

一般情况下,衡量一个城市的建设成功与否,我们通常是看它的车辆交通系统,比如街道有多宽,有几条车道,或是从一个地方到另一个地方需要多长时间。那么,北京的城市建设怎么样呢?北京有多少条环路?据我所知是六条,而且我听说北京计划将来要达到八条环线。我们现在生活在一个汽车的时代,甚至像东京这样古老的城市也在不断地进行道路建设,而且其中还有三层高架大路和可交换的系统。现在的问题是要增加多少条车道才能解决交通堵塞的问题。我们建设的道路越多、越宽,所容纳的车辆就越多,但随之而来的是更大的噪音,更多的空气污染以及交通的拥挤。那么,有什么解决办法呢?在回答此问题之前,让我们先考虑一下城市规划的一些基础问题。城市规划从基础来讲都是始于土地使用计划和交通系统计划,首先要明确土地的面积和地点,包括学校、教堂、公园、住宅区、商业区、工业区、公共建筑区以及与它们相连的街道、广场等。然后,基于这些计划,才开始更进一步、更详细地进行计划及建筑设计。另外就是土地的地理形状及自然条件,比如城市中有多少河流、山峦和海岸等,这些因素在城市规划和城市设计的独特性中也扮演着越来越重要的角色。比较成功的城市应该有更多漂亮的公园、休闲场地、人行道、博物馆、图书馆、饭店、商店等设施。

城市建设的发展与车辆的发展可以说是紧密相联的。虽然汽车也是伟大的发明之一,它对人类的出行、交通作出了重大贡献,但太多汽车的出现会导致很多问题。比如前面提到的空气污染与交通拥挤,已开始向周边的城市扩散,使社区和居民变得独立开来。但我们离开汽车能生活吗?或许我们能,但这样会给人们带来极大不便。所以,解决的办法不是取消汽车,而是如何加强公交系统,同时降低个人拥有的汽车量。目前,在很多城市公交车和出租车还是主要的交通工具。北京现在有两条地铁线,还有一条轻轨线,纽约、首尔及东京等城市解决公共交通的方式也主要是靠地铁。大家知道,地铁的造价非常高,有些地铁乘客因为挤车会感到很压抑,但相比其他公交车,地铁又有很多优点,所以,这也是很多大城市解决交通的最好办法。

磁悬浮列车相当于快速传输系统,它是在公路的上方运行的。据我了解,到现在还没有哪个城市准确地采用这种系统,北京有类似的轻轨系统,但也不完全一样。这种轨道系统造价非常昂贵,而且如果设计不好的话,外形看上去会不太美观,但它却能解决我们所面临的很多交通问题。这种系统我比较喜欢,因为它建在地上,相当于地面上的第二层,而且可以作为交通运输的中转站。在美国明尼苏达州有一种空中楼桥,实际上是把城市中的建筑以第二层的方式连接起来,这样冬天感觉温暖,夏天享受清凉,而且,在第二层上做生意往往比地面上还好。

现在,我想和大家分享一个故事。大家知道夏威夷是个度假的好地方,有清新的空气、美丽的海滩和健康的环境,一切都显得那么迷人。然而,就在这种情况下,该市市长却注意到城市中还有被忽略的地方,需要重新规划建设。于是,他组建了包括设计师、计划师及工程师在内的工作小组,来计划和实施"亲环境"城市的设计方案。在小组成员的努力下,建立了新的土地使用计划,重修了历史建筑,还建造了更多的公园和公交系统,扩大了绿地面积,并通过使停车费大幅度涨价的方式来限制城市车辆的扩散性发展,从而降低了能源消耗,提高了公交系统的效率,让市民和来度假的人们感到更加美丽亲切,促进了旅游业的发展。

夏威夷已有了一些成功经验,那么中国是否能在以人为本、"亲环境的设计"中处于领先地位呢?我相信中国有能力做到这一点。因为中国现在正处于迅速发展时期,它拥有世界上最多的人口,中国人民与大自然已和谐相处了几千年。还有一个重要的因素就是中国政府持有土地拥有权,这一点对实现可持续性城市或"亲环境"城市的建设目标会起到非常重要的作用。大家可以设想一下,如果中国创立了这样的模范城市,将会吸引世界上更多的人来参观,了解感受中国的理想城市,甚至选择在中国居住,让我们企盼这一天早日到来。实际上,我在明尼苏达大学学习时,就曾花了两年时间来研究实验理想城市这个项目。一个城市理想的情况是:有单轨路系统,人口数量在二十五万人左右,能够自己支撑和建立一个完整的亲环境城市,能够全自动化地控制整个城市环境的发展。目前,明尼苏达科技大学正在研究这个项目,如果五十年后中国能实现这个梦想,那将会是一番辉煌的景象!

三、国际现代住宅的设计与规划

在过去很长一段时间里,世界上人们居住的环境和条件与动物没有太大区别。自从 19 世纪以后,人们开始逐渐移居城市,很多人被迫挤在一个有限的空间里,住宅类型发生了巨大变化,从单层变成多层。一般来讲,住宅类型的改变基于以下几个因素:第一是社会生活的变化,因为新的生活方式需要有新型的住宅;第二是经济条件的改善,越来越多的知识分子和富有人士想通过他们自己的房子来体现自我性格;第三是建筑材料的革命,越来越多的新型建筑材料能让我们住宅设计更大胆、更有特色;第四是科技的发展,因为先进科学技术的发展,特别是数字化时代的到来,需要我们来调整住宅类型;第五是新的流行趋势,单身贵族及老年人的数量在逐渐增加,还有一些现代新型的家庭办公者或自由职业者都需要更灵活的住房形式,比如一些家庭需要医疗保健设施或更独具特色的住宅类型。

现代汽车的发展，对住宅的设计和建筑产生了很大的影响，特别是现在，大多数美国人会同时考虑住宅和车库，他们觉得二者是不可分开的。我觉得在不久的将来，中国人也会遇到同样的情况。另外，就是取暖、通风及空调系统，也是伟大科技的体现。空调的出现，使我们不再受气候的限制，无论任何天气都能有一个舒适的生活及工作环境。我们对这些科技发明已产生了相当的依赖，离开了它就很难生活，特别是在美国的阿拉斯加等一些气候条件比较恶劣的地方。借助这些空调系统，再加上电梯的改善，高层住宅就成为可能。但这样又会导致世界各地的许多住宅看上去大同小异，流失了丰富的文化内涵和艺术风格，很多设计师经过多年努力形成的独特设计方案也无法实施。由于过多的现代技术的应用，很多房地产开发商首先考虑的是成本预算，而不是怎样利用自然通风，怎样节约能源，怎样提高效率。在1970年代中期，出现了一个新名词，叫"建筑综合征"。这种综合征来自于使用空调造成的密封环境，在这样的环境里空气的流通率很低，空气的质量很差，会使人感觉头疼或出现其他不舒服的症状。这让我们更加认识了绿色建筑及"亲环境建筑"的重要性。

我们现在可以在房间里或在车里，甚至在办公室就能使用遥控器来遥控操作电灯或遥控厨房的电饭煲等电器，可以通过遥控调节房间的温度，甚至可以通过遥控打开房间的门、窗帘或房间的控制系统。我们在办公室工作时，也可以给孩子打电话，甚至通过远视的方式看到孩子，以达到照顾小孩的目的。类似的例子还有很多。我们不妨问自己：我们在多大程度上需要这种服务装置，它又能真正为我们带来多少便利服务？如果对高科技过于依赖，一旦出现装置损坏的情况，人们就会束手无策。现在，生活在不断出现新的趋势，比如传统的家庭已逐渐向小型化家庭转变，单身者越来越多，随着寿命的延长，老年人的数量也逐渐增加，所有这些因素都会影响住宅形式的改变。总之，随着现代时尚潮流的普及，住宅的风格已成为房主个性化的象征。有的人希望家里有家庭影院，有自己的音乐室、办公室；有的人希望家里是没任何障碍的大房间；还有的人希望通过房子反映出个人的见解和品位。总之，房主不同的需求会对我们的住宅设计提出不同的要求，这就意味着现代住房的设计需要有更大的灵活性，来满足现代人不同的需求。

关于国际现代住宅的设计方向，首先是如何设计完美的环保住房，让居住的人们能与自然和谐相处,这就要考虑到一些自然条件,像风、水、阳光及其他自然资源,让它们能融入我们的设计中,以便节约能源,形成一个健康、舒适、快乐的生活环境,提高人们的生活质量。大家可以感受一下,当一缕春风伴着清新的花草气息飘进我们房间时,那是何等的舒适,还有人会怀疑它的质量比不上房间里的空调电器吗?所以,现在住宅设计首先必须考虑的就是通风问题。由于住宅中使用了过多的人造建筑材料,才导致了"建筑装修综合征"这样的疾病。美国环境法中有一条规定:在搬进住宅之前必须有一个月的时间给室内加热,使之干燥、通风。我认为这种方法同样应该在中国、韩国和其他国家采用,同时尽量使用天然的、可回收的、可持续性的材料。另外,还有很多科技因素要考虑,比如温度控制、安全性、防火等。总之,现代住宅的设计方向就是要把这些技术融入到一个综合性的、可控制的设计系统内,使我们生活得更加方便、美好。

国际现代住宅还有一个重要的设计方向,就是要表现社区意识。现在,电话、手机、电视、电脑等便捷的沟通方式,使人和人之间或邻里之间的距离非常疏远,似乎是我们把自己隔离起来了。过去,我们会在街道上或在广场上看到大家互相见面聊天,现在,这种沟通方式已很少了。那些住在市区或郊区平房的人们会好一些,因为他们经常出去或在外面维修房子,有更多的机会见到邻居,但住在高层住宅的人们却很少出去,当然就很少与别人见面交流。所以,我一直建议,所有的高层公寓,每隔三层就要有一个空中花园,一大间敞开式的厅,横向和纵向都能和楼层的单元互相沟通。这样才能为邻居的互相沟通创造更多的机会,从而营造出社区的良好氛围。另外,通过利用这种敞开的厅式设计也能为住宅的单元提供自然通风。可是,这种改善性的建议很难实现,除非政府对开发商有很强的优惠政策,他们才能愿意帮助实现。

总之,住宅的设计要以人为本,做到"亲环境设计"或"持续性设计",意思就是能够明智地有选择性地运用先进技术,要三思而后行。让住户本身成为家或城市的主人,而不是仅仅突出科学技术,它们只应该像助手一样为住户服务,不能成为领导者和主宰者。如今,能源消耗日益严重,为了子孙后代我们必须降低消耗,此外别无选择。所以,住宅的设计要多考虑节约能源和有限资源的合理利用,尽可能多地使用可再生的和可循环利用的材料。

【对话原文】

主持人：许先生是我们"中外名家系列讲座"请到的第一位专门从事建筑设计工作的名家，他从四十年前为自家的小狗设计房子开始，一直到成功设计了世界上最高的建筑，他提出以人为本和"亲环境设计"的理念，对我们大家有深刻的启示。下面，请我国著名的建筑设计专家开彦先生点评。

开彦（中国房地产与住宅研究会、人居环境委员会副主任）：许先生给我们提出了一个非常重要的问题，就是人居模式及现代城市该如何发展，非常值得我们思考。中国的房地产伴随着经济的发展，非常迅速。但也经历了从不成熟到成熟的变化，比如开始大家只追求面积，开发商尽量把居住面积提高，把外部环境做得更美。现在我们应该追求的是品质，是以人为本，把房子放在环境里去，房子跟环境要亲和。现在开发商们也都在这方面进行学习，而我们的建筑设计师要与开发商一起努力，通过健康的、绿色的、生态的建筑，通过科技发展，把我们的居住环境建设得更健康、更休闲、更生活化。尽管我国人口多，土地少，资源不丰富，但相信通过开发商与设计师的共同打造，就一定能创造我们理想的居住模式和城市发展模式。

随着我国经济的发展，房地产业的发展速度在加快。可有时发展得越快，其破坏就越大，对我们的城市生活条件的影响就会逐步显露出来。所以，房地产开发行为要与城市的发展行为结合起来，与城市特征结合起来，要创造新的人居环境，这一点应该时刻铭记。现在，长江三角洲地区建设就是联合了以上海为核心，南京、杭州、宁波、扬州进行整体全面的规划，整体来发展城市，这是中国的新趋向，是一个非常重要的趋势。城市在发展，我们的生活会越来越好，我们的生活形态、我们的生活模式会越来越畅通，我们的建筑师、开发商肩负着城市发展及社区发展的重任，同时也肩负着创造人类新的居住模式的重任，相信通过我们的智慧和创造，一定会给世界留下一片美好的风景。

问（北京澳林房地产开发有限公司总经理杨建平）：作为开发商我有点困惑，虽然我们加入了很多的生态技术和生态观念，但没有更多地得到政府相关的标准支持和政策支持，我们国家在制定生态建筑、健康住宅的标准方面极不完善。比如我在建设过程中牺牲了大量的建筑面积，造了很多绿地，但政府并没有给我其他回报，请问在国外，有关这种生态建筑的标准或"亲环境建筑"标准是否完善？

答：如果房地产开发商让出一块绿地作为住宅区公园，却没有从政府方面得到相应的补偿或激励政策，那么，他们的利润就会受损失。在韩国，购房者本身有环保意识、"亲环境设计"意识，所以，他在购房时就会跟房地产开发商要求这种形式的房子。美国早在1980年就开始引用绿色住宅和"亲环境设计"，但他们并没有所谓的衡量标准。现在，通过二十多年的发展，基本上已经成熟了，才有了一些完善标准和认证。

问（北京清华城市规划设计研究院副总规划师林文棋）：请问从城市建设的角度来看，北京能从汉城的城市建设过程中吸取哪些经验教训？

答：在城市与城市之间，北京不仅可以向汉城学习，汉城也可以从北京的城市建设中学到一些经验。中国是国家拥有土地，使用者只有一定时间的使用权。而在韩国很多土地是分成各种小块的，每个人都可以拥有一小块土地，所以，要从政府方面要一些相关优惠政策的呼声比北京高。而且，政府在做城市建设方面的决策时，有关方面的专家建议会对他们产生很大的影响，能够影响到政府决策者作相关的决定。

问（建行北京分行培训中心副主任赵景丰）：请问许先生两个问题：第一，现代建筑如何尊重历史？第二，中国的大中型城市基本上已经饱和，而大多数农民要解决城市化问题，主要是在县城、城镇和乡镇上大量兴建房屋，但这些建筑却没有设计界的加入。您认为设计师应该如何为他们设计住宅区？

答：首先要尊重历史，对过去的旧式住宅，不管是南方还是北方，要尽量保存。随着历史的变化，住宅的形式也发生了很多变化，人们越来越想享受现代的生活和品味。比如卫生间，传统的房间会把卫生间设计在室外，但大城市的卫生间都设计在室内，这样就为城市生活提供了很多方便。因此，要把历史和现代建筑结合起来，把历史融入到建筑设计当中。农民住宅的设计并没有一个固定的模式，可以利用当地的建筑材料或建筑设计方式来设计出有他们自己特色的建筑，要表现他们自己的独特个性。

主持人：建筑是科学和艺术的高度融合，也是历史与现实的高度融合，更是精神与物质的高度融合。在结束本期讲座之前，请国资委研究中心王忠明主任点评。

王忠明（国资委研究中心主任）：许先生所讲的关于建筑设计要重视环境、重视历史、重视与自然的和谐等听起来似乎都是常识，但常识也需要不断地重复。前不久我从南京到苏州,再从苏州到杭州,绵延几百公里的高速公路两边,睁大双眼仔细看,竟然看不到一处美景!假如我们的现代化是这么一种"最终奉献"的话,我认为这绝对是一种误区。长三角是中国经济最活跃的地带,但经济活跃最终表现的是这么一种人居环境,那么其中一定有很严重的偏失。正是在这个意义上,许先生今晚的演讲是很有针对性和现实意义的。让我们再次感谢许先生!

原文摘自王忠明编:《中外名家系列讲座集萃》,中国青年出版社,2006年2月版。 鉴赏编写:钱宝余 徐 波

57. 民营企业在经济全球化中的作用与机遇
——与新希望集团董事长、希望集团总裁刘永好对话
(2004年9月23日)

【格言名句】

什么时候中国民营企业才能进入世界500强行列呢?我相信,这种机会是存在的,我们会看到这一天,可能是五年、十年,但绝不会超过二十年。

——刘永好

【文章导读】

刘永好,著名企业家。现任新希望集团董事长、希望集团总裁、中国民生银行副董事长,曾任全国工商联副主席。2004年9月23日,刘永好在国资委举办的中外名家系列讲座中,结合二十多年的创业历程,就经济全球化中民营企业的作用和民营企业的发展机遇问题与企业界、经济学界人士进行了广泛的交流。与有着百年历史的GE公司伊梅尔特等外资老总的对话不同,中国民营企业的发展历史太短,最长的也仅仅是伴随着改革开放的几十年。当下所面对的处境两者也有天壤之别。

虽然刘永好有着太多的企业家、风云人物的光环,但回顾这次交流涉及的内容却更多的是沉甸甸的思考,并没有一路走来轻松自如的罗列辉煌。面对太多误解,甚至敌意、仇视,刘永好用精辟理性的论证作了回答,并对某

些误解作了中肯的解释。

首先这位青年才俊分析比较了国有企业和民营企业的各自优势,比如历史悠久、基础较好、技术研发能力较强以及管理经验比较丰富等。而中国民营企业也创造了一年内全国新增投资50%的不俗业绩;民营企业当时对我国GDP的贡献已超过了40%,且在不断增长,速度非常快。而在再就业问题上,有60%以上的员工在民营企业工作,70%的新增就业(包括自行创业)在个体私营企业。因此,得出结论,中国民营企业对国家同样作出了重大贡献,是社会主义市场经济的重要组成部分。刘永好以其逻辑分析证明国家发展民营企业的正确性,也显示了他的宏观层面把握政策走向的精明与执着。他还回顾了希望集团和国企的合作,特别是站在一个全球化的视角,指出了民企在经济全球化中的作用和地位,并用希望集团开拓越南等海外市场的举动做出了有力的例证。

对话中,刘永好对新希望集团,以至民企的发展前景给了正面的展望。"民营企业要做大做强,除了自身努力之外,还要有高尚的情操和社会责任感,要得到社会广泛的认同,包括领导、市民、穷人、富人、知识分子等。"最后的期望可谓中肯,耐人寻味。这是作为当世人一位民营企业家的真实感悟,也是对某些唯利是图者或者以某种小额捐赠代替社会责任的部分民营企业家的警醒。刘永好鼓舞大家说"什么时候中国民营企业才能进入世界500强行列呢?我相信,这种机会是存在的,我们会看到这一天,可能是五年、十年,但绝不会超过二十年。"

【主题演讲】

主持人:借刘永好先生的大名,祝大家的生活"永远美好"!今晚,刘永好先生演讲的题目是《民营企业在经济全球化中的作用与机遇》,大家欢迎!

刘永好:很高兴与大家一起探讨我国未来经济的发展,我主要是想谈一谈民营企业在经济全球化中的作用和机遇。

一、国有企业与民营企业

国有企业在国家经济建设过程中作出了重大贡献,奠定了中国经济发展的基础。现在,虽然不少国有企业面临着一些压力和挑战,国家在推进国有企业的改制和重组,但国有企业的优势仍是民营企业所无法比拟的,比如历史悠久、基础较好、技术研发能力较强以及管理经验比较丰富等。

那么,中国民营企业的优势何在？在此,我可以简单列举一些数据加以说明。近一年,50%以上的全国新增投资是民营企业创造的;60%以上的员工在民营企业实现再就业;70%的新增就业(包括自行创业)在个体私营企业;民营企业对我国 GDP 贡献已超过了 40%,且在不断增长,速度非常快。因此,中国民营企业对国家同样作出了重大贡献,是社会主义市场经济的重要组成部分。民营企业总体来讲规模虽然较小,但数量较多,在全国已有三千多万家个体民营企业,且每天都在诞生新企业。但在肯定民营企业蓬勃发展的同时,也不能忘记仍有个别企业在走向衰弱。因为民营企业要自己承担投资、决策及管理风险,所以,民营企业要搞好很难,唯有不断拼搏,建设一个好团队,才能发挥其自身优势,比如产权明确、投资慎重、决策较快、员工工作态度认真等。

既然国有企业与民营企业都有自己的优势,那么两者能否优势互补、共同发展呢？答案是肯定的。实际上,近几年来,地方县一级以上的国有企业几乎都在改制,国有企业已很少,而且省级国有企业的数量也在减少,国家非常重视和支持国有企业的改制。这种改制不是简单的破产,而是获得新生,通过股份制改造,通过与民营企业及外资企业合作,通过兼并、收购、重组等形式来实现新生。

二、新希望集团与国企的合作

新希望集团用一千元人民币起家,经过六年的奋斗和发展,拥有了一千万资产,并于 1992 年开始并购重组了大约三十多家国有企业。由于这些企业运作良好,新希望集团于 1995 年在中国饲料行业成为百强第一名,在全国拥有一百多家饲料企业,综合效益超过了外国品牌。这是中国民族工业的骄傲,也是中国民营企业的骄傲,更是中国人的骄傲！

目前,新希望集团在饲料业、乳业、肉食品加工业、房地产、高科技等领域都做了相当多的投资。只要民营企业善于与国有企业合作,并通过合作达到优势互补,就能谋求共同发展。新希望集团在化工方面曾与国有企业有过很好的合作。成都有一家国营化工厂,投资十年,占地四百多亩,拥有数万平方米厂房,但从没赚过钱,几百名员工下岗,正面临倒闭。新希望集团收购该厂,并为员工安排了新工作,他们的收入比以前成倍地增长。此外,随着企业的发展,新希望集团还开始与世界银行下属的国际金融公司合作,对方投资 2 960 万美元,控股 25%。另外,我们还找了一家资产丰厚的国有企业合作,利润双方对半分,最后企业运作非常成功。

也许有些人会说民营企业做事不规范,但我们所建的花园式化工厂,全部是按照国际标准建造的,并从瑞士、美国引进了一流生产设备,产品供不应求,效益非常好,现正在壮大发展之中。这就是国有、民营优势互补共同开发的典型案例,也是实施西部大开发战略中的成功案例。因此,国际金融公司非常愿意与我们合作,提出"凡是新希望投资的领域都要投资合作",从而使新希望集团更好地走上了国际化的发展道路。

三、民营企业在经济全球化中的作用和地位

在国外,有不少华人企业都经营得非常成功,在当地很有影响力。从他们身上,我们看到了中国民营企业的国际化未来。只有与国际接轨,才能把民营企业"由小做大,由大变强"。

我曾在上海参加"财富全球论坛",讲了自己用一千元人民币起家,卖掉手表和自行车创业的经历,引起了广泛关注,国内外多家媒体都做了报道。能在会上讲一讲中国民营企业的发展,我感到十分骄傲。另外,我也曾在美国和日本发表演讲,提出"中国经济的快速发展还会持续很长时间"的观点,理由如下:第一,中国的经济政策好,政府鼓励投资,支持民营企业发展;第二,中国七八亿农民不断补充到工业化队伍中,他们劳动力成本低且工作勤奋、努力,这是中国最大的人力资源;第三,中国每年有四百多万综合素质较高的大中专毕业生;第四,中国民营企业家和国有企业领导都在共同努力拼搏,他们是优秀的企业管理者。有了好政策、大批优秀企业家、大批优秀人才及大量廉价劳动力,中国能不发展吗?

我的观点也在国外产生了一定影响,很多国外大企业请我去演讲。他们以前总是与国有企业合作,现在也开始转变观念,与民营企业在广泛的领域进行合作,包括房地产、零售业、燃气、化工等。民营企业也通过合作向国外企业学习国际惯例和一些国际市场的游戏规则,借以提升国际竞争力,这是民营企业走向国际化的一个重要环节。

现在,新希望集团已在香港成立了新希望国际公司,专门从事投资业务。在越南修建了两个工厂,并发展成为当地最具影响力和竞争力的饲料企业,得到了越南政府和人民的认可。新希望集团通过与国际接轨,加大国际合作力度,现与日本、美国、新加坡等国企业都有了广泛合作。这说明民营企业和国有企业一样,完全能够在经济全球化中发挥作用。

前不久，我随由贾庆林主席率领的全国政协代表团出访，所到之处受到当地政府、商界及学术界的热烈欢迎，使我感触非常深刻。在韩国看到的大企业中，韩国三星电子很了不起，现在年均增长速度在35%以上。非常小的闪存已做到8G的存储，在全球遥遥领先。三星非常注重研发能力，销售额的8%都用来搞研发，这是很大的投入。而且，他们的团队朝气蓬勃，非常有国际竞争力。

我还参观了浦项钢铁。韩国没有煤，也缺乏矿产资源，但钢铁却能做到全球最大，靠什么？靠激情，靠一种民族的责任感和艰苦创业精神。在短短二十年间，他们就建成全球最大的钢铁联合企业，这种精神值得我们学习。

韩国企业的奋斗拼搏精神，给我们上了一课。现在中国许多民营企业有钱了，有的企业也比较大了，但是有钱、大了不一定是强，真正要做强、做大是不容易的。韩国的企业又大又强，强体现在什么地方呢？就体现在企业的国际竞争力上；体现在他们的人才队伍上；体现在他们的技术研发能力上；更体现为他们在国民经济中所占的地位上。我在韩国看到一种力量，这种力量就是民族精神的力量。目前，我们国内的企业与他们比，可能还有些差距，特别是民营企业的差距比较大，但只要我们决心向他们学习，就一定能够赶上甚至超过他们。因为我国市场很大，机制更好，我们的发展势头比他们更快，所以，我们更加有信心。

随着民营企业家素质的不断提高，中国的民营企业将在国际化的道路上走得更远、更成功。有人说，中国进入世界500强的企业虽然已有好几家了，但多数是国有企业，什么时候中国民营企业才能进入世界500强行列呢？我相信，这种机会是存在的，我们会看到这一天，可能是五年、十年，但绝不会超过二十年，中国民营企业群体中一定会诞生世界500强的企业。

四、民营企业的社会责任感

民营企业要做大、做强，除了自身努力之外，还要有高尚的道德情操和社会责任感，要得到社会广泛的认同，包括领导、市民、穷人、富人、知识分子等。这靠什么？靠企业自身努力，比如解决就业、增加税收、到贫困地区去投资。不仅是搞一点捐赠或施舍，而是把好的理念、技术、产品带到贫困地区，使其获得新发展，逐步走上脱贫致富之路。

目前,全国工商联"中国光彩事业促进委员会"已成立,简称"中国光促会"。经过大家共同努力,"中国光促会"已取得丰硕成果,它将载着中国民营企业的理想、抱负和社会责任感,与全国人民一起为扶贫事业作出自己的贡献。目前,参与"光彩事业"的民营企业家已达上万人,投资超过了四百亿元人民币,先后帮助贫困地区三百多万农民逐步走上了脱贫致富之路。"中国光促会"在得到党和国家领导人充分肯定的同时,也得到了社会广泛认同以及联合国的高度评价。未来中国会有更多的民营企业、国有企业以及外资企业一起为中国经济振兴作出更大贡献,民营企业的发展道路也会越来越宽广。

【对话原文】

主持人:改革开放二十五年来,民营企业是整个中国经济运行中非常独特的力量,它预示着一种新的生命力。新希望集团的成长就体现了这种强大力量。下面,请世界著名投资银行——环球资本集团资深董事斯拉维奇先生点评。

斯拉维奇(环球资本集团董事):我在国际金融行业工作了三十五年,去过六十多个国家,学到很多知识和经验。现在,经济全球化已是全世界关注的焦点。我听说过一个关于英国戴安娜王妃和一位埃及亿万富翁男友死于法国隧道的新闻——当时他们在一辆德国车里,被一群开日本摩托车的意大利狗仔队追逐着,这就是对经济全球化的定义。可是,新闻里没提到中国产品,也许未来才会提到中国产品。有人说,中国经济增长速度是惊人的、前所未有的,我并不同意这个观点。我认为中国的经济增长速度是很正常的,和其他很多国家一样。美国在19世纪初以及日本、韩国在二战后也同样经历过高速的经济增长。现在台湾人均年收入折合人民币是十二万元,已不是什么秘密了。如果中国民营企业家都有好的机遇,而不是与国有企业去进行不公平竞争,那么,我相信民营企业工作效率会更高,因为它运作起来更加灵活。目前,中国企业在与海外企业进行竞争中做得还不是很好,希望中国民营企业家继续努力,为中国、为社会作出更大的贡献。

主持人:非常感谢斯拉维奇先生幽默的点评。虽然戴安娜王妃的故事里没有中国产品,但我想告诉斯拉维奇先生,戴安娜王妃深受中国公众关爱,因为她是一位非常平民化的王妃。

问(环球资本集团北京代表处代表宋杰):刘总作为中国民营企业家杰出代表,在与政府及社会各方面打交道时,是否感觉很受限制?

答:民营企业家们的总体感觉是比较好的,因为国家政策比较支持民营企业,只是新闻媒体对民营企业的负面报道较多,而关于民营企业解决就业问题的正面报道却很少。另外,今年国家实行宏观调控,根据5月份统计数字,短期贷款减少了三千多亿元,票据融资减少四千多亿元,而中长期融资贷款反而增长了17%。要知道,民营企业能得到的多数是短期贷款和票据融资,而中长期贷款一般只给政府的相关投资项目或国有企业大型投资项目,这就意味着部分民营企业会受到影响。因此,国家在考虑宏观调控时应适当考虑民营企业利益。

问(湘财荷银基金管理有限公司研究员李泽刚):新希望集团是一个多元化企业,涉及很多行业,请问贵集团的核心竞争力是什么? 也请您介绍一下新希望集团的发展规划。

答:新希望集团是从事农业起家的,但农业是利润较低的行业。企业要发展就必须不断补充资金,因此,我们又投资了一些金融机构,成为民生银行主要的发起人和最大的股东之一,还投资了保险、乳业、房地产等领域,回报率非常高。目前,新希望集团收购和重组了十二家乳业公司,资产规模达到十五亿。总之,集团的核心竞争力就在于,一方面把农业作为主要发展方向,包括乳业、肉食加工业及饲料业;另一方面把乳业作为农业后备增长的一个新增长点,且随时积极争取各种新的发展机会。我国正从计划经济转向市场经济,转型中会出现很多机会。现在,新希望集团只有二十二岁,我们立志要做百年老店,用百年老店的思维引导企业、规划企业、发展企业,建立自己独特的企业文化,我们一直在努力建成一支专业化的经理人队伍。我相信,我们的努力会有结果,尽管我们目前做得还不是最好,但我们毕竟在进步和发展。

主持人:民营企业是一种新生的力量,从某种意义上来讲,是代表了中国市场经济的未来,也可以说是中国市场经济的"新希望"。让我们再次感谢刘永好先生的精彩演讲!

原文摘自王忠明编:《中外名家系列讲座集萃》,中国青年出版社,2006年2月版。　　鉴赏编写:孙忠良　戴继忠

58. 老舍文学的今日价值
——与中国现代文学馆馆长舒乙的对话
（2005年2月）

【格言名句】

　　老舍先生是穷人，这个出身绝对影响他的观念，影响他的品格。穷人的生活很悲惨，这种生活需要诙谐与幽默，不然没法活下去。

——舒乙

【文章导读】

　　舒乙（1935～　），出生青岛，散文作家，老舍之子。现任中国现代文学馆馆长，博士生导师，全国政协委员。1954年毕业于苏联列宁格勒林业技术大学化学工艺系。代表作有散文集《散记老舍》、《父亲最后的两天》、《老舍的关坎和爱好》、《我的风筝》、《现代文坛瑰宝》、《梦和泪》、《我爱北京》、《我的第一眼》、《我的思念——关于老舍先生》、《走近中国现代文学馆》以及传记《老舍》等。

　　本文是舒乙在国资委举办的中外名家系列讲座的对话。对话分为主题演讲和答听众问两个部分。舒乙在主题演讲中回忆并阐述了对父亲老舍作品的近距离深切的感受。他从一般好的文学作品标准即人物、情节、语言谈到对老舍艺术作品的独特理解：幽默性、民族性、人性、文化性和人道主义。当然这也是老舍艺术作品的思想性和艺术性。而从老舍之子的口中谈及，就有了如数家珍的便捷与传神，耐人深思。如《猫城记》是一部有争议的作品，把图书管理员吊起来打，还把老师统统杀光。在那么多年前老舍就描写了文化大革命，这对于那些对作品存有争议的人来说，老舍是以文字警醒我们人性的卑劣，并以自己在文革中被迫害致死的惨痛悲剧为自己的作品作了最真实的注脚。我们能感受到老舍家人的悲哀，更需要共同避免悲剧的重演。

　　在对话中，嘉宾们非常关注老舍幽默的生活源头、改造中国的文学做法、老舍作品的持久生命等问题。舒乙以儿子及老舍研究者的双重身份向人们描述了一个多才多艺、才情并具的文学大家形象,让人通过舒乙对观众各种问题的解答油然升起对老舍先生的缅怀之情、崇敬之情。和老舍的幽默甚或很诙谐不一样的是,舒乙语言的憨厚质朴,有问有答,不绕圈。

舒乙在演讲中提到的老舍作品的文化性、民族性、人道主义及幽默风格。关于幽默,舒乙解释说,"老舍先生是穷人,这个出身绝对影响他的观念、影响他的品格。穷人的生活很悲惨,这种生活需要诙谐与幽默,不然没法活下去"。

在对话部分舒乙谈了保留经典、反对为经济发展割裂历史文化延续性等问题,这些对于我们整个文化制度的建设也不无启发,它已超出了为一人一书作评传的范畴。这正如嘉宾点评的那样,决定社会福利和经济增长的主要因素是制度。这个制度不仅写在文本上,写在红头文件上,还刻在人们心里。甚至可以说,重要的并不是那些表面上的规则和制度,而是"潜规则"和"隐性制度",这就牵扯到文化问题。以民营企业为例。这几年相关的显性制度在不断改善,保护民营企业私有资产的条文也写入了《宪法》;然而,从隐性层面看,这几年的制度环境建设任务还很艰巨。好看、幽默、有民族性的作品对于改造我们当前的制度文化有着积极深远的影响。这次面对企业家的名家讲座,让企业家们思考:我们首先是一个人,其次才是总经理、董事长、处长、司长之类。如果社会培养了一批高素质的企业家,则这个社会的经济、文化的建设将获得健康、稳定而持久的发展。

老舍先生已逝世三十多年了,但他的著作每年都在重版或被改编成电视剧、电影,而且每年都有不同的译本在不同的国家问世。这种现象在整个现代文学史上非常罕见。老舍文学的价值不仅有增无减,而且已成为世界文学界的一个奇观。当今对"世界文学"的热衷,对歌德的"越是民族的越是世界的"观点的推崇,其背后是中国人重回一流大国的渴求。老舍文学为当今加强文化建设,探索创作和交流的规律,为中华文化的崛起并走向世界提供了示范,他的生命力还将延续。

【主题演讲】

主持人:下面请老舍先生之子、中国现代文学馆馆长、散文作家舒乙先生为我们作题为《老舍文学的今日价值》的演讲,大家欢迎!

老舍先生已逝世三十多年了,但他的著作每年都在重版或被改编成电视剧、电影,而且每年都有不同的译本在不同的国家问世。这种现象在整个现代文学史上非常罕见。老舍文学的今日价值不仅有增无减,而且已成为世界文学界的一个奇观。那么,老舍文学为何有如此强劲的生命力呢?下面,我就做一个概括的分析。

一、老舍文学十分好看

文学作品要流传,一定要好看。我认为一部好看的文学作品应具备三个基本条件:第一,要有动人的故事情节;第二,要有站得住的人物形象;第三,要有优美的语言文字。老舍的文学作品几乎具备了好看的全部因素。

现在,欧洲流行一种没有故事情节的小说。这种现象的产生有其特定的背景,但总体来说很不符合人们几百年来的阅读习惯。拿到中国来几乎没人看,没有市场和生命力。在中国比较受欢迎的还是那些有丰富故事情节的小说。近年来,德国、法国、瑞士等国都翻译出版了老舍先生的《四世同堂》。这些国家也流行无情节小说,但偏偏《四世同堂》这种有情节、有故事的中国小说很受欢迎,这种现象很值得注意。《四世同堂》近九十万字,分上、中、下三卷,译成外文就更厚了。我拿到的德、法、瑞士语译本都厚如砖头,却卖得很好。究其原因,主要就是故事动人。法国某媒体曾这样评论:以中国抗战时期为背景的《四世同堂》使我们想起曾经沦陷的巴黎,因而感到很亲切。

老舍先生的短篇小说具有强烈的传奇性,即故事完整、情节起伏、有头有尾、引人入胜。大家知道,戏剧与小说的一个重要不同就是戏剧要有戏剧冲突,而且矛盾非常尖锐。但老舍笔下的戏剧冲突并不明显,而是在文字上下工夫,努力塑造人物。比如《茶馆》是以人物和语言取胜,并不是以故事情节取胜。这正是小说家写话剧的真本事。老舍文学塑造了一些特别鲜活的典型人物,让读者和观众印象极其深刻,久久不能忘怀。例如,祥子、虎妞、刘四爷就是典型人物,提起他们的名字就能想起他们的样子。典型到什么程度呢?如果一个女孩的性格、语言、所作所为特别像虎妞的话,毫无疑问她会博得一个外号——"虎妞";同样,一个像祥子一样老实的人也会经常被称作"祥子"。这就是站得住的人物形象。能拿得出典型人物的文学作品肯定是十分出色的作品。

老舍有篇名为《断魂枪》的短篇小说,我在这里简单介绍一下。这篇小说大约有六千字,有点像武侠小说。它描写一位有名的拳师沙子龙和他的徒弟王三胜。沙子龙会玩枪，有一套绝活儿叫"五虎断魂枪"。可惜他生不逢时，因为镖局已不复存在。镖局是从前没有火车、手枪时为长途运送贵重物品保镖的。一些武艺高强的拳师自己开镖局，雇佣很多武林高手作镖师，为富人家押送车船，这也是一种职业。有了火车、手枪后，镖局就失去了存在的意义，沙子龙这类人就只好到北京天桥那种地方落地卖艺了。沙子龙年岁已大，不便到天桥卖艺，就让徒弟到那里打个场子，靠耍嘴皮子收钱。有一天，王三胜正在场子里比划，突然从人群中跳出一个小老头要来比武。他的腿看上去有点瘸，后脑勺留了条小辫子。王三胜练的是枪，小老头使的是三节棍。刚上场，小老头就把王三胜的枪打掉了。王三胜警觉起来，知道这小老头的武艺非同一般。果然，第二回合王三胜的枪又被打掉了，真丢面子。王三胜满面通红地说："走，跟我回家去，让我师傅教训你。"小老头说："好，我正要找你师傅沙子龙。"沙子龙见到小老头后，态度很客气。王三胜说："这个人把我的枪打掉了。"师傅不理他，安排他去订饭，要请小老头吃饭。王三胜出去后，这个小老头说希望沙子龙把"五虎断魂枪"传给他。沙子龙说："我不传任何人，要带进棺材里去。"小老头说："你是不是觉得我没有资格学，我打一套拳给你看看。"于是，他跳到院子里打了套拳，干净利索。沙子龙看完后说："你的功夫很好，可我还是不能教你。"小老头一气之下要走，虽然沙子龙极力挽留，可他还是什么话也不说地走了。王三胜等徒弟见师傅完全没有惩治小老头的意思，非常失望，以为师傅没本事，就纷纷离他而去了。到了夜深人静时，沙子龙拿了一杆大枪，在后院打完六十四式，然后握着冰凉的枪杆，望着星空，回想起自己当年在沙场上的威风，微微一笑，说了四个字："不传，不传。"小说至此戛然而止。

老舍文学的语言以通俗、简洁、生动、形象等特点闻名于世。看起来像大白话，而且是以北京话为主，但实际上极其优美考究，其精致的程度是难以超越的。他能用几句话把一个人描写得活灵活现、出神入化，堪称大手笔。

总之，只有好看的文学作品才受欢迎，才能不断再版，才能改编成可视的舞台作品或影视作品，在读者中拥有代代相传的市场。

二、老舍文学的幽默特色

在所有中国现代文学作品中，可以说老舍先生的作品最具幽默特色。鲁迅先生以讽刺而著称，其作品似匕首、似投枪；林语堂先生提倡幽默，但其作品并不十分幽默。20世纪的中国落后、贫穷，这样的现实使得幽默并不怎么受宠爱，人们也不太理解幽默，甚至对幽默存有偏见。所以，中国现代文学一般都是严肃有余而幽默不足，但老舍作品是个例外。再一个例外就是钱钟书。恰巧他们两人都有在英国留学的经历。有人认为幽默是技巧；其实，严格来说，幽默的品质是一种与生俱来的气质。老舍就是如此。大家知道，老舍是北京人，又是满族人，多年的沧桑经历使他变得很超脱，具备了一种穷人的智慧、诙谐和幽默。现在，幽默在世界上既是一种公认的、不可缺少的、卓越的表达才能，又是一种生活的润滑剂。老舍的幽默在中国已成为一个楷模，人们开始欣赏他、模仿他、跟随他，国外的不少读者也找到了一个远在中国的知己。

我给大家朗诵一篇老舍典型的幽默短文，叫做《何容先生的"戒烟"》。

首先要声明：这里所说的烟是香烟，不是鸦片。

从武汉到重庆，我老同何容先生在一间屋子里，一直到前年八月间。在武汉的时候，我们都吸"大前门"或"使馆"牌；小大"英"似乎都不够味儿。到了重庆，小大"英"似乎变了质，越来越"够"味儿了，"前门"与"使馆"倒仿佛没了什么意思。慢慢的，"刀"牌与"哈德门"又变成我们的朋友，而与小大"英"，不管是谁的主动吧，好像冷淡得日悬一日，不久，"刀"牌与"哈德门"又与我们发生了意见，差不多要绝交的样子。何容先生就决心戒烟！

在他戒烟之前，我已声明过："先上吊，后戒烟！"本来吗，"弃妇抛雏"的流亡在外，吃不敢进大三元，喝么也不过是清一色（黄酒贵，只好吃点白干），女友不敢去交，男友一律是穷光蛋，住的是二人一室，睡的是臭虫满床，再不吸两支香烟，还活着干吗？可是，一看何容先生戒烟，我到底受了感动，既觉自己无勇，又钦佩他的伟大；所以，他在屋里，我几乎不敢动手取烟，以免动摇他的坚决！

何容先生那天睡了十六个钟头，一支烟没吸！醒来，已是黄昏，他便独自走出去。我没敢陪他出去，怕不留神递给他一支烟，破了戒！掌灯之后，他回来了，满面红光，含着笑，从口袋中掏出一包土产卷烟来。"你尝尝这个，"他客气地让我，"才一个铜板一支！有这个，似乎就不必戒烟了！没有必要！"把烟接过来，我没敢说什么，怕伤了他的尊严。面对面的，把烟燃上，我俩细细地欣赏。头一口就惊人，冒的是黄烟，我以为他误把爆竹买来了！听了一会儿，还好，并没有爆炸，就放胆继续地吸。吸了不到四五口，我看见蚊子都争着向外边飞,我很高兴。既吸烟,又驱蚊,太可贵了!再吸几口之后,墙上又发现了臭虫,大概也要搬家,我更高兴了!吸到了半支,何容先生与我也跑出去了,他低声地说:"看样子,还得戒烟!"

何容先生二次戒烟,有半天之久。当天的下午,他买来了烟斗与烟叶。"几毛钱的烟叶,够吃三四天的,何必一定戒烟呢!"他说。吸了几天的烟斗,他发现了:(一)不便携带;(二)不用力,抽不到;用力,烟油射在舌头上;(三)费洋火;(四)须天天收拾,麻烦!有此四弊,他就戒烟斗,而又吸上香烟了。"始作卷烟者,其无后乎!"他说。

最近二年来,何容先生不知戒了多少次烟了,而指头上始终是黄的。

像以上这种文字是典型的老舍式幽默,并贯穿在许多小说里。这是老舍文学一个非常重要的特点,现在已越来越被人们所喜爱。很多作家都开始模仿这种老舍式幽默。中国人过去不太讲幽默,说话缺少幽默,不像美国总统或好莱坞的电影演员,张嘴就会引起哄堂大笑。在西方,很多政治领袖如果缺乏幽默,肯定会影响选票,可见幽默是一种非常重要的素质。

三、老舍文学的民族性

现在,中国作家写的虽然大多是中国的事,但其中的民族性水平强弱不一。所谓民族性,是在内容和表现形式上都具有强烈的民族特色。我曾问过外国的翻译家:"你们认为哪位中国现代作家的作品最难翻译?"他们几乎不假思索、异口同声地回答是老舍。我原以为是鲁迅,可他们说鲁迅的作品比较好翻译,就是老舍的作品难译。我十分惊讶,问为什么。他们说老舍作品的民族性很强。从前,美国人翻译的《骆驼祥子》比中文版本要厚一倍,因为对中国人尤其是北京人来说不需要做任何解释的方言在翻译时要花大力气来说明,比如英译本用整整两页来解释"涮锅子"是怎么回事。这就是文学作品的民族性带来的难度。对中国读者来说,老舍的作品读起来熟悉亲切,具有一种伟大的亲和力,让人喜爱、激动,是一种特殊的享受;对外国读者来说,老舍作品则是又新鲜又陌生,反而因为异样而更容易被接受。正是因为这样,老舍的小说才成为中国现代文学作品中首批被介绍到欧美的作品。更为奇妙的是,外国翻译家至今热情不减。相形之下,一些与老舍同辈的作家的作品之所以未受到国外同行的重视,也正是因为其作品从内容到形式都缺乏民族性,写得太像外国作品。可见,只有具备强烈民族性的文学作品才能被国外读者所欣赏,读起来才新鲜。

四、老舍文学的人性表现

一般来说,文学作品肯定是描写人的,而对人的描写具备如下四个层次:第一是描写个人之间的冲突,即生活中人与人之间发生的各种事情;第二是描写国家和民族的命运,这比个人的命运要高一层;第三是描写人类的共性,比如外国的环保文学已变成大众文学,就是因为环保已超出国家和民族的范围,成为全人类面临的共同问题;第四是描写人性,这是最难也是最深刻的。比如《猫城记》是一部有争议的作品,到现在还没有单行本,只在《老舍文集》中才能看到,但这部作品在国外的名气却很大。这并不是因为老舍在"文革"中受过批判,说他有这样那样的政治倾向,而是因为他描写了人性的弱点。无论哪个国家,只要有人的地方,尔虞我诈、钩心斗角等现象大概都存在,这部小说把这类现象剖析得十分透彻,其中描写猫城的人把图书馆全都烧掉,把图书管理员吊起来打,还把老师统统杀光。很多外国人看了译本后马上就说:哎呀,怎么在那么多年前老舍就描写了文化大革命,简直一模一样!他们认为老舍很有远见。在老舍众多作品中,《猫城记》翻译的数量仅次于《骆驼祥子》,高居第二位。

《骆驼祥子》也是一部描写人性的作品。除了描写旧社会人吃人的黑暗面以外,还描写了祥子身上的正面与负面的一些特点。他勤劳、拼搏、奋起,要在城市里站住脚,要买自己的车,这是他的正面。而他又是一个极端个人主义者,喜欢踩着别人,这些都是人性的负面。所以,祥子是一个复杂的人物。作品中还有对男女性欲问题的描写,是中国现代小说中较早的描写。过去有些非常好的小说里也有情欲描写,但不是现代意义上的性欲。在"四人帮"横行的时候,连爱情都不能说,更别说是性欲。《骆驼祥子》描写了人性中的性欲,而且描写得相当深刻。正是这些人性问题的有趣展示,引起了人们普遍的兴趣和思考,也使得老舍作品广受欢迎,吸引了一代又一代的年轻人,而且跨越了国界。《骆驼祥子》这部小说还有一定的超前性和思想深度。现在,中国各个城市里都出现了成千上万的打工者,他(她)们都是从农村进入城市的、奋斗挣扎的现代"祥子"。由于时代不同,今天的农民工和祥子有很大的不同。老舍写祥子经历了三次买车、三次丢车,其中有两次是社会原因:首先是大兵把他抓走,车子就丢了;后来把骆驼卖了,想买第二辆车,结果又让密探把钱抢走了。但除了社会背景不同以外,今天进城的农民工在心理上、气质上又与祥子非常相似。所以,写祥子的小说也好,演祥子的电影也好，都曾引起非常大的轰动。祥子的优点和缺点会在今天很多人的身上再现。

五、老舍文学的文化性

中国过去曾经是以阶级斗争为纲，政治第一。如今，文化已被放到一个非常重要的位置。老舍一直强调文化的重要性，例如《四世同堂》的主人公祁老爷子，六十多岁了，有儿子、孙子和重孙子。北京沦陷后，老爷子从一些文化现象里体验了丧国之苦，因为他过生日连一碗面也吃不成。战争刚开始时，老爷子本来大大咧咧地跟他的孙媳妇说："没什么害怕的，八国联军都经历过了，多买点粮食，买一点腌萝卜，把门顶上，过不了三个月天下就太平了。"可是，等到自己过生日时，这个也没有，那个也没有，朋友也不来了。老爷子是一位非常有悟性的人，他慢慢地从文化氛围的变化中感觉出亡国之苦来。这是正面的描写。

负面的描写主要是祁老爷子的孙子瑞宣。他是一位高级知识分子，背负沉重的传统文化包袱。他没出去打游击，因为他认为自己是个男人，上有爷爷、奶奶、父亲和母亲，旁边有弟弟、太太，下有女儿、儿子，要对他们负责，要按中国古文化所教育的那样去尽孝道、尽家庭责任。如果中国最优秀的文化精英都持这样的观点，中国还有希望吗？老舍先生在《四世同堂》里表达了自己的疑问。他认为八年抗战使得中国狼狈不堪，最后还是在外国的影响下取得了战胜国的资格，其中一个重要的原因就是背负了太过沉重的文化包袱。《四世同堂》的这种见解，在当时许多作品都在写八路军、新四军打游击或搞武装斗争的大背景下，应当说是非常独特的、领先的。

另外，老舍作品还有着强烈的批判意识，主要是指批判国民劣根性。从文化的角度来看，好人身上也有很多需要批判的东西。比如祥子，老舍写他总是抢人家的买卖，自动降价，给其他工人带来损失等，都含有一定的批判性。又如在《断魂枪》中，老舍以非常复杂的心理描写沙子龙不肯传授祖传枪法，也同样有批判的因素，因为优秀的东西被时代淘汰，既是一种时代进步的代价，也可以说是很重要的损失。

六、老舍文学的人道主义精神

老舍先生是一位真正的人道主义者，他关爱和同情民众。比如《龙须沟》里有一个发人深思的重要细节，往往被导演、演员忽略掉。该剧前两幕中，有一个恶霸的狗腿子总去欺负程疯子、程娘子，欺负大杂院里的穷人。

解放了,政府把恶霸地主枪毙了,狗腿子就跑到大杂院来找程疯子道歉,请求给他留一条活路。这里,老舍先生有一处惊人之笔:程疯子让狗腿子走过来伸出手,当他哆嗦着把手伸出来时,程疯子说:"啊,你的手也是人手啊,你走吧。"这一笔在不明白的人眼里总以为它讲的是阶级调和,改编成电视、电影时都被删去了。这高明的一笔被周扬读懂了,他是一位非常深刻的文艺评论家。又如《四世同堂》狠狠鞭挞了日本军国主义,但在尾声里出现了一位反战的日本老太太,这很高明,也是老舍的了不起之处。《四世同堂》之所以是一部让人反省的教科书,就是因为它深刻而又别出心裁地描写了人道主义。

【对话原文】

主持人:按照今晚讲座的特别设计,下面,请国资委研究中心的赵晓博士点评,大家欢迎!

赵晓:我是搞经济学研究的,但最近两年多来一直在关注文化。经济学家最关注的是社会福利和经济增长,但研究结果却发现决定社会福利和经济增长的主要因素是制度。这个制度可不那么简单,它不仅写在文本上,写在红头文件上,还刻在人们心里。甚至可以说,重要的并不是那些表面上的规则和制度,而是"潜规则"和"隐性制度",这就牵扯到文化问题。以民营企业为例。这几年相关的显性制度在不断改善,保护民营企业私有资产的条文也写入了《宪法》;然而,从隐性层面看,这几年的制度环境其实是不断恶化的,去年就有许多民营企业家死于非命。这就涉及文化问题。老舍是我最尊敬的现代文学大师。正如舒乙先生阐释的那样,他的作品好看、幽默、有民族性。老舍先生的作品还让我想到如何做人这个大问题。我们首先是一个人,其次才是总经理、董事长、处长、司长之类。经常有人跟我争论,说中国人如何如何。我就回应他说,你应该先解决你作为一个人的问题,然后再解决你作为一个中国人的问题。在老舍的作品里,我看到了对人性的深刻洞察。他的描写超越了国界,受到世界各国的欢迎。

有一个问题我想请教舒乙先生:老舍为什么具有这么一种幽默才能?因为他是北京人,或者满族人?还是因为他有英美生活的经历?

答:老舍虽有在外国生活的经历,但我更倾向于他自身的特质。在当时的社会,作家都出生在有钱人家,贫家子弟要当知识分子,可能性很小。历数中国文学大师,没有几个是穷人出身,而老舍是个例外。按照毛主席的社会阶层分析,他属于贫穷的小市民,这个出身和其他作家都不同。老舍先生是穷人,这个出身绝对影响他的观念,影响着他的品格。穷人的生活是很悲惨的,这种生活需要诙谐和幽默,不然没法活下去。老舍先生说过:穷人从来不哭,穷人是非常富有幽默感的,他们只能用这种态度对待生活。这也是老舍自己的特质。他的智商非常高,多才多艺。在那个时代,只要老舍先生一出场,周围的人都听他说。很多人都这样描述过,比如叶圣陶日记里就这样写道:只要老舍在场,谁也不愿意缺席,一定要等他说完了再散场。但他在家里却不苟言笑,非常严肃。他很少发脾气,很有涵养,即便有时发怒,听的人也忍不住哈哈大笑,因为无论他骂人、批评人,还是吵架,都很幽默。

问:历史学家朱学勤先生认为,中国文化到"五四"时期发生了突变。"五四"之前的中国文化着眼于政治制度的转型,而"五四"之后出现的新文化运动则着眼于文化思想的革命。"五四"新文学的一个重要任务就是改造民族性。很多中国人到了国外依然保持自己的国民性,这并不妨碍他们成为企业家,成为华人世界中崛起的一代优秀人物。朱学勤认为,这种用文学去改造中国社会的做法其实是一个历史的偏差。请问您对此问题有何看法?

答:"五四"时期的那批文学巨匠十分重视改造国民性,所以鲁迅先生创造了阿Q。他原来是学医的,看到一个电影场景中外国人砍中国人的头,而中国人却在一旁麻木地观看,便觉得重要的不是治人病而是治人脑。比起"五四"时期那一代人,我们大大退步了,变得非常世俗、短见、功利。那时的人比我们有先见,有独立思考的能力。他们觉得,中国不进步是因为人性有很深的缺陷。比如老舍小说《二马》中的老马就是个非常守旧的人,到英国后丢尽了中国人的脸。老舍对这类人有着极其深刻的认识。

问:您觉得在这个浮躁的社会里,文学作品还有流芳百世的可能性吗?

答:当代文学是很庞杂的,另类的东西很多,寿命短的也很多。读者有各式各样的需求,比如有人就爱看色情小说,这是一种市场需求,谁也没办法。所以,要剖析社会原因,包括市场原因,以区别对待。

问:我从深圳来。刚刚结束的深圳政协会上通过了一项议案,就是要保护有二十年历史的建筑。可是,听了您刚才的讲座之后,我好像陷入了一种不可知论。美的历史文化街区可能也有需要改造的地方。比如大家都说故宫很美，其实在那个时代，它却是皇权的象征；古老的胡同也非常美丽，可市民却希望从里面搬出来。您能否谈谈这个问题？

答：这个问题已经跑到文学外面去了，但我非常有兴趣。现在有些政府官员为了表现自己的政绩，毁坏了很多古迹，这是很短视的。鲁迅先生说过：容易为世界接受的，一定是自己独有的。

有一位瑞典驻华大使馆的官员离任前曾对我说：斯德哥尔摩八十年前发生的事情，跟北京眼下发生的事情一样。玩命地拆老房子，玩命地盖新楼，拆到还剩 0.8 平方公里的时候突然觉悟了，于是那个街区的老房子才得以保留，并决定此街区不准走汽车；不管是总统还是平民，都是步行进去，步行出来。现在每年有上千万人去那里参观。北京也一样，全世界独一无二，一旦毁了，就不能再生。

主持人：今晚的讲座让我想起一件往事。前几年，老舍夫人胡絜青在世时，有一次我和她聊天时问起："您跟老舍先生结婚时有什么契约吗？"胡先生说："有。当时，老舍先生郑重地跟我说了两点：第一，你跟我过日子，我不会让你太穷，但也发不了大财；第二点，我只提一个要求，当我拿着烟斗沉思的时候，千万不要打扰我，那是我在构思。"就是在这样一个契约下，老舍先生有了舒乙先生这个"作品"和众多的文学作品。让我们再次感谢舒乙先生的演讲！

原文摘自王忠明编：《中外名家系列讲座集萃》，中国青年出版社，2006年2月版。　　鉴赏编写：徐　波　丁亚明

59. 大力发展非公经济
——与四通集团公司董事长、新浪网公司联席董事长段永基对话
（2005 年 2 月 22 日）

【格言名句】

要大力构建和谐社会，必须保证社会的稳定，首先要坚决、迅速地消除导致社会动荡的制度性因素。

——段永基

【文章导读】

2004年前后,随着国家的调控,有人认为,中国经济发展的前途在于国有经济和国有企业,而民营企业永远长不大。那么,中国是否有必要发展非公经济?中国要搞改革开放,要建立社会主义市场经济体制,发展非公经济究竟是无奈的选择,还是必然的选择?

面对这种疑惑,2005年2月22日晚,段永基先生在"中外名家系列讲座"栏目发表了自己的演说,回答了主持人和观众的问话。原交流分为主题演讲与答问两个部分。

段永基,1970年毕业于清华大学,1981年获北京航空学院硕士学位。历任北京航天部621所研究室副主任,四通集团公司OA部部长、副总裁、总裁,董事长。全国政协第八、九、十届委员。1999年9月出任北京中关村科技股份有限公司总裁。

段永基十分清楚地就如何以科学发展观为统领,大力发展非公经济,建设和谐社会等相关问题与现场企业界、经济学界人士进行广泛地交流。他论述了市场经济的实质,为民营经济的生存发展的理由作了充分的说明。第一,市场经济是全民经济,是鼓励个性的经济;第二,市场经济是交易经济;第三,市场经济是效率经济、效益经济。这是多年从事市场经验的实践所提出的独到判断,也为民营企业发展的必要性、必然性提供了佐证。

段先生还毫不讳言地列举了民营企业一些不规范做法,对其原因作出了深入分析。较之于现在,几年前的市场经济环境更为糟糕。他从长期计划经济转型当中的市场经济的当前资源失衡所造成的巨大贫富差距,分析了民营企业家诸多的无奈和不合理行为,并从科学发展观与创建和谐社会的理论高度、政治高度,对民营经济改善发展环境,规范市场行为,解决社会不公,建立初级层次的和谐社会——稳定的社会提出了希望。

可以说,曾任全国工商联副主席的段永基先生凭借经年历久思考给出的理论联系实际的阐述,确乎使乐于沐浴思想光芒的人们,特别是企业界人士,能够更准确地洞悉世界动态和时代精神,从而长久保持竞争优势和创新活力。

观众主要围绕着行业发展展开提问。如对于房地产、互联网、行业兼并、国有资产流失等问题的看法或预期。段永基先生中肯地给予观众解答。特别是对于国有资产流失这一公众深恶痛绝的问题,他理性地分析了其中存在着国家公务员或国有企业管理者的价值被低估的问题。虽然正如主持人所言,大众消费是市场经济前景最不容易被预测和计划的,但观众尤其是提出问题的观众,太希望从他的创业实践和理论预期中分享到今后行业发展的成功。相信本次对话对他们会有收获。

【主题演讲】

主持人:段先生是著名的企业家、全国政协委员、全国工商联副主席。他演讲的题目是"大力发展非公经济:科学发展观与和谐社会",让我们热烈欢迎!

我是"非名家","非名家"跟"名家"对比有一个好处,就是更能显出名家的光彩。莫泊桑写过一部小说叫《伴娘》,我就是名家的"伴娘"。下面,我先简单介绍一下"四通"集团,然后再着重谈一谈非公经济发展等有关问题。

一、关于"四通"

最近八年,"四通"一直比较沉寂,知道"四通"的人也越来越少。"四通"经过了非常艰苦的转型期,现在基本格局已定,有两大业务:第一是生命健康产业。我们购并了"巨人集团"75%的股权,来创建"四通"自己的生命健康产业,现在发展很顺利,每年的营业额约有十五亿元人民币。第二是网络产业。比如"新浪网"已是十多年前投资的项目了。

"四通"最近投资的三大产业都集中在网络方面。第一是有线电视网。"四通"是"中广有限公司"的大股东,此公司是国内继上海和北京之后的第三大有线电视网络,有二百五十九万用户,明年会发展到五百七十万。第二是从事汽车通信服务的"问天游网络公司"。现在有车族越来越多,但车上不许打手机,所以,我们要为开车族提供各种信息服务。经过几年的艰苦积累,目前该公司纯利润已达一千多万美元。第三是我们投资了"四通搜索引擎公司",虽然每年的营业额只有三十亿美元,但它说明互联网已到了实用时代。每个人不论身在何地,都可以得到任何时代、任何地区的海量信息,互联网已使人们超越了时间和空间的距离,只要有互联网的地方,就可以得到超越时空的海量信息。我们集中力量投资了新一代的"搜索引擎",目前,"搜索引擎"还在开发和投入阶段,将来会发展为"智能搜索",就是让计算机读懂人的自然语言,这将会为人们的现代生活提供更大的方便。

二、发展非公经济的重要性

我为什么选择讲非公经济发展问题呢?因为近几年来,民营企业出事较多,在调控过程中受打击最严重的也是非公经济。于是,有人认为,中国经济发展的前途在于国有经济和国有企业,而民营企业永远长不大。那么,中国是否有必要发展非公经济呢?中国要搞改革开放,要建立社会主义市场经济体制,发展非公经济究竟是无奈的选择,还是必然的选择?只有搞清楚这些问题,中国非公经济的发展环境才能得到根本改善。

未来的中国经济,必须且只能在不断完善社会主义市场经济体制的框架下发展。我个人的体会是,市场经济与计划经济有许多重大差别,从本质上说,其主要差别是:

第一,市场经济是全民经济,是鼓励个性的经济。市场经济的要义是要充分鼓励每一个社会成员在社会经济生活的所有方向上进行自由的创新和创业,以期能最有效地配置资源、提高效率、创造经济效益。而计划经济的实质是靠少数人的智慧来配置资源、安排产品,指挥多数社会成员进行生产。这就自然而然地遇到两个不可克服的矛盾:其一,少数人再聪明也无法知道资源有效配置所需要的全部信息;其二,企业家行为和人类思想的创新过程是不可能被别人计划出来的,全社会成员纷繁多样的需求也不会听从别人的计划。换言之,靠几百万绝顶聪明的政府工作人员对十三亿人乃至对全球六十亿人的衣食住行、休闲娱乐等需求进行合理地计划和安排,是完全不可能的。在960万平方公里范围内,天上地下、有形无形的种种资源进行公平有效地配置,也是难以做到的,至于激励个性化差异极大的每一个社会成员的创造热情和创业干劲,更是天方夜谭。所以,我们要发展、要振兴,要以经济建设为中心,只能抛弃我们这一代人所习惯的计划体制,努力支持全部社会成员在社会经济各个领域的自由创业和创新活动。即使部分社会成员只是为自己发财致富的目的而投入社会经济创造之中,但客观上他对社会发展的贡献也远远大于无所作为的结果,社会应当给予支持。

第二,市场经济是交易经济,是买和卖的经济。由于市场经济是以交易为基本方式的经济形态,而交易的前提是被交易商品的物权必须归不同的主体所有,所以,产权多元化就是市场经济的基本组织形态;各类所有者的财产所有权都毫无例外地得到保护,这是市场经济最基本的法律基础。在此前提下,才能真正实现各产权主体收益与责任的统一,才能最大限度地激发各产权主体创业的热情和创造的积极性,极大地促进社会财富在总量上的高速增长。

第三,市场经济是效率经济、效益经济。市场经济的效率和效益都大大高于计划经济,这已是20世纪以来人们长达数十年试验的公认结论。效率问题和效益问题,一方面是坚持以明确产权为中心的改革正面激励问题;另一方面就是成本控制问题。经济学界的大量研究以及现实生活中的大量案例都集中证明,社会财产中的产权越明晰,经济主体摆脱成本的几率就越小。反之,社会财产中的产权不清,必将导致个人或企业对成本的关注变小,使企业表现出明显的低效率、低效益,甚至是负效率、负效益的特征,造成社会成本成倍地扩大。

以上讲的只是市场经济的部分经济学特征,但仅从这几个方面看,我们不得不得出结论:为了建立社会主义市场经济体制,推进中国经济的持续健康发展,大力发展非公经济是必然的、科学的选择。因此,关于发展非公经济不过是解决就业的权宜之计,不过是实施改革开放政策的政治点缀,不过是兑现加入WTO承诺的无奈选择,这些看法都是错误的。之所以错误,是因为没有从发展非公经济是真正实施市场经济体制必然选择的理论高度来认识,没有从这是中国适应全球经济一体化潮流、利用全球资源发展自己的科学选择的高度来认识,更没有从发展非公经济是认真落实科学发展观,认真贯彻党的十四大、十五大、十六大所确定的改革开放总路线的政治高度来认识。

三、科学发展观与和谐社会

由于社会贫富差距过大,造成了社会的不稳定与不和谐,就有人认为发展非公经济是罪魁祸首。所以有必要对这个问题进行深入分析。

科学的发展观,要求我们看问题要全面,要看问题的两面性,市场经济体制并不是十全十美的。由于每个社会成员的主客观条件都不相同,机遇也有差异,尽管完善的市场体制提供给他们的是公平发展的机会,但最终的结果必然是因地、因人、因时而异的。所以,差别尤其是收入的差别和财富的差距一定会出现。同时,我们必须看到,中国正处在由行政权力高度集中的计划体制向市场体制转型的过程中,政府掌控资源分配权力,再加上资源特别是紧缺资源进入市场后的巨大经济效益只为少部分人所享用的不健康现象持续存在。因而,每个社会成员所得到的发展机会本身很不平等的,这种因资源不公平分配而造成的财富差距,使得收入的不平等成倍放大,导致人们对改革的信念产生动摇,并对市场体制产生怀疑,而人们易于把因改革不彻底造成的问题归结于改革本身,易于把因市场体制不完善造成的问题归结于市场体制本身,这就极有可能导致种种社会问题。中央正是深切地感受到这个问题的严重性,才把建立和谐社会作为科学发展的一项重要内容提出来。

和谐社会的最低标准就是稳定。当然,它也有其最高标准,即每个社会成员都各尽所能、各遂其志、各得其所、各享所需。最高标准的实现,恐怕还要经过几代人的努力,当前我们必须致力于最低标准的和谐社会的建设。

贫富差距过大,必然引起社会动荡。从陈胜、吴广开始,历朝历代所有农民起义的动员令都是以均贫富思想为中心。然而,大量的社会调查已证明,美国人并不仇恨比尔·盖茨,中国人并不仇恨这几年的网络首富,比如陈天桥和丁磊。人们对那些凭辛勤劳动和自己的智慧、资源发财的行为,哪怕是一夜暴富,也并不仇恨,能够接受。但是,如果说某市和某区的交通局长家财万贯,某公司凭着特殊关系而大发其财,人们的容忍、接受程度就完全不同了。

这里有两个重要的信息传递:其一是当人们已经摒弃了"不患贫,患不均"的小农意识,人们普遍接受效益优先的原则,接受执行这一原则所形成的社会成员之间的财富差距,这是中国社会的巨大进步。但是,这种进步隐含着一个前提,就是要求社会的资源配置制度有进步:社会要公开、公平、公正地向每一个成员提供获得这些资源的机会;其二,由于尚处在转型期,社会主义市场经济尚不完善,特别是资源配置的市场化改革进展迟缓,在这种情况下,出现了许多官员利用资源分配权而徇私,企业为获取资源、尤其是稀缺资源而行贿的案例。老百姓最为愤恨的就是因徇私而暴富、因行贿而暴富的现象。在这种钱权交易中,相当数量的民营企业家也做了许多见不得阳光的事情。虽然他们有种种无奈和苦衷,但社会不能接受这种通过黑色渠道而形成的贫富差距,我们的改革开放事业本身也不能允许这种现象继续发生和蔓延。这是当前可能造成社会动荡、破坏稳定局面的最危险的"地雷"。

我问过一些民营企业家,一年的时间是怎么分配的?他们说50%的时间是与政府官员吃吃喝喝,有批地、批证和收税的,这说明民营企业家也有很多无奈。民营企业是1980年代才开始发展的,没有资源,资源配置权都掌握在政府主管官员手里,他们要获取资源,但又缺乏公开、公正和透明的办法,所以多数行为是暗箱操作。为了获取资源,他们必须找官员公关,徇私和行贿都有可能。而国有企业享受各种资源则要比民营企业容易得多。

综上所述,我们要大力构建和谐社会,必须保证社会的稳定,首先要坚决、迅速地消除导致社会动荡的制度性因素。要向各级政府主管部门,特别是掌握各种资源配置大权的部门大声疾呼:要加大改革力度,尽快建立资源的市场化配置制度,向全社会成员公开、公平、公正地提供获得各种资源的机会,消除权钱交易的制度性基础,才能防患于未然,使我们的改革开放大业在社会稳定的基础上健康发展。

新一代中央领导集体提出"以人为本"的科学发展观以来,2003年防SARS,2004年控过热,打的都是遭遇战。2005年是改革年,说明中央领导对我们过去二十多年的发展成绩和不足洞若观火,对解决前进中存在的深层次问题成竹在胸,就是两个字"改革"。我们民营企业的同仁一定要认真学习,深刻领会,积极行动,坚决执行中央的决策和部署,以科学发展观为统领,大力发展非公经济,努力建设和谐社会,在中国改革开放事业发展的新阶段再立新功。

【对话原文】

主持人:听了段先生的演讲很有感触。作为著名的企业家,他介绍了有关企业管理的理论和实践经验,其中所蕴含的思想是深刻的。下面,请CFA特许金融分析师、纽约证券交易所(NYSE)国际董事兼中国首席代表张磊先生点评。

张磊:很高兴能为段总作点评。我在美国金融机构"纽约证券交易所"工作,研究过美国是如何选择资本市场的。美国是市场经济国家,其市场经济发展到顶峰的并不是制造业市场,而是资本市场。"纽交所"有将近十八万亿美元的市值,十几倍于中国国民生产总值,也是几倍于美国国民生产总值。

段总经历过中国几十年的改革开放,有深刻的体会,他既是一位企业家和实践家,又是一位了解不同所有制的历史学家。他认为历史的选择有时看起来很偶然,但长期看也有很多必然性,这就需要我们好好思考,总结经验。过去的选择已过去了,下一步应该怎么选择?我国的经济体系是走大银行体系还是大市场体系?这两种体系各有利弊。

段总刚才讲了在中国的融资体系中,银行性的间接融资体系占97%的份额,这在美国是很难想象的。美国比较推崇一种主人翁精神,人有所需,人有所物,都拥有自己的东西。而我国的主人翁精神更多的是从精神层面上讲的,没有完全落到实处。正如段总所讲,我们不能因为产生了贫富差距问题,就否定过去对市场经济的选择,因为这种选择是历史发展的必然选择,而不是权宜之计。

另外,定价理论一定要由市场交易完成,最有效的市场模型是通过竞价体现的。"纽约证券交易所"对股票的交易就是竞价,任何产品都要竞价和竞争,包括公司的治理制度、企业间的竞争和资本与企业所有权之间的竞争,只有竞争,才能有合理的市场资源配置。在这个过程中,会存在一些不公平,段总和吴敬琏老师都讲过这个问题,因为在社会主义发展市场经济的过程中,"市场经济"这个词也被少数机构所利用,市场经济也有好的市场经济和坏的市场经济之分,坏的市场经济是为少数权贵服务的,但我们不能因为这一点就否定整个市场经济。市场经济不能只强调"形",如果"形"对而"神"不对,那么这个市场经济就是假的市场经济,因为它的资源配置没有完全市场化,只是表面上的市场经济,大家也只能拥有主人翁责任感,而没有主人翁的资产负债表,是没落到实处的市场经济。

问:请您用IT的眼光评判一下中国的地产业,另外,"四通"在地产业是否会有一些新的举动?

答:这个问题很难回答,因为隔行如隔山,用IT眼光评地产,评得好就显然不是IT眼光。我曾搞过地产,地产和房产是两回事,比如李嘉诚发家主要是靠地产,土地资源有减无增,房价有波动,而地价基本上没波动。李嘉诚曾给过我们"四通"一些关于搞房地产的建议,但我们没按照他说的去做,结果在秦皇岛和广东中山投资了很多房地产,却没多少效益。民营企业界作过一个统计,过去二十年房地产业的利润是其他所有行业平均利润的六倍,这说明中国的房地产业是比较稳定的,有机会大家可以尝试一下。

问:请谈一下对互联网未来发展趋势的看法?

答:我对互联网是一往情深。全世界所有的商品,不管是有形的还是无形的,其成本分两部分:一部分是制作成本,一部分是交易成本。现在,人类在制作成本方面有很多重大发明,降低成本的空间已很小了,但交易成本降低的空间非常之大,降低交易成本最有效、最强大的工具就是互联网。互联网产业真正到了全面改善人们的生产和生活、提高生产效益、降低交易成本的实用阶段，所以，我对互联网的前景非常看好。

问：请段总谈谈"四通"为什么要并购"脑白金"？

答："四通"并购"脑白金"曾受到非议。"脑白金"是史玉柱先生创立的品牌，而我对史先生非常钦佩，尤其钦佩他的勇气和品格。现在，美国每年保健品的销量都高于药品的销量，这是因为当人们的生活到了一定水准时，对防病的重视会超过治病。因此，当人们对健康越来越重视时，对保健品的需求就会越来越大，品质好的保健品是非常有前途的。

问：请问您作为企业家是如何获得图书信息的？

答：我有两个爱好：一是体育运动；二是看书。我不抽烟，不喝酒，不跳舞，不打麻将，这几方面的时间就能省下来看书。"四通"有个传统，就是每年每个干部至少要看两本书，但我自己的指标是每个月要看两本书，我一般很少在晚上12点以前离开办公室，二十年如一日。我认为，读书重要，但经历也很重要。我们这一代人都是志大才疏，读书不多但经历丰富，承受力较强。而现在的年轻人是才大志疏，读的书多，但经历的磨难较少，承受力较差。太顺利的人学不到东西，只有在失败的时候、在遭受挫折的时候，人的经验和体会才非常深切。

问：我们做企业调研时，国有企业常常讲到国有资产流失的问题，您认为这种现象是否存在？我国应该作出何种政策反应？

答：国有资产流失的问题确实存在，但这种流失有两种：一种叫显性流失；另一种叫隐性流失。隐性流失可能比显性流失更严重。比如四大国有银行是国有资产，如果它们因为指令性贷款造成了几万亿元的资金流失，那么这种流失比一个小厂被卷跑了要严重得多。再比如铁路和煤气都是国有资产，这些资产也会因为体制和机制的问题导致经营失误，把我国长期投资的正资产变成零资产或负资产，这种隐性流失更为严重。显性流失是企业主管勾结有关单位把国有资产低估进行不合理信贷的现象。

这里也存在着国家公务员或国有企业管理者的价值被低估的问题，在改革开放的时代，他们陷入了相对贫困化的境地，国家长期拿不出好的办法来解决他们的问题，其中，一部分人就采取了不正当的办法来补偿自己的损失。我经常呼吁，要注意公务员和国有企业管理层的相对贫困化问题，在改革开放的事业中，他们理应得到其该得的那份财产。若是中华人民共和国的一个部长的合法收入还不够送孩子出国留学,这是不正常的。所以,在改革开放中,要注意公务员和国有资产管理者的利益保护。公务员和国有企业管理者应该是十三亿人口中的精英,这些精英在改革开放过程中的价值,应得到体现和尊重,他们的利益要有合法的获得渠道,但解决的办法绝不是停止改革,不是扼杀民营企业、保护国有企业,而是要加大改革的力度、速度和深度来解决这个问题。

问:请问"四通"以后会有什么新的举措或计划?

答:"四通"的业务计划就是集中精力发展两大项目,即生命健康产业和网络文化产业。这个世界上有的事业能赚钱但做不大,有的事业能做大但不赚钱。而网络电视这个项目是又能做大又能赚钱,所以,我们寄希望于这个项目的成长和壮大。

主持人:计划经济准确地讲是精英经济,市场经济是大众选择的经济,而大众消费是不容易被预测和计划的。段总今晚从理论上分析了计划经济与生俱来的弱点和市场经济的优势,论证了非公经济存在的必然性。谈起企业问题,段总如数家珍,旁征博引,思维敏捷,论证严密,把握产业的脉搏清晰而又准确,相信会带给大家很多启示。让我们再一次感谢段总的精彩演讲!

原文摘自王忠明编:《中外名家系列讲座集萃》,中国青年出版社,2006年2月版。　　鉴赏编写:邱荣利　戴继忠

60. 音乐审美与心理健康
——中央音乐学院教授高天在北京大学的交流
(2005年3月30日)

【格言名句】

音乐是人类解决问题的一种重要方式。……美感是一个人心理健康的重要标志。……所以我说美感和人的心理健康有非常深的关系。而音乐恰恰是能给你这种最直接的、最强烈的感受,如果说在结合着你的创伤经历,音乐美感的意义就是重大的。

——高天

【文章导读】

高天,中央音乐学院教授,有"国内音乐治疗第一人"之誉。原是陕西音乐学院教师,1986年赴美留学,就读美国坦普尔大学获音乐治疗硕士学位,回国后创立我国第一所专门音乐治疗研究机构——中央音乐学院音乐治疗研究中心,并开始培养硕士研究生。1999年又开设我国第一家专门音乐心理治疗机构——"高天音乐心理健康研究中心",提供临床心理治疗服务。同年在北京人民广播电台主持《音乐治疗》节目,专门为患有睡眠困难和神经衰弱的听众服务,受到欢迎,著有《音乐治疗学基础理论》、《音乐治疗导论》等著作。

音乐是神奇的,音乐心理治疗是有效的。高天指出"音乐是人类解决问题的一种重要方式。……美感是一个人心理健康的重要标志。……所以我说美感和人的心理健康有非常深的关系。而音乐恰恰是能给你这种最直接的、最强烈的感受,如果说在结合着你的创伤经历,音乐美感的意义就是重大的。"

这篇以《音乐审美与心理健康》为题的对话,是高天教授2005年3月30日受北京大学邀请而作的专题讲座的内容,原交流分为主题演讲与答问两个部分。

高天教授在两个多小时的侃侃而谈中,向听众讲述了音乐的基本功能和音乐治疗的作用。他认为,由于音乐具有舒缓、激烈、忧郁、高昂等不同的特点,能像中药一样组成不同的配方,对不同的心理症状进行治疗。对健康人,音乐使心灵更加丰富;对心理有患者,音乐能带来心灵的修复。

整个讲座没有华丽辞藻的渲染,也没有高亢激昂的煽情,听讲者却听得如痴如醉、感同身受,这完全得益于高天教授娴熟于胸、开阖自如的讲授技巧和方法。

一是理性阐述。他熟练运用知识讲授的传统方法,详尽阐释了音乐的四大基本功能,即音乐的心理功能(镇痛、放松、减压等)、社会功能(打破自我封闭状态)、情绪功能(调节人的情绪)、审美功能,并有重点地强调音乐的审美功能。他指出,"有人把音乐比作宝塔上最美的王冠,因为音乐是抽象的,但是它给人带来的这种美的体验是最强烈的、最直接的""真正的音乐治疗之所以有效,我可以骄傲地说要比传统的心理治疗方法要强大得多、快捷得多,它的强大、快捷在哪儿? 就是因为音乐之美"。

二是叙事寓理。通篇讲座之中,不时穿插一些讲授者本人亲历亲为的故事与经历,在叙述事情的过程中讲明事理。当他讲到音乐治疗的历史时,详细讲述了二战期间美军野战医院使用留声机播放音乐,改变伤兵情绪,降低感染率和死亡率的事例。在讲述病人心理治疗时,又讲到一个女大学生的生动事例,他采用播放最痛苦、最悲伤的音乐,释放她对母亲内疚的感情,再转换音乐,用圣洁、缥缈的音乐,进一步解开她的心结,达到理想的治疗效果。这些故事的讲述,不仅强化了听众的理解,也加深了对音乐治疗的认同感。

三是现场体验。讲授中,他热情邀请听众一起参与亲身体验。随着他那舒缓轻松的话语,引导全体听众体验全身放松、身体沉重的感觉,又在清美柔和的音乐、低沉凄美的音乐、夹杂鸟鸣声的音乐之中体验联想的感受。这种现场体验使听众身临其境,感受真切。

四是即兴应答。他还善于利用讲座最后提问的环节,即兴作答听众的问题,强化自己的观点,在应答高潮中完美收场。而且对于"抑郁症和强迫症的区别""共情体验"及"对古典音乐的偏好"等问题的回答,也是观点明确、十分精彩的。

【主题演讲】

大家好!很荣幸来到北大(掌声)。

今天我想给大家介绍音乐审美与心理健康。

说起音乐治疗,可能在中国还比较新鲜。虽然在中国知道的人不是很多,但在美国已经是一个历史悠久的学科了。用音乐治病的历史,可以说从人类文明诞生的第一天就已经存在了。过去很多宗教仪式,包括原始部落很多舞蹈和音乐仪式,虽然如今可能被看作迷信,但在当时确实起到了相当大的作用。今天我们很多学者到原始部落进行调查,也确实发现原始部落的舞蹈、音乐具有很多神奇的效果,其中有很多道理。

但真正说到学科建立应该是在第二次世界大战以后,美国普遍在大学里建立这个学科。为什么呢?因为在二战中的一件事使音乐的效果受到了重视。当时美国在东南亚的战场上,战争进行得很残酷。野战医院条件、生活条件非常差,士兵很不习惯东南亚的这种气候。据记载,当时有一个野战医院满地躺的全是伤兵,缺医少药,伤兵情绪也不好,加上天气炎热,蚊叮虫咬,战士们一片叫骂声。当时手术感染率非常之高,死亡率也很高。有一个医生,为了使伤兵的情绪有所改善,就拿了一个留声机,放当时美国的一些大家喜爱的流行音乐。伤病员们听到音乐,很快情绪就平静下来。当时医生放音乐只是为了让大家平静下来、改变情绪,但是后来发现其他很有趣的现象出现了,如感染率、死亡率大大下降了,而且外科手术愈合期明显缩短。当时这一现象引起了他的注意,于是他报告给国防部。美国国防部马上给各个野战医院配备了留声机,收到了很好的效果。

二战结束后,很多医生开始研究这个现象到底是怎么回事,为什么听音乐有这么好的效果？人在听音乐的时候生理上到底发生什么变化？这方面的研究变得越来越多。后来,发现人在听音乐的时候,人的生理是有很多变化的。刚开始观察到心率减慢,后来运用更先进的仪器观察,发现肌肉电位明显下降。肌肉电位意味着人的肌肉紧张度,这就是说听音乐使人的肌肉放松了。还有比如说皮温升高,也说明了人的放松。后来更深入一步发现,人的内分泌发生了变化,比方说肾上腺素的分泌明显下降,脑垂体会分泌出一种物质"内腓肽",是类似于吗啡的一种物质。这种物质的含量在血液中明显升高,而人们在心情愉悦、欢欣状态时人的血液中内腓肽的含量一定是升高的,也就是说音乐能在机理上给人心情上愉悦的感觉。现在很多人有吸毒的恶癖,而毒品实际上是类内腓肽的一种东西,这种东西进入血液以后,会带来很强的欢欣感,使人飘飘欲仙。但毒品之所以对人产生不良的影响是因为外援性的内腓肽进入血液以后,脑垂体本身的内腓肽分泌量下降了,你就要越来越多地依靠外援性的内腓肽,到最后你的脑垂体可能就不分泌了,就完全要依赖外援性的了。这时候,如果你没有这个东西,你就浑身难受、四肢无力。而音乐在机理上讲能刺激人的脑垂体。后来这些研究都发现音乐在人的生理上,如放松状态、内稳态状态能起到很好的促进作用。这是美国早期音乐治疗的研究思路。

后来很快,有一些医院就开始雇用音乐家到病房给病人演奏。这就意味着音乐家要介入这件事情了。随着越来越多的音乐家到医院演奏,这些音乐家就发现这不仅仅是一种娱乐活动,这里面还有很多其他的功能。在他们的实验中就开始发展出各种各样操作性的音乐活动,包括放音乐聆听、一同合唱、跳舞、演奏等。音乐家的介入使这一学科发生了质变,音乐治疗就渐渐成熟了。因为它不再是一种单独地被动地听,而是要病人主动地介入。

很多医院和从事这方面研究的人就发现,让纯粹的音乐家来医院做这些事是不够的,要有专门的训练。于是,美国的堪萨斯州大学等几个大学开始设立了这个专业。这标志着音乐治疗成熟了,成为一个系统的专业。

到现在发展已经六十多年了,美国有八十多所大学设立了这一专业,包括本科、硕士、博士。由于它受到心理学流派的巨大影响,它本身分为各种流派:行为主义流派、精神分析流派、人本主义流派等。而音乐治疗的各个流派又比心理学的流派更为丰富,因为它涉及音乐的不同风格,由此会衍生出新的流派。所以,音乐治疗的流派是非常多的。

下面我讲一下音乐治疗的作用。在美国,音乐治疗的使用面非常广。首先,是运用在精神病院;还有一个比较大的领域就是儿童,比如说弱智儿童、孤独症儿童、学习障碍儿童,还有社会行为障碍儿童,使用音乐治疗效果非常好。对于弱智儿童,你用正常的教育方式是不行的。然而当你用音乐的手段时,他是在快乐的音乐中去学习的时候,你会发现效果非常的好,说白了就是寓教于乐。那么,儿童有一个特点,绝大多数儿童都非常喜欢音乐。还有一种是孤独症儿,也就是常说的自闭症儿,他的一个最大的特点就是不愿意与别人交流。这种病症有两个基本的症状,一是情感淡漠,他和家人甚至母亲都没有亲情的联系;第二个症状是语言发展障碍,他不爱说话或者说话也是无意义的。他可能嘴里不断地背电视上的广告词。语言对他来说,不是起到交流作用,而是用发音形成对自我的一种刺激。那么,音乐在治疗孤独症儿童方面是有先天的优势,因为它是一个交流的工具,但它是非语言的。音乐治疗师就会用音乐的手段和他交流,这些小病人呢大部分都很喜欢这种方式。于是我们经常会发现很神奇的效果,通过音乐使这些儿童变得易于沟通,逐渐让儿童和音乐治疗师建立这种良性的联系,然后再把这种良性联系泛化到和父母建立亲情,这个过程是一个很自然的转化过程,而且在这个过程中还可以通过音乐活动让他来学习表达,包括通过唱歌来学习语言,这方面的效果太多了,就不一一列举了。

当然还有其他的,比方说综合医院。综合医院里也大型地使用音乐疗法,如外科手术过程中和恢复期使用音乐。还有如妇科的分娩,因为音乐可以减痛,这个效果非常之明显。为什么能减痛呢?我们刚才说到内腓肽,内腓肽这种物质不但能让你感到心情愉悦,而且它还有明显的镇痛作用。在医院,得癌症的晚期病人通常要打杜冷丁,因为有明显的镇痛作用。我曾经参观过在音乐陪伴下分娩的过程，可以看到那些孕妇脸上一点痛苦的表情都没有，很顺利地就把孩子生下来了。我的研究生就做过这方面的试验，共四例，这四例都非常成功。

还有比如在康复医院，如手术后或交通事故及其他事故造成的肢体残障，其生理功能的恢复也在大量地运用音乐治疗。我举个例子。比如说脑中风以后遗留的普遍问题是一侧脑瘫，在恢复期有些人是可以慢慢恢复过来的，但这个过程非常缓慢，需要花很多年，有些人可能终生不能恢复。这个功能恢复中，有一个重要的内容就是要训练病人走路。这种训练虽然可以慢慢使病人恢复，但这是神经系统的一个非常复杂的过程。实际上人在走路的时候，大脑是在进行着一个计算过程——计算着从一步到下一步，两脚之间的距离有多少，我需要花多长的时间、多大的力量，来完成这个动作。但是，通常脑偏瘫的病人缺乏这种能力。那么，如果这个时候给他们放音乐，放进行曲这种节奏感比较强烈的音乐，而且这个音乐是按照他当时的步伐速度来制定的，病人就能够比较容易地找到他的步点。当他逐渐找到自己的步点时，我们就把音乐的节奏逐渐加快，一直到他恢复正常速度为止。在这方面的研究发现，音乐治疗的效果非常不错。

最新的研究已进入到新生儿的领域，给新生儿进行音乐治疗。很多早产儿，情况非常危险，甚至面临生命危险。为什么呢？因为他的各方面功能都很弱，甚至连吸奶的动作都完不成。于是有的音乐治疗师在这方面研究之后，发现用音乐可以增加他吸奶的力量，使早产儿能够尽快地发育，获得比较好的发展。

还有比如说戒毒和监狱。刚才说过，吸毒和听音乐产生的感觉类似，都是身体内部的内腓肽量增加。在美国有一个流派，就是从戒毒开始研究的。它提出一个理念就是"legalhigh"，即合法的高，咱们中国喝多了也叫喝高了，I'm high。后来我的学生用吸毒病人去试，吸毒的人说发现这玩意跟我们吸毒的感觉是差不多的。当然大家不用担心说听音乐是不是跟吸毒似的对身体不好，因为你听音乐所产生的感觉是你内在的分泌得来的，所以你不需要外援性的，它只能让你的身体更好。可以说，在美国音乐治疗应用非常广。

下面我想讲一下为什么音乐能够治病。一般来说，我们依靠音乐的四个基本功能。

第一个基本功能是音乐的生理功能。这个其实我刚才已经说过了,人在听音乐的时候,客观上生理会发生很多改变,比如音乐的镇痛啊、放松啊、减压啊等,实际上都是单纯依靠音乐的生理功能。

第二个基本功能是音乐的社会功能。因为音乐这个东西是一个社会性的东西,它是不能被一个人自娱自乐的。也许,这几天你一直自己在家唱歌、演奏乐器,觉得很快乐,但实际上这种活动本身是要和别人互动的。如果别人都参加这种活动,那么它就是一种社会的活动。我顺便说一下为什么北京很多老年朋友在大街上跳舞、扭秧歌。当我第一次从美国回来,看到这个现象就惊呆了。很多老头、老太太在大街上穿着红红绿绿的衣服,脸上抹着五颜六色的粉,边上有那么多人看着——这不像中国人的民族性格。中国的民族性是到老了以后要比较含蓄,穿衣服尽量要穿深色的衣服,更不要说大庭广众之下又唱又跳的。但我确实看到了这些老年人对这项活动的喜爱和享受。有一阵子北京市政府曾要取缔这项活动,为什么呢?因为到处都在敲锣打鼓,噪音污染,影响别人休息。但不能这样做,老人非常喜欢这项运动。为什么呢?因为老人一退休,同原来的社会角色和社会联系发生脱节,于是害怕孤独,这对于老人的身心健康可以说是第一杀手。老人一旦进入孤独状态,他就会想我现在是一个废人了,成为了别人的包袱,他的生理健康状态就急剧下降,身体也觉得不灵便了,出门也不方便了。所以,扭秧歌这种活动给老年人提供了一种重新回到社会的建立新的社会联系的环境。活动活动筋骨倒是次要的,主要是他的心理需要,社会联系的需要。现在我回过头来说音乐的社会功能。它需要人与人之间的配合。比方说在精神病院里,一个病房也许是四个人,也许是六个人,尤其是长期住院的病人可能住了八年、十年、十二年,但奇怪的是这四个人可能长达几十年中互相不说话。这种自我封闭的状态对他的精神恢复非常不好。人正常的心理状态必须建立在正常的社会功能和社会联系上。那么音乐治疗师要做什么呢?音乐治疗师要把这些病人集中起来,围一圈,大家在一起唱歌也好,演奏乐器也好,必须以此把病人的封闭状态打破,让他感觉到他是这个集体中的一员。这时,大家可以分享音乐,甚至可以谈个人的感受,我喜不喜欢这首歌,这首歌让我想起什么,想起了我小时候干过什么,或者有的时候很煽情,会引发他的情绪反应,让他把他的情绪反应说出来和大家分享,那么这就能打破他的社会孤立状态。而且,合唱也好,合奏也好,要注意听别人的节奏、音量。你快一点都不行,快一点就会打破整个音乐的和谐。所以说,这就是一个精密的互相协作的活动。在这个过程中,音乐会帮助他逐渐打破自我封闭的状态,使病人潜移默化地产生和别人交流的欲望。

第三个是情绪功能。音乐是能够影响人的情绪的。那么,音乐影响人的情绪是不是就是音乐治疗呢?比如说你情绪不好的时候,找点好听的音乐来听听,你心里就舒服多了。这是一个很好的过程,会调节你的情绪,在你的生理上会产生很好的作用,但这不是音乐治疗。我们所说的音乐治疗有三个基本要素,缺一不可的。一是音乐治疗必须有音乐,没音乐怎么治疗啊,从其他方面进行治疗的就不叫音乐治疗。二是必须有病人,没有治疗对象也不能成为音乐治疗。如果你不是病人的话,你是个普通听众,可以称为欣赏。三呢是最重要的一点,音乐治疗不能缺少音乐治疗师。为什么呢?因为如果你自己买些唱片,回家自己听,甚至不断地有人问我说你能不能给我介绍一些音乐,告诉我们在什么情况应该听什么音乐,好像我能给他开一个音乐处方似的。我说这是错误的概念,音乐治疗必须有音乐治疗师的参与。因为音乐治疗师和病人的关系可能是音乐治疗过程中的关键部分。

现在我回到音乐的基本功能:情绪功能。比如说你心情不好,我不会说给你一个处方你回家听去,我也不会说在诊室放一个什么音乐,让你的心情暂时好转。很多医院的音乐治疗基本上就是这一类型,给病人放点音乐,音乐这个东西他听不好,至少听不坏(笑声)。有些人甚至认为,听音乐总会有一点好处。实际上,我在很多场所都呼吁他们,千万不要有这种误解。因为这就跟吃药一样,你听不好就会听坏,会出问题的。那么,我们是怎么做的呢?到我这里来进行音乐治疗的病人中心情不好的、心里抑郁的比较多,比如说失恋了呀,遭受什么打击了呀,亲人去世了呀,他很痛苦。这时候我不会说,给他放个好听的音乐,听得挺舒服的就走了,这是骗人的。他出了门,一切烦恼痛苦的东西就都回来了。没用!那我们是怎么做的呢?我们有一个原则叫"同步原则",就是说你的音乐是要和病人的情绪是同步的,也就是说病人来,一定是心情不好时候才来的,而我至少是一开始的时候使用音乐一定是悲伤的、愤怒的、烦恼的。那么这个时候就和病人的情绪同步了,产生共鸣了。这时候他才能真正进入音乐,然后你才可能用你的音乐去影响他。这时,我会用更痛苦、更悲伤的音乐来促进他,让他的情绪进入更深层次,充分挖掘。因为一般人心理出现问题,基本的一个机制就是压抑。压抑本来是人的一个自我保护的功能。你要是碰上倒霉的事,如果你一天到晚都哭丧着脸,不分场合地哭,不分时间地哭,那样所有的人都认为你不正常,有毛病。所以人总是尽量压抑自己的痛苦,能压多少压多少。有些病人也会说,我回家就哭,天天都哭,可是这个哭总是压抑不住地,终于忍不住了就开始哭,哭倒好一点了,我就继续压抑,但实际上所有的心理问题都是产生自压抑的。所以我们在音乐治疗中不断强调宣泄,你把你所有痛苦的情感要淋漓尽致地宣泄出来。宣泄到什么程度呢?宣泄到你最初所压抑的痛苦。很可能现在你失恋了、离婚了,你痛苦,你可以在这儿宣泄,但我要一直向前追溯,甚至让你宣泄你童年时带来的痛苦。小时候妈妈不给你奶吃,你很痛苦。现在我要你宣泄你小时候没奶吃的痛苦。你可能说我早就忘了。但我告诉你,实际上这是忘不了的,它们都附在你内心深处,会跟你走一辈子。所以说童年经历不好的人,往往他的人格结构就被扭曲,他的性格就被扭曲,心理健康状态就有明显的障碍。那么我们通过宣泄来激发人的自救力量。我们相信人是有自救力量的,只是这些力量上面压了很多的包袱,从小背到大的包袱。要是你能够把它扔出去,给它卸下去,你内心深处积极的力量、内心本能的力量、生命的力量自然就会抬头。我很喜欢把这个过程形容成炒股——炒股下降到谷底的时候,它一定要上涨,它不会无止境地下降。所以炒股的老股民就等着这个上扬的机会。刚要上扬,我就赶快买进,于是我发了。我相信宣泄也是同样的曲线。那怎么能上扬呢?我发现,当我放悲痛的音乐已经不能再引发你痛苦的情绪体验时,相反它可能引发你的积极体验,这时往往就是你自救力量起作用的时候。

我举这么一个例子。我有一个病人,每次给他治疗时,前一个小时我都跟他谈话,详细了解他的背景、成长经历、家庭情况,甚至上周发生了什么事情,所有事情都要问清楚。然后我让他躺在床上,给他催眠。他进入催眠状态以后,就是半睡半醒的状态,我就给他放音乐。放音乐时我就开始引导他想象。刚开始的时候我会给他一个情景的设定,比如说你想象一下你走在小路上或者你走在树林里或者你站在湖水边等,有的时候我会说你站在一个楼梯里边,然后我就会让他告诉我现在看到了什么,让他自己想象。然后他就会想象,比方说我走在小路上,我看见小路边有花有草还有树木。我会继续问你还能看见什么,因为音乐是不断变化的,音乐就是引导病人产生各种不同的联想,我们叫自由联想。这种自由联想很快就会把他们内心深处的压抑带出来,或者像做梦一样,稀奇古怪的,有时候在天上飞呀,有时候在水里游啊。有的说自己是一条鱼,有的说自己是一只狼啊。比如有一个很柔弱、很漂亮的女孩每次想象就说她是一只狼,眼睛发着红光。有些想象会把他童年的经历带出来,回到童年,回到两三岁,甚至有一次我还把病人催眠到几个月大吃奶的时候,这些都是曾经出现过的情况。如果你心中有很多压抑的负性情绪的话,一定会投射到你的想象中,然后就开始发泄,你内心深处可能常年不愿意面对的东西都浮现出来。后来有一个人骂我是"搅屎棍",说是人家多少年的乱七八糟的东西都被你给搅起来了,我说这东西你不搅它老沉积在那会出问题的。

回到我刚才说的,那这些东西越走越深什么时候到头啊? 不用管。他自然有他的办法。我有一个病人,他童年有很多问题。有一次在治疗的时候,我引导他回到童年。我说:"现在你回到童年你看到自己的屋子,你能看到什么?"他说这是我的床,那边是桌子……然后他说:"那边是一个大衣柜。"这个时候我看到他的面目表情开始紧张了。我说:"你看到这个大衣柜有什么感觉?"他说:"我害怕。"我说:"什么东西让你害怕呢?"他说:"我不知道,我总觉得大衣柜里有什么东西。"我说:"你敢不敢把大衣柜给打开呢?"他说:"我不敢。"后来呢,他说:"哎呀,大衣柜自己开了,里边有一个鬼。"我说:"鬼是什么样子?"他说鬼披着黑色的斗篷,只能看见它的眼睛。这个病人的想象确实很恐怖啊。从那以后每次我给他治疗,都有这个情况出现。那个鬼不是在门后头从门缝里偷着看,就在那个屋子里藏着,每次都把他吓得半死。那么,因为他讲的这个故事很恐怖,我使用的音乐也很恐怖(笑声),非常强烈的音乐。后来有一次,我都有点着急了,这到底是什么东西? 如果是搞心理学的,特别搞弗洛伊德精神分析的主要的一个目标就是要解释这个鬼到底代表着什么。因为它有它的象征性,也许是一个人,也许是某种观念,或是体验等。我始终弄不清,他也不知道到底是什么。后来有一次,我使用的音乐非常的恐怖。我刚一放音乐,还没引导他,他就说我又看见了。但是这次我就说:"你勇敢一点,我跟你在一起。"这时我就捏着他的手。他说好。我说你仔细看看它的眼睛。因为通常这时候会突然意识到这个东西是什么。但是我这一招没奏效。我说:"我们走近一点。"他说:"我不敢,但是它过来了。"我说你感觉怎么样。他说:"我还行。"我说:"好,这次比原来勇敢了,我们共同面对,不要怕。"然后他就说:"哎呀,它过来了,过来了,突然他到我跟前了……"然后又突然说:"他跟我合二为一了。"他本人变成穿着黑斗篷的这个鬼了。我说怎么会这样呢,我也很意外。那我说:"你现在变成这个黑斗篷的鬼了,你什么感觉?"他说:"我感觉很好(笑声),我现在开始膨胀,我越变越大,我觉得我身体越来越有力量了。"最后我问他说他变成什么了。他说:"我现在顶天立地,我俯视着整个世界,觉得这个世界很渺小。"然后我说:"你现在什么感觉?"他说:"我现在充满了力量。"突然他说了一句很有意思的话——"我觉得生活是这么美好。"他本来有很严重的抑郁症。抑郁症最大的特点就是觉得活着没意思,老想自杀。治疗这么长时间以来,他居然说出了这么一句话。我认为是很有意义的一句话。这时候我的音乐仍然是刚才很恐怖的音乐,因为我根本来不及换音乐。但是,本来是一种消极体验的愤怒恐惧的音乐,这时候完全变成力量了。他体验到的是力量的感觉,很强大。所以,当你积极的生命力量抬头的时候,即使我给你的是这种伤感的痛苦的音乐,你都会产生积极的联想。当然后来我就开始换音乐了,强化他的那种积极体验。他说我现在感觉越来越好。最后搞清了他这个鬼是什么东西,是内心中长期自己不敢面对、不敢接受自己的地方,自己觉得自己最阴暗的地方,所以他否认它的存在。但是终于这时候他可以接受了。实际上往往是这样的。人的内心人格结构都适合所有人,既有光明的一面,也有黑暗的一面。我们总是要把自己好的一面呈现给别人,得到别人的认同;而这时候有些不可告人的东西是要藏起来的,决不能告诉别人的,要是知道了别人可能会笑话或看不起我,认为我很龌龊,很肮脏。但实际上每个人都有这种心理。而心理健康的一个最重要的标志是什么呢。就是自己能够接受自己,全部地接受自己,包括自己的阴暗面。所以我当年学习的时候,课堂上有一个重要的训练过程,就是每一个人把自己的阴暗面讲出来,你从来不敢讲的事情,就在我们集体中讲出来。最后讲出来的结果是什么啊?结果是我觉得自己最肮脏、最见不得人的东西原来大家都有(笑声)。然后你就发现你的心理不再阴暗了。所以你要接受自己,这样你的心理就是健康的。你的阴暗面越多,你的心理越不健康。刚才那个例子中,那个鬼实际上代表着他内心中不可告人的阴暗面,他自己都害怕的东西,最后跟他合二为一。而这些东西往往是什么呢? 实际上往往是你生命力的源泉。很多很多时候我们都会发现,我们曾经认为我们生命中最见不得人的一面往往是我们生命中最重要的力量,所以要把它转化为积极的东西。

现在我们要进入我们今天的话题：音乐审美，这也是音乐的第四大功能。它跟前面是有关系的。音乐是一个美的东西。有人把音乐比作宝塔上最美的王冠，因为音乐是最抽象的，但是它给人带来的这种美的体验是最强烈的、最直接的。那么音乐审美和心理健康有什么关系呢？这一点在我后来的临床实践中越来越强烈地感受到。真正的音乐治疗之所以有效，我可以骄傲地说要比传统的心理治疗方法要强大得多、快捷得多，它的强大、它的快捷在哪儿？就是因为音乐之美。

那么音乐之美究竟能对人的心理健康起什么作用呢？首先我们说人创造音乐这门艺术，不是仅仅为了茶余饭后的消遣娱乐，它对人的生活本身有重要意义。你看为什么所有的民族即使没有文字，但它一定有音乐，即使是最原始的部落。而人类在早期社会是非常封闭的，互相没有来往，也不可能交流音乐。它一定都是自发的产生各种歌舞形式。而你会发现越原始的文化中歌舞形式越发达。只是到了现代社会以后，这些东西慢慢地专业化了，有了专业分工，最后变成音乐家的特权。那么人类无论专业音乐也好，土生土长的民族音乐也好，它都是美的。那么人类为什么要不约而同地去发明音乐？特别是早期人类，连基本的温饱都不能保证，为什么花这么多工夫去搞这些东西？人类永远不是傻瓜，它一定有它自己最深层的原因。也许人类不知道，就像有些动物一样不知道，但它会做很多对生命有益的活动，比如它生病会自己找草药吃。人类也是这样。人类之所以从事音乐活动，一定是觉得它对人类的生存活动有很重要的意义。从我临床上得到的现象看，我们利用音乐就是为了达到治疗的目的。以前我的导师曾经对我说过一句话，现在通过我的临床我越发觉得这句话是真理："Life is beautiful, even it is pain."生命是美丽的，即使痛苦也是美丽的。具体地讲，我的病人带着精神创伤到我这来，离婚也好，失恋也好，甚至受到性攻击等。这些痛苦的事件一旦产生，给你带来了心理的创伤，它就是痛苦的，你就不能改变这个事情本身。但是你能改变的是什么？能改变的是对这个创伤事件的体验。对于认知心理学来说，认知者应该转变态度，看到这个事情的积极方面。所谓"塞翁失马，焉知非福"。没考上北大也许是好事，考上北大可能你还跳楼了呢。（笑声）

既然我要改变这件事情的体验，我们要怎么改变？你们想象一下啊，我说一下我治疗的方法。我先给他催眠，然后让病人进入自由联想。比方说有一个病人,我让他回忆童年,他童年有很多创伤。我让他回到了三岁、四岁,让他看家里的样子发生了什么事情。他说:"我看到我妈。"我说:"你妈在干什么?"他说:"我妈很生气的样子。"我问:"你妈为什么生气?"他说:"因为我把花瓶给打了。"那我说:"你妈还在干什么?"他说:"我妈现在要过来打我,我在哭。"我说:"你现在什么感觉?"他说:"我感到很恐怖,我害怕死了,我浑身都在发抖。"这时候他完全回到他童年的状态。那么这时候你在重新经历你的创伤,这不是很糟糕的事情么? 就像我刚才说到的,音乐这个东西听不好的时候,能把人听坏,你可能造成二次创伤。他已经回避了几十年的事情,可能早就忘了,你又用"搅屎棍"给他搅出来了,这个过程是很危险的。但是呢,我用一种比较安全的方法。因为他此时此刻不是真正的创伤心理,他是在我的旁边进行治疗,更重要的是陪伴他的是非常忧伤但是非常美的音乐。这种音乐首先给他提供安全保障;另外一个呢,这段音乐是很美的,他会把你从生命的痛苦之中的消极体验逐渐转化为积极体验,这点我觉得是最重要的。你想想,如果他那时是纯粹地想我妈要打我,但是呢,这个时候音乐非常哀伤地伴随着他,会发生什么感觉。如果看电影,有一个小孩子在那儿挨打、哇哇大哭,你就会看到你生活中司空见惯的一幕,就像你没看到一样。但是如果这时候,电影上有一段非常忧伤的音乐背景,那么整个这个画面、这个故事就不一样了。它让你体会的不仅仅是一个孩子挨打,还会让你体会到一些只可意会不可言传的,但对人的生命、对母子之间的那份情感最深刻的体验,非常复杂。但是你的体验逐渐发生转化,最后变成积极的体验。

下面我讲述我的一个病人的转化过程。她是一个大学生,性格就像男孩一样,但是她很抑郁。她跟我谈起很多过去的事情,她家在一个四川的小城镇,小时候家里很苦啊,等等。她每次跟我叙述时都是很冷静的,没有任何的情绪掺杂在里面,就像说别人的事情一样。我就很奇怪,觉得怎么会这样。我说你现在讲这些你有什么感觉。她说我没有什么感觉。我说这就是问题,你讲自己的故事却没感觉,这不是说明你坚强而是说明你有问题。她跟她妈妈有很深的关系,她妈妈在他们兄弟姐妹几个里最疼她。她对自己长期有一个很内疚的事情就是说,她在北京上大学的时候,有一天突然接到她哥打来的电话,说:"咱妈快不行了,你赶快回来。"她就赶紧坐着火车回来。但那时候火车不像现在这么快,等她到家的时候,她妈妈已经去世了。

她进去以后,非常冷静,甚至没有掉一滴眼泪。后来她哥说:"你看咱妈平时最疼你,可是咱妈死的时候,你一滴泪都没掉。"她回到学校以后,也异常平静,以致全班同学没有一个人知道她妈妈去世了。她只是说家里有点事。她以为这个事情就过去了,但是她在奇怪我这个人怎么是个冷血动物。之后她的症状就一一出现了,焦虑、自我评价低下。终于经过二十多次的治疗,在一次催眠中我问她说:"你现在看到什么?"她说:"我现在看到医院。"我说:"咱们往医院走,进去后你看到什么?"她说:"我看到病房,看到我妈躺在病床上。"我说:"你叫叫你妈。"她说:"我不知道她能不能听见?"我说:"那你再走近点试试。"她"走近"后突然说:"哎呀我妈死了。"然后就开始大哭,号啕大哭,就像疯了一样:"妈呀,我回来了,你睁开眼啊,你看一看我吧,你女儿回来了……"然后就拼命地摇她妈。但其实这时候的想象完全不是当时实际发生的情况,她当时是一滴眼泪都没有。然后她说医生要把那个白单子给她妈盖上,她就嚷:"你们不要动,我妈没有死,谁也不许盖!"哭得声嘶力竭。确实我也很感动,以至于我都说不出话来,我都开始哭,跟着她流泪。这个时候,她第一次把她对母亲的压抑的感情释放出来了,而这个时候我用的音乐也是最痛苦、最悲伤的音乐,但是我感到的是一个女儿对母亲这种深厚的爱,我感到人类一种最深刻的感情,我被深深地感动了。所以,连她自己都没有意识到这份爱,她把它压抑下来了。顺便说,有人经常批评"共情",认为治疗时音乐治疗师要保持冷静,保持中立。要不然她哭,你也哭,倒是你们谁救谁(笑声)?但是我说我们不一样。我要共情,进入她的内心世界,体验她所感到的感情。而且我也会哭,我会陪着她哭。这时可能有人说,你跟着她哭那你自己不完蛋了?我说不是的,我的感受跟她是不一样的。我被人类最深刻的那种情感所感动,我感受的都是最美好的。尽管我在哭,我感受的都是最美好的。这是一个例子。所以我感到的那种创伤和我的病人共同的体验,我感到统统是一种人类的美、生命的美、人类情感最深刻的美。这时候你可能在电影上感受不到这种感觉,你只有跟她在一起的时候、跟她一起哭的时候,你才感受得到。而对于她自己,我相信她也能体验到这种感觉,因为这时候有非常悲伤痛苦但是非常美的音乐在伴随着她。于是潜移默化地,她过去的那种创伤逐渐变化了,感觉也就不一样了。毫无疑问地,几乎我的每个病人从这里走出来的时候都会告诉我:"我现在感到我自己的生命是完整的,我的生活是完整的""我经历了很多别人没有经历到的事情,我觉得我所经历的事情是我生命中的精神财宝""我对生命的体验要比别人更深刻。"你看,原来"我怎么这么倒霉""这件事偏偏就遇到我头上""活在世界上有什么意思",他们统统想的是这些。可是等他走出来以后呢,他会告诉你他所经历的这一切都是有价值的,都是生命的财富。这就是美的作用。

那么这个女孩是怎么转换她的痛苦的呢,或者说是解开她的心结的呢?她哭了很长时间,后来我看到她渐渐平静下来了。然后我就开始换音乐。音乐变得很缥缈、很圣洁的。然后她就跟我说:"嗯,我、我妈死了,她永远不会回来了。"我说:"那现在你干什么?"她说:"我现在给我妈穿上衣服,我给我妈穿上最漂亮的衣服,我妈还是那么漂亮,就像她年轻活着时一样,很安详;我给她的床上摆满鲜花,我和我妹妹把她推出去。"我说:"你们要推到哪儿去?"她说:"要推到天堂。"我说:"那你看到天堂是什么样子?"她说:"天堂到处长满了鲜花,绿树成荫,非常非常的美,然后我把我妈安放在鲜花丛中,我跟我妈说:'你好好休息吧,你累了一辈子,现在再没有人会打扰你,你好好睡吧,我和妹妹会好好生活的,你放心吧。'"你看,怎么样对待母亲的去世,这个东西不用我去教,她自然的想象会发挥作用,于是这个问题就解决了。我的病人在解决问题的方式上常常给我惊喜,surprise。因为有时我不知道这个问题该怎样解决,因为人与人的方式都是不一样的。你也许可以告诉她,想开一点,你妈已经没了,你应该更好地生活啊,你妈希望你活得更好啊。但是这些东西都是没有意义的。就是有的时候我试图想跟病人说这些大道理,他会说你站着说话不腰疼,这个事情没发生在你头上。我告诉他,这些都会变成你精神的财富,他说我宁愿不要这些财富。所以说这些话都是没有用的。对不对?但是每个病人都以他独特的形式展示给我他是怎么解决这些问题的,而且解决得很棒。我都会由衷地去感叹,去赞美这种方式。你看到每个病人内心里自救的力量,解决问题的那种创造力,非常的棒。有时候,他自己讲了一个故事,你会觉得这人应该是一个诗人,他讲得简直就是散文,美极了。有时候我甚至会说下一步你应该去写童话,当作家。所以我们这种类型的治疗呢,这种艺术的体验,是传统做不到的,即使再痛苦,都贯穿着一种美。

音乐是人类解决问题的一种重要方式。给我印象很深的有这样一件事。我有一个朋友,长期的抑郁症,从小就没有得到母爱。为什么呢?因为她刚生下来母亲就得精神分裂症了,所以根本一天都没有得到母爱。而她的父亲呢是一个大老粗,也不懂得怎么去照顾这个孩子。这个孩子呢,智商很好,很聪明,但就是永远抑郁,永远自责,这是抑郁症的一个特点。她说:"你知道么,多少年前有一次我坐公共汽车,我在公共汽车上突然想到一句话,活在这个世界上,恬不知耻。于是恬不知耻这四个字就牢牢地打在我心里,永远地对自己说恬不知耻,恬不知耻。"我说:"你觉得你做了什么错事?"她说:"我什么事情都没有做。"但是,她的抑郁症很严重。经过治疗,她就回到童年甚至回到几个月大,看到她母亲那种空空的眼神。有一次她失足掉到水盆里,她妈妈也不过来拉她一把。到后来等她真正走出来,她告诉我:"你知道么,我今天早上从小区走出来,突然发现春天来了,阳光那么明媚,天是那么的蓝,甚至树上开始发芽,我听见小鸟在叫,我突然感到生活这么美。"她说:"我几十年了,从来没有一天发现生活是这么美,我的心情是这么好,以至于我和门口一个修车的老头聊了半个多小时(以前她是跟别人能不说话就不说话),我心情特别愉快,这是我一生都没有的。"你看她住在这个小区几十年了,这个场景她天天都可以看到,但她从来就没感到这个场景是美的。那么从那天起,对她来说她生命的整个意义都不一样了。

美感是一个人心理健康的重要标志。如果你对待生命你不能感到美,那就完了,一定有问题。你的生活环境也好,人际关系也好,生活的一切也好,这些东西一定都是提供美的感受的,就看你能不能体验到了。如果你的心理是快乐的、健康的,你会感到一切东西都是美的,一切东西都会给你美的体验。你的朋友中,有些性格好的人你和他聊天,你会经常发现他觉得什么都美,随便说点什么他都觉得哎呀特好玩,什么昨天出去玩,我看到一人,她穿那一身我觉得特好玩,哈哈……其实你觉得那有什么好玩,可能在你眼中不可笑的东西他觉得都挺好玩的,所以这种人的心理就是比较健康的。所以我说美感和人的心理健康有非常深的关系。而音乐恰恰是能给你这种最直接的、最强烈的感受,如果说再结合着你的创伤经历,音乐美感的意义就是重大的。

现在我想给在座的各位做一些体验的东西,当然在我的诊所做呢要躺得比较舒服,光线比较暗,比较容易进入状态。坐着呢虽然没有那么舒服但还是可以体验到的。首先主要是身体的放松,这样你曾经压抑的东西就可以浮现出来;然后我会给你设定一个场景你来自由联想;最后等音乐结束的时候大家不要急着睁眼,因为有些人进入状态比较深,马上睁眼可能会头痛。

好,(低沉地)闭上眼睛。眼睛放松。深呼吸。把你的注意力集中在你的身体和椅子和地面接触的地方——背部、臀部、脚底。你想象一下把你的身体的所有重量统统放下来,交给这把椅子和地面。把所有的压力都放下来,交给椅子和地面。

好,现在请把你的注意力放在你的头部和你的肩部,你的头部和肩部变得越来越放松了,越来越放松了;头部和肩部开始微微发热了,发热了。现在你感到你的头部和肩部越来越放松和发热了。现在把你的注意力转移到你的胳膊和双手,你的胳膊和双手也开始放松了,越来越放松了;胳膊和双手也开始微微地发热了,发热了,现在你体会你的胳膊和双手那种放松和发热的感觉。把你的注意力集中在你的背部和臀部,你的背部和臀部也开始放松了,放松了;背部和臀部也开始微微发热了,发热了;请感受你的背部和臀部放松和发热的感觉。现在请把你的注意力放在你的胸部和腹部,胸部和腹部也开始放松了,完全地放松了;胸部和腹部也开始微微地发热了,发热了;请仔细体会胸部放松和发热的感觉;你把你的注意力集中在你的大腿、小腿和双脚,双腿和双脚也开始放松了,放松了;双腿和双脚也开始发热了,发热了;请仔细体会你的大小腿和双脚放松和发热的感觉。

现在你的全身都放松了,而且越来越放松了,更加放松了。你现在仔细体会你全身放松和发热的感觉。现在你的身体变得越来越沉重了,越来越沉重了。现在你感觉你的周围越来越暗了,越来越暗了。你的身体沉下去了,沉下去了,越沉越深。

现在当音乐响起时,(音乐响起,很神奇,很欢快)你想起你是走在一条小路上;你看到小路周围的景色,你发现小路的尽头有一座房子,走进这房子看看,这就是你小时候住的地方。到房子里去看一看,一切还是那样熟悉,那些熟悉的家具和摆设(音乐很欢快,很轻盈……音乐逐渐展开……清美柔和,亦幻亦梦)……(音乐突然低沉起来,很沉重,很凄美漫长……)(高天教授开始换音乐,音乐夹杂着鸟儿的鸣叫声,充满了自然的气息,情意绵绵,一往情深……)

音乐已经结束了,大家回到现实生活中来。先不要睁开眼睛,不要着急,深呼吸。想一想这个屋子是什么样子,活动活动手脚,等你感到舒服的时候再睁开眼睛。我不知道有多少同学进入状态看到你小时候住的地方了,甚至想起童年的往事,如果有这种体验,请举手(绝大多数同学举手了)。不知道你们注意到没有,我使用的音乐一开始是比较欢快,比较自由的,中间一段比较悲伤,最后一段是比较明朗抒情的。你们有多少人所联想的内容是跟着音乐走的,请举手(很多同学举手了)。好,今天就是让大家简单体验一下音乐治疗是怎么一回事。顺便说一下,音乐治疗的种类是非常多的,我大概算了算有上百种,我刚才这种方法是其中一种而已。

【对话原文】

问:请问高老师,音乐治疗的有效率到底怎样呢?第一,它能把在座的多少人带入你想达到的境地?第二个问题我想请教高老师,抑郁症和强迫症有什么区别?第三个问题,音乐这么美好,音乐家的寿命到底怎样呢?我们往往看到,音乐家是短命的,您是怎么解释的呢?

答:关于治愈率,心理学有一个概念,就是说在所有的人群中,有三分之一的人非常有疗效,有三分之一的人呈现疗效但不是很好,有三分之一的人没有疗效。这是心理治疗的一个大标准。但是,在我的临床里面,我觉得至少有百分之八十到九十都是有疗效的。因为我接受病人的时候就有选择,在咨询电话里我就会问他一些情况,而当我判断他适合我的疗法时,我才让他来。

抑郁症和强迫症是两个完全不同的概念。抑郁症的症状有三低:情绪低落;思维缓慢;行动缓慢;然后伴有自罪、自责。而强迫症是有不断的强迫行为,但他不一定伴随着情绪低落,他可能伴随着焦虑,比如说他老要洗手,有很多强迫行为,他无法控制。他不这样做就会焦虑,就难受,只有这样做了他的紧张焦虑才会缓解释放。于是他就形成一种怪圈,恶性循环。他每次都告诉自己,不要去干这件事,不要这样做,但是越这样呢他就越焦虑,直到他做了以后才行。比如说有些有洁癖的人,他老是洗手,他恨不得一天都在洗手,手都洗烂,但他还要在那儿洗。他告诉自己不要洗,于是他就积累焦虑,一洗了之后终于放松了,他觉得舒服了。那么洗的这个动作又成了一个强化他恶性循环的过程了。这时所谓的强迫症,跟抑郁症完全是两个概念。

音乐家的寿命,我们也注意过,就是没有做过专门的研究。从我们的观察来看,应该说音乐家的寿命是比较长的。那什么人寿命短?作曲家寿命短。但是指挥家、表演家的寿命都是长的。为什么呢?我们估计原因是作曲家他这种情绪宣泄的过程是一个很漫长的过程,他要酝酿,然后要把它变成音符,写在谱子上,然后再让乐队去演奏、去公演,这时候他的情绪才能彻底地释放,这个过程很漫长,实际上是一个很压抑的过程。所以作曲家大多数短命。但是呢,指挥家、歌唱家、演奏家大多数是长命的,因为他内心的这种情绪有一个很良好的合理的发泄渠道,所以他们经常可以用这种形式把自己的情绪发泄出来。

问:听了您的讲座我收获很大,我有一个问题想请教您,您刚才说"共情"可以体验到倾诉这种美感,请问您是怎样避免这种"心理污染"?

答:我觉得这个问题是一个很重要的问题。因为很多从事心理研究的人或是愿意从事心理治疗、心理咨询的人,你看现在外边办班办得很厉害,很多人都去考那个执照。实际上这里便有一个问题,很多人他是自己有这种心理困惑或障碍,有些疙瘩他解不开,于是他就会对心理治疗啊,心理学啊,特别感兴趣。就买这些书来看,觉得看这些书或者参加训练班也许能解决这些问题。但是很不幸的是,你看书也好,参加什么训练班也好,他不会解决你的问题,要解决你的问题必须使自己被治疗。但是现在很可怕的一个现象是很多人自己有问题,以为自己的问题被解决了,可以给别人治疗了,但这时他反而容易被患者感染,轻的呢,不能冷静客观地对待问题;严重的会发生移情反移情,可能你们都知道湖南一个著名的夜谈主持名嘴自杀的事情,她曾经给予很多人帮助,但最后承受不住,发生移情,产生了悲剧。作为治疗者,你必须先解决自己的问题,先治疗自己。就我而言,我在美国学习结束,要做临床的时候,必须首先进行现场督导等检查,一次一百美元,共二十五次;要被检查,看看我有什么问题,大概是五十次。规定,本科阶段不允许临床,到研究生阶段才可以。当你的问题真正解决之后,不会有问题,你才可以给别人治疗。但有一个例外。就是当你的病人患有不治之症的时候,你如果已经和你的病人建立共情关系,就必须面临着他们的死亡。看着他们一个个地死去,就感觉好像亲人死去一样,会带来巨大的痛苦。在这个领域工作的医生,必须至少每六个月作一次心理治疗,调整自己的心态。

问:请问高老师您在选择音乐上是否有对古典音乐的偏好?您为什么

没有选择声乐作品呢？原因是什么？

答：总的来说，音乐治疗的方法有上百种，任何形式的音乐都是可以的。而我这种治疗方法偏重于巴洛克晚期的作品，像巴赫，这些古典浪漫到晚期浪漫。因为他们在表达人类情感上最细腻、最直接。西方这类音乐讲究感情的矛盾，内心的冲突。而中国的音乐在描写感情上比较单一，像《二泉映月》、《十面埋伏》等都是单一的感情描写。

问：高老师，请您解释一下"声无哀乐"这种看法。

答：就这个观点，西方分两种观点——自立派和他立派。自立派认为"声无哀乐"，但是承认音乐确实表示了美好的事物；他立派认为音乐表达了感情。我认为不论哪一种流派，都必须承认，音乐对人类的感情有影响，它是可以用仪器测量。给植物放音乐，给动物演奏，利用音乐的物理功能，对动植物也会产生影响。

因为时间关系，今天的讲座就到这里。谢谢！（掌声）

原文摘自高天著《音乐审美与心理健康》，北京大学讲座。　　鉴赏编写：徐德成

61. 信息时代的战争与经济
——与著名军事评论家、国防大学教授张召忠对话
（2005年5月10日）

【格言名句】

企业家和军事家必须具有世界眼光和战略思维，认清自己的立足点和目标。

——张召忠

【文章导读】

张召忠，海军少将，中国著名军事理论家和军事评论家。1952年生于河北盐山，国防大学军事后勤与军事科技装备教研部副主任、教授，军事战略学博士研究生导师。著有《海洋世纪的冲击》《现代海战启示录》《网络战

争》等。

2007年7月24日,在国资委研究中心组织的"中外名家系列讲座",张召忠以"《信息时代的战争和经济》"为题,进行了主题演讲与对话。

这次交流的特色如下:

一是选题新颖。张召忠2006年开始参与中央电视台《防务新观察》栏目制作。他曾介入我国购买的第一艘报废航母墨尔本号的考察调研。读者喜欢他的谈话、评论,大多出于纯军事角度,如对飞机、军舰的性能他能如数家珍,全然专家风范。本次开讲,这位将军看似犯了演讲的"大忌"——从自己不熟悉的事情谈起。张召忠巧妙地指出企业家与军事家具有共同之处,指出"企业家和军事家必须具有世界眼光和战略思维,认清自己的立足点和目标。"旋即缩短了与听众的心理距离,引起了听众的兴趣。

张召忠通过对军事家与企业家的比较分析,说明现代企业家必须有世界眼光、战略思维,定位准确、目标明确,从而抽取出企业发展的精髓,紧接着列举美国军队的退役军人纷纷入职企业的红红火火的生动事例,拉近了军人与企业家的距离,令听众茅塞顿开。

二是信息丰赡。长期从事战略学研究的职业军人张召忠在交流中时而纵横捭阖,分析从农业时代、工业时代到信息时代的战争形态,时而视通万里,从远古的黄色圈地到20世纪80年代的海洋圈地直至当今凭借互联网的数字圈地,要言不烦,不到一小时的交流却将数千年战争风云尽收眼底。期间,不时穿插郑和下西洋的威风八面和鸦片战争的狼烟四起,令人触目惊心之余对当今战争取胜之关键及当下从商之道有了宏观的把握和微观的感受。

三是逻辑严密。第三个部分,由不同时代的战争特点分析到当前我国战略环境,进而论述企业家在战争与经济的关系中如何懂得把握企业的发展规律,再由时代的纵坐标到当今世界产油地及油路运输的横坐标,明确地阐明了企业发展的原点和目标。而且各个部分的论述也体现了军人逻辑严密的思维特点。如分析各个时代归结为一种能量,即体能、机械能(化学能)、智能(知识的存量与增量),先逐次划分信息装备水平的第一梯队美国、第二梯队欧洲、第三梯队中国,再具体分析中国军事机械化、信息化装备水平及其关系,这让听众既了解到中国的差距,又给出了奋进的目标。

四是语言清晰。作为谈话类的嘉宾张召忠充满书卷气的军人气质让听众"养眼"。他的语言明晰、流畅、完整,毫不含糊其辞。其实人们也知道没有全知全能的军事家,恰恰是张召忠从专业角度给出的分析和预言,使他成为军迷最爱的军事评论员之一。在本次对话交流中张召忠对印度军队信息化水平的评价,是出于他实地考察得出的结论,无疑比一般网络传言更贴近实际。

张召忠的语言掷地有声,充满激情。这激情更多是源于其专业研究的严谨扎实和对祖国强大的强烈愿望。

【主题演讲】

主持人(国资委研究中心"中外名家系列讲座"专项部部长俞力峰):今晚,我们请著名军事评论家张召忠先生作题为"信息时代的战争与经济"的重要演讲,大家欢迎!

昨天是全世界纪念反法西斯战争胜利60周年的日子,五十位国家元首在莫斯科参加了阅兵典礼。大家知道,第二次世界大战是发生在机械化时代,没有机械化的武器装备就不可能打那种绞肉机式的战争,因此,战争和经济总是连在一起。这个观察同样适用于当今的信息时代。下面,我就信息时代的战争和经济问题谈一点看法。

一、信息时代的时代特征

企业家和军事家都必须具有世界眼光和战略思维,如军事研究人员就不能光懂军事。如果只会用军人的眼光看世界,那么整天就会只想着打仗,但现在全世界已经在纪念反法西斯战争胜利60周年了,人们渴望和平,战争只是政治家手里的一种工具,如解决台湾问题就有多种方式,战争只是其中之一。因此,军事家首先必须是政治家,其次是战略家。搞企业也一样,首先要能看到世界的发展趋势,不仅要有世界眼光,而且还要有战略思维,善于从战略和宏观的角度思考问题,认清自己的立足点和目标。有了这两点,画出一个坐标参照系容易,但要确定一个坐标并非易事。从历史上看,我们党犯过许多错误,大跃进便是其中之一。主要原因是没有选准当时的立足点,错误地认为我国已进入工业化初期,与美国、英国相差不远,只需十年到十五年时间就可超英赶美。可迄今仍然落后许多年。根据最近中科院的年度世界经济分析报告,我国在经济总量方面要比美国落后一百年。所以,确定战略环境、选准目标极其重要。

从战争与经济的角度看,农业时代、工业时代和信息时代具有不同的时代特征。

驱动农业时代运行的能量是体能,当农民没力气就不能种庄稼,也就没有收成。当兵打仗没有力气,身材矮小,就拿不动兵器,哪能打胜仗?古代的名将,如张飞、赵云和关公等,个个都身强力壮。因此,在农业时代,体能非常重要。

工业时代倚重的是机械能和化学能,有了蒸汽机、蓄电池、飞机、坦克等,这些发明延伸了人的腿与手的能力。农业时代,农民的活动范围主要局限于自己生活的村落,到了工业时代人们可以乘飞机、轮船等去世界各地活动。

当今信息时代,有了互联网,真正实现了"秀才不出门,全知天下事"的梦想,全球都一体化、网络化和信息化了。信息时代,侧重于智能和知识。没有文化的军队是愚蠢的军队,而愚蠢的军队是不可能战胜敌人的。伊拉克军队为什么失败?因为它缺少现代化的智能和知识。信息时代的生存之本是知识,衡量一个军事指挥官的知识和能力,就要看他能否通过网络去控制一个个节点,并使其有序化,最后凝聚成力量,就像一个企业家要组织员工、监控机械设备,使其形成一种综合实力并发挥作用,与对手竞争,这就是能力。所以,智能是信息时代最核心的能量,智能取决于知识的存量与增量,而知识来源于学习。

农业时代的战争是接触型作战、近距离厮杀,是人与人之间决斗的冷兵器战争。工业时代有了许多武器,如坦克、飞机和大炮等,但这些武器之间并非相互联系,主要体现其本身的作战能力。如果一辆坦克的作战能力是1,那么一百辆坦克的作战能力有可能是100,一千辆坦克的作战能力有可能是1 000。也就是说,一千辆坦克肯定要比一百辆坦克的作战效能高。所以,工业时代讲究数量与规模,量越多越好,人越多越好,同理,机械设备也越多越好,这就是工业时代的特点。而信息时代主要是通过网络去控制分散的点和武器装备,强调的是系统集成,不再是数量规模的累加。信息时代的核心就是依托信息系统,即信息化和网络化。衡量一个企业就要看它是数量规模型还是综合集成型,如果是前者即为工业时代的企业,如果是后者则是信息时代的企业。

现在世界上的国家可划分为三个梯队:第一梯队是美国及少数西方国

家。这些国家已开始进入信息时代,到2015年左右将进入信息时代中期。第二梯队是欧洲一些工业化国家,但在信息化方面比美国大约落后十年。第三梯队是中国等发展中国家。其中,中国是最具竞争力和发展前景的,俄罗斯虽已进入较好的发展时期,但要追上中国,尤其是信息化建设方面追上中国尚需时日,起码需要二十年。中国在军队建设方面,如不摆脱前苏联思想的影响,则很难打赢现代化战争。因为,他们目前的军事设备还是机械化那一套,无法搞信息化。还有印度,有人认为印度在信息化尤其是在软件业方面比中国强,但我2001年去印度考察,回来后发表了几篇文章,认为此定论为时尚早。当时的印度市场,14英寸黑白电视仍是紧俏商品,整个国家只有90公里长的高速公路,军队上将的小轿车还不如我国的夏利,办公大楼没有自来水和煤气管道,几百万人露宿街头。印度人聪明,确有不少软件业的工程师发家挣了大钱,但只是他们个人挣了钱,与社会和企业没关系。所以,我认为印度的信息化程度远不如中国,整个社会制度和运行机制都存在严重问题。

工业时代给我们遗留下很多东西,如工厂、烟囱和设备等,这些东西都应保留,搞信息化建设并不等于不要机械化,建设一个新世界并不一定要砸烂一个旧世界,我们需要的是在旧世界的基础上建立一个新世界。同样,一个军队如果只搞高、精、尖的新科技,就无法打仗,要用高技术带动一般技术的发展。正因为技术太高,在伊拉克战争中美国反而表现得很差。对企业来讲也是如此,在信息化条件下,一些老企业的老设备仍可改造,不能随便浪费。这样才能节约资源,提高效能。

二、中国未来的安全环境

今年4月份,美国前战略部队总司令来我国访问,他搞了一辈子战略核武器,了解并掌握着美国所有的核武器,现在退休了,在好几家公司担任CEO兼总裁。我问他:为什么美国的将军退休后知识都很丰富?而且,许多美国上将和将军退休后都在大公司担任总裁或高级顾问,军队的知识结构能胜任企业管理层?他告诉我,企业主要是用我们的领导才能,军人一辈子都有铁的纪律,我能把一场战争打赢,就肯定能搞好一个企业。

搞好企业不只是需要领导才能,还需要一个安全环境。而中国未来的安全环境如何呢?

今天电台广播,从明天开始柴油又要涨价,许多人要买车,却不能承受油价一涨再涨。我长期在海军工作,研究最多的是海洋战争,而涉及最多的是海上经济问题,海上经济涉及最多的是海上交通线问题,而海上交通线研究却涉及石油问题。美国有许多石油,但他们只是登记下来建立一个数据库,并不开采,因为他们清楚,这些石油不开采,几百年后仍是美国的。伊拉克等国也是一样,石油的蕴藏量既不公开,也不随便开采。而我国的大庆油田、胜利油田和中原油田等,一个个大面积地开采,把内陆的石油都开采得差不多了。更可怕的是,国家钻探的很多油井和矿井,钻探完了把资料放在那儿,最后流失到个体户那里,本来可以开采十年的油田却一年就搞完了。石油是不可再生资源,那是多少年前的大地震使森林下沉才形成的,陆地上的石油一旦没了,再想去别的地方开采就十分困难。

全世界海洋上最大的一条油路被美国控制着,沿线有日本列岛、台湾、琉球群岛、菲律宾列岛、马六甲海峡、安达曼、印度洋、波斯湾、好望角和大西洋。美国为了控制这条油路,在日本驻有第七舰队,在波斯湾组建了第五舰队。这样,美国就控制了石油的开采、运输以及价格,如果打起仗来,没有石油的国家就无法使用汽车和飞机。目前,中亚三大石油产地,即波斯湾、里海和南沙群岛,都被美国所控制。近年来油价日益上涨,美国认为是中国对石油的需求量增加造成的。

这些年爆发了许多战争,如有海湾战争、科索沃战争、阿富汗战争和伊拉克战争等。这些战争为什么都发生在欧洲和亚洲交界处的三角地区呢?因为这些地区既是世界石油的主产地,又是欧亚文明冲突最激烈的地方。所以,美国下定决心要加以控制,凡是不听话的国家,一律打倒,萨达姆政权便是作为绊脚石被推翻的。然后,美国为了控制中国的经济发展,又瞄上了里海的石油,打起了科索沃战争,打完仗也不撤军。这就形成了对我国非常不利的战略格局。现在,日本和韩国、日本和美国都是军事联盟,只要一国受到侵扰,另一国肯定出兵。目前,琉球群岛被日本和美国控制,菲律宾与美军有军事协定,新加坡有美国航母,美国还想在马六甲海峡周边驻兵,这些岛屿形成的锁链被美国称之为"第一岛屿锁链",是第一道封锁中国的岛屿锁链。在过去的半个多世纪,我国始终没能突破,至今仍被美国牢牢控制,而且美国正在驻兵制造和加强"第二岛屿锁链",对我国的安全环境构成进一步威胁。

目前,到处提倡"和平崛起",我在《谁能打赢下一场战争》这本书中,曾对各国的崛起做了分析。冷兵器时代,帝国的强盛主要靠弱肉强食,人的思想受宗教的影响也较多。到了热兵器时代,地球上许多新地方被发现,而交通工具的发达使各国之间能够自由来往,东西方文明开始产生冲突,武器装备的大规模发展使战争变得更加残酷,18世纪以后西方一些国家在帝国主义这辆战车上越走越远。由于西方国家特别重视科学启蒙,创造了许多新科技,而中国只有古代的四大发明,那是技术而不是科学。常言道,科学是老母鸡,技术是鸡蛋,西方喜欢养老母鸡,老母鸡能下很多蛋,蛋可以再孵老母鸡,而我们只有鸡蛋,还传男不传女。再比如我国的一些菜谱,写的都是精盐少许、酱油少许和花椒少许等,而西方的菜谱绝对不这么写,他们写的数量往往非常精确。英国十七世纪造的战船,其精密程度比我国现在造的工艺水平还要好。所以,到了热兵器战争时代,中国开始衰落,直至十九世纪的甲午海战,北洋水师全军覆灭,有海无防,殖民帝国进入北京,瓜分中国,连小小日本都侵略中国,给中国人民带来深重灾难。这些历史教训,我们永远不能忘记!

三、战争与经济的发展前景

关于战争与经济的关系,从历史来看可划分为三次运动:

第一次是黄色圈地运动。大约从远古到20世纪八十年代之前可视为黄色圈地运动,尤其突出的是第二次世界大战中三巨头各怀鬼胎、分割世界。德国为什么出现希特勒?因为在第一次世界大战期间德国工业非常发达,结果德国战败之后,三十七个国家在法国举行会议声讨德国,让德国在投降书上签了字,致使德国最庞大的海军舰队舰艇凿沉海底,坦克、兵器和兵工厂被销毁,不仅所有的生产线被砸烂,而且还要进行战争赔款。最后,所有的负担都让德国人民承受。这时,希特勒开始利用这种民族仇恨煽动战争,于是,便开始了第二次世界大战。所以,极端的民族主义仇恨是非常可怕的。过去各国之间战争的目的是为了占领土地,现在全世界都在讲"全球化",其实"全球化"的老祖宗在中国。早在15世纪,中国的郑和在三十七年内七下西洋,一条路线是从南京出发经马六甲海峡走印度洋直到波斯湾,另一条路线是去非洲。此外,丝绸之路也曾把中国的文明传递到了中东、地中海、希腊和欧洲。

第二次是蓝色圈地运动。在15世纪以后,出现了哥伦布等一些航海家,他们喜欢探险,发现了许多好地方,包括太平洋;随后又得到一些商人的赞助,便走到了中国,带回了许多香料、茶叶和瓷器。很快,葡萄牙、西班牙、法国和英国等国的探险者在获得巨额资本的赞助下,开始造船,来拉中国的商品,于是很多暴发户都跑到中国和印度做生意,赚取利润,争夺市场。强大的国家就开始建立海军舰队为自己的商船护航,一度出现商船在前军舰在后的壮观场面。后来,英国运走了中国的香料、茶叶和瓷器,而中国却对英国的产品没兴趣,如汽车就得不到慈禧太后的欢心,铁路和火车被认为会把大地的龙脉震断,结果错过了发展工业的大好时机。没有先进技术,以致英国人趁机大量输入鸦片,中国的白银源源不断地流向英国,最终发生鸦片战争,林则徐火烧鸦片断了英国商人的财路,大炮就进来了。其实,我不用讲许多战争与经济的理论,这些例子足以说明战争与经济之间的关联度,商人在前面做生意,军人在后面保护,出现不安全就上大炮,赚了钱就可以买更多的军火,从此,军人和商人密切交往,军人营造一个和平安定的生意空间,商人好好做生意,赚了钱就提取一部分用来发展武器,从此就更安全,可以做更大的生意。依此逻辑,英国曾一度在海外的殖民地比本土还要大150倍。总之,蓝色圈地运动就是占领海洋,起道海洋去圈陆地,尽管在1982年联合国就通过了《国际海洋法》,但蓝色圈地运动目前仍是一个很大的问题。

第三次是数字化圈地运动。地球就像一个小村庄被网络所覆盖,全球经济一体化要求无论是做生意还是讨论问题,一定要有全球意识和战略眼光。我国对武器装备一直重视不够,据有关资料显示:从先秦到清末写的兵书战策有两千多部,但其中论军事装备的内容只占0.2%。可见,中国人自古以来都喜欢说,喜欢斗心眼、论谋略。据分析,全世界的军队大致有三种类型,即苏联力量型、美国技术型和中国谋略型。可"三十六计"再好,也离不开高科技的武器装备,就像过去英国人打进天津时,义和团的大刀片练得再好,照样敌不过英国人的枪炮。所以,我们要高度重视科学技术的发展,在经济增长的同时也要搞武器装备,搞武器装备的同时还要创新作战理论,这样,才能拧成一股绳,使我们的国家更加强大。

【对话原文】

主持人:下面,请国资委研究中心主任王忠明博士点评。

王忠明(国资委研究中心主任):今晚的讲座内容,从知识领域的角度来讲,与企业的日常经营领域可能会有些隔行的感觉,但由于张召忠老师本身的知识功力及其对各方面充满智慧的关注,使我们听得不仅津津有味,而且入情入理,特别是他一开始讲到不管是军人还是商人,搞军事研究还是做企业工作,都需要有一种世界眼光,非常精辟!事实上,也正是这种世界眼光才使我们能从更广泛的国际视野来审视自身的言论和行为,审视企业的经济工作。这是非常透彻且有重要意义的一课,因为缺乏世界眼光,很多人在日常工作中就难以达到高境界。因此,不仅有愚蠢的军队,也有愚蠢的企业;不仅有愚蠢的战争行为,也有愚蠢的经济行为。

张召忠老师的世界眼光渗透在他对农业时代、工业时代、信息时代这些人类不同发展阶段的具体分析上。他对于黄色圈地运动、蓝色圈地运动以及当今出现的数字化圈地运动的描述极具概括力。更重要的是,他在骨子里、在情感深处所表现出来的对中华民族命运的深切关注以及对人类前景的真切关怀,说明他作为一个有良知的学者和军人,是值得我们敬重的。此外,我们还要注意学习独特的分析能力和把握能力,这也是张召忠老师的成功之处。搞现代企业,如果没有这么一些能力,那么就难免沦入平庸。

问(北京物资学院硕士研究生崔鹏):作为一名海军装备技术专家,您如何看待家门口面临的威胁,尤其是"第一岛屿锁链"的威胁?

答:海上实力靠航母支撑。美国前总统罗斯福是海军出身,他曾说过:"说话要和气,但手里要有大棒。"说话要和气是指外交,作为外交官要彬彬有礼,保持微笑。但光微笑不行,手里还得有大棒,这个大棒就是舰队。这就是著名的"胡萝卜加大棒"。所以,海洋上的战斗光说是没用的,必须靠实力。我们的海军经过了半个世纪的建设,已有长足进步,但在世界排位上,还未达到甲午海战时期的地位,1895年甲午海战之前北洋水师是亚洲第一强,位列世界第九,我们现在处在世界十几位。面对"第一岛屿锁链"的威胁,我们海军必须要冲出去,否则,不可能有任何作为。但是,要冲出去,主要取决于台湾。美国称台湾是"不沉的航空母舰",因为它可以帮助美国看门。如果拥有台湾,我们就可以站在台湾面向浩瀚的太平洋。无论如何,我们有决心在不久的将来,打破长达半个世纪的封锁。再往后怎么办?小平同志说过,即便我们经济再强大、海军再发展,也不会到印度洋、大西洋去管别人的事,我们还是搞近海防御。当然,近海的范围可能会稍微大一点。

问(首钢发展研究院党委书记杨岱庆):请问中国军队装备方面的发展,对于钢铁业应该是一个什么样的要求?

答:钢铁业是工业的代表,是信息时代的夕阳产业。钢铁企业发展的黄金时期是20世纪三十年代,这是西方世界在经历了工业时代的幼稚阶段后走向成熟的一个重要时期。当时,第二次世界大战拉动了钢铁业的发展,坦克、飞机和舰艇消费了大量的钢铁,美国一天造一艘舰艇,而德国一天可摧毁几十艘舰艇,这种事情在大西洋天天都发生。可现在,美国二十天就能造一艘航空母舰,已不需要大范围地发展钢铁了。美国也不用重型炮弹了,重型装甲车已改为轻型装甲车,一辆就能省下六十吨钢铁。过去我们扔炸弹,扔一百枚,只能命中一枚,而现在一枚就能打中目标,钢铁就省下来了。我们不是不要钢铁,而是要更加精密的钢铁,尽管西方国家走向精细化,对钢铁的需求量不断减少,但我国的机械化水平只相当于美苏20世纪三十年代的水平,所以,我国的钢铁业不仅需要发展,而且还面临着很大的发展前景。

问(国资委研究中心宏观经济研究部副部长程伟):请问军工企业以后会朝哪些方面发展?

答:你提了一个非常重要的问题。我写过大量的书,都是关于信息化建设方面的。我国的军工体系最早是游击队留下来的,以后逐渐发展到以大规模全面战争为主,基本上是机械化的军工体系,并留下了大量的陆军武考,却手枪、步枪、炮弹、炸弹、地雷,等等。现在,这些东西存放在仓库里很危险,每年都要销毁一批,但销毁的费用比原来制造的费用多了好几倍。军工体系的战争与后勤准备非常奇怪,你准备防苏联,它却解体了;你要和平解放台湾,结果李登辉闹"两国论",迫使我们不得不面对台湾,各种坦克是用不上的,因为现在打的是信息化战争,需要的是电子对抗,而我们整个军工体系落后于时代,只有让华为和联想等民营企业加入才行。所以,我一直向国防科工委、信息产业部和军委领导建议,时代变了,信息时代不能保护落后,谁能研发出好的软件,谁就有资格进入军品,这是一个非常好的开端,以后会逐步实施竞争性采购,开始进入一个良性循环。

主持人:今晚,演讲现场掌声不断,这是大家对高水准的一种认同和叹服。有一本科技史讲道,中国为什么没能和西方同步进入工业化?其中一个重要的原因就是西方找到了发现科学的方法,而我们没有。张教授的演讲有助于我们开阔眼界,弥补知识结构的欠缺。让我们再一次掌声感谢张召忠教授!

原文摘自王忠明编:《中外名家系列讲座集萃》,中国青年出版社,2006年2月版。 鉴赏编写:丁亚明 朱金魁

62. "我是来谢罪的"
——原侵华日军老兵本多立太郎与网友的对话
（2005年5月17日）

【格言名句】

我认为战争本来是由犯罪构成的一种人类的行为,战争使人失去理性。

——本多立太郎

【文章导读】

本多立太郎,1914年出生在日本北海道,1939年5月应召参军,入日军第15师团,并于同年8月被派往中国江苏金坛。1943年再次应召入伍,在北千岛驻防。1945年8月日本战败,作为苏军俘虏被押送至西伯利亚。1947年8月回国,1974年退休。他曾就读于日本早稻田大学,并在《朝日新闻》担任过两年的记者。从1986年2月起,本多立太郎开始在日本国内巡回演讲,揭露日本军国主义发动侵略战争的罪行。迄今,他的听众累计已达二十万人次。对此,南京师范大学历史系的张连红教授评价说,"这位有良心的日本老兵在用他生命中最后一点时间为中日友好作着努力,他的行为在日本国内以及中国所带来的影响是不可估量的"。2004年12月,本多立太郎获得日本国"为了和平媒体基金奖"。

2005年5月16日,已经91岁高龄的本多立太郎再次来到中国,踏上了他的又一次谢罪之旅。5月17日上午,本多立太郎在人民网的中日论坛,与网友进行了在线交流。此次谢罪之旅及与网友的对话,让中国人民看到了一个有正义感、良知,又有勇气的日本人,也感受到了一位日本老兵发自内心的忏悔,老人希望战争永不发生。他曾在日记中这样写道:"谁要再发动对外国的侵略战争,就先让战争的列车从我身上压过去。"

这篇对话是在线交流,本多立太郎回答了网友的诸多关于战争、教育等涉及今日世界关系的问题。本多立太郎首先认为,"战争本来是由犯罪构成的一种人类的行为,战争使人失去理性",因此"谢罪也不能简简单单地口头上表示一下就完了,必须要发自内心地、诚心诚意地谢罪",表达了一位日本老兵对战争所造成的无法弥补的人类灾难所作的深深忏悔。随着时间的流逝,"旧恨"究竟是叠加变成"新仇",还是正视历史,进行发展意义上的化解?对此问题,本多立太郎强调指出,"关键是要互相站在对方的立场上考虑问题",因为化解痛苦,必须要懂得如何直面痛苦、直面现实。因为有这样的对于战争的深刻反省,本多立太郎在对话中期待着:"让自己的孙子这一辈的人能够跟中国的同龄人友好相处,尽早改善两国的关系。"这表达出他对于自由和平世界的真诚向往,也表达了自己参加侵华战争的深深忏悔。

【对话原文】

本多立太郎:我是日本人本多立太郎。六十年前,我拿着枪、穿着军服来到中国,犯下了各种罪行。这次,我是来谢罪的。而且,是怀着能够为中日友好哪怕是尽一点微力这样一种心情来到中国的。我是一个非常普通的市民。

网友:嘉宾是来谢罪的?我们很想知道,你都有哪些罪行?在中国杀过多少人?其中多少是平民战俘?

本多立太郎:首先,我认为战争本来是由犯罪构成的一种人类的行为,战争使人失去理性。我迫于长官的命令,也杀害过战俘。因为如果不遵从长官的命令,自己就有可能被杀掉。如果你不杀掉对方,长官就会杀掉你,在这样一种情况下,我犯了罪行。但是,并不能因此而说自己没有罪行。我毕竟亲手杀死了对方,我是现行犯。如果他们的亲属现在站在我面前,将我大卸八块,我也没有任何可说的。作为最高指挥官,是一定要负这个责任的。对我下命令的那些上级和军队组织,同时也应该负有责任。谢罪也不能简简单单地口头上表示一下就完了,必须要发自内心地、诚心诚意地谢罪。天皇和军队的首领负有他们的责任,但是作为我个人来说,也不能因此而推托。

网友:本多立太郎老先生,最近中日关系又出现一些裂痕,正巧您在这个时候来华谢罪,请谈谈您想对中国人和日本人传达什么样的声音。

本多立太郎:关键是要互相站在对方的立场上考虑问题。日本人要把自己当成一个中国人那样考虑问题,反过来,中国人也把自己当作日本人那样考虑问题。这样的话,这个裂痕一定能够弥合。

网友:在你们的政府中,很多官员不能正确面对历史,您认为他们缺少什么？他们为什么要去歪曲历史？

本多立太郎:简单地说,他们是精神上的弱者,他们没有直面事实的勇气。

网友:你们这些老兵平时有联谊活动吗？还有像您这样积极忏悔的人吗？

本多立太郎:这种人很多,我现在手上有一本资料,是真宗大谷派的《不战决议》。很多日本老兵在京都东本愿寺中开会,作出了一个《不战决议》,他们以前参加过战争,不但给外国人造成了很大痛苦,也给自己国民造成了很多痛苦。老兵们作出这样一个决议,以后不再参加战争,要和世界各地的人搞好关系,为了和平。

网友:本多先生,日本和德国在对待侵略战争的态度上为什么反差那么大？

本多立太郎:德国是因为彻底战败了,他的政府也彻底垮掉了。但是日本是在垮掉以前就投降了,天皇制和政府机构原原本本地保留下来。我想,原因是在这里。

网友:本多先生,我问您一个很难回答的问题,您个人认为日本现在有资格争常任理事国一席吗？

本多立太郎:我认为,日本不应该成为常任理事国。原因在于日本现在没有军队,而常任理事国有权派出联合国维和部队,具有调动各国军队的职能。现在的问题是,日本一旦成为常任理事国,就会组建军队,所以我反对。

网友:嘉宾,这两天,小泉仍表示要参拜靖国神社,日本老百姓对首相参拜靖国神社是怎么看的,小泉为什么把中国等受害国的人民的抗议当作耳边风,能分析一下吗？

本多立太郎:小泉首相表示,他参拜靖国神社是为了祭奠为国捐躯的人,这一点我也理解。但是,靖国神社供奉的人都是些穿军服的军人,既然要祭奠因为战争而死亡的人,就不应该只参拜靖国神社。

网友:我很想听听您对过去所见到的中国人的看法是什么样子的。特别是中国军人！请您真实地说一下！

本多立太郎：我所属的部队分别与国民党军和新四军作战过。我的感觉是，新四军很厉害，国民军不是对手，一触即崩。

网友：请问嘉宾您为什么来中国谢罪？要达到什么样的效果？为了自己减少内疚吗？还是有其他的希望？

本多立太郎：简单地说，最初还是看到自己孙子辈的可爱，是为了让自己的孙子这一辈的人能够跟中国的同年龄的人友好相处，尽早改善两国的关系，现在我也是这样想的。我有一个孙子、四个孙女，最大的三十岁，最小的十七岁。

网友：本多老先生，过去日本政府对日本军人进行过什么样的宣传教育，促使你们会为了政府做无谓的牺牲，疯狂杀害其他国家那么多无辜的老百姓呢？现在这种教育方式在日本还存在吗？

本多立太郎：现在可以说，当时的那种军国主义教育已经不存在了。但是，现在也有这样一种迹象，也就是说，逐渐向那种教育靠拢。

网友：我想知道日本是不是很多人不知道那段历史。我曾问我一个在日本的朋友，他说很多年轻人不知道那段历史，而年纪大的知道有这么一个战争，但是不知道为什么。这是为什么？是因为你们的教育把这段历史抹去了吗？是因为每一届的政府都不能面对这段历史，不敢说出来吗？

本多立太郎：是的。我认为，日本的应试教育有很大问题，日本的近代史教育中没有相关内容，考试中也不出这类题，所以年轻人都不知道。我认为，这是个很大的错误。

网友：本多立太郎，我很想知道你到中国忏悔、谢罪，你的孙辈们对你的举动持何种态度。

本多立太郎：他们赞成我的做法，但是，这次到中国来，我还没有详细向他们说明。回国后，我会对他们说的。

网友：作为二战幸存者，你看日本政府的行为与二战前期是否有些相似？

本多立太郎：相似的地方很多，甚至可以说太像了，日本好不容易成为了一个和平国家，可是自小泉政权以来，日本越来越走向回头，这样是不行的。

本多立太郎：此次来中国，来得很值得。昨天我诚心诚意谢了罪，倾听了中国年轻人的心声,也与中国劳工进行了交谈。回去后我要把这些转告给日本的国民。谢谢大家。

原文摘自何加正编:《强国路上的对话》,中国传媒大学出版社,2007年3月版。　鉴赏编写:杨远芳

63. 如何看待中国崛起
——专访英国首相布莱尔
（2005年9月19日）

【格言名句】

中国的崛起对于我们（西方世界）来说,不是一个威胁而是一个机遇。因为从贸易和经济的角度,我们将从开发中国市场中获益良多。

——布莱尔

【文章导读】

2005年9月5日,第八次中欧领导人中欧峰会在北京开幕。当时,中国和欧盟就纺织品贸易问题争执不下,对华军售解禁以及承认中国市场经济地位问题悬而未决。本次中欧峰会的召开显然具有不同寻常的意义。

峰会开幕的当天下午,采访人胡舒立、曹海丽在长安街旁的中国大饭店20层豪华贵宾室,对时任英国首相的布莱尔进行了访问。52岁的布莱尔是当今个人魅力名列前茅的西方政治领袖。他对受访驾轻就熟,整个过程中都很放松,回答问题时身体微微前倾。知情者说"他喜欢困难的问题"。

在这篇较长时间的访谈对话里,布莱尔不断强调中国的崛起对于西方"不是一个威胁而是一个机遇"。当然这样的挑战也面临许多困难与矛盾,如纺织品领域的贸易摩擦、能源供给与能源安全问题、联合国成员国的改革与变化、世界相互合作的反恐战争、中东的宗教狂热问题、地球气候变暖问题、中国与欧盟的劳工问题、武器禁运问题,等等。这些问题集中了全球化时代国际间相互交往的敏感问题,因此记者有意识地将布莱尔对这些问题的思考"诱导"出来,并在听取发达国家的政治策略的同时,也让我们感受到

布莱尔的领袖风度——那种既对敏感事务了如指掌,同时又应对从容的政治智慧。

值得强调的是,对话始终以"如何看待中国崛起"这个问题为前提,让我们也反复通过对话倾听了布莱尔的理解:"中国的崛起对于我们(西方世界)来说,不是一个威胁而是一个机遇。因为从贸易和经济的角度,我们将从开发中国市场中获益良多。"因此不难理解对话的另一个攸关我国事务的话题会怎样引人产生莫大的兴趣。在谈及欧盟解除对华武器禁运问题时,布莱尔暗示对华武器禁运的解除要与台海的局势挂钩,因为解除禁令"不能导致其他地区的紧张形势",并指出"所有这些事情,最终都将回到同一个根本点上来,就是你们如何管理中国崛起的进程"。

毫无疑问,作为时任欧盟轮值主席国首相,布莱尔所说的"所有这些事情",包括中国与欧盟贸易争端的解决与否及解决方式,包括欧盟对华武器禁运是否解除,也包括中国与其他国家如何协同管理能源需求,还包括中国企业海外发展的方式与方法,更包括中国能否以及以何姿态在国际舞台上发挥更大的作用。

【对话原文】

记者:作为西方世界的领袖之一,你怎样看待正在崛起的中国?

布莱尔:我想,每个人都在试图理解并接受(come to terms with)中国崛起的政治和经济含义。我的看法是,中国的崛起对于我们(西方世界)来说,不是一个威胁而是一个机遇。因为从贸易和经济的角度,我们将从开发中国市场中获益良多。所以,我是乐观的。

记者:大家都在谈,中国的崛起带来了许多挑战。你认为这些挑战是什么?

布莱尔:最大的挑战是,美国和欧洲一向是世界的两大权力核心,而现在中国兴起了。人们当然会问——这意味着什么?我的说法是"理解并接受"(come to terms with)它。我不认为人们对此感到恐惧,实际上,他们更多的是心存疑问——这究竟意味着什么?(比如说)在解决朝鲜核问题上,在处理中日关系问题上,中国的兴起将带来什么?欧洲和美国究竟该如何与中国合作?从商业和(各国)就业的角度讲,这意味着什么?

(另外)中国的劳动力成本低廉,而中国的出口每年增长20%至30%。

很自然地，人们对此有所担心，但同时这里也存在大量机遇。

记者：中国公司收购外国公司的情况正在增多，今后还可能更多。这些行为是引发关于中国崛起大讨论的诱因之一。其中的一个重要案例是，中国海洋石油股份有限公司最近试图收购美国优尼科石油公司，在美国引发重大政治反应。你对此如何看？

布莱尔：你知道，目前正在发生的贸易摩擦是在纺织品领域。我认为这属于自然的摩擦。中国的公司们正在成长，这是必然的。因为中国正在具备更大的商业和政治力量，在某些层面将会导致担忧产生。但我认为，总的方向是中国与世界之间的贸易额不断增长。这类分歧总会时不时出现，但我认为，这就是新生事物出现在世界舞台上时引起的自然摩擦，仅此而已。

记者：中国的能源需求增长，是否对其他国家的能源供给和能源安全造成了影响？

布莱尔：我认为，在这些问题上相互协作是很重要的。我对当今世界的看法是，这个世界基本上是互相依存的。能源供给与能源安全是影响到所有人的问题。现在，中国的能源消费可能在未来几年内出现戏剧性的增长，因此，我们很有必要努力合作，以合理的方式解决与各方相关的问题。

中国很关心能源价格的稳定，我们也一样。所以，我们不能单纯追求自身利益，而要努力讨论大家应当共同做哪些事，怎样开拓长期、稳定和安全的能源供给，以使中国的经济保持增长，同时不给其他国家造成伤害。我认为协作是很重要的。

记者：中国人民被告知，加入 WTO 后，中国将进入自由贸易的世界并享受其带来的好处。现在发生的诸多贸易争端多少使他们感到挫折。你认为中国人民应当调低期望值吗？

布莱尔：不，因为我认为不管发生什么，在未来五年内，中国与欧洲的贸易将发生戏剧性的增长。但是，对欧洲某些行业来说，这将造成巨大冲击。所以我们必须妥善管理这一变化过程——不是要停止这一变化过程，而是要妥善管理。

欧洲有些国家如英国，比较支持自由贸易；但在其他一些国家，比如意大利，有相当大比例的人口受雇于纺织业。当来自中国的巨额廉价纺织品进入他们的国家，他们一定会很忧虑。但这是管理整个变迁过程的一部分，它并不意味着变化不会发生。

记者：中欧纺织品贸易争端一波未平一波又起。你对这类中欧间存在的贸易问题的解决持何种看法？

布莱尔：英国的基本立场就是支持自由贸易。（不过）当前，作为欧盟轮值主席国，我们必须代表全欧洲的利益。一些欧洲的（纺织品）生产厂商们认为存在不公平贸易的情况，并担忧我们能否与中国达成协议。我认为，我们最终将会解决这个问题。我们必须往前走。必然如此。

记者：欧盟内部各国之间就此有很多分歧，达成一个统一的贸易政策是否可能？欧盟内部有没有可能出现更多的保护主义声音？

布莱尔：这的确很困难。但我要说，总的方向是非常清楚的。以欧洲与美国的关系为例，欧洲与美国之间贸易纠纷不断，但这些纠纷并不妨碍欧洲和美国朝着越来越自由的贸易进步的大方向。与中国也很有可能是同样情况。总会有各种各样的局部争议出现，但这不意味着方向变化了。方向将保持不变，那就是贸易将越来越趋于自由化。

记者：中国与英国都是联合国和世界贸易组织等多边国际机构的重要参与者和支持力量。这些国际机构同时也是国家间竞争与合作的舞台。你认为，中国的崛起对这些机构的现有格局将发生什么影响？

布莱尔：这对我们大家都是个机遇，因为中国获得了如此巨大的力量。合作对彼此都有利。英国以及其他国家没有理由反对、阻止中国的兴起。中国的兴起是个现实，这一现实必然带来种种政治影响。我认为这些机构将因中国的参与而更加壮大。

记者：为什么联合国当前需要改革？作为安理会常任理事国之一，英国在这个问题上持什么立场？

布莱尔：我们支持联合国安理会成员国的变化，但这一改革必须获得所有各方的支持。每个国家对此有不同的看法，比如中国对日本的看法就非常鲜明。我们必须努力达成一致。让我们拭目以待。

记者：随着实力的增加，中国有可能在国际舞台上发挥更大的作用。你寄望于中国在一些重大国际问题如反恐战争以及中东问题上提供何种合作？

布莱尔：对于中东问题，最重要的是要理解，中东所有问题都彼此关联。如果中东问题要以某种合理的方式取得进展，就必须尽力解决以色列—巴勒斯坦问题，并且在中东建立更有效的和更稳定的政府。对于中东那些以宗教狂热信仰立国的政权，我感到很担心。我觉得这种情况并不健康。

在与一些国家比如说与伊朗的关系上,中国的合作可能会是关键的。欧洲正在努力使伊朗遵守国际原子能机构的裁决,中国可在此发挥作用。在这一议题上,中国显然能够向伊朗施加压力,并说服伊朗采取合作态度。

记者:此次中欧峰会期间,中欧签署了《在防止全球气候变暖、利用可再生能源方面进行合作的协议》。在美国不愿承认地球气候变暖是一个重大环境挑战的情况下,中国与欧盟在此议题上将寻求合作,是否能取得重大进展?

布莱尔:这对我们来说非常重要。中国经济增长带来的国际影响,从石油市场就可见一斑。中国的需求增长是推动国际油价上涨的主要因素之一。中国完全有权发展经济。中国人为什么不能拥有自己的汽车、电视机和优越的生活方式,就像欧洲人和美国人一样?

因此,中国的发展是正当、正确和必要的。但我们必须管理这一变迁所带来的在环境上的后果。这正是我们建议在欧洲、美国和中国间展开对话的原因。

记者:但美国的布什政府并不认为这是一个严峻的问题。

布莱尔:我感觉,美国(对这个问题)的接受程度高于人们的想象。尽管美国不认为气候变暖是个首要问题,但他们很关注石油供给和能源安全。不管是出于什么原因,我想美国对于参加对话是有兴趣的。重要的是,不要把所有的指责都指向美国人。因为其实欧洲人的立场与他们也相去不远。如果中国的经济迅猛增长而不限制自身的能源需求,欧洲和美国都将很难不采取相应的限制措施。这就是你们面临的难题。

记者:此次峰会的另外一个成果是,中国与欧盟之间将就劳工问题展开对话,这是一个突破。你从这一对话中有何期待?

我想,这是一个我们必须持续讨论的话题。事实是,无论如何,无论根据什么计算方法、进行何种讨论,中国的劳动力成本都大幅度低于欧洲国家。欧洲与中国竞争的唯一办法,就是投资于科学、技术和知识。我不是说没有必要讨论这个话题,但我个人的看法是,这些不过是次要话题。

记者:欧盟原计划于今年内取消已经存在十五年之久的对华武器禁运政策,后来因为来自美国的压力而延后。你认为欧盟取消对中国出口武器禁令是否可能?

布莱尔:是的,我确实认为是可能的。我认为禁令会被取消,不过它的前提是,要保证取消禁令不会加剧其他地区的紧张局势。从原则上讲,这是必然发生的,你也会看到这一天。

记者:取消这一禁令的最主要障碍是什么?

布莱尔:武器禁运出台之时的理由现在都已经消失了,所以禁令本身完全过时了。但是,我们必须确保,如果取消禁令,不会导致出现其他紧张局势,以至于造成更大的困难。我认为我们会解决这个问题。所有这些事情,最终都将回到同一个根本点上来,就是你们如何管理中国崛起的进程。

原文摘自胡舒立编:《舒立对话:未来十年,世界是谁的游戏》,江苏文艺出版社,2011年2月版。　　鉴赏编写:贺伟峰　蔡寿春

64. 儒家的人文精神与文明
——哈佛大学杜维明教授在凤凰卫视"世纪大讲堂"的对话
(2005年11月)

【格言名句】

我是在这个世界里面,但是不认同这个世界,我希望改变这个世界的游戏规则,但是我改变的不是离开它,另外创造一个精神世界,以那个为标准来改变,我在内部改变。我所想的理想世界和理想人格,和实际的世界和实际的人格有相当大的距离,怎么样把这个距离能够逐渐减少,甚至彻底转化,这是儒家的基本的问题。

——杜维明

【文章导读】

当传统文化遭遇现代文明,当两种不同民族的文明相遇,是有效沟通,还是冲突对抗? 这是在整个20世纪,特别是20世纪下半期以来,人类对自己行为反思的命题之一。对此,哈佛大学著名学者亨廷顿曾在《文明的冲突》一书中,明确预言说21世纪将会是文明冲突的世纪。"9·11事件"发生之后,他的预言仿佛是变成了现实,"文明的冲突"这个观点逐渐被越来越多的人接受。但几乎在同时,哈佛大学的杜维明却提出了一个完全相反的观

点,他说21世纪会是文明对话的世纪。杜维明教授说:"我是在这个世界里面,但是不认同这个世界,我希望改变这个世界的游戏规则,但是我改变的不是离开它,另外创造一个精神世界,以那个为标准来改变,我在内部改变。我所想的理想世界和理想人格,和实际的世界和实际的人格有相当大的距离,怎么样把这个距离能够逐渐减少,甚至彻底转化,这是儒家的基本的问题。"

杜维明先生,1940年出生于昆明,1961年毕业于台湾东海大学中文系,之后获得了哈佛燕京学社奖学金,1962年到哈佛大学深造,取得硕士学位和博士学位。曾先后在普林斯顿大学、北京大学、台湾大学、香港中文大学等学校任教,主讲儒家哲学。1996年出任哈佛燕京学社社长。著作有《仁与修身》、《儒家思想:创造性转换的自我》、《新加坡的挑战》、《论儒家知识分子》、《儒学精神与儒家传统》等。六十五岁高龄时,依然在世界各地奔走,不停地推动着新儒学运动,推动文明的对话。

2005年,杜维明先生做客凤凰卫视《世纪大讲堂》,与观众对话,他在全球文化视野的背景中,考察人类的基本价值,从中凸显儒学的现代人文精神。指出儒学所讲的做人的道理,可以适用于全人类。其价值取向在于要"推己及人",即通过个人的学、修,深入到身、心、灵、神各个层面进行通盘反省,促进人格的无穷无尽的发展,从个人修身,一直到成圣成贤。从个人到家庭、族群、国家、天下、人类的世界、生命共同体、直至宇宙的大化,基本宗旨是主张个人与他人、与自然、与社会的和谐发展。儒家思想对于人与社会的关系、人与自然的关系有着相当深刻的反省,提倡天人合一、万物一体,以个人与社会、人类与自然、人心与天道的和谐为原则,这是儒学可以与新人文主义沟通的基础。儒学心性之学所代表的那种"内在于现实世界并转化之"的人文精神能够有助于人类处境的改善,为人类社会的发展作出自己的贡献。

杜维明认为,儒学在政治、道德中的负面作用,是可以扬弃的。不要把儒家"君君臣臣父父子子"等"泛道德"准则看成一个问题,而应该理解它所明确的角色责任,理解它对于角色的道德水准定位,应"真正站在儒家的立场上和西方比较杰出的思想家进行公平的对话"。所谓"真正的立场"是在儒家具有超越意义的基础上而言的,而儒家的终极关怀是自我转化。他对中国传统文化的反思,对传统儒学的分析,不乏真知灼见,具有理论创新的意义。

【主题演讲】

主持人曾子墨：在20世纪的九十年代初，美国哈佛大学的著名学者亨廷顿先生在他的《文明的冲突》这本书当中，就曾经提出过预言，说21世纪将会是文明冲突的世纪。在"9·11"事件发生之后，他的预言仿佛变成了现实，而且"文明的冲突"这个观点也逐渐地被越来越多的人所接受。但是几乎是在与此同时，亨廷顿在哈佛大学的另外一名同事杜维明先生却提出了一个完全相反的观点，他说：21世纪会是文明对话的世纪。今年杜维明先生已经是六十五岁的高龄了，但是作为国际著名的汉学家，也作为新儒学的代表级的人物，他却依然在世界各地不停地奔走，不停地推动着新儒学运动，也不停地推动着文明的对话。今天，我们就很荣幸地把杜先生邀请到了我们的现场。

杜先生，因为大家都知道您是新儒家的代表人物、儒学大师等等，所以可能很多人都会猜测，是不是在您小的时候、童年的时候，就会受到很多中国传统文化的影响？

杜维明：当然。一方面是当时的环境，父母亲在这方面兴趣比较大。另外也是因为我当时的中学老师对这方面有兴趣。这个老师叫周文杰，那时候专门教伦理学的，我们有五位同学跟他学，他就开始教我们四书——教《大学》，然后教《论语》，教《孟子》，教《中庸》。所以那个时候便开始接触到中国传统文化，我觉得很有兴趣，完全不是在学校里面学到的，是从课外学到的。

曾子墨：那个时候是周文杰老师选中了您呢，还是您主动去报名，要参与到这个学习当中？

杜维明：我觉得可能在他讲课的时候我比较调皮吧，因为台湾那时候讲的是民族精神教育，就等于政治课，感兴趣的人很少，也许因为这个原因，所以他选了我们几位。

曾子墨：像徐复观先生、牟宗三先生，都被称为第二代的儒学大师。能不能谈谈大学期间他们对您的影响？

杜维明：本来在儒家传统里面有所谓的"言教"和"身教"。"言教"就在课堂里面，像我现在用语言来传达信息。所谓"身教"，它比较全面，就是指在考虑问题的时候，不是完全仅从头脑或者从心灵，而是全身注入。比如说我们平常上课，就不仅仅在课堂里面上，常常在家里面上，坐下来，有的时候两个人一谈谈好几个小时。有问题就问，然后对他们所提出的观点，从生活事件里来交流。

曾子墨：后来怎么决定说要到美国去念书？

杜维明：也不是我的决定。我在大学毕业的时候，那时候校长是吴德耀先生，他曾经是哈佛毕业的，然后在麻省理工学院教过书，他获得了哈佛燕京给他的一份奖学金名额，奖给这个东海毕业的最好的学生吧。他就说，你要不要得到这个奖学金？那当时何乐不为。

曾子墨：后来这么多年，无论是在美国念书，还是后来教书的时候，您其实都在不遗余力地推动着这个儒学的运动，而且在宣扬着儒学的很多思想。这是一种什么样的动力？

杜维明：我想这其中有一个错觉。你用了两个观点，一个是新儒学，一个是大师。第一个，我认为只有气功有大师。像我们从事学术研究的，或者不管是儒学，它的范围那么大，你再大，你只是捡到了一点智慧吧。所以我只是算一个儒学的研究者，或者如现在国内所讲的，是儒学思想的从业人员比较好一点。

另外，我也不觉得我现在研究的是新儒学。因为你很少听人说，他是搞新基督教或者新佛教，或者新伊斯兰教。儒学就是儒学，以前的人研究儒学，我现在也研究儒学。为什么有新儒学这观念呢？我想大概是1987年，中国内地有一个学者方克力先生，是南开大学的，组织了可能是国内最大的一个学术研究计划，叫海外新儒学研究。一共有四十七个学者，来自十八个院校，因为建国以后那段时间，没有从事儒学研究的。他们认为在海外所发展的儒学研究叫新儒学，所以从这个角度上用了新儒学这个词。我也不知道是怎么回事，我现在变成新儒学的代表了。

曾子墨：自己并不认同这个"新"字。

杜维明：我不认同。

曾子墨：儒学就是儒学。

杜维明：儒学就是儒学。另外，我也不觉得我在弘扬和宣传儒学。也许因为媒体的关系，你常常出现，人家认为你在做这方面工作。其实我的自我了解或者自我定义，就是怎么样通过一个诠释，或者解释，对它产生的问题进行一种碰撞和学术界的交流，希望对这个问题有兴趣的人，大家变成朋友，进行更多的沟通。对它有误会，不了解的，我们进行诠释。所以我认为，我的自我期许是，希望能够做一个像样的思想家，而不是一个纯粹职业化的哲学家。

曾子墨：接下来，就请杜先生给我们进行今天的主题演讲——《儒家的人文精神与文明对话》。

杜维明：谢谢。1985年我在北大的哲学系开了一门课，就专门讲儒家哲学。到现在已经有二十年了。那么这次又有机会在这样一个场合和各位交流沟通，我觉得很难得。

基本上儒家的学说最重要的观念之一就是"学"，"学而时习之"。学，就是学做人。但是这个"学"还有一个比较深刻的意义，学是为己之学，不是为人。以前我在北大上课的时候大家都感觉，儒家基本上是为人不为己。因为儒家不注重主体性，不注重个人，注重社会服务，所以这当然可以理解。其实《论语》里面讲得非常清楚，后来整个儒学的发展这条线索，只要是真正理解儒学的都没有争议，都认为儒学是为己之学。但是这个"己"，在这个意思上就是人的尊严、个人的尊严、个人的存活、我的生命。我能不能存活下去，我能不能发展我自己，我能不能完善我自己，这些都是儒学的基本课题。但是"己"，并没有发展成西方的个人主义所代表的"己"，也就不是一个孤岛。所以"己"，是一个关系网络的中心点。从这个中心点看个人的尊严、自主性、独立性；从这个关系网络看一个人和社会其他的人之间的互动。那么你可以想象，儒家所谓的关系网络是作为一个同心圆向外扩展的。但是，同心圆的那个外圆，它一直是开放的。你先要做人，就是能够和你最亲近的人，你的父母亲啊，与最亲近的人有所接触，所以从个人到家庭、到族群、到国家，但是还要往外面再扩展，一直到天下。甚至不仅局限在人文的世界、人类的世界，你还要扩展到生命共同体。甚至儒学后来认为，就是生命共同体还不够，它还一直扩展到宇宙的大化，它是完全从个人逐渐一直扩展，它后面是开放的。

这中间呢，还有两个不可分割的侧面，一个我把它叫作根源性，就是儒家是入世的，它不在这个世界之外创造一个精神领域。比如说基督教，说是未来的天国，这就是终极的关怀。佛教是彼岸，而不是此岸。儒家注意的就是我们现在所存在的世界，我们不管在学校、在家庭、在社会，这个世界就是唯一的世界，这个世界是我们应该尊重的，我们应该发扬的，但是它不认同这个世界，因为这个世界已"礼崩乐坏"。如果从今天讲起来，这个世界，道德沦丧，很多大的问题都出现了，整个社会变得市场化了，社会变成没有秩序、没有价值、没有理念。我们的抱怨，与孔孟时代差不多。那就是，我是在这个世界里面,但是不认同这个世界;而我希望改变这个世界的游戏规则,但是我改变的方式不是离开它,而是另外创造一个精神世界,以那个为标准来改变世界,我在内部改变。但是我所想的理想世界、理想人格,和实际世界、实际人格有相当大的距离。怎么样把这个距离逐渐减少,甚至彻底转化,这是儒家的问题,基本的问题。但是,因为这个原因,所以说它的根源性非常强。就是说我是扎根在我的身体,在我的这个家庭,在我的社会,在我的国家,在我的人类。从个人到家庭、到社会,逐渐向外扩张,向外开放。那么一方面,他要扎根在他自己的身体、他的家庭与社会,一方面又要向外开放。如果用现在的话说,就是私和公。我是私、个人,我的家庭就是公。如果我不是完全照顾我自己、照顾我的家庭,我就是比较有公心。我的家庭是私,我的族群是公。我的族群是私,更大的那个社会就是公。社会是私,国家的利益是公。国家是私,人类的利益才算公。所以美国基本上讲是为了国家的私利,对世界更大的公心却没有,我们可以从儒家,从这个角度来批评它。但是人类是私,生命共同体,包括动物、植物,这才叫公。所有生命共同体包括在内算私,宇宙大化才叫公。所以它是扎根在它的根源性里,但是同时它向外开放。怎么样把这个根源性和开放性能够配合起来,这是儒家的一个重要的考验,它的很多问题也出在这儿。所以真正的儒学它要向外推,它非常注重自己的身体,注重自己的家庭,注重自己的亲情,但必须向外推,不推的话,你就被限制住了。这样的话,你要突破个人主义,你要突破家族主义,你要突破地方主义、族群主义、狭隘的国家主义、民族主义、文化主义,甚至要突破人类中心主义,这样才能扩展。假如你是一个完全自私自利的人,这个在儒家传统,这还是价值,因为至少你不是一个损人不利己的人。那么这个价值很小,只是你个人,但是你如果能够同时照顾到其他两三个人,你的价值就大一点,家庭,慢慢慢慢越来越大。所以有个基本常识的理解,在这个世界上越有权、越有势、越有钱、越有影响力、越能够掌握资源、越能够掌握信息的人,就应该越有责任感,越能够把他的影响从好处向外扩展。所以儒家为什么对权力方面很重视?那是因为他们如果改变,影响会很大。

你想想看,这个社会,如果有很多很多的人,都是为了自己,没有为其他人,但是不害人。又有一些人,他慢慢地除了自己以外,还照顾他四周的人。那么再有一些人,他的力量影响越大,他照顾的人越多,在这个社会,这种重叠的共识,可以使这个社会成为一个和谐社会,这是最基本的。我们现在看起来好像比较肤浅、比较简单的一种理念,但如果能够运作的话,它确实可以推己及人。所以从很高的理想上说,所谓生命共同体的理想,就是说任何一个人,可以与天地万物为一体。现在听起来非常玄,当时孟子讲"万物皆备于我",为什么每个人都可以与天地万物为一体? 意思是说,每一个人的人心,我们的感情和我们对外面的事情做出的回应是无限的。什么意思呢? 最遥远的行星和眼前的这个草木瓦石,都可以和我们有关联,就是 concerned。你看在东林学社,他们就讲"风声雨声读书声,声声入耳;家事国事天下事,事事关心"。这就是关切。徐复观先生他们就讲忧患的意识,英文我们翻译作 concerned consciousness,就是我是对这个世界,我觉得有关联,这个非常重要。王阳明讲过这个话,这个属于孟子的传统,就是说"仁者以天地万物为一体",大仁就是这个意思。那么有人说,大人可以,我们一般不可能。王阳明说,你不要搞错,我们每个人都可能。他举个例子,用孟子的例子。比如,一个小孩突然要掉到井里面,你看到了,不是说你马上就救,现在很多人不会救,会想到很多其他的事情,但是你会感觉到一种震撼,你会感觉到不安。你的心里一动,从他的角度上讲解,你和那个小孩就是连在一起的。这小孩,因为是人啊! 但你再想想看,如果是动物,像衅钟,那时候要拿动物去祭奠,要杀掉它,这个动物也感觉到了,便觳觫起来,这个时候你也感觉到不安。有的时候要把这个牛换成羊,好像《孟子》里面讲过,事实上鸟兽这些动物受到危险,它会悲鸣,你也会心动,所以你和这个动物是存有联系的。植物,如果树木被砍,草被剪斫了,没有任何道理,你感觉到不行,甚至瓦石山。所以这样说来,我们的心量和这些都可以联系。就从这个基础上面来发展一套大仁者与天地万物为一体这种精神。当然它的理想性是很高的,可是它有它的现实意义,就是突出同情的重要,突出个人的感情、个人的意志的重要。如果举一个特别的例子,就是像孟子这样一个人,也可以说是古代所谓的知识分子,所谓士,他到底掌握了一些什么样的资源,使得一个没有钱的人、没有权的人会有那么大的气派?

我认为大家应注意,第一就是主体性。英文 subjectivity。主体性是什么意思? 这个都从"学"来的。我再回到刚才说的,学,是最重要的。比如说孔子就是学,这个"学不厌""教不倦",而且说自己是好学。那么他自己"十有五而有志于学",什么"三十而立,四十而不惑,五十而知天命,六十而耳顺,七十而从心所欲,不逾矩",这些都是学。孟子说一个人可以"可欲之为善,有诸己之为信,充实之为美,充实而有光辉之为大,大而化之之为圣,圣而不可知之之为神"。就从一个善人到一个信人,到一个美人,到一个大人,到一个圣人,到一个神人,这些都是人格发展的无限发展的可能。但是每一个人,包括所有各位都在内,第一就应该问有没有主体性?主体性就是"为己之学",为了自己,我的方向,我的目的,我的志向。那么《孟子》里面有大体和小体,大体就是我们的心,小体就是我们的身体。因为心它有无限发展的可能,我们的身体,每个人都有所局限性。但身体和心是配合的,身心不是分裂的。

另外,特别讲究"自得"。得,就是得到那个"得"。得,在古代汉语里面就是道德的"德",道德的"德"就是得到的"得"。你得到的真正是你的,这是你的"得"。就是你的 potency,你的那个内在的能量,你的可以发展的动力。这个东西非让你拿到不可,任何其他人不能给你。这个"得",你得到了这些东西,他要"自得",你要自己去弄来,所以才叫"为己之学"。那么它有一个非常灵活的说法,就是像掘井汲泉一样,你挖井,挖深了以后,水会流动。就是每一个人都应该有他自己的源头活水,这是它,你的"自得"。你通过你的立志发展你的大体,这是一个方面。

第二,是你的社会性。我刚刚讲了同心圆的发展。所谓社会性,就是说,你作为一个个人,你是一个关系网络的中心点。一般的人,有恒产才有恒心。我有私有财产,我才能够稳得住,我才能够有责任感。我没有私有财产,我是游民,我就没有任何责任心。但是有一批人,就像各位,无恒产而有恒心。即使你没有私有财产,你还有理想,你还愿意做不是完全为了你自己个人利益的事情。为什么呢?因为这一批人的认同是人民的福祉,所以才有"民为贵,社稷次之,君为轻",这就是我们的目的。我们做的事情是为了绝大多数人。他可以把一般老百姓的情上达,他不是政府的依附集团,他会使那些政治上面有影响力的人,他们如果作恶的话,不要做得太大。如果他们行善的话,能够扩大他们的影响。是这批人在调节整个社会,所以这批人的影响力应该是最大的。所以他有强烈的社会性。除了这个以外,他还有一种文化历史的感受。他不是一个孤立绝缘的个人,他的学问,来自孔子以前,所以他有一种很深刻的文化感受。有了这样一个文化感受,和这个君王进行对话的时候,他就可以说,君王有的,只是他掌握的这个现实的资源,而我有的是古之道，拥有自古以来都有价值的一套思想，一套传统。

那么，再有一方面，在现在讲起来比较困难，但是跟我们刚才讲的那个"仁者与天地万物为一体"的观点合起来，就是他还有一种超越性。说我作为一个人，现在在这里面做的事情，不仅是对人有意义，对自然、对天道也有意义，是替天行道。那么原来呢？他有这个"尽心知性知天"，我能知道我的人性，我也能够知道天，天和人是有同样的价值，"天视自我民视，天听自我民听"，所以我向着所有的老百姓，来向这个现实政权来争取他们的福祉，这个工作不仅是人的工作，天也愿意我去做这样的工作。所以这批人，他有强烈的抗议精神，抗议精神的意思，就是他有他的独立人格，为了绝大多数的老百姓来争取权益，争取他的价值。

这个所体现的，即我说的人文精神，很全面，至少有四个侧面。第一就是个人，第二就是社会，第三是自然，第四是天道。从个人角度说，儒家的修身哲学，就使得我们个人的身、心、灵、神，如何能够整合，不仅是使我们的身体能够健康、我们的心灵能够纯净，而且我们的神明能够经常的经过磨炼，能够开发各种不同的资源。另外，我们个人能够和社会有一个健康的互动，而从家庭一直到宇宙大化，都是我们的社会关注点。还希望人类和自然有一种持久的和谐，人心和天道有一种相辅相成的可能。那么这样一个比较宽广的人文论域，在今天，特别面向 21 世纪，它还有很多值得我们参照的地方。

最值得我们参照的是这文论域，它可以和西方最强势的意识形态，也就是和世界上最强势的意识形态所启蒙、所代表的凡俗的人文主义进行对话。其实我们的文化心理结构之中，凡俗的西方人文主义这个比重最大。传统文化对我们讲起来，已经是成为一个遥远的回想了。为什么？包括诸位也包括我自己，从鸦片战争以后，西方文化逐渐成为中国文化的一部分，我们基本上接受的是西方启蒙所代表的人文精神。这个人文精神具体地说，它是一种理性主义。人类的文明是从迷信的宗教，经过形而上的哲学进入科学理性，它有一种强烈的人类中心主义，人定胜天。我们为人的价值，为人的发展，对自然各方面，我们不要太照顾了。那么这种思潮，也是一种强势的科学技术主义，科学万能，人定胜天。

同时，有很多非常杰出的重要价值，也是这个凡俗的人文主义所开发出来的。在现在世界上面很重要的制度，比如说是市场经济、民主政治、市民社会、科学技术、跨国公司等,都是启蒙的凡俗的人文主义所发展出来的。自由、人权、法制、理性,也都是这些发展出来的价值。这些价值本身,都是很重要的普世价值。但是这个很宽广、很有说服力、很有影响力,影响整个社会主义、资本主义,都是从这个启蒙所代表的人文主义发展出来的。但它有很大的盲点,最大的两个盲点就是对宗教和自然没有太多的理解。因为它是从宗教发展出来的,就是反宗教发展出来的。这样说来,这一套思想面向 21 世纪,在处理认同的问题,Identity,在处理精神世界的问题,我们的精神家园,我们的精神归宿,我们的终极关怀方面,出了很多的弊病。有很多例子可以举。正因为这个原因,所以儒家所代表的人文精神,可以为人类的文明对话提供条件。比如儒家最基本的信念之一是"恕道",就是"己所不欲,勿施于人"。在这个世界文明对话小组中间,我和神学家孔汉斯经过讨论以后,大家觉得"恕道"的原则,是作为文明对话的一个基本原则。另外仁道、仁爱的"仁",就是"己欲立而立人,己欲达而达人",也是文明对话的基础。如果要有对话,这个是很理想主义的提法,我们一定要有容忍、有宽恕。在犹太教里面也说宽恕、容忍,有了容忍我们才可以进行对话,但容忍是最低的条件。那么除了容忍以外,我们要承认对方的存在,而这个存在,就是"他者",他的存在,有他自己一定的内在逻辑性,有一定的不可消解的理由。我们承认他的存在,要说承认存在,这是很难得的。比如说以色列和巴勒斯坦,长时间的双方不承认对方的存在。承认存在以后,才可能有尊重,互相的尊重。有了互相的尊重,才可能互相参照。能够互相参照,才能互相学习。能够互相学习,才能够认为多元的"他者"是有价值的。只有在这个基础上面,才可能发展一种和谐的世界秩序。而儒家的人文精神里面所体现的,基本上是一个"和而不同"的观念。个人的身、心、灵、神能不能和,个人和社会能不能和,人和自然能不能和,人心和天道能不能和。大家都非常熟悉,因为我们一天到晚在讲和,和是很难理解的,很难达到的。

温家宝总理曾在哈佛作了一次学术报告,有很大的影响力。大家对他的报告做出很好的回应。他在报告结束的时候也引用张横渠的四句话,他引用了三句。哪三句呢?就是"为天地立心,为生民立命,为万世开太平"。这个也表示一个和的概念与和的理想。和,它的反面是同,不是异。和必须要有异,没有异就不能和。要各种不同的乐器配合起来,它才真正能够有和谐的音乐;由各种不同的颜色配在一起,才有很好的绘画。如果是同的话,那就绝对不能和。大同就是不同。要注重它的差异性,注重它的多元性。因为有差异,有多元,才有对话,有对话才可能和谐,才可能协调。所以这是儒家思想里面所提出的一个观念,这观念就是和就不能同。同,是一种统一的模式,或者控制的模式。和是各个不同的精彩。各个不同的价值都能充分体现,大家能够在平等互惠的基础上进行交流。

最后,我引用北大教授费孝通先生的几句话。他讲文明对话,讲最高的理想,在文明对话的时候,他说"各美其美"。就是每一个文明对它自己的文明,都认为是美。就是说我的价值高,我非常欣赏我自己的传统。然后第二步要"美人之美"。我美我自己的传统,我也对人家的传统能够欣赏,"美人之美"。再来就是"美美共美",或者"美美与共"。就是各种不同的价值大家互相能够参照,大家互相学习,这样的话才能够达到天下大同。所以这是儒家的一个理念,我认为这个理念有现实意义。当然我画了一个美好的蓝图,我相信各位从这个美好的蓝图中间可以读出很多东西,包括很多负面的东西。等于鲁迅那个时候所看到的中国传统儒家文化中间的很多很美的仁义礼智那些价值,最后他看出吃人、被人吃的礼教,这个也值得我们注意。就是对它的这个阴暗面怎么样去理解,使得它的健康的价值能够充分发挥。

【对话原文】

曾子墨:好,非常感谢。正好刚才在您演讲到最后的时候,提到了它负面的影响。其实我们这边有一个网友,正好也是要问这个问题,他名字就叫作"彻底打倒全盘西化"。他给您提的问题是:请问您怎么看待儒学的副作用?因为您在最开始的时候也谈到了,其实您是一直用一种批判的角度来研究儒学,所以具体还想请您阐述一下。

杜维明:对此,我不仅接受而且认为要继承五四时期中国的知识精英对儒学进行的比较严厉的批评。这中间包括鲁迅、胡适之、陈独秀、李大钊、吴虞很多人。为什么?因为这个儒家传统是和中国的小农经济和家族制度,还有权威政治结合在一起的,经过相当长的时间,不仅在政治化的儒家里,在儒家社会里面所发展的各个方面,也突出了很多负面的影响。当时的知识精英受到西方文化的影响,受到我刚刚讲的那个凡俗的人文主义的影响,他是用放大镜和显微镜来看儒家的。所以我现在觉得,我们的这个文化心理结构对儒家的阴暗面是耳熟能详。你把儒家的那些缺陷举出来,世界上主要的轴心文明,像儒家文化这样,受到中国最杰出知识分子那么严厉批评的,没有这样的例子。基督教没经过这个,佛教没经过这个,印度教没经过这个,伊斯兰教没有经过,道家没有经过,犹太教没有经过。所以儒家是经过了彻底地解构的,所以要讲全盘西化,说儒家有毛病,这是普通常识,谁不知道?难道说那么糟糕,被完全解构,它的生命力在哪里,它的价值在哪里?这才是我们的挑战。

观众:杜教授,您好!您讲的儒家文化,就是首先以个人修养为本,这个我也很赞成。我觉得不仅在儒家文化,在基督教文化和伊斯兰文化中应该也是这样的。一个和谐的社会不仅需要外在规则的约束,也需要自己一些道德方面的约束吧。但是我觉得,儒家文化最大的问题就在于它把道德和政治搅在一块儿了。而西方文化,非常强调把政治和道德分开。所以他们的宪法一般规定,从事政治的人就不能从事宗教事业,从事宗教事业的人员也不能从事政治工作,一般是这样的。您怎么看待这个问题,以及所谓的新儒家的其他代表人物怎么看待这个问题?

杜维明:因为有一个针对儒家的比较严厉的批评,就是叫"泛道德主义",就是跟您提到的,把政治和道德好像混为一谈吧。在西方,比如说在中世纪有两种人最有影响力,一个就是教皇,一个就是皇帝。你以为教皇就是宗教,没有权力?你以为这个皇帝就没有和教皇之间,宗教和政治之间没有一些复杂的关系?它分得清楚吗?分不清楚。美国为什么走出一个政教分离路线呢?想把它分开来,但是基本上不会成功的,很难成功。尽量开拓一个没有宗教影响的公共空间,现在你看看布什政权,你说后面他没有很大的宗教力量在影响他吗?每天都涉及很多问题。这是宗教和政治之间的复杂关系。因为政治是权力,而权力的话,它绝对权威是绝对腐化了。但权力是趋向于腐化,因为权力,各种不同的力量都会被它吸引,所以政治和各种社会的联系非常复杂。你说我们要把道德和政治分开来,西方成功了。西方成功了吗?西方需要这个政治的领袖都不道德也可以吗?或者说道德的领域和政治的领域能够一个是个人的,一个是政府的?像克林顿,这是个很好的例子。另外,在西方的政治哲学里面,比如现在像理尔·施特劳斯,他们这个传统,就是怎么样回到古希腊。在古希腊,政治和哲学与道德紧密地联系,它有哲学的观念,了不起的象征。麦克斯欧瑞斯,你知道他的影响力,这个问题我觉得值得我们考虑。现在你就躺在那个理念上面,政治和道德最好分开来,这样才符合现代性。先摆开那些观念。现在看中国的现实,这批政治家,你们主要只是谋划,怎么样把这个政治搞好,而道德的问题你们不要过问,你想这个政治可以搞好吗?有问题。

所以不要把儒家的所谓"泛道德"看成好像是一个问题,什么问题?这个问题就是,每一个人都要做一个像样的人。比如说君君臣臣、父父子子。有好多人说,你看,还搞这一套。我说这一套你是怎样理解的?用今天的话,做领导像个领导,做校长像个校长,做个学生像个学生,做个系主任像个系主任。这个有什么问题?如果做个系主任,我就掌权,我就完全不负行政的责任,我没有任何道德操守,或者是作为领导,这行吗?这基本上说的是你的这个扮演的角色和你的人格的价值如何配合的问题。"泛道德"是什么意思呢?最危险的就是儒家。如果讲得露骨一点,纯粹政治化的儒家社会,那绝对比法家社会更残忍。什么原因呢?法家社会再严酷,基本上这个社会的秩序是建构在行为上,假如你行为正当,它不找你的麻烦。纯粹政治化的儒家,是最糟糕的一种控制技术。这个领导者,就是完全不合情合法的领导者,他要求的不只是你的行为正确,你行为的正确还不够,他不放心啊,你的态度要对。你态度再好也没用,你的信仰要对。你的信仰再好,你下意识里最好做梦都能够跟他合拍。这样不最好吗?这个是政治化的控制,这个是非常残忍的。

儒家的基本价值是从圣到王,要求你每一个人要有基本的道德水准。有了这个水准,你才能够负责任,你才能够为大多数的人负责。但是在中国常常是草莽英雄,不管是汉高祖还是谁,他打下的天下,他是因为军事搞得好,因为他阴谋诡计搞得好,他不是因为道德水准才做了王。他要求什么?他不要求他为王,作为王,他还要求他是圣。本来我们是圣王,圣才能有资格做王。他现在反过来,我是做了王回来做圣。这是什么意思呢?就是他的政治领导、意识形态的领导和道德领导三位一体。这个是很可怕的。如果从基督教的角度来看,所有的权威都是相对的。绝对的权威是上帝,没有任何一个人是上帝。所以我想,你讲这个道德和政治之间的问题,可能是这方面的问题,不是"泛道德"主义的问题。当然我们要求这个政治领袖都有基本上的道德人格,针对这个基本要求,我想儒家的要求是合理的,也是合情的。

曾子墨:好,谢谢您的回答。

观众:杜教授,您好!您刚才在讲座里提到西方的凡俗人文主义,它由反宗教演变来，它有反宗教性质，它缺乏终极关怀。您刚才也提到，儒家它是讲究入世的，它也不讲究终极关怀。那你是否认为儒家和西方的凡俗主义是不是都有这样的缺点？是否这终极关怀的功能只能由宗教来完成？像中国目前，它的宗教功能是否需要加强？如果需要加强，它有可能加强吗？谢谢。

杜维明：非常好的问题。这个入世和终极关怀完全没有冲突。除非你把终极关怀完全从基督教神学的角度去理解，关怀的是上帝，这才叫终极关怀。所谓终极关怀，ultimate concern，就是田力克所提出的，他原来在基督教里面有两个观点，我只关怀上帝，我关怀的是我永恒的个人的发展。但是我们现在更宽广地说，佛教有它的终极关怀，它没有上帝的观念。印度教有它的终极关怀，儒家也有它的终极关怀。儒家的终极关怀就是"人文化成"。怎么样把这个人文世界变成一个最和谐的、最全面的世界，能够充分发挥每一个人的才智的一个和谐社会。这是它的终极关怀。所以儒家入世，是它的终极关怀。它的终极关怀就是入世而转世。西方所谓凡俗的人文主义，它是从反宗教发展出来的，反基督教，基本上当时像伏尔泰、莱比尼兹、卢梭或者是蒙泰。蒙泰大概时间早一点，像迪德赫或者重农学派魁奈，还有什么"百科全书"学派，这些基本上就是痛恨基督教所代表的教会的那个压力，所以他们对这个宗教是排拒的。所以像哈玛斯，事实上在启蒙的发展方面非常成功。你看他的那套理论中间，宗教是缺失的。最近这几年，哈玛斯晚年的时候非常重视宗教，但他的整个理论架构，他沟通理性的架构，他的系统中所处理的问题不是宗教问题。

曾子墨：好，谢谢您！最后我们想请杜先生用几句简短的话来结束您今天为我们进行的演讲。

杜维明：我觉得非常高兴，这次能够和各位交流。你们提出那么好的问题，而且我觉得也是一种思想的碰撞，对我是一件非常荣幸的事，非常高兴。谢谢你们参加。

曾子墨：非常感谢杜先生今天来到我们大讲堂的现场，和我们在座的同学就有关儒学的人文精神进行了一场对话，同时，也非常感谢今天杜先生给我们描述了一个文明对话的美好的蓝图。再一次感谢我们今天在座的北京大学的老师和同学们。

原文摘自凤凰卫视著：《世纪大讲堂：文化卷》，辽宁人民出版社，2007年1月版。　　鉴赏编写：梁进学　任筠霞

65. 21世纪健康新观念
——与著名医学家洪昭光对话
（2006年1月17日）

【格言名句】

忙闲爱甜，都是乐园；风霜雨雪，都是音乐。心态阳光，世界就是阳光的。观念很重要，快乐就在你心里！

——洪昭光

【文章导读】

洪昭光（1939—　），首都医科大学附属北京安贞医院主任医师、教授，我国著名心血管专家，担任中国老年保健协会心血管专家委员会主任委员、全国心血管病防治科研领导小组副组长。二十世纪七十年代与华罗庚教授合作研制"北京降压0号"。2004年与加籍华人、美国药理学家张永博士联合研制"银杏滴丸"。先后撰写及主编《实用高血压学》等十余本著作，发表学术论文百余篇。

随着生活水平的提高，人们越来越关注健康，近年来，洪教授一直致力于大众科学健康知识的普及工作，在全国讲演与对话数百场，从北京中南海到居民社区，从人民大会堂到厂矿油田，到处留下他的足迹。他创编的好听易记、朗朗上口的健康格言，深受广大百姓的喜爱。以其健康新观念为主要内容的《登上健康快车》《健康忠告》《健康快乐一百岁》等十余本科普健康书籍，总发行量超过三百万册，各种相应手抄本千万册，创造了大众健康领域的奇迹。经常做客中央电视台《东方时空》《健康之路》《面对面》《焦点访谈》等电视节目，深受广大中老年朋友的喜爱。

2006年1月17日，洪昭光在国资委举办第八十六期"中外名家系列讲座"上以科学先进的理念，选取恰当的案例，用形象生动的语言，为观众阐述了以预防为主的健康新观念。（此处结合以上讲座的内容进行分析）洪教授的对话基于科学的证明和多年的实践，他开宗明义提出了以预防为主的方针,突出心理健康。他对健康四大基石,即合理膳食、适量运动、戒烟限酒、心理平衡的解读,主要谈的是心理平衡。而家庭健康的作用则在于保持心理的温馨、舒适感。告诉人们千万不要认为"健康"只是身体强壮、五大三粗、没有病、不吃药。"健康是人们的完美状态。身体没有残疾、没有疾病、没有残缺,心理平衡,适应社会"。这是世界卫生组织给健康下的新定义。

在选录的对话中,洪昭光主要是解释了正确的健康观念,认为健康一是很廉价,二是种文化,三是种习惯。因此,洪昭光坦言活得很健康"没有什么理论可言",而"平常饭菜""平和心态""平均身材"这"三平"证明健康之道就是中庸和谐的一种民族文化,同商业投资是背道而驰的,同时要以日积月累健康的生活习惯,让健康变成一种"乐"的行动。可以这么说,洪昭光以通俗易懂的语言告诉人们健康并没有特殊的秘笈,也不需要夸张到商业投资的地步,而古人"健康三字经"实质强调的是人也从属万事万物的,因此顺应自然即是健康理念。

可以感觉到,洪昭光讲求自然平衡的健康观念,因为健康教育学是集医学、预防医学、心理学、社会学、教育学、传播学、市场营销学于一体的新综合学科,是交叉型学科,涉及面广,内容众多。所以面对文化有差异的听众,尤其是年迈体弱的老年听众,洪昭光的语言表述力避深奥的医学原理或者病例解剖,而是以通俗易懂的语言形态,徐徐进入普通人的心理。具体表现为:其一,例举数字。所言数字有的来自于日常生活,如老年人中午睡个午觉,心脏病几率减少30%;有的善于归纳、换算,比如八杯水、八千步、一荤一素一菇。其二,援引俗语、民歌。既直白平实又蕴含着朴素而深邃的医学原理。比如健康三字经:管住嘴/迈开腿/八分饱/八杯水/三分酒/不要醉/八千步/子午睡/不攀比/不受罪/有头脑/没心肺/养心汤/一百岁······以古代文化的智慧之光照亮今天人们的健康之路。其三,运用对比。增强了语言的冲击力,如"真正的投资是对大脑的'投资',让自己真正明白、理解健康理念,而不是去买多少保健品买多少器械",鲜明的对比更加警醒那些麻木而又缺乏医学常识的人们,尽快改掉坏的生活习惯。其四,运用抒情。健康之道可以朗朗上口,明白如画。如"一茶一座,闲并快乐""一生一爱,爱并快乐",将乐的心态告诉观众,因为心理治疗功效可以扛住许多疾病的肆虐。

【对话原文】

39健康网:洪老师,您好!请您先给我们简要介绍一下,您所提倡的健康理念是什么?

洪昭光:我不想说健康这个概念有多精深,举个简单的例子,在中国偏远地区的长寿村,出了很多百岁老人,他们活到那么大的年纪,一身无病,难道他们懂得很多健康知识?错了,许多人连字都不认识,更不可能知道每日摄入多少卡路里、氨基酸、胆固醇。可他们就能够活得很健康,虽然他们没有什么理论可言。

其实中医几句话即能概括许多内容,比如健康三字经:管住嘴/迈开腿/八分饱/八杯水/三分酒/不要醉/八千步/子午睡/不攀比/不受罪/有头脑/没心肺/养心汤/一百岁……

这些字句都很简单,中医强调顺应自然。按照太阳的规律作息,可提高睡眠质量,让精神更好。比如"子午睡",在子时和午时,是人体阴气最盛和阳气最盛的时候,人体处于阴阳极不平衡的状态,在这个时候从事工作也会影响效率,如何避开呢?睡觉!老年人中午睡个午觉,心脏病几率减少30%;另外,人的痛苦是攀比出来的,烦恼是想出来的,毛病是吃出来的,健康是走出来的,大事清楚,小事糊涂,不斤斤计较,自然活得健康快乐!

39健康网:高水平的医疗是否等同于健康?您如何看待"健康"这一概念?

洪昭光:专业、深奥的医学知识需要潜心苦读、多年临床经验作支撑,所以医疗是技术,运用高科技、高投入、高成本……最终达到诊治疾病的目的。但健康不一样,健康是很"廉价的",它是一种文化,深入一个民族的骨髓,世代传承的一种理念,是一种根深蒂固的东西。医学专家猝死的也不少,他们的医学知识可是非常丰富的,但未必能转化为"健康"。

39健康网:您如何理解"健康投资"这个概念?

洪昭光:这是一个商家炒作的概念。在我看来,真正的投资是对大脑的"投资",让自己真正明白、理解健康理念,而不是去买多少保健品买多少器械。我们应该按照中庸、和谐的方式,关爱自己,给你们建议三个字,就"健康"了,这就是三个"平"。

第一个"平"是平常饭菜:一荤一素一菇,燕麦牛奶豆腐;

第二个"平"是平和心态:不争不恼不怒,爱心宽容大度;

第三个"平"是平均身材,不胖不瘦不堵,天天早晚走路。

三个"平",一分额外的钱都不用花。商家鼓吹健康投资的概念,把简单的事情复杂化了,天天计算摄入卡路里、吃维生素片、买保健仪器……其实你好好吃点蔬菜、多走几步路不是都解决了?

39健康网:洪老师,其实很多人也明白什么是健康生活的方式,但要将健康理念落到实处,并成为一种长期的习惯,似乎不是一件容易的事。

洪昭光:将理论转化为实际,需要三个字:知、信、行。首先知道什么是健康的生活方式,其实都是很简单的。从健康三字经里,谁都看得懂;然后是相信,成为一种信念;最后是行动,把理论化为一种行动。听上去似乎挺简单的,但有了这三个程序,很多人还是不能获得健康,为什么?还少了一个字:乐!如果将健康的生活习惯看作一项任务去完成、觉得很别扭,是不可能获得健康的,因为这个人首先从思想上抵制这样的生活方式。只有"悟"到了健康的真谛,把这样生活当作快乐,才能与健康同行。比如你不能为戒烟而戒烟,你要知道戒烟对你身体的好处,那么你是快乐地去戒烟,没有人逼你,才能成功。再比如饭吃八分饱,对身体有好处,而且下顿饭才能吃得更香,你要真正认识到这都是很好的事,那么你去这么做的时候才是自发的、快乐的。

生活的本意是"享受",人来到这个世界上就是来"享受"的。享受你的事业、奉献,享受工作,要忙并快乐着;一茶一座,闲并快乐;一生一爱,爱并快乐。最后送给各位读者朋友一句话:忙闲爱甜,都是乐园;风霜雨雪,都是音乐。心态阳光,世界就是阳光的。观念很重要,快乐就在你心里!

原文摘自心电兔著《专访洪昭光:健康很廉价》,39健康网,2008年3月10日。　鉴赏编写:张　涟　丁亚明

66. 演讲方法与艺术
——原上海市演讲学研究会会长刘德强教授答听众问
(2006年3月)

【格言名句】

提倡开短会,说短话应该强调三点:一是有限的时间,二是明确的目的,

三是语言的锤炼。

——刘德强

内向的人完全可以学会演讲,但要认真解决三个问题:一是词汇丰富,二是思维敏捷,三是克服怯场。三者的关系非常密切。

——刘德强

【文章导读】

刘德强,中共上海市委党校教授,中国著名演讲学家,原上海市演讲学研究会会长,现任中国演讲协会副会长。在国内外讲座、培训达两千余场,深受听众欢迎。2005年3月被评为上海东方大讲坛2004年度最受欢迎的十位讲师之一。

出版过《现代演讲学》《语言艺术论》《青少年演讲训练》《现代人的思维与素质》《人际沟通与语言艺术》等十多本著作,并主编《演讲名篇鉴赏辞典》《世界演讲名篇鉴赏辞典》等,发表论文百余篇。多次进行广播、电视、网站演讲和对话,并为北京大学、清华大学、复旦大学、交通大学、同济大学等高校以及境外、国外高校,社会团体进行报告与培训,深受广大听众喜欢和业界推崇。

年轻的时候刘德强是个在外人看来很内向的人,但经过老师启发,他认识到一个人不会交流,不敢讲话,将来即使有出息也不大,于是下决心练口才,学朗诵、讲故事,积极参加社会活动,当了班级和校学生会的干部,读大学时还当了校广播室播音员。慢慢就敢讲话了,也积极参加社会活动了。

刘德强教授认为,内向、外向是品种的不同,不是优劣的不同。只要努力都能学会讲话与交际。他说内向的人要想学会讲话必须解决三个问题:一是词汇丰富,二是思维敏捷,三是克服怯场。因为读的书多,收集的词汇多,构思就敏捷了,大量的格言、警句、成语、诗文和生动的故事和案例,平时常讲,需要用的时候脱口而出,这样遣词造句、选材、立意就比较容易。同时,词汇丰富、构思敏捷,艺精必然胆大,久之就能克服怯场的毛病,就会有"苦尽甜来,欲罢不休"的感觉。

本文系根据刘德强在上海东方电视台、阿里巴巴网站等单位演讲与对话的摘编,其中部分内容曾载于1999年9月上海社会科学院出版社出版的刘德强著《语言艺术论》一书,选入本词典时进行了补充修改。

对话全文分为三个部分:演讲方法与艺术、即兴演讲与对话、谈话的艺术手法等。对话交流了刘德强演讲的经验与体会。其中精妙的思想结晶让我们更加坚信"有志者事竟成",坚信准确、得体、生动、巧妙、有效的口语表达是人生一道绚丽的风景线,它可以温暖和鼓舞人们的心灵,坚定人们的意志,让这个世界变得更美好。

【对话原文】

第一部分　演讲方法与艺术

问:首先请你讲讲演讲与口才的重要性。

答:口才包括演讲、谈话与即兴发言等形式,它是现代人才必备的素质之一。舌头、金钱和电脑是当今世界的三大法宝。荀子《大略篇》中提到:"口能言之,身能行之,国宝也。"可见演讲口才的重要。

问:有效的演讲要注意哪些问题?

答:要做到四要。

一、要带着感情讲。演讲是一种充满感情的语言艺术,是激情迸发的产物,演讲者自己首先是一团火,才能点燃听众心灵之火。俗话说"演员不动情,观众不共鸣",那么同理,演讲者不动情,听众不爱听。

二、要针对问题讲。针对问题要做到三贴近:贴近实际、贴近生活、贴近社会。休谟指出,"演说家面对的是一些特定的听众,他一定要照顾到他们特有的脾气、喜好、看法、感情和偏见,不然就休想左右他们的决定,燃起他们的热情"。

三、要结合发展前景讲。气可鼓而不可泄。在困难面前要增加信心,要提高我们前进的勇气。

四、要使听众感兴趣。演讲要使听众感兴趣就必须提高语言艺术。戴尔·卡耐基说,"平淡的演讲若能含人情味、趣味的故事,必然更能引人入胜"。

群众需要的内容,如果讲得枯燥无味也收不到好的效果。赵启正有过形象的比喻,他说,"如果群众需要维生素C,你直接给他维生素C他不一定要吃,因为那是酸的;如果你给他一个甜中带酸的苹果他就要吃",其实这就是维生素C。当前听众最爱听的演讲形式是"案例(故事)加哲理"。

演讲的定义:演讲是演讲者面对听众就某一个问题系统地阐述自己的观点和主张的真实的社会活动。它包含四层含义:①听众的广泛性;②阐述的系统性;③观点的自我性;④活动的真实性。

演讲是一种真实的社会活动,它应该强调真人、真事、真情,优秀的演讲还应该宣传真理。

问:演讲是为了"阐述自己的观点和主张",其中就少不了"说服方法"。请介绍一些在言语交流中的说服理论和方法。

答:说服可以借鉴下面几种理论和方法。

一、马斯洛层次需要说(五个层次):生理、安全、交际、尊重(荣誉)、理想实现。它告诉我们说服要了解对方的需要,要有针对性,大道理要结合小道理。

二、(美国)艾利斯ABC情绪理论:A指诱发性事件;B指信念、看法;C指情绪及行为的结果。艾利斯ABC情绪理论说明:事物本身并不影响人,人们只受对事物看法的影响。所谓"文化管人管灵魂",讲的就是这个道理。

三、(古希腊)苏格拉底三种人效应:①名人效应(威信);②自己人效应(情感);③第三人效应(公正)。它告诉我们说服人要考虑威信、情感和公正的因素。

四、(英国)波诺六顶思维帽:白色(客观)、红色(情感)、黑色(风险)、黄色(乐观)、绿色(创新)、蓝色(控制)。它告诉我们说服人要针对不同的对象和情况,采取不同的说服方法。

五、黄金定律与白金法则:黄金定律指出你希望别人怎么对待你,你就怎么对待别人(己所不欲,勿施于人);白金法则指出别人希望你怎么对待他们,你就怎么对待他们,在可能的范围内尽量满足他们的需求。说服人可"以理服人",还可"以情感人"。说话要有人情味,思想工作说到底是情感问题,带着情感去做思想工作,往往会收到事半功倍的效果。

六、营销也是一种说服:21世纪营销新概念是"友谊+需求"。

七、谈判要注意互惠与双赢。

问:演讲与播音、讲故事和诗文朗诵的主要区别是什么?

答:根据演讲定义来看,它们之间的区别还是很明显:演讲与播音的区别在于演讲要求"阐述自己的观点和主张",而播音不一定是阐述自己的观点和主张,可以是别人的观点和主张。

演讲与故事的区别在于演讲是"真实的社会活动",讲的是"真人、真事"，不允许虚构，不仅主要情节要真实，连枝节也不能虚构，否则会弄巧成拙，"假作真时真亦假"就会缺乏诚信度和说服力；而故事属于"艺术的真实"，允许合理的想象与虚构。

演讲与诗文朗诵的区别在于演讲强调"真实"性，不仅是"真人、真事"，还要强调"真情"，演讲没有情感不行，情感过分也不行，"过犹不及"；而诗文朗诵属于艺术表演，在情感方面强调激情，允许适当合理的夸张。

问：请你讲讲演讲的要素。

答：演讲有主体、信息和客体等要素。

演讲主体，强调演讲者的修养性，主要包括心理素质、文化修养、语言艺术等，因为内强素质，才能外树形象。

演讲信息，强调演讲信息的全面性。根据美国心理学家艾伯特·梅拉比安研究，演讲语言信息的传播由措词、语气和态势三部分组成，其信息比例如下：措词占7％，语气占38％，态势占55％。

其中措词又有主要信息、次要信息、辅助信息和冗余信息之分。

申农信息公式：信号＝信息＋噪音

演讲客体，强调听众的针对性。我们的演讲，要针对不同的对象采取不同的内容和形式，甚至用词和语气都应该有所不同。

问：请讲讲演讲稿的结构。

答：演讲稿的结构（开场、正文和结尾）：开场要吸引听众、导入正题，正文要层次清楚、内容充实，结尾要加深印象、突出主题。俗称要做到：凤头、猪肚、豹尾。

[演讲稿又称演讲词，它是演讲内容的主要依据，直接关系到演讲的成败。首先应该明确演讲稿属于议论文，要有鲜明的论点、有力的论据和严密的论证方法；此外还要注意演讲稿的选题、立意、取材、结构、语言、修辞和艺术手法以及掌握演讲稿写作的系统流程。]

问：要想演讲生动、有力，在语言表达方面应该做到哪些？

答：演讲语言应该做到以下三点：

一是演讲语言既要符合一般语言的要求，具有准确性、鲜明性、生动性，又要符合演讲口语的需要，做到通俗、易懂、有鼓动性。

二是用积极修辞手法增加演讲的文采。演讲常用的积极修辞手法有：排比、对偶、对比、夸张、设问、反问、警句、格言、俗语等。

三是用艺术手法增强演讲的魅力。常用的手法有:幽默法、悬念法、哲理法、抒情法和穿插法等。

问:讲讲演讲稿写作的系统流程。

答:演讲稿写作的系统流程:①选题立意,②收集材料,③编写提纲,④打好草稿,⑤边读边修改。(其中②与③顺序可调换,④最好能一气呵成,然后逐步修改。)

问:讲讲演讲中视图交流的运用。

答:视图交流能补充口头交流的不足,使演讲内容清楚、明白,生动活泼,听众更易于接受。

视图包括 PPT 制作、图表(表格、曲线、图表)、图片和视频等。

问:请讲讲演讲有声语言的要求。

答:为了提高演讲口语表达水平,我们应该提高有声语言的技能,其中包括:呼吸、发声与共鸣、语气、语音弹性、模拟、朗诵、讲故事(案例)等多方面的技能。

问:讲讲演讲的呼吸训练。

答:气和声是演讲有声语言的载体,要想使声音清楚、悠远、持久,就得有正确的呼吸和发声方法。

吸气量要足,呼气要均匀。气吸得深、呼出时间长、气流运用自如,有利于表达出刚柔不同的感情。

常见的呼吸方式有三种:胸式呼吸、腹式和胸膈呼吸(亦称胸腹联合呼吸)。

呼吸的训练方法:例如用闻花的感觉练深吸气;用一口气轻轻吹拂灰尘的方法练平稳均匀呼气。

换气训练:换气(气口),有大气口和小气口之分。大气口指一般的换气,小气口指偷气,即在人们察觉不到的一瞬间很快的换气。

如果气吸得深、呼出的时间长、气流有力,读出的句子就不会中断并显得有力。例如"伟大的力量来自于崇高的理想",一口气读完就显得连贯而有力,如果用两三口气读完,给人的感觉就逊色得多。又如,"事情往往就是这样,你认为你行你就行,你认为你不行,即使你行也不行"是复句,句子太长,一口气难以读完,则可以在一与二句之间,或三与四句之间适当偷口气,收到气断意不断的效果。

问：讲讲演讲的发声与共鸣。

答：有声语言的发声靠的是声带震动，声带产生的音量只是讲话声音的5%。由声带振动产生的声音必须借助一组共鸣器才能被放大。人类发声的共鸣器有口腔、头腔(含鼻腔)和胸腔，即三腔共鸣。

问：讲讲演讲的语调和语气的区别。

答：语调与语气不同，但是关系密切。语调指一句话里语音高低轻重的变化，语气指由不同的语调和语速等语音因素的变化，所表达出的不同口气和情感，俗称语气。

演讲者要学会用不同的语气表达不同的思想和内容。演讲的语气应该强调重音、停顿、语调、语速等要求。

语句重音要注意"已发信息要让新发信息"：

例如，什么叫"<u>拼搏</u>"？什么"<u>是</u>"拼搏？什么是"<u>我们需要的</u>"拼搏？（重音在有下划线的"新发信息"上）

语句停顿要运用"话题停顿"和"尾焦点停顿"来强调"话题"和"句尾"的词语。

例如，饭/总要吃，事情/也总要做，我/就偏不信邪。("停顿"在话题后)

大伙喜欢他这个人/老实。("停顿"在"尾焦点"前)

问：怎么理解演讲语音的弹性？

答：语音弹性指声音对所表达的流动着的、变化着的思想感情的适应力。它能加强口语的感染力，给人以美的享受。语音的变化与控制源于感情的变化与控制。情、声两个方面，情为主、声为辅，二者相辅相成。感情是流动的、变化的，以固定不变的感情代替演讲流动变化的感情，是感情的僵化。感情僵化导致语音僵化、刻板，使语音失去应有的弹性、感染力和美的享受。语音的弹性色彩可以从对比中体现，如明与暗、实与虚、刚与柔、粗与细、厚与薄、前与后、松与紧、连与断等。

问：演讲如何运用模拟手法？

答：模拟手法指用模仿某种声音的方法，来发出不同物体的声音或不同类型人物的说话语气，但应该弱化处理，过于逼真则会弄巧成拙。应注意两点：第一，对于各种物体发出的响声不可过分逼真；第二，对于各种类型人物的语言，从语气方面适当加以区别即可。

问：请你讲讲演讲中诗文的朗诵。

答:演讲中穿插诗文可以增加语言的魅力,朗诵诗文要注意感情和节奏。

一、朗诵的情感。朗诵者只有准确地把握好作品的内在含义,朗诵技巧才不会流于形式。

中国唐代诗人白居易说"感人心者,莫先乎情"。

把握朗诵诗文情感应该做到三点:第一,深刻的理解;第二,真挚的感受;第三,丰富的想象。

二、朗诵的节奏。朗诵的节奏美在体现作品的内在含义和情感方面起着重要的作用。

朗诵的语音和语气与演讲口语基本相同,这里再强调一下朗诵的节奏。

在朗诵语言的组合中,由于语音的强弱、高低、长短等形式的有规则地反复出现,能产生节奏感和旋律美,从而激发人的情感并给人以美的享受。

(一)格律诗节奏

五言诗可分为三个节拍(音步),前两个音步各两个字,后一个音步一个字。句中一、三、五位置上的字音强些,二、四位置上的字音弱些。

例如,五言格律诗 唐·王之焕《登黄鹤楼》:

白日‖依山|尽,黄河‖入海|流。

欲穷‖千里|目,更上‖一层|楼。

(用手拍桌,拍下再抬起算一拍,句中‖代表停的时间长些,|代表停的时间的短些)

七言诗可以分为四个节拍(音步),前三个音步各两个字,后一个音步一个字。轻重规律与五言诗相同,即句中一、三、五、七位置上的字音强些,二、四、六位置上的字音弱些。

又如,七言格律诗 唐·李白《送孟浩然之广陵》:

故人|西辞‖黄鹤|楼,

烟花|三月‖下|扬州;

孤帆|远影‖碧空|尽,

唯见|长江‖天际|流。

格律诗句,意群和音步有时一致,有时背离,这样有时强调意群,有时强调音步,正好可以避免音步的呆板单调。

(二)自由诗的节奏

自由诗(即新体诗)与格律诗的节奏有着明显的区别。格律诗的节奏单位是定型的音步和固定的字数,而自由诗的节奏单位是意群(即词或词组),且字数多变。

自由诗的朗诵一般是以三拍(音步)或四拍(音步)为主,但是也可以有其他的分法,朗诵者可以根据具体的情况和自己的体会作出不同的安排。

例如,自由诗的节拍(音步)划分:

悬崖/给瀑布/以洪亮的吼声,

树林/给小鸟/以清脆的啼声,

春风/给绿叶/以轻柔的细雨,

祖国给了我/唱不完的/歌声。

(以上是三拍法)

(三)自由诗节拍的类型

1. 诗句中节拍相同,拍内字数不相同:

蚕/不是一边吐丝/一边哼哼,

蚂蚁劳动/从来/不吭声,

劳动号子/只是放大一万倍的/呼吸,

生活到了总结/才会出现/歌吟。

2. 诗句中隔行节拍对齐:

叶子是/翠绿的,

不必/涂上/绿色的/液体;

花儿是/火红的,

不必/撒上/红色的/血滴;

太阳是/光明的,

不必/戴上/珠宝的/头饰;

真理是/朴素的,

不必/穿上/锦缎的/外衣。

(以上是二四拍,隔行对齐)

3. 诗句中隔段节拍对齐:

采了/一天的/茶,

我/靠在/苍山的/怀抱里,

睡/着了,

睡得/那么香;

打了/一天的/鱼,

我/躺在/海边的/沙滩上,

睡/着了,

睡得/那么甜;

我/梦见　　　　　　　　我/梦见
苍山/就在我的/怀抱里。　洱海/就在我的/心窝里。
(以上是二三拍隔段对齐)

问:请你讲讲演讲中怎样讲故事或案例。

答:讲故事(案例)要注意四点:

一、熟悉故事情节,阐述观点和主张。

故事属于记叙文体,故事员一定要熟悉故事的六要素:时间、地点、人物、开始、发展和结尾。同时还要牢记人物的对话,掌握好故事的重点和难点。

通过对故事情节的反复默记和试讲,做到中心突出、轻松自如。

故事(案例)在演讲中只是作为一个论据出现的,演讲者要明确通过故事(案例)所要阐述的观点和主张。

二、口语表达为主,态势语言为辅,要拟声传神。

三、要"讲"不要"背"。

四、语气要有变化,"表"与"白"要分明,随时入戏出戏,主体意识清醒。

问:请你讲讲演讲中的态势语。

答:演讲的态势语(体态语),是一种以演讲者的面部表情、手势和体态等传播信息、交流感情的工具,诉诸听众视觉的无声语言。下面重点讲手势运用。

第一,手势组成分为手指、手掌、拳头和手臂。

第二,手势的类型有指示型、情意型、象形型和象征型。

第三,手势区域可分为上、中、下三个区和内、外两个区域。(一般来说,手势向内向上,表示积极肯定;向外向下表示消极否定。)

第四,手势的单式与复式。一般情况下都用单手势,在会场大、情绪激昂时也可用双手势。

第五,手势的准确与协调。演讲手势运用要准确,并且注意内容、语气和态势三者之间的协调一致。

问:讲讲态势语中眼神的运用。

答:问得很好。关于这方面,我讲两点:第一,人的感情可以从人的面部表情,特别是眼神中表露出来。意大利艺术大师达·芬奇在《笔记》中说:"眼睛是心灵的窗户。"可见,演讲者眼神的重要。一般来说,喜则眉飞色舞,怒则咬牙切齿,哀则愁眉苦脸,乐则笑逐颜开。第二,演讲者视线的运用。演讲者的视线要与听众交流,要照顾到全场听众,视线的运用主要有五种方法:前视法、环视法、点视法、虚视法、和闭目法等。

问:请讲讲演讲的风格。

答:演讲风格是演讲者在演讲中表现出的个性和特征。演讲语言风格的类型主要有幽默型、激昂型、深沉型、严谨型、随和型等。是品种的不同,不是优劣的不同。演讲风格不是一成不变的,除了演讲者的个性之外,还要注意根据演讲内容的需要选择不同的演讲风格。演讲风格是演讲者成熟的表现,演讲者要不断提高演讲的鉴赏与评价能力,平时要注意自己演讲风格美的训练与培养。

问:请讲讲实施演讲应注意的事项。

答:演讲实施应注意以下几个方面:

第一,思考与记忆;第二,练习与休息;第三,控场与应变;第四,会场与讲台。

总之,演讲要做到五勤:勤看、勤记、勤讲、勤练、勤总结。

第二部分 即兴演讲与对话

问:有一种演讲叫即兴演讲或即兴发言,难度很大,它给人一种神秘感。请介绍一下这方面的方法和技巧。

答:即兴演讲(即席发言)指根据现场需要临时发表的讲话。即兴演讲(即席发言)具有临场性、敏捷性和简洁性的特征。

会场即席演讲、访谈中的对话,以及信息发布会的答问、谈判等都需要即兴发言。即兴演讲(即席发言)用途广、难度大,但是"文无定法,大体有之",还是有章可循的。

问:请讲讲即兴演讲常用的方法。

即兴演讲常用的方法有:

第一,借题发挥法。即兴发言的主要方法是"借题发挥"。它的要诀是:"媒介物加联想",话题加发挥。这个"话题"可以是人、事、物,也可以是语言、环境等其他对象。

例如,1929年1月间,剧作家田汉应南京市郊区晓庄师范学校校长陶行知的邀请,率领他的"南国社"剧团,前往晓庄演出。

当晚,全体师生和周围的农民前往观剧。演出前,陶行知致欢迎词说:

"今天我是以'田汉'的资格欢迎田汉。晓庄是为农友而办的学校,农友是晓庄师生的朋友,我们的教育是为'种田汉'而办的教育。所以我是以一个'种田汉'代表的资格在这儿欢迎田汉。"借陶行知"田汉"的话题,田汉在致答词中说:"陶先生说他是以'田汉'的资格欢迎田汉,我实不敢当!我是一个假'田汉',陶先生是个真'田汉',我这个假'田汉'能够受到陶行知这个真'田汉'以及在座的许多真'田汉'的欢迎,实在感到荣幸!"接着田汉联想到农民的高贵品质,表示一定要向真"田汉"们学习,让艺术同"田汉"大众携起手来。田汉精彩的致答词博得了听众的热烈掌声。

第二,提纲三步法。①提出问题,什么是……;②分析问题,为什么要……;③解决问题,怎样……。

关于提纲三步法,有人将经验编了个顺口溜,形象地说明了三步法的具体内容:

即兴发言三要点:

台下,排好提纲;(五秒钟排好提纲)

台上,逐段填空;(烂泥萝卜洗一段吃一段)

事先,有所准备。(时刻准备着)

试以《理想》即兴演讲为例(接到即兴讲题之后)。

首先,快速"台下,排好提纲":什么是理想,为什么要有理想,怎样实现理想。

其次,"台上,逐段填空",化整为零,化难为易;最后,还要强调"事先,有所准备",即有较丰富的知识和事先的积极准备,否则只有方法没有内容,巧媳妇难为无米之炊。

例如,第一步首先提出"什么是理想"。

接着回答自问:

理想是石,‖敲出星星之火;

理想是火,‖点燃熄灭的灯;

理想是灯,‖照亮前进之路;

理想是路,‖引你走向|成功。

第二步,其次,提出"为什么要有理想"。

接着回答自问:

因为,伟大的力量来自崇高的理想;

事情往往就是这样:你认为你行,你就行;你认为你不行,即使你行也不行了。

第三步,最后,提出"怎样实现理想"。

接着回答自问:

一个人怎样才能实现自己的理想,我以为首先应该有个奋斗的目标。

目标有宏观、中观和微观之分。宏观必须伟大,因为伟大的力量来自从高的理想;中观、微观要具体可行,要一步一个脚印。

几个微观完成就是一个中观,几个中观完成就是一个宏观,这样,我们就能轻轻松松地实现我们伟大的理想。

谢谢大家!

第三,其他方法,还有提纲挈领法、平中见奇法等。

问:刚才你讲道即兴演讲(即席发言)具有"临场性、敏捷性和简洁性"的特征。请介绍如何做到"敏捷性",或者说如何训练我们的思维?

答:可以进行三种类型的思维训练。

第一,发散性思维训练。语言是思维的外壳,语言流利靠的是思维敏捷。要想做到思维敏捷,平时要多练习发散性思维。发散性思维有三个特点:流畅性(快)、变通性(活)与独特性(新)。

举例说明,我在上海大学讲演讲学的时候,搞过一次发散性思维训练:

请全班学生每人在纸上写出"红砖的用途",用途写得越多越好,但时间限制在一分钟。结果如下:

一位同学写得最多共十一种用途:砌房子、砌墙、砌桥梁、砌炉灶、砌烟囱、砌……他的思维具有"流畅性(快)",但是说来说去就是一个字"砌",缺少"变通性(活)"。

还有一位同学只写了五种用途:一可以砌房子等,一个"等"字把前面同学砌的十一种用途都"等"进去了,二可以垫桌腿,三打仗可以作武器,四磨成红粉冲上水可以刷红标语,五烧烫了用布裹起来可以治关节炎。这位同学不但具有"流畅性(快)",而且还具有"变通性(活)"。

如果哪位同学想出的点子叫人拍案叫绝,那就是"独特性思维(新)"了。

思维训练流畅性是基础,变通性是关键,独特性是宗旨。

哈佛大学校训:一个人的成功不在于学历和经验,关键在于他的观念和思路。因为学历有高分低能,经验也会过时,一个人只有观念新、思路敏捷,与时俱进才能取得成功,所谓"思路决定出路"讲的就是这个道理。所以说,要想做到语言流利,思维一定要做到快、活、新,做到流畅、变通与独特。发散性思维训练有利于创造能力的提高和思维敏捷、语言流利。

第二,连线法思维的训练。

连线法,指由某一事物联想到另一事物的方法。

连线(连接)法训练案例:接龙法、意识流法。

▲朱建华打破世界青年跳高纪录时,记者曾用意识流式的采访。

研究证明,任何两个概念(词),都可以通过四五个阶段建立起联想的关系。例如,天空和茶杯,它们似乎是两个毫不相干的概念,但是只要经过三四步中间的联系,就可使其间发生联系:天空——土地——水——茶杯。又如,木头与足球,木头——树林——田野——足球场——足球。

研究证明,每个概念(词)平均可以同将近十个词语发生直接的联想联系。只要经过三四步中间联系,发生联系的词语可分别达到一千个和一万个。

经常做联想训练将大大地发展我们的想象力,有力地提高我们即兴演讲的能力。

训练案例:

▲出示一块手表,要求通过三四个阶段的联想,讲述妇女工作的重要性。

▲以公路两边农村新建的漂亮的住房为媒介物(话题),宣传"城乡一体化"的精神。

第三,连点法思维训练。

连点法:指将头脑中闪现出的人、事、物杂乱的散点,按照一定的顺序和结构连缀成篇的训练方法。

假如,你出席某市企业新闻工作者协会成立大会。

散点:主席台上摆放的盛开的杜鹃花;到会的众多的新闻工作者;十分漂亮的会议厅。

案例:请看上海市新闻工作者协会原主席王维同志在类似场合所作的即兴发言:

我来参加会议,没想到有这么好的会场,这个会场不要说是企业报记者协会成立大会,就是记协成立大会也可以在这里召开。没想到有这么多的企业报记者、编辑参加这个大会,它说明企业报的同仁是热爱自己的组织、支持这个组织的。没有想到今天摆在主席台上的杜鹃花这么美丽。鲜花盛开这标志着企业报记者协会也会像这杜鹃花一样兴旺、发达(联想)……

王维同志的即兴演讲通过三个"没有想到",将会场、人员、鲜花这三个"散点"有序地连缀在一起,从而揭示了企业报记协的实力,赞扬了会员的凝聚力,并表达了对企业报记协的美好祝愿。

此外还要提醒两点:

一、思维结构形式有纵式、横式和网式(又称"纵横式")等。

▲例如,钻石杯读书活动讲话,话题"钻石表":

钻石——坚韧——毅力,

表——时间——效率。

(纵向联想)

读书的毅力加效率等于读书的成功。

(横向联想)

二、联想的种类很多,有接近联想、相似联想、对比联想和因果联想。

接近联想,例如由展览会想到世博会。

相似联想,例如由杨善洲想到焦裕禄。

对比联想,例如由自私想到奉献。

因果联想,例如由暴雨想到水灾。

问:请问你对提倡"开短会,说短话"的看法。

答:我非常赞成中央关于"提高会议实效,开短会、讲短话,力戒空话、套话"的规定。因为如果时间和语言受到了限制,人们就不会讲废话,并养成只从要点着想的好习惯。浪费时间就是浪费生命,"空话连篇,言之无物"欺骗了自己,也欺骗了听众;既害自己,也害别人。

我认为"开短会,说短话"应该强调三点:一是有限的时间;二是明确的目的;三是语言的锤炼。

能用三言两语解释清楚的问题,绝不要长篇大论,(英国)莎士比亚说"哪里的语言精练,哪里的语言就有分量"。

问:请问你是怎么学会演讲的?

答:我在北京读小学和初中的时候,由于性格内向小组会上从来不发言,也不会交朋友。后来一位老师找我谈话,语重心长地说"火车头跑得快,不带动车厢也是浪费煤"。经过老师启发,我认识到一个人不会交流,不敢讲话,将来即使有出息也不大,于是下决心练口才,学朗诵、讲故事,积极参加社会活动,当了班级和校学生会的干部,读大学时还当了校广播室播音员。慢慢就敢讲话了,也积极参加社会活动了。

问:请问性格内向的人也能学会讲话吗?

答:我认为内向外向是品种的不同,不是优劣的不同。只要努力都能学会讲话与交际。

内向的人要想学会讲话必须解决三个问题:

一是词汇丰富;二是思维敏捷;三是克服怯场。三者的关系非常密切。

首先是词汇丰富。读的书多,收集的词汇多,构思就敏捷了,所谓"勤能补拙"讲的就是这个道理。我给自己的记事本起名《集装箱》,其中有大量的格言、警句、成语、诗文和生动的故事和案例,平时常讲,需要用的时候脱口而出,这样遣词造句、选材、立意就比较容易;其次,词汇丰富、构思敏捷,艺精必然胆大,久之也就克服了怯场的毛病。真有"苦尽甜来,欲罢不休"的感觉。古希腊德摩斯梯尼具有严重的口吃和怯场的毛病,后来经过刻苦的训练终于成为古雅典十大演说家之一、世界一流的演讲家。

其实,人和人之间只有很小的差异,却造成了巨大的差异。这很小的差异就是:一个心态是积极的,一个心态是消极的;所造成的巨大差异就是:一个成功,一个失败!

问:当前时兴一种交流式演讲,即演讲者主题演讲之后,听众就需要的问题与演讲者对话,当场提问与答问。其中的对话是否也属于即兴发言?

答:临场提问与答问,如果是临场性即兴问答应该属于即兴发言,不过它在结构上无需像即兴演讲那样完整。一般内容往往较简洁,甚至只是一两句话,做到短、平、快。至于提问和答问内容的多少、时间的长短,还要根据情况具体分析,该短则短,需长则长,要予以灵活对待,不能千篇一律。

问:介绍一下对话的含义。

答:对话有两种含义。广义的对话,指两个人或更多人之间的谈话,如文学作品中人物之间的对话。

狭义的对话,指两个参与方之间的较正规的,具有一定目的性和计划性的谈话。其中包括国际、国内集团之间的访谈、谈判、协商,信息发布会中的问答,以及交流式演讲中演讲者与听众的对话等形式。对话是双向言语交流的基础。

时代呼唤对话。现在是对话时代,家庭和睦、朋友融洽、事业兴旺、社会和谐,乃至世界和平与国际贸易都离不开对话。

问:讲讲对话的原则。

答:真诚、平等和负责。

问:讲讲对话的特征。

答:对话的特征有三点:

一、对话是双向的、二元的交流。

二、对话是互动的,双方可以互问、互答。提问与答问是对话中不可分割的两个基本技能。

三、对话必须而且只能含有两个当事方。如果是多方参加,则称为会谈或多方会谈。

问:讲讲对话中提问的主要方法和技巧。

答:提问是一种引出答问并引导答问方向与内容的行为。根据提问的性质和方法,可将提问分为三种基本类型:

一、开放式提问或封闭式提问;

二、初级式提问和次级式提问;

三、中立式提问和诱导式提问。

其中,还可以用穿插式和意识流的方法进行补充提问。

问:请讲讲对话中答问的主要方法和技巧。

答:好的答问不是问什么回答什么,答完就了事,这与考试不同。答问不但应该简练、明确、条理清楚、用词准确、合乎逻辑、言之有据并切中要点,而且应该考虑到对话的时间、地点和环境以及目的需要等重要因素,从而进行针对性的、策略性的答问。

就像提问策略一样,答问也有许多策略、方法和技巧。

问:讲讲答问有哪些策略?

答:答问的策略有如下几种:

① 对于"多管齐下式提问",在讲求效果合乎情理的基础上,选择有利于双方的答问;

② 对于"两极式提问",根据对自己有利的原则给出简单的"是"对于"多项选择式提问",确认其中公正的并且是唯一可行的选项,与"否"的回答,或进行详细补充后回答;

③ 或对答案进行解释说明、限定,或增加选项;

④ 对于"确认式"和"验证式"提问,回答要注意信息反馈的准确性和完整性,给予肯定、否定或补充;

⑤ 对于"全面刺探"(又称"大扫除式刺探"),要抓住机遇介绍你想要补充说明的信息;

⑥ 对于"诱导性的提问"或"含沙射影提问",要提高应变能力,给予巧妙的回答,不要被动地给出你不同意的答案。

问:讲讲媒体在答问时有哪些方法?

答:媒体答问时,应该处理好十种关系:

① 长与短。一般说短比长好。话讲长了核心信息不够突出,记者报道选择的余地太大,你想要它报道出去的东西就不一定能报道出去;

② 简与繁。把冗长的道理变成简明易懂的语言;

③ 虚与实。宜实不宜虚或虚实结合;

④ 大与小。大事固然重要,有些小事也不应忽略;

⑤ 刚与柔。要刚柔相济。"以情感人"或"据理力争",做到刚柔相济;

⑥ 真与假。讲真话、实话,不讲假大空套话、过头话;

⑦ 答不答。答与不答要根据具体情况。总之,要主动不要被动。怎么问是提问者的事,怎么答主动权在答问者;

⑧ 抓机遇。正确对待"刁问题",也可借机会发表自己想说的观点;

⑨ 慎重复。答问一般忌重复,但在具有补充或加深理解作用时,可以重复;

⑩ 有准备。"预则立,不预则废",答记者问的一般要求:事先作好充分准备;答问内容要实事求是;围绕主题,抓住重点;观点要鲜明准确;难以回答的问题,要巧妙回避,灵活应答;面带笑容,心态平和;及时准备,幽默简洁;遵守纪律,注意政策。

问:讲讲答问常用的技巧。

答:答问的技巧有:

① 直言法　② 委婉法　③ 限制法　④ 概括法　⑤ 幽默法　⑥ 反问法　⑦ 分析法　⑧ 比喻法　⑨ 自圆法。

第三部分　谈话的艺术手法

问:你刚才讲口才还包括谈话,演讲和谈话它们二者都属于有声语言范畴,我想二者之间必然有很多可以互相借鉴之处,如果能将二者的方法和技巧有机结合,会有利于提高演讲水平的。请你介绍一些有关谈话的方法和技巧供演讲参考。

答:这个问题提得很好。"他山之石可以攻玉"。综合就是创新。谈话有很多方法和技巧可提供演讲借鉴。例如,谈话的措词与障碍的标准、态度要诚恳、谈话的艺术,以及有效的说服方法等这些在演讲中也完全适用。

[一、措词标准包括:①应该说的;②禁止说的;③可以说的。其中禁止说的有四种话:蔑视语、否定语、烦躁语和斗气语。措词障碍包括:①情绪障碍;②思维障碍;③习惯障碍。其中习惯障碍应该注意三点:入国问禁、入乡问俗、入门问讳。二、谈话的五条准则:敬、诚、当、效、听。三、谈话的态度要诚恳包括:互相尊重、互相理解、互相关心和互相鼓励。四、说服人的有效方法等。]

问:请讲讲言语交流中礼貌的原则。

(一)言语准则:情、理、雅。

(二)言语方法:

宜:疏、导、细、实;

不宜:堵、压、粗、虚。

(三)言语交流的原则:

美国语言哲学家格赖斯提出会话中的四条合作准则:

① 数量准则:信息　② 质量准则:真实　③ 关联准则:贴切　④ 方式准则:清楚

(四)言语礼貌原则

英国语言学家利奇提出了交际语言中的六项礼貌准则:

① 得体准则:多让对方得利

② 宽宏准则:少让对方吃亏

③ 褒扬准则:少批评多表扬

④ 谦虚准则:尽量贬低自己

⑤ 一致准则:减少双方分歧

⑥ 同情准则:保持同情心理

原文摘自刘德强与阿里巴巴网站等媒体听众的对话。　鉴赏编写:唐婷婷　王燕华

67. 中医的传统和出路

——对话著名中医理论学家、临床家陆广莘

（2006年3月11日）

【格言名句】

循生生之道，助生生之气，用生生之具，谋生生之效。

——陆广莘

【文章导读】

明代医家李中梓在《内经知要》中有言，"为人子者，不可以不知医……然知之为知之则可，若强不知以为知，不如无知"。在中国文化走向世界的今天，对传统中医的作用，却有太多的人不知或强以为知。为此，中国中医科学院资深研究员、著名的中医理论学家、临床家陆广莘应凤凰卫视《世纪大讲堂》之邀，在2006年3月11日与主持人曾子墨及观众进行了对话，探讨了中医的传统和出路问题。

陆广莘，18岁始习中医，后考入北京医学院医疗系，研西医学五年，自此于西医院悬壶二十六年，56岁时被调至中国中医研究院，组建中医基础理论研究队伍。其讲课风格语调激昂、言辞犀利、思辨深邃、妙语连珠，被公认为中国中医界的代表人物之一。

曾子墨，生于北京，凤凰卫视主持人。1991年入读中国人民大学国际金融一年后赴美留学。1996年毕业于美国达特茅斯大学，后供职于摩根士丹利银行。2000年她加盟凤凰卫视担任节目主持人，曾获"2002中国电视节目榜"之"最佳财经类节目主持人"。

主持、嘉宾共有的中西文化背景，让这场对话默契而深透。曾子墨以女性的细腻从《大长今》到对中医为何出现"困境"的探讨为话题，一开始便将致力于中医事业的大师置于"高处不胜寒"之境。然而陆广莘大家风范，非锱铢必较，而是剑走偏锋，顺势而谈，将演讲题目依然更改为"中医是怎样大难不死的"，其危机意识似比子墨更甚，也一下子抓住了听众的心。接着他以近一个世纪的亲力亲为对一系列重大历史事件作了简要的梳理和切中肯綮的分析,其演说可谓振聋发聩。

这场对话堪称观世纪风云、析中西之争、通古今之变。观点有高度而不高深,材料既沉重又更显厚重。析古今之辨。从五四时期在"科学"旗帜下的质疑,到北洋政府的排斥、国民政府的废止,到新中国成立之初的调查、对比,以至非典时期中医被排斥于外,还远究中医产生的人类早期的生态历史,更面对现实与放眼未来——解决抗药性及救民于苦水需赖于治未病之病,则中医大有可为。侃侃而谈中,为否定传统文化的虚无主义者开出了救治的药方。

继而作中西之辨,从解放之初苏联科学家对东北三宝的重视,到一百四十多个国家开设中医,到全世界追问"医学目的再审查",如何找到根治百病的良方而不必为天文数字的药费买单? 陆老以翔实的数据资料,客观公允地作出了西医和中医互补的中西结合、和谐发展的结论。最后,陆老更从中医推广到传统文化的高度,提出"循生生之道,助生生之气,用生生之具,谋生生之效",鼓舞人们要以自强不息的"生生之道",去追求繁荣昌盛的"生生之效"。

整场对话不仅仅是一场大智慧的对话,有的是主持人、嘉宾以及所有观众对中医以及中国文化的拳拳爱心。"没心没肺""逼良为娼""你从哪里来""不要问我从哪里来"等流行俗语的准确使用,基于陆老毕生探究及深沉思考。惟其如此,面对观众提出的中医在非典中的作用、当代中医的尴尬等诸多问题,皆能从容应对,鼓人士气。

【对话原文】

曾子墨:去年,韩剧《大长今》在中国大陆热播,引发了一个出人意料的效果:那就是,重新掀起了国人对中医的热情。尽管有着几千年历史的中医是中国的国术,尽管中医即便在今天仍在创造一个又一个医学奇迹,尽管中医被西方人称为中国的"第五大发明",但遗憾的是,一个多世纪以来,中医被边缘化了,中国人对中医越来越陌生了。那么,什么是中医的传统,中医的出路又在哪里? 今天我们世纪大讲堂有幸邀请到了著名中医、中国中医科学院资深研究员陆广莘教授为我们演讲。

陆老,从您的简历当中,我们知道您出生于1926年,算一算今年您应该已经是八十岁的高龄了。但是见到您,我想如果不知道您的年龄,可能以为您才五十岁出头,不知道这么年轻的外表和中医的养生之道是不是有关?

陆广莘:可能吧。我想,第一是爹妈给的遗传因素;第二是心态;第三,中医这门学问对我有很大的帮助。

曾子墨:给了您什么样的帮助呢?

陆广莘:一个就是吃得很少;第二,基本上没什么太多禁忌,姜太公叫做百无禁忌,别搞那么多清规戒律,潇洒一点,洒脱一点。

曾子墨:最早您是怎么走上中医这条道路的?

陆广莘:我原来是学工的,在日本鬼子占领中国的时候,抗战,我学不下去,我们学校的工厂就被日本人没收了,我住的地方被日本宪兵队包围了,于是我就逃了。逃了以后就回家,没事怎么办呢?家里父母说,你总得学个本事吧,学个能够混饭吃的本事,这样就学了中医。

曾子墨:那后来您进入大学去学习西医的理论,有没有觉得不适应?有没有觉得有的理论跟您原来拜师、在实践过程当中所学到的一些实用的技能是不一样的,有冲突的?

陆广莘:我到北大,是中央卫生部在全国六十万中医中准备找六十个人从事中医研究工作。实际上没招满六十人,全国只招了四十三人。干吗呢?到北京医科大学学习西医,目的就是要接受一下西医的思维方法,从而有一个对立的参考系。好像一面镜子,当你有了一面镜子以后,你就能看到自己脸上的东西了。

曾子墨:您通过这面镜子,找到了什么,看到了什么?

陆广莘:我毕业以后,一直在西医院里待了三十多年,跟西医同道们一起工作。通过这面镜子,更感觉到中华医药是全世界的一个财富。

曾子墨:这些年呢,陆先生走南闯北,到过世界上很多地方,我想走到不同的地方可能也会了解到世界上不同地方的人们对中医是怎么看的,有没有什么事情让您印象特别深,让您觉得特别自豪,觉得中医其实是我们的国粹,应该让它好好地保留下来?

陆广莘:应该说中医当前的形势是墙内开花墙外香。全世界大概有一百四十多个国家都有中医,我九十年代初到美国去,我发现,我们北医的有许多原来我的西医同道,有的搞骨科,有的搞别的,都到那儿搞中医去了,用中医的办法去为当地人民服务了。我觉得这是一个很值得高兴的事情。所以我说中医队伍是越来越扩大的,特别是国外,但国内就不一定。国内很多中医同道,好像对中医缺乏自信,根本理由就是他缺乏实践,缺乏用中医的思维方法解决问题的实践,他没有从这里边尝到甜头,大概是这么一个问题。

曾子墨:看得出,陆先生这么多年来作为一名老中医,对中医有着非常深刻的体会,所以,让我们一起来欢迎陆广莘先生给我们演讲——《中医的传统和出路》。

陆广莘:"中医的传统和出路"这个题目,社会上非常关注,或者说中医本来是什么传统,本来面目是什么。为什么提这个问题呢?我大胆说一句,百年来,实际上我们中医的传统面貌是被扭曲了,包括我们的教科书,恕我直言。所以我想把今天的演讲题目换一下,叫"中医是怎么大难不死的",是不是比较现实一点?百年来我们遭受了什么大难呢?最早就是1912年,北洋政府时期,定大学的教程的时候,就把中医排斥出教育系统之外,包括我们的北大。然后大家请愿,告到教育部,当时教育部长叫汪大燮,他决心废止中医,不用中药,这是教育界头一个向中医开刀的。1929年,南京政府时期,政府居然通过了一个《废止中医案》,从行政上废除中医。那么为什么两届政府对中医都要下这么狠心呢?理由是中医不科学。这个"中医不科学"的命题怎么来的呢?来自于这样几个问题。第一,梁启超当时提个问题,就是说中医"尽能愈病",尽管你治好病,但是没有人能够把中医的愈病之理说清楚,这个问题叫"梁启超问题"。接下来1915年,陈独秀在《给青年的一封信》里边提出来,说中医不知道科学,或者中国的医学不知道科学,理由有三条:第一条,不解人体的构造,没有解剖学,没有解剖定位。换句话说,没有现在说的药理的作用八点。第二条,不重视药性的分析,没有药物的化学分析,或者叫成分论,有效成分论。第三条,"菌毒传染更无闻与",细菌和病毒的传染中医没听说过。符合事实吗?符合事实。因为中医的发生在五千年前就出现了,不是最近五百年的事。最近五百年以来的,从1543年的人体构造开始,我们中医没有等到,没有,不可能等到人体的解剖,药性的分析和菌毒的传染。接下来,也是我们北大的胡适,他说了这么一句话,他说西医能治好,能说清楚他得的什么病,这个病在什么地方、什么性质、什么原因,虽然治不好,但是西医是科学的。因为它回答了病在什么地方、什么性质、什么原因,从认识论的角度来说是科学的。中医呢,他说中医啊,能治好他的病,就是说不清楚他得的什么病。就是中医说不清楚这个病在什么地方、什么性质、什么原因,就是中医没有病因、病理、病位,没有解剖学,所以中医不科学,严格说来是中医不认识病,所以不科学。

因此到了1935年,《中华医学》杂志的总编于英秀就提出了"废医存药论"。也就是废掉中医的诊疗思想,认为中医的阴阳五行、三部九候皆为谬论,中医的诊断理论没用,不知道病在什么地方。第二,治病必求本,用药如用兵。这两句话,作为废中医的治疗思想而有余。好了,中医的诊断、治疗思想都没有了,但是中医能治好病,这点也承认。他就说治好病的道理在哪里? 就是药物方剂,就在药物方剂上。所以研究国药,使用成方,发扬国产药物而有余,所以用现代科学方法研究中医。20世纪以来,基本上就是用病因、病理、病位的疾病分类学的诊疗思想来研究中药,研究针灸有效没效,有效在什么地方。解放后,第一次药理学会交流了全国各大医学院校和研究院所筛选中药的成果。所谓筛选,药理筛选,就是用病因、病理、病位的药理学,就是能不能消除病因,能不能纠正病理,能不能作用于八点,这样一个药理学观念来筛选中药的结果。很惨,绝大多数的中药是阴性结果,这句话是很客气的,就是没效。少数阳性结果的,有点效的,比同类的西药大大地不如,有点降压的作用不如一瓶呱乙啶,有点降血糖的作用不如一点胰岛素,有点抗炎的作用、抗菌的作用,不如一点青霉素。完了。1961年、1962年,这个时候中医工作大滑坡,原来进入医院的那些中医大都退出去了,但是很奇怪,苏联远东研究所研究我们东北三味药,一个是吉林的人参,一个是辽宁的五味子,一个是黑龙江的刺五加。他们做实验就发现了三个现象:一、血压高的能下来,血压低的能上去;二、血糖高的能下来,血糖低的能上去;三、白细胞高的能下来,白细胞低的能上去,这三个现象。英国《New Science》杂志发表了一篇文章,就引用苏联研究我们东北的三味药的结论,它说,人参在中医里头是作为药中之王,上品,它之所以如此,因为中医强调的是内环境的稳定以抵抗疾病胜于治疗疾病,就是 homeostasis,稳态,胜于直接治疗疾病,这是六十年代。为什么六十年代会出现这样一个命题呢? 六十年代是一个重大学术转型的问题,这是第一,就是卡逊发表了《寂静的春天》,《寂静的春天》揭露了什么? 揭露在农学里边农药和化肥带来的祸害,这个不用展开了。医学界向农学进行学习,就发现我们医学界所用的所谓抗菌素什么等等相当于农药,我们的激素、维生素相当于化肥,所以人们就警锡了,说到七十年代开始发现药物病、药物公害的问题,现在证明WHO说,全球死亡的三分之一主要来源于药物的不合理使用,药物祸害。药物祸害带来什么问题呢？药物大量淘汰、更新，很快新的药出来没有三年五年又完了，从磺胺到青霉素，一直到万古霉素，寿命很短，就是它的寿命很短，淘汰率很高，因而研究费用也很高，从而不断提高医疗费用。医疗费用不断上涨的结果又带来了对社会服务的分配不公，有钱人治，穷人就是因病致贫，因贫返贫，这样的命题就成为当代世界性的医疗危机，这个医疗危机一直到了1993年，有十四个国家进行了一个国际研究计划，这个国际研究计划的题目叫什么？叫"医学的目的再审查"，就是医学到底是干什么的？搞了几千年的医学，医学到底是干什么的，《医学的目的再审查》特别提到当代的世界性的医疗危机主要来源于近代医学模式的针对疾病的技术统治医学的长期结果。什么叫"针对疾病的技术"？无非是侦查技术和治疗技术。什么叫"侦查技术"啊？是努力找病，我们现在发明的那些仪器，千方百计找病，然后我们发明的药物，千方百计地除恶务尽。

这个想法是很好，但是效果呢？效果不行，刚才说了，它带来了世界性的医疗危机。正是在这样的情况下，从六七十年代以来，人们就提出了这样一个命题，就是在药物病这样猖獗的情况下，到哪里去寻找健康的钥匙呢？西方也在不断思考这个命题。但是这方面收效甚微。怎么由疾病医学向健康医学转化？这就给我们中医带来一个命题，带来一个历史的责任和世界的责任。

跟西医不一样，西医是努力找病，除恶务尽。中医的传统是努力发掘，加以提高。"努力发掘，加以提高"，这两句话是毛泽东在1958年对中医问题的一个批示，说中医药是我们伟大的宝库，应该努力发掘，加以提高，这八个字对我很有启发，中医药之所以大难，就是因为它不是努力找病，除恶务尽，它是努力发掘，加以提高，所以中医药的传统是努力发掘，加以提高。努力发掘什么？努力发掘你自己身体的防卫抗病能力。1993年，美国邀请我去讲学，给我出了个题目，叫做 healing force，就是人的自我痊愈能力，你伤口好了，谁长好的，是你自己长好的，对不对？

所以中医的传统一言以蔽之，就是努力发掘，加以提高，那么它的诊疗思想就是养生、保健、治病，必求于本。它是实践必求于本，并不是认识论必求于本，这是一个重大的区别。所以两首歌曲，一首歌曲就是，"你从哪里来"，对吧？这是西方的思维。东方的思维是什么呢？"不要问我从哪里来"，因为生命是，用中医的说法叫神转不回，回者不转，生命只能往前走，时间是不可逆的,今天是 2006 年的 2 月 28 日,过了这一天,没有了,只能往前走,时间拉不回来。生命也是的,生长壮老已,生长化收藏,只能往前走,所以后悔药吃不了。但是西方科学在物质科学的成就上,给我们带来一个思维方法,就是:第一,向后看,问它是从哪里来的。第二,它是什么东西做的?是什么原料、什么成分,就是微观实体的本质论,病在什么地方,细胞,分子,往下走。第三,原因是清楚的,现行的因果论,病怎么得的,细菌病毒,病怎么好的,方剂药物,好了。SARS 来了,禽流感来了,我们盯住了它的病毒,然后所有该杀的杀,鸟啊,鸡啊,该杀的杀,有病毒啊,但是农业部那天在电视里就说了,现在全球的禽流感,死亡一百多人,感染者多少,感染者是一千万人,一千万人里头死亡一百多人,它是个冰山现象。那么换句话说,一千万人里边,大多数人不得病,只有少数人得病。我们现在的医学给社会带来的两大问题,第一,宣传疾病的恐惧。第二,宣传对药物的依赖,医学有了吗? 医学没有了,都是卖药,都是卖药赚钱,医生要靠卖药赚钱,是悲剧,而社会上对疾病恐惧,这是努力找病、除恶务尽的思维方法。

中医的诊疗思想用一句话来归纳,就是寻找健康的钥匙。这个跟我们中国的文化传统有什么关系呢? 中国的文化传统叫赞天地之化育,天地能够产生生命,这个概念叫天地之大德曰生。天地之大德曰生,大家可能不太注意,但西方一个哲学家就提到一个问题,他说如果把中国的哲学翻译成英文的话,是不是可以这样表述,在宇宙演化过程中产生了最为复杂的世界,但是他没写原文,原文中文是什么? 没有。我一看,就是天地之大德曰生,天地之大德就是宇宙演化,宇宙演化的最大的伟大的事件是物质世界中出现了生命了,出现生命,这是个伟大的事件。因此中医的医生,什么叫医生啊? 你的对象是生,因此中医的诊断,阴阳五行,它不是实体论,不是病医学,不是病理学,不是解剖学,是什么? 是从更高层次的,信息层次上、调节层次上、稳态的层次上去理解生命、健康和疾病,这是个非常高档的东西,一般人,物质思维的人不理解,所以所谓阴阳五行是不科学的,你看看,韩国的国旗就是阴阳,咱们中国人倒把阴阳五行撇到一边去了,实际上说明你是很粗陋,你仅仅是在物质层次上,你根本不懂生命。

五行是什么? 五行就是神转不回,是生命的发展过程,所以说中医的传统就是学习"天地之大德曰生",它是指导中医诊疗思想的理论基础,而你这一辈子就是要赞天地之化育。我们国家 21 世纪提出来的科学发展观,其中有两个内涵,以人为本,以人为本的背后,潜台词就是长期的以物为本,现在强调以人为本,由物上升到人,以人为本的核心是生,没有生就没有人。第二是和谐社会,和谐。这个社会从哪里来的? 就是天地之大德曰生,这个生有两个现象,第一叫作万物并育而不相害;第二,与万物沉浮于生长之门。气度多大! 人在世上活着,也得让细菌病毒都活着,你杀得完吗? 某种意义上,细菌病毒,比你来到地球上还要早,几十亿年就来了,你才几百万年,你现在把它赶走,不狂妄吗? 杀得完吗? 第二,你身体里的细菌数是你的细胞数的十倍,细胞数如果是 10^{13},细菌数是 10^{14},你杀得完吗? 你不是狂妄吗? 细菌杀得越多,生态遭破坏,微生态遭破坏,上边的细菌走了,下边的细菌来劲了,说得再透彻一点,人实际上是细菌、病毒的寄生体,如此而已。你才二三百万年的历史,你牛气什么? 所以如果我们有这样的气度,我们跟万物并育而不相害,与万物沉浮生长在这个环境,你活我也活,这就是生态。所以中医是一门生态医学,是一门健康医学,是一门稳态医学,是一门动员医学,中医的传统是关于生命的问题,与以人为本和和谐社会的思想是一致的,中医几千年来就是忠实地学习天地之大德曰生,忠实地执行赞天地之化育,忠实地去寻找健康的钥匙。什么剧毒药,什么砒霜,都有药用价值,中药里都有,现在好,说这是毒的,就开除出去,那是毒的,开除出去,这种医学是太幼稚了,我们在对医生的管理,在医学的管理上面,基本上还处在一个物质科学的层次,而没有进入生命科学层次。所以英国的 Nature 杂志的一个主编,当新华社记者采访他的时候,他说,21世纪的前沿是什么? 21世纪的科学前沿,就是生命科学和信息科学的交叉,或者说生命系统里的信息科学,而中医就是这么一门医学,它不是物质的,也不是能量的,是信息的。

现在的问题就是我们中国的年轻人缺乏对中华民族文化的自信,这是一个最大的危机,这是自我的他者化,自我从属,是不是? 西方有什么新的东西,我们就去赶时髦,然而我们却不知道几千年来,中华民族是世界上各民族中间唯一一个历史没有中断、文化没有中断的民族,这个民族即使遇到大难,但是可以不死。人类健康长寿的影响因素中,现代医疗占多少,只有 8%,比六分之一还少,六分之一是 16.6%,它只有 8%,所以我们做得不够,现代医疗在人类健康长寿的影响因素中只占 8%,所以我们从医的人没有必要骄傲。你真正治好病,是神气应乎中的效果,这个药治其外,是病人自己治好的,你是依靠它、帮助它、学习它。等到了八宝山,人百岁了,五脏皆虚,神气皆去,形骸独居,和这个世界告别了,这个时候泡在药汤里也没用了。你说药万能吗?所以别迷信药物。我们现在的问题是要振兴中医的诊疗思想,振兴它的医学模式,振兴它的理论基础,这些药和方法都是在中医的理论指导下,人们把它扭曲了,就是我们把医学降低到仅仅是下医的成分。医已病之病是下医呀,中医分三个档次,上医医国,上医医未病之病,中医医人,中医医欲病之病、将要得的病,下医才是医已病之病的。

中医的出路,十六个字:第一句,厚德载物。大家知道清华的校训吧,厚德载物,就是德行要宽厚,这样你才能把物质科学的成就拿过来,而不是排斥它。第二句,和而不同。君子和而不同,小人同而不和,那种把西方的科学称为唯一的科学的说法,就把中医否定了,那是同而不和。而中医就有这个气度,和而不同,各种各样的学问,物理、化学,把它们放在适当的位置,和而不同,要和,就是强调综合,整合。第三句,自强不息。中华民族在21世纪关键的问题就是自我意识问题,自我的主体意识问题,用费孝通教授的话就是文化自主的问题,文化自觉的问题。每个人是自己自给自足的主人,不要做贾桂,不要匍匐在人家脚下,要自强不息。第四,超越包容。医学是科学吗?医学有必要成为一门科学吗?医学是不是需要还原为一门科学呢?这是1998年国外的三篇文章。我们的中医就被科学压着呢,说中医不科学,所以最近中医研究院变成中医科学院了,我说有一个问题了,中医是什么科学,中医是哪门的科学,哪个科的学?这问题经不起追问。但是科学态度、科学方法、科学精神,我们应该赞成,所以我们要努力做到厚德载物,和而不同,自强不息,超越包容,个人是如此,中医学也是如此。

曾子墨:关于中医,现在有很多的朋友都特别地关心,所以今天我们也收集到了很多网友的问题。他说他过去也经常去中医院看病,但是每次走进中医院,这些中医院一样让他去做各种各样西医要做的那些检查,而且给他开出来的药也常常都是西药,所以他就会觉得,这个中医院是不是披着中医院外衣的西医院,说起来虽然有点拗口,但是我觉得也有点道理。如果是这样的话,他就问您,还有什么必要去看中医?

陆广莘:我想这个现象,说得不好听叫逼良为娼。

曾子墨:怎么逼的,给我们讲讲。

陆广莘:在韩国,中医就是中医,就是开中药方子,不能用西药。我们在德国有个中医院,巴伐利亚州(即拜恩),十几年了,那我就开中药,对吧?就是说能不能西医就不要用中药,中医不要用西药。有人建议过,但是由于西医处在主体的地位,中医要被批评,说你不懂病嘛,所以就学了西医了。但是学了西医以后呢,再加上社会上对西医的认可,对中医不理解,所以产生了这个情况,我不能怪这医院,也不能怪这个医生,问题就在于他对中医的自信缺乏了。还有一个问题,社会。比如说你发炎了,你不用抗菌素,最后会找你算账的,懂吗? 这是一个社会问题,所以某种意义上逼良为娼,不是他本人的问题。

曾子墨:但是有一句话,我们听了很久了,就是中西医结合疗效好之类的,这句话您信不信?

陆广莘:我是这么想,中医强调阴阳之和,万物负阴而抱阳,那么中医和西医的结合当然比分离好,是吧? 就像一男一女组成一个家庭一样,有什么不好呢,你非得把他们拆开? 所以中西医结合是好的,问题在于执行。

曾子墨:怎么结合?

陆广莘:主要在于执行。1998年,朱镕基总理的政府工作报告里提出个命题,叫大力发展中医药,促进中西医结合。我是全国政协委员,我在讨论时候有一个发言,我加了四个字,只有大力发展中医药,才能促进中西医结合。讨论了以后,我们的卫生部副部长告诉我,他们认为中西医结合才能发展中医药。而我的观点,就比如一个木桶理论,中西医结合比作木桶,如果中医的这个桶比较矮,那么中西医结合是上不去的,我们的中西医结合中,中医很低,所以现在中西医结合不行,没有好中医了,责任在中医。如果有很好的中医,很好的西医,这个结合当然对老百姓有好处,所以我赞成中西医结合。但是浅薄的一点西医的知识和浅薄一点中医的知识就叫中西医结合吗? 那就是假的,是假冒伪劣。

曾子墨:好,谢谢您和网友做的交流。今天在现场,我知道还有很多朋友,他们要么是中医药专业的,要么就是对中医药非常感兴趣。如果哪位有问题想和陆先生来沟通的话,请您举手。

观众:陆老,我想请问您一个问题。在2003年的时候,世界范围内SARS猖獗,我们中医介入以后,取得了比较好的效果。前一段我看到一个报道,就是说在河南省有用纯中医治疗艾滋病取得不错的疗效这样的事情。那么我就想请问您,现在世界范围内禽流感流行,我们是否同样可以用我们纯中医的理法、方药来攻克这样一个问题? 谢谢。

陆广莘：这三个病基本上都是病毒性疾病。SARS开始的时候，我们请了广州中医学院的教授到科技部来汇报。但是到了北京呢，SARS作为传染病，被列入《传染病管理法》。《传染病管理法》规定中医没有传染病病房，你不能插手，所以我们给中央写了报告。对于这种病毒性疾病，应该说中医的办法比较多了，我有两句话，一句话叫给予出路的政策，第二句话叫不要关门打狗，这是2003年很多记者来采访我时说的。就是当机体在发烧时，你的治疗办法是帮助给他出路，而不是使劲杀死病毒，因为这样会把脏器都弄坏。中医怎么预防啊？我说这个病不是长驱直入到肺吗？在长驱直入前，上呼吸道的防卫功能正常的话，它不就不至于到了肺部。那么提高上呼吸道防卫功能有什么办法呢？我说很简单啊，坚持冷水洗脸，热水泡脚，然后熏一点醋。我就开个方子，一个萝卜，一个橘子皮，三片生姜，两片葱白，再来点香菜，熬一锅汤，大家全家吃。结果电视里播出去以后，内蒙古的萝卜涨到8块钱一斤。我说好啊，老百姓，让他们赚点钱吧，农民太苦了，没有药，就是食物。我想针对病毒性疾病，中医应该是可以发挥它的优势的。

观众：陆老，您好！很荣幸今天来到这里听到您精彩的讲座。我有一个问题就是您能不能谈谈中医的发展与中国传统文化复兴的关系？谢谢。

陆广莘：中医几千年的生长、发展，就是在中华文化的土壤中间生根发展的。而文化的拉丁文原意就是栽培，就是养育，古英文就是耕耘，对于生命体的培育。它不仅仅是物质科学的东西，它是对生命的一种赞天地之化育。柳宗元有一篇文章，叫作《种树郭橐驼传》，姓郭的这个人驼背，他种树种得特别好，种一棵，茂盛得不得了，原因就是"顺其性"，就是说庄稼是要顺其性的，什么时候培土，什么时候施肥是有规律的，所以时间的概念就特别重要。上午和下午不一样，这个节气跟那个节气不一样，中医的治疗也是这样。所以说中华文化复兴了，中医才有可能会长足发展。但是反过来，如果我们在关于人类如何健康长寿的这样一门医学上得到更多人的接受，那中华文化的复兴也可以带动起来，它们是互相影响的。

观众：非常高兴能听到陆老师的讲座。现在社会人的压力比较大，竞争也比较激烈。现在有一个名词叫亚健康，就是大家的心理压力承受能力不太好。刚才陆老谈到了"身体的稳态"，那么请您谈一下，心平气和或者是心体浮躁在维持身体的稳态之中占了多大的地位？

陆广莘：现在有许多疾病跟心理因素有关，跟心理的压力有关。西方有大量的抑郁症,以至于抑郁焦虑,抑郁自杀,现在小孩都这样啊。这不行啊,心理很脆弱。所以说不要把病和健康仅仅看成是躯体的问题,或者物理化学的问题,心理因素在人的成长中以及在他的健康维持中特别的重要,或者可以说心态决定一切,肿瘤的第一个问题是什么呢?恐惧。肿瘤的诊断结果一出来,病人一看,家属一看,医生一看,好了,吓死了。70年代初,苏珊·桑塔格写了本书,叫《疾病的隐喻》,苏珊·桑塔格最近刚去世,她乳癌三十九年。她就说这个病一来,自己就投降了50%,吓死了;然后放疗、化疗,毒死了;然后什么也吃不下了,饿死了,这个不是必然。所以说不管你得了什么病,包括心脑血管病,心理因素特别重要,现在有心理免疫学,是吧?当你有一个积极的心理状态,你的免疫功能是好的。所以你刚才问我,我的养生之道是什么?养生之道,我觉得心态很重要,用老百姓普通的话——糙话,就是没心没肺。

曾子墨:好,谢谢您把没心没肺这个养生心得和我们今天在座的各位分享。非常感谢。

其实,"中医现代化"是一个提了太久的口号,而中医的传统在哪里,却在有意无意中被人们忘却了,失掉了传统的中医它还是中医吗?让我们感动的是,陆老八十高龄了,仍然在为中医的未来和出路积极寻找良方,我想有了这种精神,中医的复兴就不会没有希望。再一次感谢陆先生,还要感谢现场的各位北京中医药大学和北京大学的老师以及同学们。

原文摘自凤凰卫视著:《世纪大讲堂:文化卷》,辽宁人民出版社,2007年1月版。 鉴赏编写:戴继忠 丁亚明

68. 文化是民族的精神和灵魂
——对话中国当代训诂学家、语言学家许嘉璐
(2006年3月12日)

【格言名句】

要成为一个创新型的民族,首先应该是一个学习型的民族。

——许嘉璐

【文章导读】

许嘉璐,中国当代训诂学家、语言学家。1937年6月生于北京,祖籍江苏淮安,北京师范大学中文系毕业,教授,世界汉语教学学会会长,北京师范大学汉语文化学院院长,北京师范大学珠海分校校监,北京师范大学——香港浸会大学联合国际学院校监。第九届民进中央副主席,第十、十一届民进中央主席;第九、第十届全国人大常委会副委员长。长期从事训诂学、《说文》学、古代文化学、中文信息处理等学科的教学和研究,出版学术专著九部,主持完成《文白对照十三经》、《文白对照诸子集成》、《二十四史全译》"中文信息处理应用基础研究""《二十四史今注》的编辑与出版"等大型文化工程。

文化是民族的精神和灵魂,它集中体现了一个国家和民族的品格。2006年3月12日,许嘉璐做客人民网"强国论坛",以"高度重视社会主义先进文化的作用"为主题与网民在线交流。嘉宾网友不分尊卑,在平等的氛围下进行对话。许嘉璐在与网民交谈中,对先进文化的内涵、学习型民族的建设、教育改革等方面的问题,作了经典性回答。

他认为:所谓先进文化首先适应自己的社会,让这个社会向前进,同时又是让社会的个体和社会整个风气是向上的,是凝聚人的,而不是离散人的。

人民群众在文化上也应该是平等的,平等并不等同于平均,也就是说我们广大的工人、农民,不管他在任何一个山沟里、高山上,都应该享受到文化,这是一个非常艰巨的工程。

现代传媒和人民文化生活、精神生活乃至物质生活关系越来越密切,所以如何充分发挥现有的纸质媒体以及电子媒体的作用,是建设我们先进文化的一个重要手段。

鼓励人积极向上,给人更充实的精神满足的媒体是最有生命力的。没看头的,甚至是低级趣味的,它走过一段路之后,终将会被淘汰。

他指出,要成为一个创新型的民族,首先应该是一个学习型的民族。学习型民族要读书、看报,这样我们的出版事业就会更加发达。

为此,教育需要改革,现在从基础教育一直到高等教育,还有职业教育都在探索改革之路。我想改革的最后目的是让受教育者在同样的时间、同样的条件下接收到更好的教育,接受更好的文化,最后他能成为一个合格的社会成员,而且具有创新的意识、创新的能力。

【对话原文】

主持人:有一位网友说先进文化的内涵到底是什么,我们怎么区分科学知识、素质教育和先进政治人文思想这些概念?还有一个网友问:什么是文化?文化是怎么形成的?文化的先进与否有客观标准吗?

许嘉璐:网友们在文化问题上都动了很多脑子,我想他们一定是跟自己的朋友作了很多的争论、交谈,看了很多的书。网友们提出的这些问题的确是一个需要大家继续研讨、认真分析,甚至于产生一些争论的问题。要想给它准确地界定确实是很难,但是如果混沌一些、笼统一些,在感性上作出一个判断,今天还是可以的。我想什么叫"先进的",是不是需要具备这么一些要素:第一,它是引导人向上的,所谓"向上",既有物质生活上的提高,也有精神上的逐步走向高尚与崇高,能够激励人,为了一个更美好的未来付出自己的全部力量。第二,它需要适合自己的民族与国家,能为广大人民所接受。第三,这种文化是人人都能够享受到的。

因为文化的确非常复杂,粗略地分起来,我把文化分为三层,最表层的就是我们围绕着衣食住行所涉及的一些文化,穿衣服的样式、色彩,烹饪等。从前我们住的是平房,现在住的是楼房了,楼房的家具怎么设计?以前是徒步走、骑自行车或三轮车,现在私家车在发展,公交有轻轨、地铁,这是物质,但是在物质上蕴含着一种人的精神,所以说它是文化。第二个层面,是借助着物质,更多的有意识地体现一种理念、精神、追求等,比如宗教、艺术、制度、法律等。第三个层面,人是觉察不到的,追求什么,以什么作为判断是非的标准,怎么理解人和人的关系,怎么理解人和自然的关系,如何看待人生的和人类的今天与明天的关系,或者说是现实与未来的关系。我称刚才所说的这些叫表层文化,也叫物质文化。第二层是中层文化,或者称为是制度文化、艺术文化。第三层是哲学文化。这样三层文化都有一个共同特点,是让人身体更健康,精神上更崇高,还是相反。这种东西适合不适合社会的个体,适合不适合我们整个民族,都有这个问题。所以所谓先进文化应该首先适应自己的社会,让这个社会前进;同时又是让社会的个体和社会整个的风气向上,它是凝聚人的,而不是离散人的。当然,这些不是科学的界定,科学的界定还需要我们广大的网民和我们的学者一起不断地研讨。

我想研讨得越清晰,越有利于我们文化的建设,文化也是在讨论争辩中不断前进的。

主持人:民进对文化、教育、出版界的问题尤其关注,网友正好提到这个问题。您如何看待目前我国媒体的品位问题?好像现在电视台和报纸根本没有什么看头,您怎么看待在文化建设当中舆论媒体的作用?另外还有一个网友提到了出版体制改革的问题,如何让我们更好地适应社会主义先进文化的建设?

许嘉璐:在今天的社会上,现代传媒和人民文化生活、精神生活乃至物质生活关系越来越密切,所以更充分地发挥现有的纸质媒体以及电子媒体的作用,是建设我们先进文化的一个重要手段。正像今天利用人民网,我和网友能够见面回答问题一样,这在几十年前是难以想象的。但是由于现在我们关于先进文化的概念还不是十分清晰,由于文化建设的重要性现在才开始被提到了和物质文明建设同样高的地位,因此像刚才网友所说的,有些媒体没有看头,我再加一句,有的甚至是低级趣味的,这是难免的。什么是最有生命力的?我认为是鼓励人积极向上、给人更充实精神满足的媒体是最有生命力的。在整个国家的文化建设过程中将要大浪淘沙,那些没有看头的慢慢会失去受众,难以维持,改进或退出。但是就在建设先进文化的长途当中,又会新冒出一些媒体,仍然是没看头的,甚至是低级趣味的,它走过一段路之后,我相信也会被淘汰。中华民族是汉族还有我们的少数民族共同组成的大家庭,我们的人民是具有不沉迷于物质享受的文化根基的,这和我们中华优秀文化给我们血液里留下的基因是有关系的,所以出现这种情况不太奇怪。

第二个问题,关于出版体制改革的问题。现在出版体制改革正在进行,但是还不太理想,在"十一五"期间会加大改革的力度。我想出版事业的任务就是满足人们对于知识、思想,以及对人生的思考这些种种需求的一个行业,它应该与时俱进,出版物就能够更多地受到人民群众的欢迎。以前我们的出版单位都是按照计划经济模式经营,结果是越搞实力越弱,出版事业萎缩。现在就需要把出版的单位分成公益性的和市场性的,推向市场的应该按照市场经济去运作,广泛吸纳民间的资源以及外国的资源,结合起来,把我们的出版事业做大做强。但是这里有个前提,就是中华民族必须成为一个真正走向学习的民族,人人读书,一年中读不止一本书,我们的出版单位才有它的市场,才能够在这个广阔天地里活跃起来。

说起来现在有一点让我着急,就是中国人每人每年平均读书只是西方发达国家甚至是我们临近一些国家的几分之一乃至几十分之一。也就是说作为一个学习型的民族,目前我们还有差距,但是不学习何以创新呢?创新,是要在了解旧有的基础上再出新的点子、新的思路。旧的不知怎么创新呢,那叫胡创新了。所以,要成为一个创新型的民族,首先应该是一个学习型的民族,学习型民族要读书、看报,这样我们的出版事业就会更加发达。我觉得这方面改革与建设的高速阶段开始了。

网友:请问您如何让文化的概念真正成为广大人民群众的文化?

许嘉璐:是啊,这也是多年来我们为之思考、为之努力的事情。我们有十三亿人口,如果到2020年,我们就可能达到十四亿,这么多人在文化上也应该是平等的。我所说的平等并不等同于平均,也就是说我们广大的工人、农民,不管他在任何一个山沟里、高山上,都应该享受到文化,这是一个非常艰巨的工程。不客气地说,每一个动作都需要花钱,即使是网络,也要买光缆、买计算机。这些年来我们也积极建言献策,像中央"村村通"工程,每个村都能收听到广播,能收看到电视,还有文化下乡以及图书怎么面向农村等。但是由于中国的基础薄弱,广大农村设施落后,这是一个长期的过程,需要一步步努力。这次"十一五"规划当中提出建设社会主义新农村,其中也包含了新农村里要有文化设施,要把文化产品送到农民的家门口,甚至送到炕头。

网友:现在的各地博物馆、艺术馆、文艺团体都十分受到冷落,很多文物也都遭到了破坏,您怎么看待市场经济对文化事业的破坏?

许嘉璐:中国长期以来是计划经济,真正实行市场经济从改革开放算起是二十九年,实际上不到二十九年,至今我们市场经济还没有完善。刚才网友所说的这种情况,正是市场经济不够完善的一种反映,为什么这么说?从感性上看,美国和欧洲一些国家的市场经济应该是最完善的,但恰好就是在他们这些国家,博物馆、展览馆、科技馆等,从来是参观的人如过江之鲫,多得很,以至于没有淡季,为什么?因为这些国家一向注意文化的建设,而且当他们基本满足了人们的物质需求之后,人们文化的需求高涨,于是就纷纷走进这些地方去寻找精神的家园。我们现在是过渡期,人生到底追求什么?除了物质还有别的没有?这些问题在社会成员身上并没有得到广泛的解决,同时还有很多人生活还没有富裕。基本温饱解决了,并不等于解决了物质生活的全部,生老病死,孩子上学,这些是更让人揪心、忧心的事情。至于从博物馆、展览馆汲取营养,还不是最迫切的问题,正是因为这样我们国家还要继续建设,稳步、快速地发展,更多地满足人民的物质生活,同时要为人们的文化生活做好相应的准备,满足各式各样的人各式各样的需求,这是一个过程。我相信我们博物馆事业、科技馆事业、展览馆事业等公益文化设施会越来越兴旺,像北京现在人们已经感觉到文化设施欠缺而且过于集中,比如在长安街这一带有很多文化设施,但是房山区、海淀区看戏要走很远的路。所以北京市规划在卫星城都要有成套的文化设施,我想北京如此、上海如此,其他的大城市都会利用自己的优势向周边辐射,同时新农村建设也有类似的文化设施,这样我们城乡可以同步地前进,虽然差距是有的,但是总是在往前走。

网友:有人认为强化青少年思想道德教育是社会主义先进文化建设的重中之重,不知道嘉宾怎么看?

许嘉璐:的确,教育需要改革,现在从基础教育一直到高等教育,还有职业教育都在探索改革之路。我想改革的最后目的是让受教育者在同样的时间、同样的条件下接受到更好的教育、更好的文化,最后成为一个合格的社会成员,具有创新的意识、创新的能力。目前我们的教育体制、机制、课程、教材、教学的方法都还有很多问题,距离这个目标还有差距。但是要知道我们有上百万所的学校,上千万的教师,这个改革恐怕是中国所有改革当中最难的了。而且改革措施的推出一定要慎重,因为这不像是这块地我换粮种,不行了就二亩地歉收。如果改革不好,受影响的是千千万万的孩子,所以涉及人一定要慎重。改革当中我觉得有一点就是网友提到的,一定要加强对狭义文化的重视。因为教育本身也是文化,是广义,我说的是狭义文化。我在国外参观的时候,就发现不管是欧美国家还是日本这样的国家,乃至于台湾地区,除了教给他们数理化、语文、外语之外,还教给他们本地区的、本民族的文化熏陶,比如说做陶艺、唱地方戏、学民间的乐器等。这一点我们太欠缺了,其中很重要一点就是学生、家长、老师、校长、社会、政府都在盯着升学率,为什么?因为我们多数的家庭解决了温饱问题,但是还没有真正做到比较殷实、比较高水平的小康,孩子的出路才是大问题,农村子弟要想跳出"农门",那就要上大学,起码也要上职高,离开农村;城里的孩子要想改变自己的命运,必须上好大学,读研究生,出国留学。

我碰到过这样一个朋友,他跟我说,在一些发达国家同一个班的孩子,既有大公司 CEO 的孩子,也有收垃圾的工人的孩子,他们在一起的时候,没有任何人觉得 CEO 的孩子就比人高一等、收垃圾工人的孩子比人低一等。当老师让小朋友介绍自己家庭的时候,收垃圾的工人的孩子站起来就说我爸爸负责哪一个区的垃圾,他每天很早就起,他工作非常认真,所有街道上的人们都对他的工作感到满意,我为我的爸爸自豪。这不是做作文,给老师看的,他就是这样的,我们距离这样一个时代还远。正因为这样,教育改革是急需的。我们的孩子知识学了不少,解题能力很强,创新能力很弱,我举一个发达国家的例子,一般的小学三年级、四年级,他们做的作文不是今天布置作业明天就要交,而是两个星期后交。三四年级的孩子甚至要到图书馆查资料,比如说四年级小孩就要做这样一个课题,做一个公益广告,什么内容?让人们注意节水节电。图画设计,回家去设计,不是一晚上想完了。他要了解一度电需要消耗多少能源,一吨水可以救活多少人,然后他凝聚成几句话来评比。我想这一类的东西在中国已经开始了,但是并没有普遍开花,还欠缺。我只是从孩子的角度来谈,实际上体制、机制、课程、计划、教材、教学方法、教学设施都有改革的问题。

原文摘自何加正编:《强国路上的对话》,中国传媒大学出版社,2007年3月版。 鉴赏编写:杨远芳

69. 互联网时代的商业模式创新
——与阿里巴巴公司董事局主席兼 CEO 马云对话
（2006年4月4日）

【格言名句】

天生我材必有用,我不相信有一流的人才,我只相信有一流的努力。

——马云

【文章导读】

马云先生,著名企业家,阿里巴巴公司董事局主席兼 CEO。作为最早开

拓中国电子商务应用并坚守互联网领域的企业家,他开办了中国第一个互联网商业网站——中国黄页,提出并践行面向中小企业的 B2B 电子商务模式,开创全球首个企业间网上信用商务平台,发起并策划著名的"西湖论剑"大会;曾荣登《福布斯》封面人物,荣获"未来领袖""商业领袖""CCTV 十大年度经济人物"等称号。

2006 年 4 月 4 日,马云参加了国资委举办的中外名家系列讲座,和观众对话"互联网时代的创新发展"问题。原交流分为主题演讲与答问两个部分。

马云的成长经历的演说对人颇有启发:不懂技术,则是把高深的技术变成最实用的技术,即老百姓最能接受的技术;没有钱,换句话说就是珍惜财富;而没有计划,就是适应变化,不断进取。相较于比尔·盖茨,马云离我们更近。

有观众提问到,他的成功是否跟出生地有关(马云、张朝阳都是浙江人),能否再创立一个这样的商务平台(做些细分)。马云用自己的经历和判断作了了解答:其实我们不需要什么权威或者成功人士提供成功的一般逻辑——即目标加努力,不惟有超世之才,而应有坚忍不拔之毅力。

马云以自身的经历告诫大家:"天生我材必有用,我不相信有一流的人才,我只相信有一流的努力。"至于实现目标的途径,当然是奋斗,不过马云所谓奋斗或者斗争也有了时代的特征。不是唯利是图、钩心斗角,"任何人都要有一个素质,即学习能力"。从马云进入杭州师范学院,抓住机遇转本、学英语、当学生干部,到成功后利用一切机会跟世界顶级 CEO 学习、向对手学习、在团队培养学习之风,足以证明他对学习的理解有着独特的见地。而学成后的应用,永嘉学派"经世致用"的观点也潜移默化在他骨子里,并得到体验。团队里不惟一流人才、海归,而是够用即好。这和苹果已故 CEO 的用人观点或许有些偏差,除却谦虚的成分,马云这里更强调的是团队进取,讲求实用。

马云的成功也得益于他学习的专业——英语。在江浙这片中华文化沃土上,接受到西方的个人进取的创业模式和商业模式,两者结合,才赋予了"阿里巴巴"西方人熟悉的阿拉伯故事以中华商业文化的新意义。阿里巴巴有与众不同的使命感:让天下没有难做的生意。这是继承并发扬了古人修身齐家治国平天下的理想。

【主题演讲】

主持人（北京奥林匹克文化促进会研究中心主任苏彤）：各位来宾，各位朋友：晚上好！我很荣幸受主办方委托来主持今晚的讲座。一百一十年前的今天，也就是1896年4月4日，第一届现代奥运会在希腊雅典举行；再过两年四个月零四天，也就是2008年8月8日——现代奥运会创办第112周年之时，举世瞩目的北京奥运会将拉开帷幕。也许人们很难记起，奥运会的创始人顾拜旦先生复兴奥林匹克运动会的理想曾经被人耻笑为"痴人说梦"。而今晚我们请来的马云先生也同样被人称做是"疯子""狂人"。他师范毕业，说一口流利的英文，梦想创造一个至少有八十年历史的伟大企业，同时还不忘"得天下英才而教之"的那种快乐。他用自己的热情和执著，把阿拉伯天方夜谭式的神话变成了我们触手可及的中国传奇。下面，让我们认真聆听他讲述的中国版"芝麻开门"！

马云：谢谢主持人！我一直觉得自己非常普通，但不知为何一下子被称为IT英雄。当然，也有不少人称我为"疯子""狂人"，其实我并不疯，也不狂。这几年我们只是在"说到做到"方面值得自豪。2001年公司亏损严重，当时我说2002年要赚一块钱，2003年提出一天要有一百万现金收入，2004年提出一天一百万现金利润，2005年又提出一天一百万税收……这些"梦想"居然都"实现"了！

许多人只看到我们的成功，却不知我们也犯了许多错误，甚至奇错无比，尤其在人力资源、市场营销、技术开发等方面，几乎所有想象得到的错误我们都犯过。但无数的错误却换来了一些成功，从中也有不少感悟，如怎样看待团队、看待竞争、看待中国企业的未来以及怎么看待我们自己，即阿里巴巴的商业模式是什么等，在此与各位做个交流。

我喜欢当教师

从小学到高中，我一直都不是好学生，重点小学、重点中学都未考上。但我十一二岁时就跟老外学英文，九年之内几乎每天都在逮老外练口语，所以我的英文成绩比较突出，可考大学光靠英文不行，所以我高考考了三年，最后才被杭州师范学院录取。这说明我不是特别聪明的人，但近几年说我聪明的人多起来了，这使我觉得很难为情，就像有人说我帅一样，我都不太相信。

有人问我今天的管理能力从哪里来。我从小连班长、小队长之类都没沾过边,但1985年我从澳大利亚度假回来后,突然被学校选为学生会主席,后来又当了杭州学联会主席,这给了我许多锻炼。大学三年里,我的英文读得比较轻松,所以大部分时间我都投入学生会工作。大学毕业后,出于对校长的承诺,我留校教了六年半的书。

以往,杭州师范学院的毕业生都是分配到中学教书的,我是个例外,分配在大学教书。校长对我说,你五年内不准跳槽,否则就意味着你的师弟师妹永远不可能分配到大学里教书了。我说,好!五年之内我一定坚守岗位。

五年的承诺是痛苦的承诺,就像今天我与我的同事们做出的有关承诺一样。1988年大学毕业,那时的工资是89元人民币,后来深圳搞改革开放,有人给我月薪1 300元做翻译,我很向往,但一想到承诺,便放弃了;接着海南搞改革开放,有人开出3 600元的价码,我咬咬牙,还是没去。到了1995年,我觉得该出来了,因为五年承诺已期满,但奇怪的是,我又不想离开学校了,我觉得当老师挺好,能与许多年轻人沟通,在教学过程中可结识许多朋友。

我不是研究生毕业,只是一个普通师范学院的毕业生,我希望自己先出去干十年再回校教书,到那时能比所有的教授、讲师都有资格,因为我教学生的"内容"都是真家伙,是切身感受。这是我当时的梦想。说心里话,当时,确实没太想过赚钱,因为若想赚钱,就应该把钱看轻,当一个人满脑子是钱的话,那么这只眼睛是美元,那只眼睛是人民币,言谈全是港币欧元,恐怕也就没人愿意与你做生意了。许多人为了挣钱而创业,而我创业的目的是为了将来再当个好老师。我当时的承诺是1995年离开大学,2005年再回校教书,目前看来难以实现,但我并未放弃回校教书的想法,以至于现在无论多忙,只要有机会站到讲台上把自己的思想、心得与别人沟通,其乐无穷。

阿里巴巴得以生存的三个"法宝"

2000年,我到哈佛MBA班做过一个讲座,主要讲了阿里巴巴能够生存发展的三个重要法宝:第一,我不懂技术;第二,我没有钱;第三,我们不做计划。

第一,我不懂技术。对此,哈佛的学生难以置信。其实,迄今我还是不懂电脑。在电脑上,我永远打不开DVD文件。用电脑时我也只会做两件事:一是收发邮件,但邮箱一旦设置后,就搞不清楚。二是浏览网页,浏览新浪网、阿里巴巴等。中国十三亿人口,懂电脑的人顶多也就二三百万,技术理应为更多不懂电脑的人服务。

因为不懂技术,我就要求技术人员做出的所有程序首先必须让我看懂,并且无须看厚厚的说明书与冗长的性能介绍等。由于不懂技术,我从未与工程师吵过架。有人诧异我为何如此想问题,我告诉他们,80%的人与我一样想问题。只有像我这样的人都会用,这个产品就一定能够活下来。

我终于感觉到,因为不懂电脑,让我活了下来;因为不懂电脑,让我们这个公司发展得特别快。外行是可以领导内行的,关键是要尊重内行。

第二,我没有钱。1995年我借了两万元钱,三个人开始创业,租办公室花掉了一万元。许多公司倒霉是因为有太多的钱,而不是因为没有钱。由于1999年、2000年融了许多资,我们也犯了许多错误。今天,阿里巴巴有几十亿的现金储备,每个月的营业额很高,但我们还是非常小心地花每一分钱。为此,便养成了一个习惯,我们为"小气"而感到骄傲。

第三,我们不做计划。创业初始,适应变化是最好的计划。从1999年创办迄今,我们没有写过一份Business Plan(商业计划书),先后融资四次,加上收购雅虎,都没有Business Plan。早在1995年,我曾写过一份商业计划书,但风险投资商问了我N个问题,我不知道该如何回答,结果被拒绝了。我总结了一个经验,创业初期,尤其是互联网产业,商业计划写得越厚,成功率越低,因为当计划写得很"厚"时,已不可能按此去做了。我们没有写计划书,但始终按照自己的梦想和理想去做。一路走过来,脚步并不发飘,而是深深地扎在了土地上。因为我感觉创业本身就应是一个梦想。

1995年,我第一次去美国。在西雅图一个朋友家里,有位老外对我说:马云,这是Internet,你可以用它收到你想收的东西。我说我从未碰过电脑,怕碰坏了,这是很昂贵的东西。他说这不是炸弹,你大胆用吧!当时,互联网在美国还很少,杂志上也见得不多,用的浏览器还是Mosaic。我随即在电脑里敲进"beer(啤酒)",搜索到了许多德国和日本啤酒的信息,就是没有中国的。我又打入"China",最后发现"No data(没有数据)"。1995年整个互联网没有一条关于中国的信息,我很好奇,请求他给我做个网页试试。那天,我们做了一个很简单的网站,叫"杭州海博翻译社",上午九点半挂上去,12点钟就收到了五个E-mail,其中三个来自美国、一个来自德国,还有一个来自其他国家。我想,如果能把中国的企业信息放到互联网上去,有关的出口不就有可能解决了吗?就这么一个单纯的想法,使我很快动身返回国内。

一回到杭州,我便邀请二十四个朋友到家开会,当众宣布我准备做Internet。当时,我也未说清到底想干吗,大家讨论了一晚上,投票表决,二十三人反对,一人支持。我想了一晚上,第二天早上还是决定要创业。

许多中国人创业,是"晚上想想千条路,早上起来走原路"。晚上想干这干那,但第二天一早又骑自行车上班了,那是永远没出息的。我感谢自己当时做了这个决定,因为我见过互联网,而大部分人没见过,我要证明给他们看网络是怎么回事。我们注册的第一家公司是中国黄页,四个月后发现瀛海威也在北京成立了。

几个月后,时逢中国电信合资,我又到了外经贸部,在 EDI 中心工作了十四个月,但我发现我对电子商务未来发展的认识与上级领导不一致。他们认为电子商务应以 EDI 为中心,即老的那套 Electronic Data Inter-change(电子数据交换),而我认为互联网将会改变电子商务的整个局面;他们认为应该把企业客户牢牢控制起来,而我认为未来的商业发展必须去帮助客户成功,让客户赚钱,客户才会跟你走。你越控制,企业就越不服从,所以必须帮助企业创造价值;他们认为应该帮助大型国有企业建设电子商务,而我认为更要帮助中小企业成长,因为中小企业是真正需要帮助的。我不能说领导是错的,但要证明自己是对的,只能出来单独创业。因此,尽管这十四个月我们在北京做得非常出色,达到了 286 万元的收入水平,但最终还是决定放弃。任何人做事想成功,一定要永不放弃,但同时也要学会放弃。不是在失败的时候放弃,而是在你很成功之时也要学会放弃,迅速放弃是为了再创新。

我对同事们讲,按照这样的思维,电子商务在中国可能不会有太大的希望。事实上,国家是很难做电子商务的,政府应该去做政府应该做的事情,如制定规则、普及教育等,一旦自己做企业,就定会出麻烦。所以,我决定回去创业,若大家愿意跟我回家,一个月最多也只能给五百元人民币,且住房必须离我家只有五分钟的步行路程。大家商量了三分钟后跟我说:"Jack,我们一起回家。"我们都认为自己是对的。

离开北京前,我带他们去长城。在长城上,我们发誓,一定要做一个中国人创办的世界最好的公司。在城墙上,我看见很多砖头上写着张三李四"到此一游",突然意识到这不就是中国最早的 BBS 吗!如果我们每天把买卖商机,以 BBS 的形式挂到网上,并且全部重新用人工编辑、检测、分类,就可以让所有买和卖的人都能用搜索引擎找到可信的东西。

至今我们记忆犹新。1999 年 2 月 21 日,我在杭州家里,慷慨激昂地讲了两个多小时,下面有十八个人听。我看见他们眼神迷茫,而我却讲得狂妄。我说五年、十年以后,中国互联网一定会改变。我们要做这样一个公司,瞄准中小企业,帮助他们出口。谁愿意干,就把自己的零花钱放在桌子上。于是,十八个人凑了五十万元人民币,我说希望能够活十个月,若十个月后失败,我就把这套公寓卖掉,再支撑几个月,实在不行就散伙。我不允许任何人向父母和朋友借钱,年轻人创业愿赌服输,但不要把父母的退休工资花了。

就这样,拿着五十万元人民币叮叮当当就开始创业了,从第一天起我们就立志做中国人创办的全世界最好的公司。我坚信互联网必将影响世界,而且互联网一定是全球性的,很少有可能是局部的。既然要做全球性的公司,必须取全球化的名字。一天,我在美国旧金山吃早饭,突然想到"阿里巴巴"这个名字,便没头没脑地问了一位女招待员:"你知道阿里巴巴吗?"她说知道,我又追问你知道什么,她说阿里巴巴芝麻开门。随后,我在街上又随意问了约五六十人,基本上都知道阿里巴巴,要么是芝麻开门,要么是四十大盗,我预感这个名字会在全世界叫响,而且容易拼写,又是 A 开头,所以就决定以此为公司命名。我们还注册了阿里妈妈、阿里孩子、阿里父亲等,担心有人把阿里妈妈"嫁"给我们。

公司成立后,尽管那五十万元用得非常小心而节俭,但熬过七八个月后,还是没钱了,真的没钱了。这时 VC(风险投资商)来找我们,而我却对他们说"NO"。

这里,有两个策略:第一,世界上有钱人很多,但可以同甘共苦的人却很少。因此,找风险投资,必须搞清楚我们究竟想要什么。以往多次不愉快的合作,使我越来越感到寻找合作伙伴必须是能同舟共济的。什么叫风险投资?就是要与我共同承担风险的投资。我们拒绝了许多 VC,目的是想找到吻合我们共同发展理念和思路的 VC。第二,当你的做法与很多人相异时,反而会产生更多的吸引力。那时,我拒绝了四十多家风险投资,其目的是为了更快地找到可靠的钱。我问有的 VC,三个月内做了些什么,他们回答说投资了六十家公司。这样的风险投资能是好的风险投资吗?他们不可能真正帮助我们!

现在想来,阿里巴巴活下来的重要原因就是 Focus(专注)。许多年轻人在创业过程中,发展项目繁多,层出不穷,以至于没有精力精细化。我经常与同事讲,如果一个母亲有四个孩子,一个念小学、两个在托儿所,还有一个在摇篮里,而母亲又怀孕了,这个母亲怎能带好所有的孩子?做企业要学会对"机会"说 NO,跟 VC 也要说 NO,与其将来闹得你死我活,不如现在说 NO。说了许多 NO 之后,我们终于找到了第一个投资者高盛(Goldman Sachs),然后又找了另外五家 VC,每一家都投点钱,总共投了五百万美元。很遗憾,我们拿到钱后就开始犯错误。那时,几乎所有人都劝我赶紧花钱,因为不花就是愚蠢,于是我急于做 Market(市场),花重金请优秀的人,如世界 500 强的副总裁等。今天,我告诉大家,若花钱请人一定要小心,如果你们公司只是拖拉机时代就千万别买波音 747 引擎回来。否则,只会把自己搞死。

幸运的是,阿里巴巴的许多臭棋后来竟变成了好棋,就像有人说,打出一个高尔夫臭球,就不要去想,赶紧打下一个球;否则,越想越臭。当我们拿进五百万美元的三个月之后,有人给我介绍了孙正义。我当时心里很坦荡,由于刚拿到钱,没想过再借更多的钱,眼神里也不会放出钱的欲望,所以只顾述说自己的梦想。六分钟后,孙对我讲,我给你四千万美元。我说,NO,我一辈子最多只管过五十万元人民币,刚刚拿到五百万美元已让我很不安了,以后若请到好的 CFO,再与你谈。一星期后,软银中国风险投资公司总裁薛村禾打电话给我说,马云,你一定要到东京来,孙正义要与你再谈。我跑到日本,他在办公室为我展示软银帮助许多公司成功的案例,如帮助杨致远成功等。我感觉他确实与众不同,很聪明,他知道我的内心世界。但我们的 CFO(他加盟阿里巴巴也是一个传奇,他原先拿一百多万元年薪,到我公司却只拿月薪五百元人民币)坐在一旁说:"NO,我们不要你的投资。"孙正义说,他一定要投三千万美元。回到杭州,我给孙写了一封感谢信,同时明确提出只要二千万美元,因为我的管理能力最多二千万美元。他简短地回答了我:"Goahead,Jack.(往前走)"没想到,这二千万美元真的救了阿里巴巴。三四个月后,互联网进入冬季,融资几乎不可能,而那五百万已经花得差不多了。阿里巴巴在整个发展过程中,许多时候濒临绝境,但都能起死回生,这不是我聪明,而是稀里糊涂将臭棋变成了好棋。

在杭州做三件大事

阿里巴巴聘用的 COO 曾在 GE 公司干过十几年,对 GE 的价值体系非常熟悉。我与他经常交谈,启发良多。当我们回到杭州沉下心来后,主要做了三件大事:第一,成立"抗日军政大学"——阿里巴巴干部管理培训学院;

第二,开展了"延安整风运动"——价值观教育;第三,开始了"南泥湾开荒"——扎扎实实做了一年的基础工作。

如果不办"抗日军政大学",不进行管理培训,我们永远不可能变成一个强大的公司。所以,从2000年冬天至2004年,阿里巴巴在市场上的广告投入为零,我们所有的钱都投在员工、管理者的培训上,并建立了阿里巴巴员工招聘体系。员工进来,无论是谁,都必须进行二十天至一个月的全脱产培训,不是培训技能,而是培训价值观,搞清楚、说明白我们想做什么,到哪里去,应当倡导什么样的团队文化等。迄今为止,从未听说阿里巴巴的员工一群一群走掉。因为当时踏踏实实地做了三年培训,每天晚上开夜校,请人讲,相互讲,帮助员工成长,非常有效。

搞"延安整风运动"旨在解决"红旗到底能扛多久"的问题。当时,公司许多人提出我们做八个月就上市、套现、跑掉;有的则说最好十八个月就上市跑掉。我说,这个公司要做八十年。如果有人觉得只做八个月、十八个月,那就请走开。为什么提八十年?因为人的生命可能是八十年。后来,在阿里巴巴创办五周年的大会上,我们又提出一百零二年的企业生命,1999年诞生,20世纪活了一年,本世纪再活一百年,下世纪再活一年,那就横跨三个世纪了。我认为,目标明确,员工则认为企业的严肃性,从而使人专注。近几年,我们的每个目标都较为明确,从一元钱到一百万元,必须分配到每个员工身上。

四年前,我在MIT(麻省理工学院)演讲,当讲到如何经营管理公司时,我说阿里巴巴的成功是靠价值观和使命感管理。一个在中国很有名的外企老板说我是疯子,中国企业怎么能讲价值观?对中国企业来说赚钱是最重要的。会后,我便邀请这位外企老板到我们公司住了三天,他说,我本来以为就你是疯子,现在发现你们公司还有一百多个像你这样的疯子。疯人院里的人不相信自己是疯子,却认为外面的人都是疯子。我们公司以团队精神、创业、激情、客户第一为价值观,考核的纵坐标是业绩,横坐标就是价值观。如果销售人员业绩做得好,但不顾及团队精神,我们称之为"野狗",格杀勿论;如果人际关系很好,但业绩上不来,我们称之为"小白兔",也要除去。这套考核体系直接落实到每个月的奖金、工资,50%是业绩,50%是价值观。这在中国独此一家,使得我们始终信心百倍。

企业的价值观如何体现?我认为是在危急关头或灾难爆发时由员工的

"抗体"来体现。一些公司碰上危机或灾难，则开始你埋怨我，我埋怨你，但是在优秀的价值观和使命感的驱动下，大家相互之间不会埋怨，齐心协力、想方设法将问题解决好。我认为阿里巴巴最骄傲、最值钱的东西就是价值观。管理我们这样的公司很累，因为每个人都认为自己很优秀，所以我给公司的定位是：Google 是精英人才，阿里巴巴只要求普通人才，越普通越好，我相信平凡的人能做非凡的事情。如果你是精英人才，请你去精英公司，我不太相信人精，要么是人，要么是精，人精是妖怪。公司就是平凡的人组合在一起，以平凡的心态去坚持不懈地做，做出一个好公司来。我们提出了一个目标：世界上的人只要做生意，就一定要让他用阿里巴巴的产品，我们要花 102 年的时间实现这个理想。近期的目标是要尽快将阿里巴巴变成世界十大网站之一。

让天下没有难做的生意

"让天下没有难做的生意"，是阿里巴巴与众不同的使命感。一个优秀的企业一定要有使命感。一百多年前，爱迪生发明电灯时，提出 GE 的使命是"让天下亮起来"。从老板到员工，谁都明白 GE 的灯不做暗的，只做亮的。迪斯尼的使命是让全世界开心起来，迪斯尼所有的片子、娱乐产品都是让人们开心，不会拍悲剧。阿里巴巴却恪守"让天下没有难做的生意"。这几年来，我们所有的产品无论是否赢利，都信守为客户服务的宗旨，只要客户网上做生意简单、方便就行。阿里巴巴搞免费服务，但程序却越来越复杂。讨论会上，有员工指出我们的使命是什么？大家说："让天下没有难做的生意。"他又问：那我们干吗要弄得那么复杂？一句话唤醒了我们。这些使命感、价值观和共同目标驱动着整个公司，以至于保安人员、清洁工都能说出阿里巴巴的目标与使命感。

在阿里巴巴的管理过程中，许多人在选管理人员时会选三种人：一是亲戚朋友，二是专家，三是劳模。亲戚朋友不是不可以选，但要培训他；专家当干部，不培训则会很麻烦，一上手当干部，他总觉得教别人还不如自己干；劳模一天工作十二个小时，当干部后一天便工作十四个小时，搞得员工上十个小时班还不好意思离开，团队气氛不融洽。由此，我认为培训是落实使命感很重要的一个环节。所有的干部必须培训，而且都必须有后继人。我要求每个干部在一年以内有三个后继人，每个副总裁必须告诉我谁是他的后继人，如何培养后继人。如果出问题，如交通事故、生孩子、生病或者开除，后继人便可接替，这就意味着为公司的使命感负责，为公司的目标负责。谁都有可能出现意外，但公司必须保持连续性与稳定性。

同时，使命感要求我们必须能够预测未来。阿里巴巴并非上市公司，因为我们清楚，即便上市，也不过是几十家互联网上市公司之一，而多一个互联网上市公司不是中国的急需，出现更多的GE、IBM、微软这样的公司才是中国真正的需要。我们的员工平均年龄二十五岁，若上市或许还会失去方向，我不确定上市后一定会比新浪、网易、TOM强。关键在于我们是否有能力预测每个月的营业额，预测未来六个月、八个月、十个月的营业额？预测误差能否控制在5%以内？能否像GE、IBM、微软那样持续发展？我是处女座，完美主义者，从创业第一天起，就立志让阿里巴巴成为中国人创办的全世界最好的公司。如果我仅仅想做家族企业、中国首富，或许我的做法完全不同，我会竭力去控制这家公司。但想做一家大公司，就需要与许多人分享财富。

唐僧团队的形成是我们的希望。我不喜欢精英团队，不喜欢刘、关、张团队。唐僧这样的领导到处都有，因为他清楚自己想干什么，别看他不像我那样慷慨激昂，但他是个好领导，他知道目标就是取经；孙悟空这样的人能力很强，但缺点也很多，一个优秀的领导就要给他"扣上"紧箍咒，并让他配合好团队；每个单位都有猪八戒这样的人，虽好吃，但价值观清晰，危难时会挺身救师傅；类似沙和尚的人更多，八小时上班，不误使命，却只管自己挑担干活。这四个人集成，经过九九八十一磨难取得真经。其实，任何公司都需要这四种不同类型的人。我们公司欢迎各种各样的人，让他们相互欣赏，不断成长。

我始终认为阿里巴巴还未形成模式，中国电子商务还有漫长的路要走。我们的诚信体系、支付体系还未建设好，企业文化还未建设好。到2009年，我希望阿里巴巴能形成较好的电子商务模式。目前，我们有收入模式，但干得很累，真正的电子商务不应该干得这么累，真正的电子商务应该有许多情趣和味道。

我一贯认为，降价者必死，只靠打价格仗很难说是一条生路。事实上，任何一个企业宣布降价时，客户对你的信心就会下降。企业家要用自己的智慧治理企业，如果光靠钱做企业就不需要企业家了，如同打架光凭力气则不需要武术。心中无敌，便无敌于天下。把别人当作对手时，你已经输了一招。许多企业一出手，力图"杀掉"一切对手，孰不知对手是杀不完的，至多让自己变成职业杀手,却成不了高手。真正的高手是要培养对手,尊重对手,并向对手学习。我越来越体会到竞争的乐趣,Business is a game,商业是一种 fun game(有趣的游戏),不是痛苦也不是你死我活。我这两年与 eBay、淘宝竞争,就有不少乐趣,也从中领悟到什么是伟大的公司。在竞争过程中,要学会向优秀公司学习,尤其是 eBay 这样的公司,很厉害,几乎所有的管理人员都可以在外面聘请,而我们做不到。一些人骄傲地说"公司离不开我",我说"你被公司绑架了"。我希望领导者敢于承担责任,在危急关头说:"Yes! I can do it.(是的,我可以干)"我请了许多职业经理人,但发现他们只是参谋,我说"参谋不当长,放屁都不响"。他们说这套 PPT 有二十五套解决方案,而参谋长会告诉你二十五套方案只有三套可用,师长会告诉你三套方案中只能选一套,还有两套,我给你扛着,你就往前冲。我们要的是领导者。

我经常笑话校园里的教授们。每次他们给我写案例时总认为自己很在理,哈佛为我们做了两次案例,第一次到我们公司调查了一个星期,案例完成后送给我看,我说我们公司不是这样的。哈佛写案例时总将我们与另外一家公司比较,结论是阿里巴巴肯定要"死",但遗憾的是和我们比较的那家公司死掉了,而我们却活着。所以,我不太相信案例分析。

【对话原文】

主持人:感谢马云先生的精彩演讲!下面请两位专家点评,一位是柴跃廷先生,另一位是吕本富先生。

柴跃廷(国家 CIMS 工程技术研究中心副总工程师):我感到阿里巴巴之所以成功,是因为两个方面的原因:一是起了一个好名字,几乎所有地球人都知道"阿里巴巴";二是用对了工具,即互联网。

我非常赞成马云讲的三个要点:第一,不懂技术,则是把高深的技术变成最实用的技术,即老百姓最能接受的技术;第二,没有钱,翻译过来就是珍惜财富;第三,没有计划,适应变化。

马云说,阿里巴巴还未形成自己固定的电子商务模式。这其实不是说没有电子商务模式,而是这个电子商务模式只是初步的或者初级的。互联网公司的产品与一般产品在本质上不同,其产品就是服务。阿里巴巴目前的成功仅仅是第一步,再往下走,确确实实关键在于创新,而创新的电子商务模式恰好是互联网公司生存与发展的根本。我相信再过十年、二十年,会有更多的阿里巴巴问世,基于互联网的新的电子商务模式也会不断涌现。

应当看到,互联网上的服务产品和实物产品有根本性的区别,前者是一种新的生产关系的体现,因为互联网和信息技术创造了新的生产力。为什么今天一些互联网公司奋斗得如此艰难?因为要冲破旧的生产关系。从这个角度去看互联网的服务产品,并创新电子商务模式,我认为意义重大。

吕本富(中国科学院研究生院管理学院副院长):听了马云先生的演讲,我有三点感想。

第一,人们一般都认知企业的目的是追求赢利,马云先生关于阿里巴巴成长的感悟让我感到,企业追求的应该是整个组织肌体的健康,赢利只是它的副产品。

第二,作为一个世界级的电子商务公司,阿里巴巴的成功不是偶然的。2001年加入WTO后,中国中小企业的外贸加速发展。日本并未出现阿里巴巴,因为日本的商社很厉害,其供应链已经固化,而中国的中小企业要走出国门,以前没有较为合适的通道,恰恰在这个时候阿里巴巴出现了,所以阿里巴巴的成功与中国经济的发展走向是吻合的。

第三,人们分析企业的客户,有一个二八定律,即20%的客户带来80%的利润。几乎所有大企业,包括银行、电信等,关注的全是20%的客户,而另外80%基本上是顺其自然或者干脆放弃,因为服务成本太高,而这恰恰是互联网的机会,互联网需要把80%的中小企业作为"长尾",尾巴越长,企业越成功。这就是"长尾"理论。如Google最大的客户只占总收入的0.1%还不到,大量的是中小客户,是一个聚沙成塔的过程。互联网可以解决由于市场分散造成的交易成本过高的问题。西部有一家企业,专做零下80℃以下的冰柜,供医院、公安局、实验室用,有的用来放尸体。一开始,老板雇了三十个营销员在全国跑,没有卖掉一台,后来就找互联网,买下了三十个关键词,老板干脆把业务员全部辞掉,自己身上别了三个手机,随时接听电话,销售额竟然达到好几千万元。后来他又买了"诚信通",每次把交易结果挂到"诚信通"上,最后也不验货了,完全变成了虚拟化的交易。

衷心祝愿阿里巴巴能实现马云先生的梦想,成为一家能活过一百零二年的世界级的中国公司!

主持人:下面请大家向马云先生提问,进行互动交流。

问：你说阿里巴巴要做一个世界级的企业，那么一个好企业的标准是什么？能否说得具体些？

答：做生意有三个层次：第一是生意人，第二是商人，第三是企业家。生意人是一切以钱为本，只要赚钱就干，中国绝大部分的企业都在这个层面上；商人是有所为有所不为；而企业家必须创造社会财富，把赚钱作为结果，而不是目标。一个优秀的企业，首先必须为社会承担责任。一个不为股东承担责任的企业，我觉得不能成为企业。在我看来，如果连钱都不会挣，根本称不上企业家，还要从生意人做起。赚钱是最起码的，但要做一个长久发展、对社会有影响的企业则很难。我从来没有给我的同事订过营业指标，订的都是很奇特的指标，比如到2009年阿里巴巴十周年时，我希望看到淘宝网为中国创造一百万个就业机会，因为中国未来的发展必须解决就业这个大问题。如果高科技的发展把就业机会"灭"了，那么高科技就一定是走不远的。又如，我要为中国一千万家中小企业创造一个生存发展的平台。再如，我要为阿里巴巴的代理以及合作伙伴创造一百亿收入，让大家共同分享发展的利益。

问：您是我们的偶像之一，我想请教两个问题：第一，您对即将或者正在创业的朋友有何建议或忠告？第二，您认为一个员工除了专业知识之外，还需具备哪些素质和能力？

答：第一，我希望不要把我当作偶像。阿里巴巴如果活不过一百零二岁，那就是失败的。要慎言成功。每次当我有成功的感觉时，公司都会走下坡路或者犯错误，所以不敢轻易说成功。

第二，如果要给创业的年轻人提建议或忠告，那么，我想说：请记住自己最初的目标，永远要为了梦想而奋斗。如果马云能成功，80%的中国青年都能成功。没有高学历、没有资金、没有靠山，一切都从零开始，如果我可以，你为什么不可以？

除了专业知识，任何人都要有一个素质，即学习能力。不要怕摔倒，要坚信自己是永远打不倒的。跟泰森打架，只要他不打死我，今天不行明天来，明天不行后天来，持之以恒，而且学会用脑子"打"，一个人"打"不过，叫二十个人与他"打"。我那时跟eBay"打架"，他们翻我不奇怪，但他若被我打翻了，则就变样了。在这个世界上，若有一百人创业，通常九十五人会失败，这里有许多因素与运气。我是幸运的人，生活在这个时代，有许多优秀的朋友帮助。我不懂技术，但请到了最优秀的技术人员，否则不可能有今天这么一个优秀的平台。若缺乏优秀的团队，缺乏那么多优秀的同事日夜奋斗，我马云很可能变成只会说不会干的骗子、狂人。团队精神至关重要，我来说，他们干，只是有时感到，说也是一件很难的事情。

问：很荣幸听到马云先生的演讲。我想请您描述一下，三年后阿里巴巴是个什么样子？

答：三年后，阿里巴巴将会创造一百万个就业机会，有一千万家企业将在上面生存，由此成为中国互联网公司在全球的骄傲。

许多人想知道阿里巴巴的模式。在这里，我只想说，一百零二岁的阿里巴巴不会永远只做电子商务，但是电子商务至少还有十五至二十年的时间。电子商务一定会让全世界绝大多数企业的活动在网络上进行，这是不能改变的事实，所以一定要走下去。

问：为了更好地听您演讲，我事先买了一本《天下没有难做的生意》。我非常关心的问题是：您想过后马云时代吗？换句话说，您怎样进行企业领导人培训？

答：阿里巴巴要走一百零二年，但我不可能走一百零二年。所以，我给自己承诺几年内要离开阿里巴巴 CEO 的位置。有一个老外问我，为什么中国企业基本都在二十亿、三十亿美元上滑动，总上不去？我也专门思考过这个问题，看来培养后继者是个重要环节。离开马云不行的公司一定不行。我可以允许下一个 CEO 做任何事情，但不允许他改变我们的使命。在阿里巴巴，我至少看到有三四位在一两年内可接替我的后继者，尽管风格不同，但他们也都是些永不放弃的"疯子"或被外人称为"狂人"的人。

问：门户网站的几个掌门人如张朝阳等都是浙江人。您之所以成功，是不是也因为来自浙江？

答：张朝阳、李彦宏、汪延的技术背景比较好，不仅仅来自浙江，而是来自中国现在的好机会，来自自己的梦想。这两年我可能比中国绝大部分 CEO 出国参加论坛、走访高手的机会要多一些。我一般不敢讲大目标，因为四年前曾受到一次较大的震撼，那时营业额刚过一亿，感觉特别好。日本一位企业家请我吃饭，说他今年的生意不太好。我问他怎么不好，做了多少？他说：哎呀，只做了二百亿。我说二百亿什么，他说是美元。此后，我就不提营业额这回事。人与人之间不怕有差距，就怕不知道有差距。见过高手才知道自己的距离。也许创业我有些经验，但与高手相比，离成功还很遥远。

问：假如我现在成立一个电子商务公司，您建议我们应该如何做？未来阿里巴巴是否也会面临各个专业细分的商务公司的挑战？

答：我同意柴教授的话，电子商务还有很长的路要走。B2B 刚刚开始，很多方面我们根本没有做好，如化工、钢材、纺织等，还有很多机会。如果谁要做与阿里巴巴同样的企业，那他肯定没有机会，因为一模一样的企业注定要死。但如果辅助阿里巴巴，甚至超越阿里巴巴做另外一个领域，我认为可以做得非常成功。

阿里巴巴所有新产品都是免费三年。七年以来，我们的客户定位从未改变过。第一定位是有钱人，第二是想赚钱的人。如果你要帮助那些想赚钱的人，唯一办法就是帮他赚钱。海外所有 B2B 模式都是帮企业省钱，但这些 B2B 为何没有成功？原因是他们只想为大企业省钱，而在中国则是帮助中小企业将产品卖出去，可以说若现在阿里巴巴"关"了，中国至少有三十万家中小型企业会关闭。很多下岗工人再就业，就是在阿里巴巴找到了商业机会，如果我们对每个商机不认真检测，就害了他们。创新无止境，昨天有 Google，今天有百度，明天还有更好的，只要你有梦想。梦想可以很大，但干活一定要细，从基础做起。淘宝网一开始根本没想做大，而是为了防止 eBay 的攻击，后来搞大了，干脆把 eBay 收购了。电子商务的机会太多了，如 C2C、B2B 里也是机会无穷。

问：我曾经看见一篇文章，说互联网总有一天会崩溃，而阿里巴巴把生存目标定位在一百零二年，假如有一天互联网真的崩溃了，阿里巴巴怎么办？

答：我们的使命是"让天下没有难做的生意"，但我没有说"互联网让天下没有难做的生意"。明天如果我发现另有其他领域和行业更能帮助我的客户成功，我就一定会毫不犹豫地扔掉互联网。阿里巴巴是"Easy love, but never marry（相爱容易，相处太难）"，我们永远坚信最大的客户就是市场，就是企业。今天互联网很好，明天又会出现更好的商机，干吗不用呢？阿里巴巴要做一百零二年，电子商务可以做二十年，也许五十年以后阿里巴巴去做人造卫星了。但我坚信，在我有生之年，我必须踏踏实实跑好第一棒，并且一棒一棒往下跑。只要聪明到拥有学习能力，我相信阿里巴巴会越来越好。

问：您去年收购了雅虎，裁掉雅虎许多员工。下一次并购会不会这样做？因为你还有一个学院。

答：我必须澄清一下，我没有裁过一个人。到雅虎的第一天，我对所有员工讲,给阿里巴巴一个机会,给马云一次机会,留下来待一年再说。

阿里巴巴为什么收购雅虎?除了技术要求外,我想让这个公司经历一个痛苦。阿里巴巴不收购雅虎,自己也能建搜索引擎,但什么都靠自己做,则没有出息。全世界伟大的公司,都是通过合并、兼并等壮大起来的。如果阿里巴巴的文化中没有兼并、收购的经验,就永远是一个小公司,成不了一家伟大的公司。收购要靠价值观、使命感,要靠文化,靠整个体系和组织保障,所以,这是一个学习的过程。整个阿里巴巴团队都清楚,收购雅虎是很艰难的,因为它有六百多名员工,但不这么做,就永远不会成功。对我最大的挑战,则是能否将雅虎改造成为中国互联网中最有竞争力的公司。我不会裁员,除非他们自己愿意走。我坚信,我们还有九十五年的路要走,今年不行,明年再来,总有机会把它搞成最好的。

创业给我的经验是,不要在乎这辈子得到什么,而要在乎经历了什么。我不会因为我做过什么而后悔,包括所犯的错误与失败。世界是由平凡人组成的,只要大家共同努力,这个世界就会更美好。谢谢大家!

主持人:迄今,"中外名家系列讲座"已112期了,奥运会也将在它112周年的时候来到中国。我相信,历史会记住有这样一群人,今晚和马云先生一起分享了他关于创业梦想的故事。

谢谢大家!

原文摘自王忠明编:《中外名家系列讲座集萃》,中国青年出版社,2006年2月版。　鉴赏编写:丁亚明　徐　波

70. 中西方文化和思维的差异
——外交家卢秋田做客《中欧大讲坛》的对话
(2006年6月8日)

【格言名句】

除了外交之外,我反对三种话:套话、空话、官话。我喜欢另外三种话:实话、真话、短话。

——卢秋田

【文章导读】

卢秋田,"出生在绍兴、成长在上海、求学在北京、工作在欧洲"。1961年毕业于北京外交学院。曾先后出任中国驻卢森堡、罗马尼亚和德国大使,担任外交工作四十二年。现为中国人民外交学会名誉会长。

卢秋田不同于其他的外交官,他喜欢讲实话、真话、短话,反对讲套话、空话和官话。据说他做报告从来不带稿子,全凭现场发挥,思维活跃敏捷,应变能力非常强。有很多人做完报告就会匆匆离场,生怕底下人提问,可卢秋田每次给学生做完报告之后都会留出足够的时间来和他们进行互动和交流,没有任何限制,卢秋田曾经说过:"我特别喜欢挑战,越尖锐的问题我越觉得有意思。"所以听他报告的学生们都很喜欢他,或许就是欣赏他这种比较坦诚和开放的方式,也是西方的方式。

几十年的外交生涯,带给他无数的体会。成长在中国,工作在国外,在这几十年的外交生涯中让卢秋田感受最深的是因东西文化不同而产生的种种差异。在他看来,东西方要实现跨文化的对话和完全沟通,首先必须彼此要相互尊重对方的文化差异,这种文化差异是由每个国家自己的民族传统和民族特点形成的,双方要在尊重差异的基础上来了解对方的不同。

2006年6月8日卢秋田做客《中欧大讲坛》与观众进行了交流。原交流分为主题演讲与答问两个部分。在其主题演讲中,他首先简单地介绍一下自己。"分为四句话,第一句话,生在浙江绍兴。也就是说我的童年是在绍兴这种水文化、茶文化、酒文化浓郁的地方度过的。第二句话,长在上海,一直到20岁才离开。第三句话,学习在北京。我是北京外交学院德语专业毕业的。第四句话,工作在欧洲。陆秋田说我在欧洲二十八年,可以说我整个的青年时代是在那里度过的。我在荷兰待了十四年,外交官中在一个国家待十四年是比较少的,其中一个原因可能是我到了荷兰之后自己学习了荷兰语,而中国还没有一所学校开设荷兰语专业,所以一直没有人来换我,这个国家给我留下了很深的印象。第二个大使任期是在罗马尼亚,情况比较困难。第三个大使任期在卢森堡,大家喜欢那里是因为它小、富、美。最后一个大使任期是在德国,之后回来当了中国外交学会的会长。这四句话就是我的情况介绍。

"中国的和平崛起、和平发展需要了解对方,更要有针对性地做工作。现在世界上有"中国威胁论"。中国的"军事威胁论",中国的"经济威胁论"

等,还有中国的"资源、环保威胁论"。中国的发展占据了很多的市场,但也有人认为这是中国的机遇。我们要让对方更好地了解中国,这里面就有一个了解对方思维方式的必要。有时候我们要宣传的东西别人不能理解,比如说我从德国回来之后,看到大街上都在讲,我们要办一个最好的奥运,一些德国的朋友就和我讲,你的奥运还没有办就把其他的人否定了,"你是最好的?"还有是一则新闻说北京市丰台区通过市委的动员,发动了群众,把累积两年的垃圾清除了。我们来宣传的时候外国人就想,为什么清除垃圾要动员?为什么累积了两年的垃圾要现在才清除?平常的时候这种清除垃圾的机制在什么地方?这样的宣传往往起到反效果。我们以前有一部电影叫《半边天》,男人做的事女人一样可以做得到,宣传了农村的铁姑娘,她开拖拉机、挖泥等,这部电影在德国大使馆放映之后,德国人会问为什么对姑娘这么残忍?姑娘就是姑娘,变得铁了还可爱吗?人的身体是有差异的。这就是说我们要去了解对方的思维方式。

"我们沟通的时候了解对方的思维,对我们的文化交流、商务活动很重要。究竟中国人和欧洲人的思维差别在什么地方?有些什么不同?人们通常认为,东方人是求同思维,西方人是求异思维。当然这是就一般而言,即使东方和东方也是不一样的。中国和印度、中国和日本、中国和韩国都有差别。意大利人和德国人也不一样,即使是德国人内部,东德和西德也有差别,只能说是一般来说,思维的差异,东方人是求同思维,西方人是求异思维。我感觉,如果在西方,讲完一堂课之后,老师问学生我今天的课怎么样?大家有什么看法?一位学生说老师你今天讲得非常精彩,我对你的论点是佩服得五体投地非常崇拜。还有人会说,老师你今天讲得确实不错,但有的地方我还不是很理解,我想找一个时间再和您谈谈,请教一下。第三个人说老师你今天讲的我不同意,许多观点我不赞成,我要找时间和你辩论。我认为这三种反应中老师可能会对第三种更加关注、更加喜欢。德国文化里面对差别方面是希望不同的,几百年来商品经济就是要标新立异,这种求异和小农经济带来的思维是不一样的。德国的一家公司说今年他们接待了十六个中国代表团,代表团走的时候说的话大同小异,用词可能差不多,但意思就是三层:第一你们的国家很美丽,第二你们的人民很友好,第三你们的接待很周到。就是这三个。没有批评,没有建议,北京和法兰克福相距 8 800 公里,千里迢迢去,走的时候代表团的感受都差不多,怎么会这样?我说以后找时间再聊聊,这件事一两句话讲不清楚,我还没有跟他聊,他又来了电话,他说上周我接待了一个代表团非常有意思。我问怎么了?他说这个代表团走的时候提了三条意见:第一,中国在德国有三万留学生,你们产品的介绍、你们的CD片、你们的宣传片为什么不先翻译成中文?翻成中文就不需要通过翻译人员再翻译一次了,你们可以早点翻译成中文的。第二,你们整天在这个礼堂里面讲课,你们应该多用一些时间让我们看看你们这家厂那家厂是什么样的,应该多一些参观。第三,我们在你们这里进行了十天的培训,你们天天都是黄油、面包、果酱、牛肉,血淋淋的,牛肉也不烤熟,我们的胃坏了,这10天弄得我们吃什么都没有胃口、吃什么都不香了,你们为什么不能给我们煮一点稀饭、做一些汤面吃吃?我们受不了这样的。德国人也不知道什么是汤面什么是稀饭,后来跟他们解释了之后,他们就说这个代表团太可爱了。德国人跟我说,你们总是说好的,我们就不知道你们有没有意见,这个代表团好,是好在能提要求。尽管我们西方不会做,但是我们可以让你们中国参观团自己做,汤面不会做我们可以找一些方便面,我们可以想办法做到。这就是求异思维,愿意听取不同的看法,所以我们现在外交上提倡"国际关系的民主化、世界文化的多样性、发展模式的多元化,我们要保护文化的多样性,如同保护收入的多样性一样"这种话非常符合西方的多元思维,主张多边主义,这都是对的。

"陆秋田主题演讲强调了三层意思:一是每一个民族都有他自己的文明和传统,这种文明和传统都不能以我为主而应当是相互借鉴、相互学习。二是由于文化的多样性、文明的多样性,造成了我们这个世界是丰富多彩的,我们应当保护这种丰富多彩的多样性。三是文明之间的差别,应当是进行对话而不要进行对抗。这个招待会之后的讨论大家基本同意了我的归纳。"

基于其风趣的演讲,卢大使在现场对话中结合自己多年的外交实践,分别从"为什么要了解东西方思维差异""什么是思维方式""思维方式的特点"及"东西方思维的差异"四部分具体介绍了东西方思维及其差异,并辅以丰富的实例,深刻分析了人类文化和思维的内涵、特征,总结了东西方文化在整体性与个体性、求同与求异、表达方式的含蓄与直接等方面的差异。在语言表达方面,卢秋田说:"我反对三种话:套话、空话、官话。我喜欢另外三种话:实话、真话、短话。"在他的演讲和对话中没有枯燥的理论,矫揉造作的感情,只有绘声绘色的再现,清晰流畅的表达,机智敏捷的思维,诙谐幽默的语言,让我们沉浸其中,受益颇多。完全体现了卢秋田语言表达的特点:真实、生动、具体、丰富。

【主题演讲】

今天有机会和大家交流我非常高兴!

我说非常高兴并不是一句外交辞令。第一,因为中欧管理学院有很高的知名度;第二,刘吉院长既是我的朋友又是我的老师;第三,因为我对欧洲有特殊的情感,在欧洲二十八年,我亲历了欧盟从六个国家、共同世界到欧洲共同体,从十二个国家到现在二十五个国家的发展历程。这些原因都让我觉得今天到这里来既是我的荣幸,也让我很高兴。

根据欧洲的习惯,首先简单地介绍一下我自己。四句话,第一句话,生在浙江绍兴。也就是说我的童年是在绍兴这种水文化、茶文化、酒文化浓郁的地方度过的。第二句话,长在上海,一直到二十岁才离开。第三句话,学习在北京。我是北京外交学院德语专业毕业的。第四句话,工作在欧洲。我在欧洲二十八年,可以说我整个的青年时代是在那里度过的。我在荷兰待了十四年,外交官中在一个国家待十四年是比较少的,其中一个原因可能是我到了荷兰之后自己学习了荷兰语,而中国还没有一所学校开设荷兰语专业,所以一直没有人来换我,这个国家给我留下了很深的印象。第二个大使任期是在罗马尼亚,情况比较困难。第三个大使任期在卢森堡,大家喜欢那里是因为它小、富、美。最后一个大使任期是在德国,之后回来当了中国外交学会的会长。这四句话就是我的情况介绍。

我今天首先想讲一下为什么要重视这种思维差异的研究;第二,我想花两三分钟讲一下思维方式是什么定义;第三,讲讲思维方式有什么特点;第四是今天的重点,讲讲中西方的思维差别在什么地方。我并不是从理论上说这四个方面,更多的是从二十八年的亲身体会和经历出发,大家可以作为故事来听,主要是一些例子。

除了外交之外,我反对三种话:套话、空话、官话。我喜欢另外三种话:实话、真话、短话。

为什么要重视这种思维差异的研究

我们在全球化的时代,世界越来越小,我们越来越密切,我们的相互依存和交流空前广泛。在这样一个时代,我觉得文化的碰撞、文化间的相互了解是非常重要的,现在有很多国家都在进行一种叫跨文化对话。中国的和平崛起、和平发展,需要我们更好地了解世界上不同的思维,以便更有针对性、更有效果地来说明中国的发展。

中国的和平崛起、和平发展需要了解对方,更要有针对性地做工作。现在世界上有"中国威胁论":中国的"军事威胁论",中国的"经济威胁论"等,还有中国的"资源、环保威胁论"。中国的发展占据了很多的市场,但也有人认为这是中国的机遇。我们要让对方更好地了解中国,这里面就有一个了解对方思维方式的必要。有时候我们要宣传的东西别人不能理解,比如说我从德国回来之后,看到大街上都在讲,我们要办一个最好的奥运,一些德国的朋友就和我讲,你的奥运还没有办就把其他人的否定了,"你是最好的?"还有是一则新闻说北京市丰台区通过市委的动员,发动了群众,把积累两年的垃圾清除了。我们来宣传的时候外国人就想,为什么清除垃圾要动员?为什么积累了两年的垃圾要现在才清除?平常的时候这种清除垃圾的机制在什么地方?这样的宣传往往起到反效果。我们以前有一部电影叫《半边天》,男人做的事女人一样可以做得到,宣传了农村的铁姑娘,她开拖拉机、挖泥等,这部电影在德国大使馆放映之后,德国人会问为什么对姑娘这么残忍?姑娘就是姑娘,变得铁了还可爱吗?人的身体是有差异的。这就是说我们要去了解对方的思维方式。

一个美国的朋友问我如何看纽约?我的回答是,要注意三点,一是纽约晚上比白天好看;第二是外面比里面好看;第三高处比低处好看。我说看纽约注意三点,看当今的中国也要注意三点。第一,看中国不能光看东部还要看中部和西部;第二,看中国不仅看今天,还要看中国的过去和历史;第三,看中国既要看到发展成就,也要看中国现在面临的困难和问题。

我想第一方面的重要性就是说我们如何来说明中国,应该说我们现在是八个字:介绍自己、了解别人!即使是从当前的经贸活动来看,也要了解对方。我们有些经贸活动的成功或者失败,里面都有一个思维方式的了解,看沟通的情况好不好。有些谈判的失败,并不完全是价格或者质量谈不拢,而是一种思维方式的不一样,导致沟通不够。如果我们要和德国人打交道,就要了解德国人的思维。他们是办事很严谨的民族,但是往往也缺乏一些灵活性。我有时和德国人讲:"我很钦佩你们办事的严谨。"我们有的时候用四个词来形容德国人:非常进取、非常守时、非常彻底,还有是非常追求完美,组合起来就是说德国人的思维很严谨。我有时候说德国人的脑袋太方了,不太会拐弯,但是这个特点也有很多值得我们学习的地方。

比如说:我们的总理要访问德国,还要访问法国和意大利,在作准备工作的时候唯独我这个中国驻德国大使的日程一直报不回去,为什么?卡在一个问题上,中国工作人员告诉我德国总理的欢迎宴会不要超过90分钟,我告诉他们的礼宾司长希望我们能写上"总理的欢迎宴会不要超过90分钟"。他就说你等一等,然后拿出一个计算器,说你们的总理进来之后,站着有36个人,我想讲一个"您好"3秒钟,那么3秒钟乘36。德国的习惯不是进来就吃饭的,要先喝餐前酒聊一聊,需要12分钟。今天总理的欢迎辞是7.5分钟,你们的总理也算是7.5分钟,今天一共是三道菜,汤、沙拉、主菜,每个菜需要多少时间,他用最最精确的方式计算下来是109分钟。他就说:"不是你说的90分钟。"我说:"差19分钟差不多,你上面就写上90分钟,不然我和北京无法交代。"他说:"不行,就是得109分钟。"就因为这个所以一直报不回去。访问之后我就问我在法国、意大利的同行他们如何?结果都是90分钟报回去了,最后呢?德国的宴会就是差不多110分钟,在法国和意大利的时间都超过两个小时,但是他们报回去的时间很快。这是一个例子。

还有一次,我带了三个朋友一起坐火车从慕尼黑到柏林,当时是夜里,晚上睡一觉第二天就到柏林。那时是夏天,我们非常渴,可是大家都没有带马克,有个人就说我们火车票里面还有一张早餐券,是20马克,我们把这个换成矿泉水就可以了。我们就去找列车长,说我们特别渴,但都没有带马克,用早餐券换你的矿泉水可以吗?他说不行,这是两回事,怎么说他都不干,后来我们很丧气地回去坐在位置上。后来我一个朋友就说你看看表,12:05分,已经是凌晨了,我们再去。后来就跑到列车长那里,他说不能换矿泉水,只能吃早餐,我们就说:"你看看几点,是不是已经是凌晨了?第二天开始了吧?"他说:"对。"我说我们现在就吃早餐。他说:"可以,你们要什么?"我们就说:"五瓶矿泉水。"

我们沟通的时候了解对方的思维,对我们的文化交流、商务活动很重要。另外我个人的经验,也促使我去研究欧洲人的思维。因为我碰到一件事,1980年的时候,我陪荷兰的首相访问中国,中间就出了问题。我们安排首相夫人参观北京幼儿园的时候,没有想到她看了十几分钟就要走了,我说:"夫人,人家安排的还没有参观完,你怎么能走呢?是不是身体不舒服?"首相夫人说:"不是。"我说:"现在可以告诉我原因吗?你这样中断访问不是很礼貌。"她说:"我不能看了,原因我回去和你说。"这样我就只能跟幼儿园的院长说她有事,现在只能停止访问了。回到宾馆我就问她:"夫人为什么今天没有按原来的计划,而中断了访问?"她说:"第一,今天下了毛毛雨,为什么让孩子们穿着白衬衣、蓝裤子,在幼儿园的门口欢迎?下着雨为什么让孩子站在雨里面?为什么不站到里面去?"这点她心里就不舒服了,但是促使她停止访问的更重要的一点是:当她进了教室之后,每个人都是在椅子上坐得笔直,这样她就看不下去了。我问为什么看不下去?她说:"这么小的孩子,你们就进行军事化的训练,这样还像幼儿园吗?"我就对她说:"夫人,为了达到今天你说的端正、鸦雀无声的效果,我们的老师苦口婆心地跟这些小朋友说了将近一个月,说一个荷兰的贵宾要来,你们要听话,你们要守秩序,要懂礼貌,不要吵不要闹,要端正地坐着,因此才达到今天你看到的效果。"我就反问她:"如果我们领导人去参加你们的幼儿园将会是什么样?"她回答:"不要预先讲,本来是怎样就怎样的,进入幼儿园之后可能有的唱歌、有的活动、有的玩,有的可能就听课,各种各样的,见到你也不用介绍,见到一个外国人,小孩子就和你握握手,做一个鬼脸,吵吵闹闹、嘻嘻哈哈,这才是幼儿园,才是四五岁的孩子应该有的样子。"她看到现在这样的现象心里不舒服。这件事给我的震撼很大,为什么我们的好心没有得到好报?为什么我们觉得是对客人的尊重和礼貌,而对方没有感觉?难道这不值得我们深思吗?后来这个首相代表团到了西安的时候又出问题了。陕西的省长说:"尊敬的荷兰首相,您到我们陕西省访问,我们感到莫大的荣幸"等,说了很多。问题出在最后几句,"今天我们的宴会是便宴,也没有什么菜,菜也不好,希望大家多多包涵。"这个话一翻译过去,首相就问我:"翻译错了?"我说:"没有啊!"他说:"什么叫没有菜,10道凉菜桌上已经摆好了,菜单里面还有10道热菜,10道加10道是20道菜,为什么中国人认为20道菜还叫没有菜呢?如果英国女王去荷兰访问也就是三道菜,如果20道菜叫没有菜,这位省长如果到我这里来访问我怎么办?"他说更不能理解的是省长说"今天的菜不好",既然你说不好为什么不把好的拿出来,给我吃坏的?莫名其妙,自己都觉得不好给我做什么?我就说:"首相,如果我们到你们那里吃饭,你们的欢迎辞谈到饭的问题如何说?"他回答说:"如果到宾馆,就会说这是我们荷兰当地最有特色的菜。如果到我家里我就会说这是我夫人的拿手菜，我们不会说菜不好这样的话。"

从我个人的经验来说，我们必须研究对方的思维。有很多时候是我们自我感觉太好，但其实别人并不了解。这就是我想讲的第一部分：为什么要重视对思维方式的研究？从四个方面讲，第一是全球化；第二是对中国的和平发展的说明；第三是我们经贸或者文化交流中的需要；第四就是我本人的这种经历给我的启发。

思维方式及特点

第二部分，我想讲比较理论性的，就是何为思维方式？如何给思维方式下定义？我对这个定义是这么认为的：一个民族，在历史发展的长河中，所形成的一种思维模式。人们自觉不自觉地用这种思维模式来观察和处理问题，这就是我认为的思维方式。而且思维方式是属于文化的范畴或者是文化中很深层次的一部分。

思维方式有些什么特点？我认为思维方式有四个特点：

一、一个民族的思维方式形成之后有它相对的稳定性。中国人的思维不会过了几年变成日本人的思维，法国人的思维过几年也不会变成德国人的思维，一旦形成民族思维就有相对的稳定性。这种稳定性体现在民族文化和传统里面。关于这个我听到一些故事，和大家分享一下，故事是否可靠并不知道。

一个故事是在德国听到的。有一名德国人、一名日本人、一名中国人，三个人从法兰克福乘车到慕尼黑，中途来了一名黎巴嫩人，拿了一个鱼缸，里面有些鱼。他上了火车后就坐在三个人旁边，把这个鱼缸放到了小桌子上。过了几分钟德国人就提问："先生您能告诉我这个鱼在生物学上是如何称呼的吗？科学上有什么特点？"这个德国人提问之后，日本人提问："先生您能告诉我这个鱼我要引进到日本，要使它长得快、长得大要注意什么吗？水温饲料等要注意什么？"过了一会儿轮到中国人提问："这个鱼是红烧还是清蒸好吃？"这三种提问可以看成三种不同的思维方式。

还有一个故事比较长，这个故事如果讲得不合适大家也不要生气。在19世纪末20世纪初的欧洲还有绞刑。一天绞刑架坏了，法官宣布死刑的执行推迟一天。这个故事要告诉你，在生命的最后二十四个小时，法国人、德国人、英国人和中国人这四种人是怎样度过的。先说法国人，他打电话告诉家里:"请把我抽屉里的电话本都拿过来。"家里把电话本拿过去了,他就给巴黎、马赛、里昂的情人打电话,他觉得生命的最后一天要过得浪漫一点。英国人给家里打电话说:"请把我最爱喝的威士忌带来,顺便把我爱穿的一套燕尾服和帽子带来。"他希望最后过一下绅士的生活。德国人给家里打电话说:"请你把我车库后备箱里面的工具箱拿来。"家人问:"最后一天你要拿工具箱做什么?"他说:"你不要管。"家人把工具箱送去,这位德国人气喘吁吁地拿着工具箱,到了法官面前,说:"尊敬的法官大人,现在我有了工具箱,是否可以允许我把绞刑架修一修?"中国人在法官宣布的第一时间就逃走了,找不到了。这个故事告诉我们"一方水土养一方人"。绝对是这样的,广东人和东北齐齐哈尔的人可能就不是一样的思维,甚至我在辽宁的时候,沈阳人和大连人也不一样,我在四川的时候觉得重庆和成都也不一样,都有差别。因此我想到了1999年,中央电视台春节联欢晚会上有一个小品,说捡到一个钱包,西安人、上海人、北京人是怎样的反应。思维有一定的稳定性,原因就是"一方水土养一方人",这是我讲思维方式的第一个特点。

二、普遍性。思维的普遍性每时每刻、每个地方都会遇到,只是你可能不了解、没有感觉。我觉得毛泽东有一句话很对:"感觉到的东西人们不一定理解它,只有理解了的东西,才能更好地感觉它。"比如说我们到了欧洲,不管到了欧洲哪个国家,第一你会发现他们的教堂是在市中心的,而中国的庙宇是在深山老林,为什么?尽管现在由于城市的发展,以前的深山老林离城市很近了,但是建的时候依然是在深山老林里的。而欧洲的教堂都是在市中心,这就是两种哲学思维在现象上的反映。基督教、天主教的教义和我们佛教、道教是不一样的。基督教讲原罪,要做礼拜、要忏悔,要布道;但佛教讲究修身养性,离开红尘,越远越好,我们不一定要从哲学的层面思考。再看看欧洲的建筑和我们的建筑,欧洲的建筑找不到围墙,在中国的城市、农村里到处都有围墙,我们的建筑往往外面是封闭的,里面是透明的,欧洲的建筑是反过来的,外面是透明的,里面是封闭的。他们的围墙用矮树,防君子不防小人,连栏杆也是透明的而不是封闭的。我在罗马尼亚当大使的时候,大使馆的围墙都是镂空的,街上的野狗经常从镂空的围墙钻进房子。我就去外交部交涉"是否可以把我们的围墙镂空的地方堵死,为了安全再提高一米到半米?"他说不行。我问为什么?他说你到罗马尼亚、欧洲去看一看,建高墙的是什么?是监狱!我们生在大院,庭院深深是一种权力的象征,我们农村有了钱要把围墙垒起来,越高越好,所以建筑是凝固的思维,音乐是流动的思维,这就是思维的差异。我们的建筑对外是封闭的,不让别人看到,但是里面呢?我们屋里面都非常透明,没有一个父亲到女儿房里要敲门,问我能进来吗?女儿打完了电话妈妈都会问你给谁打电话?我们甚至知道邻居吃什么饭。但是欧洲对这方面是很讲隐私、很封闭的,我想这点也是差异。这种例子很多,只是你没有从文化哲学的角度看到这个差别。

三、不可反馈性。有的时候你自我感觉非常好,其实你已经形成了误解。有些误解还说不清楚,不可反馈。这里我想举一个实际的例子:我们有一位省里的领导,到德国去招商引资。招商引资取得了非常好的成就,团长非常满意,就说:"大使,这次招商引资取得了圆满成功,感谢大使馆的支持。为了感谢这次招商引资的成功,我想举行一个答谢招待会,请我的客户来参加。"我说可以。结束之后,他一再感谢,说这次太成功了,非常好。第二天带着代表团,带着非常良好的自我感觉、内心充满喜悦地回国了。他回国不到一天,我就接到德国方面的电话,"大使,这位团长下次来德国请你不要再安排到我们厂里来,我不愿意再见他。"我问他什么地方得罪了他?他说,招待会的人很多,大家都排队一个个进去,团长站在第一个,和大家握手。团长握着他的手眼睛却看着下面一个人,这已经让他不高兴了。这还不算,他握手的时候还和下一个人讲话,如此不尊重,所以他不喜欢团长。可是这位胖乎乎的团长,带着自我良好的感觉回去了,哪知道走了之后发生的事,他更不会知道他所谓的圆满成功已经失去了一个朋友,这些都是无法反馈的。

还有一个代表团,访问结束之后交换礼品。我们的代表团回去之后,德国人就跟我讲,今天中国代表团对我的礼品好像一点都不感兴趣。我说:"何以见得?"他说:"你看这个礼品原封不动,都没有打开看看,不屑一顾。"我说:"不会的,他们回到房间里面第一个要打开的就是你的礼品。"他说:"为什么他不马上打开看呢?为什么不当着我的面看?"我说这样不太符合我们中国人的习惯。什么习惯?我说北京话说这样的动作是"烧得慌",上海话说"很急、迫不及待",我们觉得文雅一些就是回到房间里面慢慢看这是什么礼品。而中国人有时候的反应是怎么样的呢?中国代表团跟我反映过"为什么我们送给德国人的礼品他还要再检查一遍?"给了德国人之后他们马上就把纸撕掉,还要看看,我都检查过的,他还检查什么?我说不对,对德国人来说,他要讲谢谢你,一定要看到东西。如果看到了说很漂亮是正常的,如果没有看到说很漂亮是不正常的。

类似这样的误解往往一笑了之,没有人去思考,所以很难反馈,这就是第三点思维方式的特点:很难有反馈性。

四、思维方式是文化的一部分,从哲学来说是属于上层建筑。上层建筑会随着时间变化,但思维方式有一定的稳定性,绝对带有时代的精神,或者是闪耀着时代的光芒。我们搞社会主义生产经济的方式和我们当年的方式一样吗?我们现在讲究效益、竞争、时间的观念,这些在过去搞计划经济的时代是没有或者说是很弱的。从哲学的角度来讲,一切都是变化的,虽然思维方式是稳定的、相对的,但变化是绝对的。

东西方文化和思维的差异

究竟中国人和欧洲人的思维差别在什么地方?有些什么不同?这中间也有四点不同,这些都在我写的由上海三立书店出版的《差异》一书中,今天我讲讲这四点差异。

一、东方人是求同思维,西方人是求异思维。当然这是就一般而言,即使东方和东方也是不一样的。中国和印度、中国和日本、中国和韩国都有差别。意大利人和德国人也不一样,即使是德国人内部,东德和西德也有差别,只能说是一般来说,思维的差异,东方人是求同思维,西方人是求异思维。

我感觉,如果在西方,讲完一堂课之后,老师问学生我今天的课怎么样?大家有什么看法?一位学生说老师你今天讲得非常精彩,我对你的论点是佩服得五体投地非常崇拜。还有人会说,老师你今天讲得确实不错,但有的地方我还不是很理解,我想找一个时间再和您谈谈,请教一下。第三个人说老师你今天讲的我不同意,许多观点我不赞成,我要找时间和你辩论。我认为这三种反应中老师可能会对第三种更加关注、更加喜欢。德国文化里面对差别方面是希望不同的,几百年来商品经济就是要标新立异,这种求异和小农经济带来的思维是不一样的。德国的一家公司说今年他们接待了十六个中国代表团,代表团走的时候说的话大同小异,用词可能差不多,但意思就是三层:第一你们的国家很美丽,第二你们的人民很友好,第三你们的接待很周到。就是这三个,没有批评、没有建议。北京和法兰克福相距八千八百公里,千里迢迢去,走的时候代表团的感受都差不多,怎么会这样?我说以后找时间再聊聊,这件事一两句话讲不清楚。我还没有跟他聊,他又来了电话,他说上周我接待了一个代表团非常有意思。我问怎么了?他说这个代表团走的时候提了三条意见:第一,中国在德国有三万留学生,你们产品的介绍、你们的CD片、你们的宣传片为什么不先翻译成中文?翻成中文就不需要通过翻译人员再翻译一次了,你们可以早点翻译成中文的。第二,你们整天在这个礼堂里面讲课,你们应该多用一些时间让我们看看你们这家厂那家厂是什么样的,应该多一些参观。第三,我们在你们这里进行了10天的培训,你们天天都是黄油、面包、果酱、牛肉,血淋淋的,牛肉也不烤熟,我们的胃坏了,这十天弄得我们吃什么都没有胃口、吃什么都不香了,你们为什么不能给我们煮一点稀饭、做一些汤面吃吃?我们受不了这样的。德国人也不知道什么是汤面什么是稀饭,后来跟他们解释了之后,他们就说这个代表团太可爱了。德国人跟我说,你们总是说好的,我们就不知道你们有没有意见,这个代表团好,是好在能提要求。尽管我们西方不会做,但是我们可以让你们中国参观团自己做,汤面不会做我们可以找一些方便面,我们可以想办法做到。

这就是求异思维,愿意听取不同的看法,所以我们现在外交上提倡"国际关系的民主化、世界文化的多样性、发展模式的多元化,我们要保护文化的多样性,如同保护收入的多样性一样。"这种话非常符合西方的多元思维,主张多边主义,这都是对的。

二、东方更重视整体性思维,西方更重视个体性。这里我就从中西医讲起。

中医和西医相比,我们中医更讲究整体,把人看作是宇宙的一部分整体的一部分。人体是一个整体,头痛脚来医、脚痛头来医,要扶正祛邪,是天人合一的思维,这是在中医中的运用。而西医是从细胞、解剖学开始的,他更重视的是局部,这是由两种不同的哲学思维引起的,但各有自己的特点。中医里面,号脉说有一百八十多种,里面有气、有穴位、有脉络、有经络,都是在一个动态情况下才有的,这是一种整体性的思维。我们中国的文字也是讲究一种整体美、结构美、一种和谐美、布局美,因此中国的文字才能形成一种书法艺术。

现在政府叫我从德国回来之后做一个项目,把我们以前一万七千平方米的大使馆,建成一个欧洲最大的中医中药中心,建立一所中医药大学、一家中医药医院,还有一个中医药的展览。为了这个我在德国也经常介绍中国的中医,可是介绍的时候有一个问题,他们听不懂。比如我说中医有三个基本治疗方法,一个叫清热解毒,一个是活血化淤,一个是以毒攻毒。他们就怎么也听不懂以毒攻毒。后来德国有一位医学哲学的博士跟我讲:"你用德国人的思维包装一下再讲。"我说:"怎么包装?"他说:"你和他们这样讲,清热是手段,解毒是目的。活血是手段,化淤是目的。以毒攻毒的第一个毒是手段第二个毒是目的。"中医说肾虚,但对德国人不要这么说,这是两种不同的思维。现在最可悲的问题是懂中医的不懂外文,懂外文的不懂中医,无法沟通。甚至在德国有一个人对我说你们的中医不科学,我说:"为什么?"他说:"我们一个新药的产生,在实验室里面临床实验要很多年,你们没有这个过程,你们的药怎么抓一把一包,定量的东西都没有。"我说:"可爱的先生,你太不了解中医,你说你们实验室临床十几年,中国现在老百姓喜欢的六味地黄丸,是河南德阳的张仲景先生的方子,张仲景老先生是一千七百年前的。这一千七百年前的药中华民族一直在用,比起你几十年的实验谁的时间长?"这是一种长期积累起来的经验,实践中的经验,中华民族之所以可以发展起来,中医起了不可磨灭的作用。所以我说中国的文字、医学有着整体性的思维。

在外交上,个体性和整体性思维差异遇到的最大的困难是这样的:改革开放不久,我在荷兰工作,有一个商务考察的代表团到荷兰来,我和荷兰的接待主任一起到机场去接。接了之后他问:"卢先生,我接的是经贸代表团?"我说是的,他说:"不对,是部队。"为什么?他们穿的衣服都一样,而且拿的箱子都一样,皮鞋也一样。因为当时刚刚改革开放,北京做中山装的就一家,买箱子在王府井百货大楼的一个出国人员服务部,没有挑选的余地,大家都是一样的装扮,所以他认为是部队。后来到了贵宾室一坐下来,问要喝什么?团长说是茶,一路十六个人都是茶。后来这个人说不用问了绝对是部队,肯定是的。我说为什么?他说因为团长说喝什么,别人都不敢喝别的。如果现在出去,我们的代表团不会有这样的情况,喝茶、咖啡、可乐、雪碧、啤酒,这样才是正常的。但是十六个人喝一样的东西他就觉得很怪,个性化对他们来说是很重要的。后来这个代表团喝完茶之后,接待主任就问今天晚上你们是吃中餐还是西餐?团长说"随便",这个他又不能理解。他说明天我们是星期六不工作,你们要不要去鹿特丹或者是看看郁金香公园?团长又说"随便",有的可能说得文绉绉一些就"客随主便",但是这个用英文翻译起来和随便一样。所以他们就对我讲，接待中国代表团最难的就是那个"随便"，他们希望要个性化。

三、中西方之间就是友谊和生意。德国人说喝酒是喝酒，生意是生意，这两个是分得很清楚的。我们中国人经常是先谈友谊再谈生意，比如飞机到了之后前半个小时都是"史密斯先生一路辛苦了，昨天飞机上睡好了吗？现在你们德国的气候如何？""我们一回生，两回熟，三回是缘分。"这些话比较难翻译，"缘分"这个词英文、法文、德文都没有。我们中国人需要这么说，而人家希望马上进入实质性的问题，这个是有差别的。我个人碰到过一个例子，是我在卢森堡做大使的时候，有一个代表团乘火车到卢森堡，我去接车。当时我去得太早了，就去买报纸，报摊的老板是我前一天晚上请客的一个人，我就问他"你不是搞钢铁的吗，怎么又开书店？"他说两个都做，之后说昨天的饭非常好之类的话。他讲了半天，我说今天的时间不多，以后再聊。我买了一份报纸，他说好，我当时就付了钱。本来这个事情就这样了，可是我旁边的司机就说："这个大胖子昨天吃了好多，今天一份报纸都收你钱，这样小气的朋友不要交。"司机问："今天说那些话都是感谢你？"我说："是的。"他说："那么感谢了之后还要你这四块多钱做什么？"我说："你不了解，他这四块钱是要我支付的，但是他今后可能会花几千法郎来请我。"果然，不久，这个人在卢森堡一个五星级的饭店花了几千法郎请我吃饭。他觉得请客很正常，但是报纸的钱他还是要收的。这在我们中国人看来是很难理解的。司机的反应很有代表性，觉得这个人"小气、不够交情、没有人情味"，所以我认为这也是一个差异。当然现在有很多老外，到了中国做生意之后，他们学会了一个词："关系"，觉得在中国"关系"是很重要的，所以他请客会雇一个不懂德文，但是在很多部门认识很多领导的人，他们开始认为这个比懂德文更重要。

四、感情表达方式不一样。我们的感情表达比较含蓄，比较间接，而西方或者欧洲人的感情表达比较直接，比较外露，这是有差别的。这里我讲一个实际的例子。

我刚才介绍过我是浙江绍兴人，我在卢森堡做大使的时候，当时大使馆举行一个电影招待会，我播放了《梁山伯与祝英台》这部电影，怕他们不懂，我就把这个故事梗概写成德文和法文，连我的请帖一起寄出去。我寄出去之前害怕他们没有看我故事的说明，我自己用德文向这些人又介绍了一次这个故事。电影之后的酒会,我去敬酒的时候顺便就问他们:"这部电影看懂了吗?"他们说:"懂了,因为情节不复杂,你在放电影之前又讲了一次,当然懂了。"我说:"你们觉得这部电影好看吗?"他们说:"累。"我问:"这部电影和别的电影都是一样的,一个半小时,是什么地方使你感觉累?"其中一个人说:"里面不是有一段十八里相送吗?十八里就是九公里,这九公里的相送,你看里面祝英台、梁山伯,看到山上下来一头牛,祝英台讲了很多话,看到湖里面一对鸳鸯在游又讲了很多话,到了庙里面有一口井照出两个人的影子,两个人又说了很多话,两个人跪下来拜佛又讲了很多的话,就是不讲'我爱你'这句关键的话,讲的时候也不告诉他我是女扮男装的,弄得他们糊里糊涂地分开了,这个悲剧就是祝英台的不透明、不坦率、不开放造成的。"我问其他的几位你们是否都有同感?他们说:"是的,我们都感觉这个地方很累,都有同感。"我就说请他们坐下来进行一个短暂的讨论。我就先说各位看了觉得很累,这属于一种审美差别,为什么审美就只是你们这种呢?阳光灿烂下的荒山确实很美,难道烟雨蒙蒙的荒山就不美吗?北戴河波浪汹涌是美,风平浪静就不美吗?为什么美就一种?我讲到这里,有一个人说今天讲得坦率一些可以吗?刚才讲了烟雨蒙蒙的荒山、阳光灿烂的荒山,但我们今天谈的是人,自然的美和人的美不一样。人的感情有四种,乡情、亲情、爱情和友情,乡情和亲情是不可以选的,但爱情和友情是可以选的。请你讲回到人的问题,不然我们无法讨论下去。我就说按照你们的想法,梁山伯和祝英台应该怎样?他说大使,建议你看本书,《傲慢与偏见》,里面的伊丽莎白和达西,看看我们欧洲的祝英台和梁山伯是如何谈恋爱的,这样你就知道我们是欣赏这样的一种爱情。最后我说我是否可以把今天的讨论简单地做一个总结?我说我的总结是三句话:第一句话,每一个民族都有他自己的文明和传统,这种文明和传统都不能以我为主而应当是相互借鉴、相互学习。第二个意见是,由于文化的多样性、文明的多样性,造成了我们这个世界是丰富多彩的,我们应当保护这种丰富多彩的多样性。第三,文明之间的差别,应当是进行对话而不要进行对抗。这个招待会之后的讨论大家基本同意了我的归纳。

我今天讲九十分钟,按照德国人准时的习惯。我今天讲完了,谢谢大家。

【对话原文】

问:我也讲一个小故事,这个故事是我听一个管理学的讲座,交大的校长讲到的,他提到的一点也和中西方文化差异有关。故事是说部队的训练,有一对官兵在训练走步,如果美国人,前面是一个悬崖,喊齐步走,走到悬崖边上美国的士兵会停下来,问长官前面是悬崖怎么办?如果是中国人,走到悬崖边上会原地踏步,什么也不问。如果是日本人,前面是悬崖,也不问,直接就会走下去。最后他说了一些思维方式,他说西方人的思维方式是一分为二的,是或者不是,你问中国人会说你能不能让我选第三,或者是和不是都选,或者都不选。而日本人是一维,唯独中国人是三维的,把一个圆画成太极,就是你中有我,我中有你。

答:这个故事本身就说明有差别思维。中国人觉得任何事都是三维,比如上、中、下,阴性、阳性、中性,左、中、右,都是三个。企事业可以说是多维的,事物其实是很复杂的。现在有的说是双赢,也有的说是多赢,我觉得这个是一种差别,但这个差别可能也不是绝对的。你刚才讲的故事本身在证明这个思维方式的差别。

问:我在外国生活过,我深有体会,我在多伦多的街头,看到法轮功宣传我们从清朝到现在不好的一面,我就和他们吵,当年正好是发射神舟六号的时候,为什么我们中国不在街头宣扬我们光明、伟大的一面?我们的外交有问题吗?为什么让我这样一个小小的老百姓,和五个法轮功组织的成员在吵,而没有一个代表我国的人在街头宣扬我国的伟大?这也就是我不愿意在外国生活的原因,这是我认为外交应该反思的一点。

答:丘吉尔说过一句话,没有永远的敌人也没有永远的朋友,只有永远不变的国家利益。还有一句话是说"什么是外交?要讲很复杂。简单地说外交就是朋友越多越好,敌人越少越好。"外交我觉得也有一种工作方式,比如没有看到过一个外交官站在街上和别人辩论,但是他辩论、做工作的对象可能你也没有看到。他和很多人做工作,但不一定在街上,可能是在其他的地方,这个方式有很多。街上做工作的外交官确实不多,不仅是中国外交官,其他国家的外交官也不多。

问:您好,卢教授,现在有很多关于文化差异、思维差异方面的问题,我们讲相互理解、相互尊重。如果在一个机构、一个公司,不同文化的人在一起配合,除了理解和尊重,是否还有其他的方式方法可以达成好的、相互协调的工作？

答：我觉得中国的文化就是采用和而不同、求同存异的方法，不能一下子要求别人理解，还要包容，对另外一种文化给予宽容的态度，这样可能比较好沟通。

问：您刚才讲到中西方的文化，东方的文化是求同、西方的文化是求异，而东方的文化求同不是要求所有的问题都一样的，实际上更要求包容。去年我听过余秋雨老师讲中国的问题，他说中国的问题是起源于农耕问题，包容的问题，在历史上从来没有强行推行过自己的文化和宗教，但总是不断地吸收。刚才这位朋友讲的，中国人比较善于学别人，而不善于把自己优秀的文化教给别人，所以交流的时候我们都扮演学生的角色。有的地方我们即便做得很好，从文化的层次上来讲，没有与别人交流、分享的倾向，所以才会造成西方人认为中国人是保守的。我们中国人是否应该有观念上的转变和行为上的改变？我们是不是应该积极地、善意地把一些中国的文化拿去和西方交流，让西方人更了解中国，以便促进整个社会的和平和进步？

答：我很赞成你刚才说的很重要的一点，就是中国文化的包容性。几千年来中国吸收了很多的文化，包括中国的佛教也是外来的，适合了中国的土壤。中国文化的包容性是肯定的，今后也应该是有包容性的。另外一个，我觉得中国文化应该更积极一点。不知道大家现在是否注意到，中国的外交现在是全方位的外交，包括文化外交、解决外交，是和过去的外交相比有很大的发展。文化外交的一点就是要宣传和介绍中华文化和中华文明，但中华文明里面也有精华和糟粕，要集成我们中国文化的精华。所以我觉得中国的文化要集成也要发展、宣传甚至吸收别人的精华。

问：我有一个问题，刚才听您讲了一个现象，中国的庙都是在很边缘的地方，而欧洲的教堂都在城市的中心，我觉得在欧洲也好、在阿拉伯世界或者是在美国也好，我觉得他们宗教的力量比中国强很多，中国的宗教有佛教、道教，各式各样的教派，但从来没有一个战斗是因为宗教信仰不同而打的，而且所有的这些方丈、这些天师都是为统治者服务的，您觉得宗教对于不同文化的影响力如何？我想更多听一些您在这方面的见解，谢谢！

答：我对宗教的看法是，第一，只要人间还有苦难，对自然、宇宙还有东西解释不了，宗教就还会存在。第二，你刚才讲了现象，欧洲有很多宗教战斗，包括三十年宗教战斗，但是中国的冲突很少是因为宗教战斗起来，这点可能和佛教的特点有关。佛教的特点是多元,并不排斥其他的,另外佛教是八个字:忠善奉行,诸恶不做。宗教会长期存在,因此应该执行宗教自由的政策。

问:如果中国企业到欧洲去,有很多方面的考虑,从文化方面考虑,哪个国家的文化和中国的文化最接近?

答:中国的企业家走出国门到欧洲去,哪个和中国的文化最接近?我待过的四个国家,荷兰、罗马尼亚、德国、卢森堡,我觉得它们都一样,没有特别和中国有最接近或者是最不接近,都差不多。他们的宗教信仰、价值观念、理念也差不多。

问:最容易相互包容,就是商业角度最容易成功?我觉得荷兰的国际化程度最高,这个是我大概的印象。

答:中国企业走出去,我觉得最主要的还是要看为什么走出去?走到哪儿去?怎么走出去?这里面一个重要的点是所在国的法律、背景。与哪个国家的文化最接近我不好说,荷兰人说自己是欧洲的中国人。我曾经问他们,你们为什么说荷兰是欧洲的中国人?他们回答,第一,和亚洲的传统关系很久很密切的是荷兰,荷兰的东印度公司占领台湾,郑成功打红毛鬼不就是打荷兰吗?当时国内还叫我查找,郑成功打败荷兰人,荷兰人向郑成功的投降书是否可以找到?找了半天都找不到,原来郑成功在荷兰不叫郑成功,而是国姓爷。所以荷兰文中有很多闽南话,春卷就是薄饼。第二,他说荷兰人的性格是欧洲唯一一个和中国人最接近的,接近在什么地方?他说暖和,就是外面冷里面热。我说我在荷兰十四年,还没有感觉得到有什么热的,我说你们要注意荷兰有的地方还蛮小气的!

我认为所有的欧洲国家对中国的文化都很尊重,我是有这样的感觉,他们很崇拜中国的悠久历史和文化,不太有偏见的欧洲人是很重视这个的。

问:我想就您刚才举的两个例子,一个是餐车上的例子,一个是我们幼儿园小朋友的问题举一个例子。改革开放以来,中国经济取得的成就应该是举世公认的,这种成就,拿中国的列车员来说,你拿餐票去换矿泉水他绝对不会不给你,他可能会以服务的理念来支配他的动作。我们中国人可能从小受到距离的熏陶、约束,这两点和我们的改革开放,有什么必然的因果联系?

答:灵活性和原则性,我觉得最好是结合。这里我再补充一个德国的例子。我在德国的时候,那天正好是星期六,有一个客人晚上要来吃饭,可是厨师说厨房里面没有西红柿了，就去买西红柿。德国的自由市场星期六只开到四点，我们的车开过去时已经四点超过五分钟了，西红柿正在收摊的过程中。我们就问德国人说我们想买一公斤西红柿有急用，他说四点零五分了，不能再卖了。但是我们说我们的汤一定要有西红柿，是否可以宽容一点，而且你们还在摆，他说规定时间过了不能卖。但是看你真的很急用，我送你一公斤，但不能再卖了。我觉得德国人这种严谨就是很遵守纪律和法规的表现，这是法治国家长期形成的一种思维，就是很按规矩办事。不单是德国人，其他欧洲人也一样。所以我主张，相互互补，我们中国人应该学学他们的严谨，他们应该学学我们的灵活性。简单一句话，用我们中国的文学来说，我们应当做什么样的人？"内正外圆""外圆内方"，内方是我们的原则，外圆是我们的灵活性，我觉得他们和我们都应该这样。

问：我知道有很多中国人到欧洲去旅游的时候，比如到荷兰，都会到红灯区去看看，这就牵涉到一个色情业的问题，色情和外交、经贸和文化都有一定的关系。当然在中国，色情业也有一些按摩店等，我们做贸易都会遇到这样的店，但是到欧洲去看到的是另外一种状态。我想请问卢会长，一是您在外交的过程中是否有遇到色情？第二个问题，对于思维文化、东西思维方式对色情方面有哪些影响？

答：第一，你讲的中国的旅游团都去看红灯区，在荷兰这些红灯区的人被叫作玻璃人，因为是在玻璃窗后面坐着的，而且这些玻璃人现在都会讲一些中文，"要发票吗？"我想你刚才的那个问题，倒是一个值得我们社会学、人类学、心理学来研究的问题，就是你刚才所说的性、色情、红灯区，曾经有些人不断地讨论，说欧洲是红灯区，利在哪里、弊在哪里？我觉得这个有管理比没有管理的要好。

东西方文明在色情这个问题上的差异我觉得从欧洲人来说，对色情或者说对性，可能会更加开放一点。这种讨论会在孩子时就进行教育，而我们在这个方面可能更封闭一些。封闭有时候造成的问题可能更严重，如果一本书被禁止，可能流传得会更快，所以可能是这样的差别。

问：我想请问一个问题，您不断地谈到我们的逻辑、哲学、技术是求同存异、兼容并蓄，我想我们的这个思想由来已久，西边有山、东边有海、南边有路、北边的人很少，这对我们来说兼容并蓄、求同存异总是很有效的。我们从元朝到清朝都是这样做的，您觉得我们在新时代下面这个求同存异是否可以保证我们国家的利益?

答:这个问题很有意思,从历史来看有一个很有意思的现象。1940年有很多的欧洲国家要打开中国市场,提的是要开放门户、贸易自由。你发现现在中国给欧盟提出的就是要开放门户、贸易自由,希望他们继续执行自由贸易的政策。照我看,一个国家发展的历史阶段不一样,经济情况也不一样。第二个情况,中华民族有过四次振兴的机会,但是这些机会都失去了。第一次是六百年前,当西方哥伦布发现新大陆,中国的郑和下西洋走了很远,但是当时郑和带了瓷器、茶叶、刺绣三样东西,我们没有拿一兵一卒,没有搞任何殖民地,可惜的是回来之后,禁海,没有把航运和贸易的联系继续下去,断了。第二次是日本搞维新我们搞洋务运动,但是由于我们的封建王朝,洋务运动失败了。第三次是20世纪六十年代的科技革命,亚洲的"四小龙"都起来了,我们是在搞"文化大革命",机遇失去了。这一次,我觉得应该是第四次中华民族起飞、振兴的时候,这个机遇不应该再失去了。我觉得现在我们要求大同存小异,或者是按中国的思想"以和为贵""和而不同",中华民族要高举"和平、发展、合作"六个字的旗帜。

问:刚才说了求同存异的一些提问,我的问题和他有一些类似。今天您谈了很长的时间,和我们讲了很多种西方思维的差异,我想问一个问题,按照您这么多年的经验,除了一些人类的本性外,中国人和西方人在思维上有哪些地方可能是相同的?

答:我觉得思维上相同的还是很多的,甚至说有很多方面都是一样的,特别是在考虑问题方面。我觉得不管是东方人还是西方人,首先都是人。人有很多的共同点,比方说追求自由、热爱和平、友谊,这种价值观都是一样的。而且有时候有深浅不同的解释,角度不一样但核心一样。我问过一个哲学家,人的嫉妒是不是人的本性?他说是的。但是他把嫉妒分了三个层次:他说比如明天德国的足球世界杯要开始了,体育比赛中的嫉妒是积极的。人际关系中的嫉妒是消极的。嫉妒又是衡量真爱情和假爱情的标尺,真爱情是一定要有嫉妒的,没有嫉妒的爱情是不真实的。但是他承认嫉妒是人的本性,从小就有,所以我觉得从这些方面来说,人性有很多的共同点,这点很重要,看到差异的时候要看到共同点。

原文摘自卢秋田著《中西方文化和思维的差异》,《中欧大讲坛》,2006年6月8日。　鉴赏编写:鲍钰华

71. 大学精神的文化力量
——与中国三所名校北大、清华、复旦领导的对话
（2006年6月17日）

【格言名句】

我想大学应该是一个花园，我们每位教师都是园丁，花园里面应该生长着不同的花草，有乔木，有灌木，我们园丁的责任是根据每个人的不同情况，使这个人在校园里得到最好的成长，但是每个人又有非常鲜明的个性。

——许智宏

精英教育最早叫作干部教育，是很少的骨干人才的教育。到大众化教育以后就要面临很多现实的就业问题，到以后普及化教育阶段时，很多岗位都需要受过高等教育的人。

——陈希

我们要适应中国的国情来推进改革，不断地进行校内的各种改革，包括人事制度、后勤社会化等各方面的改革，然后我们才有可能把世界一流大学好的东西真正学到手。

——秦绍德

【文章导读】

大学是一个怎样的学校？大学精神的核心是什么？大学的人文内涵又如何积淀？2006年6月17日下午，中国三所名校北京大学、清华大学、复旦大学的领导，就有关"大学精神的文化力量"的课题，相聚解放日报报业集团第五届"文化讲坛"，为济济一堂的听众阐述了他们关于大学文化的思考与展望。原交流分为主题演讲与答问两个部分，这里重点择录的是其中的答问部分。

关于"大学精神的文化力量"很难有统一的模式、统一的答案，三位名校的领导根据各自学校的具体情况和自己的心得体会，敞开心怀，就育人、创新、科学、务实、爱国、求知等大学精神的核心价值，倾心演讲，热情解答，使

听众领略了文化力量在大学精神中的体现。

北京大学校长许智宏在《弘扬大学精神,培养创新人才》的主题演讲中强调:"大学应该是一个花园,我们每位教师都是园丁,花园里面应该生长着不同的花草,有乔木,有灌木,我们园丁的责任是根据每个人的不同情况,使这个人在校园里得到最好的成长,但是每个人又有非常鲜明的个性。如果我们能够这样做的话,那么我们今天的大学就成功了。"清华大学党委书记、校务委员会主任陈希在《大学精神是大学的灵魂》的主题演讲中指出:"精英教育最早叫作干部教育,是很少的骨干人才的教育。到大众化教育以后就要面临很多现实的就业问题,到以后普及化教育阶段时,很多岗位都需要受过高等教育的人。"他认为,"学校教育最本质的过程是人文过程。同一个中学的孩子考进不同的大学,一年下来就不一样了,什么使他变化了?不只是课本的内容,更是这个学校的文化力量使他变化了。一个大学精神的重要性是其他所有的东西都不能替代的。"

复旦大学党委书记秦绍德在《大学文化的精髓》的主题演讲中,强调"我们要适应中国的国情来推进改革,不断地进行校内的各种改革,包括人事制度、后勤社会化等各方面的改革,然后我们才有可能把世界一流大学好的东西真正学到手"。他用了生动的比喻:"大学是天空,是海洋。大学胸怀宽广,包罗万象,求真、求善、求美,对学术而言它有不受约束的天地;对学子而言它有广阔的发展空间;对大学自身而言,百川汇入大海,拥有丰富的资源。大学为什么那么有影响力,恐怕同他的包容性有关。"

三位名校领导的主题演讲,让台下四百多名观众了解了大学之大在"文化"。三位嘉宾主题演讲结束后,与观众进行了生动活泼的对话,使观众明确了一些问题,主要有:"一个人的成长有多种渠道""大学文化应该更深湛、更前沿、更冷静""专业不打开的话,很难有大师出现""大学要教会学生如何选择自己""无论做什么,希望学生都能追求卓越""世界一流大学,不是增加点钱就能办成的,更重要的是'大学精神的文化力量'"。

【对话原文】

一个人的成长有很多条道路

解放日报观点版记者刘芳:今天,非常有幸能够聆听三位来自中国最著名学府的校长和书记在这里纵论大学精神的文化力量。我的问题跟名校有关。最近高考结束了,媒体报道了一位名叫王祥的考生,说他前两年分别以两分和三分之差与北大失之交臂,他毅然作出了一个抉择:放弃其他重点大学的录取资格,而进行复读。今年他说,如果这次考不上北大,他将进行第三次复读。这算是社会追逐名校的一个片断,请问三位来自名校的校长和书记如何看待这种名校情结?

许智宏:这种对于名校的向往我是很理解的。但全国今年有将近九百万的考生,而我们北大、清华两所学校加起来才录取七千多人,实际上这个录取几率是极低的。我自己过去也收到过这种高中毕业生充满渴望的来信,有的我也回过信。我感谢、理解他们想到北大来求学的迫切心情和希望,在他们心目中北大具有非常崇高的地位。但是我也劝他们,实际上一个人成长的道路是很多的,我自己招的研究生很多并不是毕业于名校的,他们通过自己的努力,也成为了非常优秀的人才。我们中国科学院的院士和工程院的院士中有很大一批精英,有的甚至大学都没有上过。

当然,能够上名校可以有比较好的学习环境,但即使没有上名校,现在的学习条件比我们当年学习的客观环境也要好得多。所以我还是希望社会舆论能在各方面创造良好的环境,使大家觉得一个人的成长是有各种各样的途径,通过自身的努力就可以把自己培养成非常出色的人才,对社会作出贡献。

主持人:的确,名校不是成功的保证书。但是名校本身确实也代表了一种价值,请问秦书记今天人们追求名校,追求的到底是什么,名校的价值在哪里?

秦绍德:许校长已经说得很全面了,我补充三句话。第一句,我们希望全国能有各种各类的一大批名校,到了那个时候,中国的高等教育才算获得与国家实力相匹配的地位。第二句,所有的考生应到适合自己成长的、适合自己特点的学校和专业去求学。第三句,我觉得如果不上大学,也同样可以成才。

大学文化应更深湛,更前沿,更冷静

解放日报经济部记者陈江:刚才秦书记说,大学是社会思想的高原,应该对文化起引领作用,我想这也是我们大家对于大学文化的认识和理解。而现在有一种现象,因为我本人是复旦毕业的,我经常会到复旦BBS上去怀怀旧,也会到北大、清华的BBS上去串串门。我发现现在是社会上流行什

么,大学的 BBS 上就会流行什么,比如"超女""芙蓉姐姐""一个馒头引发的血案"等,感觉不是大学文化引领社会文化,而是社会文化引领大学文化。所以请问三位嘉宾,在这种泛网络时代和泛娱乐时代,我们大学文化对于社会文化的引领作用应该怎样体现呢?

陈希:我想大学文化和社会文化之间是相互影响的,大学文化会影响社会,社会文化也会影响大学。列宁讲过一句话,"青年是社会的晴雨表",这就反映出社会对于年轻人的影响。所以在大学的 BBS 上很快很敏感地反映一些社会思潮,这是很正常的一件事情。

大学确实对社会有很多引领的作用。比如刚才许校长所说的,现在社会上有浮躁的情绪,对这种浮躁情绪的存在,大学的反对声音是很大的,尽管大学也不同程度地受到这种影响,但是反对的声音是非常强烈的,而且有一些教师在这些事情上态度表现得非常鲜明。大学会更加注意向上的、更加注意长远的、更加注意全局的东西,这些东西是大学很主要的关注点,这就会和短期的、眼前的、局部的东西有矛盾,但是大体的文化形态的表现是很积极的。

秦绍德:我说大学是社会思想的高原,引领文化,只不过是从宏观的意义上说的。用另外一句话来补充就是,大学是个海,海里什么都有。我赞成刚才陈书记多样化的说法,我们在网上看到有吹捧"超女"的大学生,但是你也能看到有反对盲目追星的大学生的言论,这就是多样化。

另外,通俗文化也不一定是低俗的文化,通俗和低俗是有区别的。在大学里面有可能会有一些明星的追逐者,但是也有可能会有一些"粉丝"的批判者。所以,我觉得多样化在大学里面还是体现得很充分。当然,从我们教师的角度来讲,还是希望大学里面对于文化的研究是不是能够更加深湛一些、更加前沿一些,能够对整个社会的反应更加冷静一些。

专业不打开的话,很难会有大师出现

新闻晨报记者戴震东:前面在介绍三所学校的时候,三位嘉宾提到了一些学校的大师,像蔡元培、钱钟书、苏步青等,他们这样一些大师代表了大学精神的文化力量。但是现在能够说得出的"标杆式"的大师,好像在我们三所学校或者其他大学当中很少了。不知道为什么会出现这样的一种情况,这种情况会不会对大学精神以及对于我们社会造成一些不良影响呢?

许智宏:这个问题在很多场合,很多媒体朋友都有提及。我自己原来是

学理科的,当了大学校长后也开始思考这个问题,我觉得这既有大学本身的原因,也有社会的原因。我最近和北大几位老教授就讨论过这个问题,比如季羡林老先生、汤一介老先生,他们都是北大资深的教授。我们认为,除了社会的原因以外,从需要的层面来讲,我们现在的教育体制还有相当大的问题。

现在一讲到大师,很多是指人文科学、社会科学的老师,他们比较容易出名。北大的陈平原教授作报告时说,文科的学生更容易写自己的老师,而理科的学生不太会写,也没有太多的时间来写自己的老师。(全场笑)实际上有很多的理科教授也是很吸引人的,但是他们的学生没有那么多时间描写他们的老师,而文科的学生有时间吗,因而把这些故事就一代代传下去了。(全场大笑)我们陈平原教授也是很可爱的,他讲得还是有一定道理的。

还有一点,看看我们这些人文学科和社会科学的大师,不能讲绝对的所有的,但是大部分都是学贯中西。比如哲学大师冯友兰,过去在北大,后来调到清华,包括蔡元培本身,还有胡适,他们都有很深的国学与西学根基,在这种情况下,他们可以比较地来研究文化。我们在北大现在有一个班,就是要让学生们将来有很好的西学和国学的功底。我们学生现在的知识结构,总体上分得太细,比如文史哲本来应该是融会贯通的,但中文系、历史系、哲学系都分得很细。我到北大的图书馆系去看,居然还有三个专业,在我看来真是大同小异,没有什么太大的区别。如果在这方面,我们不能打开的话,我觉得很难会有大师出现。

我们不仅要中西贯通,还要文理贯通。比如李政道、杨振宁都有很好的文化修养和艺术修养,他们在很多大学讲的是科学与艺术。这就让我们反思今天的教育,是要通才教育,还是强调专业教育呢? 我自己想,通过北大这几年的改革实践说明,大概中国的教育一点没有专业教育是不行的,但的确要有一定的综合教育,所以我们现在强调低年级的通才教育、高年级的宽口径专业教育。学生要有一定的谋生本事,但也要有比较宽的知识面,使得他们能适应社会的需求,走上社会可以有更宽的基础帮助他们以后的发展。这是学校的局部改良。

当然,从社会的层面来讲是更复杂了。政治运动之外,社会科学的不稳定性,加上我们对文科很长时间的重视不够,已造成了我们这个学科上面很难成长出非常大牌的那种教授。这个和理科还不一样,陈景润可以拿着一张纸算他的"1+1=2",我们以前在植物所,即使是下放到农村,不能在实验室做实验,还是可以观察大自然的,而文科则不行。

秦绍德:这是一个大学学界的尖端性问题,大学的领导其实都在想这个问题。我觉得大家现在都关注大师,但是没有想到另外一个问题,就是我们的高等教育正在走向平民化。这是两个不同的方向。更多的人受到高等教育,现在的时代也比过去更加有利了,为什么大师反而不容易出了呢?这有许多的因素。首先说明一点,当时的大师和现在在相同领域里面作出成就的大师可能不能简单地作类比。因为这是不同的年代,在各个学科处于初创的时候,领军者就是大师;而现在各个学科都展开了,自然科学如此,社会科学也如此。

我赞成许校长讲的,真正要培养大师应该从基础做起,如果应试教育状况不改变,我们青少年对科学研究的兴趣得不到呵护,得不到培养,得不到扶持,将来更不容易出大师。

另外,我觉得我们的教育制度也有缺陷。我们现在的教育制度,很大程度上受到快速发展历史阶段的要求,受到市场经济的要求。制度设计方面和机制方面都比较浮躁,有急功近利的倾向。所以,需要我们大家都来创造适合大师成长的环境,到那个时候可能就出来一大批大师了。

大学要教会学生如何选择自己

人才市场报记者梁洁:现在的大学教育有职业化的倾向,就是在专业设置和课程安排上比较追逐时尚,更加务实,比如有些大学开出了高尔夫专业、彩票专业、家政专业,与此同时在社会上很多学生在报考的时候也追逐那些热门的专业。这可能与就业压力有关。但是在这种氛围下,大学精神该怎么体现?我们最能传承大学精神文化的文史哲专业比较受冷落,很多学生对这些专业不感兴趣。请问三位嘉宾对这个问题有什么看法?

陈希:我想现在要注意到一个非常重要的事实,就是国家的高等教育也在转型。我们借用西方的划分:精英教育、大众教育和普及化教育。精英教育的比例比较小,占人口的15%。15%到50%是大众教育,50%以上是普及化教育。精英教育转向大众教育后,人才培养理念和就业理念都会发生很大变化。精英教育最早叫作干部教育,是很少的骨干人才的教育。到大众化教育以后就要面临很多现实的就业问题,到以后普及化教育阶段时,很多岗位都需要受过高等教育的人。

我们这里面确实有个观念的问题，我们对于一些事物的认识还是停留在精英教育阶段，对人才培养、就业情况的理解，从精英教育到大众化教育之后，会有相当数量的人还属于过去精英教育培养理念或者就业的模式，但是也有相当一部分人进入到新的培养理念和就业方式。职业教育的发展是进入大众化教育以后非常重要的特点。所以，从整个理念上不要去排斥这种职业化教育所培养的理念和方式。

第二，在学校内部，当然不同学校有不同的责任和对社会的不同的贡献点，有不同的社会分工。像刚才谈到的高尔夫专业、彩票专业，我想复旦、北大、清华都不会设这种专业。但是不是完全不培养应用型的人才？也不一定是。人才有基础型的，有应用型的，应用在什么领域，各个学校都有不同的理解。

人才的培养一定是两个东西的结合，就是要应付职业需要和适应长远发展，这两个要结合起来。如果只考虑一个，只应付职业需要，好的学校不给学生长远发展的知识和能力，这样的人以后很难成为骨干的人才。但是没有一定的专业基本训练，学生出去以后不能胜任工作也不行。学校要平衡好专业的知识和技能，以及满足长远发展的需要，这两者之间怎么平衡好是教育永恒的难题。在不同的时候，它的平衡点的把握是不完全一样的，不同的学校把握也是不一样的。

许智宏：我补充一点。实际上所谓社会的热门专业，我觉得是一种误导。就拿 MBA 来说，现在办 MBA 的学校很多。但是，我知道有一部分大学的质量根本不可取。社会需要很多的 MBA，但是学校没有这个能力开这个专业，就不应该去开，否则会给学生很大的误导。但是，现在的学生也很奇怪，似乎很容易受到误导。这与我们那个年代不太一样。我考北大，我爸妈没叫我去，我高中老师也没叫我去。我比较喜欢生物，我喜欢大自然。其实我的数理化更好，老师希望我考数学、物理。但是，我还是考了北大。家里知道我考了那么远，都说怎么从无锡考到北京去了。但是现在很少有高中生像我们那样，根据自己的意愿去选择专业。到了大学后，学生会发现未必自己选择的就是自己喜欢的。所以，大学要给一个宽松的环境，使得同学能够选择做他们自己。

去年第一年毕业的"元培班"，开头我们也担心一年两年以后这些学生都会选一些热门的专业。但是两年下来我们就发现，这些学生根据自己的实力、能力作出的选择是均衡的。这个班的专业选择,在学校各个专业都有,有冷门的,有热门的。所以关键是学校要创造环境来引导学生,让学生根据自己的兴趣和成长环境来选择自己的未来。

秦绍德:我再补充一下。这个问题在社会上的取向很清楚。我非常赞成刚才陈书记和许校长讲的那些观点。第一,大学培养人才既不能不考虑各种工作岗位的需求,又不能不考虑学生未来更长远的发展。严格地讲,所谓进大学读书就是为今后的一生准备条件,当然以后还可以接受继续教育。有一些高等职业学校可以在职业化方面做得更加具体。大学应该是有分工的。大学应该更加着眼于学生未来长远的发展。

第二,现在家长影响考生,就是在选择大学的时候和未来的职业挂得太紧。这是一种很不好的现象。一是扼杀了青少年自己对于自然界、对于社会、对于科学研究的兴趣,没有兴趣是没有学习动力的,而且也不能够全面自由地发展,完全受职业的束缚。哪个职业好,大家都一窝蜂地考那个专业,然后全国的大学都一窝蜂地办那些专业。这是非常有害的。我不明白全国是不是需要培养出来那么多的工商经理。为什么没有一所学校去培养工商经理的助手?所以,在大学人才培养方面,不仅应该考虑社会整体的长远需求,而且应该考虑这个社会整个长远的需求和社会发展的可持续性,这样才能在专业方面有很好的设置。

世界一流大学,不是增加点钱就能建成的

新闻晚报记者张骞:北大、清华、复旦都以创建世界一流大学为目标,以三位嘉宾的眼光来看,您觉得国内一流高校与世界一流高校在大学精神文化上的差距究竟是什么?

秦绍德:我想作个铺垫。我们国内有一批高水平大学都提出要朝着世界一流大学的目标前进,这个提法也得到了党中央的肯定。肯定的标志就是1995年江泽民同志给复旦大学90周年题词的时候提出这个命题,1998年在北大的百年校庆上继续提,后来在清华90周年校庆时再次强调。2005年,胡锦涛同志给复旦大学百年校庆写来贺信,再一次对这个命题作出了深入的阐述,提出了目标和要求。我们这些大学都是以这个为目标的。但是坦率地讲,我们国内大学和世界一流大学还有相当大的距离。尽管我们进步很快,这个进步希望社会各界和媒体都能够看到,但我们和世界一流的大学距离还很远。

距离很远是体现在多方面的，如师资队伍有差距，学科的布局有差距，科研的成果有差距，人才培养和社会影响有差距等等。在精神文化的层面，一是我们在办学理念方面和世界一流大学还有差距。因为，人家的办学时间毕竟很长，我们的时间相对很短。老实说，我们正是在向他们不断学习的过程中，接受了他们的先进办学理念，现在国内也提倡一些比较好的办学理念。比如通识教育，通识教育是要培养全面的人，打好基础，使人才在今后有非常好的适应性。这样的理念，我们国内的大学尤其是综合性大学逐渐都接受了。只有对学生进行了通识教育，学生以后的专业基础才会扎实，专业教育才会成功。这种理念就是从国外一流大学那里吸收过来的。

二是我们在管理体制、机制方面，和一流大学也有差距。也就是说，在文化和制度的层面，我们和世界一流大学还有很大的差距。譬如说，国外大学人才流动是经常的事，是非常频繁的，也习以为常，已经有一套体制和机制来保证。这几年我们这些大学都花了功夫、花了代价来引进人才。一开始，校内老师们还对引进人才不大理解，为什么"外来和尚好念经"？几年以后，我们发现，在国外没有"引进人才"这个概念，只有"人才流动"这个概念。流动是正常的，不流动才是不正常的。一个学科、一个院系，如果人才多少年不变就是不正常的。因此，我们要适应中国的国情来推进改革，不断地进行校内的各种改革，包括人事制度、后勤社会化等各方面的改革，然后我们才有可能把世界一流大学好的东西真正学到手。

主持人：创建世界一流大学，北大还提出过一个时间表，当时说2015年可以创建成功，这个目标是不是可以实现？

许智宏：我们北大和清华应该都有一个时间表。中国到目前为止还没有世界一流大学。世界一流大学的建设是一个长期的过程，绝不能以急功近利的方法来办大学。有些媒体记者问我，北大什么时候建成世界一流大学？我说，我已经回答了无数次了。当然，大致的时间表还是需要的，就像我们国家要在2020年成为创新型国家，这是我们的战略目标，作为一所大学应该有一个战略目标。但是，到那个时候能不能办成，我觉得是受很多内外因素影响的。

首先，自己有没有努力这是关键的。争取各方面对你的支持，能够推行改革。同时作为中国的高等教育，我想在很大程度上政府的稳定的支持，同样也是非常重要的。因为现在社会上总觉得中国的大学用了太多的钱，但实际上大家想一想，我们从1998年到现在，大学生增加了五倍，我们的高等教育经费并没有增加五倍。所以我觉得我们还是一个穷国办高等教育。但是不办也不行，那么多的高中毕业生都需要进大学，但是扩招了吧，可能对于一部分学校来讲，影响了教学质量。所以这个对政府来讲也是处于两难的地位。解决问题，只有通过发展。我们又不能退回去，缩小招生，那会引起老百姓的不满。因此，我不希望中国只有一个北大和一个清华，我希望有更多更好的大学，但是只能一步一步做。一所著名大学的造就，不是靠人为的一下子增加点钱就解决了，是通过很多代人的努力而造就的。有的学校一转眼从大专变成了学院，从学院变成了研究型大学，哪里那么容易啊？

在这方面不能急功近利，从我们的领导来讲，从我们的社会来讲，对办大学都要有很好的理念。全国大学应该分层次，不同的大学承担不同的任务。我前一段时间到常州去看过那里的大学城，他们以培养高级蓝领为目标。那里有第一流的车间，他们的学生在大二的时候就被全国各大企业订走了。他们有自己的位置。

其实，大学没有高低之分，每所大学要有自己的位置。社会发展需求是多方面的，但是现在办大学似乎都是单一的思路，大家都想办综合性大学，实际上办综合性大学的成本是极高的。我国教授的工资比国外的低，但是像清华、北大、复旦，特别是理科的，买的设备不会比人家便宜。一般我们设备进口要比国外贵20%，我们的教授没有本事把这个减下来，但是我们的大学必须做研究。所以办研究型大学成本是比较高的。但是，如果没有这批研究型大学成为国家知识创新的重要组成部分，那我们国家的知识创新体系是不完备的，我们不可能培养出第一流的人才。因此，有的报纸上写北大、清华一年用了二三十个亿。说实话，我手头上一年只有三个亿，是国家拨下的，可以用。大家对大学的结构并不是很清楚，收支的分配状况也不是很清楚。现在大学还承担了所有的离退休人员，去年北大用于离退休人员的支出就花了一亿两千万，都是按照国家的规定办的。实际他们个人拿的也不多，离退休职工平均一个月只有两千块钱。但是随着年数的增加，人会越来越多。这就是我们中国特殊的情况，我希望能通过将来的改革逐步来解决。

但是外界可能并不知道，目前中国大学还有很多的困难和问题，解决大学的经费问题，就是一大难题。我原来在中科院分管技术研究的，当上北大校长后要我出访香港,每次都会安排我见一些企业家。一开始我都不知道该和他们说什么好,现在明白打好这方面的交道是很重要的。(全场大笑)事实上,我们也可以从企业家身上学到很多东西。这就是摸索中成长。北大、清华、复旦要得到社会的支持才能发展得更好。所以今天在这里要感谢社会各方面对北大的关爱。(全场笑,鼓掌)

原文摘自尹明华编:《激荡:文化讲坛实录2》,上海三联,2007年5月。

鉴赏编写:申宝玉　王柳丽

72. 真诚的价值及其制约
——与海尔集团首席执行官张瑞敏的交流
(2006年7月4日)

【格言名句】

企业的价值完全体现于市场用户的忠诚度。

——张瑞敏

【文章导读】

张瑞敏,海尔集团首席执行官,曾荣获"企业家成就奖"(《亚洲周刊》)"亚洲25位最具影响力的商界领袖""全球50位最受尊敬的商业领袖"等称号。他领导的海尔集团由一个亏损147万元的集体小厂,发展成为2005年全球营业额1 039亿元的中国第一品牌,并在全世界获得越来越高的美誉度。2005年8月30日,英国《金融时报》公布"中国十大世界级品牌"调查结果,海尔荣居榜首。

2006年7月4日,张瑞敏应邀在国资委举办的中外名家系列讲座中,发表自己的主题演讲《真诚的价值及其制约》并和观众进行对话。原交流分为主题演讲与对话两个部分。

海尔集团从一家小企业走向了世界级的大集团。这其中蕴含着何种先进高深的管理理念?是世界级跨国公司的营销模式,还是从人事、财务、流程、结果等细化的各项管理,甚至是带有中国特色的产权制度改革?或者是具体的科技投入、产业升级、多元化经营？这些想必是每个听众都想从它的CEO张瑞敏口中获知的。与张瑞敏的交流，使我们明确了做人的基本常识——诚信。

张瑞敏论述了真诚和企业关系。他认为"企业的价值完全体现于市场用户的忠诚度"。并引用了德鲁克的名言：创造客户，从而把诚信在企业与客户的交往中的作用一目了然呈现出来，更通过与"创新"——为众人接受的企业生存之间的关系作了进一步的价值论证：没有真诚，创新就不可能真正做下去。

张瑞敏的演讲紧扣"真诚的价值"这个中心，讲了了三个问题，每一个问题都用一句话来概括，条理清楚、中心突出：一是"真诚的动力"，讲述的多是企业草创或者开拓海外市场的初始阶段；二是"真诚的永远"，讲述的则是在残酷的市场竞争阶段如何依赖诚信夺得古巴等海外市场的故事；三是"真诚的标志"，讲述的是世界名牌，真诚的顶级标志。张瑞敏的目标已瞄准了世界级，但他还是以谦谦君子的风度，对自己以及中国企业的不足保持着清醒的认知：信息化时代企业管理的指标主要体现在物流、信息流和资金流上，中国企业在物流上如不能彻底贯彻真诚，那么，到国际市场上就很难有竞争力。

纵观张瑞敏的演讲和对话中讲述的"为不同客户定制不同产品与销量的矛盾"，让我们深深感受到海尔的发展史就是一部诚信史。它折射出海尔人的智慧和人性美德的光辉。

当然，一个人、一个企业一时真诚并不难，难的是永远真诚，难的是如何带动周围的人讲诚信。市场经济就是法制经济，强调的是企业运行的良好文化氛围，例如保持对顾客的真诚，这在当今企业界还没能普遍做到。现在的市场是所谓的关系市场，企业的运作在很大程度上是依靠人情关系、亲情关系来支撑的。随着改革开放的深入就需要有制度的支撑。

企业的不诚信行为不仅坑害了企业，也毒化了社会风气。从某种意义上说，诚信更是人际交往中必须遵循的人文素养。如果说吴敬琏教授从经济学的角度对张瑞敏的对话作了点评，那么张瑞敏的对话，则是从人文以及社会学的角度，给我们留下了做人的至理名言。

【主题演讲】

张瑞敏：非常高兴今晚能在这里与各位作一个交流。

我认为,真诚的价值不是企业自己能够说清楚的,主要是由用户以"货币投票"来决定,一个企业一旦被用户抛弃,就意味着没有价值。所以,以我之见,企业的价值完全体现于市场用户的忠诚度。而企业要拥有价值,就必须不断创新。管理大师德鲁克曾说过"创新就是创造资源",我同意这一点。大家都清楚,同样的厂房、设备、人员会产生不同的价值,所以,创新也是创造一种资源。

若想拥有更高的价值,就必须不断创新,而创新又必须基于真诚。缺乏真诚,创新就不可能真正做下去。所以,创新对于每个企业都至关重要,但要做到又极其困难,因为企业很难保持一颗平常而真诚的心。许多企业在创业之初做得较好,一旦成功后,对市场、用户就不以为然,而等到被用户抛弃时已回天无术了。海外有一句谚语:"台风来了,猪都会飞。"改革开放劲风吹来了,把一些猪给吹起来了,而一些猪就觉得自己真像老鹰在飞。迄今,海尔能够做下去,主要是因为我们在飞的时候还能意识到自己是一头猪,不是一只鹰。如何变成一只鹰?需要很长时间的蜕变。

海尔前些年高速增长,现在却困难重重,主要是全球化带来的问题。海尔在海外有三十几家工厂,也有许多营销公司,建起来很快,这让我联想到禅宗所言的"山水之说":一个人在三十年以前看山是山,看水是水;后来看山不是山,看水不是水;三十年以后得道了,看山还是山,看水还是水。我们现在可能就处在"看山不是山,看水不是水"的阶段。一开始将问题看得很简单,真正出去了,发现差距很大。从这个角度来讲,如何保持一颗真诚的心,真正持续不断地赢得用户的信任,我们还有很长的路要走。虽然海尔目前面临许多问题和困难,甚至外界还有许多质疑,但总的来说,我们是走在健康、正确的道路上的。创业初期我们提出的理念是"真诚到永远",后来觉得不仅要真诚到永远,还得真诚到全球。

下面我主要谈三点:一是真诚的动力,二是真诚的永恒,三是真诚的标志。

一、真诚的动力

德鲁克讲过:"企业正确而有效的目的只有一个,就是创造顾客。"只要能创造顾客,企业就能生存。为了创造顾客,企业必须用心去换取用户之心。如果企业能够用心去换取用户之心、用户之资源,就能生存发展下去。要真诚地为用户创造更高的价值和需求,这绝不是说说认真把质量、服务做好就行,还需要了解每个时间、每个阶段用户究竟需要什么,用心去体会其需求并及时满足,这就是创造顾客。比如海内外媒体炒得较多的关于海尔创业之初砸冰箱事件。将不合格的冰箱由制造者亲手砸掉,主要目的就是为了用户。当时媒体有一说法,用纸糊一个冰箱也可以卖出去。当时的市场是只要有冰箱,就去抢购。许多冰箱厂家误以为用户需要冰箱,其实不然,用户最需要的还是质量。所以,在同行业都在狠抓产量之时,我们却在狠抓质量。

到了1989年,全国冰箱滞销,我们的冰箱却提价12％。后来当国内同行业开始抓质量时,我们将服务作为用户最需要的内容。1995年,青岛有位老太太买了台海尔空调,并找了一辆出租车拉回家,到了自家楼下之后对司机说:"我住五楼,你等一下,我找人来搬。"等她再下来时,发现出租车跑了。我们得知后,给老太太免费送了一台空调,因为我们认识到,如果能够一步到位,就不会出现这个问题。从那时起,我们就提出"无搬动服务",不仅出售空调,而且后续服务一起做。这就是创造用户需求。这种真诚是真正从心里替用户着想,而不是关起门来做服务。

在供大于求的情况下,重要的是满足个性化的需求。在四川一个偏僻山村,用户买了家电没人送,我们就专门派人去送,还临时架起了一座桥,为用户抬到山村里。这样做,经济上肯定不合算,但对用户来讲,他得到的不仅是一个产品,还有一种尊重。后来,这个村子买了二十多台家电,都是由我们送货上门的。

北京有一新婚不久的用户,他爱人在网上聊天时说,他们特别渴望把自己喜欢的一幅画印在冰箱上。于是,他就在网上将那幅画发过来,我们为他实现了这个愿望,并送货到家。像这样的用户,希望体现自身价值,也希望得到别人的尊重,虽然数量不大,对企业而言,也必须服务到位。

事实上,国内企业要进入国际市场非常困难。一般来说,进入国际市场后,实力、市场占有率和别人都没法相比,如果只强调技术、市场不如人家,那就只能坐以待毙。因此,关键是要找到创新的路径。在美国纽约,海尔小冰箱销量占到第一位,但由于美国人工费比较高,电话都是自动接听,有时约一分钟才能接上电话,美国人会感到不耐烦。后来,我们在建话务中心时,通过信息化整合资源,最终可在几秒钟之内接上电话,这在美国用户中产生了较大影响。

另外，我们通过细分市场逐渐打进国外主流市场。巴基斯坦有从牛奶中提炼黄油的机器，非常昂贵，老百姓买不起，而我们原来在西藏搞过一款打酥油茶的机器，是由洗衣机改装的，于是，我们就将此经验带到巴基斯坦，把洗衣机改成打黄油的，新产品一面市便深受当地用户好评。

意大利人很少用酒柜，有钱人都是在地下室弄个酒窖放酒。我们试制了一种超大酒柜，可放一百八十瓶酒，功能相当一个酒窖，女主人都可以站在里面。一般商品到意大利，很难在市场上站住脚，而我们的酒柜第一批就获得了十二个集装箱的订单。

我们在美国搞了个大连锁联合差异化活动，七个小时销售七千台空调，也就是平均每小时一千台，美国人排队买空调。海尔空调和美国空调没什么大的区别，只是因为事先了解到美国用户对空调最大的不满意就是遥控器找不着，我们就配了两个遥控器，一个是分离的，另一个是子母扣，这样就可以扣在空调上，避免可能出现的麻烦。

在印度市场，原先大部分冰箱都来自美国。美国冰箱有一个特点，就是冷冻室在上面，而冷藏室在下面，这样拿食品非常麻烦。我们就把冷藏室改在上面，冷冻室移到下面，方便用户贮物取物，所以就扩大了印度的销量。

如果抓住一些特点，中国产品完全可以打进一些发达国家和比较发达的国家，也包括那些排斥国外产品的国家。韩国人对外国货是抵制的，如汽车，不管多么有钱，一般都不买宝马、奔驰，只要现代。在韩国，海尔洗衣机一开始都被退货，经过调查发现他们的洗衣机都不放在室内，而是放在阳台上，但他们的阳台都是开启式的。为了疏通雨水，开启式的阳台就会有 $12°$ 的斜度，洗衣机放在上面是无法运行的，所以我们就把洗衣机的腿改成可调节的，这就打开了韩国市场。

最重要的是在国际市场上还必须拥有话语权，尤其是家电产品完全市场化以后。产品出口国外遇到最大的问题就是专利问题，再则是反倾销问题。我们在国外的专利比较多，有两项专利已达到国际标准，其中之一是防电墙热水器，将水通上电，出来的水不带电。但发达国家一直反对，因为这项专利主要是用在地线接错或者没有地线的地方。中国的地线不规范，据统计，有 52% 的家庭没有地线或者把地线接到水管上等，非常危险。而发达国家的地线都很规范，所以在国际上讨论时，发达国家就反对，但发展中国家都投票赞成。这说明如果完全站在为用户真诚服务的角度，就可以将事情做好。

目前全球比较受欢迎的是不用洗衣粉的洗衣机,没有洗衣粉就可以不污染,还可以节水50%。2006年1月,温家宝总理开座谈会时,我提出我国对技术创新的支持正好和国外相反,谁要搞科研项目,谁就必须到有关部委申请经费,非常麻烦,而经费申请下来后,就无人问津。国外正好相反,如澳大利亚,海尔洗衣机被确认是节水洗衣机后,就可以拿着发票到澳大利亚水利部门领取补贴;在美国,这种发票还可以抵税。国外是对创新成果进行真正的支持,这样产品在市场上就有竞争力,就可以发展起来。

到国际市场上去开拓,一定要有一颗真诚的心。中国企业和发达国家的企业有很大的差距,尤其是在信息化时代怎么适应其发展,怎么抓住机遇。最近看了一本书——《世界是平的》,我很欣赏其中写到的"企业成功的七个法则"。书中说,在信息化时代,必须让用户做大、企业做小,就是说要以用户为主、企业为辅,而企业只是为用户提供解决方案。星巴克咖啡可以在短时间内发展迅速,其重要原因就是建立为用户解决问题的平台。星巴克提供了可以配制一万六千种不同口味的咖啡方案,任何人对咖啡的要求大概都不会超出这个范围。企业如果这么做,就一定会在市场上具有竞争力。戴尔的直销模式也是完全站在用户角度上的,无论用户何时需要,总可以定制,而且比别人更便宜、更迅速、更准确地满足其需求。信息化时代的企业,就像打飞靶一样,过去我们可能只是打固定靶,可现在是打飞靶,出枪慢了就打不上。出枪不仅要快,还要准,这对企业是非常大的挑战。

另外,家电价格战在大连锁中打得非常激烈的时候,我们在北京的几个精品店里做过一个尝试,即为新住宅配备家电。以前的做法是一件一件买,这样就容易造成家电风格、颜色、款式等不一致,与家庭的装修、氛围也不协调,而今我们按照成套的精品来做,风格、款式、颜色都一致,卖得非常好,满足了北京市民的需求。

真诚的动力应该来自为用户创造新的需求,但是关键的问题在于如何抓住用户的新需求。如果到市场上问一个用户到底需要什么,我相信几乎没有人会准确地告诉你要什么,所以需求只能是创造出来的。

二、真诚的永恒

在我看来,做到一时真诚容易,永远真诚就太难。顺利时(比如利润很高)做到真诚不难,逆境中坚守真诚就太难。所以,在信息化时代,在家电市场过度竞争的背景下,对真诚就构成很严峻的考验和制约。首先是价格战。目前在大连锁里卖的产品都是低成本的,但原材料涨价,比如铜价翻了一倍多,所有与石油有关的塑料制品等价格都涨得很厉害,对企业的压力也非常大。这就面临一个问题,要想降低价格,就得用一些替代性原材料,用户不一定知道,一时可蒙混过去。但从长远来看,就可能是灾难性的。比如电视机必须要用阻燃塑料,即使用不容易着火的塑料,从外表看,阻燃塑料和不阻燃塑料没什么差别,而且用不阻燃塑料起火的概率也很小,但价格差别很大,这样,企业就很容易经不起诱惑。又如用马口铁代替电机中的锡钢片,用户一般不知道,使用时也不会马上出现问题,因为不会有人将电机拆开,但我们绝对不允许这么做。海尔有一个概念:不是降低成本,而是回避成本。意思是说,通过设计把一些功能提高,并将一些材料和原件去掉,从根本上解决成本问题,但这需要很好的设计人员。

海尔的白电在世界上已排到第十四位,但电视机、手机产品等黑电不是海尔的优势。在黑电方面,我们采取的办法就是设计美洲、欧洲、亚洲三种不同风格的产品。当然,我们招聘的都是外国人,以动员全球的资源共同设计,想方设法抢在前面,并且做到在完全合格之前决不上市。我认为,真诚到最后还是有回报的。中国有一句俗话,叫做"老实常常在",我现在觉得"真诚常常在"。

2005年古巴要一批冰箱,但古巴目前还不是市场经济,每人每月工资大约十美元。卡斯特罗要让古巴人过上更好的生活,提出每个家庭要有一台冰箱,可是十美元根本买不了冰箱,基本上是按工龄配给。古巴有二千多万人口、几百万个家庭,采购量极大,卡斯特罗亲自抓这件事,先是买了许多冰箱样品进行比较,但他们认为从性价比上看欧美冰箱都不行;此外,还要考虑节电,因为古巴的每个家庭都是免费用电。他们的冰箱大都是20世纪五十年代生产的,1959年革命之后没有再进过冰箱,许多冰箱已用了二三十年,耗电量极大,所以卡斯特罗非常重视冰箱耗电量。测试时,同样标明1.1度耗电量,海尔的实际耗电量是1度,而别人的可能就是1.2度,这就是真诚的问题。中国许多冰箱厂家都喜好标明平均每升容积多少钱,将此作为竞争手段,但没有哪个用户会去测定容积,因此有些200升的冰箱就被标到220升等,而我们则标到190升。卡斯特罗亲自拍板来定,一是冰箱耗电量要小,二是不真诚的都不要,最后确定用海尔的。这对我们来讲当然是好事,因为很难在国际上拿到几百万台的大订单。所以,即使在过度竞争的市场环境下,对用户、对市场也一定要真诚,永远不要觉得自己比用户、比市场聪明,永远不要愚弄用户、愚弄市场。

在国外,厂家和大连锁双赢,大家都得到好处,但在国内还很难做到这一点。首先,大连锁进货一般不给钱,什么时候将货卖完了,才付钱,大连锁利用卖货得到的现金流再开店,总是用厂家的钱开店。其次,厂家亏损时,大连锁不一定亏损。大连锁经常让厂家给他补"负毛利",就是大连锁拿到厂家的货之后,不管卖货亏不亏,先拿走几个百分点,如果说6%作为他们的利润,那么剩下的3%、4%就给商场,商场经营或降价产生的亏损就要让厂家来负责,这样做下去很可能导致厂家亏损。其实,已有不少家电企业亏损甚至巨亏。海尔一直坚持现款现货,一开始在大连锁只有我们和索尼这么做,现在索尼也改变了,这样就经常遭到大连锁的封锁。其实,不进商场我们也不怕,毕竟有许多用户还需要海尔产品,最终大连锁还是妥协了。所以,大连锁与厂家之间也要相互真诚,这样才能双赢。

海尔做大之后,受到方方面面的质疑,包括做得好的和做得不够好的。我们曾经在四川成都的城乡结合部发现了一种需求,就是用洗衣机洗地瓜,并专门做了开发,确保既可洗净地瓜,又不把地瓜皮磨破,同时还不让泥沙堵塞。《人民日报》对此作了报道,于是招来不少质疑,说这是根本不可能的事,因为中国的农民还没有富到用洗衣机来洗地瓜的地步。其实,农民是要把地瓜做成商品,做成各种地瓜片、地瓜条。后来,我们在安徽发现一些卖龙虾的人也希望用洗衣机洗龙虾,但不能把虾腿洗掉。对此,我们也做到了,商家非常高兴。而有了洗地瓜的教训,我们就不再搞宣传,反正用户喜欢就可以了。

但是,真诚有时也会被别人利用来达到其不真诚的企图。如有些媒体对我们质疑,明显是有悖真实的,但在交涉时竟说:"我们知道这是假的,但说海尔好的文章没人看,骂海尔的文章肯定有人看,请你们理解。你们要吃饭,我们也要吃饭。"最后再加上一句:"要不要打官司?我们非常希望打官司。"还有自称学者的人打电话来说:"我也知道这不是事实,应该严肃一些。如果你请我做你的顾问,价钱可再议,我都可以给你摆平。"面对这种种不真诚,怎么办?我觉得还是应该真心对待,但不应该以德报怨。日本投降以后,中国人以德报怨,我觉得效果不是很好。给点钱,换来媒体做一些"正面"报道，这是姑息养奸，以后还会有第二次、第三次，况且其他媒体也会照着做。如果以怨报怨与他们打官司，最后将其折腾败了，又有什么意思？当然，最终还是要以市场成果来说话。只要不是人身攻击，我们就要埋头将自己的事情做下去。就像世界杯一样，齐达内踢不进球，人们会说他老了，不中用了，进球了就说他老当益壮。

这么多年，我个人的体会是：心态一定要好，要淡泊名利。老子说："天之道，不争而善胜，不言而善应。"意思是要靠实力胜出，靠成果来回应。许多人将《易经》当成算卦，其实《易经》是一本对人生很有启发的书，我看六十四卦中最好的一卦就是最后的未济卦，因为人生永远是在未完成阶段，若达到一个目的，那也只是一个阶段性成果，或者说实现了一个低标准，最高的目标永远达不到。南宋诗人杨万里的诗写得很好："莫言下岭便无难，赚得行人错欢颜。正入万山圈子里，一山放过一山拦。"人生就像在万山圈里转悠，过了一座山还有一座山，如果牢牢盯住自己的目标，并坚定地向目标迈进，其他的一切都无须多虑。

海尔至今也只是一头"会飞的猪"，因此必须时刻持有谦虚的态度。《易经》第十五卦是谦卦，认为谦虚再谦虚，谦虚过了也没有关系，"谦谦君子，用涉大川，吉。"一个谦谦君子，遇到多少艰难险阻，都能逢凶化吉，都可以过去。刚强好吗？太刚则折。柔弱好吗？太柔则废。谦虚不是天天低头哈腰地告诉人家"我不行"，谦虚是要找出自己的不足，加以克服，最终实现既定目标。因此，心态永远要放平，为争一时之勇而把最应该做的市场创新放到一边去，那就丢掉了根本。

三、真诚的标志

真诚的标志是什么？在我看来就是世界名牌。如果能创造出世界名牌，就表明你的真诚是世界级的。当然，不是所有的企业都能创造出世界名牌，只要追求世界一流的水平就可以了。全世界六千万台电脑差不多都在台湾生产，台湾最大的生产电脑的代工企业一年可生产二千万台电脑，而这些电脑没有一台是用自己的牌子，但我认为在代工行业它也是世界名牌，因为它有世界级的竞争力。

海尔也在创世界名牌，而世界名牌的前提必须是全球化，海尔在全球化的道路上还刚刚起步。加入WTO前，我们感觉还很舒服，因为国内有很大的市场，还有关税保护，但加入WTO以后，一夜之间就像被罚到奥运赛场上,有点局促不安了,因为我们根本没有达到奥运选手的水平。全球化就是要走出去,要有美誉度,但现在不要说美誉度,就连知名度都上不去。外国企业进中国市场,可以做到以十攻一,用十分的力量打你一个市场,而海尔要对准国际上这么多力量,不要说开发费,广告费就不得了,比如我们在日本银座立一块广告牌,一年就要花费几亿日元。

对中央提出的"走出去"战略,我们在实践中深化为"走出去、走进去、走上去"。"走出去",就是将海尔的产品拿到海外销售;"走进去"就是进入主流渠道;"走上去"就是销售主流产品并成为当地的主流品牌。现在我们已进入美国十大连锁等主流渠道了,包括美国、欧洲、日本的一些精品店。在美国,海尔的小冰箱占了第一(按美国人的概念,200升以下的都叫小冰箱,它的主流产品就是500升以上),虽然主流冰箱已有销售,但要真正成为大家认可的品牌还差得很远。走出去,好比出国留学;走进去,好比在国外拿绿卡;走上去,就是要成为当地社会名流,好比赵小兰成为美国劳工部部长。中国人出去留学的很多,但拿绿卡的不多,成为名流的更是凤毛麟角。在美国商店,要找到中国制造的商品不难,但要找到中国名牌就难。美国《商业周刊》对名牌的评比标准,对中国人来讲是非常大的挑战,我总结为"102030",即品牌价值在10亿美元以上,总销售额中有20%以上是在国外市场实现的,在利润总额中有30%以上来自海外。现在,中国企业在国内可能还有一点儿钱赚,一到国外,赚钱就普遍犯难了。

2006年1月份开座谈会时,温总理还提到海尔现在肯定没什么问题。我汇报说,海尔最大的问题就是利润,利润已像刀片一样薄了。如果拿利润当武器,到战场上打仗,你拿的是小刀片,人家拿的是大刀片,多半要败。所以,在全球化背景下,利润应主要体现为海外竞争力。

创世界名牌,很关键的就是企业的发展速度。现在,中国企业技术落后,但管理更落后。如果管理水平上不去,即便把所有的资金都拿来搞技术也不行。换句话说,今天把西门子或者松下、东芝的专利都送给我们,也成不了世界第一。所以,管理是更大的问题。过去我们还经常提苦练内功,现在不提了,似乎企业都管得挺好了,其实管理方面的差距很大。

我认为,信息化时代企业管理的指标主要体现在物流、信息流和资金流上。比方说物流,不是把运输公司换一块牌子就叫物流公司,物资不落地流转才是企业物流要达到的目的。有一次,我和美国NBA篮球协会总裁闲聊,他问我:"你对NBA最感兴趣的是什么?"我的回答是"空中扣篮"。球传过去,在空中飞的过程中,篮下的队员也跳起来了,正好把球扣到篮筐里去,物流需要的就是这样,"不要落地"是其精髓所在。但是,现在许多企业是为仓库采购、生产,进来的原材料放在仓库里,生产出来的产品放到仓库里,能不能卖出去不知道。这哪里是真正的物流! 现在,在青岛港口堆放物资,一平方米每天就要八美元,而纽约码头则高达五十五美元。中国这么薄的利润,放五天就赔得精光,拿出来时还不如不要这些货了,这就是物流问题。

我觉得,在国际上物流做得很好的就是丰田,它没有原材料仓库,进来的原材料部件直接送到生产线。2005年,我到丰田参观,有一个细节让我非常感动,丰田要供应商发货,都会送一个单子,上面写明要送多少件、质量达到什么水平,最关键的一条是必须在几点几分送到,晚一分钟就要扣掉四十万日元。中国的企业可能认为,放到库里无所谓,慢慢用呗! 而且,在中国直接送到生产线根本行不通,一是做不到,二是现在的环境也不允许,因为很难确保产品质量一定是好的,如果直接送到生产线,不再检查了,说不定假冒伪劣品都送过来了。

问题在于,中国企业在物流上如不能彻底贯彻真诚,那么,到国际市场上就很难有竞争力。有媒体报道说,中国出口货物的坏账率是5%,而美国是0.2%,相差二十倍。同样,我们只公布GDP,不公布库存量,而实际上工业企业库存已占销售额的20%,而根据美国公布的指标,其库存和GDP的比例是1%。这说明物流与信息流有其一致性。像打仗一样,没有信息的支持,不知道生产这些产品给谁,这就叫盲目。有了物流和信息流的支持,最后才能够使货物在第一时间变现。许多企业垮台就是两个问题:一是应收账款,一是库存,到最后现金流转不动了,按照日本人的说法,叫作"黑字破产",表面上看利润没有问题,但是现金流断了。

这些问题说到底,就是人的问题。真诚的顶级标志就是世界名牌,而要创世界名牌,就必须有世界级的人;有世界级的人,才能有世界级的品牌。我们一开始觉得国外市场没什么了不起,但出去后一下子又打不过人家,于是觉得自己怎么样也不行,只能代工。这说明锻炼得还不够。有位德国记者,是汉学家,汉语说得非常好,他认为中国现在的改革开放和清末的"体用论"没什么大的区别,问我对此有何见解。"体用论"就是清末洋务派运动的重要人物张之洞提出的"中学为体,西学为用"。我回答说"体用论"和改革开放不一样。当时清王朝认为中国的传统文化就是世界第一,外国的都不行,外国只不过有几件洋玩意儿,有一些先进机器和设备。康乾盛世时,中国 GDP 占世界的三分之一,所以只要坚持中国的文化不变,再把西方的东西拿点过来,就稳做世界第一了。而改革开放是中华民族在思想和文化上的全面变革,只要是好的东西就认真接受,其目标是把中华文化和国外先进文化融合起来。我们一定能够学习先进技术,一定能超越先进技术,这也是历史的规律,因为落后不可能永远落后,先进也不可能永远先进。我还与一位外国记者说过,清末甲午海战,日本买的第一艘八千吨军舰,开回去时,全日本都震惊了,但那时中国的军舰可能比它还好,结果一交战,日本人还是把北洋水师的军舰俘虏了,在日本舰艇编队变成二路军舰。为什么? 不只是打仗打败了,更重要的是败在思路上。日本人懂得奋起直追,不光引进,而且还自己制造。所以,海尔现在的做法是:第一台引进,第二台国产,第三台出口,第四台境外生产。引进、消化、吸收再国产,然后根据国外市场需求再出口,最后在当地生产,创当地名牌,实现超越。如果没有这种开放观念,就会把自己定位成做代工的,如此,何谈中国工业的前途、中国工业的竞争力?

如何对待全球化? 应该去看看《世界是平的》这本书,该书作者是美国《纽约时报》的专栏作家,声称在 15 世纪哥伦布发现"地球是圆的"之后,今天他发现"世界是平的",因为信息化将整个世界变成平面的。他还提出全球化有三个版本:1.0 版本就是从 15 世纪到 19 世纪,是国家的全球化,必须用整个国家的力量来做,比如航海比较发达的国家在全世界就有很多的殖民地;2.0 版本就是从 19 世纪到 2000 年,是企业的全球化,用企业的力量就可以全球化,比如通用、福特统治全球的汽车业;3.0 版本就是从 2000 年往后的时代,是个人的全球化,每个人都可以全球化,每个人都可以增值,因为信息全部是流通的。

对中国来讲,怎样让每个人都能享受到全球化的信息,用一个什么样的组织结构把每个人的价值都发挥出来,使每个人都能增值,确实很重要。1998 年 9 月 8 日,我们提出进行海尔市场链的流程再造,也就是人单合一。简单地说,每个人有一个码,每一个产品也有码,每一个商场也有码,这三个码在每一个动态时间都合到一起,如北京西单商场卖一千台产品,进货要扫描,出货要扫描,谁进的货也很清楚,人、商场和物三个码合到一起,都为了一千台的目标,有什么问题都可直接反映出来,所以流程再造是一个非常浩大的工程。尤其是海尔每天的产量很大,冰箱产量已做到全世界第一,近八百万台,再加上其他产品一年有几千万台,如果没有信息化的支持,企业就很难把运营中的各种情况搞清楚。当时,我们提出用十年时间完成,至今已经八年。对此,国外许多商学院都很感兴趣,全世界 EMBA 教育排名第一的瑞士洛桑国际管理学院还将此作成案例,进入欧盟的案例库,倒不是说已作为一个成功案例,而是作为信息化时代的一个探索引人注目。

实践证明,真诚到永远很难,难就难在连续性,难在闭环优化。闭环优化对企业、对政府都是很重要的,但现在往往不是双向的,而是单向的,比如指标是一级一级布置下去,执行的结果又是一级一级反馈上来,反馈的很可能是对他有利的数字。如果不是从信息化取数,不是第三方报数,而是企业自己报数,就很容易造假。没有信息化的支持,企业想真诚也难,久而久之,企业就会在整个世界变化的大潮流中被淘汰。一个小企业不可能在瞬间发展起来,一个大企业却可能在瞬间倒闭。企业要真诚地为每个员工体现自身价值创造条件,而员工也要真诚地为用户创造价值,其制约就是企业与个人收入相联系。每个企业不管大小,都有三张表,即资产负债表、损益表、现金流量表。而成功的企业应当使每个人都变成一个经营体,用这三张表来促使每个人都真诚地去工作、去增加一份力量。假如真能如此,那么企业获得的增长肯定不是算术级数的,而是几何级数的,那就不得了!

【对话原文】

主持人:非常感谢张总!我想在中国的企业家中,张总是最有资格和大家交流"真诚的价值"的。今晚前来倾听张总演讲的,除了惯常的订座单位之外,还有不少慕名而来的听众,出现了前所未有的"爆棚"现象,其中有来自浙江杭州、湖北武汉、河南郑州以及香港的嘉宾,有来自中央党校进修部的老师和学员,还有几位曾经来此演讲过的名家,他们是国学大师文怀沙先生、著名经济学家易纲和刘福垣先生、证券学家林义相先生、国际知名运动员庄则栋先生、古玉鉴藏家侯彦成先生等。下面,我们请著名经济学家吴敬琏先生点评。

吴敬琏(著名经济学家):听了瑞敏的演讲很受启发。每一次,无论是与他讨论还是听他演讲,都觉得有许多感悟。而今天让我感动的,就是如何能将海尔动人的真诚的故事变成我们国家经常能听到的千万家企业都在讲的故事。

张总讲得很好,一个人一时真诚并不难,难的是永远真诚。我听了张总所讲的海尔对顾客的满腔真诚演绎出来的动人故事后,也希望企业家们都来演绎这样的故事。当然这要有一定的制度保证,使得企业家都能朝这个方向努力,其中有两点是至关重要的,一是平等竞争的市场制度,一是企业制度。正像孙冶方先生早就讲过的,市场有两种手段,一是"胡萝卜",一是"大棒",也就是奖优罚劣、优胜劣汰,这样才能使每一个企业家都努力地往前走。

我们清楚,保持对顾客的真诚,这在企业界还没能普遍做到。初级阶段的市场仍然是发展程度较低的市场,是所谓的关系市场,或者是经济学家所说的人格化交换市场。在这种市场里,对顾客的真诚在很大程度上是依靠人情关系、亲情关系来支撑的。随着改革开放的深入,市场将逐步趋于成熟,并扩展到全世界,变成陌生人之间的市场或者非人格化的市场。在这种市场里,交易对象之间也许从未打过交道,甚至以后永远也不会打交道,但市场仍能有效运转,仍能发挥胡萝卜加大棒的作用,这就需要有制度的支撑。现在,法制不健全,垄断的现象、行政权力的干预还无处不在,市场经济也不可能有效地运转。因此,我们的当务之急就是要赶快把法制基础上的市场建立起来。

企业是由许多经理人、管理者、职工等组织起来的有机体,要使企业的每个参与者都充分发挥作用,就必须有好的企业制度。一个好的企业制度大体有几个环节:第一,产权基础是健全的;第二,治理结构是有效的;第三,管理体系是很有执行力的。从现状而言,大多数企业目前还有欠缺,要做的事情非常多。但只要有了好的企业制度,企业的经理人、管理者、职工等就会对顾客真诚并永远保持真诚。做好事,不是单纯地依靠每个人的觉悟、道德素质和职业素养,而是必须有制度保证,这样才是牢靠的。这就要继续改革,完善社会主义市场经济体制,而这件事要政府、企业、社会组织以及每一位公民共同努力才能做好。这是前无古人的事业,已变得非常迫切,我们必须要有危机感和紧迫感。过去,中国的企业及其相关人员都是在卖方市场、供不应求的背景下存在的,现在已转向买方市场,而且加入WTO后,国内市场与国际市场将更加连在一起,如果还是习惯于室内游泳,就很难适应汪洋大海。张总领导海尔已经在世界市场上打拼了这么久,有深切的感受,可能有些企业还没有这样的感受。我希望所有的听众和我一样,从瑞敏的演讲中得到启发,千里之行,始于足下,行动起来,以更好地适应新的竞争态势。

主持人:吴敬琏教授在中国经济学界力主改革,是非常有声望的经济学家。平时叫吴老觉得很自然,但今晚突然感觉他依然很年轻,因为在座的国学大师文怀沙先生已九十七岁高龄,但文老认为自己还不到五十公岁。下面请文老点评,大家欢迎!

文怀沙(著名国学大师):我很尊敬张瑞敏。我常常为祖国江山多娇而自豪,但更尊重为这个多娇江山奉献智慧的英雄,他们是中华民族的骄傲,就像张瑞敏先生。

从张瑞敏的姓名看,瑞者祥瑞也,就是运气好;敏者敏于行也,就是很勤快;张者,四维不张,国乃灭亡,但一张扬就要出问题。做企业需要的是睿智,因为运气不是永恒的,而把握运气本身就需要智慧。现在我们讲诚信、讲真诚,就是因为社会上还有许多不诚信、不真诚,如果没有假冒伪劣商品,你怎么可以看出真诚的可贵呢?从这个意义上讲,那些做伪劣产品的人倒也成就了真诚的企业家,以至于我们还要感谢那些奸商搞的勾当。毛泽东讲:"人民,只有人民,才是推动历史前进的真正动力!"这话显然是理想主义的,事实上历史的前进是光明与黑暗共同作用的结果。瑞敏交了很多朋友,但缺少一个真正的顾问,而我愿意义务地帮助他,比如名字就要改。瑞,运气好,还要加上智慧。睿智的睿有两种写法,即"睿"和"叡"。光有敏不行,辛辛苦苦的事务主义会很劳累,可否把"敏"换成器皿的"皿"?姓张,名睿皿,战无不胜,事业还要往前走。

我有个年轻的朋友,叫李六三,是六三年出生的,今天下午他与我一起,用了以下几句话称颂海尔的整个事业格局:"以员工为基础,以管理为手段,以创新为动力,以市场为导向,以质量为保障,以信誉为根本,以业绩为核心,以品牌为目标。"

我看事物总能看到其另外一面。你跟那些所谓的学者来往,其实更应该交吴敬琏这样有德又有学的大家做朋友。吴敬琏先生刚才提到了我的朋友孙冶方,他生前与我就经常往来。孔子说:"毋友不如己者。"我希望诸位经常交一些对自己有益的朋友,就是要补课,相互来往能够长短互补。我认识了孙冶方,认识了陈省身,就可以从他们那里学到东西,学到自己所不知道的东西。

陈省身曾在数学领域取得了辉煌成就,像诺贝尔奖得主杨振宁、李政道等都很佩服他。有人问他为什么会喜欢数学,他的回答就着实让我受益匪浅。如果他回答说"因为我们的国家要科技兴国,科技的基础是数学,而我热爱我的国家,所以我爱数学",但是他只是个初中毕业生的水平。当然,他不会这么说,而是说"因为数学好玩"。我认为,如果你觉得事业本身很痛苦,那么将来就要出大问题。你应该觉得事业好玩,能胜任还愉快,重要的是愉快。如果一个企业家虽然有所成就,却一脑门子官司,我看他准会忧心忡忡。我觉得应该游刃有余,这是很重要的。

人家问陈省身为什么玩数学能玩出这个水平,他回答说"是我的基因好"。我有个朋友的孙女考北大,没有考上,于是就给孙女施加压力,逼得她想自杀。我开导她:"这个不怪你,因为你爷爷年轻的时候就蹲班。"张瑞敏很聪明,我想一定有好基因。中华儿女有共同的民族基因,我倒不认同张之洞的"中学为体,西学为用"。在我看来,东方人比西方人厉害,比如外国人谈恋爱,一上来就说:"我爱你,你爱我吗?"然后就接吻之类的。中国人不这样,比如十几岁的贾宝玉就很有教养,说:"林妹妹,我们从小一起长大,我心里想什么你不知道吗?"当然,也有像西方人那样的,比如阿Q说:"吴妈,我要跟你困觉。"东方人普遍 Inside(内向),西方人 Outside(外向)。如果瑞敏不仅仅是运气好,还有睿智的睿,且还摆在器皿里非常稳定,不让智慧跑野马,用 Inside 对付 Outside,据此可在世界上独领风骚,举世无双。

几十年里,我见过许多名震历史的大人物,包括科学家,我发现他们有一个共同点,都尊重一样东西,就是唯物主义者所说的规律,唯心主义者所说的命运或机遇。"好古,敏以求之者也。"无非学而知之!我想送瑞敏两句《易经》中的话,"天行健,君子以自强不息;地势坤,君子以厚德载物。"你是厚德载物,你有来历,你的成功不完全是你个人,如果你把所有的东西都归到自己,那你就很突兀。你肯定是爱情的结晶!有些人一脸的暴戾之气,我后来仔细一研究,原来他是淫乱的证据。老子最了不起的是 5 235 个字的《道德经》,而我晚年则提倡三个字,叫"正、清、和",包含全部的中国学问。不必讲"中学为体",但中国文化遗产里确有很多东西是非常值得总结提炼的。我不赞成"凡事要继往开来"这句话,一定不能抽象地讲继往开来,比如不能继随地吐痰之往,也不能开艾滋病之来。中国有句成语,叫奇光异彩,奇光之往应继,异彩之来待开。

我对张瑞敏先生充满敬意,他的事业如日中天。我向来以年轻人为师,今晚在座的显然都比我年轻,但我认为我们是同代人。我生在20世纪,将要在21世纪结束,不会活到22世纪,而你们中间能进入22世纪的恐怕也不多,在这个意义上,我们是同代人。老头子怎么可以不老?孔夫子的秘诀是以群众为师,"三人行必有我师"嘛!屈原是以年轻人为师,而我就是一辈子奉行屈原的八个字"年岁虽少,可师长兮"。今天在座的都比我年轻,因此全是我的老师。看到老师,尤其是张老师,我当然很高兴,很乐意向大家学习。

主持人:非常感谢文老!吴敬琏教授从经济学的角度对张总的演讲作了点评,而请文老来,是因为我们认为真诚的问题不仅具有经济学含义,而且也有人文以及社会学等方面的含义。刚才,文老一席话给了我们非常宽广的思考空间。有这样年近五十公岁的长者的关照,有这么好的忠告和呵护,我想海尔也一定能够活过21世纪,活到22世纪,成为长寿企业。

问(北京第二建筑工程有限责任公司副总经理李正):您是我们非常尊敬、钦佩的企业家。海尔企业品牌里的黄金份额,我认为您个人的份额应当是至高无上的。我想问:如果离开您,明天的海尔将会怎样?您将以怎样的体制和机制准备,来保证海尔基业常青?

答:1984年12月我到海尔时,总共只有六百多人三百多万元资产,现在已有几万人几百亿元资产,发生了很大的变化,可以说我个人起了比较主要的作用。但是,一个人不可能老带领企业往前走。如果我永远在这儿做下去,也不可能保证海尔总能做到最好,因为客观世界是无限的,人的认知却是有限的,我的认知不可能永远跟上客观世界的要求,我也会落后,最终也会阻挠企业的发展。如果找一个非常合适的所谓接班人,我觉得也不可以(当然,肯定要有人接班),关键是要建立起一套有效的选人用人制度。在信息化时代,面对快速扩张的企业规模,几乎没有哪一个人可以完全驾驭,国外大企业的CEO也是经常要换的,没干好,就得换,但必须有这样的制度来保证整个企业不因换人而影响正常运转。

问(北京精锐纵横培训公司总经理张会亭):真诚有价值,但也有代价与成本。企业在经营过程里,尤其是面对如此大的差异化,比如为不同客户定制不同产品,固然可以满足产品需求的丰富性,但销量肯定上不去,至少相对是比较小的。这时,在企业赢利与满足用户愿望的真诚之间,该如何权衡?

答:首先,要使用户感到企业是完全站在他们的角度和利益思考问题的。对用户而言,可以树立一个信心,就是海尔可以帮他们解决这些问题,可以给他们提供有关方案。也许这个产品出来之后,销售面并不大,但带来的影响却是人们对你的信任,这是最重要的,这个收益不是从单一的研制成本可以算出来的。当然,企业也非常看重赢利,但试图满足每个人的需求,那就意味着这个企业没法干了。所以,我们主要从两个角度做,一个是标准化和模块化。虽然很多产品可以千变万化,但其系统可能是大同小异的,基于几种系统、几种模块可以演化出无数种产品,从中可以把成本降到最低,这就是量与利的分析。另一个是把生产线柔性化,以不变应万变,任由市场需求怎么多变,我们总能用相对较低的成本去生产各种产品。

问(身心健康发展网董事长马文霞):我在作身心健康研究时,发现企业家的身心健康状况不容乐观。您能不能讲一下怎样把压力变成动力?怎样在最困难的时候把困难当作自我激励和激励他人的武器?希望讲一些可操作的好方法,让大家共享。

答:文老刚才已经讲了长寿的秘诀,要把工作当成兴趣、胜任、愉快。平时,确定的工作目标一定要努力达到,但如果碰到挫折,暂时达不到,我会先安慰自己,退一步海阔天空,要不然可能会钻到死胡同里去。所以,不管压力有多大,只要不钻死胡同,都可以处理好。

问(湘江伟业〈北京〉投资有限公司董事长方明理):您是我们非常尊敬的企业家。在目前状态下,海尔对高管团队采用的是怎样的激励机制?您把海尔发展到这么大的规模,如何看待自己的付出与所得?

答:海尔早先是集体所有制小厂,而迄今为止集体资产是我们国家最不明晰的资产。我向温总理提出,像海尔这么大规模的集体制企业,全国独此一家,建议加快对集体企业的改制。但是,海尔内部的分配已完全采用个人与市场成果相结合的办法,即便改制后,也不可能每个人都得到一些股份,实际上大多数人还是经理人,应该和市场成果结合在一起。

前年,我去日本参加企业管理大会,他们每年邀请一位外国企业家。我演讲后的第二天,日本报纸反应非常强烈,大幅标题是"海尔的成功在于彻底的市场成果"。在日本,通行年龄序列工资,论资排辈,所以制约企业的发展。我们现在将个人与市场成果捆在一起,并不是简单按职务高低来分配,不管将来怎么改制,这个分配方式也应当坚持,因为实践证明它对海尔内部的机制发展是有效的,并具有一定的激励作用。

至于我个人的价值,我想不是可以用金钱来衡量的,因为我的目标和人生价值都体现在怎样为中国人打造一个经久而过硬的世界名牌上。

问(首钢党校培训处研究员杜刚):海尔奉行"真诚到永远"。您怎样保证海尔的几万员工都能够做到对所有顾客都真诚?通过什么方式做到?是通过教育、文化,还是通过制度?

答:有一个美国记者也曾提出过类似问题,我回答说我的目标和任务就是要把海尔五万名员工打造成五万个张瑞敏。

主持人:我们相信海尔在张总的精心培育下,一定能够为基业常青奠定更加坚实的基础,海尔恪守"真诚",就能"到永远"!真诚给海尔带来了巨大发展,同时作为示范效应,也给中国社会注入了更多的真诚。今后当普遍的社会信用水平有所提高后,海尔又该怎么突破?怎样获得更高的诚信水准,去赢取更大的发展?事实上,不仅海尔要思考,大家都应该共同思考。我们衷心祝愿海尔能够更加健康地发展,如愿以偿地成为中华民族实现伟大复兴的一块丰碑。祝大家晚安!

原文摘自王忠明编:《中外名家系列讲座集萃》,中国青年出版社,2006年2月版。　鉴赏编写:丁亚明

73. 21 世纪是东方文化的世纪
——专访北大教授、东方学者季羡林
(2006 年 8 月)

【格言名句】

为了保持文化的时代性,自 20 世纪以来,出现了一种提倡"全盘西化"的观点。"全盘西化"和文化交流有联系,"西化"要化,不"化"不行,创新、引进就是"化"。但"全盘"不行,不能只有经线,没有纬线。"全盘西化"在理论上讲不通,在事实上办不到。

——季羡林

【文章导读】

季羡林(1911～2009),中国著名文学家、语言学家、教育家、社会活动家、翻译家、散文家。生前历任中国科学院哲学社会科学部委员、北京大学副校长、中国社科院南亚研究所所长。学贯中西,精通多国语言,一生致力于弘扬中华文化和东方文化,为搭建东西方文化交流的桥梁竭忠尽智。

本对话节选自《季羡林先生访谈录》,是山东大学教授、中国孔子基金会季羡林研究所副所长蔡德贵祝贺学术大师季羡林95岁生日时所进行的一次关于东西方文化的对话。蔡德贵在刊发此对话时有段前言:经常接触季羡林的人,会在他身上发现一种奇特的吸引力。他既有学术的吸引力,也有人格的吸引力。胡适对台湾"中央研究院"的李亦园说:"做学问应该像北京大学的季羡林那样。"香港学界泰斗饶宗颐说:"他(季羡林)是一位笃实敦厚的人们乐于亲近的博大长者,摇起笔来却娓娓动听,光华四射。他具有褒衣博带从容不迫的齐鲁风格和涵盖气象,从来不矜奇、不炫博,脚踏实地,做起学问来,一定要'竭泽而渔'。"张中行也曾说过:"季羡林先生是中外知名的学者。知名,这'名'确是实之宾,与有些人,舍正路而不由,也就真像是扶摇而上者九万里的不同。可是这'实',我不想说,也不能说。因为他会的太多,而且既精且深,我等于站在墙外,自然就不能瞥见宗庙之美,百官之富。"季羡林"以一身而具有三种难能:一是学问精深,二是为人朴厚,三是有深情。三种难能之中,我以为,最难能的还是朴厚……像他这样的难于找到第二位"。三顾解放军总医院探望季羡林的温家宝总理,则称赞"先生苦学不倦,笔耕不辍,著作丰厚,学问深刻,用力甚勤,掘发甚广,实为人中麟凤。先生待人真诚,行事正直,脚踏实地,实事求是,尤为人之楷模。先生的人品深为我所景仰"。

这段有节选的采访报道显然很能衬托季羡林的语言风格。作者以沉凝敬重、意蕴绵深的文笔,以"话家常"的真实款款展开,宛若一条清溪在满眼绿色的沃土上流淌,那晶莹透亮的波纹勾画出的则是季老的博大情怀。

一个民族最需要的是创造文化和传播文化的人。和其他文化学者不同,作为通晓多国文字的大师,季羡林对"西化"的别意解读,让人们科学理解"继承传统文化,就是保持文化的民族性;吸收外国文化,进行文化交流,就是保持文化的时代性。所以文化的民族性与时代性这个问题是会贯彻始终的"。

季羡林认为"西化"要化,但"全盘"不行,不能只有经线,没有纬线。这表明他对于文明的取用非常尊重实际,并且要求人们在吸取外来文明时要懂得理性甄别,这样才能呵护住民族的东西,并使民族文化得以发展。对于德国斯宾格勒《西方的没落》一书,季羡林论证了中国"天人合一"的思想、印度的"梵我一体"的思想与今天的意义,也进一步阐明其"三十年河东,三十年河西"的文化发展规律,并强调"21世纪是东方文化的世纪,东方文化将取代西方文化在世界上占统治地位"。总之,"海纳百川,所以成就了中国文化之大"。

这篇关于文化的对话,体现了季羡林作为东方学大师,对于文化的解读非常具有穿透力,运用学者型的推理演绎的语言,将其观点鲜明地表达出来,而且语言明白畅晓,以理服人,平易近人,以每一句话都要有依据的治学态度看待东西文化的区别与交流,令人心悦诚服,记忆深刻。对话中,季羡林也对当下城市化时代对环境的破坏,以及头痛医头脚痛医脚的弊端进行了批评,表现了其与时俱进、治学严谨、为人朴厚的典范形象,让我们大大领略了大师的风采。可以这么说,季羡林展现出来的不仅是他的文化修养和人品,也是中华文化的一种直观展示。

【对话原文】

蔡德贵:季老,我和美国夏威夷大学的田辰山先生正在合作,写一篇《筷子、手指、刀叉》的学术文章,因为受到您关于东西方文化观点的启发,也谈一些东西方文化的看法。文章里把中国文化用筷子来代表,是一种以天人合一综合思维为特征的,合一自然的文化,强调对自然的综合利用和持续开发。印度文化和阿拉伯文化用手指来代表,是一种以辩证思维为特征的亲证自然的文化。西方文化以刀叉为代表,是一种以分析思维为特征的分割自然的文化,强调对自然的征服。现在三种文化应该合流,以便形成一种新的世界文化。

季羡林:有道理。

蔡德贵:我非常希望文章写出后请您老看一下,以便指正。(杨锐老师说,写好后可以寄给季老。)

季羡林:我现在还是主张三十年河东,三十年河西。"三十年河东,三十年河西论"和"东西文化互补论",是我对东西方文化的一种论断。我立论的基础是文化交流论。

所谓文化就是包括人类通过自己的劳动,这劳动包括脑力劳动和体力劳动所创造的一切精神的和物质的有积极意义的东西。或者说,凡人类在历史上所创造的精神、物质两个方面,并对人类有用的东西,就叫"文化"。文化与文明既有相同的一面,又有不同的一面。文明指的是从一个野蛮状态,随着社会的进步往前发展,人类的智慧增加了,这叫"文明"。文化就是人类力量的往前进一步发展,人类社会中的艺术、科学等的智力的发展。文明是对野蛮而言,文化是对愚昧而言。这两个词,有时候能通用,如"东方文化史"也可以叫"东方文明史";但有时候不能通用,如"文明礼貌"不能说"文化礼貌";"学文化"不能说"学文明"。"文明"的对立面是"野蛮","文化"的对立面是"愚昧"。但"野蛮"和"愚昧"又有联系,"野蛮"中"愚昧"成分居多,也有不愚昧的"野蛮"。学文化是因为过去没有文化,学了文化把"愚昧"去掉了。讲文明礼貌是过去不文明,有一些野蛮。提倡文明礼貌,把"野蛮"的成分去掉了。

庞朴先生在《文化结构与近代中国》一文中提出了一个观点,即认为文化可以包括人的一切生活方式和为满足这些方式所创造的事事物物,以及基于这些方式所形成的心理和行为,它包括着物的部分,心、物结合的部分和心的部分。我认为是搔着了文化的"痒处"。

应该特别注意文化的起源和交流问题。文化、文明的起源是多元的,不能说世界上的文化是一个民族创造的,文化的产生不是一元的,不能说一个地方产生文化。否定文化一元论,并不是否定文化体系的存在。所谓文化体系是指具备"有特色、能独立、影响大"这三个基本条件的文化。从这一前提出发,世界文化共分为四个大的文化体系:中国文化、印度文化、伊斯兰阿拉伯文化、希腊文化。希伯来文化很难成体系,不是属于伊斯兰文化的先驱归入伊斯兰文化,就是和希腊文化合在一起,所以不是独立的文化体系。这四个文化圈内各有一个占主导地位的影响大的文化,同时各文化圈内各个国家和民族之间又都是互相学习的,各大文化圈之间也有一个互相学习的关系。承认文化的产生是多元的和承认有文化体系是不矛盾的。

文化一旦产生,其交流就是必然的。没有文化交流,就没有文化发展。交流是不可避免的,无论谁都挡不住。从古代到现在,在世界上还找不到一种文化是不受外来影响的。交流也有坏的,但坏的对人类没有益处,不能叫文化。对人类有好处的、有用的、物质、精神两方面的东西交流,才叫"文化交流"。一种文化既有其民族性,又有时代性。一个民族自己创造文化,并不断发展,成为传统文化,这是文化的民族性。一个民族创造了文化,同时在发展过程中它又必然接受别的民族的文化,要进行文化交流,这就是文化的时代性。民族性与时代性有矛盾,但又统一,缺一不可。继承传统文化,就是保持文化的民族性;吸收外国文化,进行文化交流,就是保持文化的时代性。所以文化的民族性与时代性这个问题是会贯彻始终的。

为了保持文化的时代性,自20世纪以来,出现了一种提倡"全盘西化"的观点。"全盘西化"和文化交流有联系,"西化"要化,不"化"不行,创新、引进就是"化"。但"全盘"不行,不能只有经线,没有纬线。"全盘西化"在理论上讲不通,在事实上也办不到。

对中国与外国的文化交流,我的基本观点是"拿来"与"送去"。就目前来说,要更重视"拿来",就是把外国的好东西"拿来"。这里涉及上述有关文化的三个方面,都要拿。"物"的部分,当然要拿,咖啡、沙发、啤酒、牛仔裤、喇叭裤,这一系列东西,只要是好的,都拿。心、物结合的部分比方说制度,也可以学习。最重要的还是心的部分,要拿价值观念、民族性格。因为我们的价值观念、思想方式,不能马马虎虎,得把弱点克服,要不克服的话,我们的生产力就发展不了。

蔡德贵:学术界有学者不太理解您这方面的思想,尤其是您关于21世纪是东方文化的时代的观点。

季羡林:我那是一种非常概括的说法。

从宏观上来看,希腊文化延续发展为西方文化,欧美都属于西方文化的范畴。而中国文化、印度文化、阿拉伯伊斯兰文化构成了东方文化。"东方"在这里既是地理概念,又是政治概念,即所谓第三世界。东方文化和西方文化这两大文化体系之间也是互相学习的,但是在一个相当长的时间内,可能有一方占主导地位。就目前来看,占主导地位的是西方文化。但从历史上来看,东方文化和西方文化二者的关系是"三十年河东,三十年河西"。因为文化不是一成不变的,每一种文化都有一个诞生、成长、兴盛、衰微、消逝的过程,东方文化到了衰微和消逝的阶段,代之而起的必是西方文化;等西方文化濒临衰微和消逝的阶段时,代之而起的必是东方文化。

西方文化从文艺复兴以来,昌盛了几百年,把社会生产力提高到了空前的水平,促使人类社会进步也达到了空前的速度,光辉灿烂,远迈前古,世界人民无不蒙受其利。但它同世界上所有的文化一样,也是决不能永世长存的,迟早也会消逝的。20世纪二十年代前后,西方的有些学者已经看出西方文化衰落的端倪,如德国施宾格勒在1917年开始写作的《西方的没落》一书,预言当时如日中天的西方文化也会没落。此书一出版,马上洛阳纸贵,产生了巨大的影响,英国著名历史学家汤因比受其影响,也反对西方中心论。他们的观点是值得肯定的,因为,西方文化同世界上所有的文化一样,也是决不能永世长存的,迟早也会消逝的。在今天,它已逐渐呈现出强弩之末的样子,大有难以为继之势了。具体表现是西方文化产生了一些威胁人类生存的弊端,其荦荦大者,就有生态平衡的破坏、酸雨横行、淡水资源匮乏、臭氧层破坏、森林砍伐、江河湖海污染、动植物种不断灭绝、新疾病出现等等,都威胁着人类的发展甚至生存。

西方文化产生这些弊端的原因,是植根于西方的基本思维模式。因为思维模式是一切文化的基础,思维模式的不同,是不同文化体系的根本不同。简而言之,我认为,东方的思维模式是综合的,它照顾了事物的整体,有整体概念,讲普遍联系,接近唯物辩证法。用一句通俗的话来说就是,既见树木,又见森林,而不是只注意个别枝节。中国"天人合一"的思想,印度的"梵我一体"的思想,是典型的东方思想。而西方的思维模式则是分析的。它抓住一个东西,特别是物质的东西,分析下去,分析下去,分析到极其细微的程度。可是往往忽视了整体联系,这在医学上表现得最为清楚。西医是头痛医头,脚痛医脚,完全把人体分割开来。用一句现成的话来说就是,只见树木,不见森林。而中医则往往是头痛治脚,脚痛治头,把人体当作一个整体来看待。两者的对立,十分明确。但是不能否认,世界上没有绝对纯粹的东西,东西方都是既有综合思维,也有分析思维。然而,从宏观上来看,这两种思维模式还是有地域区别的:东方以综合思维模式为主导,西方则是以分析思维为主导。这个区别表现在各个方面,具体来说,东方哲学中的"天人合一"思想,就是以综合思维为基础的。西方则是征服自然,对大自然穷追猛打。表面看来,他们在一段时间内是成功的,大自然被迫满足了他们的物质生活需求,日子越过越红火,但是久而久之,却产生了以上种种危及人类生存的种种弊端。这是因为,大自然虽既非人格,亦非神格,却是能惩罚、善报复的,诸弊端就是报复与惩罚的结果。

有的学者认为要解决这些弊端,比如环境污染,只有发展科学、发展技术、发展经济,才有可能最后解决环境问题。我不同意这种看法。为了保护环境决不能抑制科学的发展、技术的发展和经济的发展,这个大前提是绝对正确的。不这样做是笨伯、是傻瓜。但是处理这个问题,脑筋里必须先有一根弦,先有一个必不可缺的指导思想,而这个指导思想只能是东方的"天人合一"思想。否则就会像是被剪掉了触角的蚂蚁,不知道往哪里走。从发展的最初一刻起,就应当在这种思想的指引下,念念不忘过去的惨痛教训,想方设法,挖空心思,尽上最大的努力,对弊害加以抑制,决不允许空喊:"发展!发展!发展!"高枕无忧,掉以轻心,梦想有朝一日科学会自己找出办法,挫败弊害。常言道:"道高一尺,魔高一丈。"到了那时,魔已经无法控制,而人类前途危矣。中国旧小说中常讲到龙虎山张天师打开魔罐,放出群魔,到了后来,群魔乱舞,张天师也束手无策了。最聪明最有远见的办法是向观音菩萨学习,放手让本领通天的孙悟空去帮助唐僧取经,但是同时又把一个箍套在猴子头上,把紧箍咒教给唐僧。这样可以两全其美,真无愧是大慈大悲的观世音。正是由于这个原因,我主张"三十年河东,三十年河西",21世纪是东方文化的世纪,东方文化将取代西方文化在世界上占统治地位。而取代不是消灭。全面一点的观点是:西方形而上学的分析已快走到尽头,而东方文化寻求综合的思维方式必将取而代之。以分析为基础的西方文化也将随之衰微,代之而起的必然是以综合为基础的东方文化。这种代之而起,是在过去几百年来西方文化所达到的水平的基础上,用东方的整体着眼和普遍联系的综合思维方式,以东方文化为主导,吸收西方文化中的精华,把人类文化的发展推向一个更高的阶段。

蔡德贵:温家宝总理2003年12月在哈佛大学作《把目光投向了中国》的演讲时,提到2003年9月10日教师节那天,他到医院去看您,说你们在促膝交谈中,谈到近代有过西学东渐,也有过东学西渐。17~18世纪,当外国传教士把中国的文化典籍翻译成西文传到欧洲的时候,曾经引起西方一批著名的学者和启蒙的思想家极大的兴趣。这个问题是文化交流的问题。

季羡林:我一向特别重视文化交流的问题,既主张拿来主义,也主张送去主义。对中国与外国的文化交流,我的基本观点是"拿来"与"送去"。我认为,文化一旦产生,其交流就是必然的。没有文化交流,就没有文化发展。交流是不可避免的,无论谁都挡不住。从古代到现在,在世界上还找不到一种文化是不受外来影响的。交流也有坏的,但坏的交流对人类没有益处,不能叫文化。对人类有好处的、有用的、物质、精神两方面的东西交流,才叫"文化交流"。文化不论大小,一旦出现,就会向外流布。全人类都蒙受文化交流之利。如果没有文化交流,我们简直无法想象,人类会是什么样子。

一种文化既有其民族性,又有时代性。一个民族自己创造文化,并不断发展,成为传统文化,这是文化的民族性。一个民族创造了文化,同时在发展过程中它又必然接受别的民族的文化,要进行文化交流,这就是文化的时代性。民族性与时代性有矛盾,但又统一,缺一不可。继承传统文化,就是保持文化的民族性;吸收外国文化,进行文化交流,就是保持文化的时代性。所以文化的民族性与时代性这个问题是会贯彻始终的。

为了保持文化的时代性,自 20 世纪以来,出现了一种提倡"全盘西化"的观点。"全盘西化"和文化交流有联系。现在,整个的社会,不但中国,而且是全世界,都是西方文化占垄断地位。这是事实,眼前哪一样东西不是西方文化?电灯电话,楼上楼下,就说我们这穿的,从头顶到鞋跟,全是西方化了。这个西化不是坏事情。"西化"要化,不"化"不行,创新、引进就是"化"。但"全盘西化"不行,不能只有经线,没有纬线。"全盘西化"在理论上讲不通,在事实上办不到。

蔡德贵:目前,我们应该干什么?

季羡林:就目前来说,我们对西方文化和外国文化,当然要重视"拿来",就是把外国的好东西"拿来"。这里涉及有关文化的三个方面,物的部分、心物结合的部分、心的部分,都要拿。"物"的部分,当然要拿,咖啡、沙发、啤酒、牛仔裤、喇叭裤,这一系列东西,只要是好的,都拿。我们吃的、喝的、穿的、戴的、乘的、坐的、住的、用的,有哪一件是完完全全是中国土生土长的?汽车、火车、飞机、轮船,我们古代有吗?可可、咖啡、纸烟、可口可乐、啤酒、香槟、牛排、面包,我们过去有吗?我们吃的土豆、玉米、菠菜、葡萄,以及许许多多的水果、蔬菜,都是外来的。这菠菜的"菠"字,本身是音译,不是意译,它叫菠薐、菠薐菜,是印度、尼泊尔一带产生的。茉莉花也是外来的,甚至连名字都不是中国固有的。我们用的乐器,胡琴、钢琴、小提琴、琵琶,也都是外来的。拿来,完全正确。现在我们确实拿来了,拿来的真不少,好的坏的都拿来了。连艾滋病也拿来了,这是不应该的。心、物结合的部分比方说制度,也可以学习。最重要的还是心的部分,要拿价值观念、民族性格。

因为我们的价值观念、思想方式,不能马马虎虎,得把弱点克服,要不克服的话,我们的生产力就发展不了。从长期的历史研究中,我得出一个非常可贵的经验:在我们国力兴盛、文化昌明、经济繁荣、科技先进的时期,比如汉唐兴盛时期,我们就大胆吸收外来文化,从而促进了我们文化的发展和生产力的提高。到了见到外国东西就害怕,这也不敢吸收,那也不敢接受,这往往是我们国势衰微,文化低落的时代。

蔡德贵:您最近几年也提倡"东化"。

季羡林:我们不能只讲西化,不讲"东化"。"东化",报纸上没有这个词儿,是我发明的。我们知道,汉唐的时候,是"东化"的。因为世界的经济中心、文化中心当时在中国。在明末清初以前确实有过东学西渐。不能只重视"西学东渐"而忽视"东学西渐"。根据历史事实,在中西文化交流史上,"东学西渐"从来就没有中断过。中华文化的博大精深吸引了西方传教士、外籍华人、留学生、商人等的注意,并通过他们广泛传播到世界各地。

在文化交流方面,中国是一个很有特色的国家。从蒙昧的远古起,几乎是从一有文化开始,中国文化中就有外来文化的成分。中国人向来强调"有容乃大",不管是物质的,还是精神的,只要对我们有利,我们就吸收。海纳百川,所以成就了中国文化之大。中外文化的交流,一直没有中断过。最大的两次是佛教的传入和西学东渐。佛教传入的结果是形成了中国佛教。而明末清初以来西方文化在我国广泛传播,则是"西学东渐"。从此,我们才有了"中学"和"西学"这样的名称,才有了"东方文化"和"西方文化"这样的说法。"西学"的先遣部队是天主教。天主教入中国,不自明末始。但是,像明末清初这样大规模的传入,还是第一次。唐代有所谓三教的说法,指的是儒、释、道。此时又来了一个新三教。道家退出,增添了一个天主教。新三教之间有过矛盾和撞击,方豪先生的《中西交通史》第五章《欧洲宗教与神哲等学之东传》叙述颇详,我不赘述。

蔡德贵:西方文化也显示出不少弊端。您看主要的是什么?

季羡林:这种"取代"21世纪可见分晓。所以结论是:21世纪是东方文化的时代,这是不以人们的主观愿望为转移的客观规律。用东方"天人合一"的思想和行动,济西方"征服自然"之穷,就可以称之为"东西文化互补论"。东方的天人合一是带有普遍性的一种思想,中国、印度都有。即以中国儒家为例,《易经》中有"大人者与天地合其德,与日月合其明,与四时合其序,与鬼神合其吉凶。先天而天弗违,后天而奉天时"。《中庸》有"能尽人之性,则能尽物之性;能尽物之性,则可以赞天地之化育,则可以与天地参矣"。《孟子》有"莫之为而为者,天也;莫之致而致者,命也"。"尽其心者,知其性也;知其性,则知天也"。董仲舒的"天人之际,合而为一"。张载的"民吾同胞,物吾与也"更是典型的天人合一思想。这些都是综合思维方式的典型例子。

蔡德贵:有学者认为您对中国传统文化偏爱。我觉得您对中国国民性的批判说明您不是一味褒扬中国文化,而是有所批判的。

季羡林:我对中国民族性是有批判的。

中国的国民性,鲁迅先生早有批判。这种批判现在仍有意义。这是因为,其一,中国的封建思想包袱最重。因此,应该下大力气批判中国的封建思想。中国文化有精华,搞现代化要发扬这些精华,但眼前主要是反封建糟粕。我们虽是社会主义国家,但包袱很重,最重的是封建思想包袱。譬如在群众中流行的一句话:"端起饭碗吃肉,放下筷子骂娘",就与封建思想有关系。再如官僚主义、一个人说了算、高干子弟的特权问题、走后门等,不尊重时间,也与封建思想有关。中国这样一个大民族,对世界文化有过极大贡献,把中国的传统文化丢掉,对不起子孙后代。应该强调的是,那些妨碍生产力和思想进步的封建主义东西,应有胆量讲出来,大家来改,这才是拨乱反正。我们中国实际上是封建主义垄断,资本主义并不多。现在,大家最不满意的是"不正之风""服务态度不好""高干子弟怎么怎么了""一个人说了算怎么样了",又是民主不怎么样了……不尊重人才,不尊重知识,不讲效率,不重视时间,这种弊病多极了。只有克服了这些封建主义的弊病,中国的生产力才能得到真正的发展。

其二,我们的民族性出了问题。我们眼前面对着的社会,其中的"危机",也包括文化危机在内,比任何"危机"都更"危机"——我们的民族性出了问题。我们的民族性里面当然也积淀了一些好东西;但是不好的、有害的东西,其数量不少,其危害极大。犯罪的情况是任何时代任何社会都有的。有一点,用不着大惊小怪。但是,像中国现在这样,大规模地制造假农药、假种子、假化肥,一旦使用,将流毒千百万亩耕地,影响千百万人民的生命,这却决非小事了。至于偷窃农村的变压器,割掉电线,影响农业生产,决不是小规模的。还有集体地、明目张胆地砍伐山上的树林,使长江变成黄河。这不但流毒眼前,而且影响后世子孙。所以,听说王元化先生主张彻底批判旧文化,我是赞成的。而从社会风气来说,也存在不少问题。有的人争名于朝,争利于市,急功近利,浮躁不安,只问目的,不择手段;小偷小摸。所在皆是。即以宴会一项而论,政府三令五申,禁止浪费;但是令不行,禁不止,哪一个宴会不浪费呢?贿赂虽不能说公行,但变相的花样却繁多隐秘。出门必然会遇到吵架的。在公共汽车上,谁碰谁一下,谁踩谁一脚,这是难以避免的事,只须说上一句"对不起!"就可以化干戈为玉帛;然而,"对不起!""谢谢!"这样的词儿,我们大多数人都不会说了,必须在报纸上大力提倡。中国民族性中的这些缺点,不自改革开放始,也不自建国始,更不自鲁迅时代始,恐怕是古已有之了。难道我们真要"礼失而求诸野"吗?这是我们每一个中国人所面临的而又必须认真反省的问题。

　　鉴于上述理由,我认为,在处理外国文化与中国文化的关系时,应该注意大胆"拿来",把一切外国的好东西统统拿来,物质的好东西要拿来,精神的好东西也要拿来。应该特别强调,我们要拿来的是第三个层次里的东西,属于心的东西。我们要改变我们的一些心理素质、价值观念、思想方法等。所谓"心"的东西,指的是价值观念、思维方式、审美趣味、道德情操、宗教情绪、民族性格等等。从长期的历史研究中,我得出一个非常可贵的经验:在我们国力兴盛、文化昌明、经济繁荣、科技先进的时期,比如汉唐兴盛时期,我们就大胆吸收外来文化,从而促进了我们文化的发展和生产力的提高。到了见到外国东西就害怕,这也不敢吸收,那也不敢接受,这往往是我们国势衰微,文化低落的时代。

　　原文摘自蔡德贵著:《季羡林访谈录》,"中国孔子网",2007 年 7 月 10 日。　鉴赏编写:徐　波　陈洪法

74. 大众文化同样可以高雅
——著名作家余秋雨做客人民网"强国论坛"
(2006 年 8 月 27 日)

【格言名句】

　　不要把高雅文化和大众文化对立起来,不能用"非黑即白"的观点来看

待文化。精英文化与大众文化之间可以有更巧妙的联系。使精英文化被大众所接受,而大众文化也同样可以高雅。

——余秋雨

我想告诉大家,世界上没有争议的事情,其实是没有任何价值的,表示你没有作出创造,你没有构成对原先文化结构的挑战,所以那是毫无价值的。

——余秋雨

【文章导读】

余秋雨,1968年毕业于上海戏剧学院戏剧文学系。著名散文家、文化学者、艺术理论家、文化史学家。被称为"中国文化传播坐标人物",著有系列散文集《文化苦旅》、《山居笔记》、《霜冷长河》、《千年一叹》、《行者无疆》、《摩挲大地》、《寻觅中华》等,文化通史《问学余秋雨》,长篇记忆文学《借我一生》、《我等不到了》等,在海内外出版过史论专著多部,曾被授予"国家级突出贡献专家"(1987年授予)、"上海市十大高教精英"等荣誉称号。

从来没有担任过副教授的余秋雨在他40岁的那年,被复旦大学、华东师范大学一批老教授联名推荐,破格晋升为正教授,他不仅仅是当时中国大陆最年轻的文科正教授,也是一位"左手写散文,右手撰艺术理论"的学者。

在2006年8月27日下午,余秋雨做客人民网"强国论坛",以"大众文化同样可以高雅"为主题与网友在线交流,由此引起了一场有关"大众文化"的讨论。从余秋雨对网友提问的回答中可以看出余秋雨身为一个作家、学者,对整个社会大众文化的深入理解和思考。

大众文化的流行成为突出的生活现象。余秋雨认为在文化大众化的今天,不要把高雅文化和大众文化对立起来,不能用"非黑即白"的观点来看待文化。精英文化与大众文化之间可以有更巧妙的联系。使精英文化被大众所接受,而大众文化也同样可以高雅。没有纯粹的完全不把大众放在眼里的所谓"文化",那些文化其实也希望能够产生全民效果,雅的东西可以变成大众文化,大众文化也可以上升为阳春白雪。在这其间起着重要作用的就是精英,精英在文化的普及中起着间接推向的作用。而他自己也在努力实践着这个观点。他认为高雅文化和大众文化之间是循环和流动的,并以昆曲为例来说明文化的"雅俗循环圈"。他认为精英的用武之地就是在文化普及过程中,或者说是在精英文化与大众文化的接壤部位多做一点事情。

文化大众化就是用值得广大民众关心的内容,以广大民众喜闻乐见的方式进行有效传播的一种现象。在这个文化转型比较慢、经济转型比较快的时代,需要余秋雨这样的代表精英文化的符号性人物来推广中华文化。文化要化到社会当中,大众文化要向大众传播。随着经济的发展和文化消费能力的提高,大众对文化的需求也会越来越多,一个真正强大的民族与国家,既有经济、科技的实力,也应该有文化的实力。这种实力不仅为更多本国人所掌握、本民族的人所掌握,同时也能为世界作贡献。

余秋雨先生是一个大众文化的先行者,这么多年来,他在进行着一场热闹而又孤独、看似轻松实则艰辛的"文化苦旅"。他有很强的使命感,当余秋雨被问及如何解释社会上的"余秋雨现象"时说:有一个人曾经历经苦难以后,觉得自己民族经济大发展的时候,文化还有一点跟不上,所以他要用他的有生之年来传播文化。

本篇对话中,主持人也谈及了余秋雨在央视青歌赛做评委时的精彩点评,成为收视的热点。从2006年之后的央视青歌赛中,余秋雨先生连续三年担当评委,他成为万众瞩目的青歌赛现场的一个焦点,而且也成了青歌赛场外人们议论的一个话题,外界对此褒贬不一。余秋雨坦然地说:"我想告诉大家,世界上没有争议的事情,其实是没有任何价值的,表示你没有作出创造,你没有构成对原先文化结构的挑战,所以那是毫无价值的。"他始终在坚持,他希望借助这个传播力极大的平台,能向大众介绍一些刚刚兴起的文化流派和文化现象,试着让祖国的同胞用比较短的时间接受这些思维,使大众不要落后于国际的视野,也使大众从过去所理解的文化的小圈子里面摆脱出来。在这里可以看出,作为学者的余秋雨非常有社会责任感,他不惧怕争议,也不怕别人说他作秀,他只是专心地走自己的路,希望通过自己的努力和坚持,在文化的大众化和多元化中起到积极的作用。

余秋雨是往来于精英文化和大众文化之间的桥梁式的文化人。他多次坦言,在文化转型时期,文化人要抓住一些传播力极大的平台,通过一个非常高收视率的媒体,向全国很多观众来传播一些大家都需要知道的文化观念。他曾谈起自己连续担任青歌赛评委的原因:"这样一个几乎是全球最高收视率的节目,需要加一点文化话题,我觉得这很有价值。"余秋雨不在乎人家怎么说他,能为生养自己的这块土地,为文化多做一点点事情就足够了。

是的,余秋雨把央视这个传播平台当作了课堂,让普通的中国人有机会面对古今中外那些最好的文化和艺术,它的价值本身已超过了歌唱比赛。青歌赛借余秋雨来提高收视率,余秋雨又借青歌赛的高收视率传播自己的文化理念,这何尝不是一种双赢呢?

财富给了我们一种富裕,但是文化才给我们尊严。余秋雨告诫我们,"在文化领域,自由是需要的,但不要侵犯别人的自由,更不要消解社会的基本尊严。当社会的基本尊严完全失去,我们的精神生活和审美生活都会处于一种失重状态。如果长期失重,将是人类精神领域的不幸"。

余秋雨先生是传播中华文化的功臣。曾经有报道说他在美国演讲的时候,美国的很多华人来听演讲,我们的领事只能坐在剧场外面的台阶上听,他使中华文化的正面形象在世界上得到普及与弘扬。

【对话原文】

网友:什么是大众文化?

余秋雨:大众文化其实是文化的一个组成部分。文化有的是属于实验室里还在研究和思考的,但是思考和研究的结果一定要面对社会,就是按照中国文化的"化"字的概念,需要教化,需要传播,所以大众文化是文化的主要实现方式。文化就要"化"到社会当中,主要的实现方式,比如古代的屈原、李白、杜甫这些诗人的诗已经构成大众文化了,它一点都不影响它的高雅;红楼梦也成为大众文化了,也一点不影响它的高雅。一样的道理,欧洲的贝多芬、罗丹、达芬奇、米开朗基罗,人人都知道,当然是大众文化,一点也不失它的高雅。我的想法是不要把高雅文化和大众文化对立起来。我很多年前有一门课程是"雅俗循环圈",来讲文化的规律。雅的东西可以变成大众文化,大众文化也可以上升为阳春白雪。比如昆曲,在明代的时候昆曲有整整两百年是地道的大众文化,全民普及了,现在成为"阳春白雪",成为高雅文化了。所以我们有没有可能用中国古代《易经》的智慧,而不要用非常简单的"黑白两分法"来看待文化。

主持人:大家难免会有一个疑问,在文化大众化的时代,文化的品质是否会下降,精英文化是否还存在?

余秋雨：所以这就是精英的用武之地了。精英的用武之地在哪呢？就是在它的文化普及过程当中，明确地告诉大众，什么是第一流的文化，什么是第二流的文化，什么是第三流的文化，精英在文化等级上有效地掌握着控制权。我们现在的文化麻烦在哪呢？由于放任大众文化给文化程度不高的娱乐享受者们，所以这种"大众文化"缺少品格论定，而精英文化由于对大众文化的鄙视，没有心思、没有力量来帮助大家判别大众文化当中的等级。这样就造成了两项悲剧，即造成了精英文化的悲剧，它高雅得无人问津，到底是不是高雅其实也不知道；对大众文化，就缺少了它本身的等级。其实大众文化里面有很多很多非常了不起的等级。当年鲁迅开始学写白话文小说的时候，五四文化的那些健将们就想创造一种更高层次的大众文化，因为白话文当时就是一种大众文化，他们当时又非常强烈地批判社会上的色情小说、黑幕小说，这时候它也是对另一种大众文化产生了某一种制约。把大众文化"一锅煮"以后，精英文化介入的话，大众文化就成为一个大泥潭了，这确实是一个悲哀。我和我的同事们现在做的事情就是探索有没有可能在精英文化与大众文化的接壤部位多做一点事情，它是精英文化，但是大众还能听懂；它是大众文化，但是等级比较高。

主持人：您的意思是说在文化的大众化过程中，学者其实也是在起着一种面向民众的文化创造。

余秋雨：是的，它只是间接推向，比如我教给我的研究生，研究生可能就要去写作了、去画画了。我的意思是其实没有纯粹的完全不把大众放在眼里的所谓"文化"，那些文化其实也希望能够产生全民效果，这一点我觉得非常重要。不断地做这样研究的人，有没有可能偶尔或者比较多的时间，也从事一些大众文化呢？这个我就想起了钱钟书先生，他很有学问，这我们都知道，他从事精英文化，但是他写了比较通俗的小说《围城》。我的朋友要把这本书改成电视剧的时候，钱钟书先生写了很多信，兴致勃勃地指导着《围城》变成电视剧以后的图景。也就是说，这个大学者对于大众文化的电视剧并不是排斥的，他做了大量的文化工作之后，最后还要变成形象作品，有的形象作品他还希望变成更通俗的手段，比如通过电视推广出来。如果他拒绝电视，或者拒绝小说，这肯定是说不通的。倒过来，即使他比较高深的学术著作，研究对象还是艺术作品，而且还是在那个时代非常通俗、非常具有传播面的艺术作品。这点进一步说明了，我们现在喜欢划分很多很多界限，有可能是我们的思想困惑。在这里,我想用比较简单的话概括前面所说的精英、百姓的划分,我们用歌德的话:"人类用智慧划分出很多界限,最后又用爱把所有的界限都超越了。"

主持人:比较有现实针对性的问题。有网友问您:看过"超女"的比赛吗?有什么想法?因为社会各界都已经在谈论这个问题,就是现在流行着一些选秀的节目,"秀"成为已经有着时代特征的文化字眼,选秀的东西已经超出电视节目的内涵,您认为这是文化大众化过程当中一种正常的表达吗?您是如何理解被称为"甚嚣尘上"的选秀?

余秋雨:当代的通俗文化和民族文化是流水状态,我们不要从凝固的状态去看。当一件事情起来以后,我们就想它会不会成为方向,会不会成为典范,会不会成为一种倾向,其实不会。一切都在不断地流动着、变化着。我们为我们现实生活当中流动不尽的、层出不穷的新民间现象感到高兴。我们也可能不喜欢他们,像我这样的年龄,可能还不理解他们,但是我们一定要为多元文化努力。我们的生活当中不同的层次、不同的人都应该有享受自己文化的自由,我们用宽容的心态去接受。因为我很长时间在国外,"超女"的比赛我没看,可能大家已经看到了,其实那次在北京给李宇春颁奖,是我和人民网的老总给她颁奖的,我们对这样的现象一点不抵触,不抵触不一定是我们认为它是方向,文化为什么要有那么明确的典范性的存在呢?另外,我想讲,流行文化的特点就是势头猛、来得快,带有传染性,但是整体上是"速朽"的。既然它持续时间不会很长,会很快被自己或者不同于自己的东西所掩盖,它要付出代价,我们就要允许它在一段时间有非常大的热度。有的作品,它可能不热,但是它具有很大的时间优势,慢慢地让人家体会。你有你的优势,不要以你的优势去否定别人的优势,不知道大家能不能理解我所说的这种文化多元形态。

主持人:大家都知道,在中央电视台举办的青歌赛中,您的点评甚至超越了歌唱和歌手本身,成为收视的热点;您或许也知道,外界对此褒贬不一,但是您始终在坚持,这种"坚持"突然感动了很多人。作为一个评委,您怎样理解自己担当的这个导师的角色呢?有网友扬子尖问:您在青歌赛中的职责是点评还是讲课?

余秋雨:讲课和点评是一件事,我对于年轻人唱歌的比赛不感兴趣,这点我相信大家能够理解。我做了很长时间的艺术学院的院长,在我看来,这些东西对我来说已经是非常不重要的了。但是我觉得在文化转型时期,文化人都要抓住一些传播力极大的平台,在这个平台当中,比如这一次我主要是强调几方面:一个是文化要分等级,有的知识是重要的,有的知识不重要,我反复地分析我们的知识重要与不重要,我相信一定能够给全国观众一个启发,就是值得记忆的知识是一小部分,有很多知识是过眼烟云。第二,我在讲评当中努力讲出文化的道义责任,我想大家感动的段落,就是我讲出文化在知识之外,真正和人性和道义联系的某一种"让人掉眼泪"的力量,其中包括中国受人欺负的时候,我们的文化感悟。第三,大家有没有注意到,我在这个点评当中,介绍了大量我们中国人必须知道,但是连文化界也不知道的一些世界各国,包括中国刚刚兴起的文化流派和文化现象。比如我讲到了美国的文化流派,讲到波希米亚的流派,包括上一时代的建筑风格,这些文化平心而论专业比较精深,我试着让我祖国的同胞在比较短的时间接受这些思维,使我们不要落后于国际视野,也使我们从我们过去所理解的文化小圈子里面摆脱出来,我主要做了这三方面的事。"贬"的消息我没有听到,没听到的理由是什么?因为中央电视台告诉我,我的收视率高于歌手收视率的十倍,少数人说你是不是在作秀,这样的话我认为当然是不能听了,因为网上的话很多,我不能听。我的学生的学生都已经是正教授的人,我怎么可能在乎在那作秀来说明李白、杜甫都是唐代的呢?完全不必要这么做了,大家能知道这一点,所以大家不要理会。中国文化有一个小小的悲剧就是,一切文化创造当然会遇到转型前的反驳,一有反对意见,大家就认为是有争议的,大家觉得有"争议"是一个不好的词汇。我想告诉大家,世界上没有争议的事情,其实是没有任何价值的,表示你没有作出创造,你没有构成对原先文化结构的挑战,所以那是毫无价值的。只不过有的争议是隐含的,没有露出来而已。人类往前走的每一步路,其实都是挑战以前的辩解,人类只要有创新,某种意义上都是一定意义程度的犯规,犯以前的陈旧之规,所以一定会有大量的声音。我感到我很荣幸,我的这种在传播方式上的创新,居然有全国上亿,甚至几亿的观众支持,这一点我感到很幸福了,像在过去的时代,那些创新者往往被彻底孤立,甚至遭受某一种磨难,所以这样比较起来,我觉得我们这个时代很好。

主持人:您曾经说,"我是一个被人围攻的文化人,无论表扬,还是攻击,都不要投入太多,那只会害了你",笑骂由人,是一种境界,真能做到吗?这种处境,对您的人生产生了什么样的影响?

余秋雨:能做到。道义往前走的话,你可以明白一点,就是我刚才讲的道义。你做到突破的话,一定会造成很多人的不适应,这些不适应的人不一定是坏人,但你的存在打破了他们的威望,他们就会愤怒。这个愤怒值得同情,你如果这样想的话,同情归同情,你一点不生气,还是往前走,只要走出来,你告诉大家这是一条可走的路,但是你走出了一条路,同时也不否定别的路,这样你的心态就会很平衡。你在探索的过程当中,可能会沾染好多泥巴,很多是说不明白的泥巴,有的是丢给你的,有的是你自己招来的,浑身泥巴,还在低头创造,这是一种人。另外一种人不断在洗刷自己,搞得一尘不染,干干净净,他大部分生命时间都放在洗刷自己上了。我想请问广大的网友,这两种人你们喜欢哪一种?我选择了第一种。我没有时间洗刷,因为创造的时间有限,我来不及做有关我自己的事情了,我不断地往前走,这些声音需要让中华民族的老百姓知道,这是我的追求。洗刷的事情其实不重要,一个人干净不干净的标准是什么?我看到手机信息里有一个人提到,我过去在"文革"的时候,有可能说是不是被选为"石一歌",我已经讲过了,我参加过一个组,但不是这个名字,这组是周恩来总理成立的。在"文革"当中有一群人,在周恩来和邓小平的领导下在进行文化重建工作,这是非常可贵的一件事情。但是你不断地去洗刷这一点,我觉得没必要,最重要的还是要努力地往前走,后来实在声音太多,影响我的读者的时候,我曾经有过悬赏,就是谁能指出我用这个名字写过一篇文章,我支付全年的薪水给你。悬赏五百天、六百天,有三个律师事务所来处理,没有一个人来领赏。我用这种方式解除了人们的误解,我对这些人心中无恨,用这样的方式来做文化,我觉得很好。这一点供我们年轻的文化人参考,你们只要有成绩,就会遇到一些"风霜","风霜"是对你们突破成绩的肯定,所以你们要愉快地往前走,不要掉过头来跟人家吵架,不要花太多的时间到河水边洗自己。希望大家记住我在青歌赛上讲的话,我说:"《西游记》当中那些徒弟,每一个本事都比唐僧高,但是唐僧做了他们的师傅,他永远记住四个字就是'赶路要紧',就凭这四个字他做了师傅。"

主持人:还有一个网友"惊愚"的问题,说文化的大众化是不是意味着文化需要媚俗?

余秋雨:我们千万不要用一种中国式的词汇把自己吓退,"媚俗"就是这样的词,还有"作秀"也容易把人吓退,其实这里面本身就是一种调皮式形容词,没有准确的裁定。所以在这种情况下,"媚"字是否定词,它可以被无数的不喜欢的人把很多好作品和不好的作品套进去,我们正常的理论思维者不用这样的词汇。大众化有一部分一定是需要取悦于民众的,比如像相声、小品,比如像通俗小说,甚至一些通俗的电视剧,它需要取悦于民众。"俗"字也是暧昧词汇,你的俗是指的什么?文化界以外的民众就"俗"吗?文化界以外的民众也有很多人有很高的水平,现在的企业家、工程师、医生都不会把自己认成是文化界的人,但是他们的文化水平很高很高,他们很可能是当代高雅艺术最主要的接受者,超过我们现在小小的文化界。所以"媚俗"指的是谁,指的是小市民吗?但小市民又怎么论定,是以经济方式论定吗?还是以什么方式论定,那就不清楚了,所以"媚俗"这两个字里面就包含着一种非逻辑裁定的流动性和否定性,以流动性的东西否定可能产生的行为,所以我希望比较严肃的理论工作者不要频频地用"媚俗""作秀""卖弄"这样的词汇。前不久看到一个让我很难过的消息,就是在街头有一位女孩,用口对口的呼吸,救助了一位她不认识的晕倒在地上的另一位女孩,结果有一些"文化人"在网上的文章中说这是"当众作秀",甚至认为这是一种"街头卖弄",这种思维我觉得是不对的,非常违反人道主义原则。拣了两个大家听起来不好听的词汇骂她一下,完全否定了一个行为的正义性,即使这个行为是不对的,也不能用这样的词汇,这是中国文化当中的一个特点,所以我们在文字上要注意。

网友:"恶搞"是一种文化现象吗?

余秋雨:作为一个研究学术的人,我现在还不知道"恶搞"二字的内涵和外延,所以很难对它作出准确判断。我的基本感觉是我们来到了一个充满游戏意识的时代,突破了原先文化的刻板性、模式性、教育性,产生了更多充满幽默感、想象力和顽皮劲头的文化态势,这种态势又与新一代年轻人的青春活力连在一起,又与极其普及的网络文化连在一起,就出现了前辈文化人很陌生的现象。对这种现象,我们不要以太传统的思维模式和文化模式去衡量,否则,就会引起太多的痛苦和冲突。而且我相信,这种游戏方式本身就会以自身的新方式不断替代,自我更新、自我嘲弄、自我消解,不要太当一回事。但是,我毕竟还要提醒年轻一辈,在文化领域,自由是需要的,但不要侵犯别人的自由,更不要消解社会的基本尊严。当社会的基本尊严完全失去,我们的精神生活和审美生活都会处于一种失重状态,如果长期失重,将是人类精神领域的不幸。

原文摘自何加正编:《强国路上的对话》,中国传媒大学出版社,2007年3月版。　　鉴赏编写:邝雪英

75. 鲁迅是一种精神力量
—— 对话中国鲁迅研究会会长郑欣淼
(2006年10月)

【格言名句】

鲁迅以其博大、深刻及由此形成的巨大的精神内涵和人格魅力,已成为现代理性和民族良心的卓越体现者,成为民族文化精神的杰出代表者,并成为对民族的后续历史产生深远影响的思想文化遗产。

——郑欣淼

【文章导读】

中国新文化运动的伟大旗手鲁迅的一生是光荣而伟大的,毛泽东对鲁迅有过极高的评价,"鲁迅的方向,就是中华民族新文化的方向"。那么,改革开放的今天我们应该给予鲁迅怎样的评价呢?带着这个问题《解放日报》周末版记者尹欣访问了文化部副部长、中国鲁迅研究会会长郑欣淼。

郑欣淼2001年当选为中国鲁迅研究会会长,此前出版过研究鲁迅国民性思想的专著《文化批判与国民性改造》,以及研究鲁迅宗教思想的《鲁迅与宗教文化》,对鲁迅有着深刻而全面的认识。

针对有人认为"鲁迅离我们越来越远了"的说法,郑欣淼指出"鲁迅并没有远离我们",鲁迅是一种精神力量。郑欣淼说"鲁迅以其博大、深刻及由此形成的巨大的精神内涵和人格魅力,已成为现代理性和民族良心的卓越体现者,成为民族文化精神的杰出代表者,并成为对民族的后续历史产生深远影响的思想文化遗产。孟子说:"颂其诗,读其书,不知其人,可乎?"鲁迅的文章让我们感受到他人格的魅力和思想的穿透力,所以学习鲁迅、研究鲁迅

已成为国内外许多人的一种心灵需求。

　　毛泽东对鲁迅有过极高的评价,"鲁迅是在文化战线上,代表全民族的大多数,向着敌人冲锋陷阵的最正确、最勇敢、最坚决、最忠实、最热忱的空前的民族英雄。鲁迅的方向,就是中华民族新文化的方向。"如今,时间、条件、环境都发生了变化,但鲁迅的精神和思想仍然有其现实意义。"鲁迅的方向",就是要把人从各个桎梏中解放出来。鲁迅精神的核心是爱国主义。鲁迅的爱国主义不是狭隘的民族主义,而是具有世界眼光和人类意识的爱国主义。他提倡"拿来主义",大胆、主动地摄取域外文化的滋养。

　　郑欣淼认为坚持"鲁迅的方向",主要是要在文化上坚持"鲁迅的方向"。我们今天需要坚持的鲁迅精神,即爱国主义精神、坚韧的战斗精神和博采众长的创新精神。

　　在提到"如何在青年与鲁迅之间架立起一条通道"的问题时,郑欣淼说:"青年人有自己喜欢的东西也是正常的,对于他们只能引导,不能强迫他们接受鲁迅、喜欢鲁迅。鲁迅是一种传统。当人们直面社会的时候,稍有常识,就会发现,鲁迅的资源是有参照意义的。我们说普及鲁迅,不是说要人人都成为鲁迅,他自己就反对这样。而是要以平常心,常态地面对鲁迅遗产,既不神话也不功利化,这样才符合鲁迅精神的要义。"

【对话原文】

搞鲁迅研究,已成一种心灵需求

　　解放周末:2001年您当选为中国鲁迅研究学会会长,此前您曾出版了研究鲁迅国民性思想的第一部专著《文化批判与国民性改造》,以及研究鲁迅宗教思想的《鲁迅与宗教文化》。研究鲁迅多年,鲁迅对您产生了哪些影响?

　　郑欣淼:其实我研究鲁迅只能算是业余,但喜欢鲁迅已经四十多年了,他深深地影响着我。最初喜欢鲁迅,是喜欢他的诗歌。我记得在"文化大革命"时期,有一位下放干部住得离我家不远,他有一本鲁迅诗歌集,我就借过来,把书抄了一遍。

　　阅读鲁迅的文字,可以了解他的思想。他的文章耐读,不是让人一眼就能看透的,而是需要你去琢磨,而且越琢磨越觉得他的话有意思。他的话总能给人一种思辨的力量,很有智慧,也很幽默。鲁迅的人格魅力也感染、激励着我,他为人坦荡,坚决反对任何形式的"瞒"和"骗",强调真实和真诚,充盈着"理想之光"。

解放周末：有人认为鲁迅已离我们越来越远了，在这样的背景下研究鲁迅是否有孤独和寂寞之感？

郑欣淼：鲁迅并没有远离我们。最近我接触到的两位大家，让我更清晰地感受到鲁迅的力量。一位是著名画家吴冠中先生，他不久前给故宫捐赠了三幅画。此前我也曾读过他的文字，感到他的文章短小精悍，有锋芒，也充满哲理。我对他讲，您的文章有鲁迅的味道。吴先生一听就笑了，特别高兴地说他最喜欢的就是鲁迅，鲁迅是他精神上的导师。围绕鲁迅我们谈了不少，越谈越投机。当晚，吴冠中先生的儿子打来电话说，本来吴先生只想捐两幅，但现在决定，再增加一幅。

解放周末：知音难得，这应归功于鲁迅的力量。

郑欣淼：没错。还有一位就是诺贝尔文学奖获得者日本作家大江健三郎，他前不久到中国访问，参观了故宫。我与他会见时，不知怎么又说到了鲁迅。他对鲁迅相当佩服。在一本赠送给我的书的扉页上，他写道："一个怀着无限敬意与感谢之情，五十九年来，一直作为鲁迅先生的忠实读者的日本人"。那次他在中国社科院作了题为"始自于绝望的希望"的演讲，就专门谈了鲁迅对他的影响。

孟子说："颂其诗，读其书，不知其人，可乎？"鲁迅的文章，让我感受到他人格的魅力和思想的穿透力，这也引起了我研究他的兴趣。搞鲁迅研究，对我和很多研究者来说，并不寂寞，它已经成为一种心灵的需求。

我很庆幸自己从小就喜欢上了鲁迅。鲁迅作品是常读常新的。现在每隔一段时间，我就要重读一遍《鲁迅全集》，特别是他那些重要的文章。当然通读一遍并不容易。大江健三郎追随鲁迅已经五十九年了，我现在读鲁迅也有四十多年了，鲁迅已经成为我人生的一种精神力量。

他的为人和作品耐得起"折腾"

解放周末：毛主席当年说，"鲁迅的方向，就是中华民族新文化的方向"。这句话把对鲁迅的评价推向了高峰。那么，"鲁迅的方向"具体来讲是指什么？

郑欣淼：上世纪四十年代初，毛主席在《新民主主义论》中对新民主主义的文化作了一番概括，指出新民主主义文化就是民族的、科学的、大众的文化。他谈了鲁迅是中华文化的脊梁，是伟大的文学家、思想家和革命家。

"鲁迅是在文化战线上,代表全民族的大多数,向着敌人冲锋陷阵的最正确、最勇敢、最坚决、最忠实、最热忱的空前的民族英雄。鲁迅的方向,就是中华民族新文化的方向。"

解放周末:如今,当时间、条件、环境都发生变化时,"鲁迅的方向"是否还能担当起旗帜的作用? 今天,我们应该站在怎样的历史高度去理解"鲁迅的方向"?

郑欣淼:毛主席是在抗战时期对鲁迅作以上评价的,虽然已经过去了六十多年,但是鲁迅的精神和思想仍具有恒常的价值,它本身所蕴涵的真理性光芒,仍然可以照耀现世。鲁迅的精神仍不失其当下意义和现代价值。

就像你说的,如今很多外界因素都改变了,但是当年鲁迅直面和批判的一些问题,我们今天依然要去面对,比如自欺与欺人、"无特操"、阿Q相、西崽相,"围观"、"十景病"……这些国民性的问题,今天仍然存在。鲁迅一生做的就是使人争得一种价值,正直地做人,而不是猥琐度日。

"鲁迅的方向",就是要把人从各种桎梏中解放出来。他的刚正不阿,"横眉冷对千夫指,俯首甘为孺子牛"的精神,是我们最为宝贵的精神财富之一。鲁迅不仅对过去的时代有意义,在今天依然充满魅力。他的价值不朽。

解放周末:坚持"鲁迅的方向",有着怎样的时代意义?

郑欣淼:从上世纪四十年代初毛主席对鲁迅的评价到现在,我们文化建设的根本问题始终是要培育、振奋民族精神。鲁迅以其博大、深刻及由此形成的巨大的精神内涵和人格魅力,已成为现代理性和民族良心的卓越体现者,成为民族文化精神的杰出代表者,并成为对民族的后续历史产生深远影响的思想文化遗产。他的为人和作品是耐得起人们"折腾"(即反复检验)的。

解放周末:"折腾"得多了,更证明鲁迅精神是一直有价值的,是绕不过去的。

郑欣淼:对,绕不过去,谁也不能无视他的存在。

鲁迅精神的核心是爱国主义。鲁迅的爱国主义不是狭隘的民族主义,而是具有世界眼光和人类意识的爱国主义。他提倡"拿来主义",大胆、主动地摄取域外文化的滋养。他"立人"思想的精髓,也不仅仅是"个体尊严"和"个体生命",而是"个体尊严"和"民族尊严"的一致,"个体生命"与"群体生命"的融合——即做大众的一员,"随时为大家想想"。鲁迅敢于斗争,直面现实,始终是向前,向前,向前。我们今天需要坚持的鲁迅精神,即爱国主义精神、韧的战斗精神和博采众长的创新精神。

"过时了"只是个别人的言说

解放周末：这些年来，人们对鲁迅从当年的顶礼膜拜，到如今"鲁迅已经过时了"的说法出现，"鲁迅的方向"是不是有所动摇？

郑欣淼：这里首先强调一下，我们说要坚持"鲁迅的方向"，主要是要在文化上坚持"鲁迅的方向"。鲁迅所参与的革命，既有血与火的考验，也有社会的变革，但主要是在文化战线上进行革命和斗争。

对鲁迅的评价，的确经历了从神化到人化的过程。"鲁迅过时了"，这只是个别人的一种言说。我倒认为鲁迅这些年一直很热。我主编的一本《鲁迅研究年鉴》，对每年鲁迅研究著作出版的情况都有介绍。就拿2004年来说，这一年就出了三部鲁迅传记，还出了图传、画传，等等。不同出版社出的不同选本也很多，甚至盗版书也不少。这些都在一定程度上反映了市场的需求。

不能因为个别人发表一些言论，就以为我们对"鲁迅的方向"动摇了。其实绝大多数喜欢鲁迅的人并没有发言，或没有发言的平台。绝大多数读者都是喜欢鲁迅的，这是一个可贵的现实。

鲁迅在中国经久不息地被讨论、被言说，恰恰证明了他的价值所在，验证了鲁迅精神的永恒性和不断阐释的可能。当然，这种阐释也并非没有底线，这起码应该得到鲁迅文本的支持和检验，不能信口开河。

解放周末：您如何看待哪种否定鲁迅的声音？

郑欣淼：说鲁迅过时了的人，有的固然在学理上是一家之言，我们当然不能强求每个人都拥护鲁迅。但我以为，那些不喜欢鲁迅的人主要是认为，他没有现实意义了，或者说他们的价值追求、精神境界跟鲁迅格格不入。他们不喜欢鲁迅的直面人生和在没有路的地方走出一条路的勇气。鲁迅的深刻、勇敢、认真、严肃，和他们趋时媚俗的心态不容。他们受到社会上一些浮躁风气的影响，必然回到士大夫或小布尔乔亚的路上，远离内心的拷问，远离自省的精神，这样就难以有文化的创新。

鲁迅本身就是以自我否定和自我超越的精神，改写了文化书写的方式，创造了新的文化精神。我们作为后人拥护鲁迅，反对那些从根本上颠覆鲁迅的人。其实鲁迅先生本人是希望自己速朽的，他希望人们不再记住自己，他没有丝毫自恋的意识，可是那些否定鲁迅的人，自恋情结却是那么浓。是鲁迅精神可贵呢,还是他们那些人可贵呢?

解放周末:还曾有一些人把酷评鲁迅当作成名的捷径。

郑欣淼:的确有这样的人,不过越来越少了。现在人们的辨别、鉴赏能力普遍提高了,不是某个人酷评一下鲁迅,鲁迅就会被打倒的。

鲁迅的作品已经成为经典,经典必然有经典的价值,不是谁随便贬损一下就能否定得了的。有位台湾学者讲,在台湾,越研究鲁迅就越感到鲁迅的了不起。我们不必强求大家对鲁迅的某个观点和主张一定要拥护,但鲁迅所体现的我们民族的可贵精神,必须坚持那些与此唱反调、哗众取宠的人最终是没有市场的。

大众化并不是片面地"迎合大众"

解放周末:作为鲁迅研究学会的会长,您认为生活中的鲁迅是什么样的形象?

郑欣淼:他的日常生活和老百姓差不多,是个在人群中很容易被淹没的普通人,但他的思想是深邃的,充满着趣味和智慧。前不久我收到一本书:《鲁迅的日常生活研究》,里面有很多鲁迅生活中的记录,展现的是一个活生生的鲁迅,可亲可近的鲁迅。

解放周末:现在个别学生中有这样一种说法,叫"一怕写作文、二怕文言文、三怕周树人",难道鲁迅真的离今天的青年越来越远了?

郑欣淼:"三怕周树人",这个说法倒是我头一次听到。其实鲁迅格外关注青年人的成长,有一次一位学生买他的书,从衣袋里掏出的钱还带着体温,这体温烙印在鲁迅的心上,他说要写文字时,常怕毒了青年,迟疑不敢下笔。老舍先生也曾这样评价鲁迅,说他有颗纯洁的心,能接近青年。

为什么今天的一些年轻人难以走近或不愿走近鲁迅呢?一方面是了解鲁迅需要"知人论世",有一定的文化基础;另外一方面是我们对鲁迅的普及做得还不够好,个别教材不符合中、小学生的年龄特征。

解放周末:鲁迅先生曾说,"文艺是国民精神所发的火光,同时也是引导国民精神前途的灯光"。但现在却存在着"快餐"当道、"选秀"流行、"恶搞"泛滥的现象,这是不是反映出现代社会中文艺精神有所缺失?

郑欣淼:在文艺与人民的关系上,鲁迅坚持既要为人民大众欢迎,又要提高大众的审美趣味。他认为大众化并不是"迎合大众",那种"主张什么都要配大众的胃口,甚至于说要'迎合大众',故意多骂几句,以博大众的欢心"的论调和做法,是不会于大众有益的,甚至"可要成为大众的新帮闲的"。

当前有人慨叹文艺日渐边缘化,这是因为有些文艺工作者自我放逐、自我边缘。文艺的生存背景虽然变了,但它追求真善美的属性没有改变;文艺的形式、体裁和传播方式虽然变了,但是它为人类构筑精神家园的使命不应改变。

解放周末:那么,您认为该如何在青年与鲁迅之间架立起一条通道,让年轻人可以走近鲁迅?

郑欣淼:青年人有自己喜欢的东西也是正常的,对于他们只能引导,不能强迫他们接受鲁迅、喜欢鲁迅。鲁迅是一种传统。当人们直面社会的时候,稍有常识,就会发现,鲁迅的资源是有参照意义的。我们说普及鲁迅,不是说要人人都成为鲁迅,他自己就反对这样。而是要以平常心,常态地面对鲁迅遗产,既不神化,也不功利化,这样才符合鲁迅精神的要义。

社会发展不能仅靠科技维系

解放周末:鲁迅在20世纪初就提出,社会是一个整体,要防止社会发展的偏颇,"不能日趋为一极"。

郑欣淼:这是1907年鲁迅在《科学史教篇》中提出的一个十分深刻的思想。鲁迅十分重视科学技术,认为它是"神圣之光,照世界者也"。他重视科技,但感到应当防止科技发展带来的工具理性,防止社会发展中人文精神和人文修养的缺失,强调科技与审美、理性与情感的平衡。

在上世纪初,鲁迅就意识到,对一个社会来说,不仅需要牛顿这样的科学家,也需要莎士比亚这样的诗人和剧作家;不仅要有拉斐尔这样的艺术巨匠,还要有贝多芬这样的音乐家。他认为精神的力量影响长远,不能把知识、科技当成人生的目的,否则将会丢掉"人性健全发展"这一根本。

解放周末:鲁迅先生当年对"人性健全发展"的重视,和我们今天所大力提倡的"以人为本"是相通的。

郑欣淼:鲁迅的着眼点始终是人,鲁迅早年提出"立人",提出国民性改造,就是让人懂得个性与尊严,要"致人性于全",这与以人为本的精神是相通的。他重视社会的协调发展,重视个人的协调发展,认为"立人"是第一要务,改造国民性就是改造人的精神。人如果逐渐失去了精神,"则破灭亦随之",这是不可忽视的大问题。

鲁迅深刻地体察到社会发展不能光靠科技,如果仅靠科技维系,社会就成了冷冰冰的机器,人的价值也将受到挑战,成为机器的附庸,而这一切都将导致人与自我疏离。

在我国经济快速发展的今天,物欲横流、人文亏蚀、道德滑坡等问题日益引起人们的关注。今天我们落实科学发展观,构建社会主义和谐社会,就是要使社会全面、协调、可持续地发展,就是要使我们的国家日益富强、民主、文明、和谐,这与鲁迅精神是契合的,从中也可见鲁迅思想的深刻。

原文摘自尹明华编:《激荡:文化讲坛实录2》,上海三联,2007年5月版。 鉴赏编写:李永科 陈媛媛

76. 中国佛教文化发展历程
—— 当代佛教学者洪修平教授做客《中欧大讲坛》时的对话

(2006年10月14日)

【格言名句】

万法无常,一切东西都在变,包括人。各种聚合、我所面对的世界,一切的一切都是一定条件下的聚合。

——洪修平

【文章导读】

2006年10月14日,当代佛教学者洪修平教授做客《中欧大讲坛》,就《中国佛教文化发展历程》做了演讲与对话。原交流分为演讲与演讲后的对话两个部分,这里重点选择的是洪修平演讲之后与听众进行的对话部分。

洪修平是潜心研究中国哲学和宗教文化的学者。1954年生,江苏苏州人。1977考入南京大学哲学系,1984年获哲学硕士学位,并留校任教。1988年获复旦大学哲学博士学位。现为国家社科基金学科评审组专家,南京大学图书馆馆长,中国哲学与宗教文化研究所所长,哲学系和宗教学系教授、博士生导师,并兼任中国社会科学院佛教研究中心特邀研究员,中国社会科学院东方文化研究中心特邀研究员。

在本次演讲与对话中,洪修平先简析佛教背景;再浅谈佛教思想;最后详细论述佛教发展历程,其精彩择要如下:

大家可能都听说过佛教里有一本非常著名的《唯物心经》。《唯物心经》里面有一句名言就是讲心与世界的关系,它里面讲心净则物净。佛教作为理想,当然要成佛,如何建立呢?如果每个人的心里都能清净了,那么世界肯定就能清净了,这确实涉及了佛教的根本性问题。佛教与其他宗教不一样的地方,就是它认为人生是痛苦的。所谓解脱,首先是要被束缚住了,比如人被绳子绑住了,要把绳子解掉,这是解脱。佛教认为人是被各种烦恼、痛苦束缚住了,所以它的理想是解脱。然后它就围绕着这个问题展开了许多论证,比如为什么说人是痛苦的?人怎样才能从痛苦中解脱?人的痛苦是怎样形成的?这就形成了业报等概念。当然佛教后来的发展越来越抽象,实际上不同的学派、不同的宗派都是围绕着这么一个核心问题来解答的。

佛教作为人类文化的重要成果,是产自于印度,到了唐代,中国就成为佛教的传播中心,所以我们经常讲,佛教创立在印度,发展在中国。经历了几百年的发展之后,佛教经过了一个本土化的过程,转化成为了我们中国自己的一个宗教。在现代,如果说信基督教还有人认为是信洋教的话,信佛教就不会有人觉得是信洋教了。这就在于佛教传到了中国以后,它与中国的传统文化紧密地结合在了一起,唐代以后就完全变成了我们中国自己的宗教。比如说唐代以后流传最为广泛的一个宗派就是禅宗,到了后来流传得非常广泛的是,信佛就是念阿弥陀佛。这个宗教已经融入了中华文化的中心,所以我们现在讲佛教,就是讲的民族宗教。现在大家说要了解中国思想文化、了解民族文化,从汉代以后,无论是哲学、文学还是艺术等方方面面,都可以从佛教文化当中去理解。佛教博大精深,对于现代人寻找精神家园可以起到很重要的作用,但是前面讲了,不同人的问题不一样,希望介绍了大概情况以后,大家以后有时间、有兴趣,可以进一步去体会、去探索。

佛教里讲三谛:空、假、中。只有把这三个放在一起才构成完整的思想。抽象的哲学其实还是在解析人生,人生有时候不从这个角度去看就看不透。空、假、中就是空和假的中,不要以为空就是无,这是中国人的思维方式。佛教当中特别强调"假",这瓶水是一定条件下聚在一起的,有瓶子、有盖子、有标签、有水,聚合在一起以后我给它个名称——一瓶矿泉水,实际上缘聚就叫矿泉水。如果缘散的话，道家追求长生不死，佛教就笑它了，任何生命有生必有死，怎么可能有长生不死呢？有聚就有散，既然各种东西聚在一起，那么它就有散，人生所有的功名利禄、所有的金钱财富都是要散的。他并不否认这个东西，空不是一成不变的，大家认为这个东西是不真实的，你以为有一瓶矿泉水，因为真实的东西是不变的，佛教里有真无，真的东西是不变的，我们讲真金不怕火炼，一烧就没有了就不是真金。既看到这个东西的存在，又看到这个东西的假，这才是符合中道的看法。在佛教当中有中道，也就是说不要走偏激，不要一会儿是无，一会儿是有。就像人生一样，有些东西一定要追求，非要得到不可，但是一旦遇到挫折以后就不要了。在这方面跟儒家的中庸有点相似，但是不完全一样。这是释迦牟尼创立佛教时的一种思考，佛陀当年出家之前至少在当时享尽了各种物质生活，当时有两种观点，一种是享乐主义，一种是苦行主义。苦行主义就是说要灵魂摆脱肉体，要让肉体苦行，以让灵魂解脱。享乐主义就是过一天算一天，不考虑不高兴的事情。佛陀当时两种都经历过，所以他的解释就是不要走偏锋，而要从正面从中间进行，这就是前面讲的空、假、中这一完整的看法了。

实际上一通百通，禅宗的创立者是六祖慧能，六祖慧能有一本《六祖禅经》，中国人对这个都非常熟悉，因为这是中国人写的唯一一部经典。佛陀所说才称为经，其他人所说是论，中国人写的只有一部书例外，就是禅经。"菩提本无树，明镜亦非台，本来无一物，何处惹尘埃"，这个大家都很熟悉。禅经里面有一个故事，六祖慧能被认为是中国佛教当中取得最高修为的僧人，他当时遇到一个农夫，很有悟性，六祖慧能说："你什么地方不懂你讲给我听听，我帮你解释一下。"据说六祖慧能是不识字的，农夫就说："你不识字你还能讲给我听吗？我读了无数遍都不懂，你不识字还能给我讲吗？"六祖慧能说："我看看吧。"结果农夫读一句六祖慧能给他讲一句，讲得口服心服，后来他成为六祖慧能的弟子。他就感慨了，问六祖慧能为什么能懂，六祖慧能就说"不了"，读佛经你要心转法华，而不能法华转心。大家知道，到了宋代，儒学获得了大发展，传统儒学出现了新的最高成就也就是宋明理学，他们当时就提倡"六经注我，我注六经"。你被牵着鼻子走，一个字一个字跟着读、跟着背，你就忘记了字背后所要表达的意义，字只是传达信息的一个媒介而已。比方说你们现在问，月亮在哪里？有人说我从来不知道月亮在什么地方，有人说我知道的，我就把你们引到那里，我手指月亮那里，说月亮不是在那里吗?这时候如果你顺着我的手指看过去你当然能够看到月亮,但是如果说执著于我所使用的工具,也就是盯着我的手指看,你就说:"哦,我知道了。"看着我的手指说这个就是月亮,这就错了。月亮在不同的地方我的手指会指向不同的方向,而你不能认为我的手指就是月亮。如果你不懂这个道理,死读经典,那么这个经典不读也罢。如果大家想进一步了解佛教、进一步了解佛法,如果有兴趣的话可以学《金刚经》,可以学《法华经》,但是最根本的还是要用心去体会。确实想要对你的人生,以及你周围的人有所意义的话,我想第一步要借助于书来了解,第二步就是要争取把这个东西丢掉。

由于演讲的听众对于佛教的了解程度不一,他把复杂深奥的现象、概念、教义用很多生动的比喻来解释,希望达到"同听异文"的效果。比如他还说道:"大家有时候看佛经,会觉得都是佛经但是不一样,一会儿是大乘,一会儿是小乘,一会儿是密宗,一会儿是禅宗。实际上在现当代,佛教内部也有不同的看法。大家应该这么理解,佛教对治不同的病要用不同的药。我们打个很简单的比方,如果说你感冒了,那么好的医生就会给你开感冒药。如果大家对这个医生崇拜得不得了,说这是一个良医,药到病除。下次你拉肚子了,你还是拿感冒药来吃,你说这是良医配给我的,一吃就好。另外一个人会说,不对,你这次是拉肚子,他配的药会是不一样的。"非常形象地解释了佛教内部的派别之争。

对话首先围绕两个问题展开的:一是如何正确认识佛教,二是如何解释佛教或宗教是"麻痹人民群众的一种工具"。对此第一个问题,洪修平认为佛教求真,着意于社会的推进与发展,"万法无常,一切东西都在变,包括人。各种聚合、我所面对的世界,一切的一切都是一定条件下的聚合"。因此其既是历史现象,也是文化现象。

而第二个问题里的所谓"麻痹",其实是把佛教简化成文化欺压的工具,而不是作为应该继承、改造与发展的文化,因此这样的提法本身是没有意义的。接着,洪修平对记者关于佛教发展的瓶颈问题、宗教里的斋戒问题、悟道修正问题连续发问,洪修平从历史角度分析了这些问题产生的来龙去脉,并积极提倡儒、佛、道三家并存的问题,因为"儒家提倡独善其身,但是有的时候独善其身还会苦闷,道家和佛教就给出一条出路,是精神的道路",这样就能争取人们积极参加进去,这样宗教的文化作用自然也可以得以体现出来。而斋戒与修正本身就是对宗教的觉悟、顿悟的过程,体现的是对于文化的尊重。最后,记者又对洪修平提出两个问题,即中国佛教的现状和发展,凡夫俗子如何走进佛教。对此,洪修平一是介绍了当今我国佛教发展比较快的现实,二是进入佛教不是单纯为了庇护,而是要将其看成是能起到为和谐社会所用的文化功能。

本次演讲与对话的对象是中欧国际工商学院的学生。中欧国际工商学院是一所由中国政府与欧洲联盟共同创办、专门培养国际化高级管理人才的非赢利性中外合作高等学府。在亚洲处于顶级地位,成为中国大陆唯一一所获得世界排名的商学院。对话中,中欧商学院的精英们提问或犀利尖锐直指社会现实、或专业深入如行家探究,很富挑战性。

【对话原文】

问:我没有冒犯您的意思,只是作为一个理论的探讨。您一直在研究佛教,也出了书,而且也到中欧来讲,您出书或者是讲这个道理至少您认为您对佛教的理解是正确的。可是我看了一下您的简历,您是有行政职务的,您自己本身是共产党员,您本身的思维就应该是站在唯物主义的立场,既然有了这种思维,您怎么可能正确地理解佛教呢?或者说,您怎么能认为您所理解的佛教是正确的呢?

第二个问题,对于佛教我不是很了解,佛教有了这么长时间的历史,我自己看历史的发展,好像达尔文的进化论更反映了人类历史的发展,好像佛教或者其他宗教也就变成了统治阶级麻痹人民群众的一种工具。您今天到这里来讲佛教可能也是讲所谓的和谐社会等。比如说中国古代的皇帝也到处建庙,也去花这么多钱,包括现在也有各种寺庙存在,但是如果我们从历史上来看,不光是中国,国外也是,历史上各个帝王,说他们是所谓的基督教徒或者是佛教徒,这并没有妨碍他们真正作恶。这就是很简单的例子,在座的百万富翁、千万富翁,还有他们的太太们,坐在这儿我们觉得衣食无忧了,但是还觉得人生有很多烦恼。大家有没有想到,在中国的贫穷地区,他们饭都吃不饱,他首先要生存。所以研究宗教的意义是什么呢?如果不能给这个社会带来更多的进步,我们为什么要研究它?

答:谢谢这两个问题,既然是探讨,当然什么问题都可以提,什么问题也都可以讨论。

关于第一个问题我是这样想的，我不认为我讲的都是对的，因为人文的问题、宗教的问题，包括刚才讲的佛教，佛教是求真的，来分辨什么是真的什么是假的，但是佛教没有讲什么是对的，什么是错的。对于佛教的研究也是一样，佛教自己内部，有的讲禅宗是对的，现在在搞念经佛教，有的也在说这个东西是不是违背了佛教，其实大家从不同的角度本身就在推进它的发展。这个问题就连带你刚才第二个问题，它的发展到底有什么意义呢？为什么要它发展呢？宗教是信仰，当然可以信仰也可以不信仰，我们不一定说每个人都一定要信仰，或者每个人都一定不能去信仰。佛教是宗教，无论是不是共产党员，作为学术研究都是可以的。我写的书是讲中国佛教文化历程，也就是说是把它作为人类的一种文化现象。我们经常讲，佛教既是一种历史现象，也是一种文化现象。佛教本身就是整个人类文明的成果，它已经成为我们中华民族文化的有机组成部分之一，这里面同样具有一定的意义与价值。佛教是一个很丰富的体系，我在很多会议上，包括教育部的会议上、国际学术会议上都谈到过，其实中华民族的优秀文化传统或者是传统文化精华不一定要照搬照抄，拿哪些东西来用，我们可以转化。比如说"自作自受"，它是作为佛教当中的信仰，你要成佛就要自己来修，靠其他人就不行，这是一种信仰。但是从人类行为的角度来讲，任何人对自己的行为都要承担责任，对行为的后果都要承担责任。这一点也能帮助我们现在建立和谐社会及有道德责任的社会。历史上也曾经有封建帝王把它作为封建统治的武器。我想被作为武器的东西不等于这个东西本身就是没有意义、没有价值的。儒家更是成为封建统治的意识形态，我们讲到封建文化，从"打倒孔家店"到"文化大革命"中的批判，都是要打倒儒家文化，这就是要打破受儒家文化压迫欺诈的运动，老百姓要翻身。现在事实证明，这是简单化了。如果按照那种思路的话，我们现在就没有文化基础了，因为所有的文化都是封建文化，在我们社会主义建立之前，即使到了近代的半殖民地半封建社会，这个文化还是封建社会延续下来的。我们是要建立新文化，但是新文化不是天上掉下来的，都是我们头脑中固有的，是要对以前的文化进行继承、改造、发展。

问：我请教三个问题：第一，有关佛教的说法现在是说末法时代，我不知道你怎么看待现在中国传统文化当中有关儒、佛、道三者皆通的要求，是不是现在社会文化出现断层了，这会不会成为社会发展的一个"瓶颈"？

第二，我注意到各个宗教里面好像都有斋戒的问题，不光是佛教，好像伊斯兰教、基督教都有斋戒的问题，这些是出于对生命本身的关心还是别的原因？

第三，关于修正的问题。释迦牟尼三十六岁成佛，好像一下子开悟以后一步登天了，后来又有小成的，就是所谓的罗汉，他入的涅槃是有肉眼的，后来又出现了散财童子，一直到一步步成佛，是不是所谓的悟道上面也有阶级之分？

答：这三个问题稍微有点专业。

关于第一个问题，在佛教里面本身有正法时代、像法时代、末法时代。在佛教里面有一个传统是不让女性出家的，让女性出家的话，佛教要早没五百年。大家知道释迦牟尼的母亲在释迦牟尼出生的时候就去世了，释迦牟尼是他的姨妈一手抚养大的，佛陀什么人都能拒绝，但是把自己一手抚养大的养母不能拒绝，佛教当中提倡孝道，最后还是报恩。正法是正兴时代，像法是好像还有点像，但是已经违背了，末法就是道德沦丧、世道已经无可救药了。关于时间的划分，在佛教当中有不同的说法，有的说五百年正法、五百年像法、五百年末法，也有的说是一千年，这个没有必要去论证，因为佛教的流传是有一定的波动和起伏的。现在是不是末法时代？佛教有这样的说法，但是到底是五百年、一千年还是多少年，其实并没有定数。事实上在历史上多次出现被认为的末法时代，唐代有八大宗派，八大宗派之外还有一个三界教，三界教被排斥出八大宗派，我的书里写了九个宗派，三界教之所以被排斥出大宗派之外就是由于教义里面宣传当时是末法时代。末法时代其实在历史上也被很多人利用，比如说佛教历史上统治者把佛教作为统治人民的工具，其实佛教也经常被作为人民起义的工具来造反，尤其到了明清时期很多派别都是打着佛教的旗号造反的，其中重要的就是末法时代。包括朱元璋，大明教也是借助于佛教的，借助这种末法概念来反政府、反当时的统治。

第二个问题，应该是儒、佛、道三家并存的问题。三教并存其实是历史的事实。历史上三家曾经发生过冲突，但是后来发现每一个宗派或者每一个宗教里面作为一种宗教文化，它之所以能够长期流传发展，其实有它的必然性，这个必然性就是各自都有它内在的一些价值、一些独特性。我原本准备的内容还是想比较一下三教的，但是今天由于时间问题没法介绍。事实上到了唐代就形成了三足鼎立了,唐代以后就发现谁也取代不了谁,虽然到了汉代,废黜百家、独尊儒术,但是当时也没有灭掉佛教。儒家认为要孝,但是信仰佛教出家的话就是扔下父母、扔下家庭,儒家认为佛教出家人蔑视礼法,所以认为是不对的。不是人人都会选择信仰什么样的教,就像不是用一种文化来满足所有人的需要。就像现在可以用马列主义作为指导,但是即使把马列主义作为指导,我们还是要提倡百家争鸣、百花齐放。一直到了晚清还是三教并存。但是基本上从隋唐的三教鼎立,到宋代形成了宋明理学,就形成了以儒家为主、佛道为辅的这么一个体系。现在的人,年轻气盛,要读书、要增长能力、要实现远大抱负,这里很多的就是儒家的东西。但是问题在于每个人的境界不一样,你的各种愿望、你的各种追求,包括你要报国的愿望、追求,从古到今也未必都是顺畅的。历史上很多大思想家,他有报国之心,没有报国之路。儒家提倡独善其身,但是有的时候独善其身还会苦闷,道家和佛教就给出一条出路,是精神的道路。事实上每个人在相同的时间,有条件的话会积极进取,但是争取不到的话就算了吧,也就是说能争取的就争取,争取不到也不要为它烦恼,这就能够看到佛教在文化当中起的作用。

到了当代,从"五四"到"文革",对文化有了冲击,但是学术问题可以说有断层也可以说没有断层,因为传统是没有断层的。时间就是一个传统,今天跟昨天能够割得断吗?其实是割不断的,只是一种形式的否定。现在有国学论、儒家论,包括五年一次的有关孔子的大会,国家领导人肯定出现。有一种需求,但是问题的表现形式跟以前历史上不一样,而且也不可能一成不变,会有转换。现在提倡要继承、弘扬、发展,怎么继承、弘扬、发展?理论问题的研究我们还要继续下去。

关于斋戒,各个宗教都有斋戒。甚至不是宗教,包括荀子,这个在中国文化当中表现得比较明显,在伊斯兰教以及其他文化当中,这表示一种尊敬,是对于自己所崇拜东西的一种尊敬。其实我们有的时候为了表示尊敬,我们也要洗个澡擦干净等等,这本身是一种尊敬。

修正,这在佛教里面有很多的争论,实谛就是大乘佛教了,本身有初谛、二谛、三谛,比如说每个阶段都有觉悟,小觉悟到大觉悟,到最后才能一下子成功。典型的例子就是大家知道的,释迦牟尼就主张顿悟,所谓"顿"本身就是针对"渐"来说的,是顿悟还是渐悟。

问:我想问两个问题:第一,中国佛教的现状和发展。第二,我们大部分的凡夫俗子如何走进佛教?

答:我个人觉得无论是佛学研究的角度还是佛教信仰的角度,都不适宜不加区分,这是学术研究的需要,从信仰的角度来说,不能说我搞不清楚这本书是不是佛陀所说的,这样怎么信呢? 如果信仰的话,当然要把它作为佛陀所说的,包括后来的典籍等,这些都是佛教的延续。包括《大藏经》《法华经》,这是佛教的经典,这个当然是佛陀所说的,如果不是佛陀所说的,我们怎么信仰它呢?

佛教传到中国和日本肯定不一样,这是契机的问题,是机缘的不同。但是还需要契引,契引就是佛陀的根本教法。

宗教和科学的简单比较,实际上用佛教来证明科学怎么合理,或者用科学来证明佛教如何合理,实际上大部分人都认为有比附之嫌。

有关修行怎样,在于个人了,你自己怎么读佛经,怎么读佛法,自己怎么来完成修行,这个就要看个人了。如果你做得好的话,你不讲人家就觉得这个人还是很有涵养的,从谈吐方面还是可以感觉到不同的。佛教当然也有过分世俗的,比如盲目赚钱,这个就是没有修行的。

刚才另外一位同学提到现状。佛教从1949年以后受到冲击,在改革开放以后有比较大的发展,尤其是现在比较令人瞩目的就是佛教界、学术界、政界有一个互动。2006年4月份在杭州举办了首届世界佛教论坛,这个大会看起来是中国佛教协会在办,其实是经过我们国家有关部门批准的,有这样一种良好的互动,所以佛教今天发展起来比较快,尤其是僧人的数字。"文化大革命"期间很多僧人都还俗,很多人都娶老婆、生小孩,现在各大寺庙的住持还在上进修班,我们南京大学现在办的研究生培训班基本上以大寺庙的住持为主,这使得他们在文化素质等各方面也在提高。实际上佛教有多种功能,也有它的文化功能,我们也要为和谐社会所用。

如何走进佛教我不太明白这个问题,是走进佛教圈子,还是走进佛法世界? 走进佛教世界不一定是出家修行。今天在飞机上我还看到报纸,是某省的中学、小学有一个节目,就是把学生安排到寺庙里住一个星期。他们认为这是让他们有一个安静身心的环境。假如要走进佛教的话,可以读佛经,更多地了解佛教,也可以和僧人交往。

原文摘自洪修平著:《中国佛教文化发展历程》,《中欧大讲坛》,2006年10月14日。 鉴赏编写:鲍钰华

77. 中国法制现代化的基本态势与问题
——著名法学家周旺生教授与北大师生的对话(节选)
(2006年10月24日)

【格言名句】

法治究竟是什么？从目前世界上的法治国家来看，法治是指一种环境、状况及生活方式。

——周旺生

【文章导读】

当今中国，法律正成为中华民族历史进程中重要的标志之一。法制现代化不仅仅是法律领域的问题，而且是所有人都应该关注和参与的。

为了弄清"中国法律现代化的问题"，特邀请著名法学家周旺生教授与北大师生进行了交流。讲座的题目是《中国法制现代化的基本态势与问题》。原交流分为主题演讲和演讲后的对话两个部分，这里选择的是周旺生主题演讲之后的对话。

周旺生(1952—)，著名法学家，北京大学立法学研究中心主任，中国法理学会副会长，享受国务院特殊津贴。出版有《立法学》、《立法论》、《法理学》、《法理探索》等十多部学术著作，发表学术论文近百篇。

周旺生演讲开篇坦诚地指出："中国目前还远没有实现法治现代化，但走向法治现代化的趋向是任何力量都无法逆转的。"

周旺生的主题演讲分为四个部分：

第一是法制决策。1997年，中国共产党第十五次代表大会报告明确提出，在中国实行"依法治国，建设社会主义法制国家"的治国方略。此决策引起强烈反响，人们为之鼓舞。因为中国两千年以来所实行的主要是人治的方式，现在决定告别人治，选取法制之途，并开始与世界政治法律文明主流趋于接近，这是巨大的历史性跨越。

第二是中国人的法治理念。法治究竟是什么？周旺生指出，从目前世界上的法治国家来看,法治是指一种环境、状况及生活方式。法治的基本特质就在于:其一,法治是一种"阳光"的生活方式;其二,法治是一种可预期的生活方式;其三,法治是一种可以把命运操纵在自己手中的生活方式;其四,法治是一种将权力置于法律制度约束下的生活方式;其五,现代法治还应是一种"良法之治"。

周旺生说,不应把法治当成理想化又永难实现的乌托邦。在认知和理解什么是法治这个基本问题上,中国人有着种种误解。

误解之一是:很多人仅仅强调法、法治的一个方面,将其认为是正义的体现、公正的象征、民主的保障、文明的推动力量等。事实上,法律有其多面性,有时还会被用来扼杀正义、泯灭公正、破坏民主和阻碍文明等,对法的负面性也需要正视、防范乃至抑制。否则,法治国家建设就要走大弯路。至于法治与文明的关系,在现代社会里也是很复杂的,有正面的也有负面的,以怨报德的现象时有出现。

误解之二是:人们往往简单地以为搞法治就会讲法、有法、重视法、让法发挥作用;而搞人治则与此相反。其实,法治与人治的界限不在于讲不讲法、有没有法、是否重视法、法能否发挥作用,而在于以上所说的方面,是权大于法还是法大于权,这才是问题的关键。因为人治有时可以披上法的外衣来实行统治。所以,如果不按法治方式而按人治套路去搞法治,那是搞不了或搞不成现代法治的,只能搞出现代人治,即经典人治。

误解之三是:未能正确而完整的理解、分析,慎重运用一些有关法的提法。如"三好"方针(有比没有好、多比少好、快比慢好)、十六字方针(有法可依、有法必依、执法必严、违法必究)等,这些提法本身并没有错,也有一定的积极作用。但是如果只从字面上去孤立的理解,是远远不够的,因为它们是在当时基本没有法律制度的情况下提出的,也起过积极且重大历史作用。但它只有两个意思:一是有法可依,二是把法用好。它缺少最重要的一个要素,即具有什么样的法,用法来干什么。中国历史上,有作为的帝王,比如秦始皇、朱元璋,一般都能做到这"十六字方针",而我们今天讲法治,如果只停留在"十六字方针"或"三好方针"上,是远远不够的。现在取而代之的是一系列新的概念"三个代表""与时俱进""科学发展观"。这些新提法、新理念并非完全针对法治,但却包含着法治理念,并适用于法治国家建设。随着法治国家建设的进一步发展,若能产生出若干专门有关法治的科学理念,并用以指导法治建设,那么,中国法治前景将更显光明。

第三,周旺生还讲了"中国法律制度的规模和质量问题"。

第四,"中国法律制度的实行情况"。

演讲结尾,周旺生说"要认清中国法治的未来,先要了解中国法治的昨天和今天。""迄今中国法治依然是贫困和落后的。但这不要紧,越是贫困和落后,就越需要变革,而变革往往是同光明前景相联系的。"最后,周旺生用毛泽东的一句名言作为演讲的结束语:前途是光明的,道路是曲折的。

主题演讲之后周旺生对听众提出的问题一一作了回答,使听众进一步明确了:

立法机关其作用是落实人民主权;在转型中国出现有法不依象的严重性;如何用一种比较稳妥的方式(比如北欧方式),把我国建设得更富强;如何实现我国向法治国家的平稳过渡;法治强国建设与政治体制的关系等等。

周旺生的主题演讲与答问以理论家的严谨,法学家的精辟和客观,回顾了我国法治现代化的过程、现状。对中国未来的法治美好前景充满了希望。

周旺生的答问深入浅出、层层剖析,寓深奥的理论于平实的语言之中,并以接地气的事例、巧妙的比喻,将枯燥的法律理论演绎成一顿思维犀利、令人难忘的精神大餐。

【对话原文】

主持人:感谢周教授让我们很好地了解了中国法治的有关现状!法治是一种强制文化,其发展态势是千变万化的。我们期待看到中国法治的现代化取得更大的进步。下面,请《清华法学》杂志主编许章润教授点评。

许章润(《清华法学》杂志主编):我和诸位一样,认真聆听了周教授的精彩演讲。周教授以制度描述为线索,以现实批判为目的,以法理解释为依据,并以案例分析为样本,辗转于实践与学思、制度与实效、理想与现实、政治与法律、经济与社会等诸多关系的条分缕析中,既赞赏其进步,又揭示其不足,将理想主义与现实批判主义相结合,将冷静分析与热情批判相结合,令人深省。我有以下四点感触。

第一,关于法治现代化,周教授非常强调政府行政权力应当受制于法律。他给我们提供了这样一个分析,即公共权力应当处于法律之下,而将这样一种权力的正当性、合法性来源归结为一种授权,归结为一种制度安排,即全国人民代表大会制度。这样的一种授权或体制安排恰恰是法的核心。这里面隐含的公共权力是一种受托性权力,本身并非初始性权力。这种权力如果有正当性、合法性的话,它一定来源于我们平常所说的人民授权,即人民主权。而这样一个口号性的人民授权或人民主权,一定得通过制度性安排或体制性管道来实现。我认为这种制度性安排不是别的,恰恰就是需要大力加强的立法机关,即全国人大。

第二,立法机关作为最高权力机构,其作用是落实人民主权,实现对正义的分配。我们知道,立法过程是一个利益的博弈过程,实际上也是公民、社会与国家包括各类政治或经济强势组织与弱势群体等所有法律主体能够参与其中的一个博弈过程。当他们进入到为权益而斗争的过程中时,才能最终达成一个理性共识,即通过渠道的法律化途径进行博弈,从而实现利益平衡和理性共识。这也就是我们所说的一种政治民主。而这种政治民主,实质上就是权力和权利资源的配置。中国法治在走向现代化进程中,这种权力和权利的分配与格局才是对未来发展起核心作用的支撑点。

在此主题下,有两点非常重要。我国人大制度设立的基础与西方一样,无外乎是解决一个大众草根集团的诉求与精英治国的矛盾。一方面,国家治理需要精英智慧,因为作为草根大众往往缺少信息判断,所以不可能站在殿堂之上治理国家。即使我们讲人民民主,也不可能由他们来治理国家。另一方面,精英治国的合法性何在?通过议会选举,草民们将自己的代表送入殿堂,再经由这些被选入的代表选出行政精英,这就解决了合法性问题,并在这个基础上,将大众民主与精英治国联系在一起。强调依法行政、依法执政,实际上反映了当下中国发展的一个重大走向,就是从政策博弈向立法博弈过渡。比如《立法法》第八条,以及发改委、商务部、工商总局等部门联合制定《反垄断法》,还有民营及合资特快专递企业等,都在向人大立法机关施压,要求打破传统立法动作。这些都促成了一个现代法治国家雏形的出现。

为了应对即将来临的各种利益主体在政治舞台上进行博弈的新时代,我们应当充分利用权力格局与分权操作来彰显议会主权!这是当务之急。

第三,周教授给我们揭示了法学的一个基本问题,即事实与规范的冲突。事实需要规范价值规制。怎样的规制才算理想?套用周教授的话,应是民众之法、人民之法。我相信这是一种治国智慧,同时也是一种法律智慧。

因此，大量的法律才是法治的基石。一方面，法治之网将生活网罗起来，尽管迄今有不足与缺陷，而且不仅仅体现在有法不依现象的泛滥方面——这是转型中国出现的令人触目惊心的事实，必须唤起高度警觉；另一方面，现行法律中还有一些法规资质，并没有成为行动中的法、生活中的法。就如经济学要求盘活国有资产一样，法学也要盘活已有的法律，让法律动起来，这也是一个当务之急。同时，法律不能规定不可能之事，而应具有可操作性，立法者本身同样应该是守法者。

第四，于我而言，现实生活中的法律与执法者尚缺足够的亲切感，比如我见到警察不是产生一种安全感，相反倒担心他来找茬或耍横。如果执法者给我造成的印象不是法律在解决问题而是在绑架，换言之，法律是一种蛮横强权，叫我如何认同？这样的法律会有什么效果？说一千，道一万，关键在于老百姓在立法问题上是否拥有真正的发言权，人大代表是否真正具备一种代表性。

最后，我想强调的是，正在向强国迈进的中国，需要提升政治、经济、军事以及科技等一些软实力。法治属于软实力，是综合国力的重要指标之一。要解放生产力，就应让法律动起来，以解放民众的思想，强健民众的心灵，实践民众的智慧。我相信，只有这样，才能使中国强大的发展潜力进一步释放出来。

主持人：完全没有想到，一个严肃的话题竟然被许教授点评得如此亲切平实。下面，欢迎大家提问！

问（北京脑库文化交流中心首席学监李津逵）：最近，我一直在研究中国城市化问题，发现城市化进程中的诸多实践不是来自农民守法，而是来自普遍的违法。也就是说，关于农民的立法是在一种普遍的弱势状态下进行的，比如联产承包、乡镇企业、民工潮、城中村等，都是农民用一种普遍的违法行为获取的。对于这样一种法治状况，我不知道周教授持何看法？

答：这个问题提得很有意思。首先，人类最近几百年的历史（尤其是最近三百年）实际上是一部由农村转向城市的历史。当今英国，五分之四的人口已由农村转移到城市，而其他许多国家也都有类似情况，城市化速度越来越快。其次，中国也在加快城市化进程，这表明中国与世界在近代文明的发展方面已趋于同步，这是很好的现象。但倘若认为这些进步性变化是以农民违法为条件换来的，至少不是以农民守法为条件换来的，这肯定会引起众说纷纭的评论。在我的印象中,对深圳特区也一直有这样一些看法,当年就有人认为改革实际上是违法等。当然,作为一种看法,应当允许存在。但我认为,要把一个地方几十年的进步性变化统统归结为违法的结果,恐怕与事实不符吧!

迄今为止,历史上或者现实中有这样一种现象,即颠覆现行法律制度以换取一个新的环境,只能发生在一个国家或社会出现根本性变化之时。除此之外,在正常的社会运行中,以一个具有相当普遍性和地域性的情况考量,很难出现以违法换取社会进步这种情况。依我之见,深圳之所以能发展起来,第一,得益于社会主义制度,因为给予了许多决策自主权;第二,得益于计划经济的某些优越性;第三,得益于聚集了大批精英,是他们开拓、创新、敢想、敢做,用先进理念和先进科学技术显现了自己的作用与价值。这些可能是深圳发生重大变化的基本原因。

我们必须承认,无论是在违法还是不违法的前提下,农民工在深圳的发展中确实起到了至关重要的作用。我们的许多法律法规非常陈旧,严重阻碍社会文明进步,从而需要从根本上改善甚至废除它,这也是无可争议的。但就全局而言,就一个具有提倡性或倾向性的观点而言,如果认定某个重要地区的先进化是以大规模群体的违法为先决条件的,显然是尚欠稳妥。

问(中国民族贸易促进会执行会长刘延宁):请问中国如何跨越自由主义和共和主义的局限?如何才能不颠覆现行法律制度、不发生重大革命,就平稳过渡到像欧美那样的法治国家?

答:一个国家如何从现状中走出来,走到一个大家比较满意的比较现代化的程度或状况,只要看一看目前世界上被人们认可的现代化强国所经历的发展过程就可明白。如何跨越自由主义和共和主义的局限,用一种比较稳妥的方式(比如北欧方式),把我国建设得更好更强,这确实值得深入研究。我认为,如果要在平稳发展过程中将我国建设成为一个文明强国的话,就需要自由主义、共和主义,当然还有其他种种主义中所包含的积极因素。在与现代化建设相关的种种主义里,自由主义、共和主义只是其中的两种,但有时与现代化建设相关性更多的,不一定是这样或那样的主义。

如何实现我国向法治国家的平稳过渡?需要注意什么?欧美这些国家之所以成为现代化强国,单就法治方面而言,是因为确有其长久的法律传统。早在两千多年前，亚里士多德通过比较研究当时雅典城邦的宪法后，就提出政策和法律方面的主张。虽然那时的宪法不同于现代宪法，但毫无疑问其法治确有深厚的历史渊源。西方国家的法治环境不是近二百年才建起来的，而是近两千年发展的结果，只不过近两百年的作用更为突出而已。中国古代也有法治，只是那种法治相当落后，目前的任务就是要建设一种先进的法治。而要把中国建设成一个法治强国，在许多时候和许多问题上，更多的是一个法律问题特别是政治体制问题。政治体制问题究竟如何与法治现代化相关联？对此，学界关注不多，比如法官独立问题，等等。一个现代化的法治环境肯定需要法官独立，但正如前述，由于种种原因，法官实际上根本无法独立。不仅如此，政党制度也有类似问题。比如民主党派对中国政治的影响究竟有多大？这些都是很尖锐的难题，需要由历史来回答。至于在方法、策略或其他方面，我认为我们正在走向法治，前景应该是可期的。要想知道中国未来的法治前景乃至整个世界的前景如何，就一定要知道中国和世界从过去走到现在的漫长历程。总体而言，一方面，当今中国仍然贫困落后，但越是贫困落后，就越需要变革，我们完全有理由相信中国未来的法治前景是美好的；另一方面，越是贫困落后，对变革的抵制也会越大，这种抵制往往造成前景不那么光明，道路充满曲折，甚至可能发生严重倒退。对此，我们必须抱持一种清醒而理性的态度。

主持人：非常精彩的你问我答，智思由此激荡而出。由于时间关系，我们不得不结束今晚的讲座。让我们再次感谢周教授！

原文摘自王忠明编：《中外名家系列讲座集萃》，中国青年出版社，2006年2月版。　鉴赏编写：刘　明

78. 文化的温度
——对话易中天教授
（2006年12月22日）

【格言名句】

　　我是把历史拿出来"化冻"，使它有了一个36.7摄氏度的常温。是一个

正常人的体温。使每个人都可以亲近,可以触摸。不同的人可能触摸到不同的部位,从而获得不同的感悟。

——易中天

【文章导读】

易中天,著名作家、历史学家。现任厦门大学人文学院中文系教授、博士生导师。著有《艺术人类学》、《闲话中国人》、《品人录》、《费城风云》、《帝国的惆怅》、《帝国的终结》、《品三国》(上下)、《先秦诸子百家争鸣》、《我山之石》、《中国智慧》、《书生傻气》、《公民心思》等。

易中天教授长期从事文学、美学、历史学等多学科和跨学科研究。2005年起他开始在CCTV-10《百家讲坛》节目里讲解历史,其主讲的"汉代人物风云""易中天品三国"系列,以故事说人物,以人物说历史,以历史说文化,以文化说人性,形成了独特的说史风格,吸引了无数观众。受到追捧,获得热评。所谓"灵动中见生气,轻松间出风情,奔突之际现神采,气度的流变,情韵的播撒,精魂的锋芒,风俗人情的揭秘,都融会其中",这造就了的"易中天现象":学者走上电视,学术结缘传媒,成为新世纪学术走出大学围墙的新方式。

这篇对话就是在这样的背景下展开,并且就"文化的温度"问题将相关话题编辑为易中天式的语言,以这样的表达方式探寻易中天对于文化的发生发展及继承创造的各种睿智解说。这二十几个易中天式的俏皮话题分别是"于丹不是'女易中天',我也不是'男于丹'""没准我就是那条经久不衰的'牛仔裤'""经典的温度,就是人性的温度""在流行之中有永恒,而永恒又通过流行来永恒""我们现在要防止的是,以艰涩饰浅薄""我还可以加上一句:学问就该这么做""中华民族的文化传统,是关注主旋律""没有必要把大树变成小草,精英文化不必走向大众""唐诗宋词就是当年的《涛声依旧》""有创新价值的,往往会有争议""在那个曾经被诗意地描绘过的地方,我懂得了生活不是诗""我是把历史拿出来'化冻',使它有了36.7摄氏度的常温""不要把小说当历史,历史是历史,小说是小说""我是把历史戏剧化、大众化,不是娱乐化、普及化""如果陈寿和裴松之是'口红',请问哪里有那么大的一张嘴""最具普适性的思想,一定是关乎人性的""没有历史的民族是没有根的,没有历史感的民族是漂浮的""展示我们的文化形象,应当弘扬中华文化的三种精神""现在是上大学的人多了,不等于是读书的人多了""没有文化需求和精神需求的人,都是活得不像人"及"希望今后学者上电视,也成为'屁大的事'"。不用解释,易中天的精粹思想与语言机巧在这里一览无遗,既包含着对于文化宽泛意义的解读,也包含对于文化庸俗杂念的批判,将易中天丰富的精神世界精彩地展现出来,同时也将其学问之道的灵动与活力表现出来了,对于将学问视作象牙塔式的老气学究是个反叛的样板,让我们看到当下聪明的学者如何穿越儒释道的传统文化伦理,成功地驾驭自己的文化精神世界。

毫无疑问,在这些话题中,易中天是个非常注重审时度势的学者,注重学术文化成功传播的方式。在这场《解放周末》主持的关于"文化的温度"的对话中,易中天着重谈到文化也需要受众市场,这也可以从其言谈举止、音容笑貌中感觉他的"底气",如他笑言自己穿越时尚的能耐相当于"那条经久不衰的'牛仔裤'",如此比譬,实在精到啊。对话中,易中天坚持着一个信念,就是继续为经典和传统"添柴""化冻",用自己的解读使它们"永恒"并"流行",继续实现三个"对接"(传统与现代的对接,学者与大众的对接,学术与传媒的对接)。易中天说:"我是把历史拿出来'化冻',我使它有了一个36.7摄氏度的常温。是一个正常人的体温。使每个人都可以亲近,可以触摸。不同的人可能触摸到不同的部位,从而获得不同的感悟。"这些话语自然使易中天为自己开拓了一个相当广阔的受众市场,而这个市场又造就了一个不同凡响的易中天,同时也因为语言的睿智机巧,易中天时刻灵动地在他的话语世界里魅力四射地朝人们奔跑而来,同时又带来巨大的传承历史文化的强大动力,鼓动每个人投入到那种话语营造的强大气场之中。总之,易中天一直在用机智、敏锐的话语温暖着这个世界,好让我们的世界因为文化而真正强盛起来。

【对话原文】
于丹不是"女易中天",我也不是"男于丹"

解放周末:不久前,于丹的《〈论语〉心得》首印六十万册、首日签售八千册。首印、首签数量都超过了您的《品三国》,对此您有何感想?

易中天:我向于丹教授表示热烈祝贺!

解放周末:这就是您的感想?

易中天：没有，感想还没有讲。（笑）先表示热烈的祝贺！

这个成功在我预料之中。诸位可能也注意到，于丹的《〈论语〉心得》播出的第二天，我就在博客上发了一个帖子《于丹真棒》。后来她这本书要出版的时候，我也欣然作序了。我觉得这次首印、签售的成功，不仅仅是这本书的成功，也不仅仅是她个人的成功，而是《百家讲坛》探索出来的文化和学术传播方式的成功。这个成功证明了让学术和文化走向社会、走向大众、走向市场，方向是正确的，方式是可行的，而且前途光明，方兴未艾。

解放周末：也就是再一次得到了证明。

易中天：对！如果只有我一个人的情况，你可以说仅仅是个案。

解放周末：那就显得冷寂了。

易中天：现在已经不是个案了。所以我坚定了一个信念，就是继续实现三个"对接"。那就是传统与现代的对接，学者与大众的对接，学术与传媒的对接。

解放周末：有人说，由此诞生了一位"女易中天"。那么，"男易中天"与"女易中天"这两者可以对比吗？

易中天：这种说法是媒体的刻意炒作。有的媒体喜欢把事件和人物符号化、标签化。

解放周末：甚至性别化。

易中天：说穿了就是简单化。（笑）谁都知道，于丹是于丹，易中天是易中天。于丹不是"女易中天"，我也不是"男于丹"。实际上，人无分男女，地无分南北，都有实现"三个对接"之可能。

解放周末：您公开表示欣赏于丹，还为于丹的书作序，您究竟欣赏于丹什么？

易中天：您可能注意到了我刚才讲的三个"对接"，其中第一个对接就是传统与现代的对接。我觉得在这个方面，于丹做得比我好。

解放周末：您这么谦虚？

易中天：不是谦虚，我认为是一个事实。为什么呢？我只是用现代观念和现代语言阐释传统。在我的演讲里面，在我的节目里面，在我的书里面，并没有现代生活的事例。而于丹是大量地运用了现代生活的例子，国内国外的都有。所以她的对接比我做得更好。而且我还可以预言，如果将来有人超过于丹，那他（她）就一定会是更人性、更现代。

没准我就是那条经久不衰的"牛仔裤"呢

解放周末：一般来说，我们中国的知识分子有个怪毛病，文人相轻。您对于丹这样着力地推荐，就不怕于丹超过自己吗？如果"女易中天"超过了"男易中天"，会不会导致某个方面的阴盛阳衰？

易中天：如果有这个结果的话，我第一个出来拍手叫好。

解放周末：您不怕她超过您？

易中天：长江后浪推前浪，前浪死在沙滩上。我是随时准备"死在沙滩上"的。（众人大笑）

解放周末：也就是说您不怕当"前浪"？

易中天：其实每一个浪头都可能也应该是"前浪"，何惧之有。

解放周末：而事实上，"前浪"目前也没有"死在沙滩上"。

易中天：目前还没有，至少目前还没有。（莞尔一笑，略作思索）现在的情况不是"前浪死在沙滩上"，而是——

解放周末："前浪"还是相当忙？

易中天：是"前浪"还在继续上。（大笑）

解放周末：您也曾讲过，过去的时代是"各领风骚数百年"，而现在是"各领风骚没几年"，这似乎已经成为流行文化的一种现象、一种规律。

易中天：流行文化其实还有一条规律，是为大家所忽视的。比方说，每年都会有时装的发布，最新流行色啊，款式啊，等等，每年都会有人来发布，然后一拨一拨新的潮流层出不穷，推陈出新，永无止境。但是诸位有没有注意到，有一种服饰经久不衰，那就是牛仔裤。没准我就是那条"牛仔裤"呢！

经典的温度，就是人性的温度

解放周末：流行文化也是一种周而复始循环的过程，有时候又会回到原点。

易中天：会有这样的情况。但正如黑格尔说的，表面上看起来是回到原点，但是你会看到层次又高了一点。（作出螺旋式上升的手势）从东西南北的角度讲，就是回到了原点，但是从上下左右的角度讲，就又上了一个层次。

解放周末：说到原点，我们谈谈中华文化的原点吧。《论语》也好，《三国志》也好，它们都是中华文化的经典文本，是传承文化、延续文脉的经典文本。是不是经典会比流行更具有生命力？

易中天：经典和流行是表里关系。一个经典能够经久不衰，那个经久不衰的东西是什么？是它的魂。

解放周末：内核。

易中天：对，内核。它的内核是经久不衰的，它的外部表述方式是必须更新的。就像一棵树，要想常青，它的根、它的干是不会变的，叶子肯定要换掉。

解放周末：每年秋风扫落叶，待到来年复而生。

易中天：对。每年春天长出来的叶子，肯定不是掉在地上的那片叶子，但都是这棵树的叶子。

解放周末：但是现在经典的命运、经典文本的命运，往往有这样几种情况：有的是驻足于象牙塔内，有的呢成了少数人把玩的古董，还有的呢成了历史的灰烬。同样是黑格尔说过，历史是一堆灰烬，当我们把手伸进这堆灰烬里面，还能触摸到它的余温。那么，面对历史留给我们的灰烬，现代人怎样使它的余温具有现代的体温？

易中天：（边思索边缓缓地说）那得要——添柴。

解放周末：添柴？

易中天：对，添柴，而且应该大家来添柴，众人拾柴火焰高。经典和传统是火种，是我们的先民、我们的祖宗传下来的火种，但是可能我添的柴和他们当年烧的那个柴不一样。

解放周末：也就是说，经典的东西有时候也可以成为新的流行，成为新的流行现象。

易中天：对，如果有人添柴的话。

解放周末：使它具有温度。

易中天：对，应该会有温度的。因为，一个没有温度的东西，它是无法接触的，无法接触就无法传递。温度也是一种能量，关键在于温度的恰如其分。冰凉是不行的，烫手也是不行的。

解放周末：发烧也不行。

易中天：也不行。（边思索边缓缓地说）需要一个——我觉得就是"常温"。

解放周末：是不是可以这样理解，传承中华文化的经典文本，它们本身也是有温度的？

易中天：对，这个温度就是人性。经典的温度，就是人性的温度。

解放周末：而人性是永恒的，是跨越时空的，是没有国界的，因此就有普适性,所以这个温度可以从古代延续至今。

易中天:对。

在流行之中有永恒,而永恒又通过流行来永恒

解放周末:经典文本是优秀传统文化的浓缩的精华,它本身是不是具有一种使之在现代流行的元素或者基因?

易中天:你比方说《论语》,它之所以现在还能引起我们的兴趣,是因为它思考了一些人性当中本质的东西,而这些东西呢,它是一个永恒的难题。因为人本身是一个矛盾体,人本身就是一个悖论,因此,人类将面临永恒的难题。

解放周末:无论是男是女,无论是老是少,无论是中国人还是外国人。

易中天:还有无论是古代人还是现代人。人们都会面临一些永恒的难题,而先哲们,包括孔子,包括孟子,包括庄子,包括苏格拉底、柏拉图、亚里士多德,也包括希伯来的一些先知,包括释迦牟尼,他们实际上都在思考着一个人如何能够幸福的问题。那么人在追求自己的幸福的时候,他就会面临很多不可解的问题。而这些东西,这种思考,它是永恒的。

解放周末:这种永恒的东西使得古代的经典在现代成为新的流行,因为它本身具有生命的基因和元素,就是您刚才说的永恒的人性。

易中天:它本身是个有生命力的东西,它所以成为流行,无非是触动了每个人在当下社会生活中的那些敏感点。

解放周末:或者是热点,或者是难点,或者是痛点。

易中天:对。因为我们继承所有的文化遗产,归根结底都是抽象继承。我们第一不可能还原历史,第二也不必还原历史,因为条件完全不一样。我们只能把它们当中的精髓,当中最抽象的东西继承下来。包括我们对古典文学的欣赏,包括我们对原始艺术的欣赏,包括我们与古典哲学家的对话和共鸣,它都是一种抽象继承。比方说,我们很熟悉的南唐后主李煜的词,"问君能有几多愁,恰似一江春水向东流",每个人都能欣赏,但是我们的愁和他的愁是不一样。他的愁是什么呢?"小楼昨夜又东风,故国不堪回首月明中",我这皇帝当不成了,成了亡国之君。我们不可能是这样的愁,但是我们有我们的愁。尽管他的愁和我们的愁是不一样的,但是我们都有忧愁,这点是会有共鸣,有共性的。

解放周末:一个"愁"字,激起共同的心灵感应。

易中天：对，我们就抽象地把它继承下来了。比如《论语》，孔子说：八佾舞于庭，是可忍，孰不可忍。这个"是可忍，孰不可忍"是有具体对象的，这个对象我肯定跟他不一样，但是"是可忍，孰不可忍"的这种人性的体验，我们可能都有过。

解放周末：都有过一种义愤感。

易中天：对，这个是我们可能都有的。所以对任何经典、对任何传统的继承，其实都是一种抽象的继承。这就是我为什么要在为于丹的书写的序中提出"灰色理论"的道理。你只有把它抽象成灰色，你才能适应当今，然后你才能和当今的色彩来搭配。实际上这就是说，在流行之中有永恒，而永恒又通过流行来永恒。

我们现在要防止的是，以艰涩饰浅薄

解放周末：但是有人认为，对《论语》，对《三国志》，对中华文化的一些经典文本，用流行语言去解读它，还不如自己读原著那样有深度。

易中天：（边沏茶边思索）我不反对读原著。恰恰相反，我是极力主张读原著的。我是1978年考入武汉大学读研究生的。入学第一天，先生就问我：你都读过一些什么书啊？我说我读过什么什么。先生说不好。我问为什么。他说因为这些都是今人的解释，你必须读原著。比方说，《文心雕龙》你要读范文澜的注，《三国志》你要读裴松之的注。这个呢，是作为一个学人所必需的基本训练。但问题是我们不能要求我们的人民群众都是学者，这没有必要，也没有可能。当我们实现三个"对接"的时候，当我们希望我们的文化传统和学术成果走出书斋的时候，至少在一开始，需要有一个古典文本的现代转换。应该说大多数人在阅读文言文的时候，还是有阅读障碍的，这个"转换"能引起大众对古典、对传统的兴趣。兴趣是最好的老师。我们现在在做的第一步，就是我现在要实现的第一个目标，那就是四个字——引起兴趣。

但是与此同时，我并没有忘记，你刚才提出的问题——读原著更好，所以我在讲《三国志》的时候，那些《三国志》里面的华彩篇章，原文是一定要念出来的。比方说诸葛亮的《隆中对》，几乎是通篇背下来的。将来我讲《出师表》的时候，基本上也是要通篇背下来的，尤其当中最精彩的片断，肯定是用抑扬顿挫的语气把它朗诵出来。

解放周末：那么，阅读的深度和解读的深度，以什么标尺来衡量呢？

易中天：马克思有一句名言，研究的方法不等于表述的方法。一个东西，它如果本身是有深度的，你用什么语言表述，它都是有深度的；如果一个东西本身是没有深度的，你用什么样的表述方式去表述，它也都是没有深度的。我们现在要防止的是，以艰涩饰浅薄。所谓以艰涩饰浅薄，就是把一个谁都明白的道理，弄得谁都不明白；用谁都不明白的语言，去表述一件谁都明白的事情，这样的所谓深，我认为是不可取的。我们要追求的，是用谁都明白的语言，去说清楚一件许多人不明白的事情。

解放周末：这是最难的。复杂的问题，把它简单化。

易中天：对，这是最难的，但是这是做得到的，也是应该做到的。因为我坚信，越是高级的东西越简单，越是真理越明了。文怀沙先生最近在杭州有一个谈话，说了八个字，我觉得非常精辟，"深未必刻，浅未必薄"。思想的深刻与表述的浅显，这两者是不矛盾的。《论语》就是当时的大白话。"学而时习之，不亦说乎。有朋自远方来，不亦乐乎。人不知而不愠，不亦君子乎"，意思再明白不过了。

解放周末：它是浅显的，通俗的，又是深刻的。不能误解了"浅"，浅显不是肤浅、浅尝辄止，这两个"浅"是不同的，不能混为一谈。

易中天：问题是，有些人偏偏把表述的浅显和思想的浅薄画上等号。

我还可以加一句：学问就该这么做

解放周末：有人说，于丹的解读有点浅，而您说于丹"酿的酒度数略高"，您是认为她讲的内容思想含量比较高吧？

易中天：因为这要遵循电视规律。作为一期四十分钟的电视节目，你的思想含量要适度。你要给观众留下回味、咀嚼、思考的余地。《百家讲坛》这个栏目定下的传播目标是这样几个字：喜欢听、听得懂、记得住、用得上。十二字方针。

解放周末：这就是说，哪怕解读的是经典文本，也不是思想含量越高，就越能够为观众所接受，这还要遵循电视传播的规律。

易中天：是啊，这是一个表述方式的问题。

解放周末：这也就是说，研究与解读在本质上是相通的。

易中天：没有研究作基础，你是解读不了，表述不了的。

解放周末：研究是解读的前提，通俗的解读是深刻研究的一种表达，可以这样理解吗？

易中天:对的,是一种表达。

解放周末:通过您以及于丹等人的实践,说明研究者的学问也是可以这样做的?

易中天:(静思片刻)是的,我还可以加一句:学问就该这么做。

解放周末:不是伪学问、伪研究。有人批评有的学者孤芳自赏、卡拉OK。

易中天:这个问题就比较复杂了,就不能太简单化了。我们必须有一部分学者,坚持为学术而学术。我反对的不是为学术而学术,我反对的是,比方说为职称而学术,为卖弄而学术,为唬人而学术,为自鸣得意而学术。

解放周末:那就是为自我欣赏、卡拉OK而学术了。

易中天:对。这种情况,在其他领域也不少见。不看社会评价,不顾读者反映,不管大众感受,有的人就喜欢搞自我欣赏、自我标榜那一套玩意儿。

解放周末:有人对此以一句玩笑话去形容那种自我陶醉者:走自己的路,让别人打的去吧。

易中天:(放声大笑)……

中华民族的文化传统,是关注的主旋律

解放周末:您录一期四十分钟的《百家讲坛》,不可能一上来就讲吧?

易中天:那当然啦。

解放周末:需要很长时间的准备?

易中天:应该说,首先它需要几十年的积累,以及很早以前就有的对三国这段历史的兴趣。但是有媒体不断地追问,你什么时候开始研究三国的?我说我回答不出这个问题,因为感兴趣很早。兴趣是最好的老师,有了兴趣就会有问题,有了问题就会有研究。但是这种研究呢,在以前它是不成形的。研究和成形,这是两个概念。把这个研究使之成形,还要转换为适合于电视节目的表达方式,它有一个过程。这个过程需要付出艰辛的劳动。

解放周末:可不可以这样说,一次《品三国》爆发出来的温度,蕴积了您很多年的研究心血和学术库存,乃至思想库存?

易中天:对。

解放周末:那么您现在能不能作一个小小的预测,易中天现象、于丹现象的文化温度,在我们目前的社会文化生态中,它还能够保温多久呢?

易中天:(边思索边缓缓地说)呃——这个问题——不是太好回答。我

只能说,我相信人民群众对祖国历史和民族文化的热爱,这种热情将是经久不衰的。

解放周末:有这种经久不衰的热情存在,那么这个温度将会始终保持?

易中天:不等于易中天、于丹可以始终保温,也可能是换了别的人,别的人来做这样一个工作。但是对我们民族历史和文化遗产的这份热情是不会变的。

解放周末:这个热情是会始终集中在中华文化的经典文本上,还是会转移到去读外国的经典著作?

易中天:也有可能啊。我觉得不必画地为牢,不必一定局限于我们的民族,可以是全人类的。

解放周末:文化是共通的。

易中天:我们的观众应该关注全人类的精神文明,但是,我们民族的文化传统,我们民族的历史遗产,将始终会是我们关注的主旋律。

解放周末:是基调所在。

易中天:对。

没有必要把大树变成小草,精英文化不必走向大众

解放周末:有一位专家说,如今在我们的文化领域出现了一些断裂现象。在文化形态上,精英文化或者说是高雅文化与大众文化完全是两个世界,互不搭界。在学术领域也存在专家与大众脱节的问题。这种文化断裂现象,您关注过吗? 在您眼中的文化断裂现象是什么?

易中天:对不起,没关注过这个问题。

解放周末:文化断裂的现象是事实吧?

易中天:因为这个词——有点问题。我又没想出一个合适的词去替代它。因为按照我的观点,文化是断裂不了的。抽刀断水水更流。

解放周末:但在表现形态上,有时候可能冷寂,有时候热闹,有时候喧嚣。

易中天:所谓"洋装穿在身,我心依然是中国心"。这种无形的文化传统的传承,它是不会断裂的。文化它是无时不在、无处不在的。传统是断不了的,而传统的文化,有些东西确实是该死的。

解放周末:不可能都需要传承下来。

易中天:对,我已经说过抽象继承。你比方说女人裹小脚,不该死吗? 死了活该啊。我们要继承的是我们民族文化的灵魂与精髓。

解放周末:文化是断裂不了的,但文化的传承的确有一个大众化的问题。有媒体说,您有"解冻"两个字,把文化遗产从精英的冰箱里取出来,使之成为生猛海鲜,鲜活起来。

易中天:我说的是把遗产解冻,不是解冻精英文化,精英文化解不了冻。那些精英文化不是冰冻的,它也是鲜活的。精英文化的问题不是解冻,它是要不要扩散的问题。文化遗产是一个解冻的问题。

解放周末:学术要不要解冻呢?

易中天:学术也不要解冻,学术也是活的。

解放周末:那么精英文化怎样走向大众呢?

易中天:精英文化不必走向大众。

解放周末:就放在那边,静悄悄的?

易中天:对。应该这样,必须保证这一点。我不但不赞成精英文化走向大众,而且我还极力主张要保证精英文化的独立性。社会要有分工,社会要有生态,所谓和谐社会,就是一个生态平衡的社会。就像一个森林,必须有大树,有灌木,有小草。没有必要把大树变成小草,大树就是大树,小草就是小草。但是也不能说我们只要大树,不要小草,不要灌木。

解放周末:但是有一种观点认为,这种"大树"必然是小众的,而小众文化才是高端文化。小众文化能够等同于高端文化吗?

易中天:小众文化不等于高端文化,但高端文化一定是小众文化。为了保证有高端文化,我们必须保护小众文化。

解放周末:在您看来什么是小众文化?

易中天:小众文化必须保持它的独立性。包括先锋艺术啊,前卫艺术啊,都是小众的,必须有这些东西,才不会导致我们社会的审美麻痹,这个东西它是必须要的。但是,我们必须讲清楚,既然是小众,你就要甘于寂寞,你别嚷嚷。

解放周末:不要牢骚满腹,不要怨天尤人。

易中天:不要说怎么不关注我呀?我很精英啊,我很高端啊,你们怎么老去关注那些肤浅的东西啊,怎么不把我当回事啊!那你自己心态就不对了。你就心甘情愿地做你的小众啊,你一旦大众化了,同时就失去了你的前卫性、先锋性和高端性。你要搞清楚这个道理啊。

解放周末:何况小众化还不等于高端化。

易中天：对,何况还不等于。高端的一定是小众的,小众的不一定是高端的。同样地,低端的文化肯定是大众的,但大众的不等于是低端的。

唐诗宋词就是当年的《涛声依旧》

解放周末：有人认为,文化的大众化是一条必经之路。

易中天：不能这么说。

解放周末：不能走大众化之路?

易中天：不能说是必经之路。(侧脸思索片刻)这里面还有一层意思,高雅文化和高端文化,其实产生于大众文化。看我们中国文学的经典,就可以很清楚地知道这一点。《诗经》,田间地头唱的;四大名著,街头巷尾说的;唐诗宋词,青楼妓院唱的。当时柳三变的词,有井水处就可以唱么,凡有井水处即唱柳三变的词。所以唐诗宋词就是当年的《涛声依旧》,当年的《相约九八》。

解放周末：大众文化也是高端文化的一种活水之源。

易中天：如果没有大众文化作它广阔的文化背景,作它的策源地、根据地,高端文化就没有生命力。

解放周末：那么,所有的文化都必须适应大众的需求吗?

易中天：小众文化不需要适应大众的需求,小众文化你就是坚守你的沙龙。

解放周末：比如,研究黑格尔,就是小众文化。

易中天：搞这种研究,小众即可。但黑格尔的哲学,大众是需要的。

解放周末：大众需要从黑格尔的哲学中寻求哲学的启迪和安慰。

易中天：对。你要知道,当年法国革命是受康德、黑格尔的影响,所以恩格斯把黑格尔哲学称之为法国革命的德国理论。但是,创造黑格尔哲学的一个人就够了,研究黑格尔的三十个人也许就够了。而传播黑格尔哲学的,可以有三千个人、三万个人。需要黑格尔哲学,或者需要黑格尔的世界观、方法论的,可能是三亿、三十亿。这是不同的概念。

解放周末：研究黑格尔这种小众文化,只需要少数人,但是解读黑格尔哲学的人,传播黑格尔哲学的人,理解黑格尔哲学的人,应当多一些、更多一些。

易中天：对。黑格尔在我们这里只是个符号。但需要黑格尔哲学的人,那就太多了。

解放周末：需要的是一种哲学逻辑。

易中天：实际上哲学提供的是什么呢？就是世界观、方法论。

解放周末：这是每个人都需要的。

易中天：大众——当他的温饱问题得到解决以后，他是有这种需要的，温饱问题解决之前，可能那个时候一时半会儿还顾不上。有一位俄国的历史学家说过，当人饥肠辘辘的时候，你问他选择理论还是选择粥，他会选择粥。

有创新价值的，往往会有争议

解放周末：有人把像您这样的学者，定义为在小众文化和大众文化之间桥梁式的文化人。

易中天：我自己的定位是搬运工。说我是桥梁，抬举我了。（众人笑）

解放周末：在文化大众化的过程中，我们的学者是不是在起到一种面向民众的创造？这是一种文化创造吗？

易中天：这个话很含糊。因为有些学者他不做搬运工。

解放周末：如果像您这样创造了易中天现象，创造了文化温度的呢？这是在从事文化创造吗？

易中天：我希望大家认为这是一种创造。

解放周末：您希望的这种创造，对一位学者来说，是被动的还是主动的？

易中天：对于我来说是主动的。别人是主动还是被动，我不清楚。

解放周末：文化生态中有一个悲剧现象，所有的文化创造都会遭遇到转型前的反驳。比如说，听到一些不同的意见，有了争议了，这时候有人就觉得可怕了。您怎样看待"争议"？

易中天：有争议的事情不一定有创新价值，但是有创新价值的，往往会有争议。比方说埃菲尔铁塔，当时争议很大。贝聿铭在卢浮宫门前做的玻璃金字塔，至今还有争议。小平同志为我们指引的中国特色社会主义道路，当时也有争议。

解放周末：您喜欢"争议"这个词吗？

易中天：（凝思片刻）从感性的角度讲，我希望无争议；从理性的角度讲，我知道争议不可避免。

在那个曾经被诗意地描绘过的地方，我懂得了生活不是诗

解放周末：很多文化人、学者，越是对土地，对农村，对苦难，对弱势群体有特别感情，往往越能对中华文化怀有一种敬畏和尊重。您也有过在新疆

生产建设兵团工作的经历,您对生活的理解,与此有关系吗?

易中天:(沉思)实际上应该说,有过这种苦难经历和底层生活的人,更容易对人性有较为透彻的理解。

解放周末:因此对文化创造,也可能有更多的激情。

易中天:对中华文化的深深热爱,它可能来源于教育和熏陶。比方说,有些人出身于书香门第,从小就读古典的,哪怕他没有苦难的经历和底层的生活,也会很热爱中华文化。苦难经历和底层生活,只是便于你洞悉人性,但并不等于热爱传统。热爱传统要靠教育和熏陶。

解放周末:新疆那段经历对您人生的意义是什么?

易中天:就是我经常说的那句话,在那个曾经被诗意地描绘过的地方,我懂得了生活不是诗。所以我遭到了很多希望把生活描绘成诗的人的痛恨,真的是痛恨。因为我把他们的梦打破了。也就是说,我除了像很多学者一样会继承孔子的思想、庄子的思想,这是中国的学人身上几乎人人都有的,但是我可能比他们还要再多受到一个人的影响,那就是韩非。

解放周末:韩非子。

易中天:一个是韩非的影响,还有一个是禅宗的影响。

解放周末:从您的性格上就能看得出来。

易中天:对。我对自己的人生道路啊,荣辱得失啊,这个方面我的态度是禅的态度。

解放周末:处变不惊。

易中天:而对社会生活的态度,是韩非的态度。韩非的态度是什么呢?就是鲁迅先生说的,直面惨淡的人生。

解放周末:正视淋漓的鲜血。

易中天:对,正视淋漓的鲜血。所以我会不顾某些人的痛心疾首,在讲三国的时候,我会把人与人之间的钩心斗角,赤裸裸地给抖出来。而且把《三国演义》做的那些"手脚",全部给他揭穿。

解放周末:这也是因为您感悟到"生活不是诗"?

易中天:"生活不是诗",这是一个很重要的感悟。而且我也不希望我们的下一代再傻乎乎地把生活当成诗。

我是把历史拿出来"化冻",我使它有了一个 36.7 摄氏度的常温

解放周末:中国的传统文化应该说是一本博大精深的书,您也有许多这方面的研究成果,比方说最早出版的《〈文心雕龙〉美学思想论稿》、《帝国的惆怅》、《读城记》等,您写过很多方面的书,为什么就是您的《品三国》会特别受欢迎？您思考过这个问题吗？

易中天:我还真的没有思考过这个问题。因为现在是,就像闻一多先生说的,不问收获只问耕耘,现在还是耕耘阶段。

解放周末:您自己归纳过两条:平民的立场,现代的视角。您还说过一句话,三国也是一段历史,有的人把历史当尸体一样拿出来解剖,而您是感触它的温度的。

易中天:我是把它拿出来"化冻"。

解放周末:首先感到它是有温度的。

易中天:对,有温度的。

解放周末:多少度？

易中天:我想可能是摄氏三十六度七,常温吧。（笑）就是让每个人,每个心理健康、思维正常的人,都会觉得这段历史是可触摸的。有温度就可触摸么。

解放周末:而不是冷冰冰的尸体。

易中天:对,也不是烫手的。是一个正常人的体温。使每个人都可以亲近,可以触摸。不同的人可能触摸到不同的部位,从而获得不同的感悟。但是我拿出来的是一个鲜活的人。

解放周末:是一个有体温的人。

易中天:一个正常体温的人。

解放周末:既不是木乃伊。

易中天:也不是火炭。

解放周末:但是有人认为,《品三国》的火爆是因为您在里面讲了很多权术之道,使得许多人感到看起来有劲。

易中天:这也不奇怪。一部红楼,经学家见易,道学家见淫,才子见缠绵,革命家见排满。之所以不同的人在我的节目和书里看到了不同的东西,归根结底是三国这段历史自身的丰性。

解放周末:但是有人担心,你挖掘展示这些钩心斗角的场面和细节,会不会引发一种封建主义的死灰复燃？

易中天:哎呀,（长长叹了一口气）啧啧……这个问题很难回答。为什么呢,因为我和有的人使用的概念不一样。我从来不使用封建主义这个概念。

解放周末:那么就说"传统的糟粕"。

易中天:用"传统的糟粕"可以。因为封建主义这个词是不准确的。我不喜欢这个词,因为封建在我看来秦以后就没有了,秦以前才是封建。我只是在原始意义上使用"封建"这个词。

解放周末:那么会不会引发传统糟粕的死灰复燃?

易中天:(静思片刻)任何东西都像一枚硬币,有正反两面。我不可能拿出一枚只有一面的硬币,至于你接受哪一面,是你的问题。但是我在最后讲完了以后,我会有个总结。

解放周末:会表明您的立场和观点,也就是说您提倡什么,反对什么,您是很清楚的。

易中天:对,清楚的。

不要把小说当历史,历史是历史,小说是小说

解放周末:《百家讲坛》带来了一股读史热,这种读史热的勃发,与那些胡编乱造的宫廷戏的流行,两者的区别是什么?

易中天:(沉思了一会儿)……

解放周末:您是正说历史?

易中天:我是正说,(点着头)他们是戏说。

解放周末:或者您是妙说?

易中天:我起码是正说。樊树志先生在上海书展签售他的书时,有人问他:易中天的《品三国》是正说还是戏说?樊先生肯定地回答,是正说。当时有记者继续问,是不是介于正说和戏说之间?樊先生再次肯定地回答,不是介于之间,就是正说。你看这媒体问得多坏。(笑)

解放周末:能不能说是正说基础上的妙说?

易中天:是正说基础上的趣说和妙说。呃——(思考中)历史剧也有几种情况,有正剧,也有闹剧。正剧其实也是正说。在这一点上,我的品三国节目接近于历史剧中的正剧。不同之处在于,历史剧作为文学艺术作品,可以虚构情节,而我没有一句是虚构的,区别就在于这里。而戏说历史,它其实不是历史剧。

解放周末:它是编造的。

易中天:它是以某些历史事件或者历史人物作为符号或者作为元素的

新的创作。比方说《西游记》，你不能说它是历史。它是神话故事。你看《戏说乾隆》，如果你把它当作历史剧来看，那是你自己傻。（笑）因为人家已经讲得很清楚了，那就是戏说嘛。这个区别是很明显的。比较麻烦的，是那种——

解放周末：亦真亦假的？

易中天：对，亦真亦假的。《三国演义》有人说是"三分虚七分实"。后来又有人补了一句，赤壁之战是"七分虚三分实"。

解放周末：所以曹操的历史形象从此被搞得亦真亦假了。

易中天：那当然不能怪《三国演义》。从晋代开始，就有人说曹操是"篡逆"。

解放周末：从这个意义上来说，您的《品三国》对这段历史起了正本清源的作用。

易中天：我只是想告诉大家一个很简单的事情，就是不要把小说当历史。但是到现在为止，偏偏有人还是搞不清楚，还有人要把小说当历史。其实，历史就是历史，小说就是小说。

解放周末：历史毕竟不是人随便捏弄的泥巴。

易中天：对，历史不是泥巴，是盐巴。《三国演义》是放了盐的面团。

解放周末：那您的《品三国》呢？

易中天：放了盐的萝卜汤。

我是把历史戏剧化、大众化，不是娱乐化、普及化

解放周末：今年已经七十六岁的李泽厚先生近日说："像余秋雨、易中天等人，把学术文化娱乐化、普及化，我觉得不坏，很有功劳。"

易中天：我认为《百家讲坛》只是把历史戏剧化，不是娱乐化。它不是把历史变成一个供人游戏或者闲话的谈资，它只是用戏剧化的手段，便于历史为人了解而已。同时，我也不喜欢"普及"这个词，普及有一种不平等的感觉。

解放周末：有一种居高临下的感觉。

易中天：对，有居高临下的意识。给人的感觉是，我是精英，我高高在上，普度众生，普及你们。我不喜欢这个词，我喜欢的词是"对接"嘛。如果"对接化"大家听不懂，那么我可以称之为"大众化"。我是戏剧化、大众化，不是娱乐化、普及化。但是我甚至怀疑李泽厚先生的原话是不是确实这样说的。

解放周末：这段话抄自媒体。

易中天：你抄下来的是媒体登出来的话。（笑）

如果陈寿和裴松之是"口红"，请问哪里有那么大的一张嘴？

解放周末：还有一种更厉害的批评，说您是在搞"庸俗化"。

易中天：说这种话的人有什么证据说我是搞庸俗化呢？难道说当时那种尔虞我诈、钩心斗角、你死我活的斗争，原原本本地讲出来就叫作庸俗化吗？

解放周末：还有一种批评说，把学术文化娱乐化，这是抹着"文化的口红"。

易中天：什么意思？

解放周末：这句话的潜台词是，这东西谈的是文化吗？不过是抹了一点文化的口红而已。（众人笑）

易中天：怎么回答这个口红的问题呢？你问问那些发问的人，谁抹了这个口红？（沉思片刻）谁抹了口红？陈寿抹了，还是裴松之抹了？你去看看《品三国》的主体内容是什么，是陈寿和裴松之啊！如果说他们变成了"口红"，请问有那么大的一张嘴吗？（众人大笑）

解放周末：而口红只能抹在嘴唇上。

易中天：《品三国》主要内容是在讲陈寿的史和裴松之的注，至少50％以上都是这些东西，对不对？陈寿和裴松之肯定不会是口红了。那么无非是说我把他们变成了"口红"。不可能有一档节目50％都是"口红"吧？有那么大的一张嘴吗？（笑）

解放周末：那会满脸都是口红，不但口红，脸都红了。

易中天：不但脸红，连身上也会都是口红，真变成"红人"了。（众人大笑）

最具有普适性的思想，一定是关乎人性的

解放周末：说到颜色，我想起您说过的一句话：理论是灰色的，孔子是灰色的，灰色的才具有普适性。

易中天：传播的思想，它必须是灰色的。

解放周末：理论是灰色的，生活之树常青。难道灰色的理论都有适配性？比如您的第一本书《〈文心雕龙〉美学思想论稿》，当年只印了三千册，而《品三国》却印了一百几十万册，同样是灰色的理论，当时为什么只有三千册的普适性？

易中天：因为它没有搭配其他的颜色，它没有与常青的生活之树"对接"。

解放周末：本质还在于现实的生活之树。

易中天：这我在于丹的书的序言里已经讲得很清楚，灰色的理论必须与常青的生活之树对接。我提出"灰色的孔子"与"多彩的世界"这两个概念，灰色的理论提升多彩世界的品位，多彩的世界又赋予灰色理论以生命力，变得鲜活。就是说必须"对接"。

解放周末：那么两者之间，根子还在于生活之树。

易中天：那当然。真正深刻的思想都来源于生活，没有人类的社会生活，就没有人类的思想。

解放周末：那为什么《〈文心雕龙〉美学思想论稿》的适配性没有《品三国》那么强？

易中天：《〈文心雕龙〉美学思想论稿》它作为专门的理论书籍，它的业务范围是有限的，也可能它对于我们的日常生活少了点参考价值和指导意义。最具有普适性的思想，一定是关乎人性的。

解放周末：人性是相通的。

易中天：关乎人性的，才具有普适性。这也是于丹能够"火"起来的原因。孔子的学说，都是关于做人和人性的。做人和人性，这是每个人都要面临的问题。而《〈文心雕龙〉美学思想论稿》是关于如何写好文章的，但并不是每个人都要写文章。这个道理很简单。

解放周末：本质上还是由生活之树的需求决定的。

易中天：《〈文心雕龙〉美学思想论稿》永远不会受到大众的欢迎，因为我们永远不会出现全民都要写文章的时代。它作为文艺理论，它的普适性肯定是有限的。

没有历史的民族是没有根的，没有历史感的民族是漂浮的

解放周末：谈到现实生活的需求，有一个现象发人深思，为什么博大精深的中华文化一度有点冷寂的感觉？难道是由于它失去了现实的需求，或者是在于它自身失去了力量？

易中天：有一个原因，也许是由于它的博大精深。

解放周末：太博大了，太精深了？

易中天：难免鱼龙混杂，泥沙俱下。有些人看见龙，有些人看见鱼；有些人看见水，有些人看见泥。需要有一个选择，而选择就会带来困难，带来问题。

解放周末：我们作为华夏子孙，对自己的中华文化，当然应该有敬畏和尊重。您说过，没有历史的民族是没有根的，没有历史感的民族是漂浮的。从历史感的角度来说，中华文化的一度冷寂，是不是因为我们的历史感出了问题？

易中天：我认为是传播和传承的方式出了问题。因为我们这个民族，它很特别。我们这个民族有一个崇尚历史的传统。范文澜先生讲过，我们有两个传统。一个是巫官文化传统，一个是史官文化传统。最后占上风的是史官文化传统。因此才有了那么多的历史著作，有了那么多以历史为题材的文学艺术作品。在民间，听说书，听讲古，听评弹，看戏剧，都是一个重温吸取的方式。这个根，不会丧失。这个魂，也是不会丢失的。实际上我们改革开放以来，历史剧、以历史为题材的电视连续剧一直没断过。至于那个"冷寂"的问题，其实是指历史学科，而不是历史本身。这要分清楚。历史系没人报考，没人读，历史著作出版困难，是这个学科有危机，而不是历史本身有危机。

解放周末：历史是不可能抹去的。

易中天：那当然，而且历史在不断地重演。

解放周末：那么，我们应当如何让大众都有历史意识，有历史文化的自豪感和继承感？

易中天：我认为只有一种办法，就是把历史变成现代。意大利哲学家克罗奇说过，一切历史都是当代史。所谓把历史变成现代是什么意思呢？不是说把历史上的人变成现代的人，把历史事件变成现代的事件，那是不可能的，就是说要把它变成一个个鲜活的正在发生着的、正在进行的过程，呈现在我们的观众和读者面前，或者说要把它从冰箱里取出来，解冻，让它重新鲜活起来，变成生猛海鲜，起死回生。所以我讲史的口号是八个字：以人为本，与时俱进。以人为本就是要以人性为本。"秦时明月汉时关"，秦时的明月如何能照耀汉时的关呢？还不是因为人性的东西是一脉相承的！我现在要做的工作就是：一把历史变为现代，二把英雄变为普通人，变成和我们一样有血有肉有感情有意志有七情六欲有喜怒哀乐，而且和我们一样一不小心会犯错误的人。这样，我们的读者、我们的观众，就会觉得这些历史人物就像我们的邻居，这些历史故事就像我们街头巷尾发生的事情，没有隔阂，只有亲切感。

解放周末：但是现在很多人不谈历史，少有历史感，动不动就是洋的好，对本民族的历史感在淡化。

易中天：这是打开国门、进行改革开放的初期难免出现的一种现象。明治维新的初期，日本搞全盘西化，天皇带头吃牛排，很多人提出要和外国人结婚，以改良日本人种。对这个阶段出现的这种情况，不足为奇。

现在我们来关注我们的历史，我们是为了寻找一条中华民族和平崛起、可持续发展的道路。这个时候我们回顾自己的历史，我们得去寻找在我们的历史上，哪些是要传承的，哪些是要检讨的。我们怀着传承和检讨这双重的任务，来回顾我们的历史，是为了探索我们今天的这条道路。

解放周末：尽管时代不同，但都应当向历史文化致敬，历史感不能缺失。

易中天：致敬的意义，就是为了现在和未来。

展示我们的文化形象，应当弘扬中华文化的三种精神

解放周末：按照您刚才所说的，对中华文化我们应有历史感，那么在西方文化面前，我们应该坚持什么样的文化态度？

易中天：我觉得应该是一种对等的态度。

解放周末：平等地融合？

易中天：我觉得应当是，沟通，理解，比较，借鉴，创造。目标是创造。

解放周末：按照这种文化态度，您认为我们向外国展示中华文化，应该树立一种什么样的文化形象？它的核心点是什么？

易中天：文化的核心关键词是那个"化"字，那是个动词。文化的本意是文明教化。"化"的过程，是潜移默化的过程，是润物细无声的过程。它需要一定的载体和形式。因此，包括像端午节、中秋节、春节，也包括剪纸、高跷、武术，也包括我们的服装旗袍等，这些还是很需要的。没有这些载体，无从谈起。但是，更重要的是，应当弘扬我们中华文化的精神。这个精神，我个人认为有三点：第一是以人为本的人本精神，第二是脚踏实地的现实精神，第三是追求和谐的艺术精神。

现在是上大学的人多了，不等于是读书的人多了

解放周末：讲到文化态度、文化精神，那必然与文化生态、文化氛围有关，也自然涉及国民阅读率的情况。

易中天：国民阅读率的情况，是社会文化生态的一种指标。

解放周末：您前面讲过，《品三国》的直接效应是引起了人们的阅读兴

趣。那么,有没有人看了您的《品三国》后,原来不读书的现在想读书了?

易中天:有很多读者和观众是这么说的。比如有一位十三岁的小男孩,他说他在看了我的节目之后,已经把《三国演义》看完了,甚至《三国志》都看了。

解放周末:阅读是使文化延续下来的一个很重要的途径,但现在出现了阅读危机,阅读率越来越下降了。有人在某小学的一个班级做了一个调查,问一个月里同学们读过什么书,结果只有一位同学站起来回答说,这个月里看了一本书——《洗衣机的使用方法》。

易中天:这个已经不叫阅读了。(笑)

解放周末:有人感到了阅读的危机,但也有人认为,现在是网络时代,上网不就是阅读吗?

易中天:网络不能代替阅读,电视也不能代替阅读。我们首先要搞清楚什么是阅读?您刚才说的读洗衣机说明书,那不是阅读。阅读是一种生活方式,真正的阅读是以阅读为目的。

解放周末:自我快乐?

易中天:对,它的快乐就在阅读中。我们现在的问题在于功利性太强,老在讲有没有用。只有那些读起来一时没有用的书,自觉去读它才是真正的阅读。

解放周末:享受阅读的过程。

易中天:享受阅读的过程以及这个过程带来的乐趣,这就是文化的熏陶。爱读书的人,是不管这本书实用不实用的。

解放周末:阅读已经成为生活方式,已经内化了。

易中天:这种生活方式,有特定的条件。比方说,在夜深人静的时候,泡一杯茶,在淡淡的灯光下,没有人打扰,安安静静地读一本书,这是网络不可替代的。网络只是获取信息的途径,上网的目的是为了快捷地获取信息。

解放周末:信息爆炸的时代,信息已经泛滥成灾了。

易中天:获取信息不等于享受阅读,上网也可能是宣泄情绪的一条途径,穿件"马甲",甚至不穿马甲,"砖头"乱扔一通,这个绝对不是阅读。

解放周末:一般来说,读书人越多,整个社会文化氛围就越好。而现在大学扩招了,大学生越来越多,反而感觉社会文化氛围不够浓。这是为什么?

易中天：这里有一个概念要搞清楚，大学扩招是上学的人多了，不等于是读书的人多了。

解放周末：上学变成了学技能。

易中天：谋生吧。上学是谋生，读书是谋心。现在谋生的人多了。念大学的人越来越多，但在大学念什么呢？念的较多的是实用性的知识。于是，现在受高等教育，绝非意味着品德和人生理解上的长进，而是技匠的培养。就好比说，大学毕业生是脑力工作者，但不能叫作知识分子。这个是脑力劳动者多了，知识分子少了。

解放周末：技匠的培养，不等于文化的熏陶和养成。

易中天：包括拿到博士学位的，包括评上教授职称的，包括自称是文化批评家的。

没有文化需求和精神需求的人，都是活得不像人

解放周末：人文关怀是社会文化很重要的成长基因。财富给我们富裕，文化给我们尊严。现在追求财富成了一种时尚，但许多人对人文关怀却重视不够。

易中天：这有多方面的原因。任何文化，它的优点往往就是它的缺点。我们的民族比较务实，这样的一个传统在过去，在我们的历史上，它都不是什么问题。为什么呢？因为那时我们比较有闲，农业生产，靠天吃饭。农耕时代生活节奏慢，我们的生产方式决定了我们不可能谋求过大的利益。一个人能种多大的地？你拼命种地，也就种这么多。现在不一样，现在有获取利益的捷径。这种现实的态度，很可能变成急功近利的行为。在这样的情况下，"无用"的读书，"无用"的人文关怀，就不容易被重视。

解放周末：这是从文化传统的时代背景去分析。

易中天：从现实来讲，我们是一个发展中国家。我们面临的问题是要尽快发展起来，我们才有足够的条件跻身于世界民族之林。一个贫穷的、落后的、弱小的国家，在国际社会的舞台上是难以发出声音的。

解放周末：是缺少话语权的。

易中天：所以我们有一种紧迫感，赶上世界发达国家的紧迫感。这种紧迫感是无可指责的。因而一些人可能一时半会儿顾不上文化氛围和人文关怀的课题。

解放周末：这是说，对富裕的饥渴强于对文化的饥渴？

易中天：对，但是一旦吃饱了肚子，他立马就会发现，没有文化需求和精神需求的人，都是活得不像人的。

另外还有一个原因是，我们还没有创造和提供宽容的人文关怀和文化建设的社会机制。这个社会机制、这个条件的创造，不仅仅是政府的责任，它其实是需要全民都来共同进行和完善的，也就是要为我们的社会、国家创造这样一种文化氛围。《百家讲坛》想通过这样一系列的探索，摸索出一条路——读书至少是一件有趣的事情。我认为在读书的问题上，有趣的重要性远远超过一时的有用。

解放周末：兴趣是最好的老师。

易中天：人和动物的不同，就在于动物只需要谋生。当我们为生活所迫，自顾不暇的时候，我们顾不上谋心。当你饥肠辘辘的时候，你不会选择书，你会选择一碗粥。当我们的温饱不成问题的时候，精神需求很快就会提到议事日程上。而我想，《百家讲坛》的成功，无非是顺应了这样一种发展的潮流。

解放周末：读史热的兴起，是不是证明了人们爆发了一种文化饥渴？

易中天：目前还只是初步的爆发。

解放周末：如今，协调发展、和谐发展、科学发展的要求，已经催生出这样的文化需求。于是才有了《品三国》红红火火的"文化温度"。

易中天：我不过是碰巧一头撞上了而已，而且确实如此。（笑）

解放周末：那么，像您这样的文化创造者，会对中华文化的复兴带来什么？是给新时代的文化阅读带来催化剂，还是提供了一种清新的视角？或者起码是激发出了一种文化兴趣？

易中天：这个问题我要想一想。

解放周末：有这么多的"乙醚"和"易粉"，说明他们对历史、对文化如饥似渴吧？

易中天：冬吃萝卜夏吃姜。有那么多人爱吃萝卜，你说为什么？不过，种萝卜的菜农肯定高兴。

希望今后学者上电视，也成为"屁大的事"

解放周末：您希望"易粉"铺天盖地、越多越好吗？您希望这种文化饥渴早归平淡吗？

易中天：最近有媒体采访陈丹青，问他一个问题：易中天上电视大受欢迎,你怎么看?陈丹青回答了这么一句话:那是屁大的事。于是就有人写了一篇文章《真希望那是屁大的事》。我也希望那是屁大的事。当所有的人都对此习以为常了,我们电视台经常有这样的节目出现,比如《大国崛起》,使我们从中得到启迪,观看起来又非常轻松愉快,大家都习惯了这种文化传播方式之后,学者上电视,那就会成为"屁大的事"。

解放周末:上世纪七十年代中期,英国广播公司(BBC)请了十几位代表当时主要思想流派的著名思想家,通过电视访谈的形式,将各个派别的思想观点,以简洁凝练的形式和风格介绍给观众,原本玄奥的理念获得了生动的阐释,很受欢迎。

易中天:罗素等人都上过电视节目。

解放周末:上世纪八十年代,我国也曾经出现过一股读书热。而现在出现的这种对历史的饥渴、对文化的饥渴,与当年的读书热相比,有什么不同?或者说,如今这种文化温度会不会像当年那样,过段时间又没了,没有可持续性?

易中天:(思考着说)一看天时,二看地利,三看人和。我们现在真的是像小平同志说的那样:摸着石头过河。我也不知道下一个石头在哪里。

解放周末:您对社会现象的关注,是延续性的,从《品人录》、《书生意气》到《艰难的一跃》、《帝国的惆怅》等,都是以说古论今的方式延续下来的。比如说,在《品人录》里,您剖析历史上五个悲剧性的人物,试图揭示中国文化、中国传统社会和中国传统政治制度当中的那些问题。那么,您能不能谈谈我们社会文化生态中,需要警惕的最大的问题是什么?最需要唤起国人警醒的问题是什么?

易中天:这得让我想想。

解放周末:比如说,是官迷心窍的"乌纱病",是急功近利的"浮躁症",是形式主义的"假大空",还是一切向钱看的"拜金潮"?

易中天:我看最大的问题,就是大家都知道你说的这些是问题,又不知道其中哪个是最大的问题。

这是为什么呢?就因为我们是一个发展中的国家,又要走自己的道路。我们的选择,前无古人,旁无榜样,没有现成的经验可供借鉴,只能摸着石头过河。在这种情况下,摸不着头脑是很正常的,出现一些问题也是很正常的。这些问题既然是发展中的问题,就只能在发展中去解决,让时间和实践来回答。与其去问所谓专家学者，不如相信中国人民的智慧。

解放周末：谈到对现实的关注，我们注意到即使是在眼下读史热的潮流当中，也已经出现了泥沙俱下的问题。网上就出现了"国学辣妹"，说什么为了"重振国学"，她要"勾引孔子，去'慰藉他千年的寂寞'"。对这种文化垃圾，您怎么看？

易中天：我认为不值得看，该怎么闹你闹去，干吗要看？

原文摘自尹明华编：《激荡：文化讲坛实录2》，上海三联，2007年5月。

鉴赏编写：周秀芝　丁亚明

79. 关于禅、生命与认知
——国学大师南怀瑾与管理学大师彼得·圣吉的对话
（2007年）

【格言名句】

整个宇宙可以说也是由两部分组成，一个是物理世界，一个是精神世界。在哲学思想里头，当年柏拉图就提出二元论，精神世界与物理世界；拿人来讲，就是生理与精神。

——南怀瑾

【文章导读】

南怀瑾一生行迹奇特，常情莫测。他是浙江乐清人，1918年生于一个耕读传家的书香门第。幼承庭训，少即广泛涉猎经史子集，礼义具备，诗文皆精，以神童名闻乡里，并习各门派武术，毕业于浙江国术馆。年稍长离家，求学于金陵大学研究院社会福利系，后转赴成都中央军校，毕业于研究班第十期。抗日军兴，怀师遂投笔从戎，跃马西南，屯垦戍边，任大小凉山垦殖公司总经理兼自卫团总指挥，旋返中央军校任政治教官。怀师早年曾钻研道家学术，此时发心学佛，遂离军校，遁迹峨眉山大坪寺闭关三年，遍阅大藏经三藏十二部。出关下山后，讲学于云南大学、四川大学等校。1947年，怀师深入康藏地区参访密宗上师。后经白教贡噶上师及黄教、红教、花教上师陆续印证为密宗上师。1949年到台湾后,怀师一面在家设帐授徒,讲授中国传统经典,一面担任文化大学、辅仁大学、政治大学等校教授。同时,先后创立"东西文化精华协会""老古文化事业公司""十方书院"等文化机构。1985年,怀师离台赴美客居,直至1988年到香港定居。在此期间,先后创办美国弗吉尼亚州东西文化学院、加拿大多伦多中国文化书院和香港国际文化基金会等文化教育机构。

南怀瑾自1955年出版第一本着作《禅海蠡测》以来,迄今为止已出版各种撰述三十余种,并译成英、法、荷兰、西班牙、葡萄牙、意大利、韩国、罗马尼亚等八种文字在世界各国流通。怀师教学数十年,门生弟子无数,并曾到美国、日本以及欧洲各国讲学,在美国华盛顿大学尚设有南怀瑾学院。近年来,怀师更在世界各地华人社会推广儿童诵读东西方经典的文化运动。怀师的学问兼及儒、佛、道三家,在精研中国文化之外,摄入西方文明的精华。因此,很难说怀师的学问究竟是偏于儒家、佛家,还是道家。准确地说,他是中国传统文化的当代弘扬者。

南怀瑾从青年时代起就一心以弘扬中国文化为己任。半个多世纪以来,从大陆到台湾,从美国到中国香港,漂泊天涯,四海为家,但一直苦心孤诣地在为重建中国文化奔走、呼号。无论是在著作中、讲堂上,还是在与学生或友人的言谈中,怀师都表达了对民族文化发展命运的深切关怀。他常说:一个国家,一个民族,亡国都不怕,最可怕的是一个国家和民族自己的根本文化都忘掉了,这就沦为万劫不复,永远不会翻身。因为没有自己的文化,一个民族就不会有凝聚力,始终像一盘散沙。没有自己的文化,一个民族就不会有创造力,只会跟在外国人屁股后面模仿。没有自己的文化,一个民族就不会有自信心,也不可能得到外人的尊重。南怀瑾说:中国在秦汉以前,儒、墨、道三家几乎涵盖了全部的文化思想。到六朝以后,换了一家,儒、佛、道三家成为文化主流。因此,一个人必须深入儒、佛、道三家的学问,由博返约,融会贯通,才能掌握中国文化的精义。如今的学者所受的都是西式教育,大多将人类文化知识分门别类,成为专攻一门的专家。可以说,没有这样的学养,实在很难担负起弘扬中国传统文化的重任。

美国管理学大师彼得·圣吉先生,1947年出生于芝加哥,现为美国麻省理工学院资深学者,也是该学院"组织学习与变革"团队成员,以及"组织学习协会"(SoL)主席,致力于建立基础的组织变革知识。他的著作《第五项修炼:学习型组织的艺术与实务》,于 1997 年被评选为二十年来最具影响力的五本管理学书籍之一。2003~2006 年间,美国管理学大师彼得·圣吉及其团队四次拜会参访南怀瑾先生,《南怀瑾与彼得·圣吉:关于禅、生命和认知的对话》收录了南怀瑾先生与彼得·圣吉等人的访谈对话记录。内容涉及禅宗的修持方法,以及生命科学、认知科学等,问答之间,思想深邃,充满睿智,发人深省。这组颇有深度的跨文化对话,也凸显了东西文化汇流的趋势,忠实地记录了南怀瑾与西方管理学大师彼得·圣吉之间东西方文化的交锋,其中不乏许多关于生命科学的探讨。

文章节选自上海人民出版社 2007 年版《南怀瑾与彼得·圣洁关于禅、生命与认知的对话》。对话主要讨论了最早讲生命科学的人、宗教追求什么、气与生命、生命本元之气、种子气等问题,要解决的是人精神的入世与出世问题。为了阐明相关的道理,南怀瑾以日常俗事作比喻,使得深奥艰涩的禅学之道变成十分贴近常人的学识,便于常人的修行。譬如南怀瑾从胎儿形成、前身来世等日常俗事中挑明禅学的真正境界,说明一个人对生命的真正认知就在日常行为琐事中,说明真正的修炼在于打开一个人的心智模式,获得进入修行境界的真气,获得轻松随意的原始感受。在这段对话里,南怀瑾以"年年岁岁花相似,岁岁年年人不同"煞尾,其实是将一个人的修行上升到作为灵魂存在的专修层面,只有消除各种社会关系对人的诸多牵累,人才能获得生命的真谛。

【对话原文】

南怀瑾:你这一次来,虽然问题还没有提,但是我知道你们的问题大概在什么地方。刚才我们先谈:美国现在认知科学的情况,你大概讲了一下。正如我所想的,认知科学走到旁门左道了,没有真正向认知科学的本题发展。换句话说,他们对认知科学的研究,配合了脑科医学、心理学,慢慢和西藏密宗结合,把对生命科学的研究,演变成对前生后世有没有灵魂存在的问题了。这个路线,离认知科学主题也越来越远了。

如果真正讲认知科学的话,就是过去希腊哲学所讲的认识论。所谓认识论,就是对于能知觉、能思想的本身问题的研究。换句话说,就是中国文化讲的知性,也就是讨论能够知道一切的"能知之性"是什么,这才是正题;当然也包括了灵魂等问题。这个问题这次暂时不谈,等你下次来,我们再讨论。真要建立认知科学的方向的话,要好多科学家参与,尤其是物理学家、量子物理学家,等等。等我庙港那里的建筑好了,我通知你约一些科学家来,像研究物理学的、真空物理学、量子物理学、化学、医学等等,这些人一起来,我们再来讨论。这是就我们刚才在外面喝茶时谈到的问题,我给你的一个结论。

我看了你们两位(以前一同来的),对你们两位有一个感想,你们的身体、精神比以前差了,你们太忙了,不知道你们感觉到没有。

圣吉:我自己没有太觉得。

南怀瑾:你们太忙给名困住了。名气越来越大,演讲越来越多,消耗也越多。凯恩斯的经济学理论,消费刺激生产,但人不是物质,人的生命、精神消费太多,生产反而就没有了。人消耗的越多,接触面越广,知识也越渊博,越渊博消耗越厉害。你们自己也没有注意,其实,我也老了,人是一年比一年老的,我现在八十七了,快到九十了,你们也要注意这一点。

你们上一次来(1997年),我给你们讲的禅修,到现在七年了,他们出家都十几年了(指在场的出家人),他们比你年轻,还不到四十,现在希望来这里专修。所谓专修,他们当然没有女人,什么都没有,单独在这里,一天到晚做这个事。将来修到什么程度,还不知道。这是讲他们出家人的事。所谓出家,就没有夫妻关系,没有儿女关系,所有的社会关系都没有。你们在家的,不会进步太快,因为在家的有老婆、孩子、名誉、工作,社会关系一大堆,都是拖住自己的,所以很难。因为难,现在我再浓缩给你们讲一下。你们只有三天在这里,希望你们重新有一个认识。

一个生命活着,只有两样东西,我从前给你们讲过的,一个是生理的,身体的;一个是精神的,思想的。精神思想同现在所讲的认知科学有关系的。现在把精神思想摆一边,先把生理、精神两个东西合拢来的一个人,简单地讲一讲。

真正研究生命科学的,最早提出来的是释迦牟尼。以我的观点告诉你们,整个的佛学,包括密宗、禅宗,佛学的小乘、大乘,等等,各门各派综合起来,可以下一个定论,就是专讲生命科学的。

释迦牟尼为什么出家?就是想解决人类的生命问题。这个生命问题,其实也是全世界所有宗教所追求的共同目标。小而言之,解决人类自己生命的问题;扩大来讲,解决整个宇宙人类的生命问题。包括宇宙怎么起来的,这个世界怎么形成的,等等。整个宇宙可以说也是由两部分组成,一个是物理世界,一个是精神世界。在哲学思想里头,当年柏拉图就提出二元论,精神世界与物理世界;拿人来讲,就是生理与精神。

所以你们现在要有这个基础的认识,要认识为什么要去打坐,为什么修持求证这个。所以首先就要了解这两部分,一部分是生理问题,一部分是精神问题。

从1997年到现在,你们所追寻的、所感受到的,也是这两方面的问题。这次你来,要重新作个检讨,要清楚地认识这个重点。

我们这个身体活着,拿现在唯物观点,以及世界上的知识,配合医学、生理学来说,这个身体是完全唯物的。身体大概有几个系统:骨骼系统,肌肉系统,骨骼上面加肌肉,等于我们盖一栋房子,钢筋外面加水泥,然后是神经系统,消化系统,呼吸系统,内分泌(荷尔蒙)系统,生殖系统。再分析呢,有很多的细胞,血液等。我们不作详细分析了,不然越分越细,越分越多。

两千多年前,释迦牟尼佛分析人这个身体,认为是由三十六种东西组成,跟我们讲的不同。有什么不同呢?他等于是把一个人大体地解剖了讲,有三十六样东西,不是详细的。我们刚才讲的,不是把人体分开了讲,而是合起来这样一个系统。其实是同一个道理。

过去,佛把物理、生理归纳为五大部分,以前给你讲过的,有地、水、火、风、空五大类。你回想一下,还记得吗?

圣吉:都还记得。

南怀瑾:现在我们偏重讲五大中的风大,就是气的问题了。你打坐,搞呼吸,都经历过了。我现在提一个问题,请你们答复,为什么修行打坐,叫你们专注在呼吸,才会自然达到止息?为什么要这样修呢?

圣吉:把思想停止。

南怀瑾:你所理解的就是这样吗?

圣吉:停止了身体活动,所以就停止了思想活动。

南怀瑾:这样的认识是不够的。释迦牟尼佛为什么叫我们由这个方法开始修?

圣吉:我想到呼吸的四种形式,风、喘、气、息。一步一步的,慢慢由喘——风——气——息,就可以到达认识生命的真谛。

南怀瑾:这个理解也是不够的,这是讲生命里头风大的现象和过程。因为我们呼吸就是这样。你这个呼吸的过程讲得也不对，也许是翻译的时候误解了，现在给你补充纠正。

先讲风，风是基本的原则。风，在中国讲，就是气流的气，在人体内变成了呼吸。人的呼吸是第一位的，所以风是第一位的。我们粗的呼吸叫作喘，喘气，比粗的呼吸缓慢的，叫作呼吸的气；比呼吸的气缓慢的，自己也听不见，感觉不到，好像鼻子也不呼吸了，那个叫作息；都属于风大的范围。风、喘、气、息，次序是这样的，搞清楚了吧！

这种讲法，只是把现有生命的风大与气，以及息的关系加以解释。真正的佛法，关于风、喘、气、息，只是对现有生命来讲的。这几部分非常重要哦！这是关系到我们生命的存在。如果气息不对了，就与衰老、病、死亡关联，生命的存在就是这个样子，所以，修行叫你们先注意这个。这个都没有问题了吧？

圣吉：是的。

南怀瑾：我刚才强调三次，这是对现有生命讲的。那么在佛学里头，这方面有个名称，叫作"长养气"，现有生命的气，是这个情况，这还不是生命本有的气。你这次来，我们先从这里讨论。

一个胎儿，在娘胎里没有牙齿，鼻子没有呼吸，只有脐带跟母亲的身体连着，这个人家都知道。现在医学研究，母亲把饮食经过消化吸收后，变成另外一种营养，通过脐带送到胎儿身体里来。那种营养，长成胎儿的细胞、肌肉、骨头，成为整个的身体，这其中的变化一时也讲不完。《人胎经》还没有英文翻译本，请你们用英文给他讲一下这个七天一变的过程。（彭嘉恒用英文简略讲解胎儿在母亲子宫中的变化。）

胎儿成长，七天一个明显变化，经过三十八个七天，婴儿出生。每个七天，生出身体哪部分，长哪一部分神经，很详细的。这个胎儿的成长是个大的科学，要配合现代的医学、脑科学讲，一时讲不完，下次来再给你们讲。他们这样的翻译还不够，必须懂得现代医学、解剖学的人翻译给你们听才行。下次，你最好把好的医生约来，我们两边合作，把这个讲清楚。

胎儿通过母亲的脐带得到营养，但是生命的成长，主要是"气"。"气"对胎儿来讲不是呼吸哦！释迦牟尼当年在印度用梵文讲的，但是后来印度没有保存，都在中国译的佛经里。这个"气"，刚才我们讲的呼吸的气，叫作"长养气"。但胎儿这个"气"，就不叫"长养气"，而叫"报气"，也叫"报身气"，是果报来的。中国道家把这个叫作"元气",这个就不是呼吸的气了;胎儿在母胎中还没有呼吸。

经过三十八个七天,最后一个气,使胎儿倒转,就出胎了。医生剪断了脐带,挖出了嘴里的血块,外面的气从婴儿的鼻子进去了,婴儿"哇"的一声,呼出了生命的报气,鼻子吸进了气,就是"长养气"呼吸开始。这个长养气进来、出去,进来、出去,没有停止;一直到最后一口气进来不出去了,或者一口气出去不再进来了,呼吸一停止,人就死亡了。所以我们讲这个气,风、喘、气、息,是存在于现有生命活着的这个阶段。

从婴儿脐带一剪断开始,这个长养气随时随地在用,叫呼吸。吸进氧气,到身体内变二氧化碳,身体不需要二氧化碳,必须要排出来,所以要呼出去,一呼一吸,永远在那里这样呼吸。

现在你打坐修道,呼吸即使到最细,完全止息了,仍然是在长养气中搞,还没有认得胎儿时那个生命本身的元气。

所以要先了解风、喘、气、息,乃至不呼不吸,完全到止息,几乎恢复到胎儿时的那个情况,你才认识到真正生命需要的那个原来的元气。

要认识了生命里那个本元之气,才开始叫作真正修禅定做工夫;才能控制这个生命,才能转变生命。

这样就产生了印度的瑜珈,被密宗吸收了,变成密宗这些法门,变成修禅定的一些方法。瑜珈、密宗、禅定,这些都吸收了这个元气的道理,才讲气脉问题,就是气跟脉的关系。脉是身体上生理的变化。

这几年你们打坐,都很有进步,很有修养。但仍在长养气中后天的一呼一吸上面做工夫。虽然已经有一点效果了,还不是究竟。气必须达到止息以后,身体由病痛、障碍,才能恢复到绝对的健康。等于恢复到婴儿刚出娘胎时那样柔软,那样健康了,这时开始修禅定,才能进一步认识生命。

在认识生命以后,才进入到后面还有的那个能量,那个能量姑且叫气,在佛学叫作"种子气",相似于现在量子物理学所讲的那个最后最后的东西,要到这一步很难了。

今天先告诉你们这一步,要重新有一个认识,希望你多用一点功,把你的身体精神快一点变化好。

圣吉:谢谢老师!

南怀瑾:佛说,人全身的气脉大概有十万八千条。比如一块牛排,一条一条肌束纤维,就是一条脉。所以,人的身上究竟有多少条脉,你就有个概念了。

种子气的气是空的,通量子物理学。种子气是心物一元的,是念力,也是心力。

圣吉:我觉得胎儿的成长,就像花的种子成长变化,宇宙的道理也一样。

南怀瑾:对。

圣吉:唯物论不能解释没有出生以前的东西,只能说明已生,或已死亡的东西。

南怀瑾:对。

圣吉:明年就又老一岁,所以我要用功。

南怀瑾:中国有两句诗,"年年岁岁花相似,岁岁年年人不同"。今年的李某不是去年的李某,明年的李某不是今年的李某。这是客气地讲;不客气地讲,今年人还见面,明年那个人走了,换了新的人了。

原文摘自南怀瑾著:《南怀瑾与彼得·圣吉关于禅、生命与认知的对话》,上海人民出版社,2007年版。 鉴赏编写:张 炜

80. 跨文化之间的对话
——两位杰出作家奥兹与莫言的对话
（2007年8月31日）

【格言名句】

我不能用某种黑白分明的方式来描写阿以关系。也希望世界上的犹太和阿拉伯人不要以某种黑白分明的方式来对待对方。

——奥兹

文学所起的作用不是强制的,但一旦发挥作用,就是持久的。

——莫言

【文章导读】

莫言,原名管谟业,中国新一辈极具活力的作家之一。1955年生于山东

高密。毕业于解放军艺术学院,后在北京师范大学鲁迅文学院创作研究生班学习并获文艺学硕士学位。1997年转业至检察日报社,代表作有:《红高粱》、《檀香刑》、《透明的红萝卜》、《丰乳肥臀》、《红高粱家族》、《天堂蒜薹之歌》、《生死疲劳》等。2013年获得诺贝尔文学奖。

阿摩司·奥兹(Amos Oz, 1939~)是当今以色列文坛的最杰出作家,也是最富有国际影响的希伯来语作家,以色列本·古里安大学希伯来文学系终身教授。迄今已发表了12部长篇小说,多部中短篇小说集、杂文、随笔集和儿童文学作品。主要作品有《我的米海尔》、《爱与黑暗的故事》、《了解女人》、《何去何从》、《沙海无澜》等。

奥兹有"中国心结""中国梦"。他的父亲能讲十几门语言,却始终没有攻克中文这道难关,于是奥兹产生了对坐落在亚洲大陆另一端的遥远中国和中国文化的神往。奥兹本人也像他的父亲一样,渴望认知与了解中国。他曾经将自己作品被翻译成中文这一普通事件诗意化,称之为"从亚洲最西部的一个小国到坐落同一大陆上的东方大国旅行""架设世界上两个最古老文明之间的心灵之桥""在两种文化间进行私人交谈"。他试图求得与中国读者达到心灵上的切近与沟通。

2007年夏秋之交,中国社会科学院外国文学研究所的一次邀请,实现了他访问中国的梦想,也促成了这次"跨文化对话"。

这是一次精彩而深邃的跨文化之间的对话。从对话者彼此的深刻认同、欣赏和理解来看,我们都感应到了奥兹所说的那种"分分秒秒"的"愉悦"。说对话双方如伯牙子期相遇俨然知音,也许有点过了。但他们之间跨越了地区文化、民族文化抑或制度文化的沟通,绝对是引人入胜的。

当然,对话也让我们领悟,跨文化对话的成功,取决于对话者相同的身份——作家,相同的胸怀、境界——对人类对世界的超越民族、宗教、政治的悲悯情怀、道德境界……

相同的一双眼,相同的一颗心。对话中,双方都非常关心阿以关系问题,从文学家的角度取得了高屋建瓴的共识。认为"从总体上说,阿拉伯人和犹太人似乎是势不两立的,是仇人。但是具体到每一个阿拉伯人和犹太人,情况就发生了变化。大家都是一样的人,都是人,都是好人,完全可以和平共处,可以成为朋友。"奥兹说:"我不能用某种黑白分明的方式来描写阿以关系。也希望世界上的犹太和阿拉伯人不要以某种黑白分明的方式来对待对方。"

对话中，双方都强调了文学作品的重要性，"从一个国家到另一个国家旅行的最好方式不是买一张国际旅行机票，而是买一本书。因为你买一张机票到另一个国家旅行，只是看到了那个国家的纪念碑、博物馆，与那里的人们相遇；如果你买了一本书，那么就等于被邀请走进一个家庭，看到这个家庭的客厅、厨房和卧室等很多细节。"莫言说："文学所起的作用不是强制的，但一旦发挥作用，就是持久的。"

对话者给我们这样一种非常有益的启示：小说或者文学，不仅能使不同文化背景的人彼此相知相通，而且对于解决民族纷争、对于世界和平稳定，所起的作用也是不容置疑的，"是持久的。"

【对话原文】

应中国社会科学院外国文学研究所邀请，当代以色列杰出作家阿摩司·奥兹于2007年8月26日至9月9日访问中国。2007年8月31日，奥兹在国子监街留贤馆会晤了我国当代著名作家莫言。

莫言：来和您会面之前，我选了我们家乡的嵌银红木筷子送给您，希望您能够更多地了解我们的文化。

奥兹：谢谢。我和夫人也为您准备了礼物，但因为出来时匆匆忙忙，夫人忘记了携带。等下次见面时带给您。

莫言：您的作品就是给我和中国读者最好的礼物。

奥兹：我读过两本您的已经翻译成希伯来文的作品：《红高粱家族》和《天堂蒜薹之歌》。这两部作品向我和我的夫人展示了中国的乡村生活，也讲述了中国作家对战争的记忆。

莫言：谢谢。昨天下午我刚从香港回来，随意翻了一下过去几天的报纸。几乎所有的报纸都发表了你们夫妇来中国访问的消息。有好几家报纸还发表了整版的关于您的访谈。我一方面为您感到高兴，一个外国作家在中国引起了这么广泛的注意，确实是件幸事；另一方面，又有些同情您，因为您的日程安排得很满，一直在工作。

奥兹：我很喜欢这个紧凑的日程安排，我到中国是来工作的。我希望看到更多的东西。

莫言：(笑)，既然您来中国是工作的，那么就希望您继续工作，请您为您作品的中译本①签个名字吧!

奥兹:我非常高兴地给您签名,但抱歉的是我不能用中文写字。

莫言:希伯来文是由左向右写吗?

奥兹:由右往左。能够给您签书是我的一种荣幸。

莫言:非常感谢。我在很多照片上看到过奥兹先生,把奥兹先生照老了。而生活中的奥兹比照片上显得年轻。

奥兹:我不相信照片,而是相信写下来的文字。您作品的希伯来文本,翻译得非常好。有震撼力,画面逼真,生动感人。

莫言:非常高兴听您这么说。

奥兹:读了您的《天堂蒜薹之歌》后,我仿佛真的到了中国农村,到那里生活。

莫言:您作品的中文译本也翻译得非常好,语言生动有个性,我相信译文基本上传达出了您作品原文的风貌。一个人不可能去许多地方,但通过阅读文学作品,却可以到达世界每个角落。我尽管没有去过以色列,没有去过耶路撒冷,但是读过奥兹先生的作品之后,我仿佛成了一个土生土长的耶路撒冷人。

奥兹:从一个国家到另一个国家旅行的最好方式不是买一张国际旅行机票,而是买一本书。因为你买一张机票到另一个国家旅行,只是看到了那个国家的纪念碑、博物馆,与那里的人们相遇;如果你买了一本书,那么就等于被邀请走进一个家庭,看到这个家庭的客厅、厨房和卧室等很多细节。

莫言:是这样,进入一个家庭,成为他们的朋友。

奥兹:您在从事创作的时候一定做了大量的学术研究。

莫言:我做了一些关于地方历史的调查工作。研究分为两部分,一部分是阅读关于地方历史的书籍,另一部分就是倾听老人们口头讲述。我认为对于一个写作者来讲,老人们口头传说的历史故事更有意义。在《爱与黑暗的故事》里您讲述了祖父、祖母家族在敖德萨的故事,讲述了外祖父、外祖母一家在波兰的故事。这些遥远的故事和资料我想您也是通过老人们的口头讲述而获得的。

奥兹:我二人拥有一个共同之处,把死者请到家中,来理解他们。

---

① 指奥兹自传体长篇小说《爱与黑暗的故事》中文版,译林出版社,钟志清译。

莫言：您有一个观点我很赞同，您说自己在作品中写到爷爷、奶奶、父亲、母亲等长辈时，是把他们当作自己的孩子来写。小说中描写长辈青年时期的生活，他们那时的年龄，比我们现在的年龄小。把自己的长辈当成自己的孩子来写，我想这不仅仅是一个年龄问题，也是一个心理问题，一个艺术问题，一个道德问题，这对于作家是很有意义的。

奥兹：我在读《红高粱》时，也意识到，您在写我爷爷、我奶奶、我爹等几代人的时候也是把他们当作自己的孩子来写。

莫言：有时我把他们当成我自己的孩子，但我更多的时候是把他们当成我自己来写。

奥兹：读了您的两部作品之后，确实感到老一代人已经复活了。

莫言：是用文学的方式使他们复活。从作家个人的体验说，他们既是我们的父亲母亲、爷爷奶奶，又是我们自己；但是从文学角度来说，他们是活生生的人，是艺术中的典型。

奥兹：我特别欣赏您笔下的自然风光，您笔下的农村风情，令人有一种身临其境的感觉。

莫言：因为我从小在那片土地上出生长大，对那个地方的一草一木，每个人物，每条街道，每条河流都具有一种很深厚的感情。其实，我从来没有有意识地进行风景描写，对于一个小说家来说，纯粹的风景描写是不应该存在的。

奥兹：对此我非常赞同。

莫言：小说里人物的思想感情和景物描写应该紧密地结合在一起。读过您的许多作品后，我逐渐感觉到，耶路撒冷不仅仅是一个城市，耶路撒冷是个有生命有情感的人物，耶路撒冷的每座建筑物就像人的一个器官，每一条街道就像人的一根血管。所以整体上说她是有生命的。

奥兹：你的这段描述非常优美。

莫言：您自己也说过，如果要问我的风格，请想想耶路撒冷的石头。我在《爱与黑暗的故事》中，看到你们一家人穿过整个耶路撒冷前去看望你的伯祖父约瑟夫·克劳斯纳，整个过程像一个非常长的电影镜头，我在阅读时的真正感受是跟随在你们一家人的背后走过了整个旅程。

奥兹：谢谢您恰到好处的描述。我在读您的长篇小说《天堂蒜薹之歌》时也产生了类似的感受，当时我正坐在书房里，我仿佛亲自来到了你笔下的小村庄,闻到了那个村庄的气味,目睹了那个村庄的风情。我的书房里仿佛飘起了蒜香。

莫言:在《爱与黑暗的故事》接近结尾之处,您描写了母亲两次雨中漫步。这也是非常优美的电影长镜头。这段景物描写与前面一家人前去探访亲友时的景物描写情感氛围截然不同,前者充满了欢乐的气氛,后者充满了沉重忧郁的气氛。

奥兹:我确实不知道母亲漫步这一场景是否真正发生过,它只出现在我的想象世界里。

莫言:我相信那是您的想象,但有"基因般的忠实"。

奥兹:莫言先生非常敏感、细腻。《爱与黑暗的故事》这部作品开始时格调比较欢快,而最后则以悲剧告终。

莫言:我想这一效果并非作家有意识地来营造的,是作家在无意识创作中实现了这一效果。

奥兹:我在创作《爱与黑暗的故事》时有一种感觉,就像在创作音乐乐章。有时是合奏,有时是双人演奏,有时是独奏。

莫言:对的。而且里面有高潮。中间的一个高潮就是 1947 年 11 月 29 日联合国公布阿以分治协议表决结果前的那个夜晚。几乎耶路撒冷的所有犹太人都走上了街头,仿佛一个乐队的全部乐器同时发出了震耳欲聋的声音。

奥兹:这一场景并非我想象世界的创造,而是确有其事,一直保存在记忆深处。尽管过去了六十年,那一切依然在脑海里历历在目。在以色列的一家读者俱乐部,我曾经向大家读过这段文字,许多人热泪盈眶。而在读您的《天堂蒜薹之歌》时,有时也让我感动得落泪。当农民们在店铺前排起长队,等待店铺收蒜,而忽然得知店铺关门的消息失望至极时,我不禁百感交集。

莫言:我刚才用多年前学的一句英文表述说,"您是我的老师"。从小说创作的意义上说,我从您这本书里学到了很多。

奥兹:我们都从对方那里学到了东西。

莫言:我在写《红高粱家族》和《天堂蒜薹之歌》时,以及我以前的一些创作中,描写了悲剧和战争,不过,我在处理这些事件时剑拔弩张,慷慨激烈。奥兹先生在创作时也处理了许多重大历史事件,而采用的则是一种非常宽容、舒缓的笔调,我觉得您这种手法比我要高明,所以我说您是我的老师。

奥兹:我们的创作技巧不尽相同,但我不能确定是不是我的创作手法就比您的高明。我在阅读莫言先生的作品时,有一点感触很深,即使您在描写特别残酷、特别血淋淋的场景时,依然透露出一种悲天悯人的情怀。这种把怜悯与残酷结合在一起的描写手法,从创作角度来说,也是很高明的。

莫言:既要描写残酷场景,揭示人物的悲惨命运,又要充满了悲悯的情怀,把握这个分寸很难。

奥兹:我们都曾经是军人,但是时至今日,我从来也没有一部作品描写战争,描写军旅生涯。而您却成功地描写了军旅生活,这一点确实令人羡慕。尽管我也多次尝试着描写军旅生活,但始终没有如愿以偿。

莫言:实际上我也没有描写自己的军营生活,我写的是历史上的战争。

奥兹:我意识到,您在《红高粱》中描写的小型战事,确实令人难以驾驭。

莫言:我写的是我想象中的战争。

奥兹:战争记忆具有某种与众不同之处。营造出战争气息并非一件轻而易举之事,我个人的词汇表里尚未储存有如此丰富的词汇。

莫言:我从军二十二年,但在军队里主要从事文职工作。我没有上过战场,我打靶时从来没有打中过靶子,投弹时却击落过班长的门牙。我不是个好兵,所以我写战争,只能写过去的战争,写想象中的战争。

奥兹:我虽然上过战场,但是我从来写不出战争。我也不是个好兵。在战场上诚惶诚恐。

莫言:我想,很难将一个作家同一个好兵联系在一起。托尔斯泰尽管写了《战争与和平》,可他要是当兵也不会是个好兵。威廉·福克纳也不是个好兵。海明威是不是个好兵我不知道,估计也不会是个好兵。

奥兹:区别就是他们目睹了战事。

莫言:尽管我不是一个好兵,但我对中东战争颇为关注。中国在上世纪八十年代曾出版过许多描写中东战争的书籍,我读得津津有味。我没有去过以色列,也没有去过任何一个阿拉伯国家,但是感情上却站在阿拉伯一边。我看到在一次次中东战争中,只要是阿拉伯人占据上风,我就非常高兴。每当阿拉伯国家惨败时,我心里就感到很难过。我不明白我为什么像小孩子看电影一样,先入为主地同情一方,同情阿拉伯世界,仔细想想可能和中国当时的宣传有关。当时我们是这样划分世界的:苏联、美国是第一世界,超级大国;欧洲许多国家属于第二世界;中国、非洲和阿拉伯国家都是第三世界。当时即便一个没有文化的中国人,在思想感情上也是天然地偏向阿拉伯一方。到八十年代中期,我听一个中东问题专家讲了两堂课,改变了我的观点。这个专家讲述了犹太人数千年来的悲惨遭遇。他们数千年来流亡异乡,没有安身立命之处。尤其是在第二次世界大战期间,希特勒屠杀他们,斯大林也屠杀他们,因此他们逃往当时的巴勒斯坦这小片土地上。我想犹太人希望建立自己的国家,希望有自己的祖国,是非常正义和正当的要求。奥兹先生在《爱与黑暗的故事》中关于联合国表决之夜那激动人心的场面的描写之所以震撼人心,就在于写出了历史的真实和犹太人的真实心境。但反过来从另外一个角度来说,阿拉伯国家也很有道理。去年我看到一个电视场面,以色列重炮轰击贝鲁特时,轰炸刚刚结束,一个满身尘土的阿拉伯老太太就搬着纸箱出来卖蔬菜。面对着摄影机镜头,阿拉伯老太太庄严地说:我们世世代代生活在这片土地上,谁也不能把我们赶走。我们即便吃这里的沙土,也能活下去。从这两个角度来说,巴勒斯坦阿拉伯人和以色列犹太人都是受害者,都有自己正当的理由,难以简单做出究竟谁对谁错的判断。因此我尤为钦佩奥兹先生在《爱与黑暗的故事》中描写巴勒斯坦阿拉伯人和以色列犹太人时,能够站在一个很高的角度。尤其是描写你跟随着红脸膛的格里塔大妈到服装店,掉进了贮藏室,是一个棕色脸膛的有两个大眼袋的阿拉伯大叔把你救了出来;你也描写了和阿拉伯小姑娘阿爱莎的交往,你误伤了她的小弟弟,深感负疚。多年来您一直对他们念念不忘,担心着他们的命运,您发自内心地希望他们幸福。所以,从总体上说,阿拉伯人和犹太人似乎是势不两立的,是仇人。但是具体到每一个阿拉伯人和犹太人,情况就发生了变化。大家都是一样的人,都是人,都是好人,完全可以和平共处,可以成为朋友。我刚才说这么多就是要表达这样一个意思:我特别敬佩奥兹先生不是站在犹太人立场上来进行民族主义的描写,而是作为一个有良知的艺术家,站在了全人类的高度上,对巴勒斯坦和以色列问题,对阿拉伯人和犹太人的关系进行了包容性的、人性化的描写。因此,我在为您这本书写的一篇文章中说:不仅犹太人要读一下奥兹先生这本书,而且阿拉伯人也要读一下奥兹先生这本书。尤其是各个国家的政治家应该好好读读这本书。

奥兹:我非常感谢您刚才说过的话。我不能用某种黑白分明的方式来描写阿以关系。也希望世界上的犹太人和阿拉伯人不要以某种黑白分明的方式来对待对方。每场悲剧基本上都是正确者与正确者之间的冲突。许多中国人和世界上其他国家的许多人把以色列当成第一世界,把阿拉伯国家当成第三世界,这种观点有偏颇之处。称其偏颇,主要是因为居住在以色列的许多犹太人以前都曾经是被逐出欧洲的难民。从这个意义上说,以色列也应该属于第三世界。

莫言:犹太民族确实灾难深重,没有一个民族在历史上遭受过犹太人所经历的种种苦难。正因为如此,犹太人在以色列建国后表现出的恒心与创造精神也令人惊奇。

奥兹:钟志清在博士论文《希伯来语大屠杀文学与中国抗日战争文学比较研究》中,追寻的就是以色列和中华人民共和国建立后两个民族记忆历史创伤的方式,我想这种文化记忆的比较,对增进我们两个民族的相互了解尤其重要。我在小时候,也像莫言先生早年一样,把世界划分为好坏两个世界。现在我对世界有了更多的理解,也通过书籍阅读,慢慢地了解中国,也理解了中国人所经历的苦难。您的作品确实帮助我更好地了解了中国的悲剧。

莫言:您的作品没有特别描写政治,但处处充满了政治;没有刻意直面描写宗教,但却处处洋溢着宗教气氛。这也是一种以小见大的艺术表现方式。从一个家庭出发,实际上描写一个民族的历史。

奥兹:这种说法带有普遍意义,任何伟大的作家都能够管中窥豹。从描写家庭,延伸到一个民族,您的作品也是这样。描写一个农村小伙子爱上一个姑娘,但遭到家庭反对,描写一个农民去卖大蒜,但却让人看到了当时的社会生活场景。

莫言:就像少年奥兹和阿爱莎一样,虽然说的是两个小孩子的小故事,但却表现出一种广大的背景。阿爱莎背后站的是阿拉伯民族,奥兹后面站的是犹太民族。历史、现实、友谊、仇恨、理解、误解、痛苦、负疚表现得淋漓尽致,因此我认为你是一个了不起的小说家。能用一个很小的细节,表现出非常重大的问题。

奥兹:谢谢。我相信以色列和巴勒斯坦的冲突将来能够解决。希望巴勒斯坦建国,两个民族在一片土地上和平共处。

莫言:这两个国家的关系就像中国一则童话中描写的两只黑山羊,试图跨越一个山涧。山涧上横着一座独木桥,两只羊就站在独木桥之间,顶住了,谁也不肯退后一步。

奥兹:二者都可以跨过山涧,但不能同时通过。在任何情况下都需要一种妥协,但是狂热主义者们总是想把这种冲突转化为宗教战争。其实,应该把这片领土一分为二,让以色列人和巴勒斯坦人都有自己的居住地。尽管这片土地很小,但对两个愿意和平地居住在那里的民族来说已经足矣,就像把一个房子分成两个不同的单元。因为有两家人要居住在同一房子里,就得合住。

莫言:合住的两家人会磕磕碰碰。

奥兹:所以要把房子分为两部分。一部分给以色列,一部分给巴勒斯坦。

莫言:这种理想的模式听来简单,但要执行起来就困难了。

奥兹:两只黑山羊的比喻倒是贴切。如果一个先退回去,另一个先跨越山涧则比较容易;但两只羊想同时过,就比较困难了。

莫言:中国有句古话:冤冤相报何时了。

奥兹:在希伯来语中也有类似的表达。

莫言:尽管文学不能改变社会,但文学应该能够发挥其作用。这就是我刚才说的,希望双方政治家和老百姓都要读读奥兹先生的作品。

奥兹:但是希望政治家对文学感兴趣。您知道吗,这部作品的阿拉伯文版将于明年出版,而出资赞助的则是一位阿拉伯富翁。

莫言:那太有意思了。这是小说的延续,阿拉伯文版的出版变成了小说的一章。

奥兹:我想给您讲一下这个故事。三年前,一个阿拉伯名叫乔治·胡里的阿拉伯小伙子在耶路撒冷郊外开车,被恐怖主义分子当成犹太人,头上中弹身亡。这个小伙子的家庭非常富有,他的父母在他死后,决定出资把《爱与黑暗的故事》翻译成阿拉伯文,以纪念他们被恐怖分子杀害的儿子。小说的阿拉伯文版献词上会写道:"谨以此书纪念乔治·胡里,一个阿拉伯年轻人,被阿拉伯恐怖分子当成犹太人而遭到误杀。希望以此增进阿以两个民族之间的相互理解。"现在我和我的夫人和这个阿拉伯家庭成了好朋友。

莫言:可见在阿拉伯世界里,也有很多理智的人。但这理智,需要付出沉重的代价换取。您的小说中描写过类似的故事。我感觉《爱与黑暗的故事》的任何一个译本,都不如阿拉伯文本重要。

奥兹:我非常赞同。阿拉伯文版《爱与黑暗的故事》比任何版本都重要。某和平运动机构的主席决定购买一千八百册阿拉伯文《爱与黑暗的故事》,捐给约旦河西岸的阿拉伯读者。希望以这种方式增进两个民族之间的相互理解。

莫言:相信它会发挥很好的作用。因为文学所起的作用不是强制的,但一旦发挥作用,就是持久的。

奥兹:文学就是要读者想象。请你走进一个家庭,看到那里的一切。当你看到这一切后,你就不会对其产生敌意了。

莫言:相信阿拉伯读者读过您的作品后,意识到原来犹太人也是人。他们也有喜怒哀乐,他们有和我们相同的客厅、厨房,他们欢乐和流眼泪的原因和我们一样,他们与我们是一样的人。

奥兹:我非常喜欢和您之间的这场谈话,分分秒秒都令我感到愉悦,非常感谢您。原来只喜欢您的书,现在也喜欢您的人。等您有机会来以色列,欢迎您到我家里做客。

莫言:好,请您一定要把我带到您生活过的基布兹看看,我在您的小说《何去何从》、《沙海无澜》中已经很熟悉这个地方。尽管我不是一个好兵,但从事农业生产,也许勉强及格。

原文摘自周晓苹编:《文学峰景》,中央编译出版社,2010年6月版。
鉴赏编写:周秀芝 陈媛媛

81. 文化积淀与现代阅读
——全球图书馆高峰论坛上的对话
(2007年9月12日)

【格言名句】

　　阅读革命所带来的,不是阅读体验的消亡,而是无限阅读的诞生。

——当代阅读宣言

【文章导读】

2007年9月12日，在上海国际会议中心，由解放日报报业集团举办的第十二届"文化讲坛"暨全球图书馆高峰论坛举行。论坛主题是：文化积淀与现代阅读。嘉宾有澳大利亚国家图书馆馆长简·符乐顿、埃及亚历山大图书馆馆长伊斯梅尔·塞拉吉丁、俄罗斯国立图书馆馆长维克多·瓦西里耶维奇·费多洛夫、上海图书馆馆长吴建中和解放日报报业集团社长尹明华等。会议上全球著名图书馆长分别进行了演讲，演讲后与观众进行了对话，会议结束时，通过并发表了《当代阅读宣言》。

这篇对话是记者与世界各地图书馆馆长之间的互动性对话，其核心内容就如对话所列的小标题那样：阅读并没有处在危险中，只是阅读的方式发生了一些变化；图书馆应该扮演一种中间者的角色；《哈利·波特》走红并不会带来威胁，但只读《哈利·波特》那就糟了；我列出的书单是：所有你们在图书馆内还没有读过的书；图书馆能帮助我们识别一些有毒的信息，找到一些好信息；图书馆要提供很多数据，但更有责任提供指导、提供权威。整个对话就是在回答今天大数据时代，图书馆面临读者减少的危机，以及其传统功能的变革策略。事实上，这些来自世界各地的馆长已经前瞻性地回答了关于图书馆的发展变化，以及如何破解图书馆的发展瓶颈的问题。例如澳大利亚国家图书馆馆长简·符乐顿就认为，因为有新技术，图书馆可以给读者提供新的途径，让他们读到更多的东西。俄罗斯国立图书馆馆长维克多·瓦西里耶维奇·费多洛夫则十分肯定图书馆发展的新机遇，认为"现在的问题并不在于阅读信息，而是能否找到自己真正需要的信息"。埃及亚历山大图书馆馆长伊斯梅尔·塞拉吉丁认为Google的搜索计划有限，对于英语以外的语言不太重视，因而图书馆成为研究者及读者的最佳去处。上海图书馆馆长吴建中认为，图书馆可以让人静下心来，进入作者的心灵世界，享受阅读时的美好光阴。

一个正在被技术改写的时代，需要我们对当代阅读作出以下思考：在咨询全球化、传播形态和传播方式日新月异的浪潮下以开放的态度开启阅读方式的革命，以主动的态度应对传播技术的革命，是馆藏阅读书籍者和关注公共阅读潮流的人义不容辞的责任。总之，阅读革命所带来的，不是阅读体验的消亡，而是无限阅读的新生。它将使追求新知识、新发展的人类社会，在更广阔的范围内，在更高效率的基础上，以显而易见的方式获益！

【对话原文】

　　嘉宾主持周瑛琦(凤凰卫视主持人)：今天非常荣幸来到上海参加解放日报报业集团第十二届文化讲坛。我是出生在台湾的小姑娘，祖籍安徽，生活在海外，工作在香港，这次一来到上海就受到这么隆重的"解放"之礼，使我开心得不得了。(全场笑，鼓掌)

　　今天我来到这里，也带着一份特殊的感情。解放日报报业集团非常重视这届讲坛，这届讲坛的会场是曾经开 APEC 会议的地方。对今天这个主题，我也颇有感受。所以，能为阅读为文化做一点事，对我来说有特殊的意义、特殊的情感。

　　首先，请允许我对这个主题谈点认识。人类有千百万年的发展史，文字记载是为了传播知识，也是为了传播情感。人类在有文字之前，其实就已经会阅读了。中国人说仰观天文、俯察地理，那时候我们就懂得观察自然现象，看到鸟兽的纹路，就开始创造文字。我相信埃及的朋友也有这样的经验。像"日""月"这两个字，小朋友不用学习就大概明白是什么意思了。还有像北京奥运会会徽上的"京"字，外国人一看也差不多知道是什么意思。

　　大家都知道，四大发明中有两大发明就跟阅读有关系。一个是印刷术，另外一个是造纸术，它们影响了几千年。现在时代进步了，上世纪以来科技迅速发展，又把我们的世界改变了。

　　回到今天的主题，到底现代阅读和文化积淀间有什么样的关系，有多大关系？现代阅读又包括哪些内容，哪些方法，哪些方式？文化积淀又属于哪些范畴、内容，以什么样的形式存在？今天我们请到了四个国家鼎鼎有名的图书馆馆长，为我们回答这些问题。

　　在他们上台之前，我想读一段人类史上伟大的科学家爱因斯坦说过的话。他说："我们在地球上的情况非常奇妙，每个人的生命如此短暂，不知为何，有时候似乎为了神圣的目的来到这个世上。从日常生活来说，我们能确定的一件事就是为了他人，为了无数同命运息息相关的灵魂而存在。我认识到多少我内在和外在的生命力是建立于别人的劳动力上，不管是活着的，还是已经死去的。我必须认真发挥全部的精力，才能还回我收到的这么多。"所以，为了全人类文明的传承，我们每一个人都应该付出最大的努力，这是我们义不容辞的责任！(全场鼓掌)

　　(嘉宾演讲结束后)

周瑛琦:几位馆长刚才说到,图书馆是非常神圣的地方,我也非常认同。我相信有很多朋友的初恋就是在图书馆谈的,另外,我每周也会带孩子去一次图书馆。到了图书馆,我们能感觉到自己是如此渺小,需要继续激发求知的欲望,要对这个世界继续有更深入的了解。而当我们在感觉到渺小的同时,图书馆则会让我们青春永驻。让我们再次用掌声感谢四位图书馆馆长!
(全场鼓掌)

我们接下来欢迎各位朋友发问。

阅读并没处在危险中,只是阅读的方式发生了一些变化

解放日报机动部记者尤莼洁:我想请教简·符乐顿馆长。2004年美国国家艺术基金会公布研究报告《阅读在危险中》,引起美国社会的极大震惊。现在的传播手段如此多元化,阅读怎么会陷入危险中呢,这是不是一种危言耸听?

澳大利亚国家图书馆馆长简·符乐顿:我不相信阅读处在危险中,我只是觉得我们的阅读方式发生了一些变化。我们应该认识到,网上的博客也已经成为人们获得信息的一条途径,也开始挑战人们的书面阅读方式。正如主持人所说的,现在的信息面越来越大了,比从前大得多。但我并不认为阅读受到了任何威胁,而且我相信人们还会继续读书本上的知识,虽然他们会越来越多地浏览网上的信息,但是他们仍然会读书。同时,因为有了新技术,可以给他们提供新的途径,可以让他们读到更多的东西。这一点是毫无疑问的。

周瑛琦:我想解放日报报业集团的同仁们可能和我一样,每天都像一架信息机器。我们现在的阅读速度必须要变得越来越快,否则你就可能会丢掉饭碗。(全场笑)

问题并不在于阅读信息,而是能否找到自己真正需要的信息

新闻晨报记者郭翔鹤:请问俄罗斯国立图书馆馆长先生,微软公司曾经预测,到2020年传统的阅读将会全部电子化,90%的书籍、杂志、报纸等都将以电子书形式出版发行。如果图书阅读最终将被电子阅读取代,未来图书馆还有什么用呢?

俄罗斯国立图书馆馆长维克多·瓦西里耶维奇·费多洛夫:我并不这样认为。我们来看一下现在世界范围内的大型图书馆,馆藏的数字化程度实际上并不是很高。据我所知,最多也就达到70%到80%左右。我认为,

包括我的同仁们也认为,现在大多数的图书馆都在试图帮助读者利用图书馆的传统优势。现在的问题并不在于阅读信息,而是能否找到自己真正需要的信息。比如说上网,你几乎可以找到关于任何问题的答案,可是你往往却不能确认找到的是不是正确的答案,你也不知道所找到的答案具有怎样的代表性。而图书馆实际上能够解决这方面的问题,也就是说能够保证你所需资料的完整性以及代表性。

图书馆应该扮演一种中间者的角色

解放日报周末部记者尹欣:有个问题请教埃及亚历山大图书馆馆长先生。Google 计划在 2015 年之前建成网上图书馆,这个计划遭到了一些国家图书馆馆长的反对。请问馆长先生,您对搜索引擎建立网络图书馆有什么看法?

埃及亚历山大图书馆馆长伊斯梅尔·塞拉吉丁:我了解到欧洲的一些图书馆对于 Google 这个计划产生了一些争议。当然,我本人对这个计划是非常支持的。我认为这个计划能够对信息进行数字化,并向身处世界各地的人们提供他们所需要的信息。图书馆应该扮演一种中间者的角色。

谈到 Google 的这样一个计划,它有一点不同。大家都知道,文化中涉及不同的语言,所以 Google 在构建在线图书馆的时候,会倾向于原语言为英语的材料和信息。譬如说,Google 的搜索会得到二十个到三十个结果,但是其中大部分都是英文网站,这就意味着其他的语言可能会受到歧视。第二,搜索到的结果并不一定是最能代表我们人类文化成果的。第三,法国人、意大利人、保加利亚人,等等,他们的一些作品本身可能知名度并不是很高,但是以这些语言创作的作品的重要性却是很高的。有位法国人写了一本书就是有关 Google 的,说它并不是很重视英语以外的其他语言。

Google 在线图书馆所提供的信息只是浩瀚知识海洋中的极小一部分。这是我对你的问题的回答。(全场鼓掌)

《哈利·波特》走红并不会带来威胁,但只读《哈利·波特》那就糟了

新闻晚报记者李宁源:我有一个问题请教上海图书馆的吴馆长。《哈利·波特》这几年在全球风靡,很多人就开始反思,中国为什么没有《哈利·波特》出现,是因为中国人读书读得少,还是因为中国人缺乏想象力?

上海图书馆馆长吴建中:谢谢你的提问,但我自己还没有读过《哈利·波特》。

周瑛琦：您是拒绝看，还是没时间看？（笑）

吴建中：中国文学是伟大的，中国的语言是丰富的，中国的儿童是富有想象力的，但是我们儿童的压力太大了。（全场笑）责任在于我们这些家长或者说我们这些大人的身上，因为我们很喜欢开出一系列的书单让他们看，认为这是必读的书，等他们看完以后可能人到中年了。（全场笑）我们应该改变这样一种方式，让学生们自由地去阅读，自由地去想象。如果这样，他们一定能够创作出让全世界儿童喜欢读的畅销作品，我想将来肯定会有这样一天。（全场鼓掌）

俄罗斯国立图书馆馆长维克多·瓦西里耶维奇·费多洛夫：关于《哈利·波特》，我想再说两句。《哈利·波特》这两年在世界上的走红，并不会带来什么实际意义上的威胁，但是如果孩子们只读《哈利·波特》，只以一种眼光去看世界的话，那就比较糟糕了。今天在座的有来自澳大利亚、埃及、俄罗斯和中国的图书馆馆长，我们应该让我们的孩子尽可能多地互相了解，孩子们应该读各种各样的文学作品，包括中国的传统文学，包括俄罗斯的传统文学，包括埃及的传统文学、澳大利亚的传统文学，这样他们就能以更宽广的视角来看待这个世界。（全场鼓掌）

我列出的书单是：所有你们在图书馆内还没有读过的书

周瑛琦：之前我们请几位馆长各自列出他们心目中的"影响人类最重要的十本书"，我发现他们列的书目有很多是共同的。埃及亚历山大图书馆的馆长说，这个问题不是问我们最喜欢的十本书，而是问最重要的十本，所以当然有相同的地方，至于我们最喜欢的，可能差别就大了。现在《哈利·波特》好像成了商业文化的主流，好像是给孩子的唯一选择似的，那么有没有别的选择？请四位馆长给我们提供一下。请你们现在就想一想自己最喜欢的小说是什么？刚才听到澳大利亚国家图书馆馆长说她最喜欢的是瑞典的犯罪小说。

澳大利亚国家图书馆馆长简·符乐顿：让我公开推荐的话，就推荐一些澳大利亚的书籍。我推荐一本很好的儿童作品，事实上它已经有二十年的历史了，讲的是一个小动物在澳大利亚全境进行旅行探险的故事。澳大利亚也有诺贝尔文学奖的获得者，他们的作品也非常精彩。

埃及亚历山大图书馆馆长伊斯梅尔·塞拉吉丁：我很高兴能够推荐一些作品，除了影响人类最重要的十本书之外，我还想推荐的，譬如说埃及作家纳吉布·马哈福兹(Naguib Mahfouz)写的一本关于人性方面的书。第二本是一本科学方面的书,这本书非常有趣,是讲坐在轮椅上不能动、不能说话的斯蒂芬·霍金的故事,这本书是从科学发展的角度来进行介绍的,同样是非常好的一本书。斯蒂芬·霍金,他是一个科学家,也是小说作家,他也完全可以担当一个哲学家。

周瑛琦:谢谢。亚历山大图书馆馆长推荐了人性和科学方面的作品。那俄罗斯国立图书馆的馆长,您呢?

俄罗斯国立图书馆馆长维克多·瓦西里耶维奇·费多洛夫:人类在自己漫长的历史里写出了许多伟大的书籍,而所有这些伟大的书籍都曾经有自己忠实的读者,我之前推荐的十本书只是对我个人产生最强烈影响的。但是阅读所有的书籍其实也是不可能的,比如各位馆长坐在这里,不可能说每一位馆长都读过馆藏的所有图书。让我推荐一个书单,就好比叫一个酒厂的厂长说出究竟是喜欢白兰地还是伏特加,这是非常困难的。所以我给大家列出的书单,也就是所有你们在图书馆内还没有读过的书,都尽量地去读。(全场大笑)

吴建中:我很惭愧,可能要回答不及格了。刚才各位馆长在回答问题的时候我的大脑一直在搜寻,好像是十几年没有看小说了。但我很喜欢看传记、历史这方面的书,前几天看了《世界是平的》,还有《1421:中国发现世界》,现在正在看的书是《季羡林说国学》,这本书引经据典,又很通俗,让人看了感到很充实。

图书馆能帮我们识别一些有毒的信息,找到一些好信息

解放日报观点版记者支玲琳:刚才主持人周瑛琦讲到,我们每天就像一部信息机器一样去搜索信息。在网络如此发达的年代,我们可能不会缺乏阅读,反而会陷入一种滥读,导致我们大脑堵塞。对此,不知道各位馆长怎么看?

周瑛琦:我也经常被这个事困扰。怎么样选出质量优秀的书来读,就像我们吃食品一样,我们要吃优质的食品,不要吃垃圾食品。那么在这个信息庞大的世界里面,怎么来筛选?

上海图书馆馆长吴建中:在我的博客中,我最近写了一些有关阅读方面的东西。

周瑛琦:您也写博客?(全场笑)

吴建中：我曾经写到，人类一切美好的东西都是有节奏的。写作是有节奏的，阅读也是有节奏的。作者在写作的时候往往充满激情，充满理性，如果我们不静下心来，很难进入作者的心灵世界，很难和作者一起共享这个美好的节奏。

埃及亚历山大图书馆馆长伊斯梅尔·塞拉吉丁：我想垃圾食品和毒药还是有区别的。偶尔吃一点垃圾食品还是没问题的，只是不要吃得太多就可以了。但现在的问题是，你有时候会从互联网上得到错误的信息，这就是为什么我觉得这一点是非常重要的。如果你上网仅仅是为了娱乐，为了玩游戏，或者是和其他人聊天的话，这就没有多大问题。但是如果你在网上是为了寻找一些非常重要的信息，你就必须要对这个信息的质量进行评估。否则，如果你使用了错误的信息，那就等于将这种毒药或者有毒物质的毒性散播开去。再回到图书馆上说，讲到图书馆的功能，我们有提供信息资讯的功能，当然在互联网上也有很多的信息，但我们可以通过图书馆来帮助我们识别一些错误的信息或者有毒的信息，找到一些好信息。

图书馆要提供很多数据，但更有责任提供指导，提供权威

周瑛琦：的确，我们很容易从互联网上获得一些信息。有位同事跟我说，他到新闻研究所学到的第一件事就是，老师告诉他：资讯不要来自网络。我们也要提醒自己。

澳大利亚国家图书馆馆长简·符乐顿：我有一点不同意见。事实上并不是在线的信息就一定是垃圾，一定是错误的，一定是有毒的，而书面的、文本的信息就一定是好的。我们在判断好与坏、真与假之前，要作一些分析。一个信息是不是真理，我们有很多判断的标准，每一位读者都需要有思辨能力。图书馆本身并不是书本的创作者。前面大家也提到了《1421：中国发现世界》这本书，事实上很多学者对于这本书是有争议的。因为很多历史学者认为在许多图书馆中藏有这本书，而且把这本书中的描述当作历史，是很荒谬的。我们应该让不同的意见都呈现出来进行比较，不仅仅在互联网上，在我们平面媒体上也应该判断出信息的质量。

埃及亚历山大图书馆馆长伊斯梅尔·塞拉吉丁：在这里我们可以辩论辩论了。我觉得在一些领域里我们的确有办法让一些争议得到仲裁。自然科学总是有办法仲裁到底是对还是不对；科学界有办法确定什么是好的，什么是不好的。但是你却没有办法断定一些事实哪个是好的，哪个是坏的。

有一些事实在大家看来是有争议的，但是在证据逐步增加之后，大家就能够断定多少年以前发生了什么事或者没发生什么事。比如有的人认为二战期间的犹太人大灭绝并没有发生过，但是那么多的事实证明了纳粹德国想要灭绝犹太人。图书馆要提供很多数据，但是图书馆更有责任提供指导，提供权威，而且基于图书馆提供的现有的证据之上能得出一些结论。所以图书馆有责任给人们以指导，告诉人们这里面有这么多的信息你可以自己去找，这里有一些指导书籍或者参考书是可以向大家推荐的，我认为这是图书馆可以扮演的角色。

俄罗斯国立图书馆馆长维克多·瓦西里耶维奇·费多洛夫：现在我来回答这个问题，我们来看一下所有出版的书籍，在这些书籍中有大量的我们称之为层次比较低的出版物和不可信的出版作品。而这种不太可信的出版作品跟因特网的出现并没有直接的关系，它在任何时候都存在。考虑到每位读者都有自己的阅读品位和阅读倾向，比如说对于一个连中学都没有毕业的人，你让他去读《论语》，这实际上是非常困难的。但是为了使阅读产生更好的效果，我们还是应该做一些事情，所以作为阅读本身转变的过程，我认为我们将通过这种阅读的转变促成一个新的社会形态。也就是说，社会不可能只需要那些大师级的、有重大意义的作品，也需要其他形式的，如比较通俗的东西，而生活将对这些作出自己最正确的判断与选择。谢谢大家！

（全场鼓掌）

原文摘自尹明华编：《激荡：文化讲坛实录3》，上海三联，2007年5月版。　鉴赏编写：黄少芳

82. 道家智慧的当代价值
——台湾国学大师傅佩荣做客凤凰卫视
《世纪大讲堂》与观众的对话
（2007年12月12日）

【格言名句】

水如果静的，可以当镜子来照，人的心如果静的话，它也变成一面镜子，

所有外在的东西过来都照出原形，这样你当然不会被遮蔽了。

——傅佩荣

【文章导读】

常被媒体称为"国学全世界第一""影响全球华人的国学大师、身心灵整合导师"的台湾大学哲学系教授傅佩荣，1950年出生，祖籍上海。美国耶鲁大学哲学博士，曾任台湾大学哲学系主任兼哲学研究所所长，荷兰莱顿大学、比利时鲁汶大学客座教授。曾获台湾地区教育主管部门颁发教学特优奖，已出版《哲学与人生》、《智者的生活哲学》、《智慧与人生》、《走向成功人生》、《孔子的生活智慧》、《心灵导师》、《解读论语》、《解读易经》、《解读庄子》、《解读老子》、《解读孟子》等著作。作品曾获台湾地区最高文化奖、最高文艺奖奖项。

傅佩荣的成名并非偶然。他以一个国学大师的独到眼光，在演讲中往往从身心灵整合的角度切入，他认为"水如果静的，可以当镜子来照，人的心如果静的话，它也变成一面镜子，所有外在的东西过来都照出原形，这样你当然不会被遮蔽了"。

傅佩荣以贯通中西、会通儒道、辞畅理融的演讲风格，让人尽享智慧的盛宴，让深奥难懂的国学经典浅显易懂。

2007年12月12日，傅佩荣做客凤凰卫视《世纪大讲堂》栏目，与主持人、观众对话，题目是《道家智慧的当代价值》。原文分为演讲与演讲后的对话两个部分。

傅佩荣在对话中，从人们熟知的"道可道，非常道"入手，阐述了：道教在中国千年文明演进中的作用，对我们国民性格的塑造作用，道家思想的根源，什么是道家的无为？如何理解"致虚极，守静笃"等问题，解释了养生、修行、体道的关系，说明道教这个源自中国本土的古老宗教，其智慧以什么样的力量能够穿透历史直抵当下？让观众明了：它到底是帝王之术还是修身之道？儒家和道家是分工合作还是分庭抗礼？提出，"道家思想其实并不神秘，它只是让你知道一个整体的道理之后，看你怎么安排自己这一生。不要一次把力量用光，要慢慢分配，让自己在平静中过比较愉快的生活"等。

道家思想希望每一个人可以在每一个生命阶段、每一个时间点，都能够逍遥自在，设法让生命里面充满一种喜悦。傅佩荣的演讲"希望老百姓能听懂,听懂之后他们对照原文,发现有根据,并且(所有的条目)连起来作为一个系统有道理,看完就可以实践"。让国学变得实际可用,贴近寻常百姓的生活,为此,他还在和观众的互动中,回答了一些问题,"如何才能真正逍遥""在后现代社会如何对道家思想重新评估"以及"和光同尘是否流于同流合污"等问题,廓清了"道家思想其实是存在主义哲学"这一模糊认识,在潜移默化之中提高寻常人的修养,让观众领略到了台湾国学研究名家的风范。

【演讲与对话原文】

曾子墨:今天的大讲堂,我们要讲到中国的道家思想。"道可道,非常道""道法自然""一阴一阳谓之道",那么道是什么?道家一直主张核心概念,道意味着什么,道家还有以后衍生的道教,对我们中国的国民性格和我们人民的生活产生了什么样的影响?今天,我们再一次地请到了台湾大学著名教授傅佩荣先生,请他给我们讲道家的智慧,我们欢迎他。

傅先生,刚才我在开篇的时候,引用了我们经常挂在嘴上的话,"道可道,非常道",但事实上我这么说不是没有问题的,因为这个断句就有人有不同的断法,有人就把它断成了道可道非,然后常道。您对这一句话,就是老子《道德经》开篇的第一句话,觉得应该怎么断?

傅佩荣:我们如果看王弼的注解,会比较容易理解一点。道这个概念本身有两个层次。一个是道的本身,它不能作为对象,因为它是一个整体,是唯一的,意思是说它包含一切在内,我们人也包含在内,所以人类不可能用言语有意识地去述说道是什么,这就说明道的第一个层面,它的本身。第二个,人作为人,有思想,非谈不可,即使不能谈的也要谈,看你方法如何,所以他说道可道,非常道,常道就是可以让你用言语来说的道,不等于道本身的那个道。区分了这点之后你就知道,我们现在谈了半天,心里要有数,最后要用言语把它化解,言语只是帮助你了解的工具,不能只停留在言语上面。所以学道家跟学儒家不一样,儒家偏重道德修养,你只要真诚,每一个人都有路走。道家需要智慧,它是一个门槛,你没有跨过去,一辈子只能看表面的现象,你一跨过去,说话是多余的。所以老子说他的话很容易理解,无言胜于知,胜于行,天下莫能知,莫能行,才会有这么大的一个对照。

曾子墨:说到儒家的时候,我们通常不会把它和智慧联系起来,而会把它和道德、伦理以及人的修养联系起来。但是我们谈道家的时候,常常说这是一种智慧,是一种生存的智慧,甚至于是帝王南面之术,还有一些兵家,也从这里吸收很多的教训和一些有益的经验。那么为什么道家会给人这样一个印象?因为在我读《道德经》的过程中,包括我读《庄子》的过程中,我觉得那只是其中很小的一部分,他们更多的是谈本体论的东西,谈道体的运行的东西,但是为什么人们会认为他是一个集中的谈智慧的流派?

傅佩荣:是,我们讲到智慧的时候,有一部分是老子反对的,就是聪明才智那个智。因为智是相对的,你能够设法用一些计谋使你比别人多看一步,然后达到某种利益,但是你如果想知道为什么不对,就必须先了解之后再往上提升,稍后我会特别提到老子所谓的智分三个层次。掌握住这三个层次,就知道为什么兵家、阴谋家甚至后来厚黑学都跟老子有关,因此在中间有一个层次,这些你都知道以后,才能够完全超越上去,它是一个阶段。大多数人只知道中间的过程,像你刚才说君王南面之术,当帝王怎么控制我的大臣跟百姓,这些只是其中的一小部分,但是绝不是重要的部分。

曾子墨:我在内地也接触到了一些,比如说有道教的道士他们谈的《道德经》,他们对道家的理解,还有就是学院派、学者所理解的《道德经》和道教,还有一些民间奇人,他们对《道德经》、对老子的理解,包括对庄子的理解都是不一样的,其中也有很多人把它当成一种可以操作的很神秘的气功理论。您在台湾见到过这样一些奇人吗?

傅佩荣:有的,他们所谈的和您最后所谈那一部分,属于道教里面修炼的那一部分。说实在的,那一部分在《老子》里面最多只有两章,在《庄子》里面最多两三段提到,就是要复归婴儿状态,人的生命回到婴儿状态是最圆满、最纯全的,因为没有任何欲望,所以外界也不能伤害他,你按照这种状态去修炼,恐怕让你从呼吸开始,修炼到最后,像《庄子》里面说,最高境界的人呼吸,气可以吸到脚跟,一般人在喉咙里面就打呼噜了。这种修炼,说实在的,你要让我学,我也学不来。他们是把老庄简单的几句话纳入他们的修炼系统里面,作为一个理论上的根据,后面都是他们自己发明的,因为汉代对这些内容特别有兴趣,包括把《易经》的思想配合五行,做成很复杂的各种风水,这都是从汉代以后发展而来的。

曾子墨:好,下面我们就以热烈的掌声,欢迎傅教授给我们演讲,他今天演讲的题目是——《道家智慧的当代价值》。

"道可道,非常道。"

道教，这个源自中国本土的古老宗教，在千年文明的演进中作用非凡。

养生、修行、体道，道教智慧以什么样的力量能够穿透历史直抵当下？

它对我们国民性格的塑造功用如何？

它到底是帝王之术还是修身之道？

傅佩荣：很高兴有机会跟大家一起来探讨道家的思想。我们了解一派哲学，先要看它整个时代的背景。根据司马迁的说法，老子的年代可能比孔子早三十年，他负责周朝的国家档案图书资料，从这个背景可以知道，老子对于历史上的兴盛衰亡、人类社会的安定或者祸福都了解得非常透彻，了解了之后，恐怕会觉得在人间继续努力都是相对的，如果看得更广一点，可以说春秋时代末期是一个危机时代，这个危机用今天的话来讲，叫作虚无主义盛行。我们听到虚无主义会觉得是西方的概念，其实不是的。虚无主义有两种，第一种是价值上的虚无主义。一般人想要行善避恶，善恶是价值跟反价值。当觉得做好人没好报，做恶人没有恶报，那我为什么要行善避恶呢？所以价值就混淆了，价值就失落了。第二种叫作存在上的虚无主义，意思就是说，反正最后都会死，死了之后什么都没有了，如果你活着受苦，为什么不自杀呢？为什么还要活下去呢？所以这种虚无主义是非常可怕的，而孔子跟老子不一样的地方在哪里？在于孔子是儒家，他们要面对的是第一种，他不忍心看到老百姓无法分辨善恶，以至于不能够行善避恶，所以他们在这地方下功夫。我们简单说明一下这个背景，就可以使道家的用心更清楚地呈现出来。儒家认为一个人要行善避恶有三个理由，第一个是社会规范，但是当时已经礼坏乐崩了，社会规范瓦解了，没有用了，光靠社会规范，靠人群的力量，不能让一个人行善避恶。第二个是信仰宗教，很多人行善避恶都是因为信仰宗教，但在那个时代，宗教也慢慢模糊了，人们只剩下祖先崇拜，而祖先对于子孙一定是偏袒的，他照样是缺乏正义。第三个就是儒家的贡献，诉诸每个人都有的良心，但是诉诸良心，需要靠教育，让一个人自觉真诚，使他的良心自我要求行善避恶。所以儒家的贡献在这个地方，在天下混乱的时代，在价值已经陷入虚无的时代，它能够让你真诚。说我自己要求自己行善避恶，报应就在于说我自己快乐由内而发，这是儒家的贡献。我们简单作这样的描述。

但是，道家认为这样还不够，为什么？你一旦说你要真诚去行善避恶，善恶又牵涉外在的社会规范，到最后你还是扯不清楚，你说要设法行仁义，一行仁义很多人就假仁假义,不仁不义。这样一来,有时候儒家要求真诚,后面常常被道家批评为虚伪,原因就在这里。孔子、孟子本身是非常真诚的人,但是儒家的弟子们很多表现出来什么样呢?受过教育之后,懂得装腔作势,懂得说假话,懂得说门面话。这是一个客观的事实。所以对道家来说,价值上的虚无主义决定了你再怎么去帮去救都是相对的,我要面对的是存在上的虚无主义,我要加以化解。所以从这一点来看,道家的肚量、野心和抱负超过儒家。它不是只要解决你一时之间价值混乱的问题,它要从根本上让所有的人都不再担心虚无的问题,怎么办呢?要化解虚无,就要找到最真实的道。

"致虚极,守静笃"

道家思想的根源何在?

儒家和道家是分工合作还是分庭抗礼?

那么什么叫作道呢?用老子的话来说,道就是究竟真实。究竟真实代表它不是相对的真实。我们平常所见到的相对的真实充满变化,而道本身是不变的。这个不变的道怎么理解呢?有几个方法,第一个是把它当作整体,道就是整体,而这个整体是唯一的整体。我们平常会说,桌子这个整体,人这个整体,它不是这些,真正的整体,等于是宇宙万物全部在道里面,道无所不在。但是说道无所不在,不等于说道无所不是,一个字的差别很大。如果道无所不是,万物毁灭了,道也毁灭了,如果道无所不在,万物毁灭了,道不受影响,这样的道才能够称为老子的道,老子的道比天地还要早出现,可以作为天下万物的母亲。但这个道有两个特色,第一个,独立而不改,独立代表它是唯一的整体,不改,代表它从来没有改变过。不管万物多多少少,生灭变化,道完全不受影响。第二句话,周行而不殆。周行而不殆,代表道无所不在,遍布各地叫作周行,殆代表危险,慢慢消失掉。不殆,代表这个道是永恒的,永恒的真实,称作究竟真实。如果了解老子对于道怎么规定的话,你就不用太担心了,如何达到对道的一种认识,这是关键。

如果你要比较道家跟儒家的话,可以有三点不同。

第一个,儒家是以人做中心。孔孟谈任何问题,首先考虑的是人,他是标准的人文主义,所以儒家显示出来社会性格。道家显示一种什么性格呢?自然性格,它不以人为中心,把人还归于大自然,自然界就是一个客观的规律。

第二个，儒家把天当作最高的存在，所以它把帝王当作天子是合理的，儒家都接受。把帝王当天子，代表接受历史性，就是历史性格，所以儒家有很明显的历史性格。道家认为天子根本不能算什么，天子也是万物之一。它把道提出来了，这就有宇宙性格。它不再是一种受制于人类历史的范围，它是道，道代表宇宙里面唯一的力量。

第三个，儒家认为人生最高的修养境界是天人合德。千万不要说天人合一，天人合一是庄子的话，人跟天是一个整体，儒家讲天人合德，你一定要修养德行，才能够达到天的要求，叫天人合德。道家怎么样呢？道跟人合一，道家真的可以讲合一，因为道跟人本来就是合一的，只是你自己把它分开了，所以造成许多困难。儒家跟道家可以有三点对照。

道家具有革命性。二十几年前我在美国念书的时候，看到西方的汉学家写有关老子的思想，我当时非常震撼，他说老子思想具有革命性。老子是最顺其自然，与世无争的、无为的，怎么会最具革命性呢？后来我才了解，西方学者的看法有他的理由。旁观者清。外国人研究我们的思想没有成见，你说了什么他认为就是什么，他就看原典，看文本。看了之后发现，道家具有革命性，为什么？它把天都去掉了，换成道，这不是革命性吗？我们了解这个背景之后，就知道儒家所面对的是第一种虚无主义，价值上的虚无主义。它是不忍心看到一般人不知道为什么要行善避恶，社会就乱掉了。道家所针对的是存在上的虚无主义。所以有一个说法，只有三种人适合学道家。第一种，年纪很老的人，称作老子。因为很老了，人生经验已经看透了，他已经有智慧了，觉悟了，不再执着了。第二种人就是非常失意的人，就是庄子。庄子确实很失意。因为越高的才华，对照他的处境，才知道什么叫失意。我们一般人谈不上失意，我们的失意是正常状况，因为我们没什么才华。但是庄子是非常失意的人。第三种就是聪明的人。这三种人适合学道家。我们要设法做第三种，聪明的人，因为我们也不是很老，也不是很失意，我们只有往第三种方向去走了。我们看看够不够这个条件。接下来分别介绍老子跟庄子的思想。

先说老子，老子整个思想的出发点就是如何让人类世界跟宇宙万物都恢复和谐。思考之后他发现整个宇宙万物包括人类社会在内，问题都出在人类自己，不是每一个人，也不是每一方面，是人的认知能力。人的认知能力表现在区分上面。一个小孩子念幼稚园，拿出看图识字，上面写着猫，可爱的宠物,这边写着老虎,可怕的野兽。他如果不能区分这些的话,就不容易存活。如果到动物园一看老虎好可爱啊,跟猫一样,这样就不行了。这说明什么呢？区分是人的基本能力。所以人活在世界上,第一步要有理智,能区分什么有利,什么有害,什么可吃,什么不可吃,什么是好人,什么是坏人,具备区分能力你才能活下去。但是问题来了,区分之后就产生比较的心,比较就产生争夺的欲望,你区分黄金比石头好,那我当然要黄金;你再说钻石比黄金好,那我当然要钻石了,到最后物以稀为贵,社会就混乱了。所以区分有它的必要性,你不能区分就不能活下去。一旦区分之后产生欲望,这个欲望就造成了后面的各种坏的结果。所以仅仅会区分是不够的。

那怎么办呢？就要把认知能力往上提升,叫作避难,避开灾难。预先知道将来可能的不利的结果,然后设法避开,这叫作避开灾难。我们为什么学习历史上的各种经验教训,意义就在这里,目的就在这里。为什么说"不听老人言,吃亏在眼前",目的也在这里。这是第二步,知避难。这个阶段往往被很多人利用,包括兵法家、阴谋家、厚黑学都在避开灾难,但是这样不够。

真正老子的思想是往上到第三步,叫作启明。启明这两个字一般人不喜欢,如果问你在哪里念书,在启明学校,代表眼睛有问题,启聪学校,耳朵有问题。但是你不要忘记,你用眼睛看是看不到真相的。只有闭上眼睛启发心灵之眼你才有希望。我们有一句俗话叫作知人知面不知心,你看一个人的脸就知道他是什么样的人吗？你不知道他心里想什么,你只有闭上眼睛,仔细想他最近说话、言行有什么特别,你才能知道他到底心里在想什么。眼睛有时候是骗人的,眼睛也容易受骗。老子希望我们怎么样？启明。启明只有一个方法,从道来看万物,不要从自己看,这是第一步,老子从认知着手。第二步就要讲到修炼。光认知还不够,怎么达到认知呢,需要修炼,老子的修炼只有两个字,第一个叫虚,第二个叫静。虚跟实不一样,水杯里面装了水,就不能装别的东西了,有再好的红酒也不能喝了,因为里面装了水,因为它实。相反的,一个杯子空的话,可以装所有的东西,任何东西都可能装进去,所以你如果想觉悟什么叫道,必须让你的心从实变虚,你的心充满了许多相对的东西,怎么能装进绝对的道呢？什么叫相对的东西？心里面老想着现实的各种利害,考虑人与人之间各种交际关系,你怎么可能觉悟呢？不可能。所以心一定要虚,庄子后来发挥得很好,叫作虚室生白。一个空的房间才会显得光亮。第二个叫作静。人是动物,我们常常说要多运动,身体才会健康,没错。但是你不能光运动,人静下来才能像水一样。水如果静的,可以当镜子来照,人的心如果静的话,它也变成一面镜子,所有外在的东西过来都照出原形,这样你当然不会被遮蔽了。所以老子的修炼,虚跟静这两个字要做到就不容易了,做到之后就变成是一个悟道的人了。你如果真的学到老子的道,觉悟之后会有什么改变呢?你就有三宝。我们年轻的时候,听到三宝,只知道三宝饭,后来才知道说三宝是老子的概念。第一个宝就是"慈",慈这个字专门用于母亲的爱,老子为什么喜欢讲慈呢?因为他认为道是万物的母亲,如果你要学习道,要悟道,就要从母亲的角度来看。从母亲的角度来看万物的时候,天下没有东西是废物,没有人是废人。第二宝叫"俭",节俭的俭,因为这个世界上东西都差不多,看你怎么用,如果你分配不好的话,叫作贫富不均,最严重的时候,叫做"朱门酒肉臭,路有冻死骨"。如果你稍微分配一下,大家都活得下去,所以老子强调俭,对于物要珍惜,让每一个人都可以活得下去。第三个宝,叫作不敢为天下先。或者用一个字来说,叫作"让",让别人,在别人之后。所以这是老子的三个宝贝。为什么提宝贝呢?慈、俭、让,让一个人活着很愉快,长生久视,活得很久,看得也很久。这就是老子的基本观点。你有这三宝的话,其实人活在世界上,无所谓快不快乐,我们不会特别强调快乐。道家强调快乐可能会导致乐极生悲。因为情绪的变动,都要小心的,应该避免受情绪干扰。因为情绪对道家来说是不必要的。喜怒哀乐一定代表得失成败吗?在整体里没有得失成败的问题,所以要常常记得道就是整体。那怎么看呢?

什么是道家的无为?

如何才能真正逍遥?

在后现代社会如何对道家思想重新评估?

假设你把自己的生命当作一个整体来看,你就会发现有些人少年得志,有些人大器晚成,你看到别人得意的时候,不要羡慕,你将来还有你自己的成就。如果你前面羡慕别人,后面自己取得成就,那你前面的羡慕不是浪费了?所以你没有必要有这种情绪,庄子里面用很多话来描述老子的思想,有一个成语叫朝三暮四,就是最好的例子。

我们拿身体来说,现在很多人喜欢讲一句话,身体会讨债。你年轻的时候,过度浪费身体的能量,中年之后身体就来要债。绝不会说你年轻的时候挥霍体力,中年之后照样很有精神,很健康,没有这么好命的人,这就说明,整体来说，你的量是一定的。怎么办呢？最好少用。少用可以活得久一点，让生命可以维持。所以道家思想其实并不神秘，它只是让你知道一个整体的道理之后，看你怎么安排自己这一生。不要一次把力量用光，要慢慢分配，让自己在平静中过比较愉快的生活。所以我们学老子的思想，学到最后就会发现，老子强调无为，但是无为有两个解释，第一个无为是无所作为。你上班之后就要小心了，坐在办公室发呆，老板问你在干吗？你说我在无为，那恐怕会被解聘，所以要强调老子的无为是无心而为，什么叫无心而为呢？心代表刻意的目的，你可以做所有你该做的事，但是你不要有刻意的目的，什么叫刻意的目的呢？假设你是上班族，老板跟你说，这个月的业绩要超过上个月，今年的业绩要超过去年，这叫做有心而为。即使你达到了，也有压力，达不到更不要说了。

一般人在世界上活得不快乐，大部分都是有心而为。我一定要这样，父母跟孩子说，你一定要考前十名，念书本来是很快乐的事，但是痛苦来自什么地方？痛苦来自于比较，来自于有心，一定要如何。但是完全无心，几个人做得到？几个人可以接受？所以我们在运用道家思想的时候，就要看各种实际的情况，这个智慧可贵的地方在于它不是一成不变的，它对不同的人、不同的情况可以调整，这就是老子的思想。我们坐公交车，后面写八个字，保持距离，以策安全，它就是老子思想的体现。老子的时候天下乱了，你怎么样让自己平安，保持距离，用虚用静来面对它。但是到庄子的时候不行了，庄子是战国时代中期的人，到了战国时代中期，天下已经打成一团了，七雄在争霸。那怎么办呢？所以庄子用另外一个字，叫作化，化解的化，我不能够再保持距离了，我只有跟它一起变化，看清楚外面的形势。

据我所知，庄子对人性的了解，很少有人超过他。一般人看《庄子》，会觉得书太厚了，很难完全看懂，或者全部把它念完，所以《庄子》里面往往只留下一些故事，一些寓言，很多人去猜测，这是很可惜的事。为什么？因为庄子对人的了解，首先在于知道人性的险恶，在于知道人生的困难，非常具体。在战国时代中期，了解这些并不是很复杂，到处都有杀人放火的事，要活着都不容易。做官好吗？庄子知道做官很危险，庄子对于老子的避难应用得非常纯熟，更不要说启明了。庄子的思想充满了活泼的力量。比如你翻开《庄子》，看到《逍遥游》，它讲一条鱼变成鸟的故事，讲了三遍。目的是什么呢？目的绝不是让你看一看这个神话故事有什么趣味，而是要提醒你，人的生命的可贵就在于可以不断地转化这个基本观念。如果人的生命不能转换，人生有什么好过的？一眼就看透了，生老病死、喜怒哀乐、恩怨情仇、悲欢离合就都没有了。

所以你看《庄子》的时候，它讲到鱼变成鸟，鱼需要水，鸟需要空气，鸟飞到九万里的高空，空气也不需要了，可以自由翱翔，完全不需要等待任何东西来配合。人也是一样，人年轻的时候需要各种资源，就跟鱼一样，不能离开家，不能离开学校，不能离开社会，离开的话无法生存，但是你要提升转化，转化变成鸟的时候，只需要空气，然后再继续往上飞，可以自由翱翔。你说这样的比喻到底怎么来的呢？是因为人的生命本来就有许多层次。我们学庄子会看到他讲一句话，形如槁木、心如死灰。形就是身体，身体像枯槁的木头，一棵树已经枯了，不会再发芽了，心都像死灰一样。什么叫死灰呢？木柴烧成了灰，再用水浇熄了，就是死灰。死灰不能复燃。身体像槁木一样，心像死灰一样，那还过什么人的生活呢？但是这正是一个开始，你要让身体不再有欲望的冲动，叫作形如槁木；让心不再有各种复杂的念头，心如死灰。合起来叫作什么？叫做心斋，心要守斋。

《庄子》里面提到人有三个层次，有身有心，上面还有两个字，我们今天常常叫作精神，精神这两个字是庄子最先用的。到现在我们还说这个人很有精神，我们是描写你身体反应状况还不错，但是庄子所说的精神是槁木死灰之后展现出来的精神，并且精神来自于道，精神生于道。这下你才发现原来庄子是这个意思，告诉我们要经过某些修炼，把身心那种自然的冲动跟欲望化解之后，我已经不再执着了，我就跟道有一种契合，这种契合状态展现出来的生命特质称为精神，这个精神才可以自由逍遥。《庄子》里面发挥这种悟道的过程，跟道同游的篇章实在太多了，为了更进一步了解庄子的哲学，我们对他这个人大概介绍一下。庄子极其聪明，他的聪明跟谁对照呢？跟惠施对照。《庄子》这本书里面只有一个朋友是有名字的，叫作惠施，别的朋友都没有名字。惠施可是一个了不起的人物，专门搞言语辩论，搞逻辑学，这个人口才非常好。《庄子·天下篇》里面也提到，说惠施认为自己的辩论天下无敌。举个例子，比如惠施说蛋里面有毛，你说不会啊，今天早上我才吃的荷包蛋，明明没有毛啊，有毛怎么吃呢？那惠施就说了，如果蛋里没有毛的话，孵出来小鸡为什么有毛呢？这也有道理，对不对？十几个这种辩论列出来，天下没有人辩得过他。大家看到他就觉得很讨厌，这种人讲的都是些怪论,诡辩。但是惠施很得意,他就是庄子的朋友。

庄子的智慧,他的才华表现,我个人是欣赏之至。我举个例子大家都听过,《鱼快乐吗》这个故事,我这两年才体会出来它是什么意思。庄子有一年春暖花开跟惠施约好去踏青,到一座桥上,庄子看着几条白鱼出游从容,庄子说这就是鱼的快乐呀。惠施说你不是鱼,怎么知道鱼快乐。庄子说,你不是我,怎么知道我不知道鱼快乐。惠施说我不是你,所以我不知道你是否知道鱼快乐,你也不是鱼,所以你也不应该知道鱼是否快乐。庄子说且慢,回到开头,你问我怎么知道鱼快乐,代表你知道我知道鱼快乐,你才来问我的,我怎么知道,我这么一看就知道,惠施又不讲话了,代表惠施又输了。他输在什么地方?我只直接讲结论,不做过多的发挥,惠施问庄子说,你不是鱼,怎么知道鱼快乐,后来又说我不是你,所以我不知道你是否知道鱼快乐,他前面听庄子说鱼快乐,他就知道庄子知道鱼快乐,后来说我不是你,所以我不知道你是否知道鱼快乐,这两个叫作自相矛盾,所以惠施输了。所以这时你就知道庄子的智慧才华非我们所能想象。庄子最可贵的是回到人间,五个字,外化内不化,外表跟别人同化,但是内心里面跟道结合在一起,绝不放弃任何一点点。所以庄子今天在世间行走的话,没有人知道他是庄子,他跟你们穿一样的衣服,做一样的事,你绝对不会发现他很特别,但是他内心里面跟道结合,感觉到生命的真实跟生命的喜悦。庄子为什么可以在这么穷困之中自在逍遥呢?我们现在问,怎么让人一滴水不要干涸?一滴水慢慢干掉了,像我现在的年纪,常常觉得我这滴水已经干到一半以上了,这叫作后中年阶段,快要完全干掉了。怎么办?把这滴水丢到海里面去,它永远都不会干,海就是道,每一个人都是一滴水。所以你要练习,把我这滴水丢到海里面去,你去悟道、学道,到时候究竟真实,你的生命就永远不要怕失落,这是道家最可贵的地方。最后我们简单做一个结论。道家不跟儒家讲善恶,他讲的是从真实到美感,如果万物都来自于道,让万物都在某个意义上代表道,都值得欣赏,美就是代表可以欣赏叫做美。这样一来,你在宇宙里面就会发现一种喜悦,任何东西都可以欣赏。完全没有什么你的我的、我多你少这样的问题。

后现代社会最需要道家。我们所谓的后现代社会代表什么?代表价值瓦解崩溃的社会,你接受的一切都要重新质疑。这个时候道家可以让你知道,如果你觉得善恶压力很大,从真实到美感是另外一条路,你可以重新在价值的荒芜的空地上建构起一种特殊的正面价值，不要问人间的问题，直接接到道，作为最后的根源。西方哲学家的各种对哲学的探讨，到最高境界的时候，就要问为什么是有而不是无，因为宇宙万物是无的话，比较好理解，因为它基本上没有存在的必然理由，万物充满变化？万物充满变化代表万物有可能统统不存在，所以西方就要问为什么是有，而不是无呢？那庄子更直接，你很难想象，两千多年前，就有一位古代的中国哲学家可以说一句话，古人的智慧到达最高的境界，就是他们能够了解四个字——未始有物，从来不曾有物存在过，庄子说这样的话，是最高的智慧。

把西方两千多年的哲学整个搬过来也不能超过这一句话。宇宙万物你要了解什么？从来不曾有万物存在。了解这一点，一切都回归于道，回归于究竟真实，没有得也没有失，没有来也没有去，生命根本上就是一个安顿，就是一个安详。

有人说道家思想实是存在主义哲学。
老子的和光同尘是否流于同流合污？
在人类有限的时空如何体认无限的道？

曾子墨：谢谢傅教授充满激情、充满智慧的演讲，一边听傅教授讲，我一边想起二十年以前我在北京大学哲学系读研究生的时候，当时选修的课里头就有陈鼓应先生的道家哲学，这门课当时受到同学们欢迎的一个很重要的原因就是，大家想从老子和庄子那里去获得我们的先人在两千多年以前就已经达到的那种智慧的境界。我记得当时陈鼓应先生提出这么一个观点，说道家实际上就是一种存在主义的哲学。您觉得怎么来理解这句话？我们知道法国的存在主义、萨特的存在主义，那么他说实际上几千年以前的老子、庄子也是一种存在主义。

傅佩荣：我平常不太愿意把中国哲学跟西方哲学作简单的对比，我了解西方哲学越多，越知道跟中国哲学的差异所在。存在主义基本上有四位代表，海德格尔、雅斯贝尔斯、马塞尔、萨特四个人。四个人又都不一样。萨特的存在主义到最后是倾向虚无主义的，而庄子恰恰是反对虚无主义的。陈鼓应先生是我很熟的朋友，学术研究要互相尊重。您二十年前听的这种说法，说不定他现在已经调整修正他的观念了。从某个意义上来说，他重视个人生命的当下存在，这是对的。庄子不愿意同流合污了，或者随俗从众，我现在生命要自己做抉择，自己负责，这是对的。但只有这点相通就简单对照说,庄子有这种存在主义,恐怕有点广泛了。

曾子墨:讲到道家智慧的时候,我们经常讲到"与人争席"这个故事。是说一个人没得道之前,他对自己的身份地位很在意,不愿意和大家一起坐一张席,等他得道以后,他还是在这个地方,还是跟这些人,他就和人去争这个席,那么也就是老子的所谓和光同尘,和光同尘往往会被人曲解为同流合污,您觉得应该怎么才能把握住是和光同尘,而不是同流合污?

傅佩荣:很好! 和光同尘是老子的话,用我们现在的话来说,缓和光芒,混同尘垢。你说会同流合污,我刚刚讲老子他的保持距离以策安全,和光同尘是不要制造特殊的角色或者身份,让别人有特别地对付我的用心。和光同尘就是外化,外表跟别人同化,绝没有任何地方让别人侧目。别人看到我觉得这个人很平常,你就成功了。但是请注意,内不化,内在绝不会有任何让步。为什么不让步呢? 我跟道在一起,道代表整体。这种觉悟的智慧,心里面只有自己知道,值得你去慢慢地体会。所以为什么道家很难学,因为它分内外两个层面,简单说起来,一般人都会重外轻内。很重视别人的批评,而不知道自己对自己有什么样的信心,你要慢慢修炼到重内轻外。到你修炼成的时候是有内无外,外面的所有一切完全没感觉,你只有自己内心里面懂得,我跟道结合,我有智慧,我的思想是完全通透、透明的,我看任何东西都没有任何执着。那种快乐绝不需要你去飞翔,你就觉得很逍遥了。

观众:我想问的问题就是关于道家和道教有什么关系,在历史课上,我们的历史老师说过,道家和道教是两个不同的概念,道家是一种哲学的流派,道教是一种宗教,而且它的宗教思想有一部分是偏离道家本来的思想的,比如追求长生不死之类的。而道家宣扬的是世人总是要死的,但是道教说是长生不死,所以说我就想问一下,道教和道家到底有什么一脉相承的关系,或者说不同的地方?

傅佩荣:您刚才所说的基本上很正确,就是道家是一种思想流派,九流十家,尤其是它跟儒家可以分庭抗礼,是一部很好的哲学。道教是把道家拿来之后,配合它的需要形成的。因为道教本身是宗教,从五斗米开始,它有许多现实的考量,一方面它也要对抗佛教的力量,一方面他要符合一般百姓的需要,后来发展成练气、修行,分成三派,所以这是比较复杂的。这不是我的专长,所以我只能够说这两个确实是有不一样的地方。

观众:傅教授您好。想问一下,我们怎么去知道这个道,因为刚才听您的讲座,感觉到道是一个无限的整体,那我们怎么去了解这样一个无限的道?

傅佩荣:这个问题是非常哲学性的问题,我先举笛卡儿这个例子。一般人听到笛卡儿都会想到他说的"我思故我在",但是你不要忘记,笛卡儿现在在哪里?笛卡儿说过我思故我在之后不久他就又说了,"我在故上帝在"。一般人不太谈第二句话,但是笛卡儿这样的哲学家为什么非要提第二句话呢?因为他说我思故我在,他如果不说我在故上帝在的话,他那个我也是暂时相对的,笛卡儿现在在哪里?1650年之后,笛卡儿死了就没有笛卡儿了,那笛卡儿说我在故上帝在,代表我这个短暂的生命是有生有死的,现在居然可以存在,代表一定有力量是我存在的根据,没有那个力量使我存在的话,那我思故我在本身也是假的。他说我会怀疑一切,我不能怀疑正在怀疑的事情,怀疑是一种思想的作用,所以我思故我在,这话是对的。但是后面一定要说,我在故上帝在,有一个最大的力量作为我的生命根源,我们讲道也是一样。宇宙万物都在变化,所有的一切都在变化,那个力量永远存在,那个力量叫作道,所以真正道家的智慧是从这边来的,就是说我看到变化之后本身没有理由存在,而它居然存在,那我就必须承认有力量使它存在,那力量就称作道。

观众:傅教授您好。我想问一个问题,就是道教所提倡的无为和不争与我们现在中国人的特有的性格中庸之道是不是有一丝丝联系呢?

傅佩荣:很好,中庸两个字如果作为孔子口中的中庸,他说"中庸之德,其至矣乎,民鲜久矣",《论语》出现过一次,孔子说的中庸这种德行太高了,老百姓很久都做不到,后边有本书,叫作《中庸》就是给它取名叫《中庸》,这个中庸实际上讲的是什么呢?表面上讲的是说你要保持中庸之道,好像是不要偏不要倚,实际上讲的是择善固执,当然这是比较复杂的,这跟道家所说的无为、不争有没有关系呢?实际上是两个不同的系统。以儒家来说,喜怒哀乐未发,之谓中;发而皆中节,之谓和。儒家是有喜怒哀乐的,只是要发到恰到好处,需要修养。道家讲无为讲不争,是怎么样?就我们刚才所说的第二个避难。我不要争,我就可以避开灾难,因为我一争,别人就对付我了。到最后恐怕两败俱伤,所以道家讲不争。他为什么讲无为呢,他说因为你有为的话,你处于你自己的思考跟设计,一定有限制。你照顾这里就照顾不到别的地方,因为人的想法一定有他的盲点,你现在不要有心,不要有刻意的目的让所有的一切自然而然发展。所以这就是我们谈到很多学说里面的概念，表面看起来好像很接近，其实它都有背后的系统。只要把它抽出来对照一下，意义就不一样了。

曾子墨：独立而不改，周行而不殆，道是中国思想的最高范畴。对道的探讨，构成了中国文化中最高的智慧。那么今天傅佩荣教授就告诉我们把生命的每一滴水汇入大海，静而与阴同德、动而与阳同波，从根本上化解存在虚无的恐惧，得到宇宙的究竟真实，这就是道家的根本智慧。

原文摘自凤凰卫视著：《世纪大讲堂》，辽宁人民出版社，2007年1月版。

鉴赏编写：鲍钰华

83. 佛教文化的当代意义
——著名佛教学者方立天做客凤凰卫视
《世纪大讲堂》与观众的对话
（2007年12月15日）

【格言名句】

平等就意味着互相尊重，平等意味着互相理解，平等意味着互相没有仇恨，平等还意味着排除人类中心主义。所以人如果有平等心，那很可能就为我们人类的真正的和平奠定坚实的基础。

——方立天

【文章导读】

在学术界，流传着这段佳话：一位出生于20世纪30年代的老先生，端着一杯水、背着一个学生书包，和大学生一起按时泡图书馆，他就是1933年生于浙江永康的方立天。方先生是国内首屈一指的佛教学者，1956年考入北京大学哲学系，1961年毕业后到中国人民大学哲学系任教，1984年经教育部特批破格晋升为教授。现为中国人民大学哲学系、宗教学系教授、博士生导师，中国人民大学佛教与宗教学理论研究所所长，兼任中国宗教学会副会长、中国哲学史学会副会长，《中国哲学史》杂志主编等。主要著作有:《佛教哲学》、《中国佛教与传统文化》、《法藏》、《中国佛教哲学要义》（上、下卷）等。其中《中国佛教哲学要义》一书被任继愈先生赞为"难以逾越的巅峰"。

2007年12月15日方立天做客《世纪大讲堂》，解析《佛教文化的当代意义》。原文分为演讲与演讲后的对话两个部分，这里重点择录的是其中的对话部分。

两千年前，佛法东进，成就了中国灿烂的三教文明。佛学以其独特的宗教气质让人身在红尘心游三界，然而"色即是空"的真正涵义是什么？佛教哲学的真谛何在？它又如何关切当下人生？方立天用三个矛盾概括一切世象，对此作了生动形象的解释，循因问果，缘起万物。何谓现代意义上的众生平等？中国佛教的菩萨形象经历了哪些演变？方立天在他的演讲中娓娓道来。

对话中，主持人曾子墨首先连发两问，即方立天最初怎么对佛学感兴趣的、为什么要走上这样一条道路。对此，方立天回答是出于"当时工作的需要"及"家里的情况及背景"，并将自己的选择归之为是"基于对传统文化的认识"，而"传统文化是维系一个民族的很重要的根"。由此可见，方立天关于佛教的演讲及其随后现场提问的解答都是一种对于传统文化的尊崇，这样的选择也成就了方立天今天在讲解佛教时是将其视作当今构建和谐社会的重要文化资源。这样的认识是我们今天的社会重大命题之一，因此可以想象方立天"为我所用"的话题非常富有现实意义。方立天在回答听众问题时还特别地强调，不能将宗教与学术完全对立起来，而是"吸取很多宗教的智慧"，将宗教与学术打通，以此推动学术研究并加深对宗教的理解和实践。

面对观众提出的各种不和谐的社会现象，存有的质疑争论，例如有关古老的宗教如何应对人心不古的挑战、宗教与科学、迷信与智信、信仰与研究，以及佛教的终极关怀指向何方等问题，方立天都做了恰到好处的回答，让那些对佛教存有的误解都成为浮云，让那些一知半解无法参透的深意，变得通透明了，"初知科学，远离宗教；深知科学，皈依宗教"，社会和谐，自由平等。方立天说，"平等就意味着互相尊重，平等意味着互相理解，平等意味着互相没有仇恨，平等还意味着排除人类中心主义。所以人如果有平等心，那很可能就为我们人类的真正的和平奠定坚实的基础"。

【对话原文】

曾子墨：中国文化向来都以儒、释、道三教合流作为最主要的特征之一，其中的佛教就因为启迪心智、弘扬人间关怀而一直以来都意义非凡。到了21世纪的今天，科技已经高度地发达，但是人们的心灵空间却变得越来越狭窄，在这样一个大的时代背景之下，佛教文化会给人们什么样的启迪，它有着怎样的功能？人们都常常爱说，人心向佛，而佛又会给予人心什么？有关这些问题，我们很荣幸地邀请到了著名学者方立天先生。

方先生，您研究佛学已经多年了，从您的年龄来判断的话，您当时走上研究佛学这个道路，好像与那个时候的时代背景不太相符，不知道最初您是怎么对佛学感兴趣的，为什么要走上这样一条学术道路？

方立天：这可能有两方面的原因。一方面是当时工作的需要。我在北京大学念完书以后，就分到人民大学哲学系工作，我当时就选了魏晋南北朝隋唐这一段。除了儒学以外，这一段里面有许多关于佛教和道教的记载，所以我就需要去了解佛教，为此我还到李敖写书的法源寺——中国佛学院旁听八个月。另外一方面，可能和我家里的情况及背景都有关系。我是浙江人，浙江是一个佛教文化大省，那里佛教的传统很深厚。我的母亲也信佛，初一、十五都要吃素的。这从小可能给我影响很大，所以我对佛教没有距离感。

曾子墨：可是在当年的时代背景之下研究佛学，会不会受到一些影响，能够做到公正和客观吗？特别是后来经历了"文革"。我们知道，很多宗教研究者在"文革"中要么受了迫害，要么被称作是"牛鬼蛇神"，不知道您自己的情况怎么样？

方立天：当我决定要以佛教作为学术研究的重点，这本身就是一个很重要的判断，这是基于对传统文化的认识。我认为不管时局有什么影响，传统文化是维系一个民族的很重要的根，它终会为中国人民所了解，所以我当时做了这么个决定。我在"文化大革命"当中也被贴了大字报，很多人说我为什么到"牛鬼蛇神"成堆的地方去学习，但是我也没有动摇，我在法源寺佛学院住了八个月，就使我有了两个收获：一个是对佛教的基本的历史和理论有了初步了解；第二，更重要的就是我跟法师们直接近距离地相处，我在那儿跟他们同吃、同住在一个院子里，所以对他们有切身的了解，特别是那些给我们上课的法师，我认为他们都是人格高尚的饱学之士。所以我从他们那儿离开以后，也从事一些研究，写一些文章，当时当然作为一种宗教都是要批判的，但是我比较讲道理，不愿意谩骂，这个佛教界都承认。

曾子墨：那么佛教传统和当代文化之间到底是一个什么样的关系，接下来，就请方先生给我们做今天的主题演讲。

两千年前，佛法东进，成就了中国灿烂的三教文明。

佛学以其独特的宗教气质让人身在红尘心游三界，

然而"色即是空"的真正涵义是什么？

佛教哲学的真谛何在？

它又如何关切当下人生？

方立天：主持人，各位老师，各位同学，大家下午好。我很高兴有机会来到凤凰卫视《世纪大讲堂》，和大家进行一次学术的交流。今天我要讲的题目是《佛教文化的当代意义》。

我们都知道，佛教是世界三大宗教之一。佛教在中国又是中国传统文化的儒、释、道三教之一，或者叫三家之一，它已经融合到了中国的传统文化里面。中国人没有感觉到佛教是外国的宗教，他认为都是自己的文化。从它的思想本质来看，佛教是一种追求精神解脱的宗教文化体系，追求精神解脱，思想解脱，人生的精神的解脱。

那么我们怎么去阐扬佛教文化的现代意义呢？我想主要有两个方面。第一，对当前人类社会的矛盾、问题、困惑，我们要有个清醒的认识。第二，要根据当前人类社会的矛盾，去发掘佛教文化当中有助于解释、缓解、说明人类社会矛盾的一些文化资源，特别是它的哲学思想，然后把这两者结合起来，来说明佛教文化对解决当代人类社会矛盾的意义。下面先讲第一个问题，当代社会的基本矛盾。

当今世界，科学技术和经济的发展非常迅猛、日新月异，它一方面使人们的物质生活、文化生活不断提高，另一方面，又给人们的心灵带来了困惑，而且使人与人的矛盾更加复杂化，也加深了人与自然的矛盾，这是我们可以看到的一个世界性的现象。人类社会的矛盾虽然很多，但是可以把它总结概括为三类矛盾。一类就是人与自我的矛盾，也就是物质生活跟精神生活的矛盾，他们在当前体现为膨胀自我、物欲横流、没有理想、没有信念、没有精神；第二类就是人与社会的矛盾，一个社会有它的价值取向，有它的道德规范，它构成了和个体的内力和互动。第三是人与自然的矛盾。人与自然的关系,决不是简单的主客观的关系、改造与被改造的关系,不是的,它是一个互相依赖的、能量交换的有机系统。矛盾千差万别,但是都可以把它归结在这三个里面,都属于这三个范畴,这也是我们观察人类社会的一个很重要的视角。

三个矛盾概括一切世象,
佛教对此能有何作为?
佛教哲学的基石是什么?
我们对"色即是空"存在哪些误读?

下面是我要讲的第二个大问题,也是我要讲的重点,就是佛教文化及其现当代的意义。

从上面三个人类社会的基本矛盾来看,可以这么说,佛教提供了一个调试人的心灵、缓解人与社会的矛盾、改善人与自然的关系的一个历史性的契机。

这也就是说,要去寻找佛教哲学的核心的东西。佛教哲学的基石,它的世界观,就是源起论,以及在源起论基础上形成的一系列核心性的范畴。核心性的范畴,就是缘起、因果、平等、慈悲、中道、圆融这六个范畴,在我看来,它是当前解决人类社会矛盾最有借鉴意义的佛教的理念。下面我想简要地来介绍这六个范畴。

第一个是缘起。什么叫作缘起?首先讲什么是缘,缘包含了原因和条件,佛教经常讲因缘,讲因缘的时候,那就是把因和缘分开,因指主要原因,内在的根据,缘指次要原因,外在条件,如果光讲一个缘字的话,那它是包含了因和缘的,包含了主要原因和次要原因。所谓缘起就是佛教认为,世界万物、宇宙万物的形成,它不是无因的,也不是从总的原因当中派生的,也不是一因论,就是比方说上帝创造世界,不是的,宇宙万物都是由一定的原因、条件,由内在的根据、外部的条件聚合而成的,它是一种因果关系。

这个缘起论,起码包含了两层理念,第一个是关系,一切事物都是关系,我们今天的交流,就是由我和诸位一起,还有凤凰卫视一起,由这种因缘而构成,使我们有这么一个交流的机会,它是一种关系。

第二,既然是一种关系,既然是由各种因素组成的一种关系,那么它的每一个因素都是动态的,都是要不断变化的,每一个因素起变化,另外一个因素也就起变化,所以它又是个变化的过程,所以缘起论又是个过程论,一切事物都是过程。人也一样,人有生,然后慢慢老,像我这样,就变老了,你们诸位很年轻,生、老、病、死,它是个过程。佛教认为,缘起,它是关系,又是个过程,进一步就推论出这么一个判断,叫缘起性空。这就涉及现象跟本质的关系。所谓缘起性空,就是一切缘起的事物,它的本性是空的,用我们现在的话来说,就是本质是空的,色不异空,空不异色,色即是空,空即是色,这是佛教所表述的缘起性空的一个基本论断。

色不异空,异就是相离的东西,离异。色就是物质。色不异空,就是色不离开空,空也不离开色。色即是空,即是不是等于,不是就是,即是相即的意思,不相离的意思,色即是空,就是色和空不相离。一切都是缘起,互相联系的,那我们在观察事物的时候,要认识到彼此的这种缘起的关系。

我从报纸上看到,当前各个国家之间的经济关系越来越密切,所以有的美国学者也说现在美国的经济如果没有中国人的支持,可能美元就暴跌了。

那我们认为,如果世界各国的领导能够认识到宇宙万物都是缘起的,国与国之间互相都是依赖的,相互依存的,如果树立了这种观念,是不是有助于开展国与国之间的平等协商,共同处理一些世界性的问题。

第二是因果。缘起就是指的因果关系,所以缘起就逻辑地包含了因果这种概念。佛教认为一切事物都是有因就有果,果必然有因的,它不可能无因的,果也不是由一个因产生的,它是由多种相互有关的原因而形成的。佛教认为这是一种宇宙的法则。那么佛教作为一种宗教,就把这种宇宙的法则应用到宗教伦理上来,强调善有善报、恶有恶报,并作为佛教信徒的行为的规范。我们做事情首先要考虑它的结果,所以佛教反对三毒,认为对人危害最大的叫三毒,三毒就是贪、瞋、痴。贪,贪爱,贪欲,欲望很大;瞋就是瞋恨别人,仇恨别人;痴就是无明,痴就是无知,不了解宇宙万物,它是缘起性空的。佛教认为这三毒是要排除的,这样就能够保证人的心态都是很善良的。所以为了使人有一颗善良心,佛教强调要遵守五戒。佛教的戒律很多,最基本的戒律有五条。第一个就是不杀生,我们没有权利去杀害其他生命。第二,不偷盗,别人的东西,别人的生产资料、生活资料,没有经过允许,即使是一针一线,我们也不能去偷,也不能去抢。第三是不邪淫,佛教规定,出家的僧人,他是不能有男女生活的,在家的信徒可以有家庭的夫妇的生活,但是他不能破坏别人的家庭。第四是不妄语,法师经常说,我是不打妄语的,就是不能说假话的,要求讲真话,什么假话、空话、大话、废话都不能说。最后一条是不饮酒。

我们看这五条戒律,前面四条可以说是维护人类社会生存和发展的基本的道德底线。最后一条是不饮酒。我记得有一次跟一个高僧静慧法师交谈,我说这一条可能社会上不太容易认同,因为人遇到很高兴的事的时候,他喜欢喝点酒,增加气氛,他说你讲得也有道理啊,也可以修改。我说怎么改呢,你们猜猜改什么?不吸毒。改得很好。吸毒显然是不好的,所以佛门那些高僧也是与时俱进的,这当然是我们个人的交流了,不是说就要修改这个戒律。

所以佛教这个因果报应的理论是催人向上的,而且考虑到它的后果。如果我没有记错的话,好像日本的一位诺贝尔文学奖获得者,叫川端康成,他在接受诺贝尔奖金的时候,致答谢词讲了这样的话,说佛教的因果报应思想是人类最美好的思想,我想他的这个话值得我们深思。

循因问果,缘起万物。

什么是现代意义上的众生平等?

中国佛教的菩萨形象经历了哪些演变?

第三是平等。佛教讲的平等是从缘起因果这样的逻辑推论出来的。佛教认为,善因就得善果,恶因就得苦果,是平等的,所以它有一个很深刻的平等理念。佛教讲的平等,起码有四层意思:第一,它认为众生跟佛是平等的。我们都知道,有的宗教,不能说一般的信徒和创造那个宗教的教主是平等的。佛教认为,众生和佛都是平等的,无非是佛是觉悟了的,众生还没有觉悟。第二,人与人之间都是平等的。第三,人与其他动物,它都叫众生,也是平等的,你没有理由去歧视、蔑视其他动物。第四,人与没有感情意识的山河大地、花草树木也是平等的。佛教把山河大地、花草树木叫作无情,它们是没有感情、没有意识的东西,而人类众生叫作有情,有情和无情彼此都是平等的。这种平等的观念非常重要,因为平等就意味着互相尊重,平等意味着互相理解,平等意味着互相没有仇恨,平等还意味着排除人类中心主义。所以人如果有平等心,那很可能就为我们人类的真正的和平奠定坚实的基础。这是第三个根源。

第四个是慈悲。平等和慈悲相联系,你有平等心以后,就会形成一种慈悲心态。什么叫作慈悲,佛教讲的慈是给人以快乐,悲是帮助别人解除痛苦。佛教提倡慈悲,慈悲是有等次的,有小慈小悲,佛教讲的是要大慈大悲。什么叫作大慈大悲?大慈大悲就是平等理念的进一步体现,认为人与人之间、人与其他动物之间都是一体的,是平等的,同体的,像万物一体一样,它是同体的,所以叫作同体大悲,也叫无缘大悲。无缘大悲就是彼此之间是无条件差别的,无差别的境界形成以后的一种慈悲。在这里,我们还可以联想到中国人对慈悲是非常向往的,我们可以从中国佛教神灵崇拜的结构的变化、重整中看到这一点。

我们都知道佛教的层灵结构。首先是罗汉,罗汉上面是菩萨,菩萨上面才是佛。佛是更高。做一个不恰当的比喻,高等院校里,罗汉还是个讲师,菩萨是副教授,副教授要升正教授,也不是很容易,所以成佛不容易,佛最高。但是我们可以看到,在中国情况不一样。随着佛教的流传,它慢慢地形成了中国人的信仰,是四大名山,四个菩萨。我们可以看到,这四个菩萨当中,中国人最喜欢的还是观音菩萨,而且也把她的形象调整了,由男的变成女的,因为女的更显示出她的慈悲的品格,而且,中国人赋予她不断地新的功能,要她完成的任务越来越多,那这都是和中国的整个社会的需求、人民的愿望直接相关。一直到现在,中国人希望有一个菩萨是能够来救助自己的,所以给观音菩萨一个职能,就叫作大慈大悲观世音菩萨,她是救苦救难的观世音菩萨,她是能够解决现实苦难的菩萨。

另外,中国古代是农业社会,农业社会需要有劳动力,所以中国人又想到了观音菩萨,希望她能够送子,所以观音菩萨后来变成送子娘娘了,所以有娘娘庙。佛教、道教两教共同供奉,所以观音菩萨既跨佛教,又跨了道教。随着社会经济的发展,在现在的商业社会、市场经济中,货币的作用越来越大,观音菩萨还担负了一个任务,借钱给人做生意,做买卖,这是我在香港中文大学上课的时候,香港的一个和尚告诉我的,叫作观音开库。什么意思?可能内地还不清楚,香港很流行,就是每年正月二十六晚上11点开始,到第二天凌晨1点,要排队到观音庙那里去,一直到第二天晚上11点为止,向观音菩萨借钱。然后你过一年还给观音菩萨,据说都很吉利,这个钱都是象征性的,要还的,还的不是真正的港币了,是佛教用的那种纸币,把这些还给观音菩萨,而且还要答谢,要拿了鸡呀酒呀去供。这些都体现了观音菩萨的一种慈悲。这是第四。

第五是中道。中道是从缘起和平等这个思想当中发展出来的,是关于认识论、方法论的问题,也是涉及境界论的问题。所谓中道,就是要我们看事情不要看到有的一面,也要看到无的一面,不要看到快乐的一面,也要看到痛苦的一面,总而言之,要看到两个方面,这叫中道,要有一种全面的观点。在这里我们可以看到一个很重要的佛教中国化的关键性理念。我们都知道,印度佛教是重视未来的,只着重对来世的安排,这是一种宗教理念,它要求是出世的。它传到中国以后,面对中国是讲什么的?讲忠孝仁义的,讲现实的。佛教到了中国以后,遇到了抗拒,这就有一个重要的问题,就是如何使佛教中国化的问题。中国的僧人就是运用了这种中道的理念把这两者结合起来了,把出世跟入世结合起来,把解脱的理想跟现实的生活结合起来。在禅宗里面,在《坛经》里,都可以看到它是如何来使这两者结合起来的记载。还有,在当前海峡两岸汉传佛教推行的人间佛教也是这样。所以中道很重要,它要求不要走向极端,不要搞单边主义,不要搞霸权主义,要双边协商,要看到两个方面,有时要把两方面结合起来处理问题。

古老的宗教如何应对人心不古的挑战?

宗教与科学,迷信与智信,信仰与研究,

佛教的终极关怀指向何方?

最后一个就是圆融。圆融就是在中道的基础上进一步地发展,圆融就是圆满融通融汇。有这么一个故事,有个老和尚有一天离开寺庙,到另一个寺庙去看他的老朋友。这个老和尚平时很爱养花,也很珍惜自己的花,他走以前,就把花放到门口,让它晒太阳、淋雨。一天早上,花盆被一个小和尚不小心踢倒。过了几天,这个老和尚回来以后,一个小和尚就对他说,某某很不对,把你的花盆踢倒了,师傅应当批评他。老和尚说,你说的话很对。旁边另外一个小和尚又说,师傅,他不是有意的,早上天也很黑,他没有看清楚,不是有意地踢倒它,应当原谅他。这个长老说,你说的也很对。第三个小和尚出来说,师傅,你这样说是搞折中主义呀,他们两个的观点不一样,你怎么都说对呢?这个长老说,你说的也很对。看到这个故事,起初,我很赞成第三个小和尚的观点,认为他是搞了折中。后来不断地想这个事情,我想老和尚讲得很对,确实有道理。因为他能够揭示三个小和尚不同的合理的方面,而且通过这个,肯定了三个不同的合理方面,都否定了这三个不合理的因素,给每一个人以教育,而且使这个问题很圆满地解决,所以我认为,佛教的这种圆融的思维是很有意义的。

我今天给诸位介绍的主要是佛教的缘起论,以及由缘起论派生出来的六个核心性的佛教范畴,我想它可能会对缓解当前人类社会的一些最基本的矛盾、构建和谐社会发挥有益的作用。我们可以做这样一个总结：就是说佛教的缘起论为构建和谐社会提供了一种理论基石；佛教的因果论为人们的行为规范提供了一种思想基础；佛教的平等观为正确处理人与人之间的关系提供了一种理论根据；佛教的慈悲心、慈悲观念为人与人之间的和谐相处提供了心理基础；至于佛教讲的中道、圆融，那就可以说，为缓解人类的矛盾、构建和谐社会提供一种方法论的基础，提供一种思维方式。所以我们认为，佛教的文化是有很显著的、很明显的当代意义的。

我们刚才所讲的这一些理念、概念是作为缓解、解决人类社会矛盾的文化资源之一，但不是唯一的，也不是排斥别的文化资源的，但它是重要的，是值得我们阐释和弘扬的。

曾子墨：好，非常感谢方先生刚才带给我们的演讲。无论是在过去还是在现在，对于佛学的研究，有很多人都在讨论，它到底是一个理论问题，还是一个实践问题，好像一直没有一个统一的答案，我也想听一下方先生您的看法是什么？

方立天：佛教理论与实践两方面的问题是大家非常关注的问题。我们可以考虑到这样几点，第一，在宗教里面，佛教的思想、佛教的哲学是最丰富的，任何一个宗教都比不上它。人们也经常讨论，佛教是宗教还是哲学。我的老师汤用彤认为，佛教是宗教，也是哲学，这说明它的哲学内涵非常丰富，这是一。第二，佛教作为宗教来说，它更重要的是实践，而不是理论，理论是指导实践的基础，但是它作为一种信仰，作为宗教来说，它更关注实践，所以佛教有一系列的"修持"，佛教对社会有一系列的关切，当前人间佛教在文化、教育、慈善事业这三个方面都做了大量的工作。

曾子墨：谢谢。接下来这个问题来自于我们的网友，名字叫作心向莲花，他说有一个很流行的说法，叫作"初知科学，远离宗教；深知科学，皈依宗教"。这样的说法有道理吗？

方立天：就我个人的理解，我是没有把宗教和科学完全对立起来，在学术上，我是推崇科学，在我的安身立命方面，就是在我的精神生活方面，我会吸取很多宗教的智慧，然后使两者打通，用宗教来推动我的学术研究，用我的学术研究来加深对宗教的理解和实践。

观众：方老师好。您说佛教对当代社会最重要的是它的哲学思想。那您认为，佛教哲学、佛教思想和中国传统文化的儒道两方面相比，佛教最大的特点、最大的不同是什么?

方立天:我们可以注意到这样一个历史事实,基督教很早就传到中国来了,唐朝时就传过来了,那时候叫景教,是基督教的一个派别,在当时也很流行,以后就被消灭了。基督教后来一直流传到中国,我们可以看到它没有融入到传统文化里面,中国人没有说中国传统文化是儒释道基,而佛教大家都认同,它是传统文化的三个组成部分之一。这里有个很重要的理论上的问题,就是佛教对于人生的烦恼、痛苦和生死问题给予了特别的关注,儒家跟道家对这方面论述得很少,这就是佛教能够和儒道两家构成互补关系,然后融入到中国传统文化里面的一个很重要的原因。所以我认为,在精神解脱方面,很可能佛教有它的理论优势。

观众:方老师好!请问一个问题:您刚才非常强调佛教的平等观念,那么请问,佛教如此强调平等观念,为什么平等观念却开不出现代意义上的民主制度之花,比如在印度?

方立天:可以这样说,平等一般的意义就是要有地位的平等、待遇的平等。佛教作为一种宗教,它的平等有它的特殊意义,也有它的普遍意义。它的特殊意义是在强调彼此众生或者佛的人格和神格的平等,强调的都是同样可以成佛的平等。但是我们可以经过创造、经过转化,把它上升为一般性的意义。按照这种理论,应该说它和现代的民主是可以打通的,但是打通一个现代的民主需要政治家的智慧。那么宗教理念怎么能够影响到政治家的思维、智慧、行动,这不是一个简单的过程。我们也可以这么说,就因为现实社会当中还没有完全民主,所以更需要强调这种平等的理念。

曾子墨:进入了 21 世纪,我们观察周边的世界,会发现科学在高度地发展,科技在爆炸,人口在膨胀,而我们生活的这个星球——地球,它的自然面貌也变得不再像过去那么温和,因为越来越多的人类活动,它变得时而狰狞、时而可怕。在这样一个大的时代背景之下,我们也不妨重新去思考一下佛教文化的基本理念,我们会发现,它不仅会关注人与自我之间的矛盾,帮助我们来提高精神境界,同时,它还可以协调人和社会之间的关系,缓解人和社会之间的矛盾,帮助大家构建一个和谐社会,当然它也会调试人与自然之间的矛盾,帮助我们建立生态平衡,使经济可以持续地、长久地、稳定地发展。

原文摘自凤凰卫视著:《世纪大讲堂》,辽宁人民出版社,2007 年 1 月版。

鉴赏编写:鲍钰华

84. 四大名著的中华文脉
——解放报业集团文化讲坛交流现场实录(节选)
(2007年12月28日)

【格言名句】

曹雪芹和施耐庵,罗贯中和吴承恩,别无选择地产生于他们所处的时代,又无可避免地局限于那个时代。但这并不妨碍后人对他们所怀有的无限感恩和永久敬意!

——尹明华

【文章导读】

关于四大名著,很多人知道,很多人读过,很多人喜欢。但是,"今天这个时代,我们怎样读四大名著"却依然是一个时刻需要寻求答案的命题。为此,解放日报报业集团于2007年12月24日,举办了第十三届文化论坛——"四大名著的中华文脉"。马瑞芳、周思源、沈伯俊、钱文忠等四位著名学者,与主持人尹欣及观众,就"四大名著的现代阅读"问题进行了精彩的交流与对话。原文分为主题演讲与对话两个部分,这里重点择录的是其中的对话部分。

四位学者分别进行了主题演讲与对话。

第一位是中国红楼梦学会常务理事、山东大学中文系教授马瑞芳,她的交流主题——《红楼梦》:"好玩"的巅峰之作。《红楼梦》的作者曹雪芹,以十年心血从事《石头记》(即《红楼梦》)的创作。小说一百二十回,后四十回一般认为是高鹗的续作。全书通过贾宝玉和林黛玉的爱情悲剧和荣、宁二府等贵族之家的衰亡史,对封建社会的官僚制度、土地制度、宗法制度、婚姻制度、科举制度以及封建伦理道德作了一个全面总结性的批判,被誉为认识中国封建社会的一部"百科全书"。

马瑞芳教授在交流中,重点讲了以下几个方面:《红楼梦》充满了情趣、谐趣、雅趣、是登峰造极的好玩;宝玉和黛玉就像是一对飞翔在蓝天的金凤凰,他们是因为共同的理想、共同的人格追求建立起来的知己之恋;王熙凤身上的文化含量最高,她是贾府里真正的思想家、实干家;离开中国,想家了怎么办?背上《红楼梦》走天涯。一本《红楼梦》在手,拥有五千年文明的伟大祖国就装到心里了。

第二位是著名水浒研究专家、北京语言大学教授周思源,他的交流主题——《水浒传》:似近又远的文化记忆。《水浒传》的作者施耐庵,元末明初小说家。小说取材于北宋宣和年间宋江领导的农民起义,形象地揭示了封建社会中"官逼民反"的社会现实,揭露了朝政的腐败和官吏豪绅的罪恶,热情歌颂了起义英雄的反抗斗争,表现了农民阶级要求摆脱剥削与压迫的强烈愿望。故事情节曲折,语言生动有力,人物性格鲜明。

周思源教授在交流中,重点讲了以下几个方面:《水浒传》里充满了中华民族传统文化中少有的阳刚精神;水泊梁山农民乌托邦,是中国人在追求理想社会过程中的一个重要阶段;古代农民运动可以分为四个层次:造反、农民运动、农民起义和农民革命。而且对《水浒传》还应该有批判的接受,取其精华,去其糟粕。

第三位是中国三国演义学会常务副会长、四川大学文学与新闻学院教授沈伯俊,他的交流主题——《三国演义》:"说大事"的影响力。《三国演义》的作者罗贯中,元末明初小说家,有很深的儒家正统思想。小说描写了从东汉灵帝中平元年(公元184年)到西晋武帝太康元年(280年)的九十七年的历史故事。反映了汉末、三国时期复杂的军事斗争和政治斗争,以及人民的痛苦生活。全书结构宏大,事件复杂,头绪纷繁,情节曲折,布局严谨,在描写战争方面具有独特成就,在一定程度上达到历史真实与艺术真实的统一,是我国历史小说的开山之作。

沈伯俊教授在交流中,重点讲了以下几方面:《三国演义》是一部说大事的书,三国人物关心更多的天下大事,体现的是"国事情怀";《三国演义》反映了中华民族追求国家统一、向往安定太平的共同心理;抚今追昔,好儿女不能只顾个人物质享受,还应"上报国家、下安黎庶"。

第四位是著名玄奘西游研究专家、复旦大学历史系教授钱文忠,他的交流主题——《西游记》:虚幻人物与传统国民性。《西游记》作者吴承恩(1500—1582),他在前人作品和民间传说基础上进行再创作而成。全书一百回,以唐僧取经的故事为线索,将其对现实的不满及理想灌注于神奇故事之中,歌颂了神猴孙悟空蔑视封建统治和封建秩序,不畏强暴,勇于斗争的精神,曲折地反映出封建社会人民的反抗意识。作者以丰富的想象力、浪漫主义的手法,将社会和自然化为一个神奇的世界,创造出神奇的环境和人物性格,但又充满了生活的气息。小说规模宏伟,情节曲折,笔调幽默诙谐,妙趣横生。

钱文忠教授在交流中,重点讲了以下几方面:《西游记》是浪漫主义作品,是汉民族传统文化的一朵奇葩;《西游记》不是一部佛教小说,它反映的是传统国民性的一种特质:信仰的庞杂和不坚定;对虚幻人物的描写,反映出汉族对人生、对事业、对追求的一种复杂心态;历史上真实的玄奘是个古怪的人,因为不理解他的"怪",人们把他虚幻,甚至娱乐化。

主题演讲之后,四位嘉宾与听众提出的问题进行了对话,对观众有关四大名著的提问分别逐一给予回答:马瑞芳教授讲了讲授四大名著时"如何减轻学生的压力,享受学习的快乐";钱文忠教授认为四大名著的"作者是谁并不重要,重要的是我们有这四部小说,而且它们确实是我们宝贵的精神财富";周思源教授强调"为什么叫四大名著,为什么要加个'大'字?这个'大',不是巨大,不是宏大,而是伟大";沈伯俊教授指出"改编名著要吃透名著的精神,把握名著的主要内涵,否则的话即使找人写剧本,写得很认真,也基本上可以肯定是个废品"。

关于对四大名著及其作者的评价,正如解放日报报业集团社长尹明华所说:"曹雪芹和施耐庵,罗贯中和吴承恩,别无选择地产生于他们所处的时代,又无可避免地局限于那个时代。但这并不妨碍后人对他们所怀有的无限感恩和永久敬意!"

【对话原文】

主持人尹欣(解放日报周末部记者):彰显文化追求,激扬文化力量。各位来宾下午好!欢迎参加解放日报报业集团第十三届文化讲坛。

十七大报告提出要推动文化大发展大繁荣,指出中华文化是中华民族生生不息、团结奋进的不懈动力。四大名著是中华文化的瑰宝,所以今天我们特邀了四位研究四大名著的专家学者,他们将共论"四大名著的中华文脉"。

首先欢迎四位嘉宾到台上就座,他们是:中国红楼梦学会常务理事、山东大学教授马瑞芳;著名水浒研究专家、北京语言大学教授周思源;中国三国演义学会常务副会长、四川大学教授沈伯俊；著名玄奘西游研究专家、复旦大学教授钱文忠。

（嘉宾到台上就座后）

台上的四位演讲嘉宾，其中有三位担任过中央电视台《百家讲坛》的主讲人。而今天台下的观众中也有一位来自中央电视台的，他就是有着"中国第一男主持"之称、我们第二届文化讲坛的演讲嘉宾崔永元先生。（全场鼓掌）

本来，崔先生过两天才会到上海参加一个活动，但是得知今天的文化讲坛要讲四大名著，他非常感兴趣，特意改签机票，提前来到了上海。我们先请崔先生到台上来跟大家见个面吧。（全场鼓掌欢迎崔永元上台）

主持人：您看起来气色不错，大家都挺关心您，不抑郁了吧？（全场笑）

崔永元：好了，好了。（全场笑）刚才一进来，我就听见底下有朋友说，他怎么又来了？（全场大笑）看来上次我没讲好。（全场笑）但是那时是文化讲坛初创时期，请大师不容易。当时我给文化讲坛总结了一下，你们不就是"三个学者加一个'农民'"吗，那时候就得有"农民"来，现在不能因为专家比较好请了，就忘了"农民"的功劳了。（全场大笑）

今天晚上是平安夜，明天就是圣诞节，很多人都在忙着过节。但是在这个会场里有这么多人在忙着解读四大名著，真是一件让人高兴的事。我们现在不是要建设和谐社会吗？我认为，和谐很重要的一点就是宽容，读书的人读得心情快乐，过节的人也过得心情舒畅，这就走向和谐了。

我们要宽容现在忙着过节的人，忙着炒股票的人，（全场笑）以及其他忙着干别的事的人，当然我们忙着读书也是值得尊重的。宽容还有另一点，就是四位老师上来了，一句话没说，一个学生站在这儿说起来没完。（全场大笑）现场观众也宽容了，老师也宽容了，这标志着我们这个社会进步了。（全场笑）但是再宽容，也不能宽容到一个学生说起来没完，（全场大笑）所以我现在要做的事就是赶紧下去。（全场大笑，热烈鼓掌）

主持人：谢谢崔永元先生，给您留个作业，一会儿听完四位嘉宾演讲，先请您提一个问题。

（四位嘉宾演讲结束）

让学生们从《红楼梦》人物里选择人生伴侣，没想到都没人选林黛玉、贾宝玉。

主持人：再次感谢四位专家的演讲，接下来是检查作业的时候了，崔先生您的作业准备好了吗?

崔永元:我还沉浸在刚才美好的状态里。我觉得今天大家好像都听得特别快乐。其实关于四大名著的解读,在上高中的时候就听老师讲,上大学的时候也听老师讲,我刚才一直在想,为什么没有今天这样快乐?是因为那时候有考试的压力,一边听一边想哪个会考到。(全场笑)四位专家都在大学里工作,我看到现在的大学生一进校门危机感就很重,想着考试怎么过关,想着就业,在这个过程中,你们有什么办法让学生卸掉这个负担,享受读书和学习名著的快乐呢?(全场鼓掌)

主持人:四位嘉宾推选一位来回答这个问题吧,就请马教授代表吧。

马瑞芳:我也是从大学读过来的,我当年考试时的绝招就是猜题。一到期末老师讲课结束后,我就猜会考哪几道题。一次我把猜到的题目写在黑板上,第二天老师来一写,下面哗然,说马瑞芳昨晚已经写过了。(全场笑)现在我教的学生比我当年聪明多了,你让他交作业,他就从网上下载一篇论文给我交上来了。(全场笑)有一天我看了一篇《聊斋志异》的研究作业,一看觉得怎么这么眼熟,原来是抄我几年前写的书。(全场大笑)我给了他60分。后来这个学生大发牢骚,这马老师写的书怎么才得60分?(全场笑)

我们有的老师想了一些办法,想让学生减轻一点压力,让他们学得活泼一点。我在我的长篇小说《天眼》里面就写了,到期末要考《红楼梦》的时候,老师在黑板上出了两道选择题,崔永元等男生坐这一边,美女主持等女同学坐在那边。题目就是,你们从《红楼梦》五个人物里头选你们认定的人生伴侣。女同学可以选谁呢?贾宝玉、薛蟠、贾环、柳湘莲、北静王。男同学可以选谁呢?林黛玉、薛宝钗、王熙凤、袭人、晴雯。老师坚决不写史湘云,如果写了史湘云,那大家都会选她。(全场笑)

后来选出来的结果大出老师们意料。男孩子没有人选林黛玉。我讲林黛玉怎么好怎么好,叫我儿子选她,他也不选,(全场笑)都选薛宝钗。因为宝钗会为人处世,温柔敦厚,会做人啊。女孩子选的就更奇怪了。有人选薛蟠,(观众低声笑)有人选柳湘莲。说薛蟠用钱散漫,我可以当家;柳湘莲侠骨柔肠,多么浪漫。贾宝玉,没人选。为什么不选贾宝玉?女孩子说,这个人不能选,不读书,不要说是博士、博士后了,连学士学位他也拿不到啊,没学位怎么就业?(全场大笑)而且他见了姐姐就忘了妹妹。(全场大笑)女孩子选得最多的是北静王。你看北静王,出门开的是凯迪拉克,(全场大笑)住的房子像比尔·盖茨的超豪华别墅,而且仪表堂堂、谈吐文雅,我到那儿做一个王妃,还需要去打拼吗?(全场笑)现在的学生很实际。

我们教古代文学,有时候就用这样比较轻松娱乐的方式,减轻学生的压力,不知道别的老师还有什么好办法。谢谢!(全场鼓掌)

作者是谁并不重要,重要的是我们有这四部小说,而且它们确实是我们宝贵的精神财富

解放日报经济部记者孟群舒:我想请教钱文忠教授两个问题。前不久,复旦大学章培恒先生写了一部书叫《中国文学史新著》,他认为《西游记》的作者不是吴承恩,您对此怎么看?您刚才讲了小说里面的唐僧和真实的玄奘其实有很大的区别,您觉得小说里的这个人物,体现出了什么样的国民性?

钱文忠:第一个问题,您刚才提到的复旦大学章培恒先生,是我们非常敬重的、研究中国文学成就卓著的老一辈学者。实际上我想四大名著的作者是谁,各种不同意见的争论一直没有停止过。就像马老师讲的《红楼梦》,到底是不是曹雪芹写的,也一直有人在争论。我想这都不太重要,重要的是我们有这四部小说,而且这四部小说确实是我们宝贵的精神财富,这就够了。我刚才也没有提到《西游记》的作者是谁,我想,就以章培恒先生书里写的为准,这样比较稳妥。(全场笑,鼓掌)

第二个问题,小说里的唐僧代表着我们什么样的国民性。说到底,是对不惜一切、不计利害、不问效用、追求真理的人的一种不解、淡漠,甚至是一种嘲讽。谢谢!(全场鼓掌)

为什么叫四大名著,为什么要加个"大"字?这个"大",不是巨大,不是宏大,而是伟大

新闻晨报记者王志明:请问周思源教授,最近四大名著将被重拍的新闻炒得沸沸扬扬,您作为研究四大名著的专家,同时又是中国电影家协会会员,您怎么看待重拍四大名著?

周思源:世界各国许多名著都曾经被多次重拍,比如说《哈姆雷特》《悲惨世界》《安娜·卡列尼娜》等,有的被重拍过十余次。而我们系统完整地以影视形式来表现四大名著,还是改革开放以后的事情。因此这种重拍是完全有必要的。尤其是最近一二十年来,对四大名著的研究有了很大进展,各方面的技术条件也更好了,所以重拍是很正常的,并且是一件好事。

我想说的第二点是，我希望重拍的投资方、制作方一定要对四大名著怀有敬畏之心。我们可以想想，中国古代小说当中能够被称得上名著的何止四部？不要说别的，《儒林外史》《三言二拍》，哪个不是名著？《二十年目睹之怪现状》，也可以算名著。为什么叫四大名著，为什么要加个"大"字？这个"大"，不是巨大，不是宏大，而是伟大。因为四大名著代表着中国传统文化在小说方面的最高成就，它是中华民族、中国人民的精神家园。如果有了这样一种对伟大艺术作品、对我们民族文化结晶的敬畏之情，就奠定了重拍成功最重要的精神基础。如果没有这一点，它就会沦为一种商业炒作，去追求利润，它的庸俗化、低俗化就将不可避免。

第三点我想强调一下，四大名著的重拍最重要的不是选演员，也不是选导演，而是首先要有一个好的本子。我曾经很"不幸"成了一个红学家，被邀请参加策划重拍《红楼梦》的会议，(全场笑)并且后来参加了审阅电视剧《红楼梦》初稿的工作，是 6 集初稿，34 集详细提纲。我非常惊讶地发现，改编者居然不知道宝钗和宝玉究竟谁年龄大。在那个 6 集初稿当中，宝钗叫宝玉"宝哥哥"，宝玉叫宝钗"宝妹妹"。(全场笑)一开始我以为是电脑打错了，后来我又重新把这 6 集看了一遍，我发现每个地方都是这么写的。由此可见，改编者居然连宝玉、宝钗的年龄都没弄明白。因为这位编剧从他年轻时候一直到现在好几十岁了，总共只读过两遍《红楼梦》。实际上，我们有很多朋友没有读过《红楼梦》的原著，但光是看电视剧也都知道宝玉叫宝钗"宝姐姐"。而前 6 集当中严重的硬伤就多达十六处，因此这个剧本受到了参加评审剧本的几位红学家的严肃批评，希望能够进行很慎重的修改，很遗憾一些重要意见没有被采纳。

在这儿我想特别强调一下，四大名著的改编，研究古代小说的专家们是不是满意这不重要，重要的是要让数以亿计的广大观众满意。而四大名著正是人民群众最熟悉、最了解、最喜欢也具有最高期待值的艺术巨著。剧本是一剧之本，所以我希望投资方、制作方千万不要急于投拍，要先把剧本搞好。谢谢！(全场鼓掌)

改编名著要吃透名著的精神，把握名著的主要内涵，否则的话即使找人写剧本，写得很认真，也基本上可以肯定会是个废品

新闻晚报记者谢正宜：我想请问沈伯俊老师，刚才周思源老师也说到中国的名著何止"四大"，那么在您心目中，第五部名著是哪一部？理由是什么？

沈伯俊：我讲小说史时，要求大家掌握这么几个概念。首先是明代的"四大奇书"，《水浒传》《三国演义》《西游记》，加上今天没有讲的《金瓶梅》。最近这几十年流行的四大名著的说法，可能是觉得《金瓶梅》不太适合普及，于是去掉它加上《红楼梦》。但是我从来不用"五大名著"的说法，我经常说是"六大长篇"，就是"四大奇书"加《红楼梦》，再加《儒林外史》，就称为"六大长篇"。再加上《聊斋志异》，就是"七大名著"。如果这"七大名著"都读过，并且都比较熟悉，那么可以说你对中国小说史就有了比较多的了解。当然还可以加上周老师刚才说的《三言二拍》。所以"四大奇书""四大名著""六大长篇""七大名著"，这都是我们古代小说研究的常用术语，也是一个希望了解中国古代小说的人应该具备的基本常识。

我还想补充一下刚才周老师说的关于名著改编的问题。从上世纪八十年代中后期开始，我也介入了一些原著的改编工作。2007年8月，我在北京参加一个会，离开的当天，《三国演义》电视剧新的制作方约我去跟导演谈了几个小时，要请我当顾问。刚才周老师说的几点我总体上都赞成，一个是敬畏之心，第二个不是首先挑演员，而是首先要有好剧本。第三点我想要端正一下重拍的目的，你究竟是怀着弘扬民族优秀文化、给广大观众奉献一顿精神佳肴这个目的呢，还是仅仅想多赚点银子，意在炒作？如果真的是本着弘扬民族优秀传统文化这么一个目的，你可以争取比20世纪八九十年代完成的那几部改编作品拍得更好，但是还不一定能超越它们。因此我想加一条，要吃透名著的精神，把握名著的主要内涵，否则的话即使找人写剧本，写得很认真，也基本上可以肯定会是个废品。

我还想补充一下刚才钱教授关于《西游记》作者的问题。我出过关于《西游记》的一本新的教辅读本。我赞成章培恒先生的观点，他这个观点在古代小说研究领域是重要的，但现在对这个观点还存在着争议。我个人的做法比较谨慎，我在书的前言中说，我不认为吴承恩就是《西游记》的作者，但是我在封面上说姑且沿用传统的说法，把吴承恩的名字用上去，不像有的学者那么勇敢，干脆在封面上标一个作者"无名氏"，（全场笑）我想这也是一个研究的态度。（全场鼓掌）

马瑞芳：关于名著改编我想补充一点。刚才周老师讲的《红楼梦》的编剧，跟我在中国作家协会全委会开会的时候，我们一个组。我当面问过他，你《红楼梦》看过几遍，他说看过两遍。很多作家都在场，我说你好大的胆子,你看过两遍《红楼梦》就敢去动手改编。我觉得不仅改编要看透名著,就是选演员,也得像王扶林导演当年那样,要好好地培训一下。搞"红楼梦选秀",我是山东赛区的总顾问,我们那里倒没出很大的洋相。我那天到北京,见到蔡义江先生,他是中国红楼梦学会的副会长,他刚刚参加完"红楼梦选秀"。他讲,我告诉你们一个好玩的事情,今天来了一个长得很好的男孩参演宝玉。我就提了一个问题,你演贾宝玉,你得谈谈你对黛玉有什么看法。这个男孩刚刚大学毕业正在求职,听了这个问题后他竟然理解成"对待遇有什么看法",回答说,哦,年薪有四五万就可以了。(全场哗然,大笑)这样的人怎么能演贾宝玉?所以我看演员得好好地培训。(全场鼓掌)

钱文忠:我这里也补充一下。三位老师刚才讲的对名著重拍的意见,我都不敢苟同。为什么不敢苟同呢?我想这个只能是咱们所坚持的立场,但是恐怕我们的意见改变不了什么。我想现在还有看原著看了两遍再写剧本的,那就很好了,(全场大笑)再过两年,就是看了动画片以后就写剧本了。(全场大笑)也有记者问过我重拍《西游记》怎么样,我说只有一条底线,不管你怎么折腾,反正妖魔鬼怪你造几个新的也成,就是千万别给唐僧找个妖精女朋友就成了。(全场大笑,鼓掌)

原文摘自尹明华编:《激荡:文化讲坛实录4》,上海三联,2009年2月版。　鉴赏编写:刘德强　施霁青

85. 我注定为歌唱而生
——世界女高音歌唱家基莉·迪·卡娜娃访谈
（2008年1月）

【格言名句】

我是一个有雄心壮志的人,如果没有这样的性格,是不可能成功的。

——基莉·迪·卡娜娃

【文章导读】

一个人来到世间,谁也没办法掌控自己的出身贵贱,但却可以靠自己的

双手和智慧,努力改变自己的命运。

蜚声国际的新西兰女高音歌唱家基莉·迪·卡娜娃,就是一个很好的例子。出生并不高贵,甚至可以说是出身卑微的她,凭借自己出色的才华和过人的胆识,赢得了世界的承认,赢得了所有人的认可。她说,她的成功和那些曾经无私奉献默默帮助过她的好心人是分不开的。可我却认为,卡娜娃主要还是得依靠自己的努力和坚持不懈的精神,才走到了如今人人敬仰的地位。

基莉·迪·卡娜娃自己也曾说过:"我是一个有雄心壮志的人,如果没有这样的性格,是不可能成功的。"

1944年3月6日出生在新西兰吉斯本的基莉·迪·卡娜娃,是当地土著毛利族人,由于家境贫寒,出生后不久便被送人收养。卡娜娃的养母出生于音乐世家,弹得一手好钢琴,是英国具有深厚家学的知识分子,对卡娜娃的管教非常严苛。

卡娜娃的嗓音亮丽甜美,虽然音量不是很大,但却充满了强烈的音乐感召力。她的演唱涉猎广泛,对于宗教歌曲、艺术歌曲、电影音乐、音乐剧、轻歌剧、民歌,甚至还有爵士乐、流行歌曲都颇有心得。

卡娜娃在1985年参加了两个比赛,并且都获得了第一名,当记者问她是不是这件事让她获得了自信,她坚定地说,这只是我的整个音乐生涯的开始。卡娜娃取得辉煌和成功的原因不止是因为遇到了机会、贵人,也和她自己的性格有关。有人说她是一个争强好胜、获胜心很强的人。她承认自己是一个有雄心壮志的人。如果没有这样的性格,是不可能成功的。

当采访者陈立问她,对于自己曾经是一个新西兰边缘城市的普通小女孩,成长为如今的著名歌唱家,是否感到十分吃惊。卡娜娃认为,自己一生都在努力,十分拼命的努力,不曾停下自己的脚步。她力求完美,为爱她的人做到最好,直到她什么都做不了的那一天到来为止。这是一种奋发的精神,也是如今的社会,甚至是如今的人类所需要的精神。我相信这个世界是不会埋没任何一个勤奋而有才之人的,这个世界只会淘汰那些没有自信心又不想努力的人。

卡娜娃还是一位富有爱心的歌唱家。她在自己取得成功之后,没有忘记故土,没有忘记帮助她梦想起航的人。她心中充满了感恩和本真,她创办了"卡娜娃和她的朋友基金会"。不管走到哪里,她都不会忘记自己是新西兰人,她热爱群岛湾,热爱那里海水的颜色,热爱那里的沙滩和岩石,这种热爱已经深入骨髓,成为她生命中的一部分了。所以她不仅倾尽全力帮助这些新西兰年轻的音乐家,也帮助他们到世界各地演出,帮助他们能够决定自己音乐道路上的发展。同时也为那些具有培养潜力的学生提供奖学金和表演的机会。

这位"世界第一抒情女高音"于2008年1月2日首次访华,在新落成的国家大剧院举办个人独唱音乐会,这位"注定为歌唱而生"的人,与中国有了近距离的接触。

是的,天上会掉下机会,但永远不会掉下馅饼,世上没有不劳而获的果实。一个人,想要成功,必须通过自己的努力,还要学会感恩。祝福卡娜娃有一个幸福美满的一生。也希望世界上出现更多像卡娜娃一样努力的人。

【对话原文】

问:据说您的母亲出身于音乐世家,并弹得一手好钢琴,她对您走上音乐之路是否有着特殊的影响?

答:我六岁的时候就到广播电台唱歌,当时站在椅子上才能够得着麦克风,虽然我那时还不是太懂事,但我已经意识到了自己是一个好歌手。我的养母钢琴弹得很好,而且,应该说她对我有着很高的期望。妈妈懂得,要想让歌剧舞台的梦想成为现实,只有通过严格的训练,所以妈妈总是对我大声叫喊着:"别在海边玩了,快回来做你的练习。"

问:但现在看来你的成功是和当初妈妈的严厉管教分不开的。

答:当然,她明白她想要我做什么,我知道她很严格,她是个舞台迷,整天念叨这些事,那时候我不喜欢她,母女关系中经常有这种情况。

问:12岁时您离开了故乡,跟随父母搬到奥克兰市的布洛克豪斯海湾区,那时的您对于生活环境的突变是否还有记忆?对于父母为了培养您而举家迁居,您怎么看?

答:12岁那年,我们全家从吉斯本搬到了奥克兰。我们把所有的东西都扔到车上,就这样上路了。到达奥克兰后不久,由于家族改信天主教,母亲决定把我送到圣玛丽女修道院,在那里,我遇到了新西兰最有名的声乐老师。

问:您的声乐老师是玛丽·莱奥修女,能不能介绍一下她这个人和她的教学方法?

答:我从莱奥修女那里学到了很多技巧。她非常慈善,是一位很好的老师。她用很多技巧来培训我的声音。之后,我也清楚地认识到我的声音实际上是慢慢地经过她的培育而成熟的。

问:您还记得在圣玛丽学院学习的情景吗?

答:是的,我当然记得很清楚,那几年是非常艰苦的学习,因为我之前的学习并不是太好。

问:好像当时您对成为歌唱家的前途并不乐观,后来还去学习过打字和速记。

答:在16～17岁的时候,我的前途一片渺茫。即使我开始学习音乐之后,我仍然对未来怀有着很多不确定,我是否会真的走上音乐道路。我16岁时离开了学校,一个毛利人基金会提供资助,让我跟玛丽·莱奥修女全时学习。我那时候不想用全部时间来学音乐,我不知道那意味着什么,我一点都不了解,只是为了省心,就答应了。现在看来,这是我在那时做出的最好的决定。我从星期一到星期五都在学习,从早上九点一直到下午五点。学钢琴和声乐,我就在她的隔壁,她整天都在听着我练习。我只要一停下来,不管是喘一口气,喝一口水或别的什么,她马上就敲墙壁,于是我马上开始接着练习。就这样,我每个星期基本上都上声乐课,时间不长,但是很重要。此外,我还要参加合唱排练,有时开合唱音乐会,周末到外面去唱歌,赚零花钱。为了挣钱,只要有人请就唱,就这样又过了三年。四处去演唱是不可能坐着公共汽车到处跑的,因为你当然要化妆,穿着演出服,还要随身携带各种各样的东西。于是我爸妈便给我买了一辆小汽车,我就开着它疯跑,有时一夜或者一天要跑五个地方演出。这样我赚了不少钱,足够维持生活,当时学费和老师的授课费都是很贵的。

问:1965年您参加了两个比赛而且都获得了第一名,是不是两场比赛坚定了您作为歌唱家的信念?

答:这时我有信心了,那么我可以告诉你,这只是我的整个音乐生涯的开始。

问:您对于声乐比赛这种形式怎么看?

答:这样的竞赛非常重要,它可以让人拥有目标,一个能够去奋斗的目标,同样它也让不同的音乐家、音乐学生拥有演唱的平台,它可以给人很多机会。现在，我们仍然拥有很多的这种竞赛，它也是一个可以让年轻的歌唱家能够知道他们是否开始这样的音乐生涯的平台。最近有一位获奖的中国男中音正在大都会歌剧院学习，这样的竞赛对他来讲非常重要，因为竞赛给他提供了这么一个机会。

问：您去英国之前，已经在新西兰取得了极大的成功。

答：是这样的。当时我在去伦敦之前，已经在新西兰小有名气了，我拍了两部电影，出了五十张唱片，举办过无数次电视演出，还有音乐会巡演，包括带乐队和不带乐队的。当时我并没有想当歌剧明星，而是想成为百老汇明星或一个摇滚歌手。对此妈妈和玛丽·莱奥修女觉得培养了我那么多年当个歌手有点差劲儿，要当明星就必须是顶级的。百老汇都不行，太普通了。虽然我知道很多人是认可百老汇的。但我父母和莱奥修女根本就不接受，认为那是二流水准。其实我挺羡慕那些流行歌手的，比如说蒂娜·特纳就是从百老汇出来的，看起来很棒。我喜欢那些东西，而且我发现歌剧圈子有时显得太沉闷，令人厌倦。我真的想从里面跳出来做那些有意思的事情。

问：这么说你宁愿当蒂娜·特纳？

答：我很想象蒂娜·特纳那样，做一个疯狂的发型，穿那身行头，还有那种声音，我是说那样才有自由的感觉，歌剧对我来说不太自由。如果有这么一个机会，只要说一声"OK"就能去掉你一直想要减掉的三十磅体重，又能穿上过去的网眼丝袜和皮衣，你知道我很可能会干的，我会很大胆。

问：初到伦敦时作何感受？

答：在新西兰的时候，我只是听从莱奥修女的吩咐，不懂得安排和计划，也不知道怎么安排时间。来到伦敦歌剧中心后，我发现每个人都很会计划，那些年轻人推门进来，趾高气扬地走进演员休息室，对别人说："我得到了这个职位。"然后你就会说："什么？什么职位？""有职位空缺吗？"你知道，你的反应就是那样。你在心里说："噢，真是个狠角色，那是个什么样的职位啊！"所以我就考虑，自己该怎样，才能像他们那样走进房间，然后告诉大家我得到了那个职位。因此你知道，我很想更多地了解科文特花园皇家歌剧院的一切。当然了，你也知道，这里聚集了所有的著名流行音乐歌星和乐队，有披头士、有滚石、有希拉·布莱克，那时候电视还是黑白的，整天都能看到披头士的节目，还有流行音乐排行榜之类的，这些我们在新西兰根本没有见过。

问：听说当时您参加了科文特花园歌剧院的大师班，授课老师中有琼·

萨瑟兰和理查德·博宁吉,这件事对您影响很大。

答:他们问我参不参加,而事实上我心里没有把握,不过看起来参加试唱的人并不多。琼·萨瑟兰不负责初级课程,只是在快要结束的时候去听一下他们所有人最后的成果。不过理查德从头到尾都在教课。理查德·博宁吉当时认为我的声音好极了,超凡脱俗,并鼓励我说这样的声音一定可以获得成功。

问:好像您第一次登台正式演出的歌剧是《费加罗的婚礼》中的伯爵夫人?那么您当时是怎样理解这个角色的?

答:是的,我记得我的首次演出是《费加罗的婚礼》中的伯爵夫人。那天晚上我在科文特花园演唱伯爵夫人,观众的反应简直令人难以置信。此前我对这个角色做了很深入的研究。那场演出非常成功,因此我认为我当时的表演是一种正确的诠释。此后我又演唱了威尔第、普契尼和理查·施特劳斯的许多作品。当然,演唱普契尼对我来说很过瘾,但由于我的音量不是很大,因此像普契尼那么厚重的管弦乐配器,声音就很难以穿透乐队的音墙,因此我后来便选择更多地演唱理查·施特劳斯的歌剧,施特劳斯的歌剧有着很好的韵律性,虽然不像普契尼、威尔第的作品那样具有明显的旋律线,但在流畅的音乐中你会感受到演唱时仿佛是大海中的一叶小舟,非常飘逸和舒畅。这也就是后来我为什么如此钟爱并大量演唱理查·施特劳斯的歌剧的原因所在。

问:您在一生的演出中经历过很多次辉煌时刻,1974年您在纽约大都会演出的威尔第歌剧《奥赛罗》可以说轰动了整个世界。我们知道其中有一个传奇,是您在离演出还有三个小时的时候才接到通知临场顶替生病的斯特拉塔斯,而且当时很多女高音都不敢去接这场演出,您却勇敢地上了台,结果这场演出引起了歌剧界的轰动,您当时怎么就有这么大的底气和胆量?

答:我当时确实没有选择。其实原因很简单,我当时正好在纽约,就代替了她。现在回过头来看,这次演出确实让我迈出人生当中非常重要的一步,而且它也让我持续了我未来的音乐生涯。它是我最后成为世界知名的歌唱家的一个重大转折点。

问:就您的个性而言,您是一个争强好胜、获胜心强的人吗?

答:我是一个有雄心壮志的人。如果没有这样的性格,是不可能成功的。当然,对一个年轻人来说,我的成功似乎来得有些太快太猛烈了,但是我真的没有意识到这一切。忽然间我的名气很大,各地都邀请我去演出。我不认为世界上只有我一个人,也没有想到我怎么能做到所有这些事情,我尽量地做所有的事情,我要把所有的事情做好。有一段时间,我的心理产生了问题,总是怀疑自己唱得不好,而且心里越害怕,事情就越糟糕,差不多用了五年时间,我才重新找回了自信,我需要很多的支持。

问:您曾经参加过许多重要的演出,那么哪一次给您印象最为深刻?

答:实际上我的表演是应该让观众来评判的,让他们感觉印象深刻,而不是我对这些演出印象深刻,我个人主要是服务于大众的,那么只有听众才能告诉我他们自己的感觉。

问:说说您在2004年创办的"卡娜娃和她的朋友基金会"好吗?

答:我的基金会主要是帮助新西兰年轻的音乐家、歌唱家。我在伦敦居住过,在美国居住过,我在世界各地都生活过,但我还是一个新西兰人,我永远热爱群岛湾,多年来它好像是我生命的一部分。我热爱那里海水的颜色,热爱那里形状各异的小海滩,热爱那些沙滩和岩石。我喜欢那些荒野,尤其喜欢我家小房子前的港湾。我还记得当年我坐在岩石边上,心想这里真是上帝的国土,这片光荣的土地,那么自然,那么宁静,所有这些记忆像潮流一样在心里翻涌。忽然之间你要离开这里,到所谓的大都市去,想想都可怕。因为我热爱新西兰,所以我现在不仅倾其全力帮助新西兰的年轻音乐家,同时也帮助他们到世界各地去演出,帮助他们能够决定自己在音乐道路上的发展。我要给他们推荐一些歌唱老师,或者是推荐他们到学院去。这些学生经常会来我家,我经常与他们共进晚餐,我们会有一些家庭的互动。之后我会发现到底哪些学生可以有潜力培养,我便给他们推荐到科文特花园或者是推荐到一些歌唱老师当中。现在我提供给这些新西兰年轻人每年三万元奖学金,同时我也给他们提供很多的表演机会,一年当中他们用三万奖学金,就可以学习四到五门课程,我希望帮助他们,给他们提供更多的资金支持,提供更多专业的音乐教育。我的基金会要做的就是要让他们去找到合适他们的音乐老师和音乐学院,帮助他们获得合适的奖学金让他们学习。比如说去查找一些音乐教师、音乐学院如何跟他们建立联络,还有这个学院的一些活动等,最重要的就是他们的一些学院在试听的时候会有哪些曲目。我们收集这些信息,把它传到新西兰,然后有针对性地帮助这些学生能够进行这样的一种培训。

问:现在,你回首当年,从一个新西兰边远城市的女孩,到今天世界著名的歌唱家,自己会觉得吃惊吗?

答:我一直在不断地努力,我不敢停下来,我不敢,我必须做得最好,必须做到百分百完美,不让大家失望。我并未得到什么与生俱来的机遇,但是上帝保佑,让我做我能做的一切,直到我什么也干不了的那一天。

原文摘自陈立编:《音乐家访谈录》,新星出版社,2009年3月版。   鉴赏编写:邝雪英

86. 收藏源自古董的文化魅力
——对话古玩名人马未都
(2008年1月15日)

【格言名句】

我觉得人最大的快乐就是从知识上获得的。不是八卦给你的乐趣,那都是短暂的。我讲的是文化的乐趣,它一定是久远的,你听了以后,哪怕有一点收获,就将伴随你终身的乐趣。

——马未都

【文章导读】

马未都,1955年3月22日生于北京,祖籍山东荣成,汉族人,中国民主建国会会员,收藏专家,观复博物馆的创办人及现任馆长,曾任中国青年出版社编辑。20世纪80年代马未都开始收藏中国古代艺术品,藏品包括陶瓷、古家具、玉器、漆器、金属器等。2008年新年伊始,央视《百家讲坛》推出了马未都这位民间古玩名人,开讲有关收藏的文化话题。原文分为演讲与演讲后的对话两个部分,这里重点择录的是其中的对话部分。

作为顶层平台,《百家讲坛》使既没有显赫学历、收藏也"一无家传、二无师从"的马未都迅速成名,并引发当时又一轮大众收藏的狂潮。马未都将其开讲的内容整理成书,他因此也迅速成为超级畅销书作家。

俗语说,"乱世黄金,盛世收藏"。马未都在《百家讲坛》谈收藏显然也是

顺乎时尚的一种普遍需求,因此他在接受记者采访时非常注意这种需求中的民间色彩,注重以通俗而儒雅的方式来满足社会上对收藏有兴趣的深浅玩家。也出于这样的缘故,马未都的讲话方式具有极高的语言天赋,颇有识尽繁华、熏染锦源、铺叙通俗、情景交融的吸引力。在《马未都说收藏全集》里,马未都曾提到,"在我们了解历史一般通过两个途径——文献及证物。文献的局限在于执笔者的主观倾向,以及后来人的修饰,因此不能保证客观真实地再现历史。证物不言,却能真实地诉说其文化背景,描述成因。文明的形成过程是靠证物来标定坐标,汇成进程图表。""从当今百姓喜爱的传统文化入手,试图解释文明成因,展现文化魅力。只要你对文物乃至文化有兴趣,读此书就一定会乐趣无穷。这个乐趣是你熟知的文化带给你的,而不是我。"这些话无不是在证明,真正的收藏者意味着理解任何一件藏品身上所具有的材料稀缺性、不可替代性、艺术观赏性及保值升值性这些特征,这使得他们的收藏更注重品味藏品作为物化的历史所内蕴的文化价值。因此马未都谈收藏的话题推动了当时的收藏热,而收藏过程的随机性、从众性等特点又使收藏成为一项文化意义上的博物命题。所以马未都之热与社会之热相契合,而他谦卑地探讨文化之趣的过程又使他爱好收藏三十余年的知识积累得到一个空前规格的传播空间。毫无疑问,马未都话语的吸引人同他的个人文化素养紧密相关,换言之,吸引人的对话往往基于对话者本身的文化修养。

马未都说:"我觉得人最大的快乐就是从知识上获得的。不是八卦给你的乐趣,那都是短暂的。我讲的是文化的乐趣,它一定是久远的,你听了以后,哪怕有一点收获,就将伴随你终身的乐趣。比如说我讲了桌子怎么形成的,凳子怎么形成的,它们之间的精神差异是什么。我如果给你讲收藏故事,谁吃亏了,谁上当了,老百姓是爱听,但是我觉得没有用。"毫无疑问,经历了多年收藏的风雨,马未都拥有了非常清醒的头脑、非常敏捷的思维、非常犀利的眼光。同时也在告诉普通大众,玩收藏的本质在于品读文化,而不是为了等待升值而历经鼓捣的投机。收藏是种步调缓慢的耐心策略,以美妙的文化想象让一个人的记忆充满高尚的儒雅气息。

【对话原文】

记者:当时是怎么样的一个机会让您走进《百家讲坛》的?

马未都：我觉得是一拍即合吧。《百家讲坛》找到我，我也觉得能有这样一个平台挺好的。我之前做电视节目，包括对我的宣传都很多了。但是其他的节目都比较娱乐化，或者有些传奇化，有的人想听听你的故事啊什么的。我自己对这些东西并不是很在意，我觉得传奇固然很重要，但我们生活的这一段时期是一个最好的时期，我觉得一个人的成功，假设我们是成功的，我觉得还是一个人的思维方式。

记者：您觉得是什么原因让他们邀请您来《百家讲坛》讲收藏，而不是找一个考古学的专家、教授来讲？

马未都：我觉得可能是我讲得不是太规范，不太像老师，所以才新鲜。

记者：您觉得您上《百家讲坛》的特色体现在哪里？

马未都：我确实是个特例。我算打破了《百家讲坛》这一段时间的沉闷，不管过去讲和珅、讲武则天，是讲一个人，要不就讲三国、水浒、红楼，这是一个故事，这种故事是现成的。而我讲的这个呢，我觉得更多的是让老百姓了解收藏的知识，我觉得今天的老百姓多知道一点知识是快乐的。

站在我的角度上看，故事不是知识。你看像中国传统的这些，三国、水浒、红楼，这都不算知识，他们就是一个故事。但是《百家讲坛》这个平台是非常好的，通过它可以传达我们一种收藏的理念，文化的理念，我觉得这特重要。

记者：你在《百家讲坛》讲课的内容有什么特别？

马未都：我想更多的是通过《百家讲坛》在讲一个文化成因和背景，这跟我的经历有关，就是我本身是编辑嘛，年轻时又酷爱文学，所以很大程度上我是讲中国文化的大背景。至于文物当中的事情和收藏当中的事情是捎带脚的说说，不是我要讲的主要的部分。

记者：在风格上，您和以往《百家讲坛》还是挺符合的，都是引经据典的。

马未都：我觉得首先是我对文物有一个整体的把握，但是你可以看到，引经据典是越到后面越少。我承认，开始我还是有点拘谨，《百家讲坛》的那个模式我也承认，一开始我是想往上面靠，你说的这话必须是要有出处，要言之有物。但是经过一段时间的摸索，我也是越往后越放松，越好。

记者：您在《百家讲坛》讲课时遇到的最大困难是什么？

马未都：《百家讲坛》有这样一个特点，我总结了一下，它要照顾到四个方面。第一个是要照顾到国家和政府，要能通得过。第二要照顾专家，你讲的这个领域里肯定有人给你挑刺,尤其是我讲的,以专业程度论,可能我在历史上是最专业的。第三就要照顾观众,因为讲课有一个大的问题就是有教无类,就是底下有 0 分的,也有 98 分的,我得把他们归里包堆往 100 分上一块拽,这对我来说是个考验,就是怎么能让对文物一知半解,或者一点都不懂的人,或者懂了很多的人一块听着有兴趣? 这是个难题。第四就是要照顾到自己,要对得起自己的风格。我觉得这四个方面全照顾到是个难题。

记者:讲课的内容是您自己定的吗?

马未都:对,我自己定的,我对瓷器比较熟悉,所以家具十讲,瓷器二十四讲,杂项十讲,一共四十四讲。原来陶瓷也想讲十讲,后来发现陶瓷的东西太多了,十讲说不清楚。

记者:未来您有没有与《百家讲坛》长期合作下去的计划?

马未都:我现在不做这个设想。但是我要讲我一定不讲故事,我讲知识。我觉得人最大的快乐就是从知识上获得的。不是八卦给你的乐趣,那都是短暂的。我讲的是文化的乐趣,它一定是久远的,你听了以后,哪怕有一点收获,就将伴随你终身的乐趣。

比如说我讲了桌子怎么形成的,凳子怎么形成的,它们之间的精神差异是什么。我如果给你讲收藏故事,谁吃亏了,谁上当了,老百姓是爱听,但是我觉得没有用。

记者:您考虑过听您讲课的受众都是什么样的人吗?

马未都:我也考虑过,我非常清楚我讲知识,不讲故事这样讲下去会丧失一些低等级的观众,就是爱听"哈哈"的。但我觉得我这么讲会粘住一些高等级的观众,就是他一旦听上,就舍不得不听。

记者:现在有些人把学习收藏知识当作为自己挣钱的手段,目的并不是为了学习文化,您对此怎么看?

马未都:我不反对以经济目的进入收藏,但是我相信他最终会走向文化的乐趣上,就是殊途同归。不管你以什么目的进入,将来你肯定知道,文化是第一乐趣。举个例子,炒完股,把股票卖了,你非常高兴,因为挣钱了。但是在古董上,你把它卖了,赚了钱,很多人怅然若失,这就是文化的魅力。好多人把古董卖了老说,我怎么给卖了呢? 这就是一个情感因素。

我觉得收藏到今天,文化到今天,我们到这个程度,更应该向大部分观众传达这样一个信号,就是你一生之中的乐趣不仅仅是钱给你带来的,我的主调就定的这个,他慢慢会体会到文化给他带来的乐趣,尽管是从追求钱开始。我认识很多人就是以追求钱为目的学的收藏,最后到了文化上,不想给卖了,甚至想给捐了。

原文摘自《讲"学"说"书"有不同——对话古玩名人马未都》,《北京晚报》,2008年1月15日。　　鉴赏编写:张　炜

87. 人类文明的共享与弘扬
——全球博物馆高峰论坛上的对话
(2008年3月18日)

【格言名句】

世界性的博物馆让人们了解过去,也让人们站在历史平台上思考未来。

——大英帝国博物馆馆长尼尔·麦克格瑞格

【文章导读】

对话嘉宾:

大英博物馆馆长:尼尔·麦克格瑞格

法国卢浮宫馆长代表:凯瑟琳·吉约

美国大都会博物馆馆长:飞利普·德·蒙特贝罗

俄罗斯冬宫博物馆馆长:米哈伊尔·彼奥特罗夫斯基

中国故宫博物院院长:郑欣淼

上海博物馆馆长:陈燮君

嘉宾主持:杨澜

…………………………

2008年3月18日,解放日报报业集团邀请到英国、法国、美国、俄罗斯和中国六家著名博物馆的馆长参加全球博物馆高峰论坛,共同讨论"人类文明的共享与弘扬"。会上馆长们进行了演讲,紧接着就观众们关心的问题进行了对话。原文分为演讲与演讲后的对话两个部分,这里重点择录的是其

中的对话部分。

英国大英博物馆馆长尼尔·麦克格瑞格演讲的题目是《人类追求自身文明的圣地》。

大英博物馆渊源可追溯到1753年,它是世界上历史最悠久、规模最宏伟的综合性博物馆之一,其中还设有埃及文物馆、希腊罗马文物馆、西亚文物馆、欧洲中世纪文物馆和东方艺术文物馆。它有一百多个陈列室,藏品七百多万件,为全世界博物馆所罕见。卡尔·马克思曾经年累月地在这里查阅资料、研究和写作。

法国卢浮宫馆长代表凯瑟琳·吉约演讲的题目是《国际化和大众文化背景下的博物馆态度》。

法国卢浮宫始建于1204年,是世界上最大、最古老、最著名的博物馆之一。经历七百多年扩建重修达到今天的规模,期间有五十位法国国王和王后在这里居住过,许多著名艺术家也增在这里生活。目前,卢浮宫共收藏有四十多万件来自世界各国的艺术珍品,藏品中有被誉为"世界三宝"的《维纳斯》雕像、《蒙娜丽莎》油画和《胜利女神》石雕像,更有大量希腊、罗马、埃及及东方的古董,还有法国、意大利的远古遗物。卢浮宫既是一座收藏艺术珍宝的博物馆,也是一件伟大的艺术杰作,更是法国近千年来的历史见证。

美国大都会博物馆馆长飞利普·德·蒙特贝罗演讲的题目是《全球环境中的艺术与文化:一种珍品》。

美国大都会博物馆建于1880年,由社会名流、慈善家和艺术家共同建立。展出面积二十四公顷,设二百三十四间陈列室,收藏的文物和艺术品来自世界各地,达三百三十多万件,包括埃及古董、中国玉器及地毯等。在这里,数千年前的埃及古墓完整地移置在专建的巨型玻璃罩里,总重量达八百吨。服饰馆也堪称世界之最,收集了四个世纪以来五大洲的各民族服装一万五千件。

俄罗斯艾尔米塔什(冬宫)博物馆馆长米哈伊尔·彼奥特罗夫斯基的演讲题目是《记录世界文化的俄罗斯百科全书》。

俄罗斯国立艾尔米塔什博物馆,又名冬宫,俄罗斯著名的皇宫。它建于1754年,由著名建筑师拉斯特列里设计,是俄国巴罗洛式建筑艺术最伟大的纪念物。整座建筑占地九万平方米。如今,在冬宫的展厅里,不仅有古代东方各国以及古希腊、罗马的艺术珍品,还有中世纪、近代西方各国的雕塑、绘画,各类文物二百七十多万件。藏品按地域、年代陈列在三百五十多间展厅里,展览线路加起来有三十公里长,有"世界最长艺廊"之称。

中国故宫博物院院长郑欣淼的演讲题目是《"故宫学"的视野和梦想》。

中国故宫,旧称紫禁城,是中国明、清两代皇宫,无与伦比的古代建筑杰作,是世界上现存最大最完整的古代宫殿建筑群,被誉为世界五大宫之一。故宫始建于1406年,面积约七十二万五千平方米,三大殿、后三宫、御花园都位于一条南北向的中轴线上,向两旁展开,南北取直,左右对称,气势宏伟、豪华壮丽,是中国古代建筑艺术的精华。故宫曾是中国明清二十四位皇帝临朝、生活的皇家宫殿,凝聚着中国近六百年的宫廷变迁和人世沧桑。1925年,故宫博物院成立,被联合国教科文组织列为"世界文化遗产",是中国最大的古代文化艺术博物馆。馆藏文物一百多万件,收有很多绝无仅有的国宝,如张泽端的《清明上河图》等。

上海博物馆馆长陈燮君演讲的题目是《共享:是艺术,更是智慧》。

上海博物馆创建于1952年,是一座大型的中国古代艺术博物馆。新馆象征"天圆地方"的圆顶方体基座构成了不同凡响的艺术效果。馆藏珍贵文物十二多万件,包括青铜器、书法、绘画、陶瓷器、玉器、石雕、甲骨刻辞、玺印、钱币、丝绣、染织等,上至旧石器时代,下迄近代和现代。藏品丰富、质量精湛,在国内外享有盛誉。

文物,是人类历史文化最真实、最客观的物化见证,但它的作用不仅仅是用来考古、陈列和展示,它的意义在于"人类文明的共享与弘扬"。正如,这次全球博物馆高峰论坛《共享与弘扬人类文明——全球博物馆联盟》中所说"对各类遗产进行收藏保护、科学研究和传播教育,是博物馆呈现于时代的功能,其意义更为深远的是,'博物馆不仅是旧遗产的投影机,还应成为新文化的发生器'。于是,共享与弘扬,成为今天的庄严主题和神圣使命。"

在嘉宾们演讲之后,观众们就博物馆之间的合作计划、展品的出国展出、文物的安全与保护、博物馆的经费、票价与人流以及博物馆的未来等诸多关心的问题与嘉宾们进行了热烈友好的对话。

【对话原文】

嘉宾主持杨澜:各位嘉宾,各位朋友,让我们用热烈的掌声欢迎各大博物馆馆长到台上就座。(全场鼓掌)他们分别是:英国大英博物馆馆长尼尔·麦克格瑞格,法国卢浮宫馆长代表凯瑟琳·吉约,美国纽约大都会博物馆馆长菲利普·德·蒙特贝罗,俄罗斯国立艾尔米塔什(冬宫)博物馆馆长米哈伊尔·彼奥特罗夫斯基,中国故宫博物院院长郑欣淼先生和上海博物馆馆长陈燮君先生。

(嘉宾落座后)

能够主持今天这样的讲坛,我真的感到非常幸运。这样的幸运可能是双重的。一方面,我曾经有幸担任过解放日报报业集团文化讲坛的主讲人之一,今天又作为文化讲坛的主持人,我非常高兴。而且我还发现,我又可以再次得到主办方制作的印有我照片的靠垫,这样我就有一对儿这个垫子了。

另外一重幸运是刚才尹明华社长说到的,其实我们中国可能只有千分之一的人有机会去参观国外的博物馆,而很幸运的是,这些博物馆馆长所在的博物馆,我都参观过,而且有的还去了不止一次。如果你要问我最深的感受,我只能老老实实地回答:满足了眼睛和大脑,辛苦了双腿和双脚。

在很多国家的中小学教科书里,都曾经引用过美国作家海伦·凯勒的书中的话,书的名字叫《假如给我三天光明》,海伦·凯勒把第一天光明留给了家人,第三天光明留给了热闹的街市,而她把第二天的光明则留给了博物馆。

是啊,还有其他什么地方,能够让她在最短的时间里翻阅人类文明的百科全书,在黑暗的世界中留下心灵的光明和温暖的回忆,并且存留终身的欣喜与回味呢?

当然,刚才的介绍片让我们了解到,参观博物馆,仅仅一天是远远不够的。我们在座的博物馆馆长所在的博物馆的文明收藏,动辄就以百万件为计算单位。如果每一件看一分钟,就算二十四小时不眠不休,一个博物馆也要看上好几年的时间。所以,几位馆长可能要竞争一下,如果海伦·凯勒只有一天光明的话,她究竟该去哪个博物馆好呢?

今天的论坛,不仅仅是博物馆馆长之间的对话,我们也可以把它看作一种人类不同文明之间的对话,是在全球化和信息化的今天必然出现的一种对话。躬逢其盛,只有洗耳恭听。下面欢迎嘉宾演讲!(全场鼓掌)

(嘉宾演讲结束)

杨澜:在倾听了各位博物馆馆长的精彩演讲后,让我们再一次以热烈的掌声感谢他们!(全场鼓掌)同时,解放日报报业集团的领导和工作人员也为这一次盛会的举行,做了大量的工作,付出了非常多的心血,我们用掌声向他们表示感谢!(全场鼓掌)谢谢你们让我们有了这样一次难得的文明共享的机会。我还要告诉大家,中央电视台正在这儿现场进行全程录制,崔永元先生邀请复旦大学教授钱文忠正在隔壁分会场予以点评。我们也谢谢他们!(全场鼓掌)接下来我们请现场的观众自由提问。

让无缘出国的中国人,近距离感受现存于海外的祖先的文明

新闻晨报记者陈海妮:请问麦克格瑞格先生,近期大英博物馆有没有来中国办展的计划?我知道大英博物馆中国馆里的藏品非常丰富,不知道有没有可能安排一次中国馆藏品的中国之旅,让许多无缘出国的中国人,也有机会近距离感受那些现存于海外的祖先的文明?

英国大英博物馆馆长尼尔·麦克格瑞格:谢谢!我刚才已经提到,我们正在和中国同行一起计划搞很多展览。当然,这也要看中国博物馆希望从大英博物馆借哪些文物。我们愿意将中国馆的展品或者其他展馆的展品借给中国的博物馆,这样就可以让更多人共享人类的文明。

杨澜:那么您看中国的藏品能不能回到中国来?

英国大英博物馆馆长尼尔·麦克格瑞格:这要由中国的博物馆来决定是不是要租借这样的一些展品。事实上,我们过去也出借过一些中国展品,而我们也乐于进行这样的合作。

卢浮宫里并没有与《达·芬奇密码》相似的秘密和藏品

解放日报机动部记者郭泉真:不知道吉约女士是否看过一本有关贵馆的畅销小说《达·芬奇密码》。我们都很好奇,在卢浮宫的金字塔下是否真的藏着什么宝贝?我也很想知道,贝聿铭先生设计的这个金字塔现在还有很大的争议吗?您认为在文明的共享中,可以有什么密码来解开文化的冲突?

法国卢浮宫馆长代表凯瑟琳·吉约:《达·芬奇密码》确实在全球取得了巨大的成功,但是我并不十分肯定是否因为它的效应,才吸引那么多人来卢浮宫参观。的确有很多观众来我们这里参观,是想进行一次达·芬奇秘密的探索之旅,但是,在卢浮宫发展的历史上,根本就没有和《达·芬奇密码》相似的秘密或藏品。而在我看来,《达·芬奇密码》的效果已经消失了。

杨澜:我这里没有同声翻译机,不知道吉约女士刚才的法文回答是什么意思,但是有一点是可以肯定的,那就是卢浮宫的馆长还健康地活着,不像《达·芬奇密码》那部电影里所演的,一开始,卢浮宫的馆长就被杀了。(全场笑)

养猫,是冬宫的一个好传统

新闻晚报记者谢正宜:请问一下俄罗斯国立艾尔米塔什(冬宫)博物馆馆长,听说从18世纪开始,艾尔米塔什(冬宫)博物馆就进驻了一支"猫军团"来保护博物馆藏品,使其免受老鼠等动物的侵害。在保护文化遗产方面,您有什么经验和办法来和我们分享?

俄罗斯国立艾尔米塔什(冬宫)博物馆馆长米哈伊尔·彼奥特罗夫斯基:保护文物的任务是非常艰巨与繁琐复杂的。我们有许多种保护措施,其中包括一些最新的高科技手段。还有一个很好的办法,就是用厚厚的墙来作间隔,这样就可以保证展馆当中的气温稳定。当然还有其他的一些现代化技术可以用在相对现代化的建筑中。

谈到猫的话,那是冬宫还是皇宫的时候,"猫军团"就驻扎进来了。当时的确是为了防鼠,那时老鼠会在不同的房间里窜来窜去,所以我们用猫来灭鼠。而现在冬宫里养猫,并不是为了灭鼠,而是我们觉得在当今社会中,不少人并不在乎动物的生命或其他人的利益。在博物馆里养猫,就是为了让人们了解,十年以前我们的博物馆是怎样的一种状态,以此让人们更加善待动物。养这些猫,实际上对于我们博物馆来说是一个很好的传统。

把未来的问题留给未来的人

解放日报观点版记者支玲琳:请问美国纽约大都会博物馆馆长,博物馆收藏的都是文物,是来自千百年前的古物,在欣赏这些文物的同时我也一直在思考这样一个问题:不知道在几百年后,今天这个时代和这个世界里会有什么东西是值得未来的博物馆收藏的?

美国纽约大都会博物馆馆长菲利普·德·蒙特贝罗:我想在很久以前,很多收藏者和博物馆并不知道当今的博物馆会是怎样一种模样。这个问题,根据我的理解,也就是要探讨当代艺术能不能存活下去的问题。我想说的是,我不是很了解这个问题,我只知道在那么遥远的未来,我已经不在这个世界上了。(全场笑)

杨澜:我们还是把未来的问题留给未来的人吧,我们现在的问题已经够多了。(全场笑)

读者代表:请问吉约女士,卢浮宫和上海博物馆有没有计划将来一起搞一些展览?还要请问一下陈燮君馆长,上海博物馆应该还有很多没和观众见面的展品,在未来会不会定期更换展品,让更多文物与观众见面?

法国卢浮宫馆长代表凯瑟琳·吉约:近期内还没有这样的合作计划,但是我相信,在未来我们一定会有,因为我们现在跟中国博物馆界已经建立了密切联系。再过几个星期,我们卢浮宫就将在故宫举办一个关于拿破仑的展览。所以,我们和上海博物馆的合作,也是可以期待的。

上海博物馆馆长陈燮君:上海博物馆珍贵馆藏是十二万件,我们常规性展出的大概是馆藏的十分之一。现在对于我们来说,更需要考虑的是,今年3月10日博物馆免费向社会开放以后,怎么样能够全面展示馆藏文物,提高展览质量和服务水准,这是博物馆免费开放以后更要深层思考的问题。

安全防护,各馆各有奇招

申江服务导报记者陈潇俊:请问郑院长,今年2月份,苏黎世一家博物馆的很多传世名画遭窃。名画频频遭窃是因为存在着巨大的买方市场,这也严重威胁着博物馆的安全。您认为有什么解决之道和防范措施呢?

中国故宫博物院院长郑欣淼:安全问题一直是我们比较重视的,在20世纪八十年代初也发生过盗窃案件,但是这二十多年来比较平安,现在大多数文物包括书画都存放在了地下的库房,地下库房是相当严密的。过去出问题的,主要是在办展览的过程中。比如说,宫殿太大了,到关门的时候,一个人藏在角落里,趁别人不注意,他就跑进去了。现在这个漏洞已经用巡逻来填补了,包括用人啊,武警啊,还有警犬"黑背"。(全场笑)

杨澜:您下次把藏獒也带进去吧。

中国故宫博物院院长郑欣淼:各种手段都用上了。现在对我们来说,安全不仅是防盗的问题,还怕发生火灾。另外,这几年我们大规模地维修,最多的时候有三千多位工人在里面搞维修。而且我们是三百六十五天不关门的,参观人数最多的一天达到十二万人。还有电的问题,最近韩国崇礼门失火,也给我们提出一个问题,就是不仅自己要防火,还要防别人放火。

杨澜:这个问题是不是请另外几位嘉宾也谈一谈,你们的博物馆在展品安全方面有什么新措施?

俄罗斯国立艾尔米塔什(冬宫)博物馆馆长米哈伊尔·彼奥特罗夫斯基:故宫用狗,我们用猫。(全场笑)当然,我们也通过摄像头来监测。

法国卢浮宫馆长代表凯瑟琳·吉约:卢浮宫也有非常尖端的防盗措施,我们有一个科技含量非常高的软件能够帮助我们不断地更新防盗设施。

美国纽约大都会博物馆馆长菲利普·德·蒙特贝罗:我们进行摄像监

测,当然摄像监测相对消极一些,只是一种保护措施。虽然它能帮助我们找出那些心怀恶意的人,但是并不能完全防止这类事情的发生。我们还在博物馆里安排了很多人员日夜巡逻。

我也非常同意刚才几位专家的意见,火灾其实是一个很严重的问题,会给展厅带来毁灭性的灾难。另外,对展厅的温度、湿度控制也很重要。当然,人为的因素也很重要,因为每个人的想法都不一样。所以,技术和人要双管齐下。

提高票价并不是控制人流的好办法

杨澜:我想问郑院长一个问题,现在我们正在提倡博物馆对公众免费开放,那么故宫博物院在人流控制方面有什么措施?如果一天有五十万人涌进故宫的话,地砖恐怕都要被踩塌了。

中国故宫博物院院长郑欣淼:我们现在的问题就是人太多,但是故宫又不能像布达拉宫那样完全限制人流。一个是很多人来了,是旅行社安排的,必须到故宫去看看。另外一个是因为故宫还是有比较大的空间的。有人跟我们说,有办法,很简单,涨价。我们认为提高票价并不是解决问题的办法,该来的人还是一定要来看的。我们现在采取的是比较积极的态度,通过维修,尽量地增加展览场所。比如说武英殿,从20世纪五十年代起,它已经五十多年没有开放过,我们现在把它作为一个书画馆。武英殿一开,就把人流疏散到西边去了。我们也对故宫博物院里面的经营场所进行了规范,特别是进了午门以后,现在西边全部用作展览,今年东边也全部作展览了,就是想办法尽量增加展览面积。同时,我们也积极地和旅行社建立联系,积极主动找导游,以便让淡季的游客有所增加,分流旺季客流。

杨澜:您认为故宫博物院会不会在近期免费开放?

中国故宫博物院院长郑欣淼:不会的,因为故宫是一个古建筑,国家规定古建筑、遗址性博物馆不能免费开放,如果要免费的话,恐怕会带来灾难性的后果。

杨澜:上海博物馆可以免费开放吧?

上海博物馆馆长陈燮君:上海博物馆已经免费开放了。从这几天免费开放的实践来看,确实受惠的是老百姓,是我们的观众。尽管免费开放给我们的管理带来了很大压力,但是我们也实实在在感受到市民正在进行文化共享。我们提出免费不免质,免费不免责,当然我们也会探索如何有效地控制单位空间、单位时间里的人流量,这需要智慧。

把艺术作为商品,会产生一些问题

杨澜:我们今天谈了博物馆文化之间的交流,这就像一幅很大的拼图,当不同的博物馆所搜集的文明碎片拼接在一起的时候,我们也就得到了相对完整的、对共同历史的记忆。今天我们探讨的不仅是在文化意义上的一种融合,也涉及一个非常实际的问题,就是博物馆之间展品的交换展览对于博物馆来说,是一个额外的经济负担,还是能够给博物馆带来一些经济上的好处,从而促进博物馆的良性运作? 这是我最后想问的一个问题。

法国卢浮宫馆长代表凯瑟琳·吉约:对卢浮宫来说,的确是一个收入的来源。

美国纽约大都会博物馆馆长菲利普·德·蒙特贝罗:我们要考虑的就是如何来保存、收藏珍品,这是博物馆机构最终的义务和职责。我们也希望在一个理想的环境中,更好地传播文化和艺术,而这种传播也应该是自给自足的,不应该成为经济上的负担,或是成为收入的来源。

全世界范围内的博物馆现在的一个最大特征,就是一些重要的主题展出会从其他博物馆里租借展品,事实上被租借方一般是不收取任何费用的,仅仅涉及一些包装的、运输的费用。如果是完全自主地从自己的展品中展出的展览,与这种租借模式则完全不同,因为在租借的情况下,可能会涉及一些政治、文化的因素,以及租借过程中会产生一些费用。但总的来说,我想把艺术作为商品,可能会产生一些问题。

原文摘自尹明华编:《激荡:文化讲坛实录4》,上海三联,2009 年 2 月版。 鉴赏编写:黄少芳 王 新

88. 中美两国可以有更好的对话
——专访美国亚洲协会主席理查德·霍尔布鲁克
(2008 年 4 月)

【格言名句】

美国人相信自由言论。控制言论不能防止问题产生。我个人倾向于美

国对待信息的方法,那就是"百花齐放"。你不会喜欢所有的"花",但应让它们都开放,因为当你吸收了公众的力量,你就会从讨论中获得彼此理解和进步。

——理查德·霍尔布鲁克

【文章导读】

在霍尔布鲁克他四十余年的职业生涯中,拥有过多个不同的头衔:职业外交官、《外交》季刊主编、美国和平志愿队地区主管、投资银行家、社会活动家。目前他是美国亚洲协会主席、非政府组织"全球企业抗艾滋病、结核和疟疾联合会(GBC)"的总裁兼首席执行官。此外,他还是一位多产的专栏作者。霍尔布鲁克最为人乐道的,乃是他在美国现代外交史上几个重大事件中所扮演的角色:

1977年,刚刚上任的民主党总统卡特任命霍尔布鲁克为国务院东亚和太平洋事务助理国务卿。次年,霍尔布鲁克参与了中美建交的整个过程,并负责中美第二份联合公报的起草。

此后,在共和党掌控白宫十二年时间里,他离开政府,转入商界,先是成为一家公共战略咨询公司雷曼兄弟的常务董事。

直到克林顿当选总统,他才有机会重返政府,他先是被任命为美国驻德国大使,一年后,即回国出任国务院负责欧洲和加拿大事务的助理国务卿。此间,巴尔干半岛局势恶化。他作为克林顿派出的特使前往波斯尼亚参与和平协议的谈判。1995年12月,相关各方在巴黎正式签署了具有历史意义的"戴顿和平协议",从而结束了长达三年半的波斯尼亚战争。霍尔布鲁克作为这一协议的"建筑师"和首席谈判官,获得了"推土机"的声誉,并被提名为诺贝尔和平奖候选人。

作为犹太人的霍尔布鲁克,被一些人称为"民主党的基辛格"。他被认为可能出任克林顿第二个总统任期的国务卿,但克林顿最终选择了奥尔布赖特。

1998年,克林顿提名霍尔布鲁克为美国常驻联合国大使。

2000年美国进行大选,民主党失去白宫,一晃就是八年。这八年也是美国政治和外交发生深刻变化的时期,"9·11事件"和此后美国主导发起的两场战争——阿富汗战争和伊拉克战争,根本性地改变了美国国内的政治生态以及美国同世界的关系。

2008年4月,美国新一轮大选前夕,时为美国亚洲协会主席的霍尔布鲁克造访北京,《财经》杂志记者曹海丽对霍尔布鲁克进行了专访,霍尔布鲁克就"中美关系和美国外交政策"发表见解。

霍尔布鲁克认为,中美关系是世界上最重要的双边关系。目前的三位总统候选人——共和党的麦凯恩和民主党的希拉里、奥巴马,基本上都同意这一双边关系的重要性,虽然在细节上可能互有分歧。

霍尔布鲁克认为,在台湾问题上,马英九上台是一个非常积极的进展,为海峡两岸的中国人开启了一个具有历史性的机会。他希望在这一领域能有实质性的进展。

关于中国的崛起,霍尔布鲁克认为,美国不应该害怕中国的崛起,中国的崛起是不可避免的。一些美国人将中国看作一个威胁,一些日本人、印度人亦如此。但我将其视作对全世界的一个机会。

霍尔布鲁克说,我们为什么不应该有更好的对话呢?我希望看到持续的对话引向具体的理解,但这只能在一个新的美国政府产生后才会产生。

霍尔布鲁克希望,下届美国政府能够通过美中双方共同的利益和担忧,比如气候问题,加强双方关系。

此外,霍尔布鲁克说,美国需要一个整合的战略概念,从黎巴嫩到伊拉克,再到伊朗、阿富汗、巴基斯坦。我们也需要中国参与这一战略的形成。我们需要中国的支持和理解,因为双方有共同利益。

在朝鲜问题上,霍尔布鲁克认为这届美国政府做了一件正确的事,即支持由中国提议的"朝核六方会议"。认为这是一个可为其他领域借鉴的模板。他表示借《财富》杂志由衷地向中国政府表示感谢,如果没有中国的支持,这一切都是不可能发生的。

霍尔布鲁克并且倡议,中美签署第四个联合公报,讨论战略性问题。

【对话原文】

记者:美国总统大选在即,你认为新一届美国政府会在对华政策上有什么调整吗?

霍尔布鲁克:我认为中美关系是世界上最重要的双边关系。目前的三位总统候选人——共和党的麦凯恩和民主党的希拉里、奥巴马,基本上都同意这一双边关系的重要性,虽然在细节上可能会有分歧。

竞选过程并不是一个形成政策的好时机,因为在竞选中,任何事情最后都被压缩成简单的口号和画外音,而实际决策过程要微妙得多。比如,在去年的一次辩论中,一位候选人说,我将不会带中国制造的玩具回家给我的孩子们。台下所有的人都热烈鼓掌。其实,这句话没有任何意义。事实上,这位候选人很可能将中国制造的玩具带回了家,因为这很难避免。

另一方面,诸如玩具、有毒食品、化学药品等问题,确实也是严肃的议题。除非是从宽泛、一般的角度来讲,我倾向于不把中美关系当作竞选中的一个辩论主题。不过,这不太可能做到。

在最近几次对中国的访问中,中国官员肯定地向我表示,目前中美关系处于平衡的状态。我的希望是,下届美国政府能够通过美中双方共同的利益和担忧,比如气候问题,加强双边关系。

在台湾问题上,马英九上台是一个非常积极的进展,为海峡两岸的中国人开启了一个具有历史性的机会。我希望在这一领域能有实质性的进展。

记者:中美关系是否到了一个需要重新定义的时刻?

霍尔布鲁克:我不认为是重新定义,而是赋予新的精神。五年前我在《华盛顿邮报》上写了一篇文章,倡议中美签署"第四个联合公报",讨论战略性议题。

中美第一个联合公报(1972年)在没有互相承认的情况下,确立了中美双边关系的一些基本原则;第二个联合公报(1978年)确定了两国关系全面正常化;第三个联合公报(1982年)是关于向台湾军售问题。目前还没有一个公报涵盖战略性议题或环境议题。气候变化问题是我们可以获得最多进展和有共同利益的领域。

我认为美国不应该害怕中国的崛起,只要其不以损害他国为代价。中国的崛起是不可避免的,而且不应该被视为威胁。一些美国人将中国看做一个威胁,一些日本人、印度人亦如此。但我将其视作对全世界的一个机会。

所以,我们为什么不应该有更好的对话呢?我希望看到持续的对话引向具体的理解。但这只能在一个新的美国政府产生后才会发生。

记者:大选后美国的外交政策走向会如何?

霍尔布鲁克：这很大程度上取决于谁将当选。参议员麦凯恩同民主党的希拉里和奥巴马之间，在外交政策上的最显著的差别是在伊拉克问题上。麦凯恩强调增兵以赢取战争。而两位民主党候选人均承诺开始谨慎的撤军。这是很大的分歧。

第二个分歧是在伊朗问题上。两位民主党候选人均表示，他们愿意和伊朗进行直接的外交接触，就一切议题，包括伊拉克、阿富汗，当然还有核武器，进行对话。麦凯恩参议员在这个问题上态度要强硬得多。

三人意见最一致的重要领域，也是绝对体现有别于现任布什政府的，是气候变化问题。三位候选人均表示，气候确实在变化，他们将采取措施应对。当然，这不意味着他们将采取一致的行动。但对共和党来说，确实是一个巨大的变化。

三位候选人均对布什对俄罗斯的态度持批评意见。他们都认为，布什对普京不够强硬。他们也都不认同布什在处理与重要盟友北约关系时的方式。

另一个相同的观点是在阿富汗问题上，即阿富汗战争最终将成为美国历史上最长的战争，不仅会比伊拉克战争要长，甚至会比越南战争还要长，后者持续了十四年之久。我们现在已经进入阿富汗战争的第七个年头。三位候选人都说他们将投入更多的努力。这也是一个对中国来说尤其重要的问题，因为中国和阿富汗部分接壤。

美国现任政府同时有一个阿富汗政策和一个巴基斯坦政策，而两个政策之间缺乏有效整合。美国需要一个整合的战略概念，从黎巴嫩到伊拉克，再到伊朗、阿富汗、巴基斯坦。我们也需要中国参与这一战略的形成。我们需要中国的支持和理解，因为双方有共同利益。中美在伊朗、阿富汗和巴基斯坦都有共同的利益。我们需要战略理解，这涉及大的邻国，包括印度。

在朝鲜核问题上，这届美国政府做了一件正确的事，即支持由中国提议的"朝核六方会谈"。我不知道朝鲜核问题最终会如何解决，但目前的进展比当年美朝举行私下的双边谈判要好得多。这是一个巨大的突破。在此我想借《财经》杂志由衷地向中国政府表示感谢，如果没有中国的支持，这一切都是不可能发生的。这是一个可为其他领域借鉴的模板。

记者：中国政府为即将到来的北京奥运会倾注了许多努力，你如何看待最近发生的一些风波?

霍尔布鲁克:我希望、也期待北京奥运会成为最好的一次体育盛会。我所担任主席的亚洲协会强力支持北京奥运会。就近来发生的事情,中国在申请2008年奥运会时,说过将会开放、透明,媒体可以获得自由的信息。我认为,让人们表达他们的想法是很重要的。美国人相信自由言论。控制言论不能防止问题产生。我个人倾向于美国对待信息的方法,那就是"百花齐放"。你不会喜欢所有的"花",但应让它们都开放,因为当你吸收了公众的力量,你就会从讨论中获得彼此理解和进步。

任何重大的会议,不论是联合国大会还是国庆庆祝,总会给各样人等获得公众注意力并表达其观点的机会,这是开放社会的一部分。只要是非暴力的,就是健康的。

原文摘自胡舒立、王烁编:《舒立对话:未来十年,世界是谁的游戏》,江苏文艺出版社,2011年2月版。　　鉴赏编写:骆　勤　申宝玉

89. 奥运,让文明对话
——专访国际奥运会市场委员会主席海博格
（2008年4月）

【格言名句】

我信仰奥林匹克精神,相信奥林匹克精神对于人类社会是有价值、有意义的,它会让世界变得更和平、更美好、更有生命力。

——海博格

【文章导读】

格哈德·海博格,1938年出生在挪威首都奥斯陆,是美国加利福尼亚州立大学的工商管理学硕士,除了挪威语,他还精通英、德、法、西班牙四国语言,被誉为"挪威最著名的项目经理人"。他曾任挪威唯一一家水泥企业的总裁兼CEO,长达十六年。在1995年至2000年期间,还同时担任挪威银行和挪威贸易委员会的董事会主席,是挪威阿克集团原总裁,挪威石油公司原

总裁,熟悉世界能源发展现状和相关国际能源机构。因成功组办利勒哈默尔冬奥会,1994年海博格受国际奥委会主席萨马兰奇邀请,成为一名国际奥委会委员。之后,海博格一直作为一名志愿者,无偿为奥林匹克事业服务。2001年,担任国际奥委会市场委员会主席一职。海博格说:"我信仰奥林匹克精神,相信奥林匹克精神对于人类社会是有价值、有意义的,它会让世界变得更和平、更美好、更有生命力。"

2001年,中国北京申办奥运成功后,海博格每年都会来中国六七次,了解中国的文化,并带着一颗公开坦诚的心,向朋友们宣传中国的特色文化、风土人情,以及他所知道的历史。颇让人感动的是,为了感悟中国历史,他曾经在2006年作了三天"空中飞人",乘飞机到成都,驱车四百公里赶到泸定县,跟随中央电视台"我的长征"队伍重走长征路,走完"飞夺泸定桥"那段旅程后,他深有感触地说:"七十年前中国人为了一个共同的理想做了一件惊天动地的事,而七十年后,中国人民再次团结起来,为世界举办一次奥运盛会,这是同样伟大的事情。"

奥运来到中国,国内外都有一些人士由于受到政治舆论宣传的误导,出于对政治的偏见,有许多猜忌和怀疑。即便是在北京"2008奥运圣火"已经在希腊采集,从奥林匹亚城传向世界各地之后,国内外仍有人对中国能否成功承办奥运表示怀疑,斯皮尔伯格辞去开幕式艺术顾问更是引起关注。也有人担心,中国筹办2008年奥运会投入巨大,在奥运年之后会出现经济滑坡现象。

针对这些责难和怀疑,《解放周末》记者吕林荫2008年4月独家专访了海博格。

海博格的答问简洁直爽,令人惊喜。他认为:奥运会不仅仅是关于金牌的,更是一次分享快乐、互相交流的机会,是对所有美好的催化剂。奥运会流转于世界各地,正是要为人类文明点燃"互识"的明灯。这盏灯所传递、照耀的就是人类相互包容、相互依存的梦想。北京奥运会的开幕式应该成为一扇让世界读懂中国的文化之窗,中国可以借助奥运会向世界展示中国的文明。并且他富有信心地告诉记者,中国会随着奥运会的举办更加对外开放,增强国际竞争的自信,在未来十年或者更长的时间里,中国经济将会继续从奥运会中受益。海博格以七旬老人的真诚告诉记者,每当有人对中国人不满或不够友好时,他都会认真地告诫说:"我对你们只有一个要求,带着一颗公开坦诚的心,先去中国看一看,然后再作评论。"这是一种坦荡而公正的胸怀,也是对奥运精神的最好阐释。

【对话原文】

采访在海博格入住的宾馆房间。

刚一进门,只见海博格正从里屋往客厅搬椅子,记者赶忙上前搭手,他却摇头:"这是先生们的活儿,女士请靠边。"

文明的细节,让人备感温暖。

今年七十岁的海博格,有着在狩猎和钓鱼时被阳光灼伤的深棕色皮肤,他出生在挪威首都奥斯陆,是美国加利福尼亚州立大学的工商管理学硕士,除了挪威语,他还精通英、德、法、西班牙等四国语言,被誉为"挪威最著名的项目经理人"。

他总是言谈简洁,直接到位,又时常给人惊喜。

采访开始前,他热情地询问:"想来杯咖啡还是茶?"接着又幽默道,"或者香槟?"

在场的人都笑起来。

四溢的茶香中,对话渐入佳境。

如果到奥运会结束时再问我这个问题,答案就是:我已经周游了全中国

解放周末:这是您第几次来中国了?

海博格:我还在企业工作时,就经常来中国访问,算起来,我已经来过中国不下六十次了吧。第一次来是在1976年,那个时候毛泽东主席刚刚去世。在整整三十多年的历程中,可以说,我亲眼看到了中国的变化。我很热爱中国,能见到这个东方文明古国越来越蓬勃、繁荣,发展的速度越来越快,我非常高兴。

我也去过你们上海很多次。1996年我第一次到上海,后来当我再次漫步在外滩时,它仍然和我在1996年看到的一样美丽,但城市的其他地方却发生了不可思议的变化,上海的城市发展速度之快令人称奇。我很喜欢这个开放的国际化大城市。

解放周末:2001年,中国申办奥运成功后,您一定来得更频繁了。

海博格:的确如此,这七年里,大约每年我都会来六次、七次,甚至八次。

解放周末:待的时间最长的是哪一次?

海博格：最长的一次，是我在内蒙古停留了十四天。到蒙古包里品尝了牧民的美食，还喝了牧民自酿的美酒。有时候我自己来，有时候也会带着我的妻子一起来。我去过中国的很多城市、乡村，都给我留下很深的印象。

解放周末：是怎样的印象？

海博格：印象最深刻的一点是各种文化的融合。中国有五十六个民族，大家共同生活在一起，这就是一种融合。在海南，我曾接触了几个少数民族，了解他们各自独特的生活习惯，那些与众不同的歌舞、美食，都让我流连。当奥运来到中国，能够让那么多个民族都投入其中，这就是一种成功，文化融合的成功。

解放周末：您究竟到过中国多少地方？

海博格：中国的大部分土地我都已经到过了。我还没到过云南，不过不久以后我就要和我妻子一起去了，我们还打算去西安看兵马俑，还要去看扬子江。接下来，我就差西藏没有去过了，不过6月份时奥运圣火传递会经过西藏，希望那时候我能到西藏去看一看，那是一个我很向往的地方。这样算来，如果你到今年9月奥运会结束时再问我这个问题，答案就是：我已经周游了全中国。

十四年里，我无偿地为奥林匹克事业服务，因为我信仰奥林匹克精神

解放周末：我很好奇，曾经是商人的您是怎么走进国际奥委会的？从"挪威最著名的项目经理人"到国际奥委会市场委员会主席，您又是如何完成这一角色转换的？

海博格：我曾担任挪威唯一一家水泥企业的总裁兼CEO，长达十六年。在1995年至2000年，我还同时担任挪威银行和挪威贸易委员会的董事会主席。总之，做了很长时间的商务工作。

说起我与奥运的缘分，要从在我祖国挪威举办的冬奥会说起。挪威在1988年成功申办了1994年利勒哈默尔冬奥会，但在此后一年中，由于挪威人对奥运会的看法不一致，筹备情况比较混乱。到1989年，挪威政府正式邀请我担任利勒哈默尔冬奥会组织委员会主席，希望我能带领这个团队完成筹备工作。这个全新的角色让我兴奋不已。我对自身角色的选择，并不在于一个公司它是做什么产品、涉及哪个领域，而在于是否能发挥我的领导才能。

解放周末：我们知道，1994年利勒哈默尔冬奥会取得了巨大成功，不仅在挪威，在世界上也是非常成功的一届冬奥会。

海博格：在这届冬奥会成功举办之后，时任国际奥委会主席的萨马兰奇先生邀请我加入他们的团队，成为一名国际奥委会委员。我欣然接受了这个邀请。从1994年至今，我一直都在国际奥委会服务。

解放周末：这样算来，您已经在国际奥委会工作十四年了。

海博格：说起来很多人都不相信，这十四年里，我一直是一名志愿者，不拿一分钱薪水，无偿地为奥林匹克事业服务，而且目前我的70%的工作时间都交给了与奥运相关的事务。很多朋友不能理解我为什么能坚持这么多年，他们觉得不可思议。

解放周末：是什么让您这般坚持？

海博格：是信念。我信仰奥林匹克精神，相信奥林匹克精神对于人类社会是有价值、有意义的，它会让世界变得更和平、更美好、更有生命力。

要知道，奥林匹克运动不仅仅是一个理想，它的背后还涉及经济和文化等各项运作，它是20世纪迄今为止最成功的品牌，以至于世界上许多人经常把它视为一个梦想。但是在第二次世界大战后那段时期，由于没有良好的商业运作，看护这个梦想的国际奥委会一度濒临破产。此后，经过很多人的不懈努力，最终将奥运会从一个资金匮乏、濒临破产的赛事，转变为世界上最伟大的体育奇观。

我在去年连任了国际奥委会执行委员会委员，我在2001年起就担任了国际奥委会市场委员会主席一职，今年已经是第七年了。我的主要任务就是保证奥运会持续稳定的收入来源，并科学合理地分配资源，保障这个"世界梦想"健康运转。

解放周末：现在有很多人担心，随着奥林匹克品牌的增值，它会过度商业化。在奥运经济和奥运精神之间，国际奥委会怎样找到一个平衡点？

海博格：我们对于这个"平衡"问题非常重视，我们要求在奥运赛事场馆里不得出现任何商业广告，用专业词汇描述就是"清洁场馆"。在这方面，国际奥委会一直保持高度警惕，时刻与奥林匹克运动中的商业"偷渡者"进行较量，确保奥林匹克品牌免受过于商业化的损害。

奥运来到中国，不是两种文明的对立，而是对话

解放周末：从您上任以来，已经历了1996年至2004年三届夏季奥运会,其中最让您难忘的是什么?

海博格:这三届奥运会都给我留下了美好印象。在悉尼奥运会上,当看到韩国和朝鲜的运动员手拉着手,一同走进开幕式现场时,这个场景令我深深感动。这是发自心灵的团结,这也是奥林匹克大家庭不断努力想要达成的目标,让世界变得更加和谐。

奥运会不仅仅是关于金牌的,更是一次分享快乐、互相交流的机会。奥运应该是对所有美好的催化剂。

解放周末:这一次,奥运来到中国,东西方文明要相遇,不可避免地会产生一些碰撞,您觉得这两种截然不同的文明能在差异中和谐共生吗?

海博格:把奥运带到中国,是一件值得奥林匹克历史骄傲的事情。奥运会对中国的重要性,远远超过了它对西方国家的重要性。

奥运会源自西方文明,中国则是东方文明古国,在北京举办奥运会本身就是一次不同文明对话的契机,是一次人类精神内核的相通,它一定会给不同文明和不同社会制度的国家之间的和谐交融、共同发展带来启迪。

所以说,这不是两种文明的对立,而是对话。

解放周末:如果说不同文明、不同文化间的交流需要一种媒介的话,是否可以这样说,每隔四年在世界各地流转一次的奥运会,正是为人类文明点燃了"互识"的明灯?

海博格:我非常赞同。奥运精神这盏灯,所传递、所照耀的,就是人类相互包容、相互依存的梦想。

我到过中国很多地方,有时候我会在一个地方坐下来喝一杯茶,和当地人聊起五环和奥运,每次当我讲到这些时,我看到人们的眼睛里闪烁着光芒,从这些目光中我看到了他们对奥林匹克的渴望,这让我十分感动。这让我感到,八年前我们作出了正确的选择。

解放周末:这八年来,您对北京奥运会筹备的总体情况感觉如何?

海博格:从技术上讲,北京奥运会的科技含量是历史上最高的,而所有的比赛场馆设计和建设施工都完全按照计划完成,一切都进行得非常顺利。

我们面临的最大挑战,不是在中国,而是在中国之外。直到现在,外界对中国的人文、社会、政治,都依然有着这样或那样的不理解甚至是偏见。中国在国际上的信任还没有完全建立起来。不过奥运会是一次契机,是一个向世界展示中国的千载难逢的机会,它让全世界的人都有可能来到中国,看到中国,与真实的中国进行交流、沟通,而不再仅仅是从地球的另一端遥远地看过来。

解放周末:有人担心,中国筹备2008年奥运投入如此巨大,在奥运年之后会出现经济滑坡现象,就您的观察和思考,会出现这样的情况吗?

海博格:我完全不担心。中国会随着奥运会的举办更加对外开放,而这一切都将给奥运会后的中国带来诸多积极的助推,涉及旅游业、新的商业机会和产业、投资、教育、体育和文化等各个领域。它对中国经济的积极影响不会是短期的,在未来十年或更长时间里,中国经济都将会继续从中受益。这也是奥运会总能留给主办国的遗产。

但我想告诉所有的中国朋友,奥运会能给大家带来的最宝贵的遗产,不仅是经济上的促进,而更是心理上的自信。中国有着五千年的历史,蕴涵着巨大的文化遗产,但也曾有过一段遭受外国侵略的历史,这使得中国人民在国际舞台上有时缺少自信。希望在北京奥运会之后,中国人都会明白:今天,我们可以在一个公开的国际平台上与任何人公平竞争。这种正面的自信,一定会通过奥运会的举办,留在中国,留在中国人的心中。

开幕式是一扇让世界读懂中国的文化之窗

解放周末:现在,奥运会的脚步越来越近了,人们对开幕式的关注度也越来越高。就您目前所知,它会给世界带来惊喜吗?它能体现东西方文化的交融吗?

海博格:我曾经见过张艺谋先生,我们也一起聊过开幕式。我一直对他说,别总想着如何让开幕式显得国际化,你们的责任是让世界看到中国,要呈现中国的文化特色。

开幕式的意义,在于主办国想向世界展示什么。就像1994年挪威举办冬奥会时,我就希望能在开幕式上向世人展现挪威的样子。我过去也曾和策划日本东京奥运会开幕式、闭幕式的主创人员说过,千万别把开闭幕式变成美国电视秀,而要有日本特色,这是你们尽情展现自我的机会。在中国同样如此,这是一个中国向世界展示自己的机会,不用去追随其他任何国家的审美癖好。到北京奥运会开幕式时,全世界超过一半的人口会同时通过电视收看这一盛况。这是一扇让世界读懂中国的文化之窗,我想每个参与其中的中国人都会倾尽全力。

解放周末：应当透过这扇窗去传递中国人为之自豪的东西。

海博格：的确如此，再没有比奥运会开幕式更好的机会了。

解放周末：那么，根据您目前所了解的情况，它是否符合您的预期？

海博格：答案很简单，当然是"是"。

解放周末：在我们的印象中，每每要向外界展示中国时，我们经常拿出那些传统的、老套的符号，这也是个令人担忧的问题。

海博格：请大家放心，不用担心。在开闭幕式背后有一个非常强大的团队，他们中的大部分人都有丰富的国际经验，开闭幕式一定会很成功，很美丽。

解放周末：您看到过开幕式的排练吗？

海博格：开幕式的细节对所有创作人员之外的人保密，没有记者、没有国际奥委会官员会在2008年8月8日的晚上8时前看到它。我们只看到过开幕式的基本构思，而不清楚任何实质性的细节，我们必须确保开幕式成为奉献给世界的一个巨大惊喜。

解放周末：前不久有媒体报道斯皮尔伯格辞去开幕式艺术顾问一职，这对开幕式会有影响吗？

海博格：绝对无损！忘了斯皮尔伯格吧！记住，这是中国人的机遇，你们拥有如此多的优秀艺术家参与此事，没有斯皮尔伯格什么事了。

解放周末：开幕式那天他会出席吗？

海博格：我想不会吧。我希望他离北京奥运会开幕式越远越好！

解放周末：再过三个多月奥运会就要开幕了，您对中国人民最大的期待是什么？

海博格：热情！奥林匹克精神的传递、东西方文明的对话，都需要热情。大家要看到，奥运会不仅仅属于北京，它不是办给北京人民的，它是属于十三亿中国人民的。所以，所有的中国人民，请你们都用热情来迎接圣火，迎接奥运会，迎接来自世界各地的朋友们。同时，也请以平和从容的大国心态，应对不同文化、不同意识形态对中国的审视和评价。

带着公开坦诚的心，先去中国看一看，然后再作评论

解放周末：在您回到故乡时，您的同事、亲人、朋友会向您打听北京奥运会的筹备情况吗？

海博格：每一个人都在问！我想全世界对此都充满好奇。我的妻子是教师,她来中国游历之后会主动跟自己的同事提起在中国的见闻。

解放周末:他们希望中国在哪些方面有所改进?

海博格:我觉得他们并不是带着希望中国能改进什么的心态来看待北京奥运会的,他们并没有对中国提出任何要求。相反,他们都带着一种谦虚的态度,希望了解中国,学习中国文化。

解放周末:他们打算来中国看奥运会吗?

海博格:他们每一个人都想来中国,来北京,来看奥运会,但我会对他们说:不用赶在奥运会的时候来,奥运会的体育赛事在哪里你都能看到,我希望你们在2008年北京奥运会之后到中国来,要去访问中国的其他城市,然后再来北京。北京和上海的情况并不能代表中国的全部,如果想看到完整的中国,就要去乡村,去西部。只有在中国,你才能看懂中国。

解放周末:就像您在一年多前跟随中央电视台"我的长征"队伍重走长征路一样。

海博格:对,当时,为了准时出现在"我的长征"队伍中,我当了三天"空中飞人"。活动三天前我在科威特,三天前在多哈亚运会现场,一天前从巴黎飞到了北京,又从北京飞到了成都,再从成都驱车四百公里到了泸定县,才终于赶上了正在前行的队伍。

这是一次很特殊、很珍贵的经历。我走的是"飞夺泸定桥"那段,路上还见到了杨成武将军的女儿,学到了一段对中国人民很重要的历史,也看到了原汁原味的中国。七十年前中国人为了一个共同的理想做了一件惊天动地的事,而七十年后,中国人民再次团结起来,为世界举办一次奥运盛会,这是同样伟大的事情。

解放周末:但伟大的事情仍难免遭遇误解甚至攻击。

海博格:是的。在欧洲,有一些人并不赞成我对中国的友好,认为我是在袒护中国,但是我的立场很明确,在这样那样的问题上,我都公开为中国辩护,作实事求是的说明,尽管受到了一些人的指责。

每当有些人不满我对中国的友好时,我都会反问:"你们去过中国吗?"他们都回答说没有。于是我就认真地告诉他们,我对你们只有一个要求,带着一颗公开坦诚的心,先去中国看一看,然后再作评论。

原文摘自尹明华编:《激荡:文化讲坛实录4》,上海三联,2009年2月版。 鉴赏编写:梁进学 张秋海

90. 人口老龄化挑战中国
——人口问题研究专家杜鹏教授在《世纪大讲堂》的对话
（2008年4月21日）

【格言名句】

老龄人是财富不是包袱。重视老龄问题，积极应对人口老龄化的挑战。

——杜鹏

【文章导读】

本文择自2008年4月21日杜鹏教授应邀做客香港卫视"世纪大讲堂"，讲座的题目是《人口老龄化挑战中国》，原文分为主题演讲与对话两个部分。

杜鹏，教授，1992年毕业于中国人民大学，法学博士，中国人民大学科研处处长，社会与人口学院老年学研究所所长，人口与发展研究中心副主任，民政部专家委员会委员，中国老年学学会副会长，北京市老年学学会会长，主要研究领域：人口老龄化与老龄问题、人口与发展等。

杜鹏教授主要分析了目前老龄化的各种挑战：一是我们面临的人口老龄化挑战，例如"未富先老"的问题；二是人口老龄化挑战了什么，那即是"传统的家庭养老制度"；三是中国如何应对人口老龄化挑战，包括医疗健康与长期照料服务；四是应对人口老龄化的资金挑战，也就是对我国现有公共财政支出的分配格局；五是应对老年人年龄歧视挑战，也即现有文化与代际关系是否会成为社会、家庭的严重负担。

为了使中国积极应对人口老龄化挑战，杜鹏教授提出了四个应对的举措：第一个是需要尽快建立覆盖城乡的社会保障体系；第二个是建立和完善应对人口老龄化的政策法律体系，为居家养老创造条件，对老龄社会作出长远的规划；第三个是要积极实施老龄化战略，利用老年人的潜能造福社会；第四个是加强代际沟通和理解，促进代际的平等和团结。

对话中，杜鹏教授还谈到了弹性退休制度、社会化养老、关心残疾老人、鼓励发挥老年的作用等。

俗话说"家有一老如有一宝",杜鹏教授说要正确认识和对待老年人"老龄人是财富不是包袱。重视老龄问题,积极应对人口老龄化的挑战"。

中国的尊老文化活动,让我们共同积极思考和应对老年社会的到来,努力使我国的老年人获得真正意义上的幸福晚年。

【主题演讲】

王鲁湘:美国战略与国际研究中心在最近的一份关于21世纪中国养老问题的研究调研报告中预言,中国即将经历一次惊人的人口转变,一个原本年轻的国家将老龄化。那么中国社会的老龄化现状如何?我们又该如何应对人口老龄化的挑战?关于这些问题,我们荣幸地请到了著名的学者杜鹏先生。

杜先生,对整个社会的人口老龄化问题,我觉得在历史上好像有两个截然相反的看法。在传统社会里,特别是农业社会以前,尤其是原始社会里,显然把老年人看成是社会的财富,因为他们是知识和智慧的象征。进入工业化社会以后,老年人好像变成了社会的负担,对老年人口在社会总人口中所占比例,往往趋于一种负面的评价,那么您对老龄人口是一个什么样的评价?

杜鹏:确实经历了这样一种转变。也就是说在长期的人类社会历史中,老年人的比例非常低,在过去叫人活七十古来稀,所以说这部分人口非常少,而且在农业社会时代,老人往往控制着许多资源,比如说家里的财产,比如说老人丰富的农业生产知识,老人有很高的地位,所以说在那个时候,老年人的问题不是非常地突出。

但是工业化以后就出现了一个改变,比如说许多年轻人从事的这些现代化的生产,老人可能并不懂。同时人的寿命在延长,随着老年人口比例的提高,老龄化对整个社会的影响也在加剧,以往老年人自己的问题越来越多地转到了对社会经济发展的影响,所以引起越来越大的关注。

王鲁湘:中国的养老方式中,我们大家比较熟悉的,一个就是由政府举办的社会基本养老,这大概是这些年才开始有的。还有一种就是传统的家庭对老人赡养的这样一种养老方式。还有一种比较多的就是挣工资的人自己每年存点钱进去,属于个人储蓄为主的自身的养老。这三种养老的方式中,您觉得在我们目前的实际生活中,哪一种方式发生的作用更大一些?

杜鹏:从现在来看,起作用最大的还是社会保障,就是基本的养老保险。虽然个人的商业性养老保险也在推行,但是这个比例现在非常低,大概1%左右。更多的老人还是在靠自己的劳动,靠他的家庭的亲属在给他养老。从长远来看,我觉得还是基本的养老保险更加重要。

王鲁湘:但是中国是一个三农问题非常突出的国家。这种社会的基本养老保险在城市里做得都不是特别地完善,在广大的农村地区,推行起来更是困难,有些地方甚至完全无法推行。随着市场化和城市化进程的推进,很多农村的年轻劳动力又转移到城市里,而且不可能再回到农村去了,剩下在农村这一部分老人的养老问题实际上在恶化。应该怎么办?

杜鹏:过去是以家庭养老作为农村养老的一个基础,但是现在,人口流动的问题,劳动力外出的问题,使农村养老的问题越来越突出,我们也管它叫做"三八六一九九"现象,剩在农村的主要是老人了,但是绝大多数老人现在还没有基本的养老保险。随着我们城市化进程的推进,城市居住人口现在达到了百分之四十几,接近50%,逐渐地会有超过一半的人生活在城市里。所以农村的老人数量慢慢在缩小。随着社会经济的快速发展,养老保险应该说逐渐从低水平到高水平,起码先覆盖这部分人。给他们建立一个基本的养老保险,难在什么地方呢?城市里工作的人可以从他每月的收入里扣一部分钱,加入这个养老基金。而农民没有每月的收入,特别是这些老人,他们已经超出了工作年龄,所以就需要一个特殊的办法,需要国家的政策先把这部分人覆盖进来,不能够再去沿用那种传统的靠家庭来解决养老的方式。

王鲁湘:好,下面我们以热烈的掌声欢迎杜鹏先生的演讲。他今天演讲的主题是《人口老龄化挑战中国》。

一个庞大的群体:至2007年年底,中国大陆六十岁以上的老年人口已达1.53亿。

一个紧迫的问题:人口老龄化将至少伴随中国一百年。

养老制度、奉老传统、多老现状,中国如何直面未富先老的窘境?

杜鹏:大家好。今天我演讲的题目是《人口老龄化挑战中国》。我想讲三部分内容。第一部分就是我们面临的人口老龄化挑战,第二部分就是人口老龄化挑战了什么,第三部分是中国如何应对人口老龄化挑战。

第一部分,首先我来介绍中国面临的严峻而紧迫的人口老龄化挑战。

可能大家已经了解，人口老龄化指的是老年人口占总人口比例不断上升的一种动态过程。比如说 20 世纪五十年代，我们六十岁以上的老年人口只有 4%，逐渐提高到 5%，6%，到现在超过了 10%，这样一种老年人口比例不断上升的过程，就被称作是人口老龄化。现在许多人都把人口老龄化当作是问题，直接就在说人口老龄化问题，实际上人口老龄化是社会经济发展的成就，当然它也带来了挑战。就是说，随着社会经济的发展，出生率和死亡率会逐渐下降，这其中表现出来的就是每个家庭子女数的减少以及平均预期寿命的延长。当然发达国家和发展中国家相比，往往是发达国家的老年人口比例要高，人口老龄化程度要高。中国的不同地区，东、中、西部相比，也可以看出这样一种趋势，就是社会经济发展的程度和人口老龄化密切相联系，所以我们说人口老龄化是社会经济发展的一个成就。但是同时，人口老龄化毕竟挑战了现在一些基本的社会安排。我们历史上从来没有过今天这么多的老人，到 2007 年年底，全国六十岁以上的老年人口已经达到了一亿五千三百万多，如果加上退休的人口，因为有一些人五十几岁，甚至于四十几岁就退休了，这个问题会更加突出。现在全国的老年人口比例是 11.6%，我们是第一个老年人口数量超过 1 亿，当然现在是超过一亿五千万的这样一个国家。

随着 20 世纪五十年代出生的人陆续进入到退休年龄，我们的老年人数会迅速地增长。因为 20 世纪五十年代是我们国家的第一个出生高峰，20 世纪六十年代初期是第二个出生高峰，随着出生高峰出生的人口进入到老年，老年人口数会在很短的时间内迅速地增长。按照现在的预测，到 2014 年，我们的老年人口数就会达到两亿人。2014 年，再过十二年的时间，我们的老年人口数就会净增长一亿人，达到三亿人。到 2041 年左右，我们的老年人数就会超过四亿人。将来的老年人口的增长高峰会在 2055 年左右出现，这个时候六十岁以上的老年人大概在四亿五千万左右。按照现在的预期寿命和现在的生育水平推下去，到 2100 年，我们的老年人数虽然会比 21 世纪的五十年代稍微下降，但是即使到 2100 年的时候，我们的老年人口总数也不会少于三亿五千万。换句话来说，我们现在面临的许多问题可能十年，二十年就可以解决，但是人口老龄化的问题是要伴随我们一百年甚至于更长时间的，在更长的时间内，我们都会面临非常庞大的老年人口。所以我们现在就需要采取措施，需要全社会能关注人口老龄化，及早地做出准备。我们面临着这样一种严峻而紧迫的人口老龄化挑战。

许多人都说,你现在说的是2050年以后的事,为什么要操心那么长远的事呢?实际上2050年,我们现在说有四亿多老年人,我们不是在谈论少生一些人,到那个时候能减少一些老年人口,而是说在1990年以前出生的人现在已经十八岁了,这些人到2050年才能够活到六十岁以上,而这部分人已经出生了,而且现在就生活在我们身边,所以我们现在就应该做出长久的打算来迎接人口老龄化的挑战,这种打算不是在为我们不相干的人,是非常现实的一个问题。这是第一部分,我们说面临的严峻而紧迫的人口老龄化挑战。

严峻的老龄化形势,
紧迫的人口增长压力,
突显了现状的哪些不足?
未富先老的国情是否意味着个人退休的提早到来?

第二部分,我想讲一下,这样一种人口老龄化形势形成了什么挑战。1998年10月1日,在联合国确定的国际老年人年的启动仪式上,联合国前秘书长安南说了一句非常经典的话,他说,人口老龄化是一场无声的革命,它远远超过人口统计学的范围,它将影响我们的政治、经济、文化、社会的方方面面。这是什么意思呢?我们看看周边,可能今天多了几个退休的老人,明天又多了几个,并没有觉得有多大的变化。但是过十年、二十年,你会发现,我们的社会里将会有更多的老人,更少的小孩,这种状况在改变我们社会的结构。

人口老龄化对我们的挑战,主要突出地表现在以下一些方面。

第一,它挑战了我们现在未富先老的这样一种国情。也就是说在一些发达国家,人口老龄化是在长达一百多年的时间里,随着它的社会保障制度的建立,医疗保险的发展,老年人口比例逐渐地提高到现在这样一个高水平。而我们是在非常短的二十多年的时间里,平均的生育水平从生育五个孩子降到现在的一点几个孩子。我们的平均预期寿命从新中国刚刚成立的1949、1950年的只有四十三四岁,发展到现在全国平均寿命七十三岁,进入了一个长寿的时代。这样一种情况下,老年人口比例急剧地提高,虽然改革开放以来三十年的时间里面我们的经济发展速度非常快,但是我们横向地和发达国家相比,在它们达到我们现在的人口老龄化水平的时候,经济要比我们更加富裕。当然也有许多经济发展比我们慢的发展中国家也表现出来老年人口比例上升的趋势,但往往没有我们高。所以说中国是在短时间,在经济还没有发展到很高水平的时候,面临着和发达国家类似的人口老龄化问题。

从另一个方面来说,一些发达国家,像日本,六十五岁以上老年人口比例已经达到了21%,而我们现在是8%,但是为什么我们只有8%的老年人口的时候,就已经觉得这些问题非常严重了呢?就是因为我们缺少必要的准备,我们绝大多数的老人还没有被覆盖在社会保障制度里面,我们绝大多数的老人还没有医疗保险,现在很多老人独立生活,他们又没有这方面的保障,还需要养儿防老,因此,这种老年问题突出地表现出来了。

第二,它挑战了我们传统的家庭养老制度。历史上,我们老年人的赡养问题有两个明显的特点,一个就是靠的子女,俗话叫多子多福。另外传统的观念,不但要有子女数量上的优势,还有共同居住这样一个条件,所以说古代历史上,大家都非常推崇四世同堂,这是家庭养老的一个基础条件。就是说有足够的子女数,有共同生活的条件,老人能够控制家里的资源,子女必须孝顺,你要不孝顺的话,他可以在许多方面,比如婚姻、财产方面来控制子女。而且我们现在面临的挑战是,在人口老龄化的过程中,大量的农村的年轻人现在开始离开农村到城市里工作,现在这个数量在两亿左右,而留在农村主要的是一些老年人。我们过去在农村家里边种地的主力是年轻人,而现在在农村,老年人正在成为农业生产的主力。当然说他现在身体还比较好,而我们现在城市逐渐实行一种新的政策,使流动人口能够留在城市生活,融入城市的社会生活。这些打工的人不是短时间内就要返回到农村去,他可能会在城市打工,寄回来更多的钱。老人虽然收到更多的钱,但是老人必须承担在农村的生产主力这样一种角色,同时还面临着一种风险,就是再过五年、十年,当他身体不好的时候,当他需要别人照料的时候,子女不在身边。我可以介绍一个数字,现在全国六十五岁以上的老年人,有47%是单独生活在家里的。所以说传统上老人往往是和子女生活的,而实际上现在将近一半的老年人是一个人在生活,或者是老两口在生活。这种情况在动摇我们传统的家庭养老制度,儿女不和父母在一起生活,不能够提供照料,虽然老人钱多了一些,但在农村,你很难去靠雇一个保姆来解决这些问题。

第三个挑战,它在挑战我们的医疗健康和长期照料服务。也就是说现有的体制还没有很好地向这个方面转变。比如说我们现在确实是进入到了长寿时代，我们平均预期寿命达到七十三岁，东部地区达到了八十岁，但是活得长，是不是就等于活得好，这是给我们提出的一个新挑战，也就是说寿命延长了，但是延长的寿命是不是能够有很好的质量。我们可以看出来，在人口老龄化的过程中，老年人口已经占了残疾人口的半数，处于残疾状态的老年人在增多，有许多老人因为生病，因为残疾生活不能自理。根据2004年的调查，全国六十岁以上生活不能自理的老人的比例占到了8.9%，虽然不到10%，但是要乘上我们一亿五千多万的老年人数，也就是说现在躺在床上，生活不能自理，不能自己吃饭、穿衣、上厕所、上下床，身边必须要有人照顾的老人，折合成我们现在的绝对数是在一千二百万以上。即使按照现在的生活不能自理的比例，实际上这个假定是有问题，因为从1994年到2004年，不能自理的比例不但没有下降，而且现在是在提高的，我们就假定它现在维持在2004年的水平不变，随着我们的老年人数增长到四亿多人，到2050年的时候，预期生活不能自理的老人就将达到五千六百万人，而现在全国所有的养老机构的床位加在一起是一百七十三万张，也就是说它仅能够容纳非常少的一部分，也就是只有1.1%、1.2%的生活不能自理的老人可以依赖于这种机构养老，而大多数是需要家庭的照料，这是对我们的长期照料服务的挑战。

对于医疗健康的挑战，随着年龄的上升，还有一个年龄结构的问题，就是说六十岁的时候，可能3.2%的人生活不能自理，但我们可以看一个关键的点，到八十岁至八十四岁的时候，就有四分之一的老年人生活不能自理，到八十五至八十九岁的时候，三分之一的老年人生活不能自理，到九十岁以上的时候，就有一半老年人生活不能自理。所以说我们的社会面临的挑战是，在追求寿命长度的同时，应该加大对生命质量的关注。另外一方面，随着高龄老人的增多，医疗费用也在增多，也就是说有许多老人患的是慢性病，不是短时间可以治愈的，需要长期的医疗费用的支撑。所以说它挑战了我们现在的医疗健康和长期照料服务。

第四个，更重要的，对于社会来说，它挑战了我们现在的公共财政支出的分配格局。就是说需要政府的财政支出越来越多向老年人的需求倾斜，这也是许多发达国家面临的一个问题。就是说这种财政支出就只增不减了，必须要保证退休金，必须要保证医疗费用的报销。随着我们前面讲的老年人口趋势的变化，它对财政的影响会日益地明显。

第五个是我特别愿意强调的一个,就是文化,也就是说它在挑战我们现有的文化和代际关系。我们现在怎么看老人,我们是把老人当作是一种负担,还是一种财富?如果他是一种财富的话,怎么去开发、利用,使老年人能够发挥财富的作用,能够参与到社会发展中来。如果我们把他当做是一个负担,我们就会看到,随着老年人数增长到两亿、三亿、四亿人,你会觉得社会负担越来越重,而老年人本身在发生很大的改变,受过教育的,在大生产的方式下,曾经工作过的他有这种愿望参与社会的发展,人越来越多,身体也可以,而社会是不是给了他这样一种机制,给了他这样一种机会。如果说我们不能够利用好这部分人,就会形成对老年人的歧视,随着人口老龄化的发展,我们会越来越觉得这是一个突出的问题,会影响到社会的发展,同时会造成代际之间的隔阂,年轻人觉得老人是负担,老人可能会埋怨年轻人,也不利于我们形成和谐的代际关系,建设和谐的社会。

所以我们需要思考,如何形成这样一种文化,给老人创造机会,使他们施展自己的才能,只有这样才能够有利于解决人口老龄化带来的这些挑战。

一个国情,五种挑战,

应对人口老龄化需要什么样的具体措施?

如何让农村养老不再成为脆弱的伤口?

第三部分,在了解了这些挑战之后,我们如何更好地去应对这些挑战。基本的一个战略应该是重视老龄问题,积极应对人口老龄化挑战。在我们许多重要的文件里也已经制定了这样一种战略,但是我们还面临着一些迫切需要解决的问题。

第一个是需要尽快建立覆盖城乡的社会保障体系,特别要不断提高保障水平,这是我们现在迫切需要做的。我们可以看到许多宣传报道都在讲城市里退休老人的生活,社会保障制度在城市的推进取得了很大的进步。但是退休制度及社会保障的水平仍然面临许多新的问题,需要不断地加以解决。比如说企业和事业退休人员之间的退休费不平等,比如说早退休的人,也就是现在七八十岁的人和晚退休的、刚刚退休的人之间在退休金上也有巨大的差别。这些是现在城市面临的问题。

在这里我想更加强调的是我们的农村,我们感觉城市的养老问题更加突出,实际上农村的问题比城市更加突出。因为1982年以后,农村的老年人口比例就一直超过城市,也就是说城市老年人口比例高,但是由于大量年轻人外迁,留在农村的老年人口比例要远远高于我们现在的城市,而农村恰恰是社会保障覆盖率低,医疗保险制度覆盖率低,或者说保障的层次相对来说不高的地区。所以,我们特别需要关注人口老龄化更加严重的地区——农村,应该像对待城市那样加大对农村的关注,加快完善农村的社会保障制度。因为现在农业生产的劳动力在迅速地老龄化,农村生产的主体现在很多都是老人。同时,农村的养老问题在这样一种背景下,需要和城市获得同等的重视。

第二个是建立和完善应对人口老龄化的政策和法律体系,为居家养老创造条件,对老龄社会作出长远的规划。我们将面对的是长达一百年,甚至于更长的这样一种人口老龄化的趋势,可能需要很多届政府来制定相关的政策,不断地解决这个问题,怎么样使这些制度安排固定下来,我想以法律的形式能够把一些好的政策更好地固定下来。所以我们需要建立和完善法律和政策的体系,特别是对于长达上百年的时间里我们所面临的严峻挑战,应该及早有一个长远的规划。比如说,现在我们的养老床位不够,再往后我们会遇到两亿、三亿、四亿的老人,那么在兴建新的养老机构的时候,能不能提前在一些老年人口比较密集的地区,预留出一些将来兴建养老设施的土地,而不至于到了那个时候,土地价格已经非常高了,要么找非常边远的地方,要么,就在花很贵的地价买来的土地上建养老机构,它的入住费用肯定又相应地提高,使许多老人不能够入住。所以说面临着这样一种趋势,我们可以做一些长远的规划,预留出一些养老服务的土地。

从政策的角度来说,我们从1997年开始实施《老年人权益保障法》,到现在已经十年多一点了,我们的社会经济发展,人口老龄化形势发生了很大的变化,这个法现在也在加紧地完善,一些相应的规定现在也遇到新的挑战,比如说1997年实施的《老年人权益保障法》里面,其中有一条规定,老年人养老主要依靠家庭,我们现在回过头来看,养老如果主要依靠家庭,要家庭负担许多方面的责任,比如说经济上的供养、生活上的照料、精神上慰藉,现在看来是不太现实的。而现在许多的家庭要依靠社会保障制度来提供经济上的供应,所以在这里,我觉得应该适当地强调社会的责任,比如说从政府社会保障制度的角度来说和家庭重新确立这种责任的分担。家庭确实是有不可推卸的责任,但是如何发挥政府的主导作用也是很重要的。因为许多形式和我们的政策是连在一起的,比如说我们的独生子女政策,我们的计划生育政策，这些社会政策对现在的养老问题是直接产生影响的。所以说在养老的过程中要适当地考虑到政策上的衔接，在法律里面适当地加大政府的责任。

第三，要实施积极的老龄化战略，利用老年人的潜能造福社会。我们的老年人口是越来越多的，这些老年人中很多是富有知识，富有创造力，富有活力的，怎么能发挥他的作用，积极老龄化战略是世界卫生组织提出来的，也是我们应对人口老龄化的一个非常好的战略，也就是说要尽可能使中青年人保持一种健康的状态活到老年，进入到老年的人尽可能减少处于残疾状态的比例，能够有更高的生活质量，而不仅是寿命的延长。这是说，他们在有一个健康的老龄身体之后，能够更好地参加到社会的发展中来，而不被看作是社会发展的负担。实际上很多老年人有这种能力，有这种愿望，需要的是我们给他机会。

第四个需要做的就是加强代际沟通和理解，促进代际的平等和团结。我们这个社会应该创造一些条件，让代际之间先有交流、理解。能够互相了解对方，才能够用一种欣赏的眼光去看待对方，才能够有这种发自内心的尊重和孝顺，才能有良好的代际关系。否则的话，孝顺、尊重只是一种符号，一种观念。你可以问年轻人，你愿意当孝子吗？没有人说我不愿意当孝子，谁都想孝顺，但是一旦落实到行动上，很多人就不是这样了，为什么？许多人口头上说，我们要尊重老人，老人是社会的财富，为什么到了公共汽车上，就没有人给老人让座呢？这中间缺少沟通和理解的环节。我们的社会需要通过许多方式开辟代际交流的渠道，比如说，我们曾经做过老年电影节，比如说我们可以办报刊，通过这些交流渠道，不是说老人只和老人聊，年轻人只和年轻人聊，而是希望有一种跨越代际之间的交流和理解。

我上面讲的应对之法，很多是政府才能做的，或者是需要人大通过制定法律来做的。有一句话讲得非常好，家家有老人，人人都会老。如果不通过现在的中青年人积极地加以解决，将来这些问题也会落到现在的中青年人身上，所以说应对人口老龄化挑战的这些措施和制度的建设，不仅仅是跟我们不相干的老年人的事情，它是在为我们今后长达上百年，甚至世世代代的老年人能够有一个更好的生活作出努力或者是贡献。应对人口老龄化挑战，我想每个人都可以采取行动。

联合国也曾经提出要实现一个战略目标，就是建设一个不分年龄、人人共享的社会。这个人人共享的社会，并不是说你挣多少钱我也挣多少钱，而是说在社会发展的过程中，能够考虑到老年人的需要，能够使老年人共享社会发展的成果，而不是形成一个越来越富的中青年阶层，老年人越来越穷，越来越被边缘化，越来越靠边站，不能够融入到社会发展过程中。在中国，这样一个目标也非常重要，我们要建设一个和谐社会，同时也是力争建设一个不分年龄，人人共享的社会。

这种思想不是现在才有，非得联合国提出来，古代的文献，比如说《孟子·梁惠王上》里面就提到孟子的思想，"老吾老以及人之老""幼吾幼以及人之幼，天下可运于掌"。如果我们能够用这样一种心态推己及人地关心我们自己家里的老人，爱护自己家里的老人，能够用这样一种态度也去关心别的老人，爱护别的老人，全社会都来关注老龄问题，这样会更加有利于社会的稳定及和谐社会的建设，它关系我们每个人、每个家庭生活的幸福。

老幼及人是一个社会和谐的基础。

中国能否实行弹性退休年龄制度？

鼓励老年人参与社会，是否会加剧就业矛盾？

【对话原文】

王鲁湘：非常感谢杜鹏先生精彩的演讲。谈到养老，就离不开退休这个话题。据我了解，在一些欧洲国家，比如说德国、意大利、瑞典都实行弹性退休年龄制度。中国的退休年龄普遍是很低的，而且很多地方是一刀切，不分你的职业，工作性质，也不分你的身体状况，一刀切，到这个点就全下。因此很多人都关心，作为应对人口老龄化的一个措施，中国在未来，是否也考虑实行弹性退休制度？

杜鹏：2002年，在马德里老龄问题世界大会上，它通过的会议行动计划里面就有一条，就是努力向这个方向发展，最终的目标还是会向弹性退休制度发展，但是其中也有一句话，就是每个国家结合自己的情况。比如说现在实行弹性退休制度的国家有很多，它还是缺少劳动力，弹性退休制度实施了之后，实际上退休年龄反倒是在下降的。比如说美国，65岁是可以获得百分之百社会保障金的年龄，但是它平均的退休年龄只有62岁，在这种情况下，它实施的是弹性退休制度。但是大家认可说可以向这个方向去努力，也就是说不以年龄来评价一个人的能力，不像现在60岁就一定要退休，逐渐地考虑到每个人年龄、能力的差异以及工作愿望,但是在中国,由于现在劳动力还是非常地丰富。

王鲁湘:相对过剩。

杜鹏:我觉得在中国离实施弹性退休制度的时间还会比较长。

王鲁湘:要再往后推一点。在座的同学,可以就自己关心的人口老龄化问题向杜教授提出来。

观众:杜老师,您好,非常感谢您给我们带来这样精彩的一课。我们知道,家庭养老还是我们国家的养老传统,还是目前最主要的一种养老形式。那么对于那些患慢性病尤其是生活不能自理的老年人来说,照料他们的责任就落在了他们的配偶或者是子女的身上,这样就给他们的家人增添了很多负担,尤其是像很多中年妇女,她们不仅是作为一个照料者,而且同时承担多种角色,作为一名妻子,同时还有可能是一个未成年人的母亲,同时还有可能是一个工作者,这样多种角色会给她们带来很多压力。您如何看待这种问题? 就是我们的社会该给她们一种怎样的支持和关心来减轻照料者的压力和负担?

杜鹏:好,谢谢你提的这个问题。其实这也是很现实的一个问题,我们前面说,有许多的家庭现在家里面有需要长期照料的老人,我觉得解决的办法是我们需要发展社会化的养老。仅仅给他这样一种社会化的服务,我觉得还不够,我们应该努力的方向是承认这些妻子或者家里边照顾老人的这些儿媳妇,或者是他的儿子的这种贡献。在发达国家,已经有这样一些做法,如果家庭不给他提供帮助,就要送到养老院里,从政府的角度就要付出更大的代价。现在你在家里面照料老人,国家承认你这种贡献,给你一些补贴,对这些子女给予鼓励,而不仅仅是一种口号,而是给他一种切实的经济上的支持,承认他这种贡献,不比他在外边挣工资的价值低,他也是在为家庭、社会尽了力,减轻了负担。

观众:杜教授,您好。我有一个关于残疾老人的问题。2006年的残疾人调查发现,在残疾人当中,残疾老人超过一半以上,对于残疾老人而言,他们的康复需求就非常重要,在人口老龄化的过程中,也呈现出残疾人口老龄化和老龄残疾化的特点。我的问题是在我国未富先老的状态下,如何有效地满足残疾老人的康复需求,或者说如何应对残疾老人的康复需求所带来的挑战。

杜鹏:2006年,国家第二次残疾人抽样调查的结果确实使我们更加关注到老年残疾人的问题。1987年的残疾人抽样调查,全国的残疾人数5 500多万人,到了2006年的残疾人抽样调查,我们就有8 296万残疾人,其中的53%,4 400多万人是老年人,也就是说我们现在残疾人的主体已经成为老年人,而且在这两次间隔了十九年的调查中,残疾人增长的人数里边,75%是老年人,所以说人口老龄化也在导致现在老年残疾人的增多,老年残疾人成为残疾人越来越重要的一部分。我觉得他的康复需求是非常现实的,以往大家都觉得主要是治疗,怎么去康复好像是对青少年的事情,对老年人这部分关注不够。但是我觉得,随着老年人预期寿命的延长,应该有一些专门的机构加大对老年人提供康复服务,包括一些助残的服务,比如说他走不了,但是你可以给他一个轮椅,给他一个拐杖,或者说他听力不好,你给他一个助听器,他可能就可以与人沟通,他就不会陷入孤独。稍微给他一些帮助,这些老人就可以融入到社会里,就减轻他的问题。整个残疾人里边老年人迅速的增加,我觉得还有一个需要重视的就是,不要紧盯着老年阶段残疾人的增多,因为有很多人是出生或者年轻时候处于残疾,这些人现在活到了老年阶段,使得老年阶段的残疾人增多了,所以说预防残疾人口的老龄化,应该从年轻阶段就开始预防,加强那个时候的康复,就不会使越来越多的人累积到老年阶段,加大了老年人残疾的比例。

观众:杜教授,您好。我有一个问题,您在演讲的时候提到过,就是我们应该发挥老年人的力量,鼓励他们更多地去参与社会。您最后也提到,在未来的一段时间内,咱们国家会处于一个人口红利的时期,这段时期年轻人会占绝大多数,在现在年轻人面临就业压力比较大的这种情况下,我们鼓励更多的老年人去参与社会,会不会与年轻人的就业产生矛盾呢?

杜鹏:好。我觉得这也是一个非常有挑战性的问题。因为从积极老龄化战略出发,我们确实是在鼓励老年人能够积极地参与社会生活、社会生产、社会活动。但是在这里面要明确这样三个问题。第一个就是我们并不是说他要从事的是就业型的活动,或者是有报酬岗位,年轻人要端这个饭碗,你非得去把这个饭碗抢过来,老年人可以以多种形式参与社会。比如说现在社区里边有一些老年志愿者维护社区的治安,在许多公共交通区有许多老年人在维护公共的交通,有许多老人在关心教育下一代,这都是老年人参与社会的形式,发挥他们的经验、他们的价值。所以我觉得,不一定非形成一种生产性岗位的竞争。第二个，这是需要进一步研究的问题，老年人能从事的工作和年轻人从事的工作是错开的，就是说老年人能够胜任的一些工作往往是有经验的，不太需要体力的，比如说我们许多的民间绝活，我们许多传统的手艺，他不做，年轻人也做不了。而年轻人做的许多工作，比如让他去当保安去，可能老年人也不会去抢他这份工作，就是说从社会的角度来说，我们也需要进一步去考虑，到底老年人的优势在哪，年轻人在哪，并不是在抢同样一种职位。第三个，我觉得从长远来看，老年人就业只是少数一部分，老年人参与社会是他们的一项权利，应该说我愿意参与到社会生活中来，我和别人的就业一样，都有各自的权利。只是说社会提供一种机制，让每个人都发挥自己的能力，不存在为了给别人留出一种机会，老年人就必须要往外退，从老年人的角度来说，这是不公平的。我觉得在这个方面，需要注意这样三个问题。

王鲁湘：中国文化是一个尊老的文化，"老吾老以及人之老，幼吾幼以及人之幼，天下可运于掌"，孟子的话曾经成为中国历代统治者的座右铭，也成为以德治国的理想。人口老龄化是现代世界一场无声的静悄悄的革命，人口老龄化也将成为伴随中国一百年的长期挑战，需要我们整个社会和数代的人积极地应对。

原文摘自凤凰卫视著：《世纪大讲堂》，辽宁人民出版社，2007年1月版。
鉴赏编写：刘　弘

91. 应对气候变化
——中国工程院院士丁一汇访谈
（2009年4月1日）

【格言名句】

其实应对气候变化，个人是非常重要的。如果个人做好了，整体就会做好，国家就会做好。

——丁一汇

【文章导读】

本文选自气象出版社《气象变化高端访谈》,张锦根据记者对丁一汇采访的内容整理。(2009年4月1日发表)

丁一汇,1938年10月16日出生,安徽亳州人,研究员,博士生导师。1963年毕业于北京大学地球物理系,1967年毕业于中国科学院研究生院。历任中国科学院大气物理研究所研究室副主任,国家海洋局海洋环境预报中心副主任兼国家海洋预报总台台长,中国气象科学研究院副院长,中国气象局国家气候中心主任等。在中国灾害性天气、气候变化以及亚洲季风方面作出创造性研究。获世界气象组织(WMO)杰出贡献奖、何梁何利奖,国家科技进步一等奖、二等奖,自然科学二等奖等多项奖励。2002年7月5日国家科技领导小组邀请他在中南海举办的科技知识讲座中作《气候变化问题》报告,得到国家领导人的高度评价。2005年,当选中国工程院院士。

我们生活的这个行星,它的名字叫作地球,大多数人都会把她称为"我们的母亲",因为有她,我们才可以生存。如今的环境问题成了全球性的一个大问题,从记者的采访中就可以看出全球变暖问题给人类带来了一系列的气候问题。各种极端气候事件频率增加,包括海平面上升、干旱化、暴雨频率增加、冰冻圈的融化等。围绕着气候变暖这个话题也出现了许多的争议。气候变化是否是人为造成的就是争议之一。在丁一汇看来,从长时期来看,可能自然因素是主要的,从现在来看,人类活动影响主要是工业化以后,也就是1750年以后的气候变化。

全球变暖已经是个不争的事实,但也存在很多的不确定性。丁一汇觉得这与云层有关,云层的厚薄跟气候的变暖有极大的关系。比如低云多了,就会变冷,高云多了,就会变暖,所以得到的温度可能就会有误差。因为云既能反射,又能吸收太阳光。云多了,反射更多的太阳光,我们的地球就变冷了,如果云少了,它反射的太阳光也少了,地球就变暖了。他指出水汽、海洋、二氧化碳本身碳循环的反馈也都会影响气候。有人比喻说,在地球这个大水缸里可用的淡水只有一汤匙,而这一汤匙水又遭到严重污染。丁一汇讲到如果水的自然系统损失20%~30%,很多动植物就要灭绝。同时,将有几亿人的淡水供应发生困难,粮食安全也会受到明显威胁。而中国的变暖趋势可能略超过全球。

这并不是危言耸听,而是正在发生的事实。如,处于西南地区的四川,又处于盆地,那里大多是工业重地,还有许多金属物质的开采,导致那里的二氧化碳排放量大,二氧化碳变成硫酸盐,导致西南地区温度升高。气候的变坏导致中国水资源急剧下降,洪涝灾害频发,这几年北方及西北地区出现的水资源紧缺现象,无疑给我们敲响了警钟。人类并不是知足的动物,人一多有了发展就有了利益,在发展的过程中人们都忘了保护自己赖以生存的地球,而是在不断使它的破坏程度加重。人类无休止地向大自然索取,要她郁郁葱葱的绿色变成煮食美味的黑色木炭,将她一条条美丽的河流变成污水的载体,将她蓝蓝的天空变成布满破洞的抹布。人类还在不同的地域中,一天一天地挖着坚硬的地球,妄想把她身体里的每一样元素都榨取出来,却听不见地球的呻吟和叫喊。

如今,大家对自己生活的环境有了些感觉,知道再在这种环境下生活人类会灭亡,于是有了环境检测系统,它每天告诉人们空气指数,但仅仅靠这个会有用吗?答案是明确的,是不会的。

丁一汇指出:应对气候变化造成的灾难,个人的因素也是非常重要的。如果个人做好了,整体就会做好,国家就会做好,它代表了不同层面的作用。我们每个人都生存在地球上,不可以再坐视不理环保问题,我们应该主动做到节能减排,节约一滴水、一度电。环境保护应该从你我做起,从身边的小事做起,从现在做起。

【对话原文】

记者:1980年1月您在美国气象学会年会提出了一系列气候变化的问题,那么我们想知道是什么样的问题激起您对研究气候变化的渴望呢?

丁一汇:那个时候刚提出厄尔尼诺对气候的影响,也就是东太平洋热带海面温度的增加,如何影响全球气候的问题,那时我正在美国工作,研究台风的气候学问题。我在会上听了很多关于厄尔尼诺的报告,如厄尔尼诺如何影响季风,影响全球的气候……所以激起了我浓厚的兴趣。

记者:那您是什么时候真正开始研究气候变化的?

丁一汇:20世纪八十年代中期以后,中国参加了多国别组织的热带大气和海洋联合观测,到西太平洋和太平洋地区进行考察,测量海气交换,以研究厄尔尼诺是如何发生,又如何影响气候的。从那个时候开始,中国派了很多考察船,海洋局、中国科学院还有中国气象局都参加了太平洋考察。从那时开始,我就真正开始研究气候变化问题了。

记者:2007年IPCC发布了第四次气候变化评估报告,在这个报告里有哪些新的结论和新的科学事实呢?

丁一汇:至少有三个方面非常值得我们关注。第一,就是温室气体,特别是二氧化碳浓度的增加是非常明显的,可能超过了历史上几十万年的变化幅度。第二,对我们影响最深刻的就是气候系统包括地表的温度,大气的温度,海洋的温度,从近百年的观测记录来看都是上升的。第三,就是我们现在也能够用气候模式预测未来一百年,甚至更长时间的气候变化。

记者:近五十年,气候变暖主要受哪些人类活动影响?

丁一汇:首先是矿物燃料的燃烧,包括石油、煤炭和天然气等。第二方面就是土地利用变化,比如说原始森林,特别是热带雨林被砍伐掉了,它就变成荒漠的土地或者变成农田、城市,这些都会改变气候。第三方面是农田施肥,会排放出甲烷,也会产生氧化亚氮,另外矿山的开采、建筑材料、冶金工业、电力工业等都会排放出不同的温室气体。

记者:人类活动不仅排放温室气体,同时还有一些气溶胶,像黑炭、硫化物。气溶胶会使地面温度降低,它能否平衡一些由温室气体所带来的升温呢?

丁一汇:的确,它能够平衡由温室气体特别是二氧化碳增加所造成的增温效应,但是,温室气体的增温作用是全球性的、长期的,而气溶胶,不管是哪一类的气溶胶,都是区域性的、局地的、短时间的降冷作用,能够抵消的增温大概是10%多一点,很小。有的气溶胶还不纯粹是降冷,比如黑炭气溶胶还是增温的。

记者:过去50年全球气候变暖主要归因于人类活动,那么过去一百年、一千年、一万年,又是什么样的情况?

丁一汇:这个问题应该说比较复杂。大部分科学家认为一百年来的气候变化,人类活动和自然的因素可能都起重要的作用,有的科学家甚至认为自然因素可能更多一点。近千年的气候变化,大部分科学家认为主要以自然的变化为主,特别是太阳活动、火山爆发。至于一万年的变化,我相信可能是自然的变化更为重要。比如大暖期(距今4 000年前到距今8 000~10 000年之间),可能还是太阳活动与地球轨道的运动引起的。目前,我们正好处在间冰期,这可能就是一个大暖期。

记者:自然原因可能占主导的地位?

丁一汇：从长时期看，可能自然因素是主要的，从现在来看，人类活动影响主要是工业化以后，就是1750年以后的气候变化。

记者：那么，温度上升到一个什么样的程度，人类社会将不能承受呢？

丁一汇：这是一个带有普遍性的问题，美国和欧盟这些国家特别关心这个问题，这就是阈值问题。从《联合国气候变化框架公约》来看，实际上就是一个危险水平了。IPCC预测，如果人类排放的二氧化碳不断增多，温度就会不断地升高，在西方社会，科学家认为，如果未来气温再升高2℃，那么气候变化所产生的影响就是反面的、负面的影响，甚至可能成为不可逆的。

记者：会怎么样？

丁一汇：他们认为，自然生态系统就会损失20%～30%，很多动植物就要灭绝。同时，将有几亿人的淡水供应发生困难，粮食安全也受到明显威胁。所以这个情况非常严重。

记者：未来的气候会怎样呢？

丁一汇：用一句话来讲，就是未来我们可能要进入一个更暖的世界，我举一个例子，比如2003年欧洲遭遇高温热浪，死了将近两万人，有的科学家就预测，到了2050年前后，在夏天，像巴黎那样超过35℃的温度就是一个经常出现的温度，也就是说，现在的高温可能就是未来五十年之后的正常温度。当然，预测有不确定性，但还是有一定科学基础的。

记者：全球变暖是一个不争的事实，但是也存在很多的不确定性？

丁一汇：最大的不确定性主要在于云以及各种复杂的反馈过程。大家知道，如果是云的高度和种类描述错了，那么增温就描述错了。比如低云多了就会变冷，高云多了就会变暖，所以得到的温度可能就会有误差。因为云既能反射，又能吸收太阳光。云多了，反射更多的太阳光，我们地球就变冷了，如果云少了，它反射的太阳光也少了，地球就变暖了。此外，水汽的反馈、海洋的反馈，还有包括二氧化碳本身碳循环的反馈，这些问题在我们的气候模式里都没有很好地体现出来。所以从这个角度来讲，这一百年的预测，实际上叫做预估值，并不是真正的预测值，它还有很大的不确定性。也有一些科学家认为，自然的因素将来仍可能是主要的影响因子。

记者：全球气候变暖对中国的气候和环境有什么样的影响？

丁一汇：同全球一样，中国的温度也是不断上升的，幅度大概是0.5～0.81℃，比全球略高一点，总的趋势是一样的；第二就是气候变化所造成的各种极端气候事件,包括海平面上升、干旱化、暴雨频率增加,这与全球基本上都是一致的。还有冰冻圈的融化,如冰川、冻土带的融化。可以说,中国的气候变化,在很大程度上是对全球气候变化的区域响应。

记者:您提到中国近百年增温幅度略高于全球平均,这是为什么呢?

丁一汇:陆地增温比海洋快,全球平均包括了大洋,特别是包括了南半球,而南半球基本上以海洋为主,所以它的平均温度数值就小。而我们如果只考虑陆地,特别是包括青藏高原等西部地区增温更高的地方,平均的结果,温度可能就会高一点。

记者:有没有地方温度在下降呢?

丁一汇:可以说,在20世纪八十年代末以前,我们国家西南地区,特别在四川,是降温的。

记者:为什么呢?

丁一汇:原因很多,有几种说法。一种认为那里的云量可能增加,太阳光被反射,地面的加热就减少。还有些科学家认为,四川是一个盆地,那里使用了大量的煤作燃料,而煤燃烧以后,就会排放出大量的二氧化硫,二氧化硫变成硫酸盐,具有冷却作用。当然还有很多其他未定论的原因。但是从20世纪八十年代末以后,以四川为主,西南地区的温度也升高了。目前,全国基本上没有变冷的地方。

记者:中国过去的气候变化呈现了什么样的规律?

丁一汇:我想还是谈稍微近一点儿的时段,万年以内。大家知道,一万年以来,我们中国经历了四次暖期,第一次暖期就是距今8 000年前到距今3 500年前的时候。第二个暖期可能在隋唐,大概在7~9世纪的时候,这个暖期可能是中国特有的。第三个暖期就是13~14世纪,大概是宋朝后期,这个时期相当于中世纪暖期。第四个暖期就是今天我们正在经历的暖期,气温已经上升了0.81 ℃。有的科学家认为可能超过13~14世纪的暖期,也可能超过隋唐时的第二个暖期。暖期中间是小冰期,就是15,16,17世纪,直到18世纪上半叶,就是明清的时候。

记者:中国未来的气候变化将会是什么情况呢?

丁一汇:我们根据全球模式和区域气候模式来预测,基本上都是不断升温的,并且升温幅度可能略超过全球的升温幅度。

中国的降水变化有什么特点呢?过去五十年,中国的降水型叫作南涝北旱,长江以南的降水不断地增加,并且洪涝频发,如1991、1998、1999年长江流域及2003年淮河暴雨等。大部分科学家认为这与海洋变化有关系。

本来在夏天应该是海洋升温慢,陆地升温快,这样海陆热力差异加大,才能给季风以很强的驱动力,使它向北,达到华北。而现在,海洋温度升高了,假如陆地温度不变,两个温差小了,季风也就减弱了,不能把水汽带到北方来,导致北方干旱、南方多雨。现在我们最关心的是什么时候北方的雨才能再多起来。20世纪七十年代中期以前,华北降水是很多的,现在我们希望恢复到20世纪五十年代和六十年代时的降水量。现在科学家们正在预测,有的认为到2020年,有的认为还要晚一点,大约到2040年前后。总之,这是中国科学家的艰巨的任务。气候变化不仅包括人类的原因,也有自然和气候的内部变率原因(如60~80年周期与40年周期)。

记者:IPCC第四次评估报告您都参与了,并撰写了科学报告,您觉得中国在IPCC的报告当中发挥了什么样的作用?

丁一汇:我们在IPCC里面的声音越来越强,我可以举个例子。每一次大会上,在通过综合报告和决策者摘要的时候,中国代表团总是主要的发言人,并且对每一条主要结论都非常认真地进行评估和研讨,如果不符合科学的认识与我们国家的利益,或者不符合发展中国家的利益,那么,中国的科学家和代表团成员,是一定要修改它的。所以,我们中国只要一发言,大家都非常关注,影响很大。

记者:这正是我问的另外一个问题,第三次评估报告的时候,您是IPCC第一工作组的联合主席,后来又是国家气候变化专家委员会的副主任,同时您也担任过中国气象局国家气候中心的主任,这些不同的身份、不同的经历,使您在气候变化研究领域中,一定有很多体会和感想。您能跟我们分享吗?

丁一汇:第一,我觉得国际上对气候变化非常关注。从联合国到各级政府年年开会。政府高层如此重视并解决全球气候变化问题,这是从来没有过的。对此,我有非常深刻的体会。

第二,尽管对气候变化的原因及其影响的程度尚有不同看法,但我觉得我们国家从政府领导到公众还有到各级部门,已逐步认识到气候变化这个问题对我们国家的重要性,成立了国家气候变化专家委员会,温总理又担任了能源和气候变化组的组长,各个部门都采取了应对气候变化的措施,制定了国家方案,我觉得我们国家和世界各国政府一样,非常重视。这主要涉及能源的使用前景和可持续发展问题。

记者:作为一个普通人我们应该怎样去应对气候变化?

丁一汇:你提的问题非常好,如何使全民产生保护气候的意识,了解气候变化的意义,提高重视程度是非常重要的,我觉得,我们已经开始行动了。

其实应对气候变化,个人是非常重要的。如果个人做好了,整体就会做好,国家就会做好,它代表了不同层面的作用。比如说个人,汽车在不断地增加排放,我们能不能加大公共交通的力度呢?将来使大家都能够更多地乘坐公共交通工具。比如我们在家庭生活中,节水、节电,使用各种各样的节能电器,那我们就会省出很多电能,因而节省很多煤,而煤是产生二氧化碳最重要的矿物燃料。所以从这个角度来讲,个人是非常重要的。

原文摘自丁一汇等编:《气候变化高端访谈》,气象出版社,2009年4月版。　鉴赏编写:邝雪英

92. 大学共和国
——访问香港大学校长金耀基
（2009年4月25日）

【格言名句】

大学实在对整个中国的发展有着非常密切的关系,从今天大学的情形差不多就可以看到未来三十年以后中国内地整个社会的情形。

——金耀基

【文章导读】

金耀基,浙江天台人,1935年生。台湾大学法学学士,台湾政治大学政治学硕士,美国匹茨堡大学哲学博士。1970年8月开始在香港中文大学任教,后来担任香港中文大学新亚学院院长。此后,他担任香港中文大学副校长、校长十五年,2004年退休。1994年当选为台湾"中央研究院"院士。研究方向主要为中国现代化及传统在社会、文化转变中的角色,主要著述有《大学之理念》、《从传统到现代》、《中国社会与文化》、《中国政治与文化》、

《中国现代化与知识分子》等。

金耀基对大学之为大学颇有研究,1983年出版的《大学之理念》在台湾引起回响与共鸣,并对台湾的大学改革运动产生了影响。2009年4月25日,《读书》杂志和博源基金会在北京召开座谈会,金耀基先生对中国社会转型的见解赢得了众人的共鸣。座谈会结束后,记者马国川来到金耀基先生下榻的宾馆,就大学问题进行了采访。

这篇对话涉及的话题是关于金耀基构建"大学共和国"的思想的,所节选的内容包括"教授要升迁是非常难的""如何遴选校长""政府怎么给校长拨款""大学共和国""大学天然要求学术自由、学术自主""大学关系到整个中国的发展"这几个内容。可以看出,作为资历深厚的香港中文大学前任校长,金耀基具有非常先进的治校理念与经验,而且非常注重大学与发达世界的国际接轨,例如执行中英文双语教学、遴选校长必须有校长之才与校长胸襟并重的人选、全世界竞聘教授与校长、注重大学的制度建设、大学资产的法治性审批、学术是天下的东西、要注重大学的功能,等等。这些说法的实际结果就是香港中文大学排名位居世界前五十位,这是治校方略真正体现与世界接轨的"天下公器"的大学办学理念。

在与记者的对话中,可以看出金耀基十分重视大学的建设,他指出"大学实在对整个中国的发展有着非常密切的关系,从今天大学的情形差不多就可以看到未来三十年以后中国内地整个社会的情形"。

金耀基强调说:"有人说21世纪是中国的世纪,但如果没有五十到一百所一流的大学的话,这是痴人说梦。欧洲成为欧洲世纪,美国成为美国世纪,都跟这有关。美国的大学也是在二战以后发展起来的。我相信中国好的大学以后会越来越多,这也跟中国的现代转型有很大关系。"金耀基先生的大学办学理念和阐述,对我们有很好的启发和借鉴作用,也让人们知道大学办学过程中,"优化制度,去弊存优"是多么的重要。

【对话原文】

大学共和国

马国川:我理解,中文大学最突出的一点就是国际化的眼光和国际化的制度。

金耀基:刚才我讲的审查制度是国际化的一个环节,因为我们有一个基本前提，这就是大学的知识是世界性的，不是说只是属于中国的。对中国研究很在行的人往往是中国人，可是英美等国以及日本等也有学者在搞，所以即使是中国研究也是世界性的。

马国川：因此眼光一定要放开，要有国际化的视野。

金耀基：这是肯定的。中文大学是李卓敏校长1963年创办的，这个校长雄才大略。他本人是加利福尼亚州大学伯克利分校的经济学教授，曾任该校国际工商系主任。那时伯克利分校如日中天，势头几乎压倒哈佛。1963年李卓敏教授受聘到香港筹办香港中文大学，他说，中文大学是一所中国人办的国际性大学，但他不是中国大学，也不是英国大学，更不是美国大学。

马国川：他一开始就把中文大学定位为是中国人办的一所国际性大学。

金耀基：西方中古大学原来有一个世界精神，巴黎的教授可以到伦敦去，伦敦的教授也可以到罗马去。那时通用的语言是拉丁文，但是到了20世纪下半叶英文取代了拉丁文，成为世界性的语言。我希望中文将来也变成世界性的语言，在某种意义上现在苗头已经出现了。可是在大学里面，中文变成世界性的学术语言还有一段距离。例如，物理学通用的是英文，假如不用英文，研究都做不了，因为基本材料都是英文的，要跟同行沟通必须用英文，这是很自然的。因为19世纪大英帝国是"日不落帝国"，20世纪美国又是用英文的，它垄断科技，并称霸世界。现在中国的重要大学恐怕不能够不用双语，因为中文是必要的，而英文是重要的。

马国川：但是现在因为中国的国力强大了，大学里也有反对用英语教学的声音，说搞英语干什么，中国这么富了，将来外国人都到中国来学习呢。

金耀基：这是一种情绪的宣泄。英文已经不是英国人的英文，也不是美国人的英文，而是世界性的语言。我在德国访问的时候我也不会德文，完全用英文讲的，法国现在也是一样，日本人很多也是用英文的。为什么我始终觉得美国不容易没落呢，最重要的是它有很多真正一流的大学。

马国川：美国虽然经济上出了些问题，但是它的大学仍然是世界上最先进的。

金耀基：我认为是，而且最多，它仍然是产生世界级人才的地方。它的学生来自全世界，都是最好的学生，而老师又是世界性的。像哈佛这种地方，有20%多的教授是外来的，不是说这个东西只有美国人可以教，不是的，它的学术是天下的东西。

马国川：真正实现了学术"天下公器"的理想。

金耀基：大学教什么东西，差不多全世界都相同，只是看谁的水准高低。你说重点大学不办文科吗？不办理科吗？不办工程学院吗？不办新闻学院吗？诸如此类。不能说今天我教的物理跟美国的不一样，那你搞什么东西？即使是中国文学研究都要有世界的视野。大学的全球性、全世界化就表现在这方面。

马国川：也就是说，大学精神要全球化，大学制度要全球化。

金耀基：对啊，现在要跟国际接轨，接轨不是要跟非洲去接轨，而是要跟世界上最先进的国家接轨。不能说西方理论我们都不要承认，可能吗？这是人类共有的东西，杨振宁拿了诺贝尔奖，也是在西方学术的领域里面发展出来的。所以，不要小气地说这是美国的那是英国的，世界是一所大学，大学已经是一个共和国了。

马国川：这个说法太好太贴切了。

金耀基：严格讲起来，是不是都变成全球性大学了？有人是这样认为的。我认为，全球化是一件事情，是不是变成全球性的大学是另外一件事情。美国的哈佛等大学都不是全球性大学。哈佛等大学也都在问：到底我们对美国的贡献应该怎么样？我们中国人当然也问这个问题，我们对中国人的贡献在哪里？我希望我们培养的人才是给香港本地、给中国内地培养的，我不希望我们的学生学成后都到美国去。但是这些人才呢？其实基本上各国都可以用，它们可以用我们培养的，我们也可以用它们培养的。

马国川：国际化恰恰符合学术"天下公器"的理念。

金耀基：当然了，"天下公器"不错，可是作为一所中文大学，我认为要非常的是要重视怎样把我们的中国文化传承下去。大学就是要把文明保留下来、传承下去，世界上一些大学，包括剑桥，一些不常见的语言还在研究，就是要为世界保留文明。1905年的废科举、兴新学等非常重要，它实际上是从经学时代到科学时代的一个转折点。我个人是非常批评科学主义的，但是我们客观分析的时候必须承认，科学的确是把我们整个社会往前推进了。但是在科学之外，人文很重要。我们是中国人的国际性大学，很多东西跟世界接轨，可是呢，中国的人文跟西方还是不一样的，我们中国应该多保留一些，这是我们的责任。虽然是全球化，但中国文明里过去的好东西要传承发扬,要不然我们就跟其他任何大学都一样了。

大学天然要求学术自由、学术自主

马国川:您对学术自治是怎么看的?

金耀基:英美等国对学术自治是非常重视的。香港中文大学虽然是在英国殖民地的时候成立的,但是一旦成立以后,政府就不再干预了。是不是完全没有影响?当然也有,不过不大。我认为大学要办得好,它天然要求学术自由、学术自主,因为它要做的工作需要比较高的自主性,需要更多的自由。我认识的一些校长也在不断地寻求怎么保障大学的学术自主性和学术自由。学术自由是自由里面的一个类别,特别是做学术研究,必须要突破很多禁区。

马国川:大学制度只是社会里很多制度的一种,为什么要特别强调自主与自由呢?

金耀基:因为它从事的任务是要传授知识,而要创造新的知识,就需要培育活泼的、有思想的人,没有自由的环境怎么培养得出来?像前苏联时代、中国"文革"时期都禁锢得不得了,后来出现了灾难。香港的大学虽然是殖民地时代的产物,但是学术自由、学术自主绝对是有的。严格讲起来,台湾地区很长时间内也不是那么自由的,也是民主化以后才有的。中国内地"文化大革命"的时候说有知识的人最愚蠢,无知识的人最聪明,这是歪理,哪里可以这样讲?当时歪理居然变成真理了,这就可怕了。我看到中国内地在"文化大革命"的时候大学统统变成了毒草,令人痛心。全国13亿人就没有不同的声音了,那怎么行?

马国川:改革开放以后中国内地在这方面发生了根本性的变化。

金耀基:国家要发展的话,哪一样不需要好的知识?知识从哪里来?得靠大学来创造。可是,很多人对大学的功能并不太注意。

马国川:内地曾有一所著名大学的校长说,大学是培养蓝领人才的,就是说要培养普通劳动者。

金耀基:这个我不能认同,应该是白领吧!蓝领也需要有相当的知识,但现在的蓝领已经不是原来的蓝领了。现在我们越来越多地认识到,今天是知识经济社会,没有一些真正好的知识是难以解决实际问题的。真正的知识从哪里来?不是说完全依靠大学,但是大学是一个主要的地方。

马国川:在当前社会,大学已经成为了生产知识的最重要的场所。

金耀基：生产知识其实是一个很如实的说法，但是有的人说"生产"并不入耳，所以就说"知识创新"。想想看，现在知识主要来源靠什么？是靠大学。

马国川：这种知识的生产或这种知道创新的独特性，就要求大学是独立的。

金耀基：要有很高的自主性，同时要有很大的学术自由。

马国川：以前内地一直说，知识来自于生产，来自于实践，来自于科学实验。由于受旧有认识的局限，虽然人们知道大学重要，但是还没有人认识到它的真正的重要性。

金耀基：这些问题是有的，有些人未必真正了解大学，对中国内地来讲也是转型社会的特有现象。

马国川：因为搞市场经济，从计划经济到市场经济的转轨过程中，也出现了大学的功利化。

金耀基：美国也有同样的毛病，但是中国内地的问题可能更严重一点。坦白地讲，中国内地的环境最容易产生这种问题，所以大学里面要有一些规定，用比较特殊的办法来解决，尽量留住人才；人才保留住了，他本身就可以创业。

例如，一些专业，像法律系的学生，是不是可以兼做律师呢？可以啊。大学医学院的医生是不是可以去行医呢？完全不让行医，也许是浪费人才，可是最主要的问题还是要在医学技术和理论方面要有创新。所以全世界每所大学都要想办法怎么把医学院的教授待遇提高，比如说像中文大学，医学院的教授待遇比其他学院都高很多，这是没办法的。真正的方法是人尽其才，西方完全照市场办法去做，我们的办法还是不够精致。

大学关系到整个中国的发展

马国川：中文大学在世界大学里处于一种什么样的地位？

金耀基：全世界很多人都在做排名。假如世界上没有一个全球性的学术论题的话，是不能排名的，不一样怎么排？就是因为相似性越来越高，在这个意义上讲是可以排名的。在过去的十年、二十年里，英国的《伦敦时报》每年都要做一个调查，连续几年，香港中文大学都排在全世界前五十名里。

马国川：那是相当了不得的。

金耀基：全世界大学有两万五千所到三万所，《伦敦时报》的大学排名，包括中文大学在内的香港的三所大学,都排到前五十名。大概我们还没有到那个水准,也许一些评论的指标对我们有利。用的指标很粗糙,判断不是那么严谨,所以不可太重视。但是不管怎么说,在过去的三十年当中,香港的大学有相当的水准,我们真的是可以排在世界的前列了。

马国川:香港的大学实际上用了很短的时间就走到了世界大学的前列,这对内地高校的发展应该说是很有启发意义的。

金耀基:对于内地大学,身处内地的人可能比较容易看到它不足的地方,而我却可能看到它进步的地方。我觉得内地大学至少有七八所已经很有水准了,这是无可置疑的。内地有十三亿人口,多少青年学者都奔向这七八所学校去了,它们能差到哪里去?不可能的。但是存在的问题也较多,我想恐怕还要再进一步优化,有一个过程。

马国川:香港的大学建立了比较成熟的现代大学制度,反观内地,大家都有一种焦虑,可能是转型期间的焦虑,总觉得问题很多很大。

金耀基:香港的大学,包括美国的大学,不是说没有缺点的,缺点也很多。内地在大发展中出现一些困难更可以理解,有些是因为发展而出现的问题,有一些则是因为不发展而出现的问题。

有一位法国非常著名的研究组织学的权威米歇尔,是我的朋友,他到香港来,特别地问我:"中国(内地)在这段时间里发展那么快,它的管理人才、技术人才是从哪里来的?"中国内地在大发展中变成了世界工厂,需要不同层次的人才,完全靠外国吗?不可能;它完全靠海归派吗?也不可能。所以严格讲起来,内地大学在过去的二三十年间已经提供了非常重要的科技管理人才,所以使得内地的故事能够写成。这不是一个简单的事情,也是很难的。现在有一些西方人说中国内地培养的科技人才比美国多几倍,这话对不对?没有错,但是以后真正要考虑科技人才的创造性,以及他们能不能有高度的科学技术的修养。说实在话,内地现在的工业还是比较低层次的。世界上没有一个现成的大学模式最好,但是有一些运作好的制度值得借鉴。

马国川:有一些制度是有共性的。

金耀基:对,今天已经运行着的大学制度,有很多东西实际上有太多的共性,它们是可以用的。我总觉得,大学实在对整个中国的发展有着非常密切的关系,从今天大学的情形差不多就可以看到未来三十年以后中国内地整个社会的情形。没有突然一下变化的,这不可能。不是说中国所有的东西都完全靠大学,但是非常重要的一个方面是要靠大学。

马国川:正是因为这些,在内地,大家对现在的大学怨言非常多,比如说大学的学术造假、学术腐败等现象,令人痛心疾首。

金耀基:这些都是败坏大学风气的不良现象。当然,如果这类现象出现多的话,就不能说是败坏大学风气的不良现象了,这就是某些制度上的欠缺,大家要真正去思考一些问题,要优化制度,去弊存优。

原文摘自马国川编:《大学名校长访谈录》,华夏出版社,2010年1月。

鉴赏编写:蔡寿春　刘　芳

93. 关于"中国模式"
——赵启正与(美)约翰·奈斯比特、(奥)多丽丝·奈斯比特的对话
（2009年8月）

【格言名句】

我确信,我们真诚的对话是一次十分成功的公共外交。

——赵启正

【文章导读】

2009年8月29日,赵启正与奈斯比特夫妇在北京共话"中国模式"。

这次对话分几次进行,内容分五个部分。第一部分关于"中国模式";第二部分关于世界对中国的认识;第三部分如何讲好中国的故事;第四部分关于科学、教育和知识产权;第五部分中国向何处去？由于篇幅过长,这里重点择录的是其中第一部分关于"中国模式"。

赵启正1940年出生于北京,1963年毕业于中国科技大学核物理专业,在科研、设计、生产部门工作二十年,任教授级高级工程师等职。历任上海市副市长兼浦东新区管委会主任,中国国务院新闻办公室主任等职。现任全国政协外事委员会主任,兼任中国人民大学新闻学院院长和南开大学滨

海开发研究院院长、博士生导师等职,出版作品有:《向世界说明中国——赵启正演讲谈话录》《向世界说明中国(续篇)——赵启正的沟通艺术》《中国人眼睛中的美国和美国人》《江边对话——一位无神论者和一位基督徒的友好交流》《在同一世界——面对外国人101题》《对话:中国模式》等多本专著,并担任《对话精品鉴赏》编委会主任。

约翰·奈斯比特,1929年出生于美国犹他州,未来学家,埃森哲评选的全球五十位管理大师之一,有着哈佛、康奈尔和犹他三所大学的教育背景。出任过肯尼迪时期的教育部长助理和约翰时期的特别助理,也曾在IBM和柯达公司任职。对中国问题有深入研究,在中国天津建有奈斯比特中国研究院。以《大趋势》一书奠定其全球趋势大师首席的地位。约翰·奈斯比特是在人文、技术和科学方面十五个荣誉博士的获得者。出版的专著有:《大趋势》《2000大趋势》《女性大趋势》《亚洲大趋势》《高科技·高思维》《定见》《中国大趋势》等。

多丽丝·奈斯比特曾为奥地利一家德语出版社的负责人,《中国大趋势》作者之一。自2006年开始,与约翰·奈斯比特指导位于中国天津的奈斯比特中国研究院的工作。

这次对话中心是:什么是"中国模式"。改革开放以来,中国已经走向世界舞台的中心,引起世界的关注。

什么是"中国道路""中国模式"或"中国案例"成为媒体热门话题。然而,世界各种媒体所呈现的中国差异很大。西方媒体的评价、提法很多,例如,"在十字路口的中国有多种前景""不成熟的中国""动乱的中国""经济强大但傲慢的中国"等,观察同一个中国,其结论竟然是多样的中国。

于是两位西方未来学家和一位敢讲真话、有人情味的中国官员之间进行了真诚的对话。

在讨论中,赵启正表达了这样的观点:中国虽然在较短的时间内取得了世界瞩目的进步,但是"中国模式"尚处于现在进行时,中国目前所处的中国特色的社会主义初级阶段还需要继续在长期的实践中完善。

赵启正的讲话有几个特点:

第一,坚持原则,借题发挥。

在对话中有时对方提出的问题牵涉面很广、问题很多(即"全面刺探"或称"大扫除式刺探"),一两句话难以讲清楚,他则抓住这个机遇较全面地宣传、介绍有关信息。(如借机宣传什么是"中国特色社会主义"。)

奈斯比特提出"中国特色社会主义"难以理解,能否用一两个词,例如用"中国模式"来概括？赵启正说,中国人自己没有首先使用"中国模式"这个词,因为"模式"它有模范、示范的意思。中国并没有任何输出"模式"的打算,输出"模式"违反了中国一向坚持的制定政策必须与本国国情相结合的哲学,中国应当如此,其他发达国家和发展中国家也是如此。

紧接着赵启正借机对"中国模式"——实际上是对"中国特色社会主义"进行了详细的介绍,如果一定要给"中国模式"下个定义的话,那么可以说是"新中国成立六十年来,特别是改革开放三十年来建设中国特色社会主义的理念、战略、政策、实践的过程和结果的总称,也包括出现的问题。也许称为'中国案例'更合适"。并对"中国特色社会主义"从理论上和实践上作进一步概括"中国体制的几个特点：一是在理念上,是执政党为人民服务,并且在经济发展、文化发展、科学进步上引导人民前进；二是在发展方向上,是从人民的需求出发,坚持全面、协调、可持续的发展,也就是'科学发展观'；三是在实践上,谨慎和大胆相结合,重大改革都是先实验、再推广,如我曾经工作过的上海浦东新区,就做了很多先行试验,然后推广至全国。"

这样,既回答了"中国模式"的问题,又主动宣传了"中国特色社会主义"；既坚持了原则,又显得合情合理,顺理成章,非常自然。

第二,擅长讲故事、打比喻,并注意"中国故事,国际表达"。这样不仅能深入浅出,且能引起对方的兴趣。

说到中国为什么不能全盘照搬其他国家的模式,赵启正讲,两千年前,中国智者晏子讲过一个故事。橘子如果种在淮河以北,就成为枳,不是橘；如果种在淮河以南,就是橘。它们的叶子是一样的,但是果实的味道不一样。为什么呢？因为水土不同。然后赵启正阐述自己的观点：制度和橘子树是一样的,也不能异地种植,全盘照搬。(道理清楚、明白、生动)

赵启正曾经讲过演讲与谈话的要则——要使听众感兴趣。他打了一个比方：听众需要维生素C,你如果给他维生素C,他还不一定吃,因为是酸的。你要是给他一个"甜中带酸的苹果",你问："好吃吗?"他说："好吃。"你再问他："还要吗?"他会说："还要!"这就是维生素C,这就是"听众感兴趣"的作用。

赵启正对待不同意见,喜欢采用补充说明的方法,而不是简单的表示反对。这样既显得尊重对方，同时又能较详细地表达自己的观点和主张。其实，说服人的关键是感情上能不能接受，古今中外都是一样。带着感情去做工作往往会收到事半功倍的效果。这也是人们称赵启正为"有人情味的中国官员"的原因之一。

例如，当奈斯比特讲到美国的弗朗西斯·福山在《历史的终结》中讲到"西方的自由民主制度作为人类发展的最终形式被普遍接受"时，赵启正补充说："是的，这本书我看过，他书上还说了一句非常重要的话'历史终结论还有待进一步推敲和完善，人类思想宝库需为中国留下一席之地'。"

第三，真诚坦率，有人情味。待人接物真诚坦率、态度诚恳，没有架子，给人以尊重、理解、关心、鼓励。他说话和气，富有人情味，还常常采用幽默、委婉、模糊、暗示等艺术手法，使人易于接受。

此次对话，赵启正用闪光的思想、贴切的案例、生动的比喻和诙谐的语言为国际友人刻画了"中国模式"——"具有中国特色的社会主义"。

我们深信通过对话这一方式，对中国过去、现在和未来道路探讨，以及哲学的思考和跨文化的解读、交流，将为人们更深刻、更全面地了解中国、认识中国，提供丰富的极其有价值的启迪和思考方向。

【对话原文】

如何理解"中国模式"

奈：人们对"中国模式"做了种种描述，但我未曾听说过一个清楚的"中国模式"。人们是怎么说的？中国是怎么说的？我想中国除了"中国特色的社会主义"外一直没有解释过她的模式，但这样还是解释不了许多事情。"中国特色的社会主义"是什么？①

多：我想补充一点，提到模式，或者提到制度，就西方而言，如果简单地说，它的制度就是民主制度。如果以非常简洁的语言，或者用一两个词，来描述中国的制度和中国的体制的话，您怎么来概括？

赵：的确，中国人自己没有首先使用"中国模式"这个词，因为"模式"在

---

① 2004年5月，美国高盛公司高级顾问乔舒亚·库珀·雷默（Joshua Cooper Ramo）在伦敦作了题为《北京共识》的演讲，论文随后发表在英国著名的思想库"伦敦外交政策中心"网站上，旋即在欧洲、中国和世界其他国家引起强烈反响，中国的经济奇迹及其背后的"中国模式"一时成为世界的焦点。

英文中有多种含义,它有模范、示范的意义,中国人慎用这个词就是为了避免把"模式"变成"要别人学习"的那种意义。如果一定要给"中国模式"下个定义的话,那么可以说是新中国成立六十年来,特别是改革开放三十年来建设中国特色社会主义的理念、战略、政策、实践的过程和结果的总称,也包括出现的问题。也许称为"中国案例"更合适,它还在进行中,处于现在进行时。

可以用比较通俗的话来概括中国体制的几个特点:一是在理念上,是执政党为人民执政,并且在经济发展、文化发展、科学进步上引导人民向前进,执政党应该代表最广大人民的根本利益;二是在发展方向上,是从人民的需求出发,坚持全面、协调、可持续的发展,也就是"科学发展观";三是在实践上,谨慎和大胆相结合,重大改革都是先试验,再推广,如我曾经工作过的上海浦东新区,就做了很多先行试验,然后推广至全国。

奈:刚才您作了解释,但实际上我还是不太理解。在我看来,社会主义和市场经济实际上是有不兼容的地方,似乎市场经济不应该是社会主义的一部分,与其说是中国特色的社会主义,不如说是有中国特色的市场经济。

赵:按传统的观点,社会主义和市场经济实际上是有不兼容的地方,所以邓小平说:"计划多一点还是市场多一点,不是社会主义与资本主义的本质区别。计划经济不等于社会主义,资本主义也有计划;市场经济不等于资本主义,社会主义也有市场。计划和市场都是经济手段。"① 这是他的伟大创造,并在中国实现了。

多:尽管我很敬重您,但我还是要说您在绕圈子。刚才我的问题是:您能否用一两个词描述中国的政治体制?您的回答是一长串答案。

赵:中国特色的社会体制是三十年前才提出的,是新生的事物,世界还不能一下子就看清楚,所以详细的说明必不可少。西方的制度大体有两百年了,人们已经耳熟能详了,自然可以简单描述了。

多:或许我刚才的问题不够清楚。打个比方说,如果有人问:多丽丝和约翰是什么关系?你可以说,约翰和多丽丝一起享用美餐,多丽丝做饭,约翰洗盘子,他们合作得很好,他们建立了一个非常美好的家庭,分享同样的爱好,为共同的目标工作。这样说只是解释了我们关系的一些特点。但答

---

① 参见《邓小平文选》第 3 卷,第 373 页。

案只需一个词:约翰和多丽丝"结婚了"。他们是一对夫妻。

奈:我们坠入爱河。(大笑)

多:别打岔!我重复一下问题:中国现有什么样的政体形式?您能否用一个词来描述中国人民与其政府之间关系的特征?

赵:中文中的"国家"相当于"国"和"家庭"一起构成的复合词,"国"有大家庭的含义。在几千年的封建社会中,地方官员被称为"父母官",官员则说自己"爱民如子",而实际上政府和人民是统治和被统治的关系。今天执政党和政府要求自己:权为民所用、情为民所系、利为民所谋;而人民要求政府必须不断满足人民群众的经济、政治、文化利益,并将之体现在为人民群众办实事、办好事上。这样,今天的中国翻转了封建社会中那种政府和人民的关系。但是官民关系也出现了令人民严重不满的问题,如官僚主义问题、贪腐问题。问题已经发现,但是还缺少如何使法制更完善、监督更严密的办法。

在发展过程中,我们遇到了很多困难。因为中国人口很多,民族很多,地方差异很大,因此,中国的做法必然是一个特殊的做法。在1949年以前,中国学习过西方的做法,没有成功;在1949年至1959年的时候,我们大体上学习过苏联的做法,人民生活水平的提高也很慢;1978年以后,邓小平提出建设有中国特色的社会主义,可以说这是一条前人没有走过的道路,我们成功了。

多:是那些模式本身失败了,还是你们在实施过程当中失败了?

赵:是外来模式在中国水土不服,不适合在中国生长。

奈:我对您刚才提到的"中国模式"和中国特色的社会主义,对您坚持用"社会主义"这个词,我还是有不同的看法。中国现在实行的是一种全新的模式,你们治国理政的方式,你们行事的方式,都是全新的,所以您不能简单地用"社会主义"来描述了。如何来称呼中国现在这种新的模式,我还没找到一个非常恰当的词。

赵:邓小平考虑过这个问题,所以他加了个定语,就是"中国特色的社会主义"。"中国特色的社会主义"和欧洲的社会主义不一样,和印度的社会主义不一样,是邓小平理论规定下的社会主义。如果您一定要换一个词呢,我个人认为,您理解为"邓小平主义"也是可以的。

奈:在我看来,如果你们想要让世界了解一个全新的中国,就不能再用陈旧的词汇。最重要的问题是，当你们成为一个新典范后——事实上你们已经成为了这样一个典范——你们不能再抱着旧词汇不放。你们怎么能用旧的词汇描述新的典范呢？您刚才提到用"中国特色"来修饰"社会主义"，但是在欧洲，很多人一说到"中国特色"就想到共产主义，会产生意识形态方面的一些联想，而这种联想往往是负面的，实际上对中国也是不利的。

中国不要把自己裹在"共产主义"这个老茧子当中，你已经化蝶了，你就应该展翅高飞。你应该对外界说，你就是一个很成功的模式，别的国家就应该来效仿。比如说，欧洲因为有了所谓的文艺复兴，有了启蒙运动，就炫耀着，打着人权的旗号，号召其他国家向它学习，但所谓的"欧洲模式"又给非洲还有其他一些国家带来多大的好处呢？实际上在那些国家的实验并不是很成功。而中国在很短的时间内取得了很大的成功，中国完全可以成为其他国家效仿的对象。

从这个意义上来讲，中国本身就是一个思想解放者，所以在这方面应该解放自己。如果你自己不能充分地肯定自己，你又怎能让别人来肯定你呢？所以，应该为自己的成功模式感到高兴，要庆祝你自己很成功的模式，而不是躲在过去的旧观念当中。

赵：中国已经把马克思主义中国化了，既和中国的传统文化思想融合，又和经济全球化的时代融合；它和以前的俄国以及东欧的共产主义是有很大的差别的，"共产主义"和"社会主义"在中国不是负面词汇。如果中国把这两个词放弃了，很多中国人会感到困惑，会坚决反对。"中国特色的社会主义"这个词语外国人理解起来有困难，但中国绝大多数人不仅理解，而且拥护。我们一定要首先考虑中国人的选择，然后考虑外国人的理解。

欧洲人和美国人提到"社会主义"的时候，会想到前苏联和东欧的社会主义，甚至会想到"古拉格群岛"[①]和"日瓦戈医生"[②]，而在中国说社会主义

[①] "古拉格群岛"一词源自前苏联作家亚历山大·索尔仁尼琴的描写前苏联劳改营生活的同名长篇小说《古拉格群岛》。这是索尔仁尼琴的一种比喻说法，他把整个苏联比作海洋，在这个海洋上处处皆是建有监狱和集中营的岛屿，他把这些岛屿称为古拉格群岛。作者于1970年获诺贝尔文学奖。

[②] "日瓦戈医生"为前苏联著名诗人和小说家鲍里斯·帕斯捷尔纳克创作的同名长篇小说中的主人公。故事以第一次世界大战和俄国十月革命前后为历史背景，讲述了日瓦戈医生的悲剧一生，借此反映了一代知识分子对十月革命所表现出的迷茫，并以现实主义手法使我们从一个侧面了解了俄国国内战争时期的某些残酷的社会现实。作者于1958年获诺贝尔文学奖。

的时候,不会想到它们,因为在中国没有这样的故事。

把全新的中国介绍给全世界

多:您刚才提到,西方国家会认为"共产主义"这个词是一个负面的词,其实在西方看来,共产主义这个词不一定是个很坏的词,它也可能有好的一面。反过来说,共产主义给中国带来的也不见得全部是好的事情,恐怕也有一些坏的事情,也有一些黑暗的日子。我本人并不是卡尔·马克思理论的专家,但是我们提到卡尔·马克思的时候,就会想到,要把社会划分成不同的阶层、不同的阶级。但是,从现代社会来看,不同的人会有不同的梦想,有不同的追求。有的人追求经济上的成功,有的人可能追求精神上的成功或者精神上的一种境界,这样的话,你就很难用一个简单的标准来划分社会的阶级。当然,更多的时候我们可能是用一种经济上的成功来划分社会的不同阶层;但是毕竟有的人追求的是精神上的成功,所以你很难再套用过去马克思主义传统的阶级社会论来划分阶级。所以,中国现在的图景和卡尔·马克思所描绘的图景就很难结合到一起。

还有一个很简单的问题,比如我现在问您:赵部长,您现在还是一个共产主义者吗?您会怎样回答?当然,我也有我的答案,我想先听听看您是怎么回答这个问题的。

赵:中国在"文化大革命"以前,尤其在"文化大革命"时期,的确强调过阶级斗争。现在,在进行改革开放的时代,中国已经放弃了强调阶级斗争的那种理念,而是团结尽可能多的人共同来建设国家。中国共产党有一个传统的信念就是"为人民服务",它曾经取得过革命的成功,后来又取得了建设的成功,虽然其中有很多挫折。

我既然是共产党人,当然就是共产主义者。我们在思考我们社会制度前景的时候,会记着邓小平曾经说过的话:中国目前还处在社会主义初级阶段。巩固和发展社会主义制度,还需要几代人、十几代人,甚至几十代人坚持不懈地努力奋斗。我认为更长远的情景也不能去想象得太具体,但是中国人相信:到中华人民共和国建国100周年的时候,中国会是那时的中等水平的发达国家。

奈:当然,您说的我很理解。但是现在面临的问题是:我们如何把一个全新的中国介绍给全世界? 这是一个新的课题。现在,您看一下西方媒体关于中国的报道,比如CNN,他们在报道中国时会说:共产主义政府做出了什么决定、又宣布了什么。他们每次提起中国政府都要在前面加上"共产主义"这么一个词。您也知道,"共产主义"是一个旧的词汇,西方的观众和读者一听到"共产主义"这个词,他们的脑海里出现的是过去的图景、过去的印象。现在面临这样一种情况:怎么才能把中国发展的最新信息传递给全世界?这就是一个问题。

赵:说到CNN,我告诉您我和CNN的创始人特纳①先生有过一段对话。特纳先生问我:"你喜欢CNN吗?"我回答:"不喜欢。"他问为什么,我说:"你们会说你们的摄像机是反映真实情况的,但是,在北京,假如有7处鲜花,3处垃圾,你们却拍摄了7分钟的垃圾,3分钟的鲜花,那么全世界的人就会认为,北京是座垃圾城市。"他说:"哦,也可能吧,我会改进的。"亚洲国家都不是很喜欢CNN,因为它专门喜欢报道阴暗面,而且夸大。对确实存在的阴暗面,它可以报道,但是,有意夸大就不好。

奈:其实CNN报道美国的时候也是这样,也是突出夸大阴暗面,不只是对中国。

赵:这里有西方意识形态对共产党领导的中国的固有偏见,也有媒体商业利益的动因。耸人听闻,容易引起更多的受众注意,同时这些报纸或电视也可以吸引更多的广告。

我想问您一个私人问题:既然多丽丝这么有学问,您是否觉得她会超过您?有没有感到威胁?

奈:就像现在中国以非常快的速度发展,中国正在超越所有其他的国家,我觉得有一天多丽丝肯定会超过我的。

多:永远不会。

赵:高盛②说,到2027年,中国的GDP将超过美国。如您所说,她是中国,您是美国,您感到威胁了吗?

奈:我没感觉到多丽丝的威胁或者中国的威胁。因为我支持多丽丝,也支持中国。

---

① 特德·特纳(Ted Turner),美国最大的有线电视新闻网——CNN的创始人,2001年起担任美国在线——时代华纳的副董事长。

② 高盛(Goldman Sachs)为跨国银行控股公司集团,《财富》杂志评选的美国财富500强企业之一,总部位于美国纽约。高盛的业务涵盖投资银行、证券交易和财富管理,在全球23个国家和地区设有代表处。

三种共识的争论

赵：您一定知道，2004年，雷默①写了一篇题为《北京共识》的论文，但是这并不代表北京的观点，只是他的一种中国观。此前还有《华盛顿共识》，是约翰·威廉姆森②写的，也叫"新自由主义的政策宣言"，曾经并不成功地指导了拉美的经济改革。诺贝尔经济学奖获得者斯蒂格利茨③的《后华盛顿共识》，对《华盛顿共识》进行了批评。因此，现在媒体在说，三种共识在争论。其实中国没有参加这场争论。

奈：在此我想补充一点。刚才您提到了三种共识，不管是《华盛顿共识》，还是《北京共识》，实际上在我看来，这些共识主要是在小范围内，主要是在学术界或者政策界，很少的一批人在探讨不同的共识。实际上，就美国公众而言，很少有人知道所谓的《华盛顿共识》，它只是在一个很小的圈子里探讨，在公共政策领域里，其实它并不重要。

赵：谢谢您指出它的影响很小，我们也就不必费很多精力去研究它了。

奈：我认为所谓《华盛顿共识》恐怕也就是五六个人的共识。（笑）当然在它的后面，还有其他的一些含义。

赵：刚才之所以提出这三种共识的问题，是因为我有一种忧虑。似乎现在是由非中国人在渲染中国的发展之路，而中国确实没有这样的意图。但是有的舆论说，中国在推广自己的模式。这是没有的，没有这样的事实。刚才我说过，中国的哲学认为必须"因地制宜，审势而行"，任何国家如果照搬他国的做法，都会失败。

奈：其他国家如果真想借鉴，是因为他们看到了你们所取得的巨大的成就，受到了启发，他们会去探究能不能从中吸取经验，也能够获得同样的成功。从这个角度来讲，其他国家要借鉴你们的模式，是因为其内在有一种动力，而不是因为你们自己去宣扬这个模式。退一步说，即使中国真的想要

---

① 乔舒亚·库珀·雷默（Joshua Cooper Ramo），美国著名中国问题专家，现任基辛格咨询公司常务董事，曾担任高盛公司高级顾问。

② 约翰·威廉姆森（John Williamson），国际著名经济学家、美国国际经济研究所资深研究员。20世纪60至70年代，他曾先后在美国普林斯顿大学、麻省理工学院等世界著名的高等学府担任经济学教授。他所创立的"基本均衡汇率"、"汇率目标区"等理论已经被写入欧美国家的国际经济学经典教科书。

③ 约瑟夫·斯蒂格利茨（Joseph E.Stiglitz），哥伦比亚大学经济学、商学以及国际和公共事务教授，2001年诺贝尔经济学奖获得者。

推广她的模式,我可以说,你们在这方面做得也不是很成功。

赵:中国的模式自然是中国的创造,但事实上在不同的方面也参考了美国,也参考了欧洲,也参考了日本,也参考了新加坡,他们的模式其实也不尽相同。我们把他们其中的某一点拿过来,结合中国国情,加上中国文化的载体,予以创新。中国为什么认为不能全盘照搬其他国家的模式?我用一个故事来解释一下。在两千年前,中国有个智者,叫晏子,他曾经说过,橘子如果种在淮河以北,就成为枳,不是橘,如果种在淮河以南,就是橘。它们的叶子是一样的,但是果实的味道不一样。为什么呢?因为土壤不同。① 制度和橘子树是一样的,也不能异地种植。

这是我们的祖先留给我们的故事,故事往往离真理最近。

多:刚才您提到的模式问题,就像种橘树,把橘树从淮河以南引进到淮河以北会造成不同的结果;就像马克思主义也是从国外引进的,也会有不同的结果。我们在分析"中国模式"的时候发现,实际上,"中国模式"背后还有很丰富的含义,就像我们在书里提到的,我们是把一个国家的治理更多地当作一个企业的治理来看。比如说一个企业的 CEO 要来拯救公司,让公司走上正轨,他怎么做呢?他可能只给公司披上一层不同的外衣而已。这就像一些西方国家想在阿富汗实行所谓的民主化,给阿富汗人民披上民主的外衣,就认为将它民主化了,但实际上,阿富汗并没有改变,你只是给它披上了一个外衣而已。由于这个系统内在的本质没有改变,所以这个所谓的民主化也是很难获得成功的。而中国就不同,中国并没有给自己找一个所谓的意识形态的外衣来披上,而是实实在在地从自己的国情出发。她建立了自己的做法、自己的体系,这就像花一样,她本身很成功,而且她能够扎根发芽,能够自己茁壮成长。这就是中国的成功之处、聪明之处。邓小平没有将另一个外衣覆盖在中国的身上,或者受制于意识形态思维,他做的恰恰相反。

赵:冷战时代意识形态的鸿沟分裂了世界。冷战结束了,这条鸿沟并没有自动填平。撒切尔夫人在 2002 年出版的《治国方略》② 中坚持评判"共产

---

① 出自《晏子春秋·内篇杂下》。原文为:"橘生淮南则为橘,生于淮北则为枳,叶徒相似,其实味不同。所以然者何?水土异也。"

② 撒切尔夫人在书中把她在 20 世纪的政治经验推行到 21 世纪。书中回顾了冷战的教训,还描绘了美国如何打下超级大国的根基。她还凭借自己所掌握的第一手资料解释了英国和欧盟日益紧张的关系。

党中国"所体现的顽固的冷战思维就是一例。邓小平是领导中国人民跨越意识形态鸿沟的伟人,不跨越这条鸿沟,中国就不能实行改革开放的政策,这是具有世界意义的。

奈:他鼓励人民再次开始作出他们自己的决定。他的号召是解放,从教条中解放出来。美国犯了一个极大的错误,认为不用考虑人民的想法就能将他们的国家向好的方面转变。当然,只有赢得了人民,才能赢得胜利。

多:从很早开始,我们在《中国大趋势》里面提到的八大支柱,已经成为新体制的基础。以美国为首的西方剥夺了他们想要民主化的体制基础,但他们忘了还没有任何新结构来替代旧的。这就是为什么他们几乎没有任何自下而上的支持。你不能自上而下地将一个国家转向,你需要自下而上的支持。这显示了中国的战略是何等的高明,无论它是否完善。它有助于并吸引人民去创造体制赖以建立的基础,人民是创造行为的组成部分,创造也是人民力量的体现。为什么不向世界讲述这一切?我们奥地利有一句谚语:"不要把你的烛光放在桌子下面。"

赵:您引用的谚语很生动!中国有一句类似的话叫"高灯下亮"。一本好书也是一盏灯,能照亮人们一时看不清楚的地方。

多:中国实际上开启了一个新的进程,在这方面其实做得很好。您刚刚提到中国的体制发端于革命,本身有它革命的特色,中国应该继续变革的进程。我们在《中国大趋势》这本书里也提到了解放人民的思想,让中国人民解放思想来作出自己的判断。关于如何给中国新的体制找一个名称,刚才我们已经谈了很多。我想更重要的是如何让世界更好地了解中国的新体制,或者说了解这个体制的结构是什么。因为虽然中国并不是在所有的方面都做得很好,但她确实在很多方面都做得很棒!这是西方能够真正学习的部分。

中国模式与西方模式的区别

奈:刚才您提到了"中国模式"还是一个过程,那么在塑造"中国模式"的过程当中,我们会看到更多领导层和普通民众之间的互动。一方面我们会看到中国领导层越来越成熟,对自己的成就越来越自信,对老百姓的支持越来越自信。从人民的角度讲,他们也越来越成熟,他们能够看到他们对中国的决策有更大的影响力。但是我认为现在缺乏的是,怎么样用一种更透明的方式让大家来理解中国模式和西方模式相比有什么优势。因为就现在的中国年轻人而言,他们不光是把中国的现在和中国的过去相比,还和西方模式相对比。我们也经常和中国年轻人对话,发现他们渴望决策有更多的透明度,想了解为什么作出这个决策。另外,中国对于自己过去的历史应该采取一种更加开放的态度。①②

赵:我最欣赏的就是你们在新书中提到的自上而下和自下而上的垂直的民主。从另一个角度来看就是"协商式的民主"。如何把它进一步做好,我们要做更多的努力,其中之一就是增强透明度。一个政策决策前要有透明度。而在政策的执行、执行的结果方面也要有透明度,这样才能改善我们的政策及其执行过程和结果。比如说,交通法规的出台,就事先开了听证会,并在网上进行了讨论。最近对于汉字字体的某些结构,专门机构提出了要予以改进的方案,没想到遭到了绝大多数人的反对,因此不能正式颁布。在执行过程中也会有问题,比如土地动迁,在各省各地、城市农村,情况极其复杂、极不一样,因此动迁法规如何改善需要进一步讨论。这种透明度在媒体,尤其是网络的帮助下,正日益增强。

和西方相比,我们没有为了竞选而花费全国纳税人的物力、人力、财力和时间。中国政府的稳定性使他们所考虑的事情比起某些国家频繁更换的内阁来要长远,要更负责。中国愿意说 5 年、50 年后如何,而一些国家的内阁只能说说 5 个月、1 年后如何。这就是区别。因此,中国的发展规划是有战略性的,政府必须有责任感。

当然也有缺点,比如:如何对执政党和政府有更好的监督? 如何克服不断发生的腐败? 这是摆在执政党面前的一个挑战。

但是我们不回避这个问题。我们会从以下几个方面作出努力:一、严惩已发生的违法行为;二、改善、加强现有的监督机制;三、更加透明化。我们既做历史性的纵向观察,也做世界性的横向比较。毫无疑问,比较是认识问题的重要方法。

多:还是回到民主的话题。您刚才讲的不仅是很好地帮助西方了解中国的例子,实际上对中国人更好地了解自己也很有效。我们的建议是:中国

---

① 瑞恰慈(I.A.Richards, 1893—1979),英国剑桥大学、美国哈佛大学教授,英国重要的理论家、文学批评家,著有《文学批评原理》、《美学原理》等。他的批评理论对欧美的文学批评尤其是新批评派具有深远的影响。

② 参见徐葆耕编《瑞恰慈:科学与诗》,清华大学出版社 2003 年 1 月版。

不仅需要向外部世界推销中国,也要向内部——中国人自己进行推销。

我昨天曾和一个中国年轻人聊天,我问他:"你怎么看待中国的体制?"他马上说:"不自由。"然后我就给他画了一个图,中国模式与西方民主的对比,西方有党派,有 A 党有 B 党。他马上就说:"那好啊,可以自由选择了。"然后我就告诉他,选择是要付出代价的,因为两个党派之间会相互攻讦、相互掣肘、相互指责。这样可能会带来许多负面的结果。

实际上,即使在中国,也有许多人不知道中国这套体制给中国人民带来的种种好处。它好就好在认准了就能够大胆地向前走,不争论,不耗费时间。这就和我们写书一样,我们两人要是彼此相争不下,可能这书就写不出来了。所以说中国的这套体制是一个很高效的体制。大家如果能和谐相处,就会有很高的产出。

奈:我们应该提一下那个年轻人最后说的一句话,他说:"如果你认为自己一贯正确,你还要学什么呢?"所以我想,中国领导人应该给人这样一种印象,就是说不一定永远正确,但总是在尽全力为人民谋福利。给人们这样一种印象就可以了。即使犯了错误也是可以理解的,因为你的愿望是好的。如果能够达成这种共识,那我觉得这个基础就比西方的民主更好。

赵:这是很有说服力的见解,不仅对年轻人是有效的,对我也有某种启发。从中国的历史背景和中国的现实状态看,中国适合这种特色的社会主义制度。西方的制度或其他类型的制度都是各自的选择。

我们来回顾一下历史,在某些特殊的历史时期,两党制或多党制下的选举实际上没有起到民主理想的效果,而成了满足选民民主要求的安慰剂。一个例子发生在 20 世纪三十年代,德国选举了兴登堡[①]为总统,他曾是第一次世界大战时期的将军。他在开总统会议的时候会突然说出与一战战局有关的话,说他的军团要调到哪里去,大家很吃惊;但是希特勒很高兴,因为兴登堡完全可以被他控制。这样的事就算历史上偶尔发生一次,代价也是很大的,即使几十年或一百年发生一次,代价也是很大的。这并不意味着我反对别的国家的两党制,我不是别的国家的选民,我只是说它不适合中国。

---

① 保罗·冯·兴登堡(Paul von Hindenburg,1847—1934),第一次世界大战期间德国元帅,魏玛共和国(1925—1934)第二任总统。其任期内,政治不稳定,经济萧条,1933 年他任命希特勒为总理,使之上台掌权。

至于中国的执政党——中国共产党对自己历史上所犯的错误,不仅勇于承认,还多次以党的决议的方式分析了产生错误的主观因素和社会原因并公布于众,曾公开发表过《关于建国以来党的若干历史问题的决议》①。

奈:看看一些个别的案例我们几乎就能证明事情的正确与否。虽然印度被称为世界上最大的民主国家(对此我们还有几个理由要提出质疑,但这是另一回事),可是中国人民在经济上境况更好。如果你不能使你的孩子们吃上饭,选举对你而言又有多少意义呢?

多:依我们看,中国体制里危险性较大的唯一问题是,如果领导层不好,那是非常糟糕的。如果某党在横向民主国家里治理糟糕,它在下一次选举时就会落选。但是,有人向我们解释,中国人是在更大的层面上,在历史的具体环境里看问题。如果体制不好,它最终会被淘汰。我们大家都同意"中国模式"是一个进行中的模式,它展现的成果是毫无疑问的。但在商业中,对于好的东西的记忆是短暂的,重要的是现在。

赵:"文化大革命"是中国共产党犯严重错误的一个例子和重大教训,如何防止重犯这类错误,是中国共产党建设中的重要课题。事实上,中国的政党制度严格地说是中国共产党领导下的多党合作制。就是说还有一些党不仅参政,而且对共产党进行民主监督是他们的一项重要职能。更重要的是,任何一个社会制度,如果它脱离了人民的支持,那这个制度一定会失败。这是人类历史已经证明了的,未来也将如此。

多:从长远来说,确实如此。但短期来看,有时候不是这样。

赵:换句话说,有什么样的国民,就有什么样的政府。如果国民有做主人的意识,他就不会容忍一个不符合人民意愿的政府。这应当是一个真理。

奈:我们认为现在的"中国模式"恰得其所,刚刚开始,有很长的一段路

---

① 1981年6月,中国共产党的十一届六中全会审议通过了《关于建国以来党的若干历史问题的决议》。决议运用马克思主义的辩证唯物主义和历史唯物主义,对建国后32年来党的历史上的重大事件特别是"文化大革命",作了正确的总结,科学地分析了党在指导思想方面的正确与错误,分析了产生错误的主观因素和社会历史原因;对党的一些负责同志的功过是非作了正确、公正的评价;实事求是地评价和肯定了毛泽东在中国革命和建设历史上的地位,充分论述了毛泽东思想作为我们党的指导思想的伟大意义。

这一决议和1945年的《关于若干历史问题的决议》一起,被认为是中国共产党建党以来两个最为重要、最为权威的内部历史文献,都起到了对有争议的党内历史问题作出结论、全面总结党的历史经验、统一全党思想、对未来发展提供指导理论等一系列重大作用。

要走,至今所有的指标都是中期的。我看好"中国模式"有利于中国的继续发展,是因为它获得了中国公民极为广泛的支持,因为它杰出的、前所未有的成功。没有理由来臆断"中国模式"在短期或者中期之后,当人民自己变得更加成熟时,不再进一步发展并变得更加成熟。"中国模式"要接近完善还需要很长时间,但是未来成功的方向已经牢牢地确立了。

原文摘自赵启正等著:《对话:中国模式》,新世界出版社,2010年4月版。 鉴赏编写:刘德强

94. 十一岁的小记者韦弗采访美国总统奥巴马
（2009年8月13日）

【格言名句】

我刚和奥巴马进行了交谈,他很高很友好,是个大好人。

——11岁小记者达蒙·韦弗

【文章导读】

贝拉克·奥巴马(1961—),出生于美国夏威夷州火奴鲁鲁(檀香山),童年和青少年时期分别在印尼和夏威夷度过。1991年,奥巴马以优等生荣誉从哈佛法学院毕业。2004年,奥巴马在美国民主党全国代表大会上发表主题演讲,由此成为全美知名的政界人物。同年11月,以70%的选票当选代表伊利诺伊州的美国联邦参议员,成为美国历史上第五位有非裔血统的联邦参议员。1996年,当选伊利诺伊州参议员。2000年,竞选美国众议院席位失败,后一直从事州参议员工作,且于2002年获得连任。2007年2月10日,他以侧重完结伊拉克战争及实施全民医疗保险制为竞选纲领,正式宣布参加2008年美国总统选举。同年6月赢得民主党初选,成为美国历史上首位被主要政党提名的非洲裔总统候选人,并于11月4日正式当选第44任美国总统。就任总统后,他全面实施恢复美国经济的经济复兴计划,军事上主张从阿富汗和伊拉克撤军,并向伊斯兰世界表示友善而非以武力相伴,还和核武大国俄罗斯签署削减核武器的《布拉格条约》。2009年10月9日,

获得诺贝尔委员会颁发的诺贝尔和平奖。2012年11月6日,第57届总统大选中,奥巴马击败共和党候选人罗姆尼,成功连任。

对话是奥巴马首选总统后所接受的年仅11岁的小记者达蒙·韦弗的采访录。这位小记者是佛罗里达州一所小学的明星记者,他采访时大抵从儿童视角出发,喜欢找些刁钻犀利的难题让美国的一些公众明星人物难以招架。他采访奥巴马也是一样,不断转换话题的连连提问,让善于论辩的奥巴马也有些吃不消了。

韦弗首先请奥巴马谈谈关于教育问题的一个声明,奥巴马显然稔熟于此,顺利过关。韦弗随即向奥巴马提出改善学校午餐质量的问题,包括炸薯条、芒果这样接二连三的小问题,使得按照大众饮食健康思路回答问题的奥巴马变得犹疑不决,颇有捉襟见肘的窘迫。这样将了一军后,韦弗更来劲,紧跟着连珠炮地问奥巴马关于担任总统所遭受的侮辱问题、是否还能灌篮的问题,奥巴马竟然语言结巴、无法应对、步步后退。幸亏这场一大一小的采访只有十来分钟的时间,奥巴马得以迅速脱身,但留给韦弗的印象竟然是奥巴马"很高很友好,是个大好人"的印象,一下子将奥巴马的优秀领袖素养凸显出来,也让人猛然间回味到对话中奥巴马似乎以不战而战的方式赢得了美国普通民众的口碑。

【对话原文】

韦弗:"我听说你会就教育问题发表一个声明,可以具体谈谈吗?"

奥巴马:"好的。在9月8号,当全美国的年轻人开始陆续回到校园时,我将就教育的重要性发表一个全国性演说⋯⋯"

谈教育当然难不倒奥巴马,但如果谈校园午餐,美国总统就有些生疏了。

韦弗:"你能帮忙改善校园午餐吗?"

奥巴马:"事实上我们正在考虑使学校的午餐变得更健康,因为很多学校的午餐放了太多的炸薯条。"

韦弗:"我建议每天的午餐都应该有炸薯条及芒果!"

奥巴马:"这对你来说也许是美味,但却不一定能确保你健康和强壮。"

韦弗:"我特别喜欢芒果!"

奥巴马:"你喜欢芒果?我也喜欢。但是我不确定每个学校都能有芒果。"

炸薯条和芒果似乎令采访气氛轻松下来,却不料韦弗话锋一转。

韦弗:"我注意到作为总统你经常受到一些人的侮辱,对此你有何评价?"

奥巴马:"作为总统我受到了什么?"

韦弗:"经常性的侮辱。"

奥巴马:"哦,你是说人们对我说一些刻薄的话?你知道,当你成为总统时你必须要承担很多事情。"

没等奥巴马摆脱尴尬,韦弗又再次提问了一个难题。

韦弗:"你会灌篮吗?"

奥巴马:"已经不行了。我曾经可以,在我年轻的时候。但我现在差不多五十岁了。"

在大约十分钟的访问中,韦弗天马行空,无所不问,不过最终,他还是给了美国总统一个不错的评价。韦弗:"我刚和奥巴马进行了交谈,他很高很友好,是个大好人。他说他希望到我们小学和我以及我的朋友打篮球。"

原文摘自周成龙编:《外国政要答记者问》,华中科技大学出版社,2010年7月版。　鉴赏编写:张　炜

95. 文化书法与文人书法
——北大教授王岳川与台湾文学院教授龚鹏程的对话
（2010年2月）

【格言名句】

书法把天下万色过滤后剩黑白二色,计白当黑,计黑当白,损之又损以至于无为,无为而不为,这就是道,道在运行。

——王岳川

作为一个书法家,他本身应该具有对文学、文化的掌握能力。具有这样的素养才够资格成为一个书法家。

——龚鹏程

【文章导读】

本文是 2010 年,北大教授王岳川与台湾文学院教授龚鹏程两位著名书法家关于书法的对话。

(文章节选自王岳川《文化书法与人文书法》)

王岳川(北京大学中文系教授、博导、北大书法所所长)四川省安岳县人。1982 年毕业于四川大学中文系,1988 年毕业于北京大学中文系。1993 年以来任北京大学中文系教授、博士生导师,享受国务院特殊津贴,中文系文艺理论教研室主任,北京大学书法艺术研究所所长,中国书法家协会理事,北京书法院副院长,国际书法家协会副主席,中国中外文艺理论学会副会长,香港中国文化研究院院长,日本金泽大学客座教授,澳门大学人文学院客座教授,复旦大学等十所大学双聘教授。

龚鹏程(台湾淡江大学文学院院长、台湾南华大学创校校长)江西吉安人,1956 年生于台北。台湾师范大学国文研究所博士毕业,历任淡江大学文学院院长,台湾南华大学、佛光大学创校校长,美国欧亚大学校长等职。曾获台湾中山文艺奖、中兴文艺奖、杰出研究奖等。2004 年起,任北京师范大学、清华大学、南京师范大学教授。现为北京大学中文系教授。

当代书法界生病了吗?现今书法界乱象了吗?书法拜金如拍卖虚高,书法西化,书法行为艺术如裸体书法,书法拼贴,书法杂耍如舌头写字,书法"追新强迫症"如将汉字写得脱架,书法"去中国化"如东亚诸国废除汉字和非汉字书法,书法审美品位颠倒,书法话语权集中在圈子里……诸种症候促成了大陆王岳川与台湾龚鹏程的关于当代书法症候的生态文化对话。

也许有人说这是个变革创新的时代,只要不违法,一切都可尝试。但是,王岳川认为书法是文化,龚鹏程认为书法要文人化,他们步调一致地都强调书法的审美品位,都认为书文化精神内涵传承重于形式创新,都认为当代书法教育需要精神生态化和制度化。王岳川强调书法家要入道,"书法把天下万色过滤后剩黑白二色,计白当黑,计黑当白,损之又损以至于无为,无为而不为,这就是道,道在运行"。

龚鹏程强调书法家要写自己的诗文。于是,两位高士分别旗帜鲜明地提出"文化书法"和"文人书法"的理论。

王岳川为当代书法症候开的"方子"是文化书法十六字方针——回归经典、走进魏晋、守正创新、正大气象。他的书法立场是:一,书法经典内容的文化传承价值最为重要;二,审视当代书法创新的"追新强迫症";三,警惕现代世界的"去中国化"倾向;四,书法应进入当代人的居住生活之中。为此,他又提出两大建议:提升教育书法评委的文化底蕴和审美眼光,密切关注拍卖行的走向。龚鹏程为当代书法症候开的"方子"是:作为一个书法家,他本身应该具有对文学、文化的掌握能力,具有这样的素养才够资格成为一个书法家。书法家是要创新,但是创新的源头在于创造的主体自己。例证:西方近代的大师,他们哪个不是重新去解读古希腊、文艺复兴,从传统中重新理解的?十分重要的是,我们学来的东西要变成我们的文化素养,再把它表达出来。

是疗治当代书法症候的时候了。《文化书法与文人书法——关于当代书法症候的生态文化对话》以王岳川为主,龚鹏程为辅,一个代表祖国大陆,一个代表祖国台湾,遥相呼应,又以北大为基地,着眼世界,追求全球化,共筑生态美学,为当代书法正本清源,拨乱反正,对症下药,继往开来。其情可嘉,其心可鉴。愿景如何实现?唯有敢于担当,有待来日。

【对话原文】
一、呼吁书法的文化化与文人化审美风尚

王岳川:1918年,蔡元培先生在北大成立了书法研究会,这是现代大学成立的最早的书法研究机构,可惜到1930年代中止了。到了1950年代,北大转成了文理综合大学,到了六七十年代、七八十年代,艺术学科就被逐出了理工和文科教学体系之外。北大重视文史哲考古,数理化天文地理,已然没有了艺术的位置,蔡元培"以美育代宗教"的维度实际上已经落空了。1995年我和金开诚教授主编了一本二百六十万字的书——《中国书法文化大观》,重新在北大倡导书法文化。到了2003年,我们呼吁成功终于成立了北京大学书法艺术研究所。

这时我才发现,中国当代书法界处于"书法战国时代":各种山头派别,各类书法拜金主义、书法西化主义、书法民间主义、书法什么主义都有。北大书法所何以立足?事实上,中国书法格局比较复杂,大体上分为两大系统:一是美院系统,将西方当代美术思潮作为标杆,倾向于把中国书法变成一种现代美术的书写。于是,西方有行为艺术,就搞书法行为艺术,西方有拼贴艺术,就搞书法拼贴,西方有观念艺术,就搞书法观念艺术,基本上是西

方时髦的现代艺术和后现代艺术的一种中国变种。二是师院系统。师范院校主要培养未来的中小学老师,所以强调三笔书,要求将钢笔、粉笔、毛笔字写好。这使其不太强调和西方现代后现代接轨,而重视掌握传统技法。但是也存在一个问题,就是实用目的很强,强调掌握传统技法把字写好。

第三种选择是综合性大学书法研究所的位置——强调书法的文化性——既不能把书法美术化,也不能把书法传统技法化,而是要把书法放在广阔的文化背景下,强调书法的文化精神和文化身份。我在1994年已经提出"书法文化"概念,现已成为书法界的共识。我发展一步,从"书法文化"走向"文化书法"。"文化书法"主要目的是跟美术书法划清界限,也和那些民间书法、日常书法区别开来。文化书法的观念,意在找回曾经失落的文化精神,找回老北大老学者的艺术风范,并致力于弘扬正气优雅的经典书风。张扬的"文化书法",就是要追求温润的人格内涵、恢宏的意义表达、美妙的诗意呈现与广博的人间关怀,以空灵、高迈、宏大、温馨构筑人类的精神生态。文化书法强调书法回归艺术本意——明心见性、道不远人、依仁游艺、立己达人——以诊治现代性艺术的精神疾患。

文化书法的当代意义在于,尽可能正确处理书法与文化的关系,在充分继承书法文化传统的同时有所创新,强调创新不是所谓的标新立异、追新逐"后",而是对文化的担当和传承。尽可能在书写中融入个体对文化的理解,在书写中表征出强烈的个体人格精神,书法成为人性修为的一种文化蕴涵,达到传统文化修养、个性人格精神和艺术形式的中和统一。之所以提出"文化书法",因为书法在中国文化重新崛起的新世纪,已经超越了技法层面的有限意义,而具有了中国文化形象的象征意义。当代书家不应只满足于技术性的创新或拓展,而应该使自己"学者化"。书法不仅仅是技术,它更是一种"道"。只有具备了超越天地人之间的思想境界,才可能成为真正具有文化精神的书法家。

我坚持认为,书法应该以精英文化审美趣味为底蕴,书法在形态上应该是要求走向经典的、典雅的、文化的、文人气息的;它的内容最好写经史子集,不要去写一些乱七八糟的、甚至是一些非汉字书法类的东西;它的功能是提升民族的文化的品位,是生态文化精神对书法文化生态的净化。文化书法的价值取向是规避书法拜金主义和文化自卑主义。这意味着,提升书法的文化品位,张扬书法艺术的文化意识,不把传统变成文本,而要变成一种精神从每个人身上流过去。在教学理念上,我坚持书法是一种学术文化,应有哲学思想贯穿其中,才能达到艺术创新。正唯此,书法作为中国思想中精微的部分,能够承载21世纪的独特的中国文化精神。文化是书法的本体依据,书法是文化的审美呈现。

为此我总结出"文化书法十六字方针"——"回归经典、走进魏晋、守正创新、正大气象"。其一,将历经百代而不衰的书法经典作为标尺,尊重经典、走进经典、感受经典、接近经典;其二,将魏晋这一"书法自觉时代"作为文化书法追求的审美风貌,不管是大王的小草,小王的大草,乃至唐代张旭、怀素的狂草,它其实都是属二王一派。如果说,思想的轴心时代是先秦诸子的话,那么书法的轴心时代就是魏晋;其三,将"守正"作为"创新"的前提,强调中国书法不能守邪创新、守歪创新、守怪创新、守俗创新,要坚决抵制书法杂耍主义——什么舌头写字、耳朵写字、脚丫子写字、裸体写字之类装神弄鬼、怪模怪样不正之物;其四,在书法美学风格上追求"正大气象",一要正——正宗、正脉、正统;二要大,作为书法大国、文化大国、人口大国,仅仅搞小趣味、小技巧、小鬼脸,有什么用呢?三要有大气有浩然之气,四不能仅仅沉浸在清代民国衰败之象中,而要上追有晋唐气象,乃至先秦孔颜气象。只有守正创新才能获得正大气象,只有坚持正大气象才能守正创新。我们这一代如果不守正不创新,肯定成为盲人瞎马,其行不远。

龚鹏程:我是在台湾生长的,我们想问题的语境基本上不太一样,比如说台湾没有这样的一个中央美院的系统,也没有这样的一个书法教育的师范系统。整个书法的环境也不太一样。不过呢,大体上书法所面临的问题是差不多的。

我之要谈文人书法,因它也是一样面临两个大的问题。第一个问题就是书法的技法化。有点像你讲的,仅从书法作为一种写的角度来教,其实就是为了把字写好,谨守古人法度。台湾坊间也有很多人在开书法教室,他们教书法基本即是这个体系,以遵从书法的体制、规模、遗法,追求这个系统来成为一个专业书家。他们这些人多是四体兼工的,可以写很多种字帖,临摹,各种笔法非常娴熟,参加各种展览、美展,也常得奖。得奖就成为他将来进入市场、能够销售、市场价格的凭证。台湾当然不像大陆一样有"书协"这样的体系,但也有各种书法协会,这些就成为台湾省书坛的基本现状——练字。有些人特别强调自己练字花了很多工夫,比如说买墨汁是买一加仑一加仑的，写掉了几加仑；或者说拜某某老师，他的书法有个传承，有门派，这之间形成一个书法传承的典范。

另外有一支呢，它跟现代艺术有个结合，希望书法能够创新。怎么创新呢？它极力让书法和现代艺术去接轨，就是刚才说的墨像、线条、墨块、拼贴，乃至于变成观念艺术、行为艺术。这种做法，跟日本、韩国、欧美的抽象画有很多呼应，完全走向了现代艺术。另外也跟很多实用的艺术相结合，比如说房屋的内部装潢、摆饰，大型的展览、城市的雕塑相结合，这也有很多人在做。

但我觉得这种做法完全偏离了书法作为一种文字艺术的本质，把它变成了抽象线条、墨块，或者寻求一种特别的空间感的艺术。这事实上是一个西方艺术的观念和做法，已经和中国书法没什么关系了。有时甚至完全变成了行为艺术，它的很多书法表现其实需要另用言说或文章来说明。你光去看他们写的字，大概都难看得不得了，完全丧失了我们平常要求书法的基本美感，笔墨啊什么都完全不能要求了。

前一批书法家，恐怕从你的角度来看也叫没文化。为什么呢，因为他可能只有书写的基本技术，完全是从临摹碑帖、临摹老师学习到了法度。而过去的那些书法家，我们看他们留下来的碑帖，通常都是大文章、重要的文章，只有重要的文章我们才会勒诸金石啊，这样的文章它们的文辞也是非常优美的。但是现在的这些书家本身缺乏文化素养，他只能临摹，或者写一些古人的诗，然后变变字体，变变花样，可是常常还抄错。

现况这样，所以我会觉得书法的源头可能已经丧失了。我强调的文人书法，或许不是一个恰当的语词，因为文人书法是模拟文人画来说的。文人画很容易了解，因为画本来和文人没关系，它本来是画匠的事。重在传移摹写，颜色与造型，后来它变成文人画以后，就改造了这个传统，因此才可以去谈书画同源。可是书法不是后来变成和文人有关，而是在源头上本来就是文人的。书家本来就是文章之士。写文章的人，不仅擅长使用文字，且能把一般的实用文字组合变成具有文学美的文章。一个字本来也是实用的，但是把字写成具有构形的美感的艺术品时，它跟文学是具有同质性的。从这个角度来说，书法从本源上就跟文学、跟文人、文章之士是同在一块的，它是文人的基本能力。我们借用文人书法这个词来说明，其实要说的是：作为一个书法家，他本身应该具有这样的文化素养，应该具有对文学、文化的掌握能力。具有这样的素养才够资格成为一个书法家。

有些人甚至于强调民间书法,说它们具有农民气息、工匠气息。假如一个吃饱了的人,偶尔品尝一下山蔬、竹笋,当然是不错的,但这些东西毕竟不是正味。真正好的、高雅的品位是什么,我觉得还是要有个标准的。第一,创作书法从源头上来说是跟文学、文字、文化这些是有关系的。第二,从书法所创造出来的美感的性质上来讲,它属于文雅,而不是粗鄙、粗俗的。第三,你现在要创新,创新没有问题,每个时代都在创新。但创新要有个本源,创新的源头是哪里?源头在于创造的主体自己。你自己本身不能成为一个创造者、不是一个真正有创造性心灵的创作者,而光是在技术上、构造上去创新,这根本是舍本逐末,不可能产生真正的创新。我们呼吁这些创作者,他应该回头来对他自己本身这种创作的文化修养进行加强,能够让我们的心灵成为一个丰富的、有内涵的,而且具有创造性的心灵。否则你这个创造是假的,是玩花样而已,这样的东西不可能留下来。我的大致意思就是这样的,跟你刚刚讲的其实差不多。

二、书法文化精神内涵传承重于形式标新

王岳川:其实,海峡两岸甚至包括港澳的两岸四地都面临着某种文化焦虑。这种文化焦虑来于西方现代性后现代性导致我们面临传统艺术如何突破重围的压力。在百年中西文化冲突的西方文化霸权的包围圈已然形成,经过努力我们在这种包围圈中正在崛起和成功突破,然而突破之后人们又茫然不知所踪。以书法为例,书法文化突围后究竟应该怎么走,人们并不很清楚,我想阐明我的书法立场:

其一,书法经典内容的文化传承价值最为重要。有人喜欢写非汉字书法,想证明书法形式重要而内容不重要,这是错误的!我举个小例子。于右任发现自己公馆前有群小孩在那里撒尿,他生气地写了六个字:"不可随处小便"贴在大门口。一个好事者一看于公写了这么好的书法贴在墙上,揭下来就走,挂在自己的堂屋中,请来所有的亲朋好友观赏。大家一看内容,掩鼻而去,说没文化品位。来了一文人说,你这挂不出来,字是好字,内容不行。我给你想个办法,用剪刀将字剪开变化顺序成为:"小处不可随便"。这就成为一幅励志的好作品。这例子说明一个道理,书法不仅有内容,而且内容很重要!还有一个附加例证:当代小说里国骂很多,王朔小说国骂比比皆是。可是书法里面难见到这些国骂。书法里从来没有那种粗俗的语言。它

挂在墙上都是经史子集中的中国思想钻石。比如书法家喜欢写《易经》的"自强不息，厚德载物"，写儒家的"立己达人""道不远人"，写道家的"淡然无极""心远地自偏"，写佛教的"即心是佛""清净除尘"等，每写一条内容都告诉一个人生的道理，并使人们与经典相伴。书法首先是文化传承的，其次才是技法展示的；书法不是野蛮人的瞎划，而是文人化情绪的诗意表达。

其二，当代书法创新患了"追新强迫症"。目前人们对创新的认识有大误区，分不清什么是真正创新，我把创新归之为四个维度：一是原创。王羲之从秦篆汉隶中走出来，尽管其用笔还有些篆籀笔意和隶书的余波，但他创造出一种天真活泼的、充满灵动性质的晋人行草风度，使书法走向的文化自觉时代。这就是原创！这种原创经验影响了中国书法一千六百多年，因为原创而使得王羲之每幅字都成了经典。就像我们的四大发明，火药、指南针、造纸术、活字印刷皆为原创，全世界都用。第二是创新，是局部出新。如黄庭坚把字的中宫收紧，笔画出现波磔，四边笔画拓开而形成自己的风格，这是局部创新，它也可以影响后世，但没有原创性那么大。第三是标新。找些民间瓦当、山村野夫的书写、墓志里石匠敲打的字，或将汉字写得脱架，这就叫标新。至于是什么舌头写字、头发写字、裸女身体写字之类，这些书法行为艺术只能各领风骚三五天，它既没有原创性的上千年的影响力和魅力，也没有创新性的几十年或者是上百年的影响，只能吸人眼球热闹三五天。第四是无新，根本就无所创新，只是一味去临摹古人抄袭古人。当代书法迷惘到了一个转型的节骨上，在观念上必须清醒批判并加以审理。

其三，现代世界的"去中国化"倾向。这一点在现代东亚尤其明显：日本废除汉字，去除中国文化影响；韩国去中国化废除汉字也很厉害，在百年前韩国能说中国话写中国字就像今天我们能说英文用英文写论文那么值得炫耀，而现在惟去之而不及；新加坡马来西亚去中国化同样明显，华人忧心如焚——没多少人写书法了，也没多少人来谈论书法，一切以英文为中心；越南去中国化最彻底，全部废除了汉字并与中国拉开了很大的心理距离；台湾地区也去中国化，我注意到台湾去中国化有个统计，中小学课本中75%的古文古诗减到了60%；大陆"文革"以来"去中国化"也很厉害，中小学课本中的古文和古诗大约只占35%。当代中国面临一个急迫的问题，以汉字为载体的书法在周边国家都不重视的情况下，在人们热衷电脑的敲动把文字实用功能体现的时候，书法还能干什么？书法何为？书法在未来还有什么价值？

这样下去,不管"文人书法"还是"文化书法",都可能成为英雄末路的"书法突围"。在中国文化大国崛起时,我们要坚守汉字书写的底线。我不赞成那种非汉字写法,也不赞成"天书"之类的抄袭西方的标新。我赞成坚持汉字典雅地书写——把汉字的美化功能推向极致的真正的大国书法。

其四,书法应进入当代人的居住生活之中。现代建筑需要清除假油画,请进真书法。现在不少人有大住宅,人们对书法类艺术品的需求越来越大。但北京上海出现一奇怪现象:大房子里全挂着那种廉价假冒伪劣的油画,实在俗不可耐。国人宁可用这种低劣的、抄袭的油画装饰自己的无知,也不挂自己本国的书法真迹,实在是缺乏文化引导。可我注意到穷困而偏僻的甘肃的一些小县城,走进的大小拉面馆大小宾馆,过道里客厅里房间里全是书法真迹。这样一个穷而又偏的地方,怎么如此重视书法的收藏。甚至一家人可能吃到上顿就没有下顿,但从牙缝省下点钱,只要有德高望重的书法家来,人们都拿血汗钱去买书法,然后作为传家宝一代代传下去。我看过一个穷的连墙壁都没有刷白的老人家里藏了三幅于右任的字。问他为什么不卖一幅,两个儿子都二三十岁了还没结婚急需钱。他说这是传家宝,卖一幅少一幅,婚可以晚结,传家宝卖一件少一件。我非常感动!那些富起来的地方未必就能够保持文化精神,相反他们可能还有崇洋媚外而数典忘祖。而穷困的地方还真能够保存中国文化精神命脉。这种民风这种民心更加坚定了我守护中国文化之本源、中国书法之真正精神,中国书法文人情怀之心。这是我张扬文化书法的精义所在。对未来我还是比较乐观。我相信发达地区的人们会把饭店旅馆里的那些假画、家里的假画清理出去,挂出书法真迹。那个时候文人书法和文化书法就不仅仅是理论,而变成当代中国文化身份的审美实践,变成了走进千家万户的艺术实践。

龚鹏程:刚才我们讲大都市里现在知识分子的社群的结构和审美标准基本西方化了。不要讲一般人的审美品位,我们看拍卖市场、文物市场就比较明显。工艺品的价格远远高于书法,工艺品里面材料本身又最被看重。比如说金子、玉石,这个材料他们觉得贵重。结果是材料高于工艺技术,然后这工艺品又高于书画,书画里面绘画价格又高于书法。这跟整个中国的传统价值颠倒了。在传统里,工艺品怎么能跟书法比呢,开玩笑,这是天差地远,对不对!文人就是写字、画画嘛,工艺品类是工匠的事。现在完全弄反了。

传统的审美价值在今天确实面临着很大问题。在这个环境里,社会大众搞不清楚,都从欧美的审美角度来看事情。我们的教育也一样,对中国传统文化不重视。教育体系培养出来的知识分子、大学生,对中国的琴棋书画,基本上是一窍不通。中国的审美价值、审美口味已经改变了。当然你讲在农村,在比较具有传统性的区域中,可能还保留了重视传统文化的态度,但主流体制却实在是西化得厉害了。

当然,风气还是慢慢在变。这些年,大陆传统文化热、国学热,有很多传统价值正被重新发掘,大家不像过去那样自卑了,已开始重新再来审视它。书法在这样一个环境里面,重新被认识,应该是一个契机。

应该提供更多的机会,让一般人都注意到中国这种特殊的艺术。西方并没有这样的艺术,所以它确实还是有非常珍贵的价值。

过去我们的很多书法艺术创作者,他们其实跟外国一样,都是在破坏汉字的体系。他们希望去除字形,或者不管字义,随便写少数字,两个字,或者一个个别的字,乃至故意找一些口语粗鄙的字来写;或者他写出来根本不要字义,不写一个句子,他就让你脱离汉字的意义和结构,来单纯看他写的字本身。这些人号称在创造现代书法,实际上在拆解整个汉字的体系。我觉得这是不对的。

另外就是你刚刚谈到的,近代人有创新的焦虑。老是觉得我要创新,要创新! 但创新到底怎样个创法? 乱搞一气叫创新? 别人吃饭你吃屎这叫创新? 这不是神经病吗? 你非常熟悉西方近代的那些解构主义、后现代大师,他们哪个不是重新去解读古希腊、文艺复兴,从传统中重新理解的? 他们的创新是从这里面创造出来的。跟练武功一样,我出去碰到一个高手,不行了,怎么办呢? 我回去再把我的本门功夫好好再练,练得精纯点,再挖掘一下,就会发现我这边还有很多东西我原来不熟悉啊。他们找到了很多,创造了很多,这些创造是他们从西方文化传统中发现了很多原来没注意到的、很多有待挖掘的东西,在这里面再开展出些新的东西来。难道西方这些创新是从学习东方来的吗? 当然对东方也有借鉴,比如海德格尔,可是那些东西和东方其实很不一样,它还是从他自己传统里面发展出来的。他们可以参考你一点东西,像我刚刚讲的,碰到一个高手了,别人有几招也是不错的,当然也可以学,但是怎样跟我自己的本门功夫结合,这个才能够真正有所创造嘛。哪里能够抛却自家无尽藏,专门去学别人? 光学别人,我们怎么可能胜得过别人呢?

三、当代书法教育需要精神生态化和制度化

龚鹏程:现在的风气看起来已经有很大变化了。之前我在北京看一个拍卖展,展出的书法作品的作者大概都是于右任、马一孚、谢无量、冯友兰等。现在留得下来的,或者说有价值拿出来拍卖的还是这些人的作品。再就是专业的书家、文化人、学者。这些人的字被看重,代表着一种好的风气。

当然这种拍卖市场化了以后,它也会造成一些不良风气。在里面我也看到一些假的,说明有很多人在仿制这种作品。不过看得出来,社会风气是不断在改变着。过去造成的书法界之扭曲,是不会长久的。因为大家都不是呆子,好东西出来,大家比较一下,还是慢慢会养成一些眼光。要多提供给大家一些好的作品作为指导。假如我们在理论上再强化一点,来说明这些,就更好了。过去整个书法界,只有专业的书家,没有其他领域的人来做这些,它和职业是结合的,当然会造成这样一个特定的小圈子。评委的话语霸权即形成在这个圈子里头。假如像我们这样的学者,只是写字,不参加他们的书法展,或根本脱离他们的评价体系,这就可以造成一个对他们的挑战,形成不同的声音和一些对话。

王岳川:梁启超曾在清华有一次讲演中说:"各种美术之中,以写字为最高。"就是说,美术中有油画、雕塑、版画、国画、工笔、花鸟、山水,但唯有以写字为高。梁任公能够那么高看书法一眼,他当时可是思想界的领袖人物,这眼光非腐儒可比。后来冯友兰进一步说:"书法评论的标准,不在于用笔、用墨、布局等技术问题,而在于气韵的雅俗。如果气韵雅,虽然技术方面还有些问题,那是可以救药的。如果气韵俗,即使在技术方面没有问题,也不是好书法,而且这些弊病是不可救药的。"冯友兰应该说是20世纪后半叶北大哲学界的泰斗,大师级人物,强调写字不在于技法、笔法和墨法,而在于气韵胜。今天,反观我们一些人争先恐后地用纸张、墨色、颜料,甚至用很多奇奇怪怪的方法做非书法,做出来的东西除了吸引人耳目以外,真的很难流传下去。相反,我们看看唐宋明清的一幅手札,一个残简断片,它里面的深厚的文化意蕴让我们流连忘返。

确实,国人应重视书画拍卖行的动向,应该通过正确的引导逐渐改变评委的眼光,走近历史汰变之后的经典去挖掘文化潜能。今天很多书法家丧失了文化底盘,导致其看到张三写的后现代,明天看到李四写的是法国解构

派,一样玩一月,就这样换着玩,邯郸学步,自我没有了,两手空空却反过来攻击传统经典,说传统更不行。对这种舍本逐末的做法已然过时,我提出两个建议:一,我认为严重的问题是教育书法评委。评委眼光决定了展出水平和未来人们趣味走向。提升评委的文化底蕴,重塑评委的艺术审美眼光,使其好的就说好,不好就说不好,杜绝艺术盲视和文化缺失,尤为重要;二,要关注拍卖行。当代拍卖行的指挥棒风向标很厉害,炒作性黑拍可以把一个集败笔之大成的作品拍成天价,尽管那上面全是写的白字错字。我们应该扶正气创新境,一定要把于右任的作品、沈尹默的作品、郭沫若的拍高,而把那些丑陋的东西拍低出局。要做好三条,评审机构要公正;要教学生认识正道;拍卖市场一定要和精品接轨。文人书法也罢,文化书法也罢,都是我们的文化生态理念,这可以给书法界带来正大气象。我们坚持文化书法就在坚持文人的人文情怀,一种知其不可而为之的勇毅。

四、文人书法与文化书法的将产生新价值契合

王岳川:我有个想法,策划北大书法所同台湾的书法人搞一次合作展览,先到北大展,然后到台湾去展。在我看来,书法不仅是中国的,书法也是世界的。我最近写了好几篇文章,主题就是中国书法经验应该世界化。这么美好的书法——做减法的艺术——书法把天下万色过滤后剩黑白二色,计白当黑,计黑当白,损之又损以至于无为,无为而不为,这就是道,道在运行。这样好的抽象艺术为什么不能成为人类的艺术?一位美国朋友告诉我,美国学生很喜欢中国书法,书写经典书法的人越来越多,表明西方对东方艺术的热爱:他们跪在那儿一丝不苟写书法,一群美国孩子在那里快乐地写书法,这是多么鼓舞人心的事情!

龚鹏程:我写我自己的诗,写我自己的文章,写我自己喜欢讲的话,这才是我的书法。光是会抄抄别人的诗,写写别人的字,照人家的样子重新写一遍,这算什么东西呢?每次我讲文人书法的时候,都有人说你是个文人嘛,但要做到文人很难,有多少人能像古人这样,成为那样的文人呢?成为一个文人要会琴棋书画、诗词歌赋,这太难了,所以文人书法是一条走不通的路。我说这就很好笑了,成为艺术家、想真正在艺术上有所创造,难道你认为是件容易的事情吗?和跳高一样,跳不过去,你说算了,我们从底下钻过去算了。那是不行的!那就不叫跳高了。

王岳川:其实这关涉到书法家入道的高度问题。这是一个人人都可以

称自己是书法家的时代,书法家似乎没有了专业的高度。一个没有专业训练的人不敢说自己是钢琴家,但却敢称自己是书法家。为什么书法家没有级呢?为什么书法没有坎儿呢?谁都可以叫书法家,这是危险的。急切需要成立中国书法考级委员会。要是没有严格的考级尺度的话,所有高中生都可以称自己已经达到硕士、博士水平,中国的博士将如过江之鲫,这是灾难还是福音?中国书协有万人,各省书协将有十万人,各个县市的书法家是百万大军。不能将书法爱好者称为书法家,而应该叫"书法人"。"家"是一个很高的规格,人人都是家,导致中国"书法家"过剩。所谓"生年不满百,常怀千岁忧"嘛,我们今晚是"秉烛游"。相信通过我们的努力,当能够促使文化书法与文人书法从边缘走向文化中心话语,使中国书法逐渐走向世界化。北大书法着眼世界,追求全球化时代中国书法的世界性价值和高端前沿意义,使书法在全球化时代成为人类共享的世界性审美形式,使东西方美学共同构成人类互动的生态美学。对此,我充满乐观!

原文摘自王岳川、龚鹏程著:《文化书法与文人书法》,《文艺争鸣》杂志,2010年第4期。　　鉴赏编写:刘　弘

96. 地球只有一个
——对话世界自然基金会全球总干事詹姆士·利普
(2010年6月5日)

【格言名句】

　　大熊猫代表的不仅仅是对这一物种的保护,我认为它有更广阔的艰巨任务——寻求人类和自然和谐共处的方式。

——詹姆士·利普

【文章导读】

　　作为"环保卫士"的世界自然基金会,"在全球环境变化的今天,你们的努力究竟能多大地影响我们的地球,我们又该如何面对未来的生存环境呢?"2010年6月5日——"世界环境日",世界自然基金会全球总干事,詹姆

士·利普就"世界环境保护"这一问题,做客《世博会客厅》。

由他带领的世界自然基金会是唯一被邀请参加世博会的国际非政府环境保护组织。这个组织成立五十多年,主要职责是帮助世界各国保护自然环境。每年接受世界范围内五亿欧元的资助,有五千多名员工,分布在一百多个国家,为保护世界的自然环境而工作。这个组织与我国有很深的渊源,它的标志就是我们的国宝——大熊猫。他坦言:"大熊猫对大多数人来说它是自然的标志,也是自然所受到的伤害和我们索取自然资源的标志。大熊猫代表的不仅仅是对这一物种的保护,我认为它有更广阔的艰巨任务——寻求人类和自然和谐共处的方式。"

詹姆士·利普的开场白,就向公众宣称:世界自然基金会是"世界上最受尊敬的自然保护组织"。在他的介绍中,我们了解到了世界自然基金会资金的来源、监管和使用。同时,他把这些捐助看作是"保护资源的项目投资"。在谈到执行过程中面临的挑战时,他认为从高层的政治决策到基本的经济形态必须通力合作。特别是,谈到我国的领导人对此的看法,一针见血地指出:"他们已经意识到,如果不寻找到一条可持续发展的路径,他们的事业不可能成功。"

接着,从他所学专业,与环保的相关性谈起,去哈佛法学院的目的也是要"为自然辩护"。谈到他工作的主要内容和方式时,詹姆士·利普说他们通过与各个领域合作,找到一条对双方都有利的可持续发展的路径,既能促进发展,又能保护环境。谈到如何与中国政府部门的合作时,他提到了举办了"长江论坛"以及庞大的长江计划,目的是帮助中国认识到,"发展"和"环保"同等重要,提醒中国不要再走发达国家先污染后治理的老路子,让中国人在干净、良好、和谐的生态环境中,持续不断的发展。可喜的是,中国政府,包括中国人民都认识到环境保护的重要性,并认真地进行着这项工作。当然,中国也存在着很多问题,例如有些地方环境污染厉害,制度不健全,地方政府监督不到位,责任相互推脱等。想要找到一条既能快速发展,又能与自然和谐相处之路,任重而道远。

他把墨西哥湾原油泄漏事件,称为"巨大的灾难"。谈到"地球一小时"(熄灯节能)活动带来的争议,他认为:"这是一种展现自己承诺的机会。"他们所做的工作不仅是帮助,更重要的是感染和激励世界上每个国家,每个人都意识到环境保护与自己息息相关,都认识到人与自然和谐无比重要。

世界经济发展,人类社会进步与自然环境有着密不可分的关系。如果能在保护环境中求得自身的发展,那么展现在我们面前的将是一个良性发展模式,反之,则必然会自食恶果!国家发展重要,但国家在良好的环境、在自然和谐的环境中发展更重要。世界自然基金会就是意识到了这一点,才在各个领域"游走"与"劝说"。由此可见,他们对世界的影响,对人们的督促效果越来越明显。他们的作用不是一蹴而就,但他们正在锲而不舍地改变人们对自然的认识。

【对话原文】

2010年6月5日,这个日期备受关注。世博会当日入园人数再创新高,达到52.49万人,然而这并不是当天唯一的新闻点。6月5日还有两件值得关注的事:这一天是世界环境日,同时还是上海世博会世界自然基金会荣誉日。

在世博会上,为什么要留出整整一天时间,将视线聚焦全球环境以及自然保护?世界自然基金会又究竟是一个怎样的机构?为了寻找答案,我们专访了世界自然基金会全球总干事詹姆士·利普先生。

《世博会客厅》:很多人对世界自然基金会的印象就是一个以熊猫为标志的组织,有些人看过WWF在电视上的广告。您能不能给我们提供更多的信息,世界自然基金会究竟是个怎样的组织?

利普:世界自然基金会已经成立差不多五十年了,它成立于1961年,现在已经是世界上最大且最受尊敬的自然保护组织。

2010年6月5日,利普出席了世界自然基金会荣誉日的一系列活动。向公众介绍推广世界自然基金会,永远是他每次公开讲演的开场内容。

世界自然基金会是唯一受邀参加上海世博会的国际非政府环境保护组织,它在全球拥有五百二十万支持者,在全球六大洲的一百五十三个国家发起或已经完成了一万二千个环保项目,这些惊人纪录的背后是庞大的资金支持。

利普:我们在世界范围内每年有5万亿欧元的资金,相当于大约七万亿美元。

《世博会客厅》:可能很多人会问,你们的资金来源是什么呢?

利普:大部分资金都来源于个人,我们有数以百万计的会员,他们每年都给予我们支持。

《世博会客厅》：我们刚才谈到了世界自然基金会的资金来源，你们怎么样决定这些资金的去向，怎样使用和监督它的使用呢？

利普：我们有五千多名员工，在一百多个国家，为世界自然基金会工作。我们五千多人首要的工作就是利用赞助人委托给我们的资源，达到可能的最大的效果，确保我们关注的是最重要的，确定我们的项目会造成重要的结果，这是我们工作的核心。所以我们所有的工作都是在确保这种情况的发生。

在1961年，世界自然基金会成立之初，成员不多，主要是科学家和公共关系专家等专业人士。直到1970年，荷兰伯恩哈特王子为该组织建立了一个牢固而独立的经济基础：世界自然基金会设立了一笔一千万美元的基金。从这一时期开始，WWF开始进入高速发展期，影响力也从瑞士总部开始波及全球。

利普：人们逐渐意识到，环境问题是十分重要的，而且更多人意识到，如果他们希望子孙后代能够享受一个健康的地球生态，能够享受他们现在所享受的一切，他们必须现在就开始为那些保护资源的项目投资。他们也认识到，世界自然基金会是他们保护这些他们所关心的事物的有力手段之一。

《世博会客厅》：你们在执行计划的过程中有没有遇到困难呢？

利普：这是很有挑战性的。我认为你可以说这是我们这个世纪将面临的最重要的挑战，去寻找方式使得我们和全世界的人们能一同调整我们的生活方式、发展方式，从而地球能够维持我们的发展，进入未来。所以这要求各个领域的通力合作，从高层的政治决策，到基本的经济形态。是的，我们面临很多困难，但是你可以看见逐渐清晰的问题意识。你可以看见胡锦涛主席和温家宝总理的意识，你也可以看到商业领袖的意识。就像你看见的，他们已经意识到，如果不寻找到一条可持续发展的路径，他们的事业不可能成功。

20世纪七十年代，世界自然基金会开始大规模发展，而此时恰恰是全球公众环保意识觉醒、掀起环保浪潮的时候。人们开始关注自己生存的这颗星球，同时也在反省人类对地球的伤害。当时，年轻的利普也受到了这种环保气氛的影响，他的人生轨迹就此改变。

《世博会客厅》：您在哈佛获得了文学学士学位和法学博士学位，您为何选择了环境保护事业?

利普:其实我的教育背景比看上去的要相关得多。我在哈佛获得了文学学士学位,这是个包括很多领域学科的学位,而我的专业是环境。而那时的环保先锋,那些为环保贡献最多,为美国的环保事业打下基础的人,都是律师。

《世博会客厅》:您在大学阶段选修了环境保护,那您是什么时候开始对环保感兴趣的呢?

利普:从很小的时候就开始了。当我在高中的时候,我是一个辩手。有一年辩论的主题是环境污染,我开始意识到我非常关心环境,我也希望为环境问题争辩。所以就这样,一直到了法学院。我在大学的专业是环境,我去法学院是因为我想拥护自然,为自然辩护。

坚持为自然辩护的利普在1989年决定离开收入不菲的律师行业,正式加入世界自然基金会美国分部。2005年12月,他受命担任世界自然基金会全球总干事。五年来,他领导着这个覆盖一百多个国家的组织,推广环保事业。

《世博会客厅》:那您现在的工作一定和原来的相比有变化,有哪些变化呢?

利普:当然我是说每份工作都不一样。我之前最近的一份工作是在帕克基金会主持环保项目,这个基金会是大卫·帕克创立的。如果你知道帕克的话,它是最早在中国投资的公司之一,在三四十年前就来中国了,应该是四十年前。在那个项目里,帕克基金会在中国进行了很大额度的投资,支持这里的能源保护工作。我那时主要负责分配资金,这个挺好玩的。主要是给别人提供资金做他们的事情,而现在我当然是自己在领导一个组织,自己来做这些事。所以这份工作能让我到世界很多地方去,这是变化之一,而且它使我把很多时间花在与合作伙伴共同努力上,寻找合适的方式推动事业。

《世博会客厅》:您是世界自然基金会总干事,您的日常工作包括哪些呢?

利普:很多工作就像现在这样。事实上我一共有三个职责。首先我是世界自然基金会的首席执行官,负责我们在世界各地方案的执行。我也是世界自然基金会人际网络的领导人。我负责与我们的主要投资者、与我们的合作伙伴打交道,无论他们是企业的CEO或政府领导人或媒体,还是对我们的问题感兴趣的人。而最大的挑战是同时处理这三项工作,但我的工作显然的准则是,确保无论在中国或在喀麦隆或在德国,我都在代表世界自然基金会,和可以帮助我们改变现状的伙伴合作。

《世博会客厅》:我注意到世界自然基金会的很多项目是与政府合作完成的,你们是怎样达成这样的合作平台的呢?

利普:事实上虽然我们是世界最大的环保组织,但相对于需要处理的问题,我们的力量还很微小。唯一能造成改变的方式就是我们与合作伙伴共同努力,与更强的力量,比如商业或者政府一起努力。其实我们能找到共同利益的领域。哪些事情是政府和我们都想去做,而且如果我们合作能比任何一方单独完成的效果更好?所以在中国我们已经与政府的不同部门合作,完成了很多工作。比如说森林保护,怎样能将世界其他地区的经验引进中国,中国怎样能更有效地管理资源,淡水资源也是一样。我们怎样能帮助中国管理江河,且满足对这些江河的需求?而且我们要确保它们的生态健康。我们认为合作是解决这些问题最高效的方式。

几年前,我们举行了"长江论坛"。长江论坛每四年举行一次,它汇集了所有长江流域各省的领导,以及国家部委水利部,讨论如何才能更好地管理共享资源。到现在已经超过六年了,我认为"长江论坛"已成为省级政府和国家政府共同管理长江流域的非常有力的手段,也就是说用高效的办法管理整个流域。这些政策的演变很多都得益于这个论坛上的创新,并且这个论坛已经成为从世界各地引入有关河道管理的新点子的手段。所以,我告诉别人我们究竟做什么,我们正在与政府共同合作创造机会,共同商讨问题,并借鉴其他地区的经验,这可以成为确立长江流域保护政策的基础。

《世博会客厅》:您认为世界自然基金会能在何种程度上影响政府的环境保护措施?

利普:我们通过带来好的想法造成影响,我们可以帮助政府找到应对这些挑战的政策。

2010年4月21日,美国路易斯安那州一处海上钻井平台发生爆炸,一天后,钻井平台沉没,泄漏大量原油。这起发生在墨西哥湾的原油泄漏事件成为利普和世界自然基金会目前的工作重心。

《世博会客厅》:大家现在都非常关注墨西哥湾原油泄漏事件。世界自然基金会已经为此事件做了哪些努力,将会有哪些举措?

利普:在墨西哥湾原油泄漏事件中,世界自然基金会一直在向人们传递信息,我们利用这个机会提醒所有人,事件的原因,其实也就是解决方式——我们必须要戒除"石油瘾"。我们非常积极地与政府、领导人、部长等合作,非常积极地致力于媒体和公众,以确保事情按我们所希望的方式发生。

这是一个巨大的灾难。我们从来没有遇到过这样规模的原油泄漏事故,而且到现在还不能控制它。墨西哥湾所发生的一切是非常可怕的。我们所有人都应该退后一步想想,怎样才能真正严肃考虑降低对石油的依赖性?这种依赖性已经给我们的未来带来了太多的危险。我们应该考虑转而使用更加温和、可再生的能源。

5月27日,利普和世界自然基金会得到美国政府的反馈,美国总统奥巴马在白宫举行的新闻发布会上明确表态,"叫停"近海石油开采。

除了这类全球关注的重大突发环境污染事件,世界自然基金会在全球持续关注的还有近万项环保项目。

《世博会客厅》:你们在不同时期应该有不同的关注重点,那么世界自然基金会怎样选择它某个阶段的工作重心呢?

利普:这个非常复杂,世界这么大。但是我们有非常优秀的科学团队,能够帮助我们分析全球各个区域的生物的重要性,并且帮助我们选择生物多样性最重要的区域。

比如说亚马逊盆地、喜马拉雅山脉或者中国的长江流域。我们首先重点关注的是保护这些地区以及在这些地区生存的重要物种,比如说大熊猫和老虎。同时我们还关注,到底是什么导致了生物多样性的破坏,是什么使我们失去了众多赖以生存的自然资源。我们致力于应对这些威胁,去处理这些威胁。

《世博会客厅》:那么在有限的资金、人力下,怎么样去选择受到保护项目的顺序呢?

利普:我们从全球眼光来看待,有哪些地区、物种和问题是全球范围内最重要的,我们怎样肯定和明确能改造这些地区的可能性,能否真正造成世界范围的变化,这样我们就会关注这些问题。所以我们在中国有一个关于长江的庞大计划。长江对中国自然是非常重要。中国经济的40%集中于长江流域。而且长江在全球范围内也是非常重要的，它是现存最大的江河生态系统之一。所以我们会关注长江，致力于我们怎样能与合作伙伴一同更好地管理长江资源。

世界自然基金会在备受全球关注的同时，也会面临质疑，其中最受争议的项目就是"地球一小时"活动。"地球一小时"是世界自然基金会为应对全球气候变化所发起的一项可持续性的全球活动，号召个人、社区、企业和城市在每年3月最后一个星期六晚上8点半开始，熄灯一小时，旨在通过一个小小动作，让全球的民众共同携手关注气候变化，倡导低碳的生活生产方式。

但是，有一些专家提出担心，这类集体关灯的行动不仅不能节约多少电力，反而还会造成电网故障。

《世博会客厅》：世界自然基金会有一个非常著名的活动——"地球一小时"。但是很多人认为这只是一种作秀。您怎么看？

利普：我知道很多人会这么认为，但其实他们理解错了。"地球一小时"是世界各地人们的一个机会，他们借此表达对气候变化问题的关注，并承诺采取行动解决这一问题。有亿万人民在二十六个国家参加"地球一小时"活动。这是一件奇妙的事，重要的是这些，而不是你用关灯的方式节省能源。

《世博会客厅》：所以这不仅仅是作秀，而是让人们关注气候变化，并且为之行动。

利普：是的，这不是一种作秀，是一种展现自己的承诺的机会，而且这能够促进行动。

在世博会世界自然基金会荣誉日上，利普最重视的活动是一个论坛，论坛的主题是"与绿色中国共成长暨世界自然基金会来华30周年"，以此纪念世界自然基金会和中国的三十年合作。

利普：今年对我们来说非常重要，借上海世博会的机会来庆祝我们三十年来在中国取得的成果。上海世博会将6月5号确定为世界自然基金会荣誉日，来表彰我们在中国多年来所做的一切，我很受感动。这也是我们今年所做的最激动人心的工作之一。

利普告诉我们，世界自然基金会和中国有着天然的联系，当他们在五十年前，把大熊猫图案选为会徽的时候，他们就已经期待有一天能够去中国，开展大熊猫保护项目。1979年，世界自然基金会成为在中国开展实地工作的第一个国际非政府组织,在中国开始着手一批重点优先项目,第一个就是大熊猫的保护。

《世博会客厅》:我们知道世界自然基金会选择熊猫作为自己的标志,那么在进入中国之初,为何选择大熊猫作为重点保护对象呢?

利普:我们选择熊猫作为标志是因为,对大多数人来说它是自然的标志,也是自然所受到的伤害和我们索取自然资源的标志。所以不仅对中国人而且对全世界来说,这是一个呼吁的标志。所以它成了我们的标志,也成为了我们工作的起点。但是现在我们认为大熊猫代表的不仅仅是对这个物种的保护,我认为它有更广阔的艰巨任务——寻求人类和自然和谐共处的方式。

随着世界自然基金会在中国的项目不断铺开,如今的合作项目已经多达十项,更在中国八大城市设立了地方办事处。

《世博会客厅》:世界自然基金会自从1979年进入中国后,保护工作的重心已经由野生动物保护转向了其他项目,比如说长江流域的保护。为什么会有这种转变呢?

利普:三十年前大熊猫保护是我们最早关注的项目。随着时间推移,我们和中国政府都逐渐意识到,中国需要的环保措施比这要深远得多。所以现在我们不止为保护大熊猫而工作,更是为了保护中国重要的生态系统,比如中国东北部的黑龙江流域,东北虎的故乡,以及长江流域等。我们还作为中国政府和中国企业的合作伙伴,共同策划如何建设和谐社会,如何真正地让中国在发展中保护自然资源。

《世博会客厅》:您怎样评价中国的政府和企业在这些保护项目中的表现呢?

利普:我在中国工作了很久,我想说,在过去的十年间,中国政府的最高层对可持续发展问题、环境保护的问题表现出了非常强烈的决心。你应该已经注意到,人们已经意识到,中国要持续发展,必须要关注自然生态的保护,比如长江、森林的保护,必须要处理类似于气候变化的威胁。我可以看到令人欣喜的决心,从最高层的胡锦涛主席、温家宝总理,到各部委、各省层面。这是我们能开展这些工作的基础——政府强烈的决心,以及私人机构逐渐强烈的意识。

《世博会客厅》:世界自然基金会在中国的项目和在世界其他地方的有

关联吗?

利普:在很多方面都有关联。我给你举两个例子。我们在这里工作的原因之一是气候变化,还有帮助中国建立低碳社会,而这些工作都是和全球共同的遏制气候变化的努力紧密相关的。我们致力于和政府密切合作,致力于政府的承诺,降低排放量以及参与国际谈判。我们寻找机会促进中国政府和其他国家政府的对话。这是一个例子。第二个,大概三四年前,中国环境部和中国环境与发展国际合作委员会请我们来帮助他们分析中国的生态足迹,分析中国对世界其他地区的生态影响。在这个工作的基础上,顺便说一句,中国是最早要求我们做这种评估的国家之一,我们有了中国最大的几家银行的支持,共同参与中国人民银行的可持续发展战略,研究他们怎样能达到可持续发展,研究他们在世界各地的投资。这就是和其他大洲非常相关的项目。

当我们跟随利普和他的同事们一起走进上海世博会世界自然基金会馆的时候,我们可以更真切地感受到自然的力量。一颗直径为2.5米的"生命之球",承载着中华鲟、胭脂鱼、松江鲈鱼等珍稀水生生物,无论是普通的游客,或是世界自然基金会的全球总干事,在经过这里的时候,相信都会对自然满怀敬意。

《世博会客厅》:我注意到世博会世界自然基金会馆中有一个巨大的水球,你们希望游客能得到怎样的感受呢?

利普:那个非常酷!它让江水以下的东西被呈现出来,当我们完成它的时候,因为我们每隔几周会添加进一些物种,当我们完成时你就可以看到非常生动的水下世界的画面,这江水中有什么,为什么它那么特别。所以我们做了一件很有意义的事情,要不然你一生只能在市场上看到长江的鱼。这个水球就至少让你对那里的生物有了一些直观的感受。

《世博会客厅》:我们知道世界自然基金会是唯一被邀请参加世博会的环境保护组织,那么世界自然基金会希望在世博会上向人们展示什么呢?

利普:首先,我认为世博会真的很美妙!上海世博会是一个巨大的平台,帮助数以百万计的人们了解我们如何建设未来的城市,如何建设我们更美好而且可持续的未来。这不仅是中国,更是世界的伟大的机遇,这就是世博会各个美妙的场馆的意义,我们也非常自豪能成为它的一部分。

我们如何能让人们参与其中,激励人们在自己的生活中采取行动,走向可持续发展的世界？而且我们已经看到许多的兴奋和回应，那些真正受展馆鼓舞和启发的人们，他们在展馆看到的不仅仅是我们做了什么，而且是他们能做什么。

《世博会客厅》：我们知道上海世博会倡导低碳、绿色的理念。您认为上海世博会在这方面的努力成效如何？

利普：我想他们为了确保这届世博会是绿色的已经做了很多振奋人心的事情，决定运用太阳能为交通工具和节能建筑提供能源。我认为这正是世博会应该做的，尤其是本届世博会的主题是"城市，让生活更美好"。这是一个让人们看到很好的示范机会，让他们看到在自己家里、自己城市里能做出的努力，而且我认为这届世博会做得非常不错。

在世界自然基金会众多公益短片中，有一个长度三十秒没有解说的短片，其中也没有任何说教，而这也许正是他们想要传递的一种声音：保持纯真的心，地球可能会更美好。

利普：我认为在过去的几年里我们对这些问题有了越来越广泛的认识：我们在这个星球上生存，我们的福祉、我们子孙的幸福和健康很大程度上依赖于我们改变发展方向的能力，发现一种更好的、地球可以支持的发展方式。将这样的意识转化为真正的变化，这种变化必须在接下来的十年中发生。

原文摘自上海世博会事务协调局、上海广播电视台编：《对话高端：〈世博会客厅〉访谈精选》，东方出版中心，2011年1月版。　　鉴赏编写：张春燕　张贤臣

97. 世博与"中国梦"
——国际展览局名誉主席吴建民访谈
（2010年7月9日）

【格言名句】

　　国家的崛起为我们实现梦想、体现自己的人生价值提供了很好的舞台。作为外交战线上的一分子，把工作做好，为国家的崛起出一份力，这就是我们的梦想。

——吴建民

97. 世博与"中国梦"

【文章导读】

吴建民 1939 年 3 月生于重庆,中国资深外交家。1959 年毕业于北京外国语学院法语系,学校毕业后进入外交界。他曾为毛泽东、周恩来、陈毅等国家领导人当过翻译。1991 年至 1994 年任外交部新闻司司长兼发言人。之后,他相继担任驻荷兰与瑞士大使。1998 年至 2003 年,他被任命为驻法国大使。回国后,吴建民担任中国外交学院院长、全国政协外委会副主任、全国政协副秘书长兼新闻发言人、国际展览局主席。2007 年,两届任期满后被推举为国际展览局名誉主席。著有《外交与国际关系——吴建民的看法与思考》、《交流学十四讲》、《在法国的外交生涯》等。

吴建民的个人生涯与上海世博会有着千丝万缕的联系,他是中国申博的功勋人物。2010 年 7 月上海世博会官方参展者评奖针对各展馆的"外观设计""内部布展"和"主题演绎"三个方面展开,来自世界各地的一百九十七个官方展馆角逐上海世博会的三十三个奖项,作为国际展览局名誉主席的吴建民又以评委的身份参与到了评奖工作。

2010 年 7 月 9 日上海世博会事务协调局和上海广播电视台,在世博专题节目《盛会 2010》系列节目之一——电视高端访谈节目《世博会客厅》,采访了吴建民。吴建民谈了对上海世博会的切身感受和体会。

对于世博会,吴建民特别关注的是"主题演绎"。他说:"世博会的特点它不是商品展览会,它是围绕一个主题来给大家展示,而这个主题是当前人类面临的大问题。""上海世博会是第一次以城市为主题的世博会,而世界的城市化正处于一个关键阶段,城市建设的规模史无前例,城市建设得怎么样,归根结底是要看人住在里面是不是舒畅,是不是开心,是不是幸福,这是最关键的。"

作为一名有着四十二年外交经历的资深外交官,他一直努力用外国人能够接受和理解的方式,把中国推向世界。而在他看来,世博会也是一个能迅速让中国与世界接轨的契机。他说:"世博外交的本质是促进中国和世界相互了解,人家到这来看一看,通过世博外交和中国接触,我希望这些人离开的时候感到是一个文明的中国,一个和平的中国,一个需求互利共赢的中国,这样的中国大概不可怕。"

吴建民一生都在追逐着自己的梦想。他说:"我的'中国梦'就是在国家崛起的过程中,我尽到一份绵薄之力。"2010 年 7 月 31 日,一场典礼在北京大学百年纪念讲坛举行,晚会的主题是向"中国梦"的践行者致敬,这些被视为"敢做梦""能做梦""正圆梦"的人帮助中国创造了许多举世瞩目的奇迹。吴建民,正是他们中间杰出的一员。

【对话原文】

2010年7月9日,备受关注的上海世博会官方参展者评奖工作已经结束了第一轮的初选。国际展览局名誉主席吴建民宣布,总计197个官方展馆将参与角逐上海世博会的三十三个奖项,最终评奖结果在10月30日国际展览局荣誉日上揭晓,借此表彰官方参展者对世博所作的贡献。

《世博会客厅》:吴院长,我很想知道在这个世博会开幕之后,您这是第几次来上海?

吴建民:我来上海四五次了,世博园我去了有近十次了。

《世博会客厅》:您说这个前后近十次是都跟工作有关,还是有的时候是以普通游客的身份?

吴建民:我们作为评委也是以普通游客的身份。

《世博会客厅》:如果哪个展馆的工作人员知道你们是评委,会不会对你们的服务特别好?

吴建民:我们事先打了招呼。譬如讲他们邀请我们去贵宾室,我们不去。他们要给我们做专门的解示,我们说谢谢啊,不用啦,我们自己作为普通观众来看。

此次上海世博会评奖委员会阵容强大,共由九位评委组成,除了国际展览局名誉主席吴建民、国际展览局主席蓝峰和秘书长洛塞泰斯外,还邀请了在建筑和城市规划等领域享誉世界的六位顶尖人士担纲评委。在此前的五天里,九位评委已对世博会的八十三个独立展馆进行了评估。

评奖针对各展馆的"外观设计""内部布展"和"主题演绎"三个方面展开,其中"外观设计"考量的是展馆的建筑创意是否丰富易懂;"内部布展"评选的是各展馆能否确保游客的舒适参观,是否环保;而"主题演绎"则注重考察各展馆对上海世博会主题的理解与诠释是否深入,在展示的过程中能否实现与参观者的交流。

《世博会客厅》:我们知道这个世博最佳展馆这个奖啊,好像分很多种,那这个是不是每个奖都是这九个评委在评啊?

吴建民：是，都是我们九个评委来评的。我们这次要评大概三十三个奖。因为展馆分为A、B、C、D四类，A类是建筑面积在四千平方米以上的，B类是四千平方米以下、两千平方米以上的，C类是两千平方米以下的，D类是联合馆。我们在7月5日到9日看了八十三个馆，就是A、B、C类馆都看了，然后我们要评三十三个奖，就是外形设计、主题演绎、内部展示三个领域。有金奖、银奖、铜奖。联合馆不参加外形的评奖，因为外形评奖是联合的，很难评出来。所以这样一来，整个是三十三项奖。

《世博会客厅》：那我想九个评委可能是来自于不同的行业，来自于不同的这个角度，我不知道您所关注的角度会是什么？

吴建民：我特别关注的是主题演绎。因为世博会的特点它不是商品展览会，它是围绕一个主题来给大家展示，而这个主题是当前人类面临的大问题。你对这个主题如何演绎提出你们的看法，我对这个主题演绎是非常重视的。

在上海世博会上，一座座设计新颖、充满智慧的展馆，让参观者兴奋不已。对于这些展馆，也许不同的参观者会有不同的打分。人们不禁猜测，这些各具特色的展馆将得到国际展览局和世博会组织者怎样的评价呢？

《世博会客厅》：您先透露一下您的感觉。

吴建民：这个问题可能现在回答稍微早了一点。我想，评出来之后，我们期待公众的反应，大体会觉得这个结果是公道的。因为大家都觉得这个建筑确实给你很多启示，给你很多想法。看了之后，不大容易忘掉。这种不忘掉之后它就会产生影响。

《世博会客厅》：那我很好奇什么样的展馆、什么类型的主题可能打动你？

吴建民：我想，因为上海世博会是第一次以城市为主题的世博会，而世界的城市化正处于一个关键阶段，因为它的规模、它的速度，可能是人类历史上前所未有的，有一大批发展中国家在崛起，在崛起的过程中，工业化和城市化是齐头并进的，那么在这个过程当中，大量的农民进城，城市建设的规模史无前例，那么这些城市建得怎么样？归根结底是要看人住在里面是不是舒畅，是不是开心，是不是幸福，这是最关键的。

自1851年首届伦敦世博会以来，评奖已成为世博会的悠久传统。早期的世博会只是把评奖作为一种激励手段，往往设置成千上万的奖项，评奖对象则是参展的产品和技术。随着世博会从展示产品转变为注重主题,原有的评奖制度已经偏离了世博会的宗旨。1958年布鲁塞尔世博会之后,世博会评奖一度被取消。

在评奖中止的近半个世纪后,2005年的日本爱知世博会重新启动了世博会的评奖工作。这届世博会颁发的"爱地球奖"和"自然的睿智奖",改变了以往以技术和展品为本位的奖项设置,以参展国家和国际组织为评奖单元,引导人们把重心聚焦到可持续发展这一人类共同关注的课题上。上海世博会正是借鉴了爱知世博会评奖制度的经验,顺应现代世博会重视展示理念和演绎主题的潮流,致力于使世博会成为一个激励创新的平台。

《世博会客厅》:我觉得您关注主题也有一个原因是因为从主题的演绎上可以看出这个城市发展的一些理念。

吴建民:对,理念后面是文化。你看看那么多馆,没有完全一样的。是什么东西使它们完全不一样?文化。所以我觉得世博会博的是文化。你看是它外形上的设计,里面主题它是如何演绎,围绕这个城市主题,它是从什么角度来演绎的。我想你仔细看看、比较,角度是不一样的。你说人类社会最宝贵的是什么?文化的多样性啊。你看一百八十九个国家,五十七个国际组织,它们都代表着不同的文化,它们有的是同样的文化,但表现的形式不一样,你从这里面去体验,一定能够得到很多的收获。

对于世博会,吴建民倾注了太多的心血与情感。可以说,他的个人生涯都与上海世博会有着千丝万缕的联系。在吴建民的外交履历中,从1998年到2003年,他一直担任驻法国大使,而国际展览局的总部又设在巴黎,于是在这段时间,吴建民亲身参与了上海申办世博会的全过程,而他也被称为上海申博的"前线总指挥"。

2002年12月,在摩纳哥蒙特卡洛举行的国际展览局大会宣布,中国获得2010年世博会举办权。申博的成功,得益于中国的国际地位的提升以及中国申办代表团积极有效的工作,也得益于吴建民这位"前线总指挥"的不懈努力。如今,上海世博会的会期已经过半,对于正在举办的世博会,他个人有着怎样的感受和体会?

《世博会客厅》:现在的世博园区跟您当时最初的设想或者是期待有什么不同吗?

吴建民:我觉得超出我的预料。当时在申办的时候我就很有信心。我觉得我们能申办成功。申办成功之后,这一届世博会可能是历史性的,我当时预感到这样。但是我去到上海世博会一看,各国对上海世博会的重视程度超出了我的预料。投入是最大的,你看看各个展馆,国宝拿出来是最多的,每个馆里面对中国的重视程度前所未有,他总要讲讲同中国的关系,每个馆都要讲一讲,这个现象非常突出,这个是出乎我的预料。世博园,那么大的人流,进去之后包括到一些热门场馆去看,给我的印象是井然有序。

《世博会客厅》:那这个都是超出您期待的,有没有什么地方是您觉得还有点儿不足的,跟您当时的设想相比?

吴建民:开头的时候,出乎我预料的是,就是有一些人的行为太糟糕了。我写了篇文章,冒充残疾人不排队,这个简直可以写成闹剧了,外国展馆一下来了那么多残疾人,外国人正在发呆,怎么来了这么多残疾人,进去之后,残疾人突然都没了,都活蹦乱跳、到处照相,坐着轮椅进去,太可耻了。这些人为了自己的一点小便宜,不惜损害国家的荣誉。后来我很高兴看到,网上同声谴责,这种现象就减少了。你看他排队了,他不乱扔垃圾了。国际展览局秘书长还注意到,中国人抽烟比较多,过去中国人是乱扔烟头,世博园里他掐了扔到垃圾桶里去。这就是提高了嘛。现在我觉得从管理上,要利用世博会这个契机,因为国民的素质在提高,把它推广,能够持之以恒坚持下去。

作为一名有着四十二年外交经历的资深外交官,吴建民曾经先后担任过中国驻荷兰、法国、联合国日内瓦办事处等国家及国际组织的大使。多年来他一直努力用外国人能够接受和理解的方式,把中国推向世界。而在他看来,世博会也是一个能迅速让中国与世界接轨的契机。

吴建民:世博外交本质上是什么呢,本质上是促进中国和世界相互了解,中国正在崛起,中国的崛起是发展中国家崛起大潮的一部分。中国十三亿人,很快就十四亿了,这在人类历史上没有先例,崛起会带来很多不安,甚至恐惧。人家到这来看一看,通过世博外交和中国接触,我希望这些人离开的时候感到是一个文明的中国,一个和平的中国,一个需求互利共赢的中国,这样的中国大概不可怕。

《世博会客厅》:您刚才说在世博园区里头我们也知道游客当中很多都是小孩,这是不是意味着其实世博会的影响,也会影响到他们这一代人,甚至好几代? 为什么呢?

吴建民：我觉得会影响好几代。你想想看嘛，这个世博园里面，大家去看了，看了世界一百八十九个国家。我是搞了一辈子外交，我跑五六十个国家，是中国人中的佼佼者，能跑一百八十几个国家吗？跑不了。但是世博园里面，你可以对世界有点印象。你不仅影响这一代人，还影响今后好几代人。世博会留下的遗产，每次世博会都会带来一个创新的热潮。它会改变人们的生活，改变人们的生活方式。这次世博会是三大革命的前沿——新的能源革命、新的产业革命、新的生活方式革命的前沿。包括人的行为，人的公民素质的提高，世博会都会产生深远的影响。我想带着孩子去，他将来会有很多事情会忘记，但是他到了世博园里面他肯定不会忘记，你说对他一生会不会有影响？有影响，世界很大啊。

让中国走向世界，向世界介绍中国，不仅是上海世博会的重要使命，也是吴建民外交生涯的真实写照。多年来，他在外交战线上的努力也得到了世界的认可与尊重。法国媒体评价他的外交风格"沉稳、睿智、文质彬彬、收放自如"。

2003年，就在吴建民离任驻法大使前夕，时任法国总统希拉克亲自授予他"法国荣誉勋位团大骑士勋章"，这个荣誉仅次于法国总统授予外国元首的十字勋章。

与此同时，吴建民在国际事务中展示的中国魅力也给世界留下了深刻印象。2003年12月，在国际展览局第一百三十四次全体大会上，吴建民毫无争议地当选为新一任主席。而他同时也是担任国际展览局主席的第一位亚洲人。

《世博会客厅》：我们知道您其实有非常多的身份，您是大使，您又是外交学院的院长、国际展览局的主席，您现在还身兼着许多非常重要的社会职务，那我很想知道您人生当中的职业生涯的这个变化，是因为您一直有梦想去追逐，还是因为这些变化提供了给你做梦的机会？

吴建民：两者都有，你想一个人从小孩长成人，到工作岗位的变化，他这个人总是要有个追求的。而我们这些人成长的过程当中，正好是国家正在崛起。国家的崛起就为我们实现梦想，体现自己的人生价值提供了更好的平台。作为外交战线上的一分子，把工作做好，为国家的崛起出一份力，这就是我们的梦想。

《世博会客厅》：我想很多人都会很羡慕您在这个职业生涯中那么多的

角色转换。

吴建民：我是比较幸运的，年轻的时候我是二十几岁，就给我们国家高级领导做翻译。可以近距离观察，外交是讲级别的，我做翻译我也想进入高级外交，而且观察很仔细，这就很不容易。然后我是第一批到联合国的，联合国是世界外交官的橱窗，每年在那儿见的国家元首、外长几十个甚至上百个，看他们在那里如何表演，很了不起。后来自己从事的工作也是多种多样的。这样一个经历给我提供了很多的帮助，人的能力和他的经历是有关系的。从这个意义上来讲，本人很幸运，这个幸运和国家的崛起密切相联系。

2007年，吴建民担任国际展览局主席两届任期已满。在国际展览局第148次大会上，吴建民被推举为国际展览局名誉主席。

如今，吴建民与世博会的缘分还在继续。作为国际展览局名誉主席，七十一岁的吴建民依然活跃在世博外交的舞台上。在上海世博会举办的一系列重要论坛和会议上，经常可以看到他忙碌的身影。凭借着四十二年丰富的外交经验，这位退休的外交官依然以儒雅、平和的个人魅力向世界展示着独具特色的中国风范。

2010年7月31日，一场典礼在北京大学百年纪念讲堂举行，晚会的主题是向"中国梦"的践行者致敬，这些被视为"敢做梦""能做梦""正圆梦"的人帮助中国创造了许多举世瞩目的奇迹。吴建民，正是他们中间的一员。

《世博会客厅》：对您来说您的"中国梦"是什么？

吴建民：我的"中国梦"就是在国家崛起的过程当中，我尽到一份绵薄之力。比如我在当大使的时候，我一定要使我的工作在前人的基础上前进一步。不前进一步我是不甘心的。我这个人有这个特点，我不容易满足于现状。一定要有点创新。

《世博会客厅》：那您现在还有没做完的梦吗？

吴建民：我现在是这样子，我去年从外交部退下来了，但是很多地方还请我去讲话，很多国际会议邀请我参加。我搞了一辈子外交，观察世界，观察自己，比较我们自己的文化，比较外国的文化，也有些体会。我还愿意去做一点事情。我想尽我一分力量使我们的国家与其他国家在交往当中减少一点误解，这也是我梦想的一部分。

原文摘自上海世博会事务协调局、上海广播电视台编：《对话高端：〈世博会客厅〉访谈精选》，东方出版中心，2011年1月版。　　鉴赏编写：杨远芳

98. 解读瑞士传奇
——对话瑞士联邦主席兼经济部长多丽丝·洛伊特哈德
（2010年8月12日）

【格言名句】

　　我们要为地球上的每个人创造高质量的生活，只有将保护自然和城市得以发展结合起来，这也是可持续发展的一部分。

——（瑞士）多丽丝·洛伊特哈德

【文章导读】

　　瑞士是一个位于欧洲中部（或归类于西欧）的联邦制国家，与德国、法国、意大利、奥地利及列支敦士登接壤，是全球最富裕、经济最发达和生活水准最高的国家之一，人均国民生产总值居世界前列，旅游资源丰富，有世界公园的美誉。伯尔尼是联邦政府所在地，该国的苏黎世和日内瓦位列世界上生活品质最高城市的第一和第二。瑞士也是世界著名的中立国，历史上一直保持政治与军事上的中立，但瑞士也参与国际事务，许多国际性组织的总部都设在瑞士。

　　2010年8月12日，时任瑞士联邦主席兼经济部长的多丽丝·洛伊特哈德出席了上海世博会瑞士馆的国家馆日，并做客《世博会客厅》，就"城市与乡村之间的互动"为主题解读瑞士的又一个传奇——实现城市和乡村的双向互动以及双向发展。"我们要为地球上的每个人创造高质量的生活，只有将保护自然和城市得以发展结合起来，这也是可持续发展的一部分"。

　　我们知道，瑞士是一个发达国家，国民过着非常富裕的生活（人均财富排名世界第二）。多丽丝·洛伊特哈德谦逊地表示，没有世界这个"大家庭"的和谐发展就不会有瑞士本国的发展。她反复强调了"责任"与"共同发展"。"责任"不仅仅是瑞士政府对人民的责任，也是对世界的责任，更是对其他每个人的责任；"共同发展"不仅仅是城市的发展，也必须有乡村的发展。

　　在谈及城市乡村共同发展中的经验时，她说了三个字："水治理"！水是生命之源,在我国,一个又一个乡村告急,干旱、水灾不断袭扰文明城市和乡村的同时,这掷地有声的三个字,需要我们认真地学习。"水"是关键词,"治理"是一个行为更是一个作为,一个漫长的过程伴随着人力和物力的投入。

"环保与发展能够在今天的瑞士形成良性循环",她的解读带给我们更多的思考,"将典型的瑞士品质与解决环保问题结合起来"。高标准、高质量的瑞士品质我们非常熟悉,与环境问题相提并论,足见城市和乡村共同发展理念的深入。高立意、高起点,让我们敬佩不已!谈到瑞士的政治体制中的"轮换"时,我们对良好的制度的延续性很是担忧。但是,她的回答也是典型的瑞士品质:"我们有很高的政治稳定型和公信力。"一起决策,坚持政策,不会改变战略。

谈到与中国的合作,称赞我们"活力"凸显的同时,相信我们会"向着更高的质量、创新和服务一步步前进"。这话是对我们的鼓励,更是对我们的期望和要求。

我们与瑞士的距离不言而喻,曾经的江河不见往日的清澈,曾经的山林没有了昔日的静谧,曾经多少古人圣贤追寻的佳地美景,都被现在所谓的城市化进程淹没。为了建设高楼大厦,我们可以把原有美丽的高山崩塌,只为找寻建筑材料;为了现代化工业建设,我们失去了原有的清澈河水和碧蓝的天空。昔日古诗中那些优美的景色,现在只能让我们在记忆中寻找。没有纯天然,只有人工雕砌;没有纯自然,只有人工制造。

如何向瑞士等"榜样性"的国家学习,如何与他们合作?如何让我们的城市与乡村都能够共同发展,人民的生活更美好?我们应该认真地思考,一步步地向前走,希望不会是遥远的未来。

【对话原文】

2010年8月12日,上海世博会迎来瑞士国家馆日。当天,上海迎来2010年入夏最高温度,园区气温40℃,多丽丝·洛伊特哈德当天接受采访时表示:"在中国,过去的几年,我也遗憾地听到自然灾害的发生,我相信或多或少与气候变化相关。在上海从来没有这么热的夏天,这么高的气温是不容我们忽视的,不仅是先进的技术,每个人的行动可以应对这个局面。"

这一天,在连续参加了一系列国家馆日庆典活动后,多丽丝·洛伊特哈德女士匆匆回到了瑞士馆。瑞士馆里,郁郁葱葱的森林、繁华的都市、宁静的乡村、白雪皑皑的阿尔卑斯山以及山间的缆车,仿佛让她瞬间回到了自己的国家,面对媒体时她更是侃侃而谈。

洛伊特哈德:瑞士国家馆向各位呈现了要实现城市和乡村的双向互动以及双向发展,这是完全有可能做到的。

瑞士以风景优美著称,同时也是阿尔卑斯山、巧克力、世界名表的代名词。更重要的是,它拥有一个清洁的环境。耶鲁大学和哥伦比亚大学联合发布的2008年环境表现指数中,瑞士在全球一百四十九个国家中环境质量排名第一。

《世博会客厅》:我们知道,您已经参观了瑞士馆,您认为它怎么样?瑞士馆的主题是"城市乡村之间的互动",您是怎么看的?

洛伊特哈德:我认为这是一个很好的选题,是2010年世博会的很好的主题。我们要为地球上的每个人创造高质量的生活,只有将保护自然和城市得以发展结合起来,这也是可持续发展的一部分。

《世博会客厅》:我想那展现了城市乡村共同发展的一种方式。我想知道,这种共同发展是否对瑞士很重要?

洛伊特哈德:是的。你知道,我们有大片的阿尔卑斯山区和乡村地区,气候变化给我们带来的问题是我们的冰川融化了。当我们邀请中国的人民来到瑞士看冰川,我希望它们十到二十年之后还在那里。所以,关心环境,这也是关心我们自己的利益,因此,我们需要这样全球的共同发展,同样承担起个人的责任。

洛伊特哈德一直强调责任与共同发展这两个词。尽管瑞士拥有清洁的环境,但在全球自然环境发生变化的今天,瑞士和世界上的所有国家一样,都面临过同样的问题。瑞士人找到了怎样的解决方法?瑞士馆无疑在向人们传达着这一信息——城市乡村之间的互动。

在瑞士人眼里,乡村代表着自然的生活,城市则代表着工业的发展以及污染。如何在城市与乡村之间实现协调发展?早在20世纪七十年代,瑞士就开始探索这个课题。

《世博会客厅》:不同国家的情况不同,城市乡村的共同发展这方面,我们应从什么角度学习瑞士的经验?

洛伊特哈德:我想我们很多年来学习到的、实现的是水治理。在瑞士,你可以喝水,甚至在厕所。它是高质量的,你感到很健康,这很重要。水对农民也很重要,水对很多产业都很重要,没有水就没有生命。

20世纪七十年代,瑞士水污染情况严重。瑞士专门通过宪法对水资源进行保护,无论地下水还是河流都受到政府部门持续的监控。现在,瑞士的入户自来水可以直接饮用,价格却只有矿泉水的五百分之一。同样在城市面临垃圾、空气污染等其他问题时,瑞士很早就开始寻找解决方案。

洛伊特哈德:你们同样可以学习处理垃圾的方法,可能是电子垃圾,可能是一般垃圾。还有新鲜的空气,空气污染似乎是大多数城市的重大挑战。我们需要解决的技术,人类需要创新技术,我们提供给任何需要它的人。

洛伊特哈德表示,这些年瑞士仍然面临着各种城市污染问题。仅碳排放一项,根据瑞士联邦统计局的统计,从1990年至2005年,瑞士的温室气体排放量增加3.6%,增长幅度的八成来自于这期间家庭车辆以及交通运输的排放。对此瑞士每一个州都制定了不同的环保措施。

《世博会客厅》:我们刚刚谈到了环境保护的问题,我们知道,瑞士的每个州有自己的环保措施,对于联邦政府来说,如何建立一个共同的标准,可以让所有州都接受?

洛伊特哈德:在环境问题上,我们有很多联邦的协调标准,以车辆为例,瑞士有统一的电子装备标准。因此,我们按惯例提供奖励,无论是公民还是消费者,你来决定买什么,你来决定是否要更有效率,但你不这么做时,要付更高的价钱或是税,这是一个自主决定的制度,我们是自由的国度,但我们会提供指导。

瑞士有完善的环保法律,这些法律法规涉及水源、土地、大气、废弃物、森林、噪音、自然景观、野生动物、微生物等。瑞士环保立法强调防范为先的原则。首先通过预防措施尽可能减轻对环境的污染;其次,采取防范措施的费用由污染源一方承担。但与此同时,瑞士又是一个工业大国,工业是瑞士国民经济的主体,产值约占国内生产总值的50%。

《世博会客厅》:工业是瑞士经济的重要部分,同时瑞士很重视保护自然资源,国家是如何平衡工业发展和环境保护的呢?

洛伊特哈德:我们有很高的标准,我们想要发展,同时想要提供高质量的产品,我们同样要求它遵守社会、环境的标准。我想这是可以实现的。人们都渴望优质的产品,不仅是产品本身,也包括生产方法,以及如何合理利用资源。这也是工业的一部分,因为今天我们只有一个地球,我们要关注自然资源,要有更高的效率,从而在价格和成本上占有优势。

《世博会客厅》:在瑞士,这两样东西,环保与发展,已经形成了良性循环。

洛伊特哈德:是的。我们需要改变,在社会、工业上都是这样。因此,我认为我们在工业产品上可以将典型的瑞士品质与解决环境问题结合起来。

2010年8月12日下午,洛伊特哈德代表瑞士馆向游客出售馆外墙帷幕上安装的红色"小太阳"。这些悬挂在瑞士馆外的上万个"小太阳",实际上是太阳能电池板。而这也是未来清洁能源的代表。

《世博会客厅》:我们知道,中国有广大的乡村地区,我们可以从瑞士的经验中学到很多。

洛伊特哈德:我们的想法是以合作者的身份展示,我们有一些经验,从水资源管理到垃圾管理、能源效率。因此,我们需要合作,这样我们可以改变一些行为方式,让新技术、创新解决问题,我们都能有一个更好的未来。

在2010年8月12日的瑞士国家馆日新闻发布会上,一位记者问道:"刚才主席女士提到在2010年的上半年的六个月里,中瑞双边贸易关系又上了一个台阶,能不能具体展开说一说数据支持,以及瑞士方面有没有对中长期关系规划?"洛伊特哈德回答说:"在2010年前六个月,瑞士对中国的出口量增长了30%以上,中国对瑞士的出口量增长16%,因此前六个月的贸易总额已达到了62亿瑞士法郎。"

瑞士不仅仅是世界上最环保的国家,同时也是人均财富排名第一的国家,瑞士也与中国有着众多的经贸往来。而掌管瑞士经济的,便是这位对各种经济数据了如指掌的洛伊特哈德女士。

2006年8月1日起,四十三岁的洛伊特哈德开始担任瑞士联邦委员,同时掌管联邦经济事务部。2009年12月2日,她获得了瑞士议会全部183票当中的158票,当选为2010年度瑞士联邦主席,成为瑞士历史上第三位女性国家元首。

瑞士政府不设专职国家元首,权力分散在联邦七个部门部长组成的联邦委员会,由七名委员每年轮流担任联邦主席一职,以此来保证权力的相对平衡。而在洛伊特哈德任瑞士联邦主席时,她仍然掌管瑞士联邦的经济事务。

《世博会客厅》:瑞士的政体要求主席在联邦委员会委员中轮换,我想知道,轮换会改变经济政策吗?

洛伊特哈德:不,我们不会改变。我们有很高的政治稳定性和公信力。政府由多个党派构成,七席联邦委员会轮流担任主席职位,是一个轮值的体系。我们一起决策,因此这保证了我们会坚持我们的政策,我们的战略不会改变。

2010年1月27日,瑞士小镇达沃斯迎来第40届世界经济论坛年会。来自超过九十个国家的两千五百多名各界领袖出席,在五天内举行了多达二百二十五场工作会议,讨论的话题包括全球政治、经济、环境等多个方面的问题。就任瑞士联邦主席不到一个月的洛伊特哈德在开幕式上做了演讲。在演讲中她指出:"我们不仅需要新的金融框架,也需要有新的政治架构,全球的挑战,比如说气候变化危机以及多哈谈判,都需要直接解决。""政界、商界领导人都应该少喝冰镇香槟,承担起自己的责任,而且为政策制定作出贡献,使其能够更有利可持续和平衡的增长。"

积极呼吁各国拿出解决问题的态度,颇为严厉的指责,这些表现出自一个中立国家的领导人,这多少会令人有些意外。但自2010年1月1日,洛伊特哈德任职开始,就一改瑞士"孤立"的态度,主动提出与发展中国家紧密合作。

《世博会客厅》:今年您的经济战略之一是重视与发展中国家的合作,比如巴西、俄罗斯、中国或印度,我能知道为什么吗?

洛伊特哈德:瑞士在历史上说,是出口偏向型国家。我们大量依靠国外市场,因为我们国内的市场规模很小,所以我们对于快速发展的国家很有兴趣,中国对我们来说是很重要的合作伙伴。

达沃斯论坛的举行正值全球经济渐趋复苏的阶段,但此时不确定因素仍然很多,因此这场盛会备受瞩目。论坛期间,中国国务院副总理李克强与洛伊特哈德女士举行会谈,就两国经贸合作的进一步发展进行了讨论。

《世博会客厅》:中国是瑞士重要的贸易合作伙伴之一,在世界金融危机和经济衰退的背景下,您怎么看待两国间的贸易合作关系?

洛伊特哈德:瑞士也曾处于衰退期,但不是很长时间,我们比其他欧洲国家受到的影响更小,很让人意外的是,我们和中国的贸易伙伴关系并没有什么变化,我们能够稳定。今年我很高兴,我们增加了贸易流量,2010年上半年,瑞士对中国的出口量增加了30%,中国方面也很有前景。2010年我们上了一个新的台阶,这表明情况已经稳定了,我们有良好的经济状况。所以我们应当继续,看看我们的基本条件中哪些能提高,鼓励双边的贸易流量。

《世博会客厅》:您对在哪个地区开展合作有兴趣?

洛伊特哈德:瑞士主要致力于上海的市场,因为上海是中国最有活力的城市,但我想成本也在增加。因此,瑞士的公司会在全中国寻求机会。

从重庆到上海再到北京,洛伊特哈德此次访华行程可谓安排得满满当当。在她看来,中国作为瑞士在亚洲的第二大贸易伙伴,这种地位正变得越来越重要。而随着中国的迅速发展,两国可以合作的领域也越来越多。

《世博会客厅》:在您看来,未来要加强两国之间哪些领域的合作?

洛伊特哈德:随着不断的发展,中国呈现出改革的活力,你们会向着更高的质量、创新和服务一步步前进。我们有一些领域的合作,是以金融服务业开始,因为瑞士以银行、医疗服务著称,卫生部门也很重要,从生命到各项技术,我们有共同的利益。我们引入清洁技术,那些技术更有效率、更节约能源的,能减少污染或其他有害物质的,也是我们有兴趣的合作领域。

8月14日,结束了上海世博之行的洛伊特哈德飞赴北京。在那里,她会见了中国商务部长陈德铭。双方就双边经贸合作、两国商谈自由贸易区等共同关心的问题交换了意见。

《世博会客厅》:今年瑞士正在力求签订自由贸易协定,这份协定对瑞士来说意味着什么?

洛伊特哈德:我们认为开放市场竞争是很好的,如果有了自由贸易协定,可以增加贸易额,因此两国政府决定进行共同的可行性研究,掌握更多市场的情况以及贸易障碍。因此,我们正等待研究报告的最终结果。

2010年是中国的世博年,也恰逢中瑞建交60周年。在2010年担任瑞士联邦的轮值主席,这样的一届任期对洛伊特哈德来说无疑有了更重大的意义。她希望看到中国更加健康、快速地发展,希望两国有进一步的合作,同时也希望中国人民能到瑞士去做客。

《世博会客厅》:您在今年任职,您也提到了今年是中瑞建交60周年,在您看来,如何评价两国的关系?您对此有什么期望?

洛伊特哈德:1950年,瑞士是首批正式承认中华人民共和国的国家之一,由此开始了双边的外交关系。那时起,很多事情有了改变。我们在政府问题、教育、科学以及越来越广泛的问题上有了更多对话,还有当今的环境问题,我们有广泛的合作。随着中国这些年的开放,还有高层的政治接触,去年温家宝总理访问了瑞士,现在我回访中国,因此这也是一个信号,我们是好朋友,我们有长期的合作关系。

《世博会客厅》：您希望在此行中有怎样的收获？

洛伊特哈德：我想延续我们良好的合作关系。在瑞士,我们非常重视与中国的关系,以及在不同领域的合作。我们在这里不仅想获得利润,同样是合作者。我想,对我而言,我们来这里寻求商业合作,不只是为了来做生意,也是为了学习、倾听、共同进步。因此,这是我们来到这里的意义。

原文摘自上海世博会事务协调局、上海广播电视台编：《对话高端：〈世博会客厅〉访谈精选》,东方出版中心,2011年1月版。 鉴赏编写：张春燕 张贤臣

99. 关于奇石的对话
——中国赏石协会副会长陈洪法在上海电视台与观众的对话
（2010年8月24日）

【格言名句】

做一个有文化而不呆,有事业而不俗的人。

——陈洪法

【文章导读】

陈洪法（1952～　），奇石收藏家,中国赏石协会副会长,中华诗词协会会员。1952年出生于上海市崇明县陈家镇,1970年进入上海市岩土地质研究院工作,2003年组建了上海宏筑岩土钻探服务有限公司,出任董事长、总经理。四十余年的地矿生涯,陈洪法的足迹踏遍祖国山河大地；四十余年的矿石研究,陈洪法与奇岩异石结下了不解之缘。

奇石中蕴藏了很多艺术思想和哲理。奇石不显摆、不哗众取宠,他在自然界中的某个地方只静静等人去发现,他的美经历了亿万年而不衰。这是

一门发现艺术,是一门天然艺术。石头不仅默默无闻地为祖国的建设,人类的生活作出巨大的贡献,而且极具观赏和收藏的价值。于是陈洪法他从一般的喜爱、欣赏奇石发展到收藏奇石、研究奇石,从实践到理论,他全面研究了奇石的历史、成因、类别、特点和鉴别方法等,并创造性地把赋诗与奇石结合起来,他喜欢石头"宁为石碎,不为瓦全"的不屈精神和高贵品质,他说"石头也有生命,石头也懂得人的心,石头也能和人交流,石不能言诗代言",他将石头配上诗。石头因有诗更有品位,诗因石头更有价值,两者结合起来相辅相成、更加完美。他通过收藏奇石并赋诗,用诗把石头的形状、内涵、质地、颜色淋漓尽致地表现出来,升华了意境,增添了人文情怀,弘扬传播了我国的石文化。

陈洪法在《我的诗路历程》中谈到自己对奇岩异石的收藏并赋诗的缘起:"借助收藏奇石之灵感,对诗词创作开始向深层探索,也可以说诗笔借助诗心而挥洒,诗心借助奇石而启动灵感,奇石凭借慧眼识别,识别促进了我的收藏情趣。""世界上不是缺少美,而是缺少发现",陈洪法发现了石头的美,就迷上了石头。对石头的研究"苦尽甜来,预罢不休",石头成了他生活中不可缺少的一部分。

他发表了大量的有关诗与石的诗文,主要专著作有上海人民出社出版的《石品吟风》《探海集》等。上海集邮总公司为其出版了奇石邮品珍藏纪念邮票,首创了我国邮政史上为奇石收藏家发行纪念邮册的先例。2011年2月,由《中华诗词月刊》《上海诗词学会》及上海地矿工程勘察院发起的陈洪法诗词全国研讨会,研讨的是清一色的咏石诗词。他被国内行家称为"中国品石赋诗系列化历史第一人"。

2010年8月24日上海电视台纪实频道播放了陈洪法关于石头的对话,《诗词月刊》《解放日报》《文汇报》《生活周刊》《新民晚报》《东方卫视》等媒体也纷纷就奇石收藏为题对陈洪法进行了采访对话。

在采访对话中陈洪法介绍了有关奇石的知识和自己对奇石研究的体会与看法。世界上几乎所有岩石都可以成为奇石的原石,看似普通的奇石涵盖天文、地理、古生物等广泛领域,涵盖微观和宏观世界。奇石是天地、是世界,了解奇石就是了解自然世界;收藏奇石,鉴赏奇石是美的享受,是石文化的传播。

他介绍了藏石成金的四个标准:造型、纹理、彩色和质地;中国的四大奇石:《东坡肉形石》《岁月石》《小鸡出壳》《人之初》,以及一些名石的产地、质地、特征、收藏、鉴别、价值等方面的知识。陈洪法集"品石头、写诗词、做企业"三技才能为一体,他具有创新、开拓精神,陈洪法的座右铭"有事业而不俗,有文化而不呆",为传播弘扬石文化作出了重大的贡献。

本稿收集的对话原文是陈洪法与上海电视台以及其他媒体进行对话的选编,收入本书时经其同意略作删节与修改。

为了慎重起见,本文在选编时根据刘道荣、袁奎荣等奇石专家的理论、著作进行了核实、充实,在此一并表示感谢!

【对话原文】

第一部分　　与奇石结缘

问:世界上值得珍藏的东西很多,你怎么会迷恋起奇石的?

答:我出生于上海市崇明县陈家镇的农民家庭,从小与泥土和石头打交道,于上世纪七十年代进入上海地矿系统工作。在长期艰苦的工作环境中,我渐渐懂得石头对人类的重要性,石头对人类的贡献。我悟出一个道理:别看石头很普通,它包含的内容很丰富,感情很逼真。它不光给人类提供了丰富的矿产资源,还很有玩赏价值,它能令人深思、品味、欣赏、陶醉,为人类带来快乐。

每当我在痛苦时,我愿意向石头倾诉,每当我快乐时,也随时和石头分享。我视石头为知己,闲暇之时,茶余饭后,我面对奇石,往往突发奇想,一幅幅美丽的画面就呈现在我眼前,石头给了我许多鼓舞人心的启迪。久而久之,石头就成了我生活中不可缺少的一部分。我痴迷于石头,是因为人类来源于石头,归之于石头,我"呼石为父",把石头当成人类的祖先,我的这个新概念,也得到了许多圈内人士的认可。

问:你现在都收藏了哪些奇石?

答:我收藏了新疆风陵石、广西大化石、缅甸木化石、云南黄蜡石、内蒙戈壁石、长江石以及四大古名石灵璧石、昆石、英石、太湖石等上百种奇石,还有寿山、青田、鸡血、巴林中国四大印章石。

问:你怎么会想到把赋诗与赏石结合起来的?

答:石头有许多高贵的品质,如,"坚如磐石""海枯石烂""金石为开""甘为铺路石""宁为石碎,不为瓦全"等。这些名言警句,都是奇石美丽的化身。

石头也能懂得人的心,石头也能同人交流,"石不能言诗代言",我将石头配上诗,石头因有诗更有价值,诗因有石头更有品位。

"石头因有诗更有价值",这是我为石赋诗的重要原因,我愿用诗词充当石头的"新闻发言人"。

"诗因有石头更有品位",这是我喜欢石头的重要的原因。我通过收藏石头并赋诗,用诗词形式把石头激活,把石头的形状、质地、纹理、颜色等淋漓尽致地透析,这不但拓宽了视野,也升华了意境,增加了人文情怀,让更多的人去读懂石文化、关注石文化、重视石文化。

我在《我的诗路历程》一文中写到自己对奇岩异石收藏并赋诗的缘起,"借助收藏奇石之灵感,对诗词创作开始向深层探索,也可以说诗笔借助诗心而挥洒,诗心借助奇石而启动灵感,奇石凭借慧眼识别,识别促进了我的收藏情趣"。

有位哲人曾经说过,"世界上不是缺少美,而是缺少发现。"现在我发现了石头的美,我要用诗的语言,词的形式去揭示石头的美,歌颂石头的美。

问:请介绍你在赋诗咏石方面的作品。

答:我的座右铭是"有事业而不俗,有文化而不呆",我的理念是"永争第一",我在品石吟风方面作了大胆的创新,使诗与石两者相得益彰、相映成趣。我的奇石诗每一首都有不寻常经历,都是一个传奇故事。

如:当我看到《刍鹅卵石》奇石时,就触景生情,联想起一个悲凉的故事。故事发生在二十几年前,那是一个秋雨绵绵的早晨。有对老夫妇在路边的松树下遇到一个弃婴,当看到这个小生命声衰力弱时,掉下同情的泪水,他们脱下自己的外衣裹紧弃婴的身体,最终抱回了家。直到现在,这件事情所牵扯到的人和事仍让我迷茫,让我不解,让我愤恨,让我怜惜,于是我挥笔赋诗:

私张美翼下寒池,暗弃娇儿一卵石。
怜惜小鹅新破壳,人中幸遇爱心施。

诗析:"寒"字说明天寒人情冷,既私张美翼,又为何暗弃?极力谴责小鹅的"父母狠心"抛弃自己的亲生儿女。笔锋一转,"怜惜小鹅新破壳,人中幸遇爱心施"。特别是"爱心施",是此诗的结句,也是重点,更是对善良之心的呼唤。看似写奇石,实则在抨击抛弃婴儿的父母,同时也是歌颂老夫妇的爱心。

又如,谈劝善的诗《幼鹿驮金蟾》(奇石):
　　难能一见鹿回头,背上金蟾路上俦,
　　跨越南疆千迷水,腾飞北国万条沟。
　　经风有爱心胸阔,处世无猜意气投。
　　不倦行程人叹美,于今谁肯久同舟?
再如,惩恶诗:《题怪兽石》:
　　张目观事态,镇恶不欺民。
　　兽相休嫌怪,和颜掬可亲。
诗析:善与恶不可以貌取人,兽相虽怪,却和颜不欺民。反而看上去那些仪表堂堂得势的伪君子,却在人间坏事做绝。告诫那些欺民不镇恶的官员,你们不可以欺侮老百姓,要为人民服务,要为人民多做实事、好事、善事。为官一任,造福一方。

再如,《戏题黄龙石田影》:
　　周围不透风,上帝在心中。
　　若是虔诚敬,年年五谷丰。
诗析:一、二句既道出了上帝的十字架,又深藏字谜和寓意。三四两句初看在敬上帝,实是敬田地。告诉读者:弯腰辛勤劳动,爱岗敬业,才能丰衣足食。
以诗抒情,借诗言志是我赋诗的目的和写作常用的手法。

问:石头虽然很美,但太单调,你不觉得石头诗会被写完吗?

答:世界上的事物千变万化,石头的奥妙丰富多彩,大自然的秘密神鬼莫测,那是宇宙的有意安排,那是造物者的精心杰作。石头中孕育的诗情画意无穷无尽,就算花上亿万年时间也研究不透。我有限的头脑,怎能容纳无限的空间,我的想象,犹如一条入海的小鱼,在广阔的大海里漫游。咏石诗词不是做一加一的数学题,也不是背书,不是录像,不能死板,更不能单纯地去描绘石头,如果纯粹为石头配诗,那石头诗的意义就不大了。石头是播种机、收割机、宣传机,我努力以石头为背景,借用诗词作平台,在人类中普及、演绎、推广石文化。弘扬江南水乡的美丽风光,描绘北国天地的优美风景,歌颂勤劳勇敢的中华民族。天地之大,无边无际,无所不写,无所不达,这样的石头诗是永远写不完的。

第二部分　奇石的知识

主持人:看来你对奇石和以诗吟石很有研究,下面想请你回答介绍一些有关奇石的知识。

问：请问什么是奇石？

答：奇石就是产生自然界、不用人工雕琢而直接可用于陈列、收藏、盆景和田园置石的装饰岩石。

还有一些岩石经过切磨其颜色更加丰富绚丽，有清晰、漂亮的纹理或酷似某些动植物体，人们统称为奇石，如大理石等。切磨并不等于琢磨，更不是雕刻，而是保持了岩石原有的特征及固有的纹路结构，将浮在表面的石皮剥去，揭露出石头的内在的花纹和内心美。

奇石所以称为"奇"，主要是造型、纹理、色彩和质地给人一种美的享受，越奇收藏价值就越高。

奇石的珍贵，应该归功于人类的发现和赋予它的生命。

有些人常将奇石称之为观赏石，其实奇石和观赏石二者还是有一定的区别的。

（有许多人把奇石和观赏石混为一体，奇石是纯天然的，观赏石中的部分有人工雕琢的痕迹。）

奇石是经过大自然长期运动而形成的奇异之石，它强调的是石头天然奇特的本性，而观赏石除了包含石头的天然奇异特性外，还包含了鉴赏者本身的主观感受。就一块石头而言，其本身并没有美与丑之分，而是经过人们的鉴赏，才发现石头的美丽与丑陋、轻灵与笨拙、奇异与平常等差异，这就是观赏者发现的艺术价值。观赏石的鉴赏评价往往仁者见仁、智者见智，是个"百家争鸣，百花齐放"的课题。

问：请介绍奇石原石（形成）的种类和奇石的分类。

答：奇石是经过几千万年甚至数十亿万年的地壳运动、火山爆发和长年累月的风化形成，还有的奇石是在大风大浪中冲刷而成，甚至需要特殊的次生环境才得以形成的。（次生指"第二次生成的"；次生矿物，原生矿物受地下水和空气的作用，发生化学变化而生成的矿物。多在原生矿床接近地球表面的部分，次生成因应该作为奇石分类的主要依据。）

关于奇石原石种类大致有三种：沉积岩类、岩浆岩类和变质岩类。

一是沉积岩类，地表岩石风化剥蚀后的泥沙尘土搬迁至江、河、湖、海中，这些泥沙不断沉积和堆积在江、海的底部，后经地壳变迁深埋、脱水、压实与成岩作用，形成坚硬的沉积岩。如泥岩、砂岩、石灰岩都属于这一类。

著名的灵璧石、太湖石、石英主要是石灰岩形成的。

二是岩浆岩类,岩浆岩是由地球的内部炽热的岩浆侵入地体中或岩浆喷发后冷却而形成的石头。其中又分为两类:一类是火成岩(又称为侵入岩),如各种各样的花岗岩就是典型代表。花岗岩地貌极具特点,如黄山地质公园就是典型的花岗岩地貌。

另一类是火山岩(又称喷出岩),如多孔的玄武岩,柱状节理,腾冲。

三是变质岩类,变质岩是已形成的各种岩石在特定的地质作用和物理、化学条件下,在固态下发生结构、构造、矿物成分变化所形成的新的岩石类型,如大理石、泰山石。

所有奇石都是由这三类岩石构成或作为载体构成的。岩石在风化剥蚀作用、移动作用过程塑造了奇石自然之美。例如,太湖石、英石、红河石、雨花石、钟乳石等奇石都经历过风化作用。

关于奇石的分类。国内出现过多种奇石分类方案,袁奎荣教授依照奇石产出的背景、形态特征及所具特殊意义等方面的差异将奇石分为七类:造型石、纹理石、矿物晶体、生物化石、事件石、纪念石和文房石。

一是造型石,这是最为常见的奇石类型。通常是一些造型奇特的岩石,以婀娜多姿的造型为特色,求形似,赏其貌,形态变化多端,体量可大可小。最具代表性的造型石有江苏太湖石、安徽灵璧石、桂林钟乳石、内蒙古凤棱石等。

造型石可以是沉积石、火成石,也可以是变质石。但重要的是其最后形成奇石的次生成因。

二是纹理石,也称图文石,指具有清晰、美丽的纹理、层理、裂理或平面图案为特色的奇石。这里包含了奇石本身的纹理,又涵盖了奇石表面的图案。显然,将纹理石称为图文石更为适宜。

这类奇石讲究画面神似,色彩艳丽。最具代表性的纹理石是南京雨花石,还有宜昌三峡石、柳州红水河石等。色彩石和质地石:色彩石以绚丽的色彩为特征;质地石以质地细腻、光润圆滑为特征。质地石可以是玉石,也可以是彩石,还可以是硅质钙质的奇石。

三是矿物晶体石,指漂亮的完整单晶(是指物质由原子和分子有规律的周期重复性排列)、双晶(是指晶体多于两个非平行的一种)、晶簇(获稀有品种的微小晶体,如水晶、雄黄、辰砂、辉锑矿、黑钨矿)等。

四是生物化石,它具有极高的科学价值,也是重要的收藏品种已是人们追逐的热门奇石类别,如三叶虫化石、菊石、昆虫化石、恐龙蛋、植物化石等。

五是事件石,指外星物质坠落、火山喷发、地震等重大事件留下的石体。如陨石、火山喷发的火山弹等。

六是纪念石(或称典故石),指历史名人、雅士收藏或具特殊纪念意义、科学价值的石头。如林则徐、郭沫若收藏过的砚台或奇石,国际间互送的月岩、南极石、天安门地砖石等。如,女娲补天(女娲用五彩石将天补好,剩下一块遗留在天台山中汤谷的山顶上)、世人皆知的"完璧归赵"中的"和氏璧"、陶渊明醉卧醒石(陶渊明非常热爱大自然,常与山石为伍,成为我国历史上较早的风流爱石人。明朝林有麟的《素园石谱》对此石有录:"陶渊明所居东里有大石。陶渊明常醉眠其上,名之曰醒石")。

七是文房石,其质地多细腻,色彩丰富多样,不仅具有观赏性,还有一定实用性,如端砚石(用广东高要县地方出产的石头制成的砚台,是砚台中的上品)、歙砚石(安徽歙县产)。

问:请介绍几种中国最著名的奇石。

答:我认为中国当今最著名的奇石,应该首推中国现代四大奇石。它们是东坡肉形奇石、"岁月"奇石、"小鸡出壳"奇石(玛瑙)和"人之初"奇石。此外,还有"七音石"(响石)、"中国版图石"(葡萄玛瑙)等。

东坡肉形奇石,这块石头尺寸5.73厘米×6.6厘米×5.3厘米,重0.52千克。其矿物化学成分是二氧化硅。它是一块天然的石头,色泽、纹理全是天然形成的,看上去完全是一块栩栩如生的五花肉,肉的肥瘦层次分明,肌理清晰,毛孔宛然,现在它与玉翠白菜、毛公鼎并称台北故宫的"镇馆三宝"。

"岁月"奇石,这块石头大约有成人拳头大小,15×8×10厘米,重1.3千克。酷似一位西方老夫人头像,鼻子、嘴巴、额头上的皱纹、头发宛如真人。(该奇石发现于两亿年前的火山喷发地区,经岁月沧桑,风沙磨砺,由三色玛瑙形成面容,黑色玛瑙形成五官,慈善安详与现代老妪形象巧合天成。)老妪形象妙在自然,独具神韵。五官比例恰当,天然色彩搭配贴切。人们称赞:千古姻缘赋予此时巨大的魅力。它一问世就在国内外收藏界引起极大的轰动。专家估价9 600万元。

"小鸡出壳"奇石,是一块玛瑙石,大小约3厘米×2.5厘米,重92克。外形酷似一只色泽淡黄、毛茸茸的小鸡,从蛋壳内伸头向外张望,欲破壳而出。仔细观察还能发现其细嫩的小红嘴,向外张望的双眼,湿漉漉的鸡头,毛茸茸的小半身躯,以及色泽逼真,外表圆润的大半个鸡壳,给人以许多遐想,其向外张望传神的双眼中,似乎是它惊异地发现外面世界的精彩。很难想象这是一块天然的玛瑙石在大自然风沙磨砺下自然天成制作,精妙无比!该石产自内蒙古巴彦淖尔乌拉特草原的玛瑙湖中。

"人之初"奇石,形象犹如静静蜷伏在母腹中熟睡的婴儿。这块奇石坚硬,但表面非常光洁平滑,仿佛是浮雕的塑像,却完全出于天然,是长期河水冲刷的结果。这块石头取名为"人之初"寓意着生命的孕育。"人之初"奇石在黄河上游循化一带的河床中被发现,专家评估价值一亿元。

此外,还有"七音石"(响石)、"中国版图石"(葡萄玛瑙)等,都是中国著名的奇石。

问:举例说明奇石有何收藏价值?

答:奇石收藏的经济价值在人们心目中一直都很重要。收藏一块奇石,首先看品相、图文、质地、色彩。还有就是看它的价值。

奇石成为商品才能流通,才能使奇石收藏者有更多渠道去收藏奇石。

在中国,赏石、玩石、藏石之风经历数千年而不衰。奇石文化已广而普及。明清时期出现了"室无石不雅,园无石不秀"之说。历史上曾出现"一石换一宅"的典故。据说现在优质的内蒙古玛瑙石、沙漠漆等戈壁滩上好石头可在当地换房子,还可到当地银行抵押贷款。

现代人们常说"黄金有价石无价",一块好的奇石,对懂石、爱石的人来说是无价之宝。上面讲到的"小鸡出壳"的玛瑙石曾被专家估价达一亿三千万元;"岁月"奇石曾标价九千七百万元;2006年,一块"人之初"的黄河奇石估价达亿元。河源奇石收藏家张先生收藏了一块肉石,是当今世界上唯一可与我国台北"故宫博物院"收藏的东坡石比美的国宝肉形石。权威专家为其估价一亿五千万元。

问:请问奇石在收藏方面除了经济价值之外,还有哪方面的价值?

答:奇石的收藏除了经济价值之外,还有赏玩性、珍惜性、历史性、科学文化性等方面的价值。

首先谈玩赏价值。奇石是大自然的产物,它一定要奇异俊美,具有玩赏性,令人深思、品味、陶醉,才有玩赏价值。

要有艺术价值。一石一韵,一石一境,惟妙惟肖,韵味悠长。奇石多姿俊美的造型、清晰明快的纹理、美丽丰富的色彩、细腻温润的质地,给人以高雅的艺术享受。

自然界不可能找到造型、纹理、色泽相同的两块奇石,所以任何一块奇石都是唯一的。我们这里要强调的是:遇到一方优质稀少的石种,纹理、图案、质地、造型俱佳的石头很难得,有时需要机会和慧眼去识别,不是光靠钱能得到的。一般说来,石质优、石种少的奇石比石种多石质差的奇石价值高得多,这就应了"物以稀为贵"的道理。

问:请讲讲奇石的评价与选购。

答:先谈谈奇石的评价。宋代米芾(fú)将自己的书画创作理论用于赏石、品石,首创了评鉴太湖石"瘦""皱""漏""透"的奇石理论。

"瘦",指奇石要坚挺,避免过于臃肿。"皱",指奇石纹理变化,皱纹均匀。"漏",指奇石必须有洞穴穿越或凹凸起伏。"透",指奇石晶莹剔透。

清代郑板桥肯定了米芾的赏石四则,认为米芾已"尽石之妙","知好之为好",并进一步提出"丑石观",认为石丑,"丑而雄,丑而秀",怪石以丑美,丑到极处,便是美到佳处。这样的石头,耐人寻味,让人产生遐想,百看不厌。

当代奇石收藏专家刘道荣在总结归纳前人的奇石理论的基础上,提出了"评价奇石的十二条标准"(《奇石收藏入门百科》,化学工业出版社版):

1. 天然完整产出,没有损伤或人为修饰。
2. 造型或雄伟、或俊秀、或怪异。
3. 形态或纹理意境深远,富有想象。
4. 颜色鲜明,色调饱满,对比度适中。
5. 图纹别致而逼真,纹理清晰而流畅。
6. 石质硬度大,质地细腻,石体块度适中。
7. 奇石具有特殊意义或内涵深远。
8. 石品珍奇稀少为佳。
9. 石品光泽可强烈或柔和,要求自然舒美。
10. 矿物晶体完整,晶簇造型美丽。
11. 化石保存完好,围岩坚实而对比度好。
12. 奇石组合讲究配色或特色鲜明稀罕。

以上这些仅仅是对奇石的一般评价。不同类型的奇石,其评价标准也有所不同。

问：请介绍一下我国的叠石艺术。

答：追本溯源，人类的叠石文化起源于古代的中国。战国时期"尚书·禹"，记载了泰山山谷中的怪石送进宫，使皇帝开始对石头感兴趣。魏晋南北朝，也有了文惠太子造园林的记载"多聚奇石，妙绝山水"。从此以后，叠石艺术走进了园林，他们把大自然的奇岩异石同自己的想象完美结合，营造了一种轻松快乐的环境，仿佛把人从荒郊野地突然带到人间仙境。起到"天人合一"的人生最高境界。

说起我国古代叠石作品，苏州狮子林是典型的事例，那高超的艺术装置，那高雅和气势，使人叹为观止，比当代西方艺术家用彩色布点饰山头，再用钢铁扭曲后组合的大型艺术作品更为精彩绝伦，更具有艺术的观赏性和感染力。

在我国古代叠石艺术的基础上，现在的叠石艺术突飞猛进，别出心裁的艺术家将大自然的美丽移植至眼前，在人们的视野里竖起了一道道亮丽的风景线。

石头陈列在公司，展示在宾馆，安置在企业，甚至摆设在住房居室，既能起到赏心悦目的效果，又能起到收藏的作用。

问：谈谈石文化的崛起，石头小品的由来。

答：从先秦到宋元明清，赏石艺术通过石诗、石文、石谱等记录，留给我们大量的石文化遗产。我国进入士大夫阶层的"文人石"时代，唐朝诗人白居易、刘禹锡、杜牧、宰相藏石家李德裕，宋朝书画家米芾，词人苏东坡等都喜欢奇石，白居易、米芾、苏东坡等还留下了有关石头的著作，后来发展到宋徽宗的"花石纲"，他们在民间搜集了大量的绝色怪石。古代奇石收藏都是"士大夫"们的专利。美国已故奇石藏家理查德·罗森布鲁姆也偏爱中国奇石，他称中国古石为"文人石"，这不仅代表了西方藏石家的观点，也反映了中国奇石收藏的特征和优点。随着时间的推移，社会的发展，收藏奇石的理念也越来越普及社会。上世纪八十年代后期，以广西柳州红水河为中心地区的当地农民，认为石头是改善他们生活的财富，敢冒天下之大风险，下到几十米深的红水河底，捞起了一批批光辉灿烂的大化石、彩陶石。这股迅猛势头，很快影响到内蒙古阿拉善左旗地区，那里也掀起了一场轰轰烈烈的觅石运动，加速了中国赏石文化的普及和进程。

我清楚地记得,二十多年前,一二十元的小石头,到如今增长到成千上万元,甚至几十万元的价格。原来收藏石都以独石为主,2000年后,台湾和上海的某些玩石家们,创造性地将小块石头组成小品供人观展,组合了一个个精彩绝伦的故事,构成了一幅幅栩栩如生的画面。如:西游记、竹林七贤、农夫与蛇、八仙过海等。如今的这股石头小品风,已经席卷全国,正在引领中国奇石界面向国际。

问:请讲讲奇石底座方面的知识。

答:俗话说:"人靠衣装、佛靠金装",根据"一匹好马配好鞍"的原理,一块石头也必须有个好底座,这样才使石头更加灿烂,更加精神焕发,有一种恍若重生的感觉。

如今小型奇石配底座材料一般用红木、花梨木、樟木、杂木等加工而成,也可用黄沙类或碎石屑等装盆的简易方法。大型石头野外或园林里安装,应用水泥底座配置假石加以固定,再与草树池水等搭配相映成景。

托石、衬石、补缺、饰石是制作奇石底座的四大要素,一块尚未摆正位置的佳奇石,初观不显奇,立座后"奇"得惊人,"奇"得吸人眼球。那是平摆时的忽略,那是立体后的显露,那是大自然含蓄的造型。人们常说:"红花尚需绿叶扶",奇石也需要底座掩盖隐丑。有人说:"没有一种艺术品底座会像奇石底座那样为奇石增光添色"。底座和奇石是两个不可分割的文化组合,也是一对互相依靠的主佣关系。

技术要精湛、眼光要独到、选材要合理、想法要新奇、意境要高人一等,这是制作奇石底座的五大要点。在制作奇石底座时,要注意看、摸、摆、锯、凿、漆、雕、磨八个方面。奇石底座的形状、纹理等不光自身要达到一定的审美价值,而且要与奇石的格调一致。如观音石配个莲花座,八仙石雕云天水纹等。油漆调和的色彩必须吻合奇石的色泽,打磨底座要认真细腻。除了奇石本身之外,奇石的底座和其他的装饰品都是奇石的附属品。其长短、高低、尺寸等,不可凌驾于石头之上,不可画蛇添足,更不可喧宾夺主。

一块奇石应配有底座,以显示奇石的贵重,突出奇石的内涵。

问:你在奇石方面今后有什么打算?

答:"风吹红叶舞,日落鸟回飞"。这也是我现在的观点,我不会望着西天的夕阳安度晚年,我要借助收藏奇石的东风,力争写出更多的咏石诗词,为人类的审美理想甘当引子,为我国的诗石文化再创辉煌。

主持人：陈洪法先生关于奇石的对话知识全面、系统、深刻、独到，可以说是奇石收藏的百科全书。他的座右铭是"有事业而不俗，有文化而不呆"，他在品石吟风方面作了大胆的创新与开拓，获得了成功。使诗与石二者结合，相得益彰、相映成趣。为传播弘扬我国石文化做出了重大的贡献。

谢谢陈洪法先生精彩的对话。

原文摘自陈洪法：《关于奇石的对话》，上海电视台。　　鉴赏编写：沈金龙

100. 以现代化告别过去
——专访俄罗斯第一副总理舒瓦洛夫
（2010年9月1日）

【格言名句】

这个国家的一切都应当改变，包括政治、社会、经济的方方面面。

——舒瓦洛夫

【文章导读】

为了进一步了解俄罗斯的改革与现代化的进程，胡舒立、黄山到莫斯科白宫采访了俄罗斯第一副总理舒瓦洛夫。

对话时舒瓦洛夫四十三岁，两年前（2008年）出任普京内阁第一副总理，在普京出行期间可代理总理之职足显其地位和受信任。舒瓦洛夫当过工人和士兵，后来在莫斯科国立大学读法律，毕业后做过律师也当过外交部官员，20世纪九十年代后期一直在俄罗斯联邦国有资产委员会工作，直至任职俄罗斯联邦国有资产委员会总裁。此后他当过一届政府部长，2003年成为总统普京的助手之一。2008年5月普京连任总统已经届满又改任总理，舒瓦洛夫遂由普京提名为第一副总理。舒瓦洛夫懂得经济，是俄罗斯"事实上的首席经济学家"。一些西方观察家则评价舒瓦洛夫"非常自由派"，是俄罗斯一系列自由化政策的推进人。舒瓦洛夫热情地接待了采访者，并介绍了俄罗斯在改革与现代化进程的一些基本情况：

现代化意味着一切，他认为俄罗斯的一切都应当改变，包括政治、社会、

经济的方方面面；关于从苏联经济转变成今天所说的俄罗斯经济，他认为过去十五年里主要是生存，我们从苏联政体转换到新体制，司法、立法和行政权三分，真正的苦难才逐步消失；关于世界金融危机问题，他认为金融危机使俄罗斯受益，人们开始认真考虑效率，政府和商界一起思考怎样处理实体行业的闲杂人员，帮助有能力的人们成立中小企业；关于莫斯科成为世界金融中心问题，他表示充满信心，指出一些东欧国家和独联体国家也对此有兴趣，他披露说正在与哈萨克斯坦和白俄罗斯携手建立关税同盟和单一市场，实行统一货币。

关于中俄关系与资源合作问题，舒瓦洛夫的新闻秘书事先告知，舒瓦洛夫不想谈，"因为他不分管"。尽管如此，但当采访触及这一热点时，施瓦洛夫谈吐自如，并无回避。他充满热情地说：我们希望两国间"聪明地贸易"。我们渴望与中国合作，但不只是出售我们的金属和森林资源。我们希望中国投资者在俄国投资，也希望中国欢迎俄国投资者去中国投资。这应该是交叉持有的资产和交叉持有的产业。我们需要互帮互助而不是互相猜忌，这一点非常重要。

两国首脑会面，磋商，人民也随之互相往来。20年或30年前我们不会认为两国是关系很铁的朋友，但现在你再看中俄关系非常友好并极具战略意义。

【对话原文】

采访人：胡舒立、黄山
发表时间：2010-9-1

记者：2009年9月梅德韦杰夫总统提出俄罗斯的"现代化事业"，应当如何理解？很想听听你的解读。

舒瓦洛夫：梅德韦杰夫总统上任后，立即宣布了俄罗斯发展的新议程。他意识到这个国家的一切都应当改变，包括政治、社会、经济的方方面面。他特地发表文章《俄罗斯，向前》——你知道，苏联解体之后，我们度过了非常艰难的十五年岁月。要生存下去，我们必须创造新的东西，但那个时期俄罗斯还在怀念昔日。

苏联时期创造的资产已经老化，旧产业不再具有竞争力，科学和教育亟待改变和现代化，财政体系和经济需要新的管理方法，商业活动需要新环境,许多东西都急需改变。

现在人人都在谈论现代化,会认为有个很具体的议程。梅德韦杰夫总统确实有过一个详细说明书,你可能听说过一个委员会和五个方向,五个与俄罗斯现代化密切相关的方向,制药业、核能等。但现实中,现代化意味着一切——人们的行为、教育、科学,涉及人们的整个生活。

举个例子,俄罗斯有很多擅长发明创造的科学家,但很难把发明商业化。在以色列和美国,俄罗斯研究人员非常受欢迎,相当多的人变得很富有,但俄国还没有这样的基础设施。再举个例子,我们这里司机开车不系安全带,因为苏联的行为方式是不用安全带的。

当我们谈论现代化时,恰恰意味着我们需要作出改变。

记者:你说了许多改变。俄罗斯经济目前最大的挑战就是如何减少对能源和资源的依赖,如何鼓励创新,对于俄罗斯经济多样化有没有具体规划?

舒瓦洛夫:能源产业需要大幅创新,但创新并不一定要与能源相关。

俄罗斯近40%的收入来自能源部门和原材料领域。当我们谈论新经济时,我们想减少对能源部门的依赖;当我们谈论创新时,能源创新或许是居于首位的任务——因为俄罗斯就能源效率来说是最后一名。我们需要使用更好、更廉价、更安全且二氧化碳排量更少的能源,需要减少单位产量所消耗的能源。

能源与创新是并存的。但如果你指的是具体规划,关于怎样发展其他部门,我的答案是改变财政政策。我们现在对非能源部门减税。能源消耗行业的税率是34%,而其他新兴部门只有14%。同时,我们意识到在建立新产业时,存有官僚体制的障碍、大量腐败现象等。对你的问题,我回答"是",我们有具体规划来吸引俄罗斯和其他国家的商人投资,不局限于能源部门。

记者:你如何描述从后苏联时代到今天俄罗斯的经济发展?如何看过去和现在?

舒瓦洛夫:我们从苏联经济转变成今天所说的俄罗斯经济。

过去十五年里主要是生存,我们伴随着苏联时期遗留的困难生存下来。苏联于1991年解体,但直到1993年叶利钦总统和议会发生冲突,并于12月施行俄罗斯新宪法。从那时起,我们才开始考虑建设新俄国。1996年,叶利钦再度当选总统。叶利钦甚至在第一轮选举中票数不够,在第二轮中才获胜。那个时期,我们从苏联政体转换到新体制,试着树立民主原则,尝试实行真正的分权体制,司法、立法和行政权三分。这之后,真正的苦难才逐步消失。

在1991年以前,苏联人可以得到国家补贴,接着一切突然没有了。普通人很痛苦,养老金发不出来。在发展和建立新事物的过程中,百姓在承受痛苦。我记得,就是到了1996年,仍有许多工人拿不到工资,厂方只能设法给工人们发一些食物,让他们养家糊口。严格意义的苦日子到2000年才算结束,我们开始考虑未来。

在2008年普京离开克里姆林宫之前,他发表了对于2020年的计划,我们必须取得比过去十五年里更大的成就,要在舒适和安全方面与世界上最好、最舒适的国家相媲美。

记者:近期俄国经济改革的主要任务是什么?

舒瓦洛夫:我们需要更灵活,需要更快地改变。我们都记得过去的苏联时代,那时什么变化都没有。尽快改变,不仅适用于经济,但首先适用于经济。我们必须学得非常灵活,善于求新。

"危"与"机"

我们的问题很自然地转向金融危机本身。危机的打击有目共睹,俄政府如何感受,作何反思?

记者:世界金融危机直接冲击了俄罗斯经济,你怎么看其深层影响?

舒瓦洛夫:我恰恰认为金融危机使我们受益。

从一方面来说它使我们陷入困境,因为我们开始动用大量外汇储备救急,去年我们是苦撑过来的。但从另一方面来说,人们开始认真思考效率,政府和商界一起思考怎样处理实体行业的闲杂冗员,找到一个真正的妥协方案:政府提供一定条件,帮助有能力的人们成立中小企业,使企业家们可以从工厂逐渐清理冗员。

为了应对危机,俄政府在2009年颁布了《抗危机计划》(Anti-Crisis Plan),出资约三十亿美元,为失业人员提供失业救济及再培训和再就业机会。同时,俄政府也对实体经济提供支持,提供总额高达两百亿美元的援助。

这组政策中,政府向大企业提供纾困资金受到广泛批评,因为这些企业效率低下,盈利能力很差,虽然通过补贴暂时缓解了失业风险,但有限资金并没有获得合理配置,从长远看,对俄提升企业实力,实现经济整体复苏并无好处。

记者:你担心世界经济会"二次探底"吗?

舒瓦洛夫:我们相当关注。如果"二次探底"不幸真的到来,俄罗斯也不会遭到重创,因为我们有足够的外汇储备渡过这一关。但我还是希望我们能一起避免"二次探底"。

作为世界上仅次于中国大陆和日本的第三大外汇储备国,截至今年4月,俄罗斯共有四千五百六十亿美元的外汇储备,较其峰值时的六千亿美元略有下降,因为俄在金融危机时动用了大约两千亿美元储备。

记者:在金融危机中,俄罗斯第一个呼吁让世界货币基金组织的特别提款权发挥更大作用,你如何评价特别提款权的职能和世界货币基金组织?

舒瓦洛夫:我们认为特别提款权现在的运作方式应独立于IMF目前的份额安排。现中国、印度、俄罗斯、巴西政府花了很多时间讨论共同立场。我们对于讨论这笔钱的开支问题抱有极大的热情。

记者:俄罗斯对于经济的自信源于手中握有大量资源和能源,但大宗商品的波动也会对俄罗斯经济产生冲击。俄罗斯未来如何避免这类冲击?

舒瓦洛夫:我们目前还无法避免这种冲击。这是一项长达五年、十年甚至十五年的任务,不可能立即见效。我们拥有充足的外汇储备。现在我们更加关注中国和亚洲的经济体,因为你们购买越来越多的能源和俄国产品,并保持增长。当然我们同时还依赖欧洲和其他市场,如果它们没有增长就意味着价格要下跌。

一旦出现你说的波动,能源和资源价格再度下跌,我们的经济就会受损,得用外汇储备加以中和。从长远来讲,我们的预算政策不能再这样依赖于能源行业。专家都说现在将近40%的预算收入来自能源部门。在理想的情况下,能源行业的收入不应超过预算支出的10%,其余能源收入应全部进入储备,不能用于当前的支出。

为了减轻对能源价格的依赖,我们需要让其他行业在俄罗斯发展起来。现在俄罗斯可以给其他行业提供更好的商业机会。俄罗斯与中国、印度和巴西都属"金砖四国"。最近俄罗斯投资银行复兴资本在莫斯科召开会议,根据他们的说法,发展中国家很快也会就如何使世界现代化提供自己的视角。

我认为,新经济的想法会在我们这些国家中产生。俄罗斯拥有丰富的资源,广袤的土地,受过良好教育的公民,邻国的支持和亚洲的战略伙伴,足以让我们创造出经济新策略。其中最重要的信号就是我们不能再随意挥霍来自油气出口的资金了。如果我们是储备而非挥霍,俄罗斯或迟或早会发现新的谋生之道。

俄罗斯自金融危机以来在许多国际场合,都会提出削弱美元作为全球主要储备货币、增加包括国际货币基金的特别提款权(SDR)在内的其他储备货币品种的建议。这一方面固然是对危机期间美联储一系列激进量化宽松措施的反应,另外也是俄出于地缘战略的考虑。多样化国际储备货币,在国际金融组织中增加新兴经济体和发展中国家发言权和代表性,在后危机时代是很容易形成共识的领域。这也可以解释,为何俄罗斯对主要新兴经济体的"金砖四国"机制格外热心:以俄罗斯单边的实力,难以推动包括国际新金融经济乃至政治秩序的重塑,但加上中国、印度和巴西,情况就会不一样。

记者:俄罗斯距离WTO还有多远?

舒瓦洛夫:所有主要问题都解决了,现在这完全是政治问题。梅德韦杰夫总统访美与奥巴马总统会面时有认真探讨,解决了我这个层面力不能及的问题。据代表团回来传达,仅剩最后一个问题,很容易解决。但即使9月30日之前我们解决所有问题,也不代表能自动加入WTO。

其他国家都看美国的立场。美国和我们关系好时就想帮助我们,若关系恶化就排斥我们,我们习惯了。

做什么?怎么办?

谢列梅捷沃国际机场,莫斯科的窗口,很难给国际旅行者留下良好印象。六年前,笔者之一经此入关,等候了八十分钟;此次再来,等候九十分钟。而机场到市区的交通拥塞也让人抱怨不已。例如笔者之一返程之时,接待方安排从酒店乘车前往机场,途中却不得不弃车换乘快轨,才能赶上回国的班机。

此次在俄罗斯与一些西方投资银行家交谈,讥评最多的就是这里的基础设施。采访中,我们想知道俄罗斯的"莫斯科金融中心"如何避免沦为空谈。

记者:俄罗斯正努力使莫斯科成为世界金融中心,你们准备采取哪些措施使莫斯科更具吸引力,你们又从西方国家的金融危机中学到什么?

舒瓦洛夫:(笑)首先,我们不像西方那样批评银行家。在我看来,金融危机发生的原因并不能完全归咎于银行部门。许许多多的困难同时发生了,我相信银行业、信贷业等金融部门就像身体中的血液一样必不可少,失去它就无法发展。现在俄国的银行法规相当进步,《新巴塞尔协议》已经实施,银行运作非常透明。

尽管有许多困难,俄罗斯的银行系统还是很强大。有许多人批评银行太多了,应该减少其数量。但数字多少不重要,因为在克服困难和渡过危机的时候,我们保证了主要银行正常运行,没有一家破产。

莫斯科会很自然地成为金融中心。重返莫斯科的人会发现它是个急速变化的城市,每天都在变。我们有将莫斯科发展成为金融中心的雄心壮志,一些东欧国家和独联体国家也对此有兴趣,他们在寻找一个既友好熟悉、又能为其事业吸引资本的地方。

记者:这是很开放的措施。一旦提到将莫斯科发展成为金融中心,对于监管是如何考虑的?在美国正在进行金融监管改革的背景下,俄罗斯将采用怎样的监管架构?

舒瓦洛夫:我们借鉴了欧盟的监管方式,试图建立共同的经济市场,主要的经济法规是一致的。至于银行,可以说等同于欧盟。央行所做的一切都符合《新巴塞尔协议》。

记者:我们进出俄罗斯,深感国际机场和海关效率低下。你有何改进设想?

舒瓦洛夫:我们正打算出售谢列梅捷沃国际机场,因为我们无法将它运营得很好。现在有两家投资银行为此替政府工作。有投资者想买下谢列梅捷沃国际机场。咨询机构建议应将莫斯科三大机场——谢列梅捷沃国际机场、多莫杰多沃国际机场和伏努科沃机场——打包出售,合并后新公司的多数股权出售给战略经营者。投资者们买一家不如同时买三家,因为这些机场不应相互竞争,而应与法兰克福那样的欧洲航运中心竞争。

记者:最近欧洲危机很引人关注。俄罗斯这些年一直以欧盟为标杆,这次是否感受到欧洲危机的冲击?你如何看待危机发生的原因?

舒瓦洛夫:我们非常欣慰地看到欧盟团结起来,投入巨资,以类似 IMF 那样的机制行动起来——当然这只不过是在欧洲内部。俄罗斯现在的主要储备货币是欧元和美元,这(欧洲危机)当然会对俄罗斯产生巨大影响。

与此同时,我们正与哈萨克斯坦和白俄罗斯携手建立关税同盟和单一市场,也许在五年内实现统一货币,可能使用一种全新货币,也可能用俄国卢布。哈萨克斯坦总统纳扎尔巴耶夫以前曾提出三国都使用全新货币的建议。

为了能创造单一市场并统一货币,我们必须收紧财政政策并避免希腊、葡萄牙和西班牙遭遇的状况。他们之所以陷入危机,是因为他们没能履行所有入盟的必要条款,预算赤字高居不下,人们工作时间越来越少。这些都是很宝贵的教训。

记者:你提到统一三国货币,乌克兰呢?

舒瓦洛夫:最初我们设想的货币统一包含四国:乌克兰、白俄罗斯、哈萨克斯坦和俄罗斯。乌克兰总统尤先科当选后,乌克兰停止了所有一体化进程,决定退出。乌克兰在所有主要条约上都签了字,我们审核批准之后他们又反悔了,所以现在俄罗斯、白俄罗斯、哈萨克斯坦——我们三国形成了关税同盟。

我们始终张开双臂,加盟与否取决于乌克兰。但另一方面乌克兰是WTO成员,我们三国都不是。现在我们可以以任何形式与乌克兰合作,但乌克兰现在无法加入关税同盟,已经不可能了。

俄、白、哈关税同盟条约的签署,是俄重新恢复地区性大国(如果不是全球大国)战略的重要一步。不管最终用的是卢布抑或是一种全新的货币,这三个苏联最重要加盟共和国的经济一体化,都是俄重拾影响力的开始。乌克兰在"橙色革命"后没有加入三国经济一体化过程中。

另外,俄、白、哈关税同盟在最后阶段遭遇了一些波折。由于白俄罗斯坚持俄罗斯对其的石油天然气出口也要享受免除关税的待遇,但俄罗斯方面毫不退让,认为只有根据同盟条约,在2012年三国正式建成包括货物、劳工和投资在内单一经济市场后,才可免除商品出口关税。结果,原定在今年7月1日签署生效的关税同盟条约只有俄罗斯和哈萨克斯坦两国签字,白俄罗斯只是在俄罗斯采取包括削减天然气输送等手段压力下,才在7月6日签字加入关税同盟。

中国邻居

采访之前,舒瓦洛夫的新闻秘书亚历山大在看了我们的"问题单"之后特地相告,舒瓦洛夫不想谈中俄关系与资源合作,"因为他不分管"。尽管如此,我们还是设法触及了这一热点,而舒瓦洛夫应对自如,并无回避。

记者:你刚刚提到了货币问题,我想俄罗斯在与中国进行贸易往来时,有没有可能用人民币作为支付货币?

舒瓦洛夫:我们有这个打算。1992年有项条约规定双方交易时要使用硬通货。后来在边境贸易中有所改变,可以使用人民币和卢布。我想我们已经很接近用卢布和人民币进行贸易的目标了。俄国境内的中国银行可以为与中国做生意的俄国公司提供人民币,这是个非常积极的信号。人民币迟早会成为储备货币,这有助于全球经济健康。我认为卢布也会成为地区储备货币,这对两国会有很大帮助。

记者:中国企业可能在俄国用人民币进行投资吗?

舒瓦洛夫:我认为这是可能的,但需要对公平条件达成共识,需要了解对双方都公平的游戏规则。如果俄国人和中国人都能在彼此的国家用卢布和人民币进行投资,方便简单,就太棒了。

记者:我们目睹了中俄贸易量的增长,但我想这个数字不符合一些人对两国良好关系的较高预期。今年两国首脑已经有了四次会面,最近的一次是在多伦多的G20峰会。未来两国如何扩大合作领域?

舒瓦洛夫:我们希望两国间有"聪明的贸易"。我们渴望与中国合作,但不只是出售我们的金属和森林资源。我们希望中国投资者在俄国投资,也希望中国欢迎俄国投资者去中国投资。这应该是交叉持有的资产和交叉持有的产业。我们需要互帮互助而不是互相猜忌,这一点非常重要。

两国首脑会面,磋商,人民也随之互相往来。二十年或三十年前我不会认为两国是关系很铁的朋友,但现在你再看,中俄关系非常友好并极具战略意义。

随着俄罗斯本世纪初重新崛起,加上国际实力重心从西方向东方转移,俄罗斯"双头鹰"战略再次兴起。新兴市场不仅只是资源的来源地,也成为资金乃至知识技能的来源地。俄罗斯铝业公司今年1月在香港上市,就被认为是俄资源型企业利用亚太资本市场资金的举动。

由于受到国际金融危机的影响,2009年中俄双边贸易额由2008年的五百六十八亿美元下降至四百亿美元左右。但今年第一季度中俄贸易额高达一百六十二亿美元,同比增长57%,基本恢复到2008年金融危机初期的贸易水平。作为两国经贸合作重头戏的能源项目,在辗转多年后,也出现转机。2009年2月,两国签署"贷款换石油协定",中国将向俄罗斯提供总计二百五十亿美元的长期贷款,俄罗斯则从2011年至2030年按照每年一千五百万吨的规模通过管道向中国供应总计三亿吨石油。

中俄贸易结算特别是边境地区的贸易结算也是两国关注的重点。卢布和人民币在中俄贸易结算中占1%左右,双方都有意扩大此份额。今年4月27日,中国银行宣布从即日起在中国境内推出卢布对人民币直接汇率项下的卢布现汇业务。此举被视为中俄贸易结算已经到达真正意义上的本币结算时期。

原文摘自胡舒立、王烁编:《舒立对话:未来十年,世界是谁的游戏》,江苏文艺出版社,2011年2月。　　鉴赏编写:邱荣利　沈金龙

101. 道出联合国真相的秘书长
——采访联合国秘书长潘基文
(2012年3月)

【格言名句】

集体屠杀、大规模暴行、大屠杀、反人类罪、种族清洗、战争罪,如何才能防止呢?这些是极其严重的罪行,一定要以人性的名义予以根除。

——潘基文

【文章导读】

本文是汤姆·普雷特对联合国秘书长潘基文的访谈,其中不仅仅是对话,还提供了有关联合国的背景材料,并记叙了采访的环境以及一些细节描写,这就使这次访谈不同于一般的对话,使文章更加生动感人。

本次采访潘基文,首次对外界深度揭秘了国际纷争的内幕及联合国内部的真相。

汤姆·普雷特在潘基文官邸接待室一连数月进行了七次访谈,直至2012年3月才告结束。2012年9月完稿并发表《对话潘基文》。

潘基文,1944年出生于韩国。1970年毕业于韩国汉城国立大学外交学系。1985年,获奥佛大学肯尼迪政府学院公共行政硕士学位。曾任韩国驻美公使、驻联合国大使、韩国外交部长等职。2006年10月9日,潘基文接替科菲·安南,成为第八位联合国秘书长,并于2011年获得连任。

联合国成立至今的八位秘书长中,只有一人在任期内说出了联合国内部的故事,此人就是潘基文。

潘基文是资深外交家、韩国前外长,2006年当选为联合国秘书长。他在任期间,巴以冲突仍然让联合国头痛不已;埃及、利比亚等强人政权纷纷倒台;朝核六方会谈时断时续,国际金融危机导致的全球经济衰退,气候变暖、战争、饥饿、人道主义灾难,不断对联合国工作提出新的挑战。

潘基文说:我把"保护之责"当成今日联合国的重要概念,我们称之为R2P保护之责。这个概念是2005年引入的。集体屠杀、大规模暴行、大屠杀、反人类罪、种族清洗、战争罪,如何才能防止呢?这些是极其严重的罪行,一定要以人性的名义予以根除。

潘基文非常崇拜曼德拉,他说,见到曼德拉之后才知道一个纯粹高尚的人到底是什么样的,他能够超越生活中平庸的漩涡。

潘基文像一个救火队员一样,四处奔走。虽然饱受着种种指责,但他在其权力范围之内,最大化的发挥着自己的影响力。

潘基文以东方人的思维方式主导着联合国的运作,影响着世界政局。他深谙外交是一门妥协的艺术,但在原则面前,绝不让步。他是世界上人力资源网络最广泛的外交家之一,与美国前国务卿赖斯等国际政要私交甚笃。他也成为朝核六国会谈中,几方都予以认可的人物。

汤姆·普雷特是美国资深新闻记者、普利策新闻奖获得者,洛杉矶洛约拉·玛丽蒙特大学亚太研究中心杰出学者,毕业于安姆赫斯特大学和普林斯顿大学。曾名列美国名人录,多年来是达沃斯世界经济论坛的参与者。他是九本非虚构类图书的作者,包括畅销书《一个美国媒体人的告白》及"亚洲巨人"系列,后者是他亲自采访多位亚洲政要而成的系列作品。作为首位任期内接受记者采访并道出联合国内部故事的人,潘基文是在步履匆匆的联合国秘书长的行程中被记者采访的。

这次贯穿于潘基文日常工作休息的全程式的访谈,将潘基文的日常工作、生活细节生动地展现出来。例如每天的工作常态就是遇上并处理意料之外的各种事件，像反对控制核武器事件，处置各种自然灾害，长篇累牍式的批文、演讲、走访，摆平以色列，理清联合国模糊不清的指挥系统将独裁者赶下舞台，关注女性健康与权益问题，解决科索沃危机，获取五大国的政治与财政的支持，募集资金寻求国际的人道主义援助，冒险签署气候协议，等等。这一切，让人们真切地感受到联合国秘书长所肩负的世界意义的领导责任，而且这样的责任使得复杂的世界范围的各种灾难危机随时准备着迅速斡旋化解，随时像个"施恩者"，以平衡援救世界上每天发生的各种纠纷与灾害。这次对潘基文的采访，已被整理成相关的六个章节，分别是一、周末安排(在巴基斯坦度周末)；二、亚洲工作狂(潘基文与以色列)；三、榜样曼德拉(超越国家利益、不好管的联合国、独裁者的保护伞)；四、重用女性；五、所有老板的老板(五大国为什么选择他、快乐的魔术师、关于韩国)；六、告别梦想(不好签的气候协议)。这里重点择录的是其中的"周末安排"(在巴基斯坦度周末)部分。时间虽短但可以小见大、管中窥豹。潘基文不图周末的安逸生活，冒着风险，匆匆忙忙地赶到地球的另一端采访洪水泛滥的巴基斯坦；潘基文分秒必争利用飞机起飞前的半小时与斯里兰卡总统通电话关心人权问题；潘基文谦虚谨慎、平易近人，以低调方式处理高级外交问题，在公开场合给人深深地鞠躬，他说自己是"世界上最最谦卑的公仆"……

潘基文具有感恩、同情、待人厚道的情怀和平等和谐的全球意识，在联合国工作具有敬业、奉献、谦虚、谨慎的作风和严于律己的精神，受到各界的好评。法国前总统萨科齐说"法国充分相信，秘书长在今后五年中将继续这种努力，法国会全力支持他"。哥伦比亚大学经济学教授、联合国秘书长新千年发展目标特别顾问杰弗里·萨克斯说："潘基文从困苦孩子成长为全球领袖，正与其祖国的发展轨道相契合。这是一个关于用正派、承诺和慷慨赢得全球信任的故事。"

韩国前总统李明博说："潘基文诚实谦虚的品德得到了国际社会的一致好评，无论是发达国家还是发展中国家，都对潘基文的连任予以了大力支持，足以让韩国人引以为豪。"

【对话原文】

在巴基斯坦度周末

潘基文望着空中："我最后一分钟才脱身，所以才迟到了。"

他清清嗓子,解释说明天晚上我们在一家咖啡店进行的晚餐将要有些匆忙。他解释说,巴基斯坦洪水泛滥,国家的一半好像淹在水里。

他将在巴基斯坦度周末。

明天晚上,周五,他要飞到巴基斯坦,亲自访问那里。可能要给伊斯兰堡一点面子,因为他们顽固的态度使联合国裁军大会胎死腹中(因为印度的原因,巴基斯坦反对控制核武器)。这就是联合国的运作方式:一个国家说不——联合国就寸步难行。

助手为这次旅行团队订上肯尼迪国际机场明天的最后一个航班。按照计划,如果他不被暗杀,如果他的飞机不在空中爆炸(1964年已故联合国秘书长哈马舍尔德在刚果上空发生空难),那么他周一还要返回办公室。

潘基文舒适安静的周末。

我问:"你为什么要赶到巴基斯坦?是有人建议你去,还是因为你看到了令人深感不安的电视画面?联合国秘书长不在舒适的建筑里舒舒服服地度周末,偏要乘飞机赶到地球的另一端探访巴基斯坦,原因何在?"

对——他有必要格外照顾巴基斯坦人吗?他们又不是安理会的成员国。

"我以真诚的态度告诉你,这纯粹出于我的决定。我还以为这次洪水早就能结束。现在巴基斯坦15%的土地被淹,我们已经呼吁紧急援助。所以我要赶到那里表达联合国与巴基斯坦人民站在一起,会见他们的总统或总理。但这还是次要的。我要亲自看看才好。"

他清了清发哑的嗓子,从上等的中国杯里呷了一口热茶,茶水是宅邸内服务人员为我们送来的。

"上次龙卷风纳格斯袭击缅甸,之后我到缅甸探视,这一次是上一次的继续。上一次我去的时候,还没有人过去,今年海地发生大地震,我马上就过去了,我还去了智利,中国发生大地震之后我又赶到四川……我在这边协调国际援助,中国人对此大为感激。"

这可以称为空降兵式的人道主义,潘基文非要比他的各位前任多做一些不可。事实上,这位马不停蹄的韩国秘书长已经在秘书处之内引起批评,他们说他应该留在家里坐镇,遇上大灾大难,让下面的官员过去就行了。另外,秘书长仅此一位。大概典型的巴基斯坦人在大雨、洪水、演讲、(印度的)嘲笑,等等之后,可能对联合国秘书长的良苦用心表示真诚的感激,或者他们并不在乎?"

"如此说来,这个周末你要在巴基斯坦度过,你要看一看可怕的场景,你要打出联合国的旗号,我们大家都希望你平安,你将在那里停留几天——然后返回来,你将返回来……什么时候?"

"周一上午。"

"你是不是觉得做完一件事之后,你的付出就是值得的?"也许西方媒体把他看错了?也许他的自我表现比大家见到的要多?

我又说:"那边大雨下个不停,他们浑身是水,他们浑身是泥,你过去探望他们,用韩语和那边的联合国人员开句玩笑?"

他平静地说:"安慰他们,同情他们。"

"你以为他们会感激的,能提高他们的斗志?"

"我相信……无论何时何地,凡是遭受自然灾害的人,他们都真诚地感激联合国。"

我试图理解:"他们知道这一次是漫长的飞行,能不能马上赶到巴基斯坦的灾区也是问题,等你到达之后,那边条件恶劣。再有就是安全的问题,因为基地分子可能朝你开枪,或者朝你的汽车扔炸弹,等等。"

潘基文在计算这个周末的安排,他将在空中度过四十个小时,大概在巴基斯坦地面停留十个小时左右。

"现在那边有没有人协调,用直升机把你从机场送到巴基斯坦的第一站,或有其他安排?"

潘基文大笑:"我现在就得动手组织,好在巴基斯坦政府已经知道,他们将从中协调。"

他先要乘坐航班飞抵阿联酋的迪拜,然后巴基斯坦军方在那里接上他飞到基地。

所以联合国秘书长明天的安排已经超出了二十四小时,这其中还要在下午 5 点为出书再安排一次对话,以及上文提到的晚餐。

潘基文说:"晚上 11 点航班起飞之前,我要在 10 点 30 分与斯里兰卡总统通电话。这次通话很重要,因为要在那里调查违反人权的责任。"

斯里兰卡的内战打了几十年,伤亡不计其数,尤其是少数民族泰米尔人。数月之前潘基文曾赶到科伦坡,来了一次"不声张的外交"访问,结果被人家高声顶了回来。

在世界范围之内,泰米尔人认为这是一次羞辱,纯粹是联合国秘书长无能造成的失误,令人无法原谅。人们批评潘基文,说他的行为有损秘书长的身份。按理说,"世俗教皇"所到之处,虔诚者至少要表达感激才对,即使没有表达恭敬之情——但是也不能怠慢。如此说来,成功的谈判一定要有所准备,然后联合国秘书长再亲自到场。

他以低调的方式处理高级的外交问题,不能不引起一般人的抱怨。亚洲人办事风格以不透明著称,这也是另一位亚洲来的联合国秘书长吴丹特有的行事风格,吴丹是缅甸人(1961—1971),不是人人手里的香饽饽,在西方媒体那里尤其如此。

就连他手下的一些人也对这种风格感到不满。

一次,在相当真诚的私下场合里,联合国一位最为勤恳的高级官员很礼貌地问潘基文为何总在公开场合深深地鞠躬。说到底他是联合国秘书长,难道他不是这个世界上的顶级外交家吗?

潘基文抬起眼睛,仿佛才从这个大胆的问题里回过神来,似乎在说:难道你不知道我是潘基文吗?是世界上最最谦卑的公仆吗?

此后这个话题那位被批评的助手再也没提。

当然,潘基文也总要评价自己,也许还把自己分分等。他知道那次初访科伦坡不成功。他们事事允诺,事事又不兑现。但潘基文没有就此罢休,他哈下腰来,他不能让斯里兰卡问题就此结束——韧性:"弄不死你,你就能更强大。"每个韩国小学生都知道这个成语。

"昨天我(向斯里兰卡总统)发出了强硬的信息。现在他回话了……他要和我说话。所以明天晚上我们要赶紧吃晚饭。"

事实上,散居世界各地的泰米尔人态度强硬,不过是一面之词,执拗的斯里兰卡政府并没有被我们推选的世俗教皇那些人道主义呼吁所打动。

"在饭店四十五分钟,然后允许我收拾行李,整理文件。"

我们在第三大道附近东49街上的亲亲饭店(Chin Chin)订下餐位。我认识餐厅老板基米,他活泼的女儿维多利亚在加大洛杉矶分校是我的助教。潘基文也喜欢基米这个活泼的地方。

"好,把你的牙刷牙膏装进……然后你要赶往巴基斯坦……我不知道你怎么能成行,我是不行。"

他耸耸肩。"作为联合国秘书长,我要赶到那里与巴基斯坦人民一同承担困难,我是为整个人类服务,这正是我在做的。人们可能以为这仅仅是发生在巴基斯坦之内的问题,但这次洪灾能影响到千年发展目标和和平发展计划。"

实现上述目标可能把这个麻烦的星球推向乌托邦,这些目标是联合国官员罗伯特·奥尔所追求的,罗伯特是一位聪明的美国人,他在政治及政策上的判断,潘基文很是倚仗。

有一点是明确的:潘基文手下没有懒人。

"这对你的身体有损伤……很高兴我不是你的私人医生,你知道小渊惠三,他当过日本首相。"2000年小渊惠三因中风死在办公室里。"小渊惠三像你,超级活跃的工作狂,总是不停地打电话……小渊惠三的电话,你知道吗?"

"知道,小渊惠三的电话!"

"他的医生说他是因为超负荷工作累死的……"

小渊惠三七十三岁逝世,卢武铉总统六十七岁,布托夫人是不同一般的女性,被暗杀时五十九岁。他们在亚洲不一定总要英年早逝,但他们的死亡方式好像很特别。我相信,潘夫人要为她的丈夫惴惴不安的。我们以后再问她。

原文摘自(美)汤姆·普雷特著,史国强、潘佳宁译:《对话潘基文》,现代出版社,2013年1月版。 鉴赏编写:刘德强

102. 理想与现实的冲突
——《堂吉诃德》译者杨绛先生百岁访谈
(2012年8月)

【格言名句】

堂吉诃德是彻头彻尾的理想主义者,眼前的东西他看不见,明明是风车的翅膀,他看见的却是巨人的胳膊。他一个瘦弱老头儿,当然不是敌手,但他竟有胆量和巨人较量,就非常了不起了。

——杨绛

【文章导读】

　　杨绛,原名杨季康,江苏无锡人,1911年7月17日生于北京,1932年毕业于苏州东吴大学。1953年起,任北京大学文学研究所、中国科学院文学研究所、中国社会科学院外国文学研究所的研究员。主要文学作品有剧本《称心如意》、《弄真成假》;小说《倒影集》、《洗澡》;论集《春泥集》、《关于小说》;散文集《我们仨》、《干校六记》;译作《小癞子》、《吉尔·布拉斯》、《堂吉诃德》等。

　　杨绛先生近年闭门谢客,海内外媒体采访的要求,多被婉辞;对读者热情的来信,未能一一回复,杨先生很感歉疚。朋友们建议先生在百岁生日来临之际,通过答问与读者作一次交流,以谢大家的关心和爱护;杨绛先生同意,并把提问的事交给了多年来投稿较多、比较熟悉的《文汇报·笔会》,该报记者周毅获此机会,有幸与杨先生作了如下的交流。

　　记者首先询问杨绛,怎样的教育才算"好的教育"。杨绛认为自己深受父母的影响,认为"好的教育"应该是培养人的上进心,引导人们好学,和不断完善自己,并将人生温情脉脉的经历让人明白教育的真谛,即将教育视之为人生的健康成长方式。这种看法对于当今"高考指挥棒"式的教育而言,不啻是一种委婉的批评。随后记者又从"新女性"角度来探寻女性成家后的社会地位问题,杨绛以"围城"作譬,认为相比门当户对,"夫妻间最重要的是朋友关系,即使不能做知心的朋友,也该是能做得伴侣的朋友或互相尊重的伴侣"。

　　对于杨绛而言,创作与翻译是其人生的两翼,因此记者非常好奇杨绛的文学创作以及其坎坷经历对其创作的影响问题。杨绛毫不避讳时代氛围对其创作的影响,也认为文革年代、亲人离世等人生经历对其的磨炼以及巨大的创伤。很自然的交流的话锋转到杨绛的翻译上,双方的话题涉及《堂吉诃德》的翻译、柏拉图对话录中《斐多》的翻译,谈到译文信达雅的问题。杨绛在谈到《堂吉诃德》的价值时曾认为:塞万提斯塑造的堂吉诃德,是世界文学史上非常成功的一个艺术典型,在西方,人们把他和哈姆雷特、浮士德并称为三个最杰出的典型。《堂吉诃德》之所以被世人评为世界最佳,其根本原因在于作者塑造了堂吉诃德和桑丘这样两个典型性的人物形象。这两个人物既陪衬也对照,堂吉诃德的理想主义和桑丘的务实精神相映成趣。这段对话里我们也能感受杨绛的理想主义人生,感受到在女儿、丈夫先后去世后以拼命的工作来逃避人生的巨大伤痛,因为"艰难忧患中最能依恃的品质"。百岁杨绛的人生勇气真令人仰慕啊!

当人们在这篇访谈中听到"我今年一百岁,已经走到了人生的边缘""细想至此,我心静如水,我该平和地迎接每一天,过好每一天,准备回家",言至此,谁能不为之动容呢?

【对话原文】

周毅(文汇报记者):尊敬的杨先生,请允许我以提问来向您恭祝百岁寿辰。您的生日是1911年7月17日。仔细论起来,您出生时纪年还是清宣统三年,辛亥革命尚未发生。请问,7月17日这个公历生日您是什么时候用起来的?

杨绛:我父亲是维新派,他认为阴历是满清的日历,满清既已推翻,就不该再用阴历。他说:"凡物新则不旧,旧则不新,新旧年者,矛盾之辞也,然中国变法往往如是。旧法之力甚强,废之无可废,充其量不过增一新法,与旧法共存,旧新年特其一例而已。""今人相问,辄曰:'汝家过旧历年乎,抑或新历年乎?'答此问者,大率旧派。旧派过旧历年,新派过新历年。但此所谓过年,非空言度过之谓,其意盖指祭祖报神……今世年终所祭之神,固非耶教之上帝,亦非儒家之先圣先贤,不过五路财神耳。此所谓神,近于魔鬼,此所谓祭,近于行贿。"7月17日这个公历生日是我一岁时开始用起来的。我一岁时恰逢中华民国成立。我常自豪说:"我和中华民国同岁,我比中华民国还年长一百天!"7月17日是我生日,不是比10月10日早一百天吗?

周毅:您从小进的启明、振华,长大后上的清华、牛津,都是好学校,也听说您父母家训就是:如果有钱,应该让孩子受好的教育。杨先生,您认为怎样的教育才算"好的教育"?

杨绛:教育是管教,受教育是被动的,孩子在父母身边最开心,爱怎么淘气就怎么淘气,一般总是父母的主张,说"这孩子该上学了"。孩子第一天上学,穿了新衣新鞋,拿了新书包,欣欣喜喜地"上学了"!但是上学回来,多半就不想再去受管教,除非老师哄得好。

我体会,"好的教育"首先是启发人的学习兴趣,学习的自觉性,培养人的上进心,引导人们好学,和不断完善自己。要让学生在不知不觉中受教育,让他们潜移默化。这方面榜样的作用很重要,言传不如身教。

我自己就是受父母师长的影响,由淘气转向好学的。爸爸说话入情入理,出口成章,《申报》评论一篇接一篇,浩气冲天,掷地有声。我佩服又好奇,请教秘诀,爸爸说:"哪有什么秘诀?多读书,读好书罢了。"妈妈操劳一家大小衣食住用,得空总要翻翻古典文学、现代小说,读得津津有味。我学他们的样,找父亲藏书来读,果然有趣,从此好(hào)读书、读好书入迷。

　　我在启明还是小孩,虽未受洗入教,受到天主教姆姆的爱心感染,小小年纪便懂得"爱自己,也要爱别人",就像一首颂歌中唱的"我要爱人,莫负人家信任深;我要爱人,因为有人关心。"

　　我进振华,已渐长大。振华女校创始人状元夫人王谢长达太老师毁家办学,王季玉校长继承母志,为办好学校"嫁给振华"贡献一生的事迹,使我深受感动。她们都是我心中的楷模。

　　爸爸从不训示我们如何做,我是通过他的行动,体会到"富贵不能淫,贫贱不能移,威武不能屈"古训的真正意义的。他在京师高等检察厅厅长任上,因为坚持审理交通部总长许世英受贿案,宁可被官官相护的北洋政府罢官。他当江苏省高等审判厅厅长时,有位军阀到上海,当地士绅联名登报欢迎,爸爸的名字也被他的属下列入欢迎者的名单,爸爸不肯欢迎那位军阀,说"名与器不可假人",立即在报上登启事声明自己没有欢迎。上海沦陷时期,爸爸路遇当了汉奸的熟人,视而不见,于是就有人谣传杨某瞎了眼了。

　　我们对女儿钱瑗,也从不训示。她见我和锺书嗜读,也猴儿学人,照模照样拿本书来读,居然渐渐入道。她学外文,有个很难的单词,翻了三部词典也未查着,跑来问爸爸,锺书不告诉,让她自己继续查,查到第五部辞典果然找着。我对现代教育知道的不多。从报上读到过美术家韩美林作了一幅画,送给两三岁的小朋友,小孩子高高兴兴地回去了,又很快把画拿来要韩美林签名,问他签名干什么,小孩说:"您签了名,这画才值钱!"可惜呀,这么小的孩子已受到社会不良风气的影响,价值观的教育难道不应引起注意吗?

　　周毅:您是在开明家庭和教育中长大的"新女性",和钱锺书先生结婚后,进门却需对公婆行叩拜礼,学习做"媳妇",连老圃先生都心疼自己花这么多心血培养的宝贝女儿,在钱家做"不花钱的老妈子"。杨先生,这个转换的动力来自哪里?您可有什么良言贡献给备受困扰的现代婚姻?

　　杨绛:我由宽裕的娘家嫁到寒素的钱家做"媳妇",从旧俗、行旧礼,一点没有"下嫁"的感觉。叩拜不过跪一下,礼节而已,和鞠躬没多大分别。如果男女双方计较这类细节,那么,趁早打听清楚彼此的家庭状况,不合适不要结婚。

抗战时期在上海,生活艰难,从大小姐到老妈子,对我来说,角色变化而已,很自然,并不感觉委屈。为什么,因为爱,出于对丈夫的爱。我爱丈夫,胜过自己。我了解钱锺书的价值,我愿为他研究著述志业的成功,为充分发挥他的潜力、创造力而牺牲自己。这种爱不是盲目的,是理解,理解愈深,感情愈好。相互理解,才有自觉地相互支持。

我与钱锺书是志同道合的夫妻。我们当初正是因为两人都酷爱文学、痴迷读书而互相吸引走到一起的。锺书说他"没有大的志气,只想贡献一生,做做学问"。这点和我志趣相同。

我成名比钱锺书早,我写的几个剧本被搬上舞台后,他在文化圈里被人介绍为"杨绛的丈夫"。但我把钱锺书看得比自己重要,比自己有价值。我赖以成名的几出喜剧,能够和《围城》比吗?所以,他说想写一部长篇小说,我不仅赞成,还很高兴。我要他减少教课钟点,致力写作,为节省开销,我辞掉女佣,做"灶下婢"是心甘情愿的。握笔的手初干粗活免不了伤痕累累,一会儿劈柴木刺扎进了皮肉,一会儿又烫起了泡。不过吃苦中倒也学会了不少本领,使我很自豪。

钱锺书知我爱面子,大家闺秀第一次挎个菜篮子出门有点难为情,特陪我同去小菜场。两人有说有笑买了菜,也见识到社会一角的众生百相。他怕我太劳累,自己关上卫生间的门悄悄洗衣服,当然洗得一塌糊涂,统统得重洗,他的体己让我感动。

诗人辛笛说钱锺书有"誉妻癖",锺书的确欣赏我,不论是生活操劳或是翻译写作,对我的鼓励很大,也是爱情的基础。同样,我对钱锺书的作品也很关心、熟悉,1989年黄蜀芹要把他的《围城》搬上银幕,来我家讨论如何突出主题,我觉得应表达《围城》的主要内涵,立即写了两句话给她,那就是:

> 围在城里的人想逃出来,
> 城外的人想冲进去。
> 对婚姻也罢,职业也罢。
> 人生的愿望大都如此。

意思是"围城"的含义,不仅指方鸿渐的婚姻,更泛指人性中某些可悲的因素,就是对自己处境的不满。钱锺书很赞同我的概括和解析,觉得这个关键词"实获我心"。

我是一位老人,净说些老话。对于时代,我是落伍者,没有什么良言贡献给现代婚姻。只是在物质至上的时代潮流下,想提醒年轻的朋友,男女结合最最重要的是感情,双方互相理解的程度,理解深才能互相欣赏吸引、支持和鼓励,两情相悦。我以为,夫妻间最重要的是朋友关系,即使不能做知心的朋友,也该是能做得伴侣的朋友或互相尊重的伴侣。门当户对及其他,并不重要。

周毅:您出生于1911年,1917年即产生了新文学革命。但您的作品,不论是四十年代写的喜剧,还是后来写的《洗澡》《干校六记》等,却没有一点通常意义上"现代文学"的气息。请问杨先生,您觉得您作品中和时代氛围的距离来自哪里?

杨绛:新文学革命发生时,我年纪尚小;后来上学,使用的是政府统一颁定的文白掺杂的课本,课外阅读进步的报章杂志作品,成长中很难不受新文学的影响。不过写作纯属个人行为,作品自然反映作者各自不同的个性、情趣和风格。我生性不喜趋时、追风,所写大都是心有所感的率性之作。我也从未刻意回避大家所熟悉的"现代气息",如果说我的作品中缺乏这种气息,很可能是因为我太崇尚古典的清明理性,上承传统,旁汲西洋,背负着过去的包袱太重。

周毅:创作与翻译,是您成就的两翼。特别是历经"大跃进""文革"等困难年代,最终完成《堂吉诃德》的翻译,已是名著名译的经典,曾作为当年邓小平送给西班牙国王的国礼。很难想象这个工作是您四十七岁自学西班牙语后开始着手进行的。您对堂吉诃德这位骑士有特别的喜爱吗?您认为好的译者,有良好的母语底子是不是比掌握一门外语更重要?

杨绛:这个提问包含两个问题。我先答第一个。

我对这部小说确实特别喜爱。这也说明我为什么特地自学了西班牙语来翻译。堂吉诃德是彻头彻尾的理想主义者,眼前的东西他看不见,明明是风车的翅膀,他看见的却是巨人的胳膊。他一个瘦弱老头儿,当然不是敌手,但他竟有胆量和巨人较量,就非常了不起了。又如他面前沙尘滚滚,他看见的是迎面而来的许多军队,难为他博学多才,能数说这许多军队来自哪些国家,领队的将军又是何名何姓。这等等都是象征性的。

我曾证明塞万提斯先生是虔诚的基督教徒,所以他的遗体埋在三位一体教会的墓园里;他被穆尔人掳去后,是三位一体教会出重金把他赎回西班牙的。虽然他小说里常有些看似不敬之辞,如说"像你妈妈一样童贞",他也许是无意的,也许是需要表示他的小说不是说教。但他的小说确是他信仰的产物。

现在我试图回答第二个问题。

"作为好的译者,有良好的母语底子是不是比掌握外语更重要?"

是的。翻译是一项苦差,因为一切得听从主人,不能自作主张,而且一仆二主,同时伺候着两个主人:一是原著,二是译文的读者。译者一方面得彻底了解原著;不仅了解字句的意义,还需领会字句之间的含蕴,字句之外的语气声调。另一方面,译文的读者要求从译文里领略原文,译者得用读者的语言,把原作的内容按原样表达;内容不可有所增删,语气声调也不可走样。原文弦外之音,只能从弦上传出;含蕴未吐的意思,也只附着在字句上。译者只能在译文的字句上用功夫表达,不能插入自己的解释或擅用自己的说法。译者须对原著彻底了解,方才能够贴合着原文,照模照样地向读者表达,可是尽管了解彻底未必就能照样表达。彻底了解不易,贴合着原著照模照样的表达更难。

末了我要谈谈"信、达、雅"的"雅"字。我曾以为翻译只求亦信亦达,"雅"是外加的文饰。最近我为《堂吉诃德》第四版校订译文,发现毛病很多,有的文句欠妥,有的辞意欠醒。我每找到更恰当的文字或更恰当的表达方式,就觉得译文更信更达、也更好些。"好"是否就是所谓"雅"呢?(不用"雅"字也可,但"雅"字却也现成。)福楼拜追求"最恰当的字"(Le motjuste)。用上最恰当的字,文章就雅。翻译确也追求这么一个标准:不仅能信能达,还要"信"得贴切,"达"得恰当——称为"雅"也可。我远远不能达到这个目标,但是我相信,一切从事文学翻译的人都意识到这么一个目标。

周毅:在您翻译的四部作品中,《斐多》是您的跨界之作,超出了文学的范畴而进入哲学,苏格拉底面对死亡"愉快、高尚的态度"令人印象深刻。这本译作,有纪念钱先生的特别意义吗?

杨绛:1997年早春,1998年岁末,我女儿和丈夫先后去世,我很伤心,特意找一件需要我投入全部心神而忘掉自己的工作,逃避我的悲痛,因为悲痛是不能对抗的,只能逃避。

我选定翻译柏拉图《对话录》中的《斐多》,我按照自己翻译的习惯,一句句死盯着原译文,力求通达流畅,尽量避免哲学术语,努力把这篇盛称语言生动如戏剧的对话译成戏剧似的对话。

柏拉图的这篇绝妙好辞,我译前已读过多遍,苏格拉底就义前的从容不惧,同门徒侃侃讨论生死问题的情景,深深打动了我,他那灵魂不灭的信念,对真、善、美、公正等道德观念的追求,给我以孤单单生活下去的勇气,我感到女儿和锺书并没有走远。

应该说,我后来《走到人生边上》的思考,也受到《斐多》的一定启发。

周毅:杨先生,您觉得什么是您在艰难忧患中,最能依恃的品质,最值得骄傲的品质,能让人不被摧毁、反而越来越好的品质?您觉得您身上的那种无怨无悔、向上之气来自哪里?

杨绛:我觉得在艰难忧患中最能依恃的品质,是肯吃苦。因为艰苦孕育智慧;没有经过艰难困苦,不知道人生的道路多么坎坷。有了亲身经验,才能变得聪明能干。

我的"向上之气"来自信仰,对文化的信仰,对人性的信赖。总之,有信念,就像老百姓说的,有念想。

抗战时期国难当头,生活困苦,我觉得是暂时的,坚信抗战必胜,中华民族不会灭亡,上海终将回到中国人手中。我写喜剧,以笑声来作倔强的抗议。

我们身陷上海孤岛,心向抗战前线、大后方。当时凡是爱国的知识分子,都抱成团。如我们夫妇、陈西禾,傅雷,宋淇等,经常在生活书店或傅雷家相会,谈论国际国内战争形势和前景。我们同自愿参加"大东亚共荣圈"的作家、文化人泾渭分明,不相往来。

有一天,我和钱锺书得到通知,去开一个不记得的什么会。到会后,邻座不远的陈西禾非常紧张地跑来说:"到会的都得签名。"锺书说:"不签,就是不签!"我说:"签名得我们一笔一画写,我们不签,看他们怎么办。"我们三人约齐了一同出门,把手插在大衣口袋里扬长而去,谁也没把我们怎么样。

到"文化大革命",支撑我驱散恐惧,度过忧患痛苦的,仍是对文化的信仰,使我得以面对焚书坑儒悲剧的不时发生,忍受抄家、批斗、羞辱、剃阴阳头……种种对精神和身体的折磨。我绝对不相信,我们传承几千年的宝贵文化会被暴力全部摧毁于一旦,我们这个曾创造如此灿烂文化的优秀民族,会泯灭人性,就此沉沦。

我从自己卑微屈辱的"牛鬼"境遇出发,对外小心观察,细细体味,一句小声的问候,一个善意的"鬼脸",同情的眼神,宽松的管教,委婉的措辞,含蓄的批语,都是信号。我惊喜地发现:人性并未泯灭,乌云镶着金边。许多革命群众,甚至管教人员,虽然随着指挥棒也对我们这些"牛鬼蛇神"挥拳怒吼,实际不过是一群披着狼皮的羊。我于是更加确信,灾难性的"文革"时间再长,也必以失败告终,这个被颠倒了的世界定会重新颠倒过来。

周毅:孔子"十五志于学,三十而立,四十而不惑"那一段话,已进入中国人的日常生活,成为一个生命的参照坐标,不过也只说到"七十从心所欲不逾矩"。期颐之境,几人能登临?如今您有登泰山而小天下的感觉吗?能谈谈您如今身在境界第几重吗?

杨绛:我也不知道自己如今身在境界第几重。年轻时曾和费孝通讨论爱因斯坦的相对论,不懂,有一天忽然明白了,时间跑,地球在转,即使同样的地点也没有一天是完全相同的。现在我也这样,感觉每一天都是新的,每天看叶子的变化,听鸟的啼鸣,都不一样,new experince and new feeling in everyday。

树上的叶子,叶叶不同。花开花落,草木枯荣,日日不同。我坐下细细寻思,我每天的生活,也没有一天完全相同,总有出人意料的事发生。我每天从床上起来,就想"今天不知又会发生什么意外的事?"即使没有大的意外,我也能从日常的生活中得到新体会。八段锦早课,感受舒筋活络的愉悦;翻阅报刊看电视,得到新见闻;体会练字抄诗的些微进步,旧书重读的心得,特别是对思想的修炼。要求自己待人更宽容些,对人更了解些,相处更和谐些,这方面总有新体会。因此,我的每一天都是特殊的,都有新鲜感受和感觉。

我今年一百岁,已经走到了人生的边缘,我无法确知自己还能往前走多远,寿命是不由自主的,但我很清楚我快"回家"了。我得洗净这一百年沾染的污秽回家。我没有"登泰山而小天下"之感,只在自己的小天地里过平静的生活。

细想至此,我心静如水,我该平和地迎接每一天,过好每一天,准备回家。

原文摘自周毅著:《杨绛先生百岁访谈录》,《文汇报》,2012 年 8 月版。
鉴赏编写:杨远芳　张　炜

附录

对话知识简介

前 言

巴斯卡尔说:人类像芦苇般的脆弱,然而这群脆弱的人类经历数千年来却能创造文化而异于其他的动物,其所以如此,系因人类懂得相互合作的重要性。

人类合作就离不开彼此间的交流、沟通、讲话、对话等社会活动。

一、时代呼唤对话

现在是对话时代,家庭和睦、朋友融洽、事业兴旺、社会和谐,乃至世界和平与国际贸易都离不开对话。当前构建新型大国关系的全新理念已受到世界广泛的关注。建设新型大国关系,就是要打破历史上大国对抗冲突的传统逻辑,把对抗变成对话,走出一条经济全球化时代建设大国关系的新途径,让未来的世界更加和平、稳定、繁荣。对话已成为当今世界必由之路。

二、对话的含义

对话含义有广义和狭义之分。

广义的对话,指两个人或更多人之间的谈话,如文学作品中人物之间的对话。

狭义的对话,指两个参与方之间较规范的、具有一定目的性和计划性的谈话,其中包括国际、国内集团之间的访谈、谈判、协商,信息发布会中的答问,以及交流式演讲中演讲者主题演讲之后,就某个专题针对听众的一系列提问逐一给予的回答等。

对话是双向言语交流的基础。

不论是访谈、采访、谈判、协商,还是信息发布会中的提问与答问,以及交流式演讲等都离不开对话。

对话是人与人之间进行接触、沟通和交流的基础。

三、对话的原则

真诚原则、平等原则和负责原则。

四、对话的特征

（一）对话是双向的、二元的交流。对话必须而且只能含有两个当事方。如果是多方参加，则称为会谈或多方会谈。

（二）对话是互动的，双方可以互问、互答，提问方与答问方角色可以随时转换。

五、对话的沿革

对话在国内外都有悠久的历史。

（一）在中国春秋战国时期，百家争鸣、游说风气极盛行。儒家的孔子、荀子，墨家的墨子，道家的庄子，法家的韩非子和名家的公孙龙子等，都以自己治理天下的一套政治见解和思想主张在社会上进行游说演说，其主要的传播方法就是对话。现今的《论语》一书记载的就是孔子与弟子的对话。

当今我国普遍建立了"社会协商对话制度"，这标志着我国民主政治建设进入了一个新阶段，它必将给我国政治制度注入新活力。近些年来时兴的交流式演讲，即演讲者完成主题演讲之后，由演讲者与听众进行对话，以提问与答问方式来统一观点、主张，解决一些疑难问题，这都属于狭义的对话范畴。

（二）在世界上，宗教领域的《圣经》、《古兰经》、《佛经》中都有许多对话的案例。公元前三四百年间，古希腊的雅典出现过一个演讲的兴盛时期，其主要形式就是论辩和对话。古希腊罗马时代源源不断地涌现出大批富有声望的辩论演讲家，如苏格拉底、柏拉图、亚里士多德和西塞罗等，他们采用的演讲方式就是辩论与对话。苏格拉底许多著名的辩论演讲多是以对话形式进行的，如《最后的辩护》就是其中具有代表性的一篇。

二次大战以后，国际之间更是出现了大量的政治、军事、经济、文化等方面的对话。

下面试就对话艺术及有关的言语交流形式谈点看法，其中包括对话与访谈、对话与讲话、对话中的提问与答问等内容，供大家参考。

第一章　对话与访谈

第一节　访谈的含义

访谈,指访问他人并与之交谈,通常指关于重大问题的有目的、有计划地访问、谈判、协商等人际交流活动。

对话是访谈的重要方法,访谈是常用的对话形式之一。

访谈用对话的方法进行双方交流沟通、求同存异,实现互惠双赢,促进和谐发展。

访谈和对话一样,都是双向的、二元的交流。

第二节　访谈的特征

访谈特征表现在互动性、目的性、过程性、双向性、问题性等方面。

一、互动性

访谈是双方的互动传播过程。

访谈过程中,双方始终存在着信息的交换和共享,共同扮演角色,共同承担责任,共享感受、信仰、动机及信息。(如果只有一个人滔滔不绝地说话而其他人只是听众,那么就是演讲。)

二、目的性

"预则立,不预则废",访谈带有明确的目的性、计划性。其中两个当事方之间,至少一方拥有预先设定的、明确的目标和计划。

访谈以明确的目的和预先的计划性区别于其他非正式无计划的交流(比如路上遇见熟人)。

三、过程性

访谈双方具有一个复杂的动态过程。每一次访谈过程都包含了交流互动的基本要素,比如感知、口头语言和非口头语言信息、各种层次的表露、反馈、聆听、动机、预期以及假设等。

访谈的过程不是在真空中进行的,它们发生在特定的时间、地点和环境之中。我们在设定访谈的目标、方法和策略时,必须具有针对性、给予区别对待，这将直接关系到访谈的效果与成败。

四、双向性

访谈当事方是双向的、二元的交流，访谈的每一方虽然可能有若干人参加，但是一次访谈只能有两个参与方——访谈的一方和接受访谈的一方。如果有更多的参与方加入，则会失去了访谈的性质，而转化成讨论、会谈等其他的交流形式。

五、问题性

所有的访谈目的都是为了寻求思想的统一、问题的解决。希望通过对话交流等形式寻求双方都能够接受的合理的答案和方案。

第三节 访谈的结构

各种不同类型的访谈其结构基本相同，都是由开始、主体和结尾三部分组成。

一、访谈的开始部分

访谈的开始主要是建立和谐关系（亦称"破冰阶段"）和使双方熟悉情况。

二、访谈的主体部分

其主体部分应该强调三点：访谈提纲、访谈设计和提问顺序。

（一）访谈提纲

主要是话题和子话题的提纲。

其中可包括提纲顺序、话题顺序、时间顺序、空间顺序、逻辑顺序（因果顺序）。根据情况需要提纲有大纲、提纲和细纲之分。

（二）访谈设计

访谈设计有多种类型：无设计访谈、适度设计访谈、精密设计访谈、精密标准化设计访谈和组合设计访谈等。

1. 无设计访谈

仅仅是一份简单的访谈提纲。优点是可自由探讨、非常灵活；缺点是难以控制、易出偏差。

2. 适度设计访谈

主要包括提问和可能需要追问的问题。其特点是条理清晰、易于控制、可灵活调整,但对事先准备要求严格。

3. 精密设计访谈

事先详细列出访谈中要问的所有问题和精确措词。优点是便于操作与实施,缺点是缺少控制的灵活性。

4. 精密标准化设计访谈

具有极严格的规范,面对不同的访谈对象其所有提问和答问选项都完全相同,甚至可以用制表的方法进行。优点是具有精确性、可靠性和可重复性,便于统计结果;缺点是获取信息范围受限,对特殊受访者的针对性不强。

5. 组合设计访谈

这类访谈是将几种设计方案的优点有机的组合在一起,便于发挥其综合优势。每一种访谈设计都有其特有的优势和不足,关键是根据具体情况选择最适合的访谈设计,或者采用优势互补的组合设计方案。

(三) 提问类型及其顺序

访谈中的各种提问类型及其顺序:隧道式、漏斗式、反漏斗式、三步法等。

1. 隧道式

这亦称意识流式,即连续提出一系列相关的问题(开放式或封闭式),指向同一主题。特点是能够自然地不断引出受访者的信息,较详细而深入地了解情况和受访者的观点和想法。

2. 漏斗式

从宽泛的开放式提问开始,然后引出限制性较强的封闭式提问。特点是从远到近、从广到窄,循循诱导,使受访者放松情绪,便于回答。

3. 反漏斗式

从封闭式提问开始,然后扩展到开放式提问。特点是可以使受访者的回答从易到难、从小到大、从局部到全部,起到"热身"的作用。这种方法对于不善言谈的受访者效果较佳。

4. 三步法

按提出问题、分析问题和解决问题的逻辑顺序进行提问。特点是条理清楚,一气呵成。

三、访谈的结尾部分

结束语是访谈的重要组成部分之一,一般应该包括三点:

1. 总结收获

即使不是系统的总结,也应该强调访谈的议题和关注点,以加深印象,突出双方的共识。

2. 衷心感谢

在收获的基础上表示发自内心的谢意,不要认为访问目的已达到便匆匆离去,否则会使人产生"有事有人无事无人"的感觉。

3. 提出建议

访谈结束不等于友谊交流的结束,所以结束访谈时不仅仅是提出落实访谈结果的建议,还应该把它看成是两次访谈的间隔,如有必要可以提出以后合作的建议。

第四节 对话与讲话

一、讲话的表达形式

讲话指演讲和谈话,以及即兴发言、对话等其他言语表达形式。

二、讲话的语言信息

根据美国心理学家艾伯特·梅拉比安研究,讲话语言信息的传播由三部分组成,措词、语气和态势。它们的信息比例如下:措词占 7%,语气占 38%,态势占 55%。其中措词又可分为主要信息、次要信息、辅助信息和冗余信息。申农信息公式:信号=信息+噪音。

三、对话是讲话中的一种形式

讲话包括演讲与谈话,对话是谈话中的的一种形式。它们都属于口语表达范畴,具有口语表达的性质、规律与要求。

对话的主要方法是提问与答问。正确地掌握讲话的技能是对话成功的重要因素。

四、对话与谈话、演讲属于近义

对话可以直接大量借鉴谈话和演讲的技巧与艺术手法。

五、交流式演讲

当今社会上时兴的交流式演讲,即演讲者在主题演讲之后,针对听众的一系列提问给予答问或交流。这种交流式演讲也称对话式演讲。这种主题演讲后的对话,对主题演讲能起到补充和加深理解的作用。交流式演讲面广、量大、篇幅较长、花费时间较多,具有一般演讲的特征。所以一个成熟的对话者也应该掌握演讲的有关理论与技巧,其中包括演讲含义、演讲要则、演讲特征,演讲措辞、语气和态势,演讲风格和演讲实践等内容。

六、对话与即兴发言有许多相似之处,二者都需要根据现场的感受或需要作随机发言,都具有临场、敏捷和简洁的特征。

语言是思维的外壳,思维敏捷才能语言流利。对话本身就是即兴发言中的一种形式。因此对话者要学会即兴发言的要领,要学会联想,要有发散性思维。发散性思维的三个特点:流畅性、变通性、独特性,关键是变通性。

七、对话可借用即兴发言的基本方法和技巧

"他山之石可以攻玉""文无定法,大体有之"。即兴发言的方法可供对话参考。例如:

(一)借题发挥法:包括联想法、连接法、连点法等。

(二)提纲三步法:①提出问题:"什么是……";②分析问题:"为什么要……";③解决问题:"怎样……"

(三)其他方法:提纲挈领法、平中见奇法等。

第二章　对话的方法

提问与答问:提问与答问是对话中不可分割的两个基本技能。

第一部分　提问的方法

提问是一种引出答问并引导答问方向与内容的行为。常用的提问有三

种基本方法:开放的或封闭的;初级的或次级的;中立性的或诱导性的。

第一节 开放性提问和封闭性提问

一、开放性提问

开放性提问和封闭性提问最大的区别在于,提问者对访谈控制的程度和回答者提供信息量的多少。

（一）开放性提问的信息量宽泛

常常只涉及一个主题,允许答问者有相对自由的空间来决定给予多大的信息量或怎样回答问题。开放性提问为答问者提供了侃侃而谈的机会,同时也为提问者提供了聆听和观察的时间。

（二）开放性提问有两种形式

一是高度开放性提问,它虽然只涉及一个主题,但答问开放,不带有限定条件。

二是适度开放性提问,它包含一定的限定条件,但为回答者留有适当的回旋余地,回答问题相对具体。

（三）开放性提问的优点

答问者可以在自愿的基础上详细解答;提问者可以获得来自答问者的关于知识水平、观点、主张和感情等方面的更多信息。

（四）开放性提问的缺点

答问如果漫无边际,容易跑题,提问者也难以控制时间。因此,在对话活动中提问者应该随时用插话方式正确地引导答问。

二、封闭性提问

（一）封闭性提问的提问特点

关注的范围较小、针对性较强,但限制了答问者提供的信息量和内容的自由度。

（二）封闭性提问有三种形式

一是适度封闭性提问。适度封闭性提问针对特定的信息点来提问,限制回答的范围。

二是高度封闭性提问。高度封闭性提问经常以选择性疑问句方式提出。要求答问者从若干选项中选择一个最合适的答案。（类似多项选择题）

三是极端封闭性提问。极端封闭性提问的答案非此即彼,或者用"是"与"否"来回答。(类似是非题或二选一题)

(三)封闭性提问的优点

主要是便于提问者控制谈话的全局和导向。如法院开庭时,原告方律师与被告方律师的提问常用此法。

(四)封闭性提问的缺点

信息量少,限制了回答者的自由发挥。

三、组合式提问

组合式提问是将开放性提问和封闭性提问二者有机地结合在一起,进行优势互补,以达到所期望的答案。这往往会收到更好的效果。

例如,一个极端封闭性提问:"你听说过唐山大地震吗?"之后,紧跟一个开放性提问:"关于防灾救灾问题,你有何建议?"

第二节 初级提问和次级提问

一、初级提问

初级提问可以用来引出话题,或者对同一话题从另一个角度提问,它可以脱离语言环境独立存在。

例如,

提问者:你怎么会爱上演讲事业的?(开放性提问)

提问者:你是哪年走上工作岗位的?(封闭性提问)

以上不管是开放性提问还是封闭性提问都属于初级提问。

二、次级提问

(一)次级提问不能脱离语言环境

它用在一个初级提问或前一个次级提问之后,用来引出其他隐含信息。次级提问又称"后续性提问"或"刺探性提问"。

次级提问只有和它前面的初级提问或前一个次级提问结合在一起才有意义。如果谈话开场一上来就用一个次级提问"难道你不同意竞聘上岗吗?",脱离了语言环境,这就显得不合情理。

答问中出现下列问题,必须进行次级提问,以便弄清情况:不知所云、不完整、缺乏深度、含糊不清、不准确、不相干,或很有启发性需要进一步了解。

(二)次级提问的类型:

1. 无声刺探

当一个答问不完整或答问者犹豫不决时,提问者可用无声刺探法。即耐心等待几分钟,用非语言符号暗示、鼓励他继续讲下去。例如,用沉默、点头、目光接触,或其他的肢体语言来鼓励他继续讲下去。

2. 轻推刺探

当无声刺探法失败时,提问者可用轻推刺探鼓励法挽回僵局,即用简单的词语鼓励他继续讲下去。如,"很好,后来呢?"

3. 全面刺探

这又称"大扫除式刺探"。如果你问了许多问题,回答者仍然无法让你弄清事情的全貌,你不妨采用全面刺探提问,它的作用是请答问者全面讲述事情的过程或者话题。如,"当时,你还看到或听到其他情况了吗?""除此之外,你还想说些什么吗?"

4. 情报刺探

当答问模糊、肤浅、或者难以理解时,用情报刺探(次级提问)进一步提问,可获取更多的信息和解释。例如"请你再介绍一下这次培训的方法";又如,"关于双方合作的问题,你刚才说'从长计议'是什么意思"。

5. 反复刺探

反复刺探指重申或换一种问法以得到圆满的回答。其方法是简单的重复初级提问的一部分或者全部,或者对初级提问词句作少许改动后,换一种形式提问。

例如,

提问者:请你给"对话"下个定义。

回答者:(犹豫不决)很难说清。

提问者:按照你的看法,对话和说话的区别在哪里?

6. 确认式刺探

确认式刺探的目的是核实并澄清事实。

例如,

提问者:你说的50年代是指二十世纪的50年代吗?

7. 验证式刺探

验证式刺探是为了确保自己对信息的理解精确无误。

验证式刺探与确认式刺探不同之处在于确认式刺探是重复提问以便核实并澄清事实,而验证式刺探是从自己理解的角度,将一系列问题重新归纳、整合,请答问者再度验证理解是否精确无误。

例如,通过验证式刺探检验我们理解的旅游路线是否正确。

第三节 中立性提问和诱导性提问

一、中立性提问

中立性提问可以鼓励答问者诚实回答,可以让答问者在没有暗示和压力的情况下自由发挥。

二、诱导性提问

诱导性提问引导答问者给出特定的答案,通过暗示或明示启发、诱导回答者应该回答的问题。

一个诱导性提问可能是有心的,也可能是无意的;可能是含蓄,也可能是明了的;可能是语言的,也可能非语言的。

三、含沙射影性提问

含沙射影性提问是诱导性提问的极端形式。

含沙射影性提问者常常运用富有强烈感情色彩的语言和所设下的陷阱,如用暗示、指责、称赞等手法,促使对方选择提问者需要的答案。

例如,

提问者:你不认为阿谀奉承是可耻的行为么?

人往往会产生从众心理,在拿不定主意时往往会采取随大流的方法,或称"乐队花车法"。

第四节 提问的失误(陷阱)

在对话的过程中,双方在互相提问时常会出现失误,使提问落入陷阱,影响对话的效果。

其种类如下:误入两极式提问、前后不一式提问(设置闭合开关)、多管齐下式提问、诱导施压式提问、猜谜游戏式提问、有口无心式提问、智力测验式提问、闯入禁区式提问。

一、(误入)两极式提问

(误入)两极性提问,只须回答"是""否",无法获得更多的信息。

防止方法:避免滥用两极提问,要求给出细节。

二、前后不一式提问

开放性与封闭性两种性质的提问同时出现,要求前后不一致,把完美的开放式提问变成狭隘的封闭式提问。

防止方法:先开放后封闭,耐心等待,或分几次提问。

三、多管齐下式提问

同时提出过多的问题,使回答者无法抓住重点,出现挂一漏万的现象。

防止方法:除了特殊情况之外,一次只提一个问题。

四、诱导施压式提问

诱导施压式提问,用诱导或施压暗示怎样回答,使答问有失真实。

防止方法:发扬民主;除非必要,一般不易用此法。

五、猜谜游戏式提问

提问过于积极主动;把客观访问变成不断的猜谜游戏,答问者没有机会充分表达自己的真实想法。

防止方法:要问不要猜。提问者要耐心等待回答,还给对方自由答问的权力。

六、有口无心式提问

提问缺少计划性。无目的、无目标、无中心,随口问,样样问,抓不住重点,对话任务难完成。

防止方法:控制情绪,斟酌语句,加强提问的目的性、计划性和针对性。

七、智力测验式提问

把受对话者当作应聘者、智力竞赛者或小学生，进行考核测试，提问缺少尊重，造成尴尬难堪局面。

防止方法：加强对话的针对性、礼节性和艺术性。

八、闯入禁区式提问

有些话题比较敏感，在某些场合被视为禁忌话题。我们应该在"合适的时间、合适的地点、合适的环境，针对合适的对象提出合适的问题"。否则会令人反感、尴尬、不愿合作，导致对话失败。

防止方法：不要把触角伸向禁区，注意入国问禁、入乡问俗、入门问讳。

第二部分　答问的方法
第一节　答问方法

处理好十对关系：

一、长与短：一般说是短比长好。话讲长了核心信息不够突出，记者报道选择的余地太大，你想要它报道出去的东西就不一定能报道出去。基辛格在担任国务卿时，接受电视台晚间黄金时间采访，最多只讲三分钟的话。当然要具体分析，不应千篇一律。

二、简与繁：把冗长的道理变成简明易懂的语言。

三、虚与实：宜实不宜虚或虚实结合。

四、大与小：大事固然重要，有些小事也不应忽略。

五、刚与柔：要刚柔相济。"以情感人"或"据理力争"，做到刚柔相济。

六、真与假。讲真话、实话，不讲假大空套话、头活。

七、答不答：答与不答要根据具体情况。总之，要主动不要被动。怎么问是提问者的事，怎么答主动权在答问者。一般应该回答，但遇到一些问题可以不回答，但要注意不回答的技巧。

八、抓机遇：正确对待"刁问题"，也可借机会发表自己想说的观点。

九、慎重复：答问一般忌重复，但在具有补充或加深理解作用时，可以重复。

十、有准备："预则立，不预则废"。

第二节　答问的策略

好的答问不是问什么回答什么,这与考试不同。它不但应该简练、明确、条理清楚、用词准确、合乎逻辑、言之有据并切中要点,而且应该考虑到对话的时间、地点和环境以及目的需要等重要因素,从而进行针对性的策略的答问。

就像使用提问策略一样,答问也有许多策略。经常使用的策略有:

一、对于"多管齐下式提问",在讲求效果合乎情理的基础上,选择有利于双方的答问;

二、对于"两极式提问",根据对自己有利的原则给出简单的"是"与"否"的回答,或进行详细补充后回答;

三、对于"多项选择式提问",确认其中公正的并且是唯一可行的选项,或对答案进行解释说明、限定,或增加选项;

四、对于"确认式"和"验证式"提问,回答要注意信息反馈的准确性和完整性,给予肯定、否定或补充;

五、对于"全面刺探"(又称"大扫除式刺探"),要抓住机遇介绍你想要补充说明的信息;

六、对于"诱导性的提问"或"含沙射影提问",要提高应变能力,给予巧妙的回答,不要被动地给出你不同意的答案。

第三节　答问技巧

借助一些恰当的语言修辞和艺术手法,使对话环境保持良好的氛围。其中常用的技巧有:

一、直言法。对于一般答问且互相比较熟悉者,可用直言回答。

二、委婉法。对于不便直接回答的问题可用委婉法。

三、限制法。对于两难问题,既不能全盘肯定,又不宜全盘否定的问题可用限制法。

四、概括法。对于头绪纷繁、面广量大的问题可用概括法。

五、幽默法。对于容易引起尴尬或紧张气氛的问题,可用幽默法来摆脱尴尬、缓和情绪。

六、反问法。对于问题比较简单无需多费口舌的问题可用无疑而问的反问法。

七、分析法。对于有争议的问题不宜简单表态是与否,应当先做分析说明或解释,然后再作表态。

八、比喻法。对于抽象、深奥、难懂的事物,可用熟悉的事物去说明不熟悉的事物,使人易于理解,俗称打比喻。

九、自圆法,即自圆其说法。对于双方有争议并且难以在有限时间说清的问题,应该用自圆其说的方法把问题解释得"有点道理",尽量做到没有漏洞。

主要参考资料

1. 刘德强著:《现代演讲学》,上海社会科学院出版社,2006年1月。
2. (美)查尔斯·J·斯图尔特、(美)威廉·B·凯什、(中)龙耕著:《访谈艺术》,复旦大学出版社,2007年11月。
3. 吴建民著:《交流学十四讲》,浙江人民出版社,2004年12月。

后　记

当今是对话时代,家庭和睦、朋友融洽、事业兴旺、社会和谐,乃至世界和平与国际贸易都离不开对话。建设新型大国关系,就是要打破历史上大国对抗冲突的传统逻辑,把对抗变成对话,走出一条经济全球化时代建设大国关系的新途径,让未来的世界更加和平、稳定、繁荣。对话已成为当今世界必由之路。

中医说"痛而不通,通而不痛",古人云"兼听则明,偏听则暗"、"知彼知己,百战不殆",本书兼收了各种不同的说法和观点,这是一场精英的智慧碰撞,精彩的思想交锋、头脑的革命风暴。特此声明:本书收集的对话只是相关媒体、机关和个人的观点,并不代表本书编委会和出版社的观点,其目的在于打开读者的思路。

本书由国务院原新闻办主任赵启正倡导和指导、担任编委会主任,刘德强教授任主编;由北京、上海以及有关省市的高校、党校等 50 余名教授、专家、学者共同编写。全书经过资料收集、筛选以及不断补充、调整,从上千篇的对话中遴选出精彩的具有代表性的对话共计 102 篇,约九十万字。其内容牵涉哲学、政治、法制、经济、管理、科技、信息、文化、教育、国学、文学、艺术、语言和生活等类型,知识面广、视野开阔、思想深邃,给人启迪、令人思索。本书能针对现实,展望未来,具有实用价值。真所谓"跑万家不如跑一家",一卷在手众览天下事。本书采用的是研究、探索、讲座、交流、对话、采访等形式,紧贴时代脉搏,语言深入浅出,通俗易懂、生动活泼。

"本书编写中借鉴和参阅了大量的文献作品,从中得到了不少启发和感悟。得益于前人的劳动成果,才使得本书能够有如此之多的翔实案例和如此丰富的理论基础。在此谨向各位专家、学者以及资料的提供者表示最崇高的敬意。

本书的出版,首先应该感谢书中所选名人名家与听众呈现的精彩对话,以及媒体、讲座承办单位提供的内容,因为没有他们开创性的辛勤努力,"巧媳妇是难做无米之炊的"。其中特别要感谢中央电视台、上海世博会事务协调局/上海广播电视台《世博会客厅》、凤凰电视台、国资委、解放日报报业集团以及各出版社、杂志社等媒体提供的大量精彩的资料。

本书的出版同时要感谢上海社会科学院出版社的大力支持;同时感谢为本书出版做过贡献的所有的人。

我们要说明,在编写对话式鉴赏方面,我们还缺乏经验,甚至在引用原文、版权等方面编委都有过不同的意见,经过旷日持久的讨论,最后采取"众议独行"的方法,赶路要紧。不妥之处在所难免,拟在今后实践中加以改正,我们在此衷心欢迎广大读者给予批评、指正,提出建议,以待改进。

最后编委会郑重申明:本书选择的对话内容强调"真实、准确,必须以正式发表的内容为准",为了尊重原作者和有关方面的劳动成果,在版权处理上我们采取了以下办法:一是事先告知,"您的对话《×××》具有示范作用,已被选为精品内容,希望我们能合作为对话的开拓共同做出贡献",并征求其意见;二、在"文章导读"与版权落款项目一栏中写上对话者、作者、译者或举办单位、发行单位的名称;三、严格按照出版法有关规定,待书出版后向原作者、译者支付相应稿酬,以示谢意。有些国外、境外人士(含国内的一些人士)一时无法联系上,我们仍保留其稿费,并设法转交。请您见到本书后及时来电、来函联系,谢谢!

编委会
2015 年 10 月

图书在版编目(CIP)数据

对话精品鉴赏/刘德强主编.—上海:上海社会科学院出版社,2015
 ISBN 978-7-5520-1005-3

Ⅰ.①对… Ⅱ.①刘… Ⅲ.①社会科学-文集
Ⅳ.①C53

中国版本图书馆 CIP 数据核字(2015)第 218550 号

对话精品鉴赏

编　　者:	刘德强
责任编辑:	王晨曦
封面设计:	黄婧昉
出版发行:	上海社会科学院出版社
	上海淮海中路622弄7号　电话63875741　邮编200020
	http://www.sassp.org.cn　E-mail:sassp@sass.org.cn
照　　排:	南京理工出版信息技术有限公司
印　　刷:	上海天地海设计印刷有限公司
开　　本:	890×1240毫米　1/32开
印　　张:	28.5
字　　数:	880千字
版　　次:	2015年11月第1版　2015年11月第1次印刷

ISBN 978-7-5520-1005-3/C·101　　　　定价:88.00元

版权所有　翻印必究